HARMONIE
VNIVERSELLE

Ex antiquo marmore Illustrissimi Marchionis Mathei Romæ.

Nam & ego confitebor tibi in vasis psalmi veritaté tuam:
Deus psallam tibi in Cithara, sanctus Israel.   Psalme 70.

HARMONIE VNIVERSELLE,
CONTENANT LA THEORIE ET LA PRATIQVE
DE LA MVSIQVE,

Où il est traité de la Nature des Sons, & des Mouuemens, des Consonances, des Dissonances, des Genres, des Modes, de la Composition, de la Voix, des Chants, & de toutes sortes d'Instrumens Harmoniques.

Par F. MARIN MERSENNE de l'Ordre des Minimes.

A PARIS,
Chez SEBASTIEN CRAMOISY, Imprimeur ordinaire du Roy, ruë S. Iacques, aux Cicognes.

M. DC. XXXVI.
Auec Priuilege du Roy, & Approbation des Docteurs.

LES CARACTERES DE MVSIQVE SONT DE
l'impression de Pierre Ballard Imprimeur de la Musique du Roy.

TABLE DES PROPOSITIONS
des dix-neuf Liures de l'Harmonie Vniuerselle.

Pres auoir leu la premiere Preface generale, dans laquelle il y a douze ou treize choses fort considerables: celle des six liures des Consonances, où l'on void sept choses à remarquer; celle du liure de la Voix, laquelle contient quatre ou cinq choses excellentes pour l'establissement du plus parfaict Idiome: celle des Instrumens, où l'on a tous les differens characteres, & leurs noms, dont on vse dans les Imprimeries : & celle de l'Orgue dans laquelle sont suppleez beaucoup de choses appartenantes au liure de l'Orgue : & apres auoir corrigé toutes les fautes qui sont marquees à la fin desdites Prefaces, ou à la fin du troisiesme liure des Mouuemens, du septiesme liure des Instrumens de Percussion, par lesquelles ie desire que l'on commence, à raison que celles des quatre premiers liures des Consonances y sont marquees, qui sont fort notables, à cause des notes & de la pratique, & celles qui sont à la fin du liure de l'vtilité de l'harmonie, lequel on peut faire relier le premier : apres, dis-je, auoir fait tout cecy, l'on pourra lire les Propositions suiuantes, afin de voir tout d'vn coup ce qui est contenu dans tous les liures de cet œuure ; quoy que l'explication ou la preuue de plusieurs Propositions contienne souuent beaucoup plus qu'elles ne promettent à leur lecture : de sorte qu'elles peuuent recompencer celles qui donnent moins que ce que l'on attend. Quoy qu'il en soit la charité & la bien-veillance des Lecteurs excusera les defauts qui se rencontreront en quelque lieu que ce soit de cet ouurage : il faut seulement remarquer que ie change quelquefois quelques mots dans ces Propositions, afin de les rendre plus conformes à mon sens; ioint que le nombre qui manque quelquefois aux Propositions des liures , est icy restabli en son entier. Or cette table des Propositions suppleera ce que l'on pourroit desirer dans la Table des matieres, & monstrera le rapport que quelques Propositions gardent les vnes auec les autres, lors que l'on en verra la citation apres ; comme il paroist à la 21. Proposition du premier liure qui suit, apres laquelle il y a, *Voyez la 9. Proposition de l'vtilité*, &c. parce qu'elles parlent toutes deux de la mesme chose.

Propositions 34. du premier liure de la Nature des Sons.

Voyez premierement la Preface generale, & la particuliere.
Outre les Propositions il y a plusieurs Corollaires qui contiennent beaucoup de remarques.

I. Determiner si le Son se fait auant qu'il soit receu par l'ouye, & s'il est different d'auec le mouuement de l'air. Page premiere.
II. Determiner comme se fait le mouuement & le Son; & pourquoy plusieurs mouuemens quoy que tres-vistes, ne font nul Son que nous puissions ouyr, comme sont ceux de plusieurs roües tant dans l'eau que dans l'air: & neant-

Table des Propositions

moins que plusieurs mouuemens fort tardifs font de grands sons. 3.

III. Determiner si le Son est le mouuement de l'air exterieur, ou de l'interieur, lequel est dans les corps qui produisent le son : & s'il ne se peut faire de son sans le mouuement de l'vn ou de l'autre. 6.

IV. Determiner si le son se peut faire dans le vuide vniuersel, ou particulier. 8.

V. Expliquer comme se meut l'air, quand son mouuement produit le son, & quels mouuemens ne font point de son. 9.

VI. Les sons ont mesme raison entr'eux que les mouuemens de l'air par lesquels ils sont produits. 11.

VII. Expliquer comme se fait le son graue & l'aigu, & ce qui le rend fort ou foible. 12.

Voyez la 16. Proposition du liure de la Voix, où ie parle plus amplement de cecy.

VIII. Le son ne se communique pas dans vn moment, comme fait la lumiere, selon toute son estenduë, mais dans vn espace de temps. 14. *Notez qu'il faut corriger tout ce qui est dit de la vitesse du son dans cette Proposition, suiuant ce qui est dans la 9. Proposition de l'vtilité de l'harmonie.*

IX. Le son ne depend pas tant des corps, par lesquels il est produit, comme la lumiere du corps illuminant. 16.

X. Expliquer enquoy le son est plus subtil que la lumiere, & s'il se reflechit. 18.

XI. Le son represente la grandeur, & les autres qualitez des corps par lesquels il est produit. 19.

XII. Determiner en quelle proportion se diminuent les sons depuis le lieu où ils sont produits, iusques à ce qu'ils cessent entierement. 20.

XIII. Determiner si le son est plus viste que le mouuement des corps par lequel il est produit. 22.

XIV. Determiner si le son passe à trauers les corps diafanes & opaques, & comme il est aydé ou empesché par toutes sortes de corps. 24.

XV. La sphere de l'estenduë du son est d'autant plus grande, qu'il est plus fort, quoy que deux ou plusieurs sons ne s'entendent pas de deux ou plusieurs fois aussi loin que l'vn d'iceux. 25.

XVI. Determiner si les sons ont toutes sortes de dimensions, à sçauoir la longueur, la largeur, & la profondeur, & quelles sont les autres proprietez, ou circonstances du son. 28.

XVII. Determiner pourquoy l'on oyt mieux de nuict que de iour ; & si l'on peut sçauoir combien l'air chaud est plus rare que le froid, & de combien il est plus rare que l'eau. 30.

XVIII. Determiner pourquoy l'on entend mieux les sons de dehors vne chambre, lors qu'on est dedans, que ceux de dedans, lors qu'on est dehors. 33.

XIX. Determiner si le son s'entéd mieux de bas en haut, que de haut en bas. 33.

XX. Les sons s'empeschent les vns les autres quand ils se rencontrent. 34.

XXI. Les sons peuuent seruir pour mesurer la terre, & pour faire sçauoir des nouuelles de ce qui se fait dans tout le monde, en peu de temps. 36. *Voyez la neufiesme Proposition de l'vtilité de l'harmonie.*

XXII. L'on peut se seruir des sons de chaque instrument de Musique, & des differens mouuemens qu'on leur donne, pour discourir de toutes sortes de suiets, & pour enseigner les sciences. 39.

XXIII. La force des sons est multipliee par les mouuemens Rythmiques, & par la qualité des corps & des coups par lesquels ils sont produits. 41.

de l'Harmonie Vniuerselle.

XXIV. L'on peut representer la quadrature du cercle, la duplication du cube, & toutes les choses du monde sujettes à la quantité, par le mesme moyen des sons. 42.

XXV. Enquoy le son est different de la lumiere, & enquoy il luy est semblable. 44.

XXVI. Comme se fait l'Echo, ou la reflexion des sons. 48. Traité de l'Echo. 50.

XXVII. Quelles sont les distances, & longueurs de la ligne vocale de l'Echo: si l'on peut cognoistre le lieu d'où il respond, & de quelle longueur doit estre ladite ligne, pour faire l'Echo de tant de syllabes que l'on voudra. 56. *Voyez la 22. Proposition du troisiesme liure.*

XXVIII. Expliquer toutes les figures propres pour faire les Echos artificiels, les sections Coniques, & leurs principales proprietez. 59. *Ce qui se fait dans les Propositions suiuantes, depuis la 23. iusqu'à la 32. Proposition du liure de la Voix, & dans la cinquiesme Proposition du liure de l'vtilité de l'harmonie; lesquelles il faut ioindre à celle-cy.*

XXIX. Determiner si les sons se rompent, c'est à dire s'ils endurent de la refraction, comme la lumiere, quand ils passent par des milieux differens. 63.

XXX. De combien le son d'vn mesme instrument est plus graue dans l'eau que dans l'air : & si l'on peut inferer de là combien l'air est plus rare que l'eau. 67. *Voyez aussi la premiere Proposition du liure de l'vtilité.*

XXXI. Si le son aigu est plus agreable, & plus excellent que le graue. 71. *Voyez aussi la troisiesme Proposition du 4. liure de la Composition.*

XXXII. Determiner s'il y a quelque mouuement dans la nature, & ce qui est necessaire pour l'establir. 74.

XXXIII. Considerer les mouuemens des corps en general, & l'espece dans lequel ils se font. 76.

XXXIV. Demonstrer si la chorde tenduë par vne cheuille, ou par vn poids, est esgalement tenduë en toutes ses parties ; & si la force qui la bande, communique plustost & plus fort son impression aux patties qui en sont proches, qu'à celles qui en sont plus éloignees.

Propositions 22. du second liure des Mouuemens.

I. Expliquer la proportion de la vitesse dont les pierres, & les autres corps pesans descendent vers le centre de la terre ; & monstrer qu'elle est en raison doublee des temps. 85. *Surquoy voyez la 29. Proposition du troisiesme liure, & particulierement son second Corollaire.*

II. Si le poids tombant d'vn espace donné n'augmentoit plus la vitesse acquise au dernier point de cet espace, il feroit vn espace double du premier dans vn temps esgal, s'il continuoit sa cheute de la mesme vitesse acquise audit dernier point : d'où l'on infere que la pierre qui tombe passe par tous les degrez possibles de tardiueté. 89.

Corollaire I. Du chemin que feroit le poids dans la derniere demie seconde minute, en tombant depuis la surface de la terre iusques à son centre. 91.

Corollaire II. Monstrer en quel temps tomberoit vne pierre depuis les Estoiles, le Soleil, ou la Lune, iusques à la surface, ou au centre de la terre. 92.

III. Determiner la figure du mouuement des corps pesans qui tomberoient

Table des Propositions

du haut d'vne tour, ou d'vne autre hauteur donnée, supposé que la terre se meuue, & fasse chaque iour vne entiere reuolution sur son axe. 93.

IV. Les corps qui descendroient iusques au centre de la terre ne peuuent descrire vn demi cercle: où l'on void la ligne qu'ils descriroient, si l'on suppose le mouuement iournalier de la terre. 96.

V. Expliquer les vtilitez, & les pratiques que l'on peut deduire des Propositions precedentes, tant pour les Mechaniques, que pour plusieurs autres choses ; & comme l'on peut mesurer toutes sortes de hauteurs par la cheute des poids, & trouuer la cheute dans vn temps donné, ou le temps requis, quand la cheute est donnee. 99.

VI. Determiner si les astres sont tombez d'vn mesme lieu par vn mouuement droit, qui se soit changé dans le circulaire, qu'ils ont maintenant, comme s'imagine Galilee, & donner la maniere de supputer leurs cheutes, leurs distances, & leurs mouuemens circulaires. 103.

VII. Expliquer les mouuemens des poids sur les plans inclinez à l'horizon, & la proportion de leur vitesse : & examiner si les corps tombans passent par tous les degrez possibles de tardiueté. 108.

VIII. Demonstrer si vn corps peut descendre par vn plan incliné iusques au centre de la terre ; & la maniere de descrire vne ligne tellement inclinee, que le poids pese tousiours dessus esgalement en chaque point. 113.

IX. Expliquer vne autre maniere geometrique plus aysee pour descrire vn plan d'vne esgale inclination : & examiner la figure du mouuement d'vn globe roulant sur vn plan horizontal, & si le roulement est plus viste que le coulement. 119.

X. Le plan estant incliné sur l'horizon, d'vn angle donné, determiner la force qui peut soustenir le poids donné sur ledit plan. 121. *Mais le Traité entier des Mechaniques adiousté à la fin du troisiesme liure suiuant, determine beaucoup plus exactement & amplement tout ce qui appartient à ce sujet, & à plusieurs difficultez mechaniques.*

XI. Determiner si la vitesse des corps tombans s'augmente suiuant la raison de la ligne coupee en moyenne & extreme raison ; où l'on voit plusieurs proprietez de cette section, & la maniere de couper cette ligne iusques à l'infini. 125. adioustez icy la 18. Proposition du quatriesme liure des Instrumens. 125. *Surquoy voyez l'Aduertissement mis à la fin du cinquiesme liure de la Composition.*

XII. Examiner si les corps tombans augmentent tousiours leur vitesse, ou s'ils la diminuent ; & s'il y a quelque point d'esgalité auquel ils commencent à descendre d'vne esgale vitesse. 128.

XIII. Expliquer plusieurs experiences de la cheute des corps vers le centre de la terre par la ligne circulaire. 131.

XIV. Expliquer combien la boule, qui descend ou qui monte par le quart de cercle, va plus viste, & est plus pesante dans vn lieu que dans l'autre, & de quelle longueur elle doit estre pour faire chacun de ses tours, ou retours dans vn temps donné. 133.

XV. Donner la maniere de faire des horologes, & des montres dans le temps d'vne minute d'heure, lesquelles diuisent le iour, l'heure, & les minutes en tant de parties égales que l'on voudra, & l'vtilité de ces horologes. 135.

XVI. Expliquer comme les mouuemens circulaires empeschent, ou aydent

de l'Harmonie Vniuerselle.

les perpendiculaires ; & determiner si la terre se mouuant ietteroit à quartier les corps qui tomberoient, ou qui seroient sur elle. 137.

XVII. Examiner si la terre tournant d'vne vitesse donnee, comme fait vne rouë, ietteroit les pierres par sa tangente, ou autrement. L'on void icy les merueilleuses proprietez de l'angle de contingence, & l'examen des raisons de Galilee. 241.

XVIII. Expliquer la difference des proiections qui se peuuent faire par les differentes vitesses d'vne mesme rouë, & de deux, ou plusieurs rouës de diuerses grandeurs. 146.

XIX. Determiner la force de la terre tournant en vingt-quatre heures pour ietter les pierres, & celle des autres rouës. 148.

XX. Si l'on peut demonstrer que le mouuement des corps tombans est simple & perpendiculaire ; & si le mouuement circulaire de la terre empescheroit ledit perpendiculaire, s'il luy est opposé. 150.

XXI. Pourquoy les corps tombans du haut d'vn mas de nauire, ou qu'on iette en haut, tombent ils sur vn mesme lieu, soit que le nauire se meuue, ou demeure immobile, & que l'on coure, ou qu'on ne bouge. 153.

XXII. Determiner si le boulet d'vn canon tiré horizontalement du haut d'vne tour, arriue à terre au mesme moment qu'vn boulet tombe perpendiculairement du haut de ladite tour. 155.

Propositions 24. du troisiesme liure des Mouuemens.

I. La raison du nombre des retours de toutes sortes de chordes est inuerse de leurs longueurs. 157.

II. Expliquer les differentes vitesses des parties de chaque tour, & retour des chordes harmoniques, & la raison de leur diminution. 160.

III. Si les chordes & les autres corps faisans des tours & retours se reposent aux points de leur reflexion. 163.

IV. Pourquoy la chorde de Luth passe souuent par delà son centre, ou sa ligne de repos sans s'y arrester. 165.

V. Determiner la duree de chaque tour & retour de ladite chorde, & combien elle en fait auant que de se reposer. 166. *Ce nombre de V. est encore repeté à la Proposition qui suit, & les autres vont bien desormais en leur ordre.*

VI. Expliquer la maniere de nombrer les tours & retours de chaque chorde de Luth, de Viole, &c. & où finit la subtilité de l'œil & de l'ouye. 169.

VII. A quel moment, & en quel lieu des tours ou retours de la chorde se fait le son, & s'il est plus aigu au commencement, qu'à la fin des tremblemens. 171.

VIII. Expliquer les autres differens, & les differentes forces de chaque tour, ou retour des chordes. 172.

IX. Determiner toutes les raisons de la longueur des corps auec leurs sons. 174.

X. Plusieurs sons differens estant donnez trouuer les cylindres qui les produisent, & les cylindres estant donnez trouuer leurs sons. *L'on void icy de merueilleuses obseruations.* 175.

XI. De quelle longueur & grosseur doiuent estre les cylindres pour faire des sons dont on puisse discerner le graue & l'aigu ; & pourquoy ils ne gardent

Table des Propositions

pas la raison des chordes. 177.

XII. Donner la difference des sons faits par les metaux, les bois, & les pierres. 181.

XIII. Donner les differentes pesanteurs de toutes les differentes especes de bois qui ont serui à nos obseruations. 182.

XIV. L'on peut sçauoir la longueur des chordes, & la difference de leurs sons par la difference des poids tendans lesdites chordes; & la difference desdits poids par la difference des sons, & par la longueur des chordes. 184.

XV. Determiner pourquoy il faut vn plus grand poids, ou vne plus grande puissance pour mettre la chorde double en longueur à l'Vnisson, que pour y mettre le double en grosseur; & si l'Vnisson tesmoigne vne égale tension en toutes sortes de chordes. 189.

XVI. Quelle est la force des chordes & 'es autres cylindres paralleles à l'horizon; quelle est la raison de leurs longueurs à leurs forces, & quelle est la difference de leurs forces consideress selon les differentes dispositions que les cylindres, ou parallelepipedes peuuent receuoir. 193.

XVII. Le graue des sons est dautant plus grand que les corps d'où ils viennent sont moins cassans, & que leurs parties sont mieux liees ensemble, pourueu qu'il n'y arriue point d'empeschement. *Où l'on void beaucoup de choses des principes de la Chymie.* 198.

XVIII. La densité & la rareté des corps est, ce semble, cause que leurs sons sont differens quant au graue & à l'aigu. *Où il est encore parlé des principes de la Chymie, & de ceux de la dureté & pesanteur des corps.* 201.

XIX. Expliquer les differentes qualitez des corps qui font le son plus graue, ou plus aigu, plus clair ou plus sourd, & plus foible ou plus fort, &c. 204.

XX. Expliquer plusieurs particularitez des corps tombans, & de la vitesse de leur cheute. 205.

XXI. Expliquer les mouuemens du poids attaché à vne chorde, & leurs circonstances & vtilitez. 208.

XXII. Determiner les iustes mesures des lignes vocales de l'Echo, & les vtilitez que l'on en peut deduire pour la Philosophie & pour les Mechaniques. 213.

XXIII. Expliquer plusieurs circonstances & proprietez des mouuemens tant naturels que violens, soit obliques ou perpendiculaires; où l'on void l'examen des pensees & des experiences de Galilee sur ce sujet. 221.

XXIV. Expliquer plusieurs conclusions tirees de tout ce troisiesme liure. 226.

Trois Propositions du Traité Mechanique.

I. Estant donné vn plan incliné à l'horizon, & l'angle d'inclination estant conneu, trouuer vne puissance, laquelle tirant ou poussant par vne ligne de direction parallele au plan incliné, soustienne vn poids donné sur vn mesme plan. 7. *Notez que deuant cette Proposition l'on trouue cinq Axiomes & vn Scholie, qu'il faut entendre.*

II. Quand la ligne de direction par laquelle vne puissance soustient vn poids sur vn plan incliné, n'est pas parallele au mesme plan, l'inclination du plan estant donnee & le poids, trouuer la puissance. 13. *Où il faut voir les quatre Scholies suiuans.*

de l'Harmonie Vniuerselle.

III. Estant donné vn poids soustenu par deux chordes, ou par deux appuys, dont la position soit donnee, trouuer quelle puissance il faut à chaque chorde, ou à chaque appuy. 21. Où il faut aussi voir les neuf Scholies qui suiuent.

Les cinquante trois Propositions du liure de la Voix.

Les Imprimeurs ont mal mis au titre des pages, de l'harmonie vniuerselle, iusques à l'onziesme page. Voyez la Preface.

I. La vertu motrice de l'ame, est la principale, & la premiere cause de la Voix des animaux, & a son siege dans les tendons. 1.

II. De tous les muscles du corps ceux de la poitrine & du larynx contribuent plus immediatement à la Voix. 3.

III. La glotte est la cause la plus prochaine de la Voix. 4.

IV. Les muscles, & les nerfs du larynx seruent à former la voix graue & aiguë. 6.

V. La voix est le son que faict l'animal par le moyen de l'artere vocale, du larynx, de la glotte & des autres parties qui contribuent à la former, auec intention de signifier quelque chose. 7.

VI. Les voix des hommes sont aussi differentes que leurs visages, de sorte que l'on peut se distinguer les vns des autres par la voix; & establir la Phtongonomie, ou Phoniscopie pour les voix, comme la Physionomie pour les visages. 8.

VII. La voix des animaux sert pour signifier les passions de l'ame, mais elle ne signifie pas tousiours le temperament du corps. 8.

VIII. La voix des animaux est necessaire, & celle des hommes est libre. 10.

IX. La voix est la matiere de la parole, & n'y a que le seul hôme qui parle. 10.

X. Determiner si l'homme pourroit parler ou chanter s'il n'auoit iamais ouy de paroles, ny de sons. 11.

XI. Supposé que l'on nourrist des enfans en vn lieu où ils n'entendissent point parler, à sçauoir de quel idiome ils vseroient pour parler entr'eux. 11.

XII. Determiner si l'on peut trouuer le meilleur idiome de tous ceux qui peuuent exprimer les pensees de l'esprit. 12. *Voyez la 47. Proposition de ce liure.*

XIII. Combien l'homme peut faire de sortes de sons auec la bouche, & les autres organes de la voix & de la parole. 13.

XIV. Si la nature n'auoit point donné les voix qui expriment les passions, à sçauoir si l'on pourroit inuenter les mesmes dont elle vse, ou de plus conuenables. 14.

XV. L'on peut chanter la Musique Chromatique & l'Enharmonique, & faire le ton maieur & le mineur, & mesme le Comma en tous les endroits où l'on voudra. 16.

XVI. Expliquer comme se faict le graue & l'aigu de la voix. Où les questions d'Aristote sur ce suiet sont expliquees. 17.

XVII. S'il est plus aysé de conduire la voix du son graue à l'aigu, que de l'aigu au graue. 22.

XVIII. A sçauoir s'il est plus aysé de chanter par degrez conioints, que par degrez separez ou disioints. 27.

XIX. Determiner si l'on peut cognoistre asseurément quel est le graue, ou l'aigu du son que l'on oyt. 27.

Table des Propositions

XX. L'on peut apprendre à bien parler, & prononcer par le moyen de la Musique. 28.

XXI. Expliquer comme la voix s'augmente ou s'affoiblit. 29.

XXII. Determiner si vn seul homme peut chanter deux ou trois parties differentes en mesme temps, & s'il peut monter ou descendre plus haut par quelque sorte d'artifice qu'il ne fait ordinairement. 31.

XXIII. Comme il faut bastir les sales, ou galleries pour ouyr à l'vne des extremitez tout ce qui se dit à l'autre, bien qu'elles soient fort longues, & que les voix soient bien foibles : où l'on void la raison du cercle à l'ellipse, dont les mesures sont expliquees. 32.

XXIV. Comme il faut mesurer l'Ellipse, dont le grand diametre est égal au demi diametre du firmament, & toute autre Ellipse proposee. 32.

XXV. En quel lieu du plus grand diametre de l'Ellipse se rencontrent ses foyers ausquels les rayons du son, & de la lumiere se reflechissent, lors qu'ils viennent de l'vn ou l'autre desdits foyers. 34.

XXVI. Les deux *focus* de l'Ellipse, & l'vn de ses diametres estant donnez, trouuer l'autre diametre; & ses deux diametres estant donnez trouuer ses deux *focus*. 35.

XXVII. Comme les Architectes doiuent bastir les edifices pour ayder les sons : où l'on void que les artisans ne tracent pas l'Ellipse, quand ils descriuent leur Ouale. 35.

XXVIII. Expliquer d'autres manieres qui seruent à descrire l'Ellipse. 36.

XIX. Descrire la Parabole pour ramasser les voix en vn mesme lieu. 37.

XXX. Descrire toutes sortes d'Hyperboles pour le mesme suiet. 39.

XXXI. Expliquer les termes des sections Coniques qui peuuent seruir aux Architectes, & qui sont necessaires pour entendre leurs proprietez. 39.

XXXII. Par quels organes se font les passages, & les fredons de la Musique. 40.

XXXIII. A sçauoir si la parole est plus excellente que le chant, & en quoy ils different. 41.

XXXIV. A sçauoir si la methode Françoise de chanter est la meilleure de toutes les possibles. 42.

XXXV. Quels sont les vices de la voix, & si l'on peut faire chanter la Musique à vne voix mauuaise & inflexible, comme estoit celle de Louys XII. *Voyez* la 45. *Prop. du 6. liure de la Composition, qui donne les qualitez d'vne bonne voix.*

XXXVI. Les remedes pour guarir les vices de la voix, & pour la conseruer. 45.

XXXVII. Comme l'on peut apprendre à chanter par toutes sortes de degrez & d'interualles sans Maistre. 46.

XXXVIII. Comme les oyseaux apprennent à chanter & à parler, & s'ils en reçoiuent quelque plaisir. 47.

XXXIX. Pourquoy tous les oyseaux ne parlent pas; pourquoy nul animal quadrupede ne parle; si leurs voix leur seruent de parole, & s'il y a moyen de l'entendre. 49.

XL. Comme le serpent d'Eden, & l'asnesse de Balaan ont parlé, & de quelle maniere parlent Dieu ou les Anges. 53.

XLI. Comme ceux qui contrefont les esprits, & qui semblent estre fort éloignez lors qu'ils parlent, forment les dictions. 54.

XLII. A sçauoir si les Sibilots precedens offencent Dieu, & s'ils doiuent estre recher-

de l'Harmonie Vniuerselle.

recherchez par la Iustice. 55.

XLIII. De quels mouuemens l'on doit remuer la langue, ou les autres organes de la parole pour former les voyelles, les consones & les syllabes. 56.

XLIV. Pourquoy quelques-vns parlent du nez; s'il y a moyen d'y remedier, & quels sons l'on peut faire auec le nez. 59.

XLV. A sçauoir si les differens climats sont cause des differentes voix & manieres de parler. 60.

XLVI. Si l'on peut cognoistre le temperament, les affections & passions des hommes par la voix, & par les differentes manieres de parler, & d'où vient le Ris. 61.

XLVII. L'on peut inuenter le meilleur idiome de tous les possibles : lequel est icy expliqué. 65.

XLVIII. Combien il y a de dictions possibles & prononçables, soit que l'on vse des lettres Françoises, ou des Grecques, Hebraiques, Chinoises, &c. & par consequent donner tous les idiomes possibles. 70.

XLIX. A sçauoir si l'on doit donner vn seul, ou plusieurs noms à chaque indiuidu, & s'il y a plus de choses que de dictions : & ce qui rend vn idiome plus excellent que l'autre. 72.

L. Determiner si les sons de la voix peuuent auoir vne telle conuenance auec les choses signifiees que l'on puisse former vne langue naturelle. 75.

LI. A sçauoir si ceux qui n'ont point de langue peuuent parler; & si l'on peut faire parler les muets, & les enseigner à lire & à escrire lors qu'ils sont sourds. 77.

LII. Comme l'oreille apperçoit le son ; ce que c'est que l'action de l'ouye ; & si c'est elle ou l'esprit qui discerne & cognoist le son. 79.

LIII. A sçauoir si l'oreille se trompe plus ou moins souuent que l'œil, ou s'il se faut plus fier à l'ouye qu'à la veuë. Où les manieres de tromper l'oreille, & de corriger ces erreurs sont expliquees. 81. & où l'on void le *Benedicite* en vers excellens.

Les 27. Propositions du liure des Chants.

I. Le Chant, ou l'Air est vne deduction de sons par de certains degrez & interualles naturels ou artificiels agreable à l'ouye ; laquelle signifie la ioye, la tristesse, ou quelqu'autre passion par sa melodie & ses mouuemens. 89.

II. Le Chant est vne suitte de sons arrangez suiuant les regles prescrites par les Musiciens, par lesquels on exprime les passions de l'ame, ou celles du sujet. 92.

III. A quel moment le son commence d'estre Chant. 93.

IV. Expliquer les especes d'Airs, ou de Chants dont vsent les Musiciens ; & donner des exemples des Chants d'Eglise. 94.

V. A sçauoir si l'on peut prescrire des regles infaillibles, selon lesquelles on fasse de bons Chants sur toutes sortes de suiets ; & si les Musiciens en ont quand ils composent des Airs. 97. *Voyez le sixiesme liure de la Composition qui sert à cela.*

VI. De quelles regles on doit vser pour faire de bons Chants : & en quoy les sons & les Chants sont semblables aux couleurs. 98.

VII. S'il est possible de composer le meilleur Chant de tous ceux qui se peu-

Table des Propositions

uent imaginer; & si estant composé il se peut chanter auec toute la perfection possible. 103.

VIII. La regle ordinaire des Combinations enseigne le nombre des Chants qui se peuuent faire de tel nombre de sons differens, lors que l'on retient tousiours le mesme nombre, & que l'on ne repete nul son deux, ou plusieurs fois. 107. *Où l'on void vne table numerique depuis vn iusqu'à la Combination de 64.*

IX. Donner tous les 72. Chants qui se peuuent faire des six notes vulgaires de la Musique *vt, re, mi, fa, sol, la*, ou de six autres notes telles qu'on voudra, en prenant tousiours le mesme nombre de notes en chaque Chant. 110.

X. Combien l'on peut faire de Chants de tel nombre de notes qu'on voudra, lors qu'il est permis d'vser de deux, trois, ou quatre notes semblables, &c. & que l'on retient tousiours le mesme nombre des mesmes notes dont on compose ces Chants. 129. *De là vient l'Air de faire les Anagrammes Où l'on void vne table numerique de tous les Chants de neuf notes.*

XI. Combien l'on peut faire de Chants differens d'vn certain nombre de notes prises dans vn autre nombre plus grand, lors qu'elles sont toutes differentes, soit que l'on obserue l'ordre des lieux differens, ou que l'on n'en vse pas; & lors qu'il est permis de les prendre deux à deux, trois à trois, ou quatre à quatre, &c. 131. *Où l'on void vne table fort subtile & vtile, & vne autre de la progreßion Geometrique depuis vn iusques à 22. dont le reste e 23 à 64. est en la seizießme Proposition.*

XII. Combien l'on peut faire de Chants differens d'vn nombre de notes prises en tel autre nombre que l'on voudra, soit qu'on les prenne toutes differentes dans vn mesme nombre, ou toutes semblables; ou parties differentes & parties semblables. 135.

XIII. Vn Chant estant donné trouuer le rang & l'ordre qu'il tient entre tous les Chants possibles dans vn nombre determiné de notes. 136.

XIV. Comme il faut lire toutes les sortes de lettres & de dictions en quelque langue, ou idiome que ce soit, lors qu'elles sont escrites par nombres, ou autres caracteres seruans de nombres: & comme l'on peut chanter toutes sortes d'Airs, & de notes signifiees par toutes sortes de nombres donnez. 140.

XV. Trouuer le rang & le lieu d'vn Chant donné de tant de notes que l'on voudra, entre ceux qui peuuent estre faits d'vn nombre égal de notes prises en vingt-deux. 141.

XVI. Vn nombre estant donné, trouuer le Chant ou la diction qui tient le mesme rang entre les Chants ou dictions, qui ont vn nombre égal de notes ou de lettres. 142. *Où l'on void deux tables numeriques de la progreßion Geometrique depuis 23 iusques à 64. & celle des Varietez de douze notes prises en 36.*

XVII. Determiner le nombre des Chants qui se peuuent faire de tel nombre de notes que l'on voudra, lors qu'on les prend dans vn plus grand nombre de notes (par exemple, lors qu'on en prend huit dans les 22. notes du Trisdiapason) & qu'il est permis de repeter dans lesdits Chants les mesmes notes deux, trois, ou plusieurs fois. 146. *Où l'on void vne table de nombres ingenieuse & vtile.*

XVIII. Determiner le nombre des Chants qui peuuent estre faits d'vn nombre de notes, lors qu'il y en a de differentes, qui sont semblables, comme

de l'Harmonie Vniuerselle.

quand on met deux fois *vt*, & deux fois *re*, & deux fois *mi*; ou quatre fios les vnes & les autres. 148.

XIX. Determiner le nombre des Chants que l'on peut faire de tel nombre de notes que l'on voudra, en variant les temps, ou la mesure d'vne ou de plusieurs, ou de toutes les notes. 149. *Où l'on void vn exemple de 256. Chants faits des quatre notes differentes du Tetrachorde.*

XX. Determiner en combien de façons differentes deux, ou plusieurs voix peuuent chanter vn *Duo*, ou vne autre piece de Musique. 152.

XXI. Sçauoir si l'on peut determiner quel est le meilleur Chant, & le plus doux de plusieurs Chants proposez, par exemple des 24. d'vn Tetrachorde. 154. *Lesquels on void icy.*

XXII. Comme il faut composer les Chansons & les dances, pour estre les plus excellentes de toutes les possibles: & si l'on peut disposer les balets en telle sorte que l'on apprenne toutes les sciences en dançât, ou en voyant dancer. 158. *Où l'on void le Te Deum laudamus mis en vers.*

XXIII. Expliquer & descrire toutes les especes d'Airs, de Chants, & de Dances dont on vse en France, auec les exemples. 163.

XXIV. Expliquer toutes les especes de Branles dont on vse maintenant aux bals & balets. 167.

XXV. Expliquer les Dances & les mouuemens Rythmiques des balets ordinaires, & particulierement la Canarie, la Bocanne, la Courante à la Royne, la Boëmienne, & la Moresque. 170.

XXVI. Determiner si les Chansons tristes & languissantes sont plus agreables que les gayes. 172.

XXVII. Expliquer tous les mouuemens dont on vse dans les Airs François, particulierement dans les Balets, auec vn exemple; & quant & quant les pieds ou mouuemens Rythmiques. 177.

Propositions 40. du liure des Consonances.

La Preface contient sept ou huict choses fort considerables qu'il faut lire: & la plusparts *des Corollaires qui suiuent les Propositions contiennent plusieurs excellentes moralitez.*

I. Determiner s'il y a des Consonances & Dissonances dans la Musique, & quelles elles sont. 1.

II. Determiner la difference qui est entre le Son & l'Vnisson; & quelle est l'origine de l'Vnisson. 5.

III. Expliquer en quelle maniere le Son prend son origine de l'Vnisson. 7.

IV. Determiner si l'Vnisson est Consonance; & s'il est plus doux & plus agreable que l'Octaue. 10. *Où l'on void plusieurs belles moralitez pour les Predicateurs & les personnes deuotes.*

V. L'Vnisson est la conionction ou l'vnion de deux, ou plusieurs sons, qui se ressemblent si parfaitement que l'oreille les reçoit comme vn seul son; & est la plus puissante de toutes les Consonances. 23. *Voyez les moralitez pour éleuer l'esprit à Dieu.*

VI. Expliquer la raison & la cause du tremblement des chordes qui sont à l'Vnisson. 26. *Voyez d'excellentes eleuations d'esprit à la deuotion.*

VII. A sçauoir si la raison d'inegalité vient de celle d'égalité, & les Consonan-

Table des Propositions

ces de l'Vniſſon, comme de leur origine. 30. *Voyez les eleuations à Dieu.*

VIII. A ſçauoir ſi les moindres raiſons, & les moindres interualles Harmoniques viennent des plus grands, ou au contraire. 34.

IX. Determiner ſi l'accord, dont la raiſon eſt de deux à vn, eſt bien nommé *Octaue*, ou ſi l'on doit pluſtoſt l'appeller autrement, par exemple, *Diapaſon*. 39.

X. Determiner ſi la raiſon de l'Octaue eſt double, quadruple, ou octuple. 43.

XI. D'où l'Octaue prend ſon origine, & ſi elle vient du Son ou de l'Vniſſon. 47.

XII. L'Octaue eſt la plus douce & puiſſante de toutes les Conſonances, apres l'Vniſſon, encore qu'elle en ſoit la plus éloignée. 49.

XIII. Pourquoy les chordes qui ſont à l'Octaue ſe font trembler & ſonner; combien celles de l'Vniſſon ſe font trembler plus fort que celles de l'Octaue : combien celles qui ſont touchees tremblent plus fort que celles qui ne le ſont pas : & combien l'Vniſſon eſt plus doux que l'Octaue. 52.

XIV. L'Octaue multipliee iuſqu'à l'infini ne change point ſon moindre terme. 55.

XV. Pourquoy de toutes les Conſonances doublees ou multipliees, il n'y a que la ſeule Octaue qui demeure Conſonance. 58. *Où l'on void la maniere de multiplier les raiſons & accords.*

XVI. La premiere & plus ayſee diuiſion de l'Octaue produit la Quinte, la Quarte, la Douzieſme & la Quinzieſme. 60.

XVII. La Quinte, dont la raiſon eſt de trois à deux, eſt la troiſieſme des Conſonances : mais eſtant doublee ou multipliee elle deuient Diſſonance. 60.

XVIII. Toutes les repliques ou repetitions de la Quinte ſont agreables, dont la premiere eſt de trois à vn, & la ſeconde de ſix à vn, & ainſi des autres, dont le moindre terme demeure touſiours. Il eſt auſſi determiné de combien la Quinte eſt moins douce que l'Octaue. 61.

XIX. Determiner ſi la Quinte eſt plus douce & plus agreable que la Douzieſme. 62.

XX. Determiner ſi le Diapente eſt plus doux & plus puiſſant que le Diapaſon. 66.

XXI. La chorde eſtant touchee fait trembler celle qui eſt à la Quinte, mais elle fait trembler plus fort celle qui eſt à la Douzieſme. 67.

XXII. Le Diateſſaron eſt la quatrieſme Conſonance, dont les ſons ont leur raiſon de quatre à trois. 67.

XXIII. La Quarte vient de l'Octaue ou de la ſeconde biſſection d'vne chorde, & ſa raiſon peut auſſi bien eſtre appellee ſouz-ſeſquitierce que ſeſquitierce. 68.

XXIV. On trouue le Diateſſaron ſur vne meſme chorde diuiſee en ſept parties égales, en mettant le cheualet à la quatrieſme partie. 69.

XXV. Determiner ſi la Quarte doit eſtre miſe aux nombres des Conſonances. 70.

XXVI. Combien le Diapente eſt plus doux que le Diateſſaron ; & pourquoy celuy-cy n'eſt pas ſi bon contre la Baſſe que celuy-là. 72.

XXVII. La Quarte eſt ſi ſterile qu'elle ne peut rien produire de bon, ny par ſa multiplication ny par ſa diuiſion. 74.

XXVIII. Le Diton & Seſquiditon viennent de la troiſieſme biſſection d'vne

de l'Harmonie Vniuerselle.

chorde, c'est à dire de la premiere diuision de la Quinte, car la raison de celuy-là est de cinq à quatre, & de celuy-cy de six à cinq. 75.

XXIX. Determiner si les deux Tierces precedentes sont Consonances, & combien la maieure est plus douce que la mineure. 76.

XXX. Determiner si les Tierces & leurs Repliques sont plus douces que la Quarte & ses repetitions. 76.

XXXI. Determiner si les deux Sextes, dont la maieure est de cinq à trois, & la mineure de huit à cinq, sont Consonances. 78.

XXXII. Expliquer combien les Hexachordes precedens sont plus ou moins agreables que les Tierces. 79.

Corollaire. *Pourquoy la Quarte n'est pas si bonne contre la Basse, que les Tierces ou les Sextes.* 81.

XXXIII. Pourquoy il n'y a que sept ou huit simples Consonances. 82. *Voyez les moralitez.*

XXXIV. Determiner en combien de manieres chaque Consonance & raison peut estre diuisée : comme se trouue le milieu Arithmetic, Harmonic & Geometric, & quelles sont leurs differences & leurs proprietez. 90.

XXXV. Donner toutes les diuisions Arithmetiques & Harmoniques de toutes les Consonances qui sont dans l'estenduë de quatre Octaues, qui font la Vingt-neufiesme du Clauier des Epinettes ; & toutes les manieres de composer à trois, quatre, ou plusieurs autres parties, dont on vse sur chaque syllabe. 93.

XXXVI. Demonstrer que la plus douce & la meilleure diuision des Consonances n'est pas Harmonique, comme l'on a creu iusques à present, mais Arithmetique : & que cette diuision est cause de la douceur desdites diuisions. 97.

XXXVII. Deux ou plusieurs diuisions d'vne Consonance estant donnees, determiner combien l'vne est plus douce que l'autre ; & quelle est la meilleure diuision de chaque Consonance, si l'on considere toutes les raisons qu'elle peut souffrir selon les loix de la Musique. 99.

XXXVIII. Expliquer ce que suppose chaque Consonance dessus ou dessous, pour faire de bons effets, c'est à dire ce qui se presente à l'imagination pour satisfaire parfaitement à l'ouye, lors qu'on touche quelque Consonance sur vn Instrument, ou qu'on la fait auec les voix. 102.

XXXIX. Expliquer par les notes, pratiques ce qui a esté monstré par nombres ; & les vrayes raisons des suppositions. 103.

XL. Donner les termes radicaux des cent premieres Consonances & des cinquante premieres Dissonances. 106.

Propositions 14. du liure des Dissonances.

I. Determiner s'il y a des Dissonances, & si elles sont necessaires à la Musique. 113.

II. Expliquer tous les Demitons & les Dieses, dont on vse dans la Musique consideree en sa plus grande perfection. 114.

III. Expliquer les raisons des simples Dissonances qui seruent à la Musique. 118.

IV. Les Dissonances peuuent estre diuisées Arithmetiquement, Harmoni-

Table des Propositions

quement & Geometriquement, aussi bien que les Consonances. 121.

Corollaire. *Les Dissonances seruent à l'harmonie, bien qu'elles n'y entrent que par accident.* 122.

V. Combien le ton mineur & le maieur contiennent de commas, & en quel sens on peut dire que le mineur est plus grand que neuf commas. 123.

VI. Determiner combien l'Octaue a de commas. 125.

VII. Si la fausse Quinte surpasse le Triton, & de combien : où plusieurs degrez & interualles qui seruent pour comprendre le genre Diatonic, sont expliquez. 126.

VIII. Si le Triton surpasse dauantage la Quarte, que la Quinte ne surpasse le Semidiapente. 127.

IX. Deux Tierces mineures, qui se peuuent prendre au mesme lieu que le Semidiapente, à sçauoir du *mi d'e mi la*, au *fa* de *b fa*, ou de ♯*mi* en F*fa*, sont plus grandes d'vn comma maieur que la fausse Quinte : par consequent elles surpassent dauantage le Semidiapente, qu'il ne surpasse le Triton. 128.

X. Determiner si les Dissonances sont aussi desagreables que les Consonances sont agreables : où l'on void pourquoy la douleur est plus sensible que la volupté. 129.

XI. Expliquer les interualles Harmoniques consonans & dissonans qui ne peuuent s'exprimer par nombres. 132.

XII. De quels endroits les poids doiuent tomber pour faire telles proportions, & accords ou discords que l'on voudra, lors qu'ils se rencontreront vis à vis les vns des autres. 134.

XIII. Demonstrer qu'il n'y a nulle difficulté dans la Theorie de la Musique, & que tout ce qui y est se fait par la seule addition, ou soustraction des battemens d'air : où l'on void en quoy les sons ressemblent à la lumiere. 137.

XIV. Donner le sommaire de tout ce qui a esté dit dans le liure des Consonances & des Dissonances. 139.

Propositions 20. *du liure des Genres, Systemes & modes Harmoniques.*

I. Expliquer en quoy consiste le genre Diatonic, ses especes, & celle dont on vse maintenant : en quoy consiste l'eschelle de Guy Aretin, & quels sont les Tetrachordes des Grecs. 141.

II. A sçauoir si les degrez Diatoniques sont plus naturels & plus aysez à chanter que ceux du Chromatic & de l'Enharmonic. 147.

III. Les raisons des degrez Diatoniques se peuuent expliquer par la longueur des chordes, & par le nombre de leurs battemens. L'on void où il faut mettre le ton mineur & le maieur. 150.

IV. Expliquer les Genres Diatonic, Chromatic & Enharmonic si clairement que tous les Musiciens le puissent aysément entendre, & s'en seruir dans leurs Compositions. 153.

V. Expliquer l'vsage de l'Octaue qui contient les trois Genres susdits. 155.

VI. Expliquer le mesme Systeme ou Diapason en le commençant par C *sol vt*. 157.

VII. L'on peut commencer chaque note de Musique sur chaque degré Diatonic des deux Systemes precedens, afin de transposer toutes sortes de tons sur le Clauier de l'Orgue disposé selon le Diapason. 161.

de l'Harmonie Vniuerselle.

VIII. Expliquer l'vtilité des deux Systemes precedens, & l'origine de tous leurs interualles. 162.

IX. Expliquer les degrez du Systeme de 25. chordes & de 24. interualles à l'Octaue qui contient les 3. Genres, suiuant la pensée de Salinas. 163.

X. Asçauoir s'il manque quelque chorde ou degré dans la figure de la prop. precedente, ou dans les Systemes de la 5. & 6. prop. & si l'on y doit adiouster quelques degrez pour perfectionner la Musique. 166. *Où l'on void l'Octaue diuisee en 32. sons.*

XI. Expliquer le Systeme de Fabius Colomna, qu'il diuise en 59. sons, ou 38. interualles; & quant & quant le monochorde dont il vse, & toutes ses diuisions. 167.

XII. Expliquer le Systeme le plus simple, & le plus aisé de tous ceux dans lesquels on peut commencer toutes sortes de notes & de pieces de Musique, transposees sur telle chorde ou à tel ton qu'on voudra; & quant & quant le Systeme Enharmonique, ou le meslé des 3. Genres. 170.

XIII. Expliquer le Genre Diatonic, le Chromatic, & l'Enharmonic, & le Genre commun des Grecs, dans leur simplicité. 172.

XIV. Expliquer toutes les especes de Quartes, de Quintes, & d'Octaues, dont on peut vser dans le Genre Diatonic. 176.

XV. Que l'on peut establir plus de 7. especes d'Octaues dans la Musique. 180.

XVI. Expliquer les 12. modes des Praticiens, & monstrer que l'on en peut mettre 72. 181.

XVII. Determiner quels ont esté les modes des anciens. 185.

XVIII. Expliquer la force & les proprietez de chaque ton, & des modes, & la maniere de connoistre de quel mode ou ton est vn Chant-donné; & monstrer qu'il n'y a que 7. modes ou tons differens. 187.

XIX. Determiner si l'on peut reduire les tons & les modes au b quarre, & au b mol; & monstrer de chanter sans autre muance que celle de ces deux clefs. 190. *Voyez les deux premieres propos. du 6. Liure de la composition, où il est enseigné à chanter sans muances.*

XX. Determiner si les 7. especes d'Octaues, & les 12. modes se trouuent dans le Genre Cromatic, & dans l'Enharmonic. 194.

Propositions 28. du 4. Liure de la Composition.

I. Determiner si les simples recits, qui se font d'vne seule voix, sont plus agreables que lors qu'on chāte la mesme chose à 2. ou plusieurs parties. 197.

II. Determiner si la Chanson à trois parties est plus agreable qu'à deux. 201.

III. Determiner si la Basse est le fondement & la principale partie de la Musique, & pour quelles raisons. 207.

IV. Expliquer combien il y peut auoir d'autres parties de Musique en quoy consiste la Taille, la Hautecontre, & le Dessus, & quelle est la plus excellente partie des quatre. 211. Corollaire. *De la Musique des Platoniciens.*

V. Toutes les manieres de passer d'vne consonance à l'autre se peuuent rapporter aux principaux mouuemens qui seruent à la composition, à sçauoir au mouuement conioint, se fait par degrez conioints, disioints, semblables & contraires. 216.

VI. Quand l'vne des parties tient ferme, & continuë le mesme son, l'autre

Table des Propositions

partie peut se mouuoir par tels degrez que l'on voudra, bien qu'ils soient dissonans, pourueu que l'on ne s'arreste pas sur ces degrez dissonans, & qu'on les fasse seulement seruir pour passer aux Consonances. Mais si l'vne des parties discontinuë le son, bien qu'elle soit tousiours à l'Vnisson, en reprenant le mesme son, l'autre partie ne peut aller par toutes sortes de degrez. 218.

VII. Determiner en general pourquoy tous les passages qui se peuuent faire d'vne Consonance à vne autre, ne sont pas bons; & pourquoy les vns sont plus agreables que les autres. 219.

VIII. Comme il faut trouuer toutes les relations tant exterieurs qu'interieurs, qui se rencontrent dans les passages d'vne consonance à l'autre, afin de rechercher la raison pourquoy l'vn est bon & l'autre mauuais. 219.

IX Expliquer deux autres manieres qui seruent pour trouuer les relations internes des passages d'vne Consonance à l'autre. 231.

X. Expliquer en combien de manieres on peut passer d'vne consonance à l'autre de differente espece par mouuemens contraires, conioints, ou disioints: où l'on void les passages vsités & non vsités, les bons & les mauuais. 232.

XI. Determiner pourquoy les deux derniers passages de la premiere table, & le premier de la seconde & troisiesme table sont bons ou mauuais: où l'on void pourquoy le passage de la Tierce majeure à l'Vnisson, n'est pas si bon que celuy de l'Vnisson à la Tierce maieure. 238.

XII. Determiner si le troisiesme passage de la premiere table est bon; dont on vse pour passer de la Tierce maieure à l'Vnisson par le degré Chromatic, & par la Tierce mineure : & pourquoy l'on peut passer à telle Consonance qu'on veut en quittant l'Vnisson. 240.

XIII. Determiner si les 4. 5. & 6. passages de la premiere table par lesquels on va de la Quarte à l'Vnisson, sont permis. 241.

XIV. Determiner s'il est permis de passer de la Quinte à l'Vnisson par la 7. & 8. maniere de la premiere table. 241.

XV. De 2. manieres de la Tierce mineure d'aller à l'Vnisson par mouuemens semblables disioints, dont l'vn a sa Basse, qui fait la Quinte en descendant, & le dessus la Tierce majeure, & l'autre a sa Basse qui fait-là la Tierce majeure en montant, & son dessus fait la Quinte, determiner quelle est la meilleure. 243.

XVI. Pourquoy plusieurs passages d'vne Consonance à l'autre ne sont pas bons, encore qu'ils n'ayent point de mauuaises relations internes : & pourquoy il n'est pas permis de passer de la Tierce majeure à l'Vnisson, comme il est permis de passer de l'Vnisson à la Tierce majeure. 244.

XVII. Expliquer la tablature vniuerselle des raisons Harmoniques, dont on peut composer toutes sortes de pieces de Musique à 2. 3. 4. & tant de parties que l'on voudra. 245.

XVIII. Expliquer 2. autres sortes de tablature qui peuuent seruir pour entendre la Theorie en chantant. 250.

XIX. Expliquer toutes les especes de characteres propres pour chanter la Musique, & monstrer comme les Iuifs, Arabes, Armeniens, Samaritains, & autres nations se peuuent conformer à nostre maniere d'escrire & de chanter la Musique. 251.

XX. Expliquer les figures, & la valeur des notes & autres characteres harmoniques de l'Europe. 255. XXI.

de l'Harmonie Vniuerselle.

XXI. Expliquer la maniere de chanter toutes sortes de Duos à simple contrepoint, ou note contre note, & les regles qu'il faut obseruer en cette sorte de Composition. 256. Où l'on void 3. ou 4. regles fondamentales de la Composition. 256.

XXII. Donner la maniere de composer des Duos note contre note : où l'on void la vraye intelligence des regles de la Composition. 262.

XXIII. Considerer trois autres Duos, & tout ce qui est necessaire pour en composer tant qu'on voudra. 264.

XXIV. Monstrer que l'on peut vser de quelques Dissonances dans les Duos à simple contrepoint, & la maniere de composer des Trios note contre note. 267.

XXV. Donner l'idée Theorique de l'Examen des Trios precedens. 269.

XXVI. Expliquer les autres parties de la Composition, & leurs proprietez, & comme l'on doit composer à quatre parties. 272.

XXVII. Expliquer la maniere de composer à cinq parties note côtre note, & par consequent à trois & à quatre parties. 276.

XXVIII. Considerer deux Compositions à six parties, faites par Eustache du Caurroy. 279.

Propositions 12. du 5. liure de la Composition.

I. Expliquer ce qui appartient au contrepoint figuré, & donner des exemples des douze Modes. 283.

II. Expliquer la pratique des Dissonances. Où l'on void particulierement les exemples de la seconde, & de la neufiesme : Or les Imprimeurs ayant tousiours manqué depuis la page 191. qu'ils ont mis au lieu 291. iusques à la page 323. qui commence à estre bien, ie marqueray les propositions selon que doiuent estre les nombres, & non suiuant leur erreur.

III. Expliquer vne certaine espece de syncope Harmonique, que les Praticiens n'appellent pas syncope. 294. Mais le Corollaire de la 5. proposition donne des exemples des vrayes syncopes.

IV. Expliquer la pratique du Triton, du Semidiapente, & de la Septiesme dans les Duos. 195.

V. Donner des exemples de toutes les Dissonances dans les Compositions à 3. & 4. voix, & toutes les manieres possibles d'employer la Quarte. 298.

VI. Expliquer la pratique des Consonances, & la suitte qu'elles peuuent garder entr'elles pour faire des Compositions agreables. 307.

VII. Expliquer les fausses relations, dont les Praticiens condamnent l'vsage. 312.

VIII. Expliquer les Cadences tant parfaites qu'imparfaites, & rompuës, dont on vse en Musique. 315.

IX. Expliquer les Fuques & contrefuques, auec les Guides, Consequences & Imitations, & les Canons. 317.

X. Determiner ce qu'il faut obseruer pour composer excellemment à 3. & 4. parties. 321.

XI. Expliquer la maniere de regler & battre la mesure de Musique en toutes sortes de façons. 324. Voyez la 18. proposition du 3. liure des Instrumens.

XII. Expliquer tout ce qui appartient aux Modes & tons des Grecs & des

¶¶¶

Table des Propositions

Modernes. 325. Et puis on void les fautes de l'impression du 5. & 6. liure, auec quelques aduertissemens fort notables.

Propositions 34. du 6. liure de l'Art de bien chanter.

I. Expliquer vne methode aisée pour apprendre & enseigner à lire & escrire la Musique. 332. *Elle est de l'inuention de Monsieur des Argues.*

II. Expliquer vne autre methode pour apprendre à chanter & à composer sans les notes ordinaires, par le moyen des seules lettres de l'Alphabet, sans muances. 342.

III. Expliquer tous les characteres necessaires pour escrire & composer aisément toute sorte de Musique, soit pour les voix ou pour toutes sortes d'instrumens. 347. *Où l'on void deux cõpositions de du Caurroy à 7. & à 8. parties, note contre note; & la Main parfaite Harmonique de la Gamme.*

IV Apprendre à composer correctement en Musique dans peu de temps. 351.

V. Expliquer la maniere de cognoistre si vne voix est bonne, & les qualitez qu'elle doit auoir. 353.

VI Expliquer la maniere dont on vse pour former les voix à la cadence, & pour les rendre capables de chanter toutes sortes d'Airs. 354. *Où l'on void vn aduertissement pour les Maistres qui enseignent à chanter.*

VII. Expliquer les characteres necessaires pour signifier toutes les particularitez des Airs que l'on desire reciter auec toute sorte de perfection, & la maniere de bien faire les cadences & les tremblemens. 358.

VIII. Expliquer la methode de faire de bons chants sur toutes sortes de sujets & de lettres. 360.

IX. Découurir les industries qui seruent à composer de bons chants. 362. *Où l'on void vn aduertissement particulier pour ce sujet.*

X. Les Accens sont en si grand nombre qu'il est quasi impossible de les expliquer tous. 365.

XI. Les Accents font cognoistre le pays d'où l'on est, & quelquefois le temperament & l'humeur. 366.

XII. L'accent est vne modification de la voix, par laquelle on exprime les passions de l'ame naturellement ou auec artifice. 366.

XIII. Chaque affection de l'ame a ses propres accents, dont elle exprime ses degrez differens. 367.

XIV. L'on ne peut exprimer les Accents des passions sans de nouueaux characteres. 369.

XV. Tous les Accents des 3. passions ont besoin de neuf characteres differens pour estre marquez, à sçauoir de 3. pour les 3. degrez de cholere, & de deux autres ternaires pour l'amour & la tristesse. 370.

XVI. Determiner si ces Accents se peuuent exprimer & faire en chantant la Musique. 371.

XVII. Monstrer l'vtilité que les Predicateurs & autres Orateurs peuuent tirer des Accents de chaque passions. 373.

XVIII. La Rythmique establit & regle les mouuemens, leur suitte & leur mélange pour exciter, augmenter, entretenir, diminuer & appaiser les passions. 374. *Où l'on void 27. exemples des mouuemens ou pieds metriques.*

de l'Harmonie Vniuerselle.

XIX. Reduire toutes sortes de mouuemens en vers, & expliquer pour cet effet la vraye prononciation Françoise des lettres de l'Alphabet. 376.

XX. Expliquer toutes les syllabes qui sont longues, communes, ou briefues, & en donner des regles pour establir la Prosodie Françoise. 381.

XXI. Expliquer tout ce qui conuient aux pieds, & aux vers mesurés, & particulierement à l'Hexametre & Pentametre, Dactiliques, & au Saphique. 384.

XXII. Expliquer les vers Phaleuces, Iambiques, Trochaïque, Alcmenien, & Asclepiadeen. 387.

XXIII. Expliquer les Anapestes, Peoniques, Ioniques maieurs & mineurs, Choriambiques, Antispastiques, & autres. 389.

XXIV. Expliquer les essais que l'on a produit en ce siecle pour establir la Prosodie & la Poësie Metrique Françoise en faueur de la Musique. 393. *Où l'on void vne Ode d'Horace en Musique.*

XXV. Determiner la grande multitude des mouuemens qui se font en changeant les temps, ou des notes d'vne mesure dont on vse en chantant. 396.

XXVI. Expliquer l'vsage de la varieté precedente des mouuemens ou des temps ; & monstrer que les Praticiens abusent des dictions de ternaire & debinaire, lors qu'ils parlent de leurs mesures. 398.

XXVII. Expliquer la Rythmopœie, ou la methode de faire de beaux mouuemens pour toutes sortes de suiets. 401. *Où l'vn void vn excellent branle à mener.*

XXVIII. Donner des exemples de toutes sortes de mouuemens des anciens, & monstrer ceux de nos vers rimez, & l'art de les trouuer en toutes sortes de vers. 406.

XXIX. Donner des exemples de la diminution & de l'embellissement des Chants, & l'art de les orner, & embellir. 410. *Où l'on void des exemples des Sieurs Boësset & Moulinié.*

XXX. Expliquer la maniere de chanter les Odes de Pindare & d'Horace, & de rendre les vers François, tant rimez que mesurez, aussi propres pour la Musique, comme sont les vers des Poëtes Grecs & Latins. 415. *Où l'on void vne Ode de Pindare & vne autre d'Horace en Musique, & vn autre exemple de vers François mesurez.*

XXXI. Expliquer le Mode majeur & le mineur, le temps parfait & imparfait, & la prolation parfaite & imparfaite, auec les propres characteres des Praticiens. 420.

XXXII. Expliquer la maniere de Chāter toutes sortes de mesures sous toutes sortes de temps, sans vser des characteres precedens, & proposer ce qui semble de plus difficile dans la Rythmique des anciens. 423.

XXXIII. Expliquer ce que S. Augustin a de plus particulier dans les six liures de sa Musique Rythmique. 424. *Où l'on void vne excellente Paraphrase du Psalme Super flumina Babylonis, en vers François, & plusieurs remarques pour nos vers mesurez.*

XXXIV. Determiner s'il est à propos d'vser de quelqu'vne des especes du Genre Chromatic, ou Enharmonic des Grecs, pour chanter les vers rimez & mesurez auec autant de perfection comme eux. 438. *Où l'on void l'Octaue diuisee en 24. Dieses Enharmoniques, & les fautes de ce 6. liure, auec quelques autres qu'il faut toutes corriger auant que de lire ces liures, comme i'ay desia dit en plusieurs endroits.*

¶¶¶ ij

Table des Propositions

Propositions 20. du I. Liure des Instrumens.

Où il faut remarquer que les Imprimeurs ont mal mis le tiltre de l'Harmonie vniuerselle aux secondes pages iusques à la cinquiesme.

I. Determiner combien il y a d'especes de sons, & d'instrumens de Musique. 1.

II. Expliquer la matiere & la maniere dōt on fait les chordes des Instrumens. 3.

III. Determiner si l'on a fait les Instrumens Harmoniques à l'imitation des voix, ou si l'on a reglé les interualles des voix par ceux des Instrumens ; & si l'Art peut perfectionner la nature, ou au contraire ; & s'il faut iuger des choses artificielles par les naturelles. 7.

IV. Quel est le plus agreable son de tous les Instrumens, & de quel Instrument l'on doit vser pour regler les interualles Harmoniques. 9. *Où l'on void le Monochorde de Ptolomée.*

V. Demonstrer toutes les diuisions du Monochorde, & consequemment toute la science de la Musique. 16.

VI. Demonstrer que le Monochorde diuisé en 8. parties égales contient toutes les Consonances. 19.

VII. Expliquer la plus simple diuision d'vne chorde, pour luy faire produire les Consonances, & les degrez Diatoniques. 20.

VIII. Expliquer les interualles, tant Consonances que Dissonances qui se treuuent aux residus de la chorde du Monochorde, apres que l'on y a marqué les degrez Diatoniques. 21.

IX. Expliquer toutes les Consonances & les Dissonances du Monochorde & Systeme parfait, soit que l'on compare toute la chorde aux parties qui font les degrez Diatoniques, Chromatiques, & Enharmoniques, ou que l'on compare chaque degré ou son auec la chorde entiere, ou auec son reste. De sorte que le Monochorde & le Systeme Harmonique est icy consideré en toutes les façons qui peuuent seruir à l'Harmonie. 22.

X. Diuiser toutes sortes de chordes, ou lignes droictes, en autant de parties égales que l'on voudra, sans changer l'ouuerture du compas par hazard. 25. *Voyez encore la 17. proposition du 4. liure qui suit.*

XI. Determiner le nombre des Aspects, dont les Astres regardent la terre, & les Consonances ausquelles ils respondent. 27.

XII. Expliquer la figure d'vn Monochorde particulier, & toutes ses diuisiōs. 32.

XIII. Expliquer la difference & la distance d'vne Consonance ou Dissonance à l'autre par le moyen du Monochorde ; & la maniere de diuiser vne mesme chorde moitié par moitié pour faire toutes sortes de Consonances & de Dissonances. 35.

XIV. Expliquer vn autre Monochorde d'égalité, pour diuiser le manche du Luth, de la Viole, du Cistre, & de tous les autres Instrumens touchez en 12 demy-tons égaux, & pour faire le Diapason & l'accord des Epinettes & des orgues. 37. *Voyez la 6. & 7. prop. du 2. liure, & la 9. du 4. liure suiuans.*

XV. Determiner combien les interualles de ce Monochorde d'égalité sont moindres ou plus grands que ceux du Monochorde qui suit les iustes proportions : & si l'oreille en peut apperceuoir les differences. 39.

XVI. Quelle est la force de toutes sortes de chordes, de quelque longueur

de l'Harmonie Vniuerselle.

ou grosseur qu'elles soient; & l'estenduë de leurs sons, depuis le plus graue iusques au plus aigu : & consequemment donner le poids necessaire pour rompre chaque chorde proposée ; & quel est le poids qui donne vne égale tension à toutes sortes de chordes, ou differentes tensions selon la raison donnée. 41. *page verf. Voyez la* 3 *prop. du traitté Mechanique.*

XVII. En quelle raison se diminuent les retours & tremblemens des chordes. 43.

XVIII. Determiner quelle est la dureté des retours ou tremblemens de chaque chorde, & en quelle raison la dureté de l'vne est à celle de l'autre. 45.

XIX. Quelles sont les vtilitez des mouuemens precedens pour la Medecine, les Mechaniques, &c. 45. *page verf.*

XX. Determiner les tours & retours de chaque chorde suspenduë par vn bout & libre de l'autre, auquel vn poids est attaché, & combien elle doit estre plus ou moins longue pour faire ses retours plus ou moins tardifs, selon la raison donnée. 46.

Propositions 17. *du* 2. *liure des Instrumens.*

I. Expliquer la figure, les parties, l'accord, & le temperament du Luth. 45. *Où l'on void deux Instrumens antiques.*

II. Expliquer la construction du Luth & la Pandore : comme il faut les monter en perfection, & comme l'on peut sçauoir si les chordes sont bonnes. 49. *Où l'on void les differentes sortes de nœuds.*

III. Expliquer comme il faut diuiser le manche du Luth, & y mettre les touches pour en iouër en perfection : où l'on void plusieurs remarques des chordes, & de la difference de leurs sons. 53.

IV. Expliquer les Genres & les Especes de Musique, & tout ce que les Grecs ont estably de principal dans leur Musique. 56.

V. Que l'on vse du Systeme d'Aristoxene sur le Luth, & les autres Instrumens, & ce qu'il a de defectueux, & d'auantageux. 58.

VI. Expliquer le temperament du Luth, de la Viole, &c. & monstrer de combien chaque Consonance ou Dissonance est alterée. Où l'on verra les 3. Genres de Musique dans leur perfection. 62.

VII. Que le ton majeur & mineur, l'Octaue, &c. peut-estre diuisé en deux ou plusieurs parties égales ; & par consequent que l'on peut diuiser le Diapason en 12. demitons égaux. Où l'on a les deux moyennes proportionnelles, la duplication du Cube, & les touches de chaque Instrument en leur propre lieu. 65. *Voyez la* 226. *page.*

VIII. Determiner si le Diatonic qui est en vsage est le Synton de Ptolomée, ou celuy de Pythagore, d'Architas, ou d'Aristoxene, &c. Où l'on void les differentes Especes des 3. Genres. 70.

IX. Expliquer la maniere de toucher le Luth en perfection, & de poser chaque main ou doigt comme il faut pour en bien iouër. 76. *Où l'on void les conditions requises pour apprendre à en iouër, la situation de la main droite, celle de la main gauche ; les tremblemens, accents plaintifs, souspirs tant simples que composez, & les traits de la main gauche.*

X. Expliquer les characteres de la tablature, & plusieurs obseruations particulieres. 82. *Où l'on void* 16. *remarques pour iouër du Luth, & vser de son manche en perfection.*

Table des Propositions

XI. Expliquer la maniere d'accorder le Luth en toutes sortes de façons. 86.

XII. Expliquer la tablature du Luth & ses accords, auec des exemples. 89.

XIII. Expliquer la figure, les accords, & la tablature de la Mandore. 93.

XIV. Expliquer les figures, l'accord, les tablatures & les batteries de la Guiterre. 95.

XV. Expliquer la tablature Espagnole, Italienne, Milanoise, & Françoise de la Guiterre. 96. *pag. vers.*

XVI. Expliquer tout ce qui appartient aux Cistres. 97.

XVII. Expliquer la figure & l'accord du Colachon. 99.

27. *Propositions du 3. liure des Instrumens.*

I. Expliquer la matiere, la figure, l'accord & l'vsage de l'Epinette. 101. *Voyez sa construction dans la 22. prop. de ce liure.*

II. Expliquer la figure de l'Epinette, & la science du Clauier parfait & imparfait; & comme il doit estre fait pour iouër dessus dans la parfaite iustesse des Consonances, sans vser du temperament. 107.

III. Expliquer la figure, les parties, le clauier & l'estenduë du Clauecin, auec deux Instrumens antiques. 110. L'on void aussi vne nouuelle forme d'Epinette vsitée en Italie. 113.

IV. Expliquer la figure, la matiere & les parties du Manichordion auec tous ces 49. sons, & auec l'Octaue diuisée en 25. sons. 115.

V. Expliquer trois sortes de Clauiers ordinaires de l'Epinette, auec les interualles que l'on peut faire iustes dessus. 117. & 118.

VI. De quelle longueur & grosseur doiuent estre les chordes d'Epinette pour rendre vne parfaite Harmonie. 120. *Où l'on void deux Tables numeriques pour ce suiet.*

VII. Vn homme sourd peut accorder le Luth, la Viole, l'Epinette, & les autres instrumens à chorde, & trouuer tels sons qu'il voudra, s'il cognoist la longueur & grosseur des chordes. 123. *Où l'on void la tablature des sourds.* 125.

VIII. Que l'on peut sçauoir la grosseur & longueur des chordes sans les mesurer, & sans les voir, par le moyen des sons. 126.

IX. Asçauoir si l'on peut cognoistre la grosseur d'vne chorde d'Instrument, sans la comparer auec d'autres chordes. 127.

X. Determiner si l'on peut accorder le Luth, l'Epinette, la Viole, &c. sans vser des sons ou des oreilles, par la seule cognoissance du different alongement des chordes. 128.

XI. Determiner de combien l'air est plus sec ou plus humide chaque iour, par le moyen des sons & des chordes. 130.

XII. De quelle grosseur & longueur doiuent estre les chordes pour faire des sons agreables, & dont on puisse iuger à l'oreille : & comme l'on peut sçauoir le ton des chordes, lors qu'elles sont trop longues, trop lasches, ou trop courtes, pour faire des sons qui puissent estre oüis. 134.

XIII. Pourquoy il y a des chordes meilleures les vnes que les autres sur les Instrumens : ce qui les rend fausses ; le moyen de cognoistre celle qui doit

de l'Harmonie Vniuerselle.

fonner le mieux fur chaque Inftrument, & celles qui font fauffes. 135.

XIV. Combien l'on peut toucher de chordes ou de touches du Clauier de l'Epinette dans l'efpace d'vne mefure, ou combien l'on peut faire de notes à la mefure ; & fi l'Archet va auffi vifte fur la viole ; & fi la langue ou la gorge peut en faire autant par fes fredons. 137. *Voyez la 41. prop. du liure de l'Orgue, auec vne diminution de 64. notes à la mefure.*

XV. Determiner fi l'on peut toucher les chordes des Inftrumens ou leurs touches fi vifte que l'oüye ne puiffe difcerner fi le fon eft compofé d'autres fons differens, ou s'il eft vnique & continu. 138.

XVI. De quelle viteffe les chordes des Inftrumens fe doiuent mouuoir pour faire vn fon. 140.

XVII. L'on peut fçauoir combien de fois les chordes du Luth, de l'Epinette, de Violes, &c. battent l'air ; ou combien de fois elles tremblent, ou combien elles font de tours & de retours durant vn Concert, & en tel autre temps qu'on voudra. 140. Où l'on void 2. *Tables de la tablature du nombre des retours.* 142. *&* 143. *& 8. Corollaires fort confiderables.*

XVIII. L'on chantera les mefmes pieces de Mufique partout le mõde en mefme ton & felon l'intention du Compofiteur, pourueu qu'on fçache la nature du fon. Où l'on void vne *nouuelle maniere de marquer ou battre la mefure.* 147. auec 8. *Corollaires fort notables. Voyez auffi l'vnZiefme prop. du 5. liure de la Compofition.*

XIX. L'on peut monter l'Epinette de chordes d'or, d'argent, de leton, & des autres metaux, dont les plus pefans defcendent plus bas à caufe qu'ils ont plus de mercure & moins de fouphre. 151. *Voyez les poids & les fons de toutes fortes de metaux.* 152. 153. *&* 154.

XX. Expliquer la proportion de toutes les parties de l'Epinette, & fa Conftruction. 156. *Voyez encore la 22. propofition*

XXI. Expliquer les nouuelles inuentions adiouftées aux Epinettes & Clauecins 160.

XXII. Expliquer la figure des parties de dedans l'Epinette, & fes barrures. 161. & la methode de la toucher.

XXIII. Expliquer la tablature du Clauecin, & tout ce qui la concerne, & la maniere d'en bien ioüer. 162.

XXIV. Expliquer la figure, l'accord, l'eftenduë & l'vfage de la Harpe, tant fimple qu'à 3. rangs, *depuis* 169. *iufqu'à* 171.

XXV. Expliquer les figures antiques de la Cithare, du Siftre, & des autres Inftrumens des anciens Grecs & Romains. 172.

XXVI. Expliquer la figure, l'accord, l'eftenduë, la tablature, & l'vfage du Pfalterion. 173. *pag. verf.*

XXVII. Expliquer la figure, la matiere, les parties, l'accord, & l'vfage du Claquebois. 175.

28. Propofitions du 4. liure des Inftrumens.

I. Expliquer la figure, la matiere, les parties, l'accord, l'eftenduë, & l'vfage des Violons. 177.

II. Expliquer la maniere de ioüer du Violon, & de mettre chaque doigt fur les endroits de la touche, pour ioüer toutes fortes de pieces, tant par b mol

Table des Propositions

que par b quarre. 181.

III. Determiner s'il faut ajouster vne cinquiesme chorde aux Violons pour y trouuer toute l'estenduë des modes ; & en quoy consiste la perfection de son beau toucher. 182.

IV. Expliquer la figure & l'estenduë de toutes les parties des Violons, & la maniere d'en faire des Concerts, auec vne fantaisie de Musique à 5. parties. 184. Où l'on void aussi deux Instrumens antiques.

V. Expliquer la figure, la fabrique, l'accord & l'vsage de la Viole. 190. auec vne Cithare antique. 192.

VI. Determiner si la chorde touchée par l'Archet fait autant de tours & retours en mesme temps, comme celle qu'on touche du doigt. 196.

VII. Expliquer la capacité des Violes dans les Concerts ; la diuision & la science de leurs manches, auec vne fantaisie à 6. parties. 198.

VIII. Expliquer la figure, l'accord, & la tablature de la Lyre. 204.

IX. Determiner pourquoy vne mesme chorde touchée à vuide fait plusieurs sons en mesme temps. 208.

X. Expliquer la figure, l'accord, & l'estenduë de la Symphonie, & les Epinettes qui font le jeu de violes. 211. *Voyez la 7. remarque de la premiere preface generale, & l'aduertissement mis apres la 30. proposition du 7. liure des Instrumens.*

XI. Expliquer les nouueaux Instrumens à chordes, & l'accord de la Lyre Italienne. 215.

XII. Expliquer la construction, la figure, & les parties de la trompette marine, ou à chorde, & la maniere d'en iouër. 217.

XIII. Expliquer les merueilleux Phœnomenes de la Trompette marine. 220.

XIV. Determiner à quelle puissance des Mechaniques se rapporte la force des cheuilles dont on bande les chordes des Instrumens. 222.

XV. Expliquer la maniere de diuiser vne chorde ou ligne en tant de parties que l'on voudra auec l'ouuerture du compas prise à hazard. 223.

XVI. Determiner si l'on peut marquer les 12. touches du Luth, par le moyen des segmens de la ligne couppée en moyenne & externe raison, *comme dit Salinas.* 224.

XVII. Examiner les manieres que Zarlin a donné pour diuiser le manche des Instrumens en 12. demitons égaux, par l'inuëtion de 2. ou plusieurs moyennes proportionnelles, ou autrement. 226. *Voyez la 4. & 6. remarque de la premiere preface generale.*

XVIII. Expliquer les Instrumens de la Chine & des Indes, auec leurs figures. 227.

Propositions du 5. liure des Instrumens.

I. Expliquer la nature du vent qui sert à faire sonner les Instrumens à vent, & si l'on peut vser d'eau au lieu de vent. 225.

II. Expliquer combien il y a d'Especes d'Instrumens à vent, & quel est le plus simple de tous. 226.

III. Expliquer la figure, la matiere, & les sons de la seringue ou du sifflet de Pan. 227.

IV. Expliquer les chalumeaux à vn ou plusieurs trous. 229.

V.

de l'Harmonie Vniuerselle.

V. Expliquer la figure, l'estenduë, & la tablature de la fleute à trois trous 231.

VI. Expliquer la figure, l'accord, l'estenduë, & la tablature du Flajolet. 232.

VII. Expliquer le Diapason des Flajolets, & la maniere d'en sonner en perfection, auec vn Vaudeuille à 4. parties. 234. *& auec la tablature & l'estenduë. de la Fleute à 6. trous.* 236.

VIII. Expliquer la figure, l'estenduë, la tablature, & l'vsage des Fleutes douces ou à 9. trous, auec vne Gauote à 4. parties. 237. & 240.

IX. Expliquer la figure, l'estenduë, & la tablature de la Fleute d'Alemand, & du Fifre. 241. auec l'exemple d'vn Air de Cour à 4. parties. 244.

X. Expliquer toutes sortes de Trompes & de Cors de chasse; & leur Enguicheure. 244.

XI. Expliquer la figure, la matiere & les parties de la Trompette. 247. auec son estenduë. 249.

XII. Expliquer pourquoy la Trompette ne peut faire les degrez en bas qu'elle fait en haut : & pourquoy elle fait l'Octaue dans son premier interualle, la Quinte dans le second, &c. 249.

XIII. Expliquer pourquoy la Trompette ne fait pas la Sexquisexte dans son 5. interualle ; & qu'elle quitte le progrez qu'elle auoit suiuy iusqu'au 6. ton, pour faire la Quarte, puis qu'elle l'auoit desia faicte aux 3. interualle. 251.

XV. Expliquer pourquoy la Trompette ne supose pas chacun de ses tons pour l'vnité, & par consequent qu'elle ne fait pas l'Octaue à chaque interualle. 253.

XV. Expliquer comme l'on peut augmenter ou affoiblir la force de chaque son de la Trompette, sans en changer le ton. 255.

XVI. Pourquoy la Trompette & les autres Instrumens à vent ne font pas tousiours les interualles dont nous auons parlé : & pourquoy ils font souuent le demiton ou le ton au lieu de l'Octaue, de la Quinte, ou de la Douziesme, &c. 257.

XVII. Expliquer le Diapason de la Trompette, & la figure & l'vsage de la Sourdine. 259.

XVIII. Expliquer la maniere de sonner de la Trompette, son vsage, & ses fanfares militaires. 260.

XIX. Expliquer la tablature & les chansons de la Trompette, par notes & par nombres. 262.

XX. Expliquer toutes les circonstances de la Trompette, & son estenduë en toutes sortes de façons, & ses fanfares militaires. 267. *Où l'on void les tons des Cors de chasse.* 269.

XXI. Expliquer la figure, l'estenduë, & l'vsage de la Saquebute. 270.

XXII. Expliquer la figure du Cornet à bouquin ; sa matiere, son estenduë, & son vsage. 273.

XXIII. Expliquer d'autres figures de Cornets, & comme il en faut sonner en perfection, auec vne Fantaisie à 5. parties. 274.

XXIV. Expliquer la figure, l'estenduë, & l'vsage du Serpent Harmonique. 279.

XXV. Expliquer le Diapason des Serpens, des Trompettes & Saquebutes

¶¶¶¶

Table des Propositions

pour aller à toutes sortes de tons, & pourquoy la distance du 3. au 4. trou, est plus grande que celle d'entre les autres. 281.

XXVI. Expliquer la Chalemie ou Cornemeuse pastorale, & ses parties. 282.

XXVII. Expliquer l'accord, l'estenduë & l'vsage de la Chalemie. 285.

XXVIII. Expliquer la figure & les parties de la Musette, & de tous ses chalumeaux, & les Tornebouts d'Angleterre. 287.

XIX. Expliquer l'estenduë, la tablature, & l'vsage de la Musette, auec sa chanson. 291.

XX. Expliquer la figure, l'estenduë, & les parties de la Sourdeline, ou Zampogne. 293.

XXI. Expliquer la figure, l'estenduë, la tablature, l'accord, & l'vsage des grands Hauts-bois. 295.

XXII. Expliquer la figure, la grandeur, l'estenduë, & l'vsage, des Bassons, Fagots, Courtauts & Ceruelats. 298.

XXIII. Donner d'autres figures des mesmes Instrumens, & vne Pauanne à 6. parties, pour ioüer dessus. 303.

XXIV. Expliquer la figure & l'vsage de la Cornemuse, & des Hauts-bois de Poitou. 305. auec vne chanson à 3. parties. 397.

XXV. Expliquer tous les autres Instrumens à vent, & particulierement ceux des Indes. 308.

25. Propositions du 6. liure des Orgues.

I. Expliquer la figure, & les parties des Cabinets d'Orgue. 309.

II. Expliquer la construction de l'Orgue, & de toutes ses parties. 312. *Voyez la 14. proposition.*

III. Determiner le nombre des jeux de l'Orgue, tant simples que composez. 316. *Voyez la 31. proposition.*

IV. Expliquer la proportion de la longueur & largeur des tuyaux d'Orgue, & la pratique des Facteurs. 318.

V. Quelle doit estre la longueur & la hauteur de la bouche des tuyaux: & la largeur & l'espaisseur des languettes. 319.

VI. Expliquer la maniere de ietter, forger, & applatir le plomb & l'estain, pour faire les tuyaux, & de les soûder, & de composer la soûdure. 321. *Voyez la 17. proposition.*

VII. Expliquer ce que les tuyaux bouchez & à cheminée ont de particulier. 322.

VIII. Expliquer la matiere, la proportion, & la fabrique des tuyaux à anches. 323.

IX. Comme il faut tailler & construire les Echalottes des anches. 326.

X. Expliquer le Diapason, & la construction des voix humaines. 327.

XI. En combien de façons on peut hausser ou baisser le ton des tuyaux & des anches, sans changer leurs longueurs & leurs largeurs; & de quels Accordoirs vsent les facteurs. 329.

XII. Determiner si l'on peut faire vn Orgue, dont tous les tuyaux soient de mesme hauteur, & en quelle raison doiuent estre leurs largeurs pour faire tels sons que l'on voudra. 331.

de l'Harmonie Vniuerselle.

XIII. En quelle raison doiuent estre les tuyaux de mesme grosseur pour faire les interualles requis : & si l'on peut faire vn Orgue dont tous les tuyaux soient de mesme grosseur. 333.

XIV. Quelle doit estre la raison de la largeur des tuyaux à leur longueur, pour faire tous les degrez d'vne ou plusieurs Octaues ; & donner vn Diapason tres-iuste. 334.

XV. Expliquer toutes les Especes de Diapasons, & de Canons ou regles Harmoniques, dont on peut vser pour perfectionner les Orgues. 338.

XVI. Expliquer le plus aisé & le plus parfait Diapason des Orgues que l'on se puisse imaginer, lors qu'on vse du temperament, & que l'on ne veut que 13. ou 20. marches sur l'Octaue ; & la maniere d'accorder parfaictement les Orgues. 341.

XVII. Expliquer les differentes soudures, dont on peut vser pour faire des tuyaux de toutes sortes de metaux. 344.

XVIII. Expliquer si les tuyaux de differents metaux sont à l'Vnisson, quand ils sont égaux en grandeur, & si leurs differentes figures les font changer de son. 346.

XIX. Expliquer les differens interualles que font les tuyaux, par le moyen du vent different qu'on leur donne. 346.

XX. Expliquer les proprietez particulieres de chaque jeu de l'Orgue ; & pourquoy l'on n'apperçoit pas les Dissonances de l'Orgue. 347.

XXI. Si l'on peut adiouster de nouueaux jeux à l'Orgue. 348.

XXII. Expliquer la science du Clauier des Orgues, & combien il doit auoir de marches pour comprendre les trois Genres de Musique. 349.

XXIII. S'il est expedient de changer les Clauiers ordinaires, & en quoy consiste l'vsage du Clauier parfait : où l'on void l'explication du Clauier de 27. & de 32. marches. 353.

XXIV. Expliquer la maniere dont se fait le son dans les tuyaux d'Orgue. 358.

XXV. Pourquoy les jeux de l'Orgue se desaccordent ; & quels jeux y sont plus suiets à se desaccorder. 359.

XXVI. S'il faut plus de vent pour faire parler les grãds tuyaux que les moindres, & en quelle maniere les facteurs le mesurent. 360.

XXVII. Pourquoy les grands tuyaux font des sons plus graues que les moindres. 361.

XXVIII. Pourquoy 2. ou plusieurs tuyaux tremblent en parlant ensemble, lors qu'ils ne sont pas d'accord, & comme se fait le jeu du tambour. 362.

XXIX. Expliquer la maniere d'accorder les Orgues tant iustes que temperées. 363. *Lisez la page* 383.

XXX. Si l'on peut suppleer la iustesse & la bonté de l'oreille pour accorder l'Orgue, sans vser de l'oüie. 366.

XXXI. Expliquer 22. simples jeux, & 24. composez de l'Orgue, auec les 12. simples, & les 12. composez de son Positif. 371.

XXXII. Qu'vn Cabinet d'Orgue, ayant seulement 8. simples jeux, peut en auoir. 247. composez & tous differens. 376. *Voyez les* 4. *Corollaires qui contiennent beaucoup de choses notables pour les proprietez des jeux & des apeaux.*

XXXIII. Expliquer la differente force des poids qui pressent les soufflets, suiuant les differentes inclinations de leurs couuercles. 376. *Voyez les* 2. *premieres propositions du traitté Mechanique.*

Table des Propositions

XXXIV. Expliquer la construction, la grandeur, les parties, les poids, & toutes les autres proprietez des soufflets. 377.

XXXV. Expliquer comme il faut construire les jeux d'Orgue, pour prononcer les voyelles, les consones, & les dictions. 380.

XXXVII. Expliquer la maniere de visiter les Orgues, & de connoistre & reparer les fautes des facteurs. 382.

XXXVIII. Expliquer vne methode vniuerselle pour le Diapason des Instrumens, pour la diuision du Monochorde, & du manche des Instrumens; où l'on void vne nouuelle Theorie de Musique. 384.

XXXIX. Asçauoir si les anciens ont eu des Orgues, & remarquer ce qui manque dans ce traicté. 387.

XL. Expliquer la tablature de l'Orgue, auec la Musique composée par le Roy, & les qualitez d'vn excellent Organiste. 390.

XLI. Expliquer les plus grandes diminutions qui se puissent faire sur le Clauecin, & sur l'Orgue. 393.

XLII. Pourquoy le tuyau bouché fait deux sons en mesme temps, lesquels font le Douziesme ensemble. 395.

XLIII. Expliquer la grosseur & largeur des tuyaux, & de leurs bouches, suiuant la pratique de ceux qui font les grandes Orgues. 398.

XLIV. Expliquer la construction & les parties d'vn grand jeu d'Orgues, & d'vn petit Cabinet; où l'on verra distinctement & clairement ce qui est plus confusément & plus obscurement dans la 2. proposition. 399.

XLV. Entre 2. lignes droittes inégales données trouuer 2. moyennes proportionnelles, pour diuiser le Diapason des Orgues en 12. demitons égaux. 408. *Voyez les 2. Aduertissemens.*

21. *Propositions du 7. liure des Instrumens de percussion.*

I. Determiner le nombre des Instrumens de percussion, & quel est le plus excellent. 1.

II. Expliquer l'inuention, l'antiquité, les noms, & la benediction des Cloches. 1.

III. Expliquer la grandeur, & la matiere dont on peut faire les Cloches: quelle est la meilleure matiere de toutes, & pourquoy le son des grandes est plus graue que celuy des moindres. 3.

IV. Expliquer toutes les parties d'vne Cloche, & la proportion qu'elles doiuent auoir entr'elles pour faire des tons agreables. 5.

V. Expliquer la figure exterieure & l'interieure d'vne Cloche auec les traits de compas, dont vsent les fondeurs pou faire les moules. 6.

VI. Expliquer la fusion des métaux sans feu, ou auec feu, ceux qui se fondent plus aisément, & comme ils s'engendrent en terre. 8.

VII. Quelle doit estre l'espaisseur des Cloches pour faire toutes sortes d'accords; & quel est le Diapason, ou la Brochette des Fondeurs. 9. *Où l'on void le veritable Diapason des espaisseurs.*

VIII. Expliquer le Diapason des Fondeurs pour la grandeur des Cloches, & donner le veritable. 13.

IX. Determiner si les Fondeurs doiuent faire le ton mineur ou le majeur pour l'accord de deux Cloches. 15.

de l'Harmonie Vniuerselle.

X. L'espaisseur d'vne cloche estant donnée, trouuer sa grandeur & son poids, sa pesanteur ou grandeur estant données, trouuer son espaisseur : l'vne des choses precedentes estant données, donner le ton de la Cloche; & ce ton estant cognu, trouuer son poids, son bord & sa grandeur. 16.

XI. Trouuer la grandeur ou solidité d'vne Cloche, par le moyen de l'eau. 19.

XII. Trouuer combien il y a d'estain, de cuiure, ou d'autre métal en toutes sortes de Cloches; & si les Fondeurs ont suiuy la loy & la dose qui leur a esté prescrite. 21.

XIII. Si l'on peut faire des Cloches qui nagent sur l'eau, ou sur les autres liqueurs. 23.

XIV. Determiner la difference des sons que font les Cloches de mesme grandeur, lors qu'elles sont de differens métaux. 24. *Où l'on void la difference des pesanteurs, & des sons de toutes sortes de métaux.*

XV. Combien les Cloches de differents métaux doiuent estre plus ou moins grandes pour faire l'Vnisson, ou tel autre interualle qu'on voudra. 26.

XVI. Donner la pesanteur de 12. Cloches de differens métaux, & la methode vniuerselle pour trouuer la difference de leurs pesanteurs, par le moyen de l'au ou des autres liqueurs. 28. *Où l'on void des tables fort exactes de la pesanteur de toutes sortes de metaux.*

XVII. Expliquer comme l'on peut faire des sons differents auec vne mesme Cloche ou mesme verre: & si l'on peut cognoistre la quantité de l'eau ou du vin qu'ils contiennent par leurs sons differens. 32. *Où l'on void de merueilleuses experiences.*

XVIII. Pourquoy vne mesme Cloche fait plusieurs sons differens en mesme temps. 36.

XIX. Comme se fait le son des Cloches, & de tous les autres Instrumens de percussion. 37.

XX. De quelle distance l'on peut oüir les Cloches, & si leur son peut estre aussi fort que le bruit du canon ou du tonnerre. 40.

XXI. Expliquer la figure des Carillons pour faire des Concerts, & la maniere de discourir par leur moyen. 41.

XXII. comme il faut pendre les Cloches pour les rendre aisées à sonner, & de quelles machines on peut vser pour les monter. 43.

XXIII. Expliquer les proprietez naturelles & miraculeuses des Cloches. 46.

XXIV. Expliquer la matiere, la figure, le ton & l'vsage des Castagnettes & des Cymballes. 47.

XXV. Expliquer la matiere, la figure & l'vsage de la Rebube ou Trompe. 49.

XXVI. Expliquer la matiere des Tambours, & les termes dont on exprime toutes leurs parties. 51.

XXVII. Quelle doit estre leurs grandeurs pour faire vn Concert ensemble à plusieurs parties. 54.

XXVIII. Expliquer la tablature des Tambours, & leurs differentes bateries. 55.

XXIX. Expliquer la construction des Instrumens composez. 57.

XXX. Donner l'abregé du traicté des Genres, & des modes de Monsieur Doni Secretaire du sacré Consistoire. 58. *Voyez l'Aduertissement.*

XXXI. Donner les Eloges des hommes illustres en la Theorie & pratique de la Musique. 6. *Où lon void deux pieces de Musique, l'vne à 6. & l'autre à 5. par-*

Table des Propositions

ties. 62. & 66. auec la version du Symbole de S. Athanase en vers François. 69. & les Erata de tous les liures qu'il faut corriger, auec quelques aduis, & vn Essay moral des Mathematiques.

18. Propositions du 8. liure de l'vtilité de l'Harmonie.

I. Qu'il n'y a quasi nulle science ou profession, à qui les liures Harmoniques precedens ne puissent seruir. 1.

II. Monstrer l'vtilité de l'Harmonie pour les Predicateurs & autres Orateurs. 4. *Où l'on void six Aduertissemens pour les Predicateurs.*

III. Monstrer l'vsage des Mathematiques en faueur des Predicateurs, & le moyen d'en tirer des motifs d'humilité.

IV. En quoy l'Harmonie & les autres parties des Mathematiques peuuent seruir à la vie spirituelle. 20. *Où l'on void 4. notables Aduertissemens.*

V. Expliquer les figures & les proprietez des Sections Coniques, tant pour les miroirs, que pour les lunettes de longue veuë, & les échos. 28. *Où l'on void la maniere de mesurer la rondeur, & le demidiametre de la terre, par vne seule obseruation : & 5. Corollaires fort remarquables.*

VI. Expliquer les vtilitaz de l'Harmonie pour les Ingenieurs, pour la milice, & pour les canons, dont on void les portées. 37. *Voyez 3. Aduertissemens.*

VII. Expliquer plusieurs paradoxes de la vitesse des mouuemens en faueur des Maistres, ou Generaux de l'artillerie. 42.

VIII. Que les Roys peuuent tirer de l'vtilité de nos remarques des sons & des Echos. 44.

IX. Expliquer l'vtilité de l'Harmonie pour la Morale & la Politique. 46. *auec vn Corollaire en faueur des Iuges & des Aduocats, & l'Instrument de l'Harmonie mondaine.*

X. Expliquer les especes des raisons, & les termes dont elles doiuent estre exprimées. 51.

XI. Expliquer les quantitez & raisons incommensurables ou irrationelles. 53.

XII. La raison donnée se continuë en faisant que le consequent ait mesme raison à vn autre terme, que l'antecedent audit consequent. 55.

XIII. L'addition des raisons se fait en multipliant l'antecedent de l'vne par celuy de l'autre, & le consequent par le consequent, puisque les produits contiennent vne raison composée des deux adioustées ensemble. 56.

XIV. On soustrait vne moindre raison d'vne plus grande, en multipliant l'antecedent de l'vne par le consequent de l'autre, & le consequent par l'antecedent. 56.

XV. L'on multiplie la raison donnée, en prenant les puissances de l'antecedent & du consequent de l'ordre determiné par le multipliant. 57.

XVI. On diuise la raison donnée en prenant les costez de l'antecedent & du consequent du degré determiné par le diuiseur. 58.

XVII. Expliquer d'vne autre maniere les precedentes operations des raisons par le moyen des lignes. 59.

XVIII. Si les corps pesans deuiennent d'autant plus legers qu'ils sont plus proches du centre de la terre, & rechercher quelle en est la raison. 61. *Où l'on void enfin les fautes de l'Impression, & des remarques de la differente portée des canons.*

Fin de la Table des Propositions.

Premier Aduertissement.

Ie laisse les tiltres du Traicté des Obseruations Physiques & Mathematiques; quoy qu'ils tiennent lieu de Propositions: parce qu'on les void à l'ouuerture dudit Traicté, lequel peut-estre pris pour le 20. liure de cét œuure.

Fautes de la Table precedente corrigées.

Encore que les pages ne soient pas marquées par nombres, ie les cotte neantmoins comme si elles auoient des nombres, afin que l'on en corrige les fautes qui suiuent: page 3. ligne 2. effacez *mesme*. l. 26. lisez *l'espace* pour *l'espece*. p. 5. l. 14. adioustez, *&*, deuant *s'il*. l. 38. *centres* pour *autres*. p. 10. l. 4. apres *differens*, adioustez *que l'on veut*. l. 14. *Art* pour *Air*. l. 25. *partie*. p. 12. l. 7. pres de la fin, *au nombre*. p. 15. l. 3. *de* pour *à*. l. 28. apres *monstrer*, adioustez *la maniere*. l. 3. pres la fin, apres *conioint*, adioustez *qui*. p. 16. l. 10. *exterieures* qu'*interieures*. l. 30. lisez *de deux manieres d'aller de la Tierce mineure à l'Vnisson*. p. 17. l. 7. pres la fin lisez *Fugues & Contrefugues*. p. 20. l. 20. *Consonans & Dissonans*. p. 21. l. 8. & 9. *durée*.

Second Aduertissement.

Ces pages vuides m'ont fait naistre l'occasion de donner vn petit Abregé de la Musique Speculatiue, pour ceux qui n'ont pas loisir de lire nos Traittez tous entiers. Or il faut encore corriger les fautes qui suiuent, afin que le Lecteur n'aye nul sujet de s'arrester.

Page 147. du second liure des Chants ligne 29. au lieu de *la 4. prop.* lisez *le 4. Corollaire de l'vnziesme proposition*.

Liure 1. des Instrumens. p. 40. l. 1. lisez $\frac{1}{10}$. l. 16. $\frac{1}{10}$. l. 23. $\frac{1}{10}$. l. 4. pres de la fin adioustez vn zero à 15000. p. 41. l. 2. & 3. effacez depuis *qui sont*, iusques à *qui suiuent*. l. 7. pres la fin effacez *douze*.

Liure 6. des Instrumens. p. 364. l. 22. pour *iustes* lisez *forts*: & puis effacez le reste iusques à la 26. ligne qui commence. Or. 5. lignes pres de la fin, pour *g resol* lisez *c sol*. p. 365. l. 15. & 16. effacez depuis *qui* iusques à *mi*. l. 17. effacez *d'Amilare, & finit sur celle*. l. 19. & 20. effacez depuis *de la* iusques à *de là*, & au lieu *de la chorde*, lisez *de l'accord*.

Liure 7. des Instrumens de percussion, p. 2. lisez κώδων. p. 3. l. 13. *vsoient*. l. 23. d'ήιον p. 11. dans le premier nombre du haut de la 3. colomne de la table adioustez 4 à la fin pour auoir 1554. p. 17. l. 12. escriuez 11. $\frac{7}{10}$ ou 11. $\frac{77}{100}$.

Abregé de la Musique speculatiue.

Article I. Le son n'est autre chose qu'vn battement d'air, que l'oüye apprehende lors qu'elle en est touchée. Or les deux principales proprietez du son consistent dans la force & dans les qualitez que nous appellons *graue & aigu*. Sa force est d'autant plus grande qu'il est fait par vn batement d'air plus violent: & ce batement est d'autant plus violent, que l'on frappe vne plus grande quantité d'air en mesme temps.

Quant à sa grauité, elle est d'autant plus grande, qu'il se fait par des batemens plus tardifs; & par consequent il est d'autant plus aigu qu'il se fait par des batemens plus vistes; par exemple s'il se fait vn son dans vn temps donné par 50. batemens, & vn autre son en vn temps égal par 100. batemens, ce dernier son sera deux fois plus aigu que le premier.

II. Lors que deux ou plusieurs sons se font ensemble & en mesme temps, on les appelle Cosonans, quand ils s'accordent bien, & qu'ils plaisent à l'ouye & à l'esprit. Or la raison de ces accords se prend de l'vnion desdits sons, de sorte qu'ils font des accords d'autāt plus doux, qu'ils ont leur vnion plus estroite & plus grande, comme l'on espreuue à l'Vnisson, à l'Octaue, au Diapente, &c.

L'Vnisson est l'vnion ou le meslange de deux sons faits par vn nombre égal de batemens d'air ; L'Octaue est le meslange de deux sons, dont le plus graue est fait par vn batement, & le plus aigu par deux ; & le Diapente est le meslange de deux sons, dont le plus graue se fait par deux batemens, & le plus aigu par trois.

Toutes les simples Consonances sont comprises & expliquées par les 6. premiers nombres. 1. 2. 3. 4. 5. & 6. car l'Octaue est d'vn à 2. la Quinte de 2. à 3. la Quarte ou le Diatessaron de 3. à 4. le Diton ou la Tierce majeure de 4. à 5. & la mineure de 5. à 6. Or ils representent le nombre & la comparaison de leurs batemens.

III. L'Octaue est la plus douce de toutes, apres l'Vnisson ; parce que ses batemens s'vnissent plus souuent ensemble : car le premier batement du son aigu s'vnit auec la premiere partie du batement du son graue, & le second batement auec la derniere partie : où bien ses batemens s'vnissent de 2. coups en 2. coups : ceux de la Quinte de 3. coups en 3. coups, &c.

Et lors que l'vnion est égale de la part du son aigu, & inégale de la part du graue, la Consonance qui vnit également ses sons de la part de l'vn & de l'autre est plus douce : par exemple les batemens de la Quinte s'vnissent de 3. coups en 3. coups, à l'égard du son aigu, & de 2. en 2. à l'égard du graue. Mais la Douziesme vnit ses sons à chaque coup, à l'égard du graue : c'est pourquoy elle est plus douce.

IV. Puisque le poids ne peut faire monter vne chorde à l'Octaue, s'il n'est quadruple, l'on peut dire que le son aigu de l'Octaue est 4. fois plus pesant que le son graue. Mais quand les chordes sont differentes en longueur, & d'égale grosseur & matiere, le poids qui doit faire monter la chorde 2. fois plus longue à l'Octaue, doit estre Octuple, parce que le quadruple met seulement la chorde double à l'Vnisson de la souzdouble ; & puis le quadruple la fait monter à l'Octaue.

V. L'on peut dire que 230. toises sont la propre mesure des sons droits ; puis qu'ils font ce chemin dans le temps d'vne seconde, soit que le vent fauorise, où qu'il soit contraire, & que les sons soient forts ou foibles : & que 162. toises sont la mesure des sons reflechis, puisqu'vne syllabe prononcée le plus viste que l'on peut, va frapper la muraille éloignée de 81. toises, & puis il reuient à l'oreille dans le temps d'vne seconde minute. Or si le son se fait par des cercles semblables à ceux qui se font sur l'eau, il est certain que l'émotion de l'air qui porte le son, est 1870. fois plus viste que la motion de l'eau ; d'où l'on peut conclurre que l'air est 1870. fois plus aisé à mouuoir, plus liquide, moins resistant & plus leger que l'eau.

L'on trouuera les preuues de cét Abregé auec vne grande multitude d'autres speculations, & de plusieurs obseruations & experiences dans les 19. liures, & particulierement dans le Traicté des Obseruations.

F I N.

PREMIERE
PREFACE GENERALE
AV LECTEVR.

CETTE Preface contient de certaines remarques qui seruiront à l'intelligence de quelques propositions, ou de la suite des liures, qui peut estre telle que l'on voudra : & parce que les Imprimeurs n'ont pas tousiours fait suiure les nombres au haut des pages, & qu'ils les ont recommencez plusieurs fois contre mon dessein, comme l'on void au 7. liure des Instrumens, qui parle des Instrumens de percussion, dont la premiere page deuoit estre cotée du nombre 413. ie n'ay pas voulu mettre la table de ces liures, de peur de la rendre de trop difficile vsage, à raison des differents characteres, dont il eust fallu vser pour signifier chaque traité particulier: par exemple, il eust fallu vser des 8. premieres lettres A, B, C, D, E F, G & H, pour signifier le traité des sons, des mechaniques, de la voix, de la composition, des Instrumens, des Instrumens de percussion, & de l'vtilité de l'harmonie, &c. quoy que si on la desire, elle ne soit pas si difficile que l'on ne s'en puisse seruir vtilement : ioint que le liure de l'vtilité que les Predicateurs, & tous peuuent tirer de l'harmonie, supplée en quelque façon ladite table, & que chacun en peut faire vne pour son vsage à la fin de son exemplaire.

Or le premier aduertissement que ie veux donner apres auoir prié le Lecteur de corriger les fautes de l'impression, n'est qu'vne repetition de ce que i'ay dit en plusieurs autres lieux, sçauoir que ie ne desire pas qu'on croye que ie me persuade d'auoir demonstré ce que ie propose dans les propositions, quoy que ie parle souuent en affirmant: l'on prendra donc pour vne simple narration tout ce que i'ay dit, si l'on ne se sent contraint par les experiences, ou les raisons que i'apporte d'embrasser ce que ie propose : par exemple, lors que i'explique le son par le mouuement de l'air, ie n'empesche nullement que l'on ne mette des especes, qui se coulent dans l'air comme la chaleur, & en quelque façon comme la lumiere, quoy qu'auec du temps: & quand i'ay dit qu'il y a mesme raison entre les sons, qu'entre les mouuemens de l'air, ou des chordes, ie laisse la liberté à chacun de douter si les sons n'estans pas homogenes aux chordes, leurs raisons & proportions peuuent estre transportées aux sons: quoy que si l'on considere la maniere dont ie me sers pour prouuer la raison de l'octaue, & des autres consonantes ou interualles harmoniques, elle ne dependent

A

nullement de la longueur, ou grosseur des chordes, parce que ie n'vse d'autre chose que des seuls mouuemens, ou batemens d'air ; de sorte que s'il y a quelque chose de demonstrable dans la Musique, l'on ne peut, à mon auis, y proceder auec vne meilleure methode, que celle dont ie me sers en tous les traitez de cet œuure. Car le nombre des batemens d'air se trouue par tout, aussi bien qu'aux chordes, comme dans les cloches qui tremblent iustement autant de fois que les chordes, lors qu'elles sont à l'vnisson: par exemple, si la chorde qui fait le son plus bas, & le plus graue de ma voix tremble, & bat l'air 40 fois dans le temps d'vn batement de poux, la cloche qui fait l'vnisson tremblera 40 fois en mesme temps, soit qu'on la frappe d'vn coup de marteau, ou qu'on la touche seulement du bout du doigt, comme il arriue à la chorde d'vn Luth, qui aura aussi bien 40 tremblemens dans cet espace de temps, soit qu'on la pince bien fort, ou qu'elle soit seulement touchée par le pied d'vne mouche, ou par le vent, comme ie monstre dans le 3 liure des mouuemens, & dans les 4 premiers liures des instrumens.

Il faut remarquer en 2 lieu qu'il y a beaucoup de choses dans le premier liure qu'il faut modifier suiuant ce qui est dans le 3, & selon les experiences que chacun peut faire à son loisir; & que l'on peut tirer plusieurs conclusions des 3 premiers liures, lesquelles ie n'ay pas touchées : par exemple, l'on peut monstrer qu'vne fleche estant tirée de dedans vn bateau paroistra immobile à celuy qui est hors ledit bateau, supposé qu'il aille aussi viste que la fleche, lors qu'on la tire vers l'Occident, & qu'il va vers l'Orient; & semblablement que le boulet d'vn canon tiré sur la terre vers l'Occidét, ne se remueroit point à l'egard de celuy qui demeureroit stable, tandis que la terre tourneroit aussi viste vers l'Orient, comme il arriueroit si l'opinion d'Aristarque estoit vraye. Or les dernieres propositions du 3 liure seruent à l'intelligence & à la correction du premier & du 2, dont il ne faut pas iuger en dernier ressort auant que d'auoir leu ledit troisieme du mouuement, auec son traité des mechaniques.

Mais il est bon d'ajouster deux choses à ce liure, la premiere immediatement deuant la 4. prop. page 165, à sçauoir que l'vn des excellents esprits de ce temps, donnant la raison de la reflexion des arcs, & des autres corps, considere premierement que tous les corps que nous voyons sont remplis d'vne certaine matiere tres-subtile, qui ne peut estre veuë, & qui se meut tousiours grandement viste, de sorte qu'elle passe facilement à trauers les porres, ou les petits vuides, de mesme maniere que l'eau d'vne riuiere à trauers les trous d'vne Nasse, ou d'vn pannier.

En second lieu, que les corps qui retournent estant pliez ont leurs pores tellement disposez lors qu'on les plie, que cette matiere subtile ne peut plus si aisement passer à trauers, qu'auparauant : d'où il arriue qu'elle s'efforce de les remettre en leur premier estat. Ce qui peut arriuer en plusieurs façons : par exemple, si l'on s'imagine que les pores d'vn arc qui n'est point bandé sont aussi larges à l'entrée qu'à la sortie, & qu'en le bandant on les rend plus estroits à la sortie, il est certain que la matiere subtile qui entre dedans par le costé le plus large, fait effort pour en ressortir par l'autre costé qui est plus estroit : & si l'on s'imagine que les pores de cet arc estoient ronds auant qu'il fust plié, & qu'apres ils soient en ouale, & que les parties de la matiere subtile, qui doiuent passer à trauers, sont aussi rondes, il est euident que lors qu'elles se presentent pour entrer en ces trous ouales, elles font effort pour les rendre ronds, & par consequent pour redresser l'arc, d'autant que l'vn depend de l'autre. Or il semble que les corps subtils dont il parle se puissent aisement entendre des atomes qui se meuuent perpetuellement: mais on en verra la demonstration physique, lors qu'il luy plaira la donner.

La seconde doit estre ajoutée à la 12. prop. page 222. immediatement deuant. En 5 lieu. Ayant donc fait rouller vne boule de plomb dans le demicercle LBK, dont le rayon AB est de 2 pieds & 7. pouces, & ayant pendu vne autre boule de mesme pesanteur à vn filet de mesme longueur, ce filet auec sa boule fait 19 retours, en mesme temps que la boule roulante dans ledit quart de cercle n'en fait que 18, de sorte que la boule suspendue à vne ficelle deuancent tousiours les retours des roulemens de l'vn de ses retours; mais au lieu qu'elle ne va que 9 fois de L vers K, & qu'elle reuient que 9 fois de K vers L, en roulant, auant que de se reposer au point E, elle va du moins 1500. fois de L vers K, & reuient autant de fois de K vers L auant que de se reposer en B, lors qu'elle est attachée au filet AB: par où l'on voit combien le plan de bois LBK nuist au retours de la boule qui roule dessus: car s'il estoit si parfaitement rond & poli qu'il ne l'empeschast pas plus que le plan que l'on s'imagine dans l'air, la boule iroit du moins autant de fois, & aussi haut d'vn costé & d'autre, en roulant comme elle fait estant attachée au filet. I'ay dit *du moins*, parce qu'elle n'auroit pas l'empeschement du filet, qui retarde, & empesche vn peu la grandeur des retours de la bale. Or la chorde qui tient la boule B suspenduë, ayant 3 pieds & demi de long, en y comprenant la boule, fait iustement chacun de ses tours en mesme temps que l'autre boule fait chacun de ses roulemens dans le cercle, dont le rayon est de 2 pieds & 7 pouces, c'est à dire que chaque tour de son roulement dure vne seconde minute : de sorte que les rayons des cercles du roulement sont en raison doublée des temps, comme nous auons dit des fisselles, qui tiennent les boules suspendues.

Il arriue encore vne chose remarquable dans le nombre des roulemens, qui se font sur le bord interne de 2 cribles, de differentes grandeurs, à sçauoir que la mesme boule fait autant de tours & retours dans le crible dont le diametre est de 5 pieds deux pouces, & dans celuy dont le diametre n'est que d'vn pied & demi: par exemple vne boule d'yuoire bien ronde & bien polie, de mesme grosseur que celle de plomb, fait 20 tours & autant de retours dans l'vn & l'autre crible, en les laissant rouler du haut de leurs quarts de cercles, mais chaque tour qui dure vne seconde minute dans le grand crible, dure moins sur le petit, suiuant la raison sous-doublée des temps aux espaces.

D'où l'on peut conclure que les chordes harmoniques de mesme grosseur, mesme matiere, & mesme tension font autant de retours les vnes que les autres, quelque difference qu'il y ayt dans leurs longueurs; mais en telle sorte que la periode entiere de tous les retours de la plus courte dure d'autant moins qu'elle est plus courte, comme i'ay remarqué en parlant des chordes, car il semble que les retours de toutes sortes de reflexions se facent pour la mesme raison: par exemple, lors que les parties d'vne cloche fremissent, & vont souuent deçà delà auant que de se reposer, ce mouuement arriue à cause de la trop grande impression que chaque partie s'imprime & se donne à soy-mesme pour se remettre dans son lieu naturel, comme la boule qui tombe ou qui est suspendue à vne chorde s'ébranle trop fort elle mesme pour demeurer en son centre dez son premier retour.

Il faut encore remarquer que chaque quart de cercle, à sçauoir LB, & BK estant diuisé en 90 parties, quand la bale roule du point L par B vers K, elle monte premierement par delà B vers K iusques à 71 degré, dont le premier commence en B, & puis elle retourne vers L iusques à 52 degrez, de sorte que la premiere colomne de cette table monstre les degrez de ses tours de B vers K, & la seconde ses retours de B vers L. Mais les tours estant supposez comme on les void dans la premiere table, & comme ils se font en effet sur les bords du crible, les retours de la 2 deuoient suiure les nombres de la 3 colomne, de sorte que ce qu'il y a de difference vient de l'inegalité des surfaces, ou des differens endroits des bords sur lesquels la boule roule. Quoy qu'il en soit le Lecteur verra s'il peut tirer quelque connoissance de la diminution des tours & retours, & de leur periodes en considerant ces 36 tours & retours.

TABLE.

I	II	III
7	52	52
52	42	41
41	35	35
35	30	32
32	28	28
28	23	25
25	20	21
21	16	19
19	12	15
15	10	11
11	9	10
10	7	9
9	5	7
7	4	5
5	3	4
4	2	3
3	1	2
2		

Il faut aussi remarquer sur ce que i'ay dit dans ces liures de la cheute des poids, qu'il y a de l'apparence que les corps pesans ne passeroient pas par delà le cercle de la terre, s'ils deuenoient d'autant moins pesans ou plus legers à mesure qu'ils approchent dudit centre, dans lequel ils ne pesent point. Parce que l'impetuosité cesseroit, ce semble, peu à peu, ne trouuant plus le corps disposé à la receuoir, à cause de l'absence de sa pesanteur. Mais il est tres-difficile d'experimenter ce qui en est, c'est pourquoy ie n'en parle pas dauantage.

En 3 lieu, la pluspart des propositions du liure de la voix meritent des liures entiers, que pourront faire ceux qui auront assez d'experiences pour confirmer tout ce que l'on peut desirer dans vn tel sujet: mais il seroit à propos que quelques excellens philosophes harmoniques fissent, ou vissent eux-mesmes la parfaite anatomie du larynx, & de toutes les autres parties qui contribuent à la voix, & celle de l'oreille, afin d'examiner le mouuement du tympan, des muscles, & des osselets qui font ou aydent l'ouye. Car les Medecins ne nous donnent pas assez de lumiere sur ce sujet.

Quant au Liure des Chants, ie n'ay rien à remarquer que le grand vsage qui s'en peut tirer pour tout ce qui depend de toutes sortes de rencontres, & de combinations, & la gentille remarque des noms de deux Religieux, que Monsieur de Peiresc, l'honneur de toute la Prouence, m'a enuoyé, à sçauoir F. *Saluator Mile*, & F. *Loüis Almerat*, donc chacun à dans l'Anagramme de son nom, les six syllabes, *vt, re, mi, fa, sol, la,* sans changer, aiouster, ny oster aucune lettre. Si l'identité des Anagrammes signifioit la ressemblance du temperament de l'humeur, & des esprits, l'on iugeroit qu'ils s'aymeroient grandement, & qu'ils symboliseroient en plusieurs choses; par exemple, qu'ils auroient vne mesme natiuité, &c. mais l'on ne trouue pas que ces Anagrammes, non plus que l'identité des nations, contribuent ou signifient aucune chose dans la vie des hommes. I'aioûte seulement que les 720 Chants que i'ay donné de ces 6 notes, sont capables de l'exercice de tous les plus excellens Musiciens du monde, s'ils entreprennent d'en determiner le plus beau, le meilleur, & le plus agreable; & puis le degré de l'agréement d'vn chacun, & le suiet auquel il est le plus propre. L'on peut aussi accommoder cette varieté aux 6 temps differens, ou aux 6 valeurs des 6 notes differentes que l'on void dans la 20 prop. du 4 Liure de la Composition, depuis la breue iusques à la double crochuë; ou aux 6 premiers nombres, & aux 6 lettres d'vn nom donné, pour en faire 720 varietez ou Anagrammes: & si l'on veut voir les 4320 Chants composez des 8 notes de l'Octaue, i'en ay fait vn Volume entier.

En 4 lieu, le traité des consonances, des genres, des modes, & de la composition, peut seruir à toutes sortes de personnes, soit pour chanter, ou pour donner les raisons de tout ce qui arriue dans l'Harmonie; de sorte que ces 4 liures suffisent tous seuls aux Musiciens, sans qu'il soit besoin qu'ils lisent les autres, excepté ceux des Instrumens. Et parce qu'ils ne sont pas pour l'ordinaire beaucoup spirituels, i'y ay inseré beaucoup de considerations, qui leur peuuent seruir dautant de Liures de deuotion, affin qu'au lieu d'abuser de l'Harmonie, que Dieu a departie aux hommes pour le loüer, ils l'employent à son honneur, & que ce qui sert à debaucher les mauuais esprits, éleue les leurs à la contemplation des choses diuines, & leur face meriter le Ciel.

En 5 lieu, les Liures des Instrumens donnent beaucoup de connoissances, & d'experiences qui ne sont pas dans les autres Liures, c'est pourquoy il est à propos de les lire, comme l'on auoüra en les fueilletant. Or ie n'ay pas voulu descrire au long plusieurs Instrumens nouueaux, par exemple les Epinettes, qui ont vn archet sans fin pour faire ioüer des concerts entiers de Violes, & les Orgues qui prononcent les syllabes, aussi bien que les hommes, affin que les facteurs, qui y ont contribué de leur inuention, reçoiuent quelque fruit de leurs labeurs. Il suffit de dire que l'on peut composer des machines harmoniques, qui feront plus que la teste parlante attribuée à Albert le Grand, & qui rauiront tous ceux qui ne sçauent pas les secrets de l'Harmonie ioints à ceux des mechaniques.

En 6 lieu, ie donne encore icy la maniere de diuiser le manche du Luth, de la Viole, & des autres instrumens pour y mettre les demi tons egaux, affin que les facteurs puissent accommoder les touches de plusieurs Luths en fort peu de temps, & auec vne grande facilité, sans chercher à tastons: or cette methode depend des nombres de la 9 prop. du 4 Liure des Instrumens, ou de la seule premiere colomne du Diapason des Orgues, que l'on void à la 339 page du 6 Liure des Instrumens, à sçauoir 1000, 944 &c. de

A iij

forte que si l'on diuisoit vne ligne tirée sur le Luth, depuis son cheualet iusques à son sillet, en mille parties, le second nombre 944 donneroit le lieu de la premiere touche, & le 3, à sçauoir 891, monstreroit le lieu de la 3: mais parce que cette diuision est trop longue, & trop difficile à faire, encore qu'estant faite vne fois sur deux regles iointes par les bouts en forme de compas, elle puisse seruir pour tousiours ; il suffit de marquer premierement la premiere touche signifiée par B, ce que l'on fera en diuisant l'espace d'entre le sillet & le cheualet en 50 parties, dont 3 parties estant ostées monstreront le lieu de la premiere touche, comme i'ay dit dans la page 202 des instrumés. Cecy estant fait, si l'on a vn compas de proportió, il faut tellement l'ouurir, que la longueur depuis le sillet iusques au cheualet se trouue entre le 56 des parties egales des 2 branches, parce que 56 est la difference de 1000 à 944 : & puis la difference de tous les autres nombres, qui suiuent iusques à 500, donneront toutes les autres touches : & si le compas de proportion est trop petit, l'on prendra l'ouuerture du double de 56, à sçauoir 112. Et pource que les facteurs n'ont point de ces compas pour l'ordinaire, il suffit qu'ils diuisent la moitié d'vne regle en 56 parties, en commençant en haut, laquelle estant iointe auec vne cheuille au bout d'vne autre regle, qui soit aussi diuisée, qui leur donne la liberté de s'ouurir comme vn compas, ie dis que s'ils ouurent tellement ces 2 regles, que l'ouuerture de 56 prise auec vn compas commun, donne la grandeur de la premiere touche, l'ouuerture de 53 donnera la grandeur de la seconde, celle de 49 donnera la 3, & ainsi des autres suiuant la petite Table qui suit, dont la premiere colomne contient les 13 nombres du Diapason diuisé en 12 demitons egaux par les 11 nombres, qui signifient 11 lignes moyennes proportionnelles entre 1000 & 500, qui donnent les 2 extremitez de l'Octaue. La 2 colomne contient les nombres du compas des facteurs fait des 2 regles precedentes, lequel ils peuuent appeller le Diapason des manches.

Table pour les facteurs d'instrumens.

I	II
1000	56
944	53
891	49
842	47
794	44
750	42
708	40
668	38
630	36
599	33
562	30
532	28
500	

Or les 12 nombres de la 2 colomne ne sont autre chose que les differences de ceux de la premiere ; de sorte qu'il faut tousiours laisser les regles ouuertes de mesme façon, & transporter les ouuertures des onze nombres les vnes apres les autres sur les manches, à sçauoir l'ouuerture de 53 pour la 2 touche : car quant à la premiere il la faut marquer comme i'ay dit cy-dessus, & ayant donné au bout, ou aux point des regles où 56 se trouuera, l'ouuerture de la grandeur de la premiere touche, les nombres 53, 49, &c. donneront les onze autres, si l'on porte ces ouuertures depuis la premiere touche les vnes apres les autres vers le cheualet, c'est à dire en descendant. Et s'il y a quelque facteur qui ne puisse comprendre cecy, ie luy en monstreray la Pratique quand il voudra.

Ce que ie feray semblablement enuers tous ceux qui formerōt quelque difficulté en ce que i'auray dit ailleurs dans tous les traitez de l'Harmonie, pourueu qu'ils se veuillent refoudre à s'en feruir pour loüer le grand Maiftre du concert de l'vniuers, à l'imitation du Prophete Royal, qui nous y exhorte tous par ce beau verfet du 33 Pfalme, *Magnificate Dominum mecum, & exaltemus nomen eius in idipfum.* I'ajoute neantmoins que les nombres proportionnels de la 14 & 15 prop. du premier, & ceux de la 37 du 6 liure des Inftrumens donnent la diuifion des manches beaucoup plus exactement.

En 7 lieu, ie veux icy defcrire l'Inftrument qui fert à ioüer de 5 ou 6 Violes en touchant le Clauecin, parce qu'il eft fort propre pour les concerts: car bien que i'en aye parlé dans la 12 prop. du 4, & dans la 30 du 7 Liure des Inftrumens, il eft à propos d'aioûter que l'archet fans fin a efté icy trouué par 2 ieunes hommes, tandis que mes Liures fe font imprimés, à fcauoir par celuy que ie nomme dans l'Auertiffement de ladite 30 prop. & par vn Allemand, lequel s'eft ferui de chordes de boyau dont les extremitez font fi bien collées auec de la colle de poiffon, qu'elles femblent eftre continuées. Or cet archet eft bandé fur deux petites poulies de bois qui tornent fur leurs axes, & font perpendiculaires à l'Orizon, comme font les chordes, à la façô de celles d'vne Harpe, dôt il a imité la figure, de forte que l'on void à trauers les chordes tous ceux qui font derriere l'Inftrument, ce qui le rend propre pour voir tous ceux qui chantent dans le concert, & confequemment celuy qui bat la mefure. Ce que l'on deuroit obferuer aux Orgues, affin que l'Organifte veift ceux qui chantent dans le Chœur. Surquoy il eft bon de remarquer que les Orgues des Eglifes d'Italie font mieux difpofées que les noftres, en ce qu'on les void egalement des 2 coftez, qui feruent tous deux d'ornement & de parade, au lieu qu'on ne void que la face des noftres, parce que leur fouffleirie eft dans vne chambre, laquelle eft fituée derriere, mais ils mettent leurs foufflets en bas dans vne caue faite expres, de forte que le vent eft porté par vn porteuent fort long, qui monte à la faueur d'vn pilier iufques au lieu où l'Orgue eft pofé entre deux piliers.

Quant à l'Inftrument qui fait le concert de Violes, & auquel on peut impofer le nom d'*Archiviole*, ou tel autre qu'on voudra, celuy que ie defcris n'a point d'autre corps pour refonner qu'vn gros bras femblable au corps concaue de la Harpe: & lors que l'archet fe debande, foit pour le changement, ou par la longueur du temps, l'on tire les poulies à droit & à gauche par le moyen des viz, qui les tiennent attachées contre vne tringle, ou autre morceau de bois.

Cet archet coule fur vne regle de bois qui trauerfe l'Inftrument vers le bout des marches, auquel on accommode tellement de petits morceaux de bois, de leton, ou de fer, qu'ils preffent les chordes contre l'archet fi toft qu'on les abbaiffe pour ioüer. Mais le François a encore mieux reuffi que l'Allemand, parce que le corps de fon Inftrument eftant comme celuy du Clauecin, refonne beaucoup mieux, & produit vne fi grande Harmonie, qu'elle laiffe de l'admiration aux auditeurs. Ses poulies ont leurs axes paralleles à l'Orizon, & le mouuement qui fait aller l'archet, n'eft compofé que d'vne feule roüe, auec vne poulie. Mais il eft neceffaire d'attacher vn morceau de colophone pres de l'vne defdites poulies fur lefquelles il paffe, affin qu'il en foit frotté: & fi l'on craint qu'il foit trop rude, à raifon du continuel attouchement de la colophone, l'on peut l'eloigner tant qu'on voudra par le moyen d'vn petit reffort, ou regiftre, femblable à ceux dont on vse pour varier les ieux du Clauecin, en faueur desquels ie di qu'on les peut hausser ou baisser d'vn ton, ou d'vn demi ton, ou de plusieurs, affin d'en ioüer à tous les tons des concerts, comme a fait l'excellent facteur de Florence le Sieur Rameriny, qui a mis iusques à 5 tons differens sur le Clauecin, affin de l'accommoder & de l'aiuster au ton de toutes sortes de chats: ce que l'on peut faire aussi aysement sur l'Archiviole, dont nous parlons maintenant, car si on l'accorde suiuant l'egalité des demi tons, qui ont cet auantage, qu'ils font ouyr vne nouuelle Harmonie, à raison de leur temperament different de celuy des Epinettes, & des Orgues ordinaires aiant 7 ou 8 marches plus qu'à l'ordinaire au Clauier, on commencera l'VT de C *sol*, ou le RE de D *re sol* &c. sur telle touche qu'on voudra, sans aucun preiudice de l'accord.

Mais parce que les chordes plus courtes & plus deliées ne demandent pas de si grands corps que les plus grosses, & les plus longues, si l'on veut auoir vne Harmonie parfaite de l'Archiviole, il faut diuiser sa table en 4 ou 5 parties, de sorte que la grandeur de chacune responde iustement à la grandeur des chordes, affin d'imiter les differentes parties des Violes ordinaires: ce qui n'empeschera nullement que l'archet ne touche toutes les chordes, dont il doit estre fort proche, affin qu'elles parlent promptement. Or elles peuuent estre de leton aussi bien que de boyau, ou bien on peut les mesler & les entortiller ensemble, affin de varier l'Harmonie, & de la rendre plus charmante & plus douce.

La huitiesme remarque de cette Preface, consiste dans l'explication des Instrumens qui ne se desaccordent iamais, lesquels il est aysé de comprendre par le Liure des Cloches, & par ce que i'ay dit des Cylindres Sonores dans le 3 Liure des Mouuemens: car si l'on dispose 49 Cylindres creux, ou massifs dans le corps d'vn Clauecin, suiuant les raisons harmoniques, que i'ay expliquées en tant de manieres, les marches frapperont ces Cylindres, & les feront sonner tant doucement que l'on voudra. Il est aysé d'y mesler de petits timbres de differente longueur, ou grosseur, par exemple en formé des dez, ou doitiers, qui seruent à coudre, afin de varier l'harmonie en toutes sortes de façons; & pour ce sujet l'on peut faire ces corps d'or, d'argent, de leton, & d'autres matieres propres à resonner, pour iouïr aussi bien du meslange des metaux par le moyen de leurs sons, que par leur fusion, ou leur fonte.

Or l'instrument fait de ces corps pourroit seruir de regle, de canon, & de diapason immobile, & infallible pour regler, & pour accorder toutes les autres sortes d'instrumens, & chaque Cylindre creux, ou plain & massif, estant porté, ou enuoyé par tout le monde seroit propre pour communiquer le ton de l'orgue, de la voix, & des autres Instrumens, & pour faire chanter vne mesme piece de Musique en mesme ton par tous les Musiciens de la terre, au lieu des tremblemens de la chorde, dont ie parle dans le 3. liure des Instrumens, prop. 18.

La neufiéme appartient aux orgues, dont chaque octaue peut estre faicte de 13. tuyaux de mesme grosseur, de sorte que l'on n'aura que de 4. sortes de grosseurs dans l'orgue, comme il est aysé de conclure par la 13. prop. du 6 liure de l'orgue; mais on ne peut faire l'estenduë d'vne octaue auec des tuyaux de mesme hauteur, par la 12. propos. du mesme liure: or l'experience enseigne qu'il faut mesler les differentes longueurs auec les differentes grosseurs pour faire des tons agreables, ce qui peut arriuer en vne infinité de manieres, mais il semble que la meilleure de toutes est celle de la 14, & puis celle de la 43. propos. quoy qu'il soit libre à chacun d'en rechercher d'autres : par exemple, au lieu de donner la largeur de la diagonale au tuyau qui descend d'vne octaue sous celuy qui a le costé du quarré pour sa largeur on peut luy donner la largeur de la moyenne proportionnelle entre le costé, & son diametre, laquelle diuise la raison double en 4. raisons egales, comme ledit diametre la diuise en 2 raisons égales, c'est à dire par la moitié ; de sorte que les grosseurs, les largeurs ou les circonferences de ces 2 tuyaux seroiét en mesme raison que le quart de l'octaue, c'est à dire que la Tierce mineure composée de 3 demitons égaux.

La dixiéme remarque de cette preface ajoûte ce que i'auois oublié dans la 31 prop. du 7. liure des Instrumens, à sçauoir que Iaques Mauduit a ajouté la 6 chordes aux violes, qui n'en auoient que cinq auparauant, & qu'il a le premier introduit leur concert en France au lieu d'vne basse de violon, que l'on se contentoit de ioindre auec les Haut-bois. Ie pourrois encore aioûter plusieurs compositeurs excellens à ceux de ladite prop. comme le sieur Moulinié, qui merite beaucoup de loüange pour la grande peine qu'il employe à faire reüssir ses concerts au gré de tout le monde, & celuy que i'ay nommé dans la 40 prop. du 6 liure des orgues, lequel est aussi exact & poli en son contrepoint, que nul autre que ie connoisse. Il y en a plusieurs autres qui meriteroient des éloges, si j'auois la connoissance de leur capacité, & de leur vertu, par exemple ceux qui sont maistres de la Musique du Roy, tant de celle de sa Chapelle, que celle de sa Chambre, comme sont les sieurs Picot, & Formé, & quelques autres, dont ie ne peux parler que par le recit d'autruy, pource que ie n'ay point ouy de leur Musique. Le sieur de Cousu Chanoine de S. Quentin est aussi excellent en cet art, comme il fera paroistre par ces traités, quand il luy plaira. Or si ie voulois parler des hommes de grande naissance, ou qualité, qui se plaisent tellement en cette partie des Mathematiques, qu'on ne sçauroit, peut estre, leur rien enseigner, ie repeterois le nom de celuy à qui le liure de l'Orgue, est dedié, & ajouterois Monsieur Fermat Conseiller au Parlement de Thoulouze, auquel ie dois la remarque qu'il a faite des deux nombres 17296, & 18416, dont les parties aliquotes se refont mutuellement, comme font celles des deux nombres, 220, & 284, & du nombre 672, lequel est sousdouble de ses parties aliquotes, comme est le nombre 120 : & il sçait les regles infaillibles, & l'analyse pour en trouuer vne infinité d'autres semblables. Monsieur de la Charlonye Iuge Preuost Royal honoraire d'Angoulesme, est aussi fort habile dans la pratique & la theorie de cet art, & Monsieur de Beaugrand Secretaire du Roy, qui a l'esprit tres subtil, & vniuersel, & dont j'ay desia parlé en d'autre lieux de cet œuure, & le sieur de Roberual, dót i'ay dit mon auis dans l'aduertissement de la 44 prop. du liure de l'Orgue, dans le 8 Corolaire de la 9 prop. du 2. liure, & dans l'aduertissement de la 4 du 3. liure des mouuemés, à la fin duquel on void son traité des Mechanique, sçauent aussi fort bien la theorie, & mesme la Pratique de la Musique ; quoy que si l'on veut apprendre les regles de la composition, & faire toutes sortes de compositions à contrepoint simples ou figuré il soit à propos de se faire enseigner par ceux qui ont vne longue habitude de cette pratique, comme sont le sieur Raquette Organiste de nostre Dame de Paris, le sieur Vincent, & plusieurs autres, qui enseignent dans Paris, tant à chanter, qu'à composer,

L'onziéme remarque seruira pour empescher que l'oubli n'enseuelisse les noms de ceux qui ont esté excellens en France dans quelque partie de cet art, dont il y en a encor qui viuent maintenant; premierement Thomas Champion Organiste & Epinette du Roy, a defriché le chemin pour ce qui concerne l'Orgue & l'Epinette, sur lesquels il faisoit toutes sortes de canons, ou de fugues à l'improuiste: il a esté le plus grand Contraponctiste de son temps: son fils Iaques Champion sieur de la Chappelle, & Cheualier de l'Ordre du Roy, à fait voir sa profonde science, & son beau toucher sur l'Epinette, & ceux qui ont connu la perfection de son jeu l'ont admiré, mais apres auoir oüy le Clauecin touché par le sieur de Chanbonniere, son fils, lequel porte le mesme nō, ie n'en peux exprimer mon sentiment, qu'en disant qu'il ne faut plus rien entendre apres, soit qu'on desire les beaux chants & les belles parties de l'harmonie meslées ensemble, ou la beauté des mouuemens, le beau toucher, & la legereté, & la vitesse de la main iointe à vne oreille tres-delicate, de sorte qu'on peut dire que cet Instrument à rencontré son dernier Maistre.

Quant à ceux qui ont excellé à joüer du Luth, l'on fait tenir le premier rang à Vosmeny, & à son frere, à Charles & Iaques Hedinton Escossois, au Polonois, & à Iulian Perichon Parisien, Ausquels on peut ajouter les excellens joüeurs de Luth qui viuent maintenant, comme les sieurs Gautier, l'Enclos, Marandé, & plusieurs autres, & ceux qui composent de la tablature pour cet instrument, comme Mezangeau, Vincent, &c.

Pour le Cornet, de Liuet a esté le plus excellent pour faire les fanfares, comme l'Anglois pour la trompette. Ie laisse les autres, dont i'ay parlé dans les traité de chaque Instrument, afin d'ajouter qu'Antoine Demurat n'a point eu de compagnon pour chanter, car il auoit plus de disposition qu'homme du monde, à raison de labonté, de la beauté, & de la iustesse de sa voix. Girard de Beaulieu Basse de la Chambre du Roy, a mieux chanté que nul autre, & Cornille tant le pere que le fils ont quasi laissé le desespoir à la posterité de pouuoir les égaler.

La derniere remarque seruira pour conclure ce discours par nostre Sauueur, que les anciens Chrestiens ont representé en forme de Pasteur, qui porte vne oüaille sur son col, & qui tient vne seryngue, ou fleute pastorale dans la main droite, comme l'on peut voir dans plusieurs figures de *Roma Soterranea*, par exemple à la page 331, 351, 369, &c. laquelle est semblable à celle que i'explique dans la 3 prop. du 5 liure des Instrumens. Ils l'ont encore representé sous l'image d'Orphée, qui tient vne Harpe entre les mains semblable à l'vne de celles que ie descris dans la 25 prop. du 3 liure: par où ils ont voulu signifier que Iesus Christ estoit venu persuader le vray culte d'vn seul Dieu aux hommes, au lieu des 360 Dieux, ou plustost idoles, qu'Orphée fils d'Oeage, & pere de Musee auoit voulu introduire, comme remarque Iustin le Martyr: quoy qu'il confesse auec Clement Alexandrin, qu'il se reconnut apres; ce qu'ils prouuent par les beaux vers qu'ils rapportent, dans lesquels il exhorte les hommes à se joindre, & s'vnir perpetuellement auec Dieu, auquel soit tout honneur, & toute sorte de gloire à iamais.

Or puisque tous ceux que i'ay nommé dans cette Preface ont l'honneur d'estre Chrestiens, & qu'vn vray Chrestien doit tellement exprimer la vie, les actions & les passions de Iesus-Christ en soy-mesme, que tous ceux qui le voyent, le considerent comme vne mesme chose auec luy, suiuant la coustume des anciens Chrestiens qui estendoient les mains en forme de croix, lors qu'ils prioient, comme l'on void sur vne grande multitude de sepulchres de la Rome sousterraine de Bosius; ce que Tertulian exprime par ces termes, *modulabantur Christum*; & ce que les Prestres sont encore durant la Preface, & le Canon de la saincte Messe, il est raisonnable qu'ils se comportent comme des Orphées Chrestiens, en prouoquant leurs auditeurs à quitter leurs passions dereglées, pour suiure la raison, & la vertu, & pour se rendre semblables à celuy dont leur salut depend entierement. Certes c'est vne chose estrange que de mille joüeurs de Luth, & des autres instrumens, l'on n'en rencontre pas dix qui prennent plaisir à chanter, & à exprimer les Cantiques diuins; & qui n'ayment mieux joüer vne centaine de courantes, de sarabandes, ou d'Allemandes, qu'vn air spirituel: de sorte qu'il semble qu'ils ayent voüé tout leur trauail à la vanité, qu'ils entonnent dans le cœur par les oreilles, comme par autant d'entonnoirs. I'auoüe que ie suis de l'aduis des plus excellens politiques, à sçauoir que cette espece de Musique, qui amolist, & enerue le courage, & qui émousse la pointe de l'esprit des ieunes gens, deuroit estre bannie des Republiques, comme toutes les autres choses qui corrompent les bonnes mœurs, dont on viendroit aysement à bout si les Magistrats establissoient des prix, & des honnestes recompences pour ceux qui pratiqueroient seulement la Musique Dorienne, & les autres especes, dont nous auons parlé, pour celebrer les loüanges de Dieu, & pour chanter les loix qui seruent à l'instruction des enfans. Ie m'estonne aussi de ce que si peu de Musiciens font estat des raisons de l'harmonie, que l'on ne void point d'Academie dressée pour ce sujet, car toutes les assemblees des concerts se font seulement pour chanter, au lieu que de 2 ou 3 heures que l'on employe à cet exercice, plusieurs honnestes hommes desireroient qu'on print la moitié de ce temps pour discourir des causes qui rendent les pieces de la composition agreables, & qui font que de certaines transitions d'vne consonance à l'autre, & de certains meslanges de dissonances sont meilleurs les vns que les autres; par exemple, à sçauoir s'il faut éuiter les fausses relations du Triton, ou de la fausse Quinte, comme font ceux qui n'osent aller du Diton au Diapente par degrez conjoints; pourquoy ces relatiues sont estimées plus mauuaises que celles des secondes, & des septiesmes. Si la maniere de composer du Caurroy est meilleure, ou plus charmante que celle de Claudin: de 2, ou plusieurs chans donnez quel est le meilleur: pourquoy telle & telle suite de consonances donne vne si forte atteinte à l'esprit, & mille autres choses semblables, qui attireroient les hommes de qualité aux concerts, & qui seroient plus capables de charmer les ennuis, de changer la ferocité & la brutalité des mauuais temperamens pour les former à la vertu, que tous les concerts du monde. Et si l'on y ajoûtoit la consideration du Ciel, en considerant tous les moyens qu'il y a de rendre la pratique, & la theorie de la Musique vtile au salut, & d'en tirer des motifs de deuotion, l'on pourroit dire qu'elle contribueroit à l'effet de nostre predestination, de sorte qu'il n'y auroit plus moyen de la mesprisér, à raison des excellens personnages de toutes sortes de professions, qui tiendroient à honneur, & à faueur d'assister aux concerts, dont ils ne sortiroient iamais que meilleurs, & dont ils ne se souuiendroient point, soit iour, ou nuit, sans ressentir de particuliers mouuemens de l'amour de Dieu, & des desirs tres-ardens de la beatitude, & n'auroient plus autre chose dans le cœur, & dans la bouche que ce beau mot du Prophete Royal, *Psallam Deo meo, quandiu ero*.

EXTRAICT DV PRIVILEGE DV ROY.

LOVIS PAR LA GRACE DE DIEV ROY DE FRANCE ET DE NAVARRE, A nos amez & feaux les gens tenás nos Cours de Parlement de Paris, &c. Nostre cher & bien amé le Pere MARIN MERSENNE Religieux de l'Ordre des Minimes de S. François de Paule, Nous a fait humblement remonstrer qu'il a par vn long trauail, composé les liures intitulés *Harmonica*, tant en François qu'en Latin, &c. Que nous luy auons accordé. Donné à Paris le 13. d'Octobre, l'an de grace 1629. Et de nostre regne le vingtiéme. Par le Roy en son Conseil. Signé, PERROCHEL.

IE cede le Priuilege precedent à SEBASTIEN CRAMOISY Imprimeur ordinaire du Roy, ce 24. Auril 1636.

F. MARIN MERSENNE Minime.

APPROBATION DES THEOLOGIENS
de l'Ordre des Minimes.

NOVS soubs-signez Theologiens de l'Ordre des Minimes, attestons auoir leu les liures & traités de *l'Harmonie vniuerselle*, composés par le R. P. MARIN MERSENNE *Theologien de nostre Ordre*, dans lesquels n'auons rien trouué contre la Foy, ny les bonnes mœurs. C'est pourquoy nous auons mis cette presente approbation le 23. Octobre 1629. en nostre Conuent de S. François de Paule, prés la Place Royale. A Paris.

F. FRANÇOIS DE LA NOÜE.

F. MARTIN HERISSE'.

LIVRE PREMIER
DE LA NATVRE ET DES PROPRIETEZ DV SON.

PREMIERE PROPOSITION.

DETERMINER SI LE SON SE FAIT DEVANT qu'il soit receu dans l'oreille, c'est à dire deuant qu'il soit ouy, & s'il est different d'auec le mouuement de l'air.

C'Est vne chose ordinaire de demander au commencement des traitez que l'on fait des sciences, si elles ont quelque veritable object, & quel il est, car c'est parler inutilement, que de ne sçauoir pas dequoy l'on parle; il est donc à propos auant que passer outre de sçauoir si le Son, qui est le suiet, ou l'obiet de la Musique & de l'ouye, a vn estre reel, & quel il est : car il s'en trouue plusieurs qui croyent que le Son n'est rien, s'il n'est entendu, & que c'est vne simple impression de l'air qui ne doit point estre appellée Son, s'il n'y a quelque oreille qui l'entende & qui la distingue d'auec les autres choses; certainement si cela est, il faut que l'ouye luy donne la nature de Son, comme l'imagination & l'entendement donnent l'estre aux pensées imaginaires & aux fantosmes, que l'on appelle *estres de raison*. quant à mon particulier, i'estime que le Son n'est pas moins reel deuant qu'il soit entendu, que la lumiere, ou les couleurs, & les obiets des autres sens exterieurs auant qu'ils soient apperceus, & que les Sons ne laisseroient pas d'estre ce qu'ils sont, encore qu'il n'y eust nulle oreille. Ce que ie dirois tousiours, bien que i'eusse aduoüé que le Son ne fust pas different d'auec le mouuement de l'air.

Toutesfois il semble que le Son est autre chose que ce mouuement, puis que nous sentons de grands mouuemens d'air, ou d'eau, ou de quelques autres semblables corps, qui ne font point de Son, ou qui le font si foible, qu'il n'est nullement proportionné à la force du mouuement, comme nous experimentons aux pierres que l'on iette dans l'air auec des fondes, aux bales d'arquebuses, aux boulets d'artillerie, & en plusieurs autres mouuemens, qui se font quand la pluye & la gresle tombent, & que l'eau d'vne riuiere profonde coule sans faire bruit.

Au contraire, il y a de petits mouuemens qui font de grands bruits, comme ceux du larynx, de l'epiglotte & de la langue, quand nous parlons, ou ceux de l'air, qui fait sonner les Orgues, & les autres Flustes. Neantmoins ie n'estime pas que le Son soit different du mouuement du corps, qui frappe le Tambour, ou la Membrane de l'oreille : car il n'est pas necessaire d'aiouster vne qualité de la troisiesme espece, que l'on appelle ordinairement *qualité patible*, d'autant que le mouuement de l'air suffit pour expliquer tout ce qui se fait par les Sons. Car si tost que ce mouuement a frappé la membrane de l'o-

A

reille, qui enferme l'air interieur, & les esprits qui seruent à l'ouye, le mouuement de l'air exterieur se communique aux esprits interieurs, soit par le moyen du petit os qui est pendu au nerf de l'ouye, qui frappe sur vn autre petit os comme sur vne enclume, ou en quelque autre maniere, dont les Medecins doiuent traiter plus particulierement.

Quant à la difficulté des grands mouuemens qui ne produisent, ce semble, nul Son, & aux petits mouuemens qui font de grands Sons, l'on peut dire que l'air n'est pas si agité dans ces grands mouuemens comme l'on pense, car lors que l'on frappe l'air auec vn baston, auec la main, ou auec les pierres, les flesches, les boulets, &c. il cede facilement, d'autant qu'il n'y a point de corps qui l'empesche de fuir; mais il reçoit vne plus grande violence par le mouuement & la resistance des organes, qui seruent à la parole, & à la Musique, que par le mouuement de toute autre sorte de corps, dont le bruit & le sifflement ne s'entend pas de si loin que la parole.

Il faut donc conclure que tous les mouuemens qui se font dans l'air, dans l'eau, ou ailleurs, peuuent estre appellez Sons; d'autant qu'il ne leur manque qu'vne oreille assez delicate & subtile pour les ouyr; & l'on peut dire la mesme chose du bruit du tonnerre & du canon à l'esgard d'vn sourd, qui n'apperçoit pas ces grands bruits: car le mouuement, ou le tremblement qu'il sent, n'est point appellé Son, qu'entant qu'il est capable de se faire sentir aux esprits de l'ouye: de maniere que le Son se peut definir *vn mouuement de l'air exterieur ou interieur capable d'estre ouy*; i'ay dit, *ou de l'interieur*, à raison des bruits qui se font au dedans de l'oreille. Mais il est difficile de trouuer precisément ce qui rend le mouuement de l'air capable d'estre ouy; car quand ie considere qu'vne chorde de boyau, ou de leton tenduë en l'air, & attachée à deux murailles auec des cloux ou des cheuilles sellées dans le mur, & touchée du doigt, d'vn archet, ou d'vne plume, ne fait quasi point de bruit, & qu'estant tenduë sur les cheualets d'vn Luth, d'vne Viole, ou d'vne Epinette, elle fait vn grand bruit, & neantmoins que c'est la mesme percussion de l'air: que le vent fendu & coupé par vn morceau de bois semblable à celuy de la lumiere d'vn tuyau de Fluste, ne fait qu'vn leger sifflement, & quand il est suiuy du corps d'vne fluste, qu'il fait vn si grand bruit, cela me fait conclure que ce qui rend ce mouuement capable d'estre ouy, n'est autre chose que quand il esbranle vne quantité d'air enfermé capable d'esbranler sa prison, & de se communiquer à l'air voisin exterieur iusques à ce qu'il arriue à l'oreille.

De là vient que les corps qui sont les plus aëriens, sont aussi les plus resonans, & que les plus terrestres & les plus lourds le sont moins, comme generalement le bois est plus resonant que les metaux, lors que l'on les employe pour les tables des instrumens: & qu'entre les metaux le plomb est le moins resonant, & entre les bois le sapin le plus leger & le plus aërien de tous est aussi le plus resonant, & le hestre massif & lourd l'est moins: & entre les sapins le plus sec & le plus deuestu de son humidité terrestre se trouue le plus resonant. Or il faut remarquer le terme, dont on vse pour exprimer cette qualité des corps, qui leur fait multiplier la premiere percussion de l'air iusques à la rendre capable de toucher les sens de l'ouye, à sçauoir *resonants*, comme qui les diroit encore vne fois sonants, car cette diction exprime le son qui vient à nostre oreille, lequel n'est pas le premier Son, mais l'echo multiplié depuis le premier air qui touche la chorde iusques à celuy qui touche l'oreil-

De la nature & des proprietez du Son.

le; & ce que nous appellons *Echo*, est le Son rendu & renuoyé par l'instrument qui multiplie le Son, & le reflechit comme les miroirs reflechissent la lumiere.

Nous pouuons expliquer la multiplication du Son par celle de la chaleur de l'air qui est eschauffé par vn grand feu, d'autant que comme nous ne sentons pas immediatement la chaleur du feu, si nous ne le touchons, mais celle de l'air eschauffé: de mesme nulle oreille ne peut sentir autre Son que celuy qui est multiplié, & qui procede du premier. Tout cecy n'empesche pourtant pas que le Son ne puisse estre appellé *collision* ou *battement d'air*, que font les corps dans le milieu qui reçoit le mouuement, & qui est frappé ou rompu & diuisé par les corps qui produisent ou qui reçoiuent le mouuement, puis que cette collision est cause que nous apperceuons ce mouuement, quand il altere, ou qu'il meut les esprits de l'ouye, & que la cause peut receuoir le nom de son effect.

PROPOSITION II.

Determiner comme se fait le mouuement & le Son, & d'où vient que plusieurs mouuemens tres-vistes & tres-rapides ne font nul Son qui puisse estre ouy, comme sont les mouuemens de plusieurs rouës, & d'autres corps qui se meuuent dans l'air ou dans l'eau: & que plusieurs mouuemens tres-petits font de grands Sons.

CETTE Proposition seruira pour respondre aux obiections qui se peuuent faire contre la precedente, & monstrera pourquoy nous oyons de grands Sons, où les mouuemens semblent estre fort petits. Ceux qui disent que le Son est different du mouuement de l'air apportent plusieurs raisons, dont la premiere est, que l'objet de l'ouye doit estre vne qualité, comme celuy des autres sens, & que le mouuement est vn objet commun de tous les sens. La seconde, que l'air ne peut penetrer les murailles, à trauers desquelles l'on entend le bruit. La troisiesme, que deux hommes ne pourroient pas ouyr les paroles qu'ils diroient en mesme temps, à raison que l'air ne peut receuoir deux mouuemens contraires en mesme temps: & qu'il n'y a nulle apparence que l'air soit meu dans vn si grand espace, comme est celuy dans lequel l'on entend la voix. La quatriesme, que plusieurs petits mouuemens d'air font souuent plus de bruit que de plus grands, comme i'ay dit au commencement. Mais il est facile de respondre à ces difficultez, car il suffit que l'objet de chaque sens soit proportionné à l'organe, & à la puissance de l'ame qui en est touchée par l'entremise des sens, sans qu'il soit necessaire de l'attacher à la qualité plustost qu'à la quantité: encore que l'on puisse dire que le mouuement de l'air, de l'eau, ou de quelqu'autre corps a la qualité de se faire ouyr: mais cette consideration ne met rien de nouueau au mouuement de l'air, qui est aussi bien mouuement sans l'oreille, que quand l'on suppose l'oreille, quoy que l'on ne l'appelle pas Son, iusques à ce qu'il ayt frappé le tambour de l'oreille, auquel il imprime vn mouuement semblable à soy-mesme, ce qui n'empesche pas qu'il n'ayt la nature entiere du Son, bien qu'il ne serue iamais à l'oreille.

Il faut donc dire que le Son estant simplement consideré en qualité de Son n'est rien de reel, qu'vne simple consideration & affection du mouuement.

A ij

Si l'on examine l'obiect des autres Sens, l'on trouuera qu'ils ne font pas plus qualifiez que les Sons; par exemple l'obiect du gouft & du flairer confifte à l'euaporation & à l'exalaifon des petits corps qui fortent de l'obiect que l'on goufte, ou que l'on flaire: l'obiect du toucher n'eft point different de la quantité des figures & de leurs proprietez, comme font le mol, le dur, le poly, &c.

Quant à la feconde raifon que l'on met en auant, i'aduoüe que l'on ne peut ouyr à trauers les murailles, s'il n'y a point de lieu par où l'air puiffe fe communiquer, ou fi les murailles ne font esbranlées par le Son que fait celuy qui eft enfermé, ou qui eft dehors: car fi les parois tremblent, ils communiqueront le mouuement de l'air interieur à l'exterieur, ou de l'exterieur à l'interieur. Or il n'eft pas fi difficile que l'homme qui eft enfermé entre quatre murailles leur imprime quelque forte de mouuement par la force de la voix, ou de quelqu'autre Son, comme on fe l'imagine: car l'air efmeu, qui ne trouue point de fortie a de grands effets, & l'experience fait voir que le Son fe diminuë beaucoup par l'interpofition d'vne muraille, ou de quelqu'autre corps folide; Il me femble donc qu'il faut conclure que les murailles ne tremblent pas affez fort quand l'on ne peut ouyr le fon: mais ie parleray plus amplement de cette difficulté dans vn autre lieu.

La troifiefme raifon n'a point de force, car nous experimentons que l'on oyt le fon, encore que le vent foit contraire, & confequemment que le mouuement de l'air que fait le vent s'oppofe au mouuement que l'on appelle Son; & cette contrarieté qui empefche le Son peut eftre fi grande à raifon de la violence des vents ou des autres bruits, que l'on ne l'oyra nullement.

Quand deux ou plufieurs hommes parlent en mefme temps, l'air retient les impreffions qu'il reçoit de chacun d'eux, comme l'eau calme reçoit celles des pierres que l'on iette dedans, car l'on remarque qu'elles font des cercles differens, qui s'eftendent peu à peu iufques aux bords, & qui ne font pourtant pas fi diftincts, ny fi remarquables que fi l'on iettoit vne feule pierre: mais la difficulté de ces cercles merite vn difcours particulier. C'eft pour la mefme raifon que les voix de deux ou plufieurs hommes qui fe parlent en mefme temps, font plus confufes & moins intelligibles, que quand ils parlent l'vn apres l'autre.

Quant à l'efpace dans lequel s'eftend le mouuement de l'air ou le Son, il ne faut pas s'eftonner s'il eft tres-grand à raifon du peu de refiftance que fait l'air, comme l'on experimente aux coups d'artillerie, qui l'efmeuuent iufques à vingt ou trente lieuës; peut eftre mefme que le mouuement qui fe fait par la collifion de deux corps va iufques à la fin de l'air, c'eft à dire iufques au firmament, ou plus haut, s'il s'eftend plus haut, comme les cercles que l'on fait auec les pierres iettées dans l'eau vont iufques aux bords, car il eft auffi facile d'expliquer ce mouuement, comme l'on explique en quelle maniere vne pierre eftant iettée dans l'Ocean eft caufe que toutes les parties de l'Ocean fe remuent, afin que la partie de l'eau, que la pierre fait monter s'eftende par tout pour reftablir l'equilibre de l'eau, car fi elle ne s'eftendoit qu'aux parties voifines, elles feroient plus hautes que les plus efloignées, qui fortiroient de leur equilibre, & ne fe balanceroient plus.

Et l'on peut dire que fi l'Ocean couuroit toute la terre, comme il faifoit auant que Dieu euft feparé les eaux d'auec elle, & qu'il fuft calme, que la pierre qui feroit iettée dedans fouz le pole Arctique, feroit des cercles qui croi-

De la nature, & des proprietez du Son.

stroient tousiours iusques à l'Equateur, & qui (peut-estre) diminueroient tousiours iusques à l'Antartique : mais cette difficulté desire vn autre lieu, & puis il n'est pas necessaire que la mesme chose arriue dans l'air, qui se fait dans l'eau, d'autant que nous ne sommes pas hors de l'air, comme nous sommes hors de l'eau.

La derniere obiection suppose vne chose fausse, car puis que le mouuement & le Son ne sont point differents, le Son est d'autant plus grand & plus fort que le mouuement de l'air est plus violent; de sorte que toutes & quantes fois que l'on oyt vn grand son, il faut conclure que le mouuement de l'air est grand. Mais si l'on considere la grandeur, & la violence du mouuement par le seul effort qui se fait dans l'air, ou dans quelqu'autre corps fluide, l'on se trompe souuent, d'autant qu'il faut que l'air soit retenu, renfermé, rompu & reflechy par la rencontre de deux corps solides, car s'il est seulement poussé d'vn costé, & qu'il ayt vne libre issuë de l'autre, il fera peu de bruit, comme il arriue à la flesche & aux bales d'arquebuses qui se meuuent dans l'air, & qui ne font pas vn Son proportionné à leur vitesse, parce que l'air qui cede souffre peu de violence en comparaison de celuy qui resiste, & qui rencontre des corps entre lesquels il est renfermé, comme l'on experimente aux mouuemens d'vn foüet de chartier, qui fait vn grand bruit à raison du regain de la chorde qui enferme l'air.

L'on peut icy adiouster plusieurs choses qui appartiennent à l'estenduë du Son, que l'on appelle la sphere de son actiuité, & qui sont cause que l'on l'entend de plus loin, comme l'on experimente aux poûtres & aux tuyaux, car lors que l'on frappe le bout d'vne poûtre, ou que l'on parle dans vn tuyau, le Son se porte plus loin, & plus facilement qu'il ne feroit sans l'ayde de ces corps. Mais il faut reseruer ces considerations pour vn autre lieu : car il suffit maintenant de conclure, que le Son est produit lors que le mouuement exterieur de l'air arriue au nerf de l'ouye, c'est à dire à la partie de l'organe de l'ouye, qui reçoit les premieres atteintes du mouuement de l'air exterieur, pour les porter à l'esprit qui en fait le iugement.

Il faut dire la mesme chose de l'eau au regard des poissons qui oyent nos bruits quand les cercles de l'air vont frapper la surface de l'eau, qui fait d'autres cercles iusques à l'oreille du Poisson, comme les cercles de l'eau qui font du bruit en impriment dans l'air iusques à nos oreilles, lors que nous oyons le bruit qui se fait dans l'eau. Il faut encore conclure qu'il n'est pas besoin d'especes *intentionelles* pour le Son, puis que le mouuement de l'air suffit, & que nous sçauons qu'il ne se porte pas en vn moment comme la lumiere : car il n'y a point d'apparence de dire que ces especes ayent besoin de mouuement, ou de temps pour estre portées, puis qu'elles n'ont point de contraire. C'est pourquoy ie ne parleray point de ces images, ou especes intentionelles des Sons, mais seulement des mouuemens qui nous les font apprehender : ce qui apportera vne plus grande clarté & facilité à nos discours, & peut estre vne plus grande satisfaction au Lecteur.

Toutesfois ie ne veux pas entierement reietter toutes sortes d'especes intentionelles soit du Son ou des autres obiects, que mettent plusieurs pour establir vne liaison plus delicate entre la puissance & l'obiect, que n'est celle qui se fait par le moyen des qualitez exterieures naturelles, materielles & corporelles, comme s'il estoit necessaire de les despoüiller de ce qu'elles ont de trop

A iij

grossier, pour les esleuer à vn degré d'estre plus eminent & plus spirituel, afin que ie n'aye nul different auec les Philosophes ordinaires, & que ce que ie diray dans ces liures de Musique ne depende de nulle opinion, & qu'il soit fondé sur la verité de l'experience & de la raison. Or i'expliqueray plus amplement & plus exactement la force & la foiblesse du Son, & plusieurs autres difficultez dans vn autre lieu, car il suffit d'en auoir touché quelque chose dans ces deux premieres Propositions, dont l'esclaircissement & la solution dependent de plusieurs Propositions. Mais puis que i'ay dit que le Son n'est autre chose que le mouuement de l'air, il faut voir si cet air est exterieur ou interieur aux corps qui produisent le Son; & s'il est tellement necessaire qu'il ne se puisse faire de Son sans l'vn des deux, & puis nous expliquerons en quelle maniere il se fait.

COROLLAIRE.

Puis que ie desire que le Musicien parfait sçache la Philosophie, & qu'il doit cognoistre les differentes imaginations que nos ancestres ont eu de la nature du Son, afin que l'on n'entame nul discours de l'harmonie dans toutes sortes de compagnies où il se rencontre, dont il ne puisse rendre raison, il faut remarquer en sa faueur que Democrite, Epicure & quelques autres de leur secte ont estimé que le Son qui se fait par la rencontre, ou le battement de toutes sortes de corps n'est autre chose qu'vn mouuement, ou vne saillie de petits corps composez d'atomes, qui sortent des corps qui font le Son, comme les rayons sortent du Soleil, ou qui sont dans l'air, & qui estant frappez par le mouuement des corps, s'estendent de tous costez par les pores, ou les petits vuides dudit air, iusques à ce qu'ils ne rencontrent plus de vuide, & qu'ils soient arrestez par les petits corpuscules, ou atomes qui composent la substance de l'air; de sorte que suiuant cette opinion l'on peut s'imaginer vne grande multitude de petits corps inuisibles, ou d'atomes qui volent dans l'air apres qu'il a esté battu, & qui vont affecter toutes les oreilles qui se rencontrent dans leur chemin, afin de leur porter la nouuelle de ce qui s'est passé dans l'air, ou dans les corps dont ils sont partis, & dont ils sont les ambassadeurs, ou les images & les representations.

PROPOSITION III.

Determiner si le Son est le mouuement de l'air exterieur ou de l'interieur, qui est dans le corps qui produit le Son : & s'il ne se peut faire de Son sans le mouuement de l'vn ou de l'autre.

CEtte Proposition me semble tres-difficile à raison qu'il est impossible de faire les experiences necessaires pour ce sujet, comme l'on verra dans la suitte de ces discours: mais afin de commencer par ce qui est de plus certain & de plus euident. Ie dis premierement que l'air exterieur suffit pour faire le Son, pourueu qu'il soit agité ou battu assez fort, comme il arriue en toutes sortes de rencontres, car tous les bruits que font les vents ne sont autre chose que les differentes agitations de l'air, qui se peuuent faire en plusieurs manieres, dont chacune desire vn discours particulier. Mais parce que l'on croit que toutes sortes de corps enferment & contiennent de l'air dans leurs pores, &

De la nature & des proprietez du Son.

que les Philosophes ordinaires tiennent que tout corps mixte est composé des quatre Elemens, à sçauoir de la terre, de l'eau, de l'air, & du feu, l'on peut adiouster que l'air enfermé dans le corps fait semblablement vn Son, puis qu'il est agité aussi fort que le corps où il est enfermé, soit qu'il face vne partie essentielle dudit corps, ou qu'il en remplisse seulement les petites cauitez, que l'on appelle pores. Or ce mouuement de l'air interne ne change pas le Son quant au graue & à l'aigu, mais il le modifie & l'affecte de quelques qualitez, ou configurations particulieres, qui nous font distinguer le Son d'vn corps d'auec celuy d'vn autre corps, comme ie diray ailleurs.

Ie ne voy pas neantmoins qu'il soit necessaire d'adiouster ce mouuement pour expliquer les differentes qualitez des Sons, d'autant qu'on les peut rapporter aux differentes figures des corps, dont les vns sont plus ou moins polis ou raboteux que les autres, encore que l'œil ou la main n'en puissent remarquer les differences; car l'experience fait voir par le moyen des lentilles de chrystal & de verre, & par les miroirs concaues tant Spheriques que Paraboliques, que les surfaces qui semblent tres-polies & tres-nettes sont inesgales & remplies de petites vallées & montagnes; d'où il arriue que les Sons de toutes sortes de corps sont quasi tousiours differens en quelque chose, quoy qu'ils soient à l'vnisson, & qu'ils soient aussi forts les vns que les autres. Ceux qui disent que l'air interieur apporte plusieurs differences aux Sons exterieurs, ou qui composent le Son du mouuement de l'air interieur & de l'exterieur, qui est comme l'image ou le vestement de l'autre, peuuent adiouster que l'eau & le feu, qui sont dans les corps contribuent aussi à la difference des Sons, puis que ces deux elemens sont susceptibles du mouuement, car ceux qui tiennent que le feu est l'vn des elements qui composent les corps, sont obligez par leurs maximes de confesser que le feu est plus mobile que l'air, & consequemment qu'il doit pour le moins apporter vne aussi grande difference aux Sons que le mouuement de l'air.

Ils peuuent encore dire que les differens Sons que fait vne mesme cloche, ou vne mesme chorde en mesme temps viennent des differens elemens, dont l'vne & l'autre est composée, & que le Son plus graue & plus materiel qui paroist le plus fort est fait par la terre, le second par l'eau, le troisiesme par l'air, & le quatriesme par le feu : ou s'ils n'ont que trois Sons, comme il arriue le plus souuent, qu'il faut attribuer le premier à la terre & à l'eau, le second à l'air, & le troisiesme au feu; & cecy posé ils peuuent dire que nul corps ne se meut qu'il ne face vn concert de trois ou quatre parties, dont chacune represente son element particulier : mais ie ne veux pas m'amuser icy à ces considerations, tant parce que i'estime que le Son n'a pas besoin d'autres mouuemens que de ceux de l'air exterieur, que parce qu'il se rencontrera plusieurs autres lieux, où cette opinion pourra estre examinée plus particulierement.

Quant au mouuement de l'vn & de l'autre de ces airs, nul ne doute qu'il ne soit necessaire, car encore que quelques-vns croyent que ce n'est pas l'air qui fait le Son, mais que ce sont les corps qui se meuuent dans l'air, neantmoins ils auoüent qu'il est necessaire qu'ils se meuuent, ce qui ne peut arriuer que l'air exterieur, & l'interieur ne se meuuent semblablement, si ce n'est que nous considerions ce mouuement dans le vuide, dont ie parleray apres, ou dans l'eau, dont le mouuement fait du Son, comme l'on experimente auec des cloches, dont le Son est plus graue dans l'eau que dans l'air d'vne Dixies-

A iiij

me maieure, comme ie diray ailleurs. Car si le seul mouuement de l'eau suffit pour produire le Son, le mouuement de l'air n'est pas absolument necessaire, quoy qu'on puisse dire que l'air interieur qui est dans les pores de la cloche se meut dans l'eau, & que c'est luy qui fait le son ; ou qu'il faut attribuer le son à tout le corps de la cloche qui se meut, & dont toutes les parties tremblent, mais cette difficulté receura de l'esclaircissement de celle qui suit.

PROPOSITION IIII.

Determiner si le Son se peut faire dans le vuide vniuersel, ou particulier.

NOVS pouuons considerer deux sortes de vuide, à sçauoir l'vniuersel & le particulier, dont le premier n'est autre chose que la priuation de tous les corps qui sont au monde, lequel arriueroit si Dieu cessoit de conseruer les corps qu'il a creez, car il ne demeureroit rien que l'espace où ils sont, que l'on appelle ordinairement *imaginaire* : l'on peut neantmoins considerer vn autre vuide vn peu moins vniuersel que le precedent, à sçauoir le vuide que remplit l'air ; lequel estant osté du lieu qu'il a maintenant, soit par vn aneantissement, ou par transport, laisseroit la concauité du Firmament toute vuide d'air.

Le second vuide est celuy que l'on s'imagine au mesme lieu d'vne partie d'air, lequel ne peut arriuer que par le moyen d'vne force qui separe l'air, & qui quant & quant empesche qu'il ne se reünisse ; mais nul ne sçauroit faire cette diuision, que celuy dont la force est plus grande que l'impetuosité de toute la Nature creée, & que l'inclination qu'elle a pour sa conseruation, à laquelle l'on croit que la perpetuelle vnion de toutes ses parties est necessaire. Or il est aussi difficile de sçauoir si le Son peut estre produit dans le vuide particulier que dans l'vniuersel ; mais parce que le Son suppose le mouuement, il faut premierement voir si vn ou plusieurs corps se peuuent mouuoir dans le vuide : car si ce mouuement n'est pas possible, il faut conclure que le Son ne s'y peut faire, & parce que cette difficulté n'est pas encore resoluë, & que la question est problematique, ie dis que si quelque quantité d'air se meut de la mesme sorte dans le vuide, que lors qu'il est iointe auec les autres parties de l'air, qu'elle fera du Son, encore qu'il ne puisse estre porté à nulle oreille: c'est à dire que son mouuement aura tout ce qui est necessaire de son costé, pour estre apperceu de l'oreille souz la qualité de Son : ce que l'on peut semblablement dire de l'air interieur des corps qui se mouueroient dans le vuide. Or il n'est pas difficile d'expliquer comment l'air, ou les autres corps pourroient auoir le mouuement de reflexion, c'est à dire qui est composé de tours & de retours, dans le vuide, car les chordes d'vn Luth mis dans le vuide estant tirées hors de leur ligne droite trembleroient du moins aussi fort que dans l'air, d'autant que leur mouuement ne seroit nullement retardé. Mais puis qu'il n'y a point de vuide dans la nature, & qu'il est peut-estre impossible, il suffit d'auoir touché cette difficulté, sans qu'il soit necessaire d'examiner les autres que l'on a coustume de proposer : par exemple, si la pierre descendroit perpendiculairement vers le centre de la terre par le vuide, si les missiles iettez dans le vuide se mouueroient perpetuellement, & plusieurs autres, dont nous pourrons encore parler en d'autres lieux.

De la nature & des proprietez du Son.

COROLLAIRE.

Il est aysé de conclure par ce que nous auons dit iusques à present, que le Son n'a point d'autre suiet que l'air exterieur, ou les autres corps fluides, qui enuironnent les corps sonnants, comme l'eau, le vin, ou l'air interieur qui fait partie desdits corps : si ce n'est qu'on die que le Son est dans toutes les parties du corps, par lesquelles il est produit.

PROPOSITION V.

Expliquer de quelle maniere se meut l'air quand son mouuement fait du Son, & quels mouuemens ne font point de Son.

NOVS viuons dans l'air comme les poissons dans l'eau, mais auec cette difference que nous ne pouuons sortir hors de l'air, ny arriuer à sa surface, comme ils font, car ils sautent souuent hors de l'eau, ou se tiennent dessus, mais nous auons tousiours plus de cinquante mille lieuës d'air sur la teste, car il s'estend iusques à Lune, & peut-estre iusques au Firmament, & par delà. Or puis que nous ne voyons pas l'air, qui peut estre appellé l'eau ou la mer des hommes & des autres animaux, & qui peut-estre n'est nullement different de l'eau, qu'en ce qu'il est plus rare & plus leger; il semble que nous ne pouuons mieux expliquer ou comprendre la maniere dont se meut l'air, quand il sonne, que par celle dont se font les mouuemens de l'eau par les corps qui se meuuent dedans, & qui la battent auec violence : car il ne faut pas seulement s'imaginer le mouuement qu'on voit sur l'eau, lors qu'elle fait des cercles qui vont tousiours en croissant depuis le lieu où la pierre a esté iettée, qui leur sert de centre, iusques au bord du vaisseau qui la contient : mais il faut remarquer si elle fait de semblables mouuemens iusques au fonds, & si ces cercles s'estendent dans toute la profondeur ou la solidité de l'eau, comme l'on peut conclure tant par les Sons qui se font dans l'air, que par ceux qui se font dans l'eau, car on les oyt esgalement de tous les costez, quoy qu'il soit plus mal aysé de l'experimenter dans l'eau que dans l'air, dans lequel les fusées & les feux artificiels qui font leur bruit à cent toises de haut, se font esgalement ouyr de tous les costez tant en haut qu'en bas.

L'on peut neantmoins en faire l'experience dans l'eau, car si de plusieurs qui nagent entre deux eaux, ou qui font le plongeon, l'vn fait sonner vne cloche souz l'eau, & que tous en oyent le Son, quoy que les vns ayent sept ou huict brasses d'eau sur eux, & les autres seulement vne ou deux, l'on peut conclure que les cercles qui se voyent sur la surface de l'eau, se font semblablement dans toute la solidité de l'eau, & consequemment que l'eau & l'air font des cercles dans chaque lieu de leur profondeur, lors que l'on les bat, ou que l'on les presse assez fort pour faire quelque bruit.

Quelques-vns s'imaginent que la mesme partie de l'air qui est battuë, & qui fait le Son, se diuise en vne infinité de petites parcelles, semblables aux atomes de Democrite, qui s'estendent en rond pour porter le Son de tous costez : mais cela n'est pas necessaire, & il n'y a nulle raison qui puisse persuader que la partie de l'air qui est frappée, se detache de l'air auquel elle est continuë, pour aller fe reioindre à vn autre air efloigné de deux ou trois mille pas : il fuffit qu'elle esbranfle l'air continu , & qu'elle luy communique le mefme mouuement qu'elle a receu, quoy que plus foiblement & auec diminution. Car l'on experimente dans tous les corps qui font continus, que l'vn ne peut mouuoir, poufler, ou attirer l'vne de fes parties, que les autres ne fe meuuent femblablement, encore qu'il y ayt vne grande difference entre le mouuement des corps qui font durs & fermes, comme font les pierres, les metaux & les bois : & ceux qui font mols & fluides, comme font l'air, l'eau & toutes fortes de liqueurs, d'autant qu'il n'eft pas poffible de tirer, de poufler, & de mouuoir vne partie d'vn corps dur que toutes les autres ne fe meuuent, comme l'on experimente lors qu'on pouffe vne pierre, ou vn bafton, parce que leurs parties ne cedent pas les vnes aux autres, comme font les parties de l'air, dont nulle partie ne pourroit eftre meuë que toute fa folidité ne fe meuft, fi l'vne des parties ne cedoit à l'autre.

Or il eft tres-difficile d'expliquer comme fe fait cette ceffion, & en quelle maniere l'air & l'eau fe reftituent, & reprennent leur repos apres qu'on les a battus & agitez, car fi la partie qui eft frappée fe rarefie, il faut que les autres fe condenfent pour luy faire place ; ce qui arriueroit, encore qu'elle ne fe rarefieroit nullement, à raifon qu'elle eft pouffée hors de fon lieu naturel & ordinaire, c'eft pourquoy il eft neceffaire que les autres cedent, car les parties des corps ne fe peuuent penetrer, & chacune a befoin d'vn lieu particulier different de celuy des autres. Car encore qu'on fe puiffe imaginer qu'vne goutte d'eau eftant verfée fur vne autre eau s'eftend, fans qu'il foit befoin que toutes les autres parties fe meuuent, neantmoins cela ne fe peut faire lors qu'elle eft adiouftée fous la furface de l'eau, d'autant qu'il faut que toutes les parties fuperieures fe hauffent pour luy faire place ; ce qui arriueroit à l'air fi on luy adiouftoit quelque nouuelle partie, d'autant qu'il nous encloft & nous enferme ; & parce que la partie de l'air qui eft violentée change de lieu, c'eft à dire qu'elle s'approche, ou s'efloigne du point immobile que l'on fe peut imaginer dans les efpaces imaginaires, ou à l'vn des poles du monde : il faut que toutes les parties fuperieures cedent pour luy faire place, foit qu'elle aille en haut ou en bas, & à droit ou à gauche, fi ce n'eft que l'on die qu'elle entre dans leurs pores : mais nous ne fçauons pas fi l'air à des pores, & bien qu'il en euft, toute la folidité ou la furface de l'air battu ou pouffé ne peut pas entrer dans lefdits pores, que quelques-vns croyent eftre vuides de toute forte de corps, car ils ne font pas fi grands comme eft l'air pouffé ou battu.

Il y a ce femble plus d'apparence de dire que les autres parties de l'air fe condenfent pour ceder à l'impetuofité de la portie agitée, quoy qu'il foit prefque impoffible de s'imaginer comme fe peut faire la compreffion ou la condenfation des parties de l'air, s'il ne contient du vuide. Mais la difficulté fera plus aifée, fi l'on ne s'amufe point au vuide, ou à la rarefaction, & à la condenfation : car l'on peut dire que quand vne partie de l'air a efté frappée, que les autres parties voifines fuccedent auffi toft en fa place, & que toute la maffe de l'air fe meut, lors que l'vne de fes parties change de lieu, comme il arriue dans les bains où l'on fe laue, dont toute l'eau fe meut à chaque mouuement du corps. C'eft pourquoy i'eftime que ceux qui font dans le Ciel peuuent apperceuoir les mouuemens de l'air qui fe font icy, quoy qu'ils foyent tres-foibles quand ils arriuent au Ciel : car fi l'on eft contraint d'auoüer qu'v-

De la nature & des proprietez du Son.

ne partie d'eau estant meuë au milieu du vaisseau est cause que toute l'eau se meut, pourquoy ne peut-on pas conclure la mesme chose de l'air, qui est vne espece d'eau moins grossiere, laquelle est contenuë dans le Firmament, ou dans l'immensité de l'Vniuers comme dans vn tres-grand vase, qui est vn ouurage digne de la Sagesse & de la puissance de Dieu.

PROPOSITION VI.

Les Sons ont mesme raison entre eux que les mouuemens de l'air, par lesquels ils sont produits.

SI la nature du Son n'est pas differente du mouuement de l'air, comme i'ay dit dans les deux premieres Propositions, il n'est pas necessaire de prouuer cette sixiesme, mais parce que plusieurs adioustent vne nouuelle qualité aux mouuemens, ie dis qu'elle est tousiours veritable, quelque qualité ou espece intentionelle que l'on veille adiouster, d'autant qu'elle suit les differences du mouuement de l'air, qui fait le Son fort ou foible, graue ou aigu, net ou obscur, suiuant les differens battemens de l'air, comme l'on experimente aux chordes des instrumens, & aux tuyaux d'orgues, dont les Sons paroissent d'autant plus graues qu'ils battent moins de fois l'air, & d'autant plus aigus qu'ils le battent plus de fois ; de sorte que si l'on compare deux quantitez d'air esgales ou inesgales, dont l'vne soit battuë quatre fois tandis que l'autre est battuë deux fois, l'on trouuera perpetuellement que le premier Son sera double de l'autre, & que l'vn aura autant de degrez d'aigu, comme l'air, dont il vient, aura esté battu de fois : mais ie reserue les experiences des chordes pour le liure des instrumens à chorde, & celles des tuyaux pour le liure des Orgues.

Quant aux autres differences & circonstances du Son, comme est la force ou la foiblesse, elles viennent du mesme mouuement de l'air differemment affecté : par exemple, lors que de deux quantitez d'air, qui sont battuës autant de fois l'vne que l'autre en mesme temps, celle qui est plus grande fait vn plus grand bruit, qui paroist plus gros, plus plein, plus massif & plus remply ; de sorte que l'on peut mesurer la grosseur du Son, & dire qu'il a toutes sortes de dimensions, comme les corps ; d'autant qu'il suit, ou qu'il est le mouuement d'vn corps, à sçauoir de l'air, ou des autres corps, dont le mouuement est susceptible du Son : car si la quantité de l'air qui est meu est fort petite, elle rend le Son petit, delié & mince : si son mouuement ou ses battemens durent long-temps il est long, s'ils durent peu il est court, &c.

Dela vient qu'on peut dire d'vne voix foible & petite, qu'elle ressemble à vne ligne, ou à vn filet qui n'a point de sousteneuë, comme l'on dit d'vne ligne d'eau qui coule doucement par vn canal ; & que la voix qui est forte & bien fournie, quoy qu'elle soit aiguë, est semblable au fil de leton, qui est ferme & dur, & qui se soustient de soy-mesme : mais i'expliqueray toutes ces differences plus exactement dans la Proposition qui suit, & dans la 16.

PROPOSITION VII.

Expliquer comme se fait le Son graue & l'aigu, & ce qui le rend fort ou foible.

ENCORE que i'aye parlé de ces deux differences dans la Proposition precedente, elles meritent pourtant d'estre expliquées plus amplement, parce qu'elles seruent de fondement à la Musique, qui considere plus particulierement le graue & l'aigu des Sons, que leurs autres qualitez. Mais il faut icy remarquer vne fois pour toutes, que ces deux termes *graue* & *aigu*, que les Grecs appellent βαρὺ & ὀξὺ, signifient que le Son est creux, profond & bas; ou qu'il est haut & pointu, s'il est permis d'vser de ces termes, car la langue Françoise n'est pas encore si riche & si feconde, qu'elle n'aye souuent besoin d'emprunter les termes des Grecs & des Latins, ou d'en employer de metaphoriques, lors qu'elle explique les sciences: les Latins disent *Grauitas* & *acumen*: & les Grecs βαρύτης & ὀξύτης, pour signifier la profondeur & la hauteur des Sons; & nous pouuons dire la grauité du Son, mais nous n'auons point de diction correlatiue qui signifie le contraire pour exprimer le Son aigu: car *acuité* n'est pas en vsage: c'est pourquoy nous dirons desormais le graue, ou la grauité & l'aigu du Son, (quoy que la legereté soit opposée à la grauité, & l'obtus à l'aigu) afin d'accommoder nos discours à l'vsage.

Or il n'y a point d'autre cause de la grauité des Sons, que la rareté des battemens, c'est à dire que le petit nombre des secousses & tremblemens de l'air: car ils sont d'autant plus graues que le nombre des battemens est moindre, & parce qu'il n'y a point de Sons graues qu'en comparaison des plus aigus, & consequemment que l'on ne peut establir de Son graue, si l'on parle simplement & absolument, il faut seulement remarquer que les aigus se font par vn plus grand nombre de battemens ou de tremblemens d'air, & qu'il n'y a nul Son aigu qui ne puisse estre graue en comparaison d'vn plus aigu; comme il n'y a nul Son graue qui ne puisse estre aigu, s'il est comparé à vn plus graue. Ce raisonnement est confirmé par l'experience des chordes, dont le Son est d'autant plus penetrant & plus aigu, que leurs tremblemens ou leurs tours & retours sont plus frequens, soit que l'on vse d'vne chorde tres-grosse ou tres-deliée, & qu'elle meuue peu ou beaucoup d'air; d'où il s'ensuit que le Son aigu ne vient pas de la vistesse du mouuement, ny le graue de la tardiueté, puis qu'il peut arriuer qu'vn mouuement cinquante fois plus tardif fera vn Son cinquante fois plus aigu qu'vn autre mouuement cinquante fois plus viste, comme ie demonstre ailleurs; d'autant que la chorde d'vn Luth se meut cinquante fois plus viste au commencement de son mouuement, qu'elle fait au trois ou quatriesme moment apres que l'on la touchée. Où il faut remarquer que ie me sers de la diction, *Moment*, pour signifier vn temps fort court, qui est esgal à vne seconde minute d'heure, c'est à dire à la 3600. partie d'vne heure, laquelle respond à vn moment ou à vn tremblement du cœur ou du poux, parce que cette mesure est propre pour expliquer les mesures, & les autres circonstances de la Musique.

La seconde partie de cette Proposition appartient à la force, ou à la foiblesse du Son, qui depend semblablement de l'air, comme i'ay desia dit dans la Proposition precedente, parce que toutes & quantes fois qu'vne plus gran-

De la nature & des proprietez du Son.   13

de quantité d'air est frappée auec vne plus grande, ou vne esgale vistesse qu'vne moindre quantité, le Son est plus grand. Or cette grandeur se peut prendre en trois manieres, suiuant les trois dimensions des corps, à sçauoir en long, en large & en espaisseur.

Quant à la longueur, on peut dire que de deux chordes esgales en grosseur, celle qui est plus longue & qui neantmoins est à l'vnisson de l'autre, fait vn Son plus grand en longueur, parce qu'elle frappe d'auantage d'air, à raison qu'elle en frappe vn plus long, comme il arriue aux plus longues chordes des Tuorbes touchées à vuide, lors que l'on les met à l'vnisson des plus courtes. Il est plus difficile d'expliquer la largeur des Sons, si ce n'est qu'on die qu'ils sont plus larges, quand la superficie des corps qui battent l'air sont plus larges: mais cette largeur des corps n'estant pas sans leur solidité, elle appartient aussi bien à l'espaisseur des Sons, qu'à leur largeur; par exemple, quand vne plus grosse chorde frappe l'air, comme il arriue aux grosses chordes de Luth, elle bat vne plus grande surface d'air, qu'vne chorde plus deliée de mesme longueur, mais la solidité de l'air qui respond à ladite surface est aussi plus grande, & consequemment la solidité accompagne tousiours la largeur.

Or pour reuenir à la force & à la foiblesse du Son, il faut conclure qu'elles ont mesme raison entr'elles, que les quantitez de l'air qui sont battuës autant de fois les vnes que les autres, si les corps sont d'vne mesme matiere; de sorte que la chorde qui bat quatre fois plus d'air en mesme temps, fait vn Son quatre fois plus grand que celle qui en bat quatre fois moins, & consequemment les chordes des instrumens sonnent d'autant plus fort qu'elles s'esloignent d'auantage de leur ligne droite, comme nous demonstrerons ailleurs. Il faut conclure la mesme chose de la Voix, laquelle est d'autant plus forte que le poulmon enuoye d'auantage d'air au larynx.

Mais ie rencontre icy vne difficulté qui consiste à sçauoir pourquoy le Son d'vne chorde tenduë en l'air ne fait pas vn si grand Son, ou vn si grand bruit, que quand elle est tenduë sur vn instrument: & pourquoy vne chorde de chanvre tenduë sur vn mesme instrument ne fait pas tant de bruit qu'vne chorde de boyau ou de leton, encore qu'elles soient toutes à l'vnisson, & esgales en grosseur & longueur, & qu'elles meuuent autant d'air les vnes que les autres. A quoy ie responds que la chorde qui est tenduë dans l'air n'a que le simple Son, qui s'esuanouyt soudainement, à raison qu'il n'y à rien qui le retienne; & que celle qui est tenduë sur les instrumens a le Son precedent, que l'on peut appeller direct, & le Son resonant & de reflexion, qui est conserué dans le creux de l'instrument, & renuoyé par la table qui renforce grandement le Son. Or l'on pourra expliquer dans les liures des instrumens, pourquoy de plusieurs tables d'esgale grandeur & de mesme, ou de differente matiere, les vnes resonnent mieux que les autres, & pourquoy il y a des instrumens plus sourds, & d'autres plus resonans; & semblablement pourquoy de differentes chordes tenduës à l'vnisson, les vnes sonnent plus fort que les autres, encore qu'elles frappent vne esgale quantité d'air d'vne esgale vistesse. Ie diray seulement icy qu'vne partie de l'air entre dans les pores de la chorde de chanvre, dont il est battu plus mollement, & que quantité de petits filamens qui sont sur la superficie de cette chorde, ou plusieurs autres inesgalitez rendent le Son plus obscur, plus mol, plus foible & plus sourd : à quoy l'on

B

peut adiouster que l'air interieur de la chorde donne de particulieres qualitez au Son qu'elle fait.

PROPOSITION VIII.

Le Son ne se communique pas dans vn moment, comme fait la lumiere, selon toute son estenduë, mais dans vne espace de temps.

L'ON experimente que toutes les actions naturelles ne se font pas dans vn moment, ny dans vn temps imperceptible, & qu'il y en a qui ont besoin de temps: car la chaleur ne s'introduit pas dans le sujet s'il n'est disposé deuant, & la lumiere s'estend dans toute la sphere de son actiuité dans vn instant, ou si elle a besoin de quelque temps, il est si court que nous ne pouuons le remarquer: mais le Son ne peut remplir la sphere de son actiuité que dans vn espace de temps, qui est d'autant plus long que le lieu où se fait le Son est plus esloigné de l'oreille, comme l'on experimente en plusieurs manieres, & particulierement lors que l'on voit que la hache, ou le maillet du bucheron & des autres qui frappent sur quelque corps, a desia frappé deux coups lors que l'on oyt le premier coup: ce qui arriue quand on est esloigné de cinq ou six cens pas, ou dauantage.

Or il faudroit faire plusieurs experiences pour sçauoir si la tardiueté du Son suit la grandeur des espaces; par exemple, si le Son qui est fait à deux mille pas loin, ne s'entend que deux secondes minutes apres qu'il a esté fait, & s'il garde tousiours vne mesme proportion en ses tardiuetez. Et parce que les vents & les differentes dispositions de l'air portent les Sons plus viste ou plus lentement, l'on ne peut rien establir d'asseuré sur ce sujet : neantmoins si l'on veut faire les experiences necessaires, il faut s'esloigner d'vne demie lieuë, & faire tirer vn coup de mousquet ou d'artillerie, & puis il faut faire la mesme chose en s'esloignant d'vne lieuë, & marquer le temps qui se passe depuis que l'on voit la flamme iusques à ce qu'on oye le coup: ou si l'on veut faire quatre stations, il faut premierement s'esloigner d'vn quart de lieuë, secondement d'vne demie lieuë, & puis de trois quarts, & finalement d'vne lieuë, afin de voir si chacune de ces quatre distances esgales retarderont le Son autant l'vne que l'autre.

Or il faut repeter plusieurs fois cette experience, & particulierement lors que le vent est fauorable, & contraire, & que l'air est plein de broüillards & de vapeurs, ou qu'il est calme, clair & serain. En apres il faut obseruer la difference de la vistesse du Son dans ces differences de temps, & remarquer si le Son va plus viste de haut en bas, que de bas en haut, en plaine campagne qu'a trauers les montagnes ou les vallées, sur l'eau des riuieres, ou de la mer, que sur la terre, &c. car les differentes situations apportent de grandes differences aux Sons, comme l'on a remarqué au Siege de la Rochelle, dont voicy les obseruations qui en ont esté faites tres-exactement par l'vn des Capitaines.

Lors qu'on est en mesme Horizon que le lieu d'où l'on tire, & qu'il y a vn vallon entre deux, le coup s'entend beaucoup mieux que si on estoit dans vn vallon. Vn canon de batterie ayant esté tiré le deuxiesme de Feurier entre six & sept heures du matin, l'on n'entendit le Son qu'apres trois secondes que le feu y fut mis, quoy que le Nordest apportast le Son, & que le temps fust se-

De la nature & des proprietez du Son. 15

rain; dont on rapporte la cauſe à la groſſiereté de l'air de la mer, & à la moiteur de la poudre: Et neantmoins l'on entendit le bruit de la meſme piece le meſme iour, entre vne & deux heures apres midy, au ſecond battement de poux à deux cens pas delà. Et à deux heures apres midy par vn temps clair, le vent portant le Son, vn fauconneau fut auſſi toſt ouy de 1000. pas que la fumée en fut apperceuë.

Le Son d'vne piece portant le boulet de douze liures, tirant de mil cinq cens pas à trois heures apres midy par vn temps clair aydé du vent, & placée ſur vne courtine ſur l'eau, fut ouy à deux battemens de poux. Le Son d'vne mouſquetade tirée à cinquante pas ſur l'eau, le vent eſtant à demy contraire, & le temps couuert, s'entendit au quatrieſme battement, quoy qu'vne autre mouſquetade tirée de 1000. pas au deſſouz du vent, par vn temps ſombre & couuert, vne heure deuant le iour, pres de la mer, n'aye point eſté entenduë; ce qui arriua en meſme temps à deux que l'on tira à la Rochelle & à Iadon, d'où l'on eſtoit eſloigné de 1200. pas.

Or vne mouſquetade tirée à cent pas s'entend ordinairement en deux battemens, pourueu que la poudre & l'amorce prennent bien.

Le Son de la piece qui eſtoit ſur le haut de la Tour de la chaiſne ne s'entendoit à 2000. pas dans vn fonds, qu'apres le huictieſme battement à deux heures apres midy, par vn temps clair.

De 3500. pas, peu de vent amenant le Son, à trois & quatre heures apres midy, trois ou quatre pieces tant petites que grandes n'ont eſté ouyes qu'apres dix battemens, qui font preſque la ſixieſme partie d'vne minute.

I'apporteray pluſieurs autres experiences du canon, lors que ie parleray de la force du Son, & de la viſteſſe du mouuement que font les boulets: car il ſuffit de remarquer icy la grande varieté de la viſteſſe du Son, dont les experiences ſont tres-difficiles à iuſtifier, d'autant que l'on ne peut apperceuoir le feu en plein iour, qui ſert de guide la nuit, & que la fumée que l'on remarque, ne s'apperçoit pas ſi toſt que la flamme. Quant à la nuit, l'air eſt autrement diſpoſé que de iour, c'eſt pourquoy l'on ne peut pas conclure la viſteſſe du Son qui ſe fait le iour par celle du Son qui ſe fait la nuit: quoy qu'on puiſſe vſer d'vn autre ſigne pour le iour: par exemple, l'on peut leuer quelque piece d'eſcarlatte, ou quelque autre couleur eſclatante, qui ſe void de bien loin. Mais l'on peut icy faire vne obiection contre la definition que i'ay donnée du Son, dans la premiere & ſeconde Propoſition, à ſçauoir que s'il n'eſt qu'vn mouuement de l'air, qu'il doit ſeulement eſtre ouy lors que ledit mouuement arriue iuſques à l'oreille; & qu'il n'y a nulle apparence qu'il ſoit plus viſte que le premier mouuement des corps qui le produiſent par leur battement, & neantmoins que le Son va beaucoup plus viſte que leſdits corps, ce que l'on demonſtre par le mouuement d'vne chorde de Luth, dont les tremblemens ne ſont pas l'eſpace d'vn ou deux pieds depuis le commencement iuſques à ce qu'elle ſe repoſe, quoy que l'on en oye le Son de plus de cent pas ſi toſt qu'on la touchée: d'où il faut, ce ſemble, conclure que ce Son qui va ſi viſte, ne peut eſtre le mouuement de l'air qui eſt fait par le battement de la chorde, & qui n'a point d'autre viſteſſe que celle de la chorde, puis qu'ils commencent qu'ils continüent, & qu'ils ceſſent l'vn auec l'autre.

A quoy l'on peut premierement reſpondre que ceux qui mettent des eſpeces intentionnelles du Son, ou qui croyent qu'il eſt vne qualité de la troi-

B ij

siesme espece; ont la mesme difficulté à resoudre, d'autant que ces especes accompagnent & supposent le mouuement de l'air, & consequemment elles ne peuuent aller plus viste que ce mouuement. Secondement, que l'air estant tres-aisé à mouuoir à raison de sa fluidité, & de son peu de resistance, se meut beaucoup plus viste que les corps qui luy donnent le mouuement.

Or on peut remarquer la vistesse du mouuement de l'air par le mouuement des bales d'arquebuses, des boulets de canon, des boules de pas de mail, & de plusieurs autres corps qui sont poussez de violence dans l'air, & qui vont aussi viste, ou plus que le mouuement de l'air que fait la poudre à canon, ou le maillet: car si la boule qui vole dans l'air arriue aussi viste à celuy qui est esloigné de cinq cens pas, comme le Son que fait le maillet: l'on peut dire que le Son va aussi viste que la boule; & si la bale d'arquebuse va plus viste, comme l'on conclud, lors qu'on voit les oyseaux qui tombent morts de dessus les branches des arbres, auant qu'on oye le bruit ou le Son du coup, quoy que l'oreille soit proche de ladite arquebuse, l'on peut remarquer de combien le mouuement de l'air, qui se fait à la sortie de la poudre, est plus lent que celuy de la balle. Il faudroit encore examiner si le mouuement de la poudre ou du maillet, est aussi viste que celuy de la balle ou de la boule, & supposé que celuy qui frappe laisse aller le maillet, qui garde quelque temps le mesme mouuement qu'il luy donne en frappant, s'il iroit aussi viste que la boule; ce que l'on peut aussi appliquer au bras, & à la main qui iette vne pierre, ou quelque autre corps dans l'air, car puis que ces corps n'ont point d'autre mouuement que celuy qu'ils reçoiuent de la percussion: il est (ce semble) necessaire que le maillet & le bras se meuuent du moins aussi viste que les missiles, & consequemment si le maillet quittoit le bras, ou si le bras quittoit le corps, l'vn & l'autre se mouueroit quelque temps dans l'air, aussi viste que la boule ou la pierre: mais cette difficulté sera expliquée dans la 13. Proposition.

PROPOSITION IX.

Le Son ne depend pas tant des corps par lesquels il est produit, comme la lumiere du corps lumineux.

IL est tres-aysé de prouuer cecy par experience, car encore que les corps qui produisent le Son ne tremblent nullement, & qu'ils demeurent immobiles, ceux qui sont si esloignez que lesdits corps cessent pluftost de se mouuoir qu'ils n'entendent le Son qu'ils ont fait, ne laissent pas d'entendre le Son qui est porté dans l'air, tandis que les corps qui l'ont fait demeurent immobiles; & bien que le bucheron se repose, l'on oyt neantmoins le coup dont il a frappé l'arbre ou le bois, parce que l'air qui a esté esbranlé, ne cesse pas si tost que le coup. Il faut pourtant remarquer que le Son ne dure quasi qu'vn moment, lors que les corps demeurent immobiles, comme l'on experimente sur les instrumens de Musique: car si tost que l'on touche & qu'on arreste la chorde du Luth & des Violes auec le doigt, l'on n'en oyt plus le Son, parce que l'air esbranlé frappe seulement l'oreille en passant sans s'arrester, laquelle n'en peut aysément remarquer les proprietez & les circonstances, si elle n'en est frappée plusieurs fois, comme ie prouueray ailleurs.

Quant aux corps lumineux, leur lumiere s'esuanouyt & se perd si tost qu'ils

De la nature & des proprietez du Son. 17

sont souſtraits ou esteints : de ſorte qu'il ne demeure nulle lumiere ny pres ny loin, encore qu'il ſemble que l'on voye quelque reſte de lumiere apres que l'on a regardé le Soleil, à raiſon que le nerf optique qui a eſté affecté ne perd pas dans vn moment la diſpoſition, & l'alteration qu'il a receuë. Où il faut remarquer que nous verrions touſiours la lumiere, ou les autres obiects, ſi la meſme alteration dudit nerf demeuroit touſiours en meſme eſtat ; ce qui arriueroit ſemblablement à l'oreille, dont les bruits interieurs que quelques vns appellent *tintoins*, la meuuent & l'alterent de la meſme ſorte que les bruits exterieurs qui ſont à l'vniſſon des interieurs l'altereroient. Ce qu'il faut ſoigneuſement remarquer, afin d'expliquer la maniere dont les Demons nous peuuent repreſenter toutes ſortes d'obiets tant le iour que la nuit, encore qu'il n'y ait rien de tout ce qui ſe void ; ce que l'on appelle *charmer*, car il faut ſeulement alterer le nerf, qui eſt le principal organe des ſens exterieurs, de la meſme maniere qu'il ſeroit alteré par la lumiere, ou par les autres obiects : ce qui eſt tres-aysé s'il faut ſeulement le rarefier ou le condenſer : mais i'expliqueray cecy plus amplement dans vn autre lieu.

Or la raiſon pour laquelle le Son demeure plus long-temps dans l'air que la lumiere apres que leurs cauſes ſont oſtées, n'eſt pas trop ayſée à expliquer, d'autant que nous ne ſçauons pas ſi la lumiere ou l'illumination ſe fait par vn mouuement d'air, comme le Son, parce que nous ne pouuons remarquer ce mouuement à cauſe de ſa viſteſſe, à raiſon que nous n'auons pas le ſens aſſez ſubtil pour iuger de ce mouuement. L'on peut neantmoins dire qu'elle ne peut ſubſiſter dans l'air ſans la preſence du corps lumineux, pour ce qu'elle luy eſt entierement attachée comme la peſanteur eſt attachée aux pierres, mais le Son ne depend pas des corps dont il a eſté fait, parce qu'il ne leur ſert pas de proprieté, car ſon propre ſujet, à ſçauoir l'air, eſt d'vne differente nature, & ſe meut long-temps apres le repos des corps par leſquels il a eſté meu & battu.

Certainement ſi l'air ne peut eſtre illuminé que quant & quant il ne ſoit rarefié, & que la rarefaction ne puiſſe arriuer ſans le mouuement local ; l'on peut conclure que l'illumination ou la lumiere eſt vne eſpece de mouuement ; mais la conſideration plus particuliere de ce ſujet appartient à l'Optique, dans laquelle il faut voir ſi la lumiere eſt l'ame de l'air, & des autres corps diaphanes, & ſi elle peut eſtre appellée l'ame vniuerſelle du monde, qui eſt en quelque maniere ſemblable à la mort, lors qu'il eſt priué de ladite lumiere.

A quoy i'adiouſte que ſi l'on prend l'air pour le corps qui produit le Son, que le Son depend autant de ce corps, comme la lumiere depend du Soleil, puis qu'il n'eſt autre choſe que le mouuement de l'air, & que le mouuement ne peut eſtre ſans le mobile dont il eſt mouuement.

COROLLAIRE.

Si toutes les choſes du monde nous doiuent ſeruir de degrez pour nous esleuer à Dieu, la dependance que la lumiere à du corps lumineux, & celle qu'a le Son de l'air, ne doit pas tenir le dernier rang, puis que ces deux qualitez nous font ſouuenir que nous dependons plus de Dieu, qu'elles ne font de leurs cauſes ou de leur ſuiet, & que nous auons la meſme obligation d'illuminer & d'enſeigner ceux qui ont beſoin de noſtre ſecours, & de ſeruir de

B iij

caracteres viuans pour publier sa grandeur & ses loüanges, qu'ont les rayons d'illuminer l'air, & qu'ont les Sons de tesmoigner le mouuement de leur cause : mais pleust à Dieu que la liberté que nous auons de satisfaire à cette obligation tres-iuste, fust changée dans vne heureuse necessité qui fist esuanouyr l'indifference que l'on a tant au bien qu'au mal : ce qu'il ne faut pas attendre que dans le Ciel, ou toutes choses s'vniront à leur principe, & rentreront dans leur source & dans leur origine.

PROPOSITION X.

Expliquer enquoy le Son est plus subtil que la lumiere, & s'il se reflechit.

IL est aysé de prouuer que le Son est plus subtil que la lumiere, puis qu'il passe à trauers les corps opaques, car l'on oyt le Son qui est enfermé dans des vaisseaux de terre, de plomb, de fer, de bois & de toutes autres sortes de matieres opaques, quoy que les rayons du Soleil ne puissent y entrer, & que la lumiere qui est enfermée dedans n'en puisse sortir ; delà vient qu'vne seule fueille de papier mise entre l'œil & le Soleil empesche son rayon, mais elle n'empesche pas le Son qui passe à trauers les murailles, & penetre aussi aysément les corps opaques que les diaphanes, quoy que les vns & les autres diminuent sa force & sa vehemence. Mais il est difficile de sçauoir pourquoy la lumiere ne passe, aussi bien que le Son, à trauers les corps opaques : car l'on n'a pas encore demonstré que les pores & les fibres des corps diaphanes soient plus vis à vis les vns des autres que ceux des Opaques ; & les parties de l'or sont du moins aussi pures que celles du verre. Et puis les pores ne sont pas ce semble necessaires pour donner passage à la lumiere, si l'on n'accorde premierement qu'elle mesme est vn corps qui ne peut subsister auec vn autre corps dans vn mesme lieu ; ce qui est contraire à l'experience, qui fait voir que toutes les parties d'vn chrystal ou d'vn verre sont toutes remplies de lumiere qui penetre tout ce qui est parfaictement diaphane, comme fait l'huyle qu'on respand sur du papier ou du drap, dont elle ne laisse nulle partie qu'elle n'infecte & n'engraisse.

C'est peut-estre ce qui a donné sujet à quelques Philosophes de croire que la lumiere n'est autre chose qu'vne huyle tres-claire & tres-subtile, qui s'insinuë dans toutes les parties illuminées de chaque corps : mais il faudroit qu'ils expliquassent pourquoy la lumiere ne laisse point de tache ny de vestige apres soy comme fait l'huyle, & pourquoy elle penetre seulement les corps diaphanes, veu que l'huyle penetre aussi aysément les corps opaques que les diafanes. L'on peut encore dire que le Son est plus vniuersel, à raison qu'il meut & qu'il esbranle toutes sortes de corps, & qu'il se porte aussi bien dans les cachots & dans les tenebres, que dans les lieux les plus clairs : mais ie parleray apres des autres comparaisons qu'il y a du Son à la lumiere.

Quant à la reflexion du Son l'on l'apperçoit dans l'Echo des Cloches, des Voix, & des autres Sons qui respondent deux, trois, ou quatre fois, & qui enseignent que les Sons se reflechissent comme la lumiere, lors qu'ils rencontrent des corps fermés & durs, soit diafanes ou opaques qui leur resistent, quoy que le rayon du Soleil ne se reflechisse que par les corps opaques. Mais il est difficile d'expliquer la vraye raison de ces reflexions, & pourquoy les

De la nature & des proprietez du Son. 19

Sons ou la lumiere ne finissent pas leur action sur la surface desdits corps qui les empeschent de passer outre. Si ce n'est que l'on die que ces qualitez produites par vn mouuement, semblable à celuy de la proiection des missiles, ne peuuent s'arrester iusques à ce que la vertu de proiection & d'emission soit finie, qui meut perpetuellement la lumiere & les Sons tandis qu'elle demeure en sa vigueur, & qui les fait rejallir & reflechir à l'opposite des corps dont elle est empeschée, afin qu'elle recouure d'vn costé ce qu'elle perd de l'autre, & qu'elle conserue l'equilibre de la Nature, qui ne veut ny ne peut rien perdre, & qui se recompense tousiours elle mesme ; quoy que contre l'intention de ceux qui s'efforcent de la tromper & de l'endommager, comme i'ay fait voir en parlant des Mechaniques. Ie traitteray aussi plus amplement de l'Echo dans vn autre lieu, car il merite vn discours particulier.

COROLLAIRE.

Si l'on vouloit rapporter toutes les actions dans lesquelles l'oreille est plus subtile que l'œil, & consequemment toutes les rencontres où le Son est plus subtil que la lumiere ; il faudroit faire vn desnombrement de tout ce que l'on peut ouyr & apprendre en tenebres & de nuit, & de tout ce qui peut entrer dans l'esprit par le moyen de la seule oreille, & consequemment il faudroit quasi transcrire toutes les sciences qui sont dans les liures, & dans l'esprit de tous les hommes de la terre, pourueu que l'on en exceptast la science des couleurs & de la lumiere. Mais cet œuure comprend plusieurs autres choses qui seruent à ce sujet.

PROPOSITION XI.

Le Son represente la grandeur & les autres qualitez des corps par lesquels il est produit.

L'Experience monstre la verité de cette Proposition, car la grauité des Sons suit la grandeur des corps par le moyen desquels il est produit, comme l'on void aux plus grosses ou plus longues chordes des Epinettes, du Luth & des autres instrumens, aux plus gros tuyaux d'Orgues, aux plus grandes Cloches, aux plus grands Canons, & à toutes sortes de corps. De sorte que l'on peut conclure que les corps sont tousiours plus grands, lors que le bruit qu'ils font est plus gros, plus creux, plus graue & plus sourd, comme il arriue aux flots de la mer, qui font vn plus gros bruit que ceux des ruisseaux & des riuieres. Ce qui arriue semblablement aux grosses voix qui tesmoignent la grosseur de l'artere vocale, ou de la grandeur de la glotte, comme ie monstreray dans le liure de la Voix.

Le Son represente encore les autres qualitez des corps qui le rendent plus clair, ou plus obscur, & plus sourd : plus net ou plus confus ; plus rude ou plus doux, &c. parce qu'il est tres-difficile de rencontrer deux corps dont toutes les qualitez soient parfaitement esgales, quoy qu'ils soient de mesme matiere & de mesme grandeur : de là vient que le Son peut seruir pour remarquer la difference de toutes sortes de corps, bien que les autres sens les iugent esgaux, comme l'on experimente en plusieurs pistoles, quarts d'escu, & autres pieces de monnoye, qui sont si esgales en poids, en grandeur, & en figure que l'œil ny remarque nulle difference, & neantmoins elles ont leurs Sons

B iiij

differens, car la moindre alteration fait changer le Son: & bien qu'elles soient forgées, battuës, fonduës, ou iettées en mesme temps, & qu'elles soient faites d'vne mesme matiere, il est quasi impossible de les faire si iustes & si esgales, que toutes les parties soient aussi espaisses ou minces, & aussi rares ou denses les vnes que les autres. D'où l'on peut conclure que l'oreille remarque mieux les differences des corps, & de leurs dispositions par le moyen du Son, que l'œil & la main qui ne recognoissent souuent nulle difference entre plusieurs corps, dont les Sons ont de grandes differences: c'est peut-estre la raison pour laquelle Dieu à voulu que les veritez reuelées fussent receuës par l'oreille, d'autant qu'elle est moins suiette à estre deceuë que l'œil: & nous lisons qu'Isaac recogneut la verité par le moyen de l'oreille qu'il perdit en se fiant au sens du toucher, lors qu'il dist: *Vox quidem, vox Iacob; manus autem, manus Esau.*

L'on pourroit icy remarquer la difference que les differentes qualitez des corps apportent aux Sons, mais il vaut mieux en reseruer le discours pour vn liure particulier, dans lequel nous traitterons de la dureté, de la rareté, & des autres qualitez des corps.

PROPOSITION XII.

Determiner en quelle proportion les Sons se diminuent depuis le lieu où ils sont premierement faits iusques à ce qu'ils cessent entierement.

PVis que tous les agens naturels produisent leurs effets en forme de cercle ou de sphere, & que la lumiere nous peut seruir de modele pour parler des autres qualitez naturelles, il faut conclure que le Son s'estend esgalement de tous les costez, comme fait la goutte d'huyle que l'on verse sur vne fueille de papier ou sur du drap, ou comme les cercles qui se font dans l'eau, dans laquelle on iette vne pierre, & que le Son se diminuë quand les espaces s'augmentent. Or la surface de ces espaces est en raison doublée de la distance du Son d'auec les corps par lesquels il a esté premierement produit, & consequemment le Son se diminuë en proportion Geometrique, comme ie demonstre par cette figure, qui represente vne partie de la sphere d'actiuité qu'il faut donner au Son, dans laquelle A represente le lieu où commence le Son. A H qui est double de A D, monstre que le Son estant venu iusques à E G est plus large, & consequemment plus foible que lors qu'il est au point B C, puis que le triangle A E G est quatre fois plus grand qu'A B C, d'autant que toutes les figures semblables sont en raison doublée de leurs costez homologues ou semblables. C'est pourquoy l'on peut dire qu'il est quatre fois plus foible en E G qu'en B C, d'autant que le cone A E G est huict fois plus grand que le cone A B C, puis que les cones semblables sont en raison triplée de leurs bases.

Or il est tres-mal aysé de faire les experiences qui sont necessaires pour sçauoir cette diminution, à raison des differentes dispositions & changemens de l'air qui empesche la certitude. C'est pourquoy il faut plustost icy suiure la raison que l'experience, comme l'on fait en parlant de la lumiere. Et parce que l'on demonstre dans l'Optique que la lumiere se diminuë en proportion

De la nature & des proprietez du Son

geometrique, & qu'il n'y a nulle raison qui empefche que cette maniere de diminution ne conuienne aux Sons, puis qu'ils s'eftendent & fe diminuent auffi naturellement que ladite lumiere, & qu'ils agiffent fur l'ouye comme elle agit fur l'œil, il eft raifonnable de conclure qu'ils fe diminuent en proportion geometrique, c'est à dire proportionnellement en efpaces efgaux. Mais pour entendre cette diminution, il faut remarquer que les actions des caufes naturelles fe peuuent premierement diminuer efgalement en diftances efgales, comme il arriueroit fi le feu efchauffoit quatre fois dauantage de quatre pas que de feize, & fi fa chaleur fe diminuoit toufiours d'vne efgale partie en vne efgale diftance. Or l'on appelle cette proportion *Arithmetique*, d'autant que fes differences font efgales. Secondement elles fe peuuent diminuer inefgalement en diftances efgales, comme quand on dit que la lumiere eft quatre fois plus foible à 20 pas de la chandelle, qu'à 10 pas : ou efgalement en diftances inefgales, comme fi ladite lumiere eftoit feulement deux fois plus foible à 40 pas qu'à 10 pas, & que les diftances s'augmentent en raifon double, elle ne fe diminuaft que par parties efgales. En troifiefme lieu elles fe peuuent diminuer proportionnellement par des efpaces proportionnels, comme il arriueroit à la lumiere fi elle fe diminuoit en mefme proportion geometrique que les interualles ; c'eft à dire fi à 20, 40, & 80 pas elle deuenoit plus foible de 20, de 40, & de 80 parties, qu'elle n'eft à 10 pas. Ie ne veux pas adioufter la quatriefme maniere qui n'a nulle proportion reglée : d'autant que l'on ne peut en auoir la cognoiffance, encore qu'elle puiffe conuenir aux Sons, à raifon de tous les changemens de l'air.

Or il eft ayfé de iuger à quelle maniere il faut rapporter celle que i'ay donnée aux Sons, en fuppofant que l'air foit efgal & vniforme, car puis qu'elle fuit la raifon des plans par où paffent les Sons, & que les diftances font en raifon fousdoublée de leurs plans, leur diminution appartient à la premiere partie de la feconde maniere.

Si quelqu'vn auoit l'oreille affez bonne pour difcerner de combien le Son eft plus fort ou plus foible dans toutes fortes de diftances, il feroit ayfé de choifir la vraye diminution, car s'il le trouuoit plus fort de moitié à 20 pas qu'à 40, & quatre fois plus fort à 10 pas qu'à 40, la diminution fe feroit en mefme raifon que les efpaces augmenteroient ; ce qui ne peut, ce femble, arriuer, parce que les caufes efgales n'agiroient pas efgalement, & les plus foibles agiroient plus puiffamment que les plus fortes, comme l'on peut demonftrer par ces deux lignes, dont chacune eft diuifée en trois parties efgales.

```
    8       7       6       5
A ──────┼───────┼───────┼
B ──────┼───────┼───────┼
    4       3       2       1
```

Car fi A reprefente vn Son dont la force aye 8 degrez, & que B en reprefente vn autre qui aye feulement quatre degrez de force, c'eft à dire qu'il foit moindre de moitié, lors qu'A fe diminuera d'vn degré en chaque efpace, B fe diminuera femblablement d'vn degré dans le mefme efpace, & confequemment B n'aura que trois degrez, quand A n'en aura que fept, & quand A n'en aura que fix, B n'en aura que deux ce qui ne peut arriuer, parce que les degrez de B doiuent toufiours eftre la moitié de ceux d'A en chaque efpace, & neantmoins ils font triples dans le troifiefme efpace, au lieu qu'ils deuroient eftre fous-doubles, ce que l'on peut auffi ap-

22   **Liure Premier**

pliquer au quatriefme & cinquiefme, & à tous les autres efpaces. Mais lors que les diminutions font en raifon doublée des efloignemens, il ne s'enfuit nul inconuenient, car tandis que le Son A qui a huict degrez de force, fe diminuë dans les trois efpaces precedens fuiuant ces nombres 8, 4, 2, le Son B qui a quatre degrez fe diminuë felon ces nombres 4, 2, 1. Or il faut dire la mefme chofe de l'augmentation des Sons, qui eft femblable à la compofition & à la multiplication, comme la diminution eft femblable à la diuifion.

COROLLAIRE.

Lors que l'on a fuppofé dans la Theologie en quelle proportion la grace, les merites, & les autres vertus des Iuftes s'augmentent, il eft tres-aifé d'en faire la fupputation, car fi la grace de ceux qui cooperent de tout leur pouuoir s'augmente en proportion geometrique, par exemple en proportion double, il faut autant de fois doubler le premier terme, qui fignifie la premiere grace, qu'il y aura d'actions : comme fi le Iufte coopere vingt fois le iour auec la grace de Dieu, il aura à la fin du iour 2439020081717094400000 degrez de grace, d'autant que ce nombre eft le 20. terme de la progreffion double, que l'on peut toufiours doubler iufques à ce qu'on aye autant de termes que d'actions.

Par où les Muficiens peuuent cognoiftre combien ils meriteroient, s'ils ne chantoient ny ne iouoient iamais des inftrumens qu'ils ne rapportaffent toutes leurs actions à l'honneur & à l'amour de Dieu, & confequemment combien ils multiplient leurs pechez, lors qu'ils les rapportent à la vanité, ou qu'ils les font à mauuaife intention.

PROPOSITION XIII.

Determiner fi le Son eft plus vifte que le mouuement des corps, par lequel il eft produit.

CEtte difficulté a defia efté propofée fur la fin de la huictiefme Propofition, & renouyée à celle-cy, dans laquelle il faut premierement apporter quelques experiences des corps qui produifent le Son, afin que nous ne difions rien contre les Phenomens & Apparences de la Nature. Or nous ne pouuons fçauoir plus exactement la viteffe du mouuement par qui fe font les Sons qu'en confiderant celuy des chordes de Luth, ou des autres inftrumens, d'autant qu'il eft affez fenfible pour eftre remarqué, car fi l'on tend vne chorde de boyau à l'vniffon d'vn tuyau d'Orgue de deux pieds ouuert, il eft trescertain qu'elle ne fait pas plus de 150 retours dans l'efpace d'vne feconde minuté d'heure, qui dure autant qu'vn battement de cœur ou du poux, c'eft à dire la 3600. partie d'vne heure. Secondement il eft certain qu'elle fait affez de bruit pour eftre ouye de bien loin, quand elle eft tirée d'vne ligne hors de fa fituation ordinaire. En troifiefme lieu on l'oyt pour le moins de 100. pieds de Roy, qui valent 20 pas geometriques ou 40 pas communs, tandis que le poux bat vne fois. Et finalement l'efpace de fes retours diminuent toufiours depuis le premier, qui eft d'vne ligne, iufques au dernier qui n'a pas $\frac{1}{100000000}$ de ligne pour fon diametre, comme ie demonftreray dans le liure des Inftrumens à chorde. D'où il s'enfuit que la chorde ne fait pas l'efpace de

De la nature & des proprietez du Son.

150 lignes, tandis que le poux bat vne fois, & que le Son de la chorde arriue iusques à quarante pas, dont chacun est de deux pieds & demy de Roy, & consequemment le Son est plus viste que le mouuement du corps par qui il est produit, car 150 lignes ne font pas treze pieds de Roy.

Et si l'on oste l'espace de la diminution des retours depuis le premier iusques au 150, on ne trouuera pas seulement six pieds pour tous les mouuemens de ladite chorde: or quarante pas contiennent plus de trois fois six pas, c'est pourquoy l'on peut conclure que le Son va du moins trois fois plus viste que le mouuement des corps par qui il est produit. Mais la raison de cette plus grande vitesse du Son, doit estre prise de la nature de l'air qui va tousiours d'vne mesme vitesse, quelque violence qu'il endure au commencement, car soit que l'on le batte aussi fort comme fait le boulet du canon & le tonnerre, ou qu'on le batte aussi foiblement qu'vne chorde de Luth, ou que le larynx & les levres, le Son qu'il fait va tousiours de mesme vitesse, tandis que l'air qui porte le Son demeure esgal; parce que l'air à vne certaine disposition pour se mouuoir tousiours d'vne esgale vitesse apres qu'il a esté battu, comme la chorde du Luth, dont les tremblemens gardent tousiours vne esgale vitesse, quelque forte impression que l'on puisse apporter à ladite chorde, tandis qu'elle à vne mesme tension: de sorte que l'on peut appeller cette disposition de l'air *tension*, puis qu'il n'y a rien qui nous serue dauantage pour expliquer l'vniformité de son mouuement: quoy qu'il semble que cette Solution enferme vne autre grande difficulté, à sçauoir que les Sons de toutes les chordes deuroient estre à l'vnisson les vnes des autres, puis qu'ils se font par vn mouuement esgal de l'air, & que les Sons ont mesme raison entre eux que les mouuemens par lesquels ils sont produits, comme i'ay dit dans la sixiesme Proposition.

A quoy ie responds qu'il ne s'ensuit pas que tous les mouuemens d'air soient esgaux en toutes choses, encore qu'ils soient esgaux en vitesse, & que l'air qui fait ou qui porte le Son aigu est autrement formé, figuré, ou esmeu que celuy qui fait le Son graue, soit que les cercles de l'air qui portent le Son aigu, soient plus frequens & plus pres les vns des autres, ou que les petites secousses de l'air frappent le tympan de l'oreille plus souuent, comme la chorde qui fait le Son aigu, frappe l'air plus souuent que celle qui fait le graue, quoy que les mouuemens de celle-cy puissent estre beaucoup plus vistes que ceux de celle-là, comme il arriue lors que l'on compare le commencement du Son graue auec la fin de l'aigu, qui peut estre fait par vn mouuement cent fois plus tardif que le graue, comme ie monstreray ailleurs.

Il faut donc remarquer que l'aigu du Son ne vient pas du mouuement plus viste des corps ou de l'air, mais de la seule frequence ou vitesse des retours ou reflexions dudit air, ou des corps qui le battent & qui le diuisent. C'est peut-estre pourquoy l'on dit que l'objet de la Musique est le *nombre sonore*, parce que le Son est d'autant plus aigu que l'air est battu plus de fois, & que le nombre de ces battemens n'est autre chose que le graue & l'aigu, & l'oreille ne peut iuger du ton qu'elle oyt, si elle n'a esté battuë autant de fois de l'air, comme il a esté battu de la chorde ou des autres corps, de sorte qu'on peut dire que l'action de l'ouye n'est autre chose que le desnombrement des battemens de l'air, soit que l'ame les conte sans que nous l'apperceuions, ou qu'elle sente le nombre qui la touche: car Platon croid qu'elle est vn nombre harmonique; mais nous parlerons plus amplement de ce sujet dans vn autre discours.

PROPOSITION XIV.

Determiner si le Son passe au trauers des corps diaphanes & opaques, & comme il est aydé ou empesché par toutes sortes de corps.

IE propose cette difficulté pour expliquer comme le Son passe à trauers le bois, les pierres, les metaux & les autres corps, apres auoir supposé les experiences qui monstrent que le bruit des corps qui sont enfermez en d'autres corps s'entend aysément, car si l'on enferme vne pierre ou quelques autres corps dans vne phiole de verre, ou dans quelque vaisseau de bois, d'estain, de pierre, ou d'autre matiere, & qu'on les bouche tellement que l'air n'en puisse sortir, on oyt aysément le bruit qui se fait dedans; & si l'on frappe bellement le bout d'vne poutre sellée dans les deux murailles d'vne salle, l'on oyt le coup à l'autre bout de la poutre, quoy que les murailles enferment la poûtre, & qu'elles empeschent l'air de dehors d'entrer en la salle, & de porter le Son iusques à l'autre bout de dehors.

Or i'ay dit dans la seconde Proposition que le Son qui est fait dans les lieux enfermez, comme entre quatre murailles qui n'ont nulle ouuerture, se communique au dehors par le tremblement des murailles qui sont tellement esbranlées par l'air de dedans, qu'elles impriment vn semblable mouuement à l'air exterieur qui porte le Son iusques aux oreilles, & que si le Son est si foible qu'il ne puisse esbranler les murailles, ou les autres corps qui le retiennent, qu'il ne peut estre ouy de dehors. Mais parce que plusieurs ne peuuent s'imaginer que la voix d'vn homme, ou les autres bruits que l'on oyt à trauers lesdits corps soient assez puissans pour les esbranler, l'on peut adiouster que la communication du Son interne se fait par le moyen de l'air qui est dans les pores du bois, du metal, des murailles, & des autres corps, à trauers de qui on oyt le Son, & consequemment que l'air interne des corps est souuent aussi aysé à mouuoir que l'exterieur, comme l'on experimente dans les poûtres, dont si l'on frappe le bout si legerement que le Son ne puisse estre ouy dans l'air qui est libre de la longueur de la poutre, il pourra estre ouy à l'autre bout de ladite poûtre, auquel l'oreille sera appliquée, quoy qu'elle soit tres-longue, & qu'elle soit tellement enfermée que l'air exterieur ne puisse porter le Son par ses costez. Ce qui monstre que toutes ses parties ont esté esbranlées par ledit coup, ou que l'air interne qu'elle contient dans ses pores reçoit le mouuement de l'exterieur, ou que le Son est porté par des especes intentionnelles, qui penetrent toutes sortes de corps comme font les esprits. Mais il faudroit experimenter si toutes les especes de bois estant frappées par le bout portent le Son aussi aysément les vnes que les autres; & si les pierres & les metaux font la mesme chose, & finalement de combien les vns le portent plus facilement que les autres, car si les plus poreux le portent plus loin, ou le rendent plus sensible, encore qu'ils soient plus longs & plus pesans, il faut conclure que l'air des pores se meut & fait le Son, & parce que l'air interne fait vne partie des corps, & que l'air de chaque pore fait trembler la partie du bois qui separe vn pore de l'autre (supposé que les pores ne soient pas continus, & qu'ils soient separez les vns des autres par le moyen de petites membranes,

De la nature & des proprietez du Son.

branes, & de petits entre-deux de bois) l'on peut dire que toutes les parties des corps se meuuent, quoy que ce mouuement ne soit sensible qu'à l'oreille qui le remarque par le Son qu'elle oyt, comme il arriue semblablement aux bruits que l'on oyt de loin en mettant l'oreille à terre, ou la ioignant à quelque corps qui soit fiché dans la terre, ou qui la touche: mais ie parleray plus amplement de ces bruits au discours de la Musique Militaire.

Il faut neantmoins aduoüer que les corps qui sont entre l'oreille, & le lieu où commence le Son, empeschent grandement les Sons pour l'ordinaire, comme l'on remarque dans les Eglises, dont les voûtes confondent & empeschent tellement les Sons, que l'on a de la peine à ouyr les cloches que l'on sonne dans les clochers & dans les tours, & lors qu'on est enfermé dans vne chambre entourée de plusieurs maisons, comme il arriue au milieu des grandes Villes, l'on n'oyt quasi pas les coups de canon que l'on tire sur les fossez de la ville; ce que l'on experimente semblablement lors que les montagnes, ou les rochers cachent le lieu où se fait le Son. Or il faudroit experimenter de combien chaque corps interposé empesche plus le Son l'vn que l'autre, & si l'eau estant de mesme espaisseur que la terre, ou les pierres l'empesche plus ou moins qu'elles.

Quant à l'ayde que les Sons reçoiuent des corps, l'on n'en peut ce semble rien determiner sans faire plusieurs experiences, quoy que l'on puisse dire en general que tous les corps concaues l'augmentent, le renforçent, & le portent plus loin, à raison qu'ils empeschent que l'air ne se dissipe, comme l'on void en toutes sortes de cornets, dont vsent les sourdauts, & dans les canaux & lieux sousterrains, qui augmentent grandement la voix. Mais ie parleray de toutes les manieres de renforcer la voix dans plusieurs autres lieux; c'est pourquoy i'adiouste seulement icy que la raison de ce renforcement du Son doit estre prise de la quantité de l'air esbranlée, & conseruée dans les cauitez de la terre, & des autres corps dont on vse pour multiplier les Sons; quoy que les concauitez doiuent estre proportionnées à la force que l'on donne dés le commencement au Son, qui doit estre assez grand pour esbranler toute la masse de l'air, & pour surmonter tous les autres empeschemens; car nos Sons ne font pas retentir toute la Sphere de l'air (quoy qu'il soit tresmalaysé, & peut-estre impossible de cognoistre si chaque Son la remplit, & l'esbranle) à raison qu'elle est trop vaste, & qu'ils sont trop foibles.

Neantmoins si l'on suppose la grandeur de l'air, & la quantité qu'vne voix donnée remplit, & que les voix esbranlent tousiours vne quantité d'air d'autant plus grande qu'elles sont plus fortes, il est aysé de conclure quelle doit estre la force de la voix pour esbranler toute la masse de l'air iusques au Firmament, comme i'ay monstré dans la 44 question Physique.

PROPOSITION XV.

La Sphere sensible du Son est d'autant plus grande, qu'il est plus fort & plus grand: mais deux ou plusieurs Sons ne s'entendent pas de deux ou plusieurs fois aussi loin que l'vn d'iceux.

CETTE Proposition contient deux parties, dont la premiere est aisée à prouuer, puis que l'estenduë du Son suit la violence auec laquelle il a esté produit, mais il est difficile de cognoistre de combien vn Son est plus grand & plus fort qu'vn autre. Il semble que de deux poids qui tombent sur vne cloche, par exemple de deux marteaux qui frappent vne horologe, que celuy qui pese deux fois dauantage fait vn Son deux fois plus grand : mais il est aisé de se tromper en cette matiere, car il se peut faire que le poids plus leger fera vn plus grand Son, s'il est mieux proportionné à la cloche que le plus pesant, comme ie monstreray dans le liure des Cloches, mais puis qu'il suffit icy de supposer que deux ou plusieurs Sons peuuent estre diminuez, ou augmentez selon vne raison donnée, & que la grandeur & la force du Son suit la quantité d'air qui est battuë, comme i'ay desia dit ; i'adiouste qu'il faut que le Son soit quatre fois aussi fort pour auoir sa Sphere sensible double, car puis que la sphere de la lumiere garde cette proportion, & que nous n'auons rien de plus sensible & de mieux reglé qu'elle dans la Nature, nous pouuons conformer la proportion des autres choses à la sienne. C'est pourquoy ie conclus que comme il faut ioindre quatre chandelles de mesme grosseur pour esclairer aussi fort que l'vne des chandelles quand l'on s'esloigne deux fois aussi loin des quatre que d'vne, qu'il faut semblablement frapper quatre fois autant d'air en mesme temps pour ouyr le Son de deux fois aussi loin : c'est à dire que la raison de la force des Sons doit estre doublée de la raison des esloignemens, car comme il faut quatre surfaces de flamme dont chacune soit esgale à la surface de la flamme de l'vne des chandelles pour remplir la base d'vn cone double en hauteur d'autant de rayons & de lumiere, comme la base du cone sousdouble en est remplie par vne seule chandelle ; de mesme il faut que la force du Son qui doit remplir la base du cone double, soit quatre fois aussi grande que celle du Son qui remplit seulement la base du cone sousdouble, d'autant que ces deux bases sont en raison doublée de la hauteur de leur cone, comme l'on void dans cette figure, dans laquelle A B C represente le cone illuminé par vne seule chandelle. A E G est le cone double en hauteur ; la ligne A D est la hauteur du moindre, & A H est celle du plus grand.

Or puis que le diametre B C de la base du cone A B C est double du diametre de la base du cone A E G, que les plans ou les aires des cercles sont en raison doublée de leurs diametres, & que le diametre E G est double du diametre B C, comme l'axe A H est double de l'axe A D, il s'ensuit que l'aire du cercle E K G est quadruple de l'aire B F C, & consequemment qu'il faut quatre fois autant de rayons de lumiere, ou de Son pour remplir la base E K G que pour remplir B F G. Mais si la force du simple rayon du Son diminuë à proportion qu'elle s'esloigne de sa source, il ne suffit pas qu'il soit quatre fois plus fort en son commencement pour faire vne esgale impression de deux fois aussi loin : par exemple, s'il se diminuë en mesme proportion que l'espace s'augmente, il faut conclure qu'il doit estre six fois plus fort en son commencement pour estre ouy aussi ayséement de deux fois aussi loin ; car puis que

le rayon sonore A H est deux fois aussi long que le rayon A D, il sera deux fois plus foible au point H, c'est à dire au centre de la base du cone double en hauteur, qu'il n'est au point D. Or deux adioustez à quatre font six : ce que l'on peut accommoder à toutes sortes de proportions. Et si l'on veut qu'vne lumiere esclaire deux fois aussi fort de mesme di-

De la nature & des proprietez du Son.

stance, il faut en mettre quatre ensemble, parce que quatre lumieres esgales mises ensemble sont continuées souz vne surface qui est seulement double de la surface d'vne desdites lumieres prises à part & en particulier. Car il faut considerer la lumiere comme vn corps, d'autant qu'elle n'est iamais sans vn corps qui luy sert de vehicule & de sujet : mais parce que les Sons ne se peuent pas vnir comme la lumiere, elle sert plustost à faire voir leur imperfection, ou leur irregularité, qu'à faire comprendre leur nature & leurs proprietez; quoy que l'on puisse dire en general que la force du Son est en raison double, ou sousdoublée des distances : c'est à dire qu'il faut qu'il soit quatre fois plus fort pour estre esgalement ouy d'vne double distance, & que le mesme Son est quatre fois plus fort lors qu'il est ouy de deux fois plus loin.

Quant à la seconde partie de la Proposition, elle suppose que les Sons se font par des corps differents en diuers endroits, & parce qu'ils ne s'vnissent pas entre eux comme vne cause entiere, seule & totale, & qu'ils produisent leurs effets separément, on ne les oyt pas d'autant plus loin qu'ils sont en plus grand nombre, quoy qu'ils soient tous d'vne esgale force: ce qui n'arriue pas à la lumiere; car quatre chandelles separées esclairent plus fort vn mesme espace que quand elles sont vnies ensemble, d'autant qu'elles ont vne plus grande surface (comme l'on demonstre en la Geometrie, puis que quatre cubes, dont chacun est d'vn pied, ont beaucoup plus de surface que le cube qui les contient tous quatre) & qu'elles vnissent aussi bien leurs forces que si elles estoient toutes iointes ensemble, ce qui n'arriue pas aux Sons.

Or l'on peut icy rapporter plusieurs comparaisons dont vsent ceux qui expliquent le 52. Probleme de l'onziesme, & le 2. de la 19. Section d'Aristote, & particulierement celles des cercles qui se font dans l'eau, dans laquelle on iette vne, ou plusieurs pierres : car encore que les cercles soient plus forts, & qu'ils paroissent dauantage au commencement, lors qu'on en iette plusieurs, que quand l'on n'en iette qu'vne, ils ne s'estendent pas d'autant plus loin que le nombre des pierres est plus grand : & si sept ou huict ioignoient leurs forces pour ietter vne pierre, elle n'iroit pas 7. ou 8. fois plus loin, que quand elle est iettée par vn seul homme, quoy que chacun des autres ayt vne esgale force.

D'où il est aysé de conclure que l'vnion des forces, dont on parle dans les Mechaniques, est differente de l'vnion des Voix, puis que la force des Mechaniques croist autant par l'vnion de plusieurs forces distinctes, comme s'il n'y auoit qu'vne seule force, qui les contient toutes. Elle est semblablement differente de l'vnion que font les grains de bled ou de sable pour estre veus de plus loin tous ensemble que l'on ne void chacun d'eux : car l'on peut voir vn monceau de ces grains de deux lieuës, quoy que l'on ne puisse voir l'vn des grains de cent pas; mais l'on ne peut ouyr les Sons, ou les voix de plusieurs personnes de deux lieuës, encore que la voix de chacun peust estre ouye de cent pas, & qu'il y ayt vne aussi grande multitude de voix assemblées, que de grains dans ledit monceau.

C'est neantmoins chose asseurée que plusieurs Sons esgaux font plus de bruit, & sont entendus de plus loin que l'vn desdits Sons, mais il est difficile de sçauoir de combien cette distance est plus grande, & de faire les experiences qui sont necessaires pour decider cette difficulté.

PROPOSITION XVI.

Determiner si les Sons ont toutes sortes de dimensions, à sçauoir la longueur, la largeur & la profondeur, & qu'elles sont les autres proprietez, ou les Accidens du Son.

ENCORE que les trois dimensions de la quantité se rencontrent seulement dans les corps à proprement parler, l'on peut neantmoins les remarquer dans les accidens corporels, particulierement lors qu'ils suiuent lesdites dimensions, & qu'ils frappent differemment les sens, quand la quantité ou la figure des corps est differente; ce qui arriue aux Sons, comme i'ay desia remarqué, car ils sont minces & deliez, lors que les corps dont ils sont produits sont minces & subtils: mais ils sont gros & massifs, quand les corps sont grands & gros, comme l'on experimente aux chordes des instrumens, & aux tuyaux d'Orgues.

Or la premiere dimension, qui consiste dans vne simple longueur, ne peut estre considerée dans le Son qu'en deux manieres, à sçauoir quand il dure peu ou long-temps, ou quand il vient d'vn corps fort petit, par exemple des chanterelles du Luth, & des moindres chordes de l'Epinette; de là vient qu'il penetre aysément, à raison qu'il est subtil comme le trenchant d'vn couteau, & pointu comme vne aiguille.

La premiere maniere est le fondement de toutes les mesures, & des temps dont on vse en la Musique, & dans la Rethorique, & consequemment dans la Rythmique des Anciens, qui varie les temps en vne grande multitude de manieres, comme ie monstreray ailleurs.

Quant à la largeur du Son, il est plus difficile de l'expliquer, d'autant que nous n'auons point d'instrumens qui consistent dans les largeurs differentes, qui ne soient quant & quant accompagnez de differentes profondeurs; neantmoins l'on peut dire que le Son est large, quand le corps d'où il vient est large, puis qu'il suit les affections des corps par lesquels il est produit. Et puis le Son peut estre appellé plus large, lors qu'il est plus fort, comme il arriue lors qu'on chante en mesme ton vne fois plus fort que l'autre: quoy que cette difference appartienne plustost à la force du Son. Mais l'on peut encore trouuer vne autre maniere de cette largeur dans l'espaisseur des Sons, qui consiste à estre plus remplis & plus massifs en mesme ton, ce qui arriue lors que le Dessus & la Basse chantent à l'vnisson: car le Son de la Basse est beaucoup plus massif & plus remply; ce qui arriue tousiours aux voix des Basses, qui ne peuuent faire l'vnisson auec le Dessus ou auec les autres parties, qu'elles ne soient plus pleines & mieux fournies. Ce qui se remarque semblablement aux chordes, dont la plus grosse a le Son plus large & plus plein que la moindre, quoy qu'elles soient à l'vnisson. Or bien qu'on puisse dire que cette qualité du Son appartient à la profondeur, puis qu'elle le rend plus massif & plus corpulent, neantmoins l'on reserue cette profondeur pour expliquer la grauité du Son, qui consiste dans la tardiueté du mouuement, & qui est cause que nous disons que la voix d'vn homme qui fait la Basse, est creuse, basse & profonde, & qu'il à vn bon creux de voix.

C'est pourquoy l'on peut appeller le Son *profond*, ou *bas*, & *haut*, ou *aigu*, à raison des corps qui sont grands & gros, ou petits & minces; quoy que l'on

De la nature & des proprietez du Son.

puisse dire que le Son est d'autant plus gros, plus espais, & plus massif, qu'il est plus aigu, si l'on mesure cette espaisseur à la multitude des mouuemens, comme l'on mesure la densité des corps, & de la lumiere à la multitude des parties & des rayons, puis que le Son est d'autant plus aigu qu'il est fait par vne plus grande multitude de mouuemens considerez en mesme temps. Mais nous parlerons encore de ces dimensions au traité des corps des instrumens qui produisent le Son. C'est pourquoy ie viens à ses autres accidens, qui sont quasi en aussi grand nombre que les differences exterieures des corps qui le produisent, dont il y a plusieurs proprietez que l'on n'a pas encore cogneu.

Or entre les qualitez du Son, qui toutes dependent de la maniere dont les corps pressent, froissent & frappent l'air, celles qui donnent le nom aux Sons aspres, aigres, rudes, doux, clairs, estouffez, &c. sont les principales apres le graue & l'aigu : car quant aux autres qui portent le charactere des corps, par lesquels ils sont produits, l'on ne peut en establir vne science, à raison qu'ils vont presque à l'infiny : car si la surface d'vn corps a vn seul vn pore dans sa surface, qui ne soit pas dans la surface d'vn autre corps, ils feront des Sons differents, encore qu'ils soient parfaitement semblables en toutes autres choses, d'autant que le pore qui est dans l'vn, est cause que le corps frappe autrement l'air que s'il n'auoit point ledit pore. Il faut dire la mesme chose des petites concauitez, ou eminences qui se rencontrent dans plusieurs corps, parce que l'effect est tousiours different, quand la cause apporte quelque difference en sa production.

Quant à l'*aspreté* & à l'*aigreur* des Sons, elle vient de l'inesgalité de la surface des corps qui frappent ou qui diuisent l'air, comme il arriue au bruit qu'on fait en limant du fer, ou quelque autre metal : car la lime rompt l'air en autant de parties, comme elle a de grains & d'eminences ; & lors que l'air diuisé & rompu frappe les esprits du nerf de l'ouye, il leur imprime son mouuement, qui leur donne autant de mescontentement, comme les saueurs aspres à la langue, & comme les surfaces rudes, brutes & mal polies au toucher. De là vient que la prononciation des vocables qui signifient cette qualité a quelque chose de mal plaisant, afin de representer naïfuement ce qu'elle signifie, comme l'on apperçoit en prononçant (*brute*, *rude*, *aspre*, &c.) à cause de la lettre R. Mais ie parleray de la prononciation, & de la signification des paroles dans le liure de la Voix, où ie monstreray s'il peut y auoir vne langue naturelle.

La qualité de *rude* est difficile à expliquer dans les Sons, & particulierement dans la Voix, d'autant que l'on ne void pas comme l'air se rompt, ou se diuise dans le larynx & dans la glotte, ou dans le palais & dans les autres parties de la bouche de ceux qui ont la parole aspre & rude. Il semble neantmoins que toutes ces qualitez qui rendent les Sons mal plaisans, ne sont autre chose que la difformité des mouuemens de l'air, dont le Son est doux, quand il se meut vniformement ; & rude, aspre & aigre, lors qu'en mesme temps il se meut de deux, ou de plusieurs façons differentes ; ce que l'on peut prouuer par le Son de deux ou de plusieurs flustes, ou tuyaux d'Orgues, qui sont vn peu esloignez de l'vnisson, car encore que leurs Sons pris en particulier & separément soient doux & agreables, neantmoins ils sont rudes & desagreables quand on les assemble ; parce que leurs mouuemens frappent diuersement l'oreille en mesme temps, & la tiraillent d'vn costé & d'autre ; d'où il arriue que les esprits sont dissipez & deschirez, ou diuisez contre leur ordre, leur naturel & leur inclination.

L'*aigre* a par dessus le *rude* qu'il pique plus viuement le nerf de l'ouye, à raison de la vitesse de ses mouuemens & de la diuision de l'air plus menuë, particulierement quand la force accompagne la vitesse, comme il arriue aux Sons esclatans de certains cornets, tuyaux & autres instruments, qui blessent l'oreille par leurs Sons trop forts & trop aigus. Mais il n'est pas icy necessaire de parler plus amplement de ces differences & qualitez du Son, d'autant que nous en dirons encore plusieurs choses dans les autres Liures.

PROPOSITION XVII.

Determiner pourquoy l'on oyt mieux de nuict que de iour : & si l'on peut sçauoir combien l'air qui est chaud, est plus rare & plus leger que celuy qui est froid : & de combien il est plus leger que l'eau.

IL faut premierement supposer la verité de l'experience, dont il semble que tous demeurent d'accord, à sçauoir que l'on entend mieux, plus distinctement, & de plus loin les Sons & les bruits qui se font de nuit, que ceux qui se font de iour ; mais il faudroit premierement experimenter dans des lieux fort escartez du bruit, comme sont les deserts, si le Son qu'on y feroit, s'entenderoit de plus loin & plus clairement, car la multitude & la confusion des bruits differens qui se font le iour dans les villes, ou dans les autres lieux habitez, soit par les hommes, ou par les oyseaux & par d'autres animaux, empeschent que l'on puisse distinguer les Sons aussi facilement de iour que de nuit : d'où l'on peut tirer l'vne des raisons pourquoy l'on oyt plus clairement de nuit que de iour. Car l'oreille est d'autant moins attentiue à quelque Son particulier, qu'elle est plus remplie d'autres Sons, ce qu'elle a de commun auec l'œil, qui voit l'vn des points de son objet d'autant plus confusément, qu'il en regarde vne plus grande multitude en mesme temps. L'autre raison que rapporte Aristote dans le 33. Probleme de l'onziesme Section, se prend de ce que l'œil & les autres sens sont distraits & occupez par leurs obiets, tandis qu'il est iour : d'où il arriue que l'oreille n'est pas si capable d'ouyr, parce que la multitude des esprits qui luy seruent la nuit, se dissipent & se distribuent aux autres sens pour seruir à leurs actions, car elle est d'autant moins propre à faire ses fonctions qu'elle a moins d'esprits.

Mais il faut voir si toutes choses estant esgales de la part de l'oreille, & l'air n'estant pas plus troublé de iour que de nuit (comme il arriueroit peut estre aux lieux qui sont esloignez de quatre ou 5 lieuës de toutes sortes de bruits) la nuit seule est cause que l'on entend les Sons plus ayfément par quelque nouuelle disposition de l'air. Anaxagore a creu, au rapport d'Aristote, que les rayons du Soleil font du bruit le iour en eschauffant & en rarefiant l'air, & que ce bruit remplissant l'oreille l'empesche d'ouyr les autres Sons. Or encore que cette opinion soit reiettée de plusieurs, elle à neantmoins quelque apparence de verité, si l'on suppose que l'illumination se fasse par le mouuement, puis que l'on peut considerer le Son par tout où l'on rencontre le mouuement ; & parce que l'on ne peut demonstrer que l'irradiation du Soleil se

De la nature & des proprietez du Son

fasse sans mouuement, l'on ne peut consequemment prouuer qu'elle ne fait aucun bruit dans l'air. Quant à la nuit, l'air est destitué desdits rayons, & du bruit qu'ils peuuent faire. Et si l'on adiouste que les rayons ne sont autre chose que de petits corps semblables aux atomes de Democrite & d'Epicure, qui remplissent l'air & qui s'insinuent dans les petits vuides qu'ils y rencontrent, l'on peut dire que l'air est plus espais & plus grossier le iour que la nuit, durant laquelle les Sons se portent plus ayfément à raison du vuide qu'ils y trouuent, & qui leur sert de vehicule, & de milieu par lequel ils viennent iusques à l'ouye.

I'estime neantmoins que l'air est plus rare le iour que la nuit, car la lumiere & la chaleur le rarefient, & le froid le reserre & le condense; & que l'on peut dire que le Son s'imprime plus fort dans l'air espais de la nuit, que dans l'air rare du iour, comme la lumiere fait vne impression plus puissante dans vn diafane qui est plus dense, & dont les parties sont plus pressées. Or il est constant que l'air deuient plus rare par la chaleur, comme l'on demonstre dans le Thermometre, ou verre Calendaire, dans lequel l'air se dilate & remplit beaucoup plus d'espace quand il est eschauffé, que lors qu'il est refroidy: si ce n'est que l'on die qu'il en sort autant dehors le verre, comme il semble se restreindre dedans, ou qu'il entre dans l'eau qui monte, ou qu'il passe entre l'eau & le verre, comme il arriue aux bouteilles pleines d'eau que l'on respand. Mais il est aysé de conuaincre de faux toutes ces responces, si l'on examine l'experience dudit Thermometre, & plusieurs autres semblables. C'est pourquoy il faut conclure que l'air est plus espais la nuit que le iour, toutes & quantes fois qu'il fait plus chaud de iour que de nuit, car si l'on compare vne nuit chaude auec vn iour plus froid, l'air de cette nuit est plus rare que celuy dudit iour. D'où il s'ensuit que l'on doit entendre les Sons plus distinctement ce iour là que la nuit, si la densité de l'air est cause de ce que l'on oyt plus clairement le Son qui se fait. Mais parce qu'il n'est pas quasi possible de recognoistre si l'espaisseur de l'air est plus propre que sa rareté pour ayder les Sons; ie pense que la meilleure raison de ce que les Sons s'entendent mieux la nuit que le iour, est que l'esprit n'est pas si distrait la nuit que le iour, & qu'il s'occupe plus fort à ce qu'il embrasse: de là vient que la douleur des malades est plus fascheuse, & plus difficile à supporter la nuit que le iour, parce que l'esprit s'attache seulement à la consideration de la douleur, dont il n'est pas diuerty la nuit par la differente multitude des obiets, comme le iour qui semble beaucoup plus court, & plus supportable à raison de la visite des amis, & de l'occupation des autres sens exterieurs, qui retire l'esprit de la douleur.

La seconde partie de cette Proposition contient vne tres-grande difficulté, à sçauoir combien l'air est plus rare & plus leger que l'eau; ce que l'on n'a point encore cogneu iusques à present. Quant à l'air condensé & au rarefié, l'on peut dire que leurs poids ont mesme raison entre eux que leurs legeretez, & consequemment que quand l'on vse tellement d'vn Thermometre, que l'air de dedans vne chambre remplit deux fois plus d'espace que l'air de dehors, que cet air est deux fois plus dense, puis que la densité d'vn corps n'est autre chose que lors qu'il y a beaucoup de ses parties dans peu d'espace, de sorte qu'elle est d'autant plus grande qu'il y a plus de parties en mesme lieu. Cecy estant posé, ie dis que l'on peut trouuer combien l'eau est plus dense & plus pesante que l'air, d'autant que la pesanteur suit la densité, comme l'on experimente dans toutes sortes de corps qui sont d'autant plus pesants qu'ils sont plus resserrez en eux, & qu'ils ont plus de parties dans vn espace esgal; par exemple, l'or est deux fois plus dense, plus plein & plus reserré que le fer, & dix-neuf fois plus dense que l'eau; de là vient qu'il est deux fois plus pesant que l'vn, & dix-neuf fois plus pesant que l'autre, & consequemment qu'il faudroit dix-neuf fois autant d'eau, & deux fois aussi gros de fer que d'or pour peser esgalement. Et si l'air qui s'estend dans le Thermometre remplit vingt parties, chaque vingtiesme partie sera vingt fois plus legere que le mesme air, lors qu'il sera reduit à vne espace vingt fois moindre par la condensation. Or l'on trouuera la comparaison de deux airs differens, par exemple d'vn air froid & d'vn air chaud, si l'on prepare deux grandes boëttes, ou caisses de bois fort leger, dont l'vne puisse estre fermée & seellée si iustement que l'air n'en puisse sortir, & n'y puisse entrer: & l'autre soit tousiours ouuerte, & que toutes deux soient de mesme poids, car lors que l'on les aura pesées dans vn air froid & condensé, comme est celuy de dehors à l'hyuer, lors qu'il gele, & que l'on aura enfermé cet air dans l'vne des boëttes, si on les apporte dans vne chambre, dont l'air soit deux ou plusieurs fois plus chaud, & consequemment plus rare, & que l'on les pese derechef, l'on trouuera que celle dans laquelle l'air dense & froid est enfermé, pesera dauantage que celle qui est ouuerte, & dont l'air est esgal en rareté à celuy de la chambre.

D'où l'on conclura aysément combien l'vn pese plus que l'autre; par exemple si l'air enfermé pese vne once dauantage que celuy de la chambre, & que chaque caisse contienne quatre pieds d'air cube, l'on peut dire que l'air enfermé pese deux onces, & celuy de la chambre vne once, supposé que le Thermoscope demonstre que l'air de ladite chambre est deux fois plus rare, & consequemment deux fois plus leger que celuy de dehors. Et puis l'on peut comparer la pesanteur de ces deux sortes d'airs à l'eau, & à tous les autres corps tant liquides & mols, que durs; par exemple, si vn pied cube d'eau pese 90. liures, elle sera 720. fois plus pesante que l'air de dehors, & 1440. fois plus pesante que celuy de dedans; & parce que l'or est à l'eau comme 19 à 1, il sera 2736. fois plus pesant que l'air de la chambre.

L'on peut encore vser d'vn autre moyen, à sçauoir d'vne grande piece de bois, qu'il faut mettre en équilibre dans l'air de la chambre, car si le morceau de plomb est douze fois moindre que le morceau de bois, & que l'on pese l'vn & l'autre dans l'air de dehors qui soit deux fois plus froid & plus dense, & consequemment plus pesant, ces deux poids ne seront plus en équilibre, car le morceau de bois estant douze fois plus gros que celuy de plomb, il pressera & fera leuer douze fois dauantage d'air; & consequemment il sera d'autant plus leger dans cet air que dans l'autre, de toute la pesanteur de l'air esgale en grandeur audit morceau de bois: par exemple, s'il faut quatre pieds cubes d'air pour esgaler le bois, & que cet air pese vne once, ledit bois pesera moins d'vne once dehors qu'il ne faisoit dedans, comme Archimede demonstre dans la septiesme Proposition du traité qu'il a fait des corps Solides, que l'on pese dans les corps liquides ou humides. Mais ie parleray encore de la pesanteur de l'air & de l'eau dans plusieurs autres lieux.

De la nature & des proprietez du Son.

PROPOSITION XVIII.

Determiner pourquoy l'on entend mieux les Sons de dehors, lors que l'on est dans vne chambre, que l'on n'entend ceux qui se font dans la chambre quand on est dehors.

C'EST chose asseurée & experimentée que l'on oyt beaucoup plus clairement les bruits qui se font dehors lors qu'on est dans vne chambre, ou que l'on est enfermé ailleurs, soit que l'on ferme ou que l'on ouure les fenestres, que l'on n'oyt de dehors les bruits qui se font dans la chambre, encore qu'ils soient beaucoup plus grands & plus forts que ceux de dehors, qui se font dans vn air libre. C'est pourquoy Aristote propose cette difficulté comme vne experience certaine dans le 37. Probleme de l'onziesme Section, quoy qu'il y ayt plusieurs particularitez qui ont besoin de nouuelles experiences: par exemple il faudroit experimenter combien le bruit, & les Sons que l'on fait dans les maisons doiuent estre plus grands que ceux de dehors, pour estre ouys esgalement, & de combien les bruits qui se font dans les chambres qui sont paralleles au plan de dehors, s'entendent plus aysément que ceux qui se font dans les hautes chambres, & dans les autres lieux eminents.

Or l'on peut dire que le Son du dehors s'entend mieux de dedans, parce que l'air qui entre par les fenestres fait plusieurs reflexions & se renforce, comme s'il rencontroit quelque lieu propre pour faire l'Echo dans l'air de la chambre qu'il esmeut, & auquel il imprime vn plus grand branfle, parce qu'il ne peut sortir de sa prison qui le renferme; ce qui arriue encore que les fenestres soient fermées, mais non pas si notablement que quand elles sont ouuertes. Il faut pourtant remarquer que les bruits de dehors s'entendent d'autant moins que l'on est plus esloigné des fenestres, particulierement si l'esloignement se fait à quartier vers les coins de la chambre.

Mais quand on est dehors, les bruits de dedans la maison ne s'entendent qu'auec difficulté & souuent auec confusion, parce que le Son de dedans se reflechit plusieurs fois contre les parois de la chambre auant que de sortir, & celuy qui sort en droite ligne est en petite quantité, & a de la peine d'esbranler toute la masse de l'air de dehors: & puis ceux qui sont dehors, sont le plus souuent sur vn plan plus bas que celuy de la chambre, ce qui empesche que le Son n'aille droit à eux. L'on peut encore considerer plusieurs autres raisons de cet effet, mais parce qu'elles dependent des differentes circonstances du lieu, où se fait & où s'entend le Son, chacun les pourra trouuer en considerant la situation de chaque lieu.

PROPOSITION XIX.

A sçauoir si le Son s'entend mieux de bas en haut, que de haut en bas.

ENCORE qu'Aristote propose cette question en supposant la verité de l'experience dans les 45. Probleme, il faut neantmoins voir si elle est veritable, afin que nous ne cherchions pas la raison d'vne chose douteuse. Plusieurs maintiennent que l'on entend mieux la voix d'vn Predicateur, ou d'vn Orateur de bas en haut, que de haut en bas, lors que l'on en est esgalement esloigné, mais il en faudroit faire plusieurs experiences en des lieux differens, particulierement en des Eglises, dont les vnes fussent sans voute, & les autres fussent voutées ou lambrissées, & puis en des lieux descouuerts, comme il arriue quand on presche en plaine campagne, afin de voir si celuy qui seroit au haut d'vn arbre entendroit moins que celuy qui seroit sur terre, quand ils sont esgalement esloignez.

Quant aux Eglises ordinaires, l'on peut dire que la voute & plusieurs autres parties soit de la chaire, ou des murailles reflechissent la voix en bas, ce qui la rend plus intelligible: mais parce que les Temples peuuent estre tellement disposez qu'ils reflechiront dauantage la voix en haut qu'en bas, & que l'on n'a pas experimenté assez exactement si l'on entend tousiours mieux d'vn lieu bas les Sons qui sont en haut, l'on ne peut rien conclure d'asseuré en cette matiere, si ce n'est que l'on die que l'haleine de la pluspart des Auditeurs qui sont en bas, rend l'air plus grossier qui retient mieux la voix, ou qui la multiplie: quoy que l'on puisse dire au contraire que l'air d'enhaut estant plus rare & plus espuré, est plus propre pour porter la voix.

Or il est aysé de sçauoir le lieu d'où l'on entend mieux la voix, pourueu que l'on n'vse point d'artifice, car celuy qui sera en mesme plan que le Predicateur, & qui se mettra vis à vis de sa bouche entendra le mieux de tous, supposé qu'il ayt vne aussi bonne oreille que les autres. Et si l'on veut iuger des differents lieux, lors qu'ils seront esgalement esloignez, & qu'ils feront vn angle esgal auec la ligne droite qui sert d'axe à la voix & au Son, l'on entendra esgalement, pourueu que la reflexion ne fauorise pas plus l'vn que l'autre.

PROPOSITION XX.

Les Sons s'empeschent & nuisent les vns aux autres, quand ils se rencontrent.

CEcy peut estre entendu en plusieurs manieres, car vn Son foible & lent se peut rencontrer auec vn Son fort & precipité, comme quand la voix d'vn homme est foible, ou qu'elle se rencontre auec vne voix forte, ou quand la voix graue se rencontre auec l'aiguë; semblablement deux ou plusieurs voix aiguës ou graues, foibles ou fortes se peuuent rencontrer; or les voix & les Sons s'empeschent les vns les autres en toutes ces manieres, comme l'on experimente quand deux ou plusieurs parlent en mesme temps. Quant aux differentes lumieres elles s'aydent plustost qu'elles ne se nuisent; car si l'on oppose deux chandelles aux deux bouts d'vne chambre, ou d'vne table, l'on void plus clair au milieu des deux, que l'on ne void au mesme lieu, si l'on en oste vne; & s'il y auoit vn second Soleil à l'Occident sur l'horizon, quand le nostre commence à se leuer, nous verrions plus clair que nous ne faisons. Neantmoins la rencontre des differentes lumieres a quelque chose de semblable à celle des Sons; car comme le plus grand Son empesche que nous n'apperceuions le moindre, qu'il engloutit & qu'il supprime: de mesme la plus grande lumiere nous soustrait la moindre, comme l'on experimente quand on allume vne chandelle en plein midy: ce qui arriue semblablement à tous les obiets des autres sens exterieurs, qui peuuent tellement estre preuenus & affectez par vn de leurs obiets, qu'il n'y à plus de place pour les autres, comme l'on remarque aux odeurs qui sont par fois si mauuaises, qu'elles

De la nature & des proprietez du Son 35

empeſchent toutes les bonnes; il y en a ſemblablement de bonnes qui ſont ſi fortes & ſi excellentes, que quand elles ont penetré iuſques à l'odorat, il ne peut eſtre offenſé par les mauuaiſes, qui ſe rencontrent pendant qu'il vſe des autres.

L'œil peut ſemblablement eſtre ſi remply de lumiere, la langue de ſaueurs, & le ſens du toucher de froid ou de chaud, que l'œil ne verra point d'autre choſe, la langue ne pourra ſentir d'autre ſaueur, ny le toucher d'autre obiect: car tous les ſens ſont tellement limitez, qu'ils ne peuuent paſſer les bornes qui leurs ſont preſcrites. Or comme il y a des odeurs & des ſaueurs qui ſe nuiſent plus les vnes que les autres, il y a auſſi des Sons qui s'empeſchent plus les vns que les autres; & nous pouuons conclure en general que les Sons grands & vehemens nuiſent dauantage aux Sons foibles & petits, que ceux-cy ne nuiſent à ceux-là.

Mais il eſt plus difficile de ſçauoir ſi les Sons aigus nuiſent plus aux aigus qu'aux graues, & ſi les graues nuiſent plus aux aigus qu'à eux meſmes, ſi les Sons vniſſons, & conſonants ſe nuiſent moins que les diſſonants; ſi les Sons de differents inſtruments s'empeſchent dauantage que ceux des meſmes inſtruments, & par quels Sons la voix eſt plus ou moins empeſchée. L'on peut dire à mon aduis que les Sons vniſſons ſe nuiſent le moins de tous, particulierement s'ils ſont eſgaux en force, & en toutes autres choſes, parce que cette grande conformité fait qu'ils s'embraſſent, s'vniſſent & ſe maintiennent pluſtoſt qu'ils ne ſe deſtruiſent; quoy que l'on puiſſe dire qu'ils ſe nuiſent dauantage en tant que l'on ne les peut diſtinguer les vns des autres, à raiſon de la parfaite vnion qu'ils ont enſemble, eſtant ſemblables à deux lumieres eſgales, qui ſe meſlent ſi parfaitement que l'on ne peut diſcerner l'vne d'auec l'autre. L'on peut dire la meſme choſe de deux chaleurs, deux odeurs, ou deux ſaueurs ſemblables, & meſme de deux amis, ſi nous paſſons à la morale, qui ſont ſi ſemblables en leurs actions & en leurs volontez, quand l'amitié eſt tres-parfaite, qu'ils ſemblent quaſi vne meſme choſe; de ſorte que l'amitié eſt cauſe de l'eſgalité, ou de l'identité, ſi ce n'eſt que l'identité, ou l'eſgalité ſoit cauſe de l'amitié: ce que l'on obſerue aux Sons qui font l'vniſſon, & qui s'vniſſent enſemble, parce qu'eſtant eſgaux & preſque vne meſme choſe, ils ſe conſeruent & ſe renforcent mutuellement.

L'on peut encore dire en cette maniere que tous les Sons qui font quelque accord de Muſique ſe nuiſent plus que les diſſonans, d'autant qu'ils ſe meſlent mieux enſemble, & qu'il eſt plus difficile de les diſcerner les vns d'auec les autres, que quand ils ſont diſſonants; car ils s'vniſſent tant qu'ils peuuent & s'approchent de l'Octaue dont ils ſont eſloignez, ou de l'vniſſon, qui eſt ſemblable à l'amitié, laquelle eſt la borne de toutes les perfections du monde. Mais ſi l'on parle de l'empeſchement que reçoiuent les Sons les vns des autres, entant qu'ils ſe combattent & qu'ils ſont contraires, plus ils ſont diſſonants & plus ils offenſent l'oreille & l'eſprit, lequel eſtant amy de la paix & du repos, qui ſont cauſes de toutes ſortes de biens, a la contrarieté & le combat des Sons en horreur, ſi ce n'eſt vn eſprit qui ſe plaiſe au deſordre & au diſcord, comme eſt l'eſprit des damnez, qui eſt dans vn deſordre eternel, & qui deſire que toutes choſes luy ſoient ſemblables: de là vient que l'on croit que la Muſique & ſes conſonances ne peuuent deſplaire qu'à vn eſprit mal fait & deſordonné, comme eſt celuy qui ſe laiſſe trop ayſément emporter à la cholere, à la vengeance & à l'enuie. Or nous verrons dans vn autre lieu quelles diffonances font les plus defagreables, ou qui font les meilleurs accords. L'on peut maintenant confiderer fi les Sons aigus fe nuifent plus qu'ils ne nuifent aux graues; quoy que c'en foit, c'eft chofe certaine qu'vn Son plus grand & plus fort, empefche dauantage qu'vn autre Son ne foit ouy, fi ce n'eft que les confonances foient caufe du contraire: car l'vniffon, quoy qu'il ayt fes Sons plus foibles que ceux d'vne diffonance, empefche dauantage que l'on ne les diftingue, que le difcord n'empefche la diftinction des fiens, comme nous auons defia remarqué. Or la raifon de ces empefchemens fe prend de la difference & contrarieté, ou de l'vniformité des mouuemens, par lefquels l'air eft frappé, diuifé, ou rompu en diuerfes manieres; ce qui fait que quand il s'aduance d'vn cofté pour porter le Son, il eft empefché par vn autre mouuement qui luy vient à la rencontre, & qui le retarde ou l'arrefte entierement, s'il eft affez puiffant; ce que l'on experimente aux vents contraires, dont le plus fort empefche & abbat le moindre, car les caufes naturelles qui font contraires font femblables aux ennemis qui fe font la guerre, car la plus forte furmonte la plus foible qui luy cede & luy obeit: d'où l'on peut conclure le bel ordre qui fe trouue dans toutes les creatures, & l'obeyffance que nous deuons aux puiffances Superieures.

L'on obferue la mefme chofe dans les Chœurs, ou l'on chante l'office Diuin à l'vniffon, car les plus fortes voix couurent les plus foibles, & empefchent qu'elles ne foient ouyes; & le Son des tambours, des groffes cloches, des moulins à tan, ou à papier, & generalement toutes fortes de grands bruits & de Sons violans empefchent que les Sons plus foibles & plus petits ne foient ouys & diftinguez.

PROPOSITION XXI.

Les Sons, & confequemment les voix peuuent feruir pour mefurer la terre, & pour faire fçauoir les nouuelles de ce qui fe paffe dans tout le monde en peu de temps.

CEtte Propofition eft tres-facile à conceuoir, fi l'on confidere que le Son n'eft pas porté dans vn moment, qu'il à befoin de temps pour paffer du lieu où il eft fait iufques à l'extremité de la fphere de fon actiuité, & que l'on peut fçauoir la diftance, dont il peut eftre entendu. Nous trouuons vn exemple de cecy dans Cleomedes au liure fecond, où il dit que le Roy de Perfe auoit difpofé des hommes depuis Sufe iufques à Athenes, lors qu'il faifoit la guerre dans la Grece, afin qu'il fift fçauoir aux Perfans ce qui fe paffoit dans fon armée. Ces Meffagers eftoient pofez fur des lieux eminents, & receuoient tellement la voix les vns des autres, que l'on fçauoit toutes fortes de nouuelles dans l'efpace de deux iours, ou de quarante huict heures. Ie fçay que l'on peut vfer d'autres manieres pour faire fçauoir des nouuelles auffi vifte que par la voix, car les flambeaux peuuent feruir à cela, ce qui eftoit femblablement pratiqué par les Perfes, comme tefmoigne Ariftote au liure du monde chapitre 6. où il dit que Cambyfes, Xerxes & Darius fe feruoient de flambeaux pour fçauoir tout ce qui fe paffoit dans l'Afie, comme s'ils euffent efté prefens par tout. L'on peut auffi faire fçauoir des nouuelles fort promptement auec les canons & les arquebufes, non feulement par leur bruit, mais auffi

De la nature & des proprietez du Son.

aussi en enfermant des lettres dans le creux des bales, ou des boulets. L'arc sert à mesme fin, car la flêche porte la lettre cent ou deux cens pas, & le canon vne demie lieuë, plus ou moins selon sa portée & sa longueur : quelques-vns se sont seruis de Colombes pour cet effet, comme Hircius & Brutus, au rapport de Pline liure 10. chap. 37. ce que Dousa explique par ces vers

> Quid vigil obsidio, quid arces,
> Aut valla profunt per spatia inuij
> Eunte cœli nuntio ?

Il veut dire que l'on se seruit de Colombes au Siege de Leïden pour porter les nouuelles. L'on tient que ceux qui alloient voir ce qui se represẽtoit sur les theatres, ont donné commencement à ces messages faits par les Colombes qu'ils portoient dans leur sein, afin de mander à ceux qui estoient demeurez à la maison ce qui se faisoit sur le theatre. Les Nautoniers d'Egypte pratiquent la mesme chose, comme font ceux qui demeurent entre Gaza & le Caire, au rapport de Belon & de Boterus. Les Arondelles & les Corneilles peuuent aussi porter des lettres, comme Marrhen Roy d'Egypte à fait voir chez Ælian liure 6. des animaux chapitre 7. mais ie ne veux pas m'amuser à raconter toutes les façons dont l'on peut vser, comme du chien, du chat, des autres bestes & des oyseaux pour porter des lettres, afin que ie reuienne au son dont nous parlons maintenant, qui semble auoir quelque auantage par dessus les autres manieres, sinon en vitesse & subtilité, du moins à raison qu'il explique mieux la pensée, particulierement quand on parle ; la Trompette peut aussi seruir de parole, mais les coups de canon peuuent estre entendus de beaucoup plus loin, dont on peut vser pour aduertir ceux qui sont esloignez de tout ce qui se passe où l'on est ; comme l'on fait aux sieges, aux batailles, & és autres entreprises pour donner le signal, & pour commander ce qu'il plaist au chef de l'armée. Ie laisse les autres Sons, comme celuy du Tambour, des Arquebuses, des Sifflets & des Cloches, dont l'on se sert dans les Villes en temps de guerre pour aduertir les corps de gardes du nombre des hommes qui paroissent dans la campagne.

Or ie dis qu'auec tous ces Sons, ou auec celuy que l'on voudra, l'on peut mesurer les distances de la terre, car sçachant de quelle distance la Trompette, ou la Cloche peut estre ouye, l'on cognoistra combien elle sera esloignée, & l'on peut tellement moderer, adoucir & affoiblir les Sons, qu'ils mesureront telle distance que l'on voudra ; par exemple, si le Son du Tambour est entendu d'vne lieuë, l'on pourra le frapper si doucement, que l'on ne l'entendra que de cent pas ; il seroit plus difficile d'affoiblir le Son du canon, à raison qu'il ne peut faire du bruit s'il n'y a vne certaine quantité de poudre à canon ; & si l'on donne trop peu de vent aux Trompettes & aux Cornets, ils ne pourront sonner. L'on peut trouuer par experience & par raison combien il faut diminuer le vent ou le coup, afin que le Son ne s'entende que d'vne distance donnée : & ceux qui voudront toiser par les Sons pourront establir vn art par le moyen de certains instrumens, dont les vns s'entendront de six pieds, les autres de 10. 100. de 1000, &c.

Or pour enuoyer des nouuelles par le moyen des Sons, & pour sçauoir la vitesse de la voix : par exemple combien il se passe de minutes, depuis que le Son est produit iusques à ce que l'on l'entende d'vne lieuë, de demie lieuë, de cent, de cinquante pas, ou de quelqu'autre espace, il faut faire plusieurs ex-

D

periences, & que celuy qui parle ou qui produit quelque Son, soit veu de celuy qui est esloigné, & qu'il fasse quelque signe d'vn baston, ou de la main, ou en quelqu'autre maniere au mesme temps qu'il produit le Son, afin que celuy qui en mesure la vitesse cognoisse combien il s'est passé de temps depuis le signal donné, ou depuis la production du Son, iusques à ce que le Son ayt esté ouy par celuy qui est esloigné. Celuy qui parle, ou qui produit le Son peut aussi obseruer le temps, si l'autre fait paroistre par quelque signe le moment auquel il commence d'ouyr le Son. Mais l'experience sera plus facile & plus certaine si vn troisiesme remarque les signes & le temps, parce que celuy qui parle, & celuy qui remarque le temps peuuent estre empeschez & troublez en parlant, ou en faisant le signe: or plus il y aura de personnes, & plus certaine en sera l'experience; car ils pourront conferer leurs obseruations, & prendre quelque temps proportionnel entre ceux qui seront en debat.

Le mouuement ou battement du cœur pourra seruir de mesure au temps, car la respiration est plus incertaine que le battement du poux, d'autant qu'elle depend dauantage de nostre volonté. Supposons donc, par exemple, que le poux naturel bien temperé batte trois fois auant que l'on oye le Son qui se fait à cinq cens pas de là; l'on pourra par apres mesurer vne minute de temps par les diuers battemens du poux, afin de sçauoir combien il faut que le lieu où le Son se fait soit esloigné pour estre ouy dans vne minute d'heure; car si l'on a la cognoissance de cette minute & de la distance, l'on peut conclure combien il faut de temps pour faire sçauoir des nouuelles par tout le monde par le moyen des Sons, ou de la voix. Ie sçay que les diuerses dispositions de l'air, des vents, & des lieux de la terre peuuent apporter vne grande varieté en cecy. Mais la difference de cette vitesse est souuent insensible dans l'espace de cinq cens pas, bien que l'on oye le Son auec plus ou moins de vehemence selon les vents qui nuisent, ou qui aydent. Ie suppose maintenant que le poux batte trois fois auant que l'on oye le Son qui se fait à 500. pas, & qu'il y ayt 66 battemens d'vn tel poux dans vne minute d'heure; & dis que le poux bat du moins 18 fois auant que l'on oye le Son d'vn canon, d'vne arquebuse, d'vne trompette, d'vne cloche, d'vn marteau, du tonnerre, ou de quelqu'autre instrument esloigné d'vne lieuë de nous, & consequemment que le Son qui seroit assez fort pour estre ouy par toute la terre, ne pourroit estre ouy que dans le temps que le poux batteroit 129600 fois, c'est à dire dans vn iour entier & huict heures, 43′ & presque 42″. d'où l'on peut conclure combien il faudroit de iours pour ouyr vn Son du Pole Antartique à l'Arctique, car puis qu'il y a 14000 diametres de la terre, dont chacun a 1229½ lieuës, l'on seroit quatorze mille fois autant de temps auant que d'ouyr le Son d'vn Pole à l'autre, comme l'on seroit auant que de l'ouyr par tout le diametre de la terre: mais le Son ne peut pas durer si long-temps, ny estre si fort qu'il puisse estre ouy de si loin, si ce n'est que Dieu vouslut produire vn tel Son: ce qu'il fera peut-estre quand les Anges sonneront de la Trompette au grand iour du Iugement pour appeller tous ceux qui seront morts. Or il est necessaire d'adiouster le temps que les Messagers employent à parler ensemble, & à se communiquer les nouuelles, & de sçauoir combien les postes, ou les stations de la voix sont esloignées les vnes des autres: lesquelles doiuent seulement estre esloignées de 500 pas, afin qu'il y en ayt six en chaque lieuë.

Quant au temps que les Messagers se parlent, l'on peut prendre vne minute

De la nature & des proprietez du Son

pour chaque station, afin d'aiouster quatre fois 66 battemens de poux auec les 18 qui se font pendant que la voix se communique par l'espace d'vne lieuë, de maniere que le poux bat 84 fois auant que l'on sçache la nouuelle d'vne lieuë.

Nous ne pouuons mettre des stations d'vn pole à l'autre, ny faire vn Son assez fort pour estre entendu de 32074000 lieuës, qui sont du Pole Arctique à l'Antartique; & ce Son ne seroit point ouy que le poux n'eust battu 57731-2000 fois, c'est à dire que dans l'espace de 144323 heures, car le nombre des battemens du poux diuisé par 4000, qui est le nombre des battemens qu'il fait dans vne heure, donne lesdites heures, lesquelles estans diuisées par 24 donnent 6013 iours, & $\frac{11}{24}$, c'est à dire presque demy iour; or si l'on diuise ces 6013 iours par 365, l'on aura 16 ans, qui se passeroient auant que d'ouyr du Pole Arctique le Son qui se feroit à l'Antartique, & outre cela 173 iours & demy, qui restent apres la diuision, & consequemment l'on ne peut ouyr le Son dans le tour entier du Firmament, que dans l'espace de 52 ans & 18 iours, mais ie parleray encore ailleurs de la vitesse du Son.

PROPOSITION XXII.

L'on peut se seruir des Sons de chaque instrument de Musique, & des differens mouuemens que l'on leur donne pour discourir de toutes sortes de suiets, & pour enseigner & apprendre les sciences.

CEtte Proposition est excellente, car elle enseigne la maniere de discourir de toutes choses en iouänt des instrumens, encore que celuy qui les touche, ou qui en oyt iouër soit muet, car l'on peut discourir auec vn autre en iouänt de l'Orgue, de la Trompette, de la Viole, de la Fleute, du Luth & des autres instrumens, sans que nul puisse entendre le discours, que celuy qui sçait le secret, ce qui se peut pratiquer en plusieurs manieres.

En premier lieu si le iouëur d'instrumens, & l'auditeur se seruent d'vne tablature qui contiennent toutes les lettres de l'alphabet: car chaque Son exprimera chaque lettre; par exemple, les trois notes, ou les trois voix qui se treuuent dans G, re, sol, vt, pourront seruir pour les trois lettres R, S, V, &c. & l'auditeur ayant son Luth, où sa tablature deuant les yeux verra clairement les dictions que formera le iouëur auec les Sons de son instrument, auquel il pourra respondre en iouänt d'vn autre instrument. Mais il est facile de parler ensemble sans tablature, si l'on vse des huict ou quinze Sons d'vn mode, par exemple de ceux du premier, pour les quinze premieres lettres, & des huict Sons du second mode pour le reste des lettres: ou si les vingt Sons des vingt articles de la main harmonique expriment les vingt lettres de nostre alphabet; car l'on peut laisser S, Y, & K, comme nous dirons ailleurs.

Il y a mille autres subtilitez & industries qui se peuuent trouuer par le moyen des Sons; & deux ou plusieurs personnes peuuent tellement s'accoustumer aux Sons des instrumens, qu'ils parleront familierement de tout ce qu'ils voudront, sans que nul les puisse entendre. L'on peut encore exprimer des paroles & des periodes entieres par les Sons, car les preludes, la suitte des airs & des chansons, la deduction des modes & du systeme parfait ont de la ressemblance auec les oraisons & les harangues, particulierement quand le

Muſicien fait les cadences & les paſſages bien à propos, & qu'il ſe ſert de la Rytmique ſelon le ſujet qu'il traite. Or cette maniere de diſcourir ſe peut prátiquer dans toute l'eſtenduë des Sons, c'eſt à dire dans l'eſtenduë de cent ou deux cens pas & dauantage, car l'on oyt le Son de la Trompette de beaucoup plus loin, & conſequemment les Sons peuuent ſeruir de meſſagers & de lettres ſecretes, quand celuy à qui l'on veut reſcrire n'eſt eſloigné que de demie lieuë ou d'vne lieuë, d'où l'on peut entendre les Cloches ou la Trompette.

L'on ſe peut auſſi ſeruir du Tambour, encore que le Son qu'il fait ne ſoit pas capable des interualles harmoniques, car la varieté des mouuemens Rytmiques, dont on à couſtume de le battre, peut ſeruir de characteres; par exemple l'on peut ſe ſeruir des cinq temps du quatrieſme mouuement pœonique, qui eſt repreſenté par trois brefues & vne longue ◡ ◡ ◡ –, pour les quatre premieres lettres A B C D, & de la premiere eſpece du meſme mouuement, qui eſt le precedent renuerſé – ◡ ◡ ◡, pour les quatre lettres qui ſuiuent, à ſçauoir E F G & H ; le mouuement Choriambique diſſous, ou Pyrrychianapeſte, qui eſt compoſé de quatre mouuemens briefs & d'vn long, peut exprimer I K L M N : quelques-vns appellent ce mouuement *François*, d'autant que les François ſe ſeruent ordinairement de ce mouuement quand ils battent le Tambour, comme l'on voit icy ◡ ◡ ◡ ◡ –. O P Q R peuuent eſtre exprimez par le mouuement Ionique mineur, dont les deux premiers mouuemens ſont briefs, & les deux derniers ſont longs, comme l'on voit icy ◡ ◡ – –. Les Suiſſes s'en ſeruent quand ils battent le Tambour. En fin le mouuement Choriambique, dont le premier & dernier mouuement eſt long, & le ſecond & le troiſieſme eſt brief, comme l'on voit icy – ◡ ◡ –, peut acheuer l'alphabet en exprimant ces quatre dernieres lettres S T V X. L'on ſe peut ſeruir des meſmes mouuemens ſur les Cloches, ſur les Trompettes, ſur le Luth, ſur la Viole, ſur l'Orgue & ſur les autres inſtrumens, & les accommoder aux flambeaux, & à toute ſorte de ſignal qui peut eſtre apperceu des yeux, des oreilles, du toucher, de la fantaiſie & de la raiſon.

Mais l'on peut pratiquer la meſme choſe plus ſubtilement en exprimant tout ce que l'on voudra, tant en François, qu'en Hebrieu, en Grec, en Eſpagnol, en Italien, ou en autre ſorte de langue, auec quatre Sons, ou mouuemens differents, qui peuuent eſtre variez en vingt-quatre manieres pour ſeruir de vingt-quatre lettres : car les nombres 1, 2, 3, 4 eſtant multipliez les vns par les autres font vingt-quatre differentes conionctions, qui ſe treuuent dans les quatre mouuemens ſuſdits, & dans chaque quaternaire de choſes differentes : dont la raiſon eſt qu'il ſe fait autant de changemens en chaque lieu comme il y a de choſes propoſées, & que chaque choſe peut eſtre miſe autant de fois dans chaque rang ou lieu, comme le nombre prochainement moindre peut eſtre changé de fois; de là vient que trois mouuemens peuuent auoir ſix diuers changemens, puis que deux ſe changent deux fois : car le troiſieſme peut eſtre mis deux fois au commencement, deux fois au milieu, & deux fois à la fin ; & ſi l'on adiouſte vn quatrieſme mouuement, il ſe trouuera ſix fois au premier lieu, ſix fois au ſecond, ſix fois au troiſieſme & ſix fois au quatrieſme lieu.

L'exemple de ces changemens ſe void dans le tetrachorde Diatonic, *vt, re, mi, fa*, qui peut exprimer nos vingt-quatre lettres : ce qui ſe peut auſſi

De la nature & des proprietez du Son. 41

faire auec les quatre principales notes, ou cadances de chaque Octaue, ou de chaque mode, par exemple auec les cadances du premier mode, vt, mi, sol, fa: voicy l'exemple du susdit Tetrachorde, vt, re, mi, fa, qui fait voir que ces quatre syllabes, qui signifient les quatre Sons du Tetrachorde des principales, peuuent estre conionites en vingt-quatre manieres differentes.

Alphabet Harmonique.

A	1	vt,re,mi,fa.	N	13	mi,fa,re,vt.
B	2	vt,re,fa,mi.	O	14	mi,fa,vt,re.
C	3	vt,mi,re,fa.	P	15	mi,re,fa,vt.
D	4	vt,mi,fa,re.	Q	16	mi,re,vt,fa.
E	5	vt,fa,re,mi.	R	17	mi,vt,re,fa.
F	6	vt,fa,mi,re.	S	18	mi,vt,fa,re.
G	7	re,vt,mi,fa.	T	19	fa,mi,re,vt.
H	8	re,vt,fa,mi.	V	20	fa,mi,vt,re.
I	9	re,mi,vt,fa.	X	21	fa,re,mi,vt.
K	10	re,mi,fa,vt.	Y	22	fa,re,vt,mi.
L	11	re,fa,mi,vt.	Z	23	fa,vt,re,mi.
M	12	re,fa,vt,mi.		24	fa,vt,mi,re.

Ces 24 changemens monstrent que l'on peut faire vingt-quatre chants differents auec quatre chordes d'vne Epinette, quatre tuyaux d'Orgue, ou autres quatre Sons, sans repeter deux fois vn mesme Son; la Quinte donne six vingt chants tous differents : la Sexte maieure ou mineure 720: la Septiesme 5040.& l'Octaue 40320:d'où il s'ensuit que l'on peut faire des harangues entieres auec la seule Quarte sur le Luth, sur l'Orgue, sur les Cloches, sur la Trompette, &c. qu'auec l'Octaue l'on peut exprimer tous les characteres des Chinois, pourueu qu'ils ne surpassent pas le nombre de quarante mille trois cens vingt : & que celuy qui cognoistroit toutes les especes des plantes, des animaux, des mineraux & des pierres, pourroit les exprimer & enseigner toutes les sciences auec toutes sortes d'instrumens de Musique.

Or l'on peut conclure de ce discours combien il y a de chants differens dans l'estenduë d'vne double, d'vne triple, ou d'vne quadruple Octaue, & des suiuantes iusques à l'infiny. Ie remarqueray seulement que le nombre des chants, qui peuuent estre trouués dans quinze Sons, ou dans vne double Octaue; est exprimé par le nombre qui suit 1307674368000: vn plus grand nombre de chants se trouueroit dans l'Octaue, s'il estoit permis de repeter deux fois chaque Son. Or il faudroit du moins employer vingt heures à la prononciation de cette diuersité des chants qui se peuuent faire dans l'estenduë d'vne Octaue: car huict Sons ne peuuent estre chantez que dans l'espace du temps que le poux bat deux fois, supposé qu'il batte 66 fois dans vne minute d'heure: l'on peut aussi mesurer le temps par les respirations, si chaque respiration dure cinq battemens de poux, comme l'on croit: car cecy supposé nous respirons treize fois dans vne minute d'heure, & dans vne heure 792 fois: mais ie parleray de toutes ces combinations dans le liure des Chants.

PROPOSITION XXIII.

La force des Sons est multipliée par les diuers mouuemens Rhytmiques que l'on leur donne, & par la qualité des corps & des coups par lesquels ils sont produits.

LA premiere partie de cette Proposition, qui appartient à la Rhytmique, est tres-certaine, car l'experience enseigne que le Son de la Trompette ou de quelqu'autre instrument animé d'vn mouuement Iambique, ou Apestique touche plus viuement nos esprits, que quand son mouuement est *spondaique*. L'on obserue la mesme chose dans les battemens du tambour, sur lequel le mouuement *pyrrhichianapeste* estant obserué, l'on void marcher les soldats François; & les Suisses marchent sous le mouuement *ionique mineur*; mais nous parlerons plus amplement de la Rhytmique & des effets qu'ont les differents mouuemens des Sons au traité des rhytmes, qui sont communs à toutes sortes de Sons, & consequemment à la voix & à la parole, qui doit auoir des mouuemens differents suiuant les differentes passions qui nous emportent, ou que nous voulons faire paroistre.

De là vient que les mouuemens rhytmiques sont appellez l'ame & la force du Son, comme les diuerses figures de Rhetorique sont l'ame de l'oraison; car comme le fer ou l'acier qui arment l'aymant, multiplient sa force & sa vigueur, si ce n'est que l'on croye qu'ils monstrent leurs forces, qu'ils ne pouuoient expliquer sans la presence de l'aymant: de mesme le mouuement Rythmique, qui est pressé & leger, c'est à dire qui a plusieurs temps briefs, comme sont les Choriambiques dissouz, ou les Pyrrhichianapestes, multiplie la force du Son si sensiblement & si puissamment, qu'il seroit difficile de le croire si l'on ne l'auoit experimenté.

La seconde partie se prouue aussi par l'experience, qui monstre qu'vn vase fait de bon metal, comme celuy dont on fait les Cloches, & qu'vn vase d'argent a le Son plus penetrant & plus vif qu'vn vase de plomb. Ceux qui iouënt de l'Epinette remarquent que les chordes d'or ou d'argent font vn autre effet que les ordinaires: & l'on pourroit experimenter la mesme chose aux Trompettes d'or, d'argent, d'acier & de toutes sortes de metaux, ou de cornes & de bois, afin de remarquer la difference des Sons en toutes sortes de Trompettes, de tuyaux d'Orgues, de Flutes & de Flageolets.

Il faudroit encore experimenter toutes les especes de chordes sur les Luths, les Violes, les Lyres, & les Harpes, & faire ces instrumens de toutes sortes de bois, de cornes & de metaux, afin d'obseruer la diuersité des Sons; & si la caisse d'vn Tambour estoit d'or ou d'argent, & que la peau fust d'vn Ours, d'vn Tygre, ou d'vn Lyon, le Son du Tambour seroit different de celuy de l'ordinaire.

La troisiesme partie se prouue encore par l'experience, car quand on frappe doucement quelque corps, le Son qui se fait par le coup ne frappe pas les esprits auec vne telle force, & ne les excite pas si puissamment que quand il est plus grand & plus violent: & cette violence est quelquefois si grande, que le Son fait perdre l'ouye, priue les auditeurs de raison & de iugement, trouble ou corrompt le vin dans les caues, fait mourir les enfans dans le ventre des meres, & rompt les vitres des maisons, &c. comme l'on experimente au bruit du tonnerre, de l'artillerie, des cloches, des vents & des tempestes.

PROPOSITION XXIV.

A sçauoir si l'on peut representer la quadrature du cercle, la duplication du cube, & toutes les choses du monde par le moyen des Sons.

CETTE difficulté est bien aysée à resoudre, car si l'on tend deux chordes d'esgale grosseur & longueur, & de mesme matiere, & que la longueur de l'vne soit à celle de l'autre, comme le diametre du cercle à sa circonferen-

De la nature & des proprietez du Son. 43

(e, ou comme le costé du cube double au costé du souz-double, les Sons desdites chordes sont entr'eux comme les lignes, & consequemment elles representeront la quadrature du cercle, & la duplication du cube. Il faut conclure la mesme chose de toutes les autres sortes de lignes & de corps, quoy qu'incommensurables & irrationels, qui peuuent estre representez par des Sons de mesme proportion : mais si l'on oyt ces Sons ensemble, ils font des Dissonances qui seront d'autant plus mauuaises que les chordes, ou les lignes que les Sons representent sont plus irrationelles. D'où il arriue que les Dissonances qui viennent des Sons que font les chordes incomensurables en longueur ne sont pas si mauuaises que celles qui se font par les chordes incommensurables en puissance, parce que celles-cy sont plus difficiles à comprendre que celles-là. Or il est aysé de representer en cette maniere toute la Geometrie par le moyen des Sons, mais il est encore plus aysé de representer l'Arithmetique, d'autant que tous les nombres sont mesurez par l'vnité, & consequemment ils sont tous commensurables.

L'on peut voir au traité du Luth, sur lequel le ton est diuisé en deux demitons, & l'Octaue en douze demitons esgaux, de combien les Consonances & les Dissonances de cette diuision sont differentes de celles qui suiuent la proportion harmonique des nombres, que i'explique en plusieurs endroits, & de combien les Sons qui suiuent la proportion Arithmetique sont plus doux que ceux qui suiuent la Geometrique.

Il est encore bien aysé de conclure que l'on peut representer tout ce qui est au monde, & consequemment toutes les sciences par le moyen des Sons, car puis que toutes choses consistent en poids, en nombre & en mesure, & que les Sons representent ces trois proprietez, ils peuuent signifier tout ce que l'on voudra, si l'on en excepte la Metaphysique, qui separe toutes ses propositions de la matiere sensible & de l'intellectuelle, & qui les espure iusques à tel point qu'elles nous font enuisager la souueraine beauté de l'estre des estres. D'où s'ensuit que le parfait Musicien peut inuenter des dictions, & vne langue parfaite, qui signifie naturellement les choses, & qu'il peut enseigner les sciences sans vser d'autre langage que de celuy d'vn Luth, ou de quelque autre instrument, comme ie monstreray plus amplement dans vn autre lieu.

Et si quelqu'vn auoit l'oreille assez bonne & assez sçauante, il pourroit discerner & recognoistre les proportions de toutes sortes de lignes par le moyen des Sons, & consequemment il pourroit expliquer toutes les propositions de la Geometrie en iouant de tel instrument qu'il voudroit, ou en chantant, poureu qu'il peust faire de sa voix tout ce qui se peut faire sur les instrumens. Mais il n'y a point d'homme qui ayt l'oreille assez delicate & subtile pour ce sujet, si ce n'est le parfait Musicien qui n'a point encore paru.

COROLLAIRE I.

Puis que nous auons icy parlé de la quadrature du cercle, & de la duplication du cube, il faut remarquer que celle-cy a esté trouuée par le moyen d'vne ou de deux paraboles, & par l'hyperbole & l'ellipse, qui sont les trois principales sections du cone, & qu'elle se peut encore trouuer par le cercle: mais celle-là n'a pas encore esté rencontrée, ou du moins elle n'a pas esté publiée ; quoy que plusieurs en ayent approché bien pres, & que Molther

D iiij

eſtime que la veritable grandeur de la circonference a 314159, lors que le diametre eſt de 100000.

A quoy il adiouſte que l'on a la quadrature en termes plus precis que ceux d'Archimede, quand on prend trois fois le diametre, & la cinquieſme partie de la ligne qui ſouz-tend le quart du cercle, d'autant que la grandeur de la circonference, que l'on trouue par cette methode, eſt de 314142, qui n'eſt differente de celle qu'il croit exacte que de 17, au lieu que la meſure d'Archimede, qui met trois fois & $\frac{1}{7}$ le diametre dans la circonference, manque de 126. Et ſi l'on prend ſon autre meſure plus preciſe, à ſçauoir trois fois le diametre & vne ſurdixpartiſſante 71, elle manque de 74, c'eſt à dire quatre fois dauantage que celle de l'autre methode qui ne manque que de 17 ſur 314159.

COROLLAIRE II.

Si la raiſon des tremblemens, ou des retours de la chorde eſt la meſme que celle de la longueur des chordes, comme nous monſtrerons dans le liure qui ſuit, il ſemble que le nombre des retours de celle qui eſt eſgale à la diagonale du quarré, doit eſtre incommenſurable au nombre des retours de celle qui eſt eſgale au coſté du meſme quarré, & que nous puiſſions donner autant de nombres irrationels entr'eux que de lignes incommenſurables, & conſequemment que la Muſique puiſſe dauantage que l'Arithmetique, & qu'elle s'eſgale à la Geometrie; quoy que l'on puiſſe reſpondre que chaque tremblement ou retour eſt vn mouuement, & que nul des mouuemens de ces deux chordes n'eſt commenſurable & rationel, ou du moins qu'il y en a deux qui ne peuuent auoir nulle commune meſure, ſi ce n'eſt que l'on prenne la puiſſance de ces mouuemens comme celles des lignes, & que l'on die qu'ils ſont commenſurables en puiſſance. Or l'on peut encore voir la 34 Queſtion des Phyſicomathematiques, dans laquelle ie monſtre ſi l'on peut eſtablir vne nouuelle ſcience qui ſe nomme Pſophologie, & pluſieurs autres difficultez dont ie traite dans cet œuure, leſquelles ſeruiront pour l'intelligence de cette Propoſition.

PROPOSITION XXV.

A ſçauoir en quoy le Son eſt different de la lumiere, & en quoy il luy eſt ſemblable.

NOvs auons deſia monſtré quelques vnes des differences, & des reſſemblances qui ſont entre le Son & la lumiere, par exemple que le Son ne ſe communique pas en vn moment comme la lumiere, dans la huictieſme Propoſition: qu'il ne depend pas tant des corps par leſquels il eſt produit, comme la lumiere depéd du corps lumineux, dans la neufieſme Propoſition: en quoy le Son eſt plus ou moins ſubtil, s'il ſe reflechit dans l'air, & s'il s'augmente, ou s'il ſe diminuë comme elle en d'autres propoſitions, de ſorte qu'il faut ſeulement icy ſuppleer ce qui a eſté obmis.

Ie dis donc premierement que comme la lumiere nous fait paroiſtre les differentes couleurs des corps ſuiuant les differentes incidences, & reflexions qu'elle fait ſur leurs ſurfaces, les Sons font ſemblablement paroiſtre les differentes qualitez des corps, par le moyen du mouuement de l'air qui touche & qui frappe leurs ſurfaces, & que l'on peut dire que les couleurs ne ſont au-

De la nature & des proprietez du Son. 45

tre chofe que la differente immerfion & reflexion des rayons, comme les Sons ne font autre chofe que les differents mouuements de l'air.

2. La lumiere eſt inuifible comme le Son, car nous ne voyons que des fuperficies colorées, qui reprefentent tant qu'elles peuuent le Soleil, ou les autres corps lumineux; ce que l'on prouue par les glaces des miroirs polis qui reprefentent tellement le Soleil qu'il eſt difficile de le diſtinguer du vray Soleil, & ſi tous les corps eſtoient eſgalement polis, l'on ne verroit autre chofe que le Soleil, en quelque lieu que l'on regardaſt. Or l'on prouue ayfément que la lumiere eſt inuifible de foy-mefme par celle que l'on ramaſſe aux points, où bruſlent les miroirs concaues, & les lentilles de verre & de cryſtal, laquelle on ne peut nullement voir ſi elle n'eſt reflechie par des corps opaques qui la rendent viſible, ſurquoy l'on peut neantmoins confiderer que la lumiere ramaſſée par le miroir parabolique dans vn point de l'air n'eſt pas veuë, parce qu'elle n'enuoye nul rayon à l'œil, lequel voit la furface du Soleil, lors qu'il ſe met dans le point illuminé : or l'on pouuoit auſſi bien dire que nul accident n'eſt fenfible non plus que la lumiere, ſi ce n'eſt par le moyen des corps qui fouſtiennent les accidents, & qui leur donnent l'eſtenduë, qu'ils ne peuuent auoir que par le moyen de la quantité, laquelle eſtant oſtée, ils periroient, ou ſe reduiroient dans vn point, ſi l'Autheur de la nature ne faifoit vn miracle femblable à celuy par lequel il peut mettre & conferuer tous les corps dans vn mefme lieu, & reduire tout le monde dans vn mefme point.

C'eſt ainſi que les Sons rendent le mouuement de l'air fenfible, & qu'ils nous font remarquer plufieurs qualitez des corps que nous ne pouuons cognoiſtre que par leur moyen: & ſi l'on confidere bien attentiuement la nature de la lumiere, l'on trouuera peut-eſtre qu'elle n'eſt autre chofe qu'vn mouuement de l'air, qui porte auec foy l'image de fon premier moteur, à ſçauoir du corps lumineux, pour le rendre fenfible à l'œil fous le nom & l'apparence de couleur, ou de lumiere, comme le Son n'eſt autre chofe que le mouuement du mefme air, qui porte auec foy les qualitez de fa caufe efficiente, à ſçauoir des corps qui fe meuuent, dont il nous fait apprehender l'image fous le nom & l'apparence du Son. Et comme l'on pourroit dire combien il y a de pores & de parties brutes, ou polies dans la furface des corps qui reflechiſſent la lumiere ſi l'on ſçauoit le nombre des rayons reflechis, & la maniere dont chacun s'enfonce & s'immerge dans le folide des corps, & fe reflechit iufques à l'œil : de mefme l'on pourroit ſçauoir toutes les ineſgalitez de la furface des corps qui frappent l'air, ſi l'on ſçauoit toutes les proprietez du mouuement de l'air qui frappe l'oreille fous l'eſpece du Son.

3. Comme la lumiere ne peut eſtre conferuée fans l'influence actuelle du corps lumineux, de mefme le Son ne peut eſtre conferué fans le mouuement de l'air. Car l'experience que Cefar la Galla rapporte dans fon liure de la Lumiere, à ſçauoir que les pierres calcinées, qui font de la nature de l'arfenic & fort cauſtiques, (que Galilée luy monſtra) eſtant expofées à la feconde lumiere du Soleil, conçoiuent vne lumiere qu'elles conferuent encore dans les tenebres, ne prouue autre chofe ſinon que leſdites pierres reçoiuent vne certaine alteration & difpofition de la feconde lumiere du Soleil, qui les rend propres à illuminer quelque peu de temps, comme vn charbon ardant, iufques à ce qu'elles ayent perdu la difpofition qui les faifoit luire. Et peut-eſtre

que chaque corps a vne semblable vertu de luire si l'on sçauoit la disposition qu'il requiert pour cela, comme il arriue au chesne pourry, à l'agaric, aux vers luysans, à l'eau de la mer, aux merlans, aux harans, à la raye, & à la moluë cuite, & à plusieurs autres poissons qui luisent de nuit. Mais il est bien difficile de recognoistre iusques à quel point vn corps proposé doit arriuer pour estre rendu lumineux. Quoy qu'il en soit il n'est pas plus aysé de conserver le Son sans le mouuement, que la lumiere sans le corps lumineux ; & l'on ne doit faire nul estat de ce que quelques-vns se sont vantez de pouuoir enfermer vn Son, vn chant, & vn concert dans vn coffre, à l'ouuerture duquel l'on entende le mesme concert qui auoit esté fait long-temps deuant. L'on peut neantmoins construire des instrumens qui feront toutes sortes de concerts à la seule ouuerture de quelque trou, & au moindre mouuement que l'on fera, comme ie monstreray dans les liures des instrumens.

4. Comme l'on ne sçait pas la force que doiuent auoir les rayons pour estre apperceus de l'œil ; de mesme l'on ne sçait pas combien le mouuement de l'air doit estre viste, ou violent pour faire impression sur l'oreille, & pour estre apprehendé sous la qualité du Son : car encore que nous experimentions que tel ou tel mouuement des corps fait vn Son sensible, neantmoins nous ne remarquons pas les moindres mouuemens qui font le Son, & nous ne sçauons pas comme se meut l'air. Quant aux rayons l'on experimente qu'il en faut fort peu pour voir, & qu'ils suffisent encore qu'ils soient tres-esloignez des corps lumineux, comme l'on remarque à ceux des Estoilles, dont ils sont esloignez de seize millions, trente mille lieuës lors qu'ils entrent dans l'œil : ce qui n'empesche pas qu'ils ne soient encore tres-forts ; d'où l'on conclud que le rayon ne se diminuë nullement par la distance, car si l'on auoit vn miroir assez bon & assez grand pour ramasser autant de rayons d'vne estoille dans l'espace d'vne ligne, comme il y a de rayons de Soleil en plein iour sur vn mesme espace, nous verrions aussi clair à minuit qu'à midy dans ce petit espace. Or l'on peut icy considerer que chaque point du corps qui fait le Son, enuoye des rayons dudit son tout autour de soy, & qu'il remplit la sphere solide de l'air qu'il affecte, comme fait chaque point du corps lumineux : d'où il s'ensuit que nous receuons des rayons paralleles de ces deux accidens, & d'autres rayons qui ne sont pas paralleles. Quant à ceux-là, nous n'en receuons que de la largeur de l'ouye, ou de l'œil : mais nous en receuons des autres de la largeur entiere des corps sonores & des lumineux ; de sorte que ces rayons nous seruent beaucoup plus que les paralleles, qui sont en si petit nombre qu'il n'y a nul miroir qui puisse faire brusler, ou lire par la reflexion des seuls rayons paralleles du Soleil, & s'il n'y auoit que cette partie du Soleil qui nous esclairast, & que tout le reste fust caché, nous ne verrions iamais rien par la force de cette seule lumiere, laquelle ne paroistroit nullement : c'est pourquoy il est necessaire que la glace d'vn miroir reçoiue les rayons des autres parties du Soleil pour les faire brusler : de là vient qu'ils ne se ramassent iamais dans vn seul point, encore que la glace soit parfaitement parabolique, & qu'ils font vn petit cercle : mais il est difficile de sçauoir combien il est necessaire qu'il y ayt de parties du Soleil descouuertes pour pouuoir estre veuës & pour brusler : quoy qu'il en soit, ie tire vne nouuelle ressemblance de la lumiere & des Sons, & dis

En cinquiesme lieu, que l'on oyra aussi bien le Son de loin que de pres, si

De la nature & des proprietez du Son.

l'on ramaſſe autant de mouuemens d'air par le moyen d'vn miroir, tandis que ledit air ſe meut, pour les faire reflechir au lieu où l'oreille ſe rencontre, comme l'on voit auſſi clair à la lumiere d'vne chandelle de loin que de pres, à raiſon de la reflexion du meſme miroir, ou de la refraction des lentilles; mais nous parlerons plus amplement de cette reſſemblance dans la vingt quatrieſme Propoſition.

6. La lumiere nous fait remarquer plus ſenſiblement les proprietez & les qualitez des corps, que le Son, c'eſt pourquoy elle eſt plus vtile: de là vient qu'il eſt plus difficile de viure ſans la lumiere que ſans le Son: quoy que ſi tout mouuement fait du Son, il ſoit non ſeulement difficile, mais entierement impoſſible de viure ſans le Son, puis que la vie ne peut ſubſiſter ſans mouuement, encore qu'elle puiſſe eſtre conſeruée ſans la lumiere, comme teſmoignent les aueugles, pourueu que la chaleur qui eſt neceſſaire à la vie ne periſſe pas. Et ſi la lumiere n'eſt qu'vn mouuement d'air, l'on peut dire qu'elle n'eſt differente du Son, qu'entant qu'elle affecte l'œil & non l'oreille.

Ce qu'il ſemble que Virgile à voulu dire dans le ſecond liure de l'Eneide, *Tum clarior ignis auditur* : & au liure ſixieſme, *Viſæque canes latrare per vmbram*, comme ſi le Son & la lumiere, & l'œil & l'oreille n'eſtoient qu'vne meſme choſe. Et l'on remarque au 20. chapitre de l'Exode, verſet 18. que le peuple voyoit la voix de Dieu & le Son des Trompettes, quoy que cette veuë ſe feiſt par les oreilles. En effet l'on peut dire que l'on voit mieux vne choſe lors que l'on en liſt la deſcription, ou qu'vn homme eloquent en parle, que ſi on la voyoit auec les yeux, comme l'on experimente aux relations, & aux deſcriptions des entrées que les Roys font dans les villes, & de celles des Villes, des balets & de pluſieurs autres choſes, dont la veuë eſt ſouuent moins ſatisfaite que l'oreille.

De là vient que l'on peut dire en general que le ſens qui deſcouure vne plus grande multitude de proprietez des corps propoſez, ou qui en deſcouure les meſmes proprietez plus clairement merite le nom d'œil, ou de veuë, à raiſon que par la veuë l'on entend le ſens qui deſcouure les obiets, & leurs proprietez plus clairement : & que l'eſprit qui deſcouure, & qui comprend toutes ſortes d'obiets & de proprietez, peut receuoir le nom de tous les ſens; comme il arriue quand on dit que l'on gouſte, que l'on touche, que l'on void & que l'on oyt le diſcours & les raiſons de quelqu'vn.

7. Il eſt difficile de ſçauoir ſi le mouuement qui fait la lumiere meut l'air auec plus ou moins de violence que celuy qui fait le Son, ou pour mieux dire, ſi les corps lumineux le meuuent plus fort que les corps ſonores: car bien que le mouuement du Son paroiſſe plus fort à l'oreille que celuy de la lumiere, dont elle n'eſt pas capable de iuger, l'on peut auſſi dire que le mouuement de la lumiere paroiſt plus fort à l'œil que celuy des Sons. Et puis il ne faut pas ſeulement iuger de la violence du mouuement par l'agitation exterieure, car encore que le mouuement que la chaleur du feu fait dans la main ſoit ſi violent qu'elle ne le peut ſouffrir, & qu'il puiſſe arriuer à tel point qu'il la corrompe entierement, neantmoins ce mouuement ne paroiſt pas à l'exterieur.

Or le mouuement de la lumiere eſt ce ſemble plus ſubtil que celuy des Sons, & penetre plus auant dans la ſubſtance de l'air, qu'il remplit d'vne certaine liqueur ſemblable à de l'huile tres-ſubtile & tres-claire, qui ſe meut de telle sorte qu'elle affecte l'œil & le nerf optique, qui commence à descourir tous les obiets exterieurs, si tost que l'air esmeu s'est introduit dans ses pores pour imprimer vn semblable mouuement à l'air interieur de la membrane que l'on appelle *aranée*.

Ce qui arriue aussi à l'air exterieur agité par les Sons, car il va frapper le tambour, l'air interieur & le nerf de l'oreille pour rendre l'ouye participante de ce qui se fait au dehors, afin que l'homme interieur attire à soy l'exterieur, & que le petit monde se serue auec plaisir de tout ce qui est dans le grand, pour s'esleuer apres à la cognoissance & à l'amour du Createur eternel, qui est la fin de l'vn & de l'autre monde.

COROLLAIRE.

Il est aysé de trouuer les autres conuenances & les differences du Son & de la lumiere, si l'on entend ce que i'ay dit dans cette Proposition, & dans les autres: c'est pourquoy i'adiouste seulement que l'on peut s'imaginer que toutes les creatures sont semblables au mouuement, comme tesmoignent leurs changemens & leurs alterations perpetuelles: en suite dequoy l'on peut dire que tout le monde n'est qu'vn Son, qui nous sert de parole, & de predication pour nous faire rapporter tout ce qui est dans le monde à celuy qui luy donne le mouuement, & pour nous aduertir qu'il n'en faut vser qu'à sa gloire, & selon sa saincte volonté. Ie laisse plusieurs autres comparaisons de la lumiere, & des couleurs auec les Sons, les consonances & les concerts que i'ay expliqué dans le second liure du traité de l'Harmonie Vniuerselle, dans la sixiesme Proposition du liure des Chants, & en plusieurs autres endroits de cet œuure, afin de parler de leur reflexion.

PROPOSITION XXVI.

Expliquer comme se fait l'Echo, ou la reflexion des Sons.

I'AY desia monstré dans la dixiesme Proposition que le Son se reflechit, c'est pourquoy il faut seulement icy expliquer comme il se reflechit, & consequemment comme se fait l'Echo: ce qui seroit tres-aysé si la reflexion des Sons se faisoit comme celle de la lumiere, que les Geometres reglent dans la Catoptrique suiuant les differentes incidences du rayon qui tombe sur les corps dont les plans sont droits, concaues & conuexes: mais parce que l'air est suiet à plusieurs mouuemens estrangers, qui l'empeschent souuent de se porter en droite ligne, ce qui n'arriue ce semble pas à la lumiere, il n'est pas possible de regler les Echo aussi infailliblement que les reflexions de la lumiere, quoy qu'il nous en faille seruir pour expliquer celles des Sons.

Car l'on doit tousiours prendre ce qui est plus constant & mieux reglé pour y rapporter ce qui est plus variable, afin que la regle & la mesure soit certaine, puis que l'on ne peut raisonner comme il faut, si l'on n'a quelque principe asseuré, & quelque point ferme & inesbranlable, sur lequel le discours soit appuyé, comme la balance sur son centre, afin d'examiner par la droite raison tout ce qui tombe sous le discours. Ie dis donc premierement que le Son se reflechit selon les angles d'incidence qu'il fait sur les corps qui

De la nature & des proprietez du Son. 49

se reflechissent; par exemple, si le Son se fait au point A, & qu'il tombe sur la muraille, ou sur le plan D E au point C, il se reflechira au point B, parce que l'angle de reflexion E C B doit estre esgal à l'angle d'incidence D C A, & consequemment l'Echo se fera au point B, & dans toute la ligne B C.

Secondement ie dis qu'il n'est pas necessaire que la surface soit concaue ou creuse, ny que le corps qui reflechit soit vuide, ou creux pour faire l'Echo, puis que toutes sortes de surfaces peuuent reflechir le Son; ce qui se peut confirmer par les Echo qui se font dans les forests & dans les bois par la seule reflexion que font les fueilles, les branches, & le tronc des arbres, & par ceux que font les rochers, les simples murailles, les colomnes & les pilliers de pierre, de bois, ou d'autre matiere. Mais il est tres-difficile de comprendre & d'expliquer comme se fait la reflexion du Son par les superficies concaues, qui ramassent autant de lumiere dans vn seul point, ou dans vn fort petit espace, comme il en tombe sur elles; par exemple, si la surface reflechissante B a C est parabolique, elle renuoye toute la lumiere qui tombe sur elle au point e, de sorte que si elle reçoit 100000 rayons, le point e les contient tous: d'où il arriue que le corps que l'on met au point e se brusle, ou se fond soudain, à raison de la grande multitude de lumiere qui rarefie tellement l'air dudit corps, qu'il ne peut subsister, & qu'il est contraint de ceder par la dissolution de ses parties.

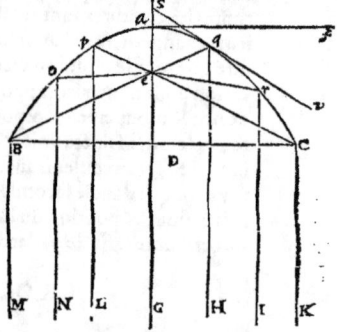

Or encore qu'il soit tres-difficile de s'imaginer comment toute la lumiere qui passe par le plan BC, (quoy qu'on la suppose aussi large que le Ciel) peut estre rassemblée dans vn point, attendu qu'il n'y a nul point dans ladite surface qui n'en soit couuert & rempli, & consequemment que ladite lumiere est continuë sans aucuns pores & sans aucun vuide, & que ce rassemblement au point e ne se peut faire sans la penetration d'vne infinité de rayons qui se condensent iusques à l'infini, neantmoins il est ce me semble encore plus difficile de comprendre comment tout le solide de l'air qui va frapper la glace a C B, se reflechit au point e; car l'on peut dire que la lumiere est vn accident, qui n'est pas tellement determiné aux lieux, qu'il ne puisse occuper & couurir tantost vn plus grand lieu, & tantost vn moindre : mais l'air est vn corps, dont les differentes parties ne peuuent naturellement se penetrer : & bien qu'il eust vne infinité de petits espaces vuides, neantmoins il ne peut estre reduit à vn point comme la lumiere. Et l'on n'experimenta iamais que l'air reflechi par vn corps concaue, soit plus espais dans le point de reflexion qu'en vn autre lieu, si ce n'est que l'on die que le Son qui s'estend audit point, tesmoigne l'espaisseur de l'air, comme l'ardeur de la lumiere monstre celle des rayons : ce que l'on ne peut nullement respondre, parce que l'on experimenteroit cette espaisseur de l'air auec la main, car elle seroit beaucoup plus grande qu'il ne faut pour se changer en eau, ou pour faire creuer les ca-

E

nons, les cauernes & les rochers. C'est pourquoy ie conclus que l'Echo ne se fait pas dans les lieux concaues par la reflexion de plusieurs parties d'air dans vn mesme point, ou dans vn petit espace, & qu'il est tres-mal aysé de sçauoir comme il se fait, si ce n'est que l'on explique cette reflexion comme celle des corps plans, qui se fait lors que l'air qui va frapper le plan, reuient à l'oreille par le mesme chemin, quand il tombe perpendiculairement sur le plan, ou par le costé opposé, lors qu'il le frappe obliquement.

Il est semblablement difficile d'expliquer comment l'air retient le mesme mouuement depuis qu'il a esté meu par les corps qui font le Son, iusques à tous les retours qu'il fait en se reflechissant; & si c'est le mesme air qui reuient, ou vn autre different: ce qui a fait resoudre plusieurs à mettre des images, ou especes intentionnelles du Son, afin d'euiter ces difficultez & de coupper le nœud qu'ils n'ont peu deffaire. Mais puis qu'ils sont contraints d'aduoüer qu'elles suiuent ou accompagnent le mouuement de l'air, dont elles ne peuuent tellement se detacher qu'elles n'en imitent la tardiueté, & les autres qualitez, & qu'ils rencontrent par tout les mesmes difficultez, ou de plus grandes, il n'est pas necessaire d'admettre ces nouueaux estres diminuez & intentionnels, quoy qu'il soit libre à chacun de s'en seruir dans la recherche, & dans la solution des difficultez. Or il y a trop peu de choses cogneuës de l'Echo pour en faire vne science aussi certaine que l'Optique; & l'on ne peut ce semble faire des Echo portatifs, qui reflechissent le Son aussi regulierement, comme les miroirs reflechissent la lumiere, ou du moins l'art n'en est pas encore inuenté, c'est pourquoy il suffit de rapporter quelques obseruations particulieres sur ce sujet.

Si quelqu'vn peut faire des Echo qui respondent sept, quatorze, ou vingt fois, comme font quelques-vns, que l'on a remarqué en Italie, en France & ailleurs, & d'autres, dont le dernier responde plus fort que le premier, comme l'on a remarqué quelque-fois: ou que l'on en puisse faire qui respondent autre chose que ce que l'on dit, par exemple qui respondent en Espagnol, lors que l'on parle en François, ou qui respondent en vn autre ton, par exemple à l'Octaue plus haute ou plus basse, ou qui respondent seulement la nuit, ou à midy, ou à certaines heures du iour, comme quelques-vns disent en auoir remarqué; & finalement si quelqu'vn trouue l'art de disposer les Sons en autant de manieres que l'on peut disposer la lumiere par le moyen des differentes figures, & du poli que l'on donne à toutes sortes de corps, (dont ie parleray dans le liure de la Voix, où ie monstreray comme il faut descrire l'ellipse, l'hyperbole, & la parabole pour reflechir le Son, & pour ayder à la voix) il pourra faire vne nouuelle science des Sons, que l'on nommera, si l'on veut, *Echometrie*, ou mesure des Sons: mais ie parleray encore de l'Echo & de la reflexion, apres auoir icy donné plusieurs obseruations qu'vn excellent esprit feist sur Marne l'an 1625.

Traité particulier de l'Echo.

Me ressouuenant de la promesse que ie vous feis en partant de Paris au mois d'Octobre l'année 1625, ie me suis mis en deuoir de m'aquitter de mon obligation à quelque prix que ce soit. Mais cognoissant l'humeur fuyarde, & le difficile accez de l'Echo Nymphe de l'air, fille de Iunon, Nayade, Dryade ou

De la nature & des proprietez du Son.

Orcade, vous m'excuserez de n'auoir exigé d'elle le loüage des bois, prez, riuieres, iardins, maisons & montagnes qu'elle tient. Car cette mauuaise debitrice quittoit souuent le logis, ou se faisoit celer pour dire qu'elle n'y estoit pas. Ce qui a fort tourmenté vn mois durant son creancier, qui n'a cessé de la chercher le matin, à midy, au soir & la nuit, en beau & mauuais temps, car il la tousiours guettée, espiant l'occasion de luy parler. Cette Nymphe vsuriere a des intelligences par tout, & de grandes correspondances dans les bois, ruts de riuieres, marets, isles, caues, Eglises, clochers, ruës & continuations de murailles, puits, basse-cour de ferme, trous à fumiers au milieu des fermes, pressoirs, & cours remplies de muids, canaux, aqueducs, ouurages de dessous terre, berceaux, voûtes de plastre, masures, grandes places, comme ports & pastis, arcades des portes & des ponts, rochers & enceintes des collines & des hautes montagnes: ce que i'ay peu apprendre de l'Echo est autant que pourroit faire vn Marinier, qui cherche vn nouueau monde auec sa Boussole, dont le tremblement l'asseure dauantage que toutes sortes de guides qu'il pourroit auoir.

La maniere de rechercher la nature de cette image de la voix, est double, à sçauoir par l'operation & la pratique, ou par la speculation & la Theorie Philosophique. La Theorie se prend des trois principes de generation, à sçauoir de la matiere, de la forme, & de la priuation; ou des quatre causes, ou des vniuersaux, ou des dix Categories: La pratique consiste aux pourmenades, où deux cailloux frappez l'vn contre l'autre seruent pour le soulagement de la voix, en remarquant les retentissemens qui sont les preparatifs, les auant-coureurs, & les fourriers marquant le logis & la demeure de l'Echo. Et puis l'on vse d'vn plan geometrique pour tracer la figure des lieux, auec le pas Geometrique de cinq pieds de Roy: on suit puis apres pas à pas ce qu'on cherche en tous les endroits de la Sphere d'actiuité, où il y a moins, ou plus de force iusques à ce que l'on paruienne deuant le corps reflechissant, pour voir qu'elle est la ligne vocale, à quel point elle commence d'agir, où elle finit, quel temps est plus propre pour l'Echo, quels sont les interualles de la prononciation, & de la repetition auec vne monstre à la main, ou auec les tours de bras circulaires, dont on marque la difference des pauses & des interualles. Mais au bout du compte ie recognois qu'il faut vn autre Pan, c'est à dire vn homme plus vniuersel que ie ne suis en toute sorte d'autres cognoissances pour attraper cette fuyarde,

Quæ fugit ad salices, & se cupit ante videri.

& qui ne se cognoist pas autrement qu'en la poursuiuant en sa fuite & en sa taniere. C'est ce qui me la pourroit faire appeller substance plustost qu'accident, puis qu'elle n'est qu'vn air qui a receu l'impression de telles ou telles paroles, que l'homme luy communique lors qu'il pousse de ses poulmons vn air animé de syllabes articulées.

En effet l'allée & la venuë prompte ou tardiue, & l'esclat de l'air brisé par vne collision des corps fait assez voir que le Son n'est pas vn simple accident, mais vne substance, laquelle n'est pas tousiours la mesme en espece mais en genre, puis qu'elle ne rend pas tousiours le mesme Son, ou le mesme ton. Car elle l'altere & le change souuent à raison de la disposition, & de la figure des isles, des petits bras de riuieres, des trous de marais, des saux & des campagnes herbuës qui desguisent le Son, comme le miroir qui est imbu de quelque couleur, & qui communique son affection à tous ceux qui en approchent.

Quant à la quantité & à la longueur de la ligne vocale de l'Echo, ie trouve que pour entendre clairement vn dissyllabe, qu'il faut vingt-cinq à trente toises de distance, & qu'il ne faut pas que le lieu soit vague, mais renfermé par quelque continuation de muraille, ou fossé. I'en ay rencontré vn autre à cent pas geometriques qui est vn peu foible, & se ressent recreu de la longueur du chemin à trauers les broüssailles, les hayes, les vieilles masures, les chaumieres esparses çà & là sans aucun ordre, les arbres, les pallissades, les iardins, & la basse-cour des fermes, lequel en fin va aboutir dans vn coin de bastiment bien percé, qui a de la terre derriere iusques à la moitié de sa hauteur: il repete briefuement, quoy que distinctement 4, 5, 6, & sept syllabes & plus, comme *colintampon*, *abdenago*, *l'amerabaquin*, *parasaragaramus*, *arma virumque cano*. Il s'entend de six vingts pas geometriques, lors qu'on monte sur des buttes hautes de trois à quatre pieds, autrement il est si languissant qu'il en deuient muet & qu'il fait le sourd.

Nostre Echometrie a vn auantage qui ne se trouue point ailleurs, ny en l'optique mesme, à sçauoir de passer non seulement à trauers le diaphane, mais aussi à trauers de toutes sortes de corps opaques. Celuy-cy est accompagné de beaucoup d'autres Echo, qui parlent les premiers selon leur moindre distance, n'empruntans rien les vns des autres. Quand la voix s'adresse au midy, le bois & le logis qui est assez resonnant, commence, & selon la violence de celuy qui crie par la mesme ligne vocale, l'autre de derriere le logis, qui est celuy de la riuiere & des saules, repete. Il y en a vn à vingt-cinq toises à costé qui ne dit mot, quelque bruit que l'on face, n'ayant aucune communication soit en se mettant parallelement, ou en se voulant croiser. Mais si l'on torne le visage au Sudouest entre les deux Echo, l'on en entend trois ou quatre, chacun repetant selon sa portée. Il y en a deux qui repetent tout à la fois, sans que l'on puisse bien distinguer leurs interualles. I'ay trouué vn Echo à soixante pas geometriques du long d'vne ruë allant donner dans vn Clocher haut de huit toises, qui est de deux à trois syllabes, qu'il prononce distinctement & clairement sans beaucoup de force. Et si l'on renforce la voix, on en resueille vn autre qui est dans vn logis basty en potance deuant vne ferme: il y en a vn autre, dans vn pressoüer, auec vne cour & vn logis couuert de chaume, & basty des trois costez proche d'vne ruë resonante, qui est de soixante & quatre pas geometriques, & repete trois ou quatre syllabes, pourueu qu'on les prononce promptement, car l'interualle de la repetition & de la prononciation est imperceptible.

L'Echo ne consiste que dans vne relation, puis qu'il faut tout au moins deux termes pour cette image de voix: vn autre qui auroit plus de loisir que moy se pourroit estendre sur les paralleles de l'Optique & de l'Echometrie pour faire paroistre l'affinité, & le rapport qu'il y a de l'vne à l'autre: mais ie me contente pour maintenant de me tenir à la pensée d'Auerroës, qui nous represente la nature de l'Echo comme les cercles qui sont produits en l'eau par le moyen d'vne petite pierre, car vne eau touche l'autre, & luy imprime la figure circulaire, iusques à ce qu'ayant rencontré le bort, les cercles retournent vers l'endroit d'où ils sont partis. Sur cette relation poussant nostre Echo plus loin, l'on peut demander s'il y a des Echo reciproques, & comme ils se

De la nature & des proprietez du Son.

font, à quoy (laiſſant vne plus longue experience qu'vn autre en fera) ie reſponds que i'en ay trouué de cent quarante pas geometriques, dont celuy de bas en haut eſtoit plus fort que celuy de haut en bas, quoy qu'au premier il y euſt vn petit bois entre deux logis, & vne cour à niches, qui aydoit beaucoup à l'Echo de haut en bas ; ce qui me laiſſe encore en doute & m'empeſche de trancher nettement l'affirmatiue, pour laquelle ie demanderois vne enqueſte par turbes de dix, ou vingt teſmoins ſur les lieux de perſonnes curieuſes pour l'aſſeurance de mon dire.

Quant à la qualité, il y en a de fort bien conduits à cinquante pas, il y en a de foibles & debiles à 80. & 100. pas comme eſtans trop eſloignez. Il y en a d'enroüez qui ont le ſon caſſé, & qui reſſemblent à vn homme dolent & gemiſſant ayant eſté frappé de tous coſtez. Lors que l'on bat la leſſiue ſur la riuiere, l'on oyt vn Echo de part & d'autre dans les iſles & les ſaules, & l'Echo ſe termine dans vne raze campagne vers vn ruth de mareſts, au deſſus duquel il y a vn petit mont, qui leue le Son & qui l'altere vn peu ; & la pluye contribuë quelquesfois à ce changement & a ce deſguiſement de voix.

L'action n'eſt pas moins admirable que tout le reſte de ce qu'on pourroit dire de l'Echo, dans laquelle on peut examiner tant la cauſe efficiente, que la façon dont elle ſe forme, & les effets qu'elle peut produire. Quant au premier, nous ne doutons point que la voix de l'homme ne ſoit la cauſe de l'Echo articulé, apres que l'air des poulmons eſtant ſorty dehors, imprime ſucceſſiuement à vn autre air ce qu'il plaiſt à l'homme, qui ſe ioue de cet Element auſſi bien qu'il fait de tout ce qui eſt icy bas.

Par où l'on void que de chaque Categorie l'on apprend ce qui appartient à l'Echo : or ſi l'on conſidere la Dioptrique & la Catoptrique, l'on trouuera vne grande conformité de nos lignes d'action qui ſeruent à l'Echo, tant auec le rayon rompu & briſé, qui paſſe à trauers les corps, qu'auec la conſideration du rayon reflechy. Mais pour faire l'Echo, il faut vne certaine force de voix, laquelle, apres auoir cherché de part & d'autre, reuient d'où elle eſt partie, ſinon par la meſme ligne vocale, au moins dans le quart du cercle où eſt celuy qui parle. C'eſt ce qu'Ariſtote a voulu enſeigner en ſon ſecond liure de l'Ame, où il repreſente le corps reflechiſſant comme vn vaſe creux, qui eſt ſuſceptible de tout, ou comme vne balle, laquelle eſtant pouſſée contre vn corps ſolide reuient du coſté d'où elle eſt partie, auec autant de violence qu'il plaiſt à celuy qui la iette. C'eſt de ce choc, & de cette colliſion d'air que prouient le Son, qui a donné aux Indiens la terreur Panique, dont Poliænus parle dans ſes Stratagemes.

Pauſanias dit que les Megareens auoient donné à Diane le nom de Gardienne pour ce ſuiet : & les Perſans rauageans la Grece & leur pays, s'eſtant addreſſez à vn Echo durant vne nuit ſombre, creurent que c'eſtoit l'ennemy qui reſpondoit en cris dolents, & attaquerent rudement vne Roche reſonnante, ſur laquelle ayans lancé toute la furie de leurs courages & de leurs dards, ils furent pris le lendemain & emmenez captifs, & les autres fuyans à Thebes vers Mardonius recogneurent les effets d'vne trompeuſe Echo, laquelle donnant de la peur à l'vn, donne du plaiſir à l'autre qui s'en ſçait bien ayder, comme pour la Muſique, & pour bien faire entendre la voix ſans beaucoup crier.

Or voyant cette colliſion d'air, l'on peut dire qu'elle endure ; ce qui a ſi fort

E iij

agreé aux Poëtes, qu'ils ont basty là dessus leurs conceptions touchant l'Echo, quand ils l'ont appellée fille de l'air, Nymphe fuyarde, farouche, vagabonde, moqueuse, desguisant la voix, desdaigneuse à respondre quand on l'interroge, plaintiue & dolente, ce qui arriue à cause de la diuersité de l'impression qui est receuë dans l'air. L'affection particuliere de l'Echo consiste à mieux repeter les syllabes, où se trouuent des A & des O, que celles où se rencontrent E, I & V, dont la raison est facile à tirer des differentes ouuertures de la bouche de celuy qui prononce, & qui pousse moins ou plus d'air vne fois qu'vne autre.

Les lieux contribuent beaucoup à la cognoissance de ce que nous cherchons, comme pourroient estre les voûtes de plastre, les cabinets qui sont au bout des iardins, aux berceaux, aux Eglises retentissantes, aux arcades des grands ponts qui sont sur les riuieres, aux caues des maisons, & aux niches & murailles rescrespies; les bois remplis de broussailles, les chaumieres, les iardins & les pallissades, les isles remplies de saules, les prez, & les ruts des marais. L'ingenieux Architecte mene & place l'Echo dans les iardins & dans les bois, se seruant de l'aduantage que la nature luy presente, comme feist autrefois l'Architecte de la galerie Olympique, & des sept tours de Byzance.

Quant aux Poëtes ils parlent de l'Echo, comme d'vne Nymphe transportée de desespoir, qui la fait tourner en montagne se plaignant qu'ayant euaporé son sang par la dureté de courage d'vn Narcisse, elle sent son corps s'endurcir en Rocher, & son estomach s'eslargir & se voûter en cauerne, n'ayant plus que la voix obeïssante à la passion d'vn autre, pour tesmoigner ce qu'elle estoit, & que les hommes la rechercheroient & la suiuroient autant qu'elle auoit suiuy & couru apres eux, promettant de se vanger sur les eaues, sur lesquelles elle feroit ietter & broyer des charmes, qui par leurs accents magiques tourmenteroient son Narcisse, & ceux qui l'auroient mesprisée.

Que vous semble de ce discours Poëtique? Ne sommes nous pas maintenant en ces termes de voir l'Echo retentissante dans les pierres & sur l'eau, & d'exercer vne Magie naturelle par tous les cernes que nous faisons, & par les allées & les venuës, les contours & les destours, & par tant de cris & d'hurlemens par lesquels elle tourmente nostre esprit. Hotto & Capugnano antiquaires de Rome, nous en font voir vn bien signalé pres de sainct Sebastien, où l'on void le tombeau des Metelliens, qui consiste en vne tour ronde (comme estoient la plus part de leurs Mausolées) espaisse de vingt-quatre pieds, & nommée Capo di boue, Teste de Boeuf, à raison des Zophores, des festons & des representations qui y sont. Plus bas il y a le Cirque d'Antonin, qui estoit anciennement destiné pour l'exercice des soldats. En cette vieille tour vn peu à l'escart, l'on entend vn Echo qui repete huict fois vne suite de paroles, & mesmes vn vers entier distinctement, & plusieurs fois confusément: l'on void encore la place dans laquelle on immoloit des Hecatombes, dont le retentissement faisoit croire le sacrifice plus grand qu'il n'estoit; à sçauoir si ce lieu s'est ainsi trouué, ou s'il a esté choisi pour vne plus grande veneration & celebration des sacrifices, ou s'il a esté destiné pour la sepulture de ceux de la maison de Crassus, & pour les immortaliser en quelque façon, afin que leur nom se multipliast à la posterité, i'en laisse le iugement à part. Il est vray qu'au logis d'vn particulier l'Echo n'est guere agreable, car il fait entendre bien loin tout ce qui se dit & ce qui se fait; il n'y a qu'aux degrez &

aux grandes sales & lieux de plaisance, où l'on doiue le souhaitter.

Quant aux Eglises, s'il sert pour faire entendre vn Predicateur, il l'interrompt aussi & l'importune beaucoup entre-coupant sa parole par son retentissement. Dandinus dit qu'il en a ouy vn dans vne maison des champs du Milannois, qui repete iusques à vingt fois: Majolus parle de celuy de la salle de Pauie, qui respond autant de fois qu'il y a de fenestres en ladite salle: mais il seroit à desirer qu'ils en eussent fait la description pour ayder la science de l'Echo.

Sainct Clement Alexandrin liure sixiesme de ses Tapisseries, parlant du miracle que Dieu feist auec les bruits de Trompettes & auec le feu, lors qu'il donna la Loy à Moyse, & disputant contre les incredules, allegue quelques prodiges tirez de l'histoire naturelle, pour monstrer que l'Autheur de la Nature n'est pas moins puissant que la nature mesme, & rapporte qu'en Angleterre il y auoit vne montagne ouuerte par en haut, & au dessous vn grand antre, dans lequel lors que le vent s'entonnoit, on entendoit vn Son de timbres harmonieux à la faueur des souspiraux, replis & sinuositez dudit antre. Et en suite il raconte ce qui se trouue dans l'histoire des Persans, à sçauoir qu'il y a trois montagnes dans vne campagne rase, qui sont tellement situées qu'en s'approchant de la premiere, l'on n'entend que des voix confuses qui crient & qui chamaillent; à la seconde, le bruit & tintamarre est encore plus fort & plus violent; & à la troisiesme, l'on n'entend que chants d'allegresse & de resiouyssance comme s'ils auoient vaincu. C'est ainsi que l'air selon la diuersité des suiets forme vne diuersité de prodiges, que l'esprit humain admire en en recherchant les causes pour ne les plus admirer. Vous voyez donc que nos Echo se plaisent aux montagnes, bien que les caues en ayent leur part, quoy qu'on vueille dire qu'elles ne seruent que de vehicule pour les porter plus facilement.

Quant au temps dans lequel se forment les Echo plus proches, il est difficile d'en tirer quelque cognoissance, car la Musique n'a point de notes crochuës assez vistes, ny de pauses & souspirs qui les puissent mesurer. A 120. pas geometriques i'en ay trouué vn qui respondoit le mot dans le temps d'vne minute reglée d'vne monstre; vne autre fois i'ay trouué la mesme raison de la prononciation à l'interualle de la repetition entiere qu'il y a de seize à vingt: car lors qu'il faut seize instans pour prononcer le mot, il en faut vingt autres pour l'interualle de la repetition entiere, iusques au soir auquel l'air commence à s'espaissir, mais quand il y a moins d'arbres, de maisons & de iardins à trauerser il reuient plus viste, comme i'ay experimenté dans vn Echo de soixante & de septante pas geometriques.

La partie du iour la plus propre pour examiner l'Echo, est le soir sur le Soleil couchant entre cinq & six heures. En Octobre ie le trouue beaucoup meilleur qu'en autre temps, car à midy & à vne, deux, trois & quatre heures l'air eschauffé est trop fluet & debile, & ne sçauroit receuoir aucune impression de l'Echo, & s'il resonne ce n'est pas si bien comme s'il auoit son temperament necessaire, & quelque peu de corpulence: neantmoins la nuit & durant les broüillards il n'y a pas moyen de l'entendre.

Apres auoir promené nostre Echo par huict predicaments, ie rencontre sa difference locale, & sa situation de droit à gauche, dans laquelle il ne respond pas tousiours si nettement qu'il fait par la ligne vocale perpendiculaire:

E iiij

de haut en bas ie n'entends pas si bien que de bas en haut, ou quand ie luy suis parallele.

Quant à l'habit de cet inuisible, il reçoit toute sorte de couuerture, car il ne dedaigne pas les murailles & les voûtes de crespies & polies, les herbes, les saules, les marais, les vieilles masures, les iardins & les fueilles.

Or apres toute la recherche & la poursuite que i'ay faite de cette fuyarde, rien ne m'en est demeuré pour toutes mes peines que son habit.

Voila comme le Createur a donné vn langage aux bois, aux riuieres & aux montagnes, pour le loüer & pour le benir en son admirable disposition, dont resulte l'harmonie rauissante, & la belle symmetrie qui est admirée des vns, & examinée & mise en pratique par les autres, & imitée en tous les chefs-d'œuures de l'artifice humain.

En cette recherche de l'Echo, ie n'ay eu pour toute tirasse, panneaux & filets, que les lignes geometriques; & bien qu'il y ait d'autres pieges qu'on luy peut tendre, ie les laisse pour vn autre Pan, c'est à dire pour vne personne tres-vniuerselle en toute sorte de science; si nous eussions eu des gens d'vn mesme dessein, nous eussions mieux examiné les experiences, mais ie quitte à vn autre le flambeau pour courre, & pour en faire dauantage.

―――*Verum hæc quoniam spatiis inclusus iniquis*
Prætereo, atque alijs post me memoranda relinquo.

PROPOSITION XXVII.

Determiner quelles sont les distances & les longueurs de la ligne vocale de l'Echo; si l'on peut cognoistre le lieu d'où il respond, & de quelle longueur doit estre ladite ligne, pour faire l'Echo de tant de syllabes que l'on voudra.

SI le Son ne perd nulle partie de sa force par sa reflexion, il faut diuiser sa ligne vocale ou sonore en deux parties egales, dont l'vne commence au lieu où se fait le Son, & se va terminer au corps qui le reflechit, & l'autre commence au corps reflechissant, & finit à l'oreille qui reçoit l'Echo : de sorte que si le Son est assez fort pour estre ouy de mille pas en ligne droite, le corps qui fait l'Echo peut estre esloigné de cinq cens pas : par exemple, si la ligne vocale entiere est d'A à H, lors que le Son rencontrera la surface reflechissante D E au point C, il se reflechira iusques au point B : car l'angle d'incidence A C D est esgal à l'angle de reflexion B C E; & le Son qui vient du point A ne peut arriuer au point B par vn chemin plus court que par les lignes A C & C B.

Or il se rencontre icy plusieurs difficultez, dont la solution depend de l'experience : par exemple, à sçauoir si le Son qui commence au point A va plus viste par la ligne d'incidence A C, qu'il ne reuient par la ligne de reflexion C B, & de combien il va plus ou moins viste que l'autre. 2. Combien il faut s'esloigner du corps qui reflechit pour entendre l'Echo. Blancan a remarqué qu'il faut estre esloigné de vingt-quatre pas geometriques ou enuiron, c'est à dire de quarante huict pas communs pour ouyr les moindres Echo, que l'on appelle *monosyllabes*, parce qu'ils ne respondent qu'vne seule syllabe, à raison que les autres syllabes reuiennent trop viste à l'oreille, & se confondent dans la rencontre qu'elles font des autres. I'ay neantmoins expe-

De la nature & des proprietez du Son. 57

rimenté que l'Echo respond vne syllabe à vingt-deux pas geometriques, mais l'on peut encore faire plusieurs experiences pour accourcir ce chemin.

Quant aux Echo qui respondent 2, 3, 4, &c. syllabes, il faut qu'ils soient 2, 3, ou 4 fois plus esloignez, & consequemment que celuy qui respond le vers entier,

Arma virumque cano Troiæ qui primus ab oris,

ou quelqu'autre semblable Latin ou François, qui a quinze sillabes, soit esloigné de trois cens trente pas geometriques, si l'on donne vingt-deux pas à chaque syllabe. Si l'on fait des Echo portatifs auec des ais, l'on pourra remarquer toutes ces distances plus exactement, & quant & quant combien de fois la voix les peut faire entendre. Blancan ne croit pas qu'ils puissent respondre vingt fois vn mot de deux sillabes, comme l'on dit que l'Echo de Milan respond, lequel on appelle *Simonette*; d'où il s'ensuiuroit qu'il seroit composé de vingt Echo differents, & que le premier ou le plus proche estant esloigné de vingt-deux pas geometriques, c'est à dire de quarante quatre pas communs, le dernier seroit esloigné de 880 pas geometriques, ou de 1760 pas communs, qui valent 4400 pieds de Roy, ou le tiers d'vne lieuë Françoise, ou enuiron: car la lieuë contient 15000 pieds de Roy, comme i'ay remarqué ailleurs.

Neantmoins il n'est pas necessaire que les distances des differents Echo soient si grandes, comme i'ay remarqué à l'Echo de Charanton, qui m'a respondu dix ou vnze fois, quoy que les colomnes qui faisoient ce semble l'Echo, fussent fort peu esloignées les vnes des autres. D'autres disent qu'ils l'ont fait respondre 18, 20 & 26 fois. Mais parce que l'on doute si les Echo se faisoient par les seules colomnes (encore qu'ils respondissent des deux costez, & lors que l'on estoit au milieu desdites colomnes) ou par des lieux soubs-terrains, & par des maisons voisines, il est necessaire de faire vn Echo portatif, par le moyen duquel l'on puisse sçauoir quel doit estre l'esloignement des corps reflechissans pour les faire repeter tel nombre de syllabes que l'on voudra, ou tant de fois qu'il sera necessaire pour le contentement des Auditeurs.

Mais il est difficile de trouuer le lieu où l'Echo fait paroistre la voix reflechie, & si l'oreille l'entend au mesme lieu que l'œil void l'image de son obiect : par exemple, si le Son qui se fait en A, & qui va frapper C, est entendu par l'oreille qui est en B, comme s'il estoit au point I, où l'image paroist à l'œil, comme l'on demonstre dans la Catoptrique. Ie ne voy nulle raison qui nous doiue empescher de discourir du lieu de l'image des Sons, comme de celuy des couleurs : c'est pourquoy ie conclus que la voix, que nous appellons l'Echo, semble venir de deux fois aussi loin, comme est le lieu où se fait la reflexion : par exemple, si la voix est esloignée de cinquante pieds du corps reflechissant qu'elle frappe perpendiculairement, elle paroistra esloignée de cent pieds par delà le corps qui reflechit la voix.

Et si la voix frappe obliquement le corps reflechissant, l'Echo paroistra à l'opposite de la ligne d'incidence, comme l'on void dans la figure precedente: de là vient que ceux qui entendent l'Echo, s'imaginent que le Son est du costé où il n'est pas. L'on pourroit icy parler de toutes les deceptions qui se font par le moyen de l'Echo, mais il est tres-aysé de les remarquer, lors que l'on entend la science des miroirs, qui seruent à faire les Echo que l'on appelle *muets*, à raison qu'il n'y a qu'vn seul point, d'où l'on puisse les entendre, ou qu'ils font ouyr la voix reflechie, quoy que la directe soit si foible que l'on ne la puisse ouyr.

Ce qui arriue lors que l'on met l'oreille au point du miroir, dans lequel la lumiere du Soleil, ou de la chandelle se ramasse dauantage, car le Son qui se fait dans le lieu où l'on met la chandelle, & qui va frapper la glace d'vn miroir concaue spherique, se reflechit entre la quatre & la cinquiesme partie du diametre de la sphere, dont le miroir est vn segment: & s'il est Parabolique, il se reflechit à la quatriesme partie du *Parametre*, ou costé droit, dont ie parleray dans la Proposition qui suit, & dans le liure de la Voix, où l'on verra la maniere de faire toutes sortes de corps reflechissans, & les termes qui sont necessaires pour entendre les sections coniques; c'est pourquoy il n'est pas necessaire de nous estendre icy plus au long sur l'Echo, qui nous peut faire souuenir que toutes les parties de nostre corps doiuent estre des Echo resonants pour chanter, & pour repeter eternellement les loüanges de Dieu, dont nous sommes le Temple, comme l'Apostre enseigne dans la premiere Epistre aux Corinthiens, chapitre troisiesme.

COROLLAIRE I.

L'on peut conclure quelle est la vitesse du Son par les experiences que l'on fait des Echo, car l'on prononce ayfément deux sillabes l'vne apres l'autre, desquelles on entend l'Echo tandis que le poux bat vne fois, c'est à dire dans le temps d'vne seconde minute. Or la voix fait nonante & six pas geometriques dans cet espace de temps, d'autant qu'elle va & reuient deux fois par la ligne vocale d'vne sillabe, qui est de vingt-quatre pas geometriques ou enuiron: & consequemment l'on peut dire que le Son fait cent pas geometriques dans vne seconde minute, & deux lieuës dans vne minute d'heure, &c. & qu'il feroit le tour de la terre dans soixante heures, qui valent deux iours & demy. Mais ie parleray plus amplement, & plus exactement de cette vitesse dans vn autre lieu.

COROLLAIRE II.

L'on peut encore comparer le Son à la lumiere, soit du Soleil, des Estoiles, ou des autres corps lumineux, laquelle se reflechiroit vne infinité de fois, si elle rencontroit du vuide par delà le Firmament, c'est à dire s'il n'y auoit plus d'espace par delà les Estoiles, dans lequel elle peust passer, ou bien elle s'amortiroit pres dudit vuide: car le Son qui se feroit pres du mesme vuide s'esuanoüiroit ou se reflechiroit, & parce que nulle chose ne peut s'aneantir, puis que l'aneantissement est aussi difficile que la creation, il s'ensuit que le Son, & la lumiere se reflechiroient du mesme costé de l'espace dans lequel ils sont esté produits, quoy qu'auec cette difference, que la lumiere se reflechiroit vne infinité de fois, & que les reflexions du Son cesseroient bien tost, à raison que l'air esmeu se restablit & reprend son repos plus tost qu'il peut.

Or les Theologiens Contemplatifs peuuent considerer si l'ame separée du corps ne trouuoit point Dieu, & qu'elle ne rencontrast qu'vn vuide intellectuel, c'est à dire qu'elle ne rencontrast nul autre estre que soy-mesme, si elle feroit vne infinité de reflexions sur soy, comme la lumiere qui rencontreroit le vuide, ou si elle cesseroit de cognoistre. Ie laisse plusieurs autres specu-

De la nature & des proprietez du Son. 59

lations que l'on peut tirer de cette Proposition & des autres, pour faciliter l'intelligence des mysteres de la Foy & de la Religion.

COROLLAIRE III.

Ceux qui entreprendront de donner la science de l'Echo, doiuent determiner la maniere dont toutes sortes de surfaces reflechissantes reflechissent le Son, particulierement les regulieres, & consequemment demonstrer si le lieu de la Voix est apperceu dans le concours où se vont rencontrer les deux principaux rayons sonores reflechis, qui frappent les deux oreilles. Et pour ce sujet il faut considerer si les Sons gardent l'egalité d'angles tant d'incidence, & de reflexion auec le plan reflechissant, que ceux d'inclination auec la perpendiculaire du point de l'incidence; s'il y a vne perpendiculaire du Son, & si le plan mené par le rayon sonore de l'incidence, & par celuy de la reflexion est la surface de la reflexion, & si elle est perpendiculaire à la surface reflechissante: si la partie de la perpendiculaire du Son comprise entre la surface droite reflechissante, & le point où elle est rencontrée par le rayon sonore reflechi prolongé est esgale à la partie comprise entre le plan reflechissant, & le lieu où se fait le Son, ou si elle est moindre, quand le plan est spherique conuexe, ou plus grande, quand il est concaue spherique, comme il arriue aux rayons du Soleil. Enfin il est necessaire de considerer dans la reflexion des Sons tout ce que l'on a coustume d'establir pour celle de la lumiere. Mais la vie d'vn homme tres-sçauant n'est pas trop longue pour accomplir cette science, c'est pourquoy il suffit d'en auoir icy touché quelque chose; à quoy i'adiouste ce qui suit des surfaces concaues, & conuexes reflechissantes, afin que ceux qui auront la commodité de faire les experiences necessaires pour resoudre cette difficulté, augmentent la Physique par vne nouuelle cognoissance.

PROPOSITION XXVIII.

Expliquer toutes les figures propres pour faire des Echo artificiels, ce qui appartient aux sections Coniques, & leurs principales proprietez.

ENCORE que les concaues spheriques, & les Paraboliques puissent seruir à faire des Echo, comme ie monstre dans le liure de la Voix, dans lequel i'explique la maniere de descrire ces deux sections ou lignes, & l'Hyperbole, leurs generations & leurs vsages, depuis la 23. Proposition iusques à la 32. neantmoins le concaue Elliptique est le plus propre de tous pour ce sujet, car si l'on fait vne muraille au bout d'vn iardin, comme est celle du iardin des Tuilleries, laquelle suiue la forme de la demie Ellipse G D C B A F H, ou vne partie d'icelle, par exemple D F, il est certain que le Son qui se fera au point E, enuoyra les rayons sonores E D, E C, E B, E E & E F sur la glace concaue D B F, & que toutes ces lignes sonantes se reflechiront au point K, puis qu'il est demonstré que les rayons de la lumiere font la mesme chose, parce que toutes les lignes tirées de l'vn des centres de l'Ellipse à l'autre, à sçauoir E D K, E C K, &c. sont esgales. Et s'il y auoit vne sale longue de cent toises, dont le lambris ou vne partie de la courbeure euſt la figure d'vn coſté d'ellipſe, par exemple du coſté precedent D F, celuy qui parleroit au point E ſeroit ayſément entendu de celuy dont l'oreille ſeroit au point K, encore que la voix fuſt bien foible, & que nul autre ne peuſt rien entendre dans la ligne droite E K, ny meſme dans le concaue D B F, parce que toutes les lignes vocales ſe ramaſſent, & s'vniſ-ſent ſeulement au point K.

La parabole B a C peut auſſi ſeruir pour faire des Echo, ſi l'on s'imagine que la voix en puiſſe eſtre ſi eſloignée que les lignes vocales, qui tombent ſur la concauité imitent les lignes paralleles, ou ſi l'on vſe de pluſieurs inſtrumens, par exemple de cinq Trompettes miſes aux points N, L, G, H, I & K, dont les rayons ſonores N O, L p, G a, H q, & I r ſe reflechiront au point e, ou ſe fera l'Echo : de ſorte que l'oreille qui ſera en e oyra parfaitement les ſons des Luths ou des autres inſtrumens que l'on touchera aux points N, L, G, &c. Quant au *parametre* ou coſté droit

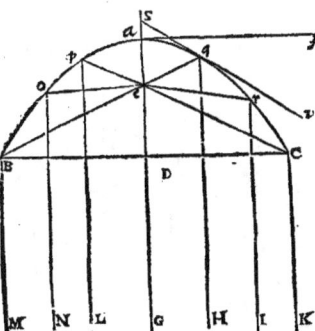

a f, il eſt quadruple de la diſtance du ſommet de la parabole a iuſques à ſon foyer e, & eſt la meſure de la puiſſance de toutes les lignes qui tombent perpendiculairement de chaque point de la ligne parabolique ſur l'axe a G, d'autant que le parallelogramme ſous a f, & ſous la partie de l'axe qui eſt entre le ſommet a, & le point par où paſſe la ligne perpendiculaire ſur l'axe, par exemple le parallelogramme ſous a f & a D, eſt eſgal au quarré de la perpendiculaire B D : ce qui arriue ſemblablement à toutes les autres.

De là vient que l'on peut ayſément trouuer le parametre, quand on a vne des lignes perpendiculaires, & la partie de l'axe depuis le ſommet iuſques à la perpendiculaire, puis qu'il eſt certain que cette partie de l'axe doit faire vn parallelogramme eſgal au quarré de la perpendiculaire ; car la troiſieſme proportionelle donnera le parametre droit : par exemple ſi l'on n'auoit pas la ligne a f, l'on trouuera qu'elle a meſme raiſon auec B D, que B D auec D a. D'où l'on peut encore inferer qu'il a moyen de deſcrire la portion parabolique B a C, ſi l'on a le parametre, ou l'vne des perpendiculaires ordonnées à l'axe depuis ſon ſommet iuſques à ladite perpendiculaire, puis que l'on peut deſcrire tant de perpendiculaires que l'on voudra, pour marquer les points par où la ligne parabolique doit paſſer.

Enfin la ligne S t, qui touche le conuexe de la parabole au point q, monſtre la cauſe de la reflexion du Son au point e, & conſequemment de tous les autres rayons ſonores, parce qu'il leur arriue la meſme choſe qu'à celuy-cy, lors qu'ils ſont paralleles ; or la cauſe de ladite reflexion au point e doit eſtre priſe de la reflexion qui ſe fait à angles eſgaux ſur la ligne touchante S t au point d'incidence q, car c'eſt vne maxime generale des repercuſſions que l'angle d'incidence eſt eſgal à celuy de reflexion, comme l'on void icy que l'angle ſ q e eſt eſgal à l'angle H q t : de ſorte que les points qui ſe rencontrent dans les ſurfaces des portions coniques tant concaues que conuexes peuuent eſtre

imaginez

De la nature & des proprietez du Son. 61

imaginez comme autant de petits miroirs droits, puis que les lieux où ils doiuent renuoyer les rayons qu'ils reçoiuent, sont determinez par le moyen des lignes droites tangentes.

La parabole peut encore seruir à plusieurs autres vsages, par exemple à ceux dont i'ay parlé dans le dernier Corollaire de la Proposition precedente, comme l'on peut s'imaginer en considerant les figures qui suiuent, dont la premiere L E signifie la parabole, qui reflechit les rayons, qu'elle reçoit paralleles, à son focus, lequel ie suppose estre en O, comme l'on void aux rayons M E Φ, & K L O : & parce que ie mets vn autre petit miroir Parabolique A B, qui reçoit tellement les rayons reflechis par la grande, qu'ils passent tous par le centre, ou le focus commun des deux O, il s'ensuit que le concaue A B renuoye tous les rayons paralleles C D, G H, I N, & P Q ; de sorte que si ces lignes sont vocales, on entendra quasi aussi bien les Sons des points D H N Q, que si l'on estoit proche de ceux qui parlent, qui touchent le Luth, ou qui sonnent de la Trompette aux points M F R K : & si les lignes appartiennent à la lumiere, la glace A B reflechissant tous les rayons qu'elle reçoit, par l'ouuerture du fond de la glace S T, enuoyra la lumiere & le feu aussi ardemment aux points D & Q iusques à telle

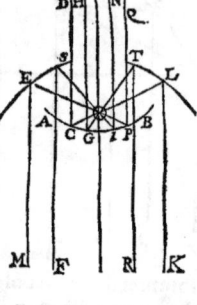

distance que l'on voudra, comme elle les reçoit dans elle mesme, puis qu'elle conserue les mesmes rayons en mesme densité, force & espaisseur : mais puis que nous ne cognoissons point de matiere assez forte pour resister au feu, ou pour conseruer son poli, il seroit plus à propos d'vser de cette inuention pour faire des lunettes de longue veuë, car l'œil posé tant loin que l'on voudra vers les points D H Q, verroit les obiets M F K aussi clairement que s'il en estoit proche, à raison que chaque point desdits obiets enuoyroient autant de rayons à l'œil, comme il en seroit receu sur la glace A B.

Mais l'autre figure qui suit, est plus propre pour faire l'Echo, car les Sons qui se feront aux points Q, H, M, R, &c. & qui tomberont comme les lignes paralleles Q T, M I, M N, & R S sur la glace Parabolique A T S B, & qui se reflechiront au fonds K, reuiendront paralleles en F P, comme l'on void, supposé que l'on dispose tellement la petite parabole C D E, qu'elle ayt le mesme focus de la grande K, car le rayon M N par exemple, ou le rayon H I se reflechissant vers le focus K, & rencontrant le conuexe de la petite parabole C D E, qui les empesche d'aller audit focus, ils se reflechissent paralleles en F P, où les Sons faits aux points Q, R, &c. s'entendront fort distinctement, & feront vn excellent Echo.

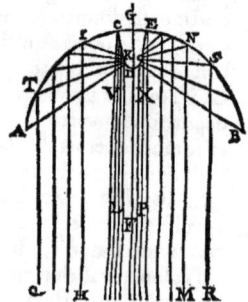

Ie veux encore expliquer vne autre maniere qui sert pour reflechir les rayons paralleles, afin que ceux qui ne prennent nul plaisir aux Sons, en puissent du moins receuoir de leur reflexion, ou de celle de la lumiere. Ie dis donc que la surface conuexe de la petite parabole

F

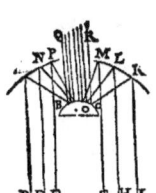

B C estant tornée vers le concaue de la plus grande A K, & receuant les rayons D E F G H I, qui sont tombez paralleles sur A K aux points A N P M L K, & qui sont reflechis au focus commun O de l'vne & l'autre parabole, les renuoyra paralleles aux points Q R, &c. de la mesme maniere que la moindre parabole dont le concaue est torné vers le concaue de la grande, dont nous auons parlé cy-deuant.

Mais la petite parabole de la figure precedente qui torne son conuexe vers ceux qui parlent, est la plus propre de toutes, tant parce qu'on la peut attacher plus ayśement à la grande, que parce que l'on perd moins de rayons de la voix.

Où il faut premierement remarquer que l'on peut enuoyer ces rayons paralleles partout où l'on veut, par le moyen d'vn miroir droit ou plat : Secondement que les lignes courbes suffisent pour entendre tout ce que nous auons dit, encore qu'elles soient circulaires & non paraboliques, car il suffit que l'on sçache la maniere de les descrire. Neantmoins ie conseillerois plustost que l'on vsast de cette inuention pour les miroirs bruslans, ou du moins esclairans à l'infini, parce qu'il est trop difficile d'accommoder ces paraboles à l'Echo, pour lequel l'Ellipse vaut beaucoup mieux : & l'on pourroit rencontrer quelque matiere qui resisteroit au feu par le moyen de l'eau que l'on metteroit dans le concaue de la petite parabole, afin d'empescher qu'elle ne s'eschauffast, comme fait l'eau que l'on met sur les chapiteaux des alembics. L'on peut aussi faire d'excellentes lunettes par ces deux paraboles, qui feront voir les obiets bien esloignez fort distinctement, car s'ils sont esloignez d'vne lieuë derriere celuy qui regarde dans le miroir C D E, & qui a les yeux en V, X, il les verra fort clairement, pourueu que sa teste n'empesche point que les rayons des obiets tombent sur la grande parabole : ce qui est difficile, si elle n'est bien grande, c'est pourquoy la petite glace concaue de l'autre figure est plus propre pour faire des lunettes.

Ie laisse milles inuentions qui peuuent faire voir les obiets, & donner mille sortes de differentes figures à la lumiere, soit qu'ō vueille escarter ses rayons, ou les ramasser & les conseruer en mesme force, par exemple la façon de faire des lunettes qui esloignent & facent paroistre les obiets aussi petits que l'on voudra par le moyen de l'hyperbole, &c. parce qu'il suffit d'auoir touché ce suiet pour donner ouuerture aux Architectes & Ingenieurs, qui voudront faire paroistre leur industrie & la subtilité de leur art, par les differens Echo qui se peuuent faire dans les sales, cours, iardins, parterres, Eglises, & autres lieux.

I'adiouste seulement icy vne figure pour expliquer de certaines analogies qui se rencontrent dans toutes les sections dont nous auons parlé : or elles passent toutes par le point A, qui leur sert de sommet, car A E represente le cercle qui naist de la section que fait le plan equidistant de la base du cone.

De la nature & des proprietez du Son. 63

Quant au triangle que le plan engendre lors qu'il le coupe par le sommet, il ne paroist pas dans cette figure.

La seconde section A D, dont les deux focus sont aux points E & C, represente l'ellipse; la troisiesme E G est la Parabole, dont nous auons expliqué quelques proprietez. La quatriesme marquée par H I est l'Hyperbole, à laquelle l'autre Hyperbole P Q est contreposée, dont les deux centres sont en E & T. Or entr'autres proprietez de ces sections celles qui concernent la reflexion sont excellentes, & particulierement la reflexion qui se fait des rayons tombans tellement dessus leurs surfaces conuexes, qu'ils iroient passer par le centre, ou le focus E, car ceux qui tombent en cette façon sur le cercle, se reflechissent tout de mesme que s'ils venoient de son centre : ceux qui tombent vers l'vn des centres de l'ellipse, par exemple vers E, se reflechissent comme s'ils venoient du centre E : ceux qui tombent vers le focus de la parabole E se reflechissent tous paralleles, d'où l'on tire ce que i'ay dit des lunettes paraboliques ; & ceux qui tombent vers l'vn des centres de l'Hyperbole, par exemple les rayons venans du point G, ou M, ou X, &c. vers E, se reflechissent tous au second centre de l'Hyperbole T.

Ie laisse plusieurs autres choses que i'ay expliqué dans le 16. Chapitre du 4. liure de la Verité des sciences, dans le 16. de la premiere partie du premier, & dans le 6. du second volume contre les Deistes, & dans le premier tome des Commentaires sur la saincte Escriture; & puis on peut voir le Dictionaire Harmonique, où i'explique la raison des noms de chaque section Conique.

COROLLAIRE.

Lors qu'on dit que les miroirs dont i'ay parlé, brusleroient iusques à l'infiny se doit entendre iusques à vne si grande distance qu'elle nous sembleroit infinie, car ils cesseroient de brusler lors qu'ils commenceroient à quitter leur parallelisme sensible, à raison qu'ils ne sont pas exactement paralleles, quand ils tombent du centre du soleil sur les glaces des miroirs : & l'on peut determiner le lieu où ils cesseroient de brusler, ou d'eschauffer, ou de faire voir les obiets de mesme grosseur : ce qu'il faut aussi dire des verres de refraction dont nous allons parler.

PROPOSITION XXIX.

Determiner si les Sons se rompent, c'est à dire s'ils endurent de la refraction comme la lumiere, quand ils passent par des milieux differens.

CETTE difficulté est encore plus grande que la precedente, d'autant que les experiences necessaires pour la resoudre sont plus difficiles à faire, quoy que l'on se puisse seruir de l'air & de l'eau, qui sont les vehicules & les suiets communs de la lumiere & du Son, pour rencontrer ce qu'il faut sçauoir en ce suiet : car si le Son se rompt comme la lumiere, lors qu'il se fait dans l'eau, ou dans l'air, il ne s'entendra pas au lieu où il se fait, mais plus loin, ou plus pres, & plus haut, ou plus bas, ou d'vn autre costé, que de celuy où il se fait. Par exemple, si le Son se fait dans l'air au point G, & qu'il vienne à la surface de l'eau A B, la ligne vocale G N, qui se continueroit iusques au point

F ij

H par la ligne droite GH si le milieu estoit vniforme, se rompt au point de son incidence N vers la perpendiculaire C D, & va au point I en faisant l'angle de refraction H N I, & l'angle rompu I N D; & parce que l'image se rencontre dans la ligne d'incidence continuée, le Son qui se fera au point G, paroistra au point H, au lieu qu'il paroistroit au point S si le milieu estoit vniforme. Semblablement si le Son se faisoit dans l'eau au point I, & qu'il se rompist à la surface de l'air au point N, en sortant hors de l'eau, on l'entendroit hors du lieu où il se fait; car la ligne sonore s'esloigne autant de la perpendiculaire C D, en sortant de l'eau pour aller dans l'air, comme elle s'approche de la mesme perpendiculaire, quand elle passe de l'air en l'eau, si nous supposons qu'elle obserue les loix de la refraction.

Ce que i'ay proposé, afin que ceux qui auront la commodité de faire les experiences necessaires pour resoudre cette difficulté, sçachent comme il y faut proceder. Car si l'on cognoist l'angle d'incidence que fait le Son sur la surface du milieu, plus dense, ou plus rare que celuy dans lequel il prend son origine, & la refraction qu'il endure, il sera facile de sçauoir toutes les refractions des autres inclinations de la ligne vocale, si elles suiuent l'analogie que i'explique dans la figure qui suit, dont la ligne A B represente la surface de l'eau, ou la Section commune de l'air & de l'eau, G & E signifient les Sons qui se font dans l'air, I & K monstrent les lieux & les points où vont les Sons rompus, G N I est la ligne composée de celle de l'incidence, & de celle de la refraction du Son, qui se fait en G : comme E K est la ligne composée de l'incidence, & de la refraction du point E G N C, ou H N D est l'angle d'incidence que fait le point G, sur la surface de l'eau A B, comme E N C, ou F N D est l'angle de l'incidence du point E.

Où il faut remarquer qu'il y a de certains termes necessaires pour entendre la refraction, c'est pourquoy ie les explique par cette figure, dans laquelle ie suppose que la ligne A B represente la surface de l'eau, ou plustost la conionction, ou la contiguité de l'air & de l'eau, où le rayon se rompt : de sorte que le rayon sonore G N I à deux parties, dont celle de l'air G N s'appelle *rayon d'incidence*, & celuy de dedans l'eau N I *rayon de refraction* : de sorte que G N I est le rayon rompu : la surface A B peut estre nommée *rompante* : le point N merite le nom d'incidence & de refraction, puis qu'il vnit l'vn & l'autre rayon. N M est le rayon rompu I N tiré iusques à M, comme N S est le rayon d'incidence G N prolongé iusques en S. La ligne C R menée par le point d'incidence & de refraction N s'appelle *perpendiculaire*, comme la ligne qui tomberoit perpendiculairement du point G sur la surface de refraction N B, se peut nommer perpendiculaire de l'obiect, si l'on suppose que le Son se fait au point G, ou perpendiculaire de l'ouye, si elle est audit point. L'on nomme encore le plan qui passe par le rayon d'incidence, & par la perpendiculaire, *surface de refraction*, parce qu'elle passe aussi par le rayon de refraction, & que tout ce qui concerne la refraction se fait en elle. L'angle que fait la perpendiculaire C N auec le rayon d'incidence G N, s'appelle *angle d'inclination*: celuy que font le rayon d'incidence & de refraction se nomme *angle de refraction*, & celuy que fait la perpendiculaire auec le rayon de refraction s'appelle *angle rompu*.

Les rayons N H, & N I sont nommez *diuergents*, à raison qu'ils s'esloignent tousiours l'vn de l'autre, & parce qu'ils s'approchent en allant vers N, ils sont

De la nature & des proprietez du Son.

appellez *conuergents*, comme ils sont paralleles, quand ils sont tousiours equidistans. Cecy estant posé, il est premierement certain que le rayon de lumiere qui tombe perpendiculairement par C N, ne se rompt nullement, ce qu'il faut aussi conclure du rayon vocal. Secondement que le rayon lucide oblique qui tombe dans vn milieu plus espais, par exemple de l'air en l'eau, s'approche dautant plus de la perpendiculaire qu'il est plus oblique, comme il s'en esloigne dauantage en tombant dans vn milieu plus rare, par exemple lors qu'il vient de l'eau dans l'air: mais il est difficile de sçauoir la proportion des cheutes obliques des rayons d'incidences auec la proportion des refractions: car bien que Maurolyc tienne que chaque refraction à mesme raison à chaque inclination, que la premiere refraction à la premiere inclination donnée, & qu'il ayt esprouué que la refraction qui se fait dans le chrystal est à l'inclination, ou à l'angle du rayon d'incidence auec la perpendiculaire, comme trois à huict, qui font la raison du Diapason Diatessaron, c'est à dire de l'Onziesme, d'où il s'ensuiuroit que la plus grande inclination, qui est celle de 90 degrez, feroit vne refraction de 33 degrez & ¾, neantmoins Kepler a fait d'autres experiences qui monstrent que les refractions ne sont pas entierement proportionnelles aux inclinations, quoy qu'elles en approchent assez depuis le premier degré d'inclination iusques au 30, & qu'elles croissent depuis 30 iusques à 90 degrez, qui font vne refraction de 48 degrez.

Mais puis que l'vn des plus excellens esprits de ce siecle a trouué la vraye proportion des refractions aux inclinations, ie veux icy en remarquer l'analogie, afin que lors qu'on aura trouué que les experiences y respondent, tous les sçauans le prient d'en donner la raison & la science. Il a donc trouué qu'il y a mesme raison du Sinus G O, de l'angle d'incidence G N O, au Sinus P E, de l'angle d'incidence P N E, que du Sinus I R, de l'angle rompu N I R, au Sinus K Q de l'angle rompu N K Q, ce qu'il demonstrera dans sa Dioptique, quand il luy plaira. Ie mets seulement icy la table des refractions qui se font dans l'eau, qu'il a supputé lors que le rayon incident fait vn angle de trente degrez, & que son angle de refraction est de 11, ou 12 degrez, apres auoir consideré cette table.

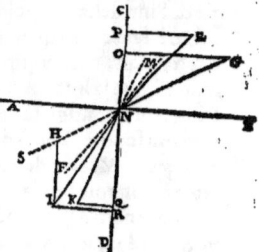

Eau de fontaine.		Eau de Puits.	
Inclination.	Refraction.	Inclination.	Refraction.
5. Degrez	2 ½ Degrez.	50 Degrez.	23 ½ Degrez.
10 d.	3 ¼ d.	45 d.	21 d.
20 d.	7 ½ d.	40 d.	18 ½ d.
25 d.	9 ½ d.	35 d.	15 d.
30 d.	12 d.	30 d.	12 d.
35 d.	15 d.	25 d.	9 vn peu plus.
40 d.	18 d.	20 d.	8 d.
45 d.	21 d.	15 d.	5 ½ d.
50 d.	23 d.	10 d.	3 ½ d.
		5 d.	2 vn peu moins.

Eau de Seine.

Inclination.	Refraction.
5 Degrez.	2 vn peu plus.
10 d.	3 ½ d.
15 d.	5 ½ d.
20 d.	7 d.
25 d.	9 ½ d.
30 d.	11 ½ d.
35 d.	14 d.
40 d.	17 d.
45 d.	20 d.
50 d.	22 d.

laquelle m'a esté enuoyée par vn excellent homme, suiuant les experiences qu'il a faites dans l'eau de fontaine, & de puits, & dans celle de la Seine. Mais la table qui suit rectifie les experiences, dont la premiere colomne signifie les degrez, ou les angles d'inclination ; la seconde montre les angles rompus, lors que le rayon estant incliné de trente degrez, se rompt d'onze degrez. La troisiesme contient les degrez de refraction du rayon, dont l'incidence est de trente degrez, & l'angle rompu de douze.

Où il faut remarquer que le premier rang des nombres de la seconde & de la troisiesme colomne signifie les degrez entiers , & que le second rang signifie les minutes ; ce que i'ay voulu expliquer, afin que ceux qui voudront experimenter si les Sons se rompent, comme la lumiere, dans les milieux differens par où ils passent, sçachent comme il faut examiner les refractions : encore que les Sons se rompent peut estre au contraire des rayons, c'est à dire qu'ils s'esloignent de la ligne perpendiculaire dans vn milieu plus espais , & qu'ils s'en approchent dans vn milieu plus rare, & plus delié.

I	II	III	IV
5	1 45'	1 55'	0
10	3 30'	3 50'	
15	5 18'	5 47'	
20	7 8'	7 48'	
25	9 2'	9 51'	
30	11 0	12 0	
35	13 4	14 14	
40	15 16	15 35	0
45	17 36	19 5	
50	20 5	21 44	
55	22 46	24 35	0
60	25 41	27 38	

Or si quelqu'vn veut establir la Dioptrique des Sons, il est necessaire d'experimenter si les deux oreilles oyent le Son dans le rayon de refraction au lieu ou les deux rayons de l'oreille se vont rencontrer auec la perpendiculaire du son direct : s'il s'entend comme estant plus esloigné, lors qu'il se fait dans l'air, & que l'oreille est dans l'eau, ou comme estant plus pres, quand il se fait dans l'eau & que l'oreille est dans l'air ; & pour ce sujet il faut se seruir de plongeons qui puissent estre assez long-temps souz l'eau pour considerer si le mesme Son qu'il entendoit hors de l'eau luy semble plus ou moins fort, clair & esloigné quand il s'enfonce souz l'eau : car quant à l'aigu qui se fait dans l'air, il se change dans l'eau comme ie monstre dans la Proposition qui suit. Ie laisse mille autres considerations qui sont necessaires pour trouuer la refraction des Sons, laquelle merite le trauail des plus excellens esprits.

COROLLAIRE.

Il est certain que l'on peut faire des verres, & des chriſtaux qui changeront les rayons du Soleil & des autres corps lumineux, comme de la chandelle, en telles lignes & à tel point que l'on voudra, comme nous auons dit des miroirs, c'est à dire qui les rendront de paralleles conuergeans, ou diuergeans, & s'ils se veulent ioindre, ou separer, ils les changeront en paralleles, ou les ioindront, ou separeront dauantage selon la raison donnée : & consequemment qu'on peut faire des verres qui brusleront, & qui representeront l'ob-

De la nature & des proprietez du Son. 67

jeté à telle distance, ou de telle grosseur que l'on voudra. Mais ie ne croy pas que les rayons des Sons soient susceptibles de ces figures par l'industrie des hommes : car quant aux Anges s'ils disposent des tremblemens de l'air, comme il leur plaist, ie ne doute pas qu'ils ne puissent faire la mesme chose des Sons que de la lumiere.

PROPOSITION XXX.

Determiner de combien le Son est plus graue dans l'eau que dans l'air ; & si l'on peut inferer de là de combien l'air est plus rare que l'eau.

IL est certain que l'instrument qui sonne dans l'air & dans l'eau a des Sons differens, & que celuy qu'il a dans l'eau est plus bas d'vne Dixiesme maieure, que celuy qui se fait dans l'air, comme toutes les experiences monstrent euidemment, lors qu'on les fait auec vne cloche, dont le Son ayant deux degrez de grauité dans l'air en a cinq dans l'eau : ce qui arriue à cause de la densité, ou grossiereté de l'eau, qui resiste dauantage au mouuement du corps qui fait le Son, ou qui empesche que les parties de la cloche ne tremblent aussi viste que dans l'air.

Et parce que l'aigu & le graue du Son depend du mouuement viste, ou tardif des corps liquides qui seruent de vehicule au Son, l'on peut conclure que la vitesse du mouuement de l'air est à la vitesse du mouuement de l'eau frapée par le mesme instrument, comme cinq à deux, & que la rareté de l'air est à celle de l'eau comme 12, à 8, d'autant que l'on experimente dans tous les autres corps qui produisent le Son, que leurs soliditez sont en raison triplée de leurs Sons, comme ie diray ailleurs. De là vient que les cloches qui font l'Octaue, sont en raison octuple l'vne de l'autre, parce que leurs Sons suiuent la raison de leurs diametres, laquelle estant triplée donne la raison octuple de leurs soliditez : par consequent la raison de la Dixiesme, qui est de cinq à deux, estant triplée donnera celle de 12, à 8, qui est vn peu plus grande que la raison quindecuple de quinze à vn : ce qui suffit pour faire penser aux bons esprits si l'on peut dire que l'eau est seulement quinze fois plus dense que l'air, & si les proportions que l'on a rapportées de ces deux Elemens sont fausses, comme celle d'Aristote qui la fait decuple, ou celle des autres qui la font centuple, & celle de Kepler qui la fait 1533304682 : de sorte que l'air d'vne chambre qui a douze pieds en tout sens, n'a pas plus de matiere qu'vne huictiesme partie d'vn pouce cube.

Ie sçay que l'on peut apporter plusieurs choses contre la Proposition que i'ay expliquée : par exemple, qu'vn pouce d'eau estant exhalé peut remplir vne chambre de plusieurs pieds, & que les vapeurs remplissent le lieu d'vne grande quantité d'air, &c. Mais il faut respondre que l'eau estant rarefiée est plus legere que l'air qui la contraint de monter, quoy qu'elle ne soit pas si diaphane : car les qualitez du diaphane ne suiuent pas la densité des corps. Ie laisse plusieurs autres obiections pour en apporter vne plus forte, & plus propre à ce sujet que les autres, à sçauoir que le Son d'vne cloche qui a cinq degrez de grauité, deuroit estre moins graue dans les liqueurs moins pesantes que l'eau ; par exemple, lors que l'esprit du vin, qu'on appelle *eau de vie*, est plus leger, & consequemment plus rare que l'eau, le Son que la cloche fait dans celuy-là, deuroit eftre plus aigu que celuy qu'elle fait dans celle-cy, de forte que le Son de l'eau de vie fift la Quinte auec celuy de l'eau, lors que le poids de celle-cy eft au poids de celle-là comme trois à deux.

Il faut dire la mefme chofe du Son qui fe fait dans l'huile de terebynte, & dans les autres liqueurs plus legeres, ou plus pefantes que l'eau: ce qui n'arriue pas, car le Son demeure quafi toufiours à l'vniffon, & ne fe hauffe tout au plus que d'vn demiton : ce qui ne repugne pas à ce que i'ay dit, parce que la pefanteur de l'eau n'eft peut-eftre qu'en raifon triplée de feize à quinze à la pefanteur de l'eau de vie. Or il eft aifé de faire plufieurs experiences des Sons en toutes fortes de liqueurs & de milieux, c'eft pourquoy ie n'en parle pas dauantage. I'adioufte feulement que la cloche ne peut fonner dans l'huile, ny dans le lait, & qu'elle fait vn mefme Son dans le vin & dans l'eau, ou du moins que la difference n'en eft pas fenfible.

COROLLAIRE I.

L'on peut faire plufieurs autres experiences pour fçauoir la raifon de la denfité de l'eau à celle de l'air, afin de les comparer auec les precedentes : or il femble qu'elles peuuent toutes fe rapporter à trois manieres, à fçauoir à celle dont on vfe pour pefer l'air, afin de iuger de fa denfité par fon poids; à l'efpace qu'il remplit, & à la refiftence qu'il fait tant aux rayons des corps lumineux & des fonores, qu'aux mouuemens qu'on luy imprime. Quant à la maniere de le pefer, quelques-vns croyent que fa pefanteur eft à celle de l'eau, comme la pefanteur des corps pefez dans l'air, eft à la pefanteur des mefmes corps pefez dans l'eau : par exemple, que l'air eft plus rare & plus leger que l'eau en mefme raifon que l'or eft plus leger dans l'eau que dans l'air ; & parce que l'eau qui eft d'vn egal volume à l'or eft quafi vingt fois plus legere, & confequemment que l'or pefe moins d'vne vingtiefme partie dans l'eau que dans l'air, il s'enfuiuroit que l'eau feroit prefque auffi rare que l'air.

Or cette maniere n'eft pas bonne, car outre qu'il n'y a nulle apparence que l'eau foit fi rare, il s'enfuiuroit qu'elle auroit toutes fortes de proportions auec la rareté de l'air felon les corps differens que l'on pefe dans l'air & dans l'eau, & qu'il faudroit conclure, qu'il n'y auroit nulle proportion entre la rareté de l'air & de l'eau, quand le corps qui pefe dans l'air ne pefe point dans l'eau: mais i'ay explique vne meilleure maniere de pefer l'air dans la dix-feptiefme Propofition.

La feconde maniere confidere les proportions des efpaces que l'air & l'eau rempliffent, car fi vn pouce cube d'eau peut remplir vne veffie de cent pouces cubes, lors qu'elle fe conuertit en vapeurs, ou en air, il faut dire que l'eau eft cent fois plus denfe & plus pefante que l'air, fuiuant l'experience que Baco dit auoir faite dans fon nouuel Organe, page 286, où il remarque qu'vne partie d'eau de vie eftant reduite en vapeur, remplit vne veffie cent fois plus grande que ladite partie.

La troifiefme maniere confifte dans la proportion des refiftances de l'air & de l'eau : or cette refiftance fe remarque premierement aux rayons de la lumiere, qui ont ce femble plus de peine d'entrer dans l'eau que dans l'air ; de là vient qu'ils fe rompent dauantage dans l'eau. Ie laiffe maintenant les Sons dont i'ay defia parlé, afin de remarquer l'autre refiftance que font l'air &

De la nature & des proprietez du Son. 69

l'eau, quand on iette quelque corps dedans, ou qu'on les frappe; par exemple, lors que l'on tire vn coup de mousquet dans l'vn & l'autre, l'air resiste beaucoup moins que l'eau.

Mais il faudroit experimenter de combien le coup va plus viste dans l'air que dans l'eau, & supposé que la bale soit portée quatre cens pas de point en blanc dans l'air, combien de pas elle iroit dans l'eau. Car si elle va cent fois plus loin dans l'air, l'on peut dire qu'il est cent fois plus rare: si ce n'est que l'on croye qu'il faut tripler la raison de ces vitesses pour auoir la difference des densitez: car ce seroit assez pour lors que la bale allast dix fois plus loin dans l'air, pour dire qu'il est cent fois plus rare que l'eau; quoy que l'on ne puisse pas conclure assez euidemment cette densité par ladite resistence, d'autant que l'on experimente que les poissons fendent l'eau aussi viste comme les oyseaux fendent l'air, quoy qu'il n'y ayt nulle apparence qu'ils ayent dix fois autant de peine, ou de force que les oyseaux.

COROLLAIRE II.

Si l'on peut iuger de la proportion de la densité de ces deux elemens par le mouuement des corps pesans qui y descendent, i'adiouste vne obseruation tres-exacte qui peut seruir à la trouuer, à sçauoir qu'vne bale de mousquet qui descend de treize pieds dans l'air, en deux temps descend dans l'eau en cinq temps, car ayant fait vn canal de deux ou trois pouces de large & de 13 pieds de haut, la bale de plomb tombe dans l'air dans vne seconde, & dans l'eau en deux secondes & demie; de sorte qu'elle pourroit descendre 80 pieds en l'air, tandis qu'elle descend douze pieds dans l'eau. Mais il est difficile de sçauoir s'il faut suiure les simples raisons des temps de ces cheutes, ou leur raison doublée, ou triplée pour determiner la proportion desdites densitez.

Lors que la bale de plomb est tellement creusée, qu'elle pese trois fois moins que la pleine, elles descendent aussi tost dans l'air l'vne que l'autre, mais la creuse descend dans l'eau dans cinq secondes. Surquoy il faut remarquer que les experiences ne peuuent reüssir qu'auec des corps spheriques: car les autres figures les empeschent merueilleusement dans l'eau, par exemple vn quadruple descend seulement en 12″, & vne plaque de plomb de mesme largeur en 8″. Vn parallelogramme quarré du bois de la Chine long de demy pied & large d'vn pouce, descend en 5″ & $\frac{1}{2}$, & tout autant de figures que l'on peut s'imaginer hastent, ou retardent assez sensiblement le mouuement dans l'eau.

L'on peut encore considerer la vitesse des mouuemens qui se font des corps descendans dans l'eau, soit par leur pesanteur, ou en d'autres manieres; & semblablement de ceux des corps enfoncez iusques au fond de l'eau, lors qu'ils reuiennent iusques à sa surface, afin de remarquer si les plus pesans que l'eau descendent, & les plus legers montent en hastant leur vitesse en mesme proportion des mouuemens qu'ils ont dans l'air, par exemple, à sçauoir si la mouëlle de sureau qui monte du fond du canal de douze pieds de haut, iusques au haut, ayant monté le premier pied dans vn temps donné, monte quatre pieds dans deux temps, c'est à dire si les corps plus legers que l'eau augmentent leur vitesse en raison doublée, & suiuant les racines quarrées des temps, comme il arriue à la vitesse des corps pesans qui descendent dans l'air, dont nous parlerons amplement dans le second liure des Mouuemens. Quoy qu'il en soit, il est difficile de conclure quelque chose de la densité de l'eau & de l'air, par la descente qui se fait dedans, à raison que l'on rencontre autant de differentes proportions que les poids sont differens en figure, laquelle n'apporte quasi nulle difference dans l'air, car vn quadruple tombe quasi aussi viste qu'vne boule d'or dans l'air, au lieu qu'il est trois fois plus long temps à tomber dans l'eau que ladite boule. Et les pierres qui sont beaucoup plus legeres que le plomb, descendent aussi viste dans l'eau, lors qu'elles sont en forme de parallelogramme, comme fait la bale de plomb. D'où il est aysé de conclure que les corps doiuent auoir vne mesme figure pour pouuoir tirer quelque coniecture de leurs mouuemens.

COROLLAIRE III.

L'on peut s'imaginer plusieurs autres moyens pour trouuer la proportion de ces densitez, particulierement par la compression de l'eau & de l'air, car si l'on prend deux spheres creuses, ou deux seringues qui soient tellement fermées qu'il n'en puisse rien sortir, & que l'vne soit pleine d'eau, & l'autre d'air, si l'on estreint les deux spheres, & autres vases iusques à ce qu'ils creuent, l'on verra combien l'air a plus enduré de condensation que l'eau: par exemple si le vase qui le contient a tellement esté pressé auant que de se rompre, que son creux ait contenu cent fois moins de lieu qu'auant qu'il fust pressé, & que le creux du vase de l'eau se soit seulement diminué d'vne centiesme partie, l'on conclura que l'air est 99 fois plus rare que l'eau.

COROLLAIRE IV.

L'experience que l'on fait dans l'eau pour sçauoir si les Sons se rompent comme la lumiere, ou au contraire de la lumiere, ne peut nous donner assez d'asseurance pour conclure ce qui en est, d'autant que le Son qui se fait entre deux eaux paroist si foible que l'on ne peut, ce semble, en faire d'autre iugement que celuy que l'on fait de sa foiblesse & de sa grauité.

Or quand ie dis *entre deux eaux*, i'entens que les corps qui font le Son soient tellemét enuironnez d'eau qu'elle les touche de tous costez, & tous les points de leurs surfaces, car s'ils sonnent dans l'air qui est souz l'eau ils ne changent nullement l'aigu de leur Son, d'autant que l'oreille qui est plongée dans l'eau, ou qui est libre dans l'air entend tousiours le mesme aigu du Son qui se fait dans l'air, soit que l'air demeure conioint auec toute la masse de l'autre air, ou qu'il en soit separé, comme il arriue lors que l'on plonge vn vaisseau plain d'air dans l'eau, dans le vin, dans l'huile, dans le lait, ou dans quelque autre liqueur, ou qu'on l'enferme entre quatre murailles: d'où il faut conclure que l'aigu ne change nullement depuis sa premiere production, quoy que les autres milieux par où il passe soient differens; mais l'oreille apperçoit aysément qu'il est plus foible, que si elle l'entendoit dans le mesme air, où il a premierement esté fait.

Quand l'oreille est plongée dans l'eau, & que le Son se fait semblablement souz l'eau, elle l'oyt aussi foiblement comme s'il se faisoit dans l'air, d'autant que le milieu, dont le mouuement fait apperceuoir le Son, communique

De la nature & des proprietez du Son.

ledit mouuement à tous les autres milieux tant opaques que diafanes par où il passe, car si quelqu'vn de ces milieux retardoit les secousses, ou les tremblemens de l'air, le Son paroistroit plus graue, ou plus aigu, ce qui n'arriue iamais.

COROLLAIRE V.

Si l'on ayme mieux iuger de la raison de la densité de l'eau & de l'air par la force des Sons que par leur graue, ou leur aigu, il faut mesurer cette force, afin de sçauoir combien il est plus foible souz l'eau que dans l'air, car l'on pourra dire que l'eau est d'autant plus dense que l'air, qu'elle diminuë dauantage la force du Son : or parce qu'il est plus aysé de mesurer l'aigu que la force, i'en ay plustost vsé : mais nous dirons encore d'autres choses sur ce suiet dans les liures des Mouuemens, qui suppleera ce qui manque à cettuy-cy.

PROPOSITION XXXI.

A sçauoir si le Son aigu est plus agreable & plus excellent que le graue.

CETTE question peut estre decidée par l'experience & par la raison, mais il faut prendre le graue, & l'aigu d'vn mesme genre ; c'est à dire sur vn mesme instrument, ou dans les voix humaines, car ce seroit vne autre difficulté, si l'on vouloit faire comparaison de la voix aiguë d'vn homme, & du son graue d'vne Viole, ou d'vn Luth.

L'on peut donc entendre cette difficulté de la comparaison du Son graue, & de l'aigu d'vn mesme instrument, par exemple du Luth, de la Viole, de l'Epinette, ou de l'vn des ieux d'Orgues, ou de la voix humaine: & la comparaison des voix se peut faire en deux manieres, à sçauoir de la voix graue de celuy qui fait la Basse, & de l'aiguë d'vn enfant, ou de la voix graue & aiguë d'vne mesme personne. Mais il ne faut pas comparer vne bonne voix auec vne mauuaise, car la bonté de la voix graue doit estre esgale à celle de l'aiguë, afin que la comparaison soit parfaite. Il faut donc premierement comparer la voix d'vn mesme homme afin de sçauoir s'il chante plus agreablement en bas qu'en haut, quand il a vne esgale facilité à chanter l'vn & l'autre. Par exemple, ie suppose que sa voix ayt l'estenduë d'vne Octaue sans estre forcée, & consequemment que sa voix moyenne estant en G re sol vt, il puisse facilement monter en C sol vt fa, ou en D la re sol, & descendre en C fa vt, l'on demande si la voix C fa vt sera plus ou moins agreable que la voix C sol vt fa; l'on peut aussi demander la mesme chose de la voix G re sol vt comparée au mesme C sol vt fa, car celle-là est graue en comparaison de celle-cy : & puis nous comparerons les voix graues, ou les moyennes de la Taille auec celles des enfans & des Dessus.

Quant aux voix d'vn mesme homme il semble que celle du milieu est la plus naturelle & la plus agreable, & qu'apres elle celles qui sont à l'aigu sont plus agreables que celles qui sont en bas, & qui approchent du silence, d'autant qu'elles tiennent moins du rauque, & qu'elles sont d'autant plus viues & plus esueillées, qu'elles ont vne plus grande vitesse dans leurs mouuemens. Et cette raison ne prouue pas seulement que les voix aiguës sont plus agreables que les graues, mais aussi plus agreables que les moyennes : quoy que ces moyennes puissent recompenser la vitesse par leur douceur naturelle.

Neantmoins Aristote tient le contraire dans le 7. Chapitre du 5. liure de la generation des animaux en ces termes, ἢ δοκεῖ γενναιοτέρα εἶναι φύσεως ἡ βαρυφωνία, ἢ ἐν τοῖς μέλεσι τὸ βαρὺ τῶ συντόνων βέλτιον. C'est à dire que la voix graue semble estre la plus genereuse, que le Son graue est meilleur que les Sons aigus des concerts; & que les voix graues des chansons sont plus excellentes que les aiguës, d'autant que la chose qui surpasse les autres est plus parfaite, & que la grauité de la voix consiste dans vn excez de grandeur, τὸ γὰρ τέλειον ἐν ὑπεροχῇ. ἡ δὲ βαρύτης ὑπεροχή ἐστι, car ce qui est grand est preferable à ce qui est petit, comme vn grand bien est preferable à vn moindre.

Ce que l'on peut confirmer par la consideration de la plus grande force de celuy qui a la voix plus grosse, & consequemment les parties du corps plus amples & plus grandes, qui sont en quelque sorte representées par la voix, laquelle en depend, & qui est comme le miroir de l'ame & du corps. De là vient que les grosses voix ont plus de maiesté, de poids & de force pour imprimer & produire de puissants effets sur les auditeurs, estant semblables au bruit du tonnerre & du canon, qui esbranle & estonne plus fort les murailles & les hommes, que ne font les moindres bruits.

Et si l'on compare vne excellente Basse, comme celle du sieur Moulinié, auec vn excellent Dessus, comme celuy du sieur Bertaut, tous deux Chantres de la Musique du Roy, l'on en trouuera qui prendront plus de plaisir à ouyr la Basse que le Dessus : quoy qu'il ne faille pas suiure le iugement ou le sentiment des hommes en cette matiere, puis qu'il est inconstant comme leur humeur, & que la Basse plaist quelquefois dauantage, & vne autrefois le Dessus à vn mesme auditeur, selon qu'il est differemment disposé. C'est pourquoy laissant le different iugement des hommes, qui naist des differentes dispositions du corps, ou de l'esprit, il faut considerer la grauité, ou l'aigu du Son en soy-mesme, afin de trouuer quel est le plus agreable, ou le plus excellent : car quant à la force du Son, le graue est le plus fort, quand il est poussé d'vne force proportionnée, & consequemment il fait vne plus forte impression sur les corps qui se rencontrent dans l'estenduë de son action.

Mais parce que ce qui a plus de force n'est pas tousiours le plus agreable; quoy qu'il soit le plus excellent dans son genre, puis que le bruit du tonnerre, quoy que grand, fort & puissant, & par consequent excellent, n'est pas agreable, & qu'il blesse l'ouye, & cause la surdité, il faut icy distinguer la qualité d'excellent, & celle d'agreable dans le Son, & voir ce qui le rend agreable, car plus il aura de la qualité qui le rend plaisant, & plus il sera agreable.

Or ce qui le rend agreable doit estre pris non seulement de ce qu'il a dans soy, mais de ce qu'il a respectiuement à l'oreille, ou à l'imagination, qui reçoit le plaisir des Sons; & parce que l'on experimente que le Son graue ne plaist pas tant aux vns qu'aux autres, il faut croire que les hommes ont des dispositions en eux qui contribuent plus aux plaisirs les vnes que les autres, lesquelles sont semblables aux dispositions de l'odorat & du goust, qui font que ce qui est agreable à l'vn desplaist à l'autre : car les vns ayment la saueur de l'orange & du citron, & les autres la hayssent, ou ne l'ayment pas tant; & tel se plaist à flairer l'œillet, qui hayt l'odeur du lis & de la rose.

C'est pourquoy il faut considerer la disposition & l'imagination de l'auditeur, bien que nous l'ayons negligée au iugement de l'excellence du Son, n'estant

De la nature & des proprietez du Son.

n'estant icy question du meilleur Son consideré simplement & absolument, mais du Son comparé à la difference des auditeurs; quoy qu'en cette matiere l'on puisse suiure le sentiment & l'opinion de la plus grande multitude, particulierement de ceux qui ont vne bonne oreille. Plusieurs tiennent que le Son qui est au milieu du graue & de l'aigu, est le plus agreable de tous, tant parce qu'il est moins forcé & qu'il est plus naturel, & plus vigoureux, que parce qu'il signifie vn bon temperament, & donne vn bel air, & vn beau ton au discours.

Neantmoins l'on rencontre vn plus grand nombre d'hommes qui se plaisent dauantage aux Sons aigus qu'aux moyens; & nous experimentons que les Dessus des concerts sont beaucoup plus agreables que les autres parties, & que le seul Dessus rauit l'auditeur, quand il est bien chanté; de sorte qu'il semble que la Composition ayt esté inuentée pour faire trouuer le Dessus excellent, & pour faire gouster sa bonté par la comparaison des autres parties, qui luy donnent de l'esclat, comme fait le noir & les autres couleurs obscures lors qu'elles sont opposées au blanc. Il faut donc conclure que le Son aigu est le plus agreable, pourueu qu'il ne surpasse pas la capacité de l'oreille, comme l'on experimente aux recits des ieunes enfans que l'on ayme mieux ouyr que nul autre concert, parce que la voix aiguë nous represente l'innocence, la delicatesse, & la ieunesse des enfans, qui sont plus plains de vie, ou plus proches de la source de la vie, & qui chantent plus delicatement & plus doucement que ceux qui chantent les autres parties, ou parce que le Son aigu flate l'oreille, & reueille dauantage l'esprit.

Car la voix aiguë estant faite par des battemens d'air qui sont plus continus, & moins interrompus que ceux des autres voix, approche plus pres des ouurages de la nature qui sont continus, & s'esloigne dauantage du silence & du neant que les voix graues: toutes les creatures fuyent le vuide & le neant, & chacune ayme l'estre, dont le Son aigu participe dauantage que le graue, car il comprend le graue, lequel il surpasse autant en degrez d'estre, comme en qualité d'aigu, lequel est comme la forme & la lumiere à l'egard du graue, qui est semblable à la matiere & aux tenebres : de là vient que quand le Dessus se ioint aux autres parties, il leur apporte vne grande lumiere dont les rayons penetrent iusques dans le cœur des auditeurs; En effet lors qu'il chante tout seul, il paroist comme vn esclat de lumiere qui obscurcit les autres voix precedentes, & qui penetre iusques au plus profond de la pensée; de sorte que si l'on entend les autres voix apres le Dessus, & qu'il se taise vn peu de temps, il semble que l'on quitte la lumiere du Soleil pour rentrer dans les tenebres.

COROLLAIRE.

Puisque l'on est contraint d'auoüer qu'il n'y a quasi point de demonstrations dans la Physique, ou science des choses naturelles, ie ne doute pas que l'on ne puisse tenir que les Sons graues sont les plus excellents, soit à raison des plus grands corps qui les produisent, ou du repos & de l'vnité dont ils approchent dauantage, ou pour d'autres raisons que l'on se peut imaginer, c'est pourquoy il est libre à chacun d'en croire ce qu'il voudra. Surquoy l'on peut voir d'autres semblables difficultez que ie propose dans la penultiesme Proposition du liure des Chants, & au commencement du liure de la Com-

G

position. Or puis qu'il y a grande apparence que le Son n'est autre chose que le mouuement de l'air, ou des autres corps, il faut maintenant parler de ce mouuement, afin d'entendre la nature du Son plus parfaitement.

PROPOSITION XXXII.

Determiner s'il y a du mouuement dans la nature, & ce qui est necessaire pour l'establir.

IE ne parle pas icy du mouuement pris en general, comme l'on fait dans la Physique, mais seulement du *local*, qui seul produit les Sons: or bien qu'il soit tres-euident qu'il y a plusieurs mouuemens differens dans la nature, l'on propose neantmoins beaucoup de difficultez contre son existence, qui embarassent tellement l'esprit, que l'on est quasi contraint d'opposer la seule experience pour leur solution: par exemple, que s'il y a du mouuement & qu'il soit continu, comme l'on se l'imagine, il s'ensuit qu'vne tortuë va aussi viste que l'Aigle, puis qu'à chaque moment de temps l'Aigle ne fait pas dauantage de chemin, que ce qui respond à cet indiuisible; & par consequent elle ne pourra iamais atteindre la tortuë, qui sera plus aduancée d'vn pas, puis que tandis que l'aigle fera la moitié du pas, la tortuë auancera vn peu, & encore vn peu, pendant que l'aigle fera la moitié de la moitié, c'est à dire le quart du pas, & ainsi des autres parties iusques à l'infini. C'est à dire que l'esprit humain n'est pas capable de comprendre comme il est possible qu'vn mouuement continu soit plus tardif qu'vn autre : ce qui a contraint le Philosophe Hespagnol Arriaga dans sa seiziesme dispute Physique, & plusieurs autres, de dire que la tardiueté du mouuement n'est autre chose qu'vne interruption de plusieurs repos, quoy que les sens ne puissent les appercevoir, & qu'ils sont d'autant plus longs, ou en plus grande multitude que le mouuement est plus lent: par exemple, si le mouuement de la tortuë est cent mille fois plus lent que celuy de l'aigle, le nombre des repos d'entre les parties du mouuement de l'aigle sera moindre cent mille fois que celuy du mouuement de la tortuë: ce qu'il suppose aussi dans le mouuement naturel des pierres, & des autres corps pesans qui tombent vers le centre de la terre : & bien que cette imagination ne soit pas exempte de grandes difficultez, comme est celle du rayon de deux cercles concentriques, qui se meut tellement par la plus grande circonference, qu'il semble necessaire que lesdits repos soient aussi grands sur elle que sur la moindre, neantmoins quelques-vns persistent dans cette pensée, & ayment mieux mettre des indiuisibles Physiques beaucoup plus grands les vns que les autres, qui puissent changer entierement de place, ou seulement en partie dans vn moment, que d'embrasser la continuité du mouuement, ou l'infinité des parties ou des points qui font la longueur de l'espace: quoy que i'ayme beaucoup mieux suiure l'idée de l'infinité des points imaginaires, ou des parties, qui font le continu tant dans les lignes que dans le mouuement, afin de respondre que l'aigle fait beaucoup plus de chemin en mesme temps, que la tortuë, comme il arriue à la partie du rayon plus esloignée de son centre.

Quoy qu'il en soit, il n'est pas besoin de sçauoir la verité de cette maniere pour determiner ce qui appartient à la vitesse, ou à la tardiueté du mouuement, puis qu'il suffit de sçauoir que la vitesse fait que le mobile passe plus

De la nature & des proprietez du Son. 75

viste en vn mesme espace, ou qu'il fait plus de chemin en vn mesme temps, que celuy dont le mouuement est plus tardif : comme il arriue qu'vn corps est plus rare, quand il remplit vn plus grand espace, & plus espais, quand il en remplist vn moindre : ce qu'il faut remarquer soigneusement, à raison de la vitesse qui ressemble en quelque maniere a la densité, comme fait la tardiueté à la rarefaction, ou au contraire.

Quant aux choses qui sont necessaires pour establir le mouuement, il est fort difficile de les regler, parce que si l'on prend les lieux differens à l'esgard de quelque point fixe du monde, par exemple à l'egard du Pole Septentrional, il n'est pas necessaire qu'vn corps se meuue pour changer son lieu, pourueu que le Pole mesme se meuue ; de sorte que si le lieu du Soleil se prenoit par sa distance d'auec certains points de la terre, il changeroit de lieu, encore qu'il fust stable, & que la terre tornast autour, comme s'imaginent les disciples de Copernic, & par consequent l'on pourroit dire que le Soleil auroit vn mouuement. Mais si l'on establit le mouuement de chaque corps à raison de l'espace qu'il quitte, & qu'il remplissoit deuant, & que l'on s'imagine que cet espace soit entierement immobile, il sera aysé de comprendre le changement de ce lieu, pourueu que l'on adiouste qu'il ne se fait pas dans vn moment, mais dans vn espace de temps, comme plusieurs Theologiens enseignent que les esprits separez de la matiere, par exemple les Anges & les ames raisonnables, peuuent changer de lieu, & quitter la France pour se trouuer à la Chine dans vn instant, c'est à dire sans employer aucun temps à passer les Prouinces qui sont entre la France & la Chine, à raison que leurs changemens de lieu se peuuent faire par des instans interrompus : ce qui est aysé à comprendre d'autant que l'entendement fait la mesme chose lors qu'il a la pensée de la terre, & immediatement apres celle des estoilles, sans penser à ce qui est entre-deux : mais ie ne parle pas maintenant de cette espece de mouuement, qui n'appartient pas proprement à la Physique, & qui ne peut produire des Sons, n'y estre apperceu par les sens.

Cecy posé, ie prends icy le mouuement local pour l'action par laquelle vn corps quitte l'espace qu'il occupoit, & passe successiuement à vn autre espace esloigné du precedent : ce qui est veritable, soit que l'estenduë & la grandeur du monde soit finie, ou infinie, & qu'il n'y ayt ny haut ny bas, ny droit ny gauche, ou qu'il y en ayt. Il faut neantmoins adiouster qu'il suffit pour le mouuement local, que les mesmes parties du corps qui se meut ne touchent pas tousiours les mesmes parties de l'espace, encore que le corps consideré en son entier ne change pas l'espace qui le contient, afin que les boules qui tornent sur leur axe immobile entre deux piuots, ne soient pas exemptes du mouuement dont nous parlons. Or nous n'auons nullement besoin des corps exterieurs pour experimenter & comprendre le mouuement local, car bien qu'il n'y eust qu'vn homme au monde, & que tout le reste fust aneanti, il sentiroit fort bien le mouuement que feroit sa main depuis ses pieds iusques à sa teste, & celuy qu'il feroit auec les autres parties de son corps : ce qui arriueroit semblablement à vn esprit indiuisible, que l'on s'imagine reduit à vn point, lequel apperceuroit son mouuement, quoy qu'il n'y eust nulle autre chose creée dans la nature : où il faut supposer que le mouuement se puisse faire dans les espaces, que quelques-vns appellent imaginaires, & qu'ils pensent estre de toute eternité, quoy qu'ils ne soient peut-estre autre chose que

G ij

la puissance Diuine, dont l'idée est beaucoup plus imparfaitement dans nos esprits, que l'image du Soleil dans la lumiere receuë sur les plans les plus inesgaux que l'on puisse s'imaginer. Mais ie quitte ces considerations pour considerer le mouuement de tous les corps en general, auant que d'en traiter en particulier.

PROPOSITION XXXIII.

Considerer les mouuemens de tous les corps en general, & l'espace dans lequel ils se font.

NOus ne pouuons sçauoir si les espaces qui sont au delà des estoilles sont finis, ou infinis, ny s'ils sont vuides, ou remplis de quelques corps tenebreux, ou lucides ; car il se peut faire que l'espace qui contient la partie visible du monde depuis la terre iusques aux estoilles, ne soit que comme vn point à l'egard du reste du monde qui est par delà, & que cette grande partie contienne d'autres estoilles, dont chacune soit cent mille fois plus grosse que le firmament, car la puissance de Dieu est infiniment plus grande que nostre imagination, & n'y a nulle creature qui luy puisse estre comparée auec plus de raison que celle qui seroit infinie : mais puis qu'il ne nous est pas possible de sçauoir s'il a fait cette creature, ny mesme si elle est faisable, & que nous n'auons pas plus de cognoissance de l'espace & des corps que l'on peut s'imaginer au delà du firmament, que celle qu'vn homme nourri dans vne forest, d'où il n'a iamais sorti, & qui n'a iamais ouy parler, auroit du flux & reflux de la mer, il suffit de considerer ce qui nous touche, & les mouuemens que nous apperceuons.

Or il y en a particulierement de deux sortes, dont les vns nous semblent droits, & les autres circulaires : par exemple il semble que les corps qu'on appelle pesans descendent droit vers le centre de la terre, & qu'ils vont semblablement droit quand on les iette en haut & en bas, ou d'vn autre costé. Quant aux autres, ils semblent circulaires, comme l'on remarque au mouuement du Soleil & de la Lune : mais parce que l'Astronomie & la Physique n'ont point encore donné de demonstration, pour monstrer si c'est la terre qui torne, ou si c'est le Soleil, & que tout ce qui nous est purement sensible peut estre expliqué par l'vn ou l'autre de ces mouuemens, nous ne toucherons cette difficulté qu'entant qu'il sera necessaire pour examiner plusieurs rares experiences, dont il est parlé dans le liure qui suit. Il faut seulement remarquer qu'il n'y a ny haut ny bas en ce monde à proprement & absoluëment parler, puis que ce qui est haut à l'egard de l'vn, est bas à l'egard d'vn autre : par exemple nous nous imaginons que nos Antipodes sont en bas souz nos pieds, & pensent la mesme chose de nous ; & l'on peut dire que le centre d'vn cercle, ou d'vne sphere est son plus haut lieu, & que la circonference est le plus bas. Quoy qu'il en soit, il suffit que l'on s'entende lors qu'on parle, afin que les paroles ne fassent pas comprendre autre chose que ce qui est dans l'idée & dans l'esprit, & que l'on euite toutes les difficultez qui ne viennent que de la differente intelligence des dictions. Mais auant que de commencer le second liure, ie veux finir celuy-cy par vne Proposition qui seruira de passage au troisiesme liure, pour ceux qui ne se plaisent pas aux difficultez de la Physique, & qui ne veulent que ce qui sert precisement pour la Musique, afin qu'ils puissent laisser le second liure sans aucun preiudice, ou

De la nature & des proprietez du Son. 77

inconuenient ; de sorte que l'on peut ioindre cette derniere Proposition à la premiere du troisiesme liure.

PROPOSITION XXXIV.

Demonstrer si la chorde tenduë par vne cheuille, ou par vn poids, est esgalement tenduë en toutes ses parties, & si la force qui la bande, communique plustost & plus fort son impression aux parties qui en sont proches, qu'à celles qui en sont plus esloignées.

CEtte Proposition est plus difficile à determiner que plusieurs ne se l'imaginent, car les parties de la chorde tenduë, qui sont plus pres du poids, ou de la cheuille, semblent plus tenduës que celles qui en sont plus esloignées d'autant que la force qui bande la chorde, passe par les parties dont elle est plus proche, auant que d'arriuer à celles qui en sont plus esloignées, & a d'autant plus de vigueur qu'elle est plus proche de son origine.

Et nous experimentons que les chordes se rompent pour l'ordinaire aux parties qui sont proches du poids qui les bande ; ce qui arriue ce semble, parce qu'elles sont plus tenduës en ces lieux là que vers le milieu, où elles ne se rompent iamais. A quoy l'on adiouste que les chordes cedent, & s'abaissent plus facilement au milieu qu'en nul autre endroit, comme l'on voit sur les instrumens, & aux chordes dont on vse pour tirer les batteaux au long des riuieres : ces raisons & toutes les autres qui se peuuent icy rapporter, rendent la Proposition difficile, & l'on experimente que les chordes sont plus faciles à rompre, quand elles sont longues, que quand elles sont courtes ; & consequemment qu'elles endurent vne plus grande tension. En effet, la longueur des corps est cause qu'ils agissent plus puissamment, ou qu'ils cedent plus facilement, car si l'on pousse vne pique contre vn autre corps, l'on le renuersera plus aysément, que si l'on poussoit vn baston plus court d'vne esgale grosseur, quoy que l'on le poussast d'vne esgale force ; d'où quelques-vns concluent que la force s'augmente à proportion qu'elle s'esloigne de sa source, comme l'on remarque à la force des semences qui sont foibles à leur commencement, & qui augmentent leur vigueur en s'esloignant de leurs matrices, dans lesquelles elles estoient renfermées, & comme mortifiées.

Et nous voyons dans les mechaniques, que la force est d'autant plus grande qu'elle s'esloigne dauantage de son centre : car si l'on rencontre les bras d'vne rouë, ou d'vn moulin à vent, ou le mouuement du bras vers la main, l'on experimente que la force est beaucoup plus grande, qu'à l'essieu, ou au centre desdites roues, ou vers l'espaule, d'où commence le mouuement du bras. A quoy l'on peut rapporter le mouuement des pierres & des autres missiles, ou corps que l'on iette, lesquels ont plus de force & plus d'effet quand ils sont esloignez, & qu'ils ont desia fait beaucoup de chemin, que quand ils sont pres du bras, de l'arc, ou de l'arquebuse, par qui ils sont poussez : & consequemment l'on peut dire que la chorde est plus bandée aux parties qui sont esloignées de la force, qu'à celles qui en sont plus proches, puis que les forces s'augmentent à proportion qu'elles s'esloignent de leurs commencemens, comme l'on obserue aux riuieres, qui ne sont que des ruisseaux à leurs sources, & mesmes aux bruits que l'on seme ; ce qui a fait naistre le Prouerbe

G iij

de la renommée & du discours, *Vires acquirit eundo*: & le bruit du canon est plus grand à mille pas du canon, qu'au lieu où il commence: de là vient que les chordes des instrumens se rompent plus souuent pres du cheualet, qu'au-pres du sillet, d'autant que la cheuille est plus esloignée du cheualet, pres duquel sa force se trouue plus grande qu'en nul autre endroit de la chorde, si cette force s'augmente comme les autres, à proportion qu'elle s'esloigne de son principe.

L'on peut encore dire que si la chorde estoit esgalement tenduë en toutes ses parties, qu'vne mesme force tendroit esgalement vne chorde longue de mille lieuës, & vne chorde d'vn pied de long, ce qui semble incroyable : & que si la plus longue estoit esgalement tenduë auec vn poids esgal, qu'estant esloignée de sa ligne droite, elle feroit autant de tours & de retours que la plus courte qui en est esgalement esloignée, ce qui n'arriue pas, car la chorde A B estant tirée en G, est deux fois aussi long-temps à retorner à F que la chorde A F, laquelle estant tirée iusques à E, ou aussi loin que la chorde A B, reuient deux fois plus viste, & consequemment deux fois aussi souuent à H, que la chorde A B retorne à F.

Neantmoins l'on peut dire que les chordes des instrumens sont esgalement tenduës en toutes leurs parties, d'autant qu'elles font l'vnisson, quand l'on met le cheualet au milieu ; & que la cheuille, ou le poids peut enuoyer toute sa force par toutes les parties de la chorde en mesme temps, comme fait le poids qui est au haut d'vne lance, qui pese autant en mesme temps sur la main, qui tient la lance par le bout d'en bas, que sur le bout d'en haut ; & comme fait le mouuement que l'on imprime à vn baston en le poussant, ou en le tirant, lequel s'imprime esgalement à toutes les parties du baston en mesme temps ; c'est pourquoy vn mesme poids bande aussi facilement vne chorde de mille lieuës que celle d'vn pied, ce que i'expliqueray en respondant à la cinquiesme obiection.

Et si l'on obiecte que l'vnisson demonstre seulement que chaque moitié de la chorde est esgalement tenduë, à raison que les deux extremitez sont esgalement bandées, d'autant que le lieu d'enhaut, par où la chorde est attachée, fait la mesme impression sur la chorde, que le poids qui la tend, de sorte que l'impression de l'vn & de l'autre s'affoiblit à proportion qu'elle approche du milieu ; l'on peut respondre que si l'on prend vne longueur vers le milieu, qui soit esgale à vne autre longueur prise vers l'vne des extremitez, que ces deux longueurs seront à l'vnisson, bien que les deux cheualets qui determineront la longueur du milieu, ne donnent point de nouuelle tension à la chorde, & qu'ils la soustiennent seulement dans la mesme situation où ils se treuuent : par consequent la chorde est esgalement tenduë en toutes ses parties. Ce que ie demonstre par cette figure, qui represente la chorde A B esgalement tenduë en toutes ses parties : car si l'on suspend le poids E au milieu de la chorde A B au point F, il l'amenera iusques au point G, comme ie suppose. Et si l'on diuise la chorde A B en A F & F B, le mesme poids E amenera la chorde A F au point I, & la chorde A H en K, & ainsi consequemment iusques à l'infini ; or le mesme poids attaché à la chorde A B au point F, fait la mesme chose, c'est à dire qu'il abbaisse

De la nature & des proprietez du Son. 79

les points L & H iusques à K I, de mesme que si l'on l'attachoit aux points L & H, comme l'on voit à la chorde A G, c'est à dire A I F, qui passe par K I, donc le poids qui est attaché à vne seule partie de la chorde la tend autant en chaque partie, que si on l'attachoit successiuement & separément à chaque partie; dont la raison est que A B resiste autant & s'alonge deux fois autant, quand elle est tirée du point F à G, que la chorde A F, lors qu'elle est tirée du point H à I, & comme la chorde A H, qui est tirée du point L à K, laquelle s'alonge deux fois moins que la chorde A F, & quatre fois moins que la chorde A B, quoy qu'elle resiste esgalement.

Car les alongemens des chordes ont mesme raison que leurs longueurs; & il est aussi difficile d'alonger vne chorde quadruple de quatre pieds, comme la souz-quadruple d'vn pied. Mais nous dirons dans vn autre lieu combien ces alongemens diminuent la grosseur des chordes : car il suffit d'auoir icy monstré que les chordes des instrumens de Musique sont esgalement tenduës en toutes leurs parties.

Quant aux obiections que l'on apporte contre l'egalité de cette tension, l'on peut respondre à la premiere, que la force qui bande la chorde, se communique à chaque partie en mesme temps ; autrement quand la force surpasse la resistance de la chorde, elle la romperoit à l'extremité à laquelle on l'applique, auant qu'elle eust communiqué sa force au milieu, ou à l'autre extremité : ce qui est contraire à l'experience, qui monstre que la chorde est tenduë en toutes les parties auant qu'elle rompe, quelque grande que soit la force que l'on y applique : car la chorde est aussi dure à vn bout qu'en l'autre, & fait vn Son esgal en toutes ses parties quant au graue & à l'aigu.

Nous pouuons donc comparer la force du poids, ou de la cheuille qui bande la chorde, au mouuement, qui s'imprime au baston, dont nous auons parlé, duquel le milieu est aussi tost meu que l'extremité, à laquelle la force est appliquée : & au rayon du Soleil, qui illumine le diametre de la sphere en mesme temps.

La seconde obiection se prend de la rupture des chordes, qui se fait au lieu où l'on attache le poids, ou la force : mais cette rupture peut arriuer en ce lieu, à raison de l'alongement de toutes les parties de la chorde, lequel se rencontre proche du poids, ou de l'effort que l'on donne à la chorde en la noüant, ou en la destendant, ou pour d'autres circonstances qui se remarquent dans les differentes experiences. Ce qui ne se rencontre pas aux cheuilles qui tendent les chordes sans qu'il soit besoin de les detordre, ou de les noüer. De là vient qu'elles se rompent plus souuent vers le cheualet, que pres des cheuilles où elles se conseruent mieux. Or l'on peut icy considerer plusieurs sortes de tensions, car vne chorde peut premierement estre tenduë auec vne cheuille, vn tour, vne vis, ou vn autre instrument, comme il arriue sur le Luth, & sur les autres instrumens à manches ; secondement elle peut estre tenduë & tirée par vn poids attaché à l'vn des bouts, comme il arriueroit si l'on tendoit les chordes d'vn Luth, ou d'vne Harpe auec des poids, pour les mettre d'accord ; ce qui se peut faire par vn sourd, comme ie demonstre dans le troisiesme liure des instrumens à chordes.

En troisiesme lieu, la chorde peut estre bandée en mesme temps par deux cheuilles mises aux deux bouts de la chorde, en les tornant toutes deux esgalement, ou par deux poids attachez aux deux bouts, qui la tirent esgalement

G iiij

d'vn costé & d'autre. En quatriesme lieu, estant tenduë par deux cheuilles, ou attachée d'vn costé au cheualet, & de l'autre à la cheuille, elle peut receuoir vne nouuelle tension par vn poids attaché au milieu, ou en quelqu'autre lieu de la chorde tenduë horizontalement. Ce qui peut semblablement arriuer, quand elle est bandée par deux poids attachez aux deux costez.

L'on peut enfin la bander en tel point ou partie que l'on voudra, par le moyen d'vn cheualet mobile, auquel l'on peut donner toutes sortes de hauteurs, comme l'on experimente sur le Monochorde ; or le cheualet à le mesme effet en haussant la chorde, que le poids en la baissant.

Cecy posé, il faut voir l'effet de ces differentes tensions, afin de respondre à la seconde obiection, & premierement l'effet des deux premieres manieres de tension, qui sont grandement differentes, car quand la chorde est bandée auec vne cheuille, il semble qu'elle n'a pas plus de peine, & ne souffre pas dauantage le second iour que le premier, parce que la cheuille ne luy donne nulle nouuelle impression, & la tient seulement en mesme estat ; mais quand elle est bandée par vn poids elle souffre tousiours, d'autant que le poids agit aussi fort le second & le centiesme iour que le premier : c'est pourquoy la chorde se rompt souuent pres du poids, au lieu qu'elle se rompt pres du cheualet, quand elle est tenduë par vne cheuille.

D'abondant, quand la chorde est tenduë auec vn poids, si l'on met vn autre poids au milieu, ou à quelque autre partie de la chorde pour la tirer en bas, comme le poids E qui est attaché à trois points differents de la chorde precedente A B, le poids C se hausse & donne liberté au poids E d'abaisser la chorde de plus en plus, iusques à ce qu'elle se rompe, si le poids E est assez fort pour la rompre ; & s'il n'est assez fort, & qu'il soit neantmoins plus grand que le poids C, il l'emporte & oste la chorde de dessus le plan, ou l'appuy sur lequel elle estoit tenduë. Mais quand elle est bandée auec vne cheuille, elle n'obeit au milieu, que iusques à ce qu'elle ne puisse plus souffrir d'estre alongée, d'autant que la cheuille tient tousiours ferme, sans ceder au poids que l'on met au milieu, ou à quelqu'autre point de la chorde, ou au cheualet qui a le mesme effet en haussant ladite chorde, que le poids en l'abaissant.

Or toutes les parties de la chorde, qui est montée iusques à vne certaine tension, & qui demeure en cet estat, contribuent esgalement en souffrant la tension ; de sorte qu'elles se reduisent à l'equilibre de resistance & de souffrance, dans lequel elles demeurent iusques à ce que l'vne des parties se desvnisse & se separe d'auec les autres, & soit cause de la rupture de la chorde.

Neantmoins il semble que le poids donne vne tension aussi esgale à la chorde que la cheuille, puis que sa vertu s'estend aux deux bouts de la chorde en mesme temps, ny ayant autre distinction, sinon qu'elle se rompt pres du poids, ou loin de la cheuille comme l'on croit, quoy qu'il n'y ayt rien de reglé dans cette matiere, car elle se rompt assez souuent pres de la cheuille & loin du poids. Ce qui arriue toutes & quantesfois qu'elle est plus foible vers la cheuille, ou loin du poids qu'en nul autre lieu : de sorte que i'estime qu'il n'y a nulle autre raison de la rupture des chordes en certains endroits plustost qu'aux autres, sinon qu'elles sont plus foibles, estant ce semble impossible de trouver vne chorde qui soit sans inesgalité dans toutes ses parties, dont les vnes sont plus foibles que les autres, soit qu'on la fasse d'airain, de fer, ou d'autre metal, ou de soye, de chanvre, de boyau, &c. comme i'ay monstré

De la nature & des proprietez du Son.

au difcours de la matiere des chordes harmoniques.

Quand elle eft efgalement bandée par les deux coftez, plufieurs croyent qu'elle fe doit rompre par le milieu, d'autant que l'impreffion des deux cheuilles ou des deux poids arriue pluftoft au milieu de la chorde, où elles fe ioignent, qu'en nul autre endroit : & d'autres difent que fi elle eft efgalement forte en toutes fes parties, qu'elle ne peut rompre, fi elle eft efgalement bandée par les deux bouts, autrement qu'elle fe romperoit en vne infinité de parties, d'autant qu'il n'y a point de raifon pourquoy elle fe rompe pluftoft en vn lieu qu'en vn autre. Mais l'experience monftre qu'elle fe rompt prefque toufiours par l'vn de fes bouts, comme i'ay dit dans la huictiefme queftion des Preludes de l'Harmonie, fi ce n'eft qu'elle foit plus foible au milieu qu'aux autres endroits.

Neantmoins les lieux par où fe rompent les chordes tirées differemment font fi peu reglez, qu'il eft prefque impoffible d'en tirer des conclufions certaines & neceffaires, car l'on experimente qu'elles fe rompent fouuent par le milieu, quand on s'en fert pour tirer les batteaux fur l'eau, quoy qu'elles foient fort lafches en cet endroit, dans lequel il femble qu'elles foient moins bandées, fi l'on mefure la grandeur de la tenfion à la dureté de la chorde ; & l'on peut dire que cette rupture fe fait au milieu à caufe du poids de toute la chorde qui fe ramaffe au milieu, ou parce que le milieu trempe plus fouuent & plus long-temps dans l'eau qui le fait pourrir, & confequemment qui l'affoiblit dauantage que les autres parties ; mais ie parleray encore de cette rupture en refpondant à la troifiefme obiection.

Quant à la tenfion que la chorde reçoit par la fufpenfion d'vn poids au milieu, ou à quelqu'autre de fes parties, ou auec vn cheualet, i'en ay defia parlé dans l'explication de la figure precedente, qui fuffit pour entendre de combien elle eft plus tenduë par vn poids, ou par vn cheualet mis au milieu, que par vn autre. Mais l'on peut confiderer plufieurs chofes dans cette maniere de tenfion : par exemple, à fçauoir quel poids il faut fufpendre au milieu, ou quel doit eftre la hauteur du cheualet pour la tendre autant comme le poids donné, fufpendu à l'vn des bouts de la chorde tant perpendiculaire qu'horizontale : ce que l'on peut trouuer par l'efgal alongement de la chorde, & plus ayfément par le Son de l'vn ou de l'autre cofté de la chorde efleuée au milieu par le cheualet, ou baiffée par le poids & par le Son de la mefme chorde, ou d'vne autre efgale tenduë par l'vn des bouts, ou par tous les deux, foit auec poids ou cheuilles ; mais cette tenfion requiert vn difcours particulier.

Quant à la troifiefme obiection, ie refponds que l'abaiffement, qui fe fait plus facilement au milieu de la chorde, vient de ce qu'elle eft plus efloignée des cheualets en ce lieu, qu'en nul autre endroit, car les cheualets reprefentent les appuys de deux leuiers, d'autant que toutes les parties de la chorde font plus ou moins dures à proportion qu'elles s'efloignent plus ou moins defdits cheualets, comme l'on voit à la chorde precedente, à laquelle le poids E eft attaché ; car il y a mefme raifon de la chorde, ou du leuier A F, ou B F à l'abaiffement F G, que du leuier A H, & A L à l'abaiffement H I & L K.

C'eft pourquoy il eft plus facile de mouuoir la chorde au milieu qu'en nul autre endroit ; & comme l'on meut le leuier double en longueur deux fois plus facilement que le fouzdouble, de mefme l'on baiffe la chorde double en longueur, & efgale en tenfion deux fois plus ayfément que la fouzdouble.

Or ces plus grands abaissemens subsistent tres-bien auec l'esgale tension des parties de la chorde, comme le mouuement plus facile du plus grand leuier subsiste auec la force qu'il a esgale en toutes ses parties, encore qu'elles obeïssent auec plus de difficulté, & qu'elles fassent plus de resistance lors qu'elles sont plus proches du poids ou de l'appuy, dont ie donneray la raison au discours de la force des cheuilles du Luth & des autres instrumens à manches, car cette force se rapporte au leuier.

L'on peut aussi considerer le poids de toute la chorde qui paroist plus au milieu qu'aux autres endroits, d'autant qu'elle fait vn arc moindre, ou plus grand au milieu, selon qu'elle est plus ou moins pesante, ou tenduë, dont le centre se rencontre dans la ligne, qui coupe la chorde perpendiculairement par ledit milieu. Mais i'expliqueray cet arc, & tout ce qui luy appartient dans vn autre discours, car ie veux maintenant respondre à la quatriesme obiection, qui consiste à sçauoir si vne chorde qui est plus longue, se rompt plus facilement que celle qui est plus courte.

La quatriesme obiection contient vne preuue contraire aux autres, car son dessein est de monstrer que la chorde la plus longue est la plus tenduë auec vne esgale force, au lieu que les autres obiections ont esté faites pour prouuer que la chorde est plus tenduë quand elle est courte. Et la raison consiste à sçauoir si la chorde se rompt plus aysément, quand elle est plus longue, comme il arriue aux exemples qui y sont rapportez, & qui monstrent (ce semble) que plus les corps sont grands, & plus ils ont d'effet, & que la vertu & la force qui tire, ou qui pousse est d'autant plus grande qu'elle s'esloigne dauantage de son commencement iusques à vn certain terme, qui borne la sphere d'actiuité, ou la proportion de la force mouuante & du corps mobile.

Ce que l'on peut confirmer par les plus longs Canons, qui ont leur portée & leur faussée plus grande; & par les Sarbatanes, dont vsent les enfans pour pousser des espingles, & de petites fleches beaucoup plus loin, qu'ils ne font auec de plus courtes, encore qu'ils poussent ce semble leur vent, ou leur haleine d'vne esgale force tant aux longues qu'aux courtes.

En effet plus les corps qui agissent, ou qui souffrent sont grands & massifs, & plus ils ont de force pour agir & resister, comme l'on experimente aux grands vaisseaux tant sur mer, que sur les riuieres: car ils frappent beaucoup plus fort ce qu'ils rencontrent, que ne font les petits bateaux, quoy que les vns & les autres aillent d'vne esgale vitesse, à raison que la force du vent s'imprime mieux aux grands corps mobiles qu'aux petits, parce que toutes les impressions & les qualitez, qui sont communiquées aux corps, sont receuës selon la capacité desdits corps, chacun en receuant seulement autant qu'il luy en faut & qu'il en est capable. C'est pourquoy l'on ne iette pas vn festu si loin qu'vne pierre, quoy que l'on s'efforce autant à ietter l'vn que l'autre, d'autant que la paille & les autres choses, ne sont pas capables d'vne si grande impression que les pesantes: ou parce qu'il y a vne plus grande proportion de la surface de la paille à sa pesanteur, que de la surface d'vne pierre, ou de quelqu'autre corps plus pesant auec leur pesanteur; de là vient que l'air resiste beaucoup plus à la superficie de la paille, qu'il n'est forcé par sa pesanteur, au lieu qu'il est beaucoup plus forcé par la pesanteur des autres corps, qu'il ne resiste à leurs surfaces. Ce qui conclud semblablement pour la descente naturelle des corps pesants vers leur centre.

De la nature & des proprietez du Son. 83

A quoy l'on peut adiouster que l'on pousse beaucoup plus d'air lors que l'on iette vn corps leger, que quand il est pesant, d'autant que le leger contient plus d'air dans ses pores ; or l'air ne desire pas d'estre remué dans l'air, ny d'estre ietté d'vn lieu de l'air dans vn autre : ce que l'on experimente semblablement dans l'eau, car ceux qui nagent entre deux eaux ne peuuent ietter vne partie d'eau d'vn lieu de l'eau dans vn autre que tres-difficilement : or nous nageons & viuons tousiours entre deux airs, & l'air n'est peut-estre autre chose qu'vne eau rarefiée. Mais cette raison de la resistance semble estre contraire à l'obiection, puis que la plus longue chorde doit plus resister que la plus courte, & consequemment elle sera plus difficile à rompre que la plus courte, si la resistance de la longueur croist à mesme proportion que les autres effets susdits, qui s'esloignent de la force, ou de la source du mouuement, ce qui est contraire à l'experience.

Certainement il est tres-difficile de resoudre cette difficulté, à laquelle ie ne responds autre chose, sinon que ie ne croy pas que la chorde se rompe plus facilement pour estre plus longue, si ce n'est à cause du plus grand branle & de la plus grande secousse qu'elle souffre : ou parce qu'il se rencontre plus de parties foibles & inesgales dans vne longue chorde, que dans vne courte, par lesquelles il arriue qu'elle se rompt. Et la plus grande partie des exemples, comme celuy de la plus longue pique, &c. se peut expliquer par le plus grand branle que font les plus grands corps : l'on pourroit encore dire que la plus longue chorde reçoit vne plus grande impression, à raison de sa plus grande quantité : si ce n'est qu'il s'ensuiuroit, ce semble, qu'elle se romperoit deux, trois ou quatre fois plus facilement, quand elle est deux, trois ou quatre fois plus longue, ce qui n'arriue pas.

Or il est difficile de rapporter ce plus grand branle à quelque principe des Mechaniques, si ce n'est à la vis, car le branle n'alongeant point la pique ne peut estre rapporté au leuier. Mais si nous adioustons vn nouueau principe, à sçauoir vn plus grand mouuement, l'on experimente que le branle adiouste vn nouueau mouuement à celuy que le basteau, ou la pique ont receu du bras, or deux ou plusieurs mouuemens estant ensemble font vn plus grand effet que quand ils sont tous seuls. Mais si la pique, ou vn autre corps à vn plus grand effet, encore qu'ils ne reçoiuēt nul branle, que n'a la demie pique, ou quelqu'autre moindre corps, il faut adoüer que la quantité augmente la force, quoy que la force qui meut lesdits corps soit esgale. Ce qui peut arriuer à cause qu'il y a moins de superficie dans les grands corps que dans les petits à proportion de leur quantité & de leurs pesanteurs : ou bien il faut respondre que iamais la pique, le basteau, & les autres corps estant poussez n'ont vn plus grand effet, s'ils ne sont poussez plus fort, & que l'on se trompe lors que l'on croit qu'ils sont poussez d'vne esgale force, laquelle s'augmente à proportion de la grandeur des corps : & comme vn nauire ne peut estre meu aussi viste qu'vne petite barque par vn vent esgal, la pique entiere & les plus grāds corps ne peuuent estre meus d'vne esgale vitesse par vne esgale force, quoy que l'on ne puisse remarquer cette inesgalité dans la force de la main de celuy qui pousse, ou qui tire toutes sortes de corps.

L'obiection contient plusieurs autres choses, qui appartiennent au principe & à l'estenduë des forces & des semences : à la force des rayons, aux semidiametres des roües & des autres engins de la mechanique : à la maniere de mouuoir les corps dans l'air, & à la different vitesse dont ils se meuuent, & finalement aux bruits & aux vents, qui sont plus grands lors qu'ils sont plus esloignez de leur commencement, dont nous ne parlerons point icy, parce qu'ils requierent des discours particuliers, & que nous ne sommes tombez en ce discours que par occasion.

Quant aux boulets & aux autres corps qui vont plus loin quand les tuyaux & les sarbatanes, ou les autres corps semblables sont plus longs, nous en parlerons peut-estre dans le liure de la Musique des Canons, des Tambours, & des autres bruits qui seruent à la guerre.

La cinquiesme obiection contient deux choses, dont la premiere est veritable, & la seconde est fausse : car il ne faut nullement douter que le mesme poids, ou la mesme force ne tende esgalement vne chorde de telle longueur que l'on voudra, quand mesme l'vne seroit attachée au firmament, & l'autre au clou d'vn plancher, ou d'vn Monochorde, & consequemment quãd la premiere auroit 16030000 lieuës, & la seconde vn pied de longueur seulement, puis que le poids rompt aussi facilement vne longue chorde qu'vne courte, comme nous auons remarqué cy-dessus, & ailleurs. La seconde partie de l'obiection tire vne consequence de l'esgale tension à l'esgalité des retours de la chorde, dont la fausseté sera demonstrée dans vn autre lieu.

Or l'on peut conclure de tout ce discours, que les chordes des instrumens de Musique sont esgalement tenduës en toutes leurs parties, & que la rupture qui se fait vers le cheualet, ou ailleurs, vient de ce que les chordes sont plus foibles ou plus vsées aux lieux où elles se rompent, ou à raison des differents accidens qui se rencontrent aux differens instrumens, à la differente matiere des chordes, & à la differente maniere des tensions, dont ie reserue le discours pour le traité des instrumens, dans lequel il sera plus aysé d'examiner toutes les differentes rencontres & proprietez des chordes.

ADVERTISSEMENT.

Ie parleray plus particulierement de tout ce qui concerne la force & le mouuement des chordes dans le troisiesme liure, apres auoir consideré dans le second les mouuemens des plus grands corps de l'vniuers, comme sont la terre & les astres, & plusieurs choses touchant le mouuement des corps pesans vers leur centre, & des mouuemés violens qui se font par le moyen des roües, & autrement : à quoy il sera tousiours facile d'adiouster beaucoup d'autres choses tant par l'experience que par la raison, attendu la grande multitude des differens mouuemens, que l'on remarque dans la nature. Or le liure qui suit contient l'examen de ce que le sieur Galilée Philosophe tres-excellent a proposé dans ses Dialogues du Systeme de Ptolomée, & de Copernic, & plusieurs autres choses qui meritent d'estre considerées par les meilleurs esprits du monde, afin qu'ils puissent establir quelque principe dans ce suiet, qui fournisse vne multitude de consequences auantageuses pour la Physique. Si l'on trouue quelque conclusion dans ce premier liure qui ne soit pas assez bien deduite, ou quelque similitude qui ne plaise pas, il est libre à chacun de les laisser, ou de les accommoder comme il luy plaira : ce que ie desire que l'on entende de tous les autres liures.

LIVRE

LIVRE SECOND.
DES MOVVEMENS DE TOVTES SORTES DE CORPS.

PREMIERE PROPOSITION.

Expliquer la vistesse dont les pierres & les autres corps pesans tombent vers le centre de la terre, & monstrer qu'elle est en raison doublee des temps, ou en raison des quarrez, & de leurs racines.

NCORE que plusieurs croyent que les pierres & les corps pesans tombent d'autant plus viste vers le centre de la terre, qu'ils sont plus pesans, neanmoins l'experience fait voir le contraire, comme ie monstreray; apres auoir remarqué les experiences de Galilee, dont il se sert pour refuter le liure des Conclusions Mathematiques de Schener; où il est obiecté contre le mouuement iournalier de la terre, qu'il s'ensuiuroit qu'vn boulet d'artillerie porté par vn Ange iusques au concaue de la Lune, employroit plus de six iours à tomber iusques à terre, encore que son mouuement fust aussi viste que le circulaire du grand orbe de la Lune, c'est à dire qu'il fist 12600 milles d'Allemagne à chaque heure : & qu'il est incroyable qu'il demeurast toujours sur le point vertical pendant six iours qu'il tourneroit auec la terre, en descriuant sous l'Equinoctial vne ligne spirale au plan du grand cercle, sous les paralleles vne spirale autour des cones, & vne ligne droite sous les poles.

A quoy Galilee respond que le demidiametre du cercle estant moindre que la 6 partie de sa circonference, il s'ensuit que le boulet n'ayant que le demidiametre de la Lune à descendre, sera plustost à terre que le ciel de la Lune n'aura fait sa 6 partie; puis qu'il suppose que le boulet va aussi viste que le ciel de la Lune, & qu'il tombera en moins de 4 heures, supposé que ledit ciel fasse son tour en 24 heures : ce qu'il faut supposer pour faire demeurer le poids en la mesme ligne verticale.

Mais il semble que Galilee n'ait pas icy pensé au mouuement circulaire du boulet, lequel ne tomberoit qu'en six heures, supposé qu'il eust la mesme vitesse du ciel de la Lune, & que son mouuement ne s'augmentast nullement à raison de son approchement vers la terre, comme suppose Schener : car le boulet

H

tomberoit pour lors par vn demicercle egal au quart de cercle du ciel de la Lune, comme ie demonstreray apres.

Ie viens donc à la proportion de la vistesse des corps pesans, qui vont tousjours en augmentant leur vistesse à mesure qu'ils s'approchent de la terre, suiuant toutes les experiences que i'en ay peu faire auec des corps assez pesans pour vaincre la resistence de l'air, par exemple auec des boules de plomb, & de bois.

Or ce que remarque Galilee pour respondre à Schener, est veritable, à sçauoir que cette vistesse s'augmente selon les nombres impairs qui suiuent l'vnité; de sorte que si dans vn temps donné le mobile fait vn espace, il en fera trois dans le second temps, cinq dans le 3, sept dans le quatriesme, &c. dautant que les espaces que fait le mobile depuis le lieu d'où il part en tombant sont entr'eux en raison doublee des temps esquels la cheute se fait: c'est à dire que les espaces sont entr'eux comme les quarrez des temps.

Cecy posé, il dit qu'il a experimenté qu'vn boulet de cent liures tombe de cent brasses de haut en 5 secondes d'heure; ce qui arriue semblablemét à vn boulet de dix liures, & à tout autre corps qui a assez de force pour fendre l'air: & parce que les espaces croissent selon les quarrez des temps, l'on aura la cheute du temps d'vne minute d'heure, si l'on multiplie les cent brasses par le quarré de 12, (parce qu'elle contient 12 fois 5 secondes) c'est à dire par 144, l'on aura 14400 brasses pour la cheute d'vne minute d'heure : & par la mesme regle le quarré de 60' multipliant 14400, donne 51840000 pour la cheute d'vne heure, qui valent 17280 milles : & pour sçauoir la cheute de 4 heures, il multiplie 17280 par 16, qui est le quarré de 4 ; d'où il vient 276480, qui est plus grand que le rayon du concaue de la Lune, lequel n'est que de 196000, ou de 56 demidiametres terrestres, comme le rayon de la terre n'est que de 3500 milles, chacun de 3000 brasses, comme suppose son aduersaire; contre lequel il conclud que le boulet descendra en moins de quatre heures: & que si l'on en fait le calcul exact, il tombera en 3 heures, 22', & 4": car puis qu'il fait cent brasses en 5 secondes, il en fera 588000000 (qui valent 56 demidiametres terrestres) au temps susdit, comme il preuue en multipliant le 3 terme par le quarré du 2, pour auoir 14700000000, lequel estât diuisé par le 3 terme, à sçauoir par cent, la racine quarree du quotient donne 12124 pour les secódes que le boulet employe à tomber, c'est à dire 3 heures, 22', 4". La raison de ce calcul est fondee sur ce que le quarré du temps donné est au quarré du temps cherché, comme l'espace à l'espace: c'est pourquoy si l'on multiplie le 3 nombre par le quarré du temps, qui est le second nombre, & que l'on diuise le produit par le premier nombre, le quotient donnera le quarré du nombre cherché, dont la racine sera ledit nombre cherché.

Or nous auions trouué vn autre moyen de supputer les temps, lors que les espaces sont donnez, auant que d'auoir vû le precedent : car sçachant que les espaces sont entr'eux en raison doublee des temps, il est aisé d'inferer que les temps sont entr'eux en raison sousdoublee des espaces; & que si les espaces sont entr'eux comme les quarrez des temps, les temps sont entr'eux comme les racines quarrees des espaces: sur quoy nous fondons la regle qui suit.

Cóme la racine de 100, à sçauoir 10, est à 5", de mesme la racine de 588000000, à sçauoir 24248$\frac{7}{10}$, à 12124"$\frac{7}{10}$, qui font 3 heures, 22', 4", 21'". Mais quant à l'experience de Galilee, ie ne peux m'imaginer d'où vient la grande difference qui

se trouue

Du Mouuement des Corps.

se trouue icy à Paris, & aux enuirons, touchant le temps des cheutes, qui nous a toujours paru beaucoup moindre que le sien: ce n'est pas que ie vueille reprendre vn si grand homme de peu de soin en ses experiences; mais ie les ay faites plusieurs fois de differentes hauteurs, en presence de plusieurs personnes iudicieuses, & elles ont toujours succedé de la mesme sorte: c'est pourquoy si la brasse dont Galilee s'est seruy n'a qu'vn pied & deux tiers, c'est à dire 20 poulces de pied de Roy dont on vse à Paris, il est certain que le boulet descend plus de cent brasses en 5". Or il semble que ladite brasse n'a que cette longueur, puis que nous donnons 5000 pieds à vn mille d'Italie, qui contient 3000 brasses, & que la grandeur qu'il donne à la circonference de la terre, à sçauoir 22000 milles, approche de celle que nous luy donnons, à sçauoir 7200 lieües, qui valent 21600 milles; soit qu'il vse de ce nombre, parce qu'il est plus aisé, ou qu'il donne 400 milles plus que nous ne faisons, à la circonference; à laquelle nous donnons 64800000 brasses, ou 108000000 pieds de Roy: & s'il faisoit la circonference egale à la nostre, sa brasse n'auroit que 19 poulces $\frac{7}{}$.

Cecy estant posé, les cent brasses de Galilee font 166 $\frac{2}{3}$ de nos pieds: mais nos experiences repetees plus de 50 fois, iointes à la raison doublee, nous contraignent de dire que le boulet fait 300 pieds en 5", c'est à dire 180 brasses, ou quasi deux fois dauantage qu'il ne met: de sorte qu'il doit faire les cent brasses, ou 166 pieds, en 3" $\frac{18}{}$, qui font 3",43"',20"", & non pas 5": car nous auons esprouué tres-exactement qu'vn globe de plomb pesant enuiron demie liure, & que celuy de bois pesant enuiron vne once tombent de 48 pieds en 2", de 108 en 3", & de 147 pieds en 3" $\frac{1}{2}$: or les 147 pieds reuiennent à 88 $\frac{1}{5}$ brasses; & s'il se trouue du mesconte, il vient plustost de ce que nous donnons trop peu d'espace ausdits temps, qu'au contraire, car ayant laissé cheoir le poids de 110 pieds, il est iustement tombé en 3"; mais nous prenons 108 pour regler la proportion: & les hommes ne peuuent obseruer la difference du temps auquel il tombe de 110, ou de 108 pieds. Quant à la hauteur de 147 pieds, il s'en falloit vn demi-pied; ce qui rend la raison doublee tres-iuste, dautant que le poids doit faire 3 pieds en vne demie seconde, suiuant cette vistesse, 12 pieds dans vne seconde minute; & consequemment 27 pieds en 1" & $\frac{1}{2}$, 48 pieds en 2", 75 en 2" & $\frac{1}{2}$, 108 pieds en 3", & 147 pieds en 3" & $\frac{1}{2}$, ce qui reuient fort bien à nos experiences, suiuant lesquelles il tombera 192 pieds en 4", & 300 en 5", pendant lequel Galilee ne met que 166 pieds ou 100 brasses, selon lesquelles il doit faire vne brasse en vne demie seconde, 4 en 1", qui font prés de 6 pieds $\frac{1}{2}$, au lieu de 12 que le poids descend en effet.

A	B	C	D
1	3	1 $\frac{2}{3}$	1
2	12	6 $\frac{2}{3}$	4
3	27	15	9
4	48	26 $\frac{2}{3}$	16
5	75	41 $\frac{2}{3}$	25
6	108	60	36
7	147	81 $\frac{2}{3}$	49
8	192	106 $\frac{2}{3}$	64
9	243	135	81
10	300	166 $\frac{2}{3}$	100

L'on void le reste dans cette table, dont la premiere colomne A contient les demies secondes: la 2 B monstre les espaces reduits en pieds que font les poids durant les temps, suiuant nos experiences: la 3 C contient les espaces en pieds, & la 4 D en brasses. Or nos experiences monstrent que le boulet doit tomber de la Lune, c'est à dire de 588000000 brasses, ou de 980000000 pieds, en 2 heures, 30',36",57"',36"", c'est à dire en moins d'vne heure qu'il ne dit.

Ie finis cette proposition par la conclusion que fait Galilee, à sçauoir que le boulet iroit plus viste (lors qu'il seroit venu iufques à terre) que depuis le concaue de la Lune, parce que s'il continuoit vniformement à fe mouuoir auffi vifte, comme il fait en quelque lieu de fa defcente qu'on le vueille confiderer, iufques à ce qu'il euft employé autât de temps que deuant, il feroit autant de chemin, comme il en auoit fait deuant, & confequemment fi le boulet employe 3 heures, 22′, 42″ à choir de la Lune iufques au centre de la terre, il pafferoit vn double efpace en mefme temps, c'eft à dire tout le diametre de la Lune, qui a 392000 milles: & s'il demeuroit attaché au concaue de la Lune, il feroit feulement 172880 milles dans le temps fufdit (où il faut remarquer que le calcul donne 173392) lequel eft moindre que la moitié, de 392000. Mais i'examineray cette double vifteffe dans la propofition qui fuit, car il fuffit d'auoir enfeigné en celle-cy, que la viteffe des poids eft en raifon doublee des temps.

COROLLAIRE.

En mefme temps que i'efcriuois cette propofition, Monfieur de Peirefc Confeiller au Parlement d'Aix, qui eft le plus rare homme de l'Europe pour obliger tous ceux qui cheriffent les bonnes lettres, m'a enuoyé la braffe de Florence, laquelle a iuftement 21 poulce & demi de Roy, de forte que ie l'ay prife trop courte d'vn poulce & demi : ce qui n'empefche pas que les mefures de Galilee ne foient fort éloignees des noftres : c'eft pourquoy il n'eft pas neceffaire de changer le calcul precedent, ioint que ie ne fuis pas certain s'il a vfé de cette braffe dans fes experiences, & qu'il eft tres-aifé de fuppofer tel efpace, & tel temps que l'on voudra par les regles que i'ay expliquees. Or l'on trouuera tout ce que i'ay obmis dans cette propofition, & tout ce que l'on peut defirer fur ce fuiet dans les propofitions qui fuiuent : i'aioûte feulement icy noftre demi pied de Roy, A B, afin que l'on ait nos mefures deuant les yeux en lifant ces propofitions, & quant & quant celles de Galilee, fuppofé qu'il fe foit ferui de cette braffe de Florence, dont la ligne CD eft iuftement la quatriefme partie. L'on diuife encore cette partie en 5 autres; & chacune de ces 5 en 3, & finalement chacune de ces troifiefmes parties en 4, de forte que ce quart de braffe demeure diuifé en 60 parties, & confequemment la braffe fe diuife en 240 parties, au lieu que noftre pied de Roy fe diuife en 12 poulces, ou en 144 lignes, de forte que la braffe feroit au pied comme 5 à 3, fi leurs lignes eftoient égales : mais celles de la braffe font vn peu plus grandes, parce qu'elle eft au pied comme 43 à 24, auec lequel elle feroit pour lors comme 40 à 24, c'eft à dire comme 5 à 3. Or noftre toife à 6 pieds de Roy, c'eft à dire 12 fois la ligne A B : d'où il eft aifé de conclure que n'ayant donné que 20 pieds à la braffe, i'ay fuppofé CD plus court de DE qu'il n'eft dans la braffe, dont ie viens de parler ; car ie l'ay fuppofee en raifon de 6 à 5 auec le pied.

PROP.

Du mouuement des Corps.

PROPOSITION II.

Si vn poids estant tombé d'vn espace donné n'augmentoit plus la vistesse qu'il a acquise au dernier point de cet espace, & qu'il continuast de la mesme vistesse, il feroit vn espace double du premier en vn temps egal : d'où l'on infere que la pierre qui descend passe par tous les degrez possibles de tardiueté.

Galilee vse du triangle A B C pour expliquer les degrez de la vistesse des poids qui descendent; & pour ce sujet il diuise le costé A C en cinq parties egales, A D, D E, E F, F G, & G C, & tire les paralleles à la base B C, à sçauoir D H, C I, &c. afin que l'on s'imagine que les parties marquees sur A C sont autant de temps egaux, & que les paralleles representent les degrez de vistesse qui s'augmente & croist egalement en temps egaux: de sorte qu'A est le lieu du repos, & que le mobile A acquiert la vistesse D H au temps A D; & consequemment qu'au 2 temps D E la vistesse est augmentee de I E, & ainsi des autres lignes K F, &c. Mais parce que cette vistesse croist continuellement de moment en moment, & non par pauses, ou sauts, de certain temps en certain temps, il est certain que les degrez de vistesse depuis le repos A iusques à l'aquisition du degré H D dans le temps A D sont infinis, suiuant l'infinité des instans du temps A D, ou des points de la ligne A D.

C'est pourquoy il faut s'imaginer vne infinité de lignes tirees par tous les points de la ligne A D, qui font la surface du triangle A D H: par où nous entendons tous les espaces que fera le mobile auec le mouuement qui s'augmente toujours vniformement. Et pour ce sujet il faut acheuer le parallelogramme A M B C, & prolonger les lignes de chaque point d'A iusques à chaque point de M B, afin que comme B C du triangle A B C signifie le degré de la plus grande vistesse, & que la surface du triangle est la somme de toute la vistesse, auec laquelle le mobile a passé vn tel espace dans le temps A C, de mesme le parallelogramme soit vne masse & vne somme dautant d'autres degrez de vistesse, dont chacun soit egal au plus grand B C: laquelle somme est double de la somme du triangle, comme le parallelogramme est double du mesme triangle. D'où il conclud, quesi le mobile qui s'est serui des degrez de vistesse du triangle a passé tout cet espace, s'il se sert de celle qui respond au parallelogramme, il fera en mesme temps vn espace double par vn mouuement egal.

Mais nous expliquerons peut estre cecy plus clairement en tirant depuis la ligne B C (qui signifie l'extreme vistesse) les 2 lignes C O & B N pour doubler le parallelogramme, car B D est egal à B A. Or il faut remarquer que toutes les vistesses de H D, I E, &c. se trouuent iointes en B C, de sorte que la vistesse B C est composee de toutes les precedentes, comme la ligne des temps A C est composee de toutes les autres lignes. Mais les surfaces comprises par les petits triangles A H D, A I E, &c. s'augmentent comme le quarré des temps, car celles qui ont le costé double sont en raison quadruple; ce que ie demonstre au triangle A I E qui represente l'espace qui se fait pendant le temps A E, car il est quadruple d'A H D, qui se fait au temps A D, lequel est la moitié du temps A E: par consequent la surface

H iij

AKF est 9 fois plus grande qu'AHD, comme l'espace que fait le mobile au temps AF est 9 fois plus grand que celuy qu'il fait au temps AD : desorte que le temps AE, & la vistesse EI estant au temps AF, & à la vistesse KF comme 2 à 3, les espaces AIE & AKF sont comme leurs quarrez 4 & 9. Et si l'on prend l'espace fait aux parties desdits temps, la premiere partie estant 1, la 2 sera 3, la troisiesme 5, & les suiuantes 7, 9, &c. selon tous les nombres impairs, comme sont les surfaces AHD, 1. HDIE, 3. IEKF, 5. KFLG, 7. LGBC, 9.

Or si la vistesse BC ne s'augmentoit plus, & que la cheute continuast vniformement, il ne faudroit plus augmenter BC, mais il faudroit seulement continuër les lignes des augmentations AB depuis C iusques à O, afin que CO represente vn temps égal à CA, & que l'espace que fera le mobile soit signifié par le parallelogramme BCNO, qui a vn mesme degré de vistesse tant en BC qu'en NO, & qui est double du triangle ABC ; d'où il est aysé de conclure que l'espace que fait le mobile par vn mouuement vniforme est double de celuy qui se fait par vn mouuement augmenté.

Ie monstre encore la mesme chose par nombres, en faueur de ceux qui ne sçauent pas la Geometrie : & dis que si le mobile fait 3 pieds en vne demie seconde, il aura acquis vne telle impetuosité, qu'en ne l'augmentant plus il fera 6 pieds dans vn autre demie seconde : ce que l'on comprendra en considerant le chemin qu'il fait immediatement deuant & apres la fin de la demie seconde en des temps fort courts : par exemple ie considere le chemin que fait le poids en chaque tierce de cette demie seconde, qui en contiét 30, en la premiere desquelles il fait $\frac{1}{10}$ de pouce : en la 2, $\frac{3}{10}$, de pouce ; en la 3, $\frac{5}{10}$; en la 4, $\frac{7}{10}$; & ainsi de suite selon les nombres impairs iusques à la 30, ou derniere tierce, pendant laquelle il fait $\frac{59}{10}$ de pouce, comme il en feroit $\frac{61}{10}$ dans la 31 suiuante. Or puis que cette vistesse croist toujours en proportion Arithmetique en ajoûtât toujours vn mesme nombre au nombre precedent, ie conclus que si l'on prend le milieu de la 30, & de la 31 tierce, qui est la fin de la demie seconde, on aura aussi le milieu de $\frac{59}{10}$ & $\frac{61}{10}$, c'est à dire $\frac{60}{10}$ de pouce, ou 2 pouces $\frac{2}{5}$, que le mobile fait en vne tierce prise partie deuant, & partie apres la fin de la demie seconde, à sçauoir 30''' deuant, & autant apres. Et si l'on multiplie 2 pouces $\frac{2}{5}$ par 30'', qui sont en la demie seconde, on aura 72 pouces, c'est à dire les 6 pieds qu'il falloit trouuer en vne demie seconde : ce qui monstre qu'il fait vn pied en 5'', & qu'il acquiert iustement cette vistesse au dernier instant de la premiere demie seconde, ou au premier instant de la suiuante.

L'on trouuera la mesme chose par les demies tierces, tandis que le poids fait $\frac{1}{10}$ de pouce, car il fera $\frac{119}{100}$ dans la 60 demie tierce, & en la 61, $\frac{121}{100}$, & consequemment il fera $\frac{120}{100}$, ou vn pouce & $\frac{1}{5}$ en 15'''' deuant, & apres la fin de la demie seconde : or si l'on multiplie 1$\frac{1}{5}$ pouce par 60 demies tierces qui sont dans vne demie seconde, l'on aura 72 pouces, ou 6 pieds.

D'où il est aisé de conclure que la vistesse des poids va à l'infini, tant vers la fin que vers le commencement de leur cheute ; & que l'on peut diminuër la vistesse en vne raison donnée, si l'on remonte vers le commencement, comme on l'augmente en descendant vers la fin : par exemple le poids fait $\frac{1}{5}$ de ligne en 50'''', & vne ligne dans les 50 qui suiuent. Il fait $\frac{9}{90000}$ de pouce, ou $\frac{7}{7100}$ de ligne dans vne quatriesme, & s'il continuoit en cette vistesse il ne feroit qu'vn pied en 5'. En 20

quintes

Du mouuement des Corps. 91

quintes il fait $\frac{1}{31000}$ de pouce, & ne feroit qu'vn pied par ce mouuement dans vn quart d'heure.

Or il s'enfuit de tout ce difcours que la viſteſſe des mobiles ne s'augmente qu'en la meſme façon des temps, car ſi apres vne demie ſeconde la viſteſſe eſt comme 6, à la fin d'vne ſeconde elle ſera comme 12, & à la fin d'vne ſeconde & demie elle ſera comme 18, &c. Mais ſi l'on veut trouuer ſans cette ſupputation l'eſpace que feroit le poids s'il n'augmentoit point ſa viſteſſe depuis le premier moment, il faut prendre la raiſon de l'autre moment qu'on cherche, & de ce-luy dont on ſçait la viſteſſe: par exemple, nous ſçauons que le poids ne faiſant pas plus de chemin en chaque cinquieſme minute qu'il en fait en la premiere de ſa cheute, il ne feroit qu'vn pied en 5 heures; ſi ie veux ſçauoir en quel temps il feroit vn pied s'il n'alloit pas plus viſte qu'au milieu de la premiere ſixieſme, ie multiplie les 5 heures par 60, qui eſt la raiſon, ou la difference d'vne 5 à vne 6, afin d'auoir 300 heures, ou 12 iours $\frac{1}{2}$ qu'il ſeroit à faire vn pied. Et s'il n'alloit point plus viſte qu'au milieu de la premiere 7, il ſeroit 2 ans & 20 iours à faire vn pied. Par où l'on void qu'en approchant toujours du commencement de la cheute, l'on peut rencontrer vne ſi grande tardiueté de mouuement, que le mo-bile ne feroit pas l'eſpace d'vne ligne en mille ans, s'il continuoit à deſcendre de la meſme viſteſſe: deſorte que l'on peut dire qu'il commence ſa cheute par vne tardiueté quaſi infinie, & que le repos peut eſtre conſideré comme vne tardiueté entierement infinie, dont nous parlerons encore apres.

COROLLAIRE I.

Du chemin que feroit le poids dans la derniere demie ſeconde minute, en tombant depuis la ſurface de la terre iuſques à ſon centre.

Si l'on donne 1145 lieuës, chacune de 15000 pieds, & de plus 4347 pieds au rayon de la terre, comme nous faiſons, le poids tombera de la ſurface au centre, ſuiuāt nos experiences, & la raiſon doublee des eſpaces aux temps, en 19′,56″ $\frac{1}{2}$; & s'il tomboit de 300 pieds ou de 50 toiſes plus haut que la ſurface, il n'employroit que $\frac{1}{100}$ de ſeconde dauantage: ce qui monſtre qu'il fait 50 toiſes au dernier 100 de ſeconde. Ie dis donc, en $\frac{1}{100}$ de ſeconde il fait $\frac{1}{100}$ de toiſe, & au dernier centieſme de 1196″ $\frac{1}{2}$, & $\frac{1}{100}$ ou 1196″ $\frac{100}{100}$ il fait $\frac{119301}{1000}$ de toiſe, qui font pres de 48 toiſes: mais parce qu'il falloit trouuer 50 toiſes, il y a vn peu plus de $\frac{1}{100}$ de ſeconde auec les 1196″ $\frac{50}{100}$ or cet erreur vient de la racine quarree du demidiametre de la terre, que l'on ne peut trouuer exacte: car en la premiere 100 de la derniere ſeconde le poids fait $\frac{119}{1000}$ moins, à ſçauoir $\frac{119301}{1000}$ en la 119551. 100. des 1196″ $\frac{50}{100}$ qui eſt la premiere 100 de la derniere ſeconde; parce que chaque 100 diminuë de $\frac{1}{1000}$ de toiſe : or tous les eſpaces que fait le poids en chaque 100 de la derniere ſeconde eſtant aſſemblez font $\frac{3793000}{1000}$ de toiſes, c'eſt à dire 4784 toiſes & $\frac{1}{10}$, que fait le poids en la derniere ſeconde: & en la derniere demie ſeconde il fait 2392 $\frac{1}{20}$ toiſes: & lors qu'il tombe ſeulement de la ſurface de la terre, il fait 2392 $\frac{1}{2}$ toiſes en la derniere demie ſeconde de ſa cheute qui dure 1196″ & $\frac{1}{2}$, c'eſt à dire $\frac{1}{10}$ de toiſes moins que lors qu'il tombe de 50 toiſes plus haut: & par conſeqent il fait dans la demie ſeconde que nous cherchions; 4784 toiſes, c'eſt à dire $\frac{1}{10}$ de toiſe moins que s'il tomboit du haut d'vne tour de 300 pieds. Voyons maintenant ce qui arriueroit à ces cheutes, si la terre tornoit en 24 heures, au lieu des Estoilles, comme plusieurs s'imaginent : & puis nous traiterons des autres difficultez qui concernent la vistesse ou la tardiueté de toutes sortes de mouuemens.

COROLLAIRE II.

Où il est monstré en combien de temps vne pierre tomberoit depuis les Estoilles, le Soleil, & la Lune, iusques à la surface, ou au centre de la terre.

Ie suppose que la pierre suiue nos proportions, qui monstrent qu'elle chet 12 pieds dans vne seconde, & de 300 pieds en cinq secondes. D'où il s'ensuit qu'elle tombera de la surface de la terre au centre dans 19',56",25''',29'''',36^v, comme nous auons dit dans le premier corollaire; de la Lune eloignee de 56 demidiam. iusques au centre de la terre en 2 heures, 29', 14", 25', 48 : & iusques à la surface en 2 heures 17',54",6''',54'''', lesquelles estant ostees du nombre precedent, il reste 1',20",18',54, pour le temps de la cheute qui se fait de la surface de la terre iusques à son centre. Le poids tomberoit depuis le Soleil eloigné de 1142 demidiametres iusques au centre de la terre en 11 heures,13',56",48; & iusques à la Lune eloignee de 56 demid. en 10 heu. 57',12,54; lesquelles estant ostees de 11 heures 15',56",48,il reste 16',43",54''' pour la cheute depuis la Lune iusques au centre de la terre. Et du Soleil à la surface de la terre, la cheute se fait en 11 heures 13',38,57 : lesquelles estant ostees de 11 heures 13',56,48,il reste 17",51 pour la cheute depuis la surface de la terre iusques à son centre ; & pour celle de la Lune à la surface, l'on a 16',26,3.

Le poids en fin tombera des estoiles eloignees de 14000 demid. iusques au centre de la terre en 39 heures,19',41,57,54 : iusques au Soleil en 37 heures 4',24, 37,21 : & du Soleil au centre en 1 heure 38', 17, 20, 33. Des estoiles à la Lune en 39 heures,14',58,30 : & de là au centre dans 4',43,27,54 : & depuis le Soleil iusques à la Lune dans 1 heure 33', 33, 52, 39.

Et si l'on desire le temps exact de la cheute depuis le firmament, l'on a 39 heures,19',41,58,12. Iusques à la surface, 39 heures 19',36,54. De la surface au centre, 5',4, 15, c'est à dire ,7''', de toute la cheute depuis les Estoiles iusques au centre de la terre.

Ce qui monstre vne estrange vistesse des poids, supposé qu'ils gardent tousjours vne mesme progression ; car ce dernier nombre monstre qu'vne pierre feroit 1145 lieuës, c'est à dire tout le demidiametre de la terre, tandis que le poux no le cœur bat six fois ; ce qui est quasi incomprehensible, & qui fait que plusieurs nient que ce progrez de vistesse continuë tousjours iusques au centre. A quoy l'on peut ajouter que les poids ne descendroient peut estre pas des Estoilles, sur lesquelles ils demeureroient comme sur la terre. Mais nous ne pouuons rien conclure de ce qui se feroit, puis que nous ne pouuons faire aucune experience de cecy.

PROP. III.

Du mouuement des Corps. 93

PROPOSITION III.

Determiner la figure du mouuement des corps pesans qui tomberoient du haut d'vne Tour, ou de telle autre hauteur que l'on voudra, supposé que la terre se meuue, & face chaque iour vn tour entier sur son axe.

Il n'est pas necessaire d'expliquer l'helice que feroit le poids, si son mouuement estoit vniforme comme celuy de la terre, puis que nous auons monstré sa difformité, & son inegalité, laquelle ie suppose maintenant, afin de n'vser point de repetition. Mais afin que cette proposition soit plus agreable, ie veux examiner les pensées de Galilée sur ce sujet, dont il parle depuis la 156 page de ses dialogues : c'est pourquoy ie descris icy le cercle B I du centre A, qui represente la terre, & prolonge le demidiametre A B iusques à C, afin que B C soit la hauteur de la Tour, laquelle estant portée par la terre sur la circonference B I décrit auec son sommet, l'arc C D N. Ie diuise apres le demidiametre A C par la moitié au point E, d'où ie décris le demi cercle C I A, par lequel Galilée dit qu'il est probable que la pierre tombe, si son mouuemēt est composé du circulaire de la terre, & du droit qui luy est propre : ce qu'il prouue ainsi.

Si dans la circonference C D on marque quelques parties égales, comme C F, F G, G H L, & L D, & que des points F, G, H, L, on tire des perpendiculaires au centre A, les parties de ces lignes comprises entre les deux circonferences C D N, & B I M, representent la Tour portée par la terre de C à N : & les points où le diametre couppe ces lignes seront les lieux où la pierre se trouuera de temps en temps en tombant : or ces points s'éloignent toujours de plus en plus du haut de la Tour, c'est pourquoy le mouuement droit de la pierre au long de la Tour se monstre toujours plus augmenté, & plus violent. Et parce que l'angle D C I est infiniment aigu, l'éloignement de la surface C F D, ou du haut de la Tour est tres-petit au commencement, & consequemment le mouuement de la pierre est d'autant plus lent qu'il est plus proche du C, ou du repos, & qu'elle va plus viste vers le centre A, qu'en nul autre lieu.

Or il faut examiner cette belle pensée de Galilée, afin de voir si le mouuement de la pierre, qui nous semble perpendiculaire, peut estre circulaire, & égal à celuy de la terre, comme le demicercle B I A est égal au quart du cercle C N. Nous auions déja consideré cette mesme ligne auant que d'auoir vû ses dialogues ; mais puis qu'il met la cheute des poids en raison doublée des temps, comme nous auons fait, à laquelle la raison des Sinus verses des arcs égaux est quasi semblable, principalement au commencement de la cheute lors qu'ils sont petits, il est aisé de monstrer que la cheute des pierres ne peut se faire par le demicercle B I A : ce que ie demonstre par l'autre figure qui suit, à sçauoir A, 90, L, dans laquelle les arcs representent le tēps, & les sinus verses l'espace de la cheute ; c'est pourquoy lors que le lieu d'où tombe le poids, à sçauoir A, sera porté par le mouuement iournalier iusques à 9, qui signifie 9 degrez, ce qui se fera en 36′ d'heure, le poids sera en B, & partant sera au point du demicercle 2, c'est à dire au lieu où la perpendiculaire 9 L coupe l'arc descrit du point B : & quand

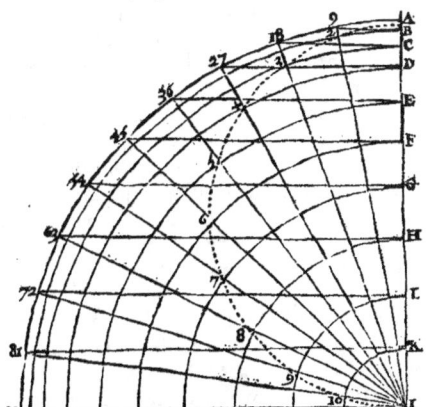

A sera au point 18, ce qui arriuera dans vne heure, & 12', la pierre sera au point 2, c'est à dire au lieu où l'arc venant de C coupe la perpendiculaire 18 L, car l'espace 18, 2, est égal à l'espace de la cheute A C, & au Sinus verse de l'arc A 18, qui marque le temps.

De mesme quand le point A est porté iusques à 27, le poids sera iusques à D ; d'où le quart de cercle estant tiré il rencontre la perpendiculaire 27 L au point 3. Lors qu'A sera en 45, ce qui arriuera en 3 heures, la pierre sera au point 5, qui est le lieu, où l'arc tiré du point F (lequel est le terme de la cheute du poids A F, car c'est le Sinus verses de 45 degrez) coupe la perpendiculaire 45 L. Et partant le poids arriuant en 4 heures 48' à 72, le Sinus verse de 72 degrez est A I, & l'arc tiré du point I rencontre la perpendiculaire 72 L au point 9, qui est le lieu du poids ; de sorte que le point A estant en 90, le poids sera arriué dans 6 heures au centre de la terre L par le demidiametre A 1, 2, 3, 4, 5, 6, 7, 8, 9, L : D'où il s'ensuit que toutes sortes de poids de pesanteur & matiere suffisante pour vaincre l'air comme le plomb, les pierres, le bois, &c. doiuent tomber au centre de la terre en 6 heures, de quelque distance que ce soit, par exemple aussi bien d'vne lieuë prez du centre, que depuis la Lune ; ce qui est impossible, si les poids commencent leur mouuement d'vne vistesse égale en toutes sortes de lieux, & s'ils gardent toujours la proportion dont nous auons parlé : de sorte que pour verifier la cheute precedente, il faudroit que le poids descendist d'autant plus lentement qu'il tombe d'vne hauteur moins éloignée de son centre, comme il arriue au plomb suspendu à vne longue chorde, dont le mouuement est quasi imperceptible quand on le tire fort peu hors de sa ligne de direction, parce qu'il est fort peu violenté, & ne desire pas changer de lieu auec tant de violence que lors qu'on l'élongne dauantage de son centre.

Car l'on peut respondre la mesme chose pour les poids éloignez de la terre, & dire qu'ils reuiennent toujours à ce centre dans vn temps égal, comme fait le plomb attaché à la chorde, dont nous parlerons apres, & mesme l'on peut aioûter que l'égalité des retours au centre de la terre est plus exacte que celles des retours du plomb, parce que la chorde l'empesche vn peu, or la pierre qui tombe droit au centre n'a point cet empeschement : & ce temps de la cheute de la pierre au centre seroit toujours de 6 heures, encore qu'elle ne tombast que d'vn pied de haut à son centre, suiuant les hypotheses precedentes.

Quoy qu'il en soit, il est impossible d'en faire les experiences, qui conuainquent du contraire, dautant que quelques hauteurs que l'on prouue, la difference des

Du Mouuement des Corps. 95

ce des vistesses sera si petite, que nulle industrie humaine ne la peut apperceuoir, non plus que la difference de la raison doublee des espaces au temps de la cheute, d'auec celle des sinus verses des arcs doubles ; car le rayon estant 10000, le sinus verse de 15', qui se font dans 1' par le mouuement iournalier, est vn, celuy de 30' est 4, & celuy de 45 est 9. Or nous ne sçaurions icy obseruer de cheute dans 1' d'heure, & encore moins en 2'; car en 1' le poids feroit 7200 toises, & & 28800 en 2'; & neantmoins la raison des espaces est exactement double de celle des temps en cette distance, encore que ce soit la raison des sinus verses aux arcs. Mais si l'on continuë plus auant, ou que l'on soit plus pres du centre, l'on y trouuera vne difference manifeste, & la raison des sinus verses aux arcs sera toujours moindre que la raison doublee des espaces aux temps : quoy que nous ne puissions sçauoir la vraye proportion que garderoit le poids iusques au centre, & que l'on puisse soustenir que c'est celle des sinus verses à leurs arcs. Neantmoins puis que la raison doublee est la plus aisee, il vaut mieux s'en seruir que de l'autre, car l'on ne peut s'y mesprendre sur la surface de la terre.

Or auant que de passer outre, il est bon de remarquer que ce qui nous a fait considerer cette cheute par le demicercle, est qu'ayant supposé le mouuement iournalier de la terre, & que le poids estant porté du point A au point 18 en la ligne perpendiculaire 18 L, aussi pres du centre L que le point C, qui est touché par la ligne 18 C, parallele à l'horizon du lieu du mouuement de la cheute 90 L, & ayant seulement consideré la cheute dans la perpendiculaire A L, à proportion que l'arc A 9, 18, 27, &c. se courbe ; de sorte qu'estant arriué au point 90, la ligne qui en est tiree perpendiculairement sur A L finit au centre de la terre, (mais à cause que le poids ne demeure pas en la ligne A L, parce qu'elle suit le mouuement iournalier, quand le lieu d'où le poids tombe est arriué au point 27, apres que l'on a tiré de ce point vne perpendiculaire sur A L, qui la touche au point D, & qui monstre la cheute du poids, tandis que la terre a fait l'arc A 27, ie tire vn arc du point D, le mesme centre L demeurant toujours le lieu où l'arc rencontre la perpendiculaire tiree du point 27 au centre, à sçauoir 4, est le lieu du poids, à raison qu'il a trouué l'arc D 4, & apres auoir marqué plusieurs lieux egalement distans sur le quart du cercle A 90,) & tiré des lignes perpendiculaires coupees de plusieurs autres moindres quarts de cercle ; selon les lieux où la premiere ligne A L est coupee, & de plus la ligne qui marque la cheute estant tiree par les perpendiculaires, & & par les arcs qui s'entre-coupent, nous auons en fin trouué que cette ligne estoit vn demicercle parfait, & que les arcs paralleles au quart de cercle A 90 sont eloignez l'vn de l'autre d'vne proportion fort proche de la double, & si semblable aux arcs eloignez du centre L, que l'on n'en peut remarquer la difference par aucune obseruation.

Mais apres auoir examiné cette matiere plus à loisir, nous auons trouué qu'il estoit impossible suiuant nos experiences, & l'vne ou l'autre desdites proportions, qu'vn poids fust six heures à descendre de la surface de la terre iusques au centre, & que de mesme que nostre pensee n'estoit pas de grande consideration pour prouuer la cheute des corps pesans par le mouuement circulaire, à sçauoir mesure que l'arc approche de la ligne horizontale 90 L, aussi la route de la cheute en demicercle, laquelle nous auons descrit par le moyen expliqué cy-deuant, ne pouuoit eſtre deffenduë, parce qu'elle tire apres ſoy de grandes abſurditez qu'il faut examiner dans la propoſition qui ſuit.

PROPOSITION IV.

Monſtrer qu'il eſt impoſſible que les corps peſans deſcendans iuſques au centre de la terre, deſcriuent le demi cercle precedent; & donner la ligne par laquelle ils deſcendroient, ſi la terre tournoit en 24 heures autour de ſon eſſieu.

Nous auons dit cy-deſſus, que ſi le poids tomboit en ſix heures de quelque lieu que ce fuſt, il ſeroit neceſſaire qu'il euſt diuers degrez de viſteſſe, ſelon les diuerſes diſtances du centre d'où on le lairroit cheoir; & conſequemment eſtant à la Lune eſloignee de 58 demidiametres terreſtres, ou de 66666 lieuës du centre de la terre, il feroit 820 lieuës en 36′ d'heure, puis que la terre feroit 9 degrez en 36′. Or le ſinus verſe de 9 degrez eſt 1230, le rayon eſtant de 100000, donc ſi le rayon eſt 66666, le ſinus verſe ſera 820 lieuës; & ſi le rayon eſt egal au demidiametre de la terre, c'eſt à dire à 1145½ lieuës, le ſinus verſe de 9 degrez ſera 14 1/10, & partant le poids ne deuroit faire que 14 1/10 lieuës en 36′: & neanmoins il tombera ſuiuant nos experiences, & la raiſon doublee 3732 lieuës, & 1200 toiſes pendant ledit temps.

Le poids chet 108 pieds en 3″, comme monſtrent toujours les experiences tres-exactes; & neanmoins s'il deuoit tomber en 6 heures au centre, il ne feroit que 4 poulces & 11 lignes: car en 3″ la terre fait 45″, dont le ſinus verſe eſt 238, le rayon eſtant 10000000000; & ſi ce rayon donne 238, 17181818 pieds donneront 4 poulces, 11 lignes: qui eſt vne difference ſi remarquable, qu'il n'y a nul ſujet de douter qu'vn poids ne peut eſtre 6 heures à tomber au centre. Or puis qu'il tombe 108 pieds au lieu de 4 pouces, 11 lignes, il deuroit eſtre 48″; à tomber, ſelon cette ſuppoſition: car ſi 17181818 pieds donnent 108 pour le ſinus verſe, 10000000000 donneroit 62857/10, qui oſtez du rayon, il reſte 9999937 14/10 pour le ſinus du complement que la terre torne pendant la cheute, qui ſe fait en 48‴½, qui eſt vn temps trop long & trop different de 3″, pour ne pas inferer les abſurditez qui ſuiuent vne telle hypotheſe; car l'experience monſtre qu'il fait 263½ fois plus de chemin, qu'il ne feroit en ſuppoſant la cheute depuis la ſurface de la terre iuſques au centre en 6 heures, puis que 4 poulces & 11 lignes ſont autant de fois en 108 pieds: & pour faire vn chemin egal, il employroit 16½ fois plus de temps qu'en ſuiuant la raiſon doublee, & l'experience, puis que 3″ ſont autant de fois en 48″½, & que cette diſproportion de temps reſpond fort bien à celle des eſpaces car 1 à 263 eſt à peu prez en raiſon doublee de 1 à 16½.

Or il eſt aiſé à conclure de tout ce diſcours, que Galilee s'eſt contenté d'auoir vne proportion de cheute qui luy ſembloit s'accorder auec les apparences, & que penſant dauantage aux belles correſpondances & conſequences qu'il en tiroit, il n'a pas approfondi cette matiere, attendu qu'il n'eſt pas croyable qu'vn tel homme ſe fuſt tellement meſpris, s'il euſt examiné de plus pres la cheute des poids, ſuiuant les experiences qu'il a fait luy-meſme.

Mais paſſons outre, afin de voir ſi l'on peut connoiſtre quelque difference en la viſteſſe des poids au premier moment de leur cheute, ſi elle eſtoit inegale,

comme

Du mouuement, &c.

comme l'on peut la supposer. La plus grande différence que nous puissions auoir touchant l'eloignement du centre est tout au plus de 5 lieuës, ou de 81818 pieds de Roy; & neanmoins si on prend la cheute de l'vn & de l'autre lieu pēdant 3″, l'on ne trouuera nulle difference sensible; car estant eloigné de 1145 1/11, ou 17181818 pieds, le poids fera 4 pouces 11 lignes en 3″, & si l'on s'approchoit de 5 lieuës, afin d'estre à 1140 lieuës, ou 17100000 pieds du centre, le poids ne seroit aussi que 4 pouces 11 lignes en 3″, car la difference est seulement en ce qu'au premier il y a 180/1000 de lignes, & au second 97/1000. Si l'on prenoit la cheute qui se fait en 36″ d'heure, estant eloigné de 1145 1/11 lieuës, il feroit 14 lieuës 1/2 peu moins, & 14 lieuës 1/2, estant eloigné de 1140 lieuës: ce qui n'est nullement obseruable en de si grandes distances.

En 48″ il deuroit tomber 104 pieds, 8 pouces, 1 ligne 1/2, eloigné du centre de 1145 1/11, & 104 pieds 2 pouces, 2 lignes, c'est à dire demi pied moins, eloigné de 1140 lieuës: car comme 10000000000 est à 609243 sinus verse de 12′, qui est l'arc que feroit la terre en 48″, de mesme le rayon de la terre 17188818 pieds est à 104 2/3 pieds, & consequemment le rayon diminué de 5 lieuës 1/2, c'est à dire 17100000, à 104 1/10 pieds. Or cette petite difference ne peut-estre apperceüe, quelque diligence & remede qu'on y puisse apporter, encore qu'elle fust de 4 pieds; car si le poids fait 108 pieds en 3″, il sera 104 pieds en 5 demi secondes & 11/15, ou en 2″ 43/1000, c'est à dire 3‴ 36⁗ moins, qui est vn temps qui ne tombe pas sous l'obseruation.

Il est donc éuident que le mobile ne tomberoit pas de la mesme façon que s'il eust demeuré au lieu d'où il fust tombé, c'est à dire d'vne cheute circulaire, & consequemment qu'il ne feroit pas autant de chemin que s'il fust demeuré sur le haut de la tour, & qu'il n'auroit pas vn mouuement vniforme & egal, comme Galilee s'est imaginé; car nous auons monstré clairement qu'vn poids ne peut cheoir de la surface au centre en 6 heures, comme il feroit necessaire, & que suiuant nos experiences, & la raison doublée, ou celle des sinus verses aux arcs, il arriuera au centre en 19′ 56″, pendant que la terre fera 4 degrez, 59′ 1/2: & si l'on suit l'experience de Galilee, il ira au centre en 25′ 1/2, tandis que la terre fera 6 degrez 22′ 1/2, & partant il

I

decrira la ligne courbe A B D E F C, qui est grandement differente non seulement du demicercle, mais de quelque partie de cercle & d'arc que l'on voudra : car si l'on oste la portion A B D, le reste n'est guere different d'vne ligne droite, comme l'on void particulierement dans la portion E F C: or cette ligne se decrit en cette sorte.

Ie tire la ligne droite A C qui represente le demidiametre de la terre, dont C est le centre, & puis ie mene la ligne C O, qui fait auec A C vn angle de 6 degrez 22′ ½, car si la ligne A C est 100000, la ligne A O sera 11178: Et puis ie diuise l'arc A O en 5 parties egales, dont chacune a vn degré 16″ ½, & la ligne A en 5 parties inegales, dont la premiere en a vne, la seconde 3, la troisiesme 5, la quatriesme 7, & la derniere 9, qui font en tout 25, c'est à dire le quarré de 5: & par les sections ie tire des arcs iusques à la ligne O C: de sorte que pendant que la terre torne & fait l'arc A 2, le poids tombe iusques à B en 5′, 6″: & faisant l'autre arc 2, 3, en 5′, 6″, il tombe de B à D, c'est à dire 3 fois dauantage, & puis en pareil temps il fait D E, qui contient 5 parties ; & tandis que la terre fait l'arc 4, 5, le poids tombe l'espace E F, & puis F C, &c. en augmentant sa vitesse en raison doublee des temps.

Si le poids tomboit de 373248 lieües, c'est à dire de 326 demidiametres terrestres, il arriueroit en six heures au centre, & la ligne de sa cheute decriroit vne figure fort proche du demi cercle, supposé que la proportion fust en raison doublee : mais si elle estoit comme les sinus verses aux arcs, il feroit vn demi cercle parfait : & hors de cette distance il feroit vne helice, si l'eloignement est plus grand que 326 demidiametres ; ce qu'il est facile de demonstrer, comme nous auons déja fait ailleurs. Et l'on peut encore voir plusieurs supputations que i'ay fait sur ce sujet dans le liure *De Causis sonorum*, dans la 24, & 27 proposition.

COROLLAIRE.

L'on peut conclure de cette proposition, que toutes les pensees & les experiences de Galilee ne fauorisent nullement le mouuement iournalier de la terre : & que les poids ne tomberoient iamais en demicercle, mesme de la distance que nous auons supposee, que lors qu'ils seroient sous l'Equateur, & qu'ils tomberoient seulement en ligne droite sous les Poles.

Du Mouuement des Corps.

PROPOSITION V.

Expliquer les vtilitez, & les Pratiques qui se peuuent tirer des propositions precedentes pour les Mechaniques, & pour plusieurs autres choses, & particulierement comme l'on peut mesurer toutes sortes de hauteurs par les cheutes des poids, & comme l'on peut aysément trouuer la cheute dans vn temps donné, & le temps requis quand la cheute est connuë.

Si les corps pesans suiuent tousjours la proportion dont nous auons parlé, lors qu'ils tombent de toutes sortes de hauteurs, comme il arriue dans les hauteurs que nous auons sur la surface de la terre, l'on peut dire de quelle hauteur ils tombent, pourueu que l'on sçache le temps de leur cheute, & du premier espace de ladite cheute, par exemple si l'on sçait qu'vne boule a employé $10'''$ à faire 3 pieds, il faudra conclure qu'elle est tombee de 48 pieds en $2''$, & si elle employe $3''$ & $\frac{1}{2}$, qu'elle est tombee de 147 pieds: de sorte qu'vn homme enfermé dans vne chambre, ou estant au milieu d'vn puits, d'vne carriere, &c. & voyant passer le poids qui tombe deuant ses yeux, peut dire de quelle hauteur il est tombé, s'il obserue la vitesse de sa cheute, & quel chemin il fait en $30'''$, ou dans vn autre temps: & s'il sçait la profondeur du lieu, dans lequel se fait la cheute, il connoistra le temps qu'il luy faut pour acheuer son chemin.

D'où l'on peut tirer vne nouuelle maniere de mesurer les hauteurs, & les profondeurs, car si l'on sçait le temps de sa cheute, ou du moins le chemin qu'il fait au dernier temps de sa cheute, l'on connoistra la hauteur de la tour, de la voûte, du puits, ou des autres lieux d'où il tombe: quòy qu'il ne soit pas à propos d'vser de cette façon de mesurer les hauteurs, parce que l'on peut aysément s'abuser sur vne grande hauteur, de 3 ou 4 pieds, ou toises, & dauantage, attendu qu'entre 108, & 147 pieds il n'y a qu'vne demie seconde de difference.

Neantmoins si quelqu'vns'en veut seruir ie mets icy vne table en sa faueur, par laquelle il est aisé de connoistre le temps de la cheute d'vn corps donné, quand on sçait le lieu d'où il tombe, & le lieu d'où il tombe, lors qu'on sçait le temps de sa cheute, puis qu'il faut seulement doubler la raison des temps pour sçauoir les espaces, ou sous-doubler la raison des espaces pour connoistre celle des temps. Or la premiere colomne contient 30 demies secondes, afin que l'on sçache l'espace que fait le poids en tombant dans chacune des 30 premieres demies secondes, c'est à dire dans la premiere demie seconde minute, dans la seconde demie seconde, ou dans les autres qui suiuent iusques à la trentiesme demie seconde. Car ce temps suffit pour toutes les hauteurs & les profondeurs qui se peuuent rencontrer, dautant que nous n'auons point de tours, de puits, de mines, &c. dont la hauteur soit de plus de 2700 pieds, ou de 450 toises: la tour d'Vtrec, que l'on tient l'vne des plus hautes du monde, n'a qu'vne stade, ou 125 pieds: & les carrieres, & cauernes les plus profondes d'où se tire la houille, l'ardoise, &c. n'ont tout au plus que 250 toises, ou 1500 pieds

La 2 colomne contient les nombres impairs, qui monstrent la proportion des cheutes qui se font en chaque demie seconde, car tous les nombres impairs (qui sont les differences des nombres quarrez) donnent les cheutes particulie-

I ij

res de toutes les demies secondes: ce qui arriuera semblablement si l'on fait des tables pour les secondes, & pour les premieres minutes, ou mesme pour les heures.

Mais i'ay dressé celles-cy pour les demies secondes, parce que les poids descendent assez notablement dans vne demie seconde, c'est à dire dans la 120 partie d'vne minute; quoy que l'on en puisse faire d'autres pour les tierces, & les quartes, & pour les milliesmes parties des secondes, &c. en suiuant toujours le mesme ordre, & la mesme proportion des nombres.

La 3 colomne garde la mesme proportion que la 2, dautant qu'elle procede de la multiplication de la 2, car le poids descend 3 pieds dans la premiere demie seconde. Mais si l'on fait vne table dont l'vnité soit le premier espace qui se fait dans vn temps donné, par exemple si au lieu de 3 pieds on prend vne demie toise, la 2 colomne donnera l'espace de la cheute faite en chaque temps, sans qu'il soit necessaire d'vser de la 3 colomne; de sorte que le 2 nombre de ladite 2 colomne, à sçauoir 3, monstrera que le poids chet 3 demies toises, & le 2 nombre 5, qu'il chet 5 demies toises.

Il arriue la mesme chose, si l'on diuise chaque seconde en 12 parties, pour sçauoir la hauteur d'ou tombe le poids dans chaque 12 partie de seconde, comme l'on void dans cette petite table, qui fait voir qu'il tombe d'vn pouce de haut dans la premiere douziesme; de 3 dans la seconde douziesme partie, de 5 dans la troisiesme douziesme, &c. & consequemment qu'il

Table des cheutes. chet de 4 pouces dans 2 douziesmes, de 9 dans 3, & de 36 pouces dans 6 douziesmes, c'est à dire de 3 pieds dans la premiere demie seconde; de sorte que cette petite table finit où commence la grande qui suit, & qui contient trente demies secondes, c'est à dire 15", qui valent ¼ de minute d'heure, ou la 240 partie d'vne heure.

1	1	1
2	3	4
3	5	9
4	7	16
5	9	25
6	11	36

La 4 colomne monstre combien le poids descend dans toutes les demies secondes prises ensemble: par exemple combien il chet dans les 2, 3, ou 4 demies secondes, c'est à dire dans vne, vne & demie, ou deux secondes: car si l'on veut seulement sçauoir les secondes entieres, il faut toujours prendre le double des nombres de la premiere colomne. L'on sçaura donc qu'il descend 300 pieds en 5", parce que 300 pieds sont dans la 4 colomne, vis à vis du 10 de la premiere, lequel vaut 10 demies secondes, ou 5": & le 30 ou dernier nombre de la 4 colomne monstre qu'il descend 2700 pieds dans 15", ou dans 30 demies secondes, qui sont marquees à la fin de la 1 colomne, dont les nombres suiuent continuellement l'ordre naturel, & marquent le temps des cheutes.

Ceux de la 2 colomne estant ajoûtez ensemble font les quarrez: car 1 & 3 font le premier nombre quarré, à sçauoir 4: 1, 3, & 5 font le 2 quarré 9: 1, 3, 5, & 7 font le 3 quarré 16, & ainsi des autres iusques à l'infini, dont chacun donne la cheute de chaque demie seconde quand on les prend pour demies toises; si on veut les cheutes en pieds de Roy, la 3 colomne les contient: mais ceux de la 4 colomne aioûtent les espaces qui sont separez dans la 3.

Du Mouuement des Corps.

Table des cheutes.

I	II	III	IV
1	1	3	3
2	3	9	12
3	5	15	27
4	7	21	48
5	9	27	75
6	11	33	108
7	13	39	147
8	15	45	192
9	17	51	243
10	19	57	300
11	21	63	363
12	23	69	432
13	25	75	507
14	27	81	588
15	29	87	675
16	31	93	768
17	33	99	867
18	35	105	972
19	37	111	1083
20	39	117	1200
21	41	123	1323

Table des cheutes.

I	II	III	IV
22	43	129	1452
23	45	135	1587
24	47	141	1728
25	49	147	1875
26	51	153	2028
27	53	159	2187
28	55	165	2352
29	57	171	2523
30	59	177	2700

Or l'on peut continuer cette table iusques à l'infini: quoy qu'il soit assez aisé de trouuer tous les espaces des cheutes sans s'obliger aux tables: par exemple, si l'on veut sçauoir la hauteur dont ils tombent en deux fois autant de temps qu'il en est contenu dans cette table, il faut seulement quadrupler le dernier nombre, à sçauoir 2700 pieds, ou 450 toises, & l'on aura 1800 toises pour la cheute d'vne demie minute: & si l'on veut sçauoir la cheute d'vn temps triple, il faut doubler la raison d'vn à 3 pour auoir celle d'vn à 9, lequel multipliant 450 toises donne 4050 toises: & l'on aura par mesme moyen 7200 toises pour la cheute d'vne minute entiere, en doublant la raison d'vn à 4 pour auoir celle d'vn à 16, lequel multipliant 450 toises, donne 7200 toises, qui font quasi 3 lieuës.

Et si l'on veut trouuer l'espace que fait le poids dans la derniere demie seconde, il faut chercher le nombre impair qui respond à la 120 demie seconde, à sçauoir ¹⁄₁₂₀ de minute, c'est à dire le nombre 299, lequel estant multiplié par 3 donne 717 pieds, ou 119½ toises, que fait le poids à la derniere demie seconde de sa cheute d'vne minute d'heure.

Or il est tres-aisé de trouuer tel nombre impair que l'on voudra pour sçauoir le chemin que fait le poids, parce qu'il faut seulement doubler le nombre des demies secondes, & oster vn de la somme 120, dont le double est 240, duquel vn estant osté, il reste 239, par lequel il faut multiplier l'espace de la cheute qui se fait dans la premiere demie seconde, c'est à dire qu'il faut multiplier 239 par 3.

Ie donne encore l'exemple de la cheute d'vne heure, que l'on aura en doublant la raison d'vn à 60, & en multipliant 60 par soy-mesme pour auoir 3600, qu'il faut encore multiplier par la cheute d'vne minute, c'est à dire par 7200 toises, afin d'auoir 25920000 toises, ou 10368 lieuës pour le chemin que feroit le poids dans vne heure.

Et pour trouuer le chemin qu'il fait dans la derniere demie seconde, il faut prendre le nombre impair qui luy respond, à sçauoir 14399, qui est le double, moins vn, du nombre des demies secondes d'vne heure, à sçauoir de 7200: car ce nombre multiplié par 3, suiuant la table precedente, donne 43197 pieds, ou 7199½ toises pour la cheute de la derniere demie seconde d'vne heure. Ce qui sera plus aisé à trouuer, si l'on reduit les pieds en toises, car la moitié de la racine quarree de l'espace donnera les secondes: par exemple, si l'espace est de deux lieuës, il faut les reduire à 10000 demi toifes (parce que nous faifons la lieuë de 15000 pieds de Roy) dont la racine eft 100 demies fecondes, & fa moitié eft 50, qui donne 50″ pour le temps que la pierre employroit à tomber de 2 lieuës de hauteur. Il eft encore plus aifé de dire combien le poids fera de chemin dans tel temps donné que l'on voudra, parce que le quarré du temps que l'on aura pris donnera l'efpace : par exemple, l'on fçaura le chemin qu'il fait en 10 demies fecondes, en quarrant 10 pour auoir 100 demi toifes, ou 300 pieds.

I'aioûte vne autre vtilité pour les Mechaniques, à fçauoir que l'on peut connoiftre la force de la percuffion, ou du coup, fi elle depend de la viftefse du mouuement des corps qui frappent, & que l'on peut fçauoir le lieu d'où les marteaux doiuent tomber pour faire tel effet que l'on voudra ; & confequemment d'où ils font tombez lors qu'on void leur effet. Et fi le fon eft dautant plus fort ou plus aigu que le mouuement eft plus rapide, l'on peut fçauoir d'où le poids tombe, & la force qu'il aura en tombant, par le moyen du fon qu'il produira; ou bien l'on peut fçauoir le mefme fon, fi l'on connoift le mouuement ou l'effet du coup : par exemple, l'on peut determiner de quelles hauteurs doiuent defcendre quatre boules egales en groffeur pour faire les quatre parties de la Mufique au lieu où elles fe rencontreront : mais il eft neceffaire de les laiffer tomber de differentes hauteurs les vnes apres les autres, comme ie monftre à la fin du liure des Diffonances, où ie donne les lieux d'où elles doiuent tomber pour faire toutes les Confonances.

L'on peut en fin receuoir plufieurs autres contentemens de cette fpeculation, en comparant les differentes viftefses des cheutes auec les autres mouuemens de la nature ; par exemple, fi l'on determine la viftefse d'vn boulet d'artillerie, d'vne fleche, ou de tel autre miffile que l'on voudra, ou du vol des oifeaux, des vents, des foudres, &c. l'on trouuera aifément les lieux d'où les poids doiuent tomber pour aller auffi vifte que lefdits miffiles, & autres mobiles, ou pour aller moins vifte felon la raifon donnee : par exemple, fi la bale d'arquebufe allant toujours de mefme viftefse fait 1727 demitoifes dans vne demie feconde, la pierre doit tomber de 149 lieuës, & 748 toifes pour faire vn efpace efgal dans vne demie feconde : or elle employroit 7′, 12″ à faire ce chemin, c'eft à dire 864 demies fecondes : & elle feroit 863½ toifes dans la derniere demie feconde.

Mais pour faire ce calcul, il faut ajoûter vn à 1727, & en prendre la moitié, c'eft à dire 864 demies fecondes, ou 432″, car le poids fait 2 toifes en vne premiere; & partant il en fera 373248 en 432″, c'eft à dire le double du quarré de 432. Où l'on doit premierement remarquer que la derniere demie feconde donne toujours autant de toifes que fon nombre, moins vne demie toife, comme l'on void dans la table, où la 30 demie feconde fait 29 toifes & demie, c'eft à dire demie toife moins que 30.

En fecond lieu, que la derniere feconde fait vne toife moins que le double de ce que fait la derniere demie feconde en temps pareil ; car fi l'on prend 15″ de temps, on trouuera qu'en la derniere feconde le poids tombe 58 toifes, & dans la derniere demie feconde 59 demies toifes. C'eft pourquoy fi la bale d'arquebufe fait 1726 toifes en vne feconde, c'eft à dire vne toife moins que le double de 727 demitoifes, il faudra que la pierre tombe de la hauteur fufdite pour faire cet efpace en vne feconde. Et pour en faire la fupputation, il faut prendre la moitié de

1726

Du mouuement des Corps. 103

1726 pour reduire les 2 toises que le poids fait dans vne seconde à l'vnité, car cette moitié est 863, auquel il faut ajoûter 1, & en prendre encore la moitié pour anoir 432″, comme nous auons fait cy-deuant.

COROLLAIRE.

Ie laisse plusieurs autres vtilitez que chacun peut inferer de ces experiences, ausquelles l'on en peut ajoûter d'autres; & seray bien aise qu'on les fasse encore apres moy, afin que l'on descouure plusieurs secrets de la nature, & que l'on trouue la raison de cette proportion des vitesses, ou que l'on determine en quel lieu chaque poids commence à la diminuer en tombant, & où il trouue le point où quelques-vns croyent qu'ils n'augmentent plus leur vitesse, & qu'ils vont depuis là iusques au centre d'vn egal mouuement: quoy que ie touche ces difficultez en d'autres lieux. Or puis que nous auons discouru si exactement de la cheute des poids, il est à propos d'examiner vne autre pensée excellente que Galilee attribuë à Platon, & qu'il semble luy-mesme suiure & embrasser auec vn grand contentement, puis qu'elle depend des cheutes & des experiences, dont il demeure d'accord; c'est pourquoy i'aioûte la proposition qui suit.

PROPOSITION VI.

Determiner si les Astres sont tombez d'vn mesme lieu par vn mouuement droit, qui se soit changé dans le mouuement circulaire qu'ils ont maintenant, comme Galilee s'imagine auec Platon, auquel il attribuë cette opinion; & donner la maniere de supputer leurs cheutes, leurs distances, & leurs mouuemens circulaires.

Si l'on trouue que ie sois trop hardi de porter l'Harmonie iusques au ciel, & de parler des sons, ou du mouuement des Astres, l'on doit considerer que Dieu nous a mis dans ce monde pour estre les spectateurs de son ouurage, & pour en considerer les ressorts & les mouuemens, afin d'admirer la sagesse & la puissance de l'ouurier, & d'aimer sa bonté, dont nous dependons absolument.

Or puis que nous sçauons que les Planettes se meuuent, soit que l'on fasse les Estoiles mobiles, ou immobiles, & qu'ils sont les plus grands corps visibles du monde, nous verrons premierement s'ils ont peu acquerir la vitesse de leurs mouuemens circulaires, dont ils roulent autour du Soleil ou de la terre, par la force du mouuement droit; par lequel vn grand homme de nostre temps s'imagine que les Planettes sont tombez d'vn mesme lieu iusques aux endroits où ils sont maintenant, & où leur auteur changea leur mouuement droit au circulaire de mesme vitesse, afin qu'il fust eternel, ou qu'il durast iusques à ce que sa prouidence le fist cesser.

C'est donc ce que nous auons à examiner; & pour ce sujet il faut prendre la grandeur de leurs cercles, & la vitesse de leurs mouuemens, afin de voir si cecy approche si pres de la iustesse comme il asseure, & si la grandeur des cercles est iustement proportionnee à la vitesse du mouuement, suiuant la raison de l'impetuosité acquise par le mouuement droit.

Quant aux diametres des cercles des Planettes, nous prendrons ceux de

Lansberge, qui semble les donner le plus exactement: mais nous vserons du temps des periodes de chaque Planette que Kepler leur donne, parce qu'il est plus conforme au systeme de Copernic, & qu'il suppute leurs mouuemens à l'égard du Soleil immobile, autour duquel il suppose que les corps celestes se tornent; au lieu que Lansberge les suppute à l'egard de l'ecliptique & de la terre.

Le diametre du cercle annuel estant posé de 10000 parties, celuy du cercle de Mercure sera de 3573, celuy de Venus 7193, celuy de Mars estant de 10000 parties, celuy de son cercle annuel sera de 6586; celuy de Iupiter estãt de 10000, l'annuel sera de 1852; & celuy de Saturne estant 10000, l'annuel sera de 1007. Or le diametre du cercle annuel est de 1500 demidiametres terrestres, dont chacun a 1145 $\frac{1}{2}$ lieuës chacune de 15000 pieds de Roy; & consequemment le cercle annuel a 10800000 lieuës de circonference: le cercle de Saturne 107249255 lieuës 3202 pieds: celuy de Iupiter 58315334 lieuës 11598 pieds: celuy de Mars 16398420 lieuës 13392 pieds: celuy de Venus 776844 lieuës, & celuy de Mercure 3858840 lieuës.

Quant à leurs mouuemens, Saturne fait son tour en 258220 heures 58′, 25″: & dans 1″ de temps 1730 pieds & $\frac{12}{10}$. Iupiter fait son tour en 103982 heures 49′, 31″, & en 1″, 2336 pieds $\frac{11}{12}$. Mars fait le sien en 16487 heures 31′, 56″, & en 1″, 4144 pieds $\frac{1}{2}$. La terre suiuant cette hypothese fait son tour en 365 iours, 6 heures, 9′ sous les fixes autour du Soleil, & en 1″, elle fait 5135 pieds $\frac{1}{2}$. Venus fait son tour en 5393 heures autour du Soleil, & fait dans vne seconde 6000 pieds $\frac{12}{10}$. Mercure fait son tour en 2111 heures, 15′, 36″, & en vne seconde 7615 pieds $\frac{1}{4}$.

D'où ie conclus que Saturne n'est tombé que de 62393 pieds $\frac{11247}{40000}$, ou 4 lieuës, 2393 pieds en 72″ $\frac{41}{100}$ loin de son cercle: que Iupiter n'estoit eloigné du sien que de 113751 pieds $\frac{111}{816}$, ou 7 lieuës 8751 pieds qu'il a fait en 97″ $\frac{3}{16}$, ou $\frac{1}{160}$: que Mars n'est descendu que de 357790 pieds, ou 23 lieuës 12790 pieds, qu'il a fait en 172″; & $\frac{1}{163}$, ou $\frac{111}{168}$: que la terre n'est descenduë que de 750237 pieds $\frac{2961}{19100}$, ou 50 lieuës 237 pieds qu'elle a fait en 317″, 19‴, ou 5′, 17″, 19‴.

Voyons maintenant de qu'elle distance du Soleil ces corps sont tombez pour auoir acquis l'impetuosité du mouuement, par lequel ils font les espaces dont nous auons parlé, dans le temps d'vne seconde: & afin que le lieu fauorise l'opinion de cét excellent homme, nous approcherons les corps celestes le plus pres les vns des autres que nous pourrons, en faisant Saturne perihelie, c'est à dire le plus proche du Soleil qu'il puisse estre; & Venus aphelie, ou le plus eloigné, afin qu'ils soient plus proches l'vn de l'autre. Nous mettrons tous les autres dans leur moyen eloignement du Soleil, parce qu'il seroit inutile de les faire aphelies, ou perihelies, dautant que l'on ne les peut approcher de l'vn des corps, que l'on né les eloigne de l'autre. Or la rencontre de l'aphelie de Mercure, & le perihelie de Saturne est assez heureuse, parce qu'ils sont dans le mesme signe du Sagitaire vers la fin, & que celuy de la terre est fort proche au commencement du Capricorne.

Quant aux Eccentricitez, celle de Saturne est de 57, de telles parties que le demidiametre de son cercle en a 1000; & partant son perihelie sera de 943, & son eloignemẽt du Soleil de 160898258 $\frac{761}{1000}$ lieuës. L'eccentricité de Mercure est 21, de telles parties que son diametre en a 100. Lansberge luy dõne 948 parties telles que le demidiametre du cercle annuel en a 10000: & celuy de Mercure 3573, ce qui

Du Mouuement des Corps.

qui reuient à 26 $\frac{1}{2}$ de telles parties que son diametre en a 100. Nous prenons donc cette excentricité pour donner tous les auantages possibles à la pensee de Galilee, afin que la distance de Mercure aphelie au Soleil soit de 776591 lieües $\frac{11}{100}$. Et puis nous vserons du demidiametre du cercle des autres Planettes, puis que nous les supposons dans leur moyenne distance du Soleil : or il faut ajoûter à la distance de chacun l'espace d'où ils ont deu tomber pour acquerir leur vistesse. D'où il s'ensuiura que Saturne sera tombé de 16089829 lieües, 13868 pieds loin du Soleil : Iupiter de 9277447 lieües, 3096 pieds : Mars de 2608863 lieües, 8102 pieds : la terre a 1718217 lieües, 13500 pieds : Venus de 1235938 lieües, 2964 pieds : Mercure de 613986 lieües, 13732 pieds ; & quand il est aphelie, de 776671 lieües, 11028 pieds. Par où l'on void que ces lieux sont fort eloignez les vns des autres, & que le lieu où Saturne auroit esté creé, & d'où il seroit tōbé, seroit plus eloigné du Soleil que celuy de Iupiter, de 6812382 lieües : celuy de Iupiter plus eloigné que celuy de Mars, de 6668584 lieües ; celuy de Mars plus que celuy de la terre de 482239 : celuy de Venus plus que celuy de Mercure, de 621952 lieües, ou de 459266 lieües 6936 pieds, lors qu'il est aphelie, encore que son eccentricité l'approche beaucoup de Venus : & le lieu de Saturne est plus eloigné que celuy de Mercure aphelie de 15313158 lieües, car la distance de Saturne contient celle de Mercure 26 fois & $\frac{1}{3}$, quand il est en son moyen eloignement, ou 20 fois & $\frac{7}{10}$, lors qu'il est aphelie. Elle contient 9 fois $\frac{1}{10}$ celle de la terre : 6 fois $\frac{1}{2}$ celle de Mars : celle de Iupiter vne fois & $\frac{3}{4}$ vn peu moins.

Certes ie m'estonne qu'vn si habile homme ait creu que la grandeur des cercles, & la vitesse des Planettes, approchent si fort de celle que donne le calcul, qui seroit encote beaucoup plus eloigné de sa pensee, si nous prenions les distances de Kepler, car il fait le demidiametre du cercle annuel de 3469 $\frac{1}{2}$ demidiametres terrestres, c'est à dire 2 fois & $\frac{1}{2}$ plus grand que celuy de Lansberge : de sorte que l'erreur s'augmenteroit, puis que ce demidiametre est la mesure sur laquelle on regle les distances de toutes les Planettes : & bien que Galilee ne donne que 1200 demidiametres au cercle annuel, neanmoins la difference des lieux d'où tombent les Planettes ne sera guere moindre, dautant que toutes les distances se diminuent en mesme proportion : & Saturne sera 1384 pieds $\frac{18}{100}$ en 1″, & tombera de 2 lieües 9952 pieds dans 57″ $\frac{141}{100}$. Iupiter sera en 1″ 1869 pieds $\frac{47}{100}$, & tombera de 4 lieües, 12800 pieds en 77″ $\frac{1797}{1000}$. Mars sera 3315 $\frac{11}{100}$ pieds en vne seconde, & tombera de 15 lieües 3985 pieds en 138″ $\frac{10}{100}$. La terre sera 4108 $\frac{4}{10}$ pieds en vne seconde, & doit estre cheute de 23 lieües 6621 pied en 171″ $\frac{4}{10}$. Venus fait 4800 $\frac{12}{100}$ pieds dans vne seconde, & doit estre cheute de 32 lieües 152 pieds en 200″ $\frac{12}{100}$. Mercure fait 6992 $\frac{11}{100}$ pieds en vne seconde, & est tombé de 51 lieüe 8298 pieds en 253″ $\frac{66}{91}$.

Or le demidiametre des cercles, ce qu'ils font en vne seconde, & le temps de leur cheute auant qu'ils ayent acquis leur impetuosité, sont en raison sous-sesquiquarte, ou de 5 à 4 aux distances precedentes : & l'espace que ces corps pour acquerir leur vistesse est en raison sous-sesquiquarte doublee, c'est à dire de 16 à 25 aux mesmes espaces. Par exemple, Saturne perihelie est eloigné du Soleil de 16089825 lieües $\frac{766}{1000}$: quoy que selon la derniere supputation il ne deust estre eloigné que de 12871860 $\frac{1}{1000}$; & qu'au lieu qu'il fait 1730 $\frac{10}{100}$ pieds dans vne seconde, il ne deust faire que 1384 $\frac{18}{100}$. Semblablement au lieu qu'il doit tomber dans 72″ $\frac{2}{100}$, il suffit qu'il tombe de 57″ $\frac{141}{100}$. Or tous ces nombres sont en raison sesquiquarte, & les espaces qu'ils font en ce temps sont en raison de 25 à 16, parce qu'ils feront 4 lieües 2793 pieds en 72" $\frac{45}{100}$, & 2 lieües 9932 pieds en 57" $\frac{142}{100}$.

Cecy estant posé, il est facile de trouver la distance du lieu où Saturne a esté formé, car il est eloigné du Soleil de 12871863 lieües 4112 pieds: celuy de Iupiter de 7421956 lieües 8276 pieds, comme l'on demonstre en ajoûtant le demidiametre de son cercle, à sçauoir 7421951 lieües, 10476 pieds, au chemin qu'il a fait en ligne droite pour aquerir la vitesse de 4 lieües 12800 pieds.

Le lieu de Mars est eloigné de 2087087 lieües 234 pieds : celuy de la terre de 1374568 lieües 13439 pieds : celuy de Venus de 988742 lieües 8333 pieds : celuy de Mercure aphelie de 621324 lieües 9498 pieds : d'où l'on tire la mesme proportion dont nous auons parlé ; car la distance de Saturne au Soleil contient 20 fois & $\frac{7}{10}$ celle de Mercure aphelie ; celle de Venus 13 fois ; celle de la terre 9 fois & $\frac{2}{15}$: celle de Mars 6 fois & $\frac{1}{5}$ & celle de Iupiter vne fois & $\frac{1}{4}$ vn peu moins. Mais il faut expliquer la maniere de supputer ces temps & ces espaces, afin que chacun puisse examiner la verité du calcul.

Or cette supputation est fort briefue, & facile; car si l'on veut trouuer que Saturne fait 1730 pieds dans vne seconde, il faut diuiser toute sa circonference reduite en pieds de Roy par le nombre des secondes qu'il employe à faire son tour entier, afin d'euiter les fractions qui se rencontrent dans les autres manieres de supputer. Et puis pour sçauoir en combien de temps il a aquis cette vistesse, nous supposons nos experiences tres-certaines, qui nous ont monstré qu'vn corps mobile fait 12 pieds en vne seconde, 48 en 2", 108 en 3", &c. D'où nous concluons que quand il tombe 108 pieds, qu'il est necessaire qu'il fasse 12 pieds en la premiere seconde de sa cheute, 36 en la 2, 60 en la 3, &c. de sorte que la difference du chemin qu'il fait en chaque seconde est de 24 pieds, puis qu'il y a 24 de 12 à 36, & de 36 à 60, & que le chemin de la descente s'augmente en proportion Arithmetique par l'addition continuelle du mesme nombre 24. De sorte que si l'on veut sçauoir le temps qu'il faut à vn mobile pour aquerir par sa cheute vne vitesse capable de faire 60 pieds dans vne seconde, il faut diuiser 60 par 24, qui est la difference du chemin qu'il fait en chaque seconde, pour auoir 2" $\frac{1}{2}$; & à cét instant il aura aquis vne impetuosité capable de faire 60 pieds en vne seconde, s'il n'augmentoit plus sa vitesse. Or si l'on suppose que Saturne fasse dans son cercle 1730 pieds $\frac{45}{100}$ en chaque seconde, il faut diuiser ce nombre par 24, & le quotient donnera 72" $\frac{45}{100}$, à sçauoir le temps qui luy est necessaire pour aquerir vne vitesse capable de faire 1730 pieds en vne seconde, pourueu qu'il n'augmente plus sa vitesse.

Mais il faut remarquer que ie suppose que les Planettes ne fassent pas plus de chemin en tombant que font icy les corps pesans; car nous ne pouuons faire d'experiences qui nous contraignent de conclure qu'ils descendent plus viste que les corps terrestres, qui descendent quasi aussi viste les vns que les autres, lors qu'ils ont assez de force pour vaincre tellement l'air, qu'il ne leur apporte nul empeschement sensible, comme nous auons dit en vn autre lieu.

Voyons donc suiuant ces hypotheses de quelle distance de leur cercle ils sont tombez, & combien ils ont fait de chemin auant que de tourner en rond ; ce que l'on treuuera en vsant d'vne regle, que l'on peut nommer regle quarree de 3, & en disant si dans vne seconde le mobile fait 12 pieds, combien fera-il en 72" $\frac{45}{100}$?

Du Mouuement des Corps. 107

$\frac{41}{400}$, ie quarre le 1 & le 3 nombre, & puis ie multiplie le quarré du 3 par le 2, & diuiſe le produit par le quarré du 1. Par exemple, ie quarre icy 1 & 72 $\frac{41}{400}$ pour auoir 1 & 5199 $\frac{7849}{10000}$, & puis ie multiplie 5199 par 12 pour auoir 62393 pieds $\frac{51947}{40000}$ qui eſt la diſtance cherchee.

Si le premier nombre euſt eſté autre que 1, il euſt fallu diuiſer 62393 par le quarré dudit nombre : or ie prouue la verité de cette regle en doublant le nombre 62393 pour auoir 124787 $\frac{11947}{10000}$ que Saturne fera en 72" de mouuement circulaire qui n'augmente plus ſa viſteſſe ; parce que s'il fait 62393 pieds en 72" de mouuement augmenté, & inegal, & s'il continue de la meſme viſteſſe, il fera le double à ſçauoir 124779 pieds d'vn mouuement egal & vniforme en 72" : de ſorte qu'en diuiſant 124787 pieds $\frac{11947}{10000}$ par 72" $\frac{41}{400}$, le quotient doit donner le nombre des pieds qu'il fait en chaque ſeconde dans ſon cercle : ce qui arriue ſemblablement dans la diuiſion où le quotient eſt 1730 pieds $\frac{13}{10}$, que Saturne fait dans 1" en ſon cercle.

D'où l'on peut encore tirer vn autre moyen pour ſçauoir de combien Saturne eſt tombé pour auoir acquis ſa viteſſe, car ſi l'on multiplie le nombre des ſecondes 72" $\frac{41}{400}$ par les pieds qu'il fait dans 1", à ſçauoir 1730 $\frac{13}{10}$, l'on aura 124789 $\frac{11947}{1000}$, lequel diuiſé par 2 donne 62393 $\frac{11947}{40000}$, comme deuant. Or encore que l'on ſuiue les experiences de Galilee pour le temps des cheutes, elles ne fauoriſent pas beaucoup ſa penſee, car ſi l'on met le cercle annuel de 200 demidiametres terreſtres, & que le mobile tombe de 100 braſſes en 5", qui font 4 braſſes en 1", & 16 en 2", il fera 12 braſſes en la ſeconde 1", 20 en la 3, & ainſi des autres en aioûtant toujours 8 braſſes. Et puis ſi ſes 100 braſſes font 166 $\frac{2}{3}$ pieds, de ſorte que les braſſes ſoient aux pieds comme 5 à 3, l'on trouuera que Saturne fait 1384 pieds $\frac{11}{21}$, qui donnent 830 braſſes $\frac{14}{21}$ en 1", leſquelles eſtant diuiſees par 8 qui eſt la difference du chemin que fait le mobile en chaque ſecóde, l'on a 103" $\frac{4174}{1000}$ pour le temps que le poids fera 4 lieuës 11879 pieds $\frac{14}{41}$, car ſi l'on multiplie 103" $\frac{4174}{1000}$ par ſoy-meſme, l'on aura 10781 $\frac{1}{2}$, qui multipliez par 4 donnent 43126 braſſes, qui valent 4611879 pieds, c'eſt à dire 9484 pieds dauantage que dans noſtre calcul : & Iupiter aura eſté cree à 8 lieuës 11046 pieds de ſon cercle, ce qui ne ſurmonte le calcul precedent que d'vne lieuë, 2295 pieds : & ce qui n'eſt pas conſiderable ſur des diſtances de pluſieurs millions de lieuës.

COROLLAIRE.

Cette opinion n'empeſche pas que Dieu n'ayt laiſſé tomber les Planettes, & meſme les Eſtoilles de differens lieux, & qu'il n'ayt changé leurs mouuemens droits en circulaires, ou Elliptiques, ou en telle autre figure qu'il luy a pleu ; auſſi n'ay-je pas conclu qu'il ne l'aye pas fait, mais ſeulement qu'il n'a pas eſté poſſible ſuiuant les hypotheſes dont il eſt queſtion ; c'eſt pourquoy il eſt encore libre à chacun de s'en imaginer ce qu'il voudra, & d'inuenter d'autres hypotheſes qui ſauuent, & expliquent tout ce qui peut arriuer aux differens mouuemens des corps celeſtes. Or apres auoir expliqué ce qui concerne la cheute perpendiculaire des poids, il faut examiner l'oblique qui ſe fait par le moyen des plans inclinez à l'horizon.

PROPOSITION VII.

Expliquer les mouuemens des poids sur les plans inclinez à l'horizon, auec la proportion de leurs vitesses ; & determiner si le poids qui tombe, passe par tous les degrez possibles de tardiueté.

Nous auons monstré dans les propositions precedentes, que les poids qui descendent perpendiculairement au centre vont toujours en augmentant leur vitesse dans toutes les cheutes que l'on peut experimenter, ce qui arriue semblablement au poids qui se meut sur vn plan incliné à l'horizon. Or auant que d'apporter nos experiences, il est à propos de remarquer que Galilee s'est serui de cette speculation, lors qu'il a dit vers le commencement de ses Dialogues, que Iupiter, & les autres Planettes tomberent en droite ligne, en passant premierement par tous les degrez de tardiueté, iusques à la vitesse qu'ils deuoient retenir dans leurs mouuemens circulaires ; ce que nous auons examiné dans la proposition precedente. A quoy il aioûte que le poids acquiert en tombant vne impetuosité capable de le reconduire en haut par autant d'espace qu'il est descendu, pourueu que l'on oste toutes sortes d'empeschemens : par exemple le boulet qui tomberoit au centre, remonteroit aussi haut de l'autre costé du centre, n'y ayant que l'air qui puisse diminuër cette ascension : ce qu'il confirme par le poids attaché à vne chorde, lequel estant tiré hors de sa perpendiculaire, retorne aussi loin de l'autre costé, excepté l'empeschement de l'air & de la chorde : & par le siphon, dans lequel l'eau remonte aussi haut comme elle est descenduë : mais ie traiteray de ces matieres dans vn autre lieu : car il faut icy considerer la descente des corps sur les plans inclinez, comme sont le plan C A, & D A sur le plan horizontal A B ; or cette descente se fait pour le mesme dessein qu'elle se fait par la perpendiculaire C B, puis que les poids descendent pour arriuer au centre de la terre : & parce que le poids estant arriué au point A est aussi pres du centre que quand il est descendu en B, il acquiert vne mesme impetuosité, tant en A qu'en B, laquelle est si grande qu'elle pourroit faire remonter le poids A & B en C ; car bien que la ligne C A soit plus longue que C B, il remonteroit neantmoins aussi aisément, parce qu'il auroit moins de contradiction.

Or il faut examiner ces pensees de Galilee, & considerer que s'il est veritable que le poids acquiere vne egale impetuosité toutes & quantes fois qu'il se sera egallement approché du centre, qu'il ne tombera que iusques en T sur le plan C A, pendant qu'il tombera perpendiculairement iusques en B. Ce point T se trouue au point où tombe la perpendiculaire tiree du point B sur le plan C A, à sçauoir B T : ce qu'il faut toujours faire pour trouver les autres points du plan incliné, esquels le poids se doit rencontrer lors que le lieu de la descente perpendiculaire est donné, ou pour trouuer ledit lieu de la ligne perpendiculaire : par exemple, la ligne tiree perpendiculairement sur C A au point A, & consequemment parallele à la ligne T B, estant tiree iusques à ce qu'elle rencontre la perpendiculaire C B prolongee, donnera le lieu du poids qui tombe perpendiculairement

Du Mouuement des Corps.

lairement qui se trouuera au point de la rencontre de ces 2 lignes. Semblablement en la ligne inclinee D A, le poids tombant de D en B, tombera par l'inclinee, de D en I, qui est le lieu où la ligne tiree de B coupera D A en angles droits: & quand il sera tombé en A par la ligne D A, il sera au point de la ligne D B prolongee où elle sera coupee par la ligne tiree du point A parallele à I B, qui coupera D A en angles droits.

D'où il s'ensuit encore que le temps de la cheute perpendiculaire est au temps de la cheute oblique, comme le chemin oblique au perpendiculaire; par exemple le temps de la cheute du poids C en B est au temps de la cheute du mesme poids de C en A, comme C B est à C A: ou dans cette seconde figure, le temps de la cheute d'A en C est à la cheute d'A en B comme A C à B A, & consequemment A tombera en mesme temps en D, qu'en B. Or au triangle A B C l'angle B estant de 30 degrez, la ligne A C est la moitié de B A, qui sert de rayon, & A C est le sinus de 30 degrez, autant qu'en a l'angle D du triangle A B D; & partant son sinus A B est sous double du rayon A D, lequel est quadruple de C A; & B A est moyenne proportionnelle entre A C & A D, puis qu'elle est double d'A C, & sous double d'A D. Et si l'on suppose qu'A C ayt 3 pieds, le poids le fera en vne demie seconde, & les 3 autres parties qui sont de C en D en vne autre demie seconde, comme nous auons demonstré dans les propositions precedentes: or nous supposons qu'il chet en mesme temps par la ligne A B que par la perpendiculaire A D, il sera donc A B dans vne seconde, c'est à dire 2 fois autant de temps qu'il employe à descendre d'A à C: d'où il s'ensuit qu'il y a mesme raison du temps de la cheute A B au temps de la cheute A C, que de la ligne B A de 6 pieds, à la ligne A C de 3 pieds, car la ligne A B est double d'A C, comme le temps de la cheute A B est double du temps de la cheute A C: ce qu'il falloit demonstrer.

D'ailleurs puis que les temps sont en raison sousdoublee des espaces, la raison du temps de la cheute par A C au temps de la cheute par A D, est comme la racine de l'espace A C, 1, à la racine de l'espace A D, 2. Il y a aussi mesme raison de la ligne A C à B A, & d'A B à D A, car A B estant moyenne proportionnelle entre A C & A D, elle est ausdites lignes, comme les racines des espaces A C & A D sont l'vne à l'autre.

D'où l'on peut inferer que la vitesse par la ligne inclinee A B est en quelque façon egale à la vitesse perpendiculaire A C, parce que le temps s'augmente en mesme proportion que l'espace: car de mesme qu'vn homme qui fait 10 lieuës par iour ne va pas plus viste que celuy qui fait 20 lieuës en 2 iours, aussi le mobile qui fera A C de 3 pieds dans vne demie seconde, n'ira pas plus viste que celuy qui fera A B de 6 pieds dans vne seconde.

Mais le principe, sur lequel ces speculations sont fondees, n'est pas demonstré, à sçauoir qu'vn poids tombant par l'inclinee A B garde toujours vne telle vitesse eu egard à vn autre corps qu'on laisse tomber en mesme temps du point A par la perpendiculaire A D, que la ligne tiree d'vn corps à l'autre, à sçauoir E C, ou B D, qui fera vn angle droit sur l'inclinee A B, quoy qu'il y ait grande apparence qu'il est veritable, dont ie diray mon auis à la fin de cette proposition, apres auoir consideré si le poids passe par vne infinité de degrez de tardiueté depuis A iusques à C, ou iusques à B.

K

Or il est certain que le poids descend dautant plus lentement que le plan est plus incliné, par exemple il va plus lentement sur A B que sur C A ; de sorte que l'on en peut donner vn si peu incliné à l'horizon, que le mobile ne fera que 15 pieds de Roy dans vn an, ou en cent ans, ou en tant de tant que l'on voudra : ce qui monstre vne extréme tardiueté. Que B A soit vne ligne inclinee à l'horizon de 7967056942080000000 perches, chacune de 15 pieds de Roy, si l'on oste trois zero dudit nombre, on aura les lieuës qu'vn poids feroit en cent ans. Si l'angle A B D est droit, & que la ligne qui va d'vn mobile à l'autre, à sçauoir d'A à D soit perpendiculaire à l'inclinee B A, il est certain, par la supposition, que quand le mobile tombant par B D, sera en D, le mobile tombant en mesme temps de B en A sera en A. Mais pour trouuer l'inclination d'A B, c'est à dire l'angle B A C, & la longueur de B C, il faut sçauoir qu'A B est moyenne proportionnelle entre B D & C B, & partant comme D A est à B A, de mesme B est à B C, or B D est à B A comme 7967056942080000000 est à 1, donc A B a mesme raison auec B C qu'à B D ; de sorte que B C est seulement $\frac{1}{7967056942080000000}$ de perche, ou $\frac{44161.41}{416000000}$ de pouce ; que fait le mobile depuis B iusques à C, en 18 huictiesmes, & 29 neufiesmes de temps, vn peu moins : car s'il fait vn pouce en 5‴, il fera $\frac{1}{4416}\frac{1}{1}$ &c. de pouce en 18 huitiesmes.

La demonstration de ce nombre se fait ainsi ; ie multiplie $\frac{1}{4416}$ &c. de pouce par le quarré de 5″ pour auoir $\frac{1}{44161}$ &c. dont la racine quarree est $\frac{1}{210184000}$, ou $\frac{1}{41076800}$ de tierce, en diuisant 883410831360400000000 neufiesmes minutes d'heure, qui font en cét ans Iulians, par 7967 &c. car le quotient dóne 1108 neufiesmes & $\frac{66031127715}{79670569410.8}$: & si l'on diuise les nóbres de cette fraction par 163594984, on aura $\frac{404}{487}$: de sorte que l'on aura le mesme temps de 1108 neufiesmes &c. par deux voyes differentes, dont l'vne va par la raison des espaces doublee de celle des temps, & l'autre par la proportion d'A D à B A, & de B A à B C ; car les espaces D B, & B C, sont en raison doublee de la raison de D A à B A : mais les temps estant en raison sousdoublee des espaces, le temps de la cheute B D, qui se fait en cent ans, doit estre en mesme raison auec le temps de la cheute B C, c'est à dire auec 1108 neufiesmes & $\frac{404}{487}$, comme la ligne A B, est à B C', c'est à dire comme 7967 &c. à 1.

Et pour sçauoir l'inclination du plan A B, il faut dire si A B rayon 7967 &c. donne B C 1, sinus de l'angle B A C, combien donnera A B 100,000, 000, 000, 000, 000, 000, 000 ; l'on aura 125517, qui soustend vn angle de $\frac{1}{2317151610634454}$ de minute de degré, c'est à dire de 4 dixiesmes, & 21 onziesmes, qui donnent l'inclination du plan B A, sur laquelle le poids estant en A, aura acquis vne vistesse capable de faire 30 pieds en cent ans. Or estant tombé en C par le perpend. B C, il aura seulement la mesme vitesse, par consequent il passe par tous les degrez de tardiueté, auant que d'auoir acquis vn certain degré de vitesse, attendu que l'on peut encore moins incliner le plan A B : & mesme si l'on prend la vitesse du mobile lors qu'il est en E, que ie suppose eloigné de B de 3 pieds $\frac{3}{4}$, car B E est le quart de B A, il ne fera B E qu'en 50 ans, & ne fera que 15 pieds en cent ans s'il continuë dans cette mesme vitesse, laquelle fera aussi diminuer la vitesse de la cheute perpend. B C en mesme proportion.

Or il

Du Mouuement des Corps.

Or il faut icy mettre les experiences que nous auons faites tres-exactement ... suiet, afin que l'on puisse suiure ce qu'elles donnent. Ayant donc choisi ... hauteur de cinq pieds de Roy, & ayant fait creuser, & polir vn plan, nous ... auons donné plusieurs sortes d'inclinations, afin de laisser rouler vne boule de plomb, & de bois fort ronde tout au long du plan: ce que nous auons fait de plusieurs endroits differens suiuant les differentes inclinations, tandis qu'vne autre boule de mesme figure, & pesanteur tomboit de cinq pieds de haut dans l'air; & nous auons trouué que tandis qu'elle tombe perpendiculairement de cinq pieds de haut, elle tombe seulement d'vn pied sur le plan incliné de quinze degrez, au lieu qu'elle deuroit tomber seize poulces.

Sur le plan incliné de vingtcinq degrez le boulet tombe vn pied & demi, il deuroit tomber deux pieds, vn pouce $\frac{1}{2}$: sur celuy de trente degrez il tombe deux pieds: il deuroit tomber deux pieds & $\frac{1}{2}$, car il feroit six pieds dans l'air, tandis qu'il tombe deux pieds & $\frac{1}{2}$ sur le plan, au lieu qu'il ne deuroit tomber que cinq pieds. Sur le plan incliné de 40 degrez, il deuroit tomber trois pieds, deux pouces $\frac{1}{2}$: & l'experience tres-exacte ne donne que deux pieds, neuf pouces, car lors qu'on met le boulet à deux pieds dix pouces loin de l'extremité du plan, le boulet qui se meut perpendiculairement chet le premier; & quand on l'eloigne de deux pieds, huit pouces sur le plan, il tombe le dernier: & lors qu'on l'eloigne de deux pieds & neuf pouces, ils tombent iustement en mesme temps, sans que l'on puisse distinguer leurs bruits.

Sur le plan de quarante cinq degrez il deuroit tomber trois pieds & $\frac{1}{2}$ vn peu dauantage, mais il ne tombe que trois pieds, & ne tombera point trois pieds & $\frac{1}{2}$, si l'autre ne tombe cinq pieds $\frac{1}{2}$ par l'air.

Sur le plan de cinquante degrez il deuroit faire trois pieds dix pouces, il n'en fait que deux & neuf pouces: ce que nous auons repeté plusieurs fois tres-exactement, de peur d'auoir failly, à raison qu'il tombe en mesme temps de 3 pieds, c'est à dire de 3 pouces dauantage sur le plan incliné de 45 degrez: ce qui semble fort estrange, puis qu'il doit tomber dautant plus viste que le plan est plus incliné: Et neantmoins il ne va pas plus viste sur le plan de 50 degrez que sur celuy de 40: où il faut remarquer que ces deux inclinations sont egalement eloignees de celle de 45 degrez, laquelle tient le milieu entre les deux extremes, à sçauoir entre l'inclination infinie faite dans la ligne perpendiculaire, & celle de l'horizontale: toutesfois si l'on considere cet effet prodigieux, l'on peut dire qu'il arriue à cause que le mouuement du boulet estant trop violent dans l'inclination de 50 degrez, ne peut couler & roûler sur le plan, qui le fait sauter plusieurs fois: dont il s'ensuit autant de repos que de sauts, pendant lesquels le boulet qui chet perpendiculairement, auance toujours son chemin: mais ces sauts n'arriuent pas dans l'inclination de 40, & ne commencent qu'apres celle de 45, iusques à laquelle la vitesse du boulet s'augmente toujours de telle sorte qu'il peut toujours rouler sans sauter: or tandis qu'il fait trois pieds dix pouces sur le plan incliné de cinquante degrez, il en fait six $\frac{1}{2}$ dans l'air au lieu qu'il n'en deuroit faire que cinq.

Nous auons aussi experimenté que tandis que la boule fait 3 pieds 10 pouces sur le plan incliné de 50 degrez, elle fait 6 pieds & $\frac{1}{2}$ par l'air, combien qu'elle ne deust faire que cinq pieds. A l'inclination de 40 elle fait quasi 7 pieds dans l'air,

112　　　　　　　　　　　　Liure Second

pendant qu'elle fait 3 pieds 2 pouces & ½ sur le plan; mais l'experience reiterée à l'inclination de 50, elle fait 3 pieds sur le plan, quoy que la mesme chose arriue à 2 pieds 9 pouces : ce qui monstre la grande difficulté des experiences ; car il est tres-difficile d'apperceuoir lequel tombe le premier des deux boulets, dont l'vn tombe perpendiculairement, & l'autre sur le plan incliné. I'ajoûte neanmoins le reste de nos experiences sur les plans inclinez de 60 & de 65 degrez : le boulet eloigné de l'extremité du plan de 2 pieds, 9 pouces, ou de 3 pieds, tombe en mesme temps que celuy qui chet de cinq pieds de haut perpendiculairement, & neanmoins il deuroit cheoir 4 pieds ½ sur le plan de 60, & 4 pieds ½ sur celuy de 65. Sur le plan de 75 il deuroit faire 4 pieds, 10 pouces, & l'experience ne donne que 3 pieds & ½. Peut estre que si les plans ne donnoient point plus d'empeschement aux mobiles que l'air, qu'ils tomberoient suiuant les proportions que nous auons expliqué : mais les experiences ne nous donnent rien d'asseuré, particulierement aux inclinations qui passent 45 degrez, parce que le chemin que fait le boulet à cette inclination, est quasi egal à celuy qu'il fait sur les plans de 50, 60, & 65 ; & sur celuy de 75 il ne fait que demi pied dauantage.

COROLLAIRE I.

Ie doute que le sieur Galilée ayt fait les experiences des cheutes sur le plan ; puis qu'il n'en parle nullement, & que la proportion qui donne contredit souuent l'experience : & desire que plusieurs esprouuent la mesme chose sur des plans differens auec toutes les precautions dont ils pourront s'auiser, afin qu'ils voyent si leurs experiences respondront aux nostres, & si l'on en pourra tirer assez de lumiere pour faire vn Theoreme en faueur de la vitesse de ces cheutes obliques, dont les vitesses pourroient estre mesurees par les differens effets du poids, qui frappera d'autant plus fort que le plan sera moins incliné sur l'horizon, & qu'il approchera dauantage de la ligne perpendiculaire.

COROLLAIRE II.

Ceux qui ont veu nos experiences, & qui y ont aidé, sçauent que l'on n'y peut proceder auec plus de iustesse, soit pour le plan qui est bien droit, & bien poli, & qui contraint le mobile de descendre droit, ou pour la rondeur, & la pesanteur des boulets, & pour les cheutes ; d'où l'on peut conclure que l'experience n'est pas capable d'engendrer vne sçience, & qu'il ne se faut pas trop fier au seul raisonnement, puis qu'il ne respond pas toujours à la verité des apparences, dont il s'eloigne bien souuent : ce qui n'empeschera pas que ie ne parle du plan également incliné, tel qu'il doit estre, afin que les corps pesans le pressent & pesent egalement sur chacun de ses points. Si quelqu'vn desire faire les experiences plus iustes, il doit vser d'vn plan incliné plus long que le nostre ; par exemple d'vn plan de 48 pieds, sur lequel le temps de la cheute sera beaucoup plus sensible : & si l'on en auoit vn de cent, ou 200 pieds, il seroit encore meilleur.

PROP. VIII.

Du Mouuement des Corps.

PROPOSITION VIII.

Demonstrer si vn poids peut descendre par vn plan incliné iusques au centre de la terre, & la maniere de descrire vne ligne tellement inclinee, que le poids pese toujours dessus, & la presse egalement en chaque point.

Il est certain que le plan qui doit supporter vne mesme partie d'vn poids dans tous ses points, doit estre egalement incliné à l'horizon, & que ceux qui s'imaginent que nos plans ordinaires, par exemple que le plan A B est egalement incliné sur l'horizon B C en toutes ses parties se mesprennent; car le point A est autrement incliné que le point E, & le point B autrement qu'E; de sorte qu'il y a autant de differentes inclinations qu'il y a de differens points sur nos plans ordinaires: d'où il arriue que l'on peut se tromper aisément dans les traitez Mechaniques, qui supposent les plans inclinez: car bien que la difference des inclinations & de leurs parties differentes ne soit pas bien grande, elle peut neanmoins empescher la verité des demonstrations qui consiste dans l'indiuisible; & si les plans estoient fort longs, l'erreur seroit sensible, & le poids qui seroit soustenu par l'vn des points, pourroit rouler, ou couler sur les autres; ce que l'on auoüera lors que l'on aura compris le discours qui suit, & lequel monstre la difference des inclinations d'vn plan continué en droite ligne, comme sont les nostres, & qui enseigne à descrire toutes sortes de plans egalement inclinez à l'horizon, afin que les poids les pressent toujours egalement, ou qu'vn mesme poids pese differemment sur les plans qui continüent en ligne droite, comme sont les plans ordinaires.

Or il faut icy remarquer deux choses, à sçauoir que toute ligne droite est inclinee à l'horizon; & que cette inclination est diuerse, selon les diuerses parties de la ligne. En apres, que l'inclination d'vn plan est l'angle compris entre la ligne horizontale, & le plan ou la ligne inclinee: cecy estant supposé,

Que E F soit vne ligne droite posee sur le cercle qui represente la terre, ou l'horizon; puis qu'elle le touche au point D, elle est coupee en ce point à angles droits par la ligne perpendiculaire D O, & partant elle est horizontale en ce point, hors duquel elle est necessairement inclinee, pource qu'elle n'est plus coupee à angles droits par la ligne perpendiculaire, laquelle estant autre que D O, fait vn angle au centre de la terre auec ladite ligne D O; partant l'angle qui se fait sur la ligne E F est moindre qu'vn angle droit.

Que 10 O soit vne perpendiculaire, qui tombe du point 10 de la ligne E F au centre de la terre, ie dis que ladite ligne E F est inclinee à l'horizon en ce point, selon la mesure de l'angle que fait ladite perpendiculaire 10 O, auec la perpendiculaire D O, à sçauoir de 10 degrez, pource que l'angle O D 10 estant droit, l'angle O 10 D sera complement de 10 O D, & partant de 80 degrez, qui est l'inclination de ladite ligne E F auec la perpendiculaire, dont le complement est l'inclination auec la ligne horizontale, & sera de 10 degrez; & tel sera l'angle X 10 O, que fait ladite ligne E F auec la ligne X 10 Z, qui est l'horizontale, estant parallele à la ligne 280, 100.

Or plus on s'eloignera du point horizontal D, & plus l'inclination sera grande

K iij

de, dautant que l'angle qui se fait au centre de la terre croist toujours.

D'où il s'ensuit que les poids qui seront sur ladite ligne rouleront toujours iusques à ce qu'ils soient audit point D, & ce d'autant plus viste, qu'ils en seront plus eloignez (l'impetuosité ostee) car lors qu'ils seront en ce point, la ligne perpendiculaire passera par le centre de grauité dudit corps, à sçauoir par C, & le coupera en deux parties egales; mais s'il est eloigné iusques au point 10, il sera coupé inegalement, & la partie qui est vers D sera plus grande & plus pesante que l'autre, & partant elle l'emportera necessairement vers ledit point D.

Mais il faut voir de combien lesdites parties sont plus pesantes l'vne que l'autre, selon les diuerses inclinations: & pour ce sujet ie tire la ligne 10 C A perpendiculaire à la ligne droite E F, qui coupe le cylindre en deux parties egales, & puis le rayon C B; & dis que l'angle A C B est egal aux deux angles C 10 B, & C B 10, qui sont egaux, pource que leurs bases sont egales, c'est pourquoy il sera double de l'vn d'iceux: or A 10 B estant de 10 degrez, A C B sera de 20, & mesurera l'arc A B. Ledit arc estant trouué, ie dis qu'il y a mesme raison de la circonference 360 degr. à l'arc A B 20 degr. que du plan de tout le cercle (que ie suppose estre de 154 pieds, prenant le diametre de 14 pieds) au plan A C B, qui sera de 8 [illegible] pieds quarrez, dont l'epesseur sera d'vn pied, si le corps cylindrique a vn pied d'espaisseur.

Pour le triangle equicrure C B 10, ie tire la ligne C I, perpendiculaire à la base, ou soustenduë de 160 degr. B 10, partant C I sera sinus du complement de l'angle I C 10, ou I C B de 80 degrez, dont les lignes B I, 10 I, sont les sinus. Or le rayon C 10 estant 7, C I sera 1 pied, 5 pouces, moins $\frac{1}{75}$; & 10 I sera 6 pieds, 10 pouces, 8 lignes, vn peu plus; qui multipliez par vn pied & 5 pouces font 9 pieds, 109 pouces [illegible]: lesquels estant ajoûtez au plan A C B, 8 pieds [illegible], ou 80 pouces, l'on aura 18 pieds, 45 pouces, 48 lignes, pour le plan de la figure A 10 B, lesquels estant ostez du demicercle de 77 pieds, il restera 58 pieds, 98 pouces, 96 lig. pour la moindre section 10 B: & partant l'autre section sera de 95 pieds, 45 pouces, 48 lignes, c'est à dire de 36 pieds, 90 pouces, 96 lignes plus que l'autre.

Or les pieds dont nous parlons icy sont cubes, mais les pouces & les lignes sont quarrez, & d'vn pied d'espaisseur.

Pour ce qui est de la pesanteur, ie suppose que le cylindre soit de fer, dont le pied cube pese 576 liures, & le pouce d'vn pied d'espaisseur, 4 liures, car il y en a 144 au pied; & la ligne, $\frac{1}{36}$ de liure, c'est à dire 3 gros, 40 grains, ou 256 grains; de sorte que le cylindre pesera 88704 liures: la grande section, qui seule ne pese point sur le plan incliné, est de 54901 [illegible] liu. & la moindre de 33802 [illegible], dont la difference est 21098 [illegible] liures.

L'inclination estant de 20 d. la grande section contient 65 pieds, 103 pouces, 114 lignes, qui sont 37855 liur. vn [illegible] plus que l'autre. Cette difference estant donnee, si l'on veut sçauoir la moindre section, il faut prendre la moitié desdits 65 pieds, 103 pouces, 114 lignes, à sçauoir 32 pieds 123 pou. 129 li. & l'oster du demicercle 77 pieds pour auoir 44 pieds 20. po. 15 l. & si l'on ajoûte lesdits 32 pieds 123. po. 129 l. à 77, on aura la grande section 109 pieds, 123 pouces, 129 lignes.

L'inclination estant de 30 degrez, l'excez de la grande section sera 93 pieds, 111 pouces, qui pesent 58012 liures plus que la moindre section, c'est à dire 30 pieds, 16 pouces [illegible].

L'inclination

Du Mouuement des Corps.

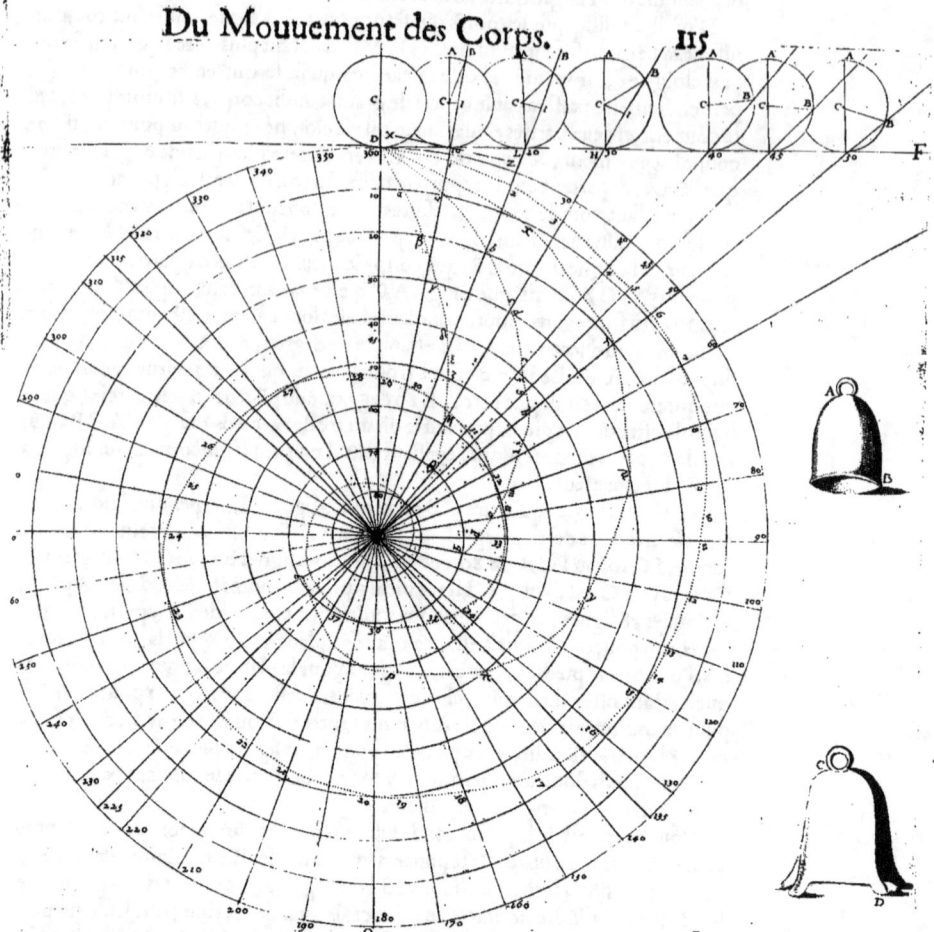

L'inclination estant de 45 degrez, la moindre section aura 14 pieds, & la grande 140, qui est dix fois dauantage; & ainsi il n'y aura que ½ dudit corps qui pesera sur le plan.

L'inclination estant de 60 degrez, l'excez sera 145 pieds, 15 pouces qui pesent 85580 liures, car la moindre section n'aura que 4 pieds 64.po.½, & la grande 149 pieds 79 po.½.

Et ainsi la partie de deuers le point D sera dautant plus pesante que le poids sera plus eloigné dudit point D, & tombera plus viste, soit pour sa pesanteur augmentee, ou pource que le plan s'opposera moins à sa course, & que le poids ne pesera pas tant dessus, car il ne doit peser que le double du poids de la moindre section.

K iiij

Mais si on vouloit faire vn plan qui gardaſt toujours meſme inclination, il faudroit qu'il coupaſt toutes les lignes prouenantes du centre à meſmes angles, & qu'il formaſt vne ſorte d'helice ſemblable à celle que feroit vn vaiſſeau qui vogueroit toujours par vne meſme route, & qui couperoit tous les Meridiens à meſmes angles, lequel par ce cours ne pourroit iamais arriuer au Pole où ſont tous les meridiens, pource qu'il ne les pourroit pas tous couper par vn meſ- me angle en vn ſeul point : de meſme ce plan couperoit toutes les perpen- diculaires à meſmes angles, & pour la meſme raiſon il ne pourroit iamais arriuer au centre de la terre, eſtant impoſſible qu'vne ligne coupe à meſmes angles vne infinité d'autres lignes en vn ſeul point.

D'ailleurs, combien que ledit plan approche toujours du centre, neanmoins il n'y va pas, mais il torne à coſté ; & partant il n'y arriuera iamais, mais il tor- nera perpetuellement à l'entour. Car ſi l'on s'imagine ledit plan auſſi pres de la terre que la preſente figure le monſtre, encore qu'il fuſt extremement pres du centre, eu egard à toute la terre, l'on void par ladite figure qu'on le peut encore approcher beaucoup plus pres : & quand on l'aura conduit iuſques à vne ligne pres du centre, il ſera encore facile de le faire approcher plus pres, en prenant l'eſpace d'vn pied qui reſpond en toutes choſes à celuy d'vne ligne, & dont les eſpaces ſuppoſez ayent meſme raiſon auec eux, que 144 à vn ; car l'on a au- tant de droit de faire qu'vne grande figure en repreſente vne petite, que de faire de petits globes qui repreſentent toute la terre auec ſes fleuues, ſes montagnes, & ſes foreſts : & dans ledit eſpace d'vn pied l'on pourra encore conduire le plan iuſques à vne ligne pres du centre, qui ne ſera que $\frac{1}{144}$ d'vne ligne : & ſi l'on veut paſſer outre, l'on pourra encore faire ledit eſpace d'vn pied de diametre, & conduire le plan iuſques à l'infini. Et bien qu'il y euſt beaucoup de trauail à ſupputer leſdits eſpaces, & combien cette ligne ou plan feroit de tours au- tour du centre, ou combien elle en ſeroit proche à chaque tour, neanmoins il n'eſt pas impoſſible ; mais il faudroit trouuer les ſecantes & les tangentes des tierces, quartes, & cinquieſmes, & peut eſtre auſſi des ſeptieſmes, & huitieſmes, qui ſont les dernieres pour acheuer 90 degrez ; ce qui produiroit des ſecantes merueilleuſement grandes : & puis il faudroit ajoûter toutes leſdites ſecantes depuis la premiere iuſques à celle d'vne ſeptieſme ou huitieſme pres de 90 degr.

Or pour conduire ledit plan incliné, ie ſuppoſe que le cercle qui eſt icy decrit ſoit l'Equateur ſur le globe de la terre coupé en deux parties, afin que les lignes perpendiculaires qui vont au centre ſoient les meridiens, ſelon l'ordre qu'ils ſont marquez ſur la terre, & qui diuiſent icy le cercle, ou l'Equateur, en 360 deg. de longitude.

Pareillement chaque perpendiculaire (ou meridien) eſt diuiſee en 9 parties egales, dont chacune contient 10 deg. de latitude, par toutes leſquelles parties paſſent de petits cercles, qui ſont les paralleles. Or cette ligne doit tellement eſtre conduite du point D, qu'elle coupe tous les meridiens & paralleles à meſ- mes angles : & ſi le plan eſt incliné de 45 deg. quand la ligne courbe deſcriuant ledit plan ſera arriuée à 10 deg. de longitude, à ſçauoir au point A, elle aura 9 deg. 57′ de latitude, & il s'en faudra 3′ qu'elle ne ſoit au dixieſme parallele, ou à 10 d. de latit. & quand elle ſera arriuée audit parallele, lors elle aura paſſé le 10 Meri- dien, & ſera a 10 deg. 3′ de longit. Eſtant au point b à 20 deg. de longitude, elle

aura

Du mouuement des Corps. 117

aura 19 deg. 37' de latitude ; & estant à 20 deg. de latitude elle aura 20 deg. 25' de longitude, &c. comme l'on peut voir dans la table qui suit. Or l'on trouuera la longitude à quel degré de latitude qu'on voudra, par exemple au quinziesme degré, en assemblant les secantes de toutes les minutes depuis l'Equateur, qui est pris pour le rayon, iusques au quinziesme degré, qui seront en tout 900 secantes sans ledit rayon, lesquelles reuiennent à 9104428, que ie diuise par le rayon, qui est icy 10000, pour auoir 910', qui sont 10 d. 10' de longitude : ce qui est si exact, qu'il seroit difficile d'apperceuoir la difference des vrais espaces à ceux-cy. Neanmoins quand on approchera du centre de la terre, pource que les secantes des minutes sont beaucoup differétes les vnes des autres, il faudra ajoûter les secantes de toutes les secondes, & puis des tierces & quatriesmes, iusques à ce que leur difference ne soit pas sensible, si l'on y veut proceder exactement : de sorte que la latitude estant donnee en cette inclination de 45 degrez, il faut seulement diuiser les secantes des minutes (ou demi degrez si on ne se soucie pas d'vne mesure si exacte) par le rayon, & l'on aura les minutes (ou demi degrez) de longitude. Mais vne quantité de minutes de longitudes estant donnee, par exemple 600', qui sont 10 degrez de longitude, il faut multiplier 600' par le rayon, pour auoir 6000000, qui est la somme des secantes de 9 degrez, 57' de latitude.

Aux autres inclinations il n'est pas si facile de trouuer la longitude & la latitude ; mais la longitude estant donnee, il se faut seruir de la proportion suiuante : Comme le rayon à la tangente de l'angle d'inclination, de mesme les minutes de longitude à la somme des secantes des minutes de latitude : par exemple, ie veux sçauoir à combien de degrez de latitude sera paruenu le plan de 10 degr. quand il sera au point 4, qui est 40 degrez de longitude, ie dis comme le rayon 100000 à la tangente de 10 degrez d'inclination 17633, de mesme 40 degrez ou 2400' de longitude, à 42319200, qui est le nombre des secantes de 7 degrez 2', ou de la latitude cherchee.

La latitude estant donnee, par exemple, le plan estant au point 7, en latitude de 10 degrez, ie cherche en quel Meridien il est, & dis :

Comme le rayon 100000 à la tangente du complement de l'angle d'inclination de 10 degrez, qui est 567128, de mesme la somme des secantes de 10 degrez de latitude, qui est 6030618, aux minutes de longitude, la somme sera 3420' $\frac{11315}{1000000}$, qui sont 57 degrez, 0', 7''', 56''', 22'''' de longitude. On peut faire le mesme aux autres inclinations.

Or pour sçauoir combien le plan est eloigné de la surface de la terre à chaque degré de latitude, il faut prendre la proportion de 90 degrez à 1145 lieuës, qui est la distance de la surface au centre de la terre : & ainsi quand ledit plan sera à 50 degrez de latitude, il sera eloigné de 63 lieuës $\frac{11}{18}$ de ladite surface : quand il sera à 10 degrez, il en sera à 127 lieuës ; à 15 degrez 190 lieuës ; à 20 degrez 254 lieuës ; à 30 degrez 381 ; à 40 degrez 508 ; à 45 degrez 572 ; à 60 degrez 763 ; à 70 degrez de latitude il en sera eloigné de 890 lieuës, & sera à 254 lieuës ; du centre.

Or la table qui suit aidera encore à comprendre la figure precedente, & tout le discours de cette proposition.

Inclination de 45 degrez.

	Longit.	Latit.		Latit.	Longit.
a	10 deg.	9 d.57′	a	10 deg.	10 d.3′
b	20 deg.	19,37	b	20	20,25
c	30	28,43	d	30	31,28
e	40	37,6	f	40	43,42$\frac{1}{2}$
g	45	40,59			
h	50	44,39	h	45	50,29$\frac{3}{4}$
			i	50	57,54$\frac{1}{3}$
l	60	51,20			
m	70		n	60	75,26′,50″
o	80	62,12			
p	90	66,31	q	70	99,24′,57″

Inclination de 67 degrez$\frac{1}{2}$. 22$\frac{1}{2}$

	Latit.	Longit.		Latit.	Longit.
α	10 deg.	4 d.9′$\frac{4}{5}$	κ	10 d.	24 d.15′,55″
β	20	8,27′,44″	λ	20	49,17,39
γ	30	12,2,8	μ	30	75,58,43
δ	40	18,6,$\frac{1}{4}$	ν	40	105,31$\frac{1}{3}$
ε	45	20,54′,54″	ξ	45	121,54$\frac{1}{8}$
ζ	50	23,59	π	50	139,47$\frac{2}{3}$
η	60	31,15	ϱ	60	182,8,46
θ	70	41,10,41	σ	70	240,0′,35″

Inclination de 10 degrez.

	Longit.	Latit.		Latit.	Longit.
1	10 deg.	1 d.45$\frac{3}{4}$			
2	20	3,31$\frac{1}{2}$	3	5 d.	28 d.23′,32″
4	40	7 deg.2′			
5	45	7,54$\frac{1}{2}$			
6	50	8,46,55	7	10 d.	57 d.0′$\frac{1}{3}$
8	70	12,15			
9	80	13,58	10	15 d.	86,3,22
11	90	15,40$\frac{1}{3}$			
12	100	17,21$\frac{1}{2}$			
13	110	19,2$\frac{2}{5}$	14	20 d.	115,47′,55″
15	120	20,41$\frac{2}{3}$			
16	130	22,20,6	17	25	146,30,9″
18	160	27,8$\frac{3}{4}$	19	30	178,29′,4″
20	180	30,13,55			
21	200	33,13,50	22	35	212,7,21
			23	40	247,53,8
24	270	42,55$\frac{2}{3}$	25	45	286,22,27
26	300	46,40$\frac{1}{2}$	27	50	328,23$\frac{1}{8}$
			28	52$\frac{1}{2}$	351,2′,25″
29	360	53,27,7	30	55	375,1″
31	400	57,27	32	60	427,53,8
33	450	61,53$\frac{2}{3}$	34	65	489,26$\frac{3}{5}$
35	500	65,46,35			
36	540	68,30,48	37	70	563,48,56

PROP. IX.

Du Mouuement des Corps.   119

PROPOSITION IX.

Expliquer vne autre maniere plus ayſée, & Geometrique, pour decrire vn plan d'vne égale inclination ; & determiner quelle figure fait le mouuement des Globes qui roulent ſur les plans ordinaires ; & ſi le roulement eſt plus viſte que le coulement, ou le gliſſement.

Le cercle eſtant donné dans lequel, & par le moyen duquel on veut deſcrire vn plan dont tous les points ſoient également inclinez, il eſt aiſé de le tracer par tât de points que l'on voudra, leſquels ſeront dautât plus proches les vns des autres, que l'on diuiſera le cercle dans vn plus grand nombre de parties. Or ie decris le plan A B C D E F G H I K L M N par le moyen de la diuiſion en 6 parties, qui ſe fait en tirant les 6 rayons T A, T O, T Q, &c. Et puis ayant mené la ligne A O, ie la diuiſe par le milieu en tirant le rayon T S, qui donne B pour le ſecond point du plan. En apres ie tranſporte l'ouuerture du compas

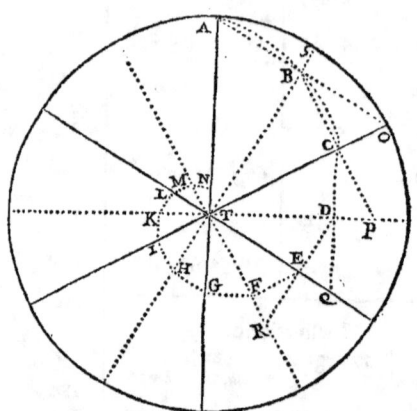

T B ſur le rayon T P, afin de tirer la ligne droite de B à P, laquelle donne le 3 point du plan C ; & puis ie tranſporte l'ouuerture T C ſur le rayon T Q, afin que la ligne C Q marque le 4 point du plan D, & pourſuis toujours juſques à ce que tous les points E, F, &c. juſques à N ſoient marquez : leſquels on peut continuer juſques à l'infini : & ſi l'on veut en auoir de plus proches, afin que la ligne du plan ſoit decrite plus exactement, l'on peut tirer tant de rayons que l'on voudra entre T A & T S, & entre ceux qui ſuiuent, afin que la ligne droite, qui touche toujours deux rayons en coupant celuy du milieu, ſoit plus courte. Or ce que j'ay dit de l'hexagone peut eſtre accommodé au triangle, au quarré, au dodecagone, & à toutes les figures regulieres inſcrites dans le cercle.

Mais l'on peut icy remarquer pluſieurs choſes, & particulierement qu'vn poids ſe mouueroit perpetuellement par ce plan egalement incliné, ſans pouuoir jamais arriuer au centre de la terre, autour duquel le plan torneroit toujours ſans y arriuer ; & conſequemment que ce plan ne ſe rencontre en nul lieu de la nature, qui ne fait rien en vain, & qui donne vn terme, ou vn centre à chaque choſe. En ſecond lieu que le boulet deſcendant par ce plan augmenteroit ſa viteſſe ſuiuant la progreſſion que j'ay expliquee, ſi ce n'eſt que la proportion de nos experiences ſe change, & que les poids allentiſſent leurs cheutes, & qu'ils n'augmentent plus leurs vitesses quand ils sont arriuez à vn certain endroit, dont ie parleray apres.

En troisiesme lieu, les vaisseaux de mer qui tiennent leur chemin par les rhums, ou par les loxodromies AB, C, D, &c. qui coupent les meridiens à angles droits iront par vne ligne semblable à celle qui est icy descrite, & garderont la mesme inclination que les poids qui descendroient par vn plan egalement incliné. Ie laisse quantité d'autres conclusions que l'on peut deduire de cette ligne, afin d'expliquer la seconde partie de cette proposition, qui consiste à sçauoir quelle est la figure que descrit la boule qui roule sur vn plan; ie dis, *qui roule*, dautant que si elle glisse seulement, elle descrit autant de lignes droites qu'il y a de points dans sa demie circonference, dont la plus longue & la plus haute est perpendiculaire à l'extremité de son axe A.

Mais quand elle roule, le point d'attouchement, qui la soustient sur le plan, descrit vne demie Ellipse à chaque tour qu'elle fait: de sorte que la boule qui fait cent fois la longueur de sa circonference en roulant descrit cent moitiez d'Ellipses. Semblablement chaque point de la boule descrit des parties d'Ellipse, comme monstre l'experience, en faisant rouler vne poulie, ou quelqu'autre corps rond, dont on marque le mouuement par le moyen d'vn crayon sur vne ardoise mise à costé du corps qui roule vn tour entier.

Or il faut remarquer que la ligne d'vne egale inclination ne se descrit pas seulement par le moyen des angles droits qui se font sur les meridiens, mais aussi par toutes autres sortes d'angles, pourueu qu'ils soient toujours egaux entr'eux.

Quant à la derniere partie de cette proposition, elle est fort difficile à resoudre, & il n'est pas aisé d'en faire l'experience, parce qu'il faudroit auoir vn plan parfaitement poli, & si dur, qu'il ne peust nullement ceder au mobile, qui deuroit auoir les mesmes qualitez: & pour lors il est probable que le glissement seroit aussi viste que le roulement: mais parce qu'il ne se trouue point de plan sans pores, qui n'empesche nullement le mobile, & que ce qui roule ne le touche quasi qu'en vn point, nous ne pouuons auoir de roulemens qui ne soient plus vistes que les glissemens: mais il n'est pas aisé de sçauoir de combien l'vn est plus viste que l'autre.

Ie remarque seulement icy que la proiection d'vn boulet qui se feroit sans rouler, peut estre comparee au glissement; mais parce que l'air peut l'empescher dauantage, lors qu'il le frappe tousjours d'vn mesme costé de sa surface, que quand il chemine en roulant, il est probable que le boulet va plus loin & plus viste quand il roule: quoy que cette difficulté merite vn discours & vn examen plus particulier. Et il peut arriuer que les boulets ne roulent plus, quand l'impetuosité dont ils sont iettez est trop grande, comme quand ils sont tirez par les artilleries & les mousquets: quoy qu'il semble qu'ils auroient beaucoup plus d'effet s'ils rouloient, parce qu'ils ioindroient la force du vieil brequin, ou de la viz à leur impetuosité.

COROLLAIRE I.

Si l'on vse dextrement de differentes roulettes de bois, de charton, ou d'autre matiere, en les faisant rouler, & en marquant les lignes qu'elles font en l'air, sur vne ardoise, ou sur du papier tandis qu'elles seront vn tour entier, l'on decrira des Ellipses de telle grandeur que l'on voudra plus viste, & plus iustement que par les points, ou les autres methodes dont on vse ordinairement: car le diametre de la roulette sera toujours la moitié du petit diametre de l'Ellipse & le grand sera egal à sa circonference: mais les Ellipses seront toujours d'vne mesme espece. Or l'on peut determiner quel doit estre le cone pour l'engendrer par sa section: mais les compas qui descriuent toutes sortes de lignes, ou sections coniques sont beaucoup plus excellens, que la pratique de la boule qui se meut, laquelle ne descrit qu'vne seule sorte d'Ellipse.

COROLLAIRE VIII.

Puis que i'ay monstré la maniere de descrire vn plan egalement incliné à l'horizon, il est raisonnable qu'apres le calcul des parties du cylindre, qui pesent differemment sur les plans, selon leurs differentes inclinations, i'examine la 9 proposition du 8 liure des Recueils Mathematiques de Pappus, qui consiste à sçauoir quelle force est necessaire pour soustenir vn poids donné sur vn plan droit incliné à l'horizon selon vn angle donné, dont i'ay déja parlé assez amplement dans la 4 Addition que i'ay mise dans les Mechaniques de Galilee, c'est pourquoy i'aioûte seulement icy la demonstration qu'en a fait Monsieur de Roberval l'vn des plus excellens Geometres de ce siecle.

PROPOSITION X.

Le plan estant incliné à l'horizon d'vn angle donné, determiner la force qui peut soustenir le poids donné sur ledit plan.

Ie n'eusse pas icy mis cette proposition, si elle eust esté en françois, & si le liuret où elle est, eust esté commun; quoy qu'elle merite d'estre en plusieurs lieux pour la grande vtilité qu'on en peut tirer. Or le sens commun dicte tout ce qui est supposé dans cette demonstration, à sçauoir que les poids egaux pesent egalement d'egales distances, ce qui conuient semblablement aux autres forces egales qui poussent, tirent, pressent, ou frappent d'egales distances : par exemple les poids egaux $a d$ pesent egalement des distances egales $c f$, & $c g$, & consequemment demeurent en equilibre. Il faut seulement remarquer que les puissances qui peuuent appliquer leur force en toutes sortes de biais, & de façons, en peuuent tellement vser que l'vne tirera, poussera, & pressera en haut ou à gauche, & aussi fort comme l'autre fera en bas, ou à costé droit, &c. de sorte que si celle-cy tire aussi fort en bas que celle-là en haut, il ne se fera nul mouuement : ce qu'il a fallu obseruer, à raison que les forces s'appliquent de tous costez, au lieu que les poids appliquent seulement leur force vers le centre de la terre.

Lors que la puissance applique sa force perpendiculairement sur le plan, il resiste entierement, de sorte qu'elle ne peut passer outre, ny couler dessus. Mais quand elle l'applique obliquement, il ne resiste pas entierement, c'est pour-

L

122　　　　　　　Liure Second

quoy elle coulera, ou tombera vers la partie où les angles sont obtus. Par exemple si le poids, ou la puissance s'applique au plan horizontal selon la ligne *c, l* perpendiculaire à l'horizon, le plan resistera tellement que le poids ne pourra couler dessus, & se reposera necessairement: de mesme si la puissance *a* agit sur le plan *l 2* incliné à l'horizon par la ligne *e, n* perpendiculaire au plan *l 2*, ce plan resistera aussi à la puissance *a*. Si elle agit par la ligne *f, a*, perpen‑

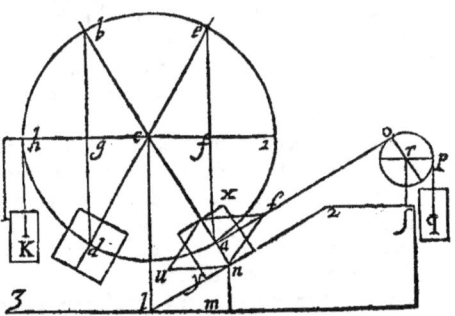

diculaire à l'horizon, & consequemment oblique au plan *l 2*, elle coulera vers *l*, où sont les angles obtus: comme la puissance *l* agissant obliquement sur le plan *l m* par la ligne *2 l*, tombera vers *l 3*, où l'on void l'angle obtus *2 l 3*. Cecy estant supposé. Soit le plan horizontal *l m*, auquel le plan *l 2* soit incliné de l'angle *m l 2*, & que le poids donné soit *a*, il faut trouuer la puissance qui soustienne le poids *a* sur le plan *l 2*. Et pour ce suiet il faut considerer le leuier *a b*, dont *e* est le soustien, & que la ligne *e l* soit perpendiculaire à l'horizon, desorte que l'angle *l e a* soit egal à l'angle *m l 2*. Et puis il faut supposer vn autre leuier *d e* tellement appuyé sur *e*, que l'angle *l e d* soit egal à l'angle *m l 2*; & que le poids *d* egal au poids *a* soit tellement attaché au point *d*, que les distances *e a, e d*, soient egales; & que *d* & *a* soient pendus par leurs centres de pesanteur.

Il faut en fin que *h i* soit vn troisiesme leuier parallele à l'horizon, qui soit semblablement appuyé sur *e*, & que la distance *e h* soit egale à la distance *e d*; & que ces 3 leuiers soient tellement disposez qu'ils ne puissent changer les angles qu'ils font auec *e*, afin qu'ils demeurent comme les rayons d'vn mesme cercle descrit à l'entour du centre *e*. Et puis il faut tirer les perpendiculaires egales *a f, d g* des points *a, d*, au leuier *h i*, & les distances *e f, e g* seront aussi egales dans les triangles *a e f, d e g* par la 26 du 1.

Or les poids *a d* peseront sur les leuiers *e a, e d*, comme s'ils estoient pendus des distances egales *e f, e g*, selon les lignes *f a, g d*, & consequemment ils seront en equilibre. Que comme la distance *b e* est *e f*, ainsi soit le poids *a* à la puissance K, laquelle estant eloignee de *e b*, contrepesera le poids *a* eloigné de *e f*, ou attaché au leuier *e a*, par la 6 & 7 propos. du 1 liure des equilibres d'Archimede; de sorte que la puissance K agissant par le leuier courbé *h e a*, l'on n'aura pas besoin du poids *d*, ou du leuier *d e*, pourueu que le poids *a* ne coule pas vers *n* par le leuier *e a*. Or pour empescher ce glissement, il faut supposer que le plan *l n 2* est incliné comme il a esté dit, & que *n m* soit perpendiculaire à *l m*.

Et parce qu'aux triangles *e n l, l m n* les angles *l e n, n l m* sont egaux par la construction, & les angles *e l n, l n m* à cause des paralleles *e l, n m*, l'angle *e n l* sera egal à l'angle *l m n*; or *l m n* est vn angle droit, donc *e n l* est aussi droit, & *e n* per‑

pendiculaire à *l n* : donc le plan *l n* perpendiculaire au poids *a* empefche qu'il ne tombe par le leuier *e n*. Toutes ces chofes ayant efté pofées, que le poids *A* foit tellement mis fur le plan incliné *l z*, qu'il n'y foit nullement attaché, il eſt certain qu'il tombera, s'il n'eſt retenu : par confequent foit que le leuier *c h* pouſſé par la puiſſance *k* agiſſant de la diſtance *c h* reſiſte au poids tombant *a*, ou que quelque puiſſance egale à *k* le retienne, il demeurera tellement fur le plan *l z*, qu'il ne pourra monter ny defcendre.

Car qu'il defcende premierement, s'il eſt poſſible, par le plan *n l*, le leuier *c a* qui eſt pouſſé par *K* de la diſtance *c h* reſiſtant ; donc le leuier *c h* & la puiſſance *K* monteront, le leuier *c a* defcendant auec le poids *a*, & la diſtance *c f* ; ce qui eſt abſurd, puis qu'ils demeurent en equilibre par la 6 & 7 du 1 des equil. d'Arch. & par conſequent le poids *A* ne defcendra pas, tandis qu'il ſera retenu de la puiſſance *K* par le moyen du leuier *h c a*.

En ſecond lieu, qu'il monte, ſi faire ſe peut, par le plan *l z*, le leuier *a c h* pouſſant par la puiſſance *K*, d'où il s'enſuiura que le leuier *c a* montera auec la diſtance *c e* en pouſſant le poids *A*, tandis que la diſtance *c h* s'abaiſſera auec la puiſſance *K* : or ils ſont en equilibre & demeurent, comme il a eſté demonſtré cy-deuant, donc *A* ne peut monter, encore que *K* ſoit pouſſé par le leuier *h c a*, & conſequemment *A* demeurera ſur le plan *l z*, pourueu que le leuier courbé *h c a* pouſſé par la puiſſance *K* de la diſtance *c h* l'empefche de tomber.

Et parce que le leuier *h c a* pouſſant *a* enuoye ſa force par vne ligne perpendiculaire au leuier, que *a o* ſoit perpendiculaire au leuier *a c*, & parallele au plan *l z*, le leuier *h c a* pouſſant le poids *a* enuoye ſa force par vne ligne perpendiculaire au leuier : que *a o* ſoit perpendiculaire au leuier *a c*, & parallele au plan *l z* ; le leuier *h c a* pouſſant le poids *A* enuoye ſa force par la ligne droite *a o*, ou par le plan *l z*. Il faut maintenant ſuppoſer que la puiſſance *a* eſt egale à la puiſſance *K*, qui agit ſur le poids *a* en le pouſſant au lieu du leuier, & qu'elle dreſſe ſa force par la ligne *a o*, ou par le plan *l z*, còme le leuier meſme. Et parce que la puiſſance *K* agiſſant par le leuier *h c a* en pouſſant le poids *a* par le point *a*, le retient, il s'enſuit qu'vne autre puiſſance egale à la puiſſance *K* agiſſant de la meſme maniere ſur le poids *a* le retiendra auſſi ; de forte qu'il ne ſera pas beſoin du leuier, mais ſeulement de la puiſſance qui fera la meſme choſe que le leuier. Et la meſme choſe arriuera toujours, ſoit que la meſme puiſſance pouſſe par le point *a*, ou qu'elle tire la ligne *a o*, eſtant en quelque lieu de ladite ligne, par exemple en *o* : ſoit que la ligne *a o* eſtant roulée à l'entour de la poulie *o p*, comme vne corde, la puiſſance, ou le poids y ſoient ſuſpendus, car quoy qu'il en ſoit, le poids *A* ſera toujours arreſté ſur le plan *l z*, de ſorte qu'il ne pourra deſcendre ny monter. La puiſſance *K* eſt donc trouuée pour arreſter le poids *A* ſur le plan donné *l z* incliné ſur l'horizon *l m* de l'angle donné *m l z* ; ce qui auoit eſté propoſé.

COROLLAIRE I.

Si du point du plan incliné *n* on tire la perpendiculaire *n m* ſur le plan horizontal *l m*, comme l'hypotenuſe *l n* à la perpendiculaire *n m*, ainſi le poids *a* à la puiſſance qui l'arreſtera ſur le plan *l n* : car comme *h c* à *c f*, ou comme *a c* à *c f*, ainſi le poids *a* à la puiſſance *K* : or comme *a c* à *c f*, ainſi *l n* à *n m*, donc comme

L ij

$l\,n$ à m, ainsi le poids a à la puissance requise : d'où il s'ensuit que la puissance estant vn peu augmentee pourra tirer le poids en haut par la ligne $a\,o$ sur le plan $l\,2$. De plus, comme l'hypotenuse $l\,n$ est à la base $l\,m$, ainsi le poids a est à la puissance qui l'empesche de couler par le leuier $c\,a$, & de peser sur le plan $l\,2$, comme il est aisé de demonstrer par ce qui a esté dit cy-dessus. D'où il s'ensuit que la puissance que Cardan donne au liure 5 des proportions, propos. 72. est moindre qu'il ne faut, car il dit que la raison du poids tiré à la force qui le tire sur le plan incliné est celle qui est de l'angle droit à l'angle que fait le plan incliné auec le plan horizontal, parce qu'au triangle $l\,m\,n$ il y a moindre raison de l'hypotenuse $l\,n$ à la perpendiculaire $m\,n$, que de l'angle droit $n\,m\,l$ à l'angle d'inclination $m\,l\,n$.

COROLLAIRE II.

Si quelque excellent Geometre entreprenoit l'examen de ce liure de Cardan, & des autres qu'il a faits, ce seroit l'vn des plus beaux labeurs qui se pûssent voir, particulierement s'il demonstroit la verité de ce qu'il a auancé de veritable sans demonstration, par exemple, qu'il est plus difficile de renuerser le cube que le tetraëdre d'egale grandeur & pesanteur : & l'erreur de ce qu'il a auancé contre la verité, comme lors qu'il a dit auec Tartalea, que la balance inclinee reuient parallele à l'horizon, au lieu qu'elle s'incline toujours dauantage iusques à ce qu'elle soit perpendiculaire à l'horizon, à cause du centre de la terre, où buttent toutes les choses pesantes. Surquoy Guid-Vbalde a aussi failli, lors qu'il a dit qu'elle demeure dans la mesme inclination qu'on la met. Mais il y a plusieurs difficultez dans cette matiere, à raison que l'on peut faire des balances qui demeurent inclinees en de certaines positions, hors desquelles elles descenderont plus bas, & qu'il y peut suruenir tant d'accidents, qu'ils meritent que les plus sçauans Mathematiciens en facent des Traitez particuliers.

COROLLAIRE III.

L'on pourroit peut-estre expliquer pourquoy la boule roulant sur le plan incliné, va moins viste que quand elle chet perpendiculairement, par la demonstration precedente, en disant que la partie de la boule soustenuë par le plan est vne espece de contrepoids, qui empesche tant qu'il peut la cheute de la boule, laquelle roule dautant plus lentement qu'elle est plus soustenuë, comme i'ay monstré dans les autres propositions. Où il faut remarquer que ce n'est pas mesme chose que le poids soit affoibly par ledit contrepois, ou qu'il soit d'vne matiere plus legere : par exemple, si le poids de la boule de plomb d'vne liure est tellement diminué par le support du plan, qu'il ne pese plus qu'vne once, c'est à dire 16 fois moins, & qu'vne boule de bois de mesme grosseur ne pese aussi qu'vne once, il ne s'ensuit pas que la boule de bois ne descende plus viste perpendiculairement que celle de plomb obliquement, parce qu'elle n'a nul contrepois, ou plan qui l'empesche, ou qui la destorne de son droit chemin. Mais il suffit de considerer icy si l'empeschement du plan est perpetuellement analogue, & proportionné à la tardiueté, ou à la vitesse de la cheute oblique de la bale qui roule, ou qui coule dessus.

COROL.

Du Mouuement des Corps.

COROLLAIRE IV.

Il faut remarquer que ie suppose toujours vne boule ou vn cylindre sur les plans, parce qu'il est trop difficile de determiner les parties des autres corps, par exemple des cubes, & des tetraëdres, qui sont soustenus par lesdits plans ; & que ces corps ne peuuent rouler, & couler également comme font les boules : quoy que l'on puisse examiner quelle doit estre l'inclination du plan pour les faire roûler, ou renuerser, & pour leur faire quitter leur coulement, qui garderoit toujours la mesme raison en augmentant sa vitesse, que le roulement d'vne boule, puis qu'ils descendent pour vne mesme cause, & pour vne mesme fin.

COROLLAIRE V.

Puis que nous ne pouuons demonstrer que les poids gardent toujours la mesme proportion de vitesse en descendant iusques au centre, que celle que nous obseruons dans toutes sortes de hauteurs, il n'est pas hors de propos d'examiner s'ils la peuuent changer, & quelle elle peut estre, afin que ceux qui voudront passer plus auant trouuent quelque sorte d'ouuerture en ce sujet : c'est pourquoy i'aioûte les deux propositions qui suiuent auant que d'entamer les autres discours des differens mouuemens de la nature, qui dependent de ceux qui conduisent au centre de la terre, ou qui suiuent leur proportion.

PROPOSITION XI.

Determiner si la vitesse des corps pesans qui tombent, s'augmente selon la raison des sections de la ligne coupee proportionnellement : où l'on void les proprietez de cette section, & la maniere de couper vne ligne en moyenne & extreme raison iusques à l'infini.

Le docte Vendelin a esté le premier qui m'a fait penser à cette proportion pour la cheute des corps pesans, car luy ayant demandé son auis sur cette vitesse, il coniectura qu'elle suiuoit peut estre la proportion de la ligne coupee en moyenne & extreme raison, qu'il appelle *diuine*, comme plusieurs autres, à raison de ses proprietez admirables, dont nous parlerons apres. Mais puis que nous auons déja reglé cette vitesse par nos experiences, ie mets icy vne table, dans laquelle on verra la comparaison des cheutes qui se font en raison doublee des temps, & de celles qui se feroient selon la section de ladite ligne : & pour ce suiet la premiere colomne monstre par ses nombres le chemin que fait la bale de plomb, qui descend en chaque demie seconde d'heure, ou en 30 tierces, par exemple, 3 signifie qu'elle descend 3 pieds dans la demie seconde, 9, qu'elle descend 9 pieds dans l'autre demie seconde, & ainsi des autres iusques à 51, qui signifie qu'elle fait 51 pied dans la huitiesme demie seconde. La 2 colomne aioûte les nombres precedens, afin de faire voir la cheute des temps precedens, par exemple le 2 nombre, à sçauoir 12, signifie qu'elle fait 12 pieds dans vne seconde, & 27 qui suit, monstre qu'elle en fait 27 dans vne seconde & demie, &c. iusques au dernier nombre 192, qui enseigne qu'elle fait 192 pieds en 4 secondes.

La 3 colomne contient les nombres de la section continuee en moyenne & extreme raison, de sorte que si la bale fait 5 espaces dans la premiere demie seconde, elle en fera 8 dans la suiuante, & puis 13, 21, &c. qui sont aioûtez dans la 4

L iij

colomne, 5, 13, 26, &c. pour la mesme raison que ceux de la premiere sont aioutez dans la 2.

La 5 colomne fait commencer la cheute par 3, afin qu'elle commence auec la premiere cheute de la 1 colomne. Cecy estant posé, l'on void que la bale tombant selon la proportion de la 3 colomne, ses nombres s'approchent fort pres de ceux de la premiere, qui contiennent la raison doublee des temps, & consequemment qu'il n'est pas quasi possible de sçauoir si la cheute se fait suiuant la 3, ou la premiere colomne, iusques à la cinquiesme demie seconde : mais si l'on poursuit plus outre, les nombres de la 3 colomne s'augmentent beaucoup plus que ceux de la premiere ; car au lieu de 39 pieds de la 1 colomne pour le 6 demie seconde, l'on a 55 ; pour 45, 89, &c. & si l'on suit la 5 colomne afin de faire cheoir la bale de 3 pieds en la premiere demie seconde, comme nous faisons dans la 1 colomne, il y a grande différence entre ses nombres, & ceux de la 1 colomne : d'où il faut conclure qu'il ne suffit pas que 3 ou 4 experiences reüssissent continuellement pour en faire vn principe, puis que le 2, 3, & 4 nombre de la 3 colomne ayant approché si prez de la verité, ils s'en éloigne si fort apres. Mais puis que les nombres 3 & 5, ou 5 & 8 &c. ne donnent pas iustement la raison de la ligne coupee en moyenne, & extreme raison, dont les segmens sont tellement irrationnels qu'ils ne peuuēt s'exprimer par les nombres, ie mets premieremēt le moyen de la couper, afin d'en considerer les segmens, & leurs proprietez. Soit donc la ligne M Q qu'il faut couper en moyenne & extreme raison ; ayant descrit le quarré P M, il faut diuiser le costé K M par la moité au point L, & tirer la ligne L Q, laquelle estant transportee de L en N, il faut transporter M N de M vers Q, car elle finira au point R, qui coupe Q M en moyenne & extreme raison.

Salinas donne encore vn autre moyen de couper cette ligne par le moyen du triangle rectangle A B C ; mais ie l'explique dans la 18 proposition du 4 liure des Instrumens, sans qu'il soit besoin de nous y arrester dauantage.

Quāt aux proprietez de cette Section, elles sont si admirables, que plusieurs l'appellent *proportion diuine* : dont l'vne des principales est descrite

Table des cheutes.

I	II	III	IV	V
1	3	3	5	5	3
2	9	12	8	13	5
3	15	27	13	26	8
4	21	48	21	47	13
5	33	75	34	81	21
6	39	108	55	136	34
7	45	147	89	225	55
8	51	192	94	319	89

Du Mouuement des Corps. 127

descrite dans l'onziesme proposition du second liure des Elemens d'Euclide, à sçauoir que le rectangle fait de la ligne entiere Q M, & l'vne de ses parties, à sçauoir de la moindre Q R, est egal au quarré fait de la plus grande partie R M: c'est à dire que le rectangle O Q est egal au quarré M S.

La seconde est que le grand segment M R est moyen proportionnel entre le moindre Q R, & la ligne entiere Q M; de sorte que si l'on faisoit vn demi-cercle sur vn diametre composé de Q M, & R Q, R S tirée perpendiculairement au point de cette conjonction, à sçauoir R S toucheroit le concaue du demi-cercle.

La troisiesme consiste, en ce que si l'on ajoûte la ligne entiere Q M à son grand segment R M, le quarré de cette ligne composee est quintuple du quarré de la moitié de Q M, par la premiere propos. du 13 : par exemple, si la moitié de la ligne Q M a 5 pouces, son quarré sera 25, & le quarré de la composee sera 125, dont la racine donnera ladite ligne composee.

La quatriesme, si au petit segment l'on joint la moitié du grand, le quarré de la ligne composee sera aussi quintuple du quarré fait de la moitié du grand segment, par la 3 du 13.

La cinquiesme, si l'on ajoûte le grand segment M R à la totale M Q, l'on a encore vne ligne coupee en moyenne & extreme raison, dont M Q est le grand segment; de sorte que le grand precedent M R deuient le petit, par la 5 proposition : par exemple, dans la ligne A F, que la ligne B D soit coupee proportionnellement en C, afin que C D soit le grand segment, B D, c'est à dire D E, ajoûté à C D, donnera C E, dont la totale precedente B D, ou D E est le grand segment, & C D le petit.

Or D E sera $\sqrt{125}-5$, & C B $15-\sqrt{125}$, comme Luc a remarqué dans son liure de la Diuine Proportion. A quoy il ajoûte que si l'on joint à la ligne 10, la $\sqrt{125}-5$, la ligne composee $\sqrt{125}+5$ sera diuisee proportionnellement en son grand segment $\sqrt{125}-5$, parce que $125-5$ multipliant $\sqrt{125}+5$ fait 100, comme fait 10 multiplié par soy-mesme.

La sixiesme, le quarré du grand segment M R ajoûté au quarré de M Q est triple du quarré M R; ce qui ne peut estre exprimé par nombres, parce que nul segment n'est rationel auec la ligne entiere, par la 4 du 13.

La septiesme, le grand segment est le costé de l'Exagone, & le petit, du Decagone, par la 9 propos. lesquels peuuent autant que le costé du Pentagone : ce qu'il faut toujours entendre des figures Equilateres inscrites dans le mesme cercle. Ie laisse plusieurs autres proprietez que l'on peut tirer du 13 liure d'Euclide, par exemple, que l'on ne peut descrire le Pentagone, & la Dodecaëdre, qui a 12 Pentagones, & que Platon compare au ciel, sans cette section : que la $\sqrt{}$ d'vne quantité composee du quarré de la ligne totale, & du quarré du grand segment est à la $\sqrt{}$ du quarré fait de la toute, & du moindre segment, joints ensemble, comme le costé du cube au costé du triangle d'vn corps de 20 bases.

I'ajoûte seulement pour la 7 proprieté, que les nombres qui expriment les 2 segmens de cette ligne, & tous les autres qui se suiuent immediatement sans discontinuer la mesme raison, approchent toujours de plus en plus de la iuste raison qui est entre le segment; de sorte qu'il n'est pas icy veritable qu'vne petite faute qui se fait au commencement deuienne tres-grande à la fin, comme il monstre dans la ligne A F. Ie suppose donc qu'A C est diuisee proportionnellement au point B, & que le petit segment A B soit 5, & le grand B C soit 8, & consequemment que la ligne entiere A C soit 13, car ces nombres font la mesme chose que ce que nous auons dit cy-dessus, à sçauoir que le quarré de B C est egal au rectangle sous la toute A C, & le moindre segment B A, comme l'on void en multipliant 5 par 13, pour auoir le rectangle 65, auquel le quarré de 8 est egal, à sçauoir 64, si l'on en oste l'vnité : de mesme B C estant le petit segment de B D, multipliant B D, c'est à dire 8 multipliât 21, produit le rectangle 168, comme le grand segment C D 13 se multipliant soy-mesme fait 169, qui ne surmonte l'autre nombre que de la seule vnité. Où il faut obseruer l'ordre perpetuel qui se trouue entre ces rectangles & ces quarrez, lequel consiste en ce que le second rectangle est surmonté par le second quarré de l'vnité, comme le premier quarré est surmonté par le premier rectangle, & ainsi consequemment le 3 rectangle surpasse le 3 quarré, & le 4 quarré le 4 rectangle, &c.

L'on peut encore supputer autrement la proportion de ces lignes : par exemple, si l'on diuise 10 en 6½, & 3½, cettui-cy multiplié par 10 donne 34, & l'autre multiplie par soy-mesme produit 38½ &¼, ; de sorte que la difference du rectangle & du quarré est de½ &¼, ; & que le quarré est le plus grand. Si l'on diuise le mesme 10 en 6 &⅓, & 3⅔, ce dernier nombre multiplié par 10 donne 38¾, & le rectangle est le plus grand de¾, & l'on approchera perpetuellement de leur vraye raison, sans neantmoins y pouuoir arriuer : ce que l'on experimente aussi dans les racines des nombres sourds, ou irrationels, desquelles on approche peu à peu iusques à l'infini par le moyen des nombres rompus, sans les pouuoir iamais rencontrer.

Or les segmens de la ligne A F produisent vne espece de proportion, qui consiste en ce qu'il y a mesme raison d'A B à B C, que de B C à C D, & mesme raison de C D à D E, que de D E à E F ; & par conuersion il y a mesme raison de F E à E D, que d'E D à D C, &c. Ie laisse mille autres remarques que l'on peut faire des segmens de cette ligne comparez entr'eux, ou auec la ligne entiere, afin d'acheuer le discours de ces mouuemens.

PROPOSITION XII.

A sçauoir si les poids qui descendent, augmentent tousiours leur vitesse, ou s'ils la diminuent, & s'il y a quelque point d'egalité où ils commencent à descendre d'vne egale vitesse.

Ie n'estime pas que la raison humaine destituee d'experiences puisse resoudre cette difficulté ; quoy que plusieurs s'imaginent que la terre attire les corps pesans, & qu'ils vont plus viste vers la surface de la terre, que lorsqu'ils sont plus bas entre la surface & le centre, à raison que la terre entiere les tire vers le centre quand ils tombent par l'air sur sa surface, & qu'elle n'agit plus toute entiere, quand ils descendent sous elle, dautant que toutes les parties qui sont sur les poids, les retirent à elles tant qu'elles peuuent : par exemple, si le poids arriuoit iusques à la moitié du demidiametre de la terre, toute la terre qui est a costé de cinq cens septante-deux lieuës, c'est à dire du semidiametre passé, retireroit le poids

poids qui suit son chemin vers le centre, & la vitesse de son mouuement se diminueroit peu à peu, iusques à ce qu'estant arriué au centre il ne pourroit plus passer outre, à raison que les deux hemispheres de la terre le tirent pour lors egalement d'vn costé & d'autre. Mais parce que nous ne sçauons pas si les corps descendent seulement parce qu'ils sont attirez, ou s'ils ont quelque pesanteur en eux independante de cette attraction, nous n'en pouuons rien conclure qui contente les bons esprits, car les experiences qui se pourroient faire dans les puits, & les mines les plus profondes, ne diminuent pas la vitesse assez sensiblement pour nous le faire appercevoir; & la terre n'a point de trous qui aillent assez bas pour ce sujet; si ce n'est qu'elle ait quelques abysmes dont on ne peut approcher, & qui ne peuuent seruir pour ce sujet.

Il y en a d'autres qui croyent que les poids rencontrent vn point d'egalité en tombant, auquel ils n'augmentent plus leur vitesse: ce qui semble probable, tant parce qu'il y a peu d'apparence qu'ils fassent vn si grand chemin en si peu de temps que celuy que nous auons supputé cy-deuant, attendu que l'air ne peut, ce semble, ceder si viste comme il faudroit pour faire place aux poids qui tombent, que pource que les poids fort legers, comme est la moüelle de sureau de la grosseur d'vne bale d'arquebuse, ou de mousquet, (qui pese 360 fois moins que ladite bale) vont quasi aussi viste que la bale de plomb au premier moment de leurs cheutes: mais peu apres ils vont beaucoup plus lentement; car ladite moüelle employe plus de 3″ à tomber de 48 pieds de haut, d'où la bale de plomb tombe en 2″.

Or ces deux choses sont fort considerables: car quant à la premiere, nous experimentons que les bales d'arquebuses, & de canon, frappant l'eau rejallissent, parce qu'elle ne peut ceder assez viste, & qu'elle est tellement pressée & violentée par la vitesse du mouuement des boulets, qu'elle deuient dure comme les pierres, ou du moins assez dure pour les repousser, ou pour les empescher. Sur quoy l'on pourroit determiner de quelle vistesse doit aller le corps donné, & à quel angle il doit frapper l'eau pour estre repoussé, ou pour la penetrer: & puis l'on trouueroit la vitesse dont le poids donné doit descendre pour presser tellement l'air, qu'il ne puisse plus ceder, & qu'il repousse ledit poids, ou pour le fendre de telle sorte qu'il cede toujours egalement, pour rendre le reste de la cheute d'egale vitesse.

Quelques-vns se sont figuré, que l'on trouueroit ce point d'egalité, d'où les cheutes commencent d'estre vniformes, si l'on mettoit les bassinets d'vne balance dessous, & si l'on augmentoit toujours le poids de l'vn d'iceux, iusques à ce que le corps tombant dans l'autre ne peust plus emporter les poids: par exemple, si vne bale de plomb de huit onces emportoit le bassinet où il y a vne liure, lors qu'il tombe de 12 pieds, & qu'il l'emportast auec deux liures en tombant de 48 pieds, il est certain qu'il auroit augmenté la vitesse qu'il auoit estant tombé de 12 pieds; & s'il emportoit plus de deux liures en tombant de 96 pieds, l'espace de 48 pieds ne seroit pas encore son point d'egalité. Et si apres estre tombé de 96 pieds il emportoit le bassinet qui a trois liures, & que tombant de plus haut il n'emportast plus que trois liures, par exemple qu'il ne peust emporter trois liures & vne once, l'on pourroit dire que son mouuement ne s'augmente plus passé 96 pieds. Mais outre que ces experiences sont quasi impossibles, à raison que le poids qui chet ne tombe pas toujours iustement au milieu du bassinet, comme il est requis, il seroit peut estre difficile de trouuer vne assez grande hauteur pour borner l'augmentation de la vitesse d'vn corps qui chet, quoy qu'il fust 12 fois plus leger que le plomb, comme sont plusieurs bois dont nous parlerons apres. Neantmoins si quelqu'vn en veut faire l'experience, il peut trouuer des hauteurs de 144 pieds, d'où les boules de bois, ou de laine tomberont assez commodement dans des bassinets, pourueu qu'ils soient fort grands.

Si l'on attachoit vn filet à l'vne des branches de la balance, & que la bale qui chet fust aussi attachee à l'autre bout du filet, lors qu'elle tomberoit, elle pourroit donner vne secousse perpendiculaire à la boule, qui enleueroit le bassinet de l'autre branche: mais il faudroit mettre la balance en haut, afin que le poids descendist en bas, & luy ajouter la pesanteur du filet. Or ce point d'egalité se rencontreroit dautant plus tost, & plus proche, que le poids tombant seroit plus leger: par exemple, la moüelle de sureau le rencontreroit peut estre à 12 ou 24 pieds: & parce que celle de la grosseur d'vne bale de plomb ne pese qu'vn grain, l'on pourroit joindre plusieurs morceaux de sureau ensemble jusques à la pesanteur d'vne once, ou d'vne liure, afin qu'il pust emporter le bassin chargé de quelque poids sensible, par exemple d'vne, ou de deux onces, ou liures.

Or bien que le point d'egalité d'vn poids, par exemple de cette moüelle, fust trouué, il ne s'ensuit peut-estre pas que l'on eust celuy des autres, comme ceux des bales de bois, ou de plomb, parce que les corps trouuent differens empeschemens dans l'air suiuant leurs pores differens, qui peuuent empescher la suite des proportions, & qu'il y a plusieurs choses à considerer dans les resistances de l'air, qui ne nous sont pas assez connuës: de sorte qu'il ne s'ensuit pas que le point d'egalité de la cheute du plomb doiue estre 360 fois plus eloigné que celuy de la moüelle, encore qu'elle pese 360 fois moins, ou qu'il en faille 360 fois aussi gros pour peser autât que ladite bale de plomb; comme l'on ne peut conclure qu'elle descende 360 fois plus lentement, puis que l'experience monstre le contraire, car le temps de sa cheute de 48 pieds n'est pas triple de la cheute du plomb.

L'on pourroit semblablement vser de l'eau pour trouuer ce point d'egalité, parce que les corps dont la pesanteur est quasi egale à l'eau (comme la cire, & plusieurs sortes de bois, & mesme de pierres, qui nagent sur l'eau, comme fait celle que i'ay, encore qu'elle n'ait nuls pores sensibles, & qu'elle soit bien pesante) vont fort lentement au fond, lors qu'on leur ajoûte seulement assez de limaille de fer, ou de choses semblables pour les faire descendre dans l'eau: car apres auoir remarqué la raison des vitesses & des pesanteurs dans cet element, l'on pourroit conclure quelque chose de semblable pour l'air, particulierement si l'on sçauoit la raison de sa densité & de sa pesanteur à celle de l'eau, dont i'ay parlé dans le premier liure des Sons.

COROLLAIRE I.

Si les poids descendans enleuent vn bassin dautant plus pesant qu'ils vont plus viste, l'on peut dire de quelle hauteur ils tombent en voyant le poids qu'ils font trebucher; & l'on peut sçauoir la vitesse d'vn boulet de canon, & d'arquebuse, par le poids qu'il fera leuer: ce qui seruiroit grandement pour augmenter
la connoissance

la connoissance des Mechaniques, laquelle est encore fort imparfaite : Or l'on peut considerer le combat qui se fait entre les poids qui décendent tát dans l'eau que dans l'air, auec les parties de ces deux elemens, qui montent en egal volume autant que les poids descendent, & comparer ces deux mouuemens contraires à ceux des deux bras d'vne balance, dont l'vn emporte l'autre, de sorte que l'vn monte toujours autant, & aussi viste que l'autre descend. Où il faut remarquer que le poids qui descend lentement est semblable au bras de la balance qui est plus fort de si peu, qu'il a de la peine à faire tresbucher l'autre : mais il est encore plus difficile de determiner combien le bras donné d'vne balance descend plus viste auec vn poids leger qu'auec vn autre plus pesant, ou combien la branche double, ou triple d'vne autre branche descend plus viste auec vn mesme poids, ou auec vn plus grand ou vn plus petit selon la raison donnee, que de sçauoir combien les differens poids qui cheent, vont plus vistes les vns que les autres : c'est donc à quoy il faudroit trauailler pour trouuer la proportion de toutes sortes de mouuemens.

COROLLAIRE II.

L'on peut accommoder tout ce discours aux plans obliques, ou inclinez sur l'horizon, puis que les boules qui descendent dessus, soit en roullant, ou en glissant, gardent la mesme proportion dans leurs vistesses, que lors qu'elles descendent perpendiculairement : & la raison pour laquelle la bale d'arquebuse qui perce lais, que l'on eleue perpendiculairement sur l'horizon sans aucun appuy, le perce sans le faire tomber, se peut prendre de ce que l'air ne peut pas ceder si viste à l'ais qu'à la bale beaucoup moindre, & plus pesante selon sa grosseur, c'est pourquoy il demeure debout ; & s'il tomboit, ce seroit plustost du costé d'où l'on tire, que de l'autre, à cause du contrecoup de l'air frappé : mais les differentes experiences pourront faire rencontrer d'autres raisons, ou fortifier la precedente. J'aioûte seulement que les contrecoups sont grandement considerables dans les percussions, aussi bien que les contretemps.

Or apres auoir consideré les mouuemens des poids, qui se font vers le centre de la terre, soit perpendiculairement, ou par les plans droits inclinez à l'horison, il faut examiner ceux qui se font vers le centre par des lignes circulaires, afin de les comparer les vns aux autres.

PROPOSITION XIII.

Expliquer les differens Phænomenes de la cheute des corps pesans vers le centre de la terre par la ligne circulaire.

Il est certain qu'vne boule ne peut couler, ny rouler vers le centre par vne ligne circulaire conuexe, lors qu'elle n'est point retenuë, par exemple, que le poids estant mis au point L ne peut couler par L O D, parce qu'il tombera perpendiculairement vers le centre, dont s'eloigne la ligne circulaire L O B. Mais si l'on attache le poids B à la chorde A B, & que l'on tire cette chorde en A L, de sorte que le poids B soit au point L, & que la chorde estant attachee au point A, soit libre du costé du poids, ce poids descendra de L en B par le quart

132 　　　　　　Liure Second

de cercle L B, parce qu'il est contrainct par la chorde A L, qui le tire differemment en tous les endroits du quart de cercle, par exemple, elle le tire dauantage en D qu'en O, & en B qu'en D. Or auant que de comparer

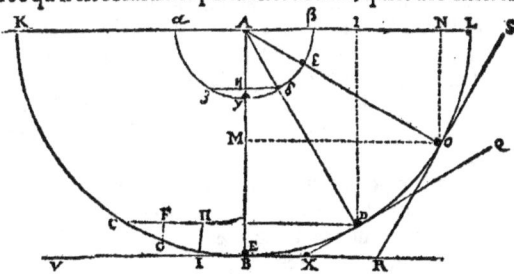

la vitesse de la cheute qui se fait par le quart de cercle, auec celle qui se fait par la ligne perpendiculaire, il faut remarquer que ie suppose que la raison des espaces que font les poids par les deux lignes est en raison doublee des temps, quand on compare les lignes N O, & P D, &c. qui respondent aux arcs L O, & L D &c. c'est à dire quand on considere les approches que le poids fait vers le centre: car quant à la raison de la vitesse consideree suiuant les differentes courbeures du quart de cercle, nous en parlerons apres.

Ie dis donc premierement que le poids descendant par L D B n'arriuera pas si tost au point B, qu'en descendant par la ligne A B, & que si elle estoit prolongee vers le centre iusques à ce qu'elle fust egale au quart de cercle, qu'il arriueroit en mesme temps en B tant par la ligne courbe que par la perpendiculaire. Et parce qu'A B est au quart de cercle comme 7 à 11, le temps de la cheute du poids par la ligne alongee estant de 30''', il ne sera que de 23''', 24'''', 53' 1801/1618; à choir par la ligne A B, par laquelle il tombera, est plustost de 6''', 4'''', 6 1178/1618, que par le quart de cercle.

Mais il faut supposer pour la facilité du calcul que nous auons à faire, que la chorde A B soit longue de trois pieds, moins 4 lignes; & que le quart de cercle L E soit diuisé en trois parties egales L O, O D, & D B. Or quand le poids sera descendu de moitié iusques en M, à sçauoir de la ligne A M egale au sinus de 30 degrez N O; supposant le rayon de 500 lignes, il sera tombé de 250; & lors qu'il sera arriué au point où C D coupe la ligne A B, il sera cheu de 433 lignes, c'est à dire de la longueur F D sinus de 60 degrez : de sorte qu'en faisant les 30 degrez O D, il chet 183 lignes, & qu'en faisant les 30 autres degrez D E il chet seulement 67 lignes.

Or pour sçauoir les temps esquels il fait ces espaces, il faut prendre les racines desdits espaces: par exemple, pour sçauoir en combien de temps il chet depuis L iusques en O, à sçauoir 250 lignes. Or nous auons esprouué fort exactement qu'vn poids attaché à la chorde A B, & estant leué en haut vers L, retourne de l'autre costé vers K dans l'espace d'vne seconde, & que les tours de la chorde tant petits que grands se font en mesme temps, car soit qu'on tire le poids B en D, ou en L, il retourne aussi tost à son centre B, car le temps du plus grand retour surpasse si peu le temps du moindre, qu'il n'est pas quasi sensible, quoy qu'enuiron le temps de 30 retours, les petits en gaignent vn sur les grands. D'où ie conclus que le poids employe 30''' à descendre de L en B.

　　　　　　　　　　　　　　　　　　　　　　　　　　　　　　Cecy

Du Mouuement des Corps. 133

Cecy estant posé, il faut prendre la racine de 500 lignes, & de 250, dont la raison est semblable à celle de 30″ au temps qu'il employe à descendre de L en O, or ces racines sont en raison de $7\frac{10}{21}$ à 5, donc comme $7\frac{10}{21}$ à 5, ainsi 30″ à $21'''\frac{205}{397}$ &c. lequel est le temps de la cheute de L en O, c'est à dire de 250 lignes. La cheute d'O en D, ou de 30 degrez, se fait de 183 lignes dans le temps de $6'''\frac{1612476}{1349919}$. Et le temps de la cheute de D en B de 67 lignes se feroit en $2'''\frac{2.6}{2317}$.

Cecy estant posé, il faut voir la disposition des deux cheutes, afin que l'on entende mieux l'vne & l'autre par cette comparaison. Mais il faut premierement remarquer que le mouuement de la chorde dure beaucoup plus long temps, lors que le poids B est fort pesant, & qu'il dure peu quand il est leger: par exemple le mouuement de la boule de plomb, dont la pesanteur contient douze fois celle de la boule de charme de mesme grosseur, dure 4 fois dauantage que le mouuement de cette boule de charme, lors qu'elles sont tirées de mesme distance: & la plus legere fait 40 retours, tandis que la plus pesante n'en fait que 39, c'est à dire qu'elle gaigne vn retour sur 40. Et si la chorde est 6 fois plus grosse, elle gaigne vn retour sur 200, & la grandeur de ses retours se diminuë dauantage que de ceux d'vne chorde plus deliée, comme font semblablement ceux de la boule de bois. Ie laisse plusieurs autres considerations, dont i'ay parlé dans le second liure Latin, *De Causis sonorum*, & ailleurs.

PROPOSITION XIV.

Expliquer combien la boule qui tombe ou qui remonte par le quart du cercle va plus viste, combien elle est plus pesante dans vn lieu que dans l'autre, & combien la chorde doit estre plus longue, ou plus courte, pour faire chacun de ses tours & retours en plus ou moins de temps, selon la raison donnée.

Ie suppose que la chorde A B a trois pieds, & que la boule B est vne bale de plomb de 8 onces, ou demie liure: & dis premierement qu'elle descend dautant plus viste depuis L iusques à B, qu'elle approche dauantage de B, qui represente le centre de la terre.

Secondement, que si la vitesse de la cheute par le quart de cercle suit la vitesse de la cheute perpendiculaire, qu'en supposant ledit quart diuisé en 27 parties, si le poids descendant de L fait la premiere partie dans vn temps donné, il fera les trois suiuantes dans vn temps egal qui sera le 2 temps: dans le 3 temps il fera les 5 parties qui suiuent; dans le 4, les 7 suiuantes, & dans le dernier temps les 9 qui restent iusques à B.

Mais s'il descend par les parties du quart de cercle qui respondent aux lignes tirées perpendiculairement sur la ligne A B, l'on trouuera d'autres raisons entre les parties du quart de cercle: par exemple, s'il descend au premier moment dans cette 2 figure de B en C, il descendra au 2 de C en D, & au 3 de D en G, parce que la cheute perpendiculaire d'A en G garde cette proportion, car si le poids tombe d'A au point 1 au premier moment, il tombera de 1 à 4 au 2 moment, & de 4 à 9 au 3, puis que les cheutes qui se font en des temps egaux suiuent les nombres impairs, 1, 3, 5, 7, &c. comme nous auons monstré par nos experiences representees par les espaces L K, K I, & I H qui se font en temps egaux.

Or il faut ce semble dire la mesme chose des parties du cercle, par lequel le poids remonte, quoy que ce mouuement soit violent, & l'autre naturel. Surquoy il faut remarquer que le mouuement circulaire, qui remonte de B en L, ou en K, peut seruir pour trouuer la proportion des mouuemens violens, comme sont ceux des boulets de canon, de fleches, & des autres missiles, parce qu'il est probable qu'ils se diminuent en mesme raison que le mouuement du poids qui remonte par le quart de cercle ; or ce mouuement est tellement en nostre puissance, que la chorde estant fort longue, on peut obseruer la raison de cette diminution, en diuisant le quart du cercle en 4 ou 5 parties, ou plustost en remarquant les parties dudit quart, par lesquelles il monte en des temps egaux; car il sera fort aisé apres d'appliquer des lignes droites aux circulaires en tirant des lignes perpendiculaires sur le rayon : par exemple, quand le poids aura monté de G en D, la ligne D 4 monstrera qu'il monte de G en 4 ; & s'il monte dans vn temps egal de C en D, la ligne C I monstrera que son ascension perpendiculaire est de 4 à 1, & que sa force se diminue en mesme raison que sa descente s'augmente.

Mais ie doute de cette similitude de raisons, iusques à ce que l'experience monstre qu'vne boule qui roûle sur le plan horizontal, & que l'on iette auec violence, garde cette proportion dans les differentes parties de son chemin : par exemple, lors qu'elle fait cent pas, si l'on diuise le temps de sa course en 4 parties egales, & son chemin en 16 parties, elle deuroit faire 7 parties de son chemin au premier temps de son mouuement, 5 au 2, 3 au 3, & vne seule partie au 4 temps; & consequemmét si l'on diuise vne ligne tiree tout au long d'vn jeu de pas de mail en 16 parties egales, dont chacune ait 20 pieds de Roy, & que la boule frappee du maillet, face 320 pieds, ou 53 toises, dans sa course entiere, que ie suppose durer vne minute d'heure, elle fera 140 pieds dans les 15 premieres secondes, c'est à dire dans premier quart de minute, 100 dans le second quart, 60 dans le troisiesme, & 20 dans le dernier quart. Ceux qui voudront trouuer la raison de la diminution des mouuemens violens, pourront inuenter d'autres methodes, & voir si la raison des differens poids, & des differentes longueurs, & inclinations, qui seruent au leuier, aux balances, & aux autres parties de la Mechanique, peuuent aider cette speculation.

Quant aux differentes pesanteurs du poids sur les diuers endroits du quart du cercle, il est aisé de les determiner, puis que le poids pese sur les points O, D, &c. cóme sur les plans R S, & X Q ; car nous auons donné la maniere de trouuer le contrepoids necessaire pour retenir vn poids dóné sur vn plan d'vne inclination donnee; or l'inclination des plans X Q, & R S, est donnee par la construction, ou du moins on la peut mesurer : quoy que ces differentes inclinations seruent de bien peu à la vitesse ou à la tardiueté du mouuement, qui dépend beaucoup plus de l'impetuosité que le poids s'imprime, & qui s'augmente, comme nous

auons

Du Mouuement des Corps. 135

auons dit ailleurs : delà vient qu'au lieu de se reposer sur le plan horizontal V, T au point B, il va plus viste en ce point qu'en nul autre lieu du quart de cercle ; & qu'il va plus lentement depuis L iusques à O, que d'O en D, &c. de sorte que sa plus ou moins grande pesanteur qu'il exerceroit en se reposant sur les differents points du cercle, n'est icy de nulle consideration.

C'est pourquoy ie viens à la derniere partie de la proposition, & dis que la longueur de la chorde doit estre en raison doublee des temps, que l'on veut que durent ses tours, & ses retours, lors qu'on desire qu'ils durent plus long temps, ou en raison sousdoublee, s'ils doiuent moins durer, par exemple si la chorde A Y a 3 pieds de long, & que son tour dure vne seconde minute, il la faut faire 4 fois plus longue, c'est à dire de 12 pieds, pour auoir vn tour qui dure deux secondes : & au contraire, si la chorde A B ayant 12 pieds de long fait chaque tour en deux temps, il la faut diminuer de trois quarts, afin qu'elle n'ait plus que trois pieds pour faire chaque tour en vn temps. Or i'ay remarqué dans la derniere proposition du premier liure des Instrumens à chorde, qu'elle doit auoir trois pieds & demi pour faire chaque tour dans vne seconde minute : mais parce que cette experience peut seruir en plusieurs rencontres, ie donne son vsage dans la proposition qui suit.

PROPOSITION XV.

Donner la maniere de faire des Horloges, & des Montres, dans moins d'vn quart d'heure, qui diuisent le iour, l'heure, & les minutes en tant de parties égales que l'on voudra, & monstrer l'vtilité de ces Horloges.

Encore que ceux qui sçauent parfaitement la Theorie, & la pratique de la Scioterique, puissent faire des Quadrans, ou Horloges au Soleil en fort peu de temps & à peu de frais ; neantmoins le fil, ou la chorde qui sert pour marquer les minutes premieres, ou secondes est plus propre à cela, ioint que l'on peut aisément porter auec soy vn filet, ou vne ficelle de trois pieds & demi de long par tout où l'on voudra, dont chaque tour auec le retour marquera iustement vne seconde d'heure, c'est à dire la 60 partie d'vne minute, ou la 3600 partie d'vne heure. Et si l'on veut que chaque tour de la chorde ne dure qu'vne demie seconde, il faut seulement en prendre le quart ; ce qui est tres-aisé en la redoublant en quatre.

Or quand ie dis que chaque tour de la chorde de trois pieds & demi de long dure vne seconde d'heure, i'entens que le chemin qu'elle fait depuis le point K, auquel on a leué le poids B, iusques au point L soit vn tour, & que son retour de L à K soit le second tour, & ainsi des autres : de sorte que le tour K L & le retour L K dure deux secondes : quoy qu'il faille remarquer que le poids tombant de K ne monte pas iusques à L, mais seulement entre L & O, autrement le poids se mouueroit toujours, & deuiendroit vn Horloge perpetuel ; comme il arriueroit peut-estre si le mouuement se faisoit dans le vuide sans l'empeschement de l'air : mais l'air l'empesche tellement qu'il diminuë toujours ses tours peu à peu iusques à ce qu'il se repose, de sorte que les premieres diminutions sont

M ij

beaucoup plus grandes que les dernieres; mais il est difficile de sçauoir leur raison, & si la premiere diminution est à la 2, comme la 2 à la 3, & ainsi des autres; ce qui peut seruir d'employ aux excellens Geometres, qui sçauent joindre la Physique aux proportions: quoy qu'il en soit, cette maniere d'Horloge peut seruir aux obseruations des Eclypses de Soleil, & de Lune, car l'on peut conter les secondes minutes par les tours de la chorde, tandis que l'autre fera les obseruations, & marquer combien il y aura de secondes, de la premiere à la seconde, & à la troisiesme obseruation, &c.

Table des longueurs de la chorde, ou des Horloges.

I.	II.	III.
1″	1	3½ pieds
2	4	14
3	9	31½
4	16	56
5	25	87½
6	36	126
7	49	171½
8	64	224
9	81	283½
10	100	350
11	121	423½
12	144	504
13	169	551½
14	196	686
15	225	787½
16	256	896
17	289	1011½
18	314	1099
19	361	1263½
20	400	1400
21	441	1543½
22	484	1694
23	529	1851½
24	576	2016
25	625	2187½
26	676	2366
27	729	2551½
28	784	2744
29	841	2943½
30	900	2865

Les Medecins pourront semblablement vser de cette methode pour reconnoistre de combien le poux de leurs malades sera plus viste ou plus tardif à diuerses heures, & diuers iours, & combien les passions de cholere, & les autres le hastent ou le retardent; par exemple s'il faut vne chorde de trois pieds de long pour marquer la duree du poux d'aujourd'huy par l'vn de ses tours, & qu'il en faille deux, c'est à dire vn tour & vn retour pour le marquer demain, ou qu'il ne faille plus qu'vne chorde longue de ¾ de pied pour faire vn tour en mesme temps que le poux bat vne fois, il est certain que le poux bat deux fois plus viste.

Ie laisse mille autres vsages que l'on peut tirer de cette proposition, car il suffit de voir la Table qui est à costé, dont la premiere colomne signifie les secondes minutes, la seconde monstre la proportion que doiuent garder les differentes longueurs des chordes pour faire chacun leurs retours dans le nombre des seconde qui sont vis à vis dans la premiere colomne; & la troisiesme colomne donne la longueur des chordes; par exemple si l'on veut faire vn Horloge qui marque le quart d'vne minute d'heure par chacun de ses tours, le 15 nombre de la premiere colomne, qui signifie 15″, monstrera dans la 3, que la chorde doit estre longue de 787½ pour faire ses tours chacun d'vn quart de minute: ou si on veut prendre vn moindre exemple, parce qu'il seroit difficile d'attacher vne corde à vne telle hauteur, si l'on veut que le tour dure 2 secondes, le 2 nombre de la premiere colomne monstre le second nombre de la 3 colomne, à sçauoir 14, de sorte qu'vne corde de 14 pieds de long attachee à vn clou, fera chacun de ses tours en 2″.

Cette table ne passe pas 30″, parce qu'elle seroit inutile, à raison que nous n'auons point de hauteur perpendiculaire plus grande que de 2865 pieds, d'où l'on puisse suspendre vne chorde. Mais il faut remarquer que le poids doit estre dautant plus lourd que la chorde est plus longue, afin qu'il la bande assez pour luy faire faire ses retours: ce qui ne pourroit arriuer si le poids n'estoit plus pesant que la chorde, parce qu'elle ne seroit pas tiree en ligne droite depuis son lieu de suspension iusques au poids; comme i'ay experimenté auec vne ficelle de 134
pieds

Du Mouuement des Corps. 137

pieds de haut, à laquelle il faut attacher deux ou trois liures pour la faire aller comme il faut.

Or apres auoir consideré le mouuement perpendiculaire, l'oblique, & le circulaire, il faut voir si l'vn empesche l'autre quand ils se rencontrent, apres auoir remarqué que le poids E conduit iusques au haut du quart du cercle B, ne descend pas par ledit quart B C D E, mais par la ligne B S T Q, comme i'ay souuent experimenté; ce qui arriue parce que le poids pese dauantage sur la chorde, & consequemment la fait allonger, suiuant les proportions qui se peuuent remarquer dans la ligne courbe B S T Q, laquelle est le quart d'vne ellipse, dont il ne faut pas prendre la mesure sur la ligne pōctuee de cette figure, mais sur l'experience, qui donne les eloignemens de cette ligne d'auec le quart de cercle. Et si l'on veut descrire les trois autres quarts de l'ellipse, l'on trouuera ses deux centres par le moyen de ses deux demidiametres A Q, & A B, car l'vn des pieds du compas ouuert du plus grand demidiametre A B, estant mis au 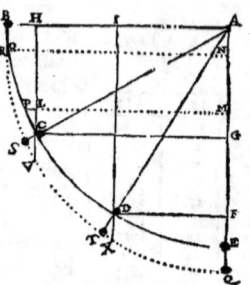 point B, l'autre pied porté sur le demidiametre A Q donnera l'vn des centres M, & puis estant transporté sur l'autre demidiametre, que l'on a en prolongeant Q A par delà A, l'on aura l'autre centre, qui seruent à descrire l'ellipse entiere. Or il est certain que si la chorde estoit faite d'vne matiere qui ne peust s'allonger, qu'elle conduiroit le poids par le quart de cercle: mais s'allongeant elle descrit vne parrie d'ellipse, comme i'ay dit, ou vne ligne qui en approche fort. Ce qui peut donner suiet à ceux qui examinent la pesanteur des poids sur les plans, de considerer si les differentes pesanteurs prises dans tous les points du demicercle, ont mesme raison entr'elles, que les éloignemens de tous les points de la ligne courbe B S X Q, d'auec le quart de cercle B C D E; ou que toutes les lignes tirees des points de ce quart, perpendiculairement sur le rayon B A, comme sont les lignes H C, I D, & Q A.

I'ay parlé plus amplement de cette figure dans le 2, & 6 Corollaire de la 27 proposition *de Causis Sonorum*; & elle contient vn assez grand nombre de difficultez pour en faire vn traité particulier.

PROPOSITION XVI.

Expliquer en quelle maniere les mouuemens circulaires peuuent empescher ou produire les perpendiculaires; & supposé le mouuement iournalier de la terre, à sçauoir si elle ietteroit à costé les corps pesans qui tomberoient, ou qui seroient dessus.

Ie propose cette difficulté pour plusieurs raisons, & particulierement à cause des experiences, qui font voir que les corps pesans ne tombent pas lors qu'on les meut circulairement, comme il arriue aux pierres qui se tiennent dans les cerceaux que l'on iette en l'air, a celles que l'on met dans vn chapeau qui torne, & à l'eau d'vne écuelle, ou de quelqu'autre vase, laquelle ne tombe point, quoy

M iij

que l'on renuerſe les vaiſſeaux qui la contiennent: ce que l'on experimente ai-
ſement en attachant vne chorde au fond, car l'eau ne tombe point, ſoit que le
vaſe demeure perpendiculaire, ou parallele à l'horizon, ou en telle autre
maniere que l'on voudra. Or il faut icy remarquer que celuy qui torne le vaſe
ſent que la chorde s'efforce pour s'éloigner dauantage de l'eſpaule, qui ſert de
centre au cercle, & que ſi l'on fait vn trou au fond, l'eau reialit de tous les coſtez, parce qu'elle ſouffre vn mouuement perpetuel de proiection.

En ſuite dequoy ſi on quitte la chorde, le vaſe ne ſe meut pas par la tangente,
mais par vne ligne diametrale tirée du centre du mouue-
ment par le point où l'on quitte le vaſe: par exemple, ſi
on le quitte en A, il n'ira pas par la tangente A E, mais
par la ligne du diametre D A B, de ſorte qu'il ira d'A à
B, & cette impreſſion ſera produite par le mouuement
du demicerle C A, qui auance toujours vers B ſelon la
ligne C D A.

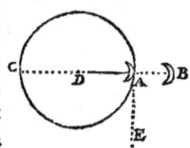

Quant à la raiſon de cet effet, il eſt aiſé à la deduire de la 2 propoſition, où
i'ay parlé de la grande tardiueté du mouuement des corps peſans au commencement de leur cheute: c'eſt pourquoy ie viens à la 2 partie de la propoſition, qui
conſiſte à ſçauoir ſi les edifices tomberoient, & ſi les corps peſans ſeroient iettez à coſté par terre, ſi elle tornoit autour de ſon axe en 24 heures, ſuiuant la
poſition, & les hypotheſes d'Ariſtarque.

La conſideration de la rouë qui torne, ſur laquelle on laiſſe tomber vne pierre, nous peut ſeruir pour entendre cette difficulté ; car l'on peut s'imaginer
la terre comme vne grande rouë: ſurquoy Galilee remarque que les pierres ren-
contrees par les rouës doiuent s'en éloigner par la tangente, qui s'éloigne ſi peu
de la ſurface de la terre, qu'à mille braſſes elle ne s'en éloigne pas d'vn doigt, &
parce que leur inclination d'aller au centre par la ſecante eſt mille fois plus
grande, elles ne peuuët eſtre iettees en haut par la terre, car bien que le poids fuſt
auſſi leger qu'vne plume, & que le mouuement de la terre fuſt beaucoup plus
rapide que celuy d'Ariſtarque, l'inclination d'aller en bas ſurpaſſera toujours la
force de la proiection, comme il demonſtre en cette maniere. que la raiſon qu'il
faut trouuer ſoit cóme la ligne A B à C, & que B A
ſurpaſſe C tant que l'on voudra. Le centre du cercle,
dont il faut tirer vne ſecáte ſoit D, de ſorte que la ſecante ſoit à la tágente cóme C à B A. En apres il faut
prendre la troiſieſme proportionnelle de B A à C,
à ſçauoir A I, & faire que le diametre F E ſoit à G
E comme B I eſt à I A; & puis il faut tirer la tangente G H: car cecy eſtant poſé, l'on a ce qu'il falloit faire, puis que G H eſt à G E, comme A B à C,
dautant comme B I à I A, ainſi F E à G E, & parce
que C eſt moyenne proportionnelle entre B A &
A I, & G H moyenne entre F G, & G E, il s'enſuit que comme B A à C, ainſi
F G à G H, & G H à G E, ce qu'il falloit demonſtrer.

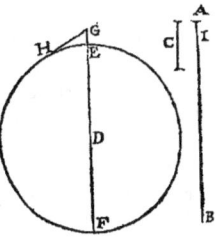

Il aiouſte vne objection priſe de ce que l'empeſchement de la projection que
fait la rouë vient d'vne ſeule cauſe, à ſçauoir de la diminution des eſpaces entre

Du Mouuement des Corps.

la tangente & la circonference, qui se vont toujours diminuant iusques à l'infini vers l'attouchement ; & que la propension qu'a le mobile pour descendre se peut diminuer iusques à l'infini pour deux raisons, parce qu'il passe par tous les degrez possibles de tardiueté depuis le point de sa cheute iusques à tel lieu que l'on voudra, & que sa pesanteur se peut diminuer iusques à l'infini ; de sorte qu'il semble que la seule cause de l'empeschement de la proiection ne peut pas resister aux deux autres iointes ensemble : A quoy il respond par cette autre demonstration.

Qu'A C, qui va vers le centre, soit perpendiculaire à l'horizontale B A, sur laquelle se feroit le mouuement de la proiection du mobile, si la pesanteur ne le faisoit point descendre en bas. En apres soit tiree la ligne droite A D du point A, qui face tel angle que l'on voudra auec A B, & qui soit diuisée en quelques espaces égaux A F, F H, H K, d'où il faut tirer les perpendiculaires F L, H I, K E iusques à la ligne A B. Et parce que le mobile pesant qui déced, & qui quite le repos acquiert toujours vne plus grande vistesse selon que le temps va en croissant, il faut supposer que les espaces A F, F H, & H K, representent les temps egaux, & que les perpendiculaires F O, H I, & K E representent les degrez de vistesse, de sorte que le degré de vistesse acquis pendant tout le temps A K soit la ligne K E à l'egard du degré H I acquis dans le temps A H, & du degré F L acquis au temps A F, lesquels degrez ont la mesme proportion que les temps K A, H A, & F A : & si l'on tire d'autres perpendiculaires entre la ligne F A, l'on trouuera toujours des degrez plus petits iusques à l'infini en approchant toujours du point A, qui represente le premier instant du temps, ou l'estat du repos, & les retiremens vers A representent la premiere propension au mouuement diminuee iusques à l'infini par l'auoisinement du mobile au repos.

L'autre diminution de vitesse iusques à l'infini par la diminution de la pesanteur du mobile est representee par la ligne A D tiree du point A, laquelle fait vn angle moindre que B A E, & coupant les paralleles aux points M N O, monstre les degrez F O, H N, & K M, acquis aux temps A F, A H, & A K moindres que les autres degrez acquis aux mesmes temps, mais ceux-cy comme d'vn mobile plus pesant, & ceux-là d'vn plus leger. Or il est certain que suiuant que ligne E A se retire vers A B, & que l'angle E A B se restraint, la vitesse du mobile se diminuë iusques à l'infini, & par consequent que ces deux causes font vne double diminution iusques à l'infini, laquelle ne peut empescher que la rouëne face la proiection, en restituant le mobile sur sa surface: autrement il faudroit que les espaces, par lesquels ce qui est ietté, doit descendre, fussent si courts que pour tardiue que peust estre la cheute du mobile iusques à vne infinie diminution, elle peust s'y reconduire : & partant la diminution des espaces deuroit tellement estre infinie, qu'elle surpassast la double infinité de la diminution que reçoit la vitesse du mobile qui chet: or vne grandeur ne se peut diminuer plus qu'vn autre qui se diminuë doublement à l'infini.

A quoy il aioûte que les degrez de vitesse diminuez à l'infini soit par la diminution de la pesanteur du mobile, ou par le voisinage du premier terme du mouuement respódent toujours par proportion aux paralleles comprises entre

M iiij

les deux lignes droites concurrentes en vn angle semblable à l'angle B A E, ou B A D, ou vn autre infiniment plus aigu, mais toujours rectiligne : & que la diminution des espaces, par lesquels le mobile doit retorner sur la circonference de la rouë, est proportionnee à vn autre sorte de diminution comprise entre les 2 lignes qui se touchent en vn angle infiniment plus aigu & plus estroit que nul angle droit, comme l'on void à l'arc A N E, coupant les paralleles qui determinent les degrez de vitesse tant petits qu'ils puissent estre : or les parties de ces paralleles comprises entre l'arc, & la tangente A B sont la quantité des espaces, & du retour sur la rouë, & vont se diminuant en plus grande proportion que les paralleles dont ils font partie.

Quant aux paralleles comprises entre les lignes droites, elles se diminuent toujours en mesme proportion ; par exemple, si A H se diminuë de moitié au point F, H I sera double de F L, & subdiuisant F A par la moitié, la parallele tirée du point de cette diuision sera la moitié de F L, & si l'on continuë la diuision iusques à l'infini, les paralleles qui suiuent seront toujours la moitié de celles qui precedent : ce qui n'arriue pas aux lignes comprises entre la tangente, & la circonference du cercle : car si l'on fait la mesme subdiuision en F A, supposé que la parallele tiree du point H soit double de celle qui vient du point F, celle-cy sera plus que double de la suiuante ; & si l'on continuë vers A, les lignes precedentes contiendront celles qui suiuent immediatement, 3, 4, 10, 100, 1000, 100000, & 100 milions de fois, & dauantage iusques à l'infini : de sorte que cette ligne sera beaucoup plus courte qu'il n'est necessaire pour faire que les corps iettez reuiennent, ou plustost qu'ils se maintiennent toujours sur la surface. Ie propose encore vn doute, à sçauoir si la diminution de la vitesse qui prouient de la diminution de la pesanteur du mobile, se fait toujours en mesme proportion, comme celle qui vient du voisinage du lieu de la cheute ; ou si elle se fait selon la proportion des lignes comprises entre la secante & la circonference, ou selon vne plus grande proportion. Et apres auoir remarqué que les vitesses des cheutes ne suiuent pas la proportion des pesanteurs, attendu qu'vne boule de sureau plus legere 30 ou 40 fois qu'vne boule de plomb, ne se meut quasi pas deux fois plus lentement, il conclud que la proiection ne se peut faire, si la vitesse se diminuë fort peu, encore que le poids s'augmente beaucoup, puis qu'elle ne se fait pas, encore que l'on suppose qu'elles se diminuent en mesme proportion. Ce qui arriueroit aussi, bien que la vitesse se diminuast beaucoup plus que la pesanteur : par exemple, selon la proportion des paralleles comprises entre la tangente, & la circonference, & que le mobile n'eust que la moindre pesanteur qui se puisse desirer pour descendre : car la diminution de la pesanteur selon la proportion des paralleles comprises entre la tangente, & la circonference, a pour dernier but la nullité du poids, comme les paralleles ont pour dernier but de leur diminution l'attouchement qui est vn point indiuisible : or la pesanteur ne se peut diminuer iusques à cette extremité, parce que le mobile ne peseroit plus ; mais l'espace du retour du mobile ietté à la circonference se reduit à cette extremité, quand le mobile est posé sur la circonference au point de l'attouchement, parce qu'il n'est besoin d'aucun espace pour y arriuer ; de sorte que la propension d'aller en bas suffit toujours pour reconduire le mobile à la circonference, dont il est eloigné par le moindre espace de tous, ou plustost par le neant.

Il faut

Du Mouuement des Corps. 241

Il faut maintenant examiner ces belles pensées de Galilée, afin que l'esprit se puisse resoudre, & s'attacher à quelque verité si nous la pouuons découurir ; ce que nous essayrons de faire dans la proposition qui suit ; de peur que cette-cy soit trop longue, & trop ennuyeuse.

PROPOSITION XVII.

Examiner si la terre tornant comme vne rouë d'vne vistesse donnée ietteroit les pierres par sa tangente, ou autrement, où l'on voit les proprietez admirables des diuers angles de contingence ; & l'examen des raisons de Galilée.

Ie commence cette proposition par la proprieté admirable du cercle, qui consiste à faire vn angle si petit auec la ligne droite qui le touche, qu'il est impossible de s'en imaginer vn aussi petit composé de 2 lignes droites : car le plus grand de tous les possibles du cercle auec sa tangente est infiniment moindre que le plus petit que l'on puisse faire de deux lignes droites. Il y a mesme des angles compris par des lignes courbes plus grands que les angles composez d'vne ligne courbe & d'vne droite, lesquels neantmoins sont moindres que les plus petits composez de deux lignes droites. Ce que l'on entendra en remarquant que les lignes droites, & les courbes se peuuent considerer en 4 manieres, dont la premiere est quand deux lignes droites se rencontrent, & lors elles font le plus grand angle de tous. La seconde, quand vne ligne droite rencontre vne courbe, dont l'angle est toujours moindre que le precedent.

La troisiesme est quand deux circonferences conuexes se rencontrent, comme l'on voit dans l'angle B R C, ou A R C de cette figure : car cet angle est double de l'angle fait par la tangente, puis que D R B en est la moitié : mais l'angle C R A est moindre que l'angle C R B de A R B composé de la surface conuexe du moindre cercle B R, & de la concaue du plus grand A R : or cette sorte d'angle est le moindre de tous les angles qui se puissent imaginer ; & y en peut auoir vne infinité selon que les arcs sont partie d'vn plus grand, ou d'vn moindre cercle, les angles de la deux & de la troisiesme façon estant toujours dautant plus grands à proportion que les cercles sont moindres. Quant à ceux de la quatriesme maniere, ils se prennent par la difference des cercles, pource que les cercles estant quasi egaux, comme A R & B R, & se touchant l'vn l'autre en dedans font les plus petits angles qui soient possibles, lors que les cercles sont les plus grands des possibles, & qu'ils ont quasi mesme centre, & si le moindre cercle qui se puisse imaginer touche le plus grand cercle possible, il produira le plus grand angle de tous.

Or quoy que l'on face vne infinité d'angles en ces deux manieres, le plus grand des possibles sera toujours moindre que le plus petit de ceux qui se peuuent composer de deux lignes droites : car cet angle est si petit que la terre ne pourroit pas éloigner les corps de sa surface, auant qu'ils eussent loisir d'y retourner à raison du petit espace qui sousftend vn si petit angle, proche duquel on prend ledit espace, encore que la terre tornast aussi viste que le premier mobile.

Et si l'on replique qu'vne boule pourra du moins courir sur la surface de la terre vers Orient, puis qu'elle ne s'éloignera nullement du centre, & que la terre la pouſſera de ce coſté là; il eſt euidẽt que cette boule ne peut aller plus viſte que la terre, & qu'ayant vn meſme mouuement elle demeurera toujours en vn meſme lieu. Où l'on peut remarquer que ſi quelque corps terreſtre s'approchoit de la terre, à laquelle il n'euſt nulle inclination, qu'elle pourroit luy dõner quelque ſorte d'impreſſion, qui nous feroit paroiſtre le mouuement de ce corps vers l'Orient, s'il alloit plus viſte que la terre, ou vers l'Occident, s'il alloit plus lentement.

Cecy eſtant poſé, il faut examiner par nombres ce que Galilee a voulu demonſtrer par lignes, à ſçauoir que l'eſpace que doit faire le corps ietté par le mouuement iournalier de la terre pour ſe reünir à ſa ſurface eſt ſi petit, qu'il n'a que trop de temps pour y arriuer.

Ie dis premierement que la terre fait 360 degrez en 24 heures, & 15" de degré dans 1" d'heure, ſi l'on ſuppoſe le mouuement que luy donne Ariſtarque. Secondement, ſi le circuit de la terre eſt de 64800000 braſſes, vne minute aura 3000 braſſes, & 15" en auront 750, dont la tangente ſera de 72722 ½, & la ſecante de 100000000 ⁶⁵⁄₁₀₀, ou la tangente 7272251, & la ſecante 10000000265, qui n'exede le rayon 100000000000 que de 265: & ſi l'on reduit le diametre de la terre en 412363636 pouces, il ſera à 1 pouce, 1 ligne &⅓, c'eſt à dire à l'eſpace dont vne pierre s'éloigneroit de la ſurface en vne ſeconde, comme ledit rayon entier à 265. Or la pierre tombera dans cette ſeconde de 144 pouces, comme l'experience enſeigne, & partant elle fera 133 fois plus de chemin qu'il n'eſt neceſſaire pour la reünir auec la terre.

Quant à ce qu'aioûte Galilee que les corps legers ne diminuent pas la viteſſe de leur mouuemẽt à proportion de leur legereté, & qu'il a eſprouué qu'vn corps peſant 30 ou 40 fois dauantage ne fait quaſi pas deux fois autant de chemin en meſme temps, ie veux icy remarquer ce qui en eſt, ſuiuant les plus exactes experiences que nous en auons fait & repeté fort ſouuent de differentes hauteurs.

Deux boules, dont l'vne eſt de plomb, & l'autre de bois blanc, deſcendent auſſi viſte l'vne que l'autre de 147 pieds de haut, encore que celle de bois ſoit 12 fois plus legere, ou s'il y a de la difference dans les cheutes, elle n'eſt pas ſenſible, quoy que quelques-vns dient auoir experimenté que des poids ayant vne ſemblable proportion en leurs peſanteurs, le plus leger fait 3 pieds moins de chemin que le plus peſant lors qu'ils tombent de meſme hauteur. Mais quand vn corps eſt ſi leger qu'il n'a quaſi pas la force de vaincre la reſiſtance de l'air, l'on reconnoiſt pour lors la differente viteſſe des cheutes; i'en donne deux exemples, l'vn d'vne boule de moüelle de ſureau, laquelle eſtant egale à vne boule de plomb qui peſe cinq gros, ne peſe qu'vn grain, c'eſt à dire que la peſanteur du plomb eſt à celle de cette moüelle, cõme 360 à 1, de ſorte que les bales de cette moüelle egales en groſſeur à celles d'vn mouſquet, peuuent ſeruir de grains pour peſer, au lieu de ceux de leton ou d'argent: l'autre exemple eſt d'vne boule quinze fois plus legere que celle de la moüelle de ſureau, de ſorte qu'elle eſt 5400 fois plus legere que celle de plomb: or elle deſcend 3 fois plus lentemẽt que le plomb, car elle ne fait que 48 pieds en 6", que le plomb fait en 2". Quant à la moüelle de ſureau, elle deſcend du meſme lieu dans 5", de ſorte que ſa viteſſe eſt à celle du plõb, comme 2 à 5, qui ſont la raiſon de la Dixieſme maieure: & neantmoins elle va

quaſi

Du Mouuement des Corps.

quasi aussi viste au commencement de son mouuement ; d'où ie concluray dans vne autre proposition que les corps pesans n'augmentent pas toujours leur vitesse en descendant, & qu'ayant descendu iusques à vn certain lieu vers le centre, ils commencent à descendre plus lentement, ou à conseruer la vitesse qu'ils ont acquise iusques à cet endroit, sans l'augmenter desormais.

Si l'on prend l'eloignement que doit auoir le corps ietté, de la surface, on aura la mesme proportion, tandis que la terre fait vne seconde de degré en $4^{""}$ d'heure, laquelle vaut 50 brasses sur la terre, c'est à dire 1000 pouces, ou 83 pieds $\frac{1}{3}$.

La tangente d'vne seconde est 4848100, & la secante 1000000000012, qui surpasse le rayon de 12, partant comme 1000000000000 à 12, ainsi le demidiametre de la terre de 4948363636 à $\frac{1}{1000}$ de ligne ; ou quasi $\frac{1}{17}$ de ligne : par consequent la pierre s'eloigneroit de $\frac{1}{17}$ de ligne en $4"$ d'heure, esquelles vn poids fait $\frac{4}{15}$ de pouces, ou 7 lignes $\frac{1}{5}$, quoy qu'il ne d'eust faire que $\frac{1}{17}$ de ligne, c'est à dire enuiron 131 fois moins.

Et si l'on veut prendre la difference de la tangente à la partie de la secante qui est entre la tangente & la circonference, la tangente de $15"$ est 27442 fois plus grande, car si la tangente est 7272251, la partie de la secante est 265 : mais la difference de la tangente d'vne seconde à la partie de la secante est 404003 fois plus grande, car la tangente estant 4848100, la partie de la secante n'est que 12.

L'on peut par le mesme moyen trouuer la proiection qui se feroit dans vne quatriesme minute d'heure, dans laquelle la terre feroit $15^{""}$ de degré, qui valent 50 lignes sur la surface de la terre, car l'exces du rayon par dessus la secante est de 205 parties, telles que le rayon en a 1000000000000000000, & la tangente 20200400000 ; or cet excez reuient à $\frac{1}{1000000}$ de ligne, c'est à dire à vne partie de ligne diuisee en vn milion de parties.

Mais vne pierre tomberoit $\frac{133}{1000}$ de ligne dans vne quatriesme minute d'heure, c'est à dire 133 plus qu'il ne faudroit : ce qui reuient exactement à la difference de l'espace qu'elle fait dans vne seconde, à sçauoir 144, & de la distance de la surface où se trouueroit la piere dans vne seconde de temps, car elle ne s'en eloigneroit que d'vn pouce, vne ligne $\frac{1}{5}$.

Par où l'on void que la diminution des temps suit toujours celle de l'eloignement de la surface de mesme proportion, que celle de 1 à 133, si l'on suppose que le poids fait 12 pouces dans $1"$. Il est donc certain que la proportion de la tangente à l'exces de la secante s'augmente grandement, comme Galilee à demonstré, puis qu'en $15"$ d'espace sur la terre la proportion est de 27442 à 1, & en l'arc de $1"$ elle est de 404008 à 1, c'est à dire pres de cent milions de fois plus grande : mais en recompense la proportion sousdouble des espaces au temps diminuë merueilleusement les espaces que doit faire le mobile, ce qui est capable de tenir toujours la diminution des distances en egale proportion de la diminution des distances que fait le mobile dans les temps auquel il s'eloigne par la tangente : quoy que si l'on considere ces proportions, on trouue qu'elles ne s'augmentent pas tant qu'il semble, dautant que l'arc de $15"$ estant 15 fois plus grand que celuy de $1"$, ladite proportion de 404008 à 1 est presque quinze fois plus grande que celle de 27442 à 1, & l'arc de $1"$ estant 240 fois plus grand que celuy de $15^{""}$, la proportion de 98538536 à 1 est vn peu plus de 240 fois plus grande que celle de 404008 à 1 : de sorte que cette proportion s'eloigne fort peu de celle des arcs. Et Galilée pourroit auoir manqué en ce qu'il prend les lignes qui tombent perpendiculairement de la tangente A B à la circonference du cercle, & lors qu'il dit que la proportion des paralleles K M, H N & F C se diminüent proportionnellement, si on les fait tomber sur la ligne A D, & que cette proportion s'augmente grandement, si on les diuise par la circonference A I E, c'est à dite si elle tombent sur ladite surface.

Or l'on n'a pas icy besoin des paralleles susdites, parce que le retour vers la circonference ne se fait pas par K M, H N & F O, mais par les portions des secants qui sont entre la tangente A B, & la circonference A I E, c'est à dire par les lignes K E, H I, & F L, lesquelles estant continuees se ioignent au centre C, & consequemment ne sont pas paralleles : & puis nous auons monstré que ces lignes augmentent leur diminution à l'esgard de la tangente A B suiuant la porportion des arcs : par exemple si l'arc A E est 15 fois plus grand que l'arc A N, la tangente A H surpassera à peu pres la proportion de la secante H I 15 fois dauantage que la tangente A K ne surpassera la portion K E : quoy que le sieur Galilée ne l'entende pas ainsi, puis qu'il dit simplement que si l'on diuise l'arc A N en deux, & que la perpendiculaire F O soit moitié de la perpendiculaire H N, c'est à dire des lignes qui sont bornees par la circonference, & puis qu'on diuise l'arc A F en deux, la perpendiculaire ne sera pas la moitié de la precedente, mais peut estre le tiers, ou quelqu'autre partie ; & si l'on continuë cette diuision, les precedent perpendiculaires surpasseront les suiuantes 4, 6, 10, 100, & mille fois, & plus : ce qui se rencontre aux portions des secantes, car si l'arc A E est de 15″, & l'arc A I de 1″, la portion de la secante H I qui est de $\frac{1}{37}$ de ligne, sera 222 fois moindre que la portion K E, qui est de 13 lignes : & si l'arc A L est de 15‴, c'est à dire 240 fois moindre que l'arc A I, la portion F L, qui est $\frac{1}{1000000}$ de ligne sera 58823 fois moindre que la portion de la secante H I, qui est $\frac{1}{37}$ de ligne.

A la verité cette proportion est tres-grande, mais ie ne trouue pas qu'elle surpasse si fort toutes les autres proportions qu'on se peut imaginer en ce suiet, comme dit Galilée, au contraire celle des espaces aux temps la surpasse, car si la portion de la secante de l'arc de 1″, qui se fait en 4‴ d'heure, est 222 fois moindre que celle de l'arc de 15″ qui se fait en 1″ d'heure, le poids sera 225 fois moins d'espace en 4‴ qu'en 1″ d'heure : & si la portion de la secante de l'arc de 15‴, qui se fait en 1‴ d'heure, est 58823 fois moindre que celle de l'arc de 1″, qui se fait en 4‴, le poids sera 57600 fois moins d'espace en 1‴ d'heure, qu'en 4‴ esquelles il fait $\frac{1}{37}$ de pouce, & en 1‴ d'heure il fait $\frac{1}{10000}$ de pouce, tandis qu'vne pierre iettee par la tangente ne se doit éleuer que d'vne partie d'vne ligne diuisee en vn milion, ce qui n'est pas sensible, & Galilée ne peut pretendre de moindres parties.

Neantmoins si nous traitons cecy auec toute sorte de rigueur, il faut considerer combien le corps ietté se doit éloigner de la surface dans 4 cinquiesmes minutes d'heure, pendant que la terre fait vne quatriesme minute de degré, qui reuiennent à 3 lignes $\frac{1}{3}$ sur la terre, c'est à dire à vne si petite mesure qu'elle doit suffire aux plus curieux, puis qu'en ce temps, & en cet espace de proiection le corps ne se doit éloigner de la surface que de $\frac{1}{101617007}$ de ligne, c'est à dire d'vne

partie

Du Mouuement des Corps. 145

partie de ligne diuisée en 202 milions, car l'excez de la secante n'est qu'vne partie, dont le rayon a 100000000000000000, & la tangente de la quatriesme minute d'vn degré est de 1346693333, qui surpasse la portion de la secante de la raison de 1346693333 à 1 : or nonobstant cette grande difference, la vitesse du mouuement qui doit reconduire le corps à la surface, se diminuë tellement, que la proportion de l'espace qu'il fait dans 4'''' d'heure, (esquelles le corps se doit eloigner de la surface de $\frac{202}{101087007}$ de ligne) à l'espace qu'il doit faire, n'est pas si grande que celle que i'ay remarquee, mais elle est moindre ; car nous auons trouué que l'espace dont le corps s'eloigne de la circonference en 1'''' d'heure, est 133 fois moindre que celuy qu'il seroit en vne quatriesme d'heure en descendant ; au lieu que cette proportion se trouue icy diminuee, & l'espace dont le corps se recule en 4 cinquiesmes, n'est que 119 $\frac{1}{2}$, ou 120 fois moindre que l'espace qu'il feroit dans ledit temps en descendant ; de sorte que ces deux proportions se rapprochent, car elles estoient cy deuant de 133 à 1, & maintenant elles sont de 119 $\frac{1}{2}$ à 1 : car si l'on compare lesdites proportions, on trouuera que le temps diminuë dauantage les espaces de la cheute, que les distances de la tangente à la circonference ne se diminuent par la petitesse de l'angle qui se fait au concours de la tangente à la circonference, puis qu'en 4''' d'heure la tangente ne s'eloigne que de $\frac{1}{7}$ de ligne de la circonference, en 4 cinquiesmes de $\frac{202}{101087007}$ de ligne, de sorte que ce dernier eloignement est 11887471 fois moindre que le premier.

Mais les espaces que le poids fait aux temps susdits sont plus differens, parce qu'en 4''', le poids fait $\frac{13}{14}$ de pouce, ou 7 lignes $\frac{7}{7}$, & en 4'''' il ne fait que $\frac{1035000}{1035000}$ de pouce, ou $\frac{1687}{100}$ de ligne, qui est vn espace 12960000 fois moindre que le premier.

D'où il est aisé de conclure que si l'on augmentoit la vitesse de la terre comme veut Galilee, & que, par exemple, on la fist torner vn tour en 12 heures, le corps s'eloigneroit de la circonference de $\frac{202}{101087007}$ de ligne en 2'''' d'heure, auquel temps le corps tombant ne feroit que $\frac{1687}{100}$ de ligne, de sorte que le chemin qu'il feroit en 2'''' seroit 30 sois plus grand qu'il ne faudroit. Si on trouuoit des corps si legers qu'ils ne fissent que 12 pieds en 12'', ils ne pourroient arriuer à la surface, car s'il falloit $\frac{1}{100}$ de ligne pour y retorner, il ne feroit que $\frac{1}{144}$. A quoy l'on peut aiouster que la supposition qui double le mouuement de la terre n'est pas impossible, puis que l'on suppose le mouuement annuel, qui est 3 fois plus viste que le iournalier : or ces 3 degrez de vitesse aioûtez au mouuement de la terre font le mouuement quadruple aux lieux où il est midy, de sorte qu'il est aussi violent que si la terre tornoit en six heures autour de son axe : & alors elle ietteroit le corps $\frac{202}{101087007}$ de ligne en vne cinquiesme : & bien que l'on puisse dire que les poids n'ont aucun desir d'aller vers le centre de ce mouuement annuel, neantmoins puis que les pierres sont de la nature de la terre, elles ont le mesme mouuement qu'elle.

Nous auons donc monstré, qu'il n'est pas veritable qu'encore que l'on augmentast le mouuement par la tangente, & que l'on diminuast celuy qui se fait par la secante, que le chemin que le poids deuroit faire pour arriuer à la circonference, seroit si petit, que quelque temps qu'il y eust, il seroit toujours trop suffisant : car nous auons monstré qu'en doublant seulement le mouuement de la terre, le poids tres-leger qui ne feroit que 12 pieds en 6'', ne pourroit arriuer à son but ; or laiſſant le mouuement de la terre, tel qu'il le met, ledit poids ne pourroit arriuer à la ſurface pendant le temps qu'il en eſt chaſſé: toutesfois ſi nos nombres s'eloignent plus de la verité, que les lignes qu'il propoſe, il eſt permis à chacun de les examiner plus exactement.

COROLLAIRE.

Encore que l'on puiſſe deduire beaucoup de choſes de cette propoſition, qui appartiennent à la proiection de toutes ſortes de rouës, neantmoins il eſt plus à propos d'examiner dans vne nouuelle propoſition qu'elle proportion il y a de la proiection d'vne grande rouë à celle d'vne petite, afin que nous ne confondions pas les difficultez.

PROPOSITION XVIII.

Expliquer la difference des proiections qui ſe peuuent faire par les differentes viſteſſes d'vne meſme rouë, & de deux, ou pluſieurs rouës de diuerſes grandeurs.

Puis que nous auons comparé la terre à vne grande rouë, il faut examiner ſi la proiection de ce qui eſt mis, ou de ce qui tombe ſur les rouës qui tornent eſt ietté d'autant plus loin, qu'elles ſont plus grandes : où qu'elles tornent plus viſte. Sur quoy il eſt raiſonnable de voir les ſentimens de Galileé, puis qu'il eſt le premier qui en a parlé, & qui a dit que la meſme rouë chaſſe dautant plus loin les pierres qu'elle tornera plus viſte, parce que la cauſe de la proiection croiſt en meſme raiſon que la viſteſſe ; mais ſi l'on augmente la rouë, & qu'elle ne face pas plus de tours en meſme temps que la moindre, la cauſe du chaſſement, ou de la proiection ne croiſt pas ſuiuant la viteſſe de la circonference: ce qu'il croid prouuer par l'experience de la proiection qui ſe fait d'vne pierre auec des baſtons, que l'on fend par l'vn des bouts afin d'y faire tenir la pierre ; car on la peut ietter auec vn baſton long d'vne braſſe, quoy qu'on ne puiſſe auec vn baſton de ſix pieds, encore que le mouuement de ſon extremité ſoit deux fois plus viſte que celuy d'vne braſſe.

Ce qu'il rapporte à la differente maniere de proiection, car la pierre ne quitte pas le baſton tandis qu'on le meut vniformement, mais lors qu'il va plus viſte il faut retenir le bras pour reprimer ſa viſteſſe, afin que la pierre échape, & ſe meuue auec l'impetuoſité qu'elle a aquis : ce qui ne peut arriuer au grand baſton, parce que ſa longueur, & ſa flexion n'obeiſſent pas ſi aiſément au bras pour s'arreſter aſſez promptement, & continuë d'accompagner la pierre, & la retient en diminuant ſon mouuement peu à peu ; ce qu'il confirme par l'arreſt que le grand baſton rencontre, & qui luy fait quitter la pierre, comme le heurt que fait vn bateau contre le ſable luy fait quitter ceux qui ſont dedans, qui tombent vers le coſté où il couroit ; & ce qui luy fait accorder que tout ce qui eſt ſur la terre ſe renuerſeroit, ſi elle rencontroit quelque obſtacle ſemblable en ſe tornant.

Cecy eſtant poſé, il s'efforce de prouuer qu'vne grande rouë n'a pas plus de force pour ietter vn corps qu'vne petite, encore qu'elles facent leurs tours en meſme temps, & que la circonference de la grande aille mille fois plus viſte.

Du Mouuement des Corps. 147

La resistance que fait vn corps au mouuement prouient de sa naturelle inclination, ou de quelque autre qualité qui le fait resister au mouuement, car l'inclination qu'il a de se mouuoir en bas est egale à la resistance qu'il a d'aller en haut, comme l'on experimente dans la balance dont les deux points egalement eloignez du centre demeurent en equilibre, parce que la pesanteur de l'vn resiste à celle de l'autre, qui ne le peut faire monter; quoy qu'il semble que sa resistance au mouuement en haut ne consiste pas dans la seule pesanteur, puis qu'vn poids de cent liures n'en peut hausser vn de 4, lors que les bras de la balance ne sont pas egaux; ce qui se pratique tous les iours auec la Romaine.

Il faut donc rapporter cette difference force aux differens mouuemens des poids, & dire qu'vn mesme poids a dautant plus de force qu'il est plus eloigné du centre de la Romaine, parce qu'il se meut beaucoup au mesme temps que l'autre se meut bien peu; de sorte que la vistesse du moindre recompense precisément la pesanteur du plus grand; car si l'on attache vn poids de cent liures au moindre bras, & vne liure au plus grand qui soit centuple du moindre, la liure fera cent fois plus de chemin en s'abaissant, que l'autre poids en se haussant.

D'où il conclud que l'on a autant de peine à resister à vn mobile d'vne liure qui se meut auec cent degrez de vistesse, qu'à vn autre de cent liures, dont la vistesse n'a qu'vn degré. Ie viens maintenant à sa demonstration.

Que B G soit la circonference de la moyenne rouë, & C E de la plus grande: que le demi diametre A B C soit perpendiculaire à l'horizon, & que par les points B & C l'on tire les tangentes B F, C D; que les deux parties des arcs B G, C E soient egales, & que les rouës soient tornees de mesme vistesse sur leur centre A, & que deux mobiles, par exemple deux pierres, soient portees par les circonferences B G, & C E d'vne egale vistesse, de sorte que pendant que la pierre B court par l'arc B G, la pierre C face l'arc C E, ie dis que la circonference de la moindre rouë a beaucoup plus de force pour ietter la pierre B, que celle de la grande pour ietter C, pource que la proiection se deuant faire par la tangente, quand les pierres quitteront les points B C, elles iront par les tangentes B F, C D; or la pierre B ne peut demeurer sur la rouë, si sa propre pesanteur ne la retire de la longueur de la secante F G, ou de la perpendiculaire tiree du point G à B F; mais la pierre C, a seulement besoin de se retirer de la longueur de la secante D E, ou de la perpendiculaire menee du point E à C D, laquelle est beaucoup moindre que F G, & touiours dautant moindre que la rouë est plus grande.

Et parce que les espaces se doiuent faire en temps egaux, lors que les rouës sont tornees de B en G, & de C en D, la retraction de la pierre B par F G doit estre plus viste que l'autre D E; & partant il faut vne plus grande force pour retenir la pierre B à sa rouë, que la pierre C à la sienne. L'on peut encore dire que les vistesses des rouës estant egales, elles donnent vne egale impetuosité aux pierres, par la tangente, mais que ne s'eloignant pas tant en la grande rouë elle seconde le mouuement de la pierre C, & appaise doucement l'appetit qu'elle a de s'eloigner, ce qui n'arriue pas à la moindre rouë, dont la tangente s'eloigne beaucoup: de sorte qu'il faudroit peut estre autant accroistre la vistesse de la grande que la grandeur de son diametre pour luy faire ietter sa pierre aussi

N ij

fort qu'à la moindre, & que la terre n'auroit pas plus de force à ietter les corps que la petite rouë B G que l'on torneroit vne fois en 24 heures.

Voyons maintenant ce qu'il y a de veritable dans ce discours ; & parce qu'il est assez long, il en faut mettre l'examen dans la proposition qui suit.

PROPOSITION XIX.

Determiner quelle force auroit la terre pour ietter les pierres, & les autres corps, si elle se tornoit en vingt quatre heures, & quelle est la force des autres rouës.

Il est difficile de conclure sans experience, que la proiection des rouës se fasse par la tangente, & que la force des plus grandes rouës soit plus grande que celle des petites : & il semble que l'on peut auoir autant de droit de dire que si elle se fait ainsi, le mouuement de la terre auroit 17181818 fois plus de force à ietter les corps, qu'vne rouë de deux pieds en diametre qui torneroit en 24 heures, parce qu'en vn arc semblable la tangente, ou la perpendiculaire est dautant plus grande, & dautant plus eloignee de la surface, que le diametre de la grande rouë est plus grand que celuy de la moindre. Qu'A C soit le demidiametre de la terre de 17181818 pieds, & A B d'vne rouë d'vn pied, l'arc E C sera 17181818 fois plus grand que B I, & la tangente E D autant de fois plus grande que B O. Il arriuera la mesme chose à la distance D E, ou à la perpendiculaire E L à l'egard de la distance I O, de sorte que la terre ietteroit vne pierre dautant plus loin que son demi diametre est plus grand, parce qu'elle va dautant plus viste, encore qu'elle ne face pas plus de tours que la petite rouë. Et la conduite que fait la plus grande tangente ne peut appaiser l'appetit du mouuement de la pierre ; parce qu'il ne la touche plus si tost qu'elle a quitté le point d'attouchement, de maniere que l'on n'a icy que faire des distances d'auec les tangentes, ny des perpendiculaires susdites, car la proiection seroit bien petite, si la pierre n'alloit du moins aussi loin que le demidiametre de la rouë : mais il faut seulement considerer les lignes horizontales B F & C D, par lesquelles la pierre doit aller : quoy qu'elle ne les suiuent pas entierement, car quand le point de la rouë B viendra en G, elle n'arriuera pas en F iusques où va la tangente de l'arc B G, autrement son mouuement s'augmenteroit en allant, puis que la tangente B F est plus que double de la tangente B O, encore que l'arc B G ne soit que double de l'arc B I : ce qui repugne à l'experience qui monstre que les mouuemens violens se diminuent, & qu'ils ne sont iamais plus vistes que le mouuement de leurs causes.

C'est pourquoy il vaut mieux prendre la ligne horizontale B F parallele au sinus de l'arc que fait la rouë pendant que la pierre se meut, iusques à ce que la rouë ait fait vn arc de 45 degrez : ce qui s'accorde en quelque maniere au mouuement de la pierre, laquelle va du commencement quasi aussi viste que la rouë de mesme que le sinus d'vn petit arc est sensiblement aussi grand que son arc : de sorte que le mouuement de la pierre deuient plus lent que celuy de la rouë

comme

comme les sinus deuiennent moindres que leurs arcs : non que ie vueille dire que ces diminutions soient entierement semblables, autrement la pierre ne deuroit pas passer la longueur du diametre de la rouë, puis que les sinus ne s'augmentent plus quand ils s'approchent du quart de cercle, & qu'ils ne deuiennent pas plus grands que le rayon auquel ils arriuent: ce qui arriueroit peut estre à la pierre, si la force ne la poussoit pas plus loin que le diametre : c'est à dire que la pierre partant de B arriuera en E, quand la rouë aura fait l'arc B F, desorte que le chemin de la pierre sera egal à la longueur du sinus C F ; & quand elle aura fait le quart du cercle B H, la pierre sera en la ligne D H, & aura fait vn chemin egal au rayon H A.

Cecy estant posé, à sçauoir que la pierre doiue plustost suiure la longueur du sinus que de la tangente (ce qui s'ensuit mesme de l'opinion de Galilee qui veut qu'elle tombe sur la rouë, ce qui ne peut arriuer si elle ne suit la tangente, & qui dit que sa pesanteur a seulement besoin de la retirer par la perpendiculaire tirée du point E à la tangente C D, du grand cercle, ou par la perpendiculaire tirée du point G à la tangente B F du moindre cercle;) il faut seulement mesurer la ligne C L que fait la pierre poussée par la grande rouë, tandis qu'elle fait l'arc C E, que ie suppose de 7 degrez ; & puis la ligne B K, que fait la pierre, pendant que la moindre rouë fait l'arc B G de 14 degrez : d'où il s'ensuit que cette rouë fera deux tours, & la grande vn, afin d'aller d'vne egale vitesse , & neantmoins qu'elle n'aura pas plus de force à ietter que la grande, dautant qu'en mesme temps que la grande chassera la pierre de C en L, la moindre la chassera de B en H ; or la ligne L C est egale au sinus de 7 degrez E M, qui est 12186 parties, telles que le rayon A C en a 100000, & dans la moindre il est de 24372 parties, telles que son rayon A B est de 100000. Or la ligne B K est egale au sinus de 14 degrez N G (qui est l'arc fait par la moindre rouë) qui n'est que de 24192 parties, & qui par consequent est moindre que la ligne C L, c'est à dire que la proiection de la grande rouë, de 180 ; de sorte qu'elle a deux fois plus de force que la moindre, encore qu'elle face deux fois moins de tours.

Ce que l'on verra encore mieux si l'on prend des rouës plus differentes, par exemple, si l'arc de la grande rouë C E est de deux degrez, & si elle est six fois plus grande que la moindre, car la ligne L C sera de 20940 parties, c'est à dire six fois plus grande que le sinus de deux degrez ; & l'arc de la moindre rouë B G estant de 12 degrez, la ligne B K ne contiendra que 20791, c'est à dire 149 parties moins : & si la grande estoit cent fois plus grande, pendant qu'elle feroit l'arc C E de 18, la petite feroit l'arc B G de 180', ou 30 degrez : & tandis que la pierre seroit iettee de C en L, dont la distāce est egale au sinus de 18' M E, qui est de 524 parties, telles qu'A C en a 100000, ou 52400 telles qu'A B en a 100000, la pierre seroit iettee par la petite rouë de B en K, dont la distāce est egale au sinus N G de 30 degrez, qui a 50000 parties du rayon A B : de sorte que quand la petite faisant cent fois plus de tours que la grande pour aller aussi viste, ietteroit la pierre iusques à 500 parties, la grande rouë la iettera iusques a 524 de ces parties, c'est à dire enuiron ½ plus loin que la petite, qui la iettera par exemple à 20 pas, & la grande à 21, quoy que Galilee asseure que la petite la iettera plus loin.

Mais parce que les raisons que l'on s'imagine fort bonnes, trompent souuent dans la Physique, comme i'ay demonstré en plusieurs endroits de cet ouurage, ie viens à l'experience, afin de remarquer la maniere dont la nature agit en ces mouuemens, & d'en tirer la decision.

Ayant pris deux roües en raison sesquitierce, dont la plus grande a son diametre de trois pouces & demi, & leur ayant fait faire 20, ou 22 tours dans vne seconde d'heure, la plus grande à ietté la boule (qui tomboit dessus de la hauteur d'vn doigt) enuiron deux pieds, & la petite d'vn pied & demi : mais quand elles ne font que 10 tours dans vne seconde, elles ne la iettent point du tout ; car elles commencent seulement à la ietter d'vn demi pied lors qu'elles font 12 ou 13 tours dans ladite seconde. Cette proiection est horizontale, & quasi aussi viste au commencement que le mouuement de la roüe, quoy qu'apres l'espace de ce demi pied, ou des deux pieds elle tombe soudain à terre, ce qui est estrange, attendu que les mouuemens violens qui vont viste ont coustume de transporter le corps bien loin ; ce qui peut seruir a decider la difficulté que ie propose en vn autre endroit, à sçauoir si vn mesme corps peut estre tellement ietté par vne mesme ligne, par exemple parallele à l'horizon, qu'en allant plus viste au commencement, il n'aille pas neantmoins si loin, que quand il sera tellement ietté par quelque sorte d'industrie, qu'il aille plus tardiuement au commencement.

Mais ie reuiens aux roües, afin de remarquer encore qu'vne autre grande qui fait torner les deux precedentes, ne fait nulle proiection de la boule qui tombe dessus, quand elle torne trois fois dans vne seconde, qui est le mouuement le plus viste qu'on luy puisse donner auec le bras, qui la fait aller aussi viste que la moindre qui fait 10 tours & demi : peut estre qu'elle feroit vne mesme proiection que la petite si elle alloit aussi viste lors qu'elle fait 20 ou 22 tours, ce qui arriueroit si elle faisoit 6 tours dans vne seconde d'heure. Quoy qu'il en soit les experiences en sont tres-difficiles, car en laissant choir plusieurs bales de plomb de mesme grosseur sur vne mesme roüe, qui va tres-viste, quelquesfois la proiection se fait de deux pieds, d'autresfois d'vn pied, ou de demi pied, & d'autres fois il ne se fait nulle proiection : ce qui m'empesche de conclure sur ce suiet, iusques à ce que d'autres experiences faites en plus grand volume ayent donné plus de lumiere, c'est pourquoy ie passe à d'autres difficultez.

PROPOSITION XX.

A sçauoir si l'on peut demonstrer que le mouuement des corps pesans, qui descendent, est simple, & perpendiculaire, & si le mouuement circulaire de la terre empescheroit ledit perpendiculaire, ou s'il luy est opposé.

Il est certain qu'on ne sçauroit demonstrer si le mouuement des corps qui tombent est simplement perpendiculaire, ou s'il est composé du droit, & du circulaire, dautant que toutes les mesmes choses que nous voyons arriueroient, & consequemment que nous ne pouuons apperceuoir si toutes choses se meuuent circulairement, comme le ciel, ou de quelqu'autre mouuement : par exemple : l'on ne peut apperceuoir si les nauires, & les bateaux se meuuent, ou s'ils sont immobiles, par les boulets, & les pierres qu'on laisse tomber du haut de

Du Mouuement des Corps.

haut de leurs mats, parce que les poids tombent toujours au pied du mas, encore que le nauire aille plus viste que le poids ne descend, dont nous expliquerons la raison, apres auoir examiné si le mouuement perpendiculaire des pierres &c. est empesché par le circulaire, & si ces deux mouuemens sont opposez.

A quoy ie respons premierement que si l'on prend le perpendiculaire pour celuy qui conduit le mobile du lieu d'où il tombe iusques au point auquel il arriue par la ligne la plus courte, & que l'on s'imagine vn point fixe au lieu d'où il est tombé, que le chemin de la pierre qui descend de la hune iusques au pied du mas tandis que le nauire se meut, n'est pas perpendiculaire, quoy qu'il semble l'estre à ceux qui laissent tomber le poids, & à ceux qui sont dans le nauire, comme il est aisé d'experimenter dans vn carrosse courant : car celuy qui est dedans, & qui iette vne bale en haut croid qu'elle monte, & qu'elle retombe perpendiculairement, & en effet il la reçoit dans sa main, comme si le carrosse demeuroit immobile, quoy qu'il aille tres-viste, & que la bale iettee en haut le plus droit qu'il se puisse imaginer d'eust tomber derriere le carrosse. Mais celuy qui se tient à terre, & qui regarde le mouuement de la bale remarque tres-aisément qu'elle ne va pas droit, & qu'elle decline dautant plus vers les cheuaux qu'ils vont plus viste. La mesme chose arriue à la bale qui tombe de la hune, & à celle qu'on iette en haut dans vn bateau qui se meut.

D'où il est aisé de conclure que le mouuement de ces corps n'est pas perpendiculaire, & qu'il ne nous est pas possible d'appercevoir si la terre se meut par ces cheutes, qui nous paroistront toujours perpendiculaires, comme elles sont à ceux qui sont dans vn carrosse, ou dans vn vaisseau de mer. En second lieu, ie dis que le mouuement circulaire de la terre n'empescheroit nullement les mouuemens qui nous paroissent perpendiculaires, comme l'on experimente dans vn vaisseau qui se meut sans se balancer d'vn costé ny d'autre depuis le moment de la cheute du poids iusques à ce qu'il arriue au fond, car le poids tombe par la mesme ligne que descend le filet d'vn plomb attaché au haut du vaisseau; quoy qu'il soit exposé de tous costez à l'air exterieur, & à toutes sortes de vents : or le mouuement du vaisseau, & de tout ce qui se meut sur la surface de l'eau, ou de la terre est circulaire, puis que la terre est ronde.

Or il semble à plusieurs que le mouuement iournalier de la terre estant supposé, doit empescher la cheute perpendiculaire des pierres, car bien que ces 2 mouuemens ne semblent pas contraires, comme ceux qui se font en haut & en bas, neantmoins le mouuement parallele à l'horizon, qui n'est pas ce semble contraire à la cheute du poids, l'empesche d'aller vers le centre de la terre, vers lequel elle ne descendroit iamais, si le mouuemét de la proiection horizontale estoit eternel, comme il arriueroit peut estre sans la resistance de l'air qui s'y oppose. D'où l'on pourroit conclure que le mouuement circulaire de la terre posé eternel, & estant aussi viste que celuy d'vn boulet qui sort de la bouche d'vn canon, deuroit empescher la cheute de toutes sortes de poids, si elle leur imprimoit son mouuement; ce qui n'arriue pas, & ce qui semble demonstrer que la terre n'est pas mobile.

Et si l'on respond que le poids s'approche toujours du centre, quoy qu'insensiblement, quelque violence que le mouuement horizontal puisse faire au perpendiculaire, l'on peut repliquer que la force qui porte le boulet est si grande qu'elle le porte plus haut que la ligne horizontale, comme l'on experimente quand le but est pres, car le coup est trop haut : quoy que l'on puisse rapporter cet effet à la poudre qui s'eleue en l'air, ou à l'ame du canon qui n'est pas parallele à la ligne horizontale de l'œil & du but.

L'on peut encore respondre que le mouuement circulaire, & perpendiculaire estans tous deux naturels à vn mesme corps, ne s'empeschent pas, comme quand l'vn des deux est violent, & estranger, & qu'il faudroit plustost dire que le mouuement perpendiculaire est violent à la pierre que le circulaire.

A quoy l'on peut mesme aioûter que le circulaire violent n'empesche nullement la pierre de descendre, car elle descend aussi bien du sommet d'vn mas haut de 48 pieds en 2″, quand le vaisseau se meut de telle vistesse qu'on se puisse imaginer, que lors qu'il ne se meut nullement ; par exemple si le vaisseau fait 48 pieds en mesme temps que la boule tombe de la hune haute de 48 pieds, il est certain que la pierre descrit vne ligne dans l'air qui est la ligne perpendiculaire de la bale 48, & la ligne horizontale 48, que descrit le vaisseau, c'est à dire que le chemin de la pierre est la diagonale des deux costez de ces deux mouuemens de 48, & neantmoins qu'elle fait le chemin de ladite diagonale en mesme temps qu'elle feroit le chemin du costé, si le vaisseau ne se mouuoit point.

Et si le mouuement circulaire empeschoit tant soit peu la cheute perpendiculaire, elle seroit dautant moins empeschee, que la pierre seroit plus proche du centre, où le mouuement circulaire est plus tardif, & consequemment elle tomberoit dautant plus viste qu'elle approcheroit plus du centre, soit en continuant sa cheute commencee dans tel lieu que l'on voudra dessus, ou dessous la surface de la terre, ou seulement en la commençant. Mais cette maniere de cheute ne fauoriseroit pas celle qui doit se faire en 6 heures par le demi cercle, dont nous auons parlé cy deuant.

Or l'on peut conclure de tout ce discours que si la terre tornoit en 24 heures, ou en plus ou moins de temps, qu'elle n'empescheroit nullement la descente des poids, laquelle on apperceueroit toujours aussi perpendiculaire, comme l'on fait en supposant son immobilité.

Voyons maintenant la raison pour laquelle les poids semblent choir perpendiculairement, tant dans les batteaux, & dans les carrosses, que dans tous les autres lieux semblables. Surquoy ie di premierement que ce n'est pas que le vaisseau pousse la pierre, parce qu'il n'est pas necessaire qu'il la touche, attendu qu'estant iettee en haut dans vn air libre elle retombe dans la main qui la iette, quoy que le batteau, le carrosse, ou le cheual qui portent celuy qui iette, aillent de la plus grande vistesse qu'il est possible : quoy que l'on puisse dire que la main pousse aussi bien la bale, comme feroit le vaisseau, dont elle semble estre partie, puis que le vaisseau auec tout ce qu'il contient fait vn solide, qui s'enfonce dautant moins dans l'eau qu'vn egal solide d'eau est plus pesant, comme nous monstrerons ailleurs auec Archimede.

En second lieu, ie dis que la main, ou le batteau communiquent leur mouuement au poids qui descend, soit en le poussant, quand on le fait tomber du haut de la hune vers la prouë, ou en l'attirant, quand il chet du costé de la poupe, car supposé que le vaisseau face 18 pieds dans vne seconde d'heure, il fera vn pied & demi en 5‴, esquelles le poids ne chet qu'vn pouce. Ce que l'on peut confirmer

par la

par la cheute d'vne boule posée sur le bout d'vn ais, lequel estant retiré auec vitesse, empesche qu'elle ne tombe sur le lieu qu'elle regardoit à plomb, car elle
gauchit vers le lieu où l'on tire l'ais : & par vne fueille de papier, ou par quelqu'autre corps semblable, qui suit la main que l'on en separe promptement.
Neantmoins il n'y a gueres d'apparence que cette attraction, ou ce leger attouchement eloigne si fort toute sorte de poids, comme il arriue dans les nauires,
dont la hune a 48 pieds de haut, lesquelles font 5 milles d'Angleterre par heure, car le poids qu'on laisse tellemét choir du haut de ladite hune, que le bout des
doigts qui le laissent tomber, regarde la poupe, est toujours tombé au mesme lieu qu'il fust cheu si le vaisseau eust esté immobile, quoy qu'il s'auan-
çast de 14 pieds, pendant que le boulet tomboit : or cette difficulté merite vne
proposition particuliere.

PROPOSITION XXI.

Expliquer pourquoy la pierre qu'on laisse cheoir du haut d'vn mas de vaisseau, ou d'vn carrosse, &c. ou qu'on iette en haut tombe sur le mesme lieu du vaisseau, ou du carrosse, soit qu'ils demeurent immobiles, ou qu'ils aillent de telle vitesse que l'on voudra.

Il est certain que l'on reçoit dans la main la pierre que l'on iette le plus droit
que l'on peut en haut, lors que l'on est dans vn bateau, ou dans vn carrosse,
quoy qu'ils aillent aussi viste que la poste, ou les oyseaux ; ce qui arriueroit semblablement, s'ils alloient aussi viste qu'vne bale d'arquebuse, car l'experience
contraint de quitter la preoccupation qui empesche plusieurs de le croire.

Or il semble que Galilee tire la raison de cette experience, de la facilité qu'a
vne boule sur le plan horizontal, lors qu'il veut qu'on s'imagine vn boulet de
cuiure sur vn plan poli comme le marbre, & que tous les empeschemens de
l'air soient ostez, car il n'aura pas plus d'inclination au mouuement qu'au repos,
à raison qu'il est toujours egalement eloigné du centre, & que s'il est poussé, son
mouuement sera eternel, si le plan n'est point borné, n'y ayant aucune cause
qui retarde, qui haste, ou empesche son mouuement. Cecy estant posé, il dit que
l'eau est vn plan horizontal fort poli, lors qu'elle est calme, & que les vaisseaux
qui flottent dessus, & qui sont poussez, sont disposez à se mouuoir perpetuellement ; ce qu'il faut aussi conclure des pierres, & des autres choses portées par le
bateau, lesquelles acquierent vne impetuosité capable de leur faire suiure le
vaisseau, tout empeschement estant osté, à sçauoir la resistence de l'air, & l'inclination d'aller en bas, qui peuuent empescher le mouuement circulaire. Mais
l'air empesche fort peu vne pierre bien pesante, comme l'on experimente dans
les grands vents, & si l'air est porté de mesme vitesse que le vaisseau, il n'empeschera nullement la pierre.

Quant à l'inclination d'aller en bas, il dit qu'elle n'est pas contraire au circulaire qui se fait autour du centre, & que le mouuement perpendiculaire vers le
centre ne destruit point l'autre ; parce que les seuls mouuemens contraires sont
ceux dont l'vn approche du centre, & l'autre en eloigne, or le circulaire n'empesche nullement le perpendiculaire d'approcher le poids du centre, & la pesan-

teur n'ayant autre but que de le porter au centre, la vertu imprimée le veut seulement conduire à l'entour du centre, de sorte qu'il ne reste point d'empeschement.

L'on peut encore apporter d'autres causes de cette experience, à sçauoir que le mouuement de la pierre est tres-lent au commencement de sa cheute, & partant que le mouuement du vaisseau peut aisément luy imprimer son impetuosité ; par exemple, lors qu'vne bale de plomb tombe de la hune d'vn vaisseau de 48 pieds de haut, lequel fait 5 milles d'Angleterre par heure ; il est certain qu'il fait 14 pieds tandis que la bale tombe ; or l'experience repetee plus de cent fois monstre qu'elle tombe de cette hauteur en $2''$, & par consequent elle ne descendra qu'vn tiers de ligne dans le temps de $50''''$, comme i'ay monstré dans la seconde proposition, de sorte qu'elle reçoit fort aisément l'impression du vaisseau qui va plus viste qu'elle, lors qu'elle commence sa cheute, car elle ne fait que $\frac{1}{80000}$ de pouce dans $20''''$; & si elle continuoit à descendre en cette maniere, elle ne feroit qu'vn pied dans vn quart d'heure, tandis que le vaisseau feroit plus de demie lieuë. D'où il arriue que la bale tombe sur le mesme lieu du vaisseau, sur lequel elle tomberoit s'il demeuroit immobile, comme monstrent toutes les experiences, qui meritent que i'en explique la raison. Ie dis donc que si l'on s'imagine qu'vn vaisseau aille aussi viste qu'vne fleche, & qu'il se rencontre dedans vne fleche dressée comme elle est sur les arbalestes, par exemple que quelqu'vn la tienne sur sa main par dessus la hune, elle ira aussi viste que le nauire, encore qu'il la quitte ; que si le vaisseau s'arrestoit peu apres que l'on auroit quitté ladite fleche, qu'elle continueroit son mouuement, qui la porteroit aussi long temps, & aussi loin que si elle estoit tirée auec vne arbaleste.

Semblablement si le vaisseau haste sa course si tost que l'on a laissé tomber la bale, il est certain qu'elle ne tombera pas au mesme lieu où elle fust cheute, s'il eust demeuré immobile, ou s'il eust continué vn mesme mouuement, (ce qui est icy vne mesme chose.) Il est donc euident que la cheute se fait en vn mesme lieu dans le vaisseau qui se meut, que dás celuy qui se repose, de quelque hauteur que le poids puisse tomber, pourueu que celuy qui le laisse tóber, ou que le lieu d'où il tombe soit sur le vaisseau, ou sur quelqu'vne de ses parties, autrement il chet dans vn autre lieu : par exemple si le vaisseau, ou le carosse fait 12 pieds dans vne seconde, le poids, ou la pierre que celuy qui est hors du carosse iettera 12 pieds en haut vis à vis de la portiere, tombera derriere le carosse, parce qu'il n'a pas receu son impression ; mais si celuy qui est dans le carosse iette la mesme pierre 12 pieds en haut, il la receura dans sa main, & luy semblera toujours qu'elle monte & qu'elle descend par vne ligne droite, au lieu qu'elle est oblique ; comme elle paroist en effet à tous ceux qui sont hors du carosse ; de sorte que tous ceux qui sont dedans se trompent, s'ils ne corrigent l'apparence par la raison, comme font ceux qui croyent prouuer l'immobilité de la terre par la cheute perpendiculaire des pierres, puis qu'elles nous paroistroient aussi perpendiculaires, encore qu'elle tornast autour de son axe, ou du Soleil, soit en 24 heures, ou en vn moment, encore qu'elle n'eust nulle vertu attractrice, non plus que le carosse : ce que les Philosophes Chrestiens doiuent remarquer, afin qu'ils ne rendent pas les veritez de l'Escriture saincte ridicules aux Payens, en apportant des raisons qui ne monstrent autres chose que leur ignorance, ou la foiblesse de

Du Mouuement des Corps.

leur imagination, & de leur esprit : car il vaut beaucoup mieux se contenter de la seule reuelation diuine des veritez qui nous sont proposées, que d'aioûter des raisons, qui peuuent estre conuaincuës de nullité par les experiences ou par d'autres raisons plus fortes & meilleures: par exemple, supposé que ce soit vne verité de la foy, que la terre soit tellement stable, & immobile qu'elle ne se meuue ny autour de son axe, ny à l'entour du Soleil, ny d'aucun autre mouuement, non seulement selon les apparences des sens, mais aussi selon la verité ; il n'est pas à propos de confirmer sa stabilité par la cheute perpendiculaire des pierres, ou par le mouuement des missiles egal vers l'Orient, & l'Occident, puis que l'on monstre euidemment que la mesme chose arriueroit, encore que la terre fust mobile, & qu'elle eust les deux, ou trois mouuemens que plusieurs se sont imaginez.

Ce n'est pas qu'il ne soit tres-bon d'vser de raisons pour monstrer que nostre foy n'a rien d'impertinent, & qui ne soit digne de la Majesté Diuine, ou qui ne soit dans sa puissance, lors qu'elles sont d'vne telle trempe que l'on ne peut produire aucune consideration qui les puisse eneruer ; mais il est aussi dangereux de s'en seruir d'autres, qu'vtile & loüable d'vser de celles-là, comme a fait S. Thomas en plusieurs endroits de sa Somme contre les Gentils.

COROLLAIRE.

Il est aisé de conclure que le mouuement violent des missiles ne se fait pas par le mouuement de l'air, qui succede l'vn à l'autre, puis que la bale de plomb, qui tombe vis à vis de la portiere, ou derriere le carosse, tombe perpendiculairement sans le suiure, pourueu que celuy qui la laisse tomber soit hors dudit carosse : ce qui monstre euidemment que l'air esmeu par le vaisseau n'est pas cause que la bale le suit, mais la seule impression qu'elle a receuë, laquelle n'est peut estre nullement differente du mouuement, qu'elle continuë perpetuellement, lors qu'elle ne rencontre nul empeschement : or il faut encore examiner vne consequence que Galilee tire de la cheute des corps pesans.

PROPOSITION XXII.

Determiner si le boulet d'vne artillerie tiré horizontalement du haut d'vne tour arriue aussi tost à terre qu'vn boulet egal qui tombe perpendiculairement du haut de la mesme tour.

Si la pierre que l'on iette estant à cheual, lors qu'il marche d'vn pas egal, ou qu'il court la poste, retombe toujours dans la main de celuy qui la iette droit en haut, aussi viste qu'elle retomberoit lors que le cheual ne marche point, il y a de l'apparence que le boulet tiré horizontalement du haut d'vne tour ou de quelque lieu que ce soit, arriue aussi tost à terre qu'vn autre boulet qui tombe perpendiculairement du mesme lieu. C'est à mon auis ce qui a persuadé au sieur Galilee que cette experience deuoit arriuer, mais l'ayant faite i'ay trouué qu'il s'en falloit beaucoup qu'elle fust veritable, & que la flesche d'vne arbaleste tirée de point en blanc à sa iuste portée, est deux fois aussi long temps à faire le chemin d'entre l'arc & le but, quoy que tiree le plus horizontalement que l'on peut, qu'vne autre fleche qui tombe perpendiculairement à terre de deſſus l'arc qui tire. I'ay dit *le plus horizontalement qu'on peut*, parce que la fleche ne va pas par vne ligne perpendiculaire à l'horizon : par exemple, ſi l'on tire du point A au but B, il eſt certain que la fleche ne ſuit pas la ligne A B parallele à la ligne de terre E F, car elle monte d'A à G, & redeſcend de G à B en faiſant vne ligne compoſee de la droite & de la courbe : ce qui arriue ſemblablement aux bales de mouſquet, & aux bales d'artillerie, de ſorte que ſi l'on ſe mettoit au point

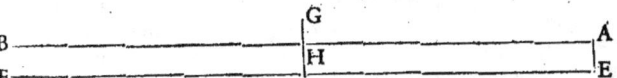

H, quand on tire d'A en B, l'on ne ſeroit nullement bleſſé. D'où il eſt aiſé de conclure que la pierre, ou le boulet tombant du point A en E ſera beaucoup plus viſte à terre, que le boulet tiré d'A en B, quoy qu'il allaſt horizontalement par A B ſans ſe hauſſer en G, à raiſon qu'il employe du temps à faire la ligne A E, & qu'il va encore auſſi loin depuis B iuſques à terre, comme il y a d'A en B : car outre que le ſieur Galilee aſſeure auoir obſerué que la portee de point en blanc n'eſt qu'enuiron la moitié de la portee entiere iuſques à terre, ſi le boulet tomboit perpendiculairement à terre au meſme temps qu'il touche B, il ſeroit auſſi long temps à tomber en F, comme à tomber d'A en E.

A quoy l'on ne peut reſpondre que le boulet commence à s'abaiſſer vers terre dés le moment qu'il part de la bouche du canon, puis qu'il frappe plus haut que le but dont il eſt proche : ioint que l'experience enſeigne qu'vn boulet eſt enuiron 4" en l'air auant que de tomber, encore qu'il tombe perpendiculairement dans la moitié d'vne ſeconde de la bouche du canon eleuée de trois pieds.

COROLLAIRE.

Ie laiſſe pluſieurs autres mouuemens, par exemple ceux des boulets de canon, & des autres miſſiles, dont nous examinerons la viteſſe, & la diminution quand nous dirons de combien vne bale de plomb, ou tel autre corps que l'on voudra plus peſant que l'eau, deſcend moins viſte dans l'eau que dans l'air; ſi l'impreſſion peut eſtre plus forte au commencement du mouuement, encore que le miſſile n'aille pas ſi loin que lors qu'elle eſt moins forte : ſi l'on peut tellement pouſſer, ou ietter vn miſſile en l'air qu'il reuienne vers celuy qui l'a ietté; & milles autres particularitez qui appartiennent aux differens mouuemens des corps: car il faut maintenant expliquer tout ce qui appartient au mouuement & au ſon des chordes qui ſeruent à l'harmonie; ce que nous ferons dans liure qui ſuit.

LIVRE III.

LIVRE TROISIESME
DV MOVVEMENT, DE LA
tension, de la force, de la pesanteur, & des autres proprietez des chordes Harmoniques, & des autres corps.

PRES auoir parlé du mouuement des principaux corps de cet Vniuers, particulierement de celuy de la terre, il faut examiner plus particulierement ceux qui appartiennent aux chordes des instrumens, & aux autres corps qui font de l'Harmonie : ce que nous ferons dans les Propositions de ce liure, où nous traiterons aussi de la force necessaire pour soustenir le poids donné sur vn plan oblique & incliné à l'horizon.

PROPOSITION I.

La raison du nombre des retours de toutes sortes de chordes est inuerse de leurs longueurs.

SOIT la chorde precedente AB attachée aux deux cheualets du Monochorde aux deux points A & B ; & la chorde A F attachée aux points A & F, ie dis que la chorde A B estant tirée au point G ne retournera qu'vne fois au point F, pendant que la chorde A F tirée au point I, retornera deux fois au point H, comme monstre l'experience ; de sorte que A F reuiendra tousiours deux fois pendant que A B ne reuiendra qu'vne fois : par consequent le nombre des retours d'A F est double de ceux d'A B, comme la chorde A B est double de la chorde A F : d'où il s'ensuit que le nombre des mouuemens ou des retours d'vne chorde s'augmente en mesme raison que sa longueur se diminuë, & consequemment que la raison desdits retours est inuerse de la raison des longueurs de la chorde.

La raison de cette inesgalité de retours se prend de l'esgalité de la tension, car le point G de la chorde A B va aussi viste vers F, que le point I de la chorde A F va vers H ; ce qui preuue que la chorde A B est aussi tenduë, & aussi violentée au point G, que la chorde A F l'est au point I : mais parce que le point G a deux fois plus de chemin à faire iusques à F, que le point I iusques à H, il s'ensuit que le point I ira iusques à H, & reuiendra de H vers le point I, pendant que G ira à F ; & qu'I frappera deux fois l'air de la ligne A F, pendant que G ne frappera qu'vne fois l'air de la ligne A B.

Il faut conclure la mesme chose des autres chordes pour grádes ou petites qu'elles puissent estre ; par exemple, de la chorde AH, qui est souzquadruple de la chorde A B, c'est pourquoy ses retours seront quadruples en nombre des retours de la chorde A B : & si elle estoit cent fois plus courte, ils seroient centuples, & ainsi consequemment iusques à l'infini, ou du moins iusques à la briefueté & longueur des chordes, qui est capable de leur faire produire quelque Son, ou quelques retours. Mais il faut remarquer que la chorde A B estant tirée au point E, ne retournera pas si viste à F, comme le point I de la chorde A F retournera à H, quoy que le chemin de I à F soit esgal au chemin d'I à H, car il sera deux fois plus de temps à retourner à F, qu'il n'en employera pour retourner iusques à H : ce qui n'empesche pourtant nullement que le point G ne se meuue aussi viste que le point I, quand les distances d'où ils retornent sont proportionnelles ; ce qui n'arriue pas au point I, qui est deux fois plus tendu, comme il est facile de conclure par la proportion des triangles, ou des chordes A I B, & A I F. De là vient que l'air I H est frappé & poussé deux fois plus fort & plus viste par le point I : & que le Son qui est fait par les battemens de la chorde A F est double du Son qui est fait par ceux de la chorde A B, laquelle fait vn Son d'autant plus graue qu'elle fait moins de retours en mesme temps.

D'où l'on peut conclure que le Son graue se fait de l'aigu, car si l'on diuise l'aigu, c'est à dire si l'on souftrait quelques-vns de ses mouuemens, ou retours, l'on en fera le son graue, de mesme que l'on fait vn moindre nombre par la diuision que l'on fait d'vn plus grand; par exemple si l'on souftrait vn retour de la chorde A F, l'on fera le son graue de la chorde A B, qui est à l'Octaue en bas du son de la chorde A F, de sorte que tous les sons de la Musique se peuuent faire par la souftraction & par l'addition, car si l'on adioustoit vn battement d'air à chaque retour de la chorde A B, elle feroit le son aigu de la chorde A F.

COROLLAIRE I.

L'on peut comparer la vitesse du point G ou I à la vitesse des pierres & autres missiles que l'on iette auec violence, car ils vont tousiours plus viste au commencement de leur mouuement qu'en nul autre endroit ; & comme la force souzdouble du point M est cause qu'il va deux fois plus lentement à F, qu'I à H, lequel est poussé par vne double force, de mesme la pierre iettée par la force souzdouble va deux fois plus lentement que lors qu'elle est iettée par vne double force. Neantmoins c'est chose asseurée que la seule resistance de l'air, qui retarde & esteint le mouuement des missiles, n'est pas si grande que la resistance de la chorde A B, qui s'efforce tant qu'elle peut de se restablir dans sa ligne droite A F B, & qui a encore la resistance de l'air aussi bien que les missiles : c'est pourquoy ils font beaucoup plus de chemin en mesme temps que les chordes : mais nous ferons vn discours particulier de cette comparaison, & de la difference de ces deux vitesses.

COROLLAIRE II.

L'on peut encore comparer les missiles & lesdits points quantaux differentes vitesses qu'ils ont en chaque point, ou chaque partie du chemin qu'ils font, car si l'on s'imagine que la pierre iettée se meuue de G à F, elle fera deux fois plus viste le chemin de G à M, que celuy de M à F, comme le point G fait deux fois plus viste le chemin de G à M, que de M à F ; & consequemment le mouuement des missiles que l'on meut violemment, vont d'autant plus lentement qu'ils s'esloignent dauantage de leur origine, c'est à dire de la force par laquelle ils ont esté iettez : & parce que la force qui est en I, est deux

Des mouuemens & du son des chordes. 159

fois auſſi grande que celle qui eſt en M, I va deux fois plus viſte iuſques au point H, que M ne va iuſques à F. Mais ce diſcours des miſſiles contient beaucoup de choſes qu'il faudra examiner ailleurs.

COROLLAIRE III.

Il faut encore remarquer que le ſon I, qui va iuſques à H, eſt deux fois plus fort & plus vehement que le ſon du point M qui va iuſques à F, d'autant qu'I frappe vne eſgale quantité d'air d'vne double viteſſe : car la grandeur ou force du ſon vient de la grande quantité d'air qui eſt frappé d'vne grande viteſſe: mais la force des ſons requiert vn autre lieu.

COROLLAIRE IV.

Puis que nous trouuons que toutes choſes ſont icy proportionnees, l'on peut conclure que la periode entiere de tous les retours de la chorde A B, qui ſe font depuis G iuſques à ce qu'elle ſe repoſe en F, dure deux fois autant que celles des retours de la chorde A F, qui ſe font depuis I iuſques à ce qu'elle ſe repoſe en H : car il reſte touſiours deux fois autant de chemin à faire à la chorde A B apres chaque retour, qu'à la chorde A F; mais il eſt difficile de ſçauoir à quel endroit de la ligne G F ſe trouue le point G, lors que la chorde A F commence à ſe repoſer : c'eſt à dire à quel point de la ligne G F ſe rencontre le milieu des retours de la chorde A B, quoy que l'on ſuppoſe que la diminution des retours, depuis le premier iuſques au dernier, ſe faſſe en proportion Geometrique, parce qu'il faut premierement ſçauoir la proportion du premier retour au ſecond, & puis le nombre de tous les retours, ce que l'on ne cognoiſt pas; toutesfois s'il arriue que la chorde A B tirée en G faſſe ſon premier retour plus court d'vne vingtieſme partie que la ligne F G, & qu'elle faſſe mille retours auant que de ſe repoſer, l'on peut trouuer par le deſnombrement & la meſure des parties proportionnelles de la ligne G F, ſur laquelle il faut marquer tous les retours, & determiner le point où ſe fera chaque retour combien il faut de retours pour faire le chemin de la partie donnée de la ligne G F, ce que nous ferons dans la dix-ſeptieſme Propoſition du premier liure des inſtrumens à chordes, & ailleurs.

COROLLAIRE V.

Puis que nous auons monſtré que la chorde A B eſtant tirée en G retourne auſſi toſt au point F, que lors qu'elle eſt ſeulement tirée en M, ou en quelqu'autre point de la ligne M F, & qu'elle fait neantmoins le meſme ſon quant à l'aigu, comme ie ſuppoſe maintenant, il s'enſuit qu'vne bande de Violons, ou qu'vne multitude d'autres ioüeurs d'inſtrumens à chordes, peuuent tellement proportionner les ſons graues & aigus, que le mouuement de chaque chorde ſera eſgal, ce que ie demonſtre dans le ſon graue, & dans l'aigu de l'Octaue : car ſi l'on tire la chorde A B, qui fait le ſon graue, iuſques à G, & la chorde A F qui fait le ſon aigu, iuſques à I, I retournera au point H en meſme temps que G retournera à M; or la ligne I H eſt eſgale à la ligne G M, donc vn eſgal mouuement d'air peut faire le ſon graue & l'aigu de l'Octaue; ce que

O ij

l'on peut ayſément accommoder aux autres ſons aigus & aux Concerts entiers, comme nous dirons plus amplement au traité de la Compoſition & des Concerts.

COROLLAIRE VI.

Il s'enſuit encore de cette Propoſition, que les Muſiciens ont pris iuſques à preſent les raiſons de la Muſique à rebours, car ils ont creu que le ſon graue de chaque interualle eſt le plus grand terme de la raiſon, & que l'aigu eſt le moindre, parce qu'ils ont ſeulement conſideré le materiel du ſon, ou pluſtoſt ſa cauſe efficiente, au lieu qu'ils euſſent deu conſiderer ſa nature & ſa forme, comme nous faiſons: de là vient qu'ils ont dit que le ſon graue de l'Octaue contient deux fois l'aigu, au lieu que l'aigu contient deux fois le graue, & qu'ils ont nommé la plus agreable proportion des ſons, *diuiſion harmonique*, au lieu qu'elle eſt ſeulement Arithmetique, comme nous demonſtrerons tres-clairement dans la trente-ſixieſme Propoſition du liure des Conſonances: & conſequemment l'on peut dire que la veritable raiſon des ſons, ou de leurs interualles eſt inuerſe de celle que tous les Muſiciens ont ſuiui iuſques à maintenant.

PROPOSITION II.

Expliquer les differentes viteſſes des parties de chaque tour & retour des chordes qui ſeruent aux inſtrumens de Muſique, & en quelle proportion ils ſe diminuent.

IL eſt certain que le premier retour d'vne chorde de Luth, de Viole, & des autres inſtrumens eſt plus grand que ceux qui ſuiuent apres, autrement ils dureroient perpetuellement, & iamais la chorde ne ſe repoſeroit: par exemple la chorde A B arreſtée aux points A & B eſtant pouſſée, ou tirée depuis le point E iuſques au point C, ſi on la laiſſe aller & qu'elle reuienne iuſques au point D, c'eſt choſe aſſeurée qu'elle ne retournera pas iuſques en C, mais ſeulement iuſques en F, c'eſt à dire à quelque point moins eſloigné d'E que n'eſt C. Or i'ay ſouuent experimenté que ſi la ligne du premier tour C D eſt de 20 parties, que le premier retour D F n'eſt que de dix-neuf parties, quoy que i'aye auſſi quelquefois obſerué vne plus grande raiſon du premier tour au premier retour, par exemple la raiſon d'onze à douze, de ſorte que le premier tour eſt ſeſquionzieſme du premier retour, comme i'explique plus au long dans la dix-ſeptieſme Propoſition du premier liure des Inſtrumens, dans laquelle on void la table des diminutions de chaque tour & retour, depuis le premier iuſques au dernier, dont i'ay encore mis vne autre table dans la trente-deuxieſme Propoſition du ſecond liure Latin des cauſes du Son. Mais auant que d'en parler icy plus amplement, il faut expliquer les differentes viteſſes de chaque tour & retour. Surquoy ie dis premierement que la chorde ne va iamais plus viſte en aucun lieu de la ligne de ſes periodes C D, que quand la main la laiſſe aller du point C où elle auoit eſté tirée, d'autant qu'elle n'eſt iamais plus violentée: ce qu'il faut auſſi dire des arcs qui ſeruent à tirer les fleches, car la chorde A C D fait vn arc, encore qu'elle face l'angle A C D dans cette figure.

Secódemẽt ie dis qu'elle alentit touſiours ſon mouuement depuis C iuſques à D, où il eſt ſi tardif que pluſieurs croyent qu'elle s'y repoſe vn moment, a-

Des mouuemens & du son des chordes. 161

uant que de retorner à F, auquel elle se repose encore, de sorte qu'elle se repose autant de fois comme elle fait de tours, ou de retours : par exemple si elle en fait 2000, (qui est le nombre ordinaire de ceux que fait vne chorde de Luth touchée assez fort, comme ie monstreray ailleurs) elle se reposera deux mille fois, & consequemment la longueur du son qu'elle fait est interrompu deux mille fois, encore que l'oreille l'apperçoiue comme s'il estoit continu.

En troisiesme lieu, il est certain que le tour de la chorde depuis C iusques à D est naturel depuis C iusques à E, auquel elle retourne comme à son centre, ou à sa ligne de direction A E B; & que le reste d'E à D peut estre appellé violent, parce qu'il l'esloigne de son centre E, c'est pourquoy elle resiste tant qu'elle peut à cette violence qu'elle a receuë dez le commencement de l'impression qu'on luy a fait en la tirant iusques à C : de sorte que chaque tour ou retour de la chorde est composé de deux especes de mouuemens, quoy qu'on le puisse prendre pour vn seul, à raison que la violence de la traction, ou de l'impulsion d'E à C est cause de l'vn & de l'autre.

Or ie trouue icy trois difficultez fort considerables, à sçauoir si la chorde ne va pas tousiours plus viste depuis F iusques à E, puis que nous experimentons que les corps pesans vont d'autant plus viste qu'ils approchent dauantage de leur centre, & que nous disons qu'E est le centre de la chorde, dont le point est consideré comme vne pierre qui tombe vers le centre de la terre E. La seconde difficulté consiste à sçauoir pourquoy la chorde ne s'arreste pas en E, puis qu'il semble qu'elle n'a nul autre dessein que de retourner à son centre, & neantmoins elle le quitte deux mille fois auant que de s'y reposer.

Et la troisiesme appartient à la cause des retours, ou des reflexions de la chorde, car il est tres-difficile de sçauoir ce qui la contraint de reuenir de C en E; mais ces difficultez meritent des Propositions particulieres, c'est pourquoy ie m'arreste seulement icy à ce qui est contenu dans cette Proposition, & dis qu'il semble probable que la vitesse du point C qui retourne en D se diminuë tousiours iusques en D, suiuant les differens espaces qu'il

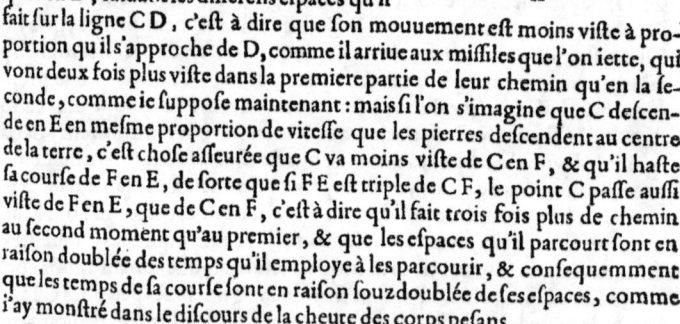

fait sur la ligne C D, c'est à dire que son mouuement est moins viste à proportion qu'il s'approche de D, comme il arriue aux missiles que l'on iette, qui vont deux fois plus viste dans la premiere partie de leur chemin qu'en la seconde, comme ie suppose maintenant : mais si l'on s'imagine que C descende en E en mesme proportion de vitesse que les pierres descendent au centre de la terre, c'est chose asseurée que C va moins viste de C en F, & qu'il haste sa course de F en E, de sorte que si F E est triple de C F, le point C passe aussi viste de F en E, que de C en F, c'est à dire qu'il fait trois fois plus de chemin au second moment qu'au premier, & que les espaces qu'il parcourt sont en raison doublée des temps qu'il employe à les parcourir, & consequemment que les temps de sa course sont en raison souzdoublée de ses espaces, comme i'ay monstré dans le discours de la cheute des corps pesans.

Or puis que le raisonnement tout seul n'est pas à mon aduis capable de resoudre cette difficulté, tant parce que l'on peut considerer le retour de C en E comme le jet violent d'vne pierre, ou comme son mouuement naturel vers son centre, que parce qu'il tient quelque chose de l'vn & de l'autre, & que l'on ne sçait pas la proportion dont le mouuement des missiles se diminuë, il

O iij

faut vser des mesmes experiences dont ie me suis serui pour trouuer le nombre des retours de chaque chorde d'instrument, & au lieu que ie n'ay eu besoin que d'vne chorde de leton, & de boyau de cent pieds de Roy, il en faut prendre vne longue de mille pieds, & la bander tellement que sa traction d'E en C soit de dix pieds, & qu'elle employe dix secondes minutes à chaque tour & retour, c'est à dire la dixiesme partie d'vne minute, afin qu'ayant diuisé sa ligne de retour C D en dix parties esgales, l'on ayt loisir de remarquer le temps qu'elle employe à faire chaque dixiesme partie, car si elle fait la premiere partie dans la premiere seconde, & les trois autres suiuantes dans la deuxiesme seconde, elle suiura la proportion des corps pesans qui descendent vers leur centre, & si elle passe deux fois plus viste la premiere partie que la seconde, &c. elle suiura la proportion du mouuement violent des missiles, &c. or la gallerie des Tuilleries est assez commode pour faire cette experience. L'on peut encore douter si la diminution de la vitesse qui se fait d'E en D suit la mesme proportion que celle de C en D, à raison que le mouuement E D est violent, puis qu'il esloigne la chorde de son centre E, duquel elle s'approche par le mouuement C E, & si la partie E D du retour C E D dure dauantage que la partie C E.

L'experience & la raison me font conclure que le point C de la chorde va tousiours en diminuant sa vitesse depuis C iusques à D, car puis qu'elle ne reuient qu'à raison de la violence qui la tend, elle doit reuenir d'autant plus viste qu'elle est plus tenduë : ce que ie demonstre en cette maniere. Quand on la tire seulement iusques à F, ou à tel point que l'on veut entre F & E, elle est aussi long-temps à faire son tour, que quand on la tire iusques à C, ou au delà, ce qui ne peut arriuer qu'elle n'aille d'autant plus lentement qu'elle est moins tirée, & consequemment moins violentée : or cette violence est d'autant moindre que le point C s'approche dauantage d'E, dans lequel elle n'est plus violentée, d'où il s'ensuit qu'elle doit aller moins viste à proportion qu'elle s'auance vers E, auquel elle se reposeroit si l'air qui enuironne A C B ne la poussoit encore vers D, ou si elle n'auoit pris vn trop grand branfle pour reuenir à sa ligne de direction.

D'où nous pouuons coniecturer la responce de la seconde partie de cette Proposition, à sçauoir que les retours se diminuent en mesme proportion que les violences, de sorte que si la violence de la chorde A D C est moindre d'vne dix-neufiesme partie, suiuant la table de la dix-septiesme Proposition du premier liure des Instrumens, le retour D F sera moindre & plus lent d'vne dix-neufiesme partie que le tour C D, & ainsi consequemment des autres tours & retours, si leur diminution continuë selon la proportion geometrique. Mais les experiences sont si difficiles qu'à moins d'vne chorde de mille pieds on ne peut s'en asseurer ; & l'on n'est iamais si certain des endroits où elle reuient à chaque tour, que l'on ne puisse douter si elle n'a point passé outre, & si elle a iustement terminé ses allées & ses venuës aux points que l'on marque ; de sorte qu'il est tousiours necessaire que la raison supplée quelque chose dans les experiences, qui seules ne peuuent seruir de principes pour les sciences, qui desirent vne parfaite iustesse, que les sens ne peuuent remarquer : par exemple l'on ne peut demonstrer par les sens qu'vne chorde d'Epinette soit deux, ou trois fois plus longue, plus grosse, ou plus tenduë qu'vne autre, car s'il s'en faut seulement vne cent milliesme partie sur deux pieds, il

Des mouuemens & du son des chordes. 163

est impossible de le remarquer : c'est pourquoy si quelqu'vn maintenoit que l'Octaue n'est pas de deux à vn, & que la plus longue chorde doit exceder la moindre de moitié, plus ou moins d'vne cent milliesme partie, il seroit impossible de le conuaincre par l'experience de l'œil, de la main, ou de l'oreille.

COROLLAIRE.

L'on trouuera vne partie de ce que l'on pourroit icy desirer dans les Propositions qui suiuent, & qui appartiennent encore au mouuement & au repos des chordes. I'adiouste seulement icy que l'on peut s'imaginer que la force, ou le ressort qui fait reuenir la chorde de C & de D en E estant diuerse, suiuant qu'elle s'esloigne plus ou moins de son centre E, peut estre comparée a des poids differents, & que la force qui reste dans chaque retour de la chorde a tousiours mesme raison auec l'air qui reste à trauerser & à vaincre, que la force des tours precedens auoit auec les espaces d'air qu'ils ont trauersé, ce que l'on peut demonstrer.

PROPOSITION III.

A sçauoir si les chordes & les autres missiles qui ont des retours se reposent aux points de leurs reflexions, & quelle est la cause de ces reflexions.

CETTE difficulté est l'vne des plus grandes de la Physique, & ne peut ce semble estre resoluë, ou cogneuë par l'experience ny par la raison, d'autant que celuy qui nie le repos peut dire que les yeux se trompent à l'experience lors qu'vne chorde tres-longue tenduë par les deux bouts, ou vne autre plus courte attachée par le bout d'en haut, & libre par le bout d'en bas, semblent se reposer, & dira qu'elles se meuuent quoy que tres-lentement : or il y a plusieurs mouuemens qui se rapportent à cettuy-cy, à sçauoir celuy des corps pesans que l'on iette perpendiculairement en haut, & qui semblent se reposer vn peu lors qu'ils sont arriuez à l'equilibre du mouuement violent, & du naturel, c'est à dire quand la force qu'ils ont de descendre se treuue esgale à la force qui les pousse en haut, car il ne peut y auoir de mouuement où il y a esgalité de resistence, & où l'vn tire aussi fort d'vn costé que d'autre.

L'on fait encore la mesme difficulté sur les bales que l'on iette contre les murailles, qui se doiuent aussi reposer au point de leur reflexion, suiuant la pensée de ceux qui ne croyent pas que deux mouuemens contraires puissent estre continus, & qui ne mettent qu'vne contiguité entre les deux parties d'vn mesme arbre, dont l'vne est seiche, & l'autre verte, ou l'vne est morte, & l'autre vit. Ie laisse mille choses qui font plusieurs tours & retours, comme les lames d'acier, & tout ce qui tient du ressort, afin de considerer les raisons d'vne part & d'autre, dont l'vne prouue qu'il n'y a point de repos aux points de reflexion, d'autant que si la chorde precedente se reposoit en D, elle deuroit tousiours s'y reposer, ny ayant nulle cause apparente qui la repousse en E & en F. D'ailleurs si elle ne se repose point, il semble qu'elle doiue tousiours aller plus viste en tous les endroits de la ligne CD, qu'en nul endroit de la ligne DF, c'est à dire qu'elle doit obseruer la mesme proportion en son mouuement total, que la pierre qui est iettée : ce qui n'arriue pas neantmoins, car

O iiij

l'experience fait voir qu'vn poids attaché à vne chorde, qui a la liberté d'aller çà & là, va beaucoup plus lentement quand il approche des points de ses reflexions, que lors qu'il s'en esloigne & qu'il passe par sa ligne de direction, comme ie monstreray apres.

Et si l'on attache vne chorde longue de mille pieds par les deux bouts, soit horizontale, ou perpendiculaire à l'horizon, & que l'on remarque la mesme difference des vitesses, & la grande tardiueté de ses mouuemens vers les points de reflexion, ausquels si elle se meut d'vne infinie tardiueté, comme fait la pierre au commencement de sa cheute tant perpendiculaire qu'oblique à l'horizon, dont ie traiteray dans vne autre Proposition, il semble que l'on ne se mesprendra pas en disant qu'elle se repose vn moment, lequel se rencontre lors que la force qui l'a poussée, est en équilibre auec le ressort naturel qui la retire à son centre E. Car si la force qui la pousse, & l'agite perpetuellement d'vn costé & d'autre, agissoit continuellement, son mouuement deuroit tousiours estre plus foible & plus lent à proportion qu'il approcheroit de son repos, & consequemment il seroit plus viste vers chaque point de sa reflexion precedente, que vers le centre E, où il paroist neantmoins plus viste qu'en nul point de la precedente reflexion, auquel il recommence vn mouuement aussi distinct & nouueau, que si l'on retouchoit la chorde.

Or supposé que ce point de reflexion soit vn vray repos, & qu'il vienne de l'equilibre des deux forces susdites, il s'ensuit que la force qui retient la chorde tant qu'elle peut dans ce point, est vaincuë peu à peu, & que ladite chorde va plus viste au point E, où toute la force estrangere est esteinte, qu'en nul autre endroit, & qu'incontinent apres cette plus grande vitesse, le mouuement commence à s'alentir iusques à ce qu'il arriue au point de l'equilibre, & de la reflexion: d'où il s'ensuit qu'il faut autrement parler du premier tour de la chorde tirée en C, que du premier retour & des autres, & que d'autant que la force de la main qui la quitte en C, ne retarde nullement la pante & l'inclination qu'elle a de retourner à son centre E, elle se haste le plus qu'elle peut selon la violence que la tension, ou la traction luy a faite. Mais si la violence est esteinte dans tous les points de reflexion, & qu'il ne demeure plus que ladite pante, il faut dire la mesme chose de chaque retour que du premier tour: & si l'experience d'vne chorde assez longue arrestée par les deux bouts, monstre qu'elle aille plus lentement en la laschant au point C, que quand elle arriue à E, il faut conclure qu'elle imite le retour des corps pesans vers leur centre, dont nous auons parlé dans vn autre lieu.

Mais puis que ie ne voy nulle raison assez forte pour demonstrer si elle se repose dans ses reflexions, ie viens à la seconde partie de la Proposition, qui consiste à la recherche de la cause de ces reflexions, car il est tres-certain que la chorde reuient plusieurs fois à son centre E, soit qu'elle se repose au point de la reflexion, ou qu'elle se meuue continuellement. Il est encore certain que la cause de cette reflexion est dans la chorde, puis que l'air exterieur ne peut auoir cette force, attendu qu'il se repose luy-mesme, lors qu'on lasche la chorde en C: or l'on sçait que les parties de la chorde s'estendent, & ouurent peut-estre leurs pores, lors qu'on la tire en C, & que ces parties se retirens, & referment leurs pores quand elle reuient en E, mais on ne sçait pas ce qui les contraint de se refermer, car si l'on dit que ce retour des parties se fait par la force de l'air interne qui s'est condensé à la traction, & qui retour-

Des mouuemens & du son des chordes. 165

ne à sa consistence naturelle, en forçant les parties de retorner à la leur, on trouue la mesme difficulté pour sçauoir ce qui contraint cet air interne à quitter sa condensation, & à se rarefier; & l'esprit ne peut demeurer content, s'il ne rencontre quelque ressort naturel dans la chorde qui agisse perpetuellement, soit que l'on admette vn mouuement perpetuel des atomes qui composent ses parties, & qui se meuuent tousiours vers E, ou que l'on suppose telle autre espece de ressort que l'on voudra, dans lequel on trouuera la mesme difficulté, si l'on ne suppose qu'il a dans soy le principe du mouuement: & lors que l'on aura consideré tous les principes de chaque mouuement, & que l'on voudra sçauoir ce qui les determine plustost à vne sorte de mouuement qu'à plusieurs autres, on sera contraint d'auoir recours au premier Auteur independant, qui determine tous les principes comme il luy plaist, & à ce qui luy plaist.

Or ce qui semble de plus certain en cecy est que la chorde, l'arc, &c. que l'on courbe est en vn perpetuel mouuement, qui s'oppose à la force contraire de la traction, & consequemment qu'il ne faut point chercher d'autre raison du retour que ce mouuement, qui se fait paroistre si tost que l'on oste l'empeschement, comme fait le mouuement de la pierre vers son centre, car l'on peut dire qu'elle se meut tousiours, puis qu'elle fait vne perpetuelle resistence, & impression à la main qui la tient : ce qui peut aysément s'appliquer à la chorde tirée en C, ou en tel autre point que l'on veut hors du point E.

PROPOSITION IV.

Expliquer pourquoy la chorde qui reuient du lieu où on la tirée, passe plusieurs fois par de là son centre sans s'y arrester.

NOus cherchons vne raison tres-obscure d'vn effet tres-euident, à sçauoir pourquoy la chorde A B tirée, ou poussée iusques à C passe au delà de son centre E, puis qu'elle n'a nulle autre intention que de s'y arrester, semblable à la pierre qui tomberoit iusques à son centre, où elle deuroit ce semble s'arrester sans passer outre, & sans aller deçà delà comme fait la chorde dont nous parlons, & que l'on ne s'imagineroit pas aysément deuoir passer outre son centre E, attendu que la vitesse dont elle quitte C, n'est instituée par la nature que pour luy faire reprendre sa situation droite A E B, si l'effet ne contraignoit de changer d'auis : car il n'y a guere d'apparence que la nature qui est si prudente, ou plustost qui suit si necessairement la conduite de son auteur, qui ne peut rien faire en vain, donne vne plus grande secousse à la chorde, que celle qui luy est necessaire pour la restituer dans son propre lieu; de sorte qu'il faut trouuer vne force estrangere qui la contraigne de passer outre, autrement l'on accusera la nature de la mesme imprudence que feroit paroistre vn homme, qui n'ayant autre dessein que de s'arrester à sa maison, iroit si brusquement, & si viste, qu'il ne pourroit s'y arrester sans passer beaucoup plus loin, & sans aller plusieurs fois deçà delà, & consequemment sans faire cent fois plus de chemin qu'il n'est necessaire.

Or il me semble que pour donner la raison de ce Phenomene, il faudroit cognoistre les differents jeux de l'air, & les differentes impressions qu'il fait sur la chorde qu'il repousse, car il peut luy adiouster vne nouuelle force en la pressant, laquelle estant adioustée à celle qu'elle a de reuenir à son centre, la fait passer outre, comme l'air qui suiuroit la pierre descendante au centre, la pourroit faire passer au delà, car il est fort aysé d'auancer, & de haster ce qui court desia, par l'addition d'vn nouueau mouuement, quoy que petit.

L'on peut encore dire que ce qui a vne fois commencé à se mouuoir de quelque mouuement que ce soit, se mouueroit eternellement, n'estoit la resistence de l'air, lequel empeschant tousiours vn peu la chorde à chaque retour, la contraint en fin de se reposer, & destruit tout son mouuement par l'addition de mille ou deux mille petits empeschemens, qui l'eussent entierement empeschée de se mouuoir dez le commencement, s'ils eussent esté tous ensemble. En effet la chorde retourneroit peut-estre aussi loin par dela E vers D, comme on la tirée vers C, si l'air ne l'empeschoit nullement, par exemple si elle se mouuoit dans le vuide.

Mais parce qu'elle se meut dans l'air, l'on peut s'imaginer qu'elle se meut aussi long-temps par ces tours & retours, comme il est necessaire pour faire autant de chemin qu'elle en feroit par l'impetuosité dont elle retourne, si cette impression la conduisoit tout droit d'vn mesme costé, ou bien que si on la iettoit d'vne aussi forte impression que celle qu'on luy fait en la poussant, ou en la tirant au point C. Il ne faut pourtant pas negliger la raison qui se prend de l'effort que fait chaque partie de la chorde pour reprendre sa place & sa situation, qui luy sert comme la pesanteur au poids, pour retorner à son centre E.

COROLLAIRE.

Si l'on remarque la diminution de chaque retour, l'on peut dire chaque empeschement de l'air, puis que c'est luy qui cause cette diminution : d'où l'on peut encore conclure plusieurs autres empeschemens qu'il apporte aux autres ressorts, & sçauoir combien il empesche plus ou moins les grandes machines que les moindres, & consequemment toutes les considerations des mouuemens de la chorde peuuent grandement seruir pour les Mechaniques.

PROPOSITION V.

Determiner la durée de chaque tour & retour de la chorde d'vn Luth, ou d'vn autre instrument ; & combien elle fait de retours auant que de se reposer.

IL est certain que le plus grand retour de la chorde ne dure pas dauantage que le moindre, si l'on croid à l'experience que l'on en fait, car si elle employe vne seconde minute à faire son retour de C en D, elle employe aussi vne seconde minute à faire son retour de F en E, ou de tel autre point que l'on puisse prendre entre E & F iusques vers D, c'est à dire que si on la tiroit de douze pieds qu'elle reuiendroit aussi viste à son centre E, comme si on l'esloignoit seulemét d'vne ligne de son centre E : quoy que ie ne vueille pas icy determiner s'il ne s'en manque point si peu, que l'œil n'est pas capable de le remarquer: car puis que l'on ne peut demonstrer si la lumiere remplit sa sphere dans vn instant, ou dans vn temps si brief qu'il est imperceptible, & qu'il est peut-estre aussi difficile de demonstrer s'il y a quelque chose de stable au monde, attendu que l'on peut maintenir que tous les corps se meuuent, quoy

Des mouuemens & du son des chordes. 167

que leur mouuement soit trop petit pour estre sensible, ie suis bien esloigné de vouloir demonstrer ce que ie prouue par l'experience, qui sera suiuie de tous ceux qui la feront, parce qu'il faut conuaincre l'entendement par la raison euidente pour le contraindre d'embrasser vne demonstration : ce que ie desire que l'on remarque vne fois pour toutes, afin que l'on ne croye pas que i'vse tousiours de la diction *demonstrer*, ou *demonstration* dans vn sens Mathematique ; ce que ceux-là concluront aysément qui sçauent la difficulté qui se rencontre à demonstrer aucune chose dans la Physique, dans laquelle il est tres-difficile de poser d'autres maximes plus auantageuses que les experiences bien reglées & bien faites, qui monstrent perpetuellement que chaque tour ou retour de la chorde tenduë, & arrestée par les deux bouts, comme est celle d'vne Viole, ou d'vn autre instrument, dure autant l'vn que l'autre ; de sorte que la difference de la durée du moindre & du plus grand n'est pas sensible.

Or la raison fauorise cette experience, parce que la violence, ou l'impression que l'on fait à la chorde, est d'autant plus grande que la ligne de son retour est plus longue, c'est pourquoy elle va d'autant plus viste, que l'espace qu'elle fait est plus grand : par exemple si elle fait vn pied au premier retour, & vne ligne au centiesme, elle ira 144. fois plus viste au premier retour qu'au centiesme, où elle sera beaucoup moins violentée : & lors que la violence cessera elle se reposera.

Et s'il n'y a nul repos au point de reflexion, & que son mouuement entier soit produit par la premiere impression, il faut dire que le retour qu'elle fait de chaque point de sa reflexion vers son centre est tousiours violent, & qu'il n'est tout au plus qu'à moitié naturel, puis que c'est par le mesme mouuement que la chorde va iusques au centre, & par delà le centre. D'où l'on peut conclure que chaque costé de chaque tour & retour dure autant l'vn que l'autre, & que la seule impression exterieure estant posée pour leur cause, que la chorde va tousiours plus viste vers chaque point precedent de sa reflexion, qu'en nul endroit de sa ligne suiuante de retour, comme i'ay desia remarqué : de sorte que si le son ne se fait qu'au centre, il faut aduoüer qu'il ne se fait pas par la plus grande vitesse du mouuement, mais nous parlerons apres de cette difficulté.

Quant au nombre des retours de chaque chorde, il est tres-grand auant qu'elle se repose, car il est certain qu'elle se meut tousiours tandis que l'on en oyt le son, & que le son des grosses chordes de Luth est apperceu de l'oreille durant la sixiesme partie, ou le tiers d'vne minute, c'est à dire pendant que l'artere du poux d'vn homme sain, & sans emotion bat dix, ou vingt fois : de sorte qu'il ne reste qu'à remarquer combien de fois la chorde bat l'air dans vne seconde minute, pour sçauoir combien elle le frappe auant que de se reposer, ou plustost auant que l'on ne l'apperçoiue plus, car il n'y a nul doute que la chorde se meut encore long-temps apres que l'oreille en perd le son, & qu'il n'y a nul moyen de cognoistre le moment auquel la chorde commence à se reposer, ny par consequent le chemin qu'elle fait à son dernier retour, qui ne peut estre plus grand que $\frac{1}{100000000000}$ de ligne, encore que la chorde ne tremblast que cent trente-deux fois, lors qu'on l'esloigne seulement d'vne ligne en la tirant hors de son centre, comme ie demonstre dans la dix-septiesme Proposition du premier liure des Instrumens : or il est certain qu'il n'y a nulle chorde tenduë sur vn Luth qui ne face plus de cent trente-deux retours, puis que les plus deliées en font du moins autant dez la premiere seconde minute, comme ie monstreray apres; d'où il faut conclure que l'oreille est merueilleusement subtile, puis qu'elle remarque des mouuemens qui sont cent mille fois moindres que la cent milliesme partie d'vne ligne, & consequemment qu'elle surpasse plus de cent mille fois la subtilité de l'œil. Mais si l'on prend la fraction qui explique le dernier retour de la chorde marqué dans la table de la susdite dix-septiesme Proposition, l'on aura beaucoup plus de sujet d'admirer la briefueté de ces retours, car l'vnité seruant de numerateur, le denominateur a soixante zero apres l'vnité, de sorte qu'il faut vser de nostre nouuelle Arithmetique pour exprimer cette fraction prodigieuse, en disant que le 1584 retour de la chorde de Luth, qu'elle fait vers la fin de ses tremblemens, n'est que le dix-neufilion d'vne ligne, qui s'exprime par cette fraction.

$$\frac{1}{10000,00000,00000,00000,00000,00000,00000,00000,00000,00000,00000,00000} \text{ d'vne ligne.}$$

Ceux qui n'entendront pas cette maniere de nombrer iusques à l'infini sans se broüiller, & sans aucune difficulté, en peuuent voir la demonstration dans le premier chapitre du troisiesme liure de la Verité des Sciences, où ie mets la maniere de conter le nombre qui seroit escrit depuis le Pole Arctique iusques à l'Antarctique en aussi petits caracteres que ceux de cette fraction.

COROLLAIRE.

Les derniers retours de la chorde sont si petits que si tout ce qui est au monde, par exemple la terre, les murailles, & tout ce que nous voyons, & ce que nous touchons se mouuoir par de semblables tours & retours, nous ne pourrions l'apperceuoir en aucune façon; de sorte que tous les corps du monde peuuent faire vne perpetuelle harmonie, quoy que nul ne l'entende, & que nous auons sujet de nous humilier dans nostre ignorance, à laquelle nous ne pouuons remedier iusques à ce qu'il plaise à Dieu de nous deliurer de l'obligation que nous auons à la stupidité des sens.

ADVERTISSEMENT.

Auant que de poursuiure tout ce qui appartient aux Mouuemens, aux sons, à la pesanteur, & aux autres qualitez des chordes, & des autres corps, ie veux icy mettre vn discours de la force necessaire pour soustenir, tirer, ou pousser vn poids donné sur toutes sortes de plans inclinez à l'horizon, composé par Monsieur de Roberual Professeur des Mathematiques au College Royal de France, l'on iugera aysément par cet eschantillon combien l'on peut esperer d'vn esprit si iudicieux, & si excellent : or ie le diuise en quatre Propositions, pour l'accommoder à mon sujet; quoy que l'on peust le mettre en autant de Propositions qu'il y a de Scholies, & de Corollaires.

PROPOSITION

Des mouuemens & du son des chordes. 169

PROPOSITION V.

Expliquer la maniere de nombrer tres-ayſément tous les tours & retours de chaque chorde de Luth, de Viole, d'Epinette, &c. & determiner où finit la ſubtilité de l'œil & de l'oreille.

IE ne mets pas icy le Traité des Mechaniques ſuiuant l'Aduertiſſement precedent, parce qu'il eſt plus long que ie ne croyois; c'eſt pourquoy ie le reſerue pour vn liure particulier. Or ie viens à l'explication de cette cinquieſme Propoſition : Il faut donc premierement determiner le ſon que l'on deſire de la chorde, auant que de demander le nombre de ſes retours, parce qu'elle en fait vn nombre d'autant plus grand dans vn meſme temps qu'elle a le ſon plus aigu. Ie ſuppoſe donc que l'on vueille ſçauoir le nombre des retours de la chorde d'vne Epinette, ou d'vn Luth, lors qu'elle eſt à l'vniſſon du ton de Chappelle, que l'on prend ſur vn tuyau de quatre pieds ouuert, ou de deux pieds bouché faiſant le G re ſol, ſous lequel les voix les plus creuſes, ou les plus baſſes de France peuuent ſeulement deſcendre d'vne Quinte pour arriuer iuſques au C ſol vt.

Or chacun peut porter ce ton auec ſoy par le moyen d'vne clef percée, ou d'vn Flageollet, qui monte à l'Octaue, à la Quinzieſme, ou à tel autre interualle que l'on voudra par deſſus ledit G re ſol, parce qu'il ſuffit de ſe ſouuenir que ce ſon eſt plus haut que ledit ton de Chappelle d'vn interualle donné, pour l'exprimer apres auec la voix, ou autrement.

Cecy eſtant poſé, ie dis premierement que la chorde qui fait ledit ton de G re ſol, qui eſt quaſi le plus bas que ma voix puiſſe deſcendre bat 168 fois l'air, c'eſt à dire qu'elle paſſe 168 fois par ſon centre, ou par ſa ligne de direction dans le temps d'vne ſeconde minute, ou qu'elle reuient 84 fois vers celuy qui la pouſſe, ou qui la tire. En ſecond lieu, qu'vne chorde longue de dix-ſept pieds & demi ſuffit pour en faire l'experience, d'autant qu'elle ne tremble pas trop viſte, & qu'elle donne loiſir de conter ſes retours, comme l'on peut voir auec vne chorde de Luth, ou de Viole de la groſſeur de celles dont on fait les montans des Raquettes (que l'on fait de douze inteſtins de mouton) laquelle reuient ſeulement deux fois dans le temps d'vne ſeconde, lors qu'elle eſt tendüe auec vne demie liure, quatre fois eſtant tendüe de deux liures, & huit fois eſtant tendüe de huit liures : or ſi l'on fait ſonner vne partie de la chorde qui n'ayt que dix pouces, quand elle eſt bandée auec quatre liures, elle monte à l'vniſſon du ton de Chappelle, & quand elle eſt bandée de huit liures, eſtant longue de vingt pouces elle monte au meſme ton, & finalement quand elle n'eſt tendüe que par la force d'vne demie liure, elle fait le meſme ton, en prenant ſeulement la longueur de cinq pouces.

D'où il faut conclure que les tremblemens ſont en raiſon ſous-doublée des poids, ou des forces qui bandent la chorde, & conſequemment que les forces ſont en raiſon doublée des battemens d'air, ou des tremblemens de la chorde : c'eſt pourquoy il ne ſuffit pas de bander vne chorde deux fois plus fort pour la faire mouuoir deux fois plus viſte, mais il la faut tēdre quatre fois plus fort. Ie laiſſe pluſieurs autres concluſions que ie deduis dans la 16. Propoſition du 1. liure, & dans la 7, 8, 12, 15, 16, 17, & 18. du troiſieſme liure des

P

instrumens à chordes, & viens à la seconde partie de cette Proposition, qui est beaucoup plus difficile que la premiere. Car les extremitez & les commencemens des actions naturelles nous sont ordinairement incogneus, & la maniere dont elles se font surpasse l'esprit de l'homme; ce qu'il suffit de monstrer dans le mouuement dont nous parlons icy, lequel est souuent trop viste, ou trop lent pour estre apperceu : or il est certain que l'oreille n'apperçoit pas plusieurs mouuemens que l'œil descouure, ce que l'on experimente au mouuement de la chorde de dix-sept pieds de long, dont l'oreille ne peut remarquer les tremblemens que l'œil void tres-bien, à raison qu'ils ne frappent pas l'air assez fort, ou assez souuent pour produire vn bruit sensible, ou qu'il n'est pas renfermé & reflechi par vn instrument, comme il arriue que le sens du toucher n'apperçoit pas plusieurs chaleurs auant la reflexion. Mais pour commencer par l'œil, ie dis qu'il n'apperçoit pas les mouuemens quand ils sont trop vistes, ou trop lents, & qu'il ne void pas les corps quand ils sont trop petits, ou trop peu illuminez, & que l'oreille n'entend pas les sons trop foibles, ou trop esloignez : & peut-estre que les corps peuuent estre tellement illuminez, & que les sons peuuent estre si vehemens, que ces deux sens n'apperceuront rien.

Quant aux mouuemens, l'oreille ne les peut sentir que par le moyen des sons, que l'œil ne peut apperceuoir qu'en remarquant les mouuemens. Et comme l'on ne peut iuger par l'œil si les mouuemens sont assez forts pour se faire sentir à l'ouye, de mesme l'ouye ne peut iuger si les mouuemens qui font du son sont assez grands, ou assez lents pour estre veus. Or si l'on prend vn Monochorde, ou les chordes d'vne Epinette, l'on experimentera que l'œil est incapable de discerner le nombre des mouuemens des chordes qui sont au ton de Chappelle, & que l'imagination se trouble lors qu'il faut conter plus de dix retours dans vne seconde; de sorte que le nombre denaire borne sa plus grande capacité, comme l'on experimentera perpetuellement: mais si l'on prend les chordes qui montent vne Octaue, ou vne Quinziesme sur ledit ton, l'œil ne pourra plus voir le mouuement de la chorde, & iugera qu'elle se repose, au lieu que l'oreille iugera qu'elle se meut. Ce n'est pas la trop grande vistesse du mouuement des chordes, qui empesche que l'œil ne l'apperçoiue, puis qu'il void & remarque d'autres mouuemens cent fois plus vistes, par exemple ceux des fleches, & des autres missiles, comme ie diray apres : mais parce que chaque tour & retour est trop court, & qu'ils se suiuent de trop pres pour estre remarquez : l'oreille au contraire ne peut remarquer les tours s'ils ne se suiuent assez promptement : de là vient qu'elle n'entend point les huict retours que fait la chorde de dix-sept pieds & demi de long dans vne seconde, & qu'il faut qu'vne chorde batte pour le moins vingt fois l'air dans vne seconde pour se faire entendre, & qu'elle ne le batte que quarante-deux fois pour faire voir son mouuement à l'œil, sans neantmoins qu'il puisse conter ses retours, iusques à ce qu'elle n'en face plus que dix.

Ie laisse la determination de la vitesse, & de la tardiueté des mouuemens qui ne peuuent estre apperceus, par exemple le mouuement des aiguilles d'Horologe, celuy d'vn tison allumé que l'on torne en rond, celuy des astres & de mille autres choses qui paroissent en diuers lieux, sans qu'on puisse remarquer le mouuement, par lequel elles ont changé de lieu, afin de ne m'esloigner pas de mon sujet, & de reseruer ces remarques pour vn autre lieu.

Des mouuemens & du son des chordes. 171

I'adiouste seulement que les pierres des moulins peuuent seruir pour sçauoir la derniere vistesse qu'apperçoit l'œil, comme les aiguilles d'horologes pour trouuer la derniere tardiueté : & qu'il faut en quelque façon que la vistesse des missiles responde à l'eloignement des mesmes corps, qui est si grand que l'on ne peut plus les apperceuoir, comme il arriue à celuy d'vn pied cube que l'on ne peut voir d'vne lieuë : il faudroit donc trouuer l'analogie des esloignemens aux vistesses, ou aux tardiuetez des mouuemens de toutes sortes de grandeurs : ce qui merite des speculations, & des experiences particulieres.

COROLLAIRE.

Il importe fort peu que les experiences du nombre des retours que i'ay mises dans la 17 & 18 Proposition du troisiesme liure des Instrumens, ne respondent pas à celles de cette Proposition, comme lors que i'ay dit que les Basses de France descendent iusques au son de 48 battemens, dans la page 143, pour faire l'vnisson auec vn tuyau de quatre pieds ouuert, & que i'ay mis dans cette Proposition 84 tremblemens pour le mesme tuyau, c'est à dire quasi deux fois autant, parce que i'ay quelquefois pris l'Octaue en haut, & d'autre-fois en bas. Et puis ie n'ay pas proposé mes experiences afin qu'on les suiue pour regle, mais seulement afin que chacun prenne la peine de les faire, & qu'il aiuste son oreille, & tel tuyau d'Orgue, ou tel autre instrument qu'il voudra au nombre des tremblemens qu'il choisira : car il suffit que le mesme nombre de tremblemens face tousiours le mesme ton, sans que les differentes dispositions de l'oreille, de la voix, ou des instrumens y puissent preiudicier, comme i'ay aussi remarqué dans le sixiesme Corollaire de la 18. Proposition susdite : ce que ie desire que l'on remarque pour toutes les autres experiences, qu'il suffit qu'vn chacun puisse verifier, ou rectifier suiuant la maniere que ie prescris, ou selon telle autre methode qu'il iugera plus propre & plus aysée.

PROPOSITION VI.

Determiner à quel moment, & en quel lieu des tours & retours de la chorde le son est produit : & si le son est plus aigu au commencement des tremblemens qu'à la fin.

CEs deux difficultez sont tres-grandes tant parce qu'il est difficile de les assujettir à l'experience, que parce que les raisons semblent s'opposer aux experiences que l'on fait, comme nous verrons apres. Ie dis donc premierement que le son ne se fait pas par le premier tour de C en E, ou du moins qu'il n'est pas sensible, car on ne l'entend point, si l'on met le doigt ou quelqu'autre chose au centre E pour empescher le premier passage de la chorde : il ne se fait pas aussi par le reste du premier tour d'E en D, car il y a mesme raison de l'vn que de l'autre, & neantmoins la raison dicte, ce semble, que le son se doit plustost faire par ce premier tour, que par aucun autre tour, puis qu'il frappe l'air auec plus de vistesse & de violence, attendu qu'il passe toute la ligne CD en mesme temps que chaque autre en passe vne moindre. Or ie parle icy du son qui est determiné par vn certain degré de graue, ou d'aigu, car l'on peut entendre quelque sifflement d'air dans le premier retour, particulierement quand il y a quelques pores, ou inesgalitez assez sensibles dans

P ij

la surface de la chorde. Mais quant au son qui constituë le ton de la chorde, il commence seulement à se faire au premier retour de D en E, qui rencontre l'air qui suiuoit C au premier tour, & le repousse auec violence de D en E; de sorte que l'air E se treuue enfermé entre l'air qui suiuoit de C en E, & entre celuy qui est repoussé de D en E: de là vient que le son est d'autant plus aigu que la chorde bat plus souuent le centre E, & que ses degrez s'augmentent en mesme proportion que le nombre des retours: de maniere que si la chorde bat cent fois E, elle fait vn son qui a cent degrez d'aigu: & si elle le bat si peu souuent que l'air ayt loisir de fuir, ou de se restablir depuis le premier tour iusques au premier retour, elle ne fait nul son qui puisse estre entendu.

PROPOSITION VII.

Expliquer les differents centres, & les differentes forces de chaque retour des chordes.

Il est certain que chaque retour a son centre different, si l'on prend le centre de chaque arc qui se fait à chaque retour: par exemple, supposé que la chorde AB soit tirée iusques à C, & qu'elle retourne en D, & consequemment que le concaue de l'arc ACB se change au conuexe de l'arc ADB, comme il arriue en effet dans chaque tour & retour de la chorde, K sera le centre d'ACB, ou d'ADB qui luy est esgal, en transportant K de l'autre costé, à l'opposite. Mais l'arc du retour AFB a son centre en M, c'est à dire deux fois plus esloigné que K, de sorte que le centre est dautant plus loin du sommet du retour est plus pres du cêtre de la ligne de direction E. Or bien que les retours ne s'esloignent iamais si fort que l'arc ACB, ou ADB s'esloigne d'E, neantmoins i'ay vsé de cette distance, afin qu'on la comprenne mieux: car encore que les chordes de Luth ayent trois, quatre, ou cinq pieds de long, on ne les esloigne pas plus d'vne ligne hors de leur centre E quand on les touche; c'est pourquoy les centres de leurs arcs sont extremement esloignez d'E, dautant que ces arcs different fort peu de la ligne de direction AEB: par exemple l'arc AGB a son centre au point Q. Semblablement E est le centre de l'arc RCS, donc RES est la chorde, & D est le centre de l'arc RFS. Mais si l'on prenoit le centre de cette chorde depuis les points de l'arrest, à sçauoir depuis A ou B, le point C, ou D n'auroit pas le mesme centre que le point E, comme l'on void au triangle ACD: d'où l'on peut conclure qu'E, & consequemment que tous les points de la chorde A EB, changent d'vne infinité de centres, lors que la chorde se change de droite en courbe; par exemple le point E estant tiré en C ne depend plus du centre A, autrement il deuroit monter de D en C par l'arc DTC, ou par l'arc EFY en montant. Or chaque partie de la chorde s'estend, & consequemment s'affoiblit & se rend plus deliée à proportion que les arcs sont plus grands, & qu'ils ont leur centre plus proche: Et quand les chordes reuiennent à passer par leur ligne de direction, les parties estenduës se resserrent, & rendent la chorde plus grosse en la restituant au mesme estat dans lequel elle estoit deuant: & neantmoins l'impetuosité qu'elle s'imprime à chaque retour est si grande, qu'elle est contrainte de passer beaucoup plus auant que son centre E.

Quant à la force des chordes, il est certain qu'elle est dautant moindre qu'elles s'esloignent moins d'E, & que leur centre est plus esloigné, comme il est aysé de voir dans cette figure, dans laquelle l'arc AFB a dautant moins de

Des mouuemens & du son des chordes. 173

force que l'arc A C B, qu'il a moins d'air à pousser & à passer, & qu'il est moins violenté : or il est dautant moins violenté qu'il est plus petit, puis que ses parties s'estendent moins : de sorte que l'on peut dire que l'arc A C B pousseroit dautant plus loin, & plus fort la fleche C D, que l'arc A F C la fleche F D, qu'il est plus grand : ce qui merite de nouuelles speculations, afin de trouuer les differentes forces d'vn arc selon les differentes courbures, & les diuers centres qu'on luy donne en le ployant.

Surquoy ie trouue vne nouuelle difficulté, à sçauoir si la chorde R S estant menee iusques en C pour faire l'arc R C S, pousseroit aussi loin ou plus la fleche C E, que l'arc A C B, car ils font tous deux vn mesme chemin de C à E, quoy que R C S aille deux fois plus viste, puis qu'il a le son deux fois plus aigu, à raison que la chorde R S est sousdouble de B A. L'autre difficulté consiste à sçauoir si la fleche estant en T seroit poussee aussi fort par le point I ou H, que par le point C ou D, attendu qu'vne esgale force tire le point H & le point D de la chorde A D B, ou A E B, en D & en H, car si vne liure attachee au point E le tire iusques à D, elle tirera le point V iusques en H. Et neantmoins il n'y a pas d'apparence que le point H pousse la fleche H I aussi loin que le point D : à quoy l'on pourroit respondre que le point H pousseroit la fleche plus obliquement que D, & que H va plus lentement à V que D à E, & consequemment que D a du moins vne force impulsiue dautant plus grande que D E est plus long que H V.

Quant au moindre arc R C S, il seroit dautant plus bandé que le plus grand A C B, qu'il est vn plus grand segment de son cercle : or la plus grande tension de R C S peut recompenser la grandeur d'A C B : quoy qu'il soit fort difficile de determiner de combien de deux arcs donnez de differentes forces & grãdeurs, le moindre doit estre plus tendu que l'autre pour pousser vne fleche, ou autre chose aussi loin, ou plus & moins loin selon la raison donnee, car il y a tant de choses à considerer dans les instrumens qui poussent les missiles, & dans les differens empeschemens de l'air, que lors qu'on croid en auoir trouué la proportion, on est souuent contraint d'aüoier l'imperfection de nostre raisonnement, & les defauts des experiences : par exemple il ne s'ensuit pas qu'vn arc double en force d'vn autre enuoye la bale ou la fleche deux fois plus loin, si leurs forces suiuẽt celles des poids qui descendent naturellement, puis qu'il est certain que de 2 poids qui descendent celuy qui est deux, quatre, ou mesme huict fois plus pesant, ne descend pas deux fois plus viste, quoy qu'il soit d'vn esgal, ou d'vn moindre volume : & neantmoins il semble qu'en matiere de mouuement violent celuy qui est double, triple, &c. doit enuoyer le missile deux ou trois fois plus loin, quand toutes choses sont bien proportionnees. Mais i'en renuoye la recherche plus particuliere à la science des Mechaniques : i'adiouste seulement qu'il faut considerer en quel lieu la mesme force appliquee à la chorde A E B donne plus d'extension à ses parties : par

P iij

exemple la chorde A D B est plus longue que A H B, encore qu'elles soient esgalement tenduës, comme l'on prouue par le mesme poids, qui tire la chorde A B à tel lieu que l'on veut de l'arc A D H B, car toutes leurs parties doiuent ce semble estre esgalement violentees par vne mesme force appliquee à toutes sortes de lieux.

PROPOSITION VIII.

Determiner toutes les raisons qui sont entre la longueur des corps & leurs sons.

IL est certain qu'vne chorde esgalement tenduë sur vn Luth, ou sur vn autre instrument, fait vn son d'autant plus graue qu'elle est plus longue, & plus aigu qu'elle est plus courte, parce qu'elle a ses tours & retours plus tardifs, ou plus vistes ; de sorte que si de deux chordes esgales, l'vne est esgale au diametre, & l'autre au costé du quarré, l'on aura deux sons en mesme raison que les chordes, & par consequent ils seront incommensurables. Or cecy est tousiours veritable quelque longueur que l'on donne aux chordes, de sorte que si l'vne est cent fois plus longue que l'autre, elle fera vn son cent fois plus graue ; ce qu'il faut entendre de deux chordes esgales en grosseur, & en tension : & consequemmēt les sons des chordes ont mesme raison entr'eux que les longueurs desdites chordes. Mais si elles sont differentes en grosseur, & qu'on les considere comme des cylindres de mesme hauteur, dont les bases sont inesgales, il est certain que la raison de leurs bases doiuent estre en raison doublee de leurs sons, car toutes les experiences monstrent que le diametre de la base de la chorde, qui fait l'Octaue en bas contre vne autre chorde d'esgale longueur & tension, est double du diametre de la base de cette chorde plus deliee. D'où il s'ensuit que la grosse chorde contient quatre fois la moindre, puis que les cylindres de mesme hauteur sont entr'eux comme leurs bases, car la base du gros est quadruple de celle du plus delié, parce que les bases sont en raison doublee de leurs diametres.

Or il faut premierement remarquer que l'esgale tension dont ie parle icy, se doit entendre d'vne esgale force, qui bande l'vne & l'autre chorde, afin que l'on ne confonde pas l'esgalité de la force auec l'esgalité de la violence que souffrent les chordes, parce qu'il est certain que la plus grosse chorde n'est pas si violentee par le poids d'vne liure, comme la moindre, & que cette difficulté requiert vn discours particulier.

Secondement, que cette speculation peut seruir pour monter toutes sortes d'instrumens de chordes de mesme longueur, & de differente grosseur, par vne force esgale appliquee à chaque chorde : par exemple celle dont la base sera sexdecuple, ou le diametre quadruple, tenduë auec le poids d'vne liure sera la Quinziesme, ou le Disdiapason en bas contre celle dont la base sera sousfexdecuple, ou le diametre sous-quadruple. Ce qui est merueilleux, parce qu'il semble que la chorde double en grosseur deuroit faire l'Octaue en bas, comme fait la chorde double en longueur : & neantmoins il faut mettre quatre chordes ensemble, & n'en faire qu'vne des quatre pour faire l'Octaue en bas, au lieu que si on les estendoit en long, elles feroient la double Octaue ; de sorte qu'il faut recompenser le double espace qu'on gaigne en redoublant la matiere : mais nous parlerons de cette difficulté dans vne autre Proposition, car il suffit de sçauoir en celle-cy qu'il faut doubler la raison de chaque interualle des sons pour auoir les chordes qui les produisent, dont ie mets la pratique dans le troisiesme liure des instrumens, Proposition septiesme.

En troisiesme lieu, qu'outre l'experience des chordes de toute sorte de matiere, l'on trouue les mesmes raisons entre des morceaux de parchemin si deliez qu'on les peut prendre pour de simples surfaces, & pour des largeurs sans profondeur, car le morceau de parchemin quadruple en largeur, tendu par vn mesme poids que le sousquadruple de mesme hauteur, fait l'Octaue en bas : or le morceau quadruple en largeur est seulement double en diametre, quand il est tordu en rond comme vne chorde. Si l'on estend les chordes de metal en large, la double en diametre se trouuera quadruple en largeur comme le parchemin : Et si l'on tord quatre chordes ensemble, elles feront l'Octaue auec l'vne des quatre.

Or encore que ce discours soit veritable dans les chordes tenduës sur les instrumens, ou en telle autre maniere que l'on voudra, il ne s'ensuit pas que les autres corps cylindriques, ou d'autre figure ayēt la mesme raison auec les sons, que les chordes, comme plusieurs ont creu iusques à maintenant : ce que ie monstre par les experiences tres-exactes que nous en auons faites plusieurs fois en la presence d'excellens Geometres & Musiciens, dont l'oreille est tres-sçauante & delicate : & si quelqu'vn en doute, ie luy feray voir les mesmes experiences, qui meritent vne particuliere Proposition.

PROPOSITION IX.

A sçauoir si deux, ou plusieurs sons estant donnez, l'on peut trouuer les cylindres sonores qui produisent lesdits sons : ou si les cylindres estant donnez, on peut sçauoir leurs sons : où l'on verra plusieurs experiences merueilleuses.

AYANT fait tirer plusieurs cylindres de differentes grosseurs, & longueurs de mesme matiere par differens trous des filieres, & ayant premierement comparé les differens en longueur, & esgaux en grosseur, nous auons trouué que le quadruple en longueur ne faisoit que la Septiesme mineure, qui paroissoit à plusieurs n'estre qu'vn ton, sans qu'il y eust quasi moyen d'en rectifier l'imagination ; à raison qu'vn mesme cylindre fait deux ou trois sons differens en mesme temps, dont l'vn s'entend mieux de loin que de prez, & l'autre s'entend mieux de prez que de loin, de sorte qu'il semble faire vn autre son quand on l'approche de l'oreille, que lors qu'il en est esloigné.

Or les deux sons qu'ils font, sont le plus souuent differents d'vne Quinte, ou de ses repliques, ou d'vne Quarte, ou d'vne Octaue, & de ses repetitions, ce qui apporte de si grandes difficultez à ces experiences, qu'à moins que d'auoir vn grand amour de la verité, il est tres-difficile de les verifier. Quoy qu'il en soit, ie mets icy les plus iustes qui se soient peu faire, ou imaginer, en laissant les diuers Phenomenes qui s'y rencontrent, à raison des differens sons que chaque corps fait en mesme temps, car i'ay tousiours creu qu'il faut particulierement s'arrester aux sons dominants qui s'entendent mieux, & qui paroissent plus forts que les autres. Les deux cylindres de mesme grosseur, dont les longueurs sont comme quarante lignes à dix-sept, c'est à dire quasi comme de cinq à deux, font l'Octaue : où il faut remarquer que ie mets leurs longueurs en lignes, dont 144. composent le pied de Roy, parce que ie m'en suis seruy, & qu'elles sont

P iiij

tres-vsitees en nostre France : or le diametre de ces deux cylindres ont deux lignes.

 Deux autres cylindres, dont le diametre est d'vne ligne & demie, sont en raison de 86 lignes à 37, quand ils font l'Octaue, c'est à dire que leurs longueurs sont quasi de sept à trois. Où il faut remarquer que ie mets les longueurs, & les grosseurs de ces cylindres, afin que l'on ne s'imagine pas qu'il y ayt de l'erreur en mes experiences, encore que des cylindres d'autre grosseur ou longueur ayent, peut-estre, d'autres proportions pour faire l'Octaue, puis que la premiere proportion de cinq à deux differente de cette seconde de sept à trois, monstre desia quelque chose de semblable : de sorte qu'il y a de l'apparence que toutes les differentes longueurs & grosseurs gardent des raisons differentes en leurs grandeurs pour faire l'Octaue, & les autres interualles des sons ; & que la raison de la longueur des plus gros cylindres approchent plus pres de celle des interualles harmoniques, que ne fait la raison des plus deliez.

 Or la derniere grosseur des deux cylindres estant conseruee sur la longueur de deux à vn, ils font le Triton ensemble : ce qui arriue semblablement aux deux cylindres, dont l'vn est double en longueur, & qui ont les diametres de leurs bases de deux lignes, & à plusieurs autres de differentes grosseurs : de sorte que c'est quasi ce que i'ay obserué de plus certain dans les differentes longueurs, à sçauoir que le double en longueur fait tousiours le Triton, ou la fausse Quinte en bas contre le sousdouble : ce qui est estrange, attendu que le double estant seulement allongé d'vn pouce, c'est à dire d'vn tiers du moindre, ou de la sixiesme partie du plus grand, le fait autant descendre que les trois autres pouces precedens ; car estant esgaux en longueur ils font l'vnisson ; trois pouces adioustez à l'vn des deux le fait descendre au Triton, & vn autre pouce estant adiousté le fait descendre à l'Octaue, c'est à dire autant que les trois pieds precedents, ce que l'on n'eust iamais coniecturé par la seule raison ; c'est pourquoy il s'y faut peu fier dans les choses naturelles, si elle n'est appuyee d'experiences. Surquoy il faut remarquer que le cylindre le plus long semble tres-souuent monter d'vne Quarte plus haut que le moindre, encore qu'il soit d'vne Quinte plus bas : ce qui est si difficile à discerner, qu'il ne seroit pas possible de se resoudre si la raison n'aydoit à l'oreille, comme l'on experimente sur nos cylindres de pure rosette, ou cuiure rouge tout pur.

 D'où il arriue que le cylindre quadruple, quintuple, ou sextuple en longueur ne paroist pas descendre à l'Octaue du sousquintuple, &c. encore que son ton soit beaucoup plus bas, à raison d'vne grande multitude de sons qu'il fait en mesme temps, & qui se confondent ensemble, dont le plus graue est vn gros *bombus*, ou bruit que l'on entend en l'approchant de l'oreille, lequel est souuent à l'Octaue, ou aux repliques de l'Octaue du son plus aigu qu'il fait : de sorte qu'en s'imaginant ce son plus aigu, l'on croit qu'il monte plus haut que les cylindres plus courts. Ie laisse milles Phenomenes que les experiences font remarquer sur ce sujet, afin d'expliquer la raison des sons, & des differentes grosseurs des cylindres de mesme longueur, qui sont tous d'vn demi pied : mais le diametre de la base du plus gros est de dix lignes, celuy du second de cinq lignes, celuy du troisiesme est de 3½ lignes, celuy du quatriesme de 2 & ½, & celuy du cinquiesme quasi de deux.

 Or ie marque premierement les sons qui me parroissent, & puis ceux qui ont esté determinez par des Musiciens qui ont vne bonne oreille. Le premier semble

Des mouuemens & du son des chordes.

descendre d'vn ton plus bas que le second : & neantmoins on a determiné qu'il montoit plus haut d'vne Septiesme mineure: ce qui n'est pas si estrange que l'on pourroit s'imaginer, parce que si l'on prend le son du second pour le plus graue, il est necessaire qu'au lieu de la Septiesme, qui s'entend en prenant le son du premier cylindre pour le plus graue, il paroisse vn ton : de mesme qu'il seroit necessaire que quand l'vn monte d'vn ton, & qu'au lieu de prendre son ton naturel, on le prend à l'Octaue d'en bas, il est necessaire que la Neufiesme s'entende au lieu du ton, & au contraire: ce qui reuient quasi à la differente maniere de considerer les segmens d'vn cercle, ou leurs complemens.

Quant au troisiesme cylindre il descend plus bas d'vne Quarte que le second, quoy que quelques-vns iugent qu'il monte plus haut d'vne Quinte, laquelle est tousiours entenduë au lieu de la Quarte, quand on prend le ton naturel trop bas d'vne Octaue. Le quatriesme descend plus bas d'vn ton que le troisiesme: & si l'on prend son gros bruit pres de l'oreille, il descend d'vne Quinte. Mais le cinquiesme monte vne Quinte plus haut que le quatriesme, au lieu qu'il deuroit descendre plus bas, suiuant la raison des precedens.

Quant aux cylindres differens en grosseur & en longueur, il est tres-aysé de les proportionner tellement qu'ils feront tel son que l'on voudra, car si leurs longueurs & leurs grosseurs sont en mesme raison que les interualles des sons, ils les produiront: par exemple, si l'on desire l'Octaue, les deux cylindres dont l'vn sera double de l'autre, tant en longueur qu'en hauteur, feront l'Octaue tres-iuste, comme enseigne l'experience, car ayant fait tirer deux cylindres, l'vn d'vn pied de long, & l'autre de demi pied, i'ay trouué qu'ils faisoient l'Octaue, lors que le diametre de la base du plus grand estoit double du diametre du moindre, quelque grosseur qu'ayent les cylindres.

Il faut dire la mesme chose de tous les autres interualles, de sorte que deux cylindres feront la Quinte, si le diametre de la base du plus gros est sesquialtere du diametre de la base du moindre, & si sa hauteur est semblablement sesquialtere de l'autre : & si l'on garde la raison des autres interualles, tant dans la longueur que dans la grosseur des cylindres, ou de toutes autres sortes de corps quarrez, triangulaires, &c. ils feront tousiours les sons que l'on desire.

COROLLAIRE.

Ie ne parleray pas icy de la proportion des tuyaux d'Orgue, parce que i'en fais des discours particuliers dans le liure des Orgues ; ny de tout ce qui appartient aux corps des instrumens à vent, d'autant que i'en fais vn liure entier : de sorte qu'il suffit de remarquer quelques Phenomenes des cylindres dans la Proposition qui suit, apres auoir monstré que l'on ne peut rien establir de certain dans la Musique par la longueur des cylindres, comme il est aysé de conclure par toutes nos experiences.

PROPOSITION X.

Expliquer quelles longueurs & grosseurs doiuent auoir les cylindres pour faire des sons, dont on puisse discerner le graue & l'aigu ; & pourquoy ils ne suiuent pas la raison des chordes.

DE plusieurs cylindres de cuiure, il me semble que celuy qui a demi pied de hauteur, & dont le diametre de la base est de cinq lignes, sonne le mieux de tous, & que le son en dure plus long-temps; de là vient qu'il imite celuy des timbres. Mais celuy d'vn pouce & demi, ou de deux pouces ne fait plus aucun son, dont on puisse iuger. Où il faut remarquer que le cylindre de quatre pouces de hauteur, dont le diametre de la base est de dix lignes, fait encore vn son dont on peut iuger, car il monte vne Quinte plus haut que celuy de demi pied; de sorte que les longueurs de ces deux cylindres suiuent la raison des sons, quoy que nous n'ayons pas obserué la mesme chose dans les plus deliez : ce qui monstre qu'il ne faut pas se contenter de peu d'experiences pour establir vne verité generale, & qu'il en faut faire plusieurs en toutes sortes de volumes.

Or bien que ce gros long de quatre pouces sonne assez bien pour en iuger, il ne s'ensuit pas que celuy d'vn pouce de long sousquadruple en grosseur du precedent puisse sonner, car le soussexdecuple en grosseur d'vn pouce & demi de long ne fait plus de son dont on puisse iuger.

Et toutes nos experiences me font conclure qu'il faut du moins qu'il ait deux pouces pour faire vn son distinct, pour mince & delié qu'il puisse estre : car s'il est fort gros, il ne sonnera pas : & quelque hauteur qu'il ayt, il ne sonnera pas si elle n'est du moins quadruple du diametre de sa base : de là vient que les cubes de metal ne sonnent pas mieux qu'vne pierre de mesme figure.

Quant à l'incertitude des sons qui vient de la trop grande longueur des cylindres, elle commence à ceux qui ont demi pied de haut, & deux lignes en diametre, & suit en tous les autres plus deliez, dautant qu'ils font de certains bruits tremblans & confus, dont il est tres-malaysé de prendre le ton, qui commence seulement à estre assez distinct ez cylindres de demi pied de haut dont le diametre de la base est de quatre lignes.

Voyons maintenant pourquoy les cylindres ne suiuent pas la raison des chordes, qui sont aussi des cylindres, surquoy il faut premierement remarquer qu'ils ne produisent pas leurs sons par les seuls battemens de l'air exterieur, comme font les chordes, mais par le tremblement de l'air interne qui est dans leurs pores, lequel est esbranlé par le fremissement de toutes les parties du cuiure, comme l'on apperçoit en touchant les cylindres, & les Cloches, qui font la mesme chose en sonnant : & parce que les parties fremissent differemment, & par consequent que l'air interne ne se meut pas vniformement en toutes les parties, arriue que l'on entend plusieurs sons differens d'vn mesme corps, suiuant les endroits par où on le frappe, ou selon les fremissemens differens des diuerses parties du corps qui resonne. De là vient que les chordes, & toutes autres sortes de corps font trois ou quatre sons differens en mesme temps, qui s'accordent ensemble, comme ie remarque dans le quatriesme liure des Instrumens à chordes, & ailleurs : ce qui est digne de tres-grande consideration, car il semble que l'harmonie des accords soit imprimée dans la nature de chaque chose, qui s'employe à loüer son Autheur si tost qu'elle est touchée : car tous les corps sonores font ordinairement l'Octaue, la Quinte, la Quarte, & les Tierces ; ce qui paroist particulierement dans les plus grands corps : par exemple, lors qu'on frappela lame d'vne espée de damas, ou quelque vase assez large fait en façon de lampe, dont les bords sont fort minces, ou que l'on touche doucement l'vne des grosses chordes de la Viole auec l'archet, on entend toutes ces consonances en mesme temps, à raison que l'air interne de ces corps tremble dans vne partie, cinq, quatre, trois & deux fois, tandis qu'il tremble seulement vne fois dans les autres.

Mais il est tres-malaysé de sçauoir pourquoy le cylindre est plus que double

Des mouuemens & du son des chordes. 179

pour faire l'Octaue, & pourquoy il ne suit pas les longueurs de la chorde, car bien qu'il ne soit pas tendu comme elle par vn poids, ou par quelqu'autre force estrangere, mais seulement par sa propre consistance, il ne s'ensuit pas qu'il ne doiue estre double en longueur pour descendre à l'Octaue. Et l'on ne peut dire que ce qu'il a plus que le double sert pour recompenser les deux bases du moindre, afin que sa surface soit double, parce que ce qu'il luy faut plus que le double a vne surface beaucoup plus grande que lesdites bases. Quoy qu'il en soit, il suffit d'auoir donné les veritables apparences de ces cylindres pour exciter les excellens esprits à la recherche des raisons.

COROLLAIRE I.

Ie n'ay peu rencontrer de certaines proportions entre les lames quarrées, ou parallelogrammes, & leurs sons : c'est pourquoy ie n'en parle pas dans la Proposition ; quoy que i'en aye fait fondre de differens estains, & que i'aye experimenté celles de fer : i'ay neantmoins souuent remarqué que la plaque quarrée de fer, & d'estain fin estant octuple d'vne autre descend quasi à l'Octaue : ce qui arriue semblablement à la plaque sous-octuple en largeur, & d'esgale hauteur. Mais la double en hauteur d'esgale largeur ne descend que d'vne Tierce maieure. L'on peut encore comparer ces plaques selon leurs differentes espaisseurs; ce qui doit, ce semble, reuenir aux differentes espaisseurs des cylindres. Ie laisse aussi la comparaison des cubes tant vuides que solides, parce qu'ils ne produisent pas des sons dont on puisse iuger, ou qui soient propres pour l'harmonie, comme i'ay experimenté en des cubes plains & vuides d'estain de Cornuailles: quoy que si l'on faisoit des enclumes cubiques de differentes grandeurs, il y a de l'apparence que les coups des gros marteaux pourroient estre si grands qu'ils les feroient resonner : & que l'enclume octuple descendroit à l'Octaue, puisque cette proportiõ reüssit en tous les autres corps, tant plains que vuides.

COROLLAIRE II.

Puis que tous les corps qui font les interualles harmoniques sont en raison triplée de leurs simples raisons, & qu'à l'esgard desdits corps l'on peut dire que la raison de l'Octaue est octuple de huit à vn, ou quadruple, à cause de leurs surfaces qui sont en raison doublée des termes de l'interualle harmonique, comme ie remarque dans la 10. Proposition du liure des Consonances, il est raisonnable de mettre icy vne table qui contienne toutes ses raisons, afin qu'elle serue à ceux qui voudront faire des Regales de bois, ou d'autres instrumens de cylindres, ou de parallelepipedes, ou d'autre matiere, treuuent toutes leurs consonances, & les autres interualles iustes : ce qui aydera à faire les claquebois, dont ie parle dans le troisiesme liure des instrumens, Proposition 26. Ce qui n'empesche nullement que la vraye raison du Diapason ne soit tousiours de deux à vn, puis qu'il se fait toutes & quantesfois qu'vn corps bat seulement l'air vne fois, tandis que l'autre le bat deux fois, soit que le corps qui le bat vne seule fois soit plus court, & plus mince, ou plus long & plus gros : & s'il ne se fait nul battement d'air, il ne se fera point de son : d'où l'on peut conclure plusieurs choses, que ie laisse maintenant, afin de donner la table qui suit, dont la premiere colomne contient les simples raisons des interualles harmoniques : qui monſtrent la longueur des chordes d'eſgale groſſeur, ou le nombre des battemens. La ſeconde les raiſons doublees pour auoir les ſurfaces, & la troiſieſme les raiſons triplees, qui donnent la grandeur, & la peſanteur des corps.

Table Harmonique de la proportion des corps.

Coſtez.		Plans.		Solides.	
1	2	Octaue.	1	4	1	8
2	3	Quinte.	4	9	8	27
3	4	Quarte.	9	16	27	64
4	5	Tierce maieure.	16	25	64	125
5	6	Tierce mineure.	25	36	125	216
8	9	Ton maieur.	64	81	512	729
9	10	Ton mineur.	81	100	729	1000
15	16	Demiton maieur.	222	256	3375	4096
24	25	Demiton mineur.	576	625	13824	15625

COROLLAIRE III.

Les nombres de la premiere colomne n'ont tous que l'vnité pour leur difference; mais le binaire eſt la difference d entre les differences des nombres de la ſeconde colomne: par exemple la difference d'vn à quatre eſt trois, & cinq eſt celle de quatre à neuf, or la difference de trois à cinq eſt deux, & ainſi des autres. La difference des differences des nombres de la troiſieſme colomne eſt 6: par exemple, la difference de 1 à 8 eſt 7, & celle de 8 à 27 eſt 19, or il eſt la difference de 7 à 19. Semblablement de 27 à 64 il y a 37, lequel ſurpaſſe 19 de 18, lequel eſt plus grand de 6 que 12. Comme la difference de 64 à 125 eſt 61, qui ſurpaſſe la difference precedente 37 de 24, lequel eſt plus grand que 18 de 6. Ie laiſſe milles autres conſiderations que l'on peut faire de ces nombres, parce qu'elles ne ſeruent pas à l'harmonie, quoy qu'elles ayent de grandes proprietez dans l'algebre, & ailleurs.

PROPOSITION XI.

Determiner la difference des ſons que font les differens metaux, & les differentes eſpeces de bois, & de pierres de meſme grandeur.

IL ſeroit trop difficile d'experimenter toutes les differentes eſpeces des corps de toute la nature pour ſçauoir en quoy different leurs tons, & leurs ſons, c'eſt pourquoy ie parle ſeulement icy de ceux que j'ay experimentez, en commençant par les bois de ſapin, ſicomore, cormier, ſaule, charme, cheſne, aulne, noyer, bois de la Chine, ebene, heſtre, & prunier, auſquels chacun en pourra adjouſter tant d'autres qu'il voudra.

Or le ſapin monte plus haut que le ſicomore d'vne Quarte diminuée, le merizier eſt plus haut que ledit ſicomore d'vne Tierce mineure, & le cormier plus bas de la meſme Tierce que le ſicomore: le ſaule eſt à l'vniſſon du merizier. Le charme eſt vn ton plus haut que le ſicomore, comme le cheſne. L'aune eſt plus haut d'vne Tierce maieure que le ſicomore, ſous lequel le noyer deſcend d'vn ton

Des mouuemens & du son des chordes.

ton. Le bois de la Chine est à l'vnisson de l'Octaue, mais il a le son beaucoup plus clair, & plus resonant, de sorte qu'il est quasi semblable à celuy de metal: l'ebene est à l'vnisson du charme, comme sont le hestre & le poirier à celuy du saule. Ce qui monstre euidemment qu'il n'est pas possible de discerner les bois par leurs sons, car bien qu'il y puisse auoir quelques petites differences entre lesdits vnissons, & que le son des vns soient plus ou moins clairs, mols, secs, &c. neantmoins l'oreille n'est pas capable de le remarquer suffisamment pour iuger de la difference des bois par leurs sons.

Où il faut premierement remarquer que ie me suis seruy de parallelepipedes de mesme longueur & grosseur, qui estoient tous bien secs: dont la longueur est de cinq pouces & sept lignes, & le costé d'vn demi pouce: afin que l'on puisse voir si la mesme difference se rencontrera dans les mesmes bois moindres, ou plus grands. Secondement, que le sapin monte le plus haut de tous, c'est pourquoy l'on peut mieux comprendre la difference de leurs sons en les comparant tous au sien, ou à celuy du bois de la Chine, qui fait quasi l'vnisson auec luy, car il descend seulement d'vne Diese Enharmonique plus bas. Quant aux autres bois, ils descendent plus bas que le sapin en la maniere qui suit.

L'aune, le saule, & le merizier de demiton.
Le charme, l'ebene, le chesne, & le hestre d'vne Tierce mineure.
Le sicomore, & l'erable, d'vne Tierce maieure.
Le noyer d'vne Quarte.
Le poirier & le cormier d'vne Quinte.

Voyons maintenant les cylindres de differents metaux, que l'on comparera aysément auec tous les bois precedens, parce que le cylindre de cuiure franc de demi pied de hauteur, dont le diametre de la base est de cinq lignes, descend plus bas d'vne Tierce maieure que le cylindre de sapin de mesme grandeur; mais le cylindre de fer monte plus haut d'vn demi ton maieur que le sapin, & fait la Quarte auec le cuiure. L'estain sonnant & le fin montent plus haut d'vn ton que le fer, auec lequel l'estain commun fait l'vnisson: le plomb ne fait aucun son dont on puisse iuger: or ie mets les sons de ces cylindres par notes en faueur des Praticiens.

Estain sonāt. Estain fin. Fer. Cuiure & estain cōmū. Estain de glace.

Mais il faut remarquer que les sons des cylindres trompent souuent, à raison des differents corps dont on les frappe ce qui arriue, parce que le son du cylindre auec lequel on frappe, se mesle auec le son de celuy qui est frappé, ou parce que l'on entend seulement le son de celuy qui frappe: de sorte qu'il est à propos de les frapper auec quelqu'autre corps qui n'ayt point de son, par exemple auec le bout d'vn cylindre haut d'vn ou deux pouces, ou auec quelque corps dont le son ne puisse tromper.

Quant aux pierres, i'ay seulement essayé le marbre blanc & le noir reduit en des parallelepipedes de mesme grandeur, qui sont à l'vnisson l'vn de l'autre, ou peu s'en faut: la pierre de taille, dont on bastit ordinairement à Paris, descend

Q

d'vn ton plus bas. Il est aysé de comparer la pierre de lierre, & toutes les autres especes auec les precedentes, & auec les metaux, & consequemment auec les differentes especes de bois, en les faisant tous de mesme figure & grandeur.

COROLLAIRE I.

L'on peut voir dans la dix-neusiesme Proposition du troisiesme liure des Instrumens, la difference qui s'est trouuee entre les sons des plaques des estains, qui y sont rapportez, & ceux des cylindres precedens : & semblablement entre les sons des Cloches de mesme metal, dont ie parle dans la quatorze & quinziesme Proposition du liure des Cloches : où l'on y trouuera plusieurs differences, qui feront voir que les Cloches de differents metaux reduites en cylindres n'ont pas le mesme son, & que la Cloche de plomb fait vn son, quoy qu'il n'en fasse point quand il est cylindrique.

COROLLAIRE II.

Apres auoir fait tremper le cylindre de fer, & d'acier d'vne trempe tres-dure & tres-forte, ie n'ay peu remarquer aucune difference entre les sons des cylindres trempez, & de ceux qui ne l'estoient pas, quoy qu'ils fussent beaucoup plus doux, & plus mols; & le cylindre d'acier, qui deuoit ce semble monter plus haut, & faire vn son plus aigu que le fer, s'est trouué quasi à l'vnisson, & seulement plus bas d'vn comma, ou d'vne diese que le fer.

D'où il faut conclure que les sons ne peuuent pas beaucoup seruir pour la cognoissance des differentes qualitez des corps, parce qu'ils ne se changent pas assez sensiblement pour les faire discerner, puis qu'vne si grande dureté que celle de l'acier trempé si different du fer commun, ne donne rien de sensible à l'esgard de leurs sons, & que tant de bois de differente nature sont à l'vnisson les vns des autres : c'est pourquoy au lieu de s'estonner de la rencontre de deux hommes, dont les tons de la voix soient si semblables qu'on ne les puisse discerner, il faut plustost admirer qu'il s'en rencontre si peu, & rapporter cette rareté auec sa cause fondee dans la differente configuration des organes, à la prouidence de Dieu, laquelle a voulu oster le sujet de plusieurs querelles, & autres fascheux accidens, qui pourroient naistre de la ressemblance de la voix, & de la parole : quoy que nous ayons l'œil, & les autres sens pour discerner les hommes, & les autres corps les vns d'auec les autres, par d'autres qualitez que par leurs Sons.

PROPOSITION XII.

Determiner la pesanteur de toutes les especes de bois, & des metaux qui ont seruy aux experiences precedentes.

ENcore que ie sçache que les morceaux d'vne mesme espece de bois, quoy qu'esgaux en grandeur & en figure peuuent peser differemment, & que l'on rencontre du sapin, par exemple, que l'on dit estre aussi pesant que le bois de chesne, il n'est pas neantmoins hors de propos, ny inutile de mettre icy la pesanteur de tous les bois dont ie me suis serui dans les experiences precedentes, lesquels sont aussi secs comme l'on peut les desirer. Or ils ont tous

Des mouuemens & du son des chordes.

cinq pouces six lignes & demie de long sur demy pouce de large, & sont quarrez : mais ie me suis contenté de l'egalité que les Menuisiers leur ont peu donner, qui n'est pas si grande que l'on pourroit desirer dans la Geometrie : quoy qu'il en soit ie les reserue pour la satisfaction de ceux qui voudront en voir l'experience.

Table de la pesanteur des bois parallelepipedes.

Saux, ou saule vn quart d'once, 43. grains & demy.
Sapin, trois gros 55. grains.
Sicomore, demie once, cinq grains & demy.
Erable, demie once, & 23. grains.
Noyer, demie once, & 33. grains.
Merisier, demie once & 32. grains & ½.
Poirier, demie once, vn gros 5. grains.
Charme, demie once, 69. grains.
Chesne, demie once, 59. grains.
Cormier, vn quart d'once, vn gros 10. grains.
Hestre, demie once, 44. grains & demy.
Aulne, demie once, dix grains & ½.
ois de la Chine, vne once ½, 13. grains ¾.
bene, vne once, cinq gros, & dix grains.

Table de la pesanteur des cylindres de metal.

apin, vn quart d'once, vn grain ½.
er, quatre onces moins 20. grains & demy.
stain fin, quatre onces, & quatre grains.
lomb, cinq onces, cinq gros, deux grains ½.
uiure franc, quatre onces ½, & treize grains.
stain de glace, cinq onces, vn gros, & 51. grain.
stain commun, quatre onces, & 58. grains.
stain sonant, quatre onces, 29. grains.

Quant aux cylindres de metal, nous auons trouué leurs pesanteurs, comme on les verra dans la table qui suit.

Leur longueur est d'vn demy pied, & le diametre de leur base est prez de 5. lignes. Or ie leur ay comparé le cylindre de sapin esgal en grandeur, par le moyen duquel on sçaura la raison des pesanteurs de chaque espece de nos bois reduits en cylindres égaux aux pesanteurs des cylindres de metal, comme l'on sçait la raison de leurs sons, si l'on entend les Propositions precedentes.

D'où l'on ne doit pas conclure la vraye raison de la pesanteur de ces metaux, parce que les vns remplissent mieux le moule où le sable les vns que les autres, & consequemment ils sont differens en grosseur, encore que l'œil ne l'apperçoiue pas : par exemple le plomb est plus gros que le cuiure, parce qu'il se fond mieux. Ioint que le cuiure a esté tiré par la filiere, le fer a esté battu, & les autres metaux ont esté fondus : d'où il arriue que leurs pesanteurs naturelles ne peuuent estre assez bien cogneuës & determinees : de sorte qu'il aut auoir recours à l'eau, dans laquelle estant pesez, apres les auoir pesez dans l'air, ils monstrent chacun leur iuste pesanteur, comme ie remarque ailleurs.

COROLLAIRE.

Les balances de Monsieur Petit Ingenieur, dont ie me suis seruy pour peser les corps precedens, sont si iustes que la sixiesme partie d'vn grain les fait aisément trebucher : de sorte que ceux qui voudront faire des experiences pour les poids, y peuuent auoir recours, afin d'auoir tout ce qui se peut desirer en ce sujet.

Q ij

PROPOSITION XIII.

L'on peut sçauoir la longueur des chordes, & la difference de leurs sons, par la difference des poids suspendus ausdites chordes, & la difference des poids qui sont suspendus aux chordes, par la difference des sons, & par la longueur des chordes.

CEtte Proposition peut seruir pour trouuer le poids, si l'on donne le son, & la longueur de la chorde, & pour trouuer le son, ou la longueur de la chorde, si l'on donne le poids; & consequemment si l'on sçait le son, ou le bruit du canon, du tonnerre, du vent, des tremblemens de terre, du tambour, du moucheron, des orgues, des cloches, &c. on sçaura quel poids il faut pour faire vn autre son, ou vn autre bruit esgal au son donné de toutes sortes de corps par le moyen de la tension des chordes.

Semblablement si l'on donne le poids, on sçaura combien le son est graue, ou aigu; & quel son peut estre fait par le poids d'vn escu, d'vn grain, d'vn ciron, ou d'vn poids, qui soit d'autant plus petit que le poids d'vn ciron, que le poids d'vn ciron est plus petit que le poids d'vne liure, ou que celuy de toute la terre; quoy que la difference des sons, qui vient des poids insensibles, ne soit pas sensible, car ie parle icy de la raison, qui suit la verité des proportions: mais il faut tousiours supposer que le poids bande la chorde assez fort pour la faire sonner.

Or cette Proposition a deux parties; mais parce que la seconde est la *conuerse* de la premiere, vne mesme preuue seruira pour toutes les deux. Ie dy donc que la raison de chaque interualle de Musique estant doublee donne le poids, par la pesanteur duquel la chorde estant tenduë fait le son que l'on desire: ce que i'explique par exemples.

Supposons que l'on vueille sçauoir de quel poids on doit vser pour faire monter vne chorde à l'Octaue, il faut premierement cognoistre sa tension, c'est à dire par quel poids elle est tenduë, lors qu'elle fait le son, sur lequel on regle les autres; posons qu'elle fasse l'*vt* de C *fa, vt*, ie dy que l'on cognoistra le poids necessaire pour la faire monter à l'Octaue, si l'on sçait le poids qui la met à l'*vt* de C *fa, vt*: car si l'on suppose que le poids soit de quatre liures, il faudra seize liures pour monter la mesme chorde à l'Octaue, d'autant que la raison de l'Octaue, qui est de deux à vn, estant doublee produit la raison *quadruple*: comme l'on voit en ces deux raisons doubles, $\frac{2}{1}$, $\frac{2}{1}$, qu'il faut multiplier en cette maniere; deux fois deux font quatre (car pour multiplier vne raison, il faut multiplier les grands & les moindres termes par eux mesmes,) & vne fois vn c'est vn, or $\frac{2}{1}$, $\frac{2}{1}$ sont en raison doublee de $\frac{2}{1}$, & consequemment 4 & 1 sont en raison quadruple: ce qui montre que le poids, qui met la chorde à l'Octaue en bas, doit estre sous-quadruple de l'autre poids.

L'on trouuera semblablement le poids qu'il faut adiouster aux quatre liures, qui donnent le premier son à la chorde, pour faire la Quinte, la Quarte, le Ton, & les autres interualles, car si l'on multiplie la raison de la Quinte, qui est de trois à deux, l'on aura la raison double sesquiquarte, puis que trois fois trois font neuf, & deux fois deux font quatre. Or neuf & quatre sont en raison double sesquiquarte, car neuf contient deux fois quatre, & $\frac{1}{4}$ de quatre: par conse-

Des mouuemens & du son des chordes. 185

quent si au lieu de quatre liures on suspend vn nouueau poids à la chorde, qui soit en raison double sesquiquarte de quatre, elle fera la Quinte en haut.

Mais il faut vser de la regle de proportion pour trouuer ce poids, & pour ce sujet il faut trouuer les deux nombres radicaux de la raison double sesquiquarte, ou deux nombres qui contiennent cette raison ; or neuf & quatre sont ses nombres radicaux, quoy que l'on puisse vser de dix-huict, & huict, de trente-six & seize, & de tous les autres qui ont mesme raison. Secondemēt il faut disposer les termes en cette façon, si quatre donne le son proposé, qui soit cōme quatre, que donnera neuf, l'on trouue le son neuf. Or il n'estoit pas besoin d'vser icy de cette regle, parce que les nōbres de cette raison monstrēt le poids & le son.

Ie prends donc six liures pour le premier son de la chorde, lesquelles seruirōt pour determiner les sons & les poids ; si l'on veut donc sçauoir le poids double sesquiquarte de six, il faut dire, si quatre donne neuf, combien six donnera-il ? on aura treize liures, & ½, qui feront monter la chorde à la Quinte, car tous les poids ont relation au premier, & sont d'autant plus grands, ou plus petits, que le premier est plus pesant, ou plus leger ; il faudra aussi vser de cette regle pour les autres sons, & les autres poids ; or la table qui suit contient les poids qui font monter la chorde par tous les interualles harmoniques de l'Octaue, selon l'experience que i'en ay fait en presence de plusieurs ; le poids de six liures en est le fondement, d'autant que ie m'en suis seruy ; ce qui n'empesche pas que l'on ne prenne tel autre poids que l'on voudra pour marquer l'vnisson de la chorde, ou le premier son auquel les autres sont comparez.

Le premier nombre de la premiere colomne, à sçauoir six, montre le poids par lequel les chordes sont mises à l'vnisson ; celuy qui suit, à sçauoir vingt-quatre, signifie que le poids qui fait l'Octaue en haut, est quadruple de six : les autres nombres monstrent les poids qui font chaque interualle harmonique ; & les nombres de la troisiesme colomne signifient les raisons de chaque interualle ; dont le nom se voit dans la seconde colomne.

I	II	III
6	Vnisson.	1. 1.
24	Octaue.	2. 1.
13 ½	Quinte.	3. 2.
10 ⅔	Quarte.	4. 3.
9 ⅜	Tierce majeure.	5. 4.
8 16/25	Tierce mineure.	6. 5.
7 38/64	Ton majeur.	9. 8.
7 33/81	Ton mineur.	10. 9.
6 186/225	Semiton majeur.	16. 15.
6 294/576	Semiton mineur.	25. 24.
6 4554/15625	Diese.	128. 125.
6 966/6400	Comma.	81. 80.

Or encore que cette table commence par les plus grands interualles, on la peut commencer par les moindres, qui font le *Comma*, la *Diese*, &c. en remontant iusques à l'Octaue : Si l'on veut passer iusques à la double Octaue, il faut suiure les mesmes raisons : de sorte que si vne chorde pouuoit supporter la pesanteur de la terre, l'on sçauroit l'interualle & le son qu'elle feroit estant penduë à ladite chorde, car il faut seulement multiplier tel interualle qu'on voudra, iusques à ce qu'on paruienne à vn nombre esgal à celuy des liures que pese la terre, afin de cognoistre de combien d'Octaues, ou d'autres interualles elle feroit monter la chorde, qui n'a que le poids de six liures.

L'on pourroit semblablement cognoistre l'harmonie des sept Planettes, & de la terre suspenduës à huict chordes esgalles en grosseur & en longueur, pourueu que l'on sçeust leur pesanteur, qu'on peut trouuer par leur grandeur, en supposant que chaque partie des Planettes soit aussi pesante que chaque partie de la terre, comme croyent quelques-vns de ceux qui en font des Systemes particuliers, & qui disent que si vne partie estoit separee des Planettes, elle y retourneroit comme à son centre ; par exemple les parties du Soleil estant separees retourneroient au corps du Soleil, de mesme que les pierres qui sont esleuees de la terre retournent à la terre.

Ie dis donc que la terre suspenduë à la chorde qui fait le premier son par le poids de six liures, ne feroit pas monter cette chorde iusques à quarante-deux Octaues, mais seulement iusques à quarante & vne, car il faudroit vn poids de 11605687868300440077179896 liures pour faire quarante-deux Octaues, & neantmoins la terre ne pese que 6592363442665187238,072000 liures, comme i'ay monstray ailleurs : Or l'on prouue cecy par la progression Geometrique, qui commence par six, & qui garde la raison quadruple, dont il suffiroit de mettre icy les dix premiers termes qui peuuent seruir pour trouuer les autres iusques à l'infiny, comme i'ay monstré au troisiesme liure de la Verité des Sciences, chap. 2. Theoreme 6. Les premiers nombres de la table qui suit, monstrent le nombre des Octaues. Les seconds nombres signifient les poids, qui feroient monter la chorde aux Octaues, qui sont à costé des nombres.

Mais il faut tousiours supposer qu'il faille six liures pour mettre la chorde au premier son, auquel toutes les Octaues se rapportent.

6

I	24
II	96
III	384
IV	1536
V	6144
VI	24576
VII	98304
VIII	393216
IX	1572864
X	6291476
XI	25165824
XII	100663296
XIII	402653184
XIV	1610612736
XV	644270944
XVI	25769803776
XVII	103079215104
XVIII	412316860416
XIX	1649267441664
XX	6597069766656
XXI	26388279066624
XXII	105553116266456
XXIII	422212465065984
XXIV	1688845860263436
XXV	6755344441055744
XXVI	27021597764222976
XXVII	108086391056891904

Cet exemple seruira pour tous les autres ; dans lequel on voit le poids qui doit estre suspendu à la chorde pour faire la vingtiesme Octaue : car le nombre qui est à costé de vingt, donne 6597069766656 liures pour le poids qu'il faut suspendre à la chorde pour faire vingt Octaues. Le poids de la terre se trouue entre le nombre qui respond à XLI, & celuy qui respond à XLII, car il est plus petit que celuy-cy, & plus grand que celuy-là.

XXVIII	432345564227567616
XXIX	1729381256910270464
XXX	6917529027641081856
XXXI	27670136110564274241
XXXII	110680464442257309696
XXXIII	442721857769023878784
XXXIV	1770887431076116955136
XXXV	7083544724304467820544
XXXVI	28334198897217871282176
XXXVII	113336795588871485128704
XXXVIII	453347182355485940514816
XXIX	1813388729421943792059264
XL	5253554917687775048237056
XLI	29014219670751001929482244
XLII	116056878630044007717928966

Il faut neantmoins remarquer que les experiences ne peuuent pas eſtre faites ſi iuſtement ſur chordes qu'il n'y manque quelque choſe, d'autant qu'elles s'alongent quand elles ſont tendues auec vn plus grand poids ; de là vient que le poids quadruple ne fait pas monter la chorde à l'Octaue iuſte, ſi l'on n'y adiouſte la ſeizieſme partie du poids quadruple ; par exemple quatre onces ſur quatre liures, & que le poids qui eſt en raiſon double ſeſquiquarte, ne la fait pas monter à la Quinte, ſi l'on n'y adiouſte la dixneufieſme partie, par exemple au lieu de deux liures, & ſix onces, qui ſont en raiſon double ſeſquiquarte d'vne liure, il faut adiouſter deux liures & huict onces, c'eſt à dire deux onces de plus, qui font la dixneufieſme partie de deux liures & ſix onces. Or $\frac{2}{3}$ ſurpaſſe $\frac{1}{4}$ de $\frac{2}{301}$ parties.

L'on peut continuer la meſme progreſſion iuſques à ce que l'on ait trouué vn nombre qui reſponde au poids de la ſolidité du Firmament ; ſi l'on veut ſçauoir quel ſon, & quelle Octaue feroit la chorde, à laquelle le poids d'vn tel Globe feroit ſuſpendu, ſuppoſé que chaque pied cube du Globe peſe cent liures, ou autant qu'il ſera beſoin.

Or encore que i'aye accommodé ce diſcours aux Octaues, l'on peut prendre les Quintes, les Quartes, la Dieſe, la Comma, & tous les autres interualles, dont i'ay donné les poids & les raiſons dans l'autre table, car il faut ſeulement continuer la raiſon double, ſeſquiquarte, *ſur ſept partiſſante neuf*, ou les autres que i'ay marquees, pour trouuer les poids qui font la Quinte ou la Quarte, double, triple, & centuple, &c. iuſques à l'infiny, & les poids neceſſaires pour faire deux, trois, ou quatre Comma, ou Dieſes, &c. par conſequent on peut ſçauoir combien le poids de la terre, ou quelque autre poids plus grand ou plus petit ſera de *Dieſes*, de *Tons*, &c. en bandant la chorde. Mais ſi l'on veut trouuer combien il faut diminuer le poids de ſix liures pour faire deſcendre la chorde d'vne Octaue, ou de quelqu'autre interualle plus bas, il faut ſe ſeruir de la meſme progreſſion par nombres rompus, qui ſignifierõt touſiours vne moindre partie de ſix liures, & conſequemment vn moindre poids, car plus les nombres rompus ſont augmentez, & plus ils diminuent le nombre entier qu'ils diuiſent, comme i'ay monſtré dans le liure de la Verité des Sciences, au ſecond chapitre de l'Arithmetique Speculatiue, & dans le troiſieſme liure, chap. 2.

L'on sçaura le son que feroit la chorde tenduë auec vne once, vne dragme, ou quelqu'autre petit poids, supposé neantmoins que ces petits poids la tendent assez fort pour la faire sonner ; par consequent si l'on sçait le poids d'vne mouche, ou d'vn ciron, l'on dira quel son il feroit estant attaché à vne chorde. Mais il n'est pas besoin de dresser vne table de ces petits poids, car l'experience fait voir qu'vne once, & mesme vne liure n'est pas assez pesante pour faire sonner la chorde susdite tenduë auec six liures..

Neantmoins si l'on proportionnoit la chorde au poids, & si l'on pouuoit trouuer vne chorde qui eust mesme raison auec la mouche, ou le ciron, qu'à la chorde, dont ie me suis seruy auec le poids de six liures, le ciron feroit vn son, mais il faudroit qu'elle fust aussi deliee que les pieds d'vne mouche, ou que ceux d'vn ciron, dont il faudroit auoir l'ouye pour apperceuoir des sons si foibles, car s'il a des oreilles, il peut ouyr le bruit qu'il fait en cheminant aussi clairement que nous oyons celuy que nous faisons; & peut estre qu'il oit les consonances & les dissonances qui se font dans les pores du corps, quand le sang & les autres humeurs se meuuent, & s'alterent de moment en moment par vn combat continuel, ou par le meslange ou les rencontres qui se font dans les parties du corps, où les petits animaux se trouuent.

Mais cette consideration est hors de nostre vsage, encore qu'elle puisse seruir pour nous faire souuenir que Dieu a imprimé vne lumiere dans nos entendemens, qui surpasse toutes sortes de sentimens & d'experiences, dont nous pouuons vser pour proceder à l'infiny. Car si l'on peut dire la raison qu'il y a du pied d'vn ciron auec le corps du mesme ciron, l'on sçaura quel son il feroit estant suspendu à vne chorde aussi deliee que son pied; & qu'vn poids moindre quatre fois que le poids d'vn ciron suspendu à la mesme chorde feroit l'Octaue en bas, comme le poids quadruple du ciron feroit l'Octaue en haut.

Et l'on ne sçait pas s'il n'y a point encore d'autres animaux dans le ciron, qui soient aussi petits à son esgard, comme il est au nostre : ce qui doit empescher la precipitation du iugement de ceux qui croyent que tout ce qu'ils ne voyent pas, ou ce qu'ils ne peuuent apperceuoir n'est pas, ou ne peut estre. Ie laisse mille autres choses que l'on peut proposer, afin de conclure ce discours, qui preuue qu'on peut sçauoir la longueur de la chorde par le poids, comme on voit aux deux tables precedentes ; par exemple le poids de treize liures &, estant donné, on sçait que la chorde mise à l'Vnisson auec celle qui a six liures suspenduës doit estre plus courte d'vn tiers, c'est à dire que de deux chordes qui font l'Vnisson, dont chacune a trois pieds de long, l'vne doit estre racourcie d'vn pied pour faire la Quinte en haut, laquelle elle feroit demeurant de mesme longueur que la premiere, si on la tendoit auec treize liures : il faut conclure la mesme chose des autres interualles.

Quant à la seconde table, elle monstrera la longueur de la chorde par le nombre des Octaues, car la chorde qui fait la premiere Octaue doit estre plus courte de moitié que l'autre : C'est pourquoy vingt-quatre liures suspenduës à la chorde font autant comme si on la diuisoit par la moitié. La double Octaue se fait par la quatriesme partie de la chorde, la triple par la huictiesme, la quadruple par la seiziesme, & ainsi de suite iusques à l'infiny, en diuisant tousiours l'vne des parties par la moitié : par exemple, puis que la quatriesme partie de la chorde fait la double Octaue, la moitié de cette quatriesme partie, c'est à dire la seiziesme partie de la chorde fera la vingt-deuxiesme, ou la triple Octaue ; &

Des mouuemens & du son des chordes.

la moitié de $\frac{1}{16}$, ou de $\frac{1}{25}$ fera la quadruple, $\frac{1}{36}$ la quintuple, $\frac{1}{49}$ la sextuple, $\frac{1}{64}$ la septuple, $\frac{1}{81}$ l'octuple, &c.

ADVERTISSEMENT.

I'ay expliqué beaucoup de choses du mouuement, de la tension, & de la force des chordes depuis la seiziesme Proposition du premier liure des Instrumens iusques à la fin, depuis la sixiesme iusques à la vingtiesme du troisiesme liure, & dans l'onziesme Prop. du quatriesme liure, qui pouuoient estre inserees en forme de Corollaires ; par exemple la maniere dont les sourds peuuent accorder les instrumens à chordes, auec la tablature des sourds ; & celle du nombre des tours & retours de leurs chordes, auec plusieurs autres Propositions que l'on trouuera dans lesdits liures, c'est pourquoy ie ne les repete pas icy.

COROLLAIRE.

Si l'on peut trouuer des Instrumens qui multiplient la force des sons en mesme proportion que les lunettes de longue veuë multiplient la grandeur des objets visibles, l'on oyra le son que font les cirons, & les autres petits animaux en cheminant, & mille autres sortes de petits bruits, qui se font iour & nuict dans tous les corps viuans, & dans nous mesmes, comme l'on voit les yeux & les pieds des cirons, le poil & les pieds des mittes, ou des vers du fromage, & les petits serpens ou vers qui sont dans le vin-aigre, par le moyen des petites lunettes, qui grossiroient encore dauantage les objets, si leurs verres auoient la figure Hyperbolique necessaire pour perfectionner la Dioptrique.

PROPOSITION XIV.

Determiner pourquoy il faut vn plus grand poids, ou vne plus grande force pour mettre la chorde double en longueur à l'Vnisson, que pour y mettre la chorde double en grosseur : & si l'Vnisson est vn certain tesmoignage de l'esgale tension de toutes sortes de chordes.

IE suppose l'experience qui monstre que le poids quadruple met la chorde double en longueur à l'vnisson d'vne chorde sous-double, & que le poids double met la double en grosseur au mesme vnisson : c'est à dire que quand quatre liures sont attachees au bout d'vne chorde de deux pieds de long, elle fait le mesme son que la chorde d'vn pied de long de mesme grosseur, au bout de laquelle on attache vne liure ; & que celle d'vn pied de long double en grosseur, à laquelle on attache le poids de deux liures, fait aussi le mesme son : d'où l'on peut conclure les sons que feront toutes sortes de poids comparez à toutes sortes de longueurs & de grosseurs des chordes, suiuant les raisons que nous auons expliqué ailleurs.

Or il faut vn poids quadruple pour mettre la chorde double en longueur à l'vnisson, parce que la chorde double en longueur a deux choses qu'il faut recompenser, à sçauoir la double longueur, & le double air qui est frappé. Or il faut vn poids double pour recompenser le double air, & puis vn poids double pour recompenser la double longueur, par consequent il faut vn poids quadruple pour la compensation de l'vn & de l'autre.

Mais il n'y a que la grosseur de la chorde qu'il faille recompenser en celle qui est seulement double en grosseur, c'est pourquoy il faut seulement doubler la force : par où il appert qu'il faut vne grande force pour surmonter l'extension ou la longueur par la tension ; or la chorde double en grosseur n'a point d'autre extension que la sous-double, par consequent il ne faut point de force pour recompenser son extension par la tension ; & bien que l'on puisse dire que sa double grosseur a besoin d'vn double poids, & que l'air qui l'enuironne, & qu'elle frappe, deuroit aussi estre surmonté par vn autre poids, neantmoins le concaue de l'air frappé par la chorde double en longueur, est plus grand que le concaue de l'air frappé par la double en grosseur : car ces deux concaues d'air font des cylindres concaues, comme les chordes font cylindres solides, qui frappent la surface concaue de l'air auec leurs surfaces conuexes.

Or les bases, & les hauteurs des cylindres esgaux sont reciproques ; & les cylindres, dont les bases & les hauteurs sont reciproques, sont esgaux, par la quinziesme Proposition du 12. par consequent le concaue de l'air frappé par la chorde double en grosseur, n'est pas esgal au concaue de l'air frappé par la chorde double en longueur, puis que le diametre du cylindre double en grosseur n'est pas double du diametre du cylindre double en longueur, car les surfaces des cylindres sont comme les diametres de leurs bases. Neantmoins il faut, ce semble, conclure que l'air frappé doit estre seulement consideré selon la longueur de l'axe, & non selon la grosseur du cylindre, ce qui se doit entendre lors qu'il n'est pas renfermé dans vn tuyau, & qu'il est libre, comme quand il est frappé par vne chorde : mais ie parleray encore de cette difficulté à la fin de cette Proposition ; c'est pourquoy ie viens à la seconde partie qui parle de l'esgale tension des chordes, dont ie traiteray par raisons, & par experiences. Il semble donc premierement que l'Vnisson nous donne seulement vne esgale tension, quand les chordes tenduës sont esgales en matiere, en longueur, & en grosseur, car si la chorde est plus longue, ou plus grosse, elle doit estre tenduë plus fort que la plus courte, ou la plus deliee, pour faire l'Vnisson auec elle, ce qui arriue pareillement à la voix de l'homme, car la Basse se force dauantage pour chanter à l'vnisson du Superius, que pour chanter à l'vnisson d'vne autre Basse.

Or l'experience fait voir que la chorde double en longueur tirée par quatre forces, est beaucoup plus tenduë que la sous-double tiree par deux forces : car le milieu de celle-là est plus dur, & plie plus difficilement que le milieu de celle-cy, & neantmoins celuy-là deuroit plier plus facilement, & estre plus mol, si la chorde double en longueur auoit seulement vne esgale tension.

Quant à la chorde double en grosseur, i'y trouue plus de difficulté, car l'experience ne fait pas voir si euidemment qu'elle soit esgallement ou inesgallement tenduë par deux forces, quand la sous-double en grosseur est tenduë par vne force, quoy qu'il faille, ce semble, conclure pour l'esgale tension, non seulement parce qu'elles sont à l'vnisson, mais parce que la double en grosseur resiste doublement à la force, de maniere que l'vnisson monstre l'esgale tension, non seulement entre les chordes esgales en toutes choses, mais aussi entre les chordes inesgales en grosseur, pourueu qu'elles soient esgales en longueur.

I'ay experimenté que le milieu de la chorde double en grosseur tenduë auec vn poids esgal, est beaucoup plus dur, & plus fort, & resiste dauantage que le milieu de la sous-double, & que pour les rendre d'vne esgale resistance, il faut

Des mouuemens & du son des chordes: 191

à peu pres tendre la sous-double par deux forces, quand la double est tenduë par vne force, car le mesme poids suspendu au milieu des deux, fait baisser ces deux milieux esgalement, ou peu s'en faut ; & quand on suspend vn poids double à la double chorde, il faut vn double poids pour la faire ployer autant que la sous-double : Enfin, lors qu'elles sont tenduës par vn poids esgal, il faut vn poids sesquialtere pour faire ployer la double en grosseur autant que la sous-double ; ce qui monstre euidemment que l'on ne doit pas iuger de l'esgalité de la tension par l'esgalité de la dureté de la chorde, ny par la difficulté que l'on trouue à la faire ployer.

Quant à la resistance, ou dureté des chordes d'esgale grosseur, & doubles en longueur, i'ay experimenté qu'il faut vne double force pour ployer, ou faire baisser le milieu de la sous-double autant que le milieu de la double, quand elles sont tenduës auec des poids esgaux, comme l'on voit sur le monochorde: car la chorde double en longueur qui fait l'Octaue en bas auec la sous-double, ploye esgalement sur le milieu auec vn poids sous-double.

Or ces deux chordes sont esgalement tenduës auec vne mesme cheuille, par consequent il faut conclure que la raison de la molesse, ou de la dureté des chordes inesgales en longueur, suit la raison inuerse de leurs longueurs : car la double en longueur est sous-double en dureté, & la sous-double en longueur est double en dureté, & en resistance. D'où l'on peut, ce semble, conclure que la chorde double en longueur estant tenduë auec vne double force, a mesme tension que la chorde sous-double tenduë auec vne force sous-double. I'ay dit, ce semble, d'autant qu'elle resiste esgalement par le milieu ; mais il semble d'autre costé qu'elle n'ait pas vne esgale tension, d'autant que comme elle est deux fois plus longue, elle doit ceder deux fois plus facilement par le milieu, encore qu'elle ait vne esgale tension ; ce que l'on peut confirmer par les chables, qui cedent & se courbent d'autant plus aisément par le milieu, qu'ils sont plus longs, encore qu'ils soient tendus aussi fort que les plus courts.

Il faut encore remarquer que quatre liures suspendües à la double en longueur, qui la mettent à l'Vnisson auec la sous-double tenduë par vne liure, la rendent si dure & si forte par le milieu, qu'il faut vne double force, ou vn poids double pour la faire autant ployer & descendre, comme l'on fait descendre le milieu de la sous-double : par où l'on peut trouuer les raisons, que les longueurs, les duretez, ou les resistances, les poids, & les sons ont les vns auec les autres : car la double en longueur tenduë auec mesme poids, est sous-double en dureté, & rend vn son double en grauité du son de la chorde sous-double.

Neantmoins il faut conclure que la chorde double en longueur est esgalement tenduë par vn mesme poids, car si l'on prend la chorde d'vn monochorde, & que l'on la diuise auec le cheualet par le milieu, elle ne reçoit nulle tension nouuelle, supposé que le cheualet ne la hausse point, & qu'il la touche seulement ; Il faut donc que la moitié, & chaque partie de la chorde soit esgalement tenduë par vn mesme poids, d'abondant le mesme poids qui rompt la chorde sous-double en longueur, rompt pareillement la double, quadruple, &c. ce qui tesmoigne que le mesme poids la tend esgalement, quelque longueur qu'elle puisse auoir. A quoy l'on peut adiouster qu'il faut vn poids quadruple pour mettre la chorde double en longueur à l'Vnisson, d'autant qu'il y a trois choses qui seruent esgalement pour produire le son, à sçauoir la grandeur du corps, son mouuement, & sa tension. Or la chorde double en longueur a vn plus grand mouuement que la sous-double, qui est quatre fois plus lasche, & moins tendüe ; & puis la plus grande tension est opposée à la plus grande longueur, & au plus grand mouuement, car elle rend le son plus aigu, au lieu que la plus grande longueur & la plus grande agitation le rendent plus graue ; il faut donc pour mettre ces deux chordes à l'Vnisson, que la grandeur de la tension recompense la grandeur, & l'agitation de la chorde : par consequent il faut multiplier la grandeur de la chorde par la grandeur de la tension, c'est à dire deux par deux, qui donne quatre, c'est à dire le poids quadruple, lequel est necessaire pour mettre les chordes doubles en longueur à l'Vnisson.

Il est facile de trouuer les mesmes raisons des poids pour les autres chordes, car si la chorde est triple en longueur il faut que le poids soit neuf fois plus grand pour la mettre à l'Vnisson auec la sous-triple ; & si les chordes sont sesquialteres, ou sesquiquartes, &c. il faut que leurs poids ayent la raison de quatre à neuf, & de neuf à seize, c'est à dire double sesquiquarte, & sur sept partissante neuf, &c.

Or puis qu'il ne faut qu'vn poids double pour mettre la chorde double en grosseur à l'Vnisson, & par consequent qu'vne double tension, la diuision, ou l'vnion des parties n'apporte nulle difference à l'aigu, ou à la grauité des sons, car deux, ou quatre chordes sous-doubles en grosseur, & esgales en longueur seront tousiours mises à l'Vnisson par vn poids double, ou quadruple, ou par vn poids qui soit autant de fois multiplié comme les chordes, de maniere qu'il faut tousiours vn poids esgal, soit que l'on considere les chordes diuisees, ou côiointes & vnies; ce que l'on peut côfirmer par des chordes de mesme matiere, & de mesme longueur, mais de poids inesgal : car bien que l'on ne cognoisse pas leurs grosseurs, on les sçaura en leur attachant des poids inesgaux, selon la raison de ladite inesgalité : par exemple, si l'vne des chordes pese trois grains, & l'autre deux, il faudra trois liures pour faire que celle qui pese trois grains, soit à l'Vnisson de celle qui pese deux grains, quand elle est tendüe par deux liures.

Quant à l'agitation des chordes doubles en grosseur, elle est fort peu differente, car l'air qui enuironne la surface de la chorde double en grosseur, dans lequel le son est produit, n'est gueres plus grand que l'air qui enuironne la surface de la sous-double; mais l'air qui enuironne la chorde double en longueur, est double de celuy qui enuironne la sous-double : Neantmoins ie trouue par experience qu'il faut que le poids soit vn peu plus que quadruple, pour mettre la chorde double en longueur à l'Vnisson, comme i'ay dit dans la treiziesme Proposition.

Car supposé que la sous-double en longueur soit tendüe par vne liure de seize onces, il faut quatre liures pour mettre la double en longueur à l'Vnisson, & outre cela quatre onces, qui font le quart de la liure, ou ¼ de quatre liures : & si la chorde tendüe par vne liure est haussee iusques à la Quinte, il faut deux liures & six onces, au lieu qu'il ne faudroit que deux liures ¼, qui sont en raison double sesquiquarte auec vne liure : de maniere qu'il faut augmenter le poids de deux onces, qui font ⅛ de liure.

D'où l'on peut conclure quel poids est necessaire pour mettre toutes sortes de chordes, de quelque grosseur ou longueur qu'elles puissent estre, à l'Vnisson de quelque autre chorde, dont l'on cognoistra la quantité, mais i'ay desia expliqué plusieurs choses dans les Propositions precedentes qui satisfont à cette

Des mouuemens & du son des chordes. 193

cette difficulté; & l'on trouuera plusieurs autres remarques dans la premiere Proposition pour l'esgale tension des chordes, sans qu'il soit besoin de les repeter icy.

PROPOSITION XV.

Determiner quelle est la force des chordes, & des autres cylindres paralleles à l'Horizon, quelle raison il y a de leurs longueurs à leurs forces, & quelle est la difference de leurs forces considerees selon les dispositions differentes que les cylindres ou les parallelepipedes peuuent receuoir.

IL faut premierement remarquer que la chorde perpendiculaire porte plus pesant, que quand elle est parallele à l'Horizon: car la chorde de cuiure, qui porte neuf liures penduës à l'vne de ses extremitez auant qu'elle rompe, n'en porte que six au milieu, quand elle est tenduë horizontalement: c'est à dire qu'estant parallele à l'Horison, elle porte vn poids sous-sesquialtere du poids qu'elle porte estant perpendiculaire, ou tenduë de haut en bas: ceux qui prendront la peine de faire d'autres experiences, verront s'il en arriuera autrement, & si les chordes porteront quelquefois autant, ou plus estant horizantales, que quand elles sont perpendiculaires.

Or il est tres-difficile de trouuer la force des chordes & des autres cylindres de bois, ou d'autre matiere, lors qu'on les estend horizontalement, particulierement quand on tire les cylindres de bois par les deux extremitez: car quant aux chordes, la mesme force qui les rompt en les tirant de haut en bas, ou de bas en haut, les rompt aussi en les tirant horizontalement, soit que l'on les tire par vn seul bout, ou par les deux extremitez.

Or bien qu'il semble que l'on aye plus de peine à rompre vne chorde courte, qu'vne longue, cela arriue peut estre seulement, parce que l'on n'applique pas vne esgale force à la longue, ou que l'on luy donne vn plus grand bransle ou mouuement. Mais quant aux cylindres, ou parallelepipedes de bois, il est difficile de determiner quelle force il faut pour les rompre.

Or ie considere trois ou quatre sortes de dispositions aux colomnes ou bastons; en premier lieu, lors que l'on les tire par les deux extremitez, ou que l'on suspend vn poids à l'vn des bouts, l'autre bout estant attaché en haut. Secondement, quand l'on attache vn poids au milieu, le baston estant parallele à l'Horizon, & soustenu par les deux bouts. Troisiesmement, lors qu'il est planté sur la terre, ou sur quelque pilastre, comme sont ordinairement les colomnes. Quatriesmement, l'on peut considerer que ces cylindres estendus horizontalement peuuent estre rompus par vn poids qui n'a point de mouuement, mais seulement sa pesanteur, & que l'on attache tout doucement au milieu, ou par vn poids qui tombe de haut à plomb sur le milieu de la chorde, ou du cylindre, & qui represente vn coup de marteau que l'on frapperoit sur ledit milieu.

L'experience fait voir qu'vne demie liure qui tombe d'vn pied & demy de haut sur la chorde de laton, qui est rompuë par six liures suspenduës au milieu, fait autant que les six liures, car elle rompt la mesme chorde: mais elle ne la peut rompre si elle tombe seulement d'vn pied de haut: elle rompt semblablement la chorde qui rompt auec neuf liures, quand elle est perpendiculaire, & cette mesme chorde est rompuë par vne liure qui tombe d'vn demy pied de haut, laquelle par consequent a la mesme force qu'vne demie liure qui tombe

R

de trois fois plus haut. L'on peut encore experimenter si demie liure, qui tombe de deux fois aussi haut, fait autant d'effet qu'vne liure, ou si vne liure qui tombe de demy pied, ou de trois pouces de haut, peut rompre autant comme neuf liures, ce qui est quelquefois arriué dans les experiences que i'en ay faites. D'abondant il faut experimenter si vne liure, qui par exemple, a la force de dix liures, quand elle tombe d'vn demy pied de haut, a la force de cent liures quand elle tombe de cinq pieds de haut, si la force augmente tousiours suiuant la raison des hauteurs dont elle tombe, & s'il faut abbaisser le moindre poids, suiuant la raison de sa diminution, par exemple, si l'on prend la seiziesme partie d'vne liure, c'est à dire vne once, à sçauoir si elle aura vne esgale force pour rompre en tombant de huict pieds de haut, ce que rompt la liure qui tombe d'vn demy pied de haut.

Il faut aussi considerer si le poids qui rompt la chorde sans mouuement, fait autant de mal porté sur la teste ou sur quelqu'autre partie du corps, ou fait vn pareil effet sur vn coin de fer mis sur vne fente de bois, ou sur vn pieu mis sur la terre, ou sur quelqu'autre matiere, dans laquelle il entre, comme fait le poids qui est beaucoup moindre, mais qui a la mesme force, à raison de son mouuement iointà sa pesanteur, l'experience fait voir le contraire : car dix liures mises sur la teste, ne font pas tant de mal ny tant d'effet comme vne liure qui tombe de la hauteur d'vn pied, ou d'vn demy pied, ou mesme de deux ou trois pouces sur la teste.

Il faudroit encore experimenter si quatre onces, qui tombent de quatre pieds & demy de haut, font autant d'effet comme huict onces qui tombent de deux ou trois pieds de haut : car supposé que huict onces, qui tombent d'vn pied & demy de haut, rompent la chorde qui se rompt par vne liure qui tombe de demy pied de haut; il faudroit, si l'on garde la mesme raison, que quatre onces tombassent de trois fois aussi haut que huict onces, à sçauoir de quatre pieds & demy, pour faire le mesme effet, & que deux onces tombassent de trois fois aussi haut, c'est à dire de treize pieds & demy, & vne once de quatre pieds & demy de haut, &c.

Mais auant que de rechercher la raison de cette progression, il faut voir si la mesme chose arriue aux cylindres, & aux parallelepipedes de bois, qui doiuent porter des fardeaux d'autant plus grands qu'ils sont plus courts, quand ils sont disposez horizontalement, ce qui n'arriue pas aux chordes de cuiure, ou d'autre matiere, car le mesme poids estant attaché & suspendu par le milieu, ou tombant de mesme hauteur sur le milieu de la chorde, ou la tirant par son extremité lors qu'elle est perpendiculaire, la rompt tousiours aussi bien quand elle est courte que quand elle est longue, & iamais elle ne se rompt par le milieu, mais tousiours par vne de ses extremitez.

Quant aux parallelepipedes, ou morceaux de bois quarré, ils ne rompent pas si facilement que les chordes, quand ils sont plus courts, quoy qu'il soit difficile de trouuer quelle raison il y a de leurs differentes longueurs auec leurs forces ou leurs resistances : car i'en ay rencontré qui rompent aussi facilement estant sous-doubles, que quand ils sont doubles, ou quadruples : ce qui vient peut estre du defaut de la matiere. Il semble neantmoins que leur resistance doit garder la raison inuerse de leurs longueurs, c'est à dire qu'il faut autant augmenter le poids, ou la force, comme l'on diminuë la longueur : de sorte que si le baston long d'vn pied porte huict liures, il doit porter seize liures estant

Des mouuemens & du son des chordes.

long de demy pied; trente-deux estant long de trois pouces; soixante-quatre liures estant long d'vn pouce & demy, & ainsi consequemment.

Or ie parle icy du bois qui est à droit-fil; l'on peut experimenter la mesme chose sur le bois disposé en biais, ou à contre-fil, afin de remarquer s'il garde les mesmes raisons, & de combien il est plus foible en ce sens, que quand il est à droit-fil.

Quant aux bastons, ou cylindres qui sont debout, c'est à dire qui sont esleuez perpendiculairement, comme les colomnes, il faudroit les charger de telle maniere que le centre de grauité du fardeau portast sur le milieu du bout du baston, ou de la colomne, mais l'on croit que le baston ne rompra iamais, & qu'il se froissera plustost, si ce n'est qu'il r'entre en soy-mesme par penetration, ce qui ne se peut faire naturellement. L'on peut pour le moins remarquer combien le baston, ou la colomne, qui n'est pas de droit-fil, c'est à dire qui n'a pas ses fibres disposees en long, se froisse plustost & plus facilement que quand elle est de droit-fil, ce que l'on ne peut experimenter sur les chordes, d'autant qu'elles n'ont pas assez de force, ou de corps pour resister, quand elles sont perpendiculaires.

Mais ie reuiens à la force des chordes, & des poids qui les rompent, la chorde de cuiure, qui porte neuf liures, estant tenduë de haut en bas, & qui porte six ou sept liures estant tenduë horizontalement & ayant la dixiesme partie d'vne ligne en son diametre ou enuiron, est rompuë par vne liure qui tombe dessus de demy pied de haut, & par vne demie liure qui tombe d'vn pied & demy de haut, & d'vn quart de liure, qui tombe de quatre pieds & demy de haut: par consequent la raison des poids ne suit pas la raison des hauteurs: car il faudroit que demie liure, qui tombe d'vn pied de haut, fist le mesme effet que la liure qui tombe d'vn demy pied de haut. Il faudroit voir quel poids peut rompre la chorde en tombant d'vn pied de haut, supposé que la liure la rompe en tombant d'vn demy pied de haut, & la demie liure d'vn pied & demy de haut: & determiner quel poids rompt la chorde deux fois aussi grosse en tombant d'vn demy pied, ou d'vn pied de haut, & pourquoy la chorde tenduë parallele à l'Horison, ne porte que six ou sept liures, puis qu'elle porte huict ou neuf liures, quand elle est tenduë de haut en bas, & qu'vne liure qui tombe de mesme hauteur les rompt esgalement: de maniere que la force de la chorde tenduë perpendiculairement est sesquialtere de la force de la mesme chorde tenduë horizontalement, au milieu de laquelle l'on attache le poids, quoy que la force des chordes soit esgale, quand l'on considere le poids qui les rompt en tombant de haut.

Quant aux colomnes que l'on assied perpendiculairement, il est fort difficile de trouuer des poids assez grands pour les charger, iusques à ce qu'elles se froissent & s'escrasent, & de faire que le centre de grauité des poids soit mis à plomb sur le milieu du bout de la colomne, à quoy l'on peut neantmoins remedier auec des presses de fer, comme sont les estaux des Serruriers, car les petits cylindres ou morceaux de bois estant mis entre les deux bras, ou mors de l'estau, l'on peut tourner la maniuelle en les pressant iusques à ce qu'ils soient froissez, applatis, & rompus.

Mais il est tres-difficile de faire vn cylindre ou parallelepipede de bois qui soit d'vne esgale force en toutes ses parties, car bien qu'il soit d'vn mesme fil, neantmoins le bout qui aura esté plus prés de la racine de l'arbre, sera plus fort, encore qu'il soit de mesme grosseur que celuy qui estoit vers les branches: c'est pourquoy il faudroit que la piece de bois allast en diminuant depuis l'vn de ses bouts iusques à l'autre, suiuant la mesme raison selon laquelle il est plus fort vers la racine: mais cette raison n'estant pas cogneuë l'on ne peut obseruer cette diminution; & peut estre que la force de l'arbre, ou du baston couppé selon la longueur de l'arbre, suit quelque proportion ou progression Geometrique en sa diminution, ce qu'il faudroit auparauant determiner.

D'abondant l'on peut considerer les cylindres de bois, non seulement quãd ils sont coupez de droit-fil, mais aussi quand on les taille de trauers, & horizontalement, & voir combien ceux-là sont plus forts que ceux-cy, soit quand on les met perpendiculaires, ou paralleles à l'Horison. Or les cylindres peuuent estre taillez en plusieurs manieres: car l'on peut coupper le bois suiuant les diametres des cercles qui paroissent sur la coupe du bois, ou à trauers les diametres en coupant les cercles en segments desdits cercles; ce que l'on peut aisément s'imaginer en se representant la surface du tronc d'vn arbre couppé, sur lequel les cercles font voir le nouueau bois que l'arbre fait chaque annee: car quelques-vns croyent que l'arbre a autant de cercles que d'annees: il faut encore voir si le bois coupé horizontalement a ses parties d'autant plus foibles, que leurs cercles s'esloignent dauantage du cercle de l'arbre, & s'approchent dauantage de la partie que l'on appelle aubié, laquelle est la plus foible, & la plus mole de toutes. Or ces cercles, & leurs diametres ne paroissent pas esgalement sur toutes sortes d'arbres, c'est pourquoy il faudroit choisir les especes de bois qui ont leurs cercles plus distincts & plus manifestes, afin de voir si le cylindre est plus fort quand il est coupé selon la longueur des diametres, ou à trauers les diametres: & si la partie septentrionale est plus foible ou plus forte que la meridionale, & de combien l'vne est plus forte que l'autre.

Si l'on obserue toutes ces particularitez, l'on trouuera la raison qui est entre la force du bois debout, & de trauers; & apres auoir fait l'experience sur le noyer, le cormier, & les autres especes de bois, l'on verra si les forces du bois de sapin, ou de chesne pris à fil droit, & de biais, gardent la mesme raison que les autres especes de bois. I'ay experimenté que le bois de sapin de mesme grandeur estant de droit-fil, porte vingt fois autant ou plus, que quand il est de trauers. Or auant que de finir cette Proposition, il n'est pas hors de propos de considerer la force des presses, encore qu'elle soit beaucoup plus foible que la force des coups de marteaux, & des poids qui tombent d'en haut: car vn homme n'est pas assez fort pour froisser & applatir vn cylindre de fer de la grosseur de deux ou trois lignes, auec les plus forts estaux qu'ayent les Serruriers, encore qu'ils applatissent le mesme cylindre d'vn seul coup de marteau; mais la force d'vn coup d'artillerie est encore plus grande que les coups de marteaux. A quoy l'on peut rapporter la force du tonnerre, & des mines qui iettent les tours par terre, & font sauter & creuer les montagnes; car ces forces espouuentables viennent de la mesme cause que la force des coups de marteau, à sçauoir du mouuement & de la pression de l'air, dont la plus grande vitesse est cause de la plus grande force.

COROLLAIRE I.

Ie laisse icy mille autres considerations, afin d'expliquer briefuement la force

Des mouuemens & du son des chordes. 197

de la presse, dont ie suppose que la maniuelle ait deux pieds de long depuis le centre de la viz iusques au point, où l'on applique la main, afin que chaque tour qu'elle fait contienne vingt-quatre pouces; si la main a la force de deux cens liures, elle pressera aussi fort ce qui sera dissous comme si elle estoit chargee d'vn poids de quatre mil quatre cens liures : Or la force de la presse sera d'autant plus grande, que sa maniuelle sera plus longue; par exemple, si elle a sept pieds de long, la presse aura la force de cinquante-deux mil huict cens liures : car le semidiametre estant de sept pieds, il fait vingt-deux pieds, c'est à dire deux cens soixante-quatre pouces à chaque tour : Or deux cens soixante-quatre multipliez par deux cens, donnent cinquante-deux mil huict cens, & monstrent qu'vn homme ayant la force de deux cens liures, violente aussi fort tout seul ce qui est sous la presse, comme feroient deux cens soixante-quatre hommes sans la presse : car si chaque homme à deux cens liures de force, deux cens soixante-quatre auront autant de force pour presser comme cinquante-deux mil huict cens.

L'on peut aussi par ce mesme moyen determiner la force du vieil brequin des forets, & des autres instrumens dont on se sert pour percer, car ils percent d'autant plus facilement, que le circuit de leurs manches est plus grand : par exemple, si le fer du vieil brequin, ou du terriere est large d'vne ligne, & que son manche fasse deux pieds à chaque tour, c'est à dire deux cens quatre-vingts-huict lignes, vn homme fera tout seul, par le moyen du vieil brequin, autant que deux cens quatre-vingts-huict hommes qui n'vsent pas de cet instrument.

Mais la raison de la force de cet instrument, & de plusieurs autres se peut tirer du Traité des Mechaniques qui est à la fin de ce liure.

COROLLAIRE II.

Si l'on se souuient de la raison selon laquelle les poids tombent vers le centre de la terre, dont nous auons parlé dans la premiere Proposition du second liure : & que leurs effets doiuent estre d'autant plus grands qu'ils vont plus viste, il est aisé de conclure de quelle hauteur ils doiuent tomber pour faire l'effet desiré : par exemple, puis que le poids estant tombé de 4 pieds de haut n'a qu'vn degré de vitesse au premier pied ; il en a trois à la fin du quatriesme pied, parce qu'il fait trois fois autant de chemin, & consequemment il va trois fois aussi viste au second moment de sa cheute comme au premier, & cinq fois aussi viste au troisiesme qu'audit premier; c'est pourquoy il doit rompre vne chorde cinq fois plus forte par sa cheute de 9 pieds que par celle d'vn pied, & vne chorde trois fois plus forte, tombant de quatre pieds, qu'en tombant seulement d'vn pied de haut. Ce que l'on peut appliquer aux pieux que l'on enfonce en terre, & à toutes les resistances qui peuuent estre surmontees. Mais i'ay expliqué ces vitesses si clairement & en tant de manieres dans le second liure, qu'il n'est pas à propos d'en dire icy autre chose : ioint que i'ay touché cette force des poids dans la cinquiesme Proposition dudit liure, laquelle fait voir plusieurs vtilitez qui se peuuent tirer de la vitesse des cheutes.

PROPOSITION XVI.

La grauité des sons est d'autant plus grande que les corps d'où ils viennent sont moins cassans, & que leurs parties sont mieux liees, & mieux vnies les vnes aux autres, pourueu qu'il n'y ait point d'autre empeschement.
Où l'on voit beaucoup de choses touchant les
Principes de Chymie.

L'Experience fait voir la verité de cette Proposition dans toutes sortes de corps, car le bois sec, qui a perdu son humidité, sonne plus haut que celuy qui est vert; & ceux qui ont les mains seiches font vn bruit plus esclatant en les frappant l'vne auec l'autre, que ceux qui les ont humides: l'or, l'argent, le plomb, & mercure rendent vn son plus graue, & plus sourd que le fer, le cuiure, ou le metal de cloche, parce que les parties de l'or, de l'argent, & du plomb sont mieux vnies que les parties des autres metaux, à raison de la grande quantité de vif argent, qui se trouue en ceux-là, & du peu qui se rencontre en ceux-cy. Quelques-vns croyent que la grauité du son depend de la quantité du mercure qui se rencontre dans les corps sonans : ce que les Chymistes doiuent considerer, afin de sçauoir pourquoy vn corps sonne plus aigu que l'autre, & si cela procede de la plus grande quantité du sel fixe, ou volatil, du soufre, ou du mercure, qui se rencontre dans le corps, ou de la multitude des pores, & des differentes parties de l'air, qui sont meslees dans le corps. La mesme speculation seruira pour trouuer d'où viennent la dureté & la pesanteur de chaque corps, & pour sçauoir ce qui rend les pierres, le metal, ou le bois plus cassans, plus friables, & plus aigres les vns que les autres.

Quelques-vns tiennent que le metal, qui a plus grande quantité de souffre pierreux, comme le fer, & le cuiure, a le son plus aigu, & consequemment que l'or rend le son plus graue & plus sourd que les autres metaux, parce qu'il n'a point de soufre pierreux qu'en puissance. D'où il s'ensuit que plus vn metal a de vif argent, & moins de soufre pierreux ou fixe, & plus il est pesant ; d'où ils concluent que l'airain a le son plus aigu que le cuiure, d'autant que l'on mesle deux parties de calamine sur trois parties de cuiure rouge, afin de faire le leton ; laquelle calamine a quantité de soufre pierreux, qu'elle adiouste à celuy du cuiure, que l'on appelle cuiure franc, ou rosette.

Il faut donc voir selon ces Principes, si chaque metal a le son d'autant plus aigu, qu'il a plus grande quantité de soufre, & si la grauité des sons a mesme raison que le vif argent, & le poids qu'ils contiennent. Mais pour entendre cette raison qui se tire des Principes de la Chymie, il faut supposer que chaque mixte est composé de trois Principes, que l'on appelle *sel, soufre, & mercure*, ausquels l'on peut adiouster l'eau & la terre, afin d'auoir cinq Principes, dont l'eau ou le phlegme est le premier, d'autant qu'il est le plus volatil, & consequemment moins interieur au mixte. Le second est appellé *esprit*, d'autant qu'il est plus penetrant, & le plus volatil, & est recogneu par son acidité. Le troisiesme est le *soufre*, ou *l'huyle*, qui est plus fixe que les deux precedens, mais plus volatil que les deux autres ; il est tousiours inflammable, si ce n'est qu'il soit fixe & vni inseparablement auec tous les autres elemens, par vne longue depuration & coction en la cōposition du mixte, comme il est dans l'or. Le quatriesme

Des mouuemens & du son des chordes. 199

Principe est le *sel*, qui est caustique, & plus fixe que les trois precedens. Le cinquiesme est la *terre*, dont la nature est d'estre seiche : Les Chymistes disent que l'eau ou le phlegme n'est ny chaud ny froid, & qu'il est susceptible de ces deux qualitez, selon que l'air dans lequel il se trouue, est chaud ou froid.

A quoy ils adioustent que l'eau est tousiours humide, plus pesante que la terre, & plus legere que l'esprit, ou le sel. Le soufre, qui fait les sons aigus, est tousiours chaud de sa nature, & le plus leger de tous les elemens ; il est cause e la diuersité des odeurs & des couleurs aux mixtes, particulieremēt quand il est fixe : & selon qu'il est fixe ou volatil, parfait, ou imparfait, diaphane ou opaque, il forme les metaux parfaits ou imparfaits, les pierres precieuses, ou les autres mixtes. Il paroist sous la forme d'huyle dans les plantes, & sous la forme e gresse dans les animaux. Enfin l'espit de vie, l'humide radical, & le baume de a nature, qui se rencontre aux mineraux, vegetaux, & animaux, est attaché à ce oufre : c'est pourquoy leur nature est plus ou moins vigoureuse & dure selon a nature, qualité & excellence du soufre qu'ils ont ; & quand il s'en separe, es mixtes se corrompent, les metaux perdent leur malleation, les pierres precieuses leur lustre, les plantes leur vegetation, & les animaux leur vie : d'où 'on peut conclure que le son le plus aigu vient du mesme Principe que la principale vigueur de chaque chose.

Le sel est chaud, le plus pesant, le moins poreux, & le plus compact de tous les autres Principes. Or il y a trois sortes de sels, à sçauoir le mineral, le veretal, & l'animal. Le premier paroist sous la forme de vitriol & d'alun : Le second ous la forme de l'alkali : & le troisiesme en forme de sel marin : dont chacun est xe, volatil, ou commun. Le premier est analogue au sel marin : Le second au el harmoniac ; & le troisiesme au salpestre. Ces trois sels donnent les diuerses aueurs, les congelations, & les soliditez aux corps ; & lors que l'on les separe es corps, le sel fixe prend la figure quaree, le salpestre prend celle du cone, & 'harmonic celle de filamens : L'esprit est vn corps liquide, que l'on appelle mercure dans les mineraux, & humide subtil dans les plantes, & dans les animaux : ne differe dans tous les corps que par le meslange de l'huyleux, ou du salé, ausquels il sert de matiere & d'aliment ; mais il n'est pas fluide dans les corps, 'il ne predomine : car il est arresté par le soufre & par le sel. Il donne la diaphanité & le poids aux corps, & les rend lucides.

Or quand ces trois Principes, à sçauoir le sel, le soufre, & le mercure, sont eunis inseparablement, apres auoir rejetté l'eau & la terre, qui est la plus seiche de tous les autres Principes, & la plus legere (excepté l'huyle) & qui n'est chaude ny froide que par accident, il se forme vne medecine vniuerselle, qu'ils appellent Panacee, d'autant que quand elle est meslee auec les purgatifs, ou les restringents, elle augmente leurs vertus.

Ils croyent qu'Aristote a conneu ces trois Principes, quand il a parlé de la chaleur celeste, du Principe vital, de l'esprit, & de l'essence de chaque chose ; & que Platon les a appellé vertu seminaire ; quelques-vns les nomment Principes simples de semence. Paracelse les appelle *l'ame du monde, baulme, momie, astre, quinte essence, elixir, cinquiesme element, matiere chrystalline, humidité radicale, ou primigenie, soufre vital, matiere premiere, chaleur, melisse, &c.* Ceux qui se font appeller Cabalistes ont nommé le sel, *matiere premiere*, laquelle est onctueuse, glutineuse, tenace, fixe, & permanente : le sel tres-pur fait de terre & d'eau, le poinct substantiel qui s'espand par toutes les parties de la substance, comme le

R iiij

point Mathematique par tout où se trouue la quantité : & le nain tres-petit, qui ne peut tomber sous les sens, que lors qu'il est ioint à l'eau de l'Aigle blanche, & neantmoins qui vainc & lie les Geans, parce que le sel coagule, congele, fixe, & arreste les autres Principes, tant substantiels qu'accidentels. Ils l'ont aussi nommé poinct quaternaire, parce qu'il reduit tous les Principes en l'vnité d'vn mixte, ou d'vn composé : terre pure & blanche, parce qu'elle paroist sous cette couleur, estant froide & seiche de sa nature. Enfin elle a esté appellee terre par Moyse, corps inferieur par Hermes, sel & Lune par les Chymistes, & terre & eau par les autres.

Le second Principe, à sçauoir le soufre, a esté nommé forme par ceux qui veulent que la forme soit vniuoque en tous les mixtes, & qui la font incorruptible comme la matiere ; & qui croyent que Moyse parle de ce Principe, quand il dit que l'esprit du Seigneur surnageoit sur les eaux : c'est l'ame vniuerselle d'Hermes, le Soleil, le Roy, l'or non vulgaire, & le feu des Chymistes : Enfin ils appellent ce soufre essentiel, la ligne verte, d'autant que cette liqueur, qu'ils appellent forme, est verte.

Or comme le sel donne la solidité aux corps par sa vertu amalgamante, & la couleur & le goust, de mesme la forme tempere la coagulation de la matiere, & donne l'action à tous les autres Principes.

Le troisiesme Principe, à sçauoir le mercure, est appellé Principe mitoyen, corps etheré, ou corps esprit, & esprit corps, lequel vnit la matiere & la forme : c'est le ciel & l'influence des Chymistes, qui lie & vnit les choses superieures auec les inferieures : Ils disent que ce Principe donne la force, la fluidité, & la rarefaction aux mixtes, & qu'il perce & penetre la matiere, afin d'introduire la forme, & la rendre capable de faire ses operations dans la matiere, & sur les accidens, en assemblant les homogenes, & en rejettant les heterogenes ; qu'il donne l'odeur aux mixtes par ses exhalaisons ; qu'il empesche que la forme & la matiere ne se desseichent & ne s'enuieillissent en leur sujet, comme l'on voit dans la pluye, qui est comme le mercure, qui detrempe la terre, & l'vnit à la racine, ou à la semence des plantes ; & dans l'air qui nous entretient, & qui empesche la mort.

A quoy l'on peut adiouster que ceux qui recognoissent l'eau & la terre pour Principes, outre le sel, le soufre, & le mercure, disent qu'ils sont inutils : c'est pourquoy quelques-vns asseurent que l'eau, qui s'esleue la premiere, quand la chaleur commence à penetrer les corps, d'autant qu'elle est la plus volatile, est l'excrement ou le phlegme de l'esprit, ou du mercure acide ; que le soufre : l'huyle pour son Principe vtile & la suye pour l'inutil ; & que le sel a la terre pour son Principe inutil, encore que ces Principes inutils soient vtils pour la mixtion.

Mais plusieurs nient que ces Principes soient excremens des vtiles, d'autant que le phlegme est aussi bien attaché au sel comme à l'esprit, & que la terre est Principe de composition comme le sel. La suye n'est pas aussi inutile, car elle contient vn peu de phlegme, dauantage d'esprit, vn peu d'huyle, beaucoup de sel, mais volatil, & quantité de terre, mais tres-legere ; de maniere que la suye se peut resoudre en tous ces Principes. Or il faut remarquer que l'esprit n'est pas pur, quand il est inflammable, car il a encore de l'huyle, côme l'on voit dans l'huyle etherée de terebinthe, & dans l'eau de vie rectifiée. Mais quand l'esprit est epuré, il est acide, & n'est point inflammable comme l'huyle, laquelle tombe

Des mouuemens & du son des chordes.

au fond de l'eau, quand elle est tiree d'vne matiere crasse, autrement elle surnage. L'on peut donc conclure de ce discours quel Principe est cause que de plusieurs corps esgaux en figure & en quantité, l'vn a le son plus sourd, & l'autre plus aigu & plus clair, ou plus obscur : d'où vient le poids des metaux & des autres corps ; par consequent si l'on cognoist parfaitement la quantité, & le different meslange de ces Principes, l'on peut donner le poids du corps, le son estant donné, & le poids estant donné, l'on donnera le son, pourueu que l'on cognoisse sa figure.

PROPOSITION XVII.

La densité & la rareté des corps, est ce semble, cause que les sons qu'ils produisent sont differens quant au graue & à l'aigu: il est icy parlé des Principes de la Chymie, & de ceux de la dureté & pesanteur des corps.

LA densité des corps est prise en deux manieres, car elle peut signifier l'espesseur des corps, comme quand nous disons qu'vne piece de bois ou de fer est espaisse d'vn demy pied ; Secondement elle signifie vne plus grande multitude de parties en mesme lieu, laquelle fait qu'vn corps est plus compact & reserré : & c'est en cette signification qu'il faut entendre cette Proposition, le corps dense n'estant autre chose que ce qui a beaucoup de matiere en peu d'espace, comme le corps rare est celuy qui a peu de matiere, & peu de parties en beaucoup d'espace ; par exemple, les grains d'encens & de benjoin, ou des autres aromates, sont denses auant qu'ils bruslent, car ils contiennent fort peu d'espace : mais lors qu'ils bruslent & qu'ils sont conuertis en fumee, ils ont peu de matiere en beaucoup d'espace : car peu de grains d'encens peuuent remplir vne chambre de quatre toises en quarré, de maniere que l'on peut dire qu'vn grain d'encens contient vne place mille fois plus grande lors qu'il est en fumee, que quand il ne brusle pas.

L'on voit la mesme chose dans l'eau qui bout, & dans toutes les autres liqueurs qui se reduisent en fumee ; mais ie ne veux pas m'amuser à ces considerations, ny rechercher plus exactement combien l'eau, le vin, le suif, l'encens, &c. peuuent estre condensez ou rarefiez, tant parce que ce ne sont pas des corps propres pour faire le son dont nous parlons, que parce que cecy merite vn discours à part. I'adiouste seulemēt que les corps qui se frappent dans l'eau, dans le vin, dans le laict & dans l'eau de vie, ont leurs sons plus graues que ceux qu'ils font dans l'air, & consequemment que les sons ne sont pas si aigus dans vn air espais & trouble, comme dans vn air calme & espuré. D'où il s'ensuit que les sons des instrumens de Musique sont plus graues en Hyuer qu'en Esté, quoy que l'on n'apperçoiue pas cette difference, d'autant que si les sons reçoiuent quelque alteration à raison des differentes saisons & alterations de l'air, nos oreilles sont semblablement affectées & alterees, & partant elles ne sont pas capables d'apperceuoir ou de iuger de cette difference, car l'entendement a besoin de l'organe, & nous ne sommes pas exempts de ces alterations.

Neantmoins si la nature ou l'art nous donnoit vn son, par le moyen duquel l'on peust regler tous les autres sons, l'on pourroit experimenter si le son des instrumens ou les voix humaines sont plus aiguës à l'Esté qu'à l'Hyuer, & de combien, supposé que ce premier son fust inuariable aux changemens de l'air :

mais ie n'en cognois point qui puisse seruir à ce subjet, & la mesme difficulté se rencontre en toutes les autres sciences, puis que nous ne pouuons pas establir vn poids dans la nature pour l'Isorropique, ny vne couleur pour la Perspectiue, ny vne mesure pour la Geodesie : or ces deffauts de la nature nous doiuent inuiter à la recherche d'vne verité plus excellente & plus ferme que celle des choses creées, laquelle se retrouue en Dieu seul, à la gloire duquel nous deuons rapporter toutes nos pensees & nos actions.

Mais ie reuiens à la densité des corps, afin de voir si le son est d'autant plus aigu que le corps est plus dense ou plus rare, ce qu'il faut entendre non seulement des corps de mesme nature, mais aussi de ceux qui sont de differentes especes. Or il est tres-difficile d'establir vne Proposition generale & vniuerselle sur ce subjet : car si l'on dit qu'il y a mesme raison de l'aigu au graue, que des corps denses aux rares, l'on trouue des corps denses comme l'or & le plomb, qui ont le son plus graue que l'airain & le fer, qui sont plus rares, ou moins denses que l'or.

Quelques-vns tiennent qu'il faut faire distinction entre les metaux, les pierres, & le bois, quand on veut parler de leurs sons, à raison de leurs densitez, & qu'il faut establir vn signe infaillible de la plus grande vnion ou densité des parties, dont tous ne sont pas d'accord, quoy que tous donnent le premier rang à l'or, qui est le plus massif, bien qu'il n'ait pas le son aigu.

D'autres croyent que le froid naturel des corps est vn signe infaillible de leur densité, parce que les matieres qui se refroidissent, s'espaississent, & descendent en bas, & que celles qui se rarefient, s'estendent, & montent en haut, comme font les vapeurs de la terre & de l'eau : d'où ils concluent que ce qui est dense est froid, sec, pesant, opaque, plein d'ombre, obscur, noir, & semblable à la nuict ; qu'il aime le repos, qu'il est tardif, mixte, dur, aspre, obtus, cru, estroit, & amer ; Ils disent aussi que la densité est cause de la douleur, de la crainte, de la melancholie, de l'auarice, du mensonge, de la faineantise, de la haine, de la cruauté, des maladies, de la mort & de tout ce qui se tient du costé de la priuation, & de l'imperfection. Au contraire, ils tiennent que la rareté rend les corps chauds, humides, legers, sublimes, diaphanes, luisans, clairs, blancs, vistes, simples & estendus, mols & doux, & qu'ils sont semblables au iour, à la lumiere, & au mouuement, & consequemment que la rareté signifie ou donne la hardiesse, la ioye, la volupté, la liberalité, la verité, les subtiles inuentions, l'amour, la misericorde, l'humilité, la santé, la vie, & tout ce qui approche plus de l'acte, que de la puissance ; mais toutes ces proprietez ont besoin d'vn plus long discours : C'est pourquoy ie reuiens aux sons, & dis qu'il faut experimenter quãd les corps denses ont le son graue, afin de remarquer la qualité coniointe qui leur oste le son aigu, & de donner le son quand on cognoist la densité, sans qu'il soit necessaire d'autre exception que de celle des corps qui vont contre la loy generale de la densité, & de l'aigu.

La mesme chose arriue aux tuyaux qui ont besoin de vent, car plus le vent est fort & viste, & plus il est espais, pesant & dur, & l'on peut tellement pousser & renfermer l'air, qu'il sera aussi dur & aussi difficile à penetrer comme les murailles, par exemple, l'air enfermé dans vn balon parfaitement enflé & fermé, porte de grands fardeaux sans que l'air cede en nulle sorte, & pourroit porter vne maison entiere si sa couuerture ne se rompoit point, parce que l'air qui est enfermé dedans est assez dur pour resister : d'où l'on pourroit conclure que

Des mouuemens & du son des chordes.

que le mouuement par lequel il est poussé est plus viste, car ce mouuement l'es-paissit & l'endurcit, & consequemment le rend plus pesant, comme l'on experimente au balon enflé, qui pese dauantage que quand il est vuide.

Ie laisse plusieurs difficultez qui appartiennent à la densité des corps, par exemple, iusques à laquelle densité l'on peut reduire chaque corps, comme l'air, l'eau, &c. L'on experimente que l'eau de vie peut tellement estre rarefiee, qu'elle contient cent fois plus d'espace qu'elle n'en a dans son estat naturel: mais l'on ne sçait pas si elle peut estre autant condensee. Quelques-vns disent qu'ils la condensent iusques à vn tel degré qu'elle est dure comme le chrystal, & qu'ils peuuent conuertir l'air en glaçons.

Mais la principale de toutes les difficultez qui regarde cette proposition, consiste à sçauoir d'où vient la plus grande densité ou rareté, la plus grande pesanteur ou legereté, & la plus grande dureté des corps, car si l'on cognoist les premieres causes de ces qualitez, l'on sçaura semblablement d'où vient leur son graue, ou aigu: Quelques-vns croyent que ces premieres causes ne sont autre chose que l'abondance d'esprit & de la quinte essence, & que plus vn corps aura d'esprit, & plus il sera pesant, dur, & dense; ce que l'on experimente au *Caput mortuum* des Chymistes, qui ne pese quasi rien, apres que le sel, le soufre, & le mercure en sont tirez. A quoy ils adioustent que le sel, qui est la principale matiere du corps, leur donne la solidité, & qu'il les coagule, les fixe, & les congele tant qu'il peut par sa vertu amalgamante, par laquelle les choses fluides & volatiles deuiennent fixes & permanentes: par exemple, quand la pluye tombe, elle deuient solide dans les vegetaux par le moyen de la terre; ce qui n'arriue pas quand elle tombe dans l'eau, dans laquelle le sel ne se reduit pas en acte; d'où il s'ensuit que plus il y a de sel dans vn corps, & plus il est dur, dense, pesant, & solide, comme l'on experimente aux os, qui ont beaucoup plus de sel que les autres parties du corps.

Ce qui s'accorde auec ce que nous auons dit cy-dessus, à sçauoir que le corps dense & compact a beaucoup de matiere, ou de sel, en peu d'espace.

Mais cette cognoissance ne suffit pas pour sçauoir la densité & le poids, qui sont cause que le son est graue ou aigu, & qu'il est different selon le meslange des autres parties du composé, car la forme qu'ils appellent soufre, tempere la coagulation du sel, & donne le dernier acte de la matiere, en rendant le composé parfait. C'est pourquoy il faudroit sçauoir combien il y a de soufre & de mercure auec le sel de chaque corps, car il est tres-certain que le son est rendu different par la differente qualité du mercure, ou de l'eau qui entre dans la composition des corps, (quelques-vns l'appellent Principe metoyen, d'autant qu'il vnit le soufre & le sel, & leur donne la vigueur) afin de remarquer si le son le plus aigu vient de la plus grande densité des corps, quand elle est faite par l'assemblage des parties qui sont de la nature de l'air, ou de l'eau. Ce que l'on peut experimenter au verre, qui tesmoigne, ce semble, par sa couleur, & par sa qualité de diaphane, que sa densité vient d'vne multitude de parties d'air ou d'eau. Neantmoins le metal, dont les cloches sont faites, & l'acier ont des sons fort aigus, bien qu'ils soient tres-esloignez de la nature & des qualitez du verre, qui a la dureté comme eux, car il est aussi dur ou plus que le fer, ou l'acier, puis qu'ils ne peuuent mordre sur luy: mais ie donneray la raison de la dureté des corps dans vne autre lieu. Il faut cependant remarquer qu'Aristote a presque compris en trois ou quatre paroles tout ce que nous auons icy dit du denſe, & du rare, lors qu'il a enſeigné que la denſité & la rareté ſont les Principes de toutes les affections qui paroiſſent aux corps, & que le peſant & le leger, le mol, & le dur, le chaud, & le froid, ont la rareté & la denſité pour leur Principe, comme l'on voit au chapitre dixieſme du huictieſme liure de ſa Phyſique, παντῶν τῶν παθημάτων ἀρχὴ, πύκνωσις καὶ μάνωσις· καὶ γὰρ βαρὺ καὶ κοῦφον, καὶ μαλακὸν, καὶ σκληρὸν, καὶ θερμὸν, καὶ ψυχρὸν, πυκνότητες καὶ ἀραιότητες. A quoy il adiouſte que la denſité eſt l'vnion ou l'aſſemblage, & que la rareté eſt la ſeparation, ſelon leſquelles ſe font la corruption & la generation des ſubſtances, & qui ſont cauſe que les corps ſe meuuent & changent de lieu, comme l'on experimente aux vapeurs & aux nuees, car les plus rares ſe tiennent plus haut, & ce qui eſt rare ne peut deſcendre, d'autant qu'il eſt empeſché par ce qui eſt plus peſant. Simplicius croit que le blanc & le doux ſe rapportent à la rareté, & conſequemment qu'il faut attribuer le noir & l'amer à la denſité: & ſi l'on conſidere ce qu'enſeigne Ariſtote parlant du mouuement, il ſemble que l'on puiſſe expliquer toutes choſes par la rareté & la denſité, quoy qu'il parle pluſtoſt du denſe & du rare ſuiuant l'opinion des anciens, que ſelon la ſienne, comme remarque ſaint Thomas.

PROPOSITION XVIII.

Expliquer les differentes qualitez des corps qui rendent le ſon plus graue, ou plus aigu, plus clair, ou plus ſourd, plus grand, ou plus petit, &c.

Les principales qualitez qui contribuent à la diuerſité des ſons, conſiſtent particulierement dans la dureté & denſité des corps, & des qualitez contraires, car l'on experimente que les metaux qui ſont les plus durs ont couſtume de faire des ſons plus aigus, & plus clairs & reſonans, comme il eſt aiſé de conclure par leſdits cylindres, dont nous auons parlé dans la neuf, dix, & vnzieſme Propoſition. Ie laiſſe pluſieurs autres qualitez, par exemple la friabilité, qui fait que les corps ſe briſent aiſément, la ſeichereſſe & la rareté qui a couſtume de rendre le ſon plus aigu, &c. dont i'ay parlé fort au long dans la quarante & quarante-deuxieſme Propoſition du ſecond liure Latin des cauſes du ſon, leſquelles meritent vn volume entier pour expliquer les raiſons de toutes les proprietez & qualitez des corps, qui ſont dans la quarante-deuxieſme Propoſition: c'eſt pourquoy ie viens à d'autres difficultez qui ſeruiront pour entendre ce qui a a eſté dit du mouuement des corps : ioint que l'on pourra conclure beaucoup de choſes touchant ces qualitez en liſant les liures des Inſtrumens, & particulierement la ſeizieſme Propoſition du premier, & la dixneufieſme du troiſieſme liure, & le liure des cloches ; d'où l'on peut tirer beaucoup de lumiere pour entendre ce qui rend les voix aigres, dures, claires, ſourdes, &c.

. Il eſt certain que la plus grande denſité des corps ne fait pas touſiours le ſon plus graue, puis que l'or qui eſt plus denſe que le plomb fait vn ſon plus aigu, mais lors que la plus grande dureté eſt iointe à la plus grande denſité, elle a couſtume de rendre le ſon plus aigu, & generalement parlant chaque corps fait le ſon d'autant plus aigu qu'il tremble plus viſte, comme il eſt aiſé de conclure par le nombre des tremblemens que font les chordes. Quant aux autres differences des corps, comme au poly, au concaue, au raboteux, &c. elles apportent plus ou moins de netteté & de clarté aux ſons, ſuiuant les differentes

emotions

Des mouuemens & du son des chordes.

emotions & impressions qu'elles causent dans l'air.

COROLLAIRE.

Il faut remarquer que les corps les plus durs ne sont pas tousiours des sõs plus aigus: car i'ay experimẽté qu'vne chorde de boyau de mesme lõgueur, grosseur & tension que celle de laton, monte plus haut d'vne Onziesme, & que les chordes de chanvre esgales à celles de laton montent aussi plus haut, quoy qu'elles soient plus molles & moins pesantes; & par consequent que la remarque qu'a fait Ptolomee dans le 3. chap. de son premier liure de Musique, n'est pas tousiours veritable, à sçauoir que les corps font le son plus aigu quand ils sont plus denses, ou lors qu'il y a plus grande raison de la dureté de l'vn à celuy de l'autre que de leurs densitez: par exemple, apres auoir dit que l'airain monte plus haut que le bois, parce qu'il est plus dense, il adiouste que l'airain, quoy que moins dense, monte plus haut que le plomb, parce qu'il y a plus grande raison de la dureté de l'airain à celle du plomb, que de la densité du plomb à la densité de l'airain. Mais l'experience fait voir que la chorde de chanvre est plus rare & plus molle que celle d'airain, & neantmoins qu'elle monte plus haut; & que le cylindre de sapin esgal à celuy d'airain monte plus haut, quoy qu'il soit plus mol & plus rare : & si quelqu'vn adiouste en faueur de Ptolomee que c'est parce qu'il est plus leger, il est aisé de trouuer des corps qui seront moins denses, moins durs, & moins legers, qui ne montent pas si haut que d'autres corps qui seront plus denses, plus durs & plus pesans: de sorte qu'il est tres-difficile de prescrire tellement la combinaison & le rencontre de toutes les qualitez necessaires à chaque corps pour luy faire produire vn son plus aigu selon la raison donnee, qu'il n'y ait nulle exception.

ADVERTISSEMENT.

Ie laisse expressément plusieurs discours que l'on peut faire sur les obseruations precedentes, de la longueur, grosseur & tension des chordes, dont on voit l'abbregé dans la septiesme Proposition du troisiesme liure des Instrumẽs, par exemple, que si l'on considere les differentes tensions, ou grosseurs des chordes, l'on peut mettre la raison de l'Octaue de 4 à 1, & de 8 à 1, si l'on considere les solides de l'air battu par les differentes longueurs : Surquoy l'on peut voir la dixiesme Proposition du premier liure des Consonances. Ie laisse aussi les raisons de ces differentes tensions & grosseurs, afin que ceux qui se plaisent à la speculation, & qui sont plus aises de trouuer les raisons par leur propre industrie, que de les rencontrer ailleurs, ne manquent pas d'exercice.

PROPOSITION XIX.

Expliquer plusieurs particularitez des corps qui tombent de haut en bas, & de la vitesse de leurs cheutes.

IL faut remarquer sur ce que i'ay dit de la vitesse des corps qui tombent, dans la seconde & douziesme Proposition, que l'experience fait voir que la vitesse ne s'accroist pas tousiours en mesme raison, car outre les corps legers, comme sont les boules de moüelle de sureau, qui sont cent vingt & huict fois plus legers que celles de plomb de mesme grosseur, & qui ne hastent quasi plus leur cheute apres vn ou deux pieds, les boules de plomb commencent à quitter insensiblement la proportion de leur vitesse lors qu'elles descendent de 164 pieds de haut, car Monsieur Poisson de la Besnerie, homme fort sçauant, ayant repeté par quatre fois l'experience, a tousiours trouué que la boule de plomb descendant dans l'vne des carrieres d'ardoise, employe tousiours iustement 4 secondes à descendre iusques au fond esloigné de la bouche de 164 pieds; & que la boule de buis employe quasi 5 secondes à faire le mesme chemin: quoy que le bruit qui a seruy de signal pour sçauoir le dernier moment de la cheute, ait employé quelque temps à faire 164 pieds, à sçauoir la huictiesme partie d'vne seconde, suiuant nos experiences de la vitesse des sons ; c'est pourquoy l'on peut dire que les boules precedentes ont descendu dans 4 secondes, & $\frac{1}{8}$.

Or ce retardement arriue à raison que l'air resiste dauantage quand il est plus pressé : mais il est difficile de sçauoir combien il resiste dauantage à chaque moment de la cheute. Ie sçay qu'vn excellent Philosophe s'est imaginé que le poids pressant perpetuellement l'air augmente tousiours sa vitesse, de sorte que si apres le premier moment, auquel la pierre se meut, Dieu luy ostoit sa pesanteur, elle descendroit encore par la force du mouuement qu'elle s'est imprimee au premier moment ; & que si elle estoit dans le vuide elle iroit tousiours d'vne esgale vitesse : mais parce que la pesanteur accompagne tousiours le premier mouuement, elle accroist sa vitesse d'vn degré à chaque moment : d'où il s'ensuit que la pierre ne fait pas plus de chemin aux trois premiers momens qu'au quatriesme. Cecy posé, il conclud qu'elle rencontre vn certain point d'esgalité, depuis lequel elle descend tousiours de mesme vitesse : ce qu'il prouue, parce que l'air qui resiste tousiours de plus en plus, à proportion qu'il est plus violenté, ne resiste pas tant au premier moment que la vitesse est augmentee, comme il fait apres : par exemple la vitesse s'augmente d'vn degré à chaque moment, & la resistance de l'air ne croist pas d'vn degré : mais parce que sa resistance croist tousiours, elle deuient enfin si grande qu'elle est esgale à l'impulsion, ou à la force de la pesanteur, & par consequent elle empesche tousiours d'oresnauant que la pesanteur n'adiouste vn degré de vitesse à chaque moment, de sorte que le mouuement demeure esgal. Mais vn tres-excellent Geometre a demonstré que ce point d'esgalité ne peut se rencontrer, suiuant la raison precedente, car puis que la resistance de l'air ne peut croistre dauantage que la vitesse de la cheute, supposons par exemple qu'au commencement du mouuement la vitesse soit vn, si l'air n'empeschoit point, & parce qu'il empesche, faisons qu'elle ne soit qu'vn demy, à raison de ladite resistance, qui sera aussi $\frac{1}{2}$: Or au 2 moment que la pesanteur adiouste encore vn degré à la vitesse, elle seroit de $\frac{3}{2}$, si l'air n'empeschoit de rechef : mais il n'empeschera pas tant à proportion que la premiere fois, à cause qu'il est desia esmeu, ny plus qu'à mesme proportion, c'est à dire qu'il ne diminuera pas la moitié de la vitesse, laquelle au lieu de $\frac{1}{2}$ ne seroit plus que $\frac{1}{4}$. Au 3 moment la pesanteur adioustera vn degré à la vitesse, qui seroit $\frac{7}{2}$; & si l'air en oste la moitié, il ne restera plus que $\frac{7}{8}$; & ainsi de suite aux autres momens l'empeschement de l'air sera $\frac{15}{16}, \frac{31}{32}, \frac{63}{127}, \frac{127}{128}, \frac{255}{256}$, & ainsi du reste iusques à l'infiny : par où l'on voit que ces nombres croissans iusques à l'infiny, seront tousiours moindres que l'vnité ; & par consequent iamais la resistance de l'air n'ostera tant de la vitesse, qu'elle en acquiert par la pesan-

Des mouuemens & du son des chordes. 207

teur, qui l'augmente d'vn degré à chaque moment.

La mesme chose arriuera, si l'on dit que la resistance de l'air oste les ⅔ ou les ¾ de la vitesse, &c. car il ne se peut faire qu'elle luy oste son degré entier, autrement le poids ne descendroit nullement.

Or bien que les corps qui descendent n'eussent point de pesanteur, & que la terre les attirast, soit par vne vertu attractiue ou autrement, l'on peut tousiours en deduire vne raison semblable à la precedēte, quoy qu'il soit tres-difficile de determiner le veritable progrez de cette vitesse : car si c'est la terre qui fasse paroistre cette pesanteur par son attraction, les corps descendront d'autant plus librement apres estre entrez bien auant dans la terre, qu'ils s'approcheront dauantage du centre, parce que l'hemisphere superieur resistera à l'inferieur par vne attraction opposee.

En effet si les bales de mousquet, & des autres plus grandes armes à feu, tirees perpendiculairement ne retomboient point, comme semblent monstrer plusieurs experiences que nous auons faites assez exactement, l'on pourroit conclure que la force attractiue de la terre ne s'estend pas si haut, & qu'elle n'a plus assez de force pour les attirer à soy : ce que l'on pourroit confirmer par les oyseaux qui volent beaucoup plus aisément en haut qu'en bas, où ils ont besoin de battre souuent de l'aile pour se soustenir, parce que la terre n'a pas tant de force d'attirer de loin que de prés. Mais ce raisonnement semble estre destruit par la gresle & les autres meteores, qui tombent de quelque hauteur qu'on les puisse considerer, si ce n'est que l'on responde que les bales vont plus haut que le lieu desdits meteores, ce qui est difficile de s'imaginer, car il est certain que les bales ne vont pas plus loin perpendiculairement qu'à leur portee de 45 degrez, & par consequent que la bale de mousquet ne monte tout au plus que 1200. toises : il faudroit donc monstrer que les lieux où se forment la pluye, la gresle, & les neiges, ne sont pas si hauts, & qu'ils ne surpassent tout au plus que 36 fois la hauteur des tours de Nostre-Dame de Paris.

Quant aux experiences que quelques-vns disent auoir fait de 2 boules d'esgal volume, dont la plus legere est tombee moins viste de 3 ou 4 pieds que la plus pesante, cela se rapporte aux nostres, dans lesquelles nous auons vsé de corps si legers, quoy qu'ils fussent ronds & solides sans pores sensibles, que sur 50 pieds ils ont descendu 2 ou 3 fois plus lentement que les corps plus pesans, mais la raison de leurs pesanteurs estoit plus que centuple : cela se rapporte aussi à l'experience qui est au commencement de cette Proposition.

Or ie laisse le Probleme qui suit pour l'exercice des excellens Philosophes, à sçauoir, *donner deux ou plusieurs corps de mesme figure & de mesme volume, dont les pesanteurs soient en telle raison, qu'ils descendent plus viste ou plus lentement les vns que les autres selon la raison donnee.*

Il est encore certain que de 2 poids donnez de mesme matiere & figure, le plus gros doit tomber le premier, à raison que l'air ne luy resiste pas tant à proportion comme il fait au moindre; ce qu'il est aisé de prouuer par la raison du solide des corps, laquelle est doublee de la raison de leurs surfaces : car ils pesent d'autant plus qu'ils ont plus de solidité, & ne sont empeschez par l'air que selon leurs surfaces : de là vient que les plus grosses bales ou autres corps ronds viennent plustost au dessus du vase que l'on remuë pour cet effet, que ne font les moindres, qui ne sont pas capables d'vne si grande impetuosité, & que les enfans ne se blessent pas si fort en tōbant cōme les grandes personnes, par-

S ij

ce qu'ils ont plus de surface à proportion de leur solidité, & corpulence.

L'on peut conclure mille autres choses par la comparaison de la raison des surfaces auec celle des corps, qui peuuent seruir d'exercice à ceux qui se plaisent à raisonner.

COROLLAIRE I.

Si les bales de mousquet tirees perpendiculairement en haut gardent la mesme proportion dans la vitesse de leurs cheutes, que celles que nous auons laissé choir de 144 pieds de haut, c'est à dire, si les espaces qu'elles font sont en raison doublee des têps qu'elles employent dans leurs cheutes, elles irōt quasi aussi viste en retombant comme elles sont allees en montant, de sorte que si la bale sortant de l'arquebuse fait cent toises dans vne seconde & demie, la bale fera aussi cent toises dans la derniere seconde & demie de sa cheute : & si le boulet du canon monte perpendiculairement 1800 toises (autant comme il en fait en sa grande portee) il fera 118 toises dans la derniere seconde de sa cheute, & employera 30 secondes à descendre, c'est à dire autant qu'il en employe à monter : ce qui pourroit seruir pour determiner la proportion qu'il garde dans la diminution de sa vitesse de bas en haut, & pour comparer la force de l'attraction de la terre auec la force impulsiue des canons, qui semblent se contrarier.

COROLLAIRE II.

Les corps qui descendent vers le centre de la terre augmentent leur vitesse en raison doublee des temps, comme i'ay monstré dans la premiere Proposition du second liure, parce que la pesanteur adiouste tousiours de nouueaux mouuemens à tous les momens de la cheute ; par exemple lors que le poids descend vn pied dans vn moment, il en descend 4 en 2 momens, parce que s'il estoit despoüillé de sa pesanteur à l'instant qu'il est à la fin du premier pied, il continueroit à descendre de la mesme vitesse qu'il a aquise à la fin de ce pied, & consequemment il feroit deux fois autant de chemin, c'est à dire 2 pieds dans le 2 moment, comme i'ay monstré dans la seconde Proposition du second liure des mouuemens ; & iroit tousiours de la mesme vitesse iusques au centre, ou pardelà, quoy que sa pesanteur ne luy fust point restituee : mais si tost qu'elle luy seroit renduë, il hasteroit sa course: par exemple au lieu qu'il n'eust fait que 3 pieds en 2 momens, à sçauoir vn pied au premier moment qu'il a la pesanteur, & 2 au second, il en fera 3 au second, & puis 5 au 3, 7 au 4, &c. parce que la pesanteur adiouste tousiours vn nouueau degré de mouuement en chaque moment : d'où il arriue que le poids fait 9 pieds en 3 momens, 16 en 4 momens, & ainsi consequemment, suiuant tous les quarez, comme i'ay dit dans la premiere Proposition du second liure des Mouuemens. Or il faut icy supposer que le mouuement qui est vne fois imprimé au corps qui se meut, ne cesse iamais s'il n'est osté par quelque empeschement, comme nous auons desia remarqué. L'on peut accommoder ce raisonnement à l'atraction de la terre, ou au desir, & à la propension qu'ont les corps de se reunir auec leur tout.

COROLLAIRE III.

Si le poids augmente tousiours sa vitesse en tombant, selon la raison doublee

Des mouuemens & du son des chordes.

des temps, & que l'on s'imagine qu'il y ait vne ouuerture au trauers de la terre, il est certain qu'vne bale de mousquet, ou vn boulet de canon descendra depuis la surface de la terre iusques à son centre en 19 minutes, & 56 secondes, comme i'ay demonstré dans le premier Corollaire de la seconde Proposition du second liure: d'où ie conclus qu'il fera 4784 toises, c'est à dire prés de deux lieuës dans la derniere seconde de sa cheute; c'est à dire que le boulet ira 48 fois plus viste arriuant au centre, qu'il ne va à la sortie de la bouche du canon l'espace de cent toises; & par consequent il aura 48 fois plus de force, si la force s'augmente en mesme raison que la vitesse: car le boulet employe du moins vne seconde à faire les cent premieres toises, supposé qu'il n'aille pas plus viste que la bale du mousquet, comme nous auons experimenté.

COROLLAIRE.

Si le boulet poursuit son chemin par delà le centre, il ira diminuant sa vitesse en mesme raison qu'il l'a augmentee en tombant iusques au centre; & parce que nous donnons 23523 pieds au rayon de la terre, qu'il a fait en tombant, fera quasi autant de chemin en remontant vers l'autre partie opposee de la terre, & se balancera perpetuellement en allant decà, delà, comme lors qu'il est attaché au bout de la chorde qui nous sert d'horloge à secondes: de sorte qu'il n'acheuera sa periode entiere de tous ses tours & retours, ou de ses cheutes & ses montees, que dans le temps de 326 iours, & 15 heures, puis que les tours & retours du boulet pendu à vne chorde de 3 pieds durent pour le moins vne heure entiere; & parce qu'il n'a point l'empeschement de la chorde en tombant vers le centre de la terre, il ira du moins vn an entier çà & là auant que de se reposer audit centre.

PROPOSITION XX.

Expliquer les mouuemens du poids attaché à vne chorde, & leurs circonstances & vtilitez.

ENcore que i'aye parlé fort amplement de cette espece de mouuement depuis la treiziesme Proposition du second liure des Mouuemens iusques à la seiziesme, neantmoins elle merite que i'y adiouste quelques considerations, afin d'en rendre l'vsage plus vtil & plus vniuersel: & pour ce sujet ie remets icy la figure de la treiziesme Proposition KBL, dont la ligne AB represente la chorde attachee au point A, & B represente le poids suspendu à cette chorde, lequel estât tiré iusques à K retôbe en E, & remôte d'E en D, & O, &c. par le demy-cercle KEDOL. Or puis que le poids est aussi long-têps à remôter depuis B iusques deuers L, par exêple iusques en O, côme à descendre depuis K iusques à B, ou du moins qu'il n'y a nulle difference sensible, il est raisonnable de conclure que le poids garde la mesme proportion dans la diminution de sa vitesse depuis B iusques à O, que celle qu'il garde dans l'augmentation tombant depuis K iusques à B ou E: d'où l'on peut conclure la mesme chose que d'vne pierre qui tomberoit par vne ouuerture faite à trauers le diametre & le centre de la terre, à sçauoir que si le poids B alloit tousiours aussi viste que lors qu'il passe par le point E en descendant, qu'il feroit vn espace esgal à son demy-cercle entier KEL, en mesme temps, qu'il faisoit le quart de cercle KE en descendant, ou EL en

S iij

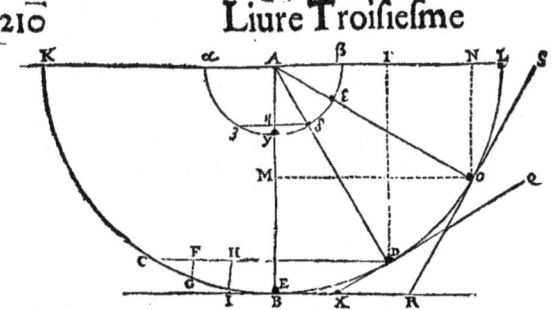

montant; car si l'on diuise KE en 5 parties, & EL, ou EO en 5 autres, l'on trouuera qu'il descend chaque partie en mesme temps qu'il monte chaque autre partie opposee: Or si l'on assemble toutes ces parties ensemble, à sçauoir 1, 2, 3, 4 & 5 du quart de la cheute KE, & 5,4,3,2,1 du quart de l'ascension EL, ou EO, l'on aura le mesme nombre que si l'on adioustoit seulement cinq fois ensemble le plus grand nombre, à sçauoir cinq : & la mesme chose arriue, quelque nombre de parties que l'on puisse s'imaginer ; par exemple si l'on diuise chaque quart ou autre partie de KE, & d'EL en 10 ou 20 parties, le 10 ou le 20, dix ou 20 fois repeté donnera le mesme nombre que tous les nombres des deux parties adioustees ensemble. Ce que Galilee applique au boulet de canō qui descendroit à trauers la terre, & qui iroit quasi aussi loin au delà du centre comme la hauteur dont il seroit tombé, en employant autant de temps à monter par delà ledit centre, qu'il en auroit employé en sa cheute. Mais outre que i'ay monstré cent fois fort clairement dans la seconde Proposition du second liure des Mouuemens, ie tiens que le boulet n'augmente pas tousiours sa vitesse en mesme raison qu'au commencement, & que s'il ne retardoit son mouuement à mesure qu'il approche du centre, du moins il rencontreroit bien-tost vn espace où sa vitesse ne s'accroistroit plus sensiblement, comme i'ay dit dans la Proposition precedente.

Quant au centre E de la chorde AE, il n'a pas la mesme vertu d'attirer le poids B mis en K, qu'a toute la terre pour l'attirer à son centre, vers lequel il tomberoit perpendiculairement, s'il n'estoit contraint de suiure le mouuement de la chorde, laquelle n'empesche pas qu'il ne descende en hastant sa cheute, en mesme raison que s'il tomboit par la perpendiculaire AE : c'est pourquoy l'on peut dire qu'en tombant de L en E par le quart du cercle LOD, descend par NO en faisant le tiers du cercle LO, ou par ID en faisant les deux tiers LD, & par ME en faisant les deux tiers OE, de sorte qu'il a fort peu à descendre au dernier tiers DE : de là vient qu'il va fort lentement, lors qu'il est seulement tiré en D, & qu'il va d'autant plus lentement que ses tours l'esloignent moins du centre E, auquel il se repose, apres auoir passé par tous les degrez passibles de tardiueté, dont il n'y a pas moyen de determiner le dernier ; quoy que si l'espace perpendiculaire ou circulaire, par lequel il s'approche continuellement du repos E, se diminuë tousiours en raison sous-doublee des temps de chaque retours, qui sont assez esgaux, & que l'on suppose la duree de toute la periode des tours & retours, l'on puisse determiner la longueur du dernier retour qui met B en repos. Mais parce que la grandeur des retours se diminuent insensiblement lors qu'il est seulement tiré d'E en I, l'on peut dire que cette diminution se fait à peu prés par parties esgales, & qu'il diuise la perpendiculaire IH, & la partie de cercle IE en autant de parties esgales, comme il fait de tours & retours dans le temps d'vne heure, car il est certain que le poids B pesant 7 ou

Des mouuemens & du son des chordes.

8 onces se monte du moins vne heure entiere lors qu'il est attaché à vne chorde ou à vn filet de 3 pieds & demy, qui fait iustement 3600 tours & retours dans vne heure ; par consequent la 3600 partie de la ligne droite I H, & de la circulaire I B est le dernier retour, ou la derniere cheute qui donne le repos au poids B, c'est à dire que la derniere cheute de B n'est que de la mil deux centiesme partie d'vne ligne, car I H a 3 lignes ou ¼ du pouce M B.

COROLLAIRE I.

Si l'on suppose A E de 3 pieds & demy, la chorde de cette longueur donne l'horloge à minutes, lequel i'ay expliqué dans la quinziesme Proposition du second liure des Mouuemens ; & qui est tres-commode à raison qu'il diuise iustement la minute d'heure en 60 parties pour faire les secondes minutes, lesquelles sont quasi le temps le plus court qui puisse seruir assez exactement aux obseruations qui desirent de l'attention & de la iustesse : quoy que si l'on veut marquer la moitié des secondes que le poids employe à descendre de C, ou de D en E, l'on puisse vser d'vne autre chorde sous-quadruple marquée A γ ; laquelle donnera chaque demie seconde par chacun de ses tours, ou de ses retours, & par consequent le quart d'vne seconde par chaque demy-tour ou retour de ♪ ou de ♪ en γ ; & lors que l'on obserue, il seroit à propos d'auoir ces 2 horloges, afin que l'on contast les tours du filet A γ, tandis que l'autre conte ceux d'A E, dont le nombre est tousiours sous-double du precedent.

COROLLAIRE II.

Le mouuement du poids B descendant de K, ou de L en E suffit pour desabuser ceux qui croyent que la vitesse d'vn poids qui descend perpendiculairement ne s'augmente pas en descendant : car l'experience en est si euidente dans la cheute de B par le quart du cercle L B, qu'il n'y a pas moyen de le contredire : Or cette augmentation de vitesse procede seulement de celle qu'il auroit en tombant par la perpendiculaire A B : de sorte que le poids fait la partie du cercle C D quasi en mesme temps qu'il feroit la perpendiculaire H I : & parce que l'experience fait voir que le poids tombant d'A en E descend du moins aussi viste de γ à E, que d'A à γ, puis qu'il fait 3 fois plus de chemin dans le 2 moment de sa cheute que dans le premier, comme nous auons monstré dans les premieres Propositions du second liure des Mouuemens, il s'ensuit qu'il descend d'autant plus viste de D à E que d'O à D, qu'il descendroit plus viste par la ligne perpendiculaire qui respond à l'arc D E, qu'il ne descendroit par celle qui respond à O E. Ce que l'on voit encore mieux dans la figure de la quatorziesme Proposition, où i'ay traité de cette matiere, d'où il est aisé de conclure pourquoy la chorde A B doit estre quadruple d'A γ pour faire ses retours en vn temps double ; c'est à dire pourquoy elle doit estre en raison doublee des temps pour auoir des retours de plus longue duree, ou en raison sous-doublee des temps pour auoir des retours plus courts selon la raison donnee : quoy qu'il faille obseruer ce que le mouuement circulaire peut changer dans ces raisons, car l'air empesche autrement dans le mouuement circulaire que dans le perpendiculaire ; & ces allongemens ne suiuent pas tousiours en mesme raison iusques au centre de la terre, puis qu'il en faut faire le mesme iustement que des

S iiij

cheutes perpendiculaires dont ils dependent, comme i'ay dit cy-deuant.

COROLLAIRE III.

Galilee remarque vne infinité de points dans la chorde A B, dont chacun a l'inclination de retourner à la ligne perpendiculaire lors que l'on en esloigne la chorde, & dit que toutes les parties ayant sa faculté d'y retourner d'autant plus viste, ou par vn cercle d'autant plus petit, qu'elles sont moins esloignees du point A, elles empeschent que le mouuement du poids O ne fasse de perpetuels tours & retours, encore que l'on se l'imagine dans le vuide sans l'empeschement de l'air : ce que l'on apperçoit en attachant vn autre poids à quelque point de la chorde A B, ou A O, par exemple au point ꞓ, car ce poids veut aller par le cercle ꞓ γ ; ce qu'il faut semblablement conclure de tous les autres points de la chorde A O, & ce que l'on apperçoit mieux dans vne chaisne de fer, ou d'autre matiere pesante, que dans vne chorde.

COROLLAIRE IV.

La cheute circulaire du poids B, & celle dont nous auons parlé par delà le centre de la terre, monstrent ce semble que la vitesse de la projection des corps pesans que l'on iette en haut, ou horizontalement, se diminuë en mesme raison, car le mouuement qui fait monter B depuis E iusques à O, est semblable à celuy de la projection, de sorte que ce qui ne peut estre experimenté dans le mouuement des missiles ordinaires, par exemple dans celuy des boulets de canon & de mousquet, ou dans celuy des flesches & des pierres iettees auec la fonde, ou la main, à raison de leur trop grande vitesse, peut s'obseruer par le moyen d'vne chorde de 30 ou 40 pieds de long, qui fait ses tours & ses retours si lentement, qu'on les peut diuiser en 3 ou 4 parties sensibles, afin de remarquer combien le poids va plus viste dans chaque partie.

Par exemple si l'on pend vn filet à vne voûte eslancee de 126 pieds, ou dauantage, comme est celle de S. Pierre de Beauuais, laquelle a 144 pieds de haut, & si l'on tire tellement le poids attaché au filet qu'il soit esleué perpendiculairement d'vne toise, il fera chacun de ses tours en 6 secondes, & par consequent il montera la moitié de chaque tour dans le temps de 3 secondes, de sorte que l'on pourra marquer le chemin qu'il fait en chaque seconde, & determiner de combien l'vne des trois parties de l'arc sera plus grande que l'autre, afin de sçauoir la proportion de la diminution qu'il garde dans la vitesse de son mouuement violent, ou dans celle de son mouuement naturel qu'il fait dans l'autre partie de son cercle.

COROLLAIRE V.

Ie laisse les autres vsages qui se peuuent tirer des tours & retours de telle chorde que l'on voudra, parce qu'ils vont quasi à l'infiny ; par exemple ils seruent à cognoistre la vitesse de la voix, & des autres bruits, & celle de l'Echo : la vitesse des boulets de canon, du vol des oyseaux, de la course des cheuaux, & de tous les corps qui ont quelque mouuement sensible. Mais parce que le poids estant tiré iusques en K, ou en L, employe autant de temps à descendre par le quart de cercle iusques à E, comme fait vn autre poids qui descend de

5 pieds & demy de haut, c'est à dire d'vne hauteur perpendiculaire de mesme longueur que le quart de cercle, il s'ensuit que le premier tour de K en E dure vn peu plus de la moitié d'vne seconde, & ce d'autant plus qu'il faut plus de temps au poids pour tomber d'vne hauteur perpendiculaire de 5 pieds & demy, que de la hauteur de 5 pieds, qu'il fait iustement dans vne demie seconde.

C'est pourquoy toutes les experiences qui ont esté faites par ce premier retour, & par les 3 ou 4 qui suiuent immediatement, pour mesurer la vitesse des missiles, & du bruit, ont plustost leurs temps vn peu trop longs que trop courts, & par consequent nous auons plustost marqué leur vitesse plus grande que moindre qu'elle n'est.

COROLLAIRE VI.

La mesme raison qui monstre que les differentes cheutes des corps pesans vers le centre de la terre sont en raison doublee des temps, prouue semblablement que les longueurs des chordes qui seruent à mesurer le temps, doiuent estre en raison doublee des temps que l'on veut mesurer. Or la raison de la longue duree de la periode des tours & retours de chaque chorde depend de l'inclination des plans, sur lesquels on peut s'imaginer que les poids attachez à la chorde se meuuent: car si l'on considere le quart de cercle de leur descente comme estant composé d'vne infinité de plans differens, l'on trouuera que le plan qui approche de la contingente est si peu incliné sur l'Horizon, & a si peu de pente, que la boule qui rouleroit dessus ne feroit pas l'espace d'vn pied dans vn iour entier, comme il est aisé de conclure par ce qui a esté dit dans la sept & huictiesme Proposition du second liure, dont on peut icy appliquer la speculation.

ADVERTISSEMENT.

Il faut accommoder tout ce que i'ay dit de l'Echo depuis la vingt-six iusques à la vingt-neufiesme Proposition du liure des Sons, suiuant les obseruations plus particulieres que i'ay fait depuis en des lieux differens, lesquelles sont expliquees dans la Proposition qui suit, & qui donne plusieurs choses qui n'auoient pas esté remarquees.

PROPOSITION XXI.

Determiner les iustes mesures des lignes vocales de l'Echo, & les vtilitez qui s'en peuuent tirer pour la Philosophie, & pour les Mechaniques.

IL est certain que toutes sortes d'Echo qui respondent sept syllabes prononcees dans le temps d'vne seconde minute, doiuent estre esloignez de 485 pieds de Roy, c'est à dire prés de 81 toises, & consequemment que la distance des Echos esgale à la portee d'vne arquebuse de blanc en blanc, laquelle est de cent toises, comme nous auons experimenté, est trop grande pour ne respondre que lesdites sept syllabes. Or cette mesure de l'Echo, ou de la reflexion de la voix, & des autres bruits est si asseuree, que toutes les experiences la confirment. Ce que l'on esprouuera aisément auec nostre horloge à secondes minutes, dont i'ay parlé dans la quinziesme Proposition: car elle marque vne seconde minute pour la prononciation des sept syllabes par son premier tour, & la reuerberation de l'Echo par son retour. Surquoy il faut premierement remarquer que l'Echo est tousiours d'vne esgale vitesse en toutes sortes de temps, soit qu'il fasse du broüillard, ou que l'air soit clair & serain, ou que le vent soit à gré, ou contraire, ou de trauers: car nous auons experimenté plusieurs fois, & en plusieurs lieux toutes ces Varietez.

En second lieu, que les vents ou les autres impressions de l'air contraires à l'Echo l'affoiblissent, ou le rendent inutil, parce qu'il n'est pas entendu, encore qu'ils n'en empeschent nullement la vitesse.

En troisiesme lieu, que la mesure precedente de l'Echo est plustost trop longue que trop courte, & consequemment que la distance de 69 ½ pieds de Roy, (ou pour esuiter la fraction) 69 pieds suffisent pour vne syllabe prononcee dans la septiesme partie d'vne seconde : de sorte qu'il faut reformer les mesures de l'Echo, dont i'ay parlé depuis la vingt-sixiesme Proposition du liure des Sons, suiuant cette Proposition, d'autant que ie n'auois pas encore fait des obseruations assez exactes.

En quatriesme lieu, il semble qu'on peut conclure la vitesse de la voix & des autres bruits par le moyen de l'Echo, car puis qu'il respond les sept syllabes, *Benedicam Dominum*, ou telles autres qu'on voudra, & qu'il les renuoye dans vne seconde minute, la derniere syllabe *num* fait 485 pieds de Roy en allant, & autant en retournant dans le temps d'vne seconde, c'est à dire 162 toises ou enuiron : de maniere qu'on peut choisir ce nombre de toises pour la vitesse des Sons reflechis, laquelle i'ay tousiours trouué égale, soit que l'on vse du bruit des trompettes & des arquebuses, ou de celuy des pierres, & de la voix graue ou aiguë: ce qu'il faut soigneusement remarquer, afin de quitter les differentes opinions, ou plustost les erreurs, touchant la plus grande vitesse des Sons forts & aigus, que des foibles & des graues, & des autres circonstances, que i'explique icy suiuant la grande multitude d'epreuues que i'en ay faites en presence de plusieurs, & que tous peuuent faire pour se desabuser eux-mesmes.

En cinquiesme lieu, l'on peut conclure le nombre des syllabes prononcees dans vn temps donné, qui peuuent estre repetees par l'Echo d'vne lieuë, ou de telle autre longueur que l'on voudra: car puis qu'il y a 2500. toises dans vne lieuë, & que l'experience enseigne que la voix va tousiours d'vne esgale vitesse iusques à l'extremité de son estenduë: ce qui arriue semblablement à toutes sortes d'autres bruits, il s'ensuit que l'Echo d'vne lieuë peut respondre 208 syllabes, en donnant la distance de 12 toises à chaque syllabe : Or l'on employroit vn peu plus de neuf secondes à prononcer ces 208 syllabes de mesme vitesse que les 7 precedentes.

Par où l'on peut examiner tous les Autheurs qui traitent de l'Echo, & des autres choses appartenantes à la voix: par exemple, ce que Boissard rapporte dans sa Topographie de Rome, page 34, dont nous auons desia parlé dans la trente-septiesme Proposition du liure des Sons, à sçauoir que l'Echo de la tour de Metellus prés du mont Auentin respond 8 fois le premier vers de l'Æneide tout entier,

Arma virúmque cano Troiæ qui primus ab oris.

Ce qui ne peut arriuer (supposé que celuy qui pronôce ce vers entende distinctement huit repetitions les vnes apres les autres, & qu'il le prononce en 2 secondes, qui sont le temps le plus brief de tous les possibles, lors qu'on pro-

Des mouuemens & du son des chordes. 215

nonce assez fort pour en entendre l'Echo) qu'en 32 secondes, qui seroient employees à la continuelle repetition de ces 8 fois, & à la premiere prononciation, encore que ce vers n'eust que 14 syllabes. Et parce que le lieu de l'Echo doit estre esloigné de 162 toises pour repeter vne fois seule 14 syllabes, & de 8 fois autant, c'est à dire de 1196 toises, pour repeter ce vers 8 fois de suite, sans que l'vne anticipe sur l'autre, il s'ensuit que la derniere muraille, ou l'autre corps qui reflechit la 8 ou derniere fois, est esloigné de 1296 toises de celuy qui prononce, soit en droite ligne, ou par diuers contours, lesquels la voix peut faire par vne grande multitude de differentes reflexions : ou si nous prenons seulement 12 toises pour la repetition de chaque syllabe (c'est à dire la moindre distance de toutes les possibles) le vers de 14 syllabes, qui se repete vne seule fois, requiert vn Echo esloigné de 154 toises, & se repetant 8 fois de suite, le corps reflechissant doit estre esloigné de 1232 toises, c'est à dire quasi d'vne demie lieuë : par consequent la voix doit estre assez forte pour estre ouye aussi distincte & aussi forte d'vne lieuë, qu'elle est ouye dans la 8 repetition du vers, parce que la voix de l'Echo fait vne lieuë en contant son allee & son retour, ce qui ne peut arriuer à la voix ordinaire des hommes, soit de iour ou de nuict : car l'experience enseigne que l'Echo de 14 syllabes est si foible aux dernieres syllabes, que l'on a de la peine à l'ouyr, ou à crier assez fort pour faire respondre cet Echo de 154 toises.

En sixiesme lieu, l'on peut mesurer la largeur des fossez d'vne ville, ou de tels autres lieux accessibles ou inaccessibles par le moyen de l'Echo ; par exemple, si les murailles de la ville respondent seulement vne syllabe prononcee dans ½ de seconde de dessus le bord desdits fossez, ils n'ont tout au plus que 12 toises de largeur, & si l'on en est tellement esloigné que l'Echo responde 7 syllabes prononcees dans vne seconde, & qu'il y ait 60 toises du lieu où s'entend l'Echo iusques sur le bord des fossez, ils seront larges de 21 toises.

Ie laisse mille autres vtilitez qui se peuuent tirer des Echo, afin d'expliquer la seconde partie de cette Proposition, qui consiste à trouuer des Echos en toutes sortes de lieux.

Ie dy donc que l'on trouue des Echo en toutes sortes de lieux où il y a quelque muraille, dont on peut s'esloigner de 12, 24, 48, ou dauantage de toises : & si l'on peut s'esloigner autant de la surface de la terre en montant en haut, & que la ligne vocale tombe perpendiculairement, l'on entendra aussi des Echos. I'ay dit *perpendiculairement*, d'autant que la voix qui tombe obliquement sur vn plan poli, ne reuient pas à celuy qui parle, puis qu'elle se reflechit par des angles esgaux à ceux de son incidence, comme i'ay expliqué dans le liure des Sons, Proposition vingt-sept & vingt-huict. Mais parce que les murailles ne sont pas polies, il peut arriuer que l'Echo retourne à celuy qui parle, encore que le plan du mur ne reçoiue pas entierement les lignes vocales perpendiculaires, comme il arriue à la lumiere qui rejalit de tous costez à la rencontre d'vn corps brute & raboteux. Or l'experience fera voir tout cecy si clairemēt à ceux qui la voudront faire, qu'il n'est pas necessaire d'en parler dauantage.

COROLAIRE I.

La lieuë dont ie me sers icy, & és autres lieux de cet œuure, est esgale à celle des banlieuës de plusieurs villes, par exemple à celle de la coustume d'Anjou, article 22. laquelle luy donne mille tours de rouë chacun de 15 pieds de Roy; & parce que la voix fait 162 toises dans vne seconde, & que l'on donne 7200 de ces lieuës au circuit de la terre, il s'ensuit qu'vne voix assez forte feroit quasi le tour entier de la terre dans 30 heures, & que si les Seigneurs souuerains vouloient mettre des postes de la voix, ou d'autres bruits, qu'ils pourroient auoir des nouuelles en moins de deux iours de tout ce qui se passe sur la terre.

COROLLAIRE II.

L'on peut sçauoir de combien vne voix est plus forte l'vne que l'autre par le moyen de l'Echo, car si l'vne n'a la force que de faire repeter 4 syllabes, & l'autre 8, celle-cy sera plus forte de moitié, & ainsi des autres. Où il faut remarquer que plusieurs ne peuuent se persuader que la voix forte n'aille point plus vite que la foible : mais ils quitteront cette opinion à la premiere experience qu'ils en feront, soit que le son se fasse par le seul battement de l'air, ou par les images de la voix que l'on appelle intentionelles.

La mesme chose arriue aux cercles de l'eau, qui ne se font pas plus vite quand on la frappe plus fort.

L'on peut encore deduire beaucoup de conclusions de nos espreuues, par exemple, que le son de l'Echo qui reuient est aussi viste que celuy qui y va, & que la voix va aussi viste à la fin de sa course qu'au commencement, ce qui semble merueilleux, soit que le son se fasse par les encyclies ou cercles que l'on s'imagine dans l'air, semblables à ceux qui se font dans l'eau, ou par le moyen des atomes & petits corps que l'on s'imagine sortir de la bouche, ou se rencontrer dans l'air, ou que l'air estant vne fois esbranlé prenne de luy-mesme vn mouuement naturel qui ait tousiours vne esgale vitesse, comme il arriue aux retours des chordes qui sont tousiours esgaux, &c. Car d'où vient que les plus grands vents du monde, quoy que contraires, n'empeschent point la vitesse des sons ? & que la violente impression que font les coups de canon, & des fouets des chartiers ne meut point l'air plus viste que la moindre impression de la voix ? Si les bruits remplissoient l'air dans vn moment, comme fait la lumiere, l'on en vseroit pour les expliquer, mais puis qu'ils employent d'autant plus de temps à s'estendre dans l'air, qu'ils sont plus esloignez, ie ne sçay comme l'on peut expliquer cette difficulté : quoy qu'il en soit, il est certain que nos obseruations sont veritables, & bien exactes : ce que l'on auoüera lors qu'on les aura faites.

Ie laisse plusieurs difficultez que l'on peut semblablement resoudre par l'experience, par exemple, si le boulet du canon va plus ou moins viste que la bale de mousquet ou de pistolet, & combien il est long-temps à monter & à redescendre estant tiré perpendiculairement, &c. ce qui est aisé d'obseruer par le moyen de nostre horologe, qui peut seruir pour sçauoir combien il fait de toises en montant, pourueu que l'on apperçoiue le commencement & le temps de son retour, ou de sa cheute : par exemple, si l'on tire dans vne nuit obscure, & que le boulet soit rougi ou couuert de feu d'artifice, l'on remarquera le momēt qu'il commence à tōber; & si sa cheute dure ½ de minute, c'est à dire 30 secondes, il est certain que le boulet aura monté deux lieuës entieres, puis qu'il doit descendre 800 toises dans 30 secondes selon nos obseruations precedetes, qui peuuent estre examinees en plus grand volume par cet essay : mais il faut choisir

vn temps

Des mouuemens & du son des chordes.

vn temps fort calme, afin que le boulet ne fasse nul angle que le droit en retombant: quoy que l'on puisse icy former vn doute qui empesche la certitude de l'experience, à sçauoir si l'impression precedente, qui a poussé le boulet en haut, ne dure point encore au commencement, ou tout au long de la cheute, de sorte qu'elle retarde vn peu son mouuement naturel suiuant le peu de vigueur qui luy reste: car il n'est pas necessaire que l'impetuosité violente cesse entierement lors qu'il descend, mais il suffit que la pesanteur ou l'inclination naturelle qu'il a de retourner en bas, ou que l'atraction de la terre vainque ladite impetuosité: or l'on peut experimenter ce qui en est, en remarquant si le boulet qui retombe ainsi descend moins viste que si on le laissoit tomber de mesme hauteur, sans qu'il eust esté poussé en haut par la violence du feu, ou par quelqu'autre impression: par exemple, si l'on iette vne pierre 48 pieds en haut, & qu'elle retombe dans 2 secondes, comme elle fait lors qu'on la laisse cheoir de cette hauteur, l'on peut dire que l'impression violente est entierement esteinte au moment qu'elle commence à retomber, ou du moins que cette impression est si affoiblie qu'elle n'est nullement considerable.

COROLLAIRE III.

Encore que i'aye experimenté les Echo en plusieurs lieux, il n'est pas neantmoins hors de propos de marquer les principaux dans cette Proposition, à sçauoir la maison de Monsieur d'Ormesson, située dans la valee de Montmorency, celles de Monsieur de Verderonne, où i'ay mesuré assez exactement la distance necessaire pour faire respondre tant de syllabes que l'on voudra à toutes sortes de corps, qui sont disposez pour renuoyer & reflechir le son iusques au lieu où il a premierement esté produit. Où il faut remarquer que ie n'entreprens pas icy faire des demonstrations Geometriques, mais seulement d'expliquer nos obseruations, & d'en tirer quelques conclusions qui puissent seruir aux meilleurs esprits pour passer plus auant. Or nous auons fait respondre 14 syllabes la nuit à celuy d'Ormesson, en nous esloignant assez, quoy que de iour il n'en puisse respondre que 7, auec la mesme force du son que l'on fait de moitié plus prés: d'où l'on peut conclure que le iour empesche quasi la moitié de l'estenduë & de la portee de la voix.

COROLLAIRE IV.

Si le son se fait ou s'estend par des cercles de l'air semblables à ceux qui se font dans l'eau que l'on frappe, & qu'il soit permis de iuger de la densité de l'air & de l'eau par la comparaison des vitesses de leurs cercles, l'on trouuera que l'eau est du moins mille fois plus dense que l'air, d'autant que le cercle de l'eau ne s'estend tout au plus que d'vn pied depuis son centre iusques à sa circonferance, tandis que le cercle qui porte le son s'estend mille pieds: ce qu'il est aisé d'esprouuer par le moyen de nostre horloge à secondes, car les cercles de l'eau n'auancent & ne croissent que d'vn pied dans le temps d'vne seconde, dans laquelle la voix fait prés de mille pieds; & si l'on suit la raison doublee ou la triplee d'vn à mille, l'eau sera vn million ou vn trilion de fois plus espaisse & plus corpulente que l'air. Mais il n'est pas certain que le son se fasse par lesdits cercles de l'air, & quand cela seroit certain, l'on auroit encore sujet de douter s'il faudroit comparer ceux de l'eau auec ceux de l'air, parce qu'il est certain que le son qui se fait sous l'eau ne se porte pas par les cercles visibles que nous voyōs dessus, autrement le son employroit autant de temps à venir du fond de l'eau iusques à l'oreille, comme les cercles s'estendre par vn espace esgal : ce qui n'arriue pas, puis qu'il semble que le son fait sous l'eau s'entend aussi viste que celuy qui se fait dans l'air, soit que l'on plonge l'oreille sous l'eau, où se fait le son, ou qu'elle demeure dans l'air, comme nous auons experimenté. D'où l'on peut conclure que le son se fait, tant dans l'air que dans l'eau, par vn mouuement & par des cercles inconnus, & que la qualité de cette impression n'est pas moins inuisible que celle des missiles : car si le son se produit par des cercles semblables à ceux de l'eau, comme peut-il arriuer que les vents contraires qui semblent se faire par d'autres cercles contraires, ne retardent point le son; ce qui est aussi mal-aisé d'expliquer par les images que l'on appelle *especes intentionnelles*, puis que l'on auoüe qu'il est necessaire qu'elles soient accompagnees du mouuement, & des cercles de l'air.

COROLLAIRE V.

Lors que l'on fait l'experience de l'Echo, ou des autres choses qui consistent à obseruer le temps & à regler les secondes minutes, il faut seulement tirer le poids attaché à la chorde iusques à l'angle de 45 degrez, qu'elle fera auec sa perpendiculaire, c'est à dire auec la ligne perpendiculaire au plan sur lequel on est lors qu'on fait l'obseruation ; parce que si on la tire iusques à ce qu'elle fasse vn angle droit auec ladite perpendiculaire, son tour dure vn peu plus d'vne seconde ; de sorte que celuy qui la tirera iusques à cet angle, sera asseuré que la voix ira du moins aussi viste qu'vne seconde, & mesmes vn peu plus viste.

COROLLAIRE VI.

Puis qu'il y a des lieux qui ramassent mieux la voix, & qui renuoyent vne plus grande quātité de lignes vocales à l'oreille les vnes que les autres, il est certain qu'il se peut rencontrer des lieux tellement disposez, que le second ou le troisiesme, quoy que plus esloigné, repetera plus fort que le premier, comme l'on peut establir ; miroirs, dont le 2 ou le 3 plus esloigné reflechira vne plus grande quantité de rayons que le premier plus proche.

Mais ie ne croy pas qu'il soit possible de faire des Echo qui respondent en autre langue, ny d'autres syllabes que les mesmes que l'on prononce, n'y ayant nul ressort lequel puisse estre debandé pour former de nouuelles syllabes par le mouuement de l'air qui fait le son, puis que ce mouuement d'air est insensible, lors qu'il arriue aux lieux qui reflechissent, lesquels ne renuoyent tousiours que les mesmes syllabes qu'ils reçoiuent, quelque forme ou figure qu'on leur puisse donner : de sorte que l'on ne peut pas faire tant de varietez auec l'Echo qu'auec les miroirs, ou auec les verres, si la nature ne nous enseigne d'autres phenomenes que ceux que l'on a remarqué iusques à present.

L'on peut neantmoins faire que les syllabes & les dictions que respondra l'Echo appartiennent à deux ou plusieurs idiomes, comme ie monstre dans le 7 Corollaire, qui peut seruir pour faire trouuer de nouuelles inuentions par le moyen des Echo.

Des mouuemens & du son des chordes. 219

COROLLAIRE VII.

Expliquer la maniere de faire des Echos qui respondent d'vn autre langage que celuy qu'ils reçoiuent.

IL y a plusieurs idiomes qui ont quelque ressemblance, & dont certaines sylla-bes ou dictions ont vne telle correspondance, que l'Echo peut respondre d'vn autre idiome que celuy dont on vse en luy parlant : & c'est peut-estre ce qui a fait dire à quelque Autheur que les Echo peuuent respondre en François à celuy qui parle Espagnol ; ce qui sera plus aisé d'entendre par l'exemple qui suit, lequel a seruy à Tournon durant les honneurs funebres rendus à Henry IV. dans l'Eglise de S. Iulian le 30 Iuillet 1610, que par vn plus long discours : car les dernieres syllabes de cet Epitaphe Grec Anapestique & Acrostique font ce quatrain François pour la responce de l'Echo.

,   Helas qui ne gemit vn Heros si vaillant ?
,   Henry mort à Paris gist icy sous la lame,
,   Ie faus, cy ne sont qu'os, sus à repos son ame,
,   Mais viuant en Louis à tous la paix donnant.

	Grec		Réponse
E	ρέφε τηχυπᾶς σκυ꜀ε꜀ς ὃδ' αἲ λᾶς;		Helas
P	πσις ὅτεν; ἄγων θήκη ναῇ γέμει,		Qui ne gemit ?
P	ύσον, ὃν ὁμοκλᾶῇ ἤγε σὸς, ουὗ ἔρως;		Vn Heros
I	ειν, αἰὰ πόσις κεινοσι, βαλίας ;		si vaillant ?
K	σου δ' ὄνομα τίς ὁ ἢ εὕρει ;		Henry
O	ια ὁ ἔπαθεν δενόμεσα, πάρης,		mort à Paris
Σ	ορὸς ὒ ; αἲ αρ'! τίς ὁ γηθισι;		gist icy
B	ασιλεύς ! ἐν ἄγη ὠ σοῦς ἀλλά με :		sous sa lame,
P	υκ ἐςιν ὅλας ζωῆς τῷγε φῶς ;		Ie faus,
B	ἃ μὲν δ' ὀδύνα ὃς σεωῖς σ' ὄγχος ;		cy ne sont qu'os :
O	ἢ νοῦς ποθ' : ἀχρις ἔχη σου ἀρρεπῶς:		sus à repos
N	σις αἴω φέρε λιπτ δ' εασονά με ;		son ame,
I	εκυς εἰ ἄδε, δυῖες τὸν ἄμες βιβάῃ ;		Mais viuant
O	ρα; ὒ χὶ σιγὸ λίβεσ αἲ λουίς.		en Louis
O	λικοῖς ἀγαθὸν ἢ δρᾶοι ἀγαθοῖς,		à tous
Σ	μέχρι πῶς ὡς κακοῖ παῖς, δὐ ναῇ.		la paix donnant.

Or bien qu'il faille vn peu aider à la lettre, comme l'on dit ordinairement, neantmoins la rencontre en est gentille ; & il suffit qu'il y ait quelques respon-ses sans estre forcees, comme est la premiere *helas*, pour faire voir qu'vn hom-me qui n'entend que le François, peut entendre le sens des paroles de l'Echo, quoy qu'il responde en Grec.

COROLLAIRE VIII.

Puis que les Echo se rencontrent en toutes sortes de lieux où il y a des mu-railles, il est à propos que ceux qui aiment la Philosophie en fassent eux-mesmes l'experience, sans se fier aux nostres, que ie ne donne pas si reglees que l'on n'y puisse remarquer quelques toises de plus ou de moins, lors qu'il est question de la distance du lieu où se fait le bruit, iusques au lieu qui reflechit: i'ay dit de plus ou de moins, parce qu'il est certain que bien que la voix fasse 81 toises en allant & autant en reuenant, dans le temps d'vne seconde minute, il peut neantmoins arriuer que l'on remarquera quelques toises de plus ou de moins en de certaines experiences, suiuant la rareté, ou la densité, & les autres alterations de l'air: ce que l'on cognoistra aux Echo qui se font à trauers les fossez pleins d'eau, les estangs, les riuieres, & les marests, & à trauers les terres seiches.

Si la vitesse des Echo, c'est à dire des bruits reflechis, suiuoit celle des bruits qui se font tout droit sans reflexion, il faudroit s'esloigner de 115 toises, c'est à dire de 34 toises dauantage, des murailles qui renuoyent le son, parce qu'il fait 230 toises dans vne seconde minute, suiuant l'experience que nous auons faite de 1152 toises, qu'il fait dans le temps de cinq secondes: mais il se peut faire que cette differēce de vitesse vienne de ce que le son droit ne va pas si viste aux cent premieres toises qu'aux suiuantes, & qu'il ne fasse que 162 toises dans la premiere seconde, & 247 ½ toises dans chaque autre seconde: dont nous donnerons la resolution apres l'auoir experimenté tant aux sons droits qu'aux reflechis, car si l'esloignement de 81 toises fait l'Echo de 7 syllabes prononcees dans vne seconde, & qu'il faille augmenter cet esloignement de 115 toises & ½ pour entendre l'Echo, ou la repetition de 14 syllabes prononcees en deux secondes, il faudra conclure que le son droit & reflechy vont d'vne mesme vitesse, & qu'ils ne vont pas si viste au commencement comme ils vont apres.

COROLLAIRE IX.

Lors que i'ay dit que la chorde de 3 pieds & demy marque les secondes par ses tours ou retours, ie n'empesche nullement que l'on n'accourcisse la chorde, si l'on trouue qu'elle soit trop longue, & que chacun de ses tours dure vn peu trop pour vne seconde, comme i'ay quelquefois remarqué, suiuant les differentes horloges communes ou faites exprez: par exemple, le mesme horloge commun, dont i'ay souuent mesuré l'heure entiere auec 3600 tours de la chorde de 3 pieds & demy, n'a pas fait d'autresfois son heure si longue: car il a fallu seulemēt faire la chorde de 3 pieds pour auoir 900 retours dans l'vn des quarts d'heure dudit horloge: & i'ay experimenté sur vne mõstre à rouës faite exprez pour marquer les seules secondes minutes, que la chorde de 2 pieds & demi ou enuiron faisoit ses tours esgaux ausdites secondes. Ce qui n'empesche nullement la verité ny la iustesse de nos obseruations, à raison qu'il suffit de sçauoir que les secondes dont ie parle, sont esgales à la dureté des tours de ma chorde de trois pieds & demy; de sorte que si quelqu'vn peut diuiser le iour en 24 parties esgales, il verra aisément si ma seconde dure trop, & de combien elle est trop longue.

Des mouuemens & du son des chordes. 221

PROPOSITION XXII.

Expliquer plusieurs circonstances & proprietez des Mouuemens, tant naturels que violens, soit obliques, ou perpendiculaires: où l'on voit l'examen des pensees & des experiences de Galilee sur ce sujet.

ENcore que i'aye desia parlé des Mouuemens naturels qui se font sur les plans inclinez, dans le second liure, neantmoins les pensees du sieur Galilee iointes à nos obseruations meritent cette Proposition.

Or il dit à la fin de ses Dialogues qu'vn quart de cercle estant disposé com-

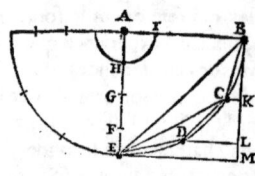

me A B E, la boule parfaitement ronde & polie descend & roule en mesme temps, c'est à dire aussi-tost de B en E par le quart de cercle, que du point C, ou D, ou de tel autre point que l'on voudra, pour proche qu'il puisse estre du point E, ou du moins que la difference des temps n'est pas sensible: ce qu'il faut examiner auant que de passer outre.

Ie dy donc premierement qu'ayant disposé vn crible suiuant son intention, toutes les experiences monstrent que la boule descend plustost de C, ou de D, ou de quelqu'autre point plus bas, en E, que du point B, & que la difference des temps est assez sensible pour estre apperceuë. Surquoy il faut remarquer que les inesgalitez qui peuuent estre sur les costez du crible, ou sur la boule, ne peuuent pas haster le mouuement de la boule qu'elles retarderoient plustost. Or le crible qui a seruy à nos experiences a 21 pouce en diametre, ou enuiron, & 16 pouces dans la courbeure de son quart representé par le quart de cercle B E.

En 2 lieu, ie dis qu'vne boule d'or pur, dont le diametre est enuiron de 5 lignes, & la pesanteur de demie once, & demi gros, moins deux grains & demi, fait dix tours & autant de retours sur les bords du crible, auant que de se reposer en E, lors qu'elle roule depuis le point B: quand elle roule depuis 45 degrez, elle fait 8 tours & autant de retours: lors qu'elle descend de 10 degrez, elle en fait 5; & lors qu'elle descend seulement de 2 degrez, elle en fait deux; ce qui s'entend tousiours de chaque costé.

En 3 lieu, quand elle descend de 90 degrez, c'est à dire du point B iusques en E, elle remonte de l'autre costé iusques à 70 degrez; & lors qu'elle y reuient pour la seconde fois, elle monte iusques à 45 degrez; & puis elle monte iusques au 4, 35, 30, 20, 15, 10, 5, & 2 degrez au 3, 4, 5, 6, 7, 8, & 9 retour qu'elle fait du costé gauche.

Mais lors que la boule est plus pesante, comme est celle de plomb, dont le diametre est d'vn pouce, elle fait vn plus grand nombre de tours & de retours, car cette boule en fait 12 de chaque costé: au lieu que la boule de sureau de mesme grosseur que celle d'or, & qui ne pese qu'vn grain & demi, ne fait que 4 tours & autant de retours auāt que de se reposer, lors qu'elle tombe de B en E; quoy qu'elle monte de l'autre costé iusques à 55 degrez, elle ne fait que 2 retours en tombant de 10 degrez, & vn seul en descendant seulement de 2 degrez.

T iiij

Ie laisse aux Geometres à determiner de combien chaque degré augmente ou diminuë lesdits retours, car les experiences sont grossieres pour ce sujet.

En 4 lieu, ces retours sont semblables en plusieurs choses à ceux des poids attachez à la chorde qui va d'vn costé & d'autre, dõt i'ay parlé cy-deuant: car la boule descend naturellemẽt & monte violemment dans le crible, cõme elle fait estãt suspenduë à la chorde, & est autant de temps à monter qu'à descendre, à chaque tour qu'elle fait; c'est à dire que le tour composé de sa descente & de sa montee estant diuisé en 2 temps esgaux, laisse la descente d'vn costé & la montee de l'autre: mais si l'on compare l'vn des derniers tours auec l'vn des premiers, par exemple, celuy de C en E à celuy de B en E, on trouuera que celuy-là se fait plustost que cetuy-cy : ce qui arriue aussi à la chorde, dont les moindres retours se font plustost que les plus grands, quoy qu'il semble que leurs temps ne soient pas si differens que ceux des retours des boules qui roulent dans le quart de cercle. Il faut neantmoins remarquer qu'il y a moyen de rendre la difference de ces temps sensible dans la chorde, comme i'ay fait plusieurs fois ; encore qu'on n'apperçoiue pas ordinairement cette difference dãs les experiences grossieres que l'on en fait, suiuant lesquelles il faut entendre ce que i'ay dit en d'autres lieux, à sçauoir que tous ses retours se font en temps esgal.

En 5 lieu, il y a de l'apparence que les mouuemens violens des missiles que l'on iette auec la main ou autrement, se diminuent en mesme raison que les mouuemens naturels s'augmentent, puis que la boule remontant dans le quart de cercle du crible, ou dans celuy que fait la chorde, diminuë sa violence, & son mouuement en mesme raison qu'elle auoit augmenté son mouuement naturel de B en E, & que la pierre iettee en haut perpendiculairement auec la main est aussi long-temps à monter qu'à descendre : d'où l'on peut tirer plusieurs conclusions fort vtiles pour les Mechaniques, qui meritent vn traité particulier.

I'adiouste seulement que si toutes sortes de missiles diminuent leur vitesse en mesme raison que le mouuement naturel augmente la sienne, l'on peut dire combien ils doiuent monter en haut, supposé que l'on sçache le temps qu'ils employent à faire la premiere partie de leur chemin : par exemple, puis que l'experience enseigne que la bale d'arquebuse, qui porte cent toises de blanc en blanc, fait lesdites cent toises dans le temps d'vne seconde & demie, elle employe 21 seconde & demie à monter ; posons neantmoins qu'elle n'employe que 21 seconde pour faciliter le calcul : Ie dy qu'elle montera perpendiculairement 832 toises & vn pied, comme il est aisé de conclure par la 5 Proposition du 2 liure, où l'on en voit la demonstration dans vne table particuliere : par consequent la bale ne montera que 12 pieds dans la 21 ou derniere seconde, car la raison des vitesses du mouuement violent est inuerse de celle du mouuement naturel. Par où l'on peut encore conclure combien la grande portee de 45 degrez surpasse la perpendiculaire, par exemple, si la grande portee est 9 ou 10 fois plus grande que celle de blanc en blanc, elle surpassera la perpendiculaire de 60 ou de 160 toises : L'on peut aussi dire combien la pierre que l'on iette en haut ira loin, si l'on cognoist la vitesse de la main qui lasche la pierre : quoy qu'il faille premierement sçauoir la resistance de l'air comparee à la pierre : car de deux boules, ou autres missiles de differente grosseur, & de mesme matiere, la plus grosse surmonte l'air plus aisément, à raison que sa

Des mouuemens & du son des chordes. 223

surface touche moins d'air à l'esgard de sa solidité que la surface de la moindre boule à l'esgard de sa solidité; par exemple, la boule d'vn pouce en diametre, dont la pesanteur est d'vne once, ayant 1 de surface, celle dont le diametre est de 2 pouces a 4 de surface, & par consequent cette boule est empeschee comme 4 par l'air, & la moindre comme 1; mais la motion imprimee dans la plus grosse est comme 8, & celle qui est dans la moindre n'est que comme vn, puis que ces impressions se font dans toute la solidité des boules: d'où il arriue que la plus grosse, quoy que iettee d'vne mesme vitesse que la moindre, peut neantmoins aller plus loin: ce qu'il faut encore appliquer aux corps de mesme grandeur, dont les vns sont plus legers que les autres. Or le plus gros corps ayant 3 degrez de force, & n'ayant que 4 degrez de resistance opposez, il luy reste encore 4 degrez de force, au lieu que le moindre n'a qu'vn degré de force & autant de resistance opposee: ce qui peut troubler & empescher ce que i'ay dit de la vitesse & de la longueur du mouuement violent comparé au mouuement naturel.

Or i'ay seulement dit que cette raison des diminutiõs a de l'apparence, parce que tous les phenomenes ne respondent peut estre pas à ces diminutions, par exẽple, les bales & boulets d'armes à feu & les autres missiles iettez en haut ne font pas de si grands effets en retõbant, cõme ils font en sortant de l'arquebuse, du canon, & des arbalestres, comme croyent plusieurs : l'on peut voir cependant si les boules que l'on fait rouler sur le plan horizontal gardẽt la raison susdite en diminuant leur vitesse : mais ces difficultez meritent des traitez entiers.

La seconde chose que remarque Galilee, consiste aux mouuemens qui se font sur les plans appliquez dans le quart, ou dans le demi cercle, car il asseure que la boule descend aussi viste par le plan A E, que par le plan C E, ou D E, ou tel autre qu'on voudra, quoy qu'il ne contienne qu'vn degré: surquoy nous auons fait beaucoup d'experiences qui ne nous satisfont pas, c'est pourquoy il suffit de voir celles qui sont expliquees dans la 7 Proposition du 2 liure, d'où l'on pourra tirer la solution de cette difficulté, iusques à ce que nous rencontrions des machines assez grandes pour rendre la difference des temps assez sensible.

Il adiouste que la boule descend par le diametre entier du cercle en mesme temps qu'elle descend sur tel plan incliné que l'on voudra appliqué dans le demi-cercle, ou dans le quart de cercle; par exẽple, qu'elle descend aussi-tost d'A en B, dans cette 2 figure, que de C, ou de D, ou d'E en B : dont la raison est qu'elle a d'autant moins d'inclination à descendre, qu'elle est plus proche du centre, & qu'elle est plus soustenuë par le plan. Ie laisse les autres raisons expliquees dans la susdite 7 Proposition, ausquelles on peut adiouster que la partie de la boule, selon laquelle elle est portee & soustenuë par le plan, peut estre cõsideree comme le contrepoids de la partie qui n'est pas soustenuë, selon laquelle elle veut tomber.

La 4 chose qu'il remarque consiste dans le rapport des cheutes par le quart de cercle, & par les plans qui y sont appliquez: car il maintient que la boule roule pluftost de G en B par le quart de cercle entier, que par le plan G B, ou H B, ou tel autre plan que l'on voudra, quoy qu'il ne couurist qu'vn degré.

T iiij

Il adiouste enfin que la boule descend plustost de G en B par les deux plãs G H & H B, que par le seul plan G B, quoy que plus court; ce qu'il doit aussi cõclure de 3, 4, ou tant de plans droits que l'on voudra, parce qu'ils approchent plus de la courbeure du quart de cercle, par exemple, elle doit plustost descendre sur les 6 costez du plan de 24 costez inscrit dans le cercle, que par les 3 costez du plan de 12 costez, & ainsi des autres : d'où il s'ensuit qu'elle doit plustost tomber par le quart de cercle G B, que d'A en B, puis qu'elle tombe de C, de D, ou d'E en B en mesme temps que d'A en B ; elle doit aussi plustost tomber de G en B par les 2 plans G H & H B, que d'A en B par la mesme raison : Or l'on peut supputer suiuant ses principes & nos obseruations, de combien elle tombe plustost en roulant sur 2 ou plusieurs plans, que sur vn seul iusques en B. Quant à la cheute par le quart de cercle, elle se fait iustement en mesme temps que la cheute perpendiculaire, qui se fait par vne ligne droite esgale audit quart prise dans le diametre, par exemple, si le diametre a 14 pieds, le quart de cercle en aura onze, & consequemment il s'en faudra 3 pieds que la boule ne fasse le diametre entier en mesme temps qu'elle roulera par le quart de cercle, c'est à dire qu'elle doit commencer à descendre 3 pieds plus bas que le haut du diametre pour esgaler le temps de la descente par le quart de cercle : ce qui semble merueilleux, attendu qu'elle ne descend pas plus viste perpendiculairement que circulairement, puis qu'elle fait vn chemin esgal en mesme temps, quoy qu'elle s'approche plus du centre par la perpendiculaire d'onze pieds, que par les onze pieds du quart de cercle, lequel n'ayant que 7 pieds de hauteur est surmonté de 4 pieds par la hauteur perpendiculaire. Mais si elle descendoit tousiours en mesme temps par chaque partie du quart de cercle, pour petite qu'elle peust estre, par exemple par le dernier degré, elle seroit aussi long-temps à s'approcher du centre la longueur d'vne ligne que celle d'onze pieds, &c. comme elle est en descendant sur les plans droits : Surquoy l'on peut esperer les lumieres que donnera le sieur Galilee dans son liure du Mouuement.

COROLLAIRE I.

Ceux qui voudront obseruer la vitesse de la bale d'arquebuse, dont nous auons parlé, doiuent vser de la mesme poudre tant en qualité, qu'en quantité, s'ils veulent trouuer le mesme temps de sa vitesse de blanc en blanc, autrement sa portee pourra estre plus ou moins viste que la nostre, par exemple, la poudre grossiere qui se bat 4 heures, & que l'on fait de 3 liures de salpestre de deux cuites, de demie liure de charbon de bois de coudre, ou d'aulne, & d'autant de soufre, ne fera pas vn si grand effet que la fine poudre que l'on fait d'vn salpestre de 3 cuites, & que l'on bat 6 ou 8 heures.

Or l'essay fait auec plusieurs charges de poudre esgales en quantité, mais inesgales en qualité ne seroit par inutile pour considerer les differentes violences, vitesses, & effets de chaque sorte de poudre ; & l'on verroit si ces effets se rapportent à ceux de l'instrument à rouë dont on vse ordinairement pour esprouuer la force des differentes poudres.

COROLLAIRE II.

De la diminution des mouuemens violens.

TOutes les experiences enseignent que la vitesse des mouuemens violens se diminuë en mesme raison que celle des naturels s'augmente; de sorte que si l'on diuise le chemin que fait le missile, par exemple, la pierre ou le boulet iettez en haut, en six parties respondantes aux six parties esgales du temps, ou de la duree de leur mouuement, & que le temps soit de six secondes minutes, le missile fera vnze parties de son chemin dans la premiere seconde, neuf dans la seconde, sept dans la troisiesme, cinq dans la quatriesme, trois dans la cinquiesme, & vne dans la sixiesme; ce que l'on peut remarquer à la boule que l'on fait rouler sur vn plan horizontal. Mais quand le missile monte perpendiculairement, sa pesanteur accourcit vn peu son chemin; par exemple, si l'on s'imagine que la surface de la terre soit le centre de plusieurs tours & retours d'vn boulet qui se reflechiroit plusieurs fois bien haut, s'il estoit d'vne matiere si dure, & s'il tomboit perpendiculairement sur vn plan si dur, que l'vn ny l'autre ne cedast nullement, le boulet se reflechira quasi aussi haut que le lieu dont il sera descendu, & diminuera peut-estre la hauteur de ses reflexions en mesme proportion que le poids attaché à vne chorde diminuë ses retours, ou que la chorde d'vn Luth diminuë les siens : Or le premier retour du poids suspendu à vne chorde ne se diminuë tout au plus que d'vne soixantiesme partie, de sorte que si vn boulet tomboit de mille toises de haut, il remonteroit pour le moins 834 toises la premiere fois : d'où ie coniecture que la pesanteur d'vne bale d'arquebuse ne diminuë gueres sa portee perpendiculaire, si ce n'est que la rencontre perpendiculaire de l'air empesche beaucoup plus que la circulaire. L'on peut encore appliquer cette reflexion & ce retour à la pierre que l'on ietteroit en haut, si l'on estoit au centre de la terre, car elle retourneroit quasi aussi haut vers les Antipodes, comme l'on l'auroit iettee de nostre costé. A quoy il faut adiouster les retours des boules qui se font sur le bord du crible, dont nous auons parlé, & tous les autres mouuemens violens qui se peuuent rapporter à ses tours & retours.

COROLLAIRE III.

Cette proportion de la diminution de la vitesse violente, & de l'augmentation de la naturelle estant posee, il ne faut pas s'estonner si l'on n'apperçoit pas retomber les bales de mousquet tirees perpendiculairement, puis qu'elles font du moins 60 toises à la derniere seconde de leur cheute; c'est pourquoy lors que l'on en fait l'essay, il seroit à propos de s'armer à l'espreuue du mousquet, ou de se mettre en lieu où l'on ne puisse estre blessé. Or nous traiterons plus amplement de ce sujet, apres auoir iustifié plusieurs experiences qui sont necessaires pour la deduction de plusieurs conclusions fort vtiles, tant pour la Speculation que pour les Mechaniques.

COROLLAIRE IV.

Lors que Galilee a conclu que la boule roule en mesme temps sur toutes sortes de plans appliquez dans le demi-cercle, comme nous auons monstré dans les deux figures precedentes, il s'est sans doute appuyé sur ce que toutes les lignes tirées du haut de chaque plan vers le centre de la terre, & comprises entre la ligne tirée perpendiculairement par le bas du plan iusques à ladite ligne, sont esgales au diametre du cercle ; par exemple, la ligne GD comprise entre G & D, est esgale au diametre du cercle A F, & l'on trouuera tousiours la mesme chose : de sorte que toute sa speculation est fondée sur ce que la boule descend en mesme temps d'A en B; qui represente le plan vertical, que par l'incliné de G à B, & de G à E en mesme têps que de G à H. Mais il suffit de lire ce que i'ay remarqué dans la septiesme Proposition du second liure, & particulierement en la page cêt vnze, où l'on voit plusieurs experiêces bien exactes sur ce sujet : Par lesquelles on peut conclure que la boule est plus empeschee par l'air oblique, que par le perpendiculaire, si le mouuement se fait iustement en temps esgal sur toutes sortes de plans appliquez au demi-cercle: & bien que les experiences ne s'y accordent pas entierement, peut estre que Galilee en pourra reietter la cause sur ce que les plans & les boules n'ont pas vn poli parfait, ny la dureté requise, ou sur les differens empeschemens de l'air. Quoy qu'il en soit, il seroit, ce semble, à desirer que la iustesse de cette proportion se rencontrast, à raison de la grande multitude des merueilleuses consequences que l'on en tire : tant y a que pour trouuer la cheute perpendiculaire de la boule, il faut seulement prendre le diametre du cercle, auquel le plan incliné est appliqué.

PROPOSITION XXIII.

Expliquer plusieurs choses qui se peuuent tirer de tout ce qui a esté dit dans ce liure.

ENcore qu'il soit tres-aisé de conclure beaucoup de choses de ce que nous auons dit dans ce 3 liure, neantmoins i'en veux donner des exemples pour en faciliter la methode ; & pour ce sujet ie dy premierement qu'il est aisé de dire le nombre des boyaux dont chaque chorde de Luth, de Viole, ou d'vn autre instrument est faite, par le son qu'elle fait : car apres auoir consideré le son de celle qui n'a qu'vn boyau, l'on sçait la raison de son ton auec celuy des autres chordes de telle grosseur qu'on voudra, soit qu'elles ayent vne mesme ou differente longueur & tension, pourueu que l'on cognoisse ladite tension & longueur : par exemple, si celle d'vn seul boyau longue d'vn pied & tenduë par vne liure fait *l'vt de C sol*, & que celle de deux pieds tenduë par sept liures descende vne Octaue, il est certain qu'elle est composée de trois boyaux, parce que si elle n'estoit tenduë que par quatre liures, elle n'auroit qu'vn boyau, puis que la tension est en raison doublée des sons, lors que les chordes sont d'esgale grosseur : & parce qu'outre cette double longueur, la grosseur est triple, il faut encore tripler le poids ou la tension de la chorde d'vn boyau pour auoir la tension de sept liures.

En second lieu, l'on peut dire en quelque maniere que la chorde d'vne longueur, grosseur, & tension, cognuë, est vn tel, ou vn tel son, par exemple, que la chorde de douze boyaux longue de quatre pieds, & tenduë de quatre liures

Des mouuemens & du son des chordes. 227

est le ton de chapelle, &c. ou *t'vt du C sol*, ou le son quarante-huit, à raison de quarante-huit fois que cette chorde bat l'air dans le temps d'vne seconde minute, & la chorde qui bat soixante fois l'air dans cette seconde, peut estre appellee *tierce minute*, puis que chacun de ses tours ou batemens dure vne tierce minute.

Ce que l'on peut semblablement conclure des chordes dont nous vsons pour faire des horloges à secondes, car elles peuuent porter le nom du temps qu'elles mesurent, & celuy des sons qu'elles feroient, si les battemens de l'air, qu'elles font par leurs tours & retours, pouuoient affecter l'ouye : par exemple, la chorde qui fait chacun de ses tours dans vne seconde, descendroit six Octaues plus bas que celle qui en fait soixante-quatre en mesme temps.

En troisiesme lieu, l'on peut dire que l'œil voit les sons & les concerts, lors qu'il voit le nombre des batemens de chaque chorde; quoy que cette veuë appartienne plustost à l'entendement qu'à l'œil : & si l'on apperçoit le nombre des batemens auec la main, l'on peut dire que l'on touche les sons, & que chaque sens est vn espece de toucher, & de veuë. L'on peut enfin conclure que toutes sortes de batemens d'air produisent quelque son, soit que l'air frappe, ou qu'il soit frappé; & que la determination de ces sons depend du nombre desdits batemens.

En quatriesme lieu, la vitesse, & la tardiueté du mouuement est indifferente au graue & à l'aigu des sons, parce que le mouuemēt de la chorde d'vn Luth qui approche de son repos est extremement tardif, quoy qu'elle fasse le son aussi aigu qu'au commencement de son mouuement, lequel estoit mille fois plus viste; de sorte qu'il n'y a que le seul nombre plus ou moins grand des battemēs, ou tours & retours de la chorde contre l'air, ou de l'air contre la chorde, qui contribuent à l'aigu & au graue des sons.

Ie laisse plusieurs autres considerations que l'on trouuera dans les liures des Instrumens, afin d'auertir de ce que contient le Traité des Mechaniques qui suit, & lequel i'auois promis à la fin de la quatriesme Proposition : mais i'ay du depuis iugé qu'il estoit plus à propos de le faire seruir à la cōclusion de ce liure.

Il faut donc remarquer que ie le mets icy au lieu de la cinquiesme Proposition du second liure des Mouuemens, laquelle il faut entendre & accommoder suiuant ce qui est expliqué & demonstré dans ce Traité, dans lequel on trouuera beaucoup de choses qui seruēt à determiner la force des chordes de Luth, & des autres instrumnes : car outre la cognoissance de la puissance qui peut tirer, pousser, ou soustenir vn poids donné sur vn plan incliné à l'horizon, lors que l'angle d'inclination est cogneu, soit que la puissance qui tire ou soustient soit parallele au plan, ou qu'elle ne luy soit pas parallele, l'on y verra quelle force doiuent auoir deux chordes, ou deux appuis pour soustenir vn poids donné, & par consequent l'effet des poids attachez à la chorde de la premiere Proposition de ce liure, ou des poids pressans ou tirans la chorde donnee par vn point donné, de sorte qu'il faut accommoder tout ce que i'ay dit sur ce sujet, suiuant les demonstrations que l'on verra. Ie laisse la maniere de faire vn engin qui puisse vaincre toute sorte de resistance, si elle n'est infinie, & plusieurs autres speculations merueilleuses, qui peuuent estre reduites à la pratique, & qui peuuent seruir pour expliquer les poids necessaires pour rompre toutes sortes de chordes, ou pour les faire plier tant que l'on voudra, à quelque point de la chorde que l'on vueille les attacher. Mais auant que de commencer ce Traité,

ie veux icy marquer les fautes qui se sont coulees en l'impression, & quant &
quant celles des trois liures precedens, outre celles qui sont à la fin de la Preface au Lecteur.

Fautes de l'impression des trois liures precedens.

Page 10.l.38.lis.*partie.* p.15.l.14.*Tadon.* p.44.l.14.*apres le* adioustez 3.p.51.l.1.*Oreade* p.54. l.32.*Schotto.* p.59.*l'Echo des Tuilleries est fait par* vne muraille ronde, & non elliptique. p.66.l.35.*leur* pour *luy.* p.88.l.4.*apres seroit* lis.*deux fois.* p.89.l.9 au lieu de C lis.E.l.32. effacez s'il l.36 lis.*O* pour *D.* l.41.*les quarrez.* p.90.l.15. *s'est fait deuant* pour *se fait.* p.92 l.6. *vne.* l.35.*ou* pour *no* p.93.l.17.*marque* pour *manque* l.29. effacez qu'elle *va.* p.94.l.17.lis. 4. pour 3. l.18. pour 5. mettez 6. l.24. *demi-cercle* pour *demi-diametre* & effacez 1. l. derniere *prenne* pour *prouue.* p.95.l.penult.effacez *à sçauoir mesure que l'arc approche de la ligne horizontale* 90. L.p.96.l.19.*apres heures* adioustez *de la surface de la terre iusques.* p.98.l.30. *apres proportion* adioustez *des vitesses.* p.99.l.11.*pour* 10.lis.30.l.13.lis.3". p.101 l.32.*apres somme* adioustez *par exemple, si l'on veut sçauoir* le, & apres 120.adioustez *impair.* & eff.*dont.* l.33.*apres* 239.adioustez *pour le* 120.*nombre impair.* l.34.*apres* 3.adioustez *pour auoir* 717 *pieds que sera le poids dans la* 120 *seconde.*

P.102.l.29.& *apres*, il faut remarquer que la bale ne fait que cent toises de blanc en blanc dans le temps d'vne seconde & demie. p.106.l.23.*il* pour *qu'il*, côme p.108.l.35.p.109.l.11. *apres est* pour *à la lise*z *au temps de.* p.112. l.19.*qu'il* pour *qui.* p.129. l.18. pour 360 lisez 128½ & de mesme. p.130.l.25.& 26.*deux fois*, & puis 28.p.131. dans la Prop. *phenomenes.* p.132.l.23 pour *que* li.*qu'en* B.*prolongé.* l.26 effac.*est.* l.34 aprez D adioustez ou I D. p.133l. 28 H pour B.l.40.G pour B.p.134 l.32 *apres dans* adioustez *le.* p.135 l.28 pour *auec le* lis.*ou.* p.142 effacez depuis la l.32 les 4 suiuantes iusques à la diction, *l'autre*, parce que la bale de plomb d'esgale grosseur auec celle de sureau pese seulement 128⅞ fois dauantage. p.143 qui est mal cotee 243.l.39 *meruelleusemêt.* p.44.l.2 effac.*ce.* l.24 *precedentes.* p.147 l.4.*poids.* l.20 *moindre* pour *moyenne.* l.38 E pour D. l.39 *apres l'autre* adioustez *par.* l.41 eff.*elles.* p.148 l.18 *apres* B adioustez *celuy.* l.19 C pour E. l.20 *apres que la tangente.*

P.149 l.14 eff.*ne.* l 14 K pour H. p.176 l.26 *pouces* pour *pieds.* p.179 l.35 *pour ou d'autre matiere*, lis.& qu'ils. p.180 l.21 pour *il* lis.12. p.181.1 pour de *l'Octaue* lis.*du sapin.* p.183 l.16 le Cormier est plus pesãt d'vn quart d'once que le Sapin, trois lignes prez de la fin *seizieme* pour *sixieme.* p.203 l.5.effac.*la.* p.205 l.20 lis.*qui montent plus haut.* l.penult.*apres* Proposition adioutez, *du 2 liure*, p.207 l.10 *lentement* pour *librement*, p.209 l.penult.*il* pour *qu'il*, p.210 l. 15 *apres arriue* adioustez *à*, l.22 effac.*cent fois*, l 33 apres D adioustez *il*, l.41 *chaques*, p.211.l.1. *meur* pour *monte*, l.25 *la* pour *le*, p.212 l.5 *la* pour *sa*, l.26 *exaucee* pour *estancee.*

ADVERTISSEMENT.

L'on peut fauorablement expliquer l'opinion d'Aristote sur la generation du graue & de l'aigu des sons, dont nous auons parlé dans le liure des Sons, & de la voix, & plusieurs fois ailleurs, parce que l'on experimente qu'vne baguette fait vn bruit ou sifflemêt d'autant plus aigu qu'on la meut plus viste dans l'air : & l'on pourroit, ce semble, determiner la vitesse des missiles en chaque partie de leur chemin par la difference de l'aigu, & du graue de leurs sons, si l'on pouuoit la remarquer : ce qu'il faut aussi conclure de la differête vitesse des corps qui descendent, suiuant la grande & laborieuse demonstration que l'on voit dans la 12. Prop. du liure des Dissonances. Mais l'experience enseigne que l'on n'entend point le bruit des missiles, lors qu'ils vont trop viste, ou trop lentemêt, par exemple, l'on n'entend point le son de la bale d'arquebuse tandis qu'elle fait 160 toises, encore que l'on ait l'oreille proche du lieu par où elle passe, ny lors qu'elle va aussi lentement que les pierres que l'on iette auec la main : ce qui semble estrange, & ce qui merite que l'on en recherche la cause, afin de cognoistre quelle doit estre la vitesse de chaque missile pour en remarquer le son : peut estre que la trop grande vitesse fait vn bruit si aigu, & la trop grande tardiueté vn si graue, qu'ils sont au delà de la portee de l'ouye : quoy qu'il en soit, la modification des sons quant au graue & à l'aigu, viennent tousiours du different nombre des batemens d'air actifs ou passifs. Or s'il y a quelque chose dans les liures precedens qui repugne à ce qui est demonstré dans le Traité des Mechaniques qui suit, il faut le corriger suiuant les demonstrations que l'on y trouuera, & si quelqu'vn fait des experiences plus exactes que les nostres, il les pourra suiure, nostre intention n'ayant iamais esté que l'on suiue autre chose que la verité, en quelque lieu qu'elle se rencontre.

FIN.

TRAITÉ

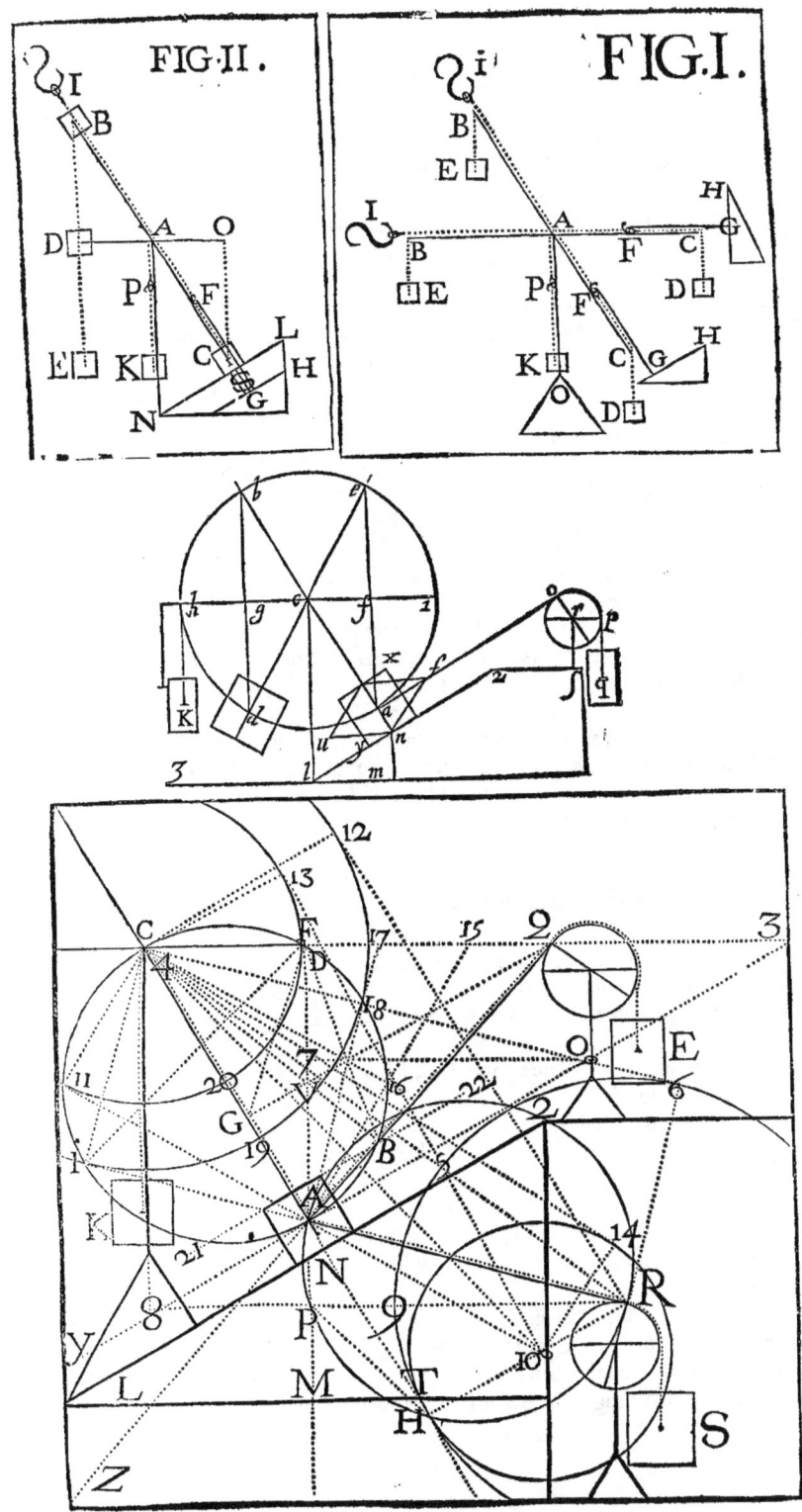

Aduertissement au Lecteur.

VR le sujet du quatriesme axiome nous auons remarqué, apres l'impression, quelques mots qui pourroient estre pris autrement que nous ne les entendons, & partant causer quelque difficulté, laquelle nous nous efforcerons icy de leuer entierement. En premier lieu, lors qu'en la figure de la quatriesme page nous representons le long des bras de la balance des chordes marquees par des lignes de points; nous entendons que ces chordes soient contiguës & comme vnies aux mesmes bras, sur lesquels toutefois elles puisse couler librement: ce qui doit estre entendu de mesme en toutes les autres figures: Dauantage en la mesme figure, la ligne ferme F G, de laquelle il est parlé en la cinquiesme page, ligne 24. & suiuantes, doit estre contiguë, & comme vnie au bras B C, sur lequel toutefois elle puisse glisser librement, si elle n'est arrestee. La mesme ligne F G doit estre consideree sans poids, afin de ne pas charger la balance. Et quand nous disons que cette ligne F G soit appuyee perpendiculairement contre la superficie ferme H G; nous n'entendons pas qu'elle soit attachee à la mesme superficie, comme vne cheuille; mais seulement posee contre icelle par le bout G, afin qu'elle ne puisse reculer vers G estant tiree par la chorde C F, par la force de la puissance D. La mesme chose se doit entendre en la page 6. & autres.

Au reste les fautes plus remarquables qui sont suruenuës en l'impression, sont en la feuille cy-apres, lesquelles il faut corriger diligemment auant que de lire le Traité, lequel n'est qu'vn eschantillon d'vn plus grand œuure de Mechanique qui ne peut pas si tost paroistre au iour.

Fautes suruenuës en l'impreßion.

Pag. 2. Axiome 3. les lettres des commencemens des 24. 25. 26. & 28. lignes du mesme Axiome sont transposees, & en lieu de xosees il faut posees. En lieu de vrtremitez, il faut extremitez. Pour em des, il faut sur des. Et pour dsent, il faut ment.

Pag. 5. ligne 26. en lieu de parallele au bras A C, il faut parallele, ou, pour mieux dire, contiguë au bras A C.

Pag. 6. ligne 37. en lieu de C S, il faut G S.

Pag. 8. ligne 27. pour par le Scholie du 3. Axio. il faut par les Sch. des 3. & 4. Axiomes.

Pag 12. ligne 8. sur la fin, en lieu de L M, il faut L N.

Pag. 23. ligne 14. en lieu de C A est à C F, il faut comme C A est à A F.

Pag. 25. ligne 46. en lieu de Q V; & le mesme poids A, il faut Q A; & le mesme poids V.

Pag. 28. ligne 2. en lieu de C, Q, il faut C, O.

Pag. 36. ligne 1. en lieu de Q C & Q V, il faut C V & Q V.

Pag. 36. ligne 11. du 9. Scholie, en lieu du 3. Axiome, il faut 4. Axiome.

Il y a quelques fautes d'orthographe, que le Lecteur corrigera, s'il luy plaist.

TRAITÉ DE MECHANIQVE.

DES POIDS SOVSTENVS PAR DES puissances sur les plans inclinez à l'Horizon.

Des puissances qui souſtiennent vn poids ſuſpendu à deux chordes.

Par G. Perſ. de Roberual Profeſſeur Royal és Mathematiques au College de Maiſtre Geruais, & en la Chaire de Ramus au College Royal de France.

POVR les demonſtrations de ce Traicté, nous ſuppoſons la cognoiſſance des definitions, & principes de la Mechanique, comme ils ſont dans Archimede, Guid-Vbalde, Luc Valere, & dans les autres Auteurs: auſquels nous adiouſterons ce qui ſuit par forme d'explication, & pour plus grande intelligence.

DEFINITION.

La ligne de direction d'vn poids, ou d'vne puiſſance, eſt vne ligne droite menee du centre de peſanteur du poids, ou du centre de la puiſſance, vers le lieu auquel le poids, ou la puiſſance aſpire, ſoit en tirant, en pouſſant, ou en reſiſtant, ſoit en mouuant librement, ſoit en coulant, & en gliſſant. Ainſi la ligne de direction d'vn poids peſant librement, eſt celle qui eſt menee depuis le centre de peſanteur du meſme poids, iuſques au centre naturel des choſes peſantes, lequel aux choſes terreſtres eſt le centre de la terre. Mais aux poids qui gliſſent ſur des ſuperficies, & aux puiſſances qui peuuent eſtre dirigees vers toutes les parties de l'Vniuers, les lignes de direction peuuent auſſi eſtre dirigees de meſme: comme il arriue aux boulets de canon, & autres corps iettez par violence, aux oyſeaux qui volent, aux animaux qui tirent, ou pouſſent auec, ou ſans inſtrumens, & autres agents pareils, deſquels, pour cette raiſon, les lignes de direction peuuent auoir vne infinité de poſitions, qui ne peuuent eſtre determinees, ſinon pour chacun en particulier.

AXIOME I.

Quand vne puiſſance, ou vn poids pouſſe contre vne ſuperficie oppoſee perpendiculairement à la ligne de direction du meſme poids, ou de la puiſſance; la ſuperficie, eſtant aſſez ferme, reſiſtera entierement à la puiſſance ou au poids, qui ne pourra eſchapper, couler ou gliſſer ſur la ſuperficie. Mais ſi la puiſſance, ou le poids pouſſe contre vne ſuperficie oppoſee obliquement à la ligne de direction du meſme poids, ou de la puiſſance; alors la puiſſance, ou le poids gliſſera ſur la ſuperficie, coulant du coſté ou ſeront les angles obtus. Et quand vne puiſſance, ou vn poids coule & gliſſe ſur vne ſuperficie, s'il ſe rencontre vne autre ſuperficie oppoſee perpendiculairement à la ligne de direction du coulement & gliſſement, cette ſuperficie empeſchera la puiſſance, ou le poids de couler & gliſſer dauantage, & l'arreſtera entierement, pourueu qu'elle ſoit aſſez ferme.

AXIOME II.

Il faut autant de force ou de puiſſance pour pouſſer, que pour tirer, reſiſter, arreſter, appuyer, ſouſtenir, & pour retenir : pourueu que ce ſoit par les meſmes diſtances, & par les meſmes lignes de direction. Comme ſi pour tirer vn poids ſur vn plan incliné à l'horizon, il faut vne puiſſance de 1000. liures, il en faudra vne pareille pour pouſſer le meſme poids ſur le meſme plan. Et ſi en la premiere figure ſuiuante pour retenir le poids E ſuſpendu librement par la ligne B E, il faut vne puiſſance de 10. liures, il faudra vne puiſſance pareille pour ſouſtenir le meſme poids E par deſſous. Et ſi vne puiſſance de 10000. liures pouſſe perpendiculairement contre la ſuperficie d'vne muraille, & que la muraille reſiſte à la puiſſance, ce ſera auec 10000 liures de reſiſtance ; que ſi la muraille à moins de reſiſtance que 10000. liures, elle ſera renuerſée.

AXIOME III.

En quelque lieu que l'on mette vne meſme puiſſance dans ſa ligne de direction, elle tirera ou pouſſera eſgalement. Il en ſera de meſme d'vn poids. Comme en la ſeconde figure des deux ſuiuantes, ſoit que la puiſſance penduë au point B ſur le bras A B, ſoit en B meſme, ou en D, ou en E, eſtant ſa ligne de direction B D E, & la puiſſance touſiours pareille, elle tirera touſiours de meſme ſur la balance B C. Quelques-vns doutent, non ſans raiſon, ſi vn meſme corps peſant peſeroit de meſme eſtant plus proche, ou plus eſloigné du centre de la terre, qu'eſtant icy en ſa ſuperficie. Mais quand il peſeroit inesgalement, rien ne feroit contre cet Axiome, auquel il eſt queſtion d'vn meſme poids, & non pas d'vn meſme corps peſant. Et ſi vn meſme corps peſe plus en quelque lieu qu'en vn autre, en cette occaſion il repreſente des poids differents. Il en eſt de meſme quand la puiſſance de quelque agent, comme d'vn boulet de canon, s'alentit en diuers endroits de ſa ligne de direction : car alors quoy que ce ſoit vn meſme agent, ce n'eſt plus vne meſme puiſſance.

Suppoſant donc que la balance B C ſoit en equilibre, en la ſeconde figure, ſi en lieu du bras A B on ſubſtituë le bras A D ; la balance D A C, de laquelle les bras ſont A D & A C inclinez l'vn à l'autre ſelon l'angle D A C, demeurera de meſme en equilibre, pourueu que la puiſſance qui eſtoit penduë en B ſoit poſée en D, ou penduë au meſme point D par la chorde D E. On peut de meſme en lieu du bras A C ſubſtituer le bras A O, ſuppoſant que la ligne de direction du poids, ou de la puiſſance C, ſoit C O. Et ainſi on pourra ſubſtituer tel autre bras que l'on voudra qui aille du centre A iuſques aux lignes de direction B E ou C O prolongées ou non. Et ſoit que les puiſſances ſoient poſées ſur les extremitez des bras ; ſoit qu'elles ſoient penduës aux meſmes extremitez par des chordes ; ou quelles ſoient poſées au deſſus des extremitez des lignes fermes ; pourueu qu'elles tirent, ou pouſſent touſiours par les meſmes lignes de direction, elles tireront, ou pouſſeront touſiours eſgalement, & feront equilibre de meſme qu'auparauant.

SCHOLIE.

De ce troisiesme Axiome on peut facilement demonstrer qu'en la balance inclinée, quand les bras sont esgaux, les poids esgaux, ou les puissances esgales, & les lignes de direction des puissances, ou des poids, paralleles entre elles; il y aura tousiours equilibre, de mesmes que si la balance estoit horizontale. Car en la seconde figure des deux suiuantes, soit vne balance inclinée B C, de laquelle le centre soit A, les bras esgaux A B, A C, & des puissances esgales posées par leurs centres aux extremitez des bras B, C, ou penduës aux mesmes extremitez par leurs lignes de direction, desquelles lignes l'vne soit B E, l'autre O C prolongée vers C, s'il en est besoin; & que ces lignes B E & O C soient paralleles entre elles. Soit aussi la ligne D A O perpendiculaire aux deux lignes de direction, laquelle D A O represente vne balance horizontale, de laquelle les bras A D, & A O seront esgaux dans les triangles A B D, A C O, par la 26. Proposition du 1. d'Euclide. Puis donc que par le troisiesme Axiome la puissance B, ou vne autre penduë au point B sur le bras B A, pese comme si elle estoit penduë au point D sur le bras A D: & la puissance C, ou vne autre penduë au point C sur le bras A C, pese comme si elle estoit penduë au point O sur le bras A O : & que les puissances B, C sont esgales, & les bras ou distances A D, & A O aussi esgales; les puissances B, C contre-peseront & seront en equilibre, par le premier Axiome des Mechaniques d'Archimede. Il en sera de mesme si B, C sont des poids esgaux; pourueu que leurs lignes de direction soient paralleles entre elles, ce qui n'arriue pas aux poids qui pesent librement, desquels les lignes de direction sont inclinées vers le centre de la terre : & pour cette raison on peut demonstrer qu'en la balance inclinée ayant les bras esgaux, & les poids esgaux, le bras qui est panché emporte l'autre tant que la balance soit perpendiculaire à l'horizon : ce que l'on trouuera demonstré en nostre Mechanique.

AXIOME IV.

Des poids esgaux, & des puissances esgales tirant, ou poussant par des distances esgales, tireront, ou pousseront esgalement: pourueu que les lignes de direction des poids & des puissances soient semblablement inclinées (c'est à dire qu'elles facent des angles esgaux) auec les distances par lesquelles tirent, ou poussent les poids & les puissances. Et cecy est vray, soit que les poids tirent l'vn contre l'autre, ou les puissances l'vne contre l'autre, ou les poids contre les puissances. Comme en la troisiesme figure, qui est en la Proposition suiuante, si la puissance ou le poids K tire sur la distance C H par la ligne de direction H K; & qu'vne autre puissance esgale à K tire, ou pousse sur la distance C A par la ligne de direction A O; les distances C H & C A estant esgales, ausquelles les lignes de direction H K & A O sont semblablement inclinées, sçauoir perpendiculairement, les poids esgaux, ou les puissances esgales, tireront, ou pousseront esgalement. De mesme si sur les distances esgales C A & C D tirent des puissances esgales, ou des poids esgaux, par les lignes de direction A F & D G, faisant les angles esgaux C A F, C D G, ils tireront esgalement.

A ij

SCHOLIE.

D'autant que la demonstration de la Proposition suiuante depent principalement de ce troisiesme Axiome, & que ceux qui n'ont accoustumé de le considerer qu'en la balance parallele à l'horizon, ayant les bras esgaux, aux extremitez desquels sont attachez ou pendus des poids esgaux, pesans librement & sans contrainte; pourroient faire quelque difficulté sur le moyen par lequel nous l'appliquons à nostre demonstration; nous auons iugé qu'il seroit à propos de l'expliquer plus au long, estant asseurez qu'il n'y aura personne qui apres l'auoir bien entendu, ne confesse qu'il est entierement vray selon la commune cognoissance, ce qui est requis à toute verité que l'on pose pour principe d'vne demonstration.

Soit donc premierement vne balance horizontale BC, de laquelle le centre soit A, & les bras esgaux AB, & AC: & sur le bras AB au point B soit attachée la ligne BE, à laquelle pende la puissance E. Plus sur le bras AC soit vne autre ligne AC representant vne chorde parfaitement flexible & sans poids, laquelle soit recourbée par dessus l'extremité C, puis pende librement iusques en D, auquel lieu elle soustienne la puissance D. Soit aussi la mesme chorde CA recourbée par dessus le centre A, auquel lieu pendant librement, elle soustienne la puissance K capable de resister à la puissance D, & d'empescher qu'en tirant elle n'emporte la chorde AC, la faisant couler & glisser par dessus le bras

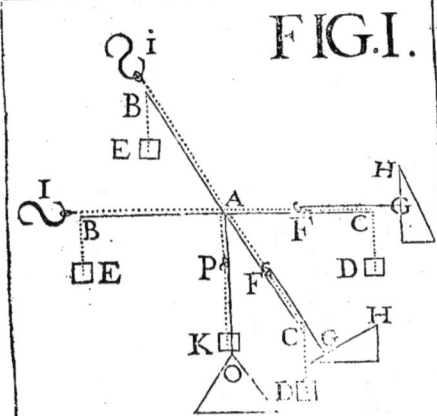

FIG. I.

AC. Par ce moyen les deux puissances K, D ne pourront, en tirant l'vne contre l'autre, faire couler la chorde AC de part ny d'autre du bras AC. Il est donc clair par la commune cognoissance, que les bras AB & AC estant esgaux, si les puissances E, D sont esgales, & les lignes de direction BE, & CD paralleles, la balance BC demeurera en equilibre. Car la puissance K penduë au centre A, n'adiouste rien au mouuement de la balance, mais seulement sert d'arrest pour empescher que la puissance D n'emporte sa chorde DCA; & fait que la puissance D par ce moyen est contrainte de peser sur le bras AC, & faire equilibre auec la puissance E sur le bras AB. Autrement si la puissance K laschoit la chorde KACD, la puissance D emporteroit la mesme chorde, la faisant couler par dessus le bras AC, & en mesme temps la puissance D ne pesant plus sur le bras AC, la puissance E emporteroit la balance: mais la puissance D estant retenuë sur le bras AC par la puissance K, elle fera equilibre, & contre-pesera à deux autres, sçauoir à la puissance K, qui l'empesche d'emporter la chorde; & à la puissance E, qui l'empesche d'emporter la balance. Et quand E, K, D seroient des poids disposez, & proportionnez comme les puissances, il s'ensuiuroit le mesme effet : mais nous nous sommes seruis des puissances, desquelles aussi nous nous seruirons par tout cy-apres, pour estre plus generales, & plus propres à nostre dessein, parquoy ce que nous dirons d'elles soit aussi entendu des poids.

Or en quelque point de la chorde A C que l'on mette en lieu de la puissance K vne autre puissance, qui retienne la mesme chorde qu'elle ne soit emportée par la puissance D, cette puissance fera le mesme effet que la puissance K : comme si la puissance est posée en A tenant la chorde : ou si la chorde C A estant prolongée directement vers A iusques en I, mesme au delà de la balance, vne puissance la retient par le point I, ou par tel autre point que l'on voudra, elle fera la mesme chose que la puissance K, par le second Axiome : puis que c'est la mesme ligne de direction A C par laquelle la puissance K, ou I retient la chorde A C. Ce sera la mesme chose si la puissance retient la chorde A C entre les points A, C, comme par le point F, par le mesme second Axiome.

Que si en lieu de puissance, pour retenir la chorde A C, on se sert d'vn arrest auquel la mesme chorde soit attachée, l'arrest fera la mesme chose que la puissance, par le second Axiome. Pour exemple si au pilier A O, qui soustient la balance, est attaché l'arrest P, auquel soit liée la chorde C A P; ou si la mesme chorde est arrestée au centre A, ou si estant prolongée, elle est arrestée au point I, ou si elle est liée au point F; soit que l'arrest tienne à la balance, ou non, l'arrest fera, en tenant la chorde, & l'arrestant, ce que la puissance K faisoit auparauant en pesant & tirant par la mesme chorde, & la balance demeurera en equilibre, comme elle estoit. Posons mesmes que l'arrest F, auquel la chorde C F est liée, ne tienne pas à la balance, mais vne ligne droite, comme F G, parallele au bras A C, laquelle ligne F G soit ferme, & ne puisse plier, & qu'elle soit retenuë au point G par vne puissance qui l'appuye, & l'empesche, en l'arrestant, de reculer, & estre emportée vers G par la force de la puissance D tirant par la ligne D C F; cette ligne F G estant ainsi appuyée & arrestée par la puissance G, retiendra la chorde au point F, de mesme qu'elle seroit retenuë par la puissance K tirant par la chorde K A F, par le second Axiome ; puis que c'est la mesme chose de tirer, que de pousser, arrester, & resister par vne mesme ligne de direction C F A. Et quand la ligne ferme F G ne seroit pas arrestée par vne puissance au point G; mais qu'elle seroit appuyée perpendiculairement contre vne superficie ferme, comme G H, sur laquelle, par consequent, elle ne peut glisser; cette superficie H G fera le mesme effet en resistant à la ligne F G, que faisoit la puissance en G, & partant le mesme que la puissance K par le second Axiome, & par ce que nous en auons deduit cy-dessus. Ainsi la chorde D C retenuë par la ligne G F, sera tousiours empeschée de glisser & couler sur le bras A C, & la balance sera maintenuë en equilibre : & cependant la puissance D tirant par la chorde D C F, fera le mesme effort contre l'arrest F, & contre la ligne F G, & partant contre la superficie G H, qu'elle faisoit auparauant tirant par la ligne D C A K, contre la puissance K, ce qui est clair par le second Axiome.

Maintenant que la balance B C, qui auparauant estoit horizontale, soit inclinée comme on voudra, le bras A C estant baissé, & les mesmes puissances E, D demeurantes librement penduës par les lignes C D & B C, que nous supposons estre paralleles : & que pour empescher que la chorde A C D ne glisse & coule par deſſus le bras A C, elle ſoit retenuë par la puiſſance K ſuffiſante pour ce faire ; ou que la meſme chorde ſoit retenuë par l'arreſt P, ou liée en A, ou en I, ou en F, ou qu'elle ſoit attachée par la ligne ferme F G arreſtée par vne puiſſance en G, ou appuyée perpendiculairement contre vne ſuperficie ferme, comme G H, ſur laquelle elle ne puiſſe gliſſer, le tout comme au parauant en la balance horizontale ; il eſt clair que la puiſſance E fera encore equilibre contre la puiſſance D, car l'inclination de la balance ne peut apporter aucun changement à l'equilibre, les autres choſes eſtant diſpoſées de meſme, par le Scholie du troiſieſme Axiome.

Et quand la puiſſance D en lieu d'eſtre penduë par la ligne C D, ſeroit poſée ſur le bout de la balance C B, ayant ſon centre de peſanteur au point C, elle peſera de meſme ſur le bras A C, qu'eſtant penduë, & fera equilibre auec la puiſſance E penduë à la ligne B E, ou bien attachée par ſon centre de peſanteur à l'extremité B, pourueu que les lignes de direction C D, & B E demeurent touſiours les meſmes, ce que nous ſuppoſons.

Conſiderons donc la balance inclinée B C toute ſeule ayant les bras eſgaux

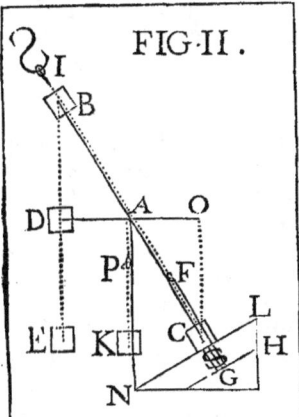

FIG·II·

A B, A C; & ſoit la puiſſance E pendante comme auparauant ſur le bras A B, ou bien attachée par ſon centre de peſanteur à l'extremité B, car il n'importe en laquelle des deux manieres elle peſe ſur le bras A B. Et ſur le bras A C ſoit poſée la puiſſance C ayant ſon centre de peſanteur à l'extremité C, laquelle puiſſance C ſoit eſgale à la puiſſance E, & ſoit retenuë qu'elle ne gliſſe ſur le bras A C par quelqu'vn des moyens cy-deuant dits; il eſt donc clair, par les meſmes moyés, que les puiſſances C, E, feront equilibre ſur la balance B C. Et ſoit que la ligne ferme F G appuyée perpendiculairement contre la ſuperficie ferme G H, retienne la chorde C F au point F, & empeſche qu'elle ne gliſſe ſur le bras A C auec la puiſſance C, comme nous auons dit ; ſoit que la meſme ligne ferme appuyée encore perpendiculairement contre la ſuperficie G H, s'eſtende ſeulement iuſques à la puiſſance C & la touche au point S : pourueu que cette ligne C S ſoit ferme & ne puiſſe plier, elle appuyera la puiſſance C, & l'empeſchera de gliſſer, faiſant le meſme effet qu'en luy reſiſtant, que faiſoit la puiſſance K en la retenant par la chorde K A C, par le ſecond Axiome, & ce que nous en auons deduit cy-deuant. Ainſi la ligne ferme S G appuyant la puiſſance C qu'elle ne gliſſe ſur le bras A C, la balance B C auec ſes puiſſances eſgales peſantes aux extremitez B C par des lignes de direction paralleles entre elles, demeurera en equilibre.

Que ſi en lieu de la ſuperficie G H on en ſubſtituë vne autre qui luy ſoit parallele, comme N S L touchant la puiſſance C, cette ſuperficie N S L reſiſtera immediatement à la puiſſance C, & l'empeſchera qu'elle ne gliſſe ſur le bras A C, faiſant le meſme effet que la puiſſance K, ou que tous les arreſts precedens, ſans qu'il ſoit plus beſoin de la ligne ferme S G entre la puiſſance

C & la superficie. Car quoy qu'il se puisse faire que selon la figure de la puissance C, qui souuent sera vn corps pesant, la superficie N S L la touche en plusieurs points; toutefois cette superficie estant parfaitement vnie, comme nous supposons, elle ne resistera pas dauantage à la puissance C, que la ligne A C qui la retiendroit par le centre de pesanteur, ce qui est assez clair par la commune cognoissance des principes.

AXIOME V.

Vne balance qui n'appuye plus sur son centre ne soustient plus rien, & partant en cet estat ne sert plus de rien; & la puissance, ou l'arrest qui descharge la mesme balance, soustient le faix que la balance soustenoit auparauant. Comme si en la seconde figure du Scholie du quatriesme Axiome, la puissance D pese sur l'extremité du bras A D par la ligne de direction B D E vers E, & qu'vne autre puissance ou vn arrest estant en B tire ou retienne de l'autre part la mesme puissance D, par la mesme ligne de direction, & auec autant de force que la puissance D en peut auoir pesant sur la balance A D : alors la puissance D sera soustenuë par la puissance, ou par l'arrest B, par le second Axiome ; & par la commune cognoissance la mesme puissance D n'appuyera plus sur la balance A D, laquelle balance n'estant plus chargée, n'appuyera plus sur son centre. (car en la pure Mechanique nous considerons la balance comme estant de soy sans poids) Et quand la mesme balance seroit ostée, la puissance D demeureroit en mesme estat soustenuë par la puissance, ou par l'arrest B, qu'elle estoit auparauant soustenuë par la balance A D. Il en seroit de mesme si D estoit vn poids en lieu d'vne puissance.

Ces choses estant posées, & expliquées de la sorte, nous diuiserons ce petit Traité en trois Propositions, dont la premiere sera : Estant donné vn plan incliné à l'horizon, & l'angle de l'inclination estant cogneu, trouuer vne puissance, laquelle tirant ou poussant par vne ligne de direction parallele au plan incliné, soustienne vn poids donné sur le mesme plan. La seconde : Trouuer le mesme quand la ligne de direction par laquelle la puissance tire ou pousse, n'est pas parallele au plan incliné. Et la troisiesme : Trouuer deux puissances qui puissent soustenir vn poids donné, suspendu à deux chordes données.

PROPOSITION I.

Estant donné vn plan incliné à l'horizon, & l'angle de l'inclination estant cogneu, trouuer vne puissance, laquelle tirant, ou poussant par vne ligne de direction parallele au plan incliné soustienne vn poids donné sur le mesme plan.

SOIT le plan horizontal L M, auquel soit incliné le plan L N 2 faisant l'angle de l'inclination M L N donné : soit aussi donné le poids A duquel le centre de pesanteur soit A, & soit ce poids posé sur le plan incliné : il faut trouuer la puissance capable de retenir le mesme poids A sur le plan incliné L N 2. Du point N, qui est au plan incliné, soit abbaissée N M perpendiculaire au plan horizontal L M : & soit fait que comme la ligne L N est à N M, ainsi le poids donné A soit à vne puissance Q : puis au centre de pesanteur A soit attachée la ligne, ou la chorde A O parallele au plan L N 2, par laquelle

A iiij

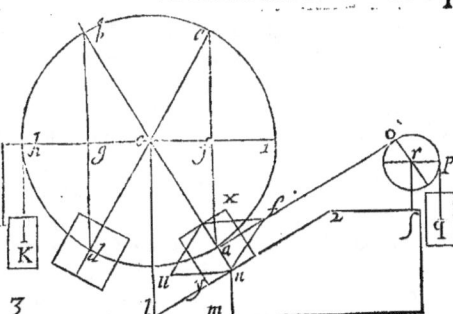

chorde A O la puissance Q tire le poids A de toute sa force, & par tel point que l'on voudra de la ligne ou chorde A O, c'est à sçauoir ou par le point O, ou par dessus la poulie O P de laquelle le centre est R : ou mesmes que la puissance pousse le poids par dessous vers la ligne de direction A O. Ie dis qu'en cet estat la puissance Q retiendra le poids A, & l'empeschera de glisser sur le plan incliné L N 2, & qu'elle le maintiendra en l'estat où il est, sans qu'il monte ny descende sur le mesme plan.

Car du centre de pesanteur A sur le plan incliné soit menée la ligne perpendiculaire A N, laquelle soit prolongée vers A tant que l'on voudra iusques en B; & soit B A N vne balance ayant son centre au point C, en sorte que les bras C A, & C B soient esgaux : soit aussi imaginé le poids A posé sur le bras de la balance C A par son centre de pesanteur A, & soit retenu qu'il ne glisse sur le bras CA, par quelqu'vn des moyens du Scholie du quatriesme Axiome, comme par le plan L N 2. dauantage sur l'autre bras C B au point B, soit vne puissance esgale au poids A, laquelle puissance soit attachée par son centre de pesanteur au point B, ou bien soit penduë à la chorde B D au point D, & soient les lignes de direction du poids A & de la puissance B ou D, paralleles entre elles : en cette disposition, la puissance Q, ny sa chorde A O n'estant point encore considerées, il est clair, par le Scholie du troisiesme Axiome, que la balance B A demeurera en equilibre, estant soustenuë sur le pilier C L par son centre C. Ainsi le poids A ne pourra glisser sur le bras C A, à cause du plan L N 2 qui luy resiste perpendiculairement : & le mesme poids ne glissera pas aussi sur le plan L N 2, à cause de la balance qui est en equilibre : partant le poids A demeurera en cet estat sans monter ny descendre. Maintenant par le centre C soit imaginée vne balance horizontale H C I, sur laquelle soit menée la ligne perpendiculaire A F, qui est la ligne de direction du poids A : & de la puissance B, ou D soit la ligne de direction B D qui rencontre la balance H C I au point G, lors l'angle D G C sera droit, pour ce que l'angle F est droit par construction, & les lignes de direction A F & D G paralleles par supposition : partant la ligne C F sera esgale à la ligne C G. Posons aussi que les balances B A & H I ne puissent changer les angles de decussation qu'elles font entre elles au centre commun C, mais qu'elles demeurent comme si c'estoient les diametres d'vn mesme cercle, en sorte que l'vne ne puisse tourner que l'autre ne tourne de mesme en mesme temps. Or la puissance D ou B tirant sur le bras C B par la ligne de direction B G D, tire de mesme que si elle estoit posée en G sur la distance C G par le troisiesme Axiome.

Soit fait le bras C H esgal au bras C A, & sur le bras C H soit penduë la puissance K par la ligne de direction H K perpendiculaire au bras C H ; laquelle puissance K soit esgale à la puissance Q. D'autant donc que L N est à M N comme le poids A est à la puissance Q, par la construction ; & que L N est à

M N comme C A est à C F, à cause des triangles semblables L N M, A C F:
il y aura mesme raison de C A à C F: c'est à dire de C H à C F, ou de C H à
G, que du poids A à la puissance Q, ou que de la puissance D à la puissance K
qui leur sont esgales par construction; puis donc que comme la distance C
H est à la distance C G, ainsi reciproquement la puissance D pendüe en G
est à la puissance K pendüe en H, la puissance K pendüe en H pesera de mesme que la puissance D pendüe en G, par la 6. & 7. Proposition du premier
des Mechaniques d'Archimede. Mais la puissauce D pendüe en G fait le mesme effet que pendüe en B, & contrepese au poids A sur le bras C A comme il
a esté dit; parquoy la puissance K sur la distance C H contrepese au poids A
sur le bras C A ainsi comme il est, & la mesme puissance K sur sa distance C
H estant substituée en lieu de la puissance D pendüe sur la distance C B, ou C
G, les balances demeureront en equilibre.

 Considerons maintenant la puissance Q qui tire par la ligne A O sur le bras
C A. Alors les distances C A & C H estant esgales, les lignes de direction A
O & H K perpendiculaires aux mesmes distances, & les puissances qui tirent,
sçauoir Q, K estant aussi esgales, le tout par la construction, les puissances Q
& K tireront esgalement: & puis que la puissance K par la distance C H maintenoit les balances en equilibre, si en lieu de la puissance K on substitüe la
puissance Q tirant sur la distance C A, elle maintiendra de mesme les balances en equilibre, & le poids A demeurera comme auparauant, & la puissance
Q en lieu de la puissance K l'empeschera de glisser sur le plan N L. Ostons
donc toutes les autres puissances sçauoir K, D, ou B; & que la puissance Q
demeure seule en leur place, tirant par la ligne A O, & retenant le poids A
qu'il ne glisse sur le plan N L comme il a esté dit. Et puis que la ligne A O est
attachée au centre de pesanteur A qui est aussi l'extremité de la balance C A,
il n'est plus besoin de la mesme balance, qui ne soustient plus rien, estant
de soy sans poids, & n'appuyant plus sur son centre, par le cinquiesme Axiome. (d'autant que les puissances qui estoient sur les bras opposez C B, ou C
H sont ostées, par lesquelles la balance estoit contrainte d'appuyer sur le
mesme centre C) Partant le poids A repose partie sur le plan L N 2, & partie
sur la puissance Q, laquelle par ce moyen soustient le mesme poids sur le plan
incliné L N 2.

 Or d'autant que l'angle de l'inclination N L M est donné par supposition,
& l'angle M est droit, le triangle L N M sera donné d'espece; partant la raison de L N à N M est donnée; mais L N est à N M comme le poids A est à la
puissance Q par construction; donc la raison du poids A à la puissance Q sera
aussi donnée, & le poids A est donné, donc la puissance Q sera donnée, qui
est ce que l'on demande.

AVTREMENT

 Le tout estant comme auparauant iusques ou il a esté dit, que la puissance
D pese comme si elle estoit posée au point G sur le bras C G par le troisiesme
Axiome: soit posée vne puissance en F, esgale à la puissance D; laquelle puissance F tire sur la distance C F par la ligne de direction A F E vers E, sçauoir
au contraire du poids A. Il est donc clair, puis que les distances C G, C F sont
esgales, que la puissance F tirant perpendiculairement sur la distance C F, fera le mesme effet que la puissance D tirant perpendiculairement sur la distan-

ce C G, par le quatriesme Axiome: mais la puissance D tirant sur la distance C G, tient la balance B A en equilibre, comme il a esté dit, d'autant qu'elle pese comme si elle estoit posée en B; partant la puissance F tirant par la distance C F, tiendra de mesme la balance en equilibre. Puis donc que la puissance F tire perpendiculairement sur la distance C F, & que la puissance Q par la chorde A O, tire aussi perpendiculairement sur la distance C A : & qu'en proportion reciproque il y a mesme raison de la puissance F, qui est esgale au poids A, à la puissance Q, que de L N à N M, par construction, c'est à dire de la distance C A, par laquelle tire la puissance Q, à la distance C F, par laquelle tire la puissance F; il s'ensuit que les puissances F & Q tireront esgalement, par la six & septiesme Proposition du premier des Mechaniques d'Archimede, ou par ce qui s'en peut desduire : partant la puissance Q tirant par la distance C A, en lieu de la puissance F tirant par la distance C F, tient la balance en equilibre. Et la chorde A O estant attachée au centre de pesanteur A, la balance A B sera deschargée, & n'appuyera plus sur son centre, par la commune cognoissance : ainsi elle sera inutile, par le cinquiesme Axiome, & la puissance Q toute seule soustiendra le poids A sur le plan incliné L N 2, &c.

COROLLAIRE I.

De la Proposition precedente on peut inferer qu'il y aura mesme raison de l'hypotenuse L N à la base L M, que du poids A à la puissance qui peut l'empescher de glisser le long du bras de la balance C A, & qui par mesme moyen l'empeschera d'appuyer sur le plan incliné L N 2 : ce qui se demonstrera si on se represente la distance C A N comme vn plan incliné : car on fera voir que la force requise pour soustenir le poids en cette inclination, doit estre au mesme poids comme la perpendiculaire F A est à l'hypotenuse C A ; c'est à dire comme L M est à L N, à cause de la similitude des triangles L M N & A F C. Or la mesme puissance ne fait autre effect que celuy que faisoit, en la seconde figure du Scholie du quatriesme Axiome, la puissance K, laquelle tirant par la chorde A C, empeschoit le poids A de glisser sur le bras C A, & d'appuyer sur le plan L N 2 : ce que l'on recognoistra si on fait la demonstration comme cy-dessus, prenant C A pour le plan incliné.

COROLLAIRE II.

Si le poids A est pendu à vne ligne ferme comme C A attachée au point C, à l'entour duquel elle se puisse mouuoir librement auec son poids : il est clair que le poids ne se reposera point que la ligne d'appension C A, ne soit vnie à la ligne C L perpendiculaire à l'horizon : mais si le mesme poids auec sa ligne est tiré par force du lieu de son repos, & posé comme il est en la figure en A, pour le maintenir en cet estat, tirant par la ligne de direction A O perpendiculaire à C A, il faut vne puissance esgale au poids Q, qui est au poids A comme C F est à C A, ainsi qu'il a esté demonstré; d'autant que la ligne C A estant ferme, represente le bras de la balance B A. Par mesme moyen le poids A ne tire plus de toute sa puissance contre la ligne C A, à laquelle il est pendu; mais sa puissance en cette position est à sa puissance totale, sçauoir celle qu'il auroit s'il tiroit par la ligne C L, comme A F est à A C, par le premier Corollaire. Et quand C A feroit vne chorde, & non pas vne ligne ferme, le mesme effect s'ensuiuroit, par la mesme raison par laquelle il n'est pas besoin que A O soit vne ligne ferme. Cecy se demonstrera plus vniuersellement en la troisiesme Proposition.

COROLLAIRE III.

Vn poids tombant par violence, & rencontrant obliquement vn plan, ne fera pas vn si grand effect: c'est à dire, n'appuyera pas si fort contre le mesme plan, que s'il le rencontre perpendiculairement. Comme si le poids A tombant par violence rencontre obliquement le plan L N 2, son effect comparé à la puissance entiere du mesme poids, ne sera que comme F A est à A C, ou comme L M à L N. Ce qui est clair, puis que la violence n'est qu'vne augmentation du poids, laquelle ne reçoit point d'autre demonstration que le poids mesme. Et cecy a lieu en tous les corps qui agissent par violence contre d'autres, selon qu'ils les rencontrent perpendiculairement ou obliquement.

COROLLAIRE IV.

Il est clair aussi que la puissance qui soustient vn poids sur vn plan incliné, n'est pas au mesme poids comme l'angle de l'inclination est à l'angle droict; ce que toutefois Cardan à voulu dire au 5. liure des Proportions, Proposit. 72. Car il y a moindre raison de l'angle de l'inclination M L N à l'angle droict M, que de la perpendiculaire M N à l'hypotenuse N L, & partant la puissance que Cardan nous assigne est moindre qu'il ne faut. Et l'experience mesme est entierement contre Cardan. Pour exemple en l'inclination de trente degrez, l'experience nous fait voir que pour soustenir vn poids, il faut vne puissance qui soit la moitié du mesme poids : & toutefois selon Cardan il suffiroit que la puissance fut le tiers du poids, puis que l'angle de trente degrez est le tiers de l'angle droict. De mesme selon Cardan à l'inclination de 60^d. pour soustenir quinze liures il faudroit seulement dix liures, & neantmoins l'experience fera voir qu'il faut treize liures, ou fort pres. Or l'experience s'accorde entierement à nostre demonstration, ce que nous auons experimenté, & que chacun pourra aussi experimenter assez facilement, ayant les instrumens propres comme nous les auons. Quant à Pappus qui au huictiesme liure de ses Collections Mathematiques Proposition neufiesme, veut demonstrer cette Proposition (s'il est vray qu'elle soit de luy-mesme) il a fort mal reüssi, n'ayant produit qu'vn paralogisme en lieu d'vne demonstration : & l'experience en plusieurs cas repugne beaucoup plus à ce qu'il conclud, qu'à ce que qui a esté conclud par Cardan.

COROLLAIRE V.

On peut encore voir clairement qu'il faut moins de force pour faire monter vn poids par vn plan incliné, que par la perpendiculaire. Mais reciproquement ce poids fera plus de chemin, & partant sera plus de temps à monter par le plan incliné, que par la perpendiculaire. Et le temps par le plan incliné sera au temps par la perpendiculaire, comme reciproquement la puissance tirant par la perpendiculaire, à la puissance tirant par le plan incliné.

Car pour faire monter perpendiculairement le poids A depuis M iufques en N, il faut vne puiffance vne peu plus grande que le mefme poids: & pour le faire monter à la mefme hauteur par le plan incliné L N, il faut vne puiffance vn peu plus grande que le poids Q, qui eft moindre que le poids A, felon la raifon de la ligne M N à la ligne L N. Mais le chemin L N par le plan incliné, eft en recompenfe plus grand que le chemin M N par la perpendiculaire. Et le temps eftant en la raifon des chemins, il faudra plus de temps par le plan incliné L N, que par la perpendiculaire M N, & la raifon fera comme L M à M N, c'eft à dire comme du poids A à la puiffance qui fouftient le mefme poids fur le plan incliné L N. De mefme quand deux plans feront inefgalement inclinez, il faudra plus de forces pour fouftenir, ou pour faire monter vn poids fur celuy duquel l'angle de l'inclination fera plus grand, que fur celuy duquel l'angle de l'inclination fera moindre: mais reciproquement il faudra plus de chemin, & de temps, pour monter à vne certaine hauteur, par le plan duquel l'angle de l'inclination fera moindre, que par celuy duquel l'angle de l'inclination fera plus grand. Ce qui eft facile à demonftrer. Ainfi en general pour faire monter vn poids fur des plans inclinez, il faudra plus de temps à proportion que la puiffance fera moindre; ce qui fe rencontre en tous les inftrumens ordinaires de la Mechanique.

Ie fçay qu'en la Practique quand il eft queftion de faire monter vn poids par vn plan incliné, il furuient bien fouuent de la part de la matiere des difficultez qui nous obligent à employer beaucoup plus de forces, que celles qui font requifes par la demonftration precedente, pour fouftenir le mefme poids fur le mefme plan; foit à caufe que le plan n'eft iamais parfaict, & refifte par fon inefgalité au corps pefant, qui de fa part eft auffi inefgal; foit à caufe que les roüages ont peine de tourner, ou que les chordes ne plient pas facilement, n'eftant pas parfaictement flexibles, ny fans poids comme nous les confiderons en la Theorie, ou pour quelque autre raifon. Mais icy noftre intention n'a efté que de confiderer la Mechanique dans fa pureté, & comme elle feroit fi la matiere n'auoit de foy aucune refiftance: le refte, fçauoir les difficultez qui furuiennent de la part de la matiere, appartenant à vne autre confideration. Ioint que noftre Propofition eft de trouuer vne puiffance qui puiffe fouftenir vn poids fur vn plan incliné, à quoy nous auons fatisfaict. Et quand il fera queftion de faire monter le mefme poids fur le plan, il faudra adioufter à la puiffance que nous auons trouuée, des forces fuffifantes pour furmonter toutes les difficultez qui furuiendrôt de la part de la matiere.

COROLLAIRE VI.

Pour ce que la viz n'eft autre chofe qu'vne fuperficie inclinée à lentour de quelque corps rond, il paroift qu'elle reçoit les mefmes demonftrations que le plan incliné; ainfi elle fera vn grand effect auec peu de force, mais il luy faudra plus de temps.

COROLLAIRE VII.

Le Coin reprefente le plus fouuent deux plans inclinez, & quelquefois vn feulement; & c'eft la mefme chofe de pouffer à force le coin, ou plan incliné par deffoubs le poids, que de tirer le poids fur le mefme plan. Partant le coin

reçoit

reçoit les mesmes demonstrations que le plan incliné : mais il a cette commodité de pouuoir estre assisté de la puissance du Marteau, laquelle est presque incomprehensible, & telle, que toutes les autres puissances ne sont quasi rien à comparaison d'elle. Ainsi le coin assisté du marteau, est le plus fort instrument que nous ayons en la Mechanique.

PROPOSITION II.

Quand la ligne de direction par laquelle une puissance soustient un poids sur un plan incliné, n'est pas parallele au mesme plan ; l'inclination du plan estant donnee, & le poids ; trouuer la puissance.

CEtte Proposition a deux cas, & une determination qu'il faut expliquer auant toutes choses. Pour ce faire soit le poids A posé sur le plan incliné L N 2 : soit aussi la balance inclinée C A N perpendiculaire au mesme plan, & la balance horizontale C F, auec la ligne A F perpendiculaire sur C F, Y A O parallele au plan L N 2, & N M perpendiculaire au plan horizontal L M, le tout comme en la troisiesme figure. Plus du point N sur le plan incliné L N 2 soit esleuée la perpendiculaire N T, rencontrant le plan horizontal au point T, & soit la mesme ligne T N prolongée iusques en A, centre de pesanteur du poids donné A, afin que la ligne T A puisse, quand il en sera de besoin, representer une chorde, ou une ligne ferme. Maintenant il est clair que si la ligne de direction par laquelle une puissance soustient le poids A, est la ligne A F, qui est la ligne de direction du mesme poids, la puissance doit estre esgale au poids, par le second Axiome ; & en cet estat le poids A estant entierement soustenu par la puissance F, il n'appuyera plus sur le plan incliné L N 2, par la commune cognoissance. Il n'appuyera pas aussi, à plus forte raison, sur le mesme plan incliné, si la ligne de direction par laquelle la puissance le soustient, est posée entre A F, & A Y diuisant l'angle F A Y. Comme si la puissance tire le poids A par la ligne de direction I A, tant s'en faut qu'elle soustienne le poids sur le plan incliné, qu'au contraire elle le fera descendre, & separer du mesme plan, le faisant venir au dessoubs d'elle-mesme, pour le soustenir librement par la ligne de direction du mesme poids, ce qui est assez clair de soy-mesme. Ainsi il ne faut pas que la puissance qui doit soustenir le poids A sur le plan incliné L N 2, tire par une ligne de direction posée entre A F & A Y. Il ne faut pas aussi que la ligne de direction de la puissance soit A Y, ny entre A Y & A T : car en cet estat la puissance feroit glisser & descendre le poids sur le plan incliné, en lieu de le soustenir, ce qui est encore clair ; comme si la puissance tire par la ligne A Z. Or nous supposons que le plan ne donne aucun empeschement à la ligne A Z, ny à ses pareilles qui trauersent le mesme plan : que si cette penetration choque l'imagination de ceux qui ne se veulent point destacher de la matiere, qu'ils s'imaginent que le plan est ouuert le long de la ligne L N 2, expres pour donner passage aux chordes desquelles nous auons besoin pour tirer par dessouz le plan ; ce que nous auons fait aux plans desquels nous nous seruons quand nous voulons auoir le plaisir de voir l'experience faire paroistre aux sens les veritez que la raison auoit descouuertes & conclues auparauant. Il faut entendre de mesme que le plan L N 2 ne donne aucun empeschement à la balance C A N. En fin

B

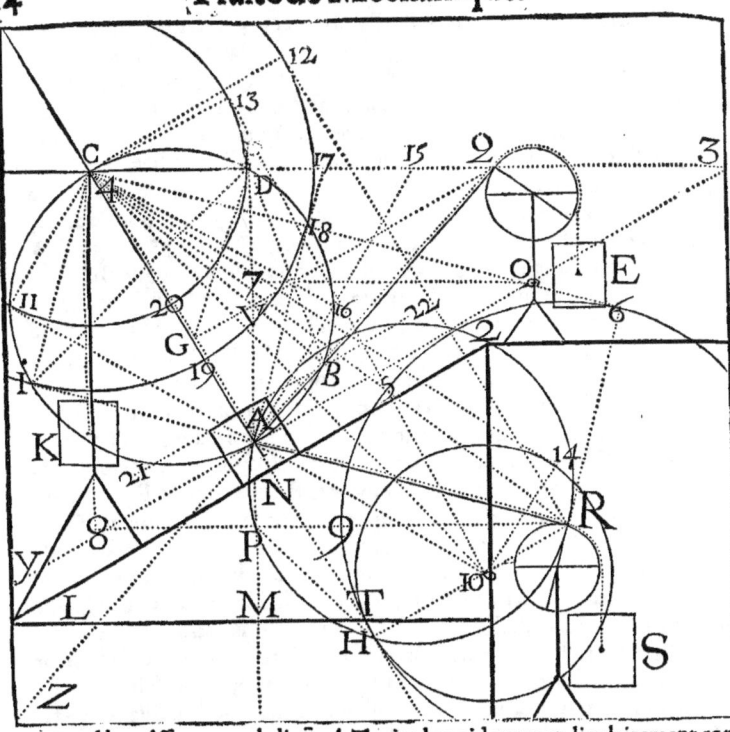

quand la puissance, par la ligne A T, tire le poids perpendiculairement contre le plan L N 2, elle le faict bien appuyer plus fort contre le mesme plan, mais elle ne luy oste pas l'inclination qu'il a de glisser ; partant cette inclination demeurant au poids, sans que rien luy resiste, il glissera, si le plan est parfait, qu'elle que puisse estre la puissance qui le tire par la ligne A T perpendiculaire au plan L N 2, laquelle puissance ne contribuë rien pour faire monter ny descendre le poids sur le plan, employant toute sa force à le faire appuyer plus fort contre le mesme plan : ce que nous demonstrerons amplement au quatriesme Scholie suiuant. Il reste donc à examiner deux positions de la puissance, l'vne quand sa ligne de direction est entre A F & A O, diuisant l'angle F A O, comme si la ligne de direction est A Q, & la puissance en Q, ou par dessus vne poulie en E; & cette position fait le premier cas de la Proposition. La seconde position, qui fait le second cas, est quand la ligne de direction de la puissance est entre A O & A T, comme si la ligne de direction est A R, & la puissance en R, ou par dessus vne poulie en S. Mais ces deux cas ne sont differents qu'en la construction, car la demonstration est de mesme en l'vn qu'en l'autre. Que si la ligne Q A est continuée vers A tant que l'on voudra iusques en Z, & R A iusques en I, ce sera le mesme de pousser le poids A vers Q par la ligne de direction Z A, que de le tirer par la ligne Q A : & le mesme de pousser par la ligne I A, que de tirer par R A, par le second Axiome: partant vne mesme demonstration seruira tant pour tirer que pour pousser.

Donc au premier cas soit la ligne de direction A Q, par laquelle la puissance Q ou E soustient le poids A donné, & posé sur le plan incliné L N 2, l'angle de l'inclination N L M estant donné, & l'angle O A Q compris par la ligne A O parallele au plan L N 2, & par la ligne A Q, par laquelle tire la puissance Q ou E; il faut cognoistre cette puissance Q ou E. Du poinct C sur la ligne Q A, soit menée la perpendiculaire C B, laquelle tombera entre les points Q & A, d'autant que les angles A Q C, Q A C sont aigus; & cette perpendiculaire C B sera donnée; d'autant que le triangle C A B est donné, la ligne C A estant donnée par construction, l'angle B droit, & l'angle C A B complement de l'angle B A O. Soit aussi fait que comme la ligne B C donnée est à la ligne C F donnée, ainsi le poids A donné soit à la puissance Q ou E, laquelle sera donnée. Ie dis que cette puissance Q ou E trouuee comme nous venons de dire, est celle que l'on demande. Car soit la puissance O laquelle tirant par la ligne A O parallele au plan incliné L N 2, soustienne le poids A sur le mesme plan, ou sur la balance C A, le tout comme en la premiere Proposition. Il y a donc mesme raison de la puissance O au poids A que de la ligne C F à la ligne C A, par la premiere Proposition, & comme le poids A est à la puissance Q ou E, ainsi la ligne C B est à la ligne C F, par la construction; donc par raison esgale en proportion troublee, la puissance O est est à la puissance Q ou E, comme la ligne C B est à la ligne C A. Mais la puissance Q ou E, tirant par la ligne Q A oblique au bras de la balance C A, tire de mesme que par la distance C B representant le bras de la balance, par le troisiesme Axiome, à laquelle distance C B la ligne de direction Q B A est perpendiculaire. Puis donc que la puissance Q ou E tire perpendiculairement sur la distance C B, & que la puissance O tire aussi perpendiculairement sur la distance C A; & que la proportion est reciproque de la puissance O à la puissance Q ou E, & de la distance C B, par laquelle tire la puissance Q ou E, à la distance C A, par laquelle tire la puissance O, les puissances tireront esgalement par la six & septiesme Proposition du premier liure des Mechaniques d'Archimede, ou par ce qui s'en peut deduire facilement, ce que nous auons fait en nostre Mechanique en deux manieres toutes differentes. Mais la puissance O tirant par la distance C A maintient en equilibre la balance C A auec le poids A posé sur le plan incliné L N 2, & l'empesche de glisser sur le mesme plan, par la premiere Proposition: donc la puissance Q ou E tirant par la distance C B ou C A, maintiendra de mesme la balance C A en equilibre, & empeschera le poids A de glisser. Et la chorde Q A estant attachée au centre de pesanteur A, elle deschargera la balance, laquelle par ce moyen n'appuyant plus sur son centre, sera inutile par le cinquiesme Axiome. Partant la puissance Q ou E tirant par la chorde Q A, soustient le poids donné A sur le plan L N 2, duquel l'angle de l'inclination N L M est donné: & la puissance Q ou E est donnée, qui est ce que l'on demande.

Au second cas soit la ligne de direction A R, par laquelle la puissance R ou S soustient le poids A donné & posé sur le plan incliné L N 2; l'angle O A R estant donné, & le reste comme cy-dessus, il faut cognoistre cette puissance R ou S. D'autant que l'angle C A O est droit, l'angle C A R sera obtus & donné; & la ligne R A estant continuée vers A iusques en I, auquel point tombe la perpendiculaire C I, le triangle rectangle C A I sera donné, & la perpendiculaire C I donnée. Soit donc fait que comme la ligne C I donnée est à la ligne C F donnée, ainsi le poids A donné soit à la puissance R ou S, laquelle sera donnée. Ie dis que cette puissance R ou S trouuée comme nous venons de dire, est celle que l'on demande. Le reste de la construction, & toute la demonstration est comme auparauant, prenant icy la chorde R A, la distance C I, & la puissance R ou S en lieu de la chorde Q A, de la distance C B & de la puissance Q ou E. Partant, &c.

AVTREMENT

La construction & determination estant de mesme qu'auparauant, soit posée vne puissance en F esgale au poids A, laquelle puissance tire par la ligne de direction A F vers F, sçauoir au contraire du poids A : il est clair que la puissance F tiendra la balance C A en equilibre, comme il a esté dit en la seconde demonstration de la premiere Proposition. Or la puissance F tire perpendiculairement sur la distance C F; & la puissance Q ou E tire perpendiculairement sur la distance C B au premier cas; comme au second cas la puissance R ou S tire perpendiculairement sur la distance C I: & tant au premier qu'au second cas les distances sont en proportion reciproque des puissances; car, par construction, au premier cas le poids A, c'est à dire la puissance F, est à la puissance Q ou E, comme C B est à C F: & au second cas le poids A, ou la puissance F, est à la puissance R ou S, comme C I est à C F. Partant la puissance Q ou E tirant par la chorde Q A ; ou bien la puissance R ou S tirant par la chorde R A, tient la balance C A en equilibre de mesme que la puissance F tirant par la chorde F A. Donc, &c. comme auparauant.

SCHOLIE I.

En cette Proposition, & particulierement au second cas, il y a vne chose qui d'abord pourroit paroistre estrange à plusieurs; laquelle est, que la position de la chorde R A pourroit estre telle, que la perpendiculaire C I seroit esgale à C F, ou moindre que C F en raison donnée telle qu'on voudra; & partant le poids A pourroit estre esgal à la puissance R ou S, ou moindre que la mesme puissance en telle raison qu'on voudra : ainsi il faudroit vne plus grande puissance que le poids A, pour soustenir le mesme poids sur le plan incliné L N 2, tirant ou poussant par vne ligne de direction, qui ne soit pas parallele au mesme plan. Mais comme la raison l'a conclud, ainsi l'experience le fera paroistre aux sens, à ceux qui en voudront faire l'espreuue, & qui auront les instrumens propres pour ce faire: & la chose ne paroist estrange que pour n'auoir pas esté considerée auparauant, & qu'elle n'est pas en vsage: la nature, par vne cognoissance aueugle, nous portant tousiours à tirer ou pousser par des lignes de direction paralleles au plan sur lequel nous tirons, ou poussons vn poids; pour ce que par ces lignes paralleles il faut moins de forces que par les autres, ce qui se prouuera tout maintenant. Adioustez à cela, qu'il y a d'ordinaire plus de commodité en la practique de tirer, ou pousser par des lignes paralleles au plan, que par d'autres qui ne sont pas paralleles au mesme plan.

Or qu'il faille moins de forces pour tirer ou pousser vn poids sur vn plan incliné, par vne ligne de direction parallele au mesme plan, que par vne qui

Traité de Mechanique. 17

ne soit pas parallele; il se prouue facilement en consequence de ce que nous auons demonstré en la seconde Proposition. Car au premier cas il y a moindre raison de C B à C F, que de C A à C F, pour ce que C B est moindre que C A : mais comme C B est à C F, ainsi le poids A est à la puissance Q ou E, par la seconde Proposition : & comme C A est à C F, ainsi le poids A est à la puissance O par la premiere Proposition. Donc il y a moindre raison du poids A à la puissance Q ou E, que du mesme poids A à la puissance O ; & partant la puissance O est moindre que la puissance Q ou E. Au second cas la perpendiculaire C I estant encore moindre que la ligne C A, il y a moindre raison de C I à C F, que de C A à C F, &c. comme au premier cas.

SCHOLIE II.

Le plan incliné, & le poids qui est posé dessus estant tousiours les mesmes, plus la ligne de direction de la puissance fera l'angle grand auec le mesme plan, plus il faudra vne grande puissance pour soustenir le poids sur le plan.

Icy il y a deux cas, desquels le premier est quand la ligne de direction de la puissance est entre A O & A F; le second est quand la ligne de direction de la puissance est entre A O & A T. Au premier cas soit la puissance Q tirant par la chorde A Q, & faisant auec la ligne A O l'angle O A Q : soit aussi la puissance 15 tirant par la chorde A 15, & faisant auec la ligne A O l'angle O A 15 plus grand que l'angle O A Q; & ainsi la ligne A 15 soit plus proche de la ligne A F que la ligne A Q. Et que chacune des puissances Q, 15 puisse soustenir le poids A sur le plan incliné L N 2. Ie dis que la puissance 15 est plus grande que la puissance Q. Car sur la ligne A 15 soit abaissée la perpendiculaire C 16, le reste de la construction estant comme en la Proposition precedente: il est clair, par la mesme Proposition, que le poids A est à la puissance 15 comme la ligne C 16 est à C F : & que le poids A est à la puissance Q, comme C B est à C F : mais la raison de C 16 à C F est moindre que de C B à C F, pource que C 16 est moindre que C B; partant la raison du poids A à la puissance 15 est moindre que du poids A à la puissance Q, & par consequent la puissance 15 est plus grande que la puissance Q, par la dixiesme Proposition du cinquiesme d'Euclide. Au second cas soit la puissance R tirant par la ligne A R, qui faict auec la chorde A O l'angle R A O : & la puissance 10 tirant par la chorde A 10 qui faict auec la ligne A O l'angle 10 A O plus grand que l'angle R A O, mais moindre que l'angle T A O, & ainsi la ligne A 10 soit plus proche que la ligne A R de la ligne A T perpendiculaire au plan L N 2; & que chacune des puissances R, 10 puisse soustenir le poids A sur le plan incliné L N 2. Ie dis que la puissance 10 est plus grande que la puissance R. Car du point C sur la ligne A 10 prolongée vers A tant que de besoin, soit abaissée la perpendiculaire C 11, le reste de la construction estant comme auparauant; il est clair, par la seconde Proposition, que le poids A est à la puissance R, comme I C est à C F : & le mesme poids A à la puissance 10 comme C 11 est à C F : mais la raison de I C est plus grande que de C 11 à C F, pource que I C est plus grande que C 11; partant la raison du poids A à la puissance R est plus grande que du poids A à la puissance 10 : & par consequent la puissance R est moindre que la puissance 10, par la dixiesme Proposition du cinquiesme d'Euclide.

B iij

COROLLAIRE.

Puis qu'au premier cas de ce Scholie il a esté demonstré que la puissance est d'autant plus grande, que sa ligne de direction approche plus de la ligne AF, qui est le terme iusques ou les puissances sont vtiles de ce costé là, par la determination de la seconde Proposition; & que la puissance qui tire par AF doit estre esgale au poids, par le second Axiome; il est clair que les autres puissances seront tousiours moindres que le mesme poids. Mais au second cas de ce mesme Scholie, puis qu'il a esté demonstré que la puissance est d'autant plus grande, que sa ligne de direction approche plus de la ligne AT perpendiculaire au plan incliné; laquelle ligne AT est le terme au delà duquel les puissances sont inutiles de ce costé là, par la determination de la seconde Proposition; il est clair, par la commune cognoissance, que de ce costé là, la ligne AT est celle par laquelle il faudroit la plus grande puissance de toutes, pour, en tirant par icelle, soustenir le poids A sur le plan incliné LN 2.

SCHOLIE III.

PROBLEME.

Estant donné vn plan incliné, vn poids, & vne puissance plus grande que la moindre qui peut soustenir le poids donné sur le plan donné; trouuer la ligne de direction par laquelle la puissance donnee tirant, soustiendra le mesme poids sur le mesme plan incliné: & donner aussi l'angle que cette ligne de direction fera auec le plan.

En la mesme figure de la seconde Proposition soit donné le plan incliné LN 2; & sur iceluy le poids A posé comme il est: soit aussi donnee vne puissance plus grande que la puissance O ou 3, qui est la moindre de toutes celles qui peuuent soustenir le poids A sur le plan LN 2; & qu'il faille trouuer la ligne de direction par laquelle doit tirer la puissance donnee, pour soustenir le mesme poids A sur le mesme plan LN 2. Soit AF la ligne de direction du poids A, la balance CA perpendiculaire au plan LN 2, la ligne CF perpendiculaire sur FA, &c. comme en la seconde Proposition. Donc, par la premiere Proposition, la puissance O sera au poids A, comme la ligne CF est à la ligne CA; mais la puissance donnee est plus grande que la puissance O, partant la puissance donnee aura plus grande raison au poids A que la ligne CF à la ligne CA. Soit fait que comme la puissance donnee est au poids A, ainsi la ligne CF soit à la ligne C 19: lors il y aura plus grande raison de CF à C 19, que de CF à CA; & par consequent C 19 sera moindre que CA. Que si la puissance donnee est esgale au poids A, la ligne C 19 sera esgale à CF. Et si la puissance donnee est plus grande que le poids A, la ligne C 19 sera moindre que CF. Et au contraire, si la puissance donnee est moindre que le poids A, la ligne C 19 sera plus grande que CF, toutes lesquelles choses sont faciles à prouuer. Maintenant du centre C & de l'interualle C 19 soit descrit le cercle I 19-12 lequel, si C 19 est plus grande que CF, coupera la ligne CQ entre les points F, 3: si C 19 est esgale à CF, le cercle descrit de l'interualle C 19 coupera la ligne CQ au point F: autrement le mesme cercle coupera la ligne CQ entre C, F. En tous cas soient du point A centre du poids, menees deux lignes touchantes le mesme cercle, l'vne d'vne part, l'autre de l'autre de la ligne A C; sçauoir la ligne A 18 touchant au point 18 de la part de la ligne C Q; & la ligne A I touchant au point I de l'autre part vers la ligne C 8 : puis soient menees les lignes C 18 & C I : & consideréons premierement la tangente A 18, laquelle estant prolongee rencontre la ligne C Q au point 17, lequel point selon que le cercle I 19-18 coupera la ligne A Q entre les points F, 3; ou au point F; ou entre C, F; sera aussi entre les mesmes points F, 3; ou au point F; ou entre les points C, F: posons que ce point 17 tombe entre F, 3; & soit la ligne A 17, vne chorde, par laquelle la puissance donnee tire le poids A : il est clair, par la seconde Proposition que cette puissance tirant par la ligne A 17, soustiendra le poids A sur le plan incliné L N 2 ; puis que, par la construction, la perpendiculaire C 18 est à C F comme le poids A est à la puissance donnee. Si le point 17 tombe en F, ou entre C, F; il est clair par la determination de la seconde Proposition, que la puissance sera inutile de ce costé là : & ainsi du mesme costé la puissance donnee ne sera vtile que quand elle sera moindre que le poids donné: ce qui a desia esté remarqué au Corollaire du second Scholie. Considerons en second lieu la tangente A I de l'autre part, quelle qu'elle soit, & quelle que soit la puissance donnee; pourueu qu'elle soit plus grande que la puissance O : & soit prolongee icelle tangente I A vers A iusques en R; soit aussi vne chorde A R par laquelle tire la puissance donnee, qui soit R ou S; il est clair, par la seconde Proposition, que la puissance R ou S tirant par la chorde R A, soustiendra le poids A sur le plan incliné L N 2 ; puis que, par la construction, la perpendiculaire C I est à la ligne C F comme le poids A est à la puissance donnee R ou S. Et en tous les deux cas l'angle 17 A O, ou R A O sera cogneu; qui est ce que l'on demande.

COROLLAIRE.

Au second cas de ce troisiesme Scholie, auquel la tangente R A I touche le cercle vers la ligne C 8 ; plus la puissance sera grande, plus la ligne C F aura grande raison à la perpendiculaire C I ; & ainsi la perpendiculaire C I sera dautant plus courte : & quand la puissance donnee augmentera tant que l'on voudra, cette perpendiculaire C I diminuëra à proportion: cependant la ligne I A R fera tousiours auec la ligne C A l'angle aigu I A C, au sommet duquel angle sera l'angle T A R aussi aigu, faisant partie de l'angle droit T A O. Partant le reste, sçauoir l'angle R A O sera tousiours aigu, quelle que puisse estre la puissance R donnee tirant par la chorde R A & soustenant le poids A sur le plan incliné L N 2 ; estant cette puissance R ou S plus grande que la puissance O. Et par consequent en ce second cas la chorde A R sera tousiours entre la ligne A O paralelle au plan incliné, & la ligne A T perpendiculaire au mesme plan. Or ce que l'on remarquera particulierement au second cas, & qui seruira au Scholie suiuant, est que la puissance donnee pourra estre plus grande que le poids A tant de fois, & en telle raison que l'on voudra, selon laquelle raison on proportionnera la ligne C F à la ligne C 19, ou C I, faisant le reste comme cy-dessus:& tousiours la chorde A R sera entre A O & A T.

SCHOLIE IV.

De ce que nous auons demonstré cy-dessus au second & troisiesme Scholie, il nous sera facile de prouuer qu'il ny aura aucune puissance finie, tant grande qu'elle puisse estre, laquelle tirant par la chorde A T perpendiculaire au plan incliné L N 2, puisse soustenir le poids A sur le mesme plan. Car s'il y en a vne telle, soit icelle T, si faire se peut. Maintenant soit prise vne autre puissance 10 plus grande que T; & par le troisiesme Scholie soit trouuee la chorde A 10 par laquelle cette plus grande puissance 10 tirant soustienne le poids A sur le plan incliné L N 2. Donc, par le Corollaire du mesme troisiesme Scholie, la chorde A 10 sera entre les lignes A O & A T. Partant entre les chordes A 10 & A T, il s'en trouuerra vne infinité d'autres, par lesquelles des puissances soustiendront le mesme poids A sur le plan L N 2, & ces puissances seront toutes plus grandes que la puissance 10, d'autant que leurs chordes seront plus proches de la chorde A T, par le second Scholie: par consequent les mesmes puissances seroient beaucoup plus grandes que la puissance T, ce qui est absurde, & contre le Corollaire du second Scholie. Donc il ny a aucune puissance finie laquelle tirant par la ligne A T, puisse soustenir le poids A sur le plan incliné L N 2. Et reuenant à la determination de la seconde Proposition, comme nous auions promis en ce lieu là, il ne faut pas que la puissance tire par la ligne A T.

COROLLAIRE.

Puis que c'est de mesme de pousser par la ligne C A, que de tirer par la ligne A T, il est clair qu'il ny aura aucune puissance finie, laquelle poussant par la ligne C A, empesche le poids A de glisser sur le plan incliné L N 2. Quand donc il y auroit vn autre plan parallele au plan L N 2, comme le plan 21-22, entre lequel & le plan L N 2, seroit compris le poids A pressé par ces deux plans par telle force qu'on voudra, les plans estant parfaitement plans, le poids ne laissera pas de glisser, d'autant que le plan 21-22 en pressant fait le mesme effet que la puissance qui presseroit par la ligne de direction C A, laquelle n'empesche pas le poids de glisser. Et quand les deux plans ne seroient pas inclinez, mais perpendiculaires à l'horizon, le mesme effet s'ensuiuroit à plus forte raison.

ADVERTISSEMENT.

Il est vray qu'en la pratique il n'y a aucun moyen de faire l'experience de ce que nous venons de demonstrer en ce quatriesme Scholie, & en son Corollaire, pour ce que nous n'auons point de plan parfait: & les inesgalitez qui se rencontrent dans les plans ordinaires, sont des petites eminences, & concauitez, lesquelles estant inserees les vnes dans les autres, empeschent le glissement, qui ne se peut faire sans collision, & brisement des petites parties des corps qui se touchent, laquelle collision apporte de la resistance, & partant quelque puissance est requise pour vaincre cette resistance, ce qui n'arriueroit pas en vn plan parfait. Et dautant plus que l'inesgalité des superficies est grande, ou que les superficies sont pressees l'vne contre l'autre, dautant plus il y a de parties inserees les vnes dans les autres, & plus profondément, & partant la collision est dautant plus grande, & la resistance au glissement plus grande, pour laquelle surmonter il faut dautant plus de puissance. Aussi l'experience nous fait voir que deux corps desquels les superficies sont inesgales, venant à estre frottez l'vn contre l'autre par vne collision continuelle, les eminences se brisent, les concauitez s'applanissent, les superficies s'vnissent, & les corps glissent l'vn sur l'autre bien plus facilement qu'auparauant : & arriueroit, si les superficies pouuoient deuenir parfaitement vnies, que le glissement se feroit sans aucune resistance. Nous auons dit cecy pour la consideration de ceux qui n'estant sçauans que par les sens & par l'experience, pourroient trouuer estrange la conclusion du mesme quatriesme Scholie & de son Corollaire. Car quand à ceux qui donnent à la raison, & à l'experience le rang que chacune merite, il ne faut point d'autre aduertissement que la raison mesme, par laquelle ils seront entierement asseurez de la conclusion.

PROPOSITION III.

Estant donné vn poids soustenu par deux chordes, ou par deux appuys, desquels la position soit donnee; trouuer quelle puissance il faut à chacune chorde, ou à chacun appuy.

Au discours suiuant nous prenons pour deux chordes, non seulement celles qui sont separees reellement & de fait ; mais aussi vne mesme chorde laquelle faict vn angle : car les deux portions comprises entre l'angle & chacune des deux extremitez de la chorde, representent deux chordes differentes liees ensemble au sommet de l'angle. Au contraire deux chordes liees ensemble, & posees en vne mesme ligne droite, ne representent qu'vne seule chorde.

CEtte Proposition depent presque entierement de la seconde, & la mesme figure sert pour toutes les deux : & ce que nous dirons des chordes se doit aussi entendre des appuys. Or en general elle a deux cas : le premier est quand les deux chordes ausquelles est pendu le poids sont paralleles entre elles : le second est quand les deux chordes sont inclinees l'vne à l'autre. Au premier cas il n'y a point de difficulté : car il faut que les chordes soient paralleles non seulement entre elles, mais aussi à la ligne de direction du poids, & en ce cas chacune soustiendra vne portion du poids laquelle sera à l'autre portion en proportion reciproque des distances qui seront entre le centre de pesanteur du poids & chacune des chordes, par la raison du leuier, ainsi qu'il est demonstré par Guid-vbalde au troisiesme Corollaire de la seconde Proposition du leuier, & les deux puissances prises ensemble seront esgales au poids; par le quatriesme Corollaire ibidem. Le second cas se diuise derechef en trois autres, desquels le premier est quand les deux chordes font angle, & que le poids est pendu au sommet du mesme angle, & les bouts des chordes sont retenus par des puissances, ou par des arrests : le second est quand les deux chordes font angle, auquel est vne puissance, ou vn arrest soustenant le poids attaché par deux points differents aux deux bouts des chordes : le troisiesme est quand le poids est attaché à deux chordes par deux points differents, & que les chordes sont retenuës chacune par vne puissance ou vn arrest, soit que les mesmes chordes soient decussees, ou non, entre le poids & les puissances, ou les arrests. Mais la briefueté de ce Traité ne nous permet pas de donner la solution du second & troisiesme cas, qui ne sont que des cöuerses du premier, de la demonstration duquel nous nous contenterons pour le present. Quand aux autres, on les trouuerra dans nos Mechaniques, ou nous parlons aussi du poids soustenu par trois chordes, ou par trois appuys.

Nous considerons donc icy deux chordes retenuës chacune par vn bout, l'vne par vne puissance, & l'autre par vne autre, ou par des arrests, en deux lieux differents, desquelles chordes les deux autres bouts se rencontrent, & font angle, au sommet duquel est pendu vn poids donné, & la position de chacune chorde est donnee: on demande chacune des puissances; supposant que les deux ensemble sousticnnent le poids: ou, ce qui est de mesme, on demande quelle resistance apporte chacun des arrests soustenants le poids par les chordes donnees.

Soit donc le poids A duquel la ligne de direction est AF, & soit l'vne des chordes donnees CA retenuë par l'arrest, ou la puissance C; & que la chorde CA face auec la ligne FA l'angle aigu donné CAF; & soit menee la ligne CF perpendiculaire sur la ligne de direction AF, laquelle CF soit prolongee vers F tant que de besoin. Quoy posé l'autre chorde, laquelle auec la chorde CA soustient le poids A, doit estre en mesme plan que le triangle CAF, autrement le poids ne subsisteroit pas en cet estat: ce que nous supposons estre cogneu. Il faut aussi que l'autre chorde soit, à l'esgard de la ligne de direction AF, de l'autre part de la ligne AC, comme est AQ, AO, ou AR, &c. car si les deux chordes estoient de mesme part de la ligne AF, le poids ne demeureroit pas, mais changeroit de position, & viendroit iusques soubs la chorde la plus prochaine de la ligne de direction. Et si la chorde estoit FA mesme, elle soustiendroit entierement le poids toute seule, sans qu'il fut besoin d'vne autre : ce que nous supposons encore estre cogneu. Dauantage l'autre chorde sera auec la chorde CA vn angle aigu, ou vn angle droict, ou vn angle obtus. Qu'elle face donc premierement vn angle aigu donné qui soit l'angle CAQ, la chorde estant AQE, & sa puissance Q ou E; & l'autre puissance estant C ou K tirant par la chorde ACK. Du point Q soit menee la ligne QD perpendiculaire sur la ligne de direction AF, & la ligne QG perpendiculaire sur la chorde CA: & soit prolongee QD tant qu'elle rencontre la chorde AC au point 4. Soit aussi CB perpendiculaire sur la chorde AQ. Maintenant, par la 2. Prop. nous auons veu que si CA est le bras d'vne balance sur lequel soit le poids A retenu par la chorde CA qu'il ne glisse le long du bras CA: & que comme CB est à CF, ainsi soit le poids A à la puissance Q ou E tirant par la chorde QA, cette puissance Q ou E tiendra la balance CA en equilibre; & la chorde QA estant attacheë au centre du poids A, la balance demeurera deschargee, & le poids A sera soustenu partie par la puissance Q ou E, partie par le plan LN 2 perpendiculaire à la balance CA; ou en la place du plan LN 2, par la chorde CA, par le Scholie du 4. Axiome. Donc par ce moyen la puissance Q ou E est trouuee. Par mesme moyen, & par le mesme discours de la 2. Prop. si QA est pris pour le bras d'vne balance, sur lequel soit posé le poids A retenu par la chorde QA, qu'il ne glisse sur le bras QA: & que comme GQ est à QD, ainsi le poids A soit à la puissance C ou K, cette puissance C ou K tirant par la chorde CA, tiendra la balance QA en equilibre; & la chorde CA estant attachee au centre du poids A, la balance QA demeurera deschargee, & le poids A sera soustenu partie par la puissance C ou K tirant par la chorde CA, & partie par la chorde QA. Or dautant que l'angle GAQ est donné, & les chordes AQ & AC, auec les angles CAF, QAD, les perpendiculaires CB, QG, CF, & QD sont donnees, & leurs raisons aussi donnees; & partant les raisons du poids donné A aux puissances Q ou E, & C ou K; lesquelles puissances par consequent seront donnees; & elles soustiennent le poids A par les chordes QA & CA, qui est ce que l'on demande.

Secondement soit la chorde A O faisant auec la chorde C A l'angle droict C A O, & du point O sur la ligne de direction A F, soit menee la perpendiculaire O 7. Soient aussi les puissances O, C, lesquelles tirant par les chordes O A & C A, soustiennent le poids A. Maintenant, par la premiere Proposition, estant imaginé le bras de la balance C A, sur lequel soit le poids A retenu par la chorde C A, qu'il ne glisse sur le bras C A, & faisant que comme A C est à C F, ainsi le poids A soit à la puissance O, cette puissance O tirant par la chorde O A, tiendra la balance en equilibre; & la chorde A O estant attachee au centre du poids A, la balance sera deschargee, & le poids A reposera sur la chorde A O, & sur le plan L N 2, ou en sa place, sur la chorde C A, par le Scholie du quatriesme Axiome. Par le mesme moyen & par le mesme discours de la premiere Proposition, prenant A O pour le bras de la balance, &c. on conclura que le poids A est à la puissance C tirant par la chorde C A, comme A O est à O 7; ou, ce qui est de mesme, comme C A est à C F, à cause des triangles semblables A O 7, A C F. Or dans les triangles A C F, A O 7 tout est donné, & le poids A donné, partant les puissances C, O sont donnees; & elles soustiennent le poids A sur les chordes C A & A O; qui est ce que l'on demande.

En troisiesme lieu soit la chorde A R faisant auec la chorde C A l'angle obtus donné C A R, & du point R soit menee la ligne R P perpendiculaire sur la ligne de direction F A prolongee vers A, s'il en est besoin : soit aussi menee R H perpendiculaire sur la chorde C A prolongee ; & C I perpendiculaire sur la chorde R A aussi prolongee : & soit la puissance R ou S tirant par la chorde R A, & la puissance C ou K tirant par la chorde C A, lesquelles puissances tirant ainsi soustiennent le poids A; il faut trouuer chacune des mesmes puissances. Or, par la seconde Proposition, estant imaginé le bras de la balance C A, nous conclurons que comme C I est à C F, ainsi le poids A est à la puissance R ou S qui sera donnee, & tiendra la balance C A en equilibre : & la chorde R A estant attachee au centre du poids A, la balance C A demeurera deschargee, & le poids A sera soustenu partie par la chorde R A, & partie par le plan L N 2, ou en sa place, par la chorde C A, par le Scholie du quatriesme Axiome. Reste à trouuer la puissance C ou K, pour laquelle soit faict que comme R H est à R P, ainsi le poids A soit à la puissance C ou K, laquelle ie dis estre celle que l'on demande. Car soit imaginé le bras d'vne balance R A, sur lequel soit posé le poids A, & soit vne puissance F laquelle tirant par la ligne de direction F A, tienne le bras R A en equilibre auec son poids A; il est clair, que la puissance F sousteniant le poids A par la ligne de direction du mesme poids, luy sera esgale, par le second Axiome. Mais la puissance F tirant sur le bras R A tire de mesme que sur le bras ou la distance R P, par le troisiesme Axiome; & la puissance C ou K tirant sur le bras R A tire de mesme que sur le bras ou la distance R H, par le mesme troisiesme Axiome. Puis donc que la puissance F tire perpendiculairement sur sa distance R P; & que la puissance C ou K tire aussi perpendiculairement sur sa distance R H; & qu'en proportion reciproque, il y a mesme raison de la distance R H à la distance R P, que du poids A ou de la puissance F à la puissance C ou K, par construction; la puissance F sur le bras R P ou R A, fera le mesme effet que la puissance C ou K sur le bras R H ou R A : mais la puissance F tient le bras R A en equilibre, par la construction ; donc la puissance C ou K tiendra de mesme le bras R A en equilibre, & la chorde C A estant attachee au centre du poids A le bras demeurera deschargé, & demeureront les seules chordes C A & R A, auec leurs puissances lesquelles soustiendront le poids A; & les puissances sont donnees, qui est ce que l'on demande. Que si T A est vn appuy en lieu de la chorde C A: & Z A, ou Y A, ou I A vn autre appuy en lieu de la chorde Q A, ou O A, ou A R, il est clair, que ces appuys feront le mesme effet que les chordes, par le second Axiome: & par le mesme Axiome, si C, Q sont des arrests, ils feront le mesme effet que les puissances.

COROLLAIRE.

On remarquera donc qu'en tous les cas on tire de chacune puissance deux perpendiculaires, l'vne sur la ligne de direction du poids, l'autre sur la chorde de l'autre puissance; & que dans les raisons du poids aux puissances, le poids est homologue aux perpendiculaires tombantes sur les chordes des puissances, & les puissances sont homologues aux perpendiculaires tombantes sur la ligne de direction du poids. Comme le poids A est homologue aux perpendiculaires CB, QG, CA, OA, CI, & RH, lesquelles tombent des puissances sur les chordes: & les puissances C, Q, E, O, R, ou S sont homologues aux perpendiculaires QD, CF, O7, ou RP tombantes sur la ligne de direction A F: & tousiours le poids est à la premiere puissance, comme la perpendiculaire tombante de la seconde puissance sur la chorde de la premiere, est à la perpendiculaire tombante de la seconde puissance sur la ligne de direction du poids: & reciproquement le poids est à la seconde puissance comme la perpendiculaire tombante de la premiere puissance sur la chorde de la seconde, est à la perpendiculaire tombante de la premiere puissance sur la ligne de direction du poids: ce que l'on remarquera en toutes les raisons des trois cas, pource que cecy seruira au Scholie suiuant.

SCHOLIE PREMIER.

En cette Proposition quand les chordes sont inclinees de sorte que toutes les deux peuuent rencontrer la ligne C F perpendiculaire à la ligne de direction A F, l'vne d'vne part & l'autre de l'autre du point F, il s'y rencontre vne chose de remarque que nous n'auons pas voulu oublier, & laquelle est telle.

Soit premierement l'angle aigu C A Q auquel la chorde A Q rencontre la ligne C F au point Q; en sorte que des chordes C A & A Q, & de la ligne C F Q il se face vn triangle C A Q, duquel les trois perpendiculaires tombantes des trois angles sur les trois costez soient A F, C B, & Q G, lesquelles s'entrecoupent en vn mesme point qui soit V. (car de quelque triangle que ce soit les trois perpendiculaires s'entre-coupent tousiours en vn mesme point, lequel point aux triangles oxigones est dans les mesmes triangles: aux triangles rectangles ce point est au sommet de l'angle droit: & aux triangles amblygones le mesme point est hors les triangles) Ie dis que si les puissances C, Q soustiennent le poids A pendu par les chordes C A & Q A, il y aura mesme raison de C Q à Q V, que du poids A à la puissance C; & mesme raison de C Q à C V que du poids A à la puissance Q; & partant mesme raison de C Q aux deux lignes ensemble Q V & C V que du poids A aux deux puissances ensemble C, & Q. Car il a esté demonstré cy-dessus que G Q est à Q F, comme le poids A est à la puissance C: mais comme G Q est à Q F ainsi C Q est à Q V, à cause des triangles

gles rectangles semblables G Q C, F Q V; partant le poids A est à la puissance C, comme C Q est Q V. Pareillement il a esté demonstré que le poids A est
à la puissance Q comme B C est à C F, mais B C est à C F comme Q C est à C
V, à cause des triangles rectangles semblables B C Q, F C V; partant le poids
A est à la puissance Q comme Q C est à C V; & par la vingt-quatriesme Proposition du cinquiesme d'Euclide, le poids A sera aux deux puissances ensemble C, Q comme la ligne C Q est aux deux ensemble Q V & C V.

Secondement soient les chordes C A & A O qui facent l'angle droit C A O;
& que la chorde A O prolongee, s'il en est besoin, rencontre la ligne C F aussi
prolongee au point 3. & soit le poids A & la puissance C comme auparauant; &
la puissance 3 en lieu de la puissance O qui luy soit esgale. Or les trois perpendiculaires du triangle C A O, tombantes des trois angles sur les costez opposez,
sont A F, C A, & 3 A, lesquelles se coupent au point A. Ie dis que le poids A
est à la puissance C comme la ligne C 3 est à la ligne 3 A; & que le poids A est à
la puissance 3 comme C 3 est à C A; & partant que le poids A est aux deux puissances ensemble C & 3 comme la ligne C 3, & aux deux ensemble 3 A, & C A.
Car il a esté demonstré que le poids A est à la puissance C, comme la ligne A O
est à O 7, c'est à dire comme la ligne A 3 est à 3 F, ou C 3 à 3 A, à cause des triangles semblables A O 7, A 3 F, & C 3 A. Pareillement il a esté demonstré que le
poids A est à la puissance O, ou à la puissance 3 esgale à la puissance O, comme
A C est à C F, c'est à dire comme 3 C est à C A, à cause des triangles semblables A C F, 3 C A. Donc par la vingt-quatriesme Proposition du cinquiesme
d'Euclide, le poids A sera aux deux puissances C, 3 prises ensemble, comme la
ligne C 3 est aux deux ensemble 3 A, & C A.

En troisiesme lieu soient les chordes C V & Q V qui facent l'angle obtus C
V Q; & soit le poids V, & les puissances C, Q, lesquelles soustiennent le poids
V par les chordes C V & Q V. Soient aussi les trois perpendiculaires du triangle C V Q, sçauoir V F ligne de direction du poids V, prolongee vers V en dehors de l'angle obtus, laquelle V F soit perpendiculaire sur le costé C Q: C G
perpendiculaire de l'angle C sur le costé opposé Q V prolongé iusques en G;
laquelle C G prolongee rencontre F V aussi prolongee au point A: & Q B perpendiculaire de l'angle Q sur le costé opposé C V prolongé iusques en B, laquelle Q B prolongee rencontrera les deux autres perpendiculaires F V & C
G au mesme point A. Ie dis que le poids V est à la premiere puissance C comme la ligne C Q est à la ligne Q A: & que le poids V est à la seconde puissance
Q comme C Q est à C A; & partant le poids V aux deux puissances ensemble
C, Q comme la ligne C Q est aux deux ensemble Q A & C A. Car d'autant que
Q F est perpendiculaire sur la ligne de direction F V; & Q B perpendiculaire sur
la chorde C V prolongee, le poids V sera à la puissance C comme Q B est à Q
F, par le Corollaire precedent; c'est à dire comme C Q est à Q A, à cause de
triangles rectangles semblables B Q C, F Q A. D'autant aussi que C F est perpendiculaire sur la ligne de direction V F; & C G perpendiculaire sur la chorde
Q V prolongee, le poids V sera à la puissance Q comme C G est à C F, par le
Corollaire precedent; c'est à dire comme Q C est à C A, à cause des triangles
rectangles semblables G C Q, F C A. Puis donc que le poids V est à la puissance C comme C Q est à Q V; & le mesme poids A à la puissance Q comme C Q
est à C A, il s'ensuit, par la vingt-quatriesme Proposition du cinquiesme d'Euclide, que le poids V est aux deux puissances C, Q comme la ligne C Q est aux
deux ensemble Q A & C A.

C

COROLLAIRE I.

De ce qui a esté demonstré en ce Scholie, il est clair que le poids est homologue à la ligne menee d'vne puissance à l'autre, sçauoir au premier & troisiesme cas, à la ligne CQ, & au second cas, à la ligne C3 : & les puissances sont homologues reciproquement aux lignes menees des mesmes puissances iusques au point du concours des perpendiculaires du triangle. Comme au premier cas le poids estant A, & les puissances C, & Q, & le point du concours des perpendiculaires estant V; la puissance C est homologue à la ligne QV, & la puissance Q homologue à la ligne CV. Au second cas le poids estant A, & les puissances C, 3, & le point du concours des perpendiculaires estant A, la puissance C est homologue à la ligne 3 A, & la puissance 3 est homologue à la ligne C A. Et au troisiesme cas le poids estant V, & les puissances C, & Q; & le point du concours des perpendiculaires estant A, la puissance C est homologue à la ligne Q A, & la puissance Q est homologue à la ligne C A. Ce qui est facile à remarquer par la demonstration du mesme Scholie. Ainsi la premiere puissance est homologue à la ligne menee de la seconde puissance iusques au concours des trois perpendiculaires du triangle; & reciproquement, &c.

COROLLAIRE II.

Par la demonstration du mesme Scholie, il paroist encore que le poids est tousiours moindre que les deux puissances ensemble, le poids estant homologue à vn costé d'vn triangle, & les deux puissances estant homologues aux deux autres costez. Et quand l'vne des chordes, comme RA, ne pourroit concourir auec la ligne CF prolongee vers F, on demonstrera tousiours que le poids sera moindre que les deux puissances ensemble ; veu que mesme il sera moindre, en ce cas, que la puissance C seule ; puis que la perpendiculaire R H, à laquelle le poids est homologue, est moindre que la perpendiculaire R P, à laquelle la puissance C est homologue.

COROLLAIRE III.

Il y a encore icy vne chose digne de remarque, sçauoir la reciprocation des triangles C A Q & C V Q; lesquels sont tels que V est le point du concours des perpendiculaires du triangle C A Q; & reciproquement le point A est le concours des perpendiculaires du triangle C V Q; l'angle C A Q estant aigu, & C V Q estant obtus, & les deux ensemble valants deux droits. Car quand le poids est A estant homologue à la ligne C Q, les puissances C & Q sont homologues aux lignes Q V & C V : & quand le poids est V estant encore homologue à la ligne C Q, les puissances C, Q sont homologues aux lignes Q A & C A. Ainsi les chordes d'vn triangle sont les lignes homologues aux puissances de l'autre reciproquement ; ce qui est demonstré.

COROLLAIRE IV.

Quand A seroit vne puissance en lieu d'vn poids, & que K, C, Q, E, R, ou

Traité de Mechanique.

s feroient des poids ou des puissances ; les chordes & les lignes de direction estant de mesme qu'auparauant, on demonstreroit de la puissance A ce qui a esté demonstré du poids A.

SCHOLIE II.

Par le Scholie precedent nous auons fait voir qu'en tous les cas ausquels les deux chordes qui soustiennent le poids, estant prolongees, s'il en est besoin, concourent auec la ligne CF perpendiculaire à la ligne de direction AF, l'vne d'vne part, & l'autre de l'autre du point F; le poids & les deux puissances estoient homologues aux trois costez d'vn triangle. Mais en ce second Scholie nous demonstrerons en general qu'en quelque disposition que soient le poids & les puissances qui le soustiennent sur deux chordes, pourueu que les chordes ne soient pas entre elles en ligne droite, le poids & les deux puissances sont tousiours homologues aux trois costez d'vn triangle. Pour faire cette demonstration en general il y a trois cas : le premier est quand l'angle compris par les chordes est aigu : le second, quand il est droict : & le troisiesme, quand il est obtus. Au premier cas soient les chordes CA, & AQ faisantes l'angle aigu C AQ; soit aussi le poids A, sa ligne de direction AF, les perpendiculaires CF, CB, QG, QD, & le reste comme au premier cas de la troisiesme Proposition, & soient menees les lignes FB, & GD. Ie dis que les triangles CFB, & QDG sont semblables, & qu'aux trois costez de celuy que l'on voudra des deux, sont homologues le poids A & les deux puissances C, Q, lesquelles soustiennent le mesme poids A sur les chordes CA & QA. Car d'autant que les angles CF A, & CBA sont droits, la figure de quatre costez CFBA sera inscriptible en vn cercle; partant l'angle CBF sera esgal à l'angle CAF, & l'angle FCB esgal à l'angle FAB. Par mesme raison la figure QDGA sera inscriptible en vn cercle, donc l'angle QGD sera esgal à l'angle QAD, & l'angle GQD esgal à l'angle GAD. Par consequent puis que l'angle CBF du triangle CBF, & l'angle GQD du triangle GQD, sont esgaux à vn mesme, sçauoir à CAF ou G AD, il s'ensuit que les angles CBF, & GQD sont esgaux entre eux. Par mesme moyen l'angle FCB du triangle FCB, sera esgal à l'angle QGD du triangle QGD, tous deux estant esgaux à l'angle FAB ou QAD : ainsi les deux angles CBF & FCB du triangle CBF, estant esgaux aux deux angles GQD & QGD du triangle QGD chacun au sien, ces deux triangles CBF, & QG D seront semblables. Partant BC sera à CF comme QG est à GD; & BC sera à BF comme QG est à QD. Mais comme BC est à CF ainsi le poids A est à la puissance Q par la troisiesme Proposition, & par la mesme Proposition QG est à QD comme le poids A est à la puissance C; donc aussi QG sera à GD comme le poids A est à la puissance Q; & BC sera à BF comme le poids A est à la puissance C. Il est donc clair qu'au triangle CBF le poids A estant homologue à la ligne CB, la puissance Q sera homologue à la ligne CF, & la puissance C sera homologue à la ligne BF. Et que dans le triangle QGD le poids A estant homologue à la ligne QG, la puissance C sera homologue à la ligne QD, & la puissance Q homologue à la ligne GD.

Au second cas soient les chordes CA & AO soustenantes le poids A, & faisantes l'angle droit CAO; le reste de la construction estant comme au second cas de la troisiesme Proposition. Il est clair que les triangles rectangles CAF,

C ij

& A O 7, ou A 3 F font femblables. Or il a defia efté demonftré que le poids A & les deux puiffances C, Q font homologues aux trois coftez du triangle C A F, fçauoir que comme C A eft à C F, ainfi le poids A eft à la puiffance O ou 3; & que comme A O eft à O 7, ou A 3 à 3 F, ou C A à A F ainfi le poids A eft à la puiffance C, par la troifiefme Propofition. Partant le poids A & les puiffances C, O qui le fouftiennent fur les chordes C A & A O, font homologues aux trois coftez du triangle C A F, ou A O 7, ou A 3 F, ou C 3 A, qui tous font femblables.

Au troifiefme cas foient les chordes C A & A R fouftenantes le poids A, & faifantes l'angle obtus C A R, le refte de la conftruction eftant comme au troifiefme cas de la troifiefme Propofition, & foient menees les lignes H P, & F I. Ie dis que les triangles R H P & C F I font femblables, & qu'aux trois coftez de celuy que l'on voudra des deux, font homologues le poids A & les puiffances C, R qui fouftiennent le mefme poids A fur les chordes C A & A R. Car que les triangles R H P & C I F foient femblables, il fe demonftrera facilement, pour ce que les figures de quatre coftez R H P A & C I A F font infcriptibles chacune en vn cercle, parquoy les angles H R P, H A P, C A F, & C I F font tous efgaux entre eux. Pareillement les angles R P H, R A H, C A I, & C F I font tous efgaux entre eux. Ainfi le cofté H R fera au cofté R P, comme le cofté C I eft au cofté I F : & le cofté H R fera au cofté H P, comme le cofté C I eft au cofté C F. Mais comme R H eft à R P, ainfi le poids A eft à la puiffance C : & comme C I eft à C F, ainfi le poids A eft à la puiffance R, le tout par la troifiefme Propofition, partant R H eft à H P comme le poids A eft à la puiffance R : & C I eft à I F comme le poids A eft à la puiffance C. Il eft donc clair qu'au triangle R H P le poids A eftant homologue au cofté R H, la puiffance C fera homologue au cofté R P, & la puiffance R homologue au cofté H P. De mefme au triangle C F I le cofté C I eftant homologue au poids A, C F fera homologue à la puiffance R & F I homologue à la puiffance C. Partant en tous cas le poids, & les deux puiffances font toufiours homologues aux trois coftez d'vn triangle, lequel triangle eft formé des deux perpendiculaires qui tombent d'vne mefme puiffance l'vne fur la ligne de direction du poids, l'autre fur la chorde de l'autre puiffance, & de la ligne menee de l'vne de ces perpendiculaires à l'autre. Que fi de quelque point pris en la ligne de direction du poids, on mene vne ligne parallele à l'vne des chordes iufques à l'autre chorde, le triangle formé de cette parallele, de la ligne de direction, & de la chorde, fera femblable au triangle fufdit, & par confequent fes coftez feront homologues au poids & aux deux puiffances ; ce qu'vn Geometre prouuera facilement, auec plufieurs autres proprietez que nous laiffons.

COROLLAIRE.

Il s'enfuit que non feulement les deux puiffances enfemble font plus grandes que le poids ; mais auffi que le poids pris auec l'vne des puiffances fera plus grand que l'autre puiffance ; d'autant que le poids & les deux puiffances font homologues aux trois coftez d'vn triangle, defquels deux pris comme on voudra, font plus grands que l'autre.

SCHOLIE III.

Les puissances demeurant en mesmes lieux, & le poids estant tousiours le mesme, & dans vne mesme ligne de direction ; quand l'angle compris par les chordes qui soustiennent le poids, sera plus grand, il faudra des puissances plus grandes pour soustenir le mesme poids par les mesmes chordes.

Cecy se demonstre facilement en suitte de la Proposition precedente, & du premier Scholie, & ses Corollaires. Car au cas auquel les chordes peuuent concourir toutes deux auec la ligne C F prolongee vers F, plus l'angle compris par les chordes sera grand, plus le point du concours des perpendiculaires sera esloigné du point F, & partant les lignes menees des puissances à ce point du concours, seront plus longues. Comme si les puissances sont C, & Q ; & l'angle compris par les chordes C A Q, le concours des perpendiculaires sera V, & les lignes menees des puissances au concours seront C V, & Q V. Que si les puissances sont encore C & Q, mais que l'angle soit C V Q plus grand que l'angle C A Q, le concours des perpendiculaires sera au point A plus esloigné du point F que n'est le point V ; & les lignes menees des puissances au concours seront C A & Q A plus longues que les lignes C V & Q V. Or la ligne C Q est tousiours homologue au poids ; & les lignes menees des puissances au concours des perpendiculaires, sont reciproquement homologues aux mesmes puissances. Partant l'angle des chordes estant plus grand ; & par consequent les lignes menees des puissances au concours estant plus grandes, les puissances seront aussi plus grandes. Mais au cas où l'vne des chordes ne concourt pas auec la ligne C F prolongee, comme quand l'vne des chordes est C A, & l'autre A R, l'angle C A R est necessairement obtus ; partant plus cet angle sera grand, plus l'angle C A I sera aigu, & plus la perpendiculaire C I sera courte ; & partant il y aura plus grande raison de C F (qui demeure tousiours la mesme) à C I. Mais C F est homologue à la puissance R, & C I est homologue au poids ; partant il y aura aussi d'autant plus grande raison de la puissance R au poids ; & ainsi la puissance R sera d'autant plus grande. De mesme plus l'angle obtus C A R sera grand, plus l'angle R A H sera aigu, & plus la perpendiculaire R H sera courte ; & partant il y aura plus grande raison de R P (qui demeure tousiours la mesme) à R H. Mais R P est homologue à la puissance C, & R H est homologue au poids ; partant il y aura aussi d'autant plus grande raison de la puissance C au poids ; & ainsi la puissance C sera d'autant plus grande.

COROLLAIRE.

Puis qu'en quelque position que soient le poids & les puissances ; les puissances estant hors la ligne de direction du poids, doiuent estre d'autant plus grandes, que l'angle compris par les cordes est grand ; & que plus l'angle est grand, plus les chordes approchent de faire entre-elles vne seule ligne droicte, il est clair par la commune cognoissance, que les plus grandes puissances de toutes serōt celles qu'il faut quād les chordes font entre-elles vne seule ligne droicte, en quelque position que soient le poids & les puissances, pourueu que les mesmes puissances soient hors la ligne de direction du poids, l'vne d'vne part & l'autre de l'autre, de la mesme ligne de direction.

C iij

SCHOLIE IV.

PROBLEME.

De deux puiſſances qui souſtiennent vn poids donné, eſtant donnee l'vne, la poſition, ou le lieu de chacune des deux; & la ligne de direction du poids eſtant donnée par poſition entre les lieux des deux puiſſances; trouuer l'autre puiſſance; & le lieu où doit eſtre poſé le poids dans ſa ligne de direction, pour eſtre ſouſtenu par les deux puiſſances ſur deux chordes.

Soiët C & R les lieux des deux puiſſances, deſquelles la puiſſance C ſoit donée ſi grande que l'on voudra; ſoit auſſi donné vn poids tel qu'on voudra, duquel la ligne de direction ſoit F A donnée par poſition entre les lieux des deux puiſſances C, & R: il faut trouuer dans la ligne F A le lieu du poids donné, & l'autre puiſſance R, en ſorte que les deux puiſſances C & R ſouſtiennent le meſme poids pendu ſur deux chordes au lieu qui aura eſté trouué. Soit menée la ligne C R, & des deux points C, R ſur la ligne F A, ſoient menées des lignes perpendiculaires C F & R P: & ſoit fait que comme la puiſſance C eſt au poids donné, ainſi la perpendiculaire R P (ſçauoir celle de la puiſſance incogneuë ſur la ligne de direction) ſoit à quelque ligne parallele à C F, comme R 9. Soit auſſi la ligne R-9-8. eſgale aux deux perpendiculaires R P & C F priſes enſemble; & poſons que R 9 ſoit moindre que R 8; alors du cētre R, & de l'interualle de la ligne R 9 on deſcrira le cercle H-9-5-6; & du point C on menera vne ligne qui touche le meſme cercle au point H au deſſous de la ligne C R; auquel point H ſoit menée la ligne R H perpendiculaire ſur la ligne C H. Or la ligne C H prolongée, s'il en eſt beſoin, coupera F A; (à cauſe que l'interualle du cercle R, eſt moindre que R 8) qu'elle la coupe donc au point A, & ſoient menées les chordes R A & C A, auſquelles ſoit pendu le poids donné, au point A; & ſur la chorde R A prolongée, s'il en eſt beſoin, ſoit menée la perpendiculaire C I; & ſoit fait que comme C I eſt à C F, ainſi le poids donné ſoit à la puiſſance R. Il eſt clair par la propoſition precedente que les puiſſances C, R ſouſtiendront le poids donné A ainſi comme il eſt ſur les chordes C A & R A. Si la ligne R 9 trouuée comme cy-deſſus, eſtoit eſgale aux deux enſemble R P & C F, c'eſt à dire à la ligne R 8, la ligne qui du point C toucheroit le cercle, ſeroit C 8 parallele à la ligne de direction F A; & partant le Probleme ſeroit impoſſible. Car autrement qu'il ſoit poſſible, ſi faire ſe peut, & ſoit le poids en A, diſpoſé dans ſa ligne F A, & ſouſtenu par les puiſſances C, R ſur les chordes C A & A R: partant, comme il a eſté demonſtré en la propoſition precedente, la puiſſance C ſera au poids A comme R P eſt à R H; mais par la conſtruction la puiſſance C eſt au meſme poids A comme R P eſt à vne ligne eſgale aux deux R P & C F priſes enſemble, c'eſt à dire à R 8, donc R H ſeroit eſgale à R 8, ce qui eſt abſurde, le poids A eſtant dans la ligne F A, ſelon la propoſition.

Si R 9 eſt plus grande que R 8, le Probleme ſera encore impoſſible: autrement l'abſurdité ſeroit que R H ſeroit plus grande que R 8.

COROLLAIRE I.

Il faut donc que la puiſſance C aye plus grande raiſon au poids donné, que la ligne R P aux deux ensemble R P & C F, autrement le Probleme sera impossible. Mais la puissance C estant esgale au poids donné, ou plus grande, le Probleme sera tousiours possible; car alors R H sera esgale à R P, ou moindre; & partant tousiours moindre que R 8. ce qui est facile à demonstrer.

COROLLAIRE II.

Il est clair aussi que les chordes ne viendront iamais en vne mesme ligne droi-cte, quelles que puissent estre les puissances C & R. Car d'autãt que la ligne C A H touche le cercle au dessous de la ligne C R, il arriuera tousiours que le poinct A qui est dans la ligne F A, (laquelle passe entre C & R, par supposition) sera au dessous de la ligne C R, & partant les chordes feront l'angle C A R au dessous de la ligne C R : ce qui arriuera de mesme en toute autre position de la puissance R, O ou Q. &c.

ADVERTISSEMENT.

Si les puissances C, R deuoient soustenir le poids auec des appuis, & non pas auec des chordes, il faudroit mener la ligne touchante le cercle, de l'autre part au dessus de la ligne C R. Mais cette consideration n'est pas vtile à nostre dessein; & on en trouuera la solution dans nos Mechaniques, auec plusieurs autres choses sur ce subject.

SCHOLIE V.

PROBLEME.

Les deux puissances estant données, & leurs lieux, & le poids donné, & vne ligne parallele à la ligne de direction du mesme poids : trouuer le lieu du poids, & les chordes par lesquelles les deux puissances données le soustiendront. Mais il faut que des trois, sçauoir du poids & des deux puissances, deux ensemble surpassent l'autre, par le Corollaire du 2. Scholie de la 3. proposition.

Apres le second Scholie cy-dessus, cette Proposition n'a aucune difficulté : Car en la figure qui est la mesme qu'auparauant, si les puissances sont C, Q données & posées en leurs lieux; & la ligne C 8 donnée parallele à la ligne A F qui est la ligne de direction du poids donné A ; le triangle F C B sera donné en espece, d'autant que ses trois costez sont homologues au poids & aux deux puissances données, sçauoir le costé C B au poids A, C F à la puissance Q: & F B à la puissance C : partant les trois angles seront donnez. Mais le costé C F est donné par position, estant perpendiculaire du poinct donné C sur la ligne C 8 donnée, & parallele à la ligne de direction A F: donc puis que l'angle F C B est donné, la ligne C B sera donnée par position : Or la ligne Q B est perpendiculaire du poinct donné Q sur la ligne C B; partant le poinct B sera donné, & la ligne C B sera donnnée de grandeur & de position : & la ligne C F aussi donnée de grandeur & de position : & la ligne F A qui coupera la ligne Q B au poinct A : & les chordes C A & Q A seront données, &c. En suitte de cette Analyse ou resolution, la composition du Probleme n'est que trop facile, sans que nous nous y arrestions dauantage.

Si les puissances sont C, R données & posées en leurs lieux; & la ligne C 8 comme auparauant, le triangle F C I ayãt les trois costez homologues, sçauoir

C I au poids A, F I à la puissance C, & C F à la puissance R, sera donné en espece ; donc les trois angles seront donnez, & le costé C F est donné par position, estât perpendiculaire sur C 8, donc C I sera donné par position, puis que l'angle F C I est donné ; & R I perpendiculaire du poinct donné R sur le costé C I sera donnée, & le poinct I donné, & la longueur de C I, & de C F, & F A qui coupe la ligne R I au poinct A, &c. la composition n'a aucune difficulté.

Les autres cas ne changent ny la resolution, ny la construction, & la condition du Ploblème sera cause que des trois lignes homologues au poids & aux deux puissances, on pourra tousiours former vn triangle qui seruira à la composition.

ADVERTISSEMENT.

En ce Probleme il pourra arriuer qu'ayant trouuee la ligne de direction F A, elle passera par le lieu de l'vne des puissances donnees. auquel cas cette puissance & le poids seront en mesme lieu, & la mesme puissance n'aura point besoin de chorde : mais il faudra qu'elle agisse par vne ligne de direction perpendiculaire à l'vn des costez du triangle C F B, ou C F I : sçauoir à celuy qui est homologue au poids. Comme si le lieu d'vne puissance estant C, l'autre estoit A, & qu'apres auoir formé le triangle C F B ou C F I, la ligne de direction F A passast par le lieu de la puissance A : il faudroit poser le poids en A auec la puissance, laquelle en ce cas agiroit par la ligne de direction A B vers B, ou par la ligne de direction I A R vers R, selon que le triangle seroit C F B ou C F I. Quand à la puissance C, elle tireroit par la chorde C A. Il pourra aussi arriuer que la ligne de direction trouuée ne passera pas entre les lieux des deux puissances donnees, mais au delà : auquel cas le Probleme sera impossible par deux chordes, mais possible par vne chorde & vn appuy : comme nous demonstrons en nostre Mechanique. Enfin il pourra arriuer en la construction qu'ayant formé le triangle duquel les trois costez serôt homologues au poids & aux deux puissances, le costé C B, ou celuy qui part de la puissance C, & est homologue au poids, estant prolongé passera par les deux puissances, comme si l'autre puissance estoit B : auquel cas du poinct B sur la ligne C B on esleuera la perpendiculaire B A laquelle dans la ligne de direction F A donnera le lieu du poids A, & la chorde de la puissance B, sera B A. Que si ce costé qui part de la puissance C & est homologue au poids, passe au dessus ou au dessous de la ligne menee aux deux puissances ; alors de l'autre puissance on menera sur le mesme costé prolongé, s'il est besoin, vne perpendiculaire, laquelle coupera la ligne de direction F A, & donnera le lieu du poids.

COROLLAIRE.

Quand donc la ligne de direction trouuee passe entre les lieux des deux puissances donnees, le triangle de la construction estant C F B, ayant l'angle F C B aigu, il est clair que la figure de quatre costez C F B A est inscriptible en vn cercle, partant les chordes C A, & A B Q feront angle aigu au poinct A au dessous des deux puissances. Que si le triangle de la construction estoit rectangle, comme C F A, ce qui arriueroit si le lieu d'vne puissance estant C, l'autre lieu estoit quelque part dans la ligne A O 3, & le poids & les deux puissances homologues aux trois costez d'vn triangle rectangle ; alors les chordes C A, & A O feroient l'angle droict. A O au poinct A au deſſous des deux puiſſances. Enfin ſi le triangle de la conſtruction eſt C F I ayant l'angle F C I droict ou obtus, la figure de quatre coſtez C F A I ſera inſcriptible en vn cercle, partant l'angle C A I eſgal à l'angle C F I, ſera aigu ; & par conſequent l'angle C A R compris par les chordes C A & A R ſera obtus au deſſous de la ligne C R menee d'vne puiſſance à l'autre. Donc en tous cas les deux chordes font touſiours vn angle, & iamais ne concurrent entre-elles directement, & l'angle qu'elles font, auquel eſt le poids, eſt touſiours au deſſous de la ligne droicte menee d'vne puiſſance à l'autre.

La conſtruction de ce Probleme, ſes determinations, & tous ſes cas ſont demonſtrez plus au long en noſtre Mechanique.

SCHOLIE VI.

Au commencement de la troiſieſme Propoſition nous auons ſuppoſé que l'angle C A F fut aigu : ce que nous auons fait, d'autant que des deux angles que les cordes font auec la ligne de direction F A, l'vn doit touſiours eſtre aigu, autrement tous deux ſeroient obtus, ou l'vn droict & l'autre obtus, ou tous deux droicts. Or tous deux ne peuuent pas eſtre obtus, les chordes eſtant parfaictement flexibles, comme nous les ſuppoſons. Car ſi l'vne des chordes eſtoit A Y faiſant l'angle obtus F A Y, & l'autre chorde A T faiſant l'angle obtus F A T, le poids eſtant A, & les puiſſances Y, T, lors par la commune cognoiſſance, tãt s'en faut que les puiſſances auec leurs chordes ſouſtinſſent le poids A, qu'au contraire elles le tireroiẽt à bas. Il en ſera de meſme ſi l'vn des angles eſt droict, & l'autre obtus. Partant toute la difficulté reuient là, à ſçauoir ſi tous les deux angles que les chordes font auec la ligne de direction F A, peuuẽt eſtre droicts, auquel cas les deux chordes ſeroient en ligne droicte l'vne auec l'autre, par la 14. Prop. du 1. d'Euclide, ce qui eſt impoſſible : Car, ſi faire ſe peut, ſoit l'vne des chordes C F, l'autre Q F, le poids F, & les puiſſances C Q, les deux angles C F A, & Q F A eſtant droicts à la ligne de direction F A, & que les puiſſances C, Q ſouſtiennẽt le poids F ſur la chorde droicte C F Q. Alors, par le 4. Scholie precedent eſtant donné le poids F, & ſa ligne de direction F A, auec les lieux des puiſſances C, Q, on pourra dãs la ligne F A, trouuer le lieu où le poids F eſtant poſé ſera ſouſtenu ſur deux chordes par deux puiſſances, deſquelles l'vne ſera ſi grande que l'on voudra, meſmes plus grande que les deux C, Q priſes enſemble, leſquelles on pretend ſouſtenir le poids A. Soit donc ce lieu V, auquel le poids eſtant poſé ſoit ſouſtenu ſur les chordes C V, Q V par deux puiſſances, deſquelles l'vne, comme 4, ſoit tant de fois qu'on voudra plus grande que les deux C, Q priſes enſemble. Or les chordes feront angle au deſſous de la ligne C Q par le 2. Corollaire du 4. Scholie precedent, lequel angle ſoit C V Q. Donc les puiſſances 4, Q qui ſouſtiennent vn poids par les chordes C Q & Q V leſquelles font angle au poinct V, ſeroient beaucoup plus grandes que les puiſſances C, Q qui ſouſtiennent le meſme poids ſur les chordes C F & F Q poſee en ligne droicte, ce qui eſt abſurde, par le Coroll. du 3. Scholie de la 3. Prop. Et partant il eſt auſſi abſurde que les deux puiſſances C, Q telles qu'on voudra, puiſſent ſouſtenir le poids F ſur la chorde droicte C F Q. Ainſi les angles que les chordes font auec la ligne de direction du poids, ne peuuent eſtre tous deux droicts, ny tous deux obtus, ny l'vn droict & l'autre obtus ; reſte donc que l'vn soit aigu, comme il a esté posé au commencement de la 3. Prop. Par la mesme raison on demonstrera qu'vn poids ne peut estre soustenu sur vne chorde droicte parfaictement flexible, quelles que soient les puissances qui tireront par les bouts de la chorde, & en quelque position que ce soit la mesme chorde, pourueu qu'elle ne soit pas vnie à la ligne de direction du poids, comme si la chorde est C A T, les puissances C, T, & le poids A, les puissances C, T quelles qu'elles soient, ne pourront soustenir le poids A sur la chorde droicte C A T.

COROLLAIRE.

Si vne chorde est droicte, & parfaictement flexible, & que sur icelle on pose vn poids ou vne puissance telle qu'on voudra, la chorde ne pourra demeurer droicte, mais il faudra ou que les puissances qui retiennent la chorde par les bouts cedent, quelles qu'elles soient, ou que la chorde s'alonge, ou qu'elle rompe, si elle n'est infiniment forte. C'est ce que l'experience fait voir tous les iours aux chordes, lesquelles mesmes ne sont pas parfaictement flexibles, comme celles des instrumens de Musique, lesquelles encore qu'elles soient bandees auec telle sorte qu'on voudra, toutefois vne puissance extrememẽt petite les fait plier, & partant sonner. La mesme chose se voit encore aux Danceurs de chordes, desquels la chorde plie aussi-tost qu'ils sont dessus, quoy qu'elle soit bandee auec de grandes forces, & que de soy-mesme elle ne soit gueres flexible. Nous voyons aussi la mesme chose aux cheuaux qui font monter vn bateau sur la riuiere, lesquels, quoy que souuent ils soient vn grand nombre & forts, ne peuuent faire venir en ligne droicte la chorde par laquelle ils tirent. Et pour empescher que les chordes qui sont bandees, & attachees à des arrests, ne rompent à chaque coup, la nature a fait que toutes, ou la plufpart, sont capables de s'alonger ; & ainsi en cedant à la puissance qui les tire, elles se conseruent mieux. Et lors qu'elles sont en tel estat qu'elles ne peuuent plus s'alonger, pour peu qu'on les tire, elles rompent.

SCHOLIE VII.

De ce que dessus on peut apprendre la fabrique d'vn instrument fort simple, par le moyen duquel vne puissance soustiendra vn tres-grand fardeau. Car soient C, Q deux poulies, par dessus lesquelles passe la chorde K C Q E, aux deux bouts de laquelle soient pendus les fardeaux K, E, & soit la puissance F tirant la chorde C Q, par la ligne de direction F A perpendiculaire à la mesme chorde C Q; il est clair que si la chorde est flexible aux endroits des poulies C, Q, & de telle nature qu'elle ne puisse s'alonger, que la puissance F la tirant vers A, la fera plier, & partant là faisant passer par dessus les poulies, fera monter les fardeaux K, E iusques à quelque interualle : mais souuent cet interualle est fort petit, & la puissance au commencement descend beaucoup plus que les fardeaux ne montent : c'est pourquoy pour faire monter les fardeaux bien haut il faudroit aller à plusieurs reprises. Pour cette raison cet instrument seruiroit mieux où il ne seroit besoin que d'arracher quelque corps qui tiendroit à vn autre, puis que sa principale force gist au commencement, ce qui est requis en arrachant. Et pour empescher que la chorde C Q ne s'alonge, ce qui principalement pourroit eluder la vigueur de l'instrumẽt, on la pourra faire d'vne chaisne

Traicté de Mechanique. 35

de fer depuis C iufques en Q: ou bien C F & F Q feront deux barres de fer, ou de bois, iointes au poinct F par vn anneau, pour faire le ply au poinct F : mais les portions de la chorde, qui passeront par dessus les poulies, seront meilleures estant d'vne matière bien flexible, comme de bon chanvre, lequel apres auoir seruy quelque temps, s'alonge peu ou point. Le reste des chordes vers les bouts où sont attachez les fardeaux, lequel reste ne doit point passer par dessus les poulies, sera meilleur d'estre de fer ou de bois, afin qu'il ne puisse s'alonger. On pourra faire aussi que l'vn des bouts de la chorde soit attaché à vn arrest, comme C, puis la chorde ayant passé par dessus la poulie Q, on luy attachera le fardeau E que l'on veut arracher & mouuoir de son lieu, la puissance estant en F, auec les conditions & precautions susdites. Ie laisse aux iudicieux beaucoup de choses qui se peuuent inuenter sur ce subject pour amplifier les vsages de cet instrument, & le rendre commode, tant pour seruir seul, qu'auec d'autres; entre lesquelles choses celle-cy ne sera pas de peu d'vtilité, que les poulies C, Q soiët suffisamment esloignees l'vne de l'autre, afin que la chorde C Q soit longue: non que ie veuille dire de là, que la puissance aura plus de force : mais il arriuera qu'vne mesme puissance enleuera le fardeau plus haut, à proportion que la chorde sera plus longue depuis C iufques en Q. Ie diray encore qu'à la conionction F y ayant deux anneaux, on pourra les ioindre par vn troisiesme anneau fait en coin ayant la pointe en haut, lequel coin soit fort long & aigu, & qu'en sa partie inferieure soit attachee vne chorde par laquelle la puissance tirera de F vers A, ce qui aidera beaucoup. Et quand C sera vn arrest, & Q vne poulie, si on prend vn leuier duquel l'arrest soit C, auquel leuier soit attaché l'anneau fait en coin qui est en F, & que le leuier soit plus long que C F le plus qu'on pourra vers Q, puis que la puissance pese ou tire perpendiculairement sur le bout du leuier qui est vers Q, ce sera pour arracher vne force presque inuincible; & encore plus, si la puissance pour tirer par le bout du leuier, se sert de la rouë & de l'essieu, ou d'vne viz, comme en quelques pressoirs. Mais il faut, auant que tirer, auoir fait bander la chorde C Q E tant qu'on pourra, afin qu'elle ne puisse en s'alongeant, eluder la plus grande vigueur de l'instrument, laquelle vigueur est au commencement. Il faut aussi que les pilliers qui soustiennent les poulies, & les arrests, soient assis sur vn fondemët ferme, & qui ne puisse s'enfoncer, afin que les poulies ou arrests ne puissent changer de lieu. Partant cet instrument ne seruira de rien sur vn vaisseau qui nagera sur l'eau. Au reste il peut aussi bien seruir estant plat qu'estant esleué sur l'Horizon, & n'importe que la puissance qui tire la chorde C F Q par la ligne de direction F A, tire vers A, ou au contraire vers le poinct 13. pour ce qu'il s'en ensuiura tousiours vn mesme effect.

SCHOLIE VIII.

Nous auons remarqué sur le subject d'vn poids pendu à deux chordes, vne chose qui nous a pleu beaucoup ; laquelle est telle, que quand le poids est ainsi soustenu par deux puissances, les raisons estant comme il a esté demonstré en la 3. Prop. le poids ne peut monter ny descendre que la proportion reciproque des chemins auec le poids & les puissances ne soit changee, & contre l'ordre commun, comme si le poids est posé en A sur les chordes C A & Q A soustenuës par les puissances C, Q, ou K, E, le poids estant aux puissances comme les perpendiculaires C B & Q G sont aux lignes C F & Q D, ainsi il a esté dit en la

3. Prop. ou comme C Q est aux lignes Q C & Q V, par le premier Scholie de la mesme Prop. si au dessous du poids A, dans sa ligne de direction, on prend quelque ligne comme A P, il arriuera que si le poids A descend iusques en P, tirant auec soy les chordes & faisant monter les puissances K, E, il y aura reciproquement plus grande raison du chemin que les puissances feront en montant, au chemin que le poids fait en descendant, que du mesme poids aux deux puissances prises ensemble; ainsi les puissances monteroient plus à proportion, que le poids ne descendroit en les emportant, qui est contre l'ordre commun. Que si au dessus du poids A, dans sa ligne de direction, on prend vne ligne, comme A V, & que le poids monte iusques en V, les chordes montants aussi emportees par les puissances K E qui descendent, il y aura reciproquement plus grande raison du chemin que le poids sera en montant, au chemin que les puissances feront en descendant, que des deux puissances prises ensemble, au poids : ainsi le poids monteroit plus à proportion que les puissances ne descendroient en l'emportant, ce qui est encore contre l'ordre commun, dans lequel le poids ou la puissance qui emporte l'autre, fait tousiours plus de chemin à proportion, que le poids ou la puissance qui est emportee. Or que les raisons des chemins que feroient le poids A & ses puissances en montant, & descendant, soient telles que nous venons de dire, & contre l'ordre commun, on en trouuera la demonstration dans nos Mechaniques, car elle est trop longue pour estre mise icy. Partant le poids A en subsistant & demeurant en son lieu, par les raisons de la 3. Prop. demeure aussi dans l'ordre commun, ce que nous voulions remarquer.

SCHOLIE IX.

Quand vn poids est pendu librement à vne chorde, & que l'on veut le mouuoir à costé iusques à vn lieu assigné, auquel il peut aller demeurant tousiours suspendu à sa chorde, on peut trouuer facilement la puissance requise, de laquelle mesmes le lieu sera assigné. Car soit le poids A lequel ayant esté librement pendu par vne chorde attachee au poinct C, doiue estre mené iusques en A, la chorde estant C A. Si donc on demande la moindre puissance de toutes celles qui peuuent mener le poids iusques au lieu assigné A, il est clair que ce sera celle qui tirera par la ligne A O 3 perpendiculaire à la chorde C A, laquelle puissance sera O ou 3, comme il a esté demonstré au Scholie de la 2. Prop. car il faut la mesme force que pour soustenir le poids sur le plan incliné L N 2, en la place duquel est substituee la chorde C A par le Scholie du 3 axiome; ou, ce qui est de mesme, il faut la mesme force que pour tenir la balance C A en equilibre, tirant par la chorde A O 3, laquelle puissance est moindre que si on tire par vne autre chorde, comme par la chorde A Q ou A R. Mais si le lieu de la puissance est assigné, comme Q, O, ou R ; alors la puissance Q, O, ou R se trouuera par la 3. Prop. veu que ce sont deux chordes C A & Q A ou R A qui soustiennent le poids A. Il se peut aussi demonstrer sans recourir plus loing, que la puissance O, ou 3 est la moindre de toutes celles qui peuuet soustenir le poids A en l'estat où il est. Car soit vne autre puissance Q, ou R, desquelles nous auons si souuent parlé. Donc le poids A est à la puissance O comme A C & C F, & le poids A est à la puissance Q comme B C à C F; & le poids A à la puissance R comme C I & à C F, par la 3. Prop. mais la raison de C A à C F est plus grande que de C B à C F, ou que de C I à C F; puisque A C est plus grande que C B ou que C I ; partant la raison du poids A à la puissance O est plus grande que du mesme poids A la puissance Q, ou R ; & par consequent la puissance O est moindre que la puissance Q, ou R.   FIN.

TRAITEZ
DE LA VOIX,
ET
DES CHANTS.

A MONSIEVR
MONSIEVR HALLE'
SEIGNEVR DE BOVCQVEVAL,
Conseiller du Roy, & Maistre des Contes.

MONSIEVR,

Vous sçauez l'estat que tous les grands Personnages ont fait de la Musique, depuis qu'il a pleu à Dieu de l'enseigner aux hommes iusques à present; & que Platon, lequel pour son excellente Philosophie a merité le surnom de Diuin, s'en est tousiours seruy pour exprimer ses pensees: & vous auez souuent leu que Dauid chassoit le mauuais esprit qui tourmentoit Saül, auec les chants de sa Harpe. Car les Demons se sont rendus ennemis de l'Harmonie, depuis qu'ils ont rompu celle qui les lioit auec Dieu, & qu'ils se sont opposez à nos plaisirs innocens. Quelques-vns croyent qu'il les chassoit en appliquant les dix noms de Dieu Adonai, Sadai, Elohim, Iehoua, & les autres, auec leurs dix Sephiroths, aux dix chordes de son instrument, ou par

ã ii

EPISTRE.

quelque Cantique spirituel opposé à leurs mauuais desseins. En effet les chants, & les recits des Cantiques, & des Psalmes ont vne grande vertu, & sont tres agreables à Dieu ; c'est pourquoy l'Eglise Vniuerselle les recite perpetuellement, & les ordonne tellement, qu'on les chante tous chaque semaine; de là vient que vous prenez vn si grand contentement à les mediter, que vous en faites le principal obiet de vos deuotions & de vos estudes. C'est ce qui me fait croire que vous lirez auec plaisir les liures que ie vous presente, dans lesquels vous verrez l'Art d'en faire tant qu'il vous plaira, sur les Psalmes, & sur les Cantiques sacrez, pour charmer les ennuys & les douleurs, qui nous assujetissent au corps, & qui nous font cognoistre que nostre repos n'est pas en ce monde, mais qu'il le faut chercher dans les Cieux auec celuy qui y a monté le premier, apres auoir recité le Psalme *In manus tuas Domine commendo spiritum meum*, pour nous preparer nostre demeure eternelle.

Ie sçay que c'est là où tous vos desirs sont portez, & que l'Harmonie Archetype vous touche dauātage que l'Elementaire, dont nous vsons maintenant, laquelle n'est que l'image, ou, l'ombre de la Diuine. Voyez donc, MONSIEVR, ces liures Harmoniques, en attendant que vous iouïssiez des contentemens de l'Harmonie du Ciel, dont les Anges s'entretiennent pour honorer la naissance du Sauueur, pour donner la gloire à Dieu, & pour

EPISTRE.

exprimer le desir qu'ils ont que les hommes iouïssent d'vne paix eternelle, qui commence en terre pour ne finir iamais au Ciel, suiuant la lettre de leur Musique, *Gloria in excelsis Deo, & in terra pax hominibus bonæ voluntatis.*

Ie ne doute nullement que si les sens des Bien-heureux iouyssent d'vne beatitude particuliere dans l'vnion de leurs obiets, & que chacun reçoiue vn plaisir proportionné à celuy qui luy est naturel, l'oreille ne soit charmée par la douceur des sons, comme l'esprit par la veuë de l'Essence diuine, afin que le corps ayt tous ses apanages, & toutes ses perfections, & qu'il accompagne aussi bien l'ame dans la gloire, comme il a fait dans les souffrances. Ce sont, MONSIEVR, toutes ces considerations, & plusieurs autres que i'obmets, qui me font croire que ces liures vous seront agreables, & que vous les receurez d'aussi bonne affection que celle auec laquelle vous les presente

MONSIEVR,

Vostre tres-humble & tres-obligé seruiteur
F. Marin Mersenne de l'Ordre des Minimes.

Preface au Lecteur.

ES liures de la Voix, & des Chants, qui suiuent, pourront exciter plusieurs bons esprits à traiter du mesme sujet plus amplement & plus exactement : & le crayon grossier que i'en ay tracé, seruira pour donner de l'esclat à des ouurages plus parfaits, car il n'y a quasi nulle Proposition dans ces Traitez, dont on ne puisse faire vn liure entier; par exemple si l'on veut exprimer toutes les dictions monosyllabes, & celles dont ie parle dans la 44. Proposition du liure de la Voix, & que l'on vueille leur donner la signification suiuant la primauté, & l'excellence des choses qui sont l'estre, il faudra plus de cent rames de papier. Surquoy l'on peut voir les monosyllabes Allemands, Grecs & Latins, que Steuin a mis au commencement de sa Geographie, pour monstrer vn eschantillon de l'idiome du siecle, qu'il nomme *sage*, & dont le langage seroit restitué par nostre 47. Proposition. Quant aux dictions de la 48. Proposition, elles ne pourroient estre contenuës en autant de rames de papier qu'il y a de grains de sable dans la mer. La 43. Proposition merite semblablement vn traité particulier, aussi bien que la 50. 51. 52. & 53.

I'ay laissé plusieurs choses qui concernent la Voix, par exemple que ceux qui ne peuuent parler à cause des trous, qui se font quelquefois au palais superieur, recouurent la parole en bouchant lesdits trous d'vn linge, ou de coton: qu'il y a moyen de corriger les bêgues, & de leur faire perdre le begayement, s'ils s'accoustument à parler aussi lentement que ceux qui chantent. Il y a mille autres difficultez qui regardent la Voix, & l'oüye, dont on peut faire des volumes entiers : par exemple que l'on peut faire vne langue artificielle, pour reparer le defaut de la naturelle qui est coupée, comme l'on vse de dents d'argent, ou d'iuoire, &c. Et si l'on vouloit discourir de toutes les manieres de tromper l'œil & l'oreille, dont ie parle dans la derniere Proposition, il faudroit expliquer toute la Perspectiue, & la comparer aux accidents, & proprietez du son, & de l'oreille.

Le liure des Chants contient encore beaucoup de choses tres-vtiles, & tres-remarquables, car les tables des Conbinations peuuent estre appliquées à vne infinité de choses, & soulageront grandement ceux qui ont des operations à faire, qui supposent lesdites tables, dont celles de la huictiesme Proposition est fort laborieuse. La 9. Proposition apprend à chanter tout ce que comprend l'*vt*, *re*, *mi*, *fa*, *sol*, *la*. La 10. monstre l'Art de faire des Anagrammes: la 13, 14, 15 & 16, comme l'on peut lire, & escrire des lettres dont le dechifrement est impossible, si l'on n'vse des dignitez de l'Algebre : & les autres enseignent en combien de manieres toutes sortes de Chants peuuent estre variez en quelque maniere qu'on les puisse prendre. Quant à la 13. Proposition elle monstre la maniere de composer tel idiome que l'on voudra ; par exemple s'il estoit vray que la langue matrice, & vniuerselle, dont les autres dependent, eust toutes ses racines de trois lettres, comme il arriue à l'Hebraïque, le 4. nombre de la table de toutes les dictions possibles, que i'ay mise dans ladite Proposition, monstre qu'il y a 10648 racines, ou mots primitifs dans cette langue, qui

Preface au Lecteur.

ont seulement trois lettres, ou caracteres : quoy qu'il fust à propos d'y adjouster les 22 dictions d'vne seule lettre, & les 484 de deux lettres, afin d'auoir le meilleur idiome de tous les possibles, suiuant la 47. Proposition du liure de la Voix : & d'augmenter le nombre des racines iusques à 1154. ausquelles il faudroit donner leurs propres significations. Et si l'on n'a pas assez de dictions pour exprimer tout ce qui est au monde, il est aysé d'y adjouster celles de quatre lettres, &c. comme l'on void dans la table susdite. Ie n'ay pas voulu parler des differentes sortes de Caracteres, dont on peut vser pour auoir vne escriture Vniuerselle, qui responde à cet idiome primitif, parce qu'il est aysé d'en inuenter tant que l'on voudra ; par exemple l'on peut se seruir des nombres pour ce sujet, qui donneront iustement 8877690 characteres, par lesquels on signifiera autant de choses differentes, encore que l'on n'vse que des dix chifres ordinaires, qui seruent pour conter depuis vn iusques à dix ; de sorte que dix caracteres feront l'Alphabet entier de cette langue, lequel seruira aussi bien aux Chinois qu'aux François, & à toutes sortes de Nations : car si l'on suppose que l'vnité signifie Dieu, c'est à dire l'estre independent & souuerain ; & que les dix premiers nombres, à sçauoir 1, 2, 3, 4, 5, 6, 7, 8, 9 & 10, representent les dix perfections Diuines, &c. chaque peuple lira cette escriture en sa propre langue, c'est à dire que les Grecs liront Θεός, les Iuifs Adonaï, les François Dieu, &c. en voyant le premier nombre 1, & ainsi des autres choses. Ie laisse les points qui se peuuent mettre dessus, dessous & à costé des nombres pour marquer les cas des noms, & les modes, les temps, & tout ce qui arriue aux differentes coniugaisons des Verbes, qu'il est aysé de reduire à vne seule coniugaison, pour faciliter toutes sortes d'idiomes. Où l'on doit remarquer que tout ce que i'ay dit des dix premiers nombres peut estre accommodé aux dix premiers caracteres de chaque Alphabet. Mais les plus grandes difficultez de ce liure consistent dans la 21, 22, & 39. Proposition, qui meritent le trauail des meilleurs esprits du monde. Or il faut corriger les fautes de l'impression auant que de lire ces liures, dont i'en mets icy les principales.

Fautes suruenuës en l'impression.

Page 35. ligne 33. lisez *science*. Page 70. ligne 27. apres *vser* lisez *de*. Page 71 dans la table des nombres vis à vis de 4 lisez 130.321 : vis à vis de 20 le penultiesme chifre est 0 & non 6. vis à vis de 23 au commencement du nombre lisez 257 & non 275. vis à vis de 29 lisez 1212982199458, &c. à la 8. ligne apres les nombres lisez *par lequel* au lieu de *puis il*. Page 79 lisez LII. au titre de la Proposition, & page 81 LIII. Page 86 ligne premiere de la premiere colomne lisez *toute* pour *mon*. Page 95 à la 4. ligne de Musique il faut baisser la derniere note d'vn ton, pour dire vt au lieu de re. Page 112 à la 3. col. ligne 22 lisez vt & non tu. Page 138 ligne 25 lisez *escriuoit*. Page 140 ligne 36 lisez *de la 12. Proposition*. ligne 39. de la .3. Page 145 ligne 15 lisez *assemble*. Il sera aysé de corriger les autres fautes, si l'on en rencontre à la lecture, & de tirer plusieurs vtilitez d'vne grande partie des Propositions, sans qu'il soit necessaire de les particulariser dauantage. I'adjouste seulement que les mouuemens que i'ay attribué aux differentes especes des airs propres à dancer, ou à chanter : en les marquant par les pieds metriques, ne se rencontrent pas tousiours exactement dans les exemples, dont plusieurs ont d'autres mouuemens, d'autant que ie m'estois proposé d'autres exemples que ceux que i'ay mis, lors que i'en feis la description: mais il suffit que lesdits mouuemens puissent seruir aux mesmes especes.

Ceux qui veulent sçauoir tous les mouuemens, ou les pieds, sur lesquels chaque espece de dance peut estre faite, attendront des Traitez particuliers sur ce sujet, de la Methode de chanter toutes sortes de vers mesurez, suiuant la maniere des Grecs; par exemple comme l'on doit chanter les Odes de Pindare, d'Anacreon, & d'Horace, & particulierement ceux que Monsieur Doni tres-sçauant dans l'antiquité, & Monsieur du Chemin Aduocat au Parlement preparent pour les donner au public quand il leur plaira. Ceux qui desirent des regles plus particulieres pour faire de bons chants, & des Airs sur chaque sujet, les trouueront dans le traité de la Methode, & de l'Art de bien chanter: quoy qu'il n'y ayt peut-estre nul meilleur moyen d'apprendre ces Arts, que d'imiter les Sieurs Guedron, Boësset, Chancy, Moulinié, & les autres Maistres, qui ont rencontré par leur trauail continuel, & à la faueur de leur bon genie les belles manieres de composer les Airs, qui consistent particulierement aux beaux mouuemens, & au choix des chordes de chaque mode: de sorte que leurs Compositions peuuent seruir de modelle à ceux qui veulent former leur stile, & qui desirent acquerir quelque sorte d'adresse, & de perfection dans l'Art de faire des chants, & des Airs, iusques à ce que l'on ayt restitué la Rythmique & la Melodie des Grecs par d'aussi profondes meditations de chaque son, interualle, & mouuement propres pour chaque passion, & chaque vocable, comme celles qu'ils ont euës, suiuant ce que s'imaginent ceux qui croyent tout ce qu'ils lisent de la Musique des Anciens, & dans les liures de Platon, d'Aristote, & des autres tant Grecs que Latins, dont ie parle plus amplement dans le liure de la Methode de chanter.

LIVRE PREMIER

DE LA VOIX, DES PARTIES QVI SERVENT
à la former, de sa definition, de ses proprietez,
& de l'Oüye.

VELQVES-VNS croyent que le nombre des Muses a esté pris du nombre des parties qui aident à former la voix, dont l'vne des plus necessaires est appellee *poulmon*, qui pousse l'air qu'il auoit attiré; c'est ce qu'on appelle *inspirer*, & *expirer*: l'aspre artere est la seconde partie, qui sert de canal & de conduit au vent: le larynx suit apres, dont l'ouuerture s'appelle *glotte*, ou *languette*, qui ressemble à l'anche des flustes: la quatriesme est le palais, dont la concauité fait resonner l'air, ou le son: la cinquiesme est appellee *gargareon*: & la sixiesme est la langue qui forme la parole par son mouuement. En septiesme lieu les quatre dents de deuant seruent à former la voix par les differens rencontres de la langue qui les frappe. L'air est la huictiesme chose, sans laquelle toutes les autres parties ne seruiroient de rien: & la bouche est la derniere partie, dont les levres forment la plus-part des lettres que l'on appelle Consonantes, & particulierement celles que les Hebreux appellent *labiales*, comme nous dirons ailleurs. Quant au nom des Muses, il a pris son origine de la Musique, & la Musique a pris le sien du verbe Grec μάω, qui signifie chercher.

Or pour comprendre briefuement & clairement tout ce qui appartient à la Voix, il faut premierement expliquer sa cause efficiente, & les instrumens, & organes qui seruent à la former: Secondement, quelle est sa cause formelle, ou sa definition; & puis quelles sont ses proprietez, ses effets, ses maladies, & plusieurs autres choses que l'on verra dans la suitte des Propositions.

PREMIERE PROPOSITION.

La faculté ou vertu motrice de l'ame est la principale, & la premiere cause de la voix des animaux, & a son siege dans les tendons.

Ie ne veux pas m'amuser à expliquer le nombre des facultez & des puissances de l'ame, car ie suppose que l'on entend la Philosophie ordinaire; ie diray seulement que l'ame des animaux a la force & la puissance de mouuoir toutes les parties du corps qu'elle informe, comme elle a la puissance de voir, d'oüir, & de faire ses autres fonctions, & que cette puissance s'appelle motrice, ou mouuante.

Or il faut remarquer que i'ay dit, *des animaux*, afin que l'on sçache que ie ne traitte pas icy de la voix des Orgues, ou des autres voix qui se forment par le vent sans l'entremise des organes viuans & animez, bien que la plus grande partie de telles voix dépendent de la faculté motrice de l'homme, qui imite la voix des animaux par le moyen de l'air, du vent, des rouës, des poids, & de plusieurs autres ressorts; mais ces voix imitées n'ont le nom de voix que par emprunt de celles dont nous traitons en ce discours.

I'ay aussi dit que cette vertu de l'ame est la premiere & la principale cause de la voix, car encore que l'ame soit la source & l'origine de toutes les actions de l'animal, neantmoins l'on prend ordinairement la cause la plus prochaine, & la plus immediate pour la cause premiere & principale: mais il faut remarquer qu'il y a deux puissances motrices dans l'animal, dont l'vne est appellee *naturelle*, parce qu'elle ne dépend de nulle connoissance, & consequemment qu'elle fait ses fonctions sans les connoistre, comme l'on voit au mouuement du cœur & des arteres, & à celuy de la respiration.

Cette puissance n'est pas differente de la faculté vitale qui est dans les huistres, & dans les autres poissons & animaux à coquille: l'autre puissance est l'animale, laquelle nous est commune auec toutes sortes d'animaux, & qui est subdiuisee en trois autres, à sçauoir en celle qui conduit, en celle qui pousse, & en celle qui met en execution, lesquelles on peut appeller *directrice, impultrice, & executrice*.

La phantaisie est celle qui dirige par la connoissance qu'elle a de l'objet; celle qui excite & se porte plus particulierement à l'action, est appellee *appetit*; & la faculté motrice, que l'on nomme *executrice*, met nos desirs en execution, & est la cause efficiente de tous nos mouuemens.

Quant à la phantaisie & à l'appetit, ils en sont plustost causes morales, que physiques & naturelles, & ont vn autre sujet que la faculté motrice, car la fantaisie est dans le cerueau; & l'appetit sensitif, dont nous parlons, est dans le cœur; mais la faculté motrice est dans les muscles, ou, suiuant l'opinion d'Aristote, dans la jointure des os, qu'il appelle le commencement & la fin du mouuement, qui se fait en poussant, & en tirant; ce qu'il a peut-estre creu, parce que le concaue, & le connexe des os qui se rencontrent, sont semblables aux gons & aux pantures des portes, dont ceux-la seruent de conuexe, qui demeure immobile, & celles-cy de concaue qui tourne sur les gonds.

Or le muscle attire les os quand il se restraint & se retire, mais quand il s'estend ils retournent en leur place. De là vient que Galien au liure qu'il a fait des causes de la respiration, compare la faculté motrice à vn Caualier, le muscle au cheual, & les resnes au tendon, dont le muscle se sert pour mouuoir les os, comme le Caualier se sert de la bride pour faire marcher le cheual; & quand le muscle s'estend, il pousse les os.

Ceux qui disent que les esprits animaux seruent de siege & de sujet à cette faculté, parce que l'animal est priué du mouuement, quand ces esprits ne peuuent descendre, & se communiquer par les nerfs, n'ont pas pris garde que cette puissance ne peut resider dans vn sujet qui n'a point de vie, puis qu'elle est viuante; & nul ne doute que les esprits animaux n'ont pas dauantage de vie que le sang, puis qu'ils ne sont autre chose qu'vn sang épuré & subtil, semblable à la vapeur qui se fait par l'ebulition.

Il faut

De l'Harmonie vniuerselle.

Il faut donc conclure que le muscle est le propre siege & le sujet de la faculté motrice de l'ame, mais l'on n'est pas d'accord de la partie : neantmoins les plus sçauans Medecins tiennent que la queuë du muscle (qu'ils appellent μῦς, parce qu'elle est semblable à la queuë d'vne souris, & qui fait le tendon qui se termine à l'extremité de l'os) est le siege de cette faculté, car elle n'est pas dans le nerf qui ne sert que de canal pour porter l'esprit animal, ny dans les arteres qui l'accompagnent, parce qu'elles seruent seulement pour porter l'esprit vital : & la chair ne sert que pour remplir les espaces qui sont vuides ; par consequent le tendon, ou les fibres seruent de propre sujet, ou de siege principal à cette faculté.

Quoy que l'on puisse dire que le propre sujet de la faculté motrice est l'ame, ou l'animal, qui est le support auquel on attribuë toutes les actions ; mais ie parle icy du sujet & du siege organique & instrumental.

PROPOSITION II.

De tous les muscles du corps ceux de la poictrine, & du larynx, seruent plus particulierement, & plus immediatement à la voix.

Les Anatomistes ont remarqué 425 muscles dans le corps de l'homme, à sçauoir 64 à la teste & au col, 45 au tronc du corps, 51 à chaque main, & 56 à chaque pied : or ceux de la poictrine sont grandement necessaires à la voix, parce qu'il faut que la poictrine s'eslargisse, afin que l'air soit attiré aux poulmons, & qu'elle s'estreslisse pour chasser les vapeurs ; c'est pourquoy elle a 32 muscles pour l'inspiration qui se fait quand la poictrine s'eslargit, & 32 pour l'expiration, car elle en a 16 de chaque costé qui eslargissent les costes, & 16 autres qui les referment & les restreignent.

Les huict muscles de l'epigastre seruent aussi à l'inspiration, & consequemment à la voix, comme enseigne Du-Laurens au cinquiesme liure de son Anatomie, où il tient que les muscles intercostaux internes resserrent la poictrine, & que les externes l'ouurent, & que ceux-la seruent à l'expiration, & ceux-cy à l'inspiration. A quoy il ajouste que les externes sont plus forts & plus grands, dautant que le muscle *d'orsal*, ou *sacrolombe* a douze tendons qui le rendent plus fort. D'où l'on peut ce semble conclure que l'inspiration est plus necessaire à l'homme que l'expiration, puis que la nature a pourueu plus soigneusement & plus puissamment à l'inspiration de l'air.

Mais de tous les muscles de la poictrine le diafragme est le plus necessaire pour la respiration ordinaire, comme les autres sont plus necessaires pour les respirations violentes, qui font enfler la poictrine extraordinairement.

Quant à l'origine de ce muscle, qui presque tout seul fait la respiration naturelle, laquelle est quasi insensible, les vns disent qu'il commence à son milieu proche de son cercle nerueux ; & les autres disent qu'il prend son origine de toute la circonference de la poictrine, & qu'il aboutit audit cercle nerueux comme à son centre, & par consequent qu'il a sa queuë au milieu, & sa teste vers le sternon, & les extremitez des fausses costes.

Sa figure est semblable à celle d'vne Raye, & est reuestu de la pleure en sa partie superieure, & du peritoine en l'inferieure. Il est percé en deux lieux pour faire place à l'œsophage qui descend en bas, & à la veine caue qui monte au cœur. Il s'appelle *diaphragme*, parce qu'il diuise l'ame irascible d'auec la concupiscible, c'est à dire le foye d'auec le cœur, & les parties naturelles d'auec les vitales, & sert pour esuenter les hypocondres, pour presser les boyaux, & pour empescher que les excremens ne sortent par en haut. Finalement on l'appelle φρένες, comme s'il estoit le siege de la prudence, parce que lors qu'il est enflammé, on est en vn delire perpetuel à cause de sa grande sympatie auec le cerueau. Or ce delire, & les symptomes de la frenesie preuuent que ce muscle est necessaire à la voix, dautant que lors qu'il est affecté la respiration est petite & frequente, & la voix aiguë, parce que son inflamation empesche que le thorax s'eslargisse, & se restraigne, & fait que ce muscle se retire en haut, & qu'il rend le thorax plus estroit. La pleure, qui couure toutes les costes, sert aussi à la voix, car elle se redouble quand elle est arriuee au sternon, & puis elle va droit iusques à l'espine du dos. Ce redoublement s'appelle *mediastin*, qui tient le cœur suspendu, & diuise le thorax en deux parties: or il est tellement disposé, que l'vne des parties de la membrane est esloigné de trois doigts ou enuiron de l'autre, afin de laisser vne espace libre pour le cœur; mais le lieu dont le cœur n'a pas de besoin, fait vne concauité pour seruir d'Echo à la voix, & pour faire le resonnement qui accompagne & qui suit les grosses voix quand elles acheuent de chanter, où de parler.

La seconde partie de cette proposition m'oblige à parler du larynx, qui est le propre instrument de la voix, & sert de fluste naturelle aux animaux. Il est à la teste de la trachee, ou aspre artere, & est cartaligineux, afin que l'air estant frappé & battu, soit propre pour former la voix. Il est composé de trois cartilages, à sçauoir du *thyroide*, ou *scutiforme*, (qui auance plus à la gorge des masles que des femelles, & qui s'appelle anterieur) du *circoide*, ou *annulaire*, qui tient tousiours l'artere ouuerte, & de l'*arytenoide*, ou posterieur, où est la glotte dont l'ouuerture fait la voix graue, ou aiguë.

Cette glotte est couuerte de l'epiglotte, de peur que l'aliment que nous prenons ne tombe dans le larynx, & nous suffoque. Quant au larynx, il a quatorze muscles qui l'ouurent, & le ferment diuersement selon les differentes voix de l'animal. Il y en a quatre communs, dont les deux premiers sont appellez *bronchij*, qui naissent du sternon, & montent par les costez de la trachee artere, iusques à ce qu'ils soient inserez aux parties inferieures du thyroide, qu'ils resserrent en élargissant les superieures. Les deux autres sont opposez aux precedens, & sortent de l'os *hyoide* pour aller aux parties inferieures dudit thyroide, & pour l'attirer en haut en resserrant les parties superieures du larynx, & en eslargissant les inferieures.

Les deux autres muscles communs seruent plustost à la deglutition qu'à la voix, c'est pourquoy ils enuironnent l'œsophage de tous costez.

Mais il a dix muscles propres, dont le premier resserre la partie de deuant, & l'inferieure du thyroide, afin d'eslargir la partie superieure du larynx. Le second finit à l'arytenoide, & ouure la glotte. Le troisiesme est porté au mesme cartilage pour ouurir les parties posterieures de la mesme glotte, & pour fermer les anterieures. Le quatriesme fait vne action contraire à celle du troisiesme, & le dernier qui est le moindre de tous, ouure le conduit. Or les petites branches du nerf recurrent sont épanduës dans tous ces muscles, c'est pourquoy la voix se perd quand ce nerf est couppé.

PROPOSITION III.

La Glotte est la cause la plus prochaine, & la plus immediate de la voix.

La glotte est vne fente faite de deux productions du cartilage aritenoide, &

est semblable à l'anche des flustes que l'on fait de deux lames de roseaux jointes ensemble pour mettre à l'embocheure des Flustes. L'epiglotte est couchee sur la glotte en forme de fueille de lierre, dont la base est en la partie superieure interne du cartilage tyroide, & la pointe vers le palais. Elle est cartilagineuse, afin de s'abaisser facilement quand les alimens descendent au ventricule, de peur qu'ils n'entrent dans l'artere vocale, & aux poulmons, & afin de se releuer promptement pour frapper l'air auec impetuosité, quand il est poussé par les poulmons, comme par des soufflets animez pour en former la voix. Neantmoins l'epiglotte ne se ferme iamais si iustement qu'elle ne laisse passer quelque peu d'humidité dans l'artere quand on boit, & est tousiours vn peu ouuerte tant en l'inspiration, qu'en l'expiration.

Quant à la glotte elle est composee d'vn cartilage, d'vn muscle, & d'vne membrane, afin que la voix se fasse par vn mouuement volontaire, dont le muscle est le principe, car il l'estraint & la ferme, ou l'eslargit & l'ouure, suiuant la voix que l'on forme.

Le cartilage l'affermit, de peur qu'elle ne soit renuersee par l'impetuosité du vent, & la membrane est cause qu'elle s'ouure, & se ferme aisément.

Cette membrane donne le poly à la glotte, & couure le muscle, afin qu'il ne soit nullement offensé par la frequente agitation de l'air, & que la glotte ne se rompe pas quand elle est pleine de vent, ou qu'elle ne reçoiue de l'incommodité de la fumee, de la poudre, du froid, ou de quelqu'autre accident. Elle est grasse, & humide, afin d'humecter la glotte; car nous aurions de la peine à parler si elle se dessechoit, comme il arriue à ceux qui sont trauaillez d'vne fievre ardente, ou d'vn long chemin, qui ne peuuent quasi parler, ou qui ont la voix semblable à celle des grües & des oyes, iusques à ce qu'ils ayent humecté leur membrane. Il ne la faut pourtant pas trop arroser, de peur que la voix deuienne rauque comme celle des caterreux qui ont le rheume.

L'humidité de cette membrane est onctueuse, qui n'est pas si tost dissipee & exhalee que si elle estoit de la nature de l'eau, comme il arriue à l'humidité des anches qu'il faut souuent humecter & moüiller, parce qu'elle se perd bien tost, & qu'elle s'euapore incontinent.

L'ouuerture de la glotte a quasi la figure d'vne ouale, mais ses extremitez sont vn peu plus aiguës, & est de mesme grandeur que le larynx: Elle a ordinairement du rapport à la respiration, parce que ceux qui ont besoin d'vne plus grande respiration, ont aussi besoin d'vne plus grande ouuerture; ce qu'on remarque particulierement à celle des bœufs.

La glotte commence au cartilage arytenoide, & finit au scutiforme, ausquels le circoide sert de base immobile: mais il faut remarquer que son ouuerture s'estend depuis les parties du deuant iusques à celles du derriere, & non de trauers, afin que le vent qui forme la voix s'en aille droit au haut du palais, pour estre conuertie en parole par le moyen de la langue.

Cette glotte a de petites concauitez qui retiennent le vent, & qui luy seruent pour resister plus facilement au mouuement des 44 muscles du thorax : or encore que l'epiglotte soit abbaissee par le poids de l'aliment, elle est aussi abbaissee par vn muscle particulier, & eleuee par vn autre; quoy que les oiseaux en soient priuez, afin qu'ils ne reçoiuent point d'empeschement en prenant leur nourriture, qui consiste souuent en quelques petits grains qu'ils auallent si viste, qu'ils ne pourroient pas entrer dans leur gorge, s'ils auoient vne epiglotte qu'il falust baisser à

A iij

chaque grain: neantmoins la nature les a recompensez, car leur glotte se ferme plus iustement que celle des autres animaux, & est cartilagineuse, afin que les petits cailloux & les autres choses dures qu'ils auallent ne les puissent blesser.

PROPOSITION IV.

Les muscles & les nerfs du larynx sont necessaires pour faire la voix graue & aiguë.

Nous auons desia dit beaucoup de choses de ces muscles: à quoy il faut encore adiouster que le cartilage scutiforme est meu par deux muscles, dont l'vn le tire en haut, & estressit la fente de la glotte, afin de faire la voix aiguë; de là vient que le larynx monte en haut quand nous chantons le Dessus. Les autres muscles tirent le mesme cartilage en bas, & l'ouurent pour faire la voix graue; ce qui se fait quand le larynx descend en bas en chantant la Basse. Il se fait vn autre mouuement en large & en trauers du cartilage scutiforme, par le moyen de quelques muscles qui l'ouurent & le ferment, & qui font faire le mesme mouuement à la glotte. Il y a encore d'autres muscles inserez au circoide, qui ouurent, & qui serrent la rytenoide, & donnent les mesmes mouuemens à la glotte.

Quant aux nerfs qui seruent à la voix, ils s'inserent dans les six muscles du larynx, ausquels ils communiquent l'esprit animal du cerueau pour faire leurs fonctions; car lors que le rameau gauche de la sixiesme paire de nerfs est descendu, il enuoye deux rameaux au larynx, à sçauoir le gauche & le droit, que l'on appelle *recurrents*. Ie ne veux pas parler des autres nerfs qui viennent d'ailleurs dans les muscles du larynx, parce que les Anatomistes n'ont pas encore expliqué comme ils seruent à la voix.

Or il faut remarquer que les qualitez de la voix peuuent estre reduites à trois differences, car elle est *foible & forte, claire & rauque, graue & aigue*: La forte se fait par le violent mouuement des muscles du thorax, la claire par l'humidité bien temperee des cartilages, des membranes, & des muscles du larynx, & la rauque par la trop grande humidité, ou secheresse des mesmes parties.

Quant à la voix graue & aiguë, elle se fait en trois manieres, que l'on peut expliquer par les instrumens qui font le son plus graue, ou plus aigu, à proportion qu'ils sont plus grands, ou plus petits, comme l'on voit à la fluste; car quand on ouure le trou qui est proche de l'emboucheure, elle fait le son plus aigu, parce qu'elle est plus courte, sa longueur n'estant prise que depuis sa lumiere, ou depuis son anche iusques au premier trou que l'on tient ouuert.

L'autre cause vient de ce que les flustes sont estroites & deliées, ou larges & grosses: & la troisiesme se prend de l'ouuerture des trous, & de la bouche, ou lumiere des tuyaux d'Orgues, car le son est d'autant plus aigu, que le trou est plus ouuert.

Mais il est difficile d'appliquer ces trois causes, ou celles qui se rencontrent aux instrumens à chorde, à la maniere dont le larynx & la glotte font les voix graues & aiguës. Car l'on ne peut ce semble dire auec raison, que l'alongement ou l'acourcissement de l'artere vocale, qui se fait quand ses anneaux s'esloignent ou s'approchent les vns des autres, soit cause du graue & de l'aigu de la voix, d'autant que cet artere ne sert qu'à porter le vent depuis le poulmon iusques au larynx, comme fait le pied d'vn tuyau d'Orgue, qui porte le vent au registre dans le corps du tuyau, sans qu'il puisse varier le graue & l'aigu du son, car de quelque longueur que soit ce pied, le tuyau fait tousiours vn mesme son.

Ptolomee

De l'Harmonie vniuerselle.

Ptolomée compare l'artere vocale à la flufte dans le troifiefme chapitre du premier liure de fa Mufique, entre lefquelles il met cette differēce, que le lieu de celuy qui jouë de la flufte demeure ferme & immobile, & que les endroits de fon corps qui font ouuerts, ou bouchez, font mobiles, à raifon des trous qui font plus proches ou plus efloignez de l'anche, ou de la languette; & que le lieu de l'artere qui eft frappé demeure immobile; mais que celuy qui jouë, ou qui bat l'air eft mobile & fçait trouuer le lieu de l'artere d'où il enuoye le vent, dont la diftance d'auec l'air exterieur eft en mefme raifon que les interualles des fons que l'on fait. Ce qui n'eft pas facile à comprendre, peut eftre veritable ; car s'il veut que le vent pouffé d'vne partie plus ou moins profonde de l'artere foit caufe que le fon foit plus ou moins aigu, il dit la mefme chofe que ceux qui croyent que la longueur, ou la briefueté de la mefme artere fait la difference du graue & de l'aigu ; mais il ne parle point de l'ouuerture de la glotte, qui fait la voix plus ou moins aiguë, quoy qu'il foit malaifé d'expliquer comme cette differente ouuerture fait toute la diuerfité des voix, qui font comprifes dans vne double ou triple Octaue, c'eft à dire dans la Quinziefme, ou dans la Vingt-deuxiefme, à laquelle montent plufieurs voix, qui font tous les fons de la Vingt-deuxiefme. Il n'y a rien qui puiffe mieux feruir à l'explication de cefte difficulté que l'anche des *regales*, que l'on appelle *voix humaines*; car à proportion que l'on ouure cefte anche en retirant le mouuement en haut, la voix deuient plus graue; & quand on le pouffe plus bas pour fermer l'anche, elle deuient plus aiguë : De mefme quand la glotte s'ouure dauantage, elle fait la voix plus graue, & quand elle fe ferme, elle la fait plus aiguë. Mais ie traicteray encore de cefte matiere dans la 16. Propofition, qui fuppleera ce qui manque à celle-cy.

PROPOSITION V.

La Voix eft le fon que fait l'animal par le moyen de l'artere vocale, du larynx, de la glotte, & des autres parties dont nous auons parlé, auec intention de fignifier quelque chofe.

Le fon fert de genre à cefte definition : Car la voix a cela de commun auec toutes fortes de bruits, qu'elle eft vn fon. Ces paroles, *que fait l'animal auec l'artere vocale, &c.* diftingue le fon des animaux d'auec les fons des corps inanimez, & de ceux que font les animaux fans vfer de la bouche, comme eft le bruit que l'on fait en frappant les mains ; & parce qu'il y a des fons fi femblables à la voix, que l'on ne les peut difcerner d'auec elle, j'ay adioufté, *auec intention de fignifier*, pour la difference de cefte definition ; de forte que quand l'animal fait quelque fon fans cefte intention, il ne merite pas le nom de voix, encore qu'il le faffe auec les inftrumens de la voix : & fi l'animal a intention de fignifier quelque chofe par d'autres fons que par la voix, on les appelle fignes, & non voix : Neantmoins ils peuuent eftre appellez *voix* à caufe de cefte intention : de là vient qu'on dit qu'vn muet parle par fignes, & que toutes les creatures font des voix qui nous annoncent la puiffance, & nous declarent la bonté de Dieu, parce qu'il a eu intention en les faifant qu'elles nous feruiffent à ce fujet.

PROPOSITION VI.

Les voix des hommes sont aussi differentes que leurs visages; de sorte que l'on se peut reconnoistre & distinguer les vns des autres par la Voix; & consequemmment l'on peut establir la Phtongonomie, ou la Phoniscopie pour la Voix, comme la Physionomie pour les Visages.

L'experience enseigne la verité de cette Proposition, car la voix nous donne plus de lumiere pour connoistre quelqu'vn que ne fait le toucher; de là vient qu'Isaac fut trompé en touchant Iacob qu'il reconnut à la voix. Et si l'on rencontre des hommes qui ayent la voix si semblable qu'on n'y puisse trouuer de difference, il y a semblablement des visages que l'on ne peut distinguer les vns d'auec les autres.

Or ie parle maintenant de la voix naturelle qui n'est pas déguisée; car ie feray vn discours particulier des voix que l'on contrefait, & que l'on imite si parfaitement, qu'elles peuuent aussi bien tromper l'oreille, comme la semblance des escritures & des visages trompe l'œil.

Galien a reconnu la capacité du thorax par la voix, quand il a dit que ceux qui ont la voix forte, & qui la peuuent continuer sans interruption, ont vn grand thorax: Ce qu'il confirme par l'exemple de ceux qui font faire audience dans les lieux publics, en faisant vne dipodie Iambique, qui se trouue en ces deux dictions, ἄκυε λαός, ou ἄκυε πᾶς; ce qu'il appelle, *dire le pied*, πόδα λέγειν, suiuant l'explication de Ioseph Scaliger, qui compare cette dipodie à celle de ces paroles, *or escoutez*; & qui reprend l'explication de Mercurial, qui entend ce passage de la voix, dont on vsoit pour appeller les Luiteurs à la course, ou au combat. Pollux parle d'vn autre pied qu'il falloit laisser entre le lieu destiné pour le ieu des trompettes, & celuy où l'on bastissoit des maisons.

Ceux qui rapportent toutes choses à la prouidence de Dieu, la remarquent dans la diuersité des visages, qui empesche que nous ne soyons trompez au commerce, & fait que ceux qui ont le visage semblable sont reconnus à leur parole: Et bien que toutes les parties du corps soient peut estre aussi distinctes en chaque corps different, que les visages, & la voix, neantmoins ces deux parties de l'homme nous frappent les sens, & font vne plus viue impression dans l'esprit. A quoy l'on peut adiouster que le visage, & la voix sont les miroirs de l'ame, qui suppleent en quelque façon à la fenestre que Momus desiroit vis à vis du cœur.

PROPOSITION VII.

La Voix des animaux sert pour signifier les passions de l'ame, mais elle ne signifie pas tousiours le temperament du corps.

L'experience enseigne la premiere partie de cette Proposition; car les oiseaux, les chiens, & les autres animaux font vn autre cry quand ils se faschent, qu'ils se plaignent, ou qu'ils sont malades, que quand ils se réjoüissent, & se portét bien; & la voix est plus aiguë en la tristesse & en la cholere, que hors de ces passions; car la bile fait la voix aiguë, la melancholie, & le phlegme la fait graue, & l'humeur sanguin la rend temperée. De là vient que l'aiguë est comparée au feu, la graue à la terre & à l'eau, & la temperée à l'air.

Gosselin compare la plus graue à Iupiter, que l'on appelle ὕπατος, c'est à dire

De l'Harmonie vniuerselle.

dire principal; & descrit vne ligne spirale dans la Main Harmonique de Guy Aretin, où ♄ gouuerne la seconde voix, la ☽ la 3, ☿ la 4, ♀ la 5, le ☉ la 6, ♂ la 7, ♃ la 8, ♄ la 9, la ☽ la 10, ☿ l'vnziesme, ♀ la 12, le ☉ la 13, ♂ la 14, & ♄ la 15. Car il descrit les Planettes suiuant l'ordre qu'elles tiennent de la circonference au centre, & dispose les voix du centre à la circonference, c'est à dire qu'il descend de ♄ à la ☽, & monte de l'VT iusques au LA : De sorte que les voix plus graues se rapportent aux Planettes superieurs, dont les cieux sont plus grands, & les plus aiguës aux Planettes inferieurs. A quoy il adiouste que les voix qui sont attribuées à vn Planette tres-benin, comme à Iupiter & à Venus, font les parfaites Consonances auec la voix la plus graue, ou la premiere; que celles qui rencontrent vn Planette mediocrement benin, comme la Lune & Mercure, font les Consonances imparfaites; & que celles qui rencontrent vn Planette malin, c'est à dire ♂ & ♄, font les Dissonances.

Il dit encore que ♄ gouuerne les secondes voix qui sont enrouées, basses, & pesantes; ♂ les septiesmes, qui sont aspres, hastiues, & messeantes, & que ces deux voix ne s'accordent iamais auec la premiere: que la ☽ gouuerne les voix moyennes, & particulierement la 3. ☿ les voix gayes, & pleines d'alegresse, & particulierement la 5. ♀ les voix molles & lasciues, & particulierement la 6. ♃ les douces & constantes, comme est la 8. & le ☉ & la ☽ celles qui ont vne grace particuliere.

Certainement ceste speculation ne doit pas estre negligée à cause du rencontre lequel est semblable aux Consonances, comme aux aspects benins, & aux Dissonances, comme aux aspects que l'on appelle mauuais. Mais il n'est nullement necessaire que le Musicien connoisse la proprieté des Planettes pour composer de bons chants: car l'on peut composer toutes sortes de pieces de Musique sans connoistre les Planettes, qui n'ont point de particuliere influence sur la voix. Et l'experience fait voir que du Caurroy, Claudin, Guedron, Boësset, Moulinié, & les autres Compositeurs, ont fait de tres-bonnes pieces de Musique, & de bons airs, quoy qu'ils n'ayent pas sceu l'Astrologie. Quant aux voix differentes des animaux, il faudroit faire de particulieres obseruations pour sçauoir combien la voix des vns est plus aiguë que celle des autres lors qu'ils sont en cholere, & qu'ils sont emportez de quelqu'autre passion, & voir ce qui se peut connoistre de leurs temperamens, ou du degré de leurs passions par leurs cris differens, ou par leurs voix naturelles, dont on peut remarquer les interualles: par exemple, le coucou fait vne Tierce mineure en chantant, dont la premiere syllabe est plus aiguë que la seconde: & le muglement des vaches est composé de la dixiesme majeure, dont la premiere partie est la plus graue, & la seconde est la plus aiguë. La 2. partie de ceste Proposition est éuidente, car tel est d'vn temperament chaud & bilieux, qui a la voix aussi graue & aussi forte que celuy qui a le temperament froid & terrestre: & l'on trouue des Chantres dont la Basse est égale, qui ont le temperament bien different; de sorte qu'il faut conclurre que le graue & l'aigu de la voix n'est pas vn signe infaillible du temperament, ny de la force de l'homme, ou de l'animal; & plusieurs ont la voix forte & grosse, qui sont plus foibles que ceux qui l'ont plus foible & plus aiguë. De là vient que la grauité de la voix ne conclud autre chose qu'vne plus grande ouuerture de la glotte; & que la force de la voix n'est signe que de la grandeur du thorax, ou de celle du poulmon, ou de la force des muscles du larynx. Neantmoins l'on peut dire que les plus grosses & les plus fortes voix sont souuent accompagnées d'vne plus grande force de corps, dont elles sont comme le symbole & la marque.

Quant aux autres qualitez de la voix, comme sont l'aigreur, la douceur, & la vistesse, elles nous peuuent ce semble donner des signes plus certains du temperament; car ceux qui parlent viste & brusquement sont ordinairement bilieux; & ceux qui parlent tardiuement sont melancholiques: mais ceux dont la parole est moderée, sont sanguins, & d'vn bon temperament. Platon a creu que la voix monstre l'interieur des hommes; car il commandoit aux enfans de parler afin de les connoistre, & de sçauoir leur portée, & leur disoit, *parle, afin que ie te voye*.

PROPOSITION VIII.

La voix des animaux est necessaire, & celle des hommes est libre; c'est à dire que l'homme parle librement, & que les animaux crient, chantent, & se seruent de leurs voix necessairement.

Nous experimentons la liberté que nous auons de parler, ou de nous taire à tous momens, quand mesme la passion nous fait parler; si ce n'est qu'elle soit si forte qu'elle nous oste l'vsage de la raison: car la langue, le larynx, & tous ses muscles auec les autres parties qui seruent à la voix, obeissent aussi promptement à l'esprit que le pied & la main: de sorte que l'on peut dire que la langue est la main de l'esprit, comme la main l'est de la langue, dautant que la langue escrit les pensées, ou les paroles de l'esprit, comme la main escrit les paroles de la langue.

Quant aux animaux, plusieurs disent qu'ils ne crient pas necessairement, dautant qu'il n'y a ce semble rien de plus libre que le chant des oiseaux, comme du rossignol, du chardonnet, & des autres, & neantmoins il faut aduoüer qu'ils ne chantent que par necessité, soit que la volupté, ou la tristesse les pousse à chanter, ou qu'ils y soient excitez par quelque instinct naturel, qui ne leur laisse nulle liberté de se taire, ou de cesser quand ils ont commencé à chanter. Et quand ils oyent vn Luth, ou quelque autre son harmonieux, & qu'ils chantent à l'enuy les vns des autres, les sons qu'ils imitent, ou qui les excitent à chanter, frappent tellement leur imagination, qu'ils ne peuuent pas se taire; car leur appetit sensitif estant échauffé par l'impression de l'imagination, commande necessairement à la faculté motrice de mouuoir toutes les parties qui sont necessaires à la voix.

PROPOSITION IX.

La voix est la matiere de la parole, & n'y a que l'homme qui puisse parler.

La premiere partie de ceste Proposition est si éuidente, qu'il n'est pas besoin de la prouuer, puis que nous nous seruons de la voix pour former la parole, comme les Sculpteurs se seruent du bois & des pierres pour faire les images; car les images ou statuës se font par les differentes figures que l'on donne à la matiere dont elles sont faites: & le discours est vne perspectiue harmonique, à qui la voix sert de tableau pour receuoir toutes sortes d'images, puis que les paroles sont les images des notions de l'esprit.

Il faut donc dire qu'elle est la forme, l'ornement & la perfection de la voix, qui ne peut estre formée & figurée en parole que par l'homme, comme la parole ne peut estre formée en discours que par l'esprit: car les perroquets & les autres oiseaux qui parlent ne sçauent ce qu'ils disent, & apprennent leur leçon sans sçauoir ce qu'elle signifie, de sorte que leur jargon n'est pas digne du nom de parole, si nous la prenons en la mesme signification que les Latins prennent *verbum*, qui se

doit

De l'Harmonie vniuerselle.

doit prononcer auec intention de signifier par chaque parole les choses pour lesquelles elles ont esté inuentées, ou du moins il faut auoir dessein de signifier ses pensees à celuy à qui l'on parle.

C'est pourquoy les voix qui sont naturelles aux oiseaux approchent plus pres de la nature de la parole, que la parole qu'ils prononcent par artifice, parce qu'ils se seruent de leurs voix pour exprimer leurs passions naturelles, & non des paroles qu'on leur a enseignées. Ie ne veux pas icy rapporter tous les oiseaux qui parlent, ny expliquer comme ils parlent, d'autant que cela merite vn discours particulier; n'y m'estendre plus amplement sur les differens vsages de la voix, ou de la parole, dont les Dialecticiens font des liures entiers; ny parler de la voix des Orgues, des Trompettes, &c. parce que i'en traite au liure des Instrumens.

PROPOSITION X.

A sçauoir si l'homme pourroit parler ou chanter s'il n'entendoit point de sons ny de paroles.

La solution de ceste difficulté depend ce semble d'vne experience, laquelle est presque impossible; car il faudroit nourrir vn enfant dés le premier iour de sa naissance iusques à 20 ou 30 ans dans vn lieu où il ne peust oüir de sons, ce qui ne peut arriuer, puis que les moindres mouuemens font des sons. Il est semblablement difficile de le nourrir sans qu'il oye quelque parole; & quand l'experience s'en pourroit faire, puis que l'on ne l'a point encore experimenté que ie sçache, nous ne pouuons iuger de ceste experience pour en tirer la solution de ce doute. C'est pourquoy il faut se seruir de la seule raison, qui dicte qu'vn homme ne parleroit point s'il n'auoit iamais oüy de paroles, parce qu'il ne s'imagineroit pas que les paroles peussent seruir à expliquer les pensées de l'esprit, & les desirs de la volonté: & quand il se l'imagineroit, il ne sçauroit pas de qu'elles dictions il deuroit se seruir pour se faire entendre. On peut donc ce semble conclure que l'homme ne parleroit point s'il n'auoit appris à parler: neantmoins puis que les oiseaux chantent naturellement, & que l'homme se peut imaginer que les sons aigus & vistes se font par vn mouuement plus brusque, & qu'ils ont des figures differentes, & consequemment qu'ils peuuent representer des choses differentes, l'on peut dire que l'homme parleroit encore qu'il n'eust point oüy parler, pourueu qu'il eust quelqu'vn à qui il addressast ses paroles.

PROPOSITION XI.

Supposé que l'on nourrist des enfans en vn lieu où ils n'entendissent point parler, à sçauoir de quelle langue ils se seruiroient pour parler entr'eux.

Ie suppose que les enfans, dont ie parle en cette Proposition, inuenteroient des sons, & des dictions pour signifier leurs desirs, car nous ne sommes plus dans la difficulté precedente, qui considere vn homme tout seul qui n'a personne à qui parler. Or si nous ne supposions la verité de la foy, qui nous apprend que le premier homme a esté creé droit, iuste & sçauant, nous croirions auec les Philosophes Payens, que les premiers hommes ont inuenté la premiere langue, qui peut estre appellée langue Originaire & Matrice, d'où les autres ont esté tirées: ou du moins il nous seroit tres-difficile, & peut estre impossible d'expliquer le progrez des langues depuis l'eternelle duree qu'ils disent s'estre écoulee iusques à present, car plusieurs d'entr'eux tiennent que le monde est eternel, & que les hommes ont tousjours esté. Mais afin que les differentes opinions de la durée ou du commencement du monde ne nous empeschent point, supposons que l'on nourrisse des enfans dans quelque lieu où l'on ne leur parle point, ie dy premierement qu'ils formerent des sons pour se communiquer leurs pensées. Secondement, qu'il est impossible de sçauoir de quels sons ou de quelles paroles ils vseroient pour se faire entendre les vns aux autres; car toutes les paroles estant indifferentes pour signifier tout ce que l'on veut, il n'y a que la seule volonté qui les puisse determiner à signifier vne chose plustost qu'vne autre. Quant aux differentes voix qui seruent à expliquer les passions de l'ame, & les douleurs, elles sont aussi naturelles à l'homme qu'aux autres animaux : mais puis que les paroles sont artificielles, elles dépendent de l'imagination & de la volonté d'vn chacun. Or si l'on suppose qu'vn homme n'ait iamais oüy parler, & qu'il veüille signifier la lumiere du Soleil, ou de la chandelle, ie ne croy pas que l'on se puisse imaginer comme il l'appellera, & par quelle voix il la signifiera, puis que toutes les voix & les paroles sont indifferentes à cela, & y sont aussi propres, ou plustost aussi peu propres les vnes que les autres.

Si les objets qui font impression sur nos sens nous faisoient former des dictions conformes ausdites impressions, ceux qui receuroient les mesmes impressions imiteroient les mesmes vocables; mais l'on donne ordinairement les noms aux choses par hazard, & en suite d'autres dictions, & d'autres choses auec qui elles ont quelque ressemblance; c'est pourquoy nous ne pouuons pas iuger des paroles que prononceroient les enfans que l'on n'a point enseignez à parler par nos vocables, qui tiennent à mon aduis plus de l'art, que ne feroient ceux qu'ils formeroient.

PROPOSITION XII.

A sçauoir si le Musicien peut inuenter la meilleure langue de toutes celles par lesquelles les conceptions de l'esprit peuuent estre expliquees.

Ie deuois ce semble faire preceder vne autre Proposition pour determiner s'il appartient au Musicien d'imposer les noms aux choses, & d'inuenter les langues, si celles que nous auons estoient perduës; mais puis qu'il a la science des sons dont les langues sont formees, & que ie parle icy d'vn Musicien Philosophe, on ne peut douter qu'il ne luy appartienne d'imposer les noms à chaque chose. C'est pourquoy ie passe plus auant, & demande s'il peut inuenter la meilleure langue de toutes les possibles. Où il faut remarquer que ie ne demande pas s'il peut inuenter vne langue qui signifie naturellement les choses, car il faudroit premierement sçauoir si cela est possible; & il n'est pas necessaire qu'vne langue soit naturelle pour estre la meilleure de toutes, mais il suffit qu'elle exprime le plus nettement & le plus briefuement qui se puisse faire les pensees de l'esprit, & les desirs de la volonté. Or l'on aura ceste langue si l'on fait les dictions les plus courtes de toutes celles qui se peuuent imaginer, comme sont les monosyllabes d'vne, de deux, & de trois lettres; & premierement les 22 lettres de nostre alphabet peuuent seruir de 22 dictions; ou si l'on veut ioindre les dix-sept consonantes aux 5 voyelles, l'on aura 85 dictions en commençant par les consonantes, & 85 si l'on commence par les voyelles, c'est à dire 170. Et apres que l'on aura fait toutes les dictions monosyllabes de 2 lettres, on trouuera celles de 3 & de 4 lettres; & si se nombre des choses est plus grand que ces dictions, on prendra celles de 2 syllabes, qui seront en tres-grand nombre. Quant à la prononciation de ces dictions, & à l'accent, & au ton de

De la Voix.

ton de la voix qu'il leur faut donner, il appartient au seul Musicien Philosophe de les determiner, & prescrire combien l'on doit éleuer & abbaisser la voix en prononçant toutes sortes de dictions, de sentences, & de periodes.

Si l'on veut sçauoir combien l'on peut faire de dictions de 2, 3, 4, 5, & 6 lettres, ou de tel autre nombre que l'on voudra, l'on trouuera tout ce qui se peut desirer sur ce sujet dans le liure des Airs & des Chansons, car tout ce qui y est dit du nombre des Chants, s'entend aussi du nombre des dictions. I'adioûte seulement que la table generale pourroit seruir pour establir vne langue vniuerselle, qui seroit la meilleure de toutes les possibles, si l'on sçauoit l'ordre des idées que Dieu a de toutes choses; mais ie traicteray plus amplement de ceste matiere dans la 47. Proposition.

PROPOSITION XIII.

A sçauoir combien l'homme peut faire d'especes ou de sortes de sons auec la bouche, & les autres organes de la voix & de la parole.

La grande varieté des sons que l'homme fait procede de la diuersité des organes, & des instrumens de la voix, ou de la differente maniere dont ils se peuuent mouuoir pour battre l'air : car quand le larynx ou la glotte donnent vn libre passage à l'air sans qu'il s'arreste dans la bouche, l'on ne peut oüir ce mouuement d'air, parce qu'il fait la respiration naturelle que l'on oyt lors qu'elle est forcée, ou vehemente, comme il arriue à ceux qui dorment, ou qui soufflent la bouche ouuerte, ce que l'on appelle ordinairement *exsufflation*, qui se fait simplement, ou auec vn rallement de gorge, dont les Basses de Musique vsent quelquesfois pour suppleer à la voix naturelle qui leur manque, & qui n'est pas assez creuse. Or ceste exsufflation reçoit plusieurs differences suiuant la force & la vistesse dont elle est faite. Le second bruit se fait par le vent, ou par l'air que l'on pousse la bouche estant fermee, l'on peut l'appeller *sufflation*, dont on vse pour souffler, & allumer le feu, ou pour refroidir les boüillons trop chauds, car ce souffle refroidit l'air, comme l'exsufflation l'eschauffe. Le troisiesme est le *sifflement*, dont on vse pour imiter le son des flustes & des flageollets, & le chant des oiseaux ; dont quelques-vns vsent auec tant d'artifice, qu'il n'y a pas moins de plaisir à les oüir que le chant des oiseaux, ou des instrumens qu'ils imitent, comme tesmoignent ceux qui ont oüy Faueroles, & quelques autres. Le quatriesme bruit ou son se peut appeller *voix*, ou *cry*, qui est commun aux hommes & aux animaux, & qui se fait sans former des syllabes : & le cinquiesme est la voix conjointe aux syllabes, & qui forme la parole & le chant. Or si l'on vouloit particulariser toutes les especes des sons qui peuuent estre faits par le moyen de la bouche & des autres organes de la voix, il faudroit descrire toutes les manieres dont les oiseaux chantent, & dont toutes sortes d'animaux crient ; car les hommes contrefont & imitent le rugissement des lyons, le buglement des taureaux, le hannissement des cheuaux, le son de toutes sortes de ieux d'Orgues, & celuy de tous les autres Instrumens : de sorte qu'il faudroit expliquer tous les bruits & les sons de la nature pour sçauoir tout ce que peut faire la voix de l'homme, laquelle contient la nature de tous les autres sons, comme sa nature comprend celle de toutes les autres creatures : De maniere que l'on peut appliquer ce que l'on chante le iour de la Pentecoste à la voix de l'homme, à sçauoir,

B

Quod continet omnia scientiam habet vocis, car l'homme n'a pas seulement la science, mais aussi la pratique de toutes sortes de voix, dont la plus excellente est celle qu'il employe à chanter les loüanges de Dieu.

PROPOSITION XIV.

Si la nature n'auoit point donné les voix dont on exprime les passions, à sçauoir si l'on inuenteroit les mesmes voix dont elle vse, ou si l'on en pourroit inuenter de meilleures & de plus conuenables.

Si nous auions vne langue naturelle, l'on pourroit faire la mesme question, à sçauoir si nous la pourrions establir, supposé qu'elle se perdist : & parce que nous confessons que nous ne sçaurions maintenant trouuer vne langue naturelle, encore que nous soyons de mesme condition que celle où nous serions apres l'auoir perduë, il faut semblablement auoüer que l'art & la raison que nous auons ne pourroit nous fournir les mesmes voix qui nous seruent naturellement à expliquer nos passions, si nous en auions perdu l'vsage ; Car qui pourroit deuiner que les pleurs & les sanglots accompagnez de cris & d'hurlemens sont des signes plus propres pour representer la tristesse, & que le ris est plus propre pour signifier la joye que plusieurs autres signes dont on pourroit s'aduiser ? Car à quel propos de verser des ruisseaux de larmes pour tesmoigner la douleur ? les picqueures qui font sortir le sang seroient beaucoup plus propres à cela. Mais parce que nous traictons icy plus particulierement de la voix que des autres signes exterieurs, ie ne croy pas que l'on puisse demonstrer que les voix que nous appellons naturelles, & qui seruent de langue aux passions, soient plus propres à les exprimer que plusieurs autres voix que l'on peut establir pour ce sujet.

Et si l'on remarque les voix dont les animaux expriment leurs passions & leurs affections, on les jugera aussi indifferentes pour signifier lesdites passions, comme sont nos paroles pour signifier nos conceptions, ou les autres choses dont nous voulons parler ; car la syllabe *kik* n'a pas dauantage de proportion à la fuite des poussins, quoy que la poule s'en serue pour les faire éuader, que la syllabe *glo*, dont elle vse pour les rappeller. L'on peut dire la mesme chose des autres voix dont vsent toutes les sortes d'animaux, ausquelles ie ne sçay pourquoy il se sont plustost determinez qu'à d'autres sortes de cris & de voix, si ce n'est que les ayans trouuees plus aisées, ils les ont retenuës sans en inuenter d'autres ; car si l'on dit que la Nature ne leur a pas fait les organes capables de former d'autres articles, c'est ce qu'il faudroit prouuer ; & si l'on n'auoit iamais enseigné les oiseaux à parler, l'on pourroit semblablement s'imaginer que la nature les auroit priuez des organes necessaires à la parole, ce qui seroit neantmoins tres-faux.

Certainement encore que nous ne sçachions pas pourquoy les voix des animaux, ou celles des hommes signifient naturellement les passions, à raison des differentes difficultez que i'ay apportees, ou que l'on se peut imaginer, il y a neantmoins grande apparence qu'elles sont naturelles, & qu'elles ont en elles quelque chose de plus propre pour signifier les passions, que n'ont les autres qui peuuent estre inuentees. Ce qui est d'autant plus probable, que l'on tient plus asseurément que l'Autheur de la nature, ou la nature intelligente determine les animaux, & les conduit tellement, qu'ils n'ont nulle liberté en leurs actions. Car encore que l'on l'on puisse repliquer que les petits sont enseignez de leurs peres & de leurs meres tandis qu'ils sont dans le nid, ou mesme dans la coque, il faut neantmoins que le premier pere & la premiere mere ayent formé les voix sans les auoir apprises, & consequemment qu'elles leurs soient aussi naturelles que le boire & le manger: si ce n'est que l'on die qu'Adam a enseigné telles voix qu'il a voulu à chaque sorte d'animal pour exprimer ses passions, ou que l'on en rapporte la premiere institution à Dieu, qui a distingué leurs langages, afin que les differentes especes fussent distinctes par les voix, comme elles le sont par la figure exterieure, & par leurs autres qualitez.

Mais il n'est pas necessaire de nous seruir de ces solutions, puis que l'on experimente que les poulets ou les poussins, dont les œufs sont éclos dans les fours d'Egypte, ont les mesmes voix que ceux qui ont ouy leurs peres & leurs meres; d'où il faut conclure qu'elles leurs sont naturelles: or il faudroit trouuer la proportion de leurs voix auec leurs passions, pour prouuer qu'elles sont plus propres que d'autres voix.

L'on peut dire en general que les voix les plus dures & les plus aspres sont les plus propres pour signifier les passions, & les fascheries & les desplaisirs; & que les voix les plus douces sont propres pour les passions amoureuses, & que les grands cris representent mieux les grandes douleurs & tristesses. A la verité il est tres-difficile de se contenter sur ceste matiere, à raison que nous ne connoissons pas la nature des animaux, ny celles de leurs passions; de là vient que nous ne pouuons sçauoir quelles voix sont plus propres pour les exprimer: quoy que si l'on auoit remarqué tres-exactement toutes les voix dont ils vsent l'on peut establir quelque chose sur ce sujet, lequel est assez grand pour occuper vn Philosophe.

Si les parties des animaux se restreignant sont les voix dont ils signifient leur tristesse, & que la dilatation des mesmes parties ou de quelques autres fassent les voix dont ils vsent pour exprimer leur joye, & que ceste restriction & dilatation ne puisse arriuer qu'elle ne forme ces voix, il faut auoüer qu'elles sont naturelles, quoy que nous n'en sçachions pas les raisons: ce qu'il faut semblablement confesser, si l'Autheur de la nature leur a donné ces voix pour exprimer leurs passions; car ce que Dieu donne à chaque chose au commencement de sa creation & de sa production, a coustume d'estre naturel, parce qu'il est conforme aux principes & à la nature de chaque chose: de sorte qu'il faut seulement trouuer la conformité des voix, ou du langage de chaque animal auec les passions qu'il exprime, pour resoudre la difficulté de ceste Proposition.

COROLAIRE.

Il ne suffit pas de dire qu'vne chose est naturelle à l'animal, ou à quelque corps, si l'on ne monstre pourquoy elle luy est naturelle; mais parce que ceste demonstration suppose la parfaite connoissance de l'animal, ou du corps, laquelle l'homme ne peut auoir en ce monde, il faut éleuer nostre esprit à Dieu au lieu de l'occuper plus long-temps dans ces considerations, & admirer sa prouidence & sa sagesse, qui est si éminente en chaque creature, qu'il nous est impossible de la comprendre, iusques à ce qu'il ait osté le cachet qui nous ferme ce mystere, & qu'il nous ait eclairez de la lumiere de gloire.

PROPOSITION XV.

Que l'on peut chanter la Musique Chromatique, & l'Enarmonique, & faire le ton maieur & le mineur, & mesme le comma en tous lieux où l'on voudra.

Il est tres-aisé de prouuer ceste Proposition, car si l'on suit les sons de l'Instrument, ou du systeme parfait, & particulierement ceux de l'Orgue, qui contient les trois genres de Musique, l'on chantera tous les interualles de la Chromatique & de l'Enarmonique ; & lors que l'on aura accoustumé la voix à ces interualles, elles les chantera aussi aisément que ceux de la Diatonique. Il faut dire la mesme chose des interualles qui sont dans les especes des trois genres; car il n'y a point d'interualles ausquels la voix humaine ne puisse s'accommoder, pourueu qu'ils ne passent pas sa portée & son estenduë. Et si les Practiciens prennent la peine d'instruire quelques enfans auec l'Orgue diuisé en ces interualles, ils auront le contentement de faire chanter l'Enharmonique. L'on peut aussi contraindre les Chantres de faire lesdits interualles, pourueu qu'ils veüillent chanter ce qu'ils sçauent; car si l'on prend le mesme chant plus haut ou plus bas qu'eux d'vne diese Enharmonique, l'on entendra tousiours ceste diese.

D'ailleurs, l'on peut faire voir les lieux où se fait le ton mineur ou le majeur, car si l'vn tient ferme sur vne mesme note, & que l'autre chante par degrez conjoints, s'il commence à faire la Tierce mineure, & puis qu'il face la Quarte, il fera le ton mineur ; & s'il monte à la Quinte, il fera le ton majeur ; & s'il passe à la Sexte majeure, il fera le ton mineur. Semblablement s'il fait premierement la Tierce mineure, & puis la majeure, il fera le demi-ton mineur ; ce qui arriue aussi lors que l'on passe de la Sexte mineure à la majeure, ou de la majeure à la mineure.

Et finalement s'il passe du demi-ton mineur au majeur, il fera la diese Enharmonique: Or l'on peut encore prouuer que la voix est capable de tous ces interualles par l'experience que l'on fait dans les chants des Eglises, & dans les Concerts, dans lesquels les voix montent ou descendent peu à peu, comme l'on apperçoit à la fin, où elles se trouuent souuent plus hautes, ou plus basses d'vn demi-ton, auquel elles ne sont pas arriuées tout d'vn coup, mais insensiblement ; de sorte que si elles ont baissé à chaque mesure, l'on peut dire qu'elles ont diuisé le demi-ton, ou l'interualle, par lequel elles sont descenduës ou montees par autant de parties qu'il y a de mesures.

L'on experimente la mesme chose aux anches des Orgues, dont la languette estant ouuerte ou fermee monte ou baisse si peu que l'on veut: ce qui arriue semblablement aux autres tuyaux qui peuuent estre si peu élargis ou estrecis par le bout auec l'accordoir, & dont la lumiere peut estre si peu augmentee ou diminuee par le moyen des oreilles qui l'ombragent, que l'on fera le quart d'vn Comma, qui peut estre diuisé en autant de parties que l'on voudra : ce que l'on peut aussi faire sur les Instrumens à chorde, dont nous parlerons ailleurs.

Mais puis que Dieu nous a donné la voix si flexible, qu'elle peut passer par tous ces degrez, il est raisonnable que nous les employons à sa loüange, & que lors que nous ferons les interualles des Consonances, ou des Dissonances, nous pensions aux interualles & aux distances qui nous separent du Concert des Bien-heureux, dont les Musiciens doiuent exprimer le desir par le Psalme 144. *Exaltabo te Deus meus Rex, & benedicam nomini tuo in sæculum & in sæculum sæculi.*

Ie veux

De la Voix.

Ie veux sacrer à la memoire
Mon Dieu mon Roy qu'elle est ta gloire,
Publiant ton nom redouté
Plus outre que l'eternité.

PROPOSITION XVI.

Expliquer comme se fait le graue & l'aigu de la voix, c'est à dire en quelle maniere la voix se hausse ou s'abaisse en parlant, ou en chantant : où les questions qu'Aristote a proposees sur ce suiet sont expliquees.

Si nous n'auions l'exemple des anches qui nous font comprendre les mouuemens de la languette du larynx, que les Anatomistes appellent *glotte*, il seroit malaisé de sçauoir comment la voix d'vn homme peut auoir l'estenduë de 3 ou 4 Octaues, d'autant que la seule largeur de l'artere vocale & du larynx ne suffisent pas, comme l'on experimente aux tuyaux ordinaires des Orgues, qui ne peuuent estre assez élargis pour faire l'Octaue, quoy qu'ils soient six ou sept fois plus larges ou plus estroits, si quant & quant on ne les allonge ; car l'experience enseigne que de plusieurs tuyaux de mesme hauteur celuy qui est deux fois plus large ne descend que d'vn ton plus bas, & s'il est quatre fois plus large il ne descend que d'vne Tierce majeure, comme i'ay remarqué au traicté des Orgues. Or il faut remarquer que la longueur de l'artere ne sert de rien pour rendre la voix plus basse ou plus haute, c'est à dire plus graue ou plus aiguë, comme i'ay desia dit dans la quatriesme Proposition, quoy que s'imaginent les Anatomistes, d'autant qu'elle ne sert pas dauantage à la languette du larynx, que le pied du tuyau, qui porte le vent des soufflets iusques à la lumiere où se rencontre la languette taillée en bizeau qui coupe l'air, car l'artere porte seulement le vent du poulmon au larynx, dont la languette demeure tousiours au mesme ton tandis qu'elle a vne mesme ouuerture, & que le vent est poussé d'vne égale force, de sorte que ce ton ne changeroit pas, encore que l'artere eust vne toise, ou qu'elle n'eust qu'vn poulce de longueur, comme l'on demonstre par le pied d'vn tuyau qui n'en change pas que le ton, quoy que l'on en diminuë la longueur tant que l'on veut.

I'ay dit cy-dessus, *pourueu que le vent soit poussé d'vne égale force*, à raison que la mesme ouuerture & la mesme languette d'vn tuyau fait plusieurs tons differens par le moyen de la differente force du vent que l'on pousse auec la bouche, ou auec des soufflets : d'où l'on peut semblablement conclurre que la mesme ouuerture de la languette du larynx peut seruir à plusieurs tons differens, lors que l'on pousse le vent auec vne plus grande violence, quoy qu'il ne soit pas certain si ladite ouuerture s'estressit tousiours à chaque ton plus aigu, & si elle s'élargit à chaque ton plus bas, & plus graue.

Or il n'est pas icy necessaire de repeter ce que nous auons dit des parties, des vsages, & de la composition de la languette ou de la glotte dans la troisiesme Proposition ; c'est pourquoy ie m'arreste seulement dans celle-cy à expliquer les mouuemens qu'elle a, ou la figure qu'elle prend en faisant les voix graues & aiguës, & dis qu'il faut necessairement que la languette soit plus ouuerte aux sons graues qu'aux aigus, ou si elle garde vne mesme ouuerture en faisant deux, ou plusieurs voix differentes quant au graue, & à l'aigu, qu'il faut que le vent soit poussé differemment, à sçauoir plus fort pour faire la voix aiguë, & plus foiblement pour faire la voix graue. Si la languette du larynx est semblable à l'anche des flustes, & qu'elle

B iij

face la voix graue & aiguë; de mesme maniere il est tres-aisé d'expliquer comme elle fait ceste difference de voix; car nous experimentons que ladite anche fait le son par ses tremblemens, comme font les chordes des autres Instrumens, & qu'elle les fait d'autant plus graues ou aigus, qu'elle tremble plus lentement ou plus viste; de sorte que si la raison du son graue à l'aigu est double, c'est à dire de 2 à 1, il est certain que l'anche tremble deux fois plus viste en faisant le son aigu, & consequemment qu'elle tremble cent fois en faisant le son aigu, lors qu'elle tremble cinquante fois en faisant le son graue.

Mais si elle n'est pas semblable à ladite anche, ou à la languette des Regales, & qu'elle ne tremble pas autant de fois pour faire l'Vnisson, mais qu'elle demeure ferme & stable comme fait la languette des tuyaux d'Orgues, qui n'ont point d'anches, tels que ceux de la monstre; il faut que l'air tremble autant de fois en passant par l'ouuerture du larynx, comme la chorde ou l'anche qui fait l'Vnisson, puis que le son n'est autre chose que le mouuement, ou le tremblement de l'air sous le nom de *son aigu*, lors qu'il est viste, c'est à dire lors qu'il tremble beaucoup de fois en peu de temps, & sous le nom de *graue* lors qu'il tremble lentement. Car il arriue la mesme chose lors que l'air est coupé, rompu, ou frapé par vne languette, & par vn autre corps mobile, ou par vn corps immobile, comme l'on experimente aux trous des murailles, & des rochers, qui font le son ou le sifflement d'autant plus aigu, que l'air tremble plus de fois en entrant; ce qui arriue lors qu'il est poussé auec plus d'impetuosité & de vehemence, ou qu'il entre par vne moindre ouuerture qui le diuise dans vn plus grand nombre de parties, & qui le couppe plus menu; & parce qu'il n'importe nullement pour chanter de sçauoir si la languette du larynx tremble & bat l'air autant de fois que les anches des flustes, ou si l'air se diuise autant de fois en sortant dehors pour faire la voix, il n'est pas necessaire de nous estendre plus amplement sur ce sujet; quoy qu'vne recherche plus exacte de la maniere dont la voix est renduë plus graue ou plus aiguë, & des mouuemens de chaque muscle, & des autres parties du larynx & de la languette soit digne de l'estude d'vn Anatomiste & d'vn Philosophe, afin de connoistre la plus grande & la moindre ouuerture que peut auoir ceste languette en chantant, & qu'elles sont les differentes formes du corps exterieur, & des concauitez interieures du larynx lors que l'on oit toutes sortes de voix.

Mais il faut icy expliquer vne grande difficulté, à sçauoir comme le son est modifié quant à l'aigu & au graue, lors que l'on frappe vn autre corps: par exemple, lors que l'on frappe d'vn marteau sur l'enclume, ou sur quelqu'autre corps, & que l'on frappe les mains l'vne contre l'autre; car ces battemens font des sons, dont les vns sont plus graues, & les autres plus aigus, & neantmoins il semble que l'air ne tremble pas, & qu'il est seulement pressé ou rompu pour vn peu de temps, & qu'il retourne tout aussi tost à sa situation ordinaire. A quoy ie responds que iamais l'air ne fait nul son graue ou aigu, qu'il ne les face par ses tremblemens, par ses petits flots, ou par son flux & reflux, ou par des cercles, ou autres mouuemens, qui font le mesme effet que lesdits tremblemens; car puis que nous experimentons aux Instrumens à vent & à chordes que le son est fait graue ou aigu en ceste maniere, il est raisonnable de garder l'vniformité dans les autres bruits, quoy que nous ne puissions iuger de leur aigu & de leur grauité, à raison que leurs mouuemens ne sont pas enfermez dans vn tuyau, ou dans quelqu'autre corps, par lequel ils soient conseruez vniformement, & qu'ils sont quelquesfois si graues ou si aigus, qu'ils surpassent l'estenduë de l'oüye, qui ne peut souuent iuger du ton, si elle ne le compare

pare auec d'autres tons plus graues ou plus aigus: car la plus grande partie de nostre connoiſſance conſiſte dans les comparaiſons d'vne choſe à l'autre, ſans leſquelles nous ne pouuons quaſi rien ſçauoir, comme i'ay monſtré ailleurs, où i'ay donné la maniere de trouuer le ton des pierres, des bois, & de toutes autres ſortes de corps.

Il faut donc conclurre que l'air ou le vent doit trembler, ou ſe mouuoir autant de fois que la chorde d'vn Luth, ou la languette du larynx ou des fluſtes, pour faire vn bruit Vniſſon à ladite chorde, & conſequemment que le petit tambour, c'eſt à dire la membrane de l'oreille, doit eſtre frappé autant de fois par toutes ſortes de bruits Vniſſons.

COROLLAIRE.
Où ſont expliquez les Problemes d'Ariſtote qui appartiennent aux voix graues & aiguës.

Ariſtote a propoſé pluſieurs difficultez ſur ce ſujet, afin d'expliquer la raiſon pourquoy la voix de l'homme & des animaux eſt graue ou aiguë; car il demande dans le dixieſme Probleme de l'vnzieſme Section, pourquoy l'eau froide qui tombe fait des ſons plus aigus, que lors qu'elle eſt chaude: dans le 13, 15, & 50, pourquoy ceux qui pleurent ont la voix aiguë, & que ceux qui rient l'ont graue: dans le 14, pourquoy les enfans & les autres animaux ont la voix aiguë lors qu'ils ſont ieunes: dans le 16, 36, & 62, pourquoy les femmes, les vieillards, & les eunuques ont la voix aiguë, & que les autres l'ont graue: dans le 17 & le 61, pourquoy nous auons la voix plus graue en hyuer qu'en eſté: dans le 18, pourquoy la voix deuient plus graue par la boiſſon, par les vomiſſemens, & par le froid: dans le 21, pourquoy ceux qui ont trauaillé & qui ſont foibles ont la voix plus aiguë: dans le 24, pourquoy les veaux ont la voix plus graue que les bœufs, veu que dans toutes les autres eſpeces des animaux les ieunes ont la voix plus aiguë: dans le 32, & 53, pourquoy ceux qui ont l'eſprit troublé, ont la parole graue, ou groſſe: dans le 40, pourquoy les animaux ont leurs cris plus aigus quand ils ſont plus forts, & que la meſme choſe arriue à l'homme lors qu'il eſt plus foible: dans le 56, pourquoy ceux qui ſont ſobres ont la voix aiguë en hyuer, & les yurongnes en eſté. Or il eſt tres-aiſé de reſpondre à toutes ces queſtions, & à toutes les autres que l'on peut faire ſur ce ſujet, ſi l'on ſuit nos fondemens; car la vraye raiſon pour laquelle les ſons ou les voix des animaux & des hommes ſont plus graues ou plus aiguës, ſe prend de ce qu'ils battent l'air plus ou moins de fois, ſoit que l'air battu ait vne grande ou petite eſtenduë, & qu'il ſoit condenſé, ou rarefié, comme l'experience fait voir aux chordes des Inſtrumés, dont les ſons font l'Vniſſon, quoy qu'elles battent plus ou moins d'air, & que l'air ſoit groſſier, ou ſubtil, pourueu que le nombre de leurs battemens ſoit égal en temps égal, comme il a eſté prouué dans les Liures des Inſtrumens à chorde, & ailleurs.

Ie dis donc à la premiere difficulté, qui conſiſte *à ſçauoir pourquoy l'eau froide fait le bruit plus aigu que la chaude*, que ſi cela arriue (comme ie ſuppoſe maintenant, parce que ie ne veux pas icy diſputer de l'experience) qu'il faut en tirer la raiſon de la plus grande impetuoſité de la cheute de l'eau froide, qui preſſant l'air eſt cauſe qu'il fait plus de reflexions ou de retours en meſme temps, quoy que les differences des peſanteurs de l'eau chaude & de la froide ne ſoit pas ſi ſenſible qu'Ariſtote l'ait remarquee, car ſi on l'experimente, l'on trouuera que les plus iuſtes balances demeurent en équilibre, lors que l'on met autant d'eau chaude dans l'vn des baſſinets, que de froide dans l'autre.

B iiij

Et puis ie ne doute nullement qu'Aristote n'ait creu que les differentes vistesses des mouuemens que font les choses pesantes en descendant sont sensibles, lors que les differences des pesanteurs sont sensibles, quoy que l'espace des mouuemens n'excede pas 50 pieds; ce qui est neantmoins faux, & contre l'experience, qui monstre qu'vne pierre de cent liures ne descend pas plus viste que celle d'vne once, comme i'ay dit plus amplement dans vn autre lieu. Neantmoins il ne s'ensuit pas que le son ne soit plus aigu, lors que le corps qui bat l'air est plus pesant, encore qu'il ne descende pas plus viste ; car comme de deux corps d'égale pesanteur, & qui vont d'vne égale vistesse, celuy qui est plus dur ou plus pointu fait plus de douleur, & frappe plus fort, de mesme il fait le son plus aigu; quoy que sa dureté ne soit pas si grande qu'elle surpasse sensiblement celle de l'autre corps; de sorte qu'il n'est pas necessaire que la pesanteur ou la dureté de l'eau froide soit sensiblement plus grande que celle de la chaude pour faire le son plus aigu, puis que l'on experimente en plusieurs pistoles, escus, & autres pieces de monnoye, que les vnes font des sons plus aigus que les autres, encore qu'elles soient de mesme poids, & de mesme matiere: ce qui arriue semblablement aux verres, dont les sons sont si differens, quoy qu'ils soient de mesme grandeur, & de mesme poids, qu'entre plusieurs milliers il est mal-aisé d'en rencontrer deux qui soient à l'Vnisson.

Or si quelqu'vn ne croid pas que l'eau chaude fasse le son plus graue que la froide, il est aisé de l'experimenter, si ce n'est que l'on craigne de n'auoir pas l'oreille si bonne qu'Aristote, ou que ceux qui luy ont proposé cette experience, pour pouuoir remarquer la difference de ces sons, car ie ne iuge pas maintenant du fait, comme i'ay dit cy-deuant; & puis ce n'est pas icy le lieu d'examiner si l'eau chaude est plus legere, & d'où ceste legereté peut venir; ny s'il est vray qu'vne torche allumee dont on frappe quelqu'vn, luy fait moins de mal que lors qu'elle est esteinte, comme il dit, quoy que ie ne croye pas qu'il en ait fait l'experience, ou qu'il soit vray : c'est pourquoy ie passe à la seconde difficulté, à laquelle on peut rapporter la plus grande partie des autres.

Ie demande donc pourquoy ceux qui pleurent ont la voix plus aiguë que ceux qui rient, ce qu'il dit semblablement des enfans, des femmes, des vieillards, des eunuques, de ceux qui ont trauaillé, & de ceux qui sont foibles ; A quoy il faut respondre que la principale voix aiguë de ceux qu'il propose doit estre prise de la languette, ou de l'ouuerture du larynx, qui est estroite, & non pas de l'impulsion de l'air plus forte, ou plus foible, car lors que l'on embouche vn cornet, vn tuyau d'Orgue, ou quelqu'autre Instrument à vent, le son ne deuient pas tousiours plus aigu quand on leur donne plus de vent, ou que l'on pousse l'air plus fort, quoy qu'il s'en rencontre qui montent à l'Octaue, & à la Douziesme, comme fait la Trompette, mais cela n'arriue pas à plusieurs autres, qui ne montent tout au plus que d'vn demy-ton, quoy qu'on leur donne beaucoup plus de vent.

Certainement ie m'estonne de la solution d'Aristote, qui dit que ceux qui pleurent & qui sont tristes ont la voix aiguë, parce qu'estant foibles ils poussent fort peu d'air, qui va dautant plus viste, qu'il est en moindre quantité, vû qu'vne petite quantité d'air a son mouuement aussi tardif qu'vne plus grande quantité, lors que la force qui pousse l'air est augmentée en mesme raison que la quantité d'air, comme l'on experimente à la chorde de Luth, laquelle estant double en longueur fait l'Vnisson auec la souz-double, encore qu'elle meuue deux fois, & peut estre 4 ou 8 fois plus d'air que la souz-double, parce que la plus grande tension augmente sa force, comme i'ay demonstré dans le liure des Instrumens à chorde. Et puis

nous

De la Voix.

nous experimentons que plusieurs ont la voix plus aiguë en riant, qu'en pleurant, & en la ioye qu'en la tristesse, de sorte qu'il n'est pas à propos de chercher la raison d'vne proposition qui n'est pas constante, & l'on doit se contenter de sçauoir que la voix de ceux qui tient, & des autres, ne peut estre plus graue s'ils n'ouurent l'anche du larynx, ou s'ils ne poussent vne grande quantité d'air plus lentement que ceux qui ont la voix aiguë, comme ie monstre plus amplement dans le liure des Orgues.

Quant au ris, & aux pleurs, i'en parleray dans vn autre lieu. Il faut encore remarquer qu'Aristote se trompe lors qu'il dit dans le 13. Probleme, que ceux qui sont chauds font le son plus graue lors qu'ils embouchent des flustes, & que ceux qui sont froids les font plus aigus, car le son des flustes est modifié par la grandeur de leurs lumieres, ou par leurs trous, & ont le mesme son, soit que le vent qu'on y pousse vienne d'vn lieu chaud, ou d'vn froid ; mais cette difficulté appartient aux Orgues, & aux autres instrumens à vent, dont ie traite ailleurs.

Il fait les mesmes fautes dans le 16. Probleme, & dans les autres, où il suppose tousiours qu'vne moindre quantité d'air est meuë plus viste, quoy que la force qui le meut soit foible, & que celle qui meut la plus grande multitude d'air, soit tres-forte, à raison, dit-il, que le peu d'air est semblable à vne ligne, & la plus grande quantité d'air est semblable à vn corps : d'où il faut conclure que de deux tuyaux d'Orgue, dont l'vn a deux pieds de long, & l'autre vn, que celuy qui n'a qu'vn pied de long a le son plus graue que l'autre, lors qu'il est quatre ou huict fois plus large, puis que le cylindre concaue d'vn pied de long, dont le diametre est quadruple, ou octuple d'vn cylindre concaue de deux pieds de long, contient beaucoup dauantage, comme l'on demonstre dans la Geometrie ; & neantmoins c'est chose tres-asseuree, que ce cylindre ou tuyau qui contient d'auantage d'air, a le son beaucoup plus aigu que le cylindre ou le tuyau de deux pieds de long. D'abondant il est tres-certain que les eunuques & les autres poussent vne plus grande quantité d'air lors qu'ils parlent bien fort, que les hommes les plus robustes, dont la parole est foible, & neantmoins ceux-cy ont la voix plus grosse & plus graue que ceux-là. Or il n'est pas necessaire d'examiner ses autres questions, puis qu'ils s'appuye tousiours sur les mesmes principes, dont la fausseté est euidente : Par exemple, il dit que les voix sont plus graues à l'hyuer qu'à l'esté, à raison que l'air est plus espais, & moins propre aux mouuemens : Mais si nous suiuons l'experience, nos Basses ne souscriront pas à ce qu'il dit, car elles sont aussi creuses & aussi profondes en esté qu'en hyuer, puis qu'elles chantent tousiours les mesmes pieces de Musique au mesme ton : Et puis si l'air est plus grossier (dont ceux-là ne demeurent pas d'accord, qui tiennent qu'il est plus espais en esté) la force de l'estomac & du poulmon est semblablement plus grande en hyuer, comme l'on experimente, & comme l'aduouë luy-mesme en d'autres lieux apres Hypocrate, qui remarque que les ventres des animaux sont plus chauds à l'hyuer qu'à l'esté ; de sorte que ceste force qui dépend de la chaleur recompense l'épaisseur de l'air. Il faut donc conclure que l'aigu ou le graue des sons & des voix n'a point d'autre cause que la plus grande vistesse & multitude des retours, des reflexions ou des flus & reflus de l'air, sans que la quantité dudit air puisse apporter de changement au graue & à l'aigu, comme i'ay demonstré ailleurs.

I'adiouste neantmoins que s'il entend parler de ces retours ou battemens d'air, lors qu'il dit que le son est d'autant plus aigu que le mouuement de l'air est plus viste, qu'il a raison. Or l'on peut ce semble coniecturer de son 19 Probleme, qu'il a eu ce sentiment, quoy qu'il tombe dans vn autre erreur, puis qu'il suppose dans ce Probleme, & dans le 20, que les voix semblent estre plus aiguës lors que l'on en est plus éloigné; car si l'on chante ou si l'on monte vn Instrument à l'Vnisson lors que l'on est bien éloigné des autres Instrumens, l'on trouue que le chant & l'Instrument font le mesme Vnisson auec les Instrumens ou les voix dont on s'approche.

D'ailleurs, la raison qu'il donne de ceste experience n'est pas bonne, car encore que l'air qui se meut dans vn espace éloigné fust en moindre quantité, & qu'il se fust beaucoup diminué depuis le lieu où le son a commencé, le mesme éloignement pourroit estre cause que son mouuement seroit plus tardif, comme il confesse ailleurs, & consequemment le son éloigné deuroit plustost estre plus graue que plus aigu, puis que l'aigu du son est fait par la vistesse du mouuement, & non par la quantité d'air, comme i'ay dit cy-deuant. Mais peut estre que ceux qui ont rapporté l'experience à Aristote, ont pris la voix plus foible pour la plus aiguë, car ce qui est foible est comparé à ce qui est mince & delié.

Quant aux vaches & aux veaux, dont il dit que les voix sont plus graues que celles des taureaux & des bœufs, & dont il traite plus amplement au 7. chapitre du 5. liure des animaux, si cela est veritable, il faut necessairement que le vent de leur poulmon soit poussé plus foiblement, ou que l'ouuerture du larynx des veaux & des vaches, que l'on appelle la glotte, soit plus grande que celle des bœufs & des taureaux, ce qui est faux. Il faudroit donc qu'Aristote prouuast qu'vne petite quantité d'air est meuë lentement par les veaux, dont il suppose tousiours le contraire dans ses autres questions, où il maintient que le mouuement d'vne petite quantité d'air est viste, quoy qu'il puisse estre tres-lent quand la force qui le meut est tres-foible. Il faut pourtant remarquer que l'on inspire d'autant plus d'air, que le cœur est plus chaud, puis que l'inspiration se fait pour le rafraichir, ou pour luy fournir la matiere de ses esprits, & consequemment que la voix qui se fait par l'expiration du mesme air, est plus forte ou plus grosse que celle de ceux dont le cœur est moins chaud, & qui expirent vne moindre quantité d'air, supposé que les Instrumens de la voix soient égaux.

Or l'on peut conclure de tout ce discours, que la voix des animaux est tousiours d'autant plus aiguë que leur anche est moins grande, soit que l'ouuerture de la glotte se diminuë par les fluxions, par la crainte, par la tristesse, & par les autres passions, ou par la nature, par la vieillesse, ou par quelqu'autre maniere que l'on voudra. Mais ie desire que le Lecteur remarque, que l'on me fera plaisir si l'on peut verifier qu'Aristote n'a point failly dans tous les lieux où il a parlé des voix; car encore que plusieurs croyent qu'il n'est pas l'autheur des Problemes, celuy qui monstrera la verité de leurs solutions ou de leurs hypotheses m'obligera grandement.

PROPOSITION XVII.

A sçauoir s'il est plus facile de conduire la voix du son graue à l'aigu, que de l'aigu au graue.

Il semble qu'il est plus facile de chanter de bas en haut, c'est à dire en descendant qu'en montant, parce que les sons graues approchent plus du silence & du neant, auquel nous sommes naturellement enclins, que ne font les sons aigus; Et puis les sons graues sont plus simples n'ayant pas besoin d'vn si grand nombre de mouuemens & de battemens d'air que les sons aigus, qui sont moins excellens

que

De la Voix.

que les graues, comme dit Aristote au Probleme 20, car ils sont plus composez & plus multipliez; c'est pourquoy il a remarqué qu'il faut que les plus basses voix recitent la chanson qui represente le repos, qu'il appelle μέλος μαλακοὶ, ἢ ἠρεμαῖον, parce qu'elles approchent du repos & du silence, & qu'elles se font par vn battement d'air foible & mol, comme l'on voit au 50 Probleme de sa 19 Section. Or il est plus facile de venir du composé au simple par l'analyse & par la diuision, que du simple au composé par la synthese & composition, ou multiplication. D'abondant, nous experimentons le plus souuent que les Chantres sont contraints de rehausser leurs voix à la fin de leurs Motets ou Cantiques, dautant qu'elles se sont naturellement abaissees sans qu'ils l'ayent remarqué, & sans qu'ils le puissent reconnoistre infailliblement sans l'aide d'vn tuyau d'Orgue, ou de quelqu'autre Instrument qui les remet dans leur ton; l'aigu ayant besoin d'vn secours exterieur pour estre conserué dans son mouuement, comme nous auons besoin du secours surnaturel de Dieu pour nous maintenir dans le mouuement de son Amour. Ce qui fait voir que le mouuement du haut en bas est plus naturel à la voix que le mouuement contraire, qui contraint le corps du larynx de monter trop haut; ce qui nous fait plus de peine & de douleur que quand il descend en bas, dautant que la descente luy est plus naturelle, comme il arriue aux autres corps pesans.

D'ailleurs, supposé que la voix qui se meut ne s'estende & ne monte pas iusques à l'esclat, ny ne descende pas aussi iusques au rauque, qui sont les termes qui blessent l'oreille, & qui combattent la melodie, l'on trouue que la voix graue est la plus agreable; comme l'on remarque au Luth, dont la chanterelle ne rend pas tant de melodie, & n'est pas si douce que les basses, dont les mouuemens ne se font pas auec tant de violence & de precipitation que ceux de ladite chanterelle: De là vient que nous sommes comme gesnez, & comme si nous portions sur nos épaules ceux qui s'efforcent pour monter & pour chanter en haut: or si la voix graue est plus agreable, il y a de l'apparence qu'il est plus facile d'y arriuer qu'à l'aiguë qui est moins agreable: & bien que l'aiguë fust plus agreable, neantmoins la contention & le trauail qui est necessaire pour produire ceste voix, diuertit & diminuë le plaisir de l'oreille, car quand le plaisir ne passe pas la peine, il ne peut estre grand.

L'on peut encore icy considerer s'il est plus difficile d'ouurir la glotte, que de la serrer outre son naturel; & si les muscles du thorax & du larynx, & le poulmon s'efforcent dauantage pour chanter de haut en bas, que de bas en haut: mais parce qu'il semble que ce soit vne mesme chose, ou du moins qu'il n'y ait pas grande difference, & que les experiences des Chantres ne soient pas si certaines ny si vniformes que nous en puissions tirer vn iugement asseuré; & mesme que celuy qui ne s'appuye que sur l'experience ne penetre iamais les secrets de la Nature & de la verité, dont la raison seule nous ouure la porte, & que la pratique ne nous peut mener à l'vniuersalité, la seule speculation trouuant des veritez qui ne peuuent iamais tomber en aucun organe materiel, outre que l'experience est suiette aux sens, dont on ne peut pas tousiours tirer vn iugement veritable, & moins en la Musique qu'en nulle autre chose, pour les differentes passions & inclinations des hommes, qui tombent rarement d'accord en ce qui concerne les excellences des diuersitez qui ornent la Musique, il faut plustost auoir recours à la raison qu'aux experiences: car il n'arriue pas tant de dissentions entre ceux qui font abstraction de tout ce qui est corporel, & qui cherchent vn principe épuré de tout mélange, qu'entre les Practiciens qui sont aueugles en leur art, & n'ont pas tant d'asseurance que de routine, qui tombe quelquesfois par hazard en quelque bon rencontre.

Il faut donc suiure la raison qui semble nous dicter qu'il est plus agreable de chanter en montant qu'en baissant, dautant que l'on va comme de la mort à la vie, & du neant à l'estre, puis que la voix aiguë a plus de mouuement, & que son aigu estant produit par des battemens d'air qui sont plus frequens, & qui se suiuent de plus pres, approche plus du continu, dont l'estre & la consistence est plus ferme & plus vniforme que n'est celle du son graue, dont les parties sont plus separees, & par consequent plus proches de leur ruine & de leur neant, que tous les estres fuyent de toute leur force. Et nous experimentons que les Dessus des Concerts, tant aux voix qu'aux Instrumens, réueillent bien dauantage l'attention, & sont beaucoup plus agreables, comme approchans de plus pres du ciel & de la vie, que les Basses : or nous prenons plus de plaisir à nous approcher de ce qui est plus parfait & plus remply de vie, que de ce qui est plus imparfait & plus pres de la mort : De là vient que l'on aime & que l'on caresse plus les enfans que les vieillards, qui sont semblables aux sons grands & pesans, & à l'hyuer, comme les enfans au printemps ou à l'esté, & à la chaleur ou au feu. Les voix basses sont semblables aux tenebres, qui ne sont recherchees que par les hiboux & les lutins ; mais les voix hautes sont semblables à la lumiere & au iour, qui seruent d'ornement à la Nature, comme les sons aigus à la Musique, qui perd tout son charme quand elle n'a pas de bons Dessus ; les voix basses ne seruans quasi d'autre chose que pour faire apperceuoir les aiguës, & pour les faire entrer dans l'oreille & dans l'esprit auec plus de diuersité & de plaisir.

Voila à mon aduis vne partie de ce que l'on peut s'imaginer pour la preuue de l'vne ou de l'autre partie de ceste difficulté, qui se doit ce me semble resoudre en la maniere qui suit ; sans neantmoins que ie vueille preiudicier à ceux qui produiront de meilleures raisons pour l'vn ou l'autre party, ce que ie desire que l'on entende de toutes les autres difficultez, dont la solution ne consiste pas en de veritables demonstrations, mais seulement en des coniectures ou raisons probables, qui sont sujettes à estre contrariees & combattuës.

L'on peut donc aller du graue à l'aigu, ou de l'aigu au graue en deux manieres, à sçauoir par degrez conjoints, ou par degrez dis-joints & separez : C'est pourquoy il faut voir quel est le plus facile, ou le plus difficile ; & parce que l'Octaue contient deux sons separez, que l'on ne peut chanter qu'en sautant de l'vn à l'autre, nous commencerons par ceste Consonance.

Ie dy donc premierement qu'il est plus facile de monter à l'Octaue que d'y descendre, dautant qu'il est plus facile de diuiser vne chose en deux parties, qu'il n'est de luy adioûter autant, ou de la redoubler : Par exemple, il est plus facile de diuiser la ligne A B en deux parties par le milieu, que de luy adioûter la ligne égale B C :

A———E———B———————C

car l'on voit les deux extremitez de la ligne A B que l'on veut diuiser en deux ; mais on ne voit que l'vne des extremitez de la ligne égale qu'il faut allonger, à sçauoir B, & l'œil & la main s'occupent tellement à tracer la ligne B C, que l'on ne se souuient quasi plus des deux extremitez A B, ny par consequent de la longueur de la ligne A B.

Il arriue la mesme chose quand on monte à l'Octaue, dautant qu'il est plus facile de diuiser l'air de la bouche en deux parties, que de luy en adioûter autant, parce que nous auons déja ce que nous diuisons, mais nous n'auons pas ce qu'il faut adioûter. Or il est plus facile de disposer & d'ordonner de ce que nous auons, & de ce qui nous est present, que de ce que nous n'auons pas, & de ce qui est absent.

Mais

De la Voix.   25

Mais pour entendre cecy plus clairement, il faut se souuenir que la voix aiguë est semblable à la chanterelle d'vn Luth, ou à la chorde la plus deliée & plus courte, & la voix graue à la plus grosse, ou plus longue : car le larynx, & la glotte sont plus larges & plus ouuerts aux sons graues qu'aux sons aigus, & parce que les aigus se font par la diuision ou diminution des graues, il s'ensuit qu'il est plus facile de monter à l'aigu, que de descendre au graue, ce que l'on peut appliquer aux autres sons, ausquels on monte, comme nous auons fait à l'Octaue ; voyez Aristote dans le probleme 13.

Quant aux degrez conjoints, il y en a qui maintiennent qu'il est plus facile de descendre que de monter, suiuant la remarque d'Aristote au 33. probl. de la 19. section, d'autant qu'il semble que le son aigu est le commencement du graue, & que le son moyen, que les Grecs appellent *Mese*, est le conducteur & comme le Prince du Tetrachorde ἡγεμὼν ὀξύτατη τῦ τετραχόρδου : car le son graue est le plus genereux, & le plus sonore βαρὺ γυναιότερον, ἢ ἀφωνότερον. Mais cette difficulté sera expliquée dans la proposition dans laquelle nous verrons si le son graue est plus excellent & plus agreable que l'aigu. Il faut neantmoins remarquer qu'Aristote enseigne le contraire au 47. probleme, où il dit que la voix degenere, & finit souuent à l'aigu en montant plus haut qu'elle ne doit, parce que l'aigu est plus facile à chanter : quoy qu'il tienne le contraire au 37. probleme, où il enseigne qu'il est difficile de chanter les voix aigues à raison de la grande contention & de la violence qu'il y faut apporter, ne se souuenant pas qu'il auoit dit dans l'vnziesme, que la voix paroist plus aiguë à la fin qu'au commencement, parce qu'elle est moindre & plus foible ; or il est plus aisé de faire vne moindre chose qu'vne plus grande, dautant qu'il faut moins de force pour celle-là que pour celle-cy, comme il faut moins de temps pour faire peu de chemin que pour en faire beaucoup. Ce qu'il confirme au probleme 6, & 20 de l'vnziesme section, & au 13, 14, 15, 16, & plusieurs autres, dans lesquels il rapporte la cause des voix aiguës à la foiblesse & à l'infirmité de ceux qui parlent, ou qui chantent, comme nous auons veu dans la 17. proposition.

Mais il suffit de remarquer qu'Aristote n'est pas trop constant en ceste matiere, & qu'il y en a plusieurs autres qui tiennent qu'il est plus facile de chanter en descendant qu'en montant, par exemple, qu'il est plus facile de chanter *la, sol, fa, mi, re*, que *re, mi, fa, sol, la*, d'autant que le *la* fait trois tremblemens pendant que le *re* en fait deux ; de là vient que l'vn des tremblemens de *la* ne s'accorde pas auec les tremblemens du *re*, car le deuxiesme tremblement de *la*, ne s'vnit point auec aucune partie des tremblements de *re*. Mais le *re* n'a nul tremblement qui ne s'vnisse à quelqu'vn des precedens tremblemens du *la* : d'abondant les tremblements du *re* s'vnissent tousiours au second coup, mais ceux du *la* ne s'vnissent qu'au troisiesme coup en mesme temps, & l'vn de ces tremblements de trois en trois coups demeure comme separé sans s'vnir auec aucune partie des tremblemés du *re*, de sorte que la chorde ou la voix *la* fait du moins trois cens tremblemens en chaque moment de temps qui ne s'vnissent point.

Semblablement, qu'il est plus agreable de chanter *fa, mi, re*, que *re, mi, fa*, dautant que *fa* a quatre tremblemens qui ne s'vnissent auec nul des tremblemens de *re*, mais *re* n'a que trois tremblemens qui ne s'vnissent point aux tremblemens de *la* ; or il est plus agreable de finir par les sons qui s'approchent le plus de l'vnité, comme sont les plus graues, c'est pourquoy la cadence finale des chansons se fait presque tousiours en descendant ; mais parce que l'on peut se seruir de la

C

raison que i'ay apportée pour l'Octaue, & que l'on peut dire qu'il est plus aisé de diminuer la glotte qui fait le son graue, pour en faire vn plus aigu, tant aux degrez conjoints qu'aux separez, par exemple, qu'il est plus facile de diminuer l'ouuerture de la glotte, & l'air d'vne neufiesme ou dixiesme partie pour monter de l'*vt* au *re*, ou du *re* au *mi*, qu'il n'est d'adioûter vne semblable partie d'ouuerture ou d'air pour descendre de *mi* à *re*, ou de *re* à *vt* : il faut conclure qu'il est plus facile de monter que de descendre, tant par degrez que par interualles, & que la raison qui se tire du tremblement du *la*, qui ne se rencontre auec nul tremblement du *re*, n'est pas bonne, dautant que le *la* est finy quand on prononce *re*; c'est pourquoy il n'importe pas que l'vn des tremblemens n'ait point de rapport aux autres, puis que ledit tremblement est finy quand les autres commencent.

Mais il faut respondre aux raisons du party contraire, & dire en premier lieu que chacun fuit le neant, & tout ce qui en approche, tant qu'il peut: or cette fuite vient du mesme principe qui nous fait rechercher ce qui aide à nous maintenir, & à nous conseruer dans nostre estre. Car encore que les sons graues soient plus simples en leurs mouuemens, neantmoins puis qu'ils sont plus grands, ils requierent vne plus grande force, à raison de la plus grande quantité d'air qu'il faut pousser, comme l'on experimente quand on veut faire sonner les gros tuyaux des Orgues: car le poulmon ne peut fournir la quantité du vent qui est necessaire pour les faire parler; & quand on chante la Basse l'on ne peut continuer la voix aussi long-temps comme quand on chante plus haut, c'est pourquoy l'on est plus souuent contraint de reprendre haleine: & le son graue de l'Octaue contient deux fois l'aigu, & est comparé à l'angle obtus au probleme huictiesme, comme le son aigu à l'angle aigu.

Or encore qu'il soit ce semble plus naturel d'aller en bas, & que les voix s'abaissent d'elles-mesmes quand on chante long-temps, il ne s'ensuit pas qu'il soit plus agreable, ny mesme plus facile de descendre que de monter, dautant que ceste inclination naturelle d'aller en bas est vne imperfection qui nous rameine vers le neant; & quant à la facilité, l'experience enseigne qu'il est plus facile de chanter en montant qu'en descendant, particulierement quand on vse de passages, ou de fredons. A quoy il faut adioûter que comme la Nature, & mesme les Arts & les sciences commencent par les choses les plus simples & les plus faciles, que l'on doit aussi commencer par les voix basses plustost que par les aiguës, puis qu'elles sont les plus simples & les plus faciles, suiuant l'opinion des autres: & quand on rabaisse en chantant long-temps, cela vient de quelques voix qui ne se peuuent conformer au ton qu'elles ont pris, lequel est trop haut pour elles; c'est pourquoy elles descendent tousiours iusques à ce qu'elles ayent rencontré leur ton naturel; de sorte qu'elles emportent tellement les autres, qu'elles les contraignent de descendre.

Finalement la raison que l'on prend de ce que les tons graues sont plus agreables que les aigus, suppose ce qui n'est pas encore determiné, dont il faudra faire vn discours particulier. Cependant nous pouuons respondre que plusieurs maintiennent que les sons aigus sont plus agreables que les graues, & qu'ils reçoiuent plus de plaisir à oüir chanter le Dessus que la Basse, ou les autres parties.

PROP. XVIII.

PROPOSITION XVIII.

A sçauoir s'il est plus facile de chanter par degrez conioints, que par degrez separez ou disioints.

Ceste difficulté merite d'estre éclaircie, encore qu'il semble qu'elle se peut decider par le commun aduis des Practiciens, qui tiennent qu'il est plus facile de chanter par degrez conjoints, que par degrez disioints, sans en excepter les Consonances: Neantmoins si l'on se souuient quand on chante par degrez conjoints, qu'il est plus difficile que l'imagination diminuë ou adiouste les mouuemens necessaires pour faire les tons & les demi-tons, que quand on chante par degrez disjoints consonans, il sera difficile de suiure leur aduis, & l'experience qui leur fauorise ce semble auec la raison: car il est plus difficile, par exemple, de prendre la huict ou la neufiesme partie d'vn tout, & de l'augmenter ou diminuer d'vne huict ou neufiesme partie, que de l'augmenter ou diminuer de la moitié, puis que la moitié est plus facile à trouuer, & que le tout se diuise plus ayfément en deux ou trois parties, qu'en huict ou neuf. Or quand on chante par degrez conjoints, par exemple *vt re mi*, le *vt* a huict parties, c'est à dire s'il respond à huict tremblemens de chorde, *re* en aura neuf, & *mi* dix, donc il faut augmenter *vt* d'vne huictiesme partie pour faire *re*, & *re* d'vne neufiesme partie pour faire *mi*, & si l'on monte de *mi* à *fa*, il faut augmenter *mi* d'vne quinziesme partie de *mi* pour faire *fa*.

Mais pour monter à l'Octaue, il faut augmenter le son graue de moitié, & si l'on veut descendre d'vne Octaue, il faut diminuer le son de moitié. Semblablement si l'on veut monter à la Douziesme, il faut tripler le son, & que l'imagination retienne les deux tiers. Il semble que ceste difficulté se puisse resoudre en deux façons, dont l'vne est que l'Octaue contenant l'eschelle de Musique, qu'il est plus facile de monter iusques au haut par degrez, qu'en sautant & en passant sans degrez, car il y a moins d'espace de *vt* a *re* que de l'vn des sons de l'Octaue, ou des autres Consonances à l'autre: & l'autre, que l'on peut dire que la longue accoustumance & le grand exercice que l'on a pour chanter par degrez conjoints, les a rendus plus faciles & plus naturels que les Consonances; car quant aux plus grandes Dissonances, elles sont plus difficiles à chanter, tant à cause de l'éloignement qui est entre leurs sons, que de la difficulté qu'ont lesdits sons auant que de s'vnir. Et puis il y a moins de peine à ouurir la glotte par degrez conjoints que par interualles, dautant qu'il y a moindre difference entre ces ouuertures; par exemple, il faut seulement ouurir ou fermer la glotte plus ou moins d'vne huict ou neufiesme partie en chantant *vt re*, ou *re vt*; mais quand on fait l'Octaue, il faut l'ouurir ou la fermer deux fois autant qu'auparauant. Finalement tout passage qui se fait d'vne extremité à l'autre sans milieu, est plus difficile que celuy qui se fait en passant par le milieu.

PROPOSITION XIX.

A sçauoir si l'on peut connoistre asseurément quel est le graue ou l'aigu du son que l'on oit.

Ceste difficulté est si grande, que plusieurs Musiciens se trompent souuent en iugeant des sons, car ils croyent & iugent que le son qu'ils oyent est plus bas ou plus haut d'vne Octaue qu'il n'eſt. Ce qui arriue particulierement aux ſons des chordes, des Orgues, ou des petits enfans, qui font ſouuent l'Octaue en haut ou en bas auec le ſon, lequel nous penſions eſtre à l'Vniſſon deſdites voix ou des ſons.

Or l'vn des moyens pour le connoiſtre dépend d'vne autre voix, ou d'vn autre ſon, qu'il faut mettre à la Quinte, ou à la Quarte du ſon, ou de la voix, dont l'on doute ; car ſi l'on penſe faire la Quinte en bas, & neantmoins que le ſon ſoit plus bas d'vne Octaue que l'on ne l'auoit imaginé, le ſon que l'on penſoit eſtre à la Quinte ſe trouuera à la quarte ; au contraire ſi l'on penſe faire la quarte, l'on fera la quinte ; & parce que la quarte eſt plus dure & plus rude que la quinte, elle pourra facilement eſtre diſcernee ; & ſi le ſon eſtoit plus bas d'vne Quinzieſme que l'on ne s'imagine, on feroit l'Vnzieſme au lieu de la Douzieſme : ce qui ſe peut expliquer par nombres en ceſte maniere ; ſi le ſon eſt 3, au lieu de 6 que l'on s'imagine, il faudra toucher 4 pour faire la Quinte auec 6, & parce que l'on a pris 6 pour 3, l'on fera la Quarte, & non la Quinte ; par où l'on peut entendre le reſte du diſcours.

L'autre maniere dépend des chordes ; car ſi nous croyons par exemple faire la Douzieſme, & neantmoins que nous faſſions l'Vnzieſme, c'eſt à dire, ſi le ſon eſt plus bas d'vne Quinzieſme que nous ne l'imaginons, quand nous toucherons la chorde qui nous trompe, elle ne fera pas trembler l'autre chorde ſi ſenſiblement, comme elle feroit ſi elle faiſoit la Douzieſme, & non l'Vnzieſme : il faut dire la meſme choſe à proportion de la Quinte & de la Quarte : l'ay dit *à proportion*, car la chorde qui fait la Douzieſme eſtant touchée, fait trembler plus fort la chorde qui eſt à la Douzieſme, que celle qui eſt à la Quinte, comme i'ay prouué ailleurs.

Ie laiſſe la troiſieſme maniere qui eſt la plus ſubtile, parce qu'il eſt aiſé de l'entendre par le diſcours que i'ay fait du nombre des tremblemens de chaque chorde dans le liure de l'Epinette.

PROPOSITION XX.

L'on peut apprendre à bien parler & à bien prononcer par le moyen de la Muſique.

Puis que la parole conſiſte à battre l'air, & que l'on parle bien lors que l'on accentuë, & que l'on prononce les dictions comme il faut, il n'eſt pas mal-aiſé de comprendre comme la Muſique peut ſeruir à bien parler, car elle traicte des accents, & nous ferons voir dans la 47 Propoſition, que le Muſicien parfait peut inuenter la meilleure langue de toutes les poſſibles, & qu'il la peut faire parler en perfection. Or ſi l'on conſidere que c'eſt que de bien parler, l'on trouuera que ce n'eſt autre choſe que de prononcer diſtinctement, & de faire les ſyllabes longues, ou brefues, ſuiuāt leur nature, ou l'impoſition de ceux qui ont inuenté les dictions & qui en ont preſcrit la prononciation & l'vſage : à quoy il faut adiouſter les accents, car encore que l'on prononce tres-diſtinctement, & que l'on garde la meſure des ſyllabes, il arriue ſouuent que le diſcours eſt deſ-agreable à raiſon du mauuais accent que l'on luy donne : De là vient que les Pariſiens reprennent les accents des Gaſcons, des Normans, des Prouençaux, & de ceux des autres Prouinces, & que l'on dit de certains Predicateurs qu'ils ont l'accent de leur païs, quoy qu'il ſoit difficile

ficile de demonstrer que ces accents soient des-agreables, & quel est le plus agreable ou des-agreable de plusieurs sortes d'accents proposez, car chaque Prouince peut maintenir que sa maniere de parler & d'accentuer le discours est aussi bonne que celle des autres, quoy que la raison semble dicter que le discours de la Cour est le meilleur, à raison des esprits épurez & rafinez qui s'y treuuent, & qui en vsent; si ce n'est que l'on die que le meilleur discours, & la plus excellente maniere de parler se rencontre parmy les doctes, & dans le barreau, afin que ceux qui ont des pensees & des speculations plus fortes, plus solides, & plus éleuees, ayent aussi de meilleures dictions, & de meilleurs accents pour les exprimer.

Mais il faut reseruer ceste difficulté pour vn autre lieu, car il suffit maintenant de monstrer que la Musique peut apprendre à bien parler, & à corriger les mauuais accents que l'on a, pourueu que l'on demeure d'accord de la meilleure maniere de parler, car l'on peut aussi aisément apprendre à parler comme les Normans, ou les Prouençaux, par le moyen de la Musique, que comme ceux de Blois, d'Orleans, & de Paris ; ce que ie prouue en ceste maniere : Ce qui est des-agreable dans la parole, ou dans le discours, ne peut venir de nulle autre cause que des syllabes que l'on fait trop longues, ou trop courtes, & trop graues ou trop aiguës ; comme l'on experimente en ceux qui traisnent trop quelques parties de certaines dictions, ou qui se precipitent en prononçant ; or la Musique qui traite de la valeur des notes, & de toutes sortes de temps, enseigne quant & quant le temps qu'il faut employer sur chaque syllabe, & consequemment quelle proportion doit garder le temps de chaque syllabe, donnee auec le temps de toutes les autres.

Elle monstre aussi combien il faut éleuer chaque syllabe, & combien la derniere, sur laquelle l'accent se fait ordinaiaement, doit estre plus aiguë ou plus graue que la premiere ; de sorte qu'il n'y a rien de considerable dans les dictions qui ne soit sujet aux regles, & à la science de la Musique, comme il est aisé à conclure de tout ce qui a esté dit dans les liures precedens. Et si l'on rencontre plusieurs Musiciens qui parlent mal, ou qui ayent de mauuais accents, ils se peuuent corriger, puis qu'ils connoissent comme il y faut proceder. Mais nous parlerons encore de ceste matiere dans le discours du profit que les Orateurs & les Predicateurs peuuent tirer de la Musique.

PROPOSITION XXI.

Expliquer comme la voix peut estre augmentee & affoiblie.

Nous auons monstré dans la 16. Proposition comme la voix est renduë plus graue & plus aiguë ; il faut voir en celle-cy les manieres qui la rendent plus forte ou plus foible, dont la premiere consiste à pousser plus ou moins d'air ; car l'experience enseigne que le son est dautant plus grand & plus fort que la quantité d'air que l'on frappe est plus grande : par exemple, lors que l'on touche les chordes du Luth, ou d'vn autre instrument auec plus de force, elles sonnent plus fort, à raison qu'elles battent & fendent vne plus grande quantité d'air ; ce qui arriue semblablement aux languettes des anches & du larynx ; car lors que l'on parle plus fort, l'on pousse plus d'air, lequel sort auec plus de violence, cóme fait l'eau par vn canal, lors qu'elle est plus chargee ou plus pressee ; car encore que l'ouuerture du canal semble tousiours estre remplie, neantmoins il est plus plein lors que l'eau sort d'vne plus grande violence. Mais il y a d'autres manieres de renforcer la voix qui dependent des corps exterieurs, comme l'on experimente aux chordes que l'on touche dans l'air qui est libre, lors qu'elles ne sont pas attachees sur vn instrument, & qu'il n'y a nul corps qui en cóserue le son, qui paroist fort foible & petit en comparaison de ce qu'il est, quand on entend la mesme chorde sur vn corps concaue, comme sur le Luth, & sur les autres instrumens à chorde. D'où l'on peut conclure que tous les lieux qui sont creux & concaues renforcent la voix, dautant qu'ils conseruent plus long-temps le mouuement de l'air, ou qu'ils sont cause qu'vne plus grande quantité d'air se meut & tremble plus long-temps: Et puis que les contraires viennent des causes contraires, il faut aduoüer que la voix est d'autant plus foible, que le lieu où elle se fait est moins concaue, & plus solide: de là vient que la table des Luths resonne mieux quand elle est plus mince & plus deliee, & que les sons deuiennent plus sourds lors qu'elle est plus épaisse: & consequemment que les tables d'or, d'argent, d'yuoire, de büis, ou d'autre bois solide & massif, ne sont pas si bonnes que celles de cedre, de sapin, ou des autres bois qui sont plus legers, plus poreux, & plus rares; ce qui leur donne vne certaine espece de concauité, & vn tremblement qui apporte de la grace & de la force aux sons. Et si nous n'auions point de palais, & que le son se fist simplement par la languette sans estre retenu & conserué dans la bouche, il paroistroit beaucoup moindre & plus foible. Quant aux autres manieres de renforcer la voix, qui dependent de la reflexion qui se fait par le moyen des corps formez & figurez en ouale, en parabole, ou en hyperbole, nous en parlerons apres.

Il y a encore vne autre maniere qui sert à renforcer la voix, à sçauoir la continuation des corps qui seruent à faire le son, ou qui le conseruent dans vn long espace, comme l'on experimente aux poûtres, au bout desquelles on oit les moindres coups dont on les frappe à l'autre bout, & aux voûtes & arcades des ponts, qui portent la voix & les autres bruits par toute l'arcade, beaucoup plus loin qu'ils n'iroient sans ceste aide. Ie laisse mille autres manieres dont on peut aider la voix, parce qu'elles peuuent estre rapportees aux precedentes, ou qu'il en faudra traiter dans vn autre lieu.

COROLLAIRE.

L'on peut considerer plusieurs choses sur ce sujet, particulierement que Dieu ne nous a pas donné deux ou plusieurs ouuertures du larynx, ou plusieurs arteres pour faire deux ou plusieurs sons en mesme temps, parce qu'ils nous eussent esté inutiles, & que l'vn eust peu empescher l'autre; & puis l'harmonie de deux ou plusieurs parties qu'vn mesme homme eust peu faire, ne luy est pas necessaire; & Dieu a voulu que ce plaisir dépendist des autres, afin que l'harmonie des voix inuitast les hommes à l'harmonie des mœurs, & à vne amitié reciproque, qui est representee par les Consonances. Il ne nous a pas aussi donné la voix si forte qu'elle puisse estre oüye par tout le monde, afin que chacun ait des lieux dans l'air où il puisse exercer sa voix sans qu'elle soit empeschee par d'autres bruits, dont l'air seroit tousiours meu si les voix penetroient toute son estenduë. Ie laisse mille autres considerations qui peuuent seruir de sujet pour admirer la sagesse du Souuerain ouurier.

PROP. XXII.

PROPOSITION XXII.

Determiner si vn seul homme peut chanter deux ou trois parties differentes en mesme temps, & s'il peut monter ou descendre plus haut par quelque sorte d'artifice qu'il ne fait naturellement.

Encore qu'il semble qu'vn mesme homme ne puisse chanter deux parties differentes en mesme temps, à raison qu'vne seule partie occupe tellement la bouche, la gorge, & les autres organes de la voix, qu'il ne peut rien prononcer que ce qu'il chante; neantmoins l'experience enseigne que l'on peut chanter vne partie auec la gorge, & vne autre en sifflant, comme fait le fils de la Pierre d'Auignon, lequel on estime pour ce sujet l'vn des plus rares hommes du monde: mais l'on n'a point encore veu d'homme qui profere deux dictions, ou qui chante deux notes en mesme temps, en prononçant quelque syllabe, par exemple VT & RE; car ceux qui parlent du gosier ou du fonds de la bouche pour faire croire qu'ils sont éloignez, ou pour imiter l'echo, ne peuuent proferer d'autres paroles en mesme temps, parce que la langue, & les autres organes de la parole ne peuuent auoir deux mouuemens en mesme temps.

Quant au sifflet, il dépend de la seule pression des levres moindre ou plus grande, laquelle n'empesche pas que la gorge & la langue ne se meuuent, comme il est aisé d'experimenter à toute heure; car il y en a peu qui ne puissent siffler en chantant, pourueu qu'ils ne soient pas obligez à proferer les paroles, quoy que cela se puisse aisément acquerir par vn long exercice.

Or puis que le sifflet des levres n'est pas obligé au graue & à l'aigu de la voix, ou des syllabes que l'on prononce, il ne faut pas s'estonner de ce qu'il fait le Dessus, parce que l'aigu de ses sons est determiné par l'ouuerture, ou par la pression des levres, & par la multitude differente des battemens de l'air qui se font par le rencontre des levres. I'ay remarqué que l'on siffle plus aisément à l'Octaue, & à la Douziesme de la voix, ou de la parole que l'on prononce, que l'on ne fait à d'autres interualles, mais chacun peut faire des experiences particulieres sur ce sujet. A quoy i'adioûte que l'on peut encore faire vne troisiesme partie auec le vent du nez par le moyen d'vne fluste, ou plusieurs parties, si l'on pousse le vent du nez en plusieurs flustes en mesme temps: mais outre qu'il est tres-difficile de s'accoustumer à faire ces parties, elles sont beaucoup moins agreables que quand chaque homme chante la sienne.

L'autre partie de la Proposition semble plus mal-aisee à resoudre; car encore que l'experience nous face voir que la Fueille monte plus haut de 8 ou 10 tons qu'à l'ordinaire, par le moyen d'vne fueille de lierre qu'il met sur sa langue, & qui luy sert comme d'vn flageollet, ou d'vn autre instrument, dont le son est tres-aigu, neantmoins nous n'auons point trouué de semblable industrie pour descendre plus bas de 8 ou 10 tons au dessous du ton le plus creux de la voix naturelle. Et lors que l'on monte par le moyen de ceste fueille, on ne peut prononcer les paroles, car elle fait seulement que les mouuemens & les battemens de l'air ou du vent que l'on pousse du poulmon sont d'autant plus frequens que les tons ausquels on monte sont plus aigus: de sorte qu'il faudroit allentir les mouuemens, & faire vne moindre multitude de battemens dans l'air pour descendre plus bas que le ton naturel de la voix, comme il arriue lors que l'on vse du Serpent, ou de quelqu'autre Basse d'instrument à vent.

C iiij

PROPOSITION XXIII.

Determiner comme il faut baſtir les ſales, ou les galeries, pour ouyr diſtinctement à l'vne des extremitez tout ce qu'on dit à l'autre, encore qu'elles ſoient tres-longues, & que les voix ſoient tres-foibles & tres-petites, où l'on voit les proportions qu'il y a du cercle à l'Ellipſe, dont les meſures ſont rapportees.

Cette Propoſition contient l'vn des plus beaux ſecrets des Mechaniques, & de la Catoptrique, qui nous conduira à ce qu'il faut icy determiner des ſons, & des voix. Ie dy donc qu'il faut que la voûte de la ſale ou de la galerie ſoit faite en ouale, c'eſt à dire qu'elle ait la figure d'vne *Ellipſe*, d'autant que les ſons qui vont frapper la voûte Elliptique, quand celuy qui parle eſt dans vn certain lieu donné, ſe reflechiſſent tous à l'autre extremité, au poinct qui eſt oppoſé en droite ligne au lieu precedent: on appelle ces deux poincts, ou ces deux lieux les deux *focus de l'Ellipſe*, dont i'ay deſia expliqué quelques proprietez dans vn autre lieu.

Mais la principale qui ſert à ce propos, conſiſte en ce que tous les rayons qui partent de l'vn des *focus*, & qui tombent ſur la ſurface de l'Ellipſe ſont reflechis à l'autre *focus*, qui reſſemble au *focus* de la Parabole, en ce que l'vn & l'autre raſſemble tous les rayons dans vn meſme poinct, quoy que cecy ſe faſſe en differentes manieres, dautant qu'il faut que les rayons qui tombent ſur la Parabole ſoient paralleles à ſon axe, ce qui n'eſt pas requis aux rayons qui tombent ſur l'*Ellipſe*, car il ſuffit qu'ils viennent de l'vn de ſes *focus*.

Or la figure qui ſuit fera entendre ce diſcours, & monſtrera comme il faut meſurer toutes ſortes d'Ellipſes, dont ie mets icy les proportions demonſtrees par Archimede.

1   Tout cercle eſt à l'Ellipſe, comme le quarré du diametre du cercle eſt au rectangle fait des diametres de l'Ellipſe.

2   Par la 5 & 6 des conoides, & des ſpheroides, tout cercle ayant ſon diametre égal au plus grand diametre de l'Ellipſe, eſt à l'Ellipſe comme le quarré fait du plus grand diametre de l'Ellipſe au rectangle fait des deux diametres.

3   Or comme le quarré du plus grand diametre eſt au rectangle fait des deux diametres, ainſi le plus grand diametre eſt au plus petit ; & comme le quarré du moindre eſt au rectangle compris ſous les deux, ainſi le moindre eſt au plus grand.

4   Donc comme le mineur eſt au majeur, ainſi le cercle fait du plus grand diametre eſt à l'Ellipſe.

5   Et comme le moindre eſt au plus grand, ainſi le cercle fait du moindre diametre eſt à l'Ellipſe.

6   Donc ſi l'on connoiſt l'aire du cercle, on connoiſtra l'aire de l'Ellipſe, & au contraire.

Or ie veux encore donner la maniere dont il ſe faut ſeruir pour trouuer la ſolidité du ſpheroide, que quelques-vns appellent improprement *la ſolidité de l'Ellipſe*, ce que ie feray dans le diſcours qui ſuit.

PROPOSITION XXV.

Comme il faut meſurer l'Ellipſe, ou l'ouale, dont le grand diametre eſt égal au ſemidiametre du firmament, & toute autre Ellipſe propoſee.

I'ay monſtré dans le diſcours precedent comme il faut treuuer l'aire, ou la capacité

De la Voix.

pacité de l'Ellipse; ce que l'on peut encore faire par les nombres, car ayant trouué les aires des deux cercles, qui ont le plus grand, & le moindre diametre de l'Ellipse pour leurs diametres, si l'on multiplie l'aire de l'vn par l'aire de l'autre, & qu'on tire la racine quarrée du produit, la racine trouuée sera l'aire de l'Ellipse; & si l'on tire la racine quarrée de cette racine, l'on aura le costé du quarré égal à l'Ellipse. Quant au circuit, on ne sçauroit le trouuer, non plus que celuy du cercle, de la Parabole, ou de l'Hyperbole, mais voyons comme il faut trouuer la solidité du spheroide.

Premierement le cone est le tiers du cylindre, lequel a mesme hauteur & mesme base, comme Euclide a demonstré dans le 12. liure prop. 10.

Or le cylindre est produit par le plan de la base circulaire, qui multiplie la hauteur du cylindre.

Donc ayant le moindre diametre du spheroide, l'on aura l'aire du cercle fait du mesme diametre; lequel estant multiplié par la moitié de la hauteur du plus grand diametre, donnera le cylindre, dont le tiers sera le cone, qui aura mesme hauteur que la moitié du spheroide, & mesme base.

Or la moitié du spheroide est double de ce cone, donc le spheroide entier est égal au quadruple du cone, par la 29 des conoides. Ce que ie demonstre par cette figure, dans laquelle A B & C D sont les diametres de l'Ellipse; or le cercle dont C D est le diametre, est à l'Ellipse, comme C D est à A B; & le cercle qui a A B pour diametre, est à l'Ellipse comme A B est à C D. Finalement le cone qui a pour sa base le cercle, dont C D est le diametre, & A E pour sa hauteur, est le quart du spheroide A B C D.

Ie veux maintenant faire le calcul de l'Ellipse, dont le plus grand diametre est égal au semidiametre du firmament, & le moindre est souzdouble. Soit donc le diametre A B de 14000 semidiametres terrestres, & C D de 7000; or ie suppose maintenant que la terre a 7200 lieuës dans son circuit, dont chacune a 15000 pieds de Roy; donc le semidiametre de la terre est de 1145 lieuës & $\frac{5}{7}$.

La surface de cette Ellipse est de 101029090909090: dont le contenu solide est de 15274818600872589825 20 lieuës, qui valent 22914227701308884737800000 pieds de Roy.

Nous auons trouué iusques icy que l'aire du cercle fait du plus grand diametre de l'Ellipse, est à l'aire de l'Ellipse comme le plus grand diametre de l'Ellipse est au moindre; & que l'aire du cercle fait du moindre diametre de l'Ellipse, est à l'aire de l'Ellipse, comme le moindre diametre est au plus grand; par consequent si le plus grand diametre est double du moindre, comme il est dans l'Ellipse precedente, l'aire du cercle fait du plus grãd diametre, est double de l'aire de l'Ellipse.

A quoy i'ajoûte, que la moyenne proportionnelle entre les deux diametres de l'Ellipse, est le diametre du cercle égal à l'Ellipse, de sorte qu'il faut seulement trouuer le contenu de ce cercle pour sçauoir le contenu de l'aire Elliptique: mais il faut trouuer les points de l'Ellipse, qu'on appelle les *foyers*, ou *focus*, d'autant que la lumiere, & les sons se reflechissent de l'vn à l'autre, & font vn effet des plus admirables de toute la nature.

PROPOSITION XXV.

Determiner en quel lieu du plus grand diametre de l'Ellipse se rencontrent les foyers, c'est à dire les poincts où les rayons de la lumiere & du son se reflechissent, quand ils viennent de l'vn ou l'autre desdits foyers.

Cette proposition contient le fruict & le principal effet de l'Ellipse, qui sert particulierement aux sons; car si celuy qui parle, ou qui touche quelque instrument est au poinct G, le son qui ira de G à la superficie BCA, ou BDA, se reflechira au poinct F, & le son qui se fera au poinct F se reflechira au poinct G; de sorte que si le son suit la reflexion de la lumiere, & que l'Ellipse soit parfaitement polie, il sera aussi clairement oüy de G en F, ou de F en G, comme si l'on estoit pres de celuy qui parle, encore que l'ouale fust aussi longue comme le semidiametre du firmament. Mais parce que le son n'est autre chose que le mouuement de l'air, qui diminuë peu à peu, nous ne deuons pas parler du son comme de la lumiere, dautant qu'elle n'est pas empeschee & diminuee par la resistance de l'air, comme le son.

Or il est tres-facile de trouuer ces poincts, dautant qu'il faut seulement prendre la moitié du plus grand diametre A E auec le compas, & transporter l'vn des pieds à l'extremité du moindre diametre, & l'autre sur le plus grand diametre, car il monstrera les deux *foyers* d'vn costé & d'autre, à sçauoir F & G; car D F & D G sont egaux à A E. A quoy i'adiouste, que toutes les lignes tirees de l'vn des *focus* à la surface, & de la surface à l'autre *focus*, sont egales au grand diametre: par exemple, la ligne F D G est egale au diametre A B, & ainsi des autres.

La figure de ceste Ellipse monstre quelle forme il faut donner à la sale ou à la galerie, d'où l'on veut estre entendu de bien loin, encore qu'on parle bien bas, & que le son soit tres-petit & tres-foible; c'est pourquoy ie veux encore monstrer dans la proposition qui suit, comme il faut faire la voûte, quand on a les deux lieux, dont on veut ouyr toutes sortes de sons.

PROPOSITION XXVI.

Les deux focus de l'Ellipse, & l'vn de ses diametres estans donnez, trouuer l'autre diametre, & les deux diametres estans donnez, trouuer ses deux focus.

Quand on a les deux focus de l'Ellipse auec l'vn des diametres, il est facile de trouuer l'autre diametre, comme ie monstre par cette figure, dans laquelle ie suppose que les deux focus soient A, B, & le plus grand diametre C; il faut coupper AB au point D, & la ligne C par le milieu, & apres auoir tiré la ligne D A iusques à E, il faut faire D E egal à la moitié de C; & ayant tiré D F perpendiculaire à B E, il faut d'escrire du centre A vn cercle, dont la moitié de C soit le semidiametre, qui couppe la ligne D F au poinct F, car D F sera la moitié du moindre diametre de l'Ellipse.

Or supposant que H soit le moindre diametre, il le faut couper en deux parties egales, afin que D F soit egal à la moitié de H, & puis il faut tirer la ligne F A, & prolonger

D A

D A vers E iusques à ce qu'il soit égal à A F, qui sera la moitié du grand diametre, ce qu'il falloit trouuer.

Secondement on trouuera le mesme *focus* si l'on connoist les diametres; par exemple, quand les diametres A B & C D sont donnez, il faut diuiser A B en deux parties égales au poinct E, & C D au poinct F, & apres auoir descrit la perpendiculaire E G égale à la moitié de C D, il faut descrire vn cercle du centre G, dont E A soit le semidiametre qui couppe A B aux deux poincts M N, qui donnent les deux *foyers* de l'Ellipse.

PROPOSITION XXVII.

Comme les Architectes doiuent bastir les voûtes pour leur donner la figure et la forme de l'Ellipse, afin d'aider les sons, & de les porter plus loin par artifice qu'ils ne sont portez naturellement dans vn air libre, ou dans les edifices qui n'ont pas la figure de l'Ellipse, où l'on verra que les Artisans ne font pas la vraye oualle auec leur compas.

Encore que les choses qui sont belles & excellentes, & qui apportent de grandes vtilitez ayent coustume d'estre difficiles, neantmoins il est aysé de tracer toutes sortes d'Ellipses auec vn compas particulier, que l'on peut appeller compas Elliptique, ou auec deux filets, car puisque toutes les lignes que viennent des *focus* & qui vont frapper la surface concaue de l'Ellipse pour se reflechir à l'vn des *focus*, sont egales au grand diametre, si l'on attache vn filet à l'vn des *focus* & que l'on le meine tellement par tous les poincts où il faut tracer le circuit de l'Ellipse, que son autre extremité touche tousiours à l'autre *focus*, l'Ellipse sera descrite, comme l'on void en cette figure, dans laquelle EC EB, & EA representent le mesme filet qui marque les points par où il faut d'escrire l'Ellipse.

D'où il appert que les Artisans ne font pas des ouales, ou des Ellipses auec leur compas, lequel d'escrit seulement deux portions de cercle pour les deux costez, & deux autres pour les deux bouts de leur ouale, car la vraye Ellipse n'est pas faite des parties d'vn ou de plusieurs cercles, mais d'autres parties qui luy sont propres & particulieres, & qui peuuent estre appellees Elliptiques.

Mais ie veux encore expliquer d'autres manieres de d'escrire l'Ellipse, que ie prends du 2. liure des Coniques de Monsieur Mydorge (que l'on peut appeller l'Appollonius François, puis qu'il a restitué la science des Sections coniques,) afin que les Architectes choisissent telle methode qu'il leur plaira.

Or ie diray plusieurs autres choses de ces figures dans le traité de l'Echo, lequel enseignera comme les Architectes doiuent bastir des lieux propres pour entendre toutes les voix de ceux qui parleront dedans ou dehors, quoy qu'elles soient éloignees d'vne ou de deux lieuës: & quant & quant en quels lieux l'on doit placer les Concerts pour en receuoir le plus grand contentement que l'on puisse s'imaginer. Voyons cependant la maniere de décrire les Ellipses.

PROPOSITION XXVIII.

Expliquer d'autres manieres qui seruent à descrire l'Ellipse.

La cinquiesme methode generale du second liure des Coniques de Monsieur Mydorge est l'vne des plus aisees; or il faut connoistre les deux *focus* A & B, & les deux sommets, car la ligne qui joint les deux *focus* est le grand diametre qu'il faut tirer iusques à G, afin de prendre H G égal à H A : puis il faut descrire des arcs de cercle du centre B de telle grandeur que l'on voudra, pourueu que le diametre du moindre soit plus grand qu'A H, & que celuy du plus grand soit moindre que B H, comme sont les arcs ou les cercles qui se descriuent par l'ouuerture du compas B F ; il faut encore descrire d'autres arcs du poinct G, dont chaque diametre soit égal aux distances de G à chaque cercle, & la pointe 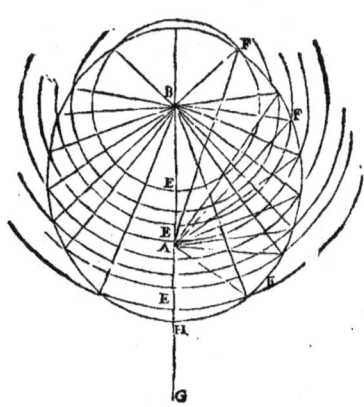 du compas qui touchera les arcs susdits aux poincts F, monstreront les endroits par lesquels il faut descrire l'Ellipse, comme l'on void dans la figure.

La methode qui suit est encore plus facile ; mais il faut connoistre les deux diametres de l'Ellipse que l'on veut descrire ; ce qui est entierement necessaire à l'Architecte, qui doit connoistre la largeur & la longueur de la voûte, ou de l'autre partie de l'edifice, à laquelle il veut donner la forme de l'Ellipse. Or si l'on prend le moindre diametre pour le diametre d'vn cercle, les lignes perpendiculaires menees dudit diametre à la circonference, & transportees sur le plus grand diametre monstreront les points par lesquels il faut descrire l'Ellipse.

Par exemple, si l'on veut faire vne sale pour les Concerts, dont la longueur ait deux fois la largeur, si elle a cent pieds en largeur, elle en aura deux cens en lon-

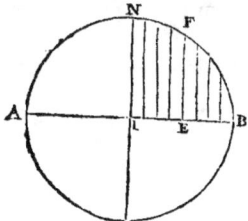 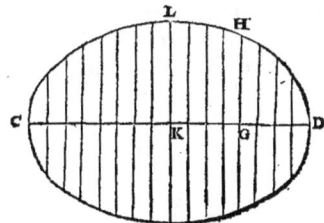

geur: & pour ce sujet il faut diuiser le demi-diametre K D en autant de parties que l'on aura diuisé le semi-diametre I B, & puis il faut transporter les perpendiculaires I N, & E F sur les poincts de la diuision de K D, de sorte qu'E F responde à G H, &

G H, & ainsi des autres; car la ligne courbe décrite par les extremitez de ces lignes sera l'Ellipse que l'on cherche. Il n'est pas necessaire de décrire les lignes sur le demidiametre C K, dautant qu'il suffit de transporter les poincts marquez sur K D dessus le semidiametre C K pour décrire l'autre costé de l'Ellipse. Or la raison de cette description se prend de ce que A B est à B E, comme C D à D G, & que C G est à A E, comme C D à B A.

Mais parce qu'il peut arriuer que la commodité ne permettra pas que la voûte, le lambris, ou les murailles du lieu où l'on chante soit en forme d'ouale, & que celle de la parabole y peut estre plus propre, on la peut décrire en plusieurs manieres, dont i'en expliqueray quelques-vnes dans la proposition qui suit.

PROPOSITION XXIX.

Expliquer comme il faut décrire la parabole pour ramasser les voix en vn mesme lieu.

De toutes les manieres dont on peut décrire Geometriquement la ligne parabolique, i'en choisis trois du second liure des Coniques, dont la cinquiesme methode est commune aux autres Sections: or elle est tres-aisée, à raison qu'il faut seulement supposer le lieu, par exemple A, où l'on veut amasser les voix (que l'on peut appeller le focus, comme nous auons fait dans l'Ellipse, parce que les rayons du Soleil se reflechissent dãs ce lieu par le moyen d'vne glace de miroir parabolique qui brusle tres-fort) & le sommet C, puis il faut décrire C B égal à C A, & prolonger l'axe C A vers I tant que l'on voudra; en aprés il faut diuiser

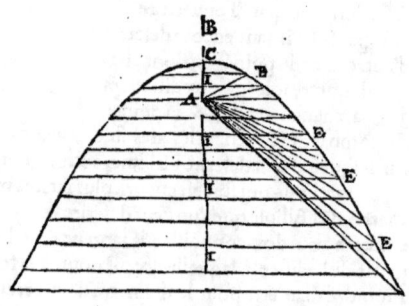

C A ou A I en plusieurs parties égales, & tirer des lignes qui soient perpendiculaires à C I sur les poincts de chaque diuision, comme I E, &c. & cecy estant fait, les poincts où ces lignes qui seront coupees par les arcs décrits du foyer A, comme du centre commun, à l'ouuerture du compas prise de l'interualle de B à chaque poinct marqué sur l'axe C I, monstreront les lieux par lesquels la parabole doit estre décrite, comme l'on void aux poincts E, par lesquels passent les arcs, dont le centre est A, & les rayons de B à I: Or plus on marquera de poincts sur C I, & plus la parabole sera iuste.

L'autre maniere ne suppose que le triangle B A C, autour duquel il la faut décrire, & pour ce sujet il faut diuiser la base de ce triangle en deux parties égales par A D, & décrire vne ligne parallele du poinct C, à sçauoir C E, & ayant diuisé D C en tant de parties égales que l'on voudra, il faut semblablement di-

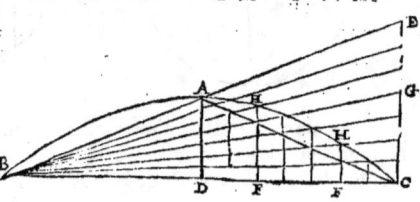

uiser CE en autant de parties égales, & puis mener des lignes droictes du poinct B par A sur tous les poincts marquez sur CE, par exemple BG; & finalement décrire des perpendiculaires par les poincts marquez sur DC, comme FH, car les lignes couperont les precedentes aux endroits par où il faut décrire la ligne parabolique, comme est le poinct H.

La troisiesme maniere a besoin des moyennes proportionnelles qui seruent à plusieurs descriptions des trois lignes Coniques; or elle suppose la connoissance du diametre & du parametre. Il faut donc prendre dans le diametre A B tant de poincts que l'on voudra, par exemple C, dont il faut mener des lignes paralleles au parametre A F, comme C D, dont les quarez soient égaux au rectangle F A, A C: ce que l'on fera aisément si l'on joint les lignes A F & A B en vne mesme ligne droite; car les demi-cercles décrits du poinct A, & de tous les autres qui sont sur la ligne F B, passant tous par le poinct F donneront la moyenne proportionnelle entre F A, & B A, & toutes les autres que l'on void marquees sur la ligne A B; de sorte que l'vne des proportionnelles monstrera le 8 poinct par où la parabole doit passer; & les poincts 7, 6, 5, &c. donneront les autres poincts; c'est pourquoy il faut trouuer autant de moyennes proportionnelles sur A K qu'il y a de poincts sur l'axe A B : Il faut aussi vser de la ligne A B pour marquer tous les interualles de l'axe A B, à sçauoir A H, A G, A F, &c. car ils font les rectangles susdits auec le parametre F A, & l'on trouue toutes les moyennes proportionnelles sur la perpendiculaire A K de mesme ordre qu'il les faut appliquer sur l'axe A B, comme l'on void dans la figure. Et si l'on veut prolonger la parabole, il faut encore trouuer d'autres moyennes proportionnelles, afin d'auoir d'autres poincts, par exemple, le poinct 9, 10, & les autres iusques à l'infiny.

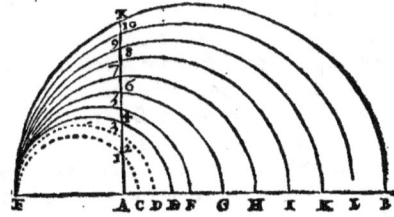

COROLLAIRE.

Il faut remarquer que toutes les demonstrations & les descriptions des lignes coniques dependent quasi du triangle rectangle, comme l'on void dans la parabole B A C, dont les poincts se trouuent par le moyen du triangle B C E, & C F H. De mesme les moyennes proportionnelles se trouuent par le mesme triangle rectangle, qui a esté nommé à bon droit le maistre de la Geometrie.

Or parce que la figure de l'hyperbole est grandement vtile pour rendre les voix plus fortes & plus intelligibles, & qu'elle peut seruir en plusieurs lieux où l'Ellipse & la parabole seroient inutiles, il faut en enseigner la description.

PROP. XXX.

De la Voix.

PROPOSITION XXX.

Expliquer la maniere dont il faut décrire toutes sortes d'hyperboles pour renforcer la voix, & les Concerts.

Entre plusieurs manieres qui seruent pour décrire l'hyperbole, la cinquiesme generale du second liure est fort aisée, & se rapporte à la seconde methode de la proposition precedente; mais il faut connoistre le sommet & les deux focus de l'hyperbole; Soit donc le sommet H, le foyer A, & l'interualle H G égal à H A, & que H A soit prolongé vers I, afin de la diuiser en tant de parties que l'on voudra : cela estant fait, il faut décrire des arcs par chaque poinct de la diuision, dont le semidiametre soit l'interualle de B à chaque poinct ; car les

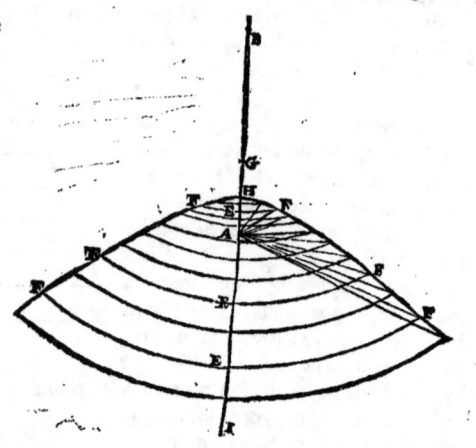

poincts par où ces arcs seront coupez par d'autres arcs décrits du centre A, dont le semidiametre soit l'interualle de chaque poinct marqué sur H E iusques à G (par exemple, les arcs décrits de B, le rayon estant B E, & les autres estant décrits du poinct A, le rayon estant G E) monstrent les poincts F, par lesquels passe la ligne de l'hyperbole. Il est aisé de trouuer vne infinité d'autres poincts par où la ligne doit passer. Or il faut remarquer que la ligne H B est le diametre trauersant, & H I l'axe.

Ie laisse plusieurs autres methodes generales & particulieres que l'on peut voir dans le second liure, afin d'adioûter icy vne bonne partie des termes qui sont necessaires pour entendre les sections en faueur de ceux qui n'entendent pas le Latin.

PROPOSITION XXXI.

Expliquer les termes des sections Coniques qui peuuent seruir aux Architectes, & qui sont necessaires pour entendre leurs proprietez.

Il est difficile d'entendre ces termes sans voir des figures ; neantmoins i'y apporteray autant de clarté qu'il me sera possible. Ie dy donc premierement qu'vn cone est semblable à vn pain de sucre, ou à la solidité des rayons qui viennent d'vne base à vn poinct de l'œil, & que ce qui vient de la section d'vn plan faite par l'axe du cone s'appelle *triangle*.

Secondement, l'axe du cone est la ligne qui descend du sommet au centre de sa base ; c'est cét axe qui décrit le cone par le mouuement de l'vne de ses extremitez, tandis que l'autre demeure immobile ; & si cét axe est perpendiculaire à la base, le cone est droit, autrement il est scalene.

Tiercement, la section du cone est la ligne qui se fait dans la surface du cone, & est la commune section du plan & de la surface conique, de sorte que la ligne conique est la portion de la section du cone ; & les lignes droites qui se terminent d'vn costé & d'autre dans la section, ou dans la portion, s'appellent *lignes droites dans la section*, ou dans la portion.

Quatriesmement, le diametre d'vne section du cone ou de sa portion est la ligne droite décrite dans ladite section, qu'elle diuise en deux, & s'appelle *entrecoupee*. Et *les ordonnees au diametre* sont toutes les autres qui sont diuisees, ou paralleles aux diuisees.

Cinquiesmement, l'*axé de la section* est la ligne qui diuise les ordonnees en deux parties égales. Le *sommet de la section* est la fin de chaque diametre qui est dans la section, ou dans la portion de section, lequel on appelle *supresme* dans l'axe.

Sixiesmement, le *parametre* est le costé droit, ou la ligne droite tiree du sommet de la section parallele aux ordonnees, dont la puissance est mesuree selon ledit parametre, lequel s'appelle *parametre droit* lors qu'il est tiré du sommet de l'axe. Quant aux differentes sections, ou couppes des cones, celle qui suit apres le triangle produit est faite par vn plan qui coupe le cone parallele à la base, & engendre le cercle : si la section du cone est parallele à l'vn des costez du triangle couppé par l'axe, elle est appellee *parabole* : quand il est tellement couppé que le diametre de la section estant prolongé rencontre l'vn des costez du triangle prolongé, elle est nommée *hyperbole* ; & finalement lors que le diametre de la section couppe ou rencontre tellement les deux costez du triangle sous vn sommet, que le plan coupant n'est pas parallele à l'horizon, ny sous contraire à la base, elle s'appelle *ellipse*.

Ie laisse plusieurs choses des cones que i'ay expliquees dans le 16 chapitre du 4 liure de la Verité des sciences, où l'on void plusieurs figures qui seruent à ce sujet, afin de poursuiure les autres difficultez de la voix.

PROPOSITION XXXII.

Expliquer par quels mouuemens des organes se font les passages & les fredons dont on vse en chantant.

C'est chose asseuree que l'anche du larynx, c'est à dire sa languette, ou son ouuerture, contribuë plus immediatement aux passages & aux fredons que les autres parties, dautant qu'il faut marquer les degrez & les interualles que l'on fait en soustenant le passage ; ce qui ne peut arriuer que par les differentes ouuertures de la languette, comme i'ay monstré en parlant du son graue & de l'aigu. D'où il s'ensuit que ceux qui ont ladite languette plus mobile, sont plus propres pour faire les passages & les fredons, & que ceux-là ne les peuuent faire qui l'ont trop dure & trop seiche. Or les passages ou fredons se peuuent faire ou dans la gorge par le moyen de l'anche, comme i'ay dit, ou auec les leures ; mais cette derniere maniere est difforme, & condamnee par ceux qui enseignent à bien chanter. Mais de toutes les Nations qui apprennent à chanter, & qui font les passages de la gorge, les Italiens mesme qui font vne particuliere profession de la Musique, & des recits, auoüent que les François font le mieux les passages, dont il n'est pas possible d'expliquer la beauté & la douceur, si l'oreille ne les oit, car le gazoüil ou le murmure des eaux, & le chant des rossignols n'est pas si agreable ; & ie ne trouue rien dans la nature, dont le rapport nous puisse faire comprendre ces passages, qui sont plus rauissans que les fredons, car ils sont la quinte-essence de la Musique.

Nous

Nous ne pouuons donc dire autre chose des parties qui aident à ceste diminution & à cét ornement de la voix, sinon qu'il est necessaire que les muscles & les cartilages qui font la voix doiuent estre fort obeïssans, & que l'esprit qu'apportent les nerfs recurrents qui viennent de la sixiesme paire ou conjugaison des nerfs, & celuy qui est fourni par les arteres qui sont dans les organes de la voix, est tres-prompt, & en grande abondance; de sorte que l'on peut dire que ceux qui sont aisément les passages ont l'anche plus molle, puis qu'ils l'ouurent & la ferment plus facilement que les autres.

Il y en a qui croyent que l'epiglotte qui couure le larynx, sert pour faire les fredons, mais il y a plus d'apparence qu'elle sert seulement pour empescher que quelques parties de l'aliment & de la boisson dont on use, & qui entrent dans l'estomac par l'œsophage, n'entrent dans l'artere vocale, & ne descendent sur le poulmon, ce qui ne peut arriuer sans nous incommoder.

Les autres disent que la columelle qui est attachée vers le fond du palais de la bouche, & qui descend en forme d'vn petit cone, sert pour faire les passages, dont la trop grande relaxation qui se fait quelquesfois par les fluxions, & par l'abondance des humeurs, empesche la voix : mais ie parleray des incommoditez, & des vices de la voix dans la 35 prop. & de ses medicamens & remedes dans la 36.

COROLLAIRE.

Les Musiciens Grecs n'ont point parlé des fredons & des passages dont on use maintenant pour orner & pour broder les chants, si ce n'est que nous n'entendions plus maintenant leurs termes; ce qui témoigne ce semble qu'ils n'en ont pas eu l'vsage, puis qu'ils ont esté si feconds & si curieux en vocables propres & particulieres, qu'ils n'ont quasi rien inuenté, à quoy ils n'ayent donné vn nom particulier.

PROPOSITION XIX.

A sçauoir si la parole est plus excellente que le chant, & en quoy ils sont differens.

Le chant est tres-different de la parole, car il ne requiert point de consonantes, ny de voyelles, comme l'on experimente sur l'Orgue, & sur les Instrumens dont on use pour faire ouyr toutes sortes de chansons, encore qu'ils ne prononcent nulle lettre, neantmoins l'on peut faire vne langue entiere de tant de dictions que l'on voudra par le moyen de ces chants, comme l'on peut aysément conclure de ce que nous auons demonstré dans le liure des Chants; & consequemment la parole n'a nul aduantage par dessus les chants que le seul vsage, & l'institution des hommes, qui ont voulu que les dictions composées de voyelles & de consonantes signifiassent leurs pensées & les objects exterieurs; de sorte qu'il n'y a nulle autre difference entre la parole & le chant, sinon que le chant est ce semble plus propre & plus naturel pour signifier les passions & les autres choses, & particulierement celles qui consistent dans le mouuement.

Car le chant du demiton est propre pour exprimer la tristesse, & celuy du diton est propre pour expliquer la ioye : & si l'on auoit examiné la nature de tous les interualles, l'on trouueroit la conformité qu'ils peuuent auoir auec chaque chose, de sorte que l'on en pourroit vser au lieu de nos dictions ordinaires pour nous faire entendre & pour exprimer la nature des choses : mais ils seroient incommodes, parce qu'il faudroit chanter en parlant, & ceux qui n'ont point la voix propre pour faire les interualles des sons, ne pourroient expliquer leurs pensées; c'est pourquoy l'on peut conclure que les paroles, dont les discours sont faits, sont plus excellentes que les chants, si ce n'est que l'on les fasse seruir de paroles, quoy que l'on puisse dire qu'ils sont plus excellens, parce qu'ils ont tout ce qu'a la parole, & qu'ils sont mieux reglez qu'elle, à raison des iustes proportions que gardent leurs interualles; mais les paroles & les discours ont des interualles qui peuuent estre aussi bien reglez que ceux des chants.

PROPOSITION XXXIV.

A sçauoir si la methode dont vsent les François en chantant est la meilleure de toutes les possibles.

Si ie concluois affirmatiuement sans examiner ceste difficulté, les estrangers pourroient dire que ceux de ma nation m'ont gagé pour les loüer, & que c'est vne chose tres-douce & tres-loüable de combatre pour sa patrie; mais puis que ie me suis proposé d'assujetir toutes les difficultez à la raison & à l'experience, il faut premierement considerer que les Italiens croyent mieux chanter que nous, & que les Grecs ne cedent aux vns ny aux autres. Secondement, pour iuger de ceste difficulté il faudroit auoir oüy chanter les plus excellens Musiciens de la Chine, de la Perse, & des autres Prouinces, nul ne pouuant iuger des voix qu'il n'a pas oüyes; car encore que les Italiens & les François s'imaginent que leurs Chantres soient les plus excellens du monde, ceux qui ont du iugement n'en croyent rien s'ils ne sont conuaincus par la raison, puis que l'experience en est trop difficile, à raison de la difficulté qu'il y a de pouuoir oüir la meilleure voix de chaque prouince; ce qu'il faudroit faire dans vn mesme lieu, & en mesme temps, parce que l'on ne peut pas comparer les sons absens, dont on pert aisément l'imagination.

En troisiesme lieu, nostre climat n'est pas le plus temperé du monde, & l'air de nostre France ne surpasse pas la bonté de celuy dont ioüissent les autres Royaumes; car celuy de la Grece & de plusieurs autres pays Orientaux est beaucoup plus pur que le nostre, & consequemment il est ce semble plus propre pour les voix. Ce qui a peut estre fait que les Grecs ont produit les effets de la Musique dont parlent les Autheurs, à raison de leurs excellentes voix, qui auoient plus de force sur les passions, tant parce qu'elles estoient plus fortes & plus nettes, que parce qu'elles estoient plus iustes, & qu'elles faisoient des passages & des fredons plus rauissans & mieux marquez que les nostres. Or si l'on doit iuger de la methode de chanter par la raison, il faut confesser que celle qui a plus de puissance sur les auditeurs est la meilleure, car cette delicatesse de passages que les meilleurs Maistres enseignent n'ont point d'autre plus grand effet qu'vn certain chatoüillement d'oreille, qui semble passer iusques à l'esprit & au cœur, particulierement quand ils sont soustenus, & qu'ils durent long-temps.

Il faut neantmoins aduoüer que de tous ceux que l'on a oüy chanter dans les terres de nos voisins, comme dans l'Espagne, dans l'Allemagne tant haute que basse, & dans l'Italie, que l'on n'en rencontre point qui chantent si agreablement que les François, dautant que les autres ne font pas les passages si delicatement; & bien qu'ils ayent la voix plus forte, plus claire, plus nette, & plus sonore, ils ne l'ont pourtant pas si douce, ny si charmante, quoy qu'il s'en puisse rencontrer dans toutes les nations qui égalent les François, ou qui les surmontent, car la nature produit quelquefois des indiuidus extraordinaires, tantost en vn Royaume, & d'autrefois dans vn autre, qui surpassent tous leurs semblables. Mais ie parle icy de ce qui est

ordinaire,

ordinaire, & veux laisser la comparaison des voix de toutes les nations, & de leurs chants, à ceux qui pourront oüir les meilleures voix & les meilleurs chants de l'Italie, de la France, & des autres Prouinces.

Toutefois si l'on veut iuger quelle est la meilleure methode de chanter, & en quoy consiste la bonté de la voix, il faut establir des regles qui soient receuës de tous les Chantres, & prouuees par la raison; & celuy qui les executera le mieux en chantant surpassera toutes les autres voix, dont il sera la regle & l'exemplaire, & celuy qui en approchera de plus pres chantera le mieux : mais nous parlerons de ces regles dans le traité des Chants, & ailleurs. Et parce que ces regles n'ont pas encore esté bien establies iusques à present, l'on n'a pas ce semble encore chanté auec toute la perfection possible, quoy que les voix ayent pû auoir la meilleure methode, & qu'elles se soient portees tres-parfaitement à l'execution des Chants qui ont esté composez.

PROPOSITION XXXV.

Determiner quels sont les vices & les imperfections de la voix; & si l'on peut faire chanter la Musique à vne voix mauuaise & inflexible.

Cette proposition a deux parties, dont la premiere est difficile à determiner, dautant que ce que l'vn croit estre vice & imperfection dans la voix, l'autre l'estimera peut estre vne perfection: De là vient que plusieurs pensent auoir vne bonne voix, qui est neantmoins mauuaise, & l'éclat ou la force de la voix, ou de celle qui plaist aux vns, blesse l'oreille & l'imagination des autres : de sorte qu'il faut premierement determiner si la voix a des vices; en apres, quels ils sont, auant que de venir à la seconde partie. Certainement puis que la voix & la parole nous ont esté donnees pour nous expliquer, & pour nous entretenir les vns auec les autres, il ne faut pas qu'elle blesse ou qu'elle incommode les auditeurs, autrement elle destruiroit la fin pour laquelle elle a esté donnee : d'où ie conclus que la voix qui blesse ou qui incommode l'ouye est vitieuse & mauuaise, & qu'il n'y a pas moyen de la guerir qu'en la dépoüillant de la qualité qui la rend des-agreable & difficile à supporter : ce qui arriue à celle qui est aspre, aigre, & rude, qui offense autant l'ouye, que les corps brutes & raboteux offensent la main sur laquelle ils se meuuent, à raison que les esprits qui seruent aux organes de l'ouye & du toucher, sont detrangez de leur lieu, & troublez dans leurs mouuemens, car la voix douce & vniforme est semblable aux corps lissez & polis, dont le toucher reçoit du contentement; Or les autres sens se font semblablement par le toucher, quoy que plus delicat & plus inuisible; de sorte que nous pouuons dire de tous, ce que nous experimentons dans l'vn d'iceux, car la nature est vniforme en ses operations. Et s'il se rencontre quelqu'vn qui aime mieux les sons aspres & rudes que les doux, il est semblable à celuy qui aime mieux les Dissonances que les Consonances, car les voix raboteuses sont remplies & composees de Dissonances, quoy qu'il soit difficile d'en remarquer les interualles à raison de leur petitesse & de leur frequence; ou si elles n'ont point de Dissonances, les petites parties du son dont elles sont composees sont separees & interrompuës par la rudesse de la columelle qui est raboteuse, soit à raison qu'elle a esté gastee & rongee de quelque blessure & maladie, ou parce qu'elle a cette imperfection dés le temps de la conformation de ses parties.

L'aspreté de la voix peut aussi venir de la secheresse des parties qui la forment,

& des fluxions qui les rendent inégales ; car la voix & le son suiuent les conditions & les qualitez des corps qui battent l'air. L'on peut aussi mettre la briefueté de la voix entre ses vices, car les voix courtes tesmoignent que la respiration est trop courte & trop frequente ; à laquelle se rapporte la voix tremblante, qui n'a point de fermeté ny de constance, à raison de la foiblesse des muscles ou des nerfs qui tremblent en remuant les cartilages de l'artere. Quant à la voix dure & rigide, elle tire ce vice de la dureté de l'anche, ou des autres parties qui donnent vne infinité de differentes qualitez à la voix, que l'on peut appeller *voix d'airain* quand elle imite la trompette, & semblablement elle peut receuoir les denominations de tous les corps dont elle imite le son. La voix casse, estouffee & tenebreuse tire son imperfection de quantité de pituite & dautres humeurs qui empeschent les organes de la voix, ce qui arriue particulierement lors que la columelle est coupee, ou gastee ; de sorte qu'apres la conformation des organes qui ont toutes des qualitez differentes, les vices diuers de la voix viennent des humeurs. La voix rauque est la plus ordinaire des viticuses, elle contracte ce vice par les defluxions qui tombent du cerueau dans la gorge, & sur les cartilages du larynx, ou par l'enflure & la relaxation de la columelle, ou par les grands efforts procedans de la voix dont on a vsé en criant trop fort, & trop long-temps ; comme le Prophete Royal témoigne luy estre arriué dans le Psalme 68. *Laboraui clamans, raucæ factæ sunt fauces meæ*; ce que l'on interprete de nostre Sauueur estant à la croix. De là vient que la crainte, la frayeur, les veilles excessiues, & les autres causes qui refroidissent les parties du corps, peuuent estre cause que la voix deuient rauque, comme le vulgaire croit qu'il arriue à ceux qui ont veu le loup, ce qui est neantmoins faux, s'ils ne sont premierement saisis d'vne grande crainte, car ceux qui nourrissent des loups pour leur plaisir, & qui les voyent ou les touchent souuent, n'ont point la voix rauque ; de sorte que l'on peut mettre ceste faussité au nombre des erreurs populaires, quoy que Pline, Solin, & leurs Symmistes en ayent escrit. Ie laisse plusieurs autres imperfections qui se peuuent quasi toutes rapporter aux precedentes, dont l'inflexibilité n'est pas l'vne des moindres, car elle empesche la grace & la vigueur du discours.

La seconde partie de ceste proposition consiste à monstrer si vne voix inflexible peut chanter la Musique ; ce qui semble impossible, puis que ceste voix ne peut faire nul interualle reglé, si ce n'est par hazard. Neantmoins Iosquin a fait voir qu'vne voix inflexible & mauuaise peut chanter sa partie, car ayant promis à Louys XII, dont il estoit Musicien, de luy faire chanter sa partie, quoy qu'il eust la voix discordante, & tres-mauuaise, il fit vne composition à quatre parties, & fit adoüer au Roy qu'il pouuoit chanter en Musique.

Il faut neantmoins remarquer qu'il est necessaire que la voix tienne ferme sur vn ton, ou sur vne chorde, & qu'elle soit constante ; car si elle varie tellement qu'elle n'ait nul arrest, il n'est pas possible qu'elle chante sa partie quoy qu'vniforme, si ce n'est qu'en variant elle face de certains tons dont on puisse remarquer les differences, & que cette varieté garde quelque sorte d'vniformité ; car l'on ne peut regler ce qui est dereglé & des-ordonné que par le moyen de ce qui est reglé & ordonné, comme l'on ne peut soudre les difficultez des nombres irrationels, & de l'algebre que par les rationels, & par les equations : ce qui monstre que toute sorte de diuersité depend de l'vnité à laquelle toutes choses doiuent retourner comme à leur source & à leur origine. Ie donne donc la piece de Musique dont i'ay parlé, afin de ioindre l'exemple au discours.

Canon

De la Voix.
Canon

Or il n'y a voix si mauuaise qu'elle ne puisse chanter cette Taille; car si elle est entierement inflexible, elle ne peut manquer à tenir ferme; & si l'on a peur qu'elle ne tienne pas ferme, & qu'en haussant ou baissant elle fasse des Dissonances, l'on peut faire souuent sonner vn tuyau d'Orgue pour la contraindre à tenir le mesme ton. L'on peut faire chanter le Dessus ou la Basse à la mesme voix, suiuant le ton qu'elle a : mais parce que la voix du Roy estoit propre pour le Tenor, Iosquin luy donna cette partie. Ie parleray encore des vices de la voix dans la proposition qui suit, & dans le discours des muets.

PROPOSITION XXXVI.

A sçauoir de quels remedes l'on peut vser pour guerir les vices & les imperfections de la voix, & pour la conseruer.

Les vices de la voix qui sont naturels, sont ordinairement plus difficiles à guerir que ceux qui suruiennent par accident; par exemple, il est tres-difficile de guerir les begues, & ceux qui balbutient, qui hesitent, & qui parlent gras, quoy que les histoires asseurent que Demosthene a surmonté le vice naturel de sa langue. Or il y a plusieurs moyens de conseruer la voix, dont il faut parler auant que de donner les remedes pour oster ses imperfections. L'vn des moyens de conseruer ou d'augmenter la voix consiste à l'exercice, & au trauail du corps, que l'on doit exercer auant le repas iusques à la sueur : L'autre, à lire & à chanter souuent, comme l'on fait dans les chœurs des Eglises : & le troisiesme consiste en l'abstinence de toutes sortes de plaisirs immoderez, & particulierement de celuy des femmes, comme Quintilian, & Cornelius Celsus a remarqué au vingt-cinquiesme de son septiesme liure, où il rapporte la coustume d'infibuler les enfans pour conseruer leurs voix. Quant à l'élection des viandes, il n'est pas necessaire d'en parler, puis que les differentes conditions de la vie obligent à vser de celles que l'on rencontre; il faut seulement remarquer que les porreaux & les oignons seruent à la voix, parce qu'ils nettoyent la gorge; ce qui arriue semblablement si l'on vse de la graine de choux broyee & mélee auec du sucre, ou du ius de reglisse, ou du syrop de tabac. L'on croid aussi qu'vne lame de plomb mise sur l'estomac rend la voix plus claire & plus agreable; mais ie laisse tous ces remedes extraordinaires, & plusieurs manieres, dont les Acteurs & les Predicateurs peuuent vser pour conseruer leurs voix, afin de prescrire les remedes qui seruent pour guerir ses maladies, & particulierement pour le rheume & les autres fluxions qui diminuent la voix, & qui la rendent rauque, rude, & des-agreable. Or la tisane qui se fait d'orge & de reglisse auec vn peu de sucre est excellente pour guerir ces fluxions; & si l'on ne peut vser de ce breuuage, l'on peut prendre de la decoction de figues, ou du syrop de violettes, de nenuphar, d'iniubes, ou de reglisse : l'on peut semblablement vser de l'hydromel.

Mais il n'est pas necessaire de parler plus amplement de ces remedes, dautant que Condrochus les rapporte dans le 2 liure qu'il a fait des vices de la voix, & qu'ils supposent la connoissance de la cause des rheumes qui viennent du chaud, du froid, du sec, ou de l'humide ; & puis les Apotiquaires composent differentes sortes de tablettes qui seruent pour ce sujet. L'inflammation du gargareon, ou de la columelle est plus dangereuse que le rheume, parce qu'elle peut suffoquer fort viste, c'est pourquoy il faut s'abstenir du vin, & se faire tirer du sang : quant aux autres medicamens qui seruent pour guerir l'inflammation & la relaxation de la columelle, l'on les trouue dans le 4 & le 5 chapitre du 2 liure de Condrechus, qui donne aussi des remedes dans le 6 chapitre pour les vlceres du palais, & pour boucher le trou qui y demeure quand les os tombent ; car l'experience enseigne que l'on ne peut parler si ledit trou n'est bouché auec du coton, de l'éponge, de la cire, ou auec vn clou, ou vne lame d'or, d'argent, d'estain, ou d'autre semblable matiere, que l'on oste deux fois le jour pour les nettoyer. L'on peut encore remedier au défaut de la voix & de la parole quand la machoire inferieure est ostee, parce que l'on en peut substituer vne autre artificielle d'argent, ou de quelqu'autre matiere : mais ces supplemens appartiennent aux Medecins & aux Chirurgiens qu'il faut consulter pour cét effet, & qui doiuent s'estudier à la recherche de tous les moyens dont on peut vser pour remedier à la perte des parties qui seruét à former la parole.

PROPOSITION XXXVII.

Expliquer comme l'on peut apprendre à chanter par toutes sortes de degrez & d'interualles sans maistre.

Cette proposition ne promet rien qui ne soit bien aysé, car celuy qui veut apprendre à chanter sans Maistre, & qui ne veut pas que personne sçache qu'il apprend à chanter, n'a besoin que d'vne chorde tenduë sur vn morceau de bois de trois pieds de long, & d'vn ou deux poulces de large ; à quoy peuuent seruir toutes sortes de bastons portatifs, dans lesquels on peut tellement cacher, & couurir ladite chorde, que nul ne la pourra voir ; car les petits cheualets que l'on coulera souz la chorde suiuant les degrez diatoniques, ou ceux des autres genres, conduiront la voix comme l'on voudra, ou si l'on ne veut qu'vn cheualet, il monstrera tous les interualles, & les degrez possibles, dont on remarquera les raisons par le moyen des nombres qui seront escrits dessous la chorde, ou auec le compas. Or ce baston peut encore seruir à plusieurs autres vsages, car ceux qui voyagent peuuent remarquer l'estenduë de la voix de toutes sortes de personnes, & combien elle est graue, ou aiguë : les Maistres des Concerts peuuent s'en seruir pour donner le ton, & pour remarquer les differences des tons de Chappelle de toute l'Europe : & les Orateurs tant sacrez que profanes peuuent conduire leurs voix par le moyen de cette chorde, tant pour prendre le vray ton de leurs voix lors qu'ils commencent, que pour le hausser ou le baisser dans la suitte du discours, suiuant la dignité des sujets dont ils traictent. L'on peut semblablement se seruir du Luth, & de tous les autres Instrumens à chorde, dont l'Epinette est la principale, & la plus aisée, à raison que ses touches sont tellement disposées, que l'on fait tel interualle ou degré que l'on veut d'vne seule main, ou mesme sans la main, car il suffit d'abbaisser les touches de son clauier, soit auec le pied, ou auec la bouche, ou en quelqu'autre maniere que l'on voudra, suiuant les artifices & les ressorts dont i'ay parlé

parlé dans le traité de l'Orgue & de l'Epinette. Mais l'Orgue est le plus propre de tous les Instrumens pour apprendre à chanter, à raison que ses tons tiennent aussi long-temps que l'on veut, afin de donner loisir à la voix de s'ajuster, & de s'accoustumer à toutes sortes de tons & d'interualles.

Or ceux qui apprendront la Musique en ceste maniere, feront les interualles plus iustes que ceux qui ont appris des Maistres, pourueu que le clauier & les tuyaux soient disposez comme ceux que i'ay expliquez au traité de l'Orgue, dans lequel les tons & les demitons majeurs & mineurs, les dieses, & toutes les consonances sont dans leur iustesse & dans leur perfection; & cósequemment celuy qui aura appris à chanter sans Maistre enseignera mieux à entonner iuste que nul autre. Mais il ne pourra pas donner la grace aux chants & aux passages qui dépendent des roulemens de gorge, & des autres delicatesses & tremblemens dont on vse maintenant pour porter la voix du graue à l'aigu, & de l'aigu au graue; c'est pourquoy s'il veut perfectionner sa voix, il a besoin de Maistre, à raison que les Instrumens ne peuuent enseigner de certains charmes que l'on inuente tous les iours pour embellir les chants, & pour enrichir les Concerts.

Il y a vne autre maniere d'apprendre qui est plus Philosophique, mais elle est plus difficile, car elle consiste à faire trembler l'air qui sort de l'ouuerture du larynx autant de fois que la chorde qui fait le son que l'on veut imiter, & que l'on fait sans le sçauoir lors que l'on chante à l'vnisson d'vn autre son, & lors que l'on le fera par science l'on chantera plus raisonnablement.

PROPOSITION XXXVIII.

Comme il se peut faire que les oiseaux apprennent à chanter, & à parler, & s'ils ont du plaisir à chanter.

Il n'est pas plus difficile à sçauoir comme les oiseaux peuuent apprendre à chanter, que les hommes qui ne voyent pas, & qui ne sçauent nullement ce qu'il faut faire pour imiter les sons, ou la voix des Maistres, ou de l'Instrument qui les enseignent; car le mouuement des muscles, du larynx & de sa languette, & les battemens de l'air que font les chordes, & les Instrumens à vent ne sont pas connus à celuy qui apprend à chanter; de sorte qu'il ne sçait pas ce qu'il imite, puis qu'il ne connoist pas le nombre des mouuemens d'air qui sont necessaires pour prendre l'vnisson, ou pour monter & descendre comme fait le Maistre.

L'on peut quasi dire la mesme chose des enfans qui apprennent à marcher, à sauter, à danser, & à voltiger, dautant qu'ils ne sçauent pas quels muscles il faut mouuoir pour imiter les demarches & les mouuemens de leurs Maistres, puis qu'ils ne sçauent seulement pas s'il y a des muscles, ny en quel nombre sont ceux qui aident à faire toutes sortes de pas. Et parce que l'on a autant ou plus de peine d'apprendre à marcher, & à danser qu'à chanter, il est difficile de sçauoir quel est le le plus ou le moins naturel à l'homme. D'où l'on peut conclure que nous ne disons rien dans cette proposition qui ne soit commun à l'homme & aux bestes, & que la difficulté est égale dans les vns & les autres, puis que nous experimentons que les oiseaux peuuent aussi aisément apprendre à parler & à chanter que les enfans, & que tous les animaux apprennent plustost à marcher que l'homme. Mais ie ne veux pas m'arrester aux autres aduantages qu'ils ont sur nous, quoy qu'ils soient tres-grands, afin de considerer la maniere dont l'on apprend à chanter; ce qui se fait par l'imitation de plusieurs mouuemens inconnus, car il ne suffit pas de voir que le Maiſtre ouure la bouche pour nous apprendre, dautant que le ton qu'il prend eſt fait par l'ouuerture de l'anche du larynx que nous ne voyons pas.

Il faut donc dire que les oiſeaux & les enfans apprennent ſeulement à parler, ou à chanter en remuant le larynx, & les autres parties qui ſeruent à la voix en toutes ſortes de manieres, iuſques à ce qu'ils ayent rencontré par hazard l'ouuerture de la languette, ou qu'ils ayent pouſſé l'air qui eſt neceſſaire pour faire le ſon, ou pour former la parole & le chant qu'ils veulent imiter, & admirer quant & quant comment l'imagination conduit la voix, & comme elle meut tous les muſcles qui ſeruent à la parole ſans les connoiſtre; ce qui témoigne qu'il y a quelque nature intelligente dans nous, qui eſt beaucoup plus excellente que nous meſmes, laquelle conduit tous ces mouuemens par vne ſcience tres-certaine, & dont nos muſcles & toutes nos autres parties dépendent entierement. Toutefois l'on experimente qu'il y a des enfans qui imitent ſi aiſément toutes ſortes de chants, qu'ils les repetent parfaitement ſi toſt qu'ils les ont oüis; & lors que cela arriue, l'on peut conclure qu'ils ſont tres-propres pour chanter la Muſique. Or encore que l'on ne connoiſſe pas les muſcles, ny leur mouuement, il faut aduoüer que l'imagination a vne admirable induſtrie & promptitude pour imiter toutes ſortes de ſons, qui ne ſurpaſſent pas l'eſtenduë de la voix, ſoit que les ſons qui ſeruent d'exemplaires & d'originaux picquent & affectent le nerf de l'ouye, & celuy de la voix, qui reſpond par vne forme d'echo, comme fait la chorde qui eſt à l'vniſſon de celle qui eſt touchee, ou que les interualles des ſons dont on vſe en chantant ſoient naturels à l'homme & aux oiſeaux. Mais il eſt difficile d'expliquer la maniere dont vſe l'imagination pour mouuoir toutes les parties qui ſont neceſſaires à la parole, & comme elle peut connoiſtre le ſon qu'elle imite: ſi ce n'eſt que l'on die que Dieu a mis les principes & la ſemence de toutes les connoiſſances dans ladite imagination, qui a ſeulement beſoin de la preſence de l'objet qui excite & réueille ſa puiſſance & ſa notion; ou qu'elle a vn mouuement perpetuel qui ſuit neceſſairement les mouuemens exterieurs des objets dans les animaux, & librement dans les hommes.

Or ſi l'on croit que nous n'ayons rien dit qui ſatisface à la difficulté, l'on peut premierement conſiderer que nous ne pouuons rien ſçauoir d'infaillible, lors qu'il eſt queſtion de la maniere dont ſe font les actions des ſens externes, ou internes, car elle ſurpaſſe la portee de l'eſprit des hommes, à raiſon que nous n'auons point d'experiences ou de notions precedentes qui nous puiſſent faire conceuoir comment la vie ſe conjoint aux choſes qui n'ont point de vie, & l'ame au corps, comme les puiſſances de l'ame agiſſent ſur les parties du corps, ou comme l'inuiſible & le ſpirituel peut agir dans le viſible, & dans le materiel.

Secondement, s'il ſe rencontre quelqu'vn qui ait l'eſprit ſi heureux & ſi ſubtil qu'il nous puiſſe expliquer cette maniere d'apprendre à parler ou à chanter plus clairement, ou plus veritablement, nous ſuiurons ſes ſentimens, ſans faire nul eſtat de ce qui a eſté dit iuſques à preſent: ce que i'entends ſemblablement de toutes les autres difficultez de cét ouurage, ſur leſquelles ie prefereray touſiours la verité à mes opinions, puis qu'elle eſt l'image du Verbe eternel, pour lequel, & par lequel nous ſommes creés.

En troiſieſme lieu, il faut voir ſi l'on peut dire que l'imagination, l'ame, ou ſes puiſſances, ont la connoiſſance de tous les mouuemens qui ſont neceſſaires pour parler & pour chanter, & qu'elles ſçauent le nombre & la puiſſance des nerfs & des muſcles, comme le Maiſtre ou le Pere de famille ſçait le nombre & la force

de ſes

de ses seruiteurs, & de ses enfans pour en vser quand il luy plaist, car puisque nous ne connoissons pas la force & les puissances de l'ame, & que nous ne sçauons pas la maniere dont elle agit lors qu'elle meut les fibres & les autres parties, ne pouuons nous pas conjecturer qu'elle sçait tres-bien ce qu'elle fait, & quelle commande à chaque partie du corps, comme vn Roy à ses sujets? quoy que les parties soient quelquesfois refractaires à ses commandemens, dont on fait l'experience, lors que l'on veut prononcer les dictions des langues estrangeres; comme il arriue à plusieurs Italiens qui ne peuuent prononcer cette diction *Monsieur*, à raison que les muscles qui doiuent mouuoir la langue, & les autres parties de la parole pour battre l'air comme il faut, n'obeissent pas assez parfaitement à l'imagination, laquelle estant plus forte, plus prompte, & plus viue dans les vns que dans les autres, fait qu'il y en a qui apprennent aysément à parler, & à chanter; ce qui peut semblablement arriuer aux organes, qui obeissent plus parfaitement és vns, que dans les autres, quoy que l'imagination soit égale.

L'autre partie de cette proposition, qui consiste à sçauoir si les oiseaux prennent du plaisir à parler, & à chanter, n'est pas ce semble si difficile, car encore qu'il soit tres-mal-aisé d'expliquer, ou de sçauoir comme l'ame se plaist aux objects corporels, & comme les sensations font entrer le plaisir dans l'imagination, nous experimentons pourtant que l'impression que font les objects exterieurs sur nos organes nous apportent du plaisir & du contentement malgré que nous en ayons, comme il arriue à certains plaisirs, dont plusieurs voudroient estre seurez, à raison qu'ils sont contre la loy de Dieu, ou qu'ils nous priuent d'autres plaisirs plus grands & plus solides. Et lors que l'on approche des lieux où se font les Concerts, si l'oreille reçoit l'impression des accords, il n'est pas dans le pouuoir de l'auditeur d'empescher le contentement qu'elle en reçoit, car le chatoüillement des mouuemés apporte le plaisir auec soy, & quand les impressions de chaque objet sont proportionnées auec les sons, & qu'elles leurs apportent quelque sorte de perfection, ils en reçoiuent vn contentement naturel, & n'est pas dans la puissance de la liberté de l'empescher: car chaque partie du corps a vn plaisir particulier, lors qu'elle attire, & qu'e'le torne en soy, ou qu'elle fait quelque autre chose, puis que Dieu a voulu que le plaisir soit conjoint à l'action. Or tout ce qui se peut dire des parties du corps de l'homme, & des plaisirs qu'elles reçoiuent, peut estre appliqué aux oiseaux, puis qu'ils ne sont pas dépourueus des passions, dont le plaisir est l'vne des principales; quoy que le contentement doiue plustost estre attribué à l'ame & à ses facultez & actions, qu'aux parties du corps qui luy seruent d'organes pour receuoir tous les plaisirs qui s'écoulent des objets par les sens iusques à ce qu'ils arriuent à l'imagination.

PROPOSITION XXXIX.

Pourquoy tous les oiseaux ne parlent pas; d'où vient que nul animal à quatre pieds ne peut chanter ou parler; si l'on peut dire que leurs cris ou leurs voix leur seruent de parole, & s'il y a moyen de l'entendre.

Ie suppose qu'il y a plusieurs oiseaux qui ne peuuent apprendre à parler, quoy que l'on puisse dire qu'il faudroit auoir fait de particulieres experiences sur toutes sortes d'oiseaux auant que d'asseurer qu'il y en a qui ne peuuent parler: ce que l'on peut semblablement objecter contre la supposition que l'on fait des animaux terrestres, à sçauoir qu'ils ne peuuent parler, ny chanter ; car l'on croid que plusieurs choses sont impossibles iusques à ce que l'experience nous aye conuaincus, laquelle monstre en plusieurs choses que ce que l'on iugeoit impossible est tres-facile. Et l'on a veu des cheuaux qui faisoient des cris differens, & qui sembloient rire au commandement de leur maistre. A quoy l'on peut adioûter que l'on ne sçait peut estre pas la maniere dont il faut vser pour apprendre à chanter & à parler aux bœufs, aux chiens, & aux autres animaux, & que l'on en viendroit à bout si l'on prenoit l'heure du iour ou de la nuict, & si l'on se seruoit des instrumens & de toutes les circonstances necessaires pour ce sujet, car puis que leur temperament, leurs organes & leurs imaginations ne sont pas entierement semblables, il y a de l'apparence qu'il faut vser d'autres industries pour enseigner les animaux terrestres, que pour enseigner les oiseaux : & qu'entre les oiseaux il y en a qui sont plus difficiles à enseigner les vns que les autres.

L'on peut neantmoins croire qu'il y a quelque difference dans plusieurs oiseaux, soit de la part de l'imagination ou des autres organes qui les empesche de pouuoir parler. Quant à l'imagination, nous ne pouuons en reconnoistre les imperfections que par les effets, parce qu'elle ne peut estre assujettie à nos sens, & à nos experiences ; de sorte que l'on peut seulement auoir recours aux parties qui composent & qui meuuent le larynx, & à la langue qui sert à former la parole, afin de remarquer s'il manque quelques nerfs ou muscles aux animaux terrestres, ou à quelques oiseaux, qui se rencontrent en ceux qui parlent & qui chantent, comme sont le perroquet, le corbeau, le merle, le moineau, & plusieurs autres ; ou si ceux qui ne peuuent parler ont la langue trop longue, trop courte, trop mince, ou trop épaisse.

Fabricius a décrit le larynx de l'homme, de la brebis, du porc, du cheual, du bœuf, du singe & de la poule, dans son traité du larynx, mais il n'a pas assez donné de lumiere pour connoistre ce qui manque à ces animaux pour pouuoir parler ou chanter ; & mesme ie ne croy pas que les Anatomistes puissent remarquer cela, à raison que les parties qui seruent à la voix, ont plusieurs mouuemens qui ne se peuuent reconnoistre que dans l'animal viuant lors qu'il crie, qu'il chante, ou qu'il parle : De là vient qu'ils se trompent souuent, lors qu'ils disent que tel ou tel muscle ne peut seruir à tel ou à tel mouuement, parce que les parties ont plusieurs vsages dans les viuans qui sont seulement connus de celuy qui en est le premier & le principal autheur.

Or toutes ces difficultez sont causes que ie ne peux rien determiner sur cette difficulté, car si l'on dit que les bestes ont les cartilages & les muscles trop durs & trop pesans pour mouuoir la langue, & pour ouurir la glotte comme il faut pour parler & pour chanter, l'on peut respondre que les vaches monstrent le contraire, puis qu'elles font la Dixiesme majeure, qui est propre pour chanter, & qu'elles pourroient faire de moindres interualles, par lesquels il semble qu'elles passent peu à peu en montant, & qu'il n'est pas necessaire que leur parole se forme plus viste que leur cry. En effet, si elles remuoient la langue comme il faut quand elles crient, elles pourroient former quelque diction ; il faudroit donc monstrer qu'il leur est impossible de battre l'air qui sort de leur larynx auec la langue pour prouuer qu'elles ne peuuent parler ; ce que l'on peut semblablement dire de l'elephant, & de tous les autres animaux.

L'on

De la Voix.

L'on peut neantmoins conclure que les animaux terrestres, & les oiseaux que l'on n'a iamais ouy parler, ne sont pas capables de la parole, & qu'il leur manque quelque chose qui est dans ceux qui parlent, car de plusieurs oyseaux qui sont nourris en mesme lieu, & qui tous oyent l'instruction que l'on donne au perroquet, & à ceux que l'on enseigne à parler, l'on n'apperçoit nullement que les autres s'efforcent de former quelque diction, quoy que tous ayent leur chant, & leur ramage particulier: ce qui arriue semblablement aux animaux terrestres, dont il y en a qui ont vne grande multitude de tons & de cris differens qui leurs seruent pour expliquer leurs passions.

Certainement si l'on considere que le chant du coq a trois ou quatre syllabes, & qu'il y a plusieurs autres oiseaux dont le chant est articulé, l'on trouuera qu'il est impossible de sçauoir pourquoy ils ne peuuent former les autres syllabes, car ils ont ce semble la langue & les autres parties du larynx aussi propres pour parler comme la pie, encore que ie croye que l'on y trouueroit des differences notables, si l'on en faisoit l'anatomie aussi exacte que celle du larynx & de la langue de l'homme. Mais l'on entendra mieux la maniere de former la parole par la 43. proposition, qui fera voir par quels mouuemens de la langue & des autres parties de la bouche se forment toutes les lettres de l'alphabet; & consequemment pourquoy plusieurs animaux ne peuuent parler: Ce que quelques-vns rapportent à la trop grande longueur, largeur, ou épaisseur de leur langue, dont nous parlerons dans ladite proposition. C'est pourquoy ie passe à la seconde difficulté, à sçauoir si l'on peut dire que les voix des oiseaux & des autres animaux soient des paroles, & s'il y a moyen de les entendre.

Quant à la premiere partie, il n'y a nul doute que le jargon des oiseaux, & les cris des animaux, leurs seruent de paroles, que l'on peut appeller la langue, & l'idiome des bestes, car l'on experimente que celles qui sont de mesme espece s'entendent aussi bien par leur voix differentes, que les hommes par leurs paroles, & que leurs cris sont du moins aussi differens que leurs passions. Et si l'on auoit obserué assez exactement toutes les voix que font les animaux de chaque espece, l'on pourroit establir autant de langues naturelles pour exprimer tout ce qu'ils sentent, cóme il y en a d'especes: car l'on a remarqué que les animaux de chaque espece ont autant de differens cris pour appeller & aduertir les autres, comme ils rencontrent de differens alimens, & consequemment que l'oiseau qui trouue du froment vse d'vn autre chant ou d'vne autre voix, que lors qu'il rencontre du millet ou quelqu'autre aliment. Ils en ont encore d'autres pour exprimer leurs desirs, la cholere & la tristesse; ce que l'on peut aisément remarquer au chien, à la poule qui mene ses poussins, & en plusieurs autres animaux; par exemple, Fabricius a remarqué qu'vne poule se deffendant contre vn chien, fit premierement retirer & fuir ses petits par cette syllabe *Kik*, & que lors que le chien s'en fut allé elle les rappella par cette syllabe *glo*, comme l'on peut voir dans le troisiesme traité qu'il a fait de la parole des bestes, chapitre 5, où il explique aussi les differentes voix des chiens en general; mais il faudroit vser des notes de Musique, & des temps differens pour expliquer naïfuement lesdites voix, particulierement lors qu'elles sont composees du graue & de l'aigu; dont le soin appartient à ceux qui gouuernent les volieres, les parcs, & les autres lieux des Princes où l'on nourrit toutes sortes d'oiseaux & de bestes farouches, ou priuees, car ils peuuent aisément faire la tablature de leurs cris & de toutes leurs voix, qui seruent à exprimer les differens degrez de leurs passions,

& de leurs affections, afin de remarquer le langage de chaque espece. Or cette tablature estant faite, il est aisé de conclure affirmatiuement pour la seconde partie de la deuxiesme difficulté, à sçauoir que l'homme peut entendre le jargon & le langage de toutes sortes d'animaux, sans qu'il soit besoin d'auoir recours à ce que les fables disent d'Apollonius Thianien, de Thirrhesias, de Melampe, & de Democrite, dont Pline a raison de se mocquer dans son 10 liure, chap. 49. de ce qu'il a dit que l'on apprend le langage de toutes sortes d'oiseaux, si l'on mange le serpent engendré du sang desdits oiseaux, car il n'y a nul autre moyen naturel d'entendre leur jargon que par les longues & les curieuses obseruations dont i'ay parlé, tout le reste estant fabuleux, & ne pouuant estre creu par vn homme de bon iugement, s'il n'en fait premierement l'experience.

Quant aux sifflemens & à la parole humaine que l'on enseigne aux oiseaux, c'est chose asseurée qu'ils n'en sçauent pas la signification, & qu'ils ne signifient autre chose par ses paroles que leur joye; si ce n'est que l'on croye qu'ils recitent ce qu'ils ont appris pour plaire à leurs auditeurs, & pour caresser leur maistre, ce qui n'est pas probable, puis qu'ils ne parlent qu'en certains interualles de temps, quoy que leur maistre le desire, & qu'il fasse tout ce qui luy est possible pour les faire parler. D'où l'on peut probablement conclure, qu'ils recitent seulement ce qu'ils ont appris lors que la nature & les especes les excitent, & les poussent à cela, quoy que ceux qui les enseignent puissent sçauoir plusieurs choses de ses circonstances qui ne sont pas connuës aux autres; c'est pourquoy il faut les consulter si l'on veut sçauoir comme l'on doit enseigner les oiseaux à parler, ou à siffler, afin de connoistre les heures du iour ou de la nuict qui sont plus propres pour leur faire apprendre leurs leçons, & comme il se faut couurir & se mettre en tenebres auec eux, afin que les objets exterieurs ne leur donnent nulle distraction, & qu'ils ayent toute la nuict à mediter les leçons du maistre oiseleur.

COROLLAIRE I.

L'on peut dire que les oiseaux qui parlent ont la langue, le bec, & les autres parties qui seruent à l'articulation des sons, plus propres que ceux qui ne parlent point, & qu'encore qu'ils pûssent parler si l'on vsoit des moyens necessaires pour ce sujet, que l'on les a negligez à raison qu'il y a vne trop grande peine à les enseigner, & qu'en ayant rencontré qui apprennent promptement tout ce que l'on leur enseigne, plusieurs ont creu que les autres n'estoient pas capables de former les dictions, comme il arriue à plusieurs enfans que l'on abandonne à l'ignorance, quoy qu'ils ne soient pas tout à fait incapables d'apprendre les sciences; mais parce qu'ils sont si tardifs, & ont si peu d'inclination aux lettres, que l'on perd patience auant que l'on y ait employé le temps necessaire; ce que l'on void par experience en ceux que l'on met cinq ou six ans en diuers Colleges, & sous differens precepteurs, qui ne peuuent rien conceuoir iusques à ce qu'il se rencontre quelque nouueau maistre qui vainque la difficulté par son industrie & par son labeur.

COROLLAIRE II.

Encore que l'on puisse croire que les oiseaux qui parlent ont l'imagination meilleure & plus viue pour conceuoir, retenir, & prononcer leur leçon, neantmoins les autres l'ont souuent plus viue pour plusieurs autres choses, comme pour
faire

De la Voix.

faire des nids auec plus d'artifice, pour chasser, & pour combatre : ce qui arriue semblablement aux hommes, dont les vns ont l'imagination propre pour la Poësie ou pour les Histoires, qui ne sont pas capables de la Philosophie ; & tel se plaist à la diuersité des langues, & à la Geometrie, qui n'a nulle inclination à la Musique. L'on en rencontre qui ne peuuent comprendre les discours de la perspectiue sans figures, & d'autres qui ne peuuent s'attacher aux figures, &c. Ie laisse mille autres differences qui se remarquent entre les imaginations, qui ne peuuent ce semble toutes se rencontrer dans vn mesme homme ; si ce n'est que l'on croye ceux qui rassemblent toutes les perfections imaginables dans celuy qui a le temperament parfait, dont i'ay parlé ailleurs.

COROLLAIRE III.

Puis que nous experimentons vn si grand nombre d'imperfections dans les animaux, & dans nous mesmes, qui ne peuuent pas estre corrigées, & qu'il n'y a rien dans tout ce monde qui soit parfait, & qui n'ait beaucoup plus d'imperfections que de perfections, il est raisonnable que nous détachions nostre affection de tout ce qui tombe sous les sens, afin de la porter à Dieu, duquel nous esperons la liberté des enfans de grace, & la lumiere qui dissipera nos ignorances, nos infirmitez, & nos imperfections.

PROPOSITION XL.

Expliquer comment l'asnesse de Balaam & le serpent d'Edem ont parlé ; & de qu'elle maniere Dieu ou les Anges peuuent parler.

Il n'y a rien plus aisé pour expliquer cette difficulté, que de dire qu'vn Ange remua la langue de l'asnesse de Balaam, & qu'vn diable remua celle du serpent pour les faire parler, puis que la parole n'est autre chose que le battement d'air que fait la langue dans la bouche ; quoy que quelques-vns se soient imaginez que les bestes parloient auant qu'Adam fust chassé du paradis, parce qu'ils lisent que le serpent parla.

Et c'est peut-estre de là que les fables des autres animaux ont pris leur origine, dont Pline, Plutarque, Ælian, & les autres historiens font mention, ausquels on peut adioûter le cheual d'Achille qu'Homere appelle Xante, & qu'il fist parler ; & celuy dont parle Oppian. Tite-Liue rapporte aussi qu'vn bœuf a parlé ; & Philostrate donne le mesme priuilege au nauire & à l'ormeau dans la vie d'Apollonius.

Or ie ne veux pas absolument nier que l'on ne puisse apprendre à parler aux asnes, aux cheuaux, & aux bœufs, parce que ie ne voy pas de raisons assez fortes pour prouuer que cela soit impossible, car il ne suffit pas de dire qu'ils ont la bouche trop fenduë, que leurs leures ne peuuent aider à la prononciation des consonantes b, m, & p, que les cartilages & les muscles de leurs larynx, & leur langue ne peuuent se mouuoir & se flechir comme il faut pour parler, à raison de leur dureté, puis que l'on en pourroit encore plus dire du larynx, & des autres parties qui seruent aux oiseaux pour parler, si l'on n'auoit l'experience contraire, car ils n'ont point de leures ny de dents, & leur palais est si petit qu'il seroit difficile de s'imaginer que la Pie peust parler si l'on ne l'auoit ouye.

Quant à leurs larynx, ils n'ont pas tant de semblance auec ceux des hommes que ceux des animaux terrestres ; & plusieurs oiseaux qui semblent aussi propres à parler que la pie, ou le corbeau, comme l'aigle, la poule, &c. ne parlent point ;

c'est pourquoy ie ne voudrois pas entierement blasmer ceux qui maintiendroient que Dieu a donné la proprieté de parler à l'asnesse de Balaam, attendu qu'il n'y a rien qui luy soit impossible, & que l'on ne peut obiecter aucune repugnance contre elle, qui ne puisse estre apporté contre les oiseaux qui parlent. Or encore qu'il fust impossible aux hommes d'apprendre à parler aux asnes, il ne s'ensuit pas que Dieu ou les Anges ne le puissent faire. Neantmoins ie croy qu'il est plus probable que l'Ange a formé la parole dans la bouche de l'asnesse, soit en battant l'air auec sa langue, ou en telle autre maniere qu'il a voulu, comme a fait le demon dans la gueule du serpent qui parla à Eue, si l'on explique cette histoire litteralement; car il y en a qui disent que la pensee, ou la suggestion qu'eut Eue contre le commandement de Dieu, fut le serpent, d'autant qu'il semble que nos pensees parlent auec nous lors que le peché se coule dans l'ame, & que l'appetit sensitif dispute auec le raisonnable, ou la raison humaine auec la diuine, iusques à ce que l'vn ou l'autre ait vaincu, comme chacun apperceura dans soy-mesme s'il fait reflexion sur ce qui se passe dans son interieur; mais cette consideration merite vn autre lieu : Et puis il suffit de dire que Dieu ou l'Ange formerent la parole de ladite asnesse, afin de faire r'entrer Balaam en soy-mesme, & de le faire penser à ce qu'il alloit faire, sans qu'il faille s'enquerir pourquoy Dieu ne s'est pas contenté de faire paroistre l'Ange à Balaam, qu'il pouuoit empescher de maudire le peuple de Dieu, & pourquoy il n'a pas empesché que le demon formast la parole dans le serpent ; car il nous est impossible d'en penetrer les vrayes raisons iusques à ce que Dieu nous les enseigne dans le paradis, dont l'esperance nous doit faire embrasser ses commandemens, & suiure sa volonté auec toute sorte d'affection & d'ardeur.

PROPOSITION XLI.

Expliquer comme ceux qui contrefont & imitent les esprits pour faire peur aux enfans, & qui semblent estre fort éloignez quand ils parlent, peuuent former les dictions.

Il y a plusieurs manieres de parler qui sont tres-differentes, à raison des differens tuyaux, & autres Instrumens dont on vse : par exemple, si l'on parle dans vn pot cassé, l'on represente des bruits qui font peur la nuict, & dont quelques charlatans se seruent pour representer le retour des esprits ; mais la maniere dont vsent ceux qui contrefont le langage des esprits se fait sans nul instrument, car ceux qui affoiblissent tellement leurs paroles que l'on les iuge bien éloignez, quoy qu'ils soient presens, ne forment pas la parole auec d'autres instrumens qu'auec la langue ; & l'on n'a pas coustume de parler sans langue, quoy qu'il y ait peut-estre moyen de faire vne langue artificielle pour former la voix dans les automates.

Or il est beaucoup plus aisé de parler sans ouurir & sans remuer les dents, que sans ouurir les levres, sans le mouuement desquelles nous ne formons pas les lettres que l'on appelle *labiales*, à sçauoir ces cinq consones, B, M, P, & V, quoy que les oiseaux qui parlent n'ayent point de levres, car ils ont quelqu'autre partie qui fait la fonction des levres, autrement ils ne pourroient pas ce semble prononcer ces cinq lettres.

Quant à la maniere dont on vse pour representer la parole des esprits, & les sons comme venans de bien loin, il est premierement certain que l'on ouure la bouche aussi grande que lors qu'on parle à l'ordinaire, c'est pourquoy ceux qui feignent ces voix se destournent depeur d'estre apperceus, ou couurent leur visage, & parlent ticulierement leur bouche, & puis ils retirent leur vent de dehors en dedans tant qu'ils peuuent, afin que la voix s'affoiblisse, & qu'elle imite le fausset affoibly des Musiciens. Or cette maniere de parler merite d'estre consideree, afin de trouuer la raison pourquoy l'on est contraint de changer le ton de la parole ordinaire lors que l'on en vse, & de voir si les Pythons & Ventriloques des anciens peuuent estre rapportez à ce déguisement de parole, que l'on peut acquerir par vne longue coustume dans vn plus haut degré qu'il n'est, & que l'on peut perfectionner par le moyen des Sarbatanes, & de plusieurs autres sortes de tuyaux.

PROPOSITION. XLII.

A sçauoir si les sibilots qui vsent de l'artifice dont nous auons parlé pour imiter ce que l'on recite du retour des esprits offencent Dieu, & s'ils doiuent estre recherchez & punis par la iustice.

Le prouerbe ordinaire sert d'asyle à beaucoup de personnes, à sçauoir que les actions des hommes doiuent estre iugees suiuant leur intention, *Quicquid agant homines intentio iudicat omnes*, quoy que les Iuges regardent plustost à l'action qu'à l'intention, dautant qu'elle est inuisible, & n'est connuë que de Dieu, ou de celuy qui fait l'action, mais celle-cy est connuë & prouuee par tesmoins. D'où il s'ensuit que l'on peut resoudre cette difficulté en deux manieres, à sçauoir en iugeant l'action par l'intention, ou sans auoir égard à l'intention ; si l'on suiuoit les iugemens de Dieu, qui considere dauantage l'interieur que l'exterieur, l'on ne puniroit pas quelquefois les actions qui paroissent mauuaises, & d'autrefois l'on puniroit celles qui semblent bonnes. Quant aux iugemens des hommes, quoy qu'ils augmentent quelquefois la peine des criminels à raison de la mauuaise intention qu'ils ont euë en commettant le crime ; neantmoins ils regardent plus particulierement l'action exterieure entant qu'elle trouble l'estat & la police, qu'elle enfraint les Edits des Princes, ou de la Republique, & qu'elle contreuient aux loix & aux coustumes qui sont receuës & approuuees. Cecy estant posé, ie dis premierement que ces sibilots qui contrefont les esprits & les ames des deffunts pour faire peur à ceux qui les oyent, ou pour se mocquer de l'apparition des esprits, ou de l'immortalité de l'ame commettent vn peché mortel contre Dieu, & qu'ils sont infideles, ou du moins qu'ils se mettent en peril de perdre la foy ; car encore que l'on racóte plusieurs choses fausses de l'apparation des esprits, & que iamais ils n'en ayent veu les effets, neantmoins il semble qu'ils veüillent sapper les fondemens de l'immortalité, laquelle estant posee, il est tres-aisé à conceuoir comment les ames ou les Anges nous peuuent paroistre en des corps formez de l'air, ou d'autres matieres, & par des effets dont les causes nous sont aussi inconnuës que les Anges.

Mais ceux qui parlent seulement en cette maniere pour se réjoüir auec leurs amis, qu'ils aduertissent de ce stratageme auant que d'en vser, & qui ne s'en seruent iamais à mauuaise intention, ny auec scandale de ceux dont la creance & la foy peuuent estre aisément ébranlees à raison de la foiblesse de leur esprit, n'offensent pas Dieu mortellement ; & s'ils auoient appris cette maniere de parler dans la gorge auec intention de faire voir ce que peut la voix de l'homme, ou d'en tirer quelqu'autre lumiere pour la Physique, ou pour la Medecine, ils seroient dignes de loüange, puis que l'inuention d'vne verité qui peut seruir pour s'éleuer à Dieu, ou pour en vser vtilement & honnestement, vaut mieux que tous les thresors du monde, lors qu'ils ne seruent qu'à remplir le desir des auares. Quant au supplice que meritent les autres, & à l'obligation qu'ont les Officiers de la iustice à en faire la recherche pour les punir, il n'est pas necessaire d'en parler, puis qu'ils ont leurs loix, leurs coustumes, & la raison, qui leur enseignent ce qu'il faut faire lors que cecy arriue. Et d'ailleurs les circonstances des actions sont ordinairement si differentes, qu'il n'est pas possible d'en faire le iugement si l'on ne les connoist: C'est pourquoy i'en laisse la resolution à la prudence des Iuges. I'adioûte seulement que ceux qui vsent de ce langage pour se mocquer de la resurrection, des miracles, ou des autres mysteres de la foy diuine, meritent d'auoir la langue coupee, ou arrachee, puis qu'ils en vsent si mal.

PROPOSITION XLIII.

Expliquer de quels mouuemens il faut remuer la langue, ou les autres organes de la voix pour former les voyelles, les consonantes, & les syllabes.

C'est vne chose aussi asseuree que la langue & les autres instrumens de la voix vsent de differens mouuemens en prononçant les syllabes & les lettres, comme il est difficile de les expliquer, à raison que nous ne pouuons voir ces mouuemens, car encore que l'on experimente que la langue s'auance & se retire, qu'elle s'enfle pour s'approcher du palais, & qu'elle s'abaisse pour former les voyelles, nous ne sçauons pas de combien elle s'enfle, ou de combien elle s'allonge. Mais afin que nous expliquions toutes ces difficultez plus methodiquement, l'on peut diuiser toutes les lettres en voyelles, & en consones, & subdiuiser les consones en cinq ordres, comme font les Hebrieux, à sçauoir en lettres labiales, qu'ils appellent *Bumap*, parce que B M V & P se prononcent auec les levres; De là vient que plusieurs croyent, quoy qu'ils se trompent, que les perroquets & les autres oiseaux qui parlent ne peuuent prononcer ces lettres, à raison qu'ils n'ont point de levres.

Les autres lettres s'appellent *dentales*, ou *zastsarast*, parce que z, ts, & r, ont besoin des dents pour estre prononcees; ce qu'il faut neantmoins entendre des hommes, car les oiseaux qui n'ont point de dents les prononcent aussi bien que les labiales, comme l'on experimente, & consequemment ces parties ne sont pas necessaires pour ces lettres. Le troisiesme ordre appartient aux lettres du palais, que les Hebreux appellent *gicak*, à raison que g, i, c, & k se prononcent auec le palais de la bouche: les autres prennent leur nom de la langue, qu'ils appellent *dathlenath*, parce que d, t, l, & n, se forment par le mouuement de la langue: & les cinquiesmes se nomment *gutturales*, qu'ils appellent *ahchang*, parce que a, h, ch, & gn, se prononcent du gosier, car ils ont quatre lettres d'aspiration. Mais puis que ces cinq ordres de lettres n'ont pas tousiours besoin de toutes ces parties, ie les diuiseray seulement en voyelles & en consones, dont les premieres ont autant de besoin du mouuement de la langue & du palais comme les dernieres; & parce que les Orgues n'ont pas de langue qui aye les mesmes mouuemens que celle de l'homme, des oiseaux, & des autres animaux, elles ne peuuent former les voyelles, comme ie diray au traité des Orgues.

Or il faut premierement remarquer que les voyelles ne se forment pas par la seule ouuerture du larynx, & de la glotte, qui n'a nulle autre vertu que de former les sons graues & aigus, forts & foibles, clairs, & rauques, &c. car les sons ne feroient nulle voyelle si l'on n'auoit point de langue, dont le plus simple abbaissement qui se fait au bout forme la premiere voyelle A, lors qu'elle s'estend, & qu'elle soustient le son; l'O se fait quasi par la mesme situation de la langue, car elle se retire &s'enfle

fort peu

De la Voix.

fort peu vers le milieu du palais. Mais les levres n'ont pas tant d'ouuerture pour faire l'*a* que pour faire l'*o*, car elles se retressissent necessairement, & n'est pas possible de former l'*o* auec la mesme ouuerture des levres dont on vse pour former l'*a*. D'où il s'ensuit que les levres sont necessaires pour former les voyelles, puis qu'il faut que la bouche s'ouure tant qu'elle peut pour former *a*, & que les deux levres fassent la figure d'vne ouale pour former *o*. Quant à l'*e*, la langue s'enfle & s'approche bien pres du palais pour la former, & la levre d'en bas s'abaisse dauantage qu'à l'*o*, & de courbee qu'elle estoit elle reprend sa situation naturelle, de sorte que les levres sont plus ouuertes à l'*e* qu'à l'*o*, quoy que les dents ayent tousiours mesme ouuerture. La langue touche au palais pour former *i*, & les levres font leur ouuerture plus large qu'à la prononciation d'*o*. Finalement la langue fait quasi le mesme mouuement en formant *u*, qu'en formant *e*, quoy qu'elle touche vn peu moins le palais que lors qu'elle prononce *i*. Quant aux levres, elles retiennent la figure dont elles forment l'*o*, & retressissent leur ouale.

Mais il n'est pas necessaire de nous arrester dauantage à l'explication de ces mouuemens, puis que chacun les peut remarquer dans soy-mesme, ou sur les autres; ce qui reussira beaucoup mieux si l'on chante en prononçant les voyelles qu'en parlant, à raison que les mouuemens des levres sont plus sensibles. Ce qu'il faut aussi remarquer pour la formation des Consones, dont nous parlerons apres auoir consideré pourquoy il n'y a que cinq voyelles dans toutes sortes d'idiomes, & de langages.

Certainement il n'y a point d'autre raison de ce nombre, sinon parce que toutes les autres voyelles participent de ces cinq, car s'il y en a quelqu'autre possible, elle est entre *a* & l'vne des autres voyelles, à sçauoir entre *a* & *e*, ou entre *a* & *o*, *a* & *i*, *a* & *u*, &c. De là vient que l'on peut former les mesmes voyelles en plusieurs manieres, comme il arriue aux trois ou quatre *e* François, dont l'vn se prononce auec vne plus grande ouuerture des levres, & vne plus grande depression de la langue, à raison qu'il approche de l'*a*, il se peut escrire par ce charactere ë: l'autre peut estre appellé *masculin*, parce que sa prononciation est plus ferme, à raison de l'accent aigu que l'on luy donne, & s'escrit ainsi é: & le dernier est le *feminin*, qui s'entend fort peu, & qui se prononce comme le *schewa* des Hebreux.

Mais ie laisse plusieurs autres considerations que l'on peut faire sur les voyelles, par exemple, quelle a esté la premiere inuentee, & quelle est la plus aisee à former; si elles signifient quelque chose naturellement, ou si elles sont indifferentes (comme sont les dictions de plusieurs syllabes) à signifier tout ce que l'on veut, dautant que i'en parleray dans vn autre lieu. Il faut seulement icy remarquer que les voyelles ont esté deuant les consones, parce que les enfans commencent leur articulation par les voyelles dont ils vsent pour crier, & particulierement par la lettre *a*, pource qu'elle est la plus aisee à prononcer.

Quant aux consones, elles se font par la compression de l'air qui est diuersement battu, rompu, ou pressé par la langue, par les dents, & par les levres; car le *b* est formé par les levres qui se pressent & s'ouurent quasi en mesme temps; ce qui arriue semblablement à *m* & *p*. La lettre *f* se forme par la pression des dents superieures qui mordent vn peu la levre inferieure: & parce que la prononciation de cette lettre commence par vne voyelle, à sçauoir par *e*, on la nomme *demi-voyelle*, comme l'on fait *l*, *m*, *n*, *r*, & *s* pour la mesme raison. Or il faut remarquer que toutes nos consones ne sont pas necessaires, car l'on peut vser de *cs* au lieu de *x*, de *c* au lieu de *k*, & de *ph* au lieu de *f*. L'on peut aussi quitter *h*, dautant qu'elle ne sert que d'aspiration, que l'on peut suppleer par l'accent aspre des Grecs, qui se forme comme vne virgule renuersee en cette maniere ʿ; & l'on peut encore rejetter les lettres qui ont presque vne semblable prononciation, à sçauoir *g*, *t*, & *p*, qui se prononcent quasi comme *c*, *d*, & *b*, car ceux qui vsent d'vne langue plus rude, & qui ont la respiration & la voix plus forte, comme les Suisses & les Allemans, prononcent *p* pour *b*, *f* pour *u* consone, *t* pour *d*, & *c* pour *g*; ce qui témoigne vne grande chaleur interne. Ceux qui parlent gras, & que les Grecs appellent *traulos*, changent aussi *tr* en *dl*, car au lieu de prononcer *trauail*, ils disent *tl*, ou *dlauail*: mais cette prononciation est l'vn des vices de la voix.

Quant aux differentes prononciations que l'on remarque dans la plus grande partie de nos voisins, Charles-Quint disoit que la langue des Allemans est propre pour la guerre, parce qu'elle est propre pour menacer, & pour reprimander; que l'Espagnol est propre pour l'amour, & pour parler à Dieu, à raison de sa grauité & de sa majesté; que l'Italien est propre pour l'eloquence, & pour entretenir les Dieux; & que le François est Noble, & propre pour caresser, & pour faire des complimens, au rapport de Fabricius.

Mais ie reuiens à la maniere dont se forment les Consonantes: le *c* se fait par l'attouchement de la langue aux dents inferieures; or toutes les consones changent de son, selon le plus grand ou le moindre effort des parties qui les forment: par exemple, lors que les levres se pressent fort peu elles font *m*, si elles pressent l'air vn peu plus fort elles forment le *b*, & si elles le pressent tres-fort elles font le *p*: & tout cecy se fait par le mouuement de la levre inferieure qui se leue contre la superieure. Toutes les autres consones se forment par le mouuement de la pointe de la langue, qui fait *l*, *n*, & *r* en se retirant en arriere, quoy que ce retirement soit fort petit; elle s'aduance vn peu en-deuant pour *c*, *g*, & *t* par le mouuement qu'elle fait de sa pointe vers les dents; elle frappe le palais pour faire *l*, & pour faire *r* elle frappe le palais & les dents superieures; elle se meut quasi de mesme façon en se pliant contre le palais pour *l* & pour *n*, mais elle se tire & se plie vn peu dauantage pour *n*. Finalement *f* est formee par la langue qui presse le palais tout au long, afin de faire le sifflement que l'on oit à la prononciation de cette lettre. Si quelqu'vn desire vn plus grand discours sur cette matiere, il peut lire Hierosme Fabrice au traité de la Locution, quoy que ie luy conseille plustost d'experimenter dans soy-mesme tous les mouuemens que font les levres, la langue, & les autres parties de la bouche en prononçant toutes sortes de lettres, dont on peut tirer plus de satisfaction que de la lecture des liures. Quant aux dents, elles ne sont pas necessaires pour parler, car ceux qui les ont toutes perduës prononcent tres-bien toutes sortes de dictions, dautant que les genciues leurs seruent de dents.

COROLLAIRE.

Quand on presse les dents contre le haut du larynx, lors que l'on prononce les voyelles, & les consones, l'on sent des mouuemens differens, & que chaque lettre a besoin d'vn mouuement particulier des muscles pour estre formée, & consequemment que plusieurs autres mouuemens aydent à la prolation outre ceux des levres, des dents, & de la langue, dont nous auons parlé.

Mais il n'est pas possible d'expliquer tous ces mouuemens, à raison qu'ils ne nous sont pas assez sensibles pour les remarquer, car les Anatomistes ne peuuent les discerner dans le larynx, & les autres parties d'vn corps mort, ny mesme dans vn corps viuant, encore que l'on en peust faire l'anatomie, tandis que les lettres seroient formées, d'autant qu'il y a plusieurs petits mouuemens qui ne peuuent estre remarquez, quoy qu'ils soient necessaires pour faire les voyelles, & les consones; delà vient qu'il n'est pas possible de faire parler les machines par des ressorts en vsant des reigles generales & certaines: & si quelques Horlogers font faire du bruit semblable au chant du coq, où de quelqu'autre animal, cela se fait plustost par vne rencontre hazardeuse que par art: c'est pourquoy ie ne doute nullement que la teste d'Albert le grand, dont on parle, ne soit fabuleuse; & les liures qu'il nous a laissez ne tesmoignent nullement qu'il ayt esté assez industrieux, ou sçauant pour faire cette machine que i'estime deuoir estre reseruée aux Anges, ou aux hommes qui voyent les principes de la nature dans eux mesmes, si toutefois il s'en rencontre quelqu'vn au monde, ce que ie ne croy pas.

COROLLAIRE III.

Puisque l'on rencontre des hommes qui imitent toutes sortes d'oiseaux & d'instruments de Musique, quoy que ces sons ne se fassent pas par nos voyelles, comme l'on peut obseruer aux Trompettes, & aux Orgues, & à toutes sortes de sifflets, c'est chose asseurée qu'il peut y auoir d'autres voyelles que les nostres, car pourquoy ne peut on pas dire que la voix qui imite le son d'vn tuyau d'Orgue, ou d'vne fluste, est vne voyelle particuliere, & differente des cinq ordinaires? de sorte que l'on peut dire qu'il y a autant de voyelles que de sons differens des Instrumens, dont ceux qui les sçauent imiter pourroient faire vne langue, laquelle approcheroit peut estre dauantage des conditions & des proprietez que l'on requiert dans la langue naturelle, que quelques-vns croyent estre possible, & qu'ils disent auoir trouuée, que nulle autre: & l'on experimente qu'il y a des hommes qui prononcent vne voyelle qui est entre A, & E, laquelle tient vn peu de l'vne & de l'autre.

PROPOSITION XLIV.

Expliquer pourquoy quelques-vns parlent du nez, s'il y a moyen d'y remedier; & quels sons l'on peut faire auec le nez.

L'on peut apporter plusieurs raisons de ce vice de la parole, que l'on appelle *parler du nez*, ou *nazarder*, dont l'vne se prend de ce que les conduits sont oppilez, ou trop estroits, comme l'on experimente aux rheumes, ou caterres, qui sont cause de l'obstruction qui fait parler du nez, à raison que le vent de la respiration a de la peine à sortir; or quand on presse l'vne des narines, ou toutes les deux l'on experimente la mesme chose. L'on tient aussi que la luette estant rongée & gastée fait parler du nez; à quoy l'on ne peut remedier lors que l'étrecissement des conduits en est cause, ou qu'il se rencontre quelqu'autre raison naturelle de ce vice; mais quãd l'obstruction vient du rheume, ou de quelqu'autre fluxion, ou cause accidentelle qui ne destruit pas le temperament, la figure, ou la situation des parties qui seruent à éuiter le nazardement, l'on y peut remedier par les mesmes voyes dont on vse pour guerir desdites fluxions.

Or il faut remarquer que l'on ne peut pas reconnoistre à la forme exterieure du nez si quelqu'vn nazarde, dautant qu'il paroist fort estroit & pressé à plusieurs qui ne nazardent point, parce qu'ils ont les cartilages & les autres parties interieures assez larges. De là vient que ceux-là se trompent souuent qui iugent de l'interieur par l'exterieur, car l'on en voit plusieurs dont la teste & les autres membres font mal proportionnez, qui ont l'esprit bien fait, & qui ont vn bon iugement, dautant qu'ils ont les organes internes bien disposez.

Quant aux sons qui sortent du nez, le premier est celuy qui fait la respiration, dont la forte inspiration produit le *ronflement*. L'on en rencontre aussi qui iouënt des instrumens à vent auec le nez, par exemple du flageollet & des flustes, ou qui chantent la Musique à deux parties, l'vne auec la bouche, & l'autre auec le nez. Quelques-vns imitent aussi le ieu d'Orgues, que l'on appelle le *nazard*, en pressant l'vne des narines auec l'vne des mains, & en frappant de l'autre main contre l'autre narine. Ie laisse plusieurs autres inuentions dont on peut vser en pressant lesdites narines, ou en les allongeant par le moyen de quelques instrumens qui les continuent tant que l'on veut; & quant & quant le moyen de refaire les nez couppez dont Taillacotius a fait vn liure exprez. Ie remarqueray seulement ce que l'on dit de la partie du nez couppee qui a esté refaite du bras de quelque homme, à sçauoir que cette partie adioûtee au nez se separe & se meurt lors que celuy du bras duquel elle auoit esté prise vient à mourir, comme si cette partie adioûtee au nez couppé estoit encore continuë au bras de celuy dont elle a esté prise: car si cela est veritable, c'est le sujet d'vn long discours, qui consiste à trouver d'où vient cette sympathie de parties; & si la partie que l'on couppe du bras d'vn autre homme vit par la vie ou par l'ame du nez couppé, ou par celle du bras. Or cette difficulté est commune aux rejettons que l'on ente sur les sauuageons, & à plusieurs autres choses dont il faudra traiter ailleurs. L'on peut encore voir le 14 probleme de la section 33, où Aristote demande pourquoy les sourds ont coustume de parler du nez, où il explique ce qui appartient à l'éternüement.

PROPOSITION XLV.

A sçauoir si les differents climats, ou les situations de la terre sont causes des differentes voix & des differentes manieres de parler.

L'on remarque ordinairement que les Septentrionaux ont la voix plus forte & la respiration plus vehemente que les Meridionaux, quoy qu'il s'en rencontre plusieurs tant en Allemagne qu'aux autres lieux qui approchent plus pres du Septentrion, qui ont la voix plus foible & plus aiguë que ceux du Midy: de sorte que l'on ne peut establir de regle generale sur ce sujet. Or la raison de la voix plus forte & plus rude des Septentrionaux doit estre prise de la plus grande chaleur interieure, qui a besoin de respirer vne plus grande quantité d'air pour rafraichir & pour temperer l'ardeur du cœur, car cét air estant repoussé & arresté par le poulmon, rend la voix dautant plus forte, qu'il est en plus grande quantité, pourueu que les organes de la voix y contribuent à proportion. L'on peut encore dire que l'air du Septentrion estant plus grossier, plus fort, & plus épais, rend les voix plus grosses & plus fortes, puis que les temperamens suiuent les climats, & que les actions naturelles suiuent le temperament: or l'air est vn des principaux alimens, ou l'vne des choses principales qui conseruent la vie. Mais l'air du Midy est plus subtil & plus chaud, d'où il arriue que les Meridionaux ont moins de chaleur interieure, & que leurs voix qui sont formees de cét air sont plus aiguës, à raison qu'il se meut plus viste. Et si l'on considere la vitesse du ciel vertical à l'equateur, l'on trouuera qu'il va beaucoup plus viste en comparaison du ciel des Septentrionaux, que leurs voix ne sont graues & fortes au regard de celles des Meridionaux. Il faut neantmoins adouër que les differentes voix viennent plustost de la

differente

differente complexion, & de la differente constitution des organes de la voix, que des differents airs, puis que l'on experimente que la voix n'est pas sensiblement plus grosse ou plus forte dans vn air épais que dans vn air subtil, & que ceux qui voyagent vers le Nort & le Midy ont tousiours vne mesme voix.

Quant aux differentes manieres de parler, elles dépendent plus de l'institution & de la coustume, que du temperament ; car si l'on meine vn enfant de France en Italie, lors qu'il aura apris à parler il parlera comme vn Italien : ce qui arriueroit de mesme si on le portoit dans la Tartarie, ou dans la Chine : & afin que l'on n'objecte pas que l'enfant acquiert vne particuliere disposition en naissant qui le determine à parler plustost d'vne façon que d'vne autre, ie dis que l'enfant qui sera porté à deux ou trois ans de France en Italie, ou en Perse, & qui reuiendra à vingt ou à cinquante ans, aura autant de difficulté à parler François que s'il estoit nay en Perse, & qu'vn François demeurant en Perse peut tellement instruire ses enfans Persans qu'ils parleront aussi bien François qu'à Paris, & qu'ils parleront aussi peu Persan que s'ils n'auoient iamais veu le Perse : ce que l'on peut confirmer par plusieurs experiences des Hollandois, & de plusieurs autres qui apprennent le François, ou les autres langages estrangers à leurs enfans auant qu'ils sçachent le langage du pays : d'où ie conclus que les differents climats n'apportent rien pour les differentes manieres de parler qui n'aissent seulement de la coustume, & consequemment que toutes sortes de langages sont indifferents pour toutes sortes de pays ; ce que les Espagnols Ameriquains peuuent tesmoigner, dont les enfans parlent tousiours Espagnol, pourueu qu'ils ne corrompent point leur langue par le meslange de celle des Barbares, & des Sauuages.

Or cecy n'empesche pas que quelques-vns n'ayent la langue, ou les autres parties qui contribuent à former les dictions, plus propres à prononcer de certaines syllabes les vns que les autres, mais puis que cela arriue dans vn mesme climat, il n'est pas necessaire d'en rapporter la cause à la difference du ciel, de l'air, ou de la terre.

PROPOSITION XLVI.

Asçauoir si l'on peut cognoistre le temperament, les passions, & les affections des hommes par la voix, & par les differentes manieres de parler, & de rire, & d'où vient le ris.

Puis qu'il y a des hommes qui se vantent de cognoistre le temperament & les passions des hommes par les traits du visage, & par les lignes des mains qui seruent de sujet à la Phisionomie, & à la Chiromantie, il y a de l'apparence que l'on peut dire la mesme chose de la voix, de la parole, & du ris, & particulierement de la voix, qui tesmoigne que l'homme est d'vn temperament chaud lors qu'il a la voix forte, comme suppose Aristote dans le 3 probleme de l'vnziesme Section, parce que celuy qui a l'estomach & le cœur fort chaud attire beaucoup d'air pour le rafraichir, & consequemment exhale & pousse beaucoup d'air hors du poulmon, qui rend la voix grande & forte : delà vient que l'on peut conclure que celuy qui continuë long-temps vne mesme voix, a de grands poulmons, comme l'on conclud que les soufflets des Orgues sont fort grands lors qu'ils sont long-temps à tomber, & qu'ils contiennent beaucoup d'air.

L'on ne peut pas neantmoins conclure absolument que celuy qui a la voix plus forte & plus robuste est d'vn temperament plus chaud, car l'experience fait

F

voir que plusieurs sont foibles qui ont la voix forte, & que plusieurs sont robustes, qui l'ont foible & petite. Quant à la voix graue, dont Aristote faict plusieurs problesmes dans l'vnziesme Section, elle tesmoigne que *la glotte* est fort large, & consequemment la voix aiguë est signe que la glotte est petite & estroite : de là vient que ceux qui pleurent ont la voix aiguë, par ce qu'ils n'ouurent pas la glotte si fort que ceux qui rient : ce qui arriue semblablement aux enfans, dont le gosier est estroit, & aux femmes, & aux vieillards : quoy qu'Aristote die que la cause de cette difference vient de ce que tous ceux qui ont la voix graue expirent & rejettent vne grande quantité d'air, qui se meut tardiuement, & que ceux qui ont la voix aiguë poussent vne petite quantité d'air qui se meut d'vne grande vistesse : à quoy il adiouste que les voix sont plus graues à l'Hyuer qu'à l'Esté, à raison que l'air est plus épais & plus grossier, & consequemment qu'il se meut plus lentement, & que le long sommeil de l'Hyuer appesantit toutes les parties du corps. Ce qui peut encore arriuer de la pituite, & des fluxions qui tombent dans l'artere, & qui rendent le mouuement de l'air plus tardif, comme il remarque dans le dix-huictiesme problesme.

En effet, nous experimentons que l'on parle plus gros quand on a le rheume : ce qui monstre que la fluxion qui tombe sur le poulmon, ou dans le larynx retarde le mouuement de l'air, puis que le son n'est iamais plus graue, que le mouuement par lequel il est produit ne soit plus tardif : ce qu'il faut entendre du mouuement composé de tours & de retours, comme i'ay expliqué dans vn autre lieu : il dit encore dans le 32 problesme que ceux qui craignent ont la voix aiguë, à raison que le froid les saisit, & leur affoiblit le cœur, de sorte qu'ils expirent fort peu d'air, delà vient qu'ils sont passes, ce qui tesmoigne que la chaleur quitte les parties superieures du corps, ausquelles elle se porte dans la honte.

Ie laisse plusieurs autres choses qu'il suppose, par exemple, que ceux qui hesitent, & qui balbutient en parlant, comme font les begues, sont melancholiques, dont la langue ne peut suiure la promptitude de l'imagination ; & parce qu'ils ont de la peine à parler, ils parlent fort haut, parce qu'ils ne peuuent surmonter les empeschemens qui leurs font de la peine, s'ils ne font vne grande violence : or il rapporte tous ces vices de la langue à la foiblesse, dans le 30 problesme ; mais i'ay parlé de ces vices de la voix dans vn autre lieu, & ay expliqué dans le corollaire de la 16 proposition plusieurs problesmes de l'vnziesme Section. C'est pourquoy ie ne m'estendray pas dauantage sur ce sujet, i'adioûte seulemét que chacun peut remarquer plusieurs particularitez qui seruiront à establir la Phoniscopie, c'est à dire la science de la voix, dont i'ay traicté fort amplement dans la trente-quatriesme question Physique.

La seconde partie de cette proposition appartient à la differente maniere de parler, sans auoir esgard aux differens idiomes : or l'on experimente que plusieurs melancholiques parlent tardiuement, & que ceux qui sont d'vn temperament chaud & cholerique parlent viste, & brusquement, d'autant que la terre predomine dans les vns, & la bile qui est de la nature du feu, dans les autres. Quant aux differens accents, chacun les doit à son païs, & à la coustume, c'est pourquoy l'on n'en peut rien conjecturer d'asseuré pour les temperaments, puis que les Normans nourris parmy les Gascons ont l'accent des Gascons, lors qu'ils n'ont point appris le langage de leur pays, & que les Gascons transportez des leur enfance en Normandie n'ont point d'autres accents que ceux des Normans, dont l'experience est fort ayséc à faire si l'on en doute.

Mais

Mais ie parleray plus amplement de la parole dans le liure de la Musique Accentuelle, où l'on verra comme le Musicien peut cognoistre le ton, & le mode necessaire pour émouuoir les passions & les affections de ses auditeurs.

La derniere partie de cette proposition parle du ris, dont la cause n'est pas aisee à trouuer: or quoy qu'il en soit, il semble que l'on peut cognoistre la nature des hommes par leur maniere de rire: car le ris estant vn mouuement naturel, il enseigne qu'elle est la nature dont il est produit. De là vient que Prosper Aldorise a donné le nom de la Gelosocopie au liure qu'il a fait du ris, dont il dit que la chaleur qui s'engendre par l'vnion des esprits chauds est la cause efficiente; à quoy il adioute que cette vnion des esprits se fait dans l'admiration d'vne chose nouuelle que l'on n'attendoit nullement; que la miniere de ces esprits reside au costé gauche du cœur, & qu'ils agitent le diafragme qui separe les parties vitales d'auec les animales: que les yeux sont plus clairs & plus brillants lors que l'on rit, à raison des flammes que le cœur leur enuoye; que les esprits qui se sont amassez & vnis dans le cerueau pour admirer excitent tellement ceux du cœur, que l'on peut mourir à force de rire, parce que la chaleur des esprits ayant quitté les parties solides, & les humeurs, elles ne peuuent plus conseruer la vie: & finalement que la respiration est vehemente, parce que la chaleur du cœur pousse & tire le poulmon auec violence; d'où il arriue que l'air qui est inspiré & expiré engendre le ris.

Or il y a autant de differentes especes & manieres de rire, qu'il y a de differens mélanges du son & de la voix, qui peuuent toutes estre rapportees aux cinq voyelles *a, e, i, o, u,* dont elles participent plus ou moins selon la grandeur du ris, qui fait souuent sortir les larmes, & qui fait quelquefois tousser, éternuer, bâiller, sauter & danser. Le ris qui fait oüir les voyelles *a, e, i, o,* se fait de bas en haut, dont *a* se forme au commencement, & *o* au milieu du palais de la bouche; *e* se fait dans le palais par vn mouuement oblique, & *u* se forme proche des dents: *a* & *u* se forment par la dilatation du larynx, qui se restrecit pour former *i*.

Or puis qu'il faut vne plus grande chaleur pour mouuoir les aisles des poulmons lors que le ris se fait en *a*, l'on peut dire que ceux qui forment *a* en riant ont plus de chaleur que ceux qui forment *o* & *i*, & qu'*e* signifie vne plus grande chaleur qu'*u*: a tesmoigne l'humidité & la facilité qu'a la languette à s'ouurir, & consequemment que l'on est sanguin; mais *e*, *o*, & *i* monstrent sa secheresse, & que ceux qui forment ces lettres en riant sont d'vn temperament froid & sec; comme la voyelle *u* signifie que l'on est froid & humide; les voyelles *i* & *o* monstrent que l'on est chaud, sec, & bilieux; *e* signifie la melancholie, & *u* signifie le phlegme, & que ceux qui forment lesdites lettres en riant sont sujets aux maladies qui viennent de ces humeurs, ou sont propres aux vertus ausquelles ces mesmes humeurs fauorisent. C'est pourquoy ie conclus qu'*a* & *o* signifient la hardiesse & la liberalité lors qu'ils se font par vn mouuement viste; & qu'*e* & *u* signifient l'auarice: que ceux qui forment *a* & *o* sont aimez de ceux qui forment *e* & *i*, qui cherchent la chaleur pour se perfectionner & pour se conseruer; & que ceux qui forment vne mesme lettre s'aiment reciproquement à raison de la ressemblance: que ceux qui forment *a* & *o* ont l'esprit plus vif & plus aigu; & que ceux qui forment *e* ont plus de memoire, & moins d'imagination, & qu'ils sont plus opiniastres: que les voyelles *i* & *u* tesmoignent vne vie courte, & les autres vne vie longue; de sorte que le printemps de la vie de celuy qui forme *a* dure 25. ans, qu'il donne semblablement à l'Esté, à l'Automne, & à l'Hyuer de la vie.

Mais chacun peut iuger si cét Autheur a raison, & si ce qu'il dit n'est pas veritable; il donne du moins sujet & occasion d'obseruer les differentes manieres de rire, & de voir s'il y a moyen de coniecturer quelque chose du temperament & de l'inclination des hommes par leur ris, dont il faut rechercher les causes & l'objet, afin que cette affection naturelle de l'homme soit connuë, & que l'on sçache si la faculté de rire luy est si propre & si essentielle, qu'elle ne puisse conuenir à nul autre animal. Quant à l'objet du ris, c'est à dire à la chose qui prouoque à rire, il a pour l'ordinaire deux conditions, car il faut qu'il surprenne, qu'il soit agreable, & qu'il ne se voye pas ordinairement; & puis celuy qui rit doit estre tellement disposé, qu'il n'ait rien dans le corps ou dans l'esprit qui l'empesche de rire: ce qu'il faut remarquer pour éuiter plusieurs instances & difficultez que l'on peut proposer contre cecy: mais il est difficile de trouuer la vraye cause pour laquelle ledit objet nous fait rire, dautant que le ris appartient ce semble à la partie animale, & consequemment les animaux deuroient semblablement rire, ce qui n'arriue pas: encore que l'on en remarque qui pleurent, comme fait le cerf qui est pris, n'y ayant pas plus de raison de rire que de pleurer. En effet l'on remarque quelque espece de ris aux animaux lors qu'ils se réjoüissent, de sorte que l'on peut leur attribuer le ris, puis qu'il y en a qui leur donnent quelque degré de raison.

Mais il n'est pas necessaire de parler icy des animaux, puis que ces discours appartiennent aux hommes, qui sont si differens en esprit & en temperament, qu'il est tres-difficile de trouuer vne cause & vn objet vniuoque qui les fasse rire: car encore que ce qui nous surprend & ce qui n'est pas ordinaire nous face rire, neantmoins nous rions de certaines rencontres & de certains objets qui ne nous surprennent pas; & bien que plusieurs croyent que l'objet du ris, ou *le ridicule* consiste dans vne laideur ou difformité sans douleur du corps, de l'esprit, ou des choses qui sont au dehors, à laquelle l'admiration est conioincte, qui est produite par quelque sorte de nouueauté de la chose ou de la maniere dont la chose est exprimee; neantmoins cette opinion n'est pas sans difficulté. Quoy qu'il en soit, il faut que la chose dont on rit soit agreable, & qu'elle nous surprenne auec quelque sorte de nouueauté, & qu'il se fasse pour l'ordinaire quelque mouuement qui ne conuienne pas à la chose dont on rit: De là vient que quelques-vns croyent que l'objet du ris, ou *le ridicule* est vne deformité qui ne blesse pas, ou qui ne peut seruir à autre chose qu'à faire rire; à laquelle l'on peut rapporter toutes les choses ridicules, soit que la deformité se rencontre dans la chose ridicule, ou dans ses actions, & dans la maniere de les faire. Or c'est chose asseuree que l'objet du ris doit estre ioyeux, puis que le ris est comme la fleur ou la perfection de la ioye, qui peut estre appellee vne espece de ris, dont la recherche plus exacte appartient aux Philosophes & aux Medecins, qui doiuent considerer pourquoy le cœur & le diaphragme se meuuent d'vne si grande violence lors que l'on rit, qu'il semble que l'on doiue creuer, comme l'on dit, & que l'on est souuent contraint d'estreindre le ventre pour reprimer la trop grande violence du mouuement. Ils doiuent aussi remarquer pourquoy les leures tremblent si fort en riant, & d'où vient la vehemence du mouuement de toutes les parties de la bouche, & du visage: car l'on ne peut expliquer tous ces mouuemens & toutes leurs causes sans rapporter plusieurs choses de l'Anatomie & de la Physique, qui seroient icy ennuyeuses.

L'on

De la Voix.

L'on peut voir les deux traictez que l'Autheur inconnu des Ieux a fait du ris, & dont le stile est excellent, & l'esprit subtil, & celuy de Iaubert, & des autres, & considerer si l'homme sage doit rire, & si le ris est vn acte de folie, suiuant la creance de quelques sauuages, qui ayant esté amenez dans l'Europe, se sont estonnez de voir rire les hommes, & ont douté s'ils estoient d'vne autre nature que ceux qui ne rient point : quoy que i'aye de la peine à croire cette histoire ; car il est ce semble tres-difficile qu'il se trouue des nations toutes entieres dont nul ne rie, s'ils ne sont tous si stupides qu'ils n'ayent pas l'esprit de rire, ou que leurs cognoissances & leurs sciences soient si excellentes qu'elles ne leur laissent plus rien à admirer, si toutefois le sujet d'admiration est vne condition necessaire pour faire rire, & pour establir le ridicule, dont tous ne demeurent pas d'accord.

COROLLAIRE.

L'on peut voir ce que i'ay dit de la science du parfait Musicien dans la cinquiesme question des Preludes de l'Harmonie, & ce que i'ay dit ailleurs de la connoissance qu'il doit auoir de la Physionomie, de la voix, & des sons, pour choisir des chants propres à exciter ses auditeurs à telle passion qu'il voudra ; & particulierement le discours du temperament qu'il doit auoir, dont ie traite fort amplement dans la quatriesme question desdits Preludes.

PROPOSITION XLVII.

A sçauoir si l'on peut inuenter la meilleure langue de toutes les possibles.

Si l'on pouuoit inuenter vne langue dont les dictions eussent leur signification naturelle, de sorte que tous les hommes entendissent la pensee des autres à la seule prononciation sans en auoir appris la signification, comme ils entendent que l'on se réjoüit lors que l'on rit, & que l'on est triste quand on pleure, cette langue seroit la meilleure de toutes les possibles : car elle feroit la mesme impression sur tous les auditeurs, que feroient les pensees de l'esprit si elles se pouuoient immediatement communiquer entre les hommes comme entre les Anges. Mais puis que le son des paroles n'a pas vn tel rapport auec les choses naturelles, morales, & surnaturelles, que leur seule prononciation nous puisse faire comprendre leur nature, ou leurs proprietez, à raison que les sons & les mouuemens ne sont pas des caracteres attachez aux choses qu'ils representent, auant que les hommes ayent conuenu ensemble, & qu'ils leur ayent imposé telle signification qu'ils ont voulu, & que les noms qu'Adam a imposé aux animaux sont aussi indifferens de leur nature à signifier les pierres, ou les arbres, que les animaux, comme l'on auoüera si l'on examine iudicieusement les vocables Hebreux ou Chaldeans, que l'on tient auoir esté prononcez par Adam, puis que les lettres, les syllabes, & leur prononciation sont indifferentes, & ne signifient autre chose que ce que nous voulons, il faut voir si l'art & l'esprit des hommes peut inuenter la meilleure langue de toutes les possibles ; ce qui ne peut arriuer si l'on ne suppose premierement que la meilleure langue est celle qui explique les notions de l'esprit le plus briefuement & le plus clairement. En apres, que les dictions qui ont moins de lettres ou moins de syllabes sont les plus courtes, & que la langue qui sera composee de dictions plus briefues sera la meilleure, puis qu'elle arriuera plustost au but que l'on se propose dans les langues, qui consiste à expliquer & à mettre au dehors ce que l'on a dans l'esprit.

Cecy estant supposé, ie dis que la meilleure langue de toutes les possibles doit estre composée de toutes les dictions qui se peuuent faire d'vne lettre, & puis de celle de deux, de trois, & de quatre lettres, iusques à ce qu'elle ait vn assez grand nombre de dictions pour exprimer toutes les choses qui se peuuent cognoistre, & dont on peut parler. Mais il n'est pas necessaire de monstrer le nombre des dictions qui se peuuent faire d'vne, de deux, de trois, & de quatre lettres, &c. dautant que les tables qui monstrent le nombre & la diuersité des chants dans le liure des Chants, seruent aussi pour sçauoir combien il y a de dictions dans les 22 lettres de l'alphabet consideré en toutes les manieres possibles ; par exemple, le premier nombre de la table generale de 22 notes monstre qu'il n'y a que 22 dictions d'vne lettre; le second nombre monstre que l'on en peut faire 484 de deux lettres ; & le troisiesme que l'on en peut faire 10648 de trois lettres; & consequemment que l'on peut faire vne langue dont nulle diction ne surpassera le nombre de trois lettres, qui aura 11154 dictions toutes differentes. Mais parce qu'il y a plusieurs assemblages de consonantes dans la table susdite qui ne peuuent estre prononcees, il faut vser d'vne autre methode pour faire toutes les dictions prononçables, afin qu'il n'y ait rien de superflu : ce que ie fais en deux manieres ; premierement en supposant qu'il n'y ait que 16 consonantes, à sçauoir b, $d, f, g, h, k, l, m, n, p, q, r, s, t, x, z$, car les lettres l & k peuuent seruir en tous les lieux où l'on met le c, & z en tous les lieux où l'on met s. Cecy estant posé, si l'on vse d'vne voyelle prise dans les cinq voyelles ordinaires, ie dis premierement que l'on peut faire 160 dictions d'vne seule voyelle, & d'vne consonante, & qu'en prenant 2, 3, 4, ou 5 voyelles auec vne seule consonante, l'on peut faire autant de dictions differentes, comme l'on en void dans la table qui suit, lesquelles peuuent toutes estre prononcees, comme l'on experimente dans ce vocable $á, é, r$, $i, ée$, qui a cinq voyelles. Or l'on en peut faire trois cens mille semblables, comme l'on en peut faire cinquante mille de quatre voyelles, & d'vne consonante, qui seront semblables à ces deux dictions, $aër$ $ée$, & $asis$ $m'eû$, & consequemment l'on peut faire vne langue toute entiere d'vne seule consonante accompagnee de cinq voyelles, pourueu qu'elle n'ait que trois cens cinquante-neuf mille, trois cens & soixante dictions.

Vne consonante	
Auec vne voyelle,	160
Auec 2 voyelles,	1200
Auec 3 voyelles,	8000
Auec 4 voyelles,	50000
Auec 5 voyelles,	300000
Somme totale	359360

Et si l'on veut vn plus grand nombre de dictions, & que l'on veüille vser de deux consonantes semblables, ou differentes, l'on fera 3840 dictions auec vne seule voyelle & deux consonantes, dont il y en aura 160 d'inutiles à raison qu'elles ne se peuuent prononcer, comme sont bba, abb : 38400 auec deux voyelles, dont il y en aura 800 d'inutiles, comme $bbaa$ ou $aabb$: auec trois voyelles il y en aura 320000, mais 4000 seront inutiles semblables à $bbaaa$; & si l'on vse de 4 voyelles, l'on aura 2400000 dictions, c'est à dire plus de deux millions, qui surpassent la multitude des dictions de la langue la plus feconde du monde : car il n'y en a que vingt-mille d'inutiles, & si l'on y joint cinq voyelles, l'on en aura 16800000, dont il y en a cent milles d'inutiles.

L'autre maniere qui suit est tres generale, & contient toutes les manieres possibles de prononcer : car elle a 19 consones, & 10 voyelles, qui font le nombre de 29 caracteres:

De la Voix. 67

29 caracteres: car outre les cinq voyelles ordinaires il y en a cinq autres, à raison que la voyelle *e* se prononce en trois façons, à sçauoir comme le *sceua* des Hebreux, lequel est semblable aux deux points que nous appellons *comma*: & qui respond à l'*e* feminin, qui s'entend fort peu, comme l'on void à la fin de cette diction Françoise *commande*: l'autre se prononce auec vn accent aigu, comme il arriue à la fin de cette autre diction *malgré*: & le troisiesme se prononce entre *la* & *le*, comme l'on void au premier *e* de cette diction *fête*, que l'on escrit ordinairement auec *s*, *feste*, quoy que l'on ne la prononce nullement; cét *e* se trouue aussi dans ces dictiõs *accez*, *progrez*, & en mille autres semblables. Les trois autres voyelles sont composees de 2 lettres, quoy que l'on n'en entende quasi qu'vne, dont la premiere est *au*, que les François prononcent ordinairement comme vn double *oo*, ou plustost comme vn *o* long; la seconde est *ou*, dont les Canadois & les autres sauuages d'Amerique vsent souuent à la fin de leurs dictions; & la seconde est *eu*, comme il se void en la deuxiesme syllabe de la diction *Dieu*; de sorte qu'il faut necessairement mettre ces dix voyelles *a*, *e*, *é*, *ê*, *i*, *o*, *u*, *au*, *ou*, *eu*, afin qu'il n'y ait nulle diction que l'on ne puisse escrire comme elle se prononce.

Quant aux diphtongues, & triphtongues, elles sont composees des voyelles precedentes, c'est pourquoy ie ne les adioûte pas icy, comme sont œ, & œi, & les autres que i'ay rapportees dans le 13 article de la 50 question sur la Genese. Il y a 19 consonantes qui sont necessaires pour prononcer toutes sortes de vocables, à sçauoir, *a*, *b*, *c*, *d*, *f*, *g*, *h*, *i*, *K*, *L*, *l*, *m*, *n*, *ñ*, *p*, *r*, *s*, *z*, *t*. Où il faut remarquer plusieurs choses, premierement que le *c* ne sert qu'à prononcer les syllabes que l'on escrit par *ch*, qui est vne sorte aspiration, & que ce que l'on escrit ordinairement en cette maniere *ca*, & qui se prononce *Ka*, se doit escrire auec *K*, qui se prononce fortement auec toutes les voyelles; & lors qu'il se prononce *ça*, comme si l'on l'escriuoit *sa*, il faut l'escrire auec *s*, qui se prononce de mesme façon auec toutes les voyelles, tant au commencement qu'au milieu, & à la fin des dictions: car l'on vze de *z* en tous les lieux où *s* se prononce doucement & mollement, comme en cette diction *aize*, au lieu d'*aise*. Le *K* sert encore au lieu de *q* joint à l'*u*, lequel on met apres, lors qu'il faut prononcer les dictions semblables à la conjonction Latine, *quare*. D'abondant il y a deux *l* & deux *n*, dont les vnes se prononcent plus fermement, & les autres plus mollement: c'est pourquoy l'on appelle les vnes dures, comme elles sont en ces dictions, *l'amour*, & *nauire*, & & les autres *molles*, *grasses*, & *mignonnes*, comme l'on void en ces vocables, *œillet*, & *magnifiques*, car la lettre *l* que l'on a coustume de doubler, & la lettre *n*, deuant laquelle on met vn *g*, se prononcent mollement: or il faut distinguer leurs caracteres, (puis qu'ils ont vn autre son) comme font les Espagnols qui mettent vne barre sur *ñ* pour signifier qu'il la faut prononcer doucement & mollement, comme l'on fait la syllabe Françoise *gnon* dans ces deux dictions *compagnon*, & *mignon*.

Cecy estant supposé, l'on void combien l'on peut faire de dictions differentes d'vne, de deux, de trois, & de quatre lettres, &c. dans la table A, qui suit, laquelle monstre en combien de manieres les 19 consones peuuent estre variees en les prenant toutes vne à vne, deux à deux, trois à trois, quatre à quatre, & cinq à cinq: mais parce que ces conjonctions de consones ne peuuent seruir à faire des dictions, si l'on n'y mesle des voyelles: la seconde table B fait voir combien l'on peut faire de dictions d'vne consone, lors qu'il est permis d'vser d'vne de deux, de trois, de quatre, ou de cinq voyelles prises dans les dix voyelles, des-

F iiij

quelles i'ay parlé cy-dessus, dont il n'y en a nulle qui ne soit vtile, c'est à dire qui ne puisse estre prononcée. Or l'vsage de ces deux tables est si aisé, qu'il n'est pas besoin de l'expliquer : car la premiere colomne de la premiere table monstre le nombre des differentes conionctions des 19 consones precedentes ; & la seconde colomne monstre combien l'on prend de consones à chaque diction ; & la premiere colomne de la seconde table monstre le nombre des dictions qui sont faites d'vne consone iointe auec les voyelles ; & la seconde enseigne combien il y a de voyelles à chaque diction.

A		
	19	1
	361	2
	6859	3
	130321	4
	2476099	5

B		
	380	1
	5700	2
	76000	3
	950000	4
	11400000	5

La troisiéme colône est aussi facile que les autres, où l'on void le nombre des dictions de deux consones, ausquelles on ioint vne, deux, trois, quatre, ou cinq voyelles : mais parce qu'on ne peut repeter deux fois vne mesme consonante au commencement & à la fin d'vn mot : i'ay marqué vis à vis de chaque nombre de ces diuerses dictions de deux consonantes combien il y en a d'inutiles.

C			inutiles	
	10830	1	380	
	216600	2	3800	
	3610000	3	38000	
	54150000	4	380000	
	758500000	5	3800000	

La quatriesme & derniere table D, monstre le nombre des dictions que l'on peut faire de trois consones meslees auec vne, deux, trois, quatre, ou cinq voyelles ; & parce que ce nombre est assez grand pour faire telle langue que l'on voudra, pourueu qu'elle n'ait que 37 bilions de vocables, il n'est pas necessaire de passer outre.

D			inutiles	
	274360	1	7600	
	6859000	2	115400	
	137180000	3		
	2400650000	4		
	38910400000	5		

Or si l'on veut poursuiure toute la table iusques aux dictions de 19 consones, il faut suiure la mesme methode dont ie me suis seruy pour faire les tables precedentes, qui consiste premierement à prendre le nombre des variations de 3, 4, 5, &c. consones, telles que l'on les void dans la premiere table : par exemple, s'il y a trois consones, il faut prendre 6859 : secondement, il faut adioûter autant de zeros que l'on met de voyelles auec les trois consones : par exemple, s'il y a trois voyelles, l'on aura ce nombre 6859000. Troisiesmement, il faut multiplier ce nombre par la conbination ordinaire des lettres, qui est vingt par l'addition des six lettres, dans laquelle il y a trois lettres d'vne sorte, & trois autres d'vne autre ; car puis que six est la conbination du ternaire, il faut multiplier six par soy mesme pour auoir trente-six, par lequel la conbination de six choses differentes, c'est à dire 720, estant diuisee, l'on a vingt pour le quotient, de sorte que ce nombre de trois consones est 137180000, comme l'on void dans la quatriesme table.

Ie veux encore donner les dictions de quatre & de cinq consones iointes auec vne, deux, trois, quatre, ou cinq voyelles, afin qu'il ny ait nulle langue qui n'ait vne trop grande multitude de vocables.

Dictions

Dictions des 4. Consones.	Dictions des 5. Consones.	
Auec vne voyelle	6516050	Auec vne voyelle, 148565940
Auec 2,	195481500	Auec 2, 5199807900
Auec 3,	4561235000	Auec 3, 138661544000
Auec 4,	912470000	Auec 4, 3119884740000
Auec 5,	1642044600000	Auec 5, 62397699800000

Or encore que ie n'aye mis que les dictions de cinq consones auec autant de voyelles, ie veux neantmoins donner la methode de trouuer toutes les autres dictions qui peuuent estre composees de 19 consones, & de dix voyelles : ce que i'expliqueray par le nombre de dix consones, & autant de voyelles. Ie dis donc que si la diction a 20 lettres, à sçauoir 10 consones, & 10 voyelles, qu'il faut poursuiure la multiplication des consones par 19, iusques à ce que l'on ait 10 nombres, & que l'on ait fait 9 multiplications, dont le produit sera 6131066257801 : en apres il faut adiouter 10 zero à ce nombre, à raison des 10 voyelles ; & finalement il faut multiplier ce nombre par la combination ordinaire de 20 choses diuisee par le quarré de celle de 10, dont le quotient sera 184756, & le nombre cherché sera 1132751277526281556000000000000.

Mais s'il n'y auoit que 8 voyelles il faudroit seulement adiouter 8 zero au nombre susdit, & multiplier ce nombre par la combination ordinaire de 18 diuisee par le produit de la combination de 10, qui est 3628800 multipliee par la combination de 8, qui est 40320, à raison des 10 consones, & des 8 voyelles.

Finalement si les dictions estoient de 30 consones, & de 20 voyelles, il faudroit poursuiure la multiplication des consones par 19 iusques à ce que l'on eust 30 nombres, c'est à dire qu'il faudroit faire 29 multiplications, & aiouster 20 zero au produict à cause du nombre des voyelles ; & puis il faudroit multiplier ce nombre par la combination ordinaire de 50 choses, qui est le nombre des lettres de la diction, entre lesquelles il y en auroit 30 d'vne sorte, & 20 de l'autre ; mais il faut multiplier la combination ordinaire de 30 choses par celle de 20, & diuiser celle de 50 par le produit pour auoir le nombre de ces dictions, & le quotient sera le multiplicateur cherché.

Si l'on se veut contenter des seules voyelles pour faire vne langue entiere, il est tres-aisé de sçauoir combien l'on aura de dictions, car 10 estant multiplié 9 fois donnera toutes les dictions d'vne, de 2, de 3, & de 4 lettres &c. & parce que chaque multiplication aiouste vn zero, l'on aura 10000000000, c'est à dire 10 bilions de vocales, qui surpassent le nombre de toutes les dictions Greques, Latines, Hebraiques, & Arabesques, comme il est aisé de monstrer par la comparaison de ces dictions auec les autres, encore que la plus grande de ces dictions faites des voyelles n'aye que 10 lettres, & que plusieurs dictions Greques, ou Latines ayent 22 lettres, comme l'on void dans la diction *Constantinopolitanorum*. Mais puisque i'ay montré que la meilleure langue est celle qui a ses dictions plus courtes, d'autant qu'elle explique plus promptement les pensees, & les notions de l'esprit, & qu'il est constant que les dictions ne peuuent signifier naturellement, mais seulement par artifice, c'est à dire en vertu de la volonté, & de l'institution des hommes, il faut voir si les dictions les plus courtes de toutes les possibles peuuent estre mises en vsage dans tout le monde, & par quel moyen cela peut arriuer, apres auoir remarqué que les dictions precedentes peuuent encore estre variees, & consequemment multipliées à raison des differents accents & des temps, c'est à dire des briefues, & des longues, & de toutes les differentes mesures, des tons, & des chants differents de la Musique.

Or il est tres-aisé de sçauoir combien tel nombre d'accents que l'on voudra prendre augmente le nombre des dictions precedentes, car si, par exemple, l'on prononce cha**que** diction auec 10 accents differens pour signifier 10 choses differentes, il faut seulement multiplier le nombre des dictions par 10 : par exemple, si l'on adjouste ces 10 accents aux dictions d'vne consonante, & de deux voyelles, dont le nombre est 5700, comme l'on void dans la 2. table, l'on aura 57000 dictions : mais ie reserue plusieurs autres considerations pour la proposition qui suit.

PROPOSITION XLVIII.

Expliquer combien il y à de dictions possibles, & prononçables, soit que l'on vse de l'Alphabet, & des lettres Françoises, ou des Greques, Hebraiques, Arabiques, Chinoises, &c. & consequemment donner toutes les langues possibles.

I'ay monstré dans la proposition precedente qu'il faut 19 consonantes, & 10 voyelles pour prononcer tout ce qui peut tomber dans l'jmagination, c'est pourquoy il faut apporter la table des 19 consones, & celle des 10 voyelles, & donner la methode de trouuer le nombre des dictions qui en peuuent estre composees; & parce que l'on peut trouuer des dictions qui auront quelques consones deux, ou plusieurs fois repetees, la table qui suit va iusques à 30, afin que l'on puisse sçauoir le nombre des dictions qui seroient composees de 19 consones, dont l'vne se repeteroit 11 fois, ou l'vne 5 & l'autre 6 fois &c.

Si l'on vouloit trouuer les dictions de 40 ou 50 consones, il faudroit multiplier le dernier nombre par 19, iusques à ce que l'on eust fait la 40 ou 50 multiplication : & si l'on veut vser plus de 10 voyelles dans les dictions, il faut multiplier 10 par soy-mesme autant de fois que l'on mettra de voyelles ; par exemple, si l'on vse de 10 voyelles, il faut faire 10 multiplications, si l'on reitere vne, ou plusieurs voyelles plusieurs fois ; par exemple, si l'on repete deux fois chacune des 10 voyelles, il faut multiplier 10 par soy-mesme iusques à 20 fois ; ce qui est si aisé qu'il n'est pas necessaire d'en donner la table.

C'est pourquoy ie viens aux exemples, qui seruiront mieux pour l'intelligence de cette proposition que ne feroient de plus longs discours : mais il faut premierement remarquer que les nombres qui vont depuis l'vnité iusques à 30, monstrent combien il peut y auoir de differentes conjonctions d'vn nombre de consones prises en 19, qui sont égales à celuy qui est dans cette premiere colomne à main droite : par exemple, le nombre de 2 monstre qu'elles peuuent se ioindre en 361 maniere ; & le 3 monstre qu'elles peuuent estre iointes en 6859 façons : & consequemment qu'il peut y auoir autant de dictions radicales de 3 consonantes, sans qu'il y ait aucune voyelle.

Table

De la Voix.

Table generale des dix-neuf Consones.

19	1
361	2
6859	3
130221	4
2476099	5
47045881	6
893871739	7
16983563041	8
322687697779	9
6131066257801	10
116490258898219	11
2213314919066161	12
42052983462257059	13
799006685782884121	14
15181127029874798299	15
288441413567621167681	16
5480386857784802185939	17
104127350297911241532841	18
1978419655603135891239779	19
37589973457545958193355661	20
714209495693373205673756419	21
13569980481740909078013719 61	22
275829627945307727248226067259	23
5240876195309608468177162952779 21	24
93076495688256089536609610280499	25
1768453418076865701195582595329481	26
33600614943460448322716069311260139	27
638411683925748518131605316913942641	28
12129821945589221844500501021364910179	29
230466617897195215045509519405933293401	30

Si l'on veut sçauoir combien il y a de dictions de 10 consones & de 10 voyelles, il faut multiplier la combination de 10 consones, à sçauoir 6131066257801, par celle de 10 voyelles, qui est 10000000000, dont le produit sera 61310662578010000000000, qu'il faut encore multiplier par l'ordre, dautant que ce dernier nombre monstre seulement les dictions, où il y a tousiours quelque diction nouuelle. Cét ordre se trouue comme il s'ensuit : Il faut multiplier la combination ordinaire de 10, qui est 3628800, par celle de 10, c'est à dire par soy-mesme, pour auoir le quarré 13168189440000 ; puis il faut diuiser celle de 20 pour auoir 184756, qui est l'ordre cherché, par lequel il faut multiplier 61310662578010000000000, pour auoir 11327512775262815560000000000, qui est le nombre des dictions de 20 lettres, dont il y auroit 10 consones & 10 voyelles.

Or il faut remarquer que ce nombre de dictions est moindre que si l'on prenoit 20 lettres dans les 29 lettres que nous supposons dans cette proposition, dautant que dans les dictions precedentes l'on est astraint à vn certain nombre de voyelles & de consones, & dans l'autre l'on peut prendre des seules voyelles, ou des seules consones. Si l'on prend seulement 8 voyelles, & 10 consones, il faut multiplier la combinaison de 10 consones par celle de 8 voyelles, pour auoir 61310662578010000, qu'il faut multiplier par l'ordre que l'on trouue en multipliant la combinaison ordinaire de 10, qui est 3628800 par celle de 8, qui est 40320, pour auoir le produit 146313216000, par lequel il faut diuiser celle de 18, qui est 6402373705728000, & le quotient donnera 43758, qui est l'ordre cherché, par lequel le premier nombre estant multiplié l'on a le produit 26828.31973088561580000000000.

Finalement si l'on veut sçauoir le nombre des dictions qui se peuuent faire de 30 consones, & de 20 voyelles, il faut premierement trouuer la combinaison de 30, & la multiplier par celle de 20 pour auoir 2304666178971952150455045194059329340100000000000000000000, qu'il faut multiplier par l'ordre qui se trouue en multipliant la combinaison ordinaire de 30 par celle de 20, dont le produit est 6453342153116763945931460712969453699072000000000000, par lequel il faut diuiser la combinaison de 50 pour auoir le quotient 424162910195640, par lequel il faut multiplier 230466617897195215045509519405933293401000000000, pour auoir le produit 9,775,539,135,022,089,237,788,637,205,542,561,937,142,874,643,097,164,000,000,000,000,000,000,000, qui contient 73 caracteres, dont le dernier vaut vingt & trois neuf ilions, dont ie parleray encore ailleurs.

COROLLAIRE.

Encore que ie ne croye pas que l'on puisse auoir vne langue qui signifie naturellement, neantmoins parce que l'on rencontre des Philosophes qui tiennent le contraire, & que le parfait Musicien doit sçauoir tout ce qui se peut dire sur ce sujet, ie veux monstrer dans les propositions suiuantes ce qui peut estre appellé naturel dans les langues, & comme l'on peut imiter la nature des choses par les paroles.

PROPOSITION XLIX.

A sçauoir si l'on peut, ou si l'on doit donner vn seul nom, ou plusieurs à chaque indiuidu, & s'il y a plus de choses que de noms, ou de dictions : & ce qui rend vne langue plus excellente que l'autre.

Puis que nous auons demonstré combien l'on peut faire de dictions, il faut considerer si elles suffisent pour nommer toutes les choses naturelles & surnaturelles, & si vne seule diction suffit pour seruir de nom à chaque indiuidu. A quoy ie responds, premieremēt qu'il est tres-certain que les dictions de toutes les langues qui ont esté, ou qui sont encore en vsage dans tout le monde ne suffisent pas pour donner à chaque chose vn nom qui luy soit propre, & particulier, comme l'on experimente dans tous les indiuidus des herbes, & des arbres, car chaque nation se contente de leur donner le nom de leur espece: par exemple, tous les indiuidus des herbes que l'on appelle *betoine, verueine, romarin, &c.* n'ont point d'autres noms que les precedens: car les François, les Latins, & les Grecs ne distinguent nullement les indiuidus de ces especes les vns d'auec les autres, qu'en les monstrant au doigt, ou par quelqu'autre signe, ou par ces pronoms demonstratifs, *cet herbe, &c.* par exemple, *cette betoine, ce romarin, hæc betonica, &c.* Il arriue
la mesme

De la Voix.

la mefme chofe au poil de tous les animaux, & aux cheueux des hommes, dont chacun defire vn nom particulier pour eftre diftingué des autres, de forte que fi vn homme a 100000 cheueux à la tefte, & 100000 autres poils fur le refte du corps, il faut 200000 noms ou vocables pour les nommer.

Or ce que i'ay dit du poil, fe doit entendre de toutes les parties du corps, & de tous les indiuidus, & de leurs parties. Car puis que la nature de toutes ces chofes font differentes, elles ne peuuent eftre expliquees que par des noms differens, qui manquent à toutes les langues, & à toutes les nations du monde qui font contraintes d'vfer des vocables generaux pour fignifier les chofes particulieres.

Quant au nombre des dictions qui peuuent eftre formees des 10 voyelles, & des 19 confones, dont i'ay parlé dans la 48 propofition, particulierement lors qu'il eft permis de faire les dictions des 30 confones, & des 20 voyelles, il eft merueilleufement grand, car il contient 73 caracteres; or il ne faut que 46 caracteres pour exprimer le nombre des grains de fable qui rempliroient toute la folidité du firmament, c'eft à dire tout le monde qui nous eft connu, comme i'ay demonftré fur le premier verfet de la Genefe, dans la 16 raifon, D'où il eft ayfé de conclure que tous les indiuidus de la nature peuuent auoir des noms particuliers dans la langue vniuerfelle que l'on peut faire felon les preceptes & les regles que i'ay donnees dans la 47. & 48. propofition, & ailleurs, pourueu qu'ils ne furpaffent pas dauantage le nombre defdits grains de fable que le nombre compofé de 73 caracteres furpaffe celuy de 46: Car puis que le 47 caractere rend ce dernier nombre 10 fois plus grand, & que le 48, & 49 caractere l'augmentent au centuple, & au millecuple, il eft euident que cette langue a cent mille fois plus de dictions qu'il n'y auroit de nouueaux grains de fable dans tout ce monde, & dans cent millions de mondes plus grands que le noftre : & confequemment beaucoup plus que tous les hommes, & tous les animaux du monde n'ont de poils, & de cheueux, encore qu'il y euft autant d'hommes & d'animaux qu'il y auroit de grains de fable dans tous ces mondes.

Et fi l'on dit que Dieu peut toufiours produire de nouueaux indiuidus iufques à l'infini, dont le nombre furpaffera celuy defdites dictions, ie di femblablement que l'on peut toufiours aioufter de nouuelles dictions en augmentant le nombre de leurs lettres.

Ie refponds en fecond lieu pour refoudre l'autre partie de la propofition, qu'il faut auoir plufieurs noms pour chaque indiuidu, fi l'on veut exprimer toutes fes proprietez, mais parce que nous ne pouuons les cognoiftre pour plufieurs raifons que l'on peut apporter, il fuffit d'auoir autant de noms, ou de vocables differens comme nous y reconnoiffons de differentes proprietez.

Où il faut remarquer que ceux qui croient que les noms differens dont toutes les nations ont nommé les efpeces, fignifient les differentes proprietez qu'elles ont enuifagees dans lefdites efpeces, n'ont autre fondement que leur imagination, ou quelque rapport imaginaire à la langue primitiue. Car fi l'on prend les noms que les Hebrieux, les Grecs, & les Latins ont donné à l'eau, au feu, & aux autres chofes, l'on ne trouuera pas que les vns ayent eu de meilleures raifons que les autres, mais pluftoft qu'ils ont eu la mefme penfee des mefmes proprietez qu'ils ont voulu exprimer en leur langue.

Neanmoins fi l'on prend la liberté de feindre vne langue vniuerfelle com-

G

posée de toutes les dictions possibles, dont les racines, ou les dictions radicales soient dans vn assez grand nombre pour fournir des noms differens à chaque proprieté de toutes les especes, ou de tous les indiuidus ; & que l'on suppose qu'Adam (que les Chrestiens & les Iuifs reconnoissent pour le premier homme) a eu la parfaite connoissance de toutes les sciences, & des proprietez de chaque chose, l'on peut s'imaginer qu'il a donné autant de noms à chaque espece, par exemple à chaque animal, comme il y a reconnu de proprietez differentes, & consequemment que les mots differens de toutes les langues qui signifient vne mesme chose, sont deriuez des noms qu'il inuenta & qu'il imposa dés le commencement du monde, ou dans l'espace de neuf cens trente ans qu'il a vescu.

A quoy l'on peut aiouster qu'il donna pour le moins mille noms à chaque espece afin d'en dériuer tous les noms differens que toutes les nations de la terre donnent ausdites especes, dans chacune desquelles Adam a peu remarquer milles proprietez differentes absoluës, ou relatiues. Car l'on peut donner autant de noms differens à l'eau comme il y a d'autres corps dans la nature ausquels elle peut estre comparee, soit en dureté, ou en pesanteur ; par exemple, si on la compare à l'or, il luy faudra donner vn nom qui explique qu'elle est dix-neuf fois plus legere que ledit or, & composer d'autres noms qui expriment de combien elle est plus ou moins legere ou pesante que tous les autres corps, dont l'on peut dire la mesme chose que de l'eau. D'où il s'ensuit qu'il faudroit autant de dictions differentes pour signifier les proprietez relatiues de chaque corps, comme il y a de choses differentes dans la nature.

Mais parce que nous n'auons aucun tesmoignage de cette imposition des noms, & qu'Adam n'a peu prononcer la centiesme partie desdits noms dans tout le temps qu'il a vescu ; & mesme qu'il n'en auroit pas encore prononcé la centiesme partie, encore qu'il eust vescu iusques à present, & qu'il en eust imposé cent mille dans chaque minute d'heure, il est éuident qu'il n'a pas trouué toutes les dictions, & qu'il n'a pas imposé tous les noms qui peuuent seruir à expliquer toutes les proprietez des especes & des indiuidus.

Ce que l'on peut confirmer par le peu de dictions de la langue Hebraïque, qui sont si vagues & si generales, que l'Escriture saincte vse souuent d'vne mesme diction pour signifier des choses fort differentes. D'où l'on peut conclure la simplicité des premiers habitans de la terre, qui n'ayant besoin que d'vn petit nombre de choses n'ont inuenté qu'vn petit nombre de vocables, & qui peut estre ont iugé que la meilleure langue de toutes les possibles est la plus courte, & celle qui a besoin d'vn moindre nombre de dictions ; comme les Mathematiciens ont iugé que la meilleure maniere de se seruir des poids, est de prendre ceux qui se suiuent en progression triple depuis vne liure iusques à 2187 liures, encore que l'on n'ait que huict sortes de poids, dont la demonstration depend des Mechaniques.

En effet toutes les choses sont ordinairement d'autant plus excellentes, qu'elles sont plus simples, comme enseignent les Theologiens, qui ne mettent qu'vne idee, ou vn seul acte de connoissance en Dieu, par lequel il connoist & nomme toutes choses, & qui tiennent que les Anges les plus excellens ont vn moindre nombre d'idees, ou d'especes, qui leur seruent de noms pour exprimer la nature & les proprietez de chaque chose.

De la Voix.

L'on peut semblablement prouuer que l'excellence d'vne langue consiste en peu de dictions par la pratique de l'Arithmetique, & de l'Algebre, qui se sert seulement de 10 caracteres differens pour exprimer tout ce qui est dans sa puissance, & dans son estenduë.

Et si l'on pouuoit exprimer toutes les choses dont nous auons besoin auec 10 paroles, ou dictions, ou auec autant de vocables qu'il y a de lettres dans l'alphabet, l'on pourroit conclure que cette langue seroit la plus simple de toutes celles qui ont esté iusques à present ; & parce que i'ay monstré dans vn autre lieu, que dix choses peuuent estre variees mille millions de fois, il s'ensuit que l'on peut exprimer mille millions de choses auec dix vocables, ou mesme auec dix lettres, ou characteres.

PROPOSITION LI.

Determiner si les sons de la voix, c'est à dire les voyelles, les consones, les syllabes, & les dictions peuuent auoir vne telle analogie, & vn tel rapport auec les choses signifiees, que l'on puisse former vne langue naturelle.

Si les lettres signifient quelque chose naturellement lors qu'elles sont prononcees ou escrites, il semble que l'on en puisse composer des vocables pour faire vne langue naturelle, puis que les langues sont composées de dictions, & les dictions de lettres, comme de leurs elemens : or plusieurs ont remarqué qu'il y a des lettres propres pour exprimer la douceur & la rudesse, & les autres qualitez des corps, & des actions, & passions : car les deux voyelles *a* & *o* sont propres pour signifier ce qui est grand, & plein : & parce que *a* se prononce auec vne grande ouuerture de la bouche, elle signifie les choses ouuertes, & les actions dont on vse pour ouurir & pour commencer quelque ouurage. De là vient que Virgile a commencé son Æneide par cette diction *Arma*, & qu'il a iugé que cette voyelle signifie l'amour qui ouure le cœur des amans pour se répandre les vns dans les autres, comme l'on void en ces paroles, *Phillida amor ante alias*, dans lesquelles il y a cinq *a* qui se suiuent.

Quant à la voyelle *e*, elle signifie les choses deliees & subtiles, & est propre pour exprimer le dueil & la douleur, parce que la bouche se restressit en la prononçant : delà vient que Virgile vse plusieurs fois de cette lettre en descriuant la misere,

Heu quæ me miserum tellus, quæ me æquora possunt,

Accipere, &c. Elle est encore propre pour representer l'echo, comme l'on void en ces mots, *colles clamore resultant.*

La voyelle *i* signifie les choses tres-minces & tres-petites ; de là vient la diction *minime*, qui a deux *i* & vn *e*, & qui consequemment est plus propre pour signifier l'humilité que nulle autre diction : elle exprime aussi ce qui est penetrant comme le foudre,

Ipse Iouis rapidum iaculata è nubibus ignem.

Car ce qui est delié penetre plus aisément, comme fait la pluye :

Accipiunt inimicum imbrem riuique fatiscunt.

La voyelle *o* sert pour exprimer les grandes passions, lorsque sa prononciation est longue, comme il arriue en ces parolles, *O patria! ô tempora! ô mores! &*

G ij

pour representer les choses qui sont rondes, par ce que la bouche se forme en rond lors qu'elle la prononce.

La voyelle *u* signifie les choses obscures & cachees, suiuant la nature de sa prononciation : ie laisse plusieurs autres choses que l'on peut dire des voyelles, dont i'ay desia parlé ailleurs, afin d'ajoûter quelque chose des consones, qui sont propres pour exprimer les choses qu'elles representent, ou auec qui elles ont du rapport : par exemple, *f* est propre pour representer le vent, & le feu ; delà vient la diction latine *flo*, & plusieurs autres semblables.

La lettre *s*, & *x* composé de *c* & de *s*, sont propres pour signifier les choses qui ont quelque sorte d'aspreté, comme les vents, & les tempestes, particulierement quand elle est adioustee à *r*, comme en la diction *stridor*: *l* signifie les choses humbles, moles, & liquides, au lieu que *r* signifie les choses aspres, rudes, dures, & raboteuses, & les actions vehementes, & impetueuses : on l'appelle *lettre canine*.

m signifie ce qui est grand, comme les Machines, & plusieurs autres choses semblables : Delà vient que les Romains l'ont appellée *magnum*, & que les Poëtes ne prononcent point cette lettre parce qu'elle est rude, comme l'on void en ces mots, *monstrum horrendum ingens*.

n a vne signification contraire, car elle est propre pour exprimer les choses noires, cachees, & obscures : ie laisse les autres lettres, dont chacun peut aisément parler par sa propre experience, car leur prononciation monstre euidemment à quoy elles sont propres.

Quant aux syllabes & aux dictions composees des voyelles & des consones qui se suiuent de telle maniere qu'elles se prononcent doucement & aisément, elles sont propres pour exprimer les choses douces, égales, & polies ; & les autres, dont la prononciation est rude & difficile sont propres pour signifier les choses dures, & fascheuses. Or il suffit d'auoir touché cette difficulté, parce que les Grammairiens & les Rhetoriciens en traitent plus au long, comme l'on peut voir dans Quintilian, Scaliger au 4 de sa Poëtique, Lipse, Sturmius, Kekerman, Vossius, & plusieurs autres. L'on peut aussi considerer les vers dont les Poëtes ont vsé pour representer au vif & au naturel ce qu'ils ont descrit, comme quant Virgile represente vn cheual qui court :

Quadrupedante putrem sonitu quatit vngula campum.

Et qu'Homere represente vne espee qui se rompt, dans le 3. de l'Iliade.

Τρυφάλεια δὲ τετραφάλῳ Ἀργυροφίων ἵπποιν χέρσι.

Scaliger a rapporté les plus beaux vers de Virgile & d'Homere dans le 5 liure de sa Poëtique, où il les compare tous deux ensemble, d'où l'on peut tirer de l'eclaircissement pour la langue naturelle, si elle est possible.

Si les objets exterieurs affectoient tellement l'œil & les autres sens, que nous sentissions de certains mouuemens de l'imagination qui nous fissent remuër la langue, & les autres parties qui seruent à la voix, & qui nous fissent pousser l'air du poulmon en differentes manieres pour exprimer les differentes impressions de tout ce qui nous affecte, & que chacun experimentast les mesmes mouuemens & les mesmes affections dans soy-mesme lors que l'on est également touché par les objets, nous aurions des vocables qui signifieroient naturellement, dont on pourroit composer vne langue naturelle, mais nul ne tesmoigne ces ressentimens ; & lors que l'on regarde le Soleil & les Estoiles, l'on n'apperçoit pas que l'imagination

tion fournisse des mouuemens particuliers de la langue pour former des dictions conformes à ce que nous auons apperceu.

C'est pourquoy ie n'estime pas qu'il y ait aucune langue naturelle, si ce n'est que l'on die que les dictions qui se prononcent tardiuement, & qui ont plusieurs syllabes, signifient naturellemét les actions longues & tardiues, & que ce que i'ay dit des lettres soit suffisant pour seruir de fondement à vne langue naturelle, dont il seroit aisé de faire la Grammaire, & le Dictionnaire, si l'on vouloit la mettre en vsage : car toutes les dictions qui seroient composees des 2 voyelles *a* & *o*, & des consones qui sonnent plus fort seroient destinees à exprimer les choses grandes, hautes, & éleuees ; & celles que l'on composeroit des voyelles *e*, *i* & *u*, signiroient les actions, & les autres choses basses & raualees.

COROLLAIRE.

Si l'on desire sçauoir les proprietez des voyelles & des consones, il faut lire le liure que Scaliger a fait des causes de la langue Latine, Terentian, le Dictionnaire de Martinius, les Rhetoriciens qui ont traité des lettres, & des syllabes, comme Vossius au 4 liure de ses Institutions oratoires chapitre 2 : Aristide dans le 2 liure de la Musique ; & ce que i'en ay escrit dans le 4 article de la 57 question sur la Genese.

PROPOSITION LI.

A sçauoir si ceux qui n'ont point de langue peuuent parler, & si l'on peut faire parler les muets, & les enseigner à lire & à escrire lors qu'ils sont sourds.

Si les fredons peuuent seruir pour faire vn langage, l'on peut parler encore que l'on ait la langue coupee, puis que les passages & les fredons se font auec la gorge. Certainement il seroit difficile de s'imaginer que l'on peust naturellement parler sans langue, si vn enfant du bas Poictou qui s'appelle Pierre Durand, ne faisoit voir cette experience, dont plusieurs de la ville de Paris, & d'autres lieux où il a esté, sont tesmoins oculaires. Ce qui a inuité Iacques Rolland Chirurgien d'en faire vn liure intitulé *Aglossostomographie*, ou description d'vne bouche sans langue, qu'il a fait imprimer à Saumur, dans lequel il dit que le trou du larynx de cét enfant est fort petit, & en forme d'ouale, que la vulule qui le bouche est menuë & longue, qu'vn petit corps charnu qui paroist encore où estoit sa langue, se gonfle par son milieu vers le palais, que ses dents sont reuersees & allongees en dedans, que les muscles buccinateurs s'impliquent aisément entre les dents molaires, & que toutes les autres parties necessaires à la voix se sont accommodees à la necessité du parler au defaut de la langue : car l'applatissement du palais, la grosseur des amigdales, & l'enfoncement des muscles, qu'il appelle *buccinateurs*, restressissent tellement la bouche qu'elle articule les sons, à raison que toutes les parties estant encore tendres dans les ensans s'accommodent facilement à la necessité de la parole, comme l'on experimente dans les idiomes des differentes nations, & dans les differens accents des Estrangers, qui ne peuuent quitter leurs manieres de prononcer & d'accentuer, à cause du ply & de la longue habitude qu'ils ont contractee dés leur enfance. Mais il n'est pas necessaire de m'estendre dauantage sur ce sujet, ny de parler de la structure, des parties, & de l'vsage de la langue, puis que cét Autheur en a traité fort amplement dans

G iij

les chapitres de son liure, dans lesquels il monstre que la langue estant coupee ne peut estre reparee, quoy que l'on luy puisse adiouter le petit instrument qu'il descrit, lors qu'elle est seulement tronquee par le bout. Il monstre aussi comme elle sert à gouster, à remuer, à amasser l'aliment, & à cracher, & discourt de tous ses autres offices.

Or si l'on auoit trouué l'art d'attacher vne langue artificielle à l'os hyoide sur lequel la langue est appuyee, l'on pourroit suppleer au defaut de la langue naturelle, comme l'on fait à celuy des dents & du nez; neantmoins ie n'ose pas conclure que les mouuemens de la glotte & de l'epiglotte ne puissent former quelque parole.

Quant aux muets, encore que plusieurs croyent qu'il n'est pas possible qu'ils parlent autrement que par les signes ordinaires qu'ils font auec les mains, les yeux, & les autres parties du corps, parce qu'ils ne peuuent oüir aucune instruction, à raison qu'ils sont sourds; & il n'y a nul doute que l'on peut tellement leur apprendre à remuer la langue, qu'ils formeront des paroles, dont on pourra leur apprendre la signification en leur presentant deuant les yeux, ou en leur faisant toucher les choses qu'elles signifient. D'où l'on peut conclure qu'il faut commencer par l'escriture pour faire parler les sourds, comme l'on commence par la parole pour enseigner à parler aux autres; de sorte que la parole & l'escriture sont quasi vne mesme chose: car on peut dire que la parole est vne escriture passagere, qui consiste dans le mouuement, & que l'escriture est vne parole constante, qui n'est point sujette au temps, ny au mouuement.

L'on peut confirmer cecy par l'exemple de Monsieur Bene qui respondoit par escrit aux lettres qu'on luy enuoyoit, & qui consequemment pouuoit lire toutes sortes de liures, comme tesmoigne la ville d'Arles, dans laquelle l'on void encore ses enfans, dont il y a seulement eu deux fils & deux filles qui n'ont point parlé: il a ascrit la Genealogie des Roys, & celle de sa maison.

Or l'vnique moyen d'enseigner à lire & à escrire aux sourds & aux muets consiste à leur faire comprendre que les caracteres dont on vse, representent ce que l'on leur monstre, & ce qu'ils voyent: car la prononciation des lettres & des vocables, c'est à dire la parole, ne represente pas plus naturellement les choses signifiees que l'escriture quelle quelle soit, puis qu'elles dependent toutes deux également de la volonté & de l'institution des hommes, sans laquelle elles ne signifient rien. C'est pourquoy les sourds peuuent aisément comprendre que chaque mot signifie ce qu'on leur monstre; & parce qu'ils sont priuez de l'oüie, & consequemment que leur imagination ne s'attache nullement aux objects de ce sens, ils ont l'esprit plus capable & plus fort pour comprendre & retenir que les caracteres que l'on leur monstre, & que l'on ioint à toutes les choses que l'on veut leur enseigner signifient telle ou telle chose, que n'ont ceux qui ne sont pas priuez de l'oüie.

Cecy estant posé, il est facile d'enseigner à escrire toutes sortes de choses aux sourds, pourueu qu'elles puissent tomber sous le sens de la veuë, ou du toucher, ou qu'elles puissent estre goustees, ou flairees; mais il est plus mal-aisé de les faire parler, dautant que l'on ne peut leur monstrer tous les mouuemens de la langue, & des autres parties qui forment la parole, que ceux qui oyent n'ont pas besoin de voir, à raison qu'ils remuent la langue, & s'essayent peu à peu iusques à ce qu'ils ayent parfaitement imité les paroles qu'ils ont entenduës.

Valesius

Valesius dit que son amy Ponce enseignoit tellement les sourds par le moyen de l'escriture, qu'il les faisoit parler en leur monstrant premierement au doigt les choses qui estoient signifiees par l'escriture, & puis en leur faisant remuer la langue iusques à ce qu'ils eussent proferé quelque parole, ou fait quelque espece de son ou de voix ; d'où il est aisé de conclure qu'il faut commencer par l'escriture pour enseigner les sourds, au lieu que l'on commence par la parole pour enseigner les aueugles, & les autres qui vsent de l'oüie.

PROPOSITION LI.

Determiner en quelle maniere l'oreille apperçoit le son, & ce que c'est que l'action de l'oüie : si c'est elle qui connoist le son, ou si cet office appartient à l'esprit.

L'vne des plus grandes difficultez de la Physique consiste à sçauoir comme se font les operations des sens, & de quelle maniere procede l'esprit pour connoistre les obiets qui luy sont presentez, & toutes leurs conditions & leurs proprietez dont on s'est figuré vn estre representatif, ou vne image & vne espece qui supplee la presence de l'obiect, laquelle semble trop grossiere pour pouuoir entrer dans les sens, ou dans l'esprit : car puis que la connoissance est vne representation de ce qui est connu, & que la faculté qui connoist doit toucher l'objet auquel elle s'vnit, il faut qu'elle le touche & qu'elle s'vnisse à luy par le moyen de son image lors qu'elle ne peut s'vnir à sa presence reelle ; & parce que l'image ne peut parfaitement representer son original si elle ne le contient formellement, ou éminemment, puis qu'il faut auoir ce qu'on represente en la mesme maniere qu'on le represente, la faculté qui connoist parfaitement l'vne des proprietez de son objet la doit contenir aussi parfaitement comme elle la represente.

De là vient que plusieurs Theologiens maintiennent que les bien-heureux ne peuuent voir Dieu clairement par le moyen d'aucune image, representation, ou espece, à raison que nulle image ne peut contenir la nature de Dieu formellement, ou éminemment ; & que Dieu represente & connoist toutes choses parfaitement, parce qu'il les contient en éminence : D'où ie conclus que l'oreille ou la faculté qui apprehende les sons, & qui connoist parfaitement leurs proprietez, doit les contenir, ou doit auoir en soy quelque chose de plus excellent qui les represente, ou qui les contienne. Mais puis que ie parle seulement icy de la connoissance generale, & de la maniere dont l'oüie apperçoit les sons, il n'est pas necessaire d'expliquer en quoy consiste la parfaite connoissance.

Ie dis donc premierement que l'oreille ne connoist pas les sons, & qu'elle ne sert que d'instrument & d'organe pour les faire passer dans l'esprit qui en considere la nature & les proprietez, & consequemment que les bestes n'ont pas la connoissance desdits sons, mais la seule representation, sans sçauoir si ce qu'elles apprehendent est vn son ou vne couleur, ou quelqu'autre chose ; de sorte que l'on peut dire qu'elles n'agissent pas tant comme elles sont agitees, & que les objets font vne telle impression sur leurs sens, qu'il leur est necessaire de la suiure, cõme il est necessaire que les roües d'vne horloge suiuẽt le poids ou le ressort qui les tire. Mais l'homme ayant esté touché des sons, il en considere la nature & les proprietez, les distingue d'auec les autres objets, & en forme des connoissances tres-certaines ; ce qui monstre éuidemment qu'il a vne faculté & vne puissance de connoiſtre, laquelle ne dépend nullement des ſens, & par laquelle il remarque & ſepare ce qui eſt de corruptible & d'incorruptible, de muable & d'immuable, & de finy & d'infiny dans chaque choſe. Car puis que la nature des choſes n'entre pas par les ſens qui n'en reçoiuent que les ſimples images, dont ils n'ont nulle connoiſſance, & que l'eſprit contemple auſſi aiſément & auſſi parfaitement la nature des choſes incorruptibles, & leurs proprietez, que celle des choſes corruptibles; & meſme que nous experimentons qu'il y a plus de plaiſir à connoiſtre & à conſiderer ce qui eſt neceſſaire & immuable, que ce qui n'eſt que contingent & muable, & à contempler ce qui eſt de ſoy-meſme, que ce qui eſt d'ailleurs, & ce qui dépend d'autruy; il eſt tres-certain que l'eſprit a vn eſtre diſtinct du corps & de la matiere, & qui ne dépend que de celuy qui luy a donné l'eſtre, c'eſt à dire de celuy qui a l'eſtre de ſoy-meſme, dont il porte l'image, comme il teſmoigne par ſes operations, qui tiennent beaucoup de l'immuable & de l'infiny.

De là vient qu'il fait des propoſitions qui ſont eternellement veritables, par exemple, que s'il y a quelque eſtre de ſoy-meſme & indépendant, qu'il eſt neceſſaire qu'il ait touſiours eſté, & qu'il ne puiſſe iamais ceſſer d'eſtre, & qu'il ait toutes ſortes de perfections; que cét eſtre eſt tres-bon, & conſequemment qu'il eſt tres-aimable; que toutes les lignes tirees du centre du cercle à ſa circonferance ſont égales; que le diametre du quarré eſt incommenſurable au coſté dudit quarré; que le tout eſt plus grand que ſa partie, & vne infinité d'autres ſemblables propoſitions que l'eſprit de l'homme connoiſt, ou peut connoiſtre parfaitement. Ce qui ne peut neantmoins arriuer s'il ne les contient formellement, ou éminemment, & s'il n'a la meſme incorruptibilité qu'il connoiſt en elles, puis qu'il la comprend parfaitement, c'eſt à dire par demonſtration tres-claire & tres-éuidente, & conſequemment qu'il ſe rend égal à elles en eſtre intellectuel & veritable, comme le triangle ſe rend égal en grandeur à vn autre triangle, auquel il s'applique parfaitement: car la parfaite connoiſſance n'eſt autre choſe qu'vne parfaite application de l'entendement à la choſe connuë, dont il ne peut comprendre ou connoiſtre l'incorruptibilité, s'il n'eſt luy-meſme incorruptible. Mais i'expliqueray ce raiſonnement plus au long dans vn autre lieu, où ie feray voir qu'il n'y a nulle obiection qui le puiſſe affoiblir; car il ſuffit icy de ſuppoſer que l'eſprit du Muſicien qui conſidere les ſons eſt incorruptible & immortel.

Or pour reuenir à la maniere dont l'oüie apperçoit les ſons, ie dis en ſecond lieu que l'eſprit diſcerne que ce qui a frappé l'oreille eſt different d'auec ce qui frappe l'œil, ou du moins eſt autrement frappee que luy, & qu'il iuge que ce contact, ou cette impreſſion que l'agent exterieur fait ſur l'oüie luy deſcouure d'autres proprietez des corps que l'impreſſion que fait la lumiere, ou la couleur ſur l'œil: quoy qu'il ſoit tres-difficile de ſçauoir comme l'eſprit vſe de l'action, ou pluſtoſt de la paſſion, & de l'emotion de l'oreille, & comme il apperçoit le mouuement & l'emotion du nerf de l'oüie. Car ſi l'on conſidere la maniere dont il agit, l'on trouuera qu'il ne peut diſcerner ſi le ſon eſt exterieur, ou s'il ſe fait au dedans de nous meſmes, comme l'on experimente aux bourdonnemens, & aux bruits qui ſe font au dedans de l'oreille, ou de la teſte, qui nous affectent de la meſme maniere que s'ils ſe faiſoient au dehors. De là vient que les Anges peuuent tellement émquuoir nos ſentimens interieurs ſans qu'ils ayent beſoin des objects exterieurs, que nous croyrons que ces objects ſont preſents;

par

De la Voix.

par exemple, que nous croirons qu'il sera midy à minuict, & que le Soleil sera vertical, encore qu'il soit sous l'orizon; que quantité d'Instrumens de Musique sonneront, que nous toucherons des choses dures, chaudes, ou froides, &c. encore qu'il n'y ait nul de tous ces objects, à raison que les Anges peuuent donner le mesme mouuement aux nerfs, & aux muscles que celuy qu'ils reçoiuent ordinairement des objets exterieurs: ou s'ils ne peuuët suppleer la presence de ces objects, c'est chose asseuree que Dieu la peut suppleer, & consequemment que nous ne pouuons sçauoir infailliblement si les objects que nous pensons voir, par exemple, si les sons & les concerts sont presens, & s'ils se font à l'exterieur, ou seulement dans nostre interieur, puis qu'en quelque maniere qu'ils se fassent, nous les entendons tousiours d'vne mesme façon, comme nous voyons les mesmes mouuemens des Astres au Ciel, soit que les Estoiles, & le Soleil se meuuent, ou que nous soyons nous-mesmes meus & portez par la terre.

Mais puis que nous parlons icy de ce qui arriue ordinairement & naturellement, il suffit d'examiner la maniere dont l'oreille & l'esprit apperçoiuent les sons; où il faut premierement remarquer que l'air externe excite l'air interne de l'oreille, & qu'il imprime vne emotion dans le nerf de l'oüie, semblable à celle qu'il a receuë, & que l'esprit qui est tout dans chaque partie du corps, & consequemment dans ledit nerf, apperçoit aussi tost le mouuement des organes de l'oreille, & iuge par là les qualitez du mouuement du son, & des objects exterieurs qui le produisent: or l'on peut s'imaginer que l'esprit est comme vn point indiuisible & intellectuel, auquel toutes les impressions des sens aboutissent, comme toutes les lignes du cercle à leur centre, ou comme tous les filets d'vne toille de l'araigne qui la filee & tissuë: car comme l'araigne sent & apperçoit tous les mouuemens & toutes les impressions que reçoiuent lesdits filets, de mesme l'esprit de l'homme apperçoit toutes les impressions des muscles, des nerfs, & de leurs fibres, & filamens.

PROPOSITION LII.

A sçauoir si l'oreille se trompe plus ou moins souuent que l'œil, ou si elle le surpasse, & s'il se faut plus fier & asseurer à l'ouye qu'à la veuë: où les manieres sont expliquees qui seruent à tromper l'œil, & l'oreille, & les manieres dont on peut vser pour preuenir, ou corriger l'erreur de ces deux sens.

Cette difficulté est l'vne des plus vtiles de toutes celles qui sont dans ce liure, d'autant que les sciences depédent de ces deux sens, dont les operations sont entierement necessaires pour faire les obseruations, & les experiences qui seruent pour inuenter, establir, auancer, & perfectionner les arts, & les sciences: ce qu'il n'est pas besoin de prouuer, puis que l'on ne peut voir les Astres, ny autre chose sans l'œil, & que l'on ne peut apprendre les obseruations des autres sans l'œil ou sans l'oreille. Mais il n'est pas aisé de iuger quel est le plus necessaire de ces deux sens, & quel est le plus certain dans ses operations; car l'on peut rapporter beaucoup de raisons pour l'vn & l'autre, qui font voir que si l'vn est priué d'vne prerogatiue, qu'il en a quelqu'autre en recompense que l'autre n'a pas: par exemple, si l'œil découure vne plus grande multitude de choses presentes, l'oreille en découure vne plus grande multitude d'absentes: si l'œil ioüit de la lumiere & des couleurs, l'oreille ioüit de l'harmonie des sons, & du discours qui surpasse tout ce qui est compris par l'œil ; car s'il porte le discours dans l'esprit par le moyen de la lecture, il faut premierement qu'il aye esté enseigné par le moyen de l'oreille, qui luy apprend le nom & la valeur des lettres, & la signification des mots : si l'œil est plus prompt en ses actions, l'oreille oyt en recompense tout ce qui se dit deuant, derriere, & à costé, & l'œil ne void que ce qui est deuant luy, & seulement ce qui peut arriuer en droite ligne iusques à luy. Ie laisse plusieurs autres aduantages que l'œil semble auoir par dessus l'oreille ; par exemple, qu'il void la lumiere & les grandeurs de beaucoup plus loin qu'elle n'oit les sons qu'il remarque vne plus grande multitude, & difference d'objets ; qu'il suffit tout seul pour trouuer les arts & les sciences sans maistre, & sans directeur : qu'vn aueugle est plus incommodé qu'vn sourd, &c. afin d'examiner la principale de leurs conditions, à sçauoir lequel de ces deux sens à plus de certitude en son operation : ce que l'on ne peut mieux faire voir que par la comparaison des erreurs de l'œil auec celles de l'oüye.

Or l'œil se trompe premierement en la distance des objets, car ils paroissent tousiours d'autant moindres qu'ils sont plus éloignez de l'œil : de là vient qu'entre les rangs d'arbres ceux là semblent se toucher qui sont les plus eloignez : que le ciel semble toucher l'horizon de la terre, d'autnat que nous ne pouuons remarquer d'autre distance entre l'œil & le ciel que celle de la partie de terre qui nous est visible ; & que les astres paroissent plus loin vers l'horizon qu'au zenit, à raison qu'il n'y a rien de remarquable entre l'œil, & le zenit. A quoy l'on peut rapporter les autres causes qui font paroistre les objets plus proches, ou plus éloignez qu'ils ne sont, comme il arriue lors que l'objet est plus ou moins illuminé.

Quant aux sons, ils ne sont iamais distans, supposé qu'ils ne soient nullement distincts du mouuement de l'air, & qu'ils ne produisent point d'especes intentionelles ; de sorte qu'il faut seulement icy considerer le lieu des corps qui font le son ; or il n'est pas ce semble possible que l'oreille discerne cette distance, parce qu'il semble que les corps sont d'autant plus proches que le son est plus vehement, & qu'il n'y a que l'œil, le rapport d'autruy, ou quelque experience qui nous puisse apprendre l'éloignement du lieu, où commence le son, & consequemment l'œil discerne la distance de ses objets auec plus de certitude que ne fait l'oreille. D'où l'on peut conclure que la distance du lieu, où est premierement fait le son, trompe plus souuent l'oreille que celle de la lumiere, & des couleurs ne trompe l'œil. Or l'ouye est particulieremét deceuë lors qu'elle s'imagine que celuy dont on oyt la parole est absent, & qu'il ne la forme pas à la maniere ordinaire, comme il arriue à ceux qui contrefont les esprits, & qui espouuantent souuent ceux qui ne sçauent pas la fourbe : le vent, & plusieurs qualitez de l'air sont aussi cause que l'on croit que ceux qui parlent sont plus pres, ou plus éloignez de nous qu'ils ne sont en effet : & generalement toutes & quantesfois que le son se fait d'vne façon extraordinaire, & que nous n'vsons pas de l'œil, ou des autres sens pour auertir l'oreille, elle est trompee, car comme la lumiere d'vne chandelle, ou quelqu'autre corps lumineux éloigné sembleroit s'approcher de nous s'il se grossissoit dans vn mesme lieu ; par exemple, si vne Estoile deuenoit aussi grosse que le Soleil, à nostre égard, elle ne nous paroisteroit pas plus éloignee, & vne chandelle veuë d'vne lieuë sembleroit s'approcher si elle augmentoit sa lumiere ; de mesme le son semble s'approcher de nous lors qu'il s'augmente. Or ie donneray les remedes, dont il faut vser pour n'estre point deceu par la distance, apres auoir expliqué les autres erreurs de l'œil, & de l'oreille, ou pluftoft de l'imagination.

L'œil est encore trompé par vn air obscur, comme il est le soir, la nuit, & au matin, car les objets luy paroissent plus éloignez, par ce qu'il ne les void pas aussi distinctement qu'en plein iour; & l'on experimente que ce qui est plus clair, & rempli d'vne plus grande lumiere paroist plus pres que ce qui a moins de lumiere, quoy qu'il ne soit pas plus éloigné : de là viennent les perspectiues, dont les plus viues couleurs sont aisément releuées par les ombrages.

L'oüie est aussi deceuë par les sons foibles & obscurs que l'on croit estre éloignez, lors que l'on a coustume d'oüir des sons clairs & vehemens; ce qui fait voir que l'imagination est pluftoft la cause de ces deceptions, que les sens exterieurs, qui apprehendent touſiours les objets de la mesme maniere qu'ils en sont frappez & affectez : car la raison pour laquelle ceux qui ont l'oreille dure, & qui sont sourdauts, croyent que les sons proches sont plus éloignez, est la mesme que celle qui est cause que ceux qui ont la veuë courte, ou qui ne voyent pas bien clair, croyent que ce qui est pres d'eux en est éloigné.

Il arriue semblablement que l'on se trompe à la distance, lors que le son dure trop peu, & qu'il se passe quasi dans vn moment, car comme l'œil n'a pas le loisir de porter & d'affermir son axe visuel sur la lumiere, ou les couleurs, qui passent viste, de mesme l'oreille n'est pas assez affectee du son qui passe trop viste pour iuger de sa distance, ny de ses autres qualitez, dont nous parlerons apres.

La seconde maniere qui trompe la veuë consiste dans la grandeur des objets, car lors qu'ils sont regardez sous mesme angle, & que l'on ne sçait pas leurs élongnemens, nous les iugeons de mesme grandeur : delà vient que les ignorans qui ne croyent qu'à leurs yeux, estiment que le Soleil n'est pas plus grand que le fond d'vn boisseau, ou d'vne assiette, de sorte que les objets nous paroissent touſiours aussi grands que les angles sous lesquels nous les regardons, quoy que les vns soient mille fois plus grands, si les autres sens ou la raison ne corrigent cét erreur.

Il arriue quelque chose de semblable à l'oreille, car nous pensons que le son qu'elle entend plus clairement & plus distinctement est plus fort, quoy qu'il puisse estre plus foible : car nous iugeons des sons selon qu'ils nous frappent l'oreille; or cette tromperie vient encor de la distance qui affoiblit la voix; quoy que l'on puisse dire que l'oreille ne se trompe pas, puis qu'elle iuge que la voix est plus foible, qu'elle apperçoit le moins; car elle est plus foible en effet lors qu'elle frappe l'oüie, que celle que l'on entend mieux.

D'abondant, comme les objects paroissent touſiours plus petits à l'œil qu'ils ne sont en eux-mesmes, les sons paroissent aussi plus foibles à l'oreille qu'ils ne sont au lieu où ils sont produits : mais la raison de ces deux deceptions est differente, car l'œil void ses objects plus petits qu'ils ne sont, parce que la raison des objects differens en grandeur est plus grande que celle des angles : mais l'oreille trouue les sons plus foibles, parce qu'ils se sont affoiblis depuis le lieu où ils ont esté produits, & ceux qu'elle oit ne sont plus ceux qui ont esté faits au commencement, comme les premiers cercles qui se font sur l'eau ne durent plus lors que les derniers cercles se font.

L'œil se trompe aussi lors qu'il apprehende les visages sans defauts, & bien nets, & polis, dont il void les grandes imperfections quand il s'en approche : ce qui arriue aussi à l'oreille, qui iuge qu'vn Concert est doux & bien composé lors qu'elle est fort éloignee, mais quand elle s'approche elle en reconnoist les imperfections: ce qu'il faut que les Compositeurs remarquent, afin de ne se soucier pas tant de plusieurs petites gentillesses, & de certains ornemens, quand il faut faire vn grand Concert de Musique pour les grandes assemblees, que lors que l'on chante dans vne petite chambre, ou deuant peu de personnes, comme nous dirons ailleurs. Car comme il suffit pour faire paroistre l'excellence d'vn tableau vû de loin, qu'il ait les iustes proportions prescrites par l'art, sans qu'il soit besoin de mille petits traits dont on acheue ceux qui se voyent de pres, & ausquels il est plus requis de labeur que d'art: De mesme les Concerts qui s'entendent de loin, ont seulement besoin d'vne modulation bien reglee, & d'estre composez selon les regles les plus ordinaires. Mais lors que la raison corrige l'œil & l'oüie, l'on conclud aisément que les objects qui paroissent moindres, ou égaux, sont plus grands quand l'on sçait que l'éloignement est plus grand, dautant que la raison dicte que la distance diminuë la forme & la grandeur des objects: or encore que les autres deceptions de l'œil ne conuiennent pas ce semble à l'oreille, parce que son objet consiste dans le mouuement de l'air, dont la veüe n'a pas besoin; neantmoins l'on peut adioûter que l'oreille entend souuent les sons plus clairement d'vn lieu plus éloigné, comme l'œil peut voir ses objects plus distinctement d'vn lieu plus distant. Ce que l'on demonstre dans vn mesme segment de cercle, dont les angles estant égaux font paroistre l'objet de mesme grandeur à l'œil, quoy qu'il change d'vne infinité de situations & d'éloignemens que l'on peut s'imaginer dans l'arc du segment : ce qui arriue semblablement à l'oreille au regard des sons, à raison des differentes lignes par lesquelles elle oit le son. De plus, on peut mettre l'oreille dans des lieux, dont le mesme son paroistra plus ou moins foible, qu'il ne paroist d'vn lieu donné selon la raison donnee; comme l'on peut mettre l'œil dans des poincts, dont la mesme grandeur paroistra plus grande, ou plus petite qu'elle n'est en telle raison que l'on voudra.

L'oreille est encore deceuë par les lieux où se fait le son, car elle iuge souuent qu'ils viennent d'vn costé, lors qu'ils viennent de l'autre, & comme les rayons par lesquels on void les grandeurs, sont cause qu'elles paroissent plus hautes ou plus basses, selon qu'ils sont plus hauts ou plus bas: de mesme les sons semblent venir de plus haut, ou de plus bas, à raison des differens vents qui haussent ou baissent l'air dans lequel les sons se produisent. Mais l'oreille est plus deceuë par le moyen de l'echo, ou des differentes reflexions du son, que par les autres voyes, comme i'ay dit dans le discours de l'echo.

Ie laisse plusieurs autres deceptions de l'œil, dont vne partie peut conuenir à l'oreille; par exemple, que l'œil peut tellement estre situé, que les lignes qui ne sont pas paralleles luy sembleront estre paralleles; que les lignes paralleles semblent s'approcher les vnes des autres à proportion qu'elles s'éloignent; que l'on peut tirer deux lignes, dont la distance paroistra tousiours égale, &c.

L'œil se trompe encore au nombre de ses objets, car les verres à facettes font paroistre autant d'objets comme ils ont de faces differentes; mais l'oreille ne peut estre trompee au nombre des sons, si ce n'est par la reflexion; & parce que la refraction ne deçoit pas l'oreille, il s'ensuit qu'elle est plus certaine que l'œil, comme l'on peut monstrer par plusieurs raisons, premierement parce que l'œil ne peut apperceuoir la distance de plusieurs corps, que l'oreille remarque aisément,

comme

comme l'on experimente aux verres de mesme grandeur, & aux pieces de monnoye de mesme matiere, & de mesme poids, & à mille autres corps, dont la difference ne peut estre remarquee par la veuë: mais lors que l'on sonne lesdits verres, & les autres corps, l'oreille les distingue tous, car de plusieurs centaines de verres, & de pieces de monnoye, il s'en rencontre rarement 2 qui ayent mesme son, quoy qu'elles paroissent égales à l'œil. Et puis l'oreille ne se trompe quasi iamais au graue & à l'aigu du son, & si elle est par fois surprise lors que les bruits sont trop aigus, ou trop graues, comme ceux qui n'entrent point dans la Musique, elle se peut corriger elle-mesme par la comparaison du son dont elle doute auec d'autres qui l'asseureront. De là vient que l'on peut preferer l'oüie à la veuë; à quoy l'on peut adioûter que le Patriarche Iacob qui fut trompé par le toucher, ne le fut pas par l'oüie, & consequemment que l'oreille est plus asseuree que nul autre sens; c'est peut-estre la raison pourquoy Dieu a voulu que la doctrine du ciel, & de la foy, entrassent plustost par l'oüie que par l'œil, ou par les autres sens, afin que la reception d'vne chose si necessaire ne fust pas sujette à l'erreur, ny à la deception.

De là vient que la parole qui respond à l'oüie ne nous trompe quasi iamais, car encore qu'il y ait si long-temps que l'on n'ait veu quelque personne que l'on ne la connoisse plus aux traits du visage, neantmoins on la reconnoist à la voix & à la parole. Or l'on peut confirmer l'auantage que nous donnons à l'oüie par le choix que font les plus sensez lors qu'ils se proposent la surdité, ou l'aueuglement, car tous ceux qui sont les plus sages preferent l'oüie à la veuë.

Quant à la maniere de tromper l'œil, le discours en appartient à l'Optique; mais quand l'oreille se trompe, l'œil luy peut seruir de guide & de remede: par exemple, lors que l'on croit que le son vient de plus loin qu'il ne fait, l'œil qui void la distance du lieu où il se fait la corrige; & si elle se trompoit à l'aigu, il pourroit luy éclairer en contant le nombre des retours d'vne chorde mise à l'Vnisson.

Il y a vn autre remede qui est commun à l'œil & à l'oreille, lequel consiste à se rendre plus attentif, & à recommencer l'operation; car il arriue souuent que l'on iuge autrement de la lumiere, des couleurs, des figures, & des autres objects de la veuë à la seconde fois que l'on les regarde, qu'à la premiere; ce qui arriue semblablement à l'oreille, qui apperçoit les sons auec plus de certitude lors qu'elle se rend plus long-temps, ou plus souuent attentiue, parce que le raisonnement que l'on fait pendant que l'oreille est attachee aux sons, est d'autant plus certain que l'on a plus de temps pour iuger auec l'oreille, & pour considerer si elle se trompe.

Or puis que nous auons parlé de la langue & de la voix, & que Dieu nous les a particulierement donnees pour le loüer, ie ne croy pas pouuoir mieux finir ce liure de la voix qu'en chantant ses loüanges par les paroles des trois enfans qu'il garda de l'ardeur, & des flammes de la fournaise, que Monsieur Godeau l'vn de nos plus excellens Poëtes a paraphrasé tres-élegamment, car puis que ie passe du traité de la parole à celuy des chants, qui sont l'vn des principaux ornemens de la voix, les Musiciens qui desirent meriter la vie eternelle en chantant & en composant, seront tres-aises de trouuer l'vn des plus beaux sujets que l'on se puisse imaginer, comme est le Cantique qui suit, afin de luy donner les plus beaux chants qu'ils pourront r'encontrer dans toute l'estenduë de la Musique.

Espoir de mon ame affligee,
Grand Dieu nostre vnique recours,
Par qui la trame de nos iours
Malgré les feux est prolongee,
Seigneur dont la puissante main
Des fers d'vn tyran inhumain
Sauua nos Ancestres fidelles,
Que ton nom soit tousiours beny,
Que par des chansons immortelles
On celebre à iamais ton pouuoir infiny.

Que dans le seiour où ces Anges,
Qui ne sont que flâme & qu'ardeur,
Seruent de throsne à ta grandeur,
On chante tes saintes loüanges:
Qu'on te benisse dans les Cieux,
Où ta gloire eblouït les yeux,
Où tes beautez n'ont point de voiles,
Où l'on voit ce que nous croyons,
Où tu marches sur les estoilles,
Et d'où iusques aux enfers tu lances tes rayons.

Rares & superbes ouurages,
Merueilles, Chefs-d'œuures diuers,
Qui paroissez dans l'Vniuers,
Venez rendre à Dieu vos hommages,
Ce que vous auez de beauté,
De richesse, & de majesté,
Vous le deuez à sa puissance,
Elle vous à formez de rien,
Et la loy de sa prouidence
Est de vostre grandeur l'infaillible soustien.

Benissez Dieu Troupes aislées,
Anges qu'embrase son amour,
Clairs flambeaux qui dans ce seiour
Guidez nos ames exilées,
Voûtes d'or, Miracles roulans,
Globes de flâmes estincelans,
Palais d'admirable structure,
Throsnes d'azur, superbes Corps,
Beaux Cieux, gloire de la nature
Celebrez sa grandeur en vos diuins accords.

Mers sur nos testes suspenduës,
Eaux qui couurez le firmament,
Vertu que dans châque Element
La Prouidence a respanduës,
Miroir de la Diuinité,
Pere immortel de la clarté,
Par qui seul la terre est feconde,
Oeil du Ciel qui nous fait tout voir,
Roy des astres, Ame du monde
Benissez du Seigneur l'adorable pouuoir.

Loüez sa grandeur nompareille
Inconstant Soleil de la nuit,
De qui le char roule sans bruit
Lors que la nature sommeille,
Illustre Courriere des mois,
Lune, dont les secretes loix
Gouuernent les plaines salees,
Feux errans, celestes Flambeaux,
Fleurs d'or sur le Ciel estalees,
Astres benissez Dieu qui vous a faits si beaux.

Perles brillantes & liquides
Douce nourriture des fleurs
Manne du Ciel fertiles pleurs,
Dont l'Aube rend les prez humides;
Et vous Corps sans ame mouuans
Objets trompeurs ioüets des vens
Voiles du Ciel, subtiles nües,
Espoir de nos champs alterez,
Loüez les forces si connuës,
De ce bras qui du rien a les hommes tirez.

Horribles autheurs des tempestes,
Rois de l'air, terreur des nochers,
Vens qui des plus fermes rochers
Esbranlez les superbes testes;
Foudres qui grondez dans les airs,
Rauines, Orages, Esclairs,
Effroy des ames criminelles,
Armes dont le Ciel irrité
Punit icy bas ses rebelles,
Benissez du Seigneur la haute maiesté.

Feu qui d'vne vitesse extrême
As pris place dessous les Cieux,
Où sans te monstrer à nos yeux
Tu vis seulement de toy-mesme;
Air, où le Ciel auec horreur
De son equitable fureur
Imprime les sanglantes marques,
Lors qu'elle est preste de punir
Ou les Peuples, où les Monarques,
Benissez le Seigneur qu'on ne peut trop benir.

Prin-temps

Printemps qui fais pouſſer les herbes,
Hyuer couronné de glaçons,
Eſté dont les riches moiſſons
Rendent nos campagnes ſuperbes;
Greſle, Neige, Broüillars eſpais
Loüez-le Seigneur à iamais,
Celebrez ſon nom adorable,
Tout ce qu'il produit eſt parfait,
Et cét Vniuers admirable
De ſon diuin pouuoir n'eſt qu'vn petit effet.

Nuit amoureuſe du ſilence
De qui les innocens pauots
De nos ſoins & de nos trauaux
Adouciſſent la violence;
Iour qui chaſſant l'obſcurité
Fais connoiſtre la verité
Des objets qui cachent les ombres,
Beniſſez ce Dieu nompareil
Sans qui les aſtres ſeroient ſombres,
Et qui de ſes clartez ebloüit le Soleil.

Riche & peſante creature
Vieille nourriſſe des humains
Qui rends au trauail de leurs mains
La recompenſe auec vſure,
Tertres par leur ſoin cultiuez,
Monts qui iuſqu'au Ciel eſleuez
L'orgueil de vos cimes hautaines,
Vallons de richeſſes couuers,
Fleuues, Eſtangs, Ruiſſeaux, Fontaines
Beniſſez le Seigneur que beniſſent nos vers.

Fameux Theatre des naufrages,
Mer dont les flots impetueux
Viennent d'vn pas reſpectueux
Baiſer le ſable des riuages,
Creux & vaſte Empire du vent
Dont le calme eſt ſi deceuant,
Molle ceinture de la terre,
Lien de cent peuples diuers,
Champ de la paix & de la guerre
Celebrez à iamais l'autheur de l'Vniuers.

Viuans écueils, lourdes Balaines,
Reines de l'humide troupeau
Qui trouuez à peine aſſez d'eau
Au milieu des liquides plaines;
Hoſtes de l'air & des foreſts,
Dont les chanſons ont des attraits
Qui charment ſi bien nos oreilles;
Et vous où Dieu ne fait pas voir
Moins de beautez & de merueilles
Terreſtres Animaux beniſſez ſon pouuoir.

Rendez-luy vos iuſtes hommages,
Redoublez vos ſainctes ferueurs
O vous qu'il comble de faueurs
Hommes, ſes viuantes Images;
Peuple qu'il a choiſi pour ſien
Dont il s'eſt rendu le ſouſtien
Tandis que tu luy fus fidelle;
Et vous qui pres de ſes Autels
Où voſtre charge vous appelle
Implorez ſa faueur pour les autres mortels.

Ames qui parmy la licence,
Et ſous cét air contagieux
Qui ſe reſpand en tant de lieux,
Vous conſeruez dans l'innocence,
Pour qui les ſentiers des vertus
Quoy que rudes & peu batus
Sont pleins d'agreables delices,
Loüez ce Dieu qui vous conduit,
Qui vous fait triompher des vices,
Et vous ſert de Soleil au milieu de la nuit.

Mais nous qu'il couronne de gloire,
Qu'il garde au milieu de ces feux,
A qui dans vn combat fameux
Il fait remporter la victoire,
Nous dont il a briſé les fers,
Nous qu'il retire des Enfers,
De qui la cauſe arme les Anges;
Celebrons ſon nom à iamais,
Faiſons retentir ſes loüanges, [faits.
Et quand nous parlerons parlons de ſes bien-

Qui n'euſt dit qu'vn ſanglant courage
Alloit contenter ſa fureur,
Que noſtre foy n'eſtoit qu'erreur,
Et noſtre conſtance que rage,
Alors que d'vn cruel effort
On nous enfermoit où la mort
Regne ſur vn throne de flâme,
Mais ce Dieu dont les ſainctes loix
N'ont iamais ſorty de noſtre ame
Renuerſe les arreſts que prononcent les Rois.

Les rigueurs de la seruitude,
Les tourmens, les pertes, l'ennuy,
Alors qu'on les souffre pour luy,
N'ont rien ni d'amer ny de rude,
On court au plus honteux trespas,

Le vice auec tous ses appas
Rencontre des cœurs immobiles,
Leurs efforts ne sont plus mortels,
Et les roseaux les plus fragiles
En colonnes changez soustiennent ses Autels.

Ie donneray encore d'autres sujets à la fin du liure des Chants propres pour eleuer le cœur & l'esprit à Dieu. Or si l'on rencontre plusieurs difficultez dans ce liure qui ne soient pas traitees assez au long, ou auec tant d'erudition que l'on desireroit, les bons esprits peuuent passer outre, & se seruir seulement de ce que i'ay dit comme d'vne matiere informe, à laquelle ils donneront toute sorte d'ornemens & de perfection. Cependant ie finis ce traité par les cinq dizains qu'vn tres-excellent Poëte a mis dans sa paraphrase du Psalme 138 *Domine probasti me*, afin que les Musiciens qui preferent la vie future à la presente, & l'esprit au corps, en vsent pour le sujet de leurs Airs, & qu'ils consacrent leurs paroles & leurs chansons à celuy à qui ils doiuent rendre conte de toutes leurs actions & de leurs pensees, & qu'en admirant la profondeur de sa science ils entrent dans l'abysme de leur neant.

La parole, Seigneur, ceste image legere
Où l'on voit nos desirs & nos intentions,
Fille de l'air, qui meurt dans le sein de son pere,
Qui d'esprit en esprit porte les passions;
Par vn vol aduancé deuant toy vient pareſtre
Auant que sur ma langue elle cõmence à naistre,
Qu'elle apprẽne en ma bouche à former ses accès;
Et qu'estant de mon cœur sur mes leures cõduite
Elle coure au dehors, & prenne dans sa suite
Cét inuisible corps qui la descouure aux sens.

Le passé, l'auenir sont pour toy mesme chose,
Le present qui pour nous s'écoule comme l'eau,
D'vn pied ferme & constant deuant toy se repose,
Rien pour toy ne vieillit, & riẽ ne t'est nouueau;
Et comme si le feu de tes yeux adorables
Consumoit les defauts des objets perissables,
Et leur faisoit changer de nature & de loy;
Vn amas de poussiere, vne masse d'argile,
Vn ouurage mortel inconstant & fragile
Est dans ta connoissance immortel comme toy.

O science! ô Soleil! qui iettes des lumieres
Dont l'esclat m'esbloüit au lieu de m'esclairer;
Ie baisse en t'admirant mes debiles paupieres,
Et sçay que sans te voir il te faut adorer:
Ie t'apperçoy de loin; mais l'amour qui m'emporte

Pour aller iusqu'à toy n'a pas l'aisle assez forte:
Tout l'effort des humains n'y sçauroit arriuer,
Et qui croit de soy-mesme en auoir la puissance
Ioint le crime au defaut, l'orgueil à l'ignorance,
Et retombe plus bas en voulant s'esleuer.

Donc, ô Dieu qui vois tout, en tous lieux, à toute heure,
Dans ta iuste fureur ie te fuirois en vain,
Si ie cherche aux Enfers vne obscure demeure,
Ie trouue aux Enfers les armes à la main:
Que si ie monte au Ciel, le Ciel n'a point de place
Où ie ne te rencontre, & ne lise en ta face
L'arrest du chastiment que i'auray merité;
Et par vn nouueau sort i'y verray ta iustice
Changer ce lieu de gloire en vn lieu de suplice,
Et partager l'Empire auec ta bonté.

Non, si de ton courroux i'excite la tempeste,
L'Aube ny le Couchant, le Midy ny le Nort,
N'aurõt point pour cacher ou defendre ma teste
D'abysme assez profond, ny d'azile assez fort.
Quand ie pourrois voler plus viste que l'Aurore,
La foudre de tes mains d'vn vol plus viste encore
Sçauroit bien me poursuiure, & m'atteindre en tous lieux;
Et quand ie descendrois dans le plus creux [l'onde
Où s'esteint chaque iour la lumiere du monde,
I'y serois descouuert par celle de tes yeux.

LIVRE SECOND,
DES CHANTS.

PROPOSITION PREMIERE.

La Chanson ou l'Air est vne deduction de la voix, ou des autres sons, par de certains interualles naturels ou artificiels, qui sont agreables à l'oreille & à l'esprit, & qui signifient la ioye, la tristesse, ou quelqu'autre passion par leurs diuers mouuemens.

IL n'y a rien de plus difficile que de trouuer la definition des choses dont on veut parler; ce qui arriue icy: car la nature de la chanson est aussi difficile à connoistre, comme elle est facile à oüir. Or il faut remarquer que la diction *air* dont on vse pour signifier le chant, se prend en plusieurs manieres; car elle signifie premierement le troisiesme element, qui s'étend depuis la surface de la terre iusques à la Lune, & qui a cinquante & vne fois autant d'épaisseur comme la terre, c'est à dire cinquante-huit mille quatre cent douze lieuës, dont chacune a trois mille pas, & le pas a cinq pieds de Roy: car il y a quinze mille pieds de Roy dans la lieuë Françoise, comme i'ay dit ailleurs.

Secondement, l'air signifie la maniere dont on parle, on interroge, ou l'on répond, particulierement si l'on parle en cholere; car nous disons qu'on a répondu d'vn tel air, &c. Ce qui signifie presque la mesme chose que le ton de la voix, ou l'accent auec lequel on répond. Cette diction peut auoir plusieurs autres significations, selon les diuerses choses ausquelles on la peut accommoder, par exemple aux visages: car quãd quelque tableau ou quelque personne ressemble à vn autre, nous disons qu'il en a de l'air. Mais la troisiesme signification est quand elle exprime la mesme chose que la chanson, ou le chant dont nous nous seruons pour chanter quelques fantaisies, soit que nous prononcions quelques paroles, ou que nous chantions sans paroles auec les notes de la Musique, ou en quelqu'autre maniere. Cecy estant presupposé, ie dy que la definition que i'ay mise dans cette proposition comprend tout ce qui appartient à l'essence du chant: premierement *la deduction,* ou *conduite de la voix* est le genre, car le chant a cela de commun auec les harangues, les discours & les paroles dont nous nous seruons en parlant les vns aux autres.

H

Secondement i'ay dit, *ou des autres sons*, parce qu'on peut ioüer les Airs sur les Instrumens de Musique. Tiercement i'ay ajoûté, *par de certains interualles naturels ou artificiels*, ce qui fait que les chants sont differens d'auec les discours qui n'ont point d'interualles certains, par lesquels nous montions ou descendions en parlant, encore que la voix monte ou descende sans qu'on prenne garde aux interualles qu'elle fait.

Neanmoins quelques-vns croient que si nous éleuions nos voix selon que requiert le discours que nous tenons, & que nous fissions tous les interualles necessaires pour persuader ce que nous disons, que nous ferions des merueilles ; particulierement si nous aioûtons les accens propres à cet effet, comme i'ay dit dans le traité de la Musique Accentuelle.

Quatriesmement, i'ay dit *naturels*, ou *artificiels*, dautant que nous appellons les interualles naturels, qui sont faits par tout le monde, c'est à dire aussi bien par le Berger qui est au bois, ou à la campagne, comme par les Musiciens, tels que sont les interualles de la Diatonique : mais les artificiels ont esté inuentez par les Musiciens pour embellir leur art, & pour enrichir leurs chants, comme sont le demiton mineur, la diese, &c. qui ne se pratiquent point hors de la Musique, si ce n'est par hazard.

En cinquiesme lieu, i'ay dit *qui sont agreables à l'oreille, & à l'esprit* : car encore que les airs soient tristes, neanmoins ils nous plaisent souuent autant ou plus que quand ils sont gays. En fin i'ay dit *par leurs mouuemens*, par lesquels i'entens la Rythmique, ou les pieds metriques, dont on accompagne les airs, comme sont les Dactyles, les Spondees, & les Choriambes, dont ie traite au liure de la Rythmique : car le changement du mouuement apporte vne grande difference aux airs, encore qu'on ne change pas leurs interualles.

Il faut neanmoins remarquer qu'il n'est pas tellement necessaire de changer les interualles des sons graues & aigus, qu'on ne puisse trouuer quelque espece d'air sans eux, si nous parlons de tout ce qui peut estre appellé air, ou chant en quelque maniere que ce soit : car quelques vns disent qu'on peut sonner vn air sur le Tambour, encore que tous ses tons soient vnisons, dautant que les diuers mouuemens ou les diuerses mesures qu'on donne aux sons du Tambour peuuent representer quelque chanson, ou quelque fantaisie. Ce qui conuient pareillement à la voix qui peut representer plusieurs choses par les diuerses mesures, & par tous les mouuemens de la Rythmique : ce qui arriue aussi à plusieurs Pseaumes, qui commencent, finissent, & sont chantez sur vne mesme note, ou sur vne mesme interualle, & au chant dont plusieurs Religieux se seruent : Mais les autres aiment mieux l'appeller vn *simple recit* qu'vn chant, comme est le chant dont nous nous seruons, & plusieurs autres à nostre imitation, comme les Capucins, Carmes déchaux, &c. dautant que nous ne faisons aucuns interualles, & que nous n'obseruons point d'autre mesure que celle des syllabes.

Neanmoins à proprement parler, ce n'est pas vn simple recit ou discours, ny vn chant, ou vn air, tel que ie l'ay definy, mais quelque chose de metoyen qui participe de l'vn & de l'autre : Quelques vns l'appellent *chant en Ison* par ce qu'il est égal, & ne se sert que d'vn seul interualle, car *Ison* signifie ce qui est égal.

Or ce Chant *en Ison*, ou égal, peut receuoir quelques differences selon les differentes manieres dont il est chanté, ou recité : ce qui arriue particulierement

en deux

Des Chants.

en deux façons : premierement quand on s'arreste plus long temps sur quelque syllabe, & qu'on la prononce plus fort & auec plus de vehemence que les autres, en donnant quelque cadence au chant : ce qu'on remarque au chant des Capucins, qui font la penultiesme ou l'ante-penultiesme du milieu & de la fin de chaque verset des Pseaumes beaucoup plus longue, & qui la chantent plus fort que les autres syllabes, qu'ils font quasi aussi longues les vnes que les autres, & les chantent comme en roulant, ou en nombrant les syllabes sans les trainer, ce qui rend leur chant plus gay & plus agreable.

Secondement lors qu'on observe exactement toutes les longues & les bresues, en donnant deux temps à la longue & vn à la bresue, tant à la fin qu'au commencement & au milieu, sans trainer plus long-temps vn mot l'vn que l'autre, comme il arriue à la prononciation des vers : il y a plusieurs autres manieres qui peuuent varier ce chant, à raison desquelles on dit que tels, ou tels Religieux, ou autres personnes, chantent d'vn tel, ou d'vn tel air, encore qu'ils ne se seruent point d'airs les vns ny les autres, si l'on prend l'air comme ie l'ay defìny cy-dessus.

On pourroit icy faire vne objection, & dire que toute la definition de ce premier Theoréme conuient, ou du moins peut conuenir, & estre appliquee aux Harangues, aux discours, & aux recits des Tragedies & des Comedies : car vn Orateur, ou celuy qui represente quelque personnage sur le theatre peut obseruer tous les interualles tant Diatoniques, que Chromatiques, ou Enharmoniques qui se rencontrent dans vne Octaue, attendu que l'experience nous fait voir que la plus part des Predicateurs se seruent du demiton, du ton, de la Tierce-mineure, de la majeure, de la Quarte & de la Quinte en montant & en descendant, selon les diuers accents, ou les diuers mouuemens dont ils se seruent tantost dans vn lieu, & tantost en vn autre. De là vient que quelques excellens Musiciens tiennent que les discours esquels ces interualles se rencontrent sont des *Faux-bourdons*, & qu'ils peuuent estre mis au nombre des airs : ce qui se verifie de quelques Predicateurs qui parlent quasi comme s'ils chantoient, c'est pourquoy leur discours en est moins agreable, & moins profitable.

Neanmoins il n'y a nul discours tellement reglé qu'il monte ou descende par tous les interualles des airs, à sçauoir par tons, & demitons, &c. car il monte le plus souuent par des interualles insensibles, ou inconnus, quoy que l'on peût les discerner si l'on y prenoit garde : or tous les interualles des airs ou des chansons sont si bien reglez, qu'on ne manque iamais à les faire en tous les lieux où ils sont marquez ; d'où l'on a pris le prouerbe, *cela est reglé comme vn papier de Musique :* ce qui monstre que les Airs, & par consequent la Musique, garde vn ordre beaucoup mieux reglé que les discours qui n'ont rien d'arresté, & qui suiuent l'imagination, & l'intention de celuy qui parle.

Ce qu'Euclide a reconnu & remarqué au commencement de son traité de la Musique, quand il dit que le discours se sert d'vne voix continuë, qui ne cesse & ne se repose point iusques à ce que le discours soit acheué, & qui ne garde aucune regle certaine aux interualles en haussant ou baissant le son : mais le mouuement où la deduction de la voix, ou du son qui fait les airs & les chansons, & qu'Euclide appelle *Diastematique*, ou *Interuallaire*, ne se conduit pas par des interualles continus, mais elle passe tantost d'vn ton à vn diton, tantost de la Tierce à la Quarte, ou à la Quinte, &c. & s'arreste quelquefois l'espace d'vn

H ij

deux, trois ou quatre battemens du poux, selon les regles & les pauses de la Musique, & selon la dignité du sujet. D'où il est aisé de conclure si la description de
l'air que i'ay donnee est receuable & legitime : à laquelle i'aioûteray celle qui
suit, afin que l'autre soit mieux entenduë.

PROPOSITION II.

L'air est vn mouuement, vne conduite, ou saillie des sons, ou de la voix par les interualles artificiels que les Musiciens ont establys, à sçauoir par les Demitons, les Tons, les Tierces, &c. dont nous expliquons les mouuemens & les passions de nostre ame, ou celles du sujet & de la lettre.

Il n'est pas besoin d'expliquer toutes les parties ou les dictions de cette definition, ou description, dautant qu'elles peuuent estre entendues par ce que nous
auons dit auparauant. I'aioûteray seulement que i'ay icy mis *saillie*; par ce que le
discours semble couler naturellement, comme vn ruisseau qui court doucement
sans qu'il ait aucune saillie reglee, & sans qu'il change d'interualle, si ce n'est par
hazard, ce qui fait qu'on ne le remarque, ou qu'on ne l'apperçoit pas. Or nous
voyons que le son, auquel la voix saillit, saute, & passe d'vn interualle à l'autre,
tantost en haut & tantost en bas, en se renforçant ou s'affoiblissant, & s'adoucis-
sant; ce que quelques vns expliquent par les diuerses bricoles, par les bons, & par
les diuerses reflexions, & diuers mouuemens que fait la bale agitee dans les ieux
de paulme, ou par les differens mouuemens, & les diuerses postures des Images
representees dans les miroirs à proportion qu'ils sont plus prez ou plus éloignez
des objets, & suiuant les differentes positions ou mouuemens des vns & des
autres.

C'est pourquoy les airs peuuent representer les diuers mouuemens de
la mer, des cieux, & des autres choses de ce monde, d'autant qu'on peut garder les mesmes raisons dans les interualles de la Musique qui se rencontrent
aux mouuemens de l'ame, du corps, des Elemens, & des cieux. De là vient que
la Musique sert plus à la vie Morale, & est plus propre pour les mœurs que la
peinture, laquelle est comme morte, mais la Musique est viuante, & transpor-
te en quelque façon la vie, l'ame, l'esprit & l'affection du Chantre, ou du Musicien, aux oreilles & dans l'ame des auditeurs.

Ce qui a peut estre esté cause que l'Eglise des Iuifs, & des Chrestiens en la Loy
écrite, & en celle de grace s'est seruie de la Musique, afin de transporter les esprits des fideles iusques au ciel, & de faire vne heureuse alliance de nos cœurs &
de nos voix auec la Musique celeste des Bien-heureux, car il est raisonnable que
toutes les creatures se seruent d'vn mesme concert pour chanter les loüanges, &
pour annoncer les grandeurs & les merueilles de leur Createur.

Secondement i'ay dit, *par interualles artificiels*, car encore que la nature semble
nous donner les interualles de la Diatonique, à sçauoir le ton majeur & le mineur, & le semiton majeur, neanmoins on se pourroit seruir d'autres interualles,
comme de la *Sesquisixiesme, Sesquiseptiesme, &c.* dont ie parle ailleurs : ce qui reus-
siroit peut estre fort bien, particulierement quand on chante les airs d'vne seule
ou tout au plus de deux voix : Mais les Musiciens ont tousiours vsé des interualles Diatoniques, & particulierement ceux qui font profession de cet Art parmy
les Chrestiens, encore qu'ils eussent pû choisir d'autres interualles, par exemple

ceux

ceux des differétes especes de Tetrachorde, que i'explique ailleurs. Et puis la suite des interualles de l'Air & de toute la Musique est artificielle; car l'on ne peut s'en seruir si on ne l'a apprise par science, ou par exercice, & par la pratique: i'ay encore aioûté *l'explication des mouuemens du suiet*, d'autant qu'il n'est pas necessaire que nous exprimions nos propres mouuemens, ou passions, il suffit que nous imitions les passions des autres, ou du sujet proposé, comme il arriue presque tousiours à ceux qui chantent pour donner du plaisir aux auditeurs, car encore qu'ils soient tristes, ils peuuent chanter des Airs fort gays, ou des Airs tristes, encore qu'ils soient pleins d'alegresse.

C'est pourquoy la Musique est vne imitation, ou representation, aussi bien que la Poësie, la Tragedie, ou la Peinture, comme i'ay dit ailleurs, car elle fait auec les sons, ou la voix articulee ce que le Poëte fait auec les vers, le Comedien auec les gestes, & le Peintre auec la lumiere, l'ombre, & les couleurs: voyons maintenant la diuersité des Airs, & des Chants, & particulierement ceux dont on vse en France, afin que le Musicien n'ignore rien de tout ce qui appartient à l'Harmonie. Et apres nous verrons ce qui est necessaire pour faire de beaux Airs, & s'il est possible d'en faire vn qui soit le plus beau de tous ceux qui peuuent estre faits sur quelque sujet, ou sans sujet. Neanmoins auant que de nombrer les diuerses especes de Chansons dont on vse maintenant il faut proposer vne difficulté qui nous donnera peut-estre vne nouuelle definition du Chant, à sçauoir quand, & à quel moment le son, ou la voix commence à estre chant, ce qui semble fort difficile à determiner, car le commencement des choses naturelles est ordinairement imperceptible, neanmoins le chant ayant quelque chose d'artificiel aura peut-estre son commencement plus facile à reconnoistre, que s'il estoit simplement naturel.

PROPOSITION III.

Determiner à quel moment le son commence d'estre Chant, & quand il peut estre appellé Air, ou Chant.

S'il est tres-difficile de remarquer le commencement du mouuement, & du temps, & par consequent celuy du son, qui n'est autre chose qu'vn mouuement, il n'est ce semble pas moins difficile de determiner quand le son commence d'estre Chant: car si toutes les parties d'vn Chant sont homogenes, c'est à dire de mesme nature, comme celle du son, & de l'air, il faut conclure que chaque partie du son, qui est perceptible, contient la nature du Chant, & qu'elle peut estre appellé *Air*.

Plusieurs tiennent que chaque partie de Musique est vn Chant, & neanmoins il y a des parties qui tiennent tousiours ferme sur vn mesme ton, sans hausser ou baisser, comme il arriue quelque fois à la Taille: & entre les Chants dont on vse pour chanter les Psalmes dans les Eglises Catholiques l'vne des intonations ne se sert point d'interualles: quoy que personne ne die que l'on ne chante pas quand on vse de ce ton.

Et quand on se sert de cette intonation, on dit aussi bien qu'on commence à chanter que quand on se sert des Tons qui varient leurs interualles. La difficulté consiste donc en deux points, à sçauoir si le son qui ne hausse ny ne baisse point, peut estre appellé, & est en effet vn chant: & si chaque partie de ce son est Chant, ou quel espace de temps le son doit durer pour estre chant.

Si nous voulons apporter quelques distinctions ou diuisions entre les chants, il semble que l'on peut accorder toutes les pensees des Musiciens sur cette difficulté: Car si nous disons que le son, contre lequel se peuuent chanter vne ou plusieurs parties qui facent des consonances & de l'harmonie, est vn chant, l'on peut tenir que le simple son qui tient ferme, & consequemment que les discours des Orateurs, & de ceux qui font des interualles sensibles, comme les Italiens, & quelques Predicateurs qui chantent en parlant, peuuent estre nommez chants, lors qu'on peut faire quelque partie de Musique contre lesdits sons, ou discours. Mais si nous parlons d'vn chant parfait, il desire des changemens de son, & de differens interualles, comme sont les Diatoniques, & de certaines parties qui ne sont pas Homogenes, & de mesme nature, comme sont les differentes parties de l'eau, & de l'air: parce que le commencement doit estre different du milieu, & la fin doit estre differente de l'vn & de l'autre.

Quant à la duree du chant, les Musiciens n'ont encore rien establi sur ceste difficulté: il y en a de longs, de courts, & de mediocres: & l'on peut quasi dire la mesme chose des chants que des vers, car il n'y a point de vers qui ne puisse auoir vn chant ; & si le vers est inutile & imparfait, comme sont ceux ausquels il manque vn, ou plusieurs pieds, on peut appeller leur chant *imparfait*.

Toutesfois l'on peut dire que le chant doit pour le moins durer deux ou trois mesures pour estre accomply & parfait, afin qu'il ait son commencement, son milieu, & sa fin, car ses trois parties se rencontrent presque tousiours en toutes ces choses, particulierement en celles qui sont liees & obligees au mouuement, comme sont les chants dont nous parlons.

Mais ie traiteray apres plus amplement des parties du chant, & diray s'il est possible de trouuer des regles qui seruent à faire de beaux chants, de sorte qu'en les suiuant on ne puisse faillir au iugement, ou à la composition. Voyons maintenant combien il y a d'especes de chants dont on vse en France, car quant à ceux des anciens tant Grecs, que Latins, ils nous en ont laissé si peu de connoissance que nous ne pouuós en parler auec certitude: & les nations estrãgeres n'en ont point que nous n'imitions assez heureusement, & s'il m'est permis de parler à nôtre auantage, que nous ne surpassions en quelque chose, particulierement en la politesse, en la delicatesse, & en la douceur dont on les recite ; car quant à la netteté, à la bonté, ou à la force de la voix, les Italiens les peuuent disputer auec toutes les autres nations : ioint qu'ils ont plusieurs beaux traits, & quantité d'inuentions dont nos chants sont destituez.

PROPOSITION IV.

Expliquer toutes les diuisions & les especes des Chants & des Airs dont vsent les Musiciens, & donner des exemples des chants Ecclesiastiques.

L'on peut premierement diuiser les chansons en Diatoniques, Chromatiques, & Enharmoniques, & en mettre autant d'especes comme ces trois genres en ont ; mais pour parler des chants qui sont en pratique, on les diuise en autant d'especes qu'il y a de modes differens, à sçauoir en 12, dont chaque espece peut quasi auoir vne infinité d'indiuidus, puis que l'on en fait 40320 des 8 notes de chaque Octaue, encore que l'on ne repete nulle note deux fois, comme ie monstreray

Des Chants.

monstreray dans la 8 proposition. En troisiesme lieu, les chants se diuisent en autant d'especes que les passions; car il y en a de tristes ou languissans, & de joyeux; il y en a de propres à la guerre, & d'autres à la paix. Ils se peuuent encore diuiser en Dactyliques, Anapestiques, Iambiques, &c. suiuant les differentes especes des vers & des mouuemens dont les anciens Poëtes & Musiciens ont vsé, & dont on se sert aux Balets. A quoy l'on peut rapporter la diuision que l'on en fait maintenant en trois genres, dont l'vn est le Vaudeuille ou la Chanson, l'autre est le Motet ou la Fantaisie, & le troisiesme genre contient toutes les especes de Danseries. Et finalement si l'on veut vne diuision plus particuliere, l'on peut mettre douze sortes de compositions de Musique qui se pratiquent en France, à sçauoir les Motets, les Chansons, ou les Airs, les Passemezzes, les Pauannes, les Allemandes, les Gaillardes, les Voltes, les Courantes, les Sarabandes, les Canaries, les Branles, & les Balets, dont l'on void des exemples à la fin de ce liure, où i'en mets les definitions, ou les descriptions. Ie donneray encore d'autres exemples des Airs, & des beaux Chants dans le traité qui apprend à bien chanter: car ie veux seulement icy donner quelques chants Ecclesiastiques qui excitent la deuotion lors qu'ils sont bien chantez; & pour ce sujet ie choisis certains versets de quelques Psalmes qui sont propres pour éleuer l'esprit à la contemplation des choses diuines, afin que le chant & la lettre se respondent mutuellement.

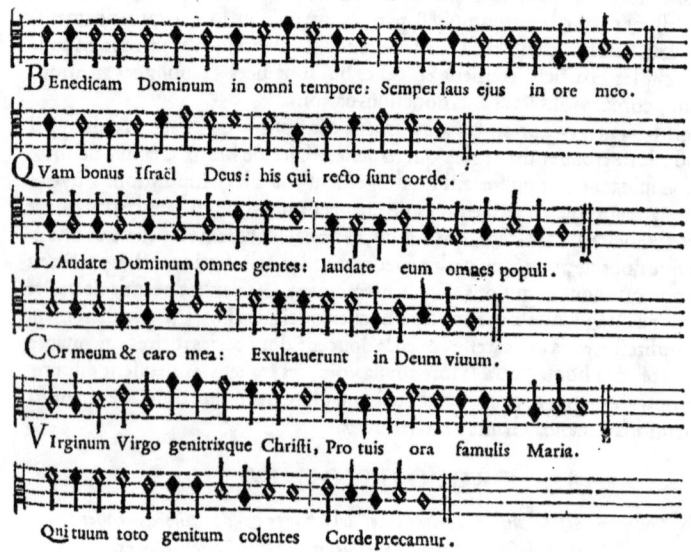

Ie reserue plusieurs autres exemples pour le liure des chants de l'Eglise, que l'on pourra enrichir de mille belles inuentions, si l'on comprend ce que ie diray dans ce liure, & dans le troisiesme, où i'explique la maniere de faire de bons chants sur toutes sortes de sujets, & la methode de bien chanter.

Or les quatre chants qui seruent aux quatre versets des Psalmes sont en vsage parmy les Prestres de l'Oratoire, qui les chantent auec vne grande deuotion ; & le dernier est vsité dans les prisons de Paris. Et l'on pourroit diuiser tous les chants Ecclesiastiques en Leçons, Versets, Respons, Antiennes, Psalmes, Cantiques, Hymnes, Sequences, & Messes, dont Cerone en rapporte vne grande partie dans son 3, 4, & 5 liure : l'on en trouue aussi plusieurs dans Glarean, & Franchin, sans qu'il soit besoin d'en charger ce traité.

C'est pourquoy ie ne mets pas icy les tons ordinaires du chant Gregorien ; & puis ie les ay déja donnez dans la 29 proposition du second liure de la Musique imprimé l'an 1627, à la fin duquel i'ay encore mis 12 chants à deux parties sur les 12 modes : & à la fin du second liure i'ay mis vn chant figuré à deux parties du premier mode, & vn autre du second, & finalement vn autre air spirituel à 4 parties. L'on trouuera aussi les exemples des 12 tons des chants de l'Eglise à la fin du sixiesme liure Latin, qui traite des genres & des modes. I'ajoûte seulement que le 5, le 6, & le 12 me semblent les plus beaux : mais chacun peut choisir celuy qui luy agreera dauantage pour sa consolation particuliere, & mesme il en peut faire tant de nouueaux qu'il voudra.

Or il est certain que lors que l'on chantera plusieurs chants de l'Eglise auec l'attention & la deuotion requise, l'on en receura vn grand contentement, car il y en a de fort beaux, par exemple les Hymnes, *Veni creator spiritus*, *Sacris solemnijs*, *Pange lingua gloriosi corporis mysterium*, *Conditor alme syderum*, *Sanctorum meritis*, *Aue maris stella*, & plusieurs autres. La mesme chose arriuera en chantant les Proses *Victimæ Paschali laudes*, *Lauda Sion Saluatorem*, & les Antiennes *Inuiolata*, *Salue regina*, *Regina cæli*, &c. dont on vse dans les Eglises Catholiques : mais puis qu'on les trouue dans les Rituels, il n'est pas à propos de les mettre icy. Ie conseille neanmoins à ceux qui aiment les chants de l'Eglise de se seruir des Heures de la Vierge qui ont esté imprimees chez Cauellat l'an 1598, car elles contiennent les chants de tout ce qui se chante le long de l'annee dans l'Eglise de Paris, à sçauoir toutes les Antiennes, ou Antiphones, toutes les Hymnes, les Psalmes, les 8 tons, plusieurs Proses, des Messes toutes entieres auec les *Gloria in excelsis*, le *Credo*, & plusieurs autres chants qui sont fort beaux ; de sorte que ie m'estonne que ces Heures qui deuroient se trouuer entre les mains de tant de personnes, soient si rares, & que l'on ne les r'imprime point.

Ie donneray encore plusieurs autres sortes de chants lors que ie parleray des Dances, & des Balets, & de toutes les especes de chants dont on vse en France. Et l'on peut encore voir tous ceux que i'ay donné dans le 13 article de la 57 question sur la Genese. L'on peut aussi rapporter tous les chants que Goudimel, Claudin le Ieune, du Caurroy, Caignet, & les autres ont donné aux Psalmes mis en vers François, & toutes les Chansons spirituelles aux chants Ecclesiastiques, puis qu'ils seruent à eleuer l'esprit à la contemplation des choses diuines, & consequemment qu'ils suiuent le but & le dessein de l'Eglise. Et finalement on peut voir le chant de tous les Motets qui ont esté imprimez depuis que l'on a commencé à chanter à plusieurs parties.

PROP. V.

Des Chants. 97

PROPOSITION V.

A sçauoir si l'on peut trouuer & prescrire des regles & des maximes infallibles selon lesquelles on fasse de bons Chants sur toutes sortes de lettres & de suiets, & si les Musiciens en ont quand ils font des Airs & des Chants.

Cette difficulté est l'vne des plus grandes de toutes celles de la Musique, car puis que personne n'a encor establi de certaines regles propres pour faire de beaux chants sur toutes sortes de sujets, c'est signe que l'on n'en peut establir, car il n'est pas ce semble probable que les Musiciens qui ont vescu depuis vne si longue suite d'annees & de siecles n'en eussent estably, tant pour s'en seruir aux rencontres, que pour en faire part à leurs successeurs, comme ils ont fait des autres preceptes de cét Art.

En effet les plus excellens Maistres preuuent tous les iours par experience qu'ils n'ont point de regles asseurees pour faire de bons chants, puis qu'ils ne les rencontrer le plus souuent que par boutades, & par hazard, comme ils confessent eux-mesmes; de là vient qu'ils sont quelquefois des iours entiers sans pouuoir faire vn air, ou vn chant qui leur plaise, & qui leur sarisfasse; & d'autrefois ils en font plusieurs en peu de temps, qui leur naissent dans l'esprit suiuant les differentes dispositions de leur imagination, & de leur santé.

Or s'ils auoient des regles certaines, ils pourroient faire tels chants qu'ils voudroient à toute sorte d'heures & de rencontres, comme les Architectes peuuent faire le dessein d'vn bastiment, & les Mathematiciens des demonstrations, & tirer des lignes droites & courbees de toutes façons en tout temps, parce qu'ils ont des regles certaines & infallibles. La maniere dont se seruent les Compositeurs confirme cette verité, car ils tastent sur le Luth, sur l'Epinette, sur la Viole, ou sur d'autres Instrumens plusieurs sortes de tons & d'accords pour r'encontrer vn chant qui leur plaise, ou bien ils fueilletent Claudin, Guedron, & les autres Maistres pour prendre quelques parties de chant d'vn costé, & les autres parties en d'autres lieux, afin de ramasser ces fragmens, & d'en faire vn chant entier. Or s'ils auoient des regles certaines, ils s'en seruiroient sans prendre deçà & delà des vns & des autres, ce qu'ils font quelquefois sans beaucoup de raison & de iugement.

Mais ie veux apporter de plus puissantes raisons, dont l'vne se prend du peu de connoissance que nous auons de la nature des interualles Harmoniques, desquels il faut vser pour faire les chants. Et l'autre se prend de l'ignorance des mouuemens dont l'on ne sçait pas la theorie, ny la pratique, car nous n'auons point de Musiciens qui puissent establir la suite des mouuemens necessaires pour exciter les auditeurs à telle passion que l'on voudra.

A quoy l'on peut ajoûter la connoissance des choses qui sont necessaires au parfait Musicien, dont i'ay parlé dans vn autre lieu, comme celle du temperament des auditeurs, & celle des esprits, & de la maniere dont il faut vser pour eschaufer & refroidir l'imagination & l'appetit, afin d'appaiser ou d'exciter les passions. Et puis la multitude des Airs va iusques à l'infiny, & la bonté des chants depend le plus souuent de la fantaisie du Compositeur, & de ceux qui les mettent en credit; ce qui empesche que l'on puisse prescrire des regles infallibles si l'on ne veut comprendre & renfermer l'infinité de l'imagination & de la caprice des hommes dans les bornes de quelques maximes qui fassent vne chose finie de l'infiny.

Il faut neantmoins auoüer que l'on peut trouuer des regles si certaines, que l'on ne manquera iamais à faire de bons chants sur toutes sortes de sujets, pourueu que l'on entende la lettre; car si le Musicien François qui n'entend que sa langue vouloit mettre de l'Espagnol ou de l'Italien en Musique, il ne pourroit pas accommoder la note à la lettre. I'auoüe qu'il est difficile de trouuer & de pratiquer les regles dont nous parlons, dautant qu'elles requierent vne parfaite connoissance de la nature des sons, & de leurs interualles, & des passions & affections que l'on desire exciter ou appaiser. Mais peut-estre que cette connoissance n'est pas impossible, soit que les anciens l'ayent euë, comme tiennét ceux qui croyent qu'Aristote, Plutarque, & les autres Autheurs ne proposent rien des especes & des effets de la Musique que ce qui est veritable, & qui disent que les Grecs auoient la connoissance du temperament des auditeurs, de la nature des passions, & des interualles; ou que lesdits anciens n'ayent point eu d'autre connoissance que nous, ou plustost qu'ils ayent moins connu dans la Musique que les Maistres qui composent maintenant, & qui enseignent la pratique & la theorie de l'Harmonie, comme croyent plusieurs, qui ne deferent pas tant aux anciens que les autres. Car puis que l'inuention des regles pour faire de bons chants dépend de la raison, du iugement, & de l'experience, il faudroit que nous fussions dépourueus de ces facultez, & instrumens, si nous ne pouuions rien establir que par emprunt des anciens, dont ie ne veux pas icy parler dauantage, dautant que i'ay fait vn discours particulier pour examiner s'ils estoient plus sçauans que nous dans la Musique, & s'ils faisoient de meilleurs Chants, & de meilleurs Concerts.

Or ce qui me fait croire que l'on peut establir des regles pour les chants, est que les Maistres en ont déja estably quelques-vnes, dont ils se seruent assez heureusement, & qu'il n'est pas plus difficile d'inuenter ces regles que celles de la Medecine, & de l'Architecture, qui sont assez certaines pour l'vsage de la vie. Et quand on aura trauaillé aussi serieusement à la perfection de la Musique qu'à celle des autres Arts, & qu'vne aussi grande multitude d'hommes sçauans & iudicieux auront employé leur trauail à la recherche de tout ce qui appartient à la Musique, comme ont fait ceux qui nous ont enseigné la Geometrie, & les autres sciences, ie croy que l'on pourra esperer des regles certaines pour faire de bons chants.

Quant aux raisons contraires, il est aisé d'y respondre si l'on suppose ce que i'ay dit, d'autant qu'elles sont fondees sur ce que nous n'auons pas assez de connoissance, ou sur ce que ceux qui en ont assez ne la veulent pas employer à la Musique; mais elles ne preuuent pas que nous ne puissions auoir vne assez grande connoissance pour faire des regles certaines & infaillibles des bons chants.

PROPOSITION VI.

Determiner de quelles regles & maximes l'on doit vser pour faire de bons chants, & en quoy les sons & les chants sont semblables aux couleurs.

Si nous pouuons trouuer & establir des regles infaillibles pour faire de bons chants sur toutes sortes de sujets, nous ferons ce qui est de plus difficile & de plus excellent

excellent dans la Musique: car quant à la composition de deux, ou plusieurs parties, l'on en trouue assez qui y reüssissent, mais l'on n'en trouue point, ou du moins l'on en rencontre fort peu qui fassent de bons chants sur tous les sujets qu'on leur propose. Et si l'on demande pourquoy il est plus difficile de faire vn bon chant que d'ajoûter des parties au chant qui est déja fait, & de composer à deux, ou plusieurs parties, ie responds qu'il faut estre plus sçauant pour faire de bons chants, que pour composer à plusieurs parties, comme l'on pourra facilement conclure du discours qui suit.

Ie dis donc premierement que c'est vne regle infallible pour les chants, qu'il faut suiure & imiter le mouuement de la passion à laquelle on veut exciter les auditeurs; par exemple, si l'on veut exciter à la guerre, ou à la cholere, il faut vser du mouuement Iambique, ou de l'Anapestique. Où il faut remarquer que ie commence les regles par le mouuement que l'on doit donner aux chants, dont on peut dire ce que l'Orateur disoit de la prononciation, ou du recit des harangues, & vn autre de l'humilité pour les vertus Chrestiennes, & sainct Paul de la Charité comparee aux vertus Theologales, à sçauoir que comme ces vertus sont les principales & les plus difficiles à aquerir, de mesme le mouuement des chansons est la principale partie du chant, & celle qui a plus d'energie, & de force sur l'Auditeur, que toutes les autres choses qui sont & qui accompagnent le chant; de sorte que qui sçait donner les vrais mouuemens, sçait la meilleure partie de la Musique, & la regle la plus necessaire de toutes celles qui seruent à faire des chants. Mais ce n'est pas icy le lieu de parler de ces mouuemens, dautant qu'ils appartiennent au liure de la Rythmique.

La seconde regle appartient aux interualles, & degrez dont il faut vser dans les chansons, laquelle est semblablement necessaire; car elle consiste à vser des mesmes interualles ou degrez dont vse la passion à laquelle on veut exciter: par exemple, si la cholere monte par tons, ou demitons, il faut que le chant monte par mesmes degrez, encore que cecy ne soit pas si necessaire que l'on ne puisse se seruir d'autres degrez en chantant que de ceux de la passion, particulierement lors que l'on ne cognoist pas par quels degrez elle va: or il est certain que les chants ont esté inuentez pour exciter les passions; par exemple, pour resiouyr l'Auditeur, car la resiouyssance appartient aux passions, dont elle est le fondement, le commencement, & la fin, car le plaisir n'est autre chose qu'vn amour parfait & accomply, comme l'amour & le desir, est vn plaisir commencé, & imparfait.

Ie ne crois pas qu'il faille d'autres regles pour faire de bons chants sur toutes sortes de sujets, car la suite des degrez & des interualles des sons qui composent le chant, & la cognoissance du mode dont il faut vser, sont comprises dans la seconde regle; & toutes sortes de vers, & de mouuements sont contenus dans la premiere: quant à la bonté de la voix, & à la prononciation, elles n'appartiennent pas aux regles des chants, mais à la methode, & à la maniere de chanter, & au Chantre, dont nous parlerons ailleurs.

Quant à la relation des sons qui composent le chant, comme celle du Triton, & de la fausse Quinte, qui sont quasi les seules relations mauuaises tant au plain chant, que dans la Musique (encore que ces interualles, & tous les autres puissent entrer dans les recits, lors que le sujet le requiert) il en faudra parler dans le liure de la Composition.

Il faut seulement icy remarquer que les chants sont semblables aux *nuances* des couleurs, qui se suiuent tellement que l'on ne passe pas d'vne extremité à l'autre sans passer par celle du milieu. C'est pourquoy l'on peut s'instruire pour faire de bons chants par la consideration desdites nuances ; car comme l'on a sept interualles, ou huit sons dans l'estenduë de l'Octaue, dont on a coustume d'vser ; de mesme l'on prend pour l'ordinaire sept ou huit couleurs pour chaque nuance, comme l'on experimente à la nuance du pourpre, du bleu, & du vert de tulipe, ou de citron ; de sorte que l'on peut comparer chaque chant à chaque nuance, si n'est que l'on veüille rapporter tous les chants de l'vn des genres de Musique à vne espece de nuance : par exemple, les chants dont on vse dans nostre Diatonique, à la nuance de verd, & ceux des autres especes du genre Diatonique aux autres sortes de nuances.

Or l'on pourroit choisir les huit principales especes de nuances, à sçauoir les trois des trois sortes de verds, & les nuances du bleu, du iaune, du rouge, du colombin, & du pourpre, pour les comparer aux huit especes de la Diatonique : si ce n'est que l'on aime mieux diuiser toutes les nuances, comme toutes les especes de Musique, en trois genres, à sçauoir en la nuance du verd, du iaune, & du rouge, dont chacune en contiendra plusieurs autres, comme chaque genre de Musique contient plusieurs especes.

A quoy l'on peut ajoûter que si l'on fait des chants de douze degrez dans l'Octaue en la diuisant par demitons, que l'on a semblablement des nuances de douze couleurs, comme celle du rouge ; & qu'vne nuance peut auoir autant de couleurs que l'Octaue de sons, ou d'interualles, car l'vne & l'autre peuuent estre diuisee en vne infinité de degrez.

En effet s'il est permis de s'instruire par l'analogie des autres choses, l'on peut comparer les simples sons aux simples couleurs, les interualles des sons aux meslanges desdites couleurs, & les chants aux tableaux ; car comme les Peintres, les Teinturiers & les Floristes remarquent qu'il y a des couleurs simples & premieres, dont les autres sont composees ; de mesme les Musiciens considerent qu'il y a des sons plus simples les vns que les autres ; ce que l'on peut dire du *proslambanomene*, parce que les battemens ou mouuemens d'air dont il est composé sont plus proches de l'vnité & du repos, dont la *nete* est la plus éloignee ; de sorte que les sons du milieu sont composez de ces deux extremes, à raison qu'ils participent de la tardiueté & de la pesanteur de l'vn, & de la vitesse de l'autre, comme les couleurs du milieu participent des deux extremes, à sçauoir du blanc & du noir, dont on peut s'imaginer que les deux premieres couleurs des Peintres, c'est à dire le bleu & le iaune, sont composees, desquelles on fait apres toute sorte de verd.

L'on peut donc dire que le *proslambanomene* respond au iaune, que quelques-vns croyent estre la propre couleur de la terre, parce qu'ils disent qu'elle est toujours de cette couleur lors qu'elle est en sa pureté : ce qu'ils confirment par celle dont Adam fut creé, laquelle estoit vne argille iaune, suiuant l'etimologie du mot Hebreu ; par la moüelle de tous les arbres qui prend aisément cette couleur, par les feüilles des arbres & des herbes, & par les fleurs des tulipes qui deuiennent iaunes apres auoir perdu le verd ; & par les autres couleurs lesquelles sont faites du iaune (qui demeure tousiours, à raison de son sel & de sa terrestreité) & du bleu qui s'éuapore & s'enuolle, comme s'il retournoit vers le ciel qui semble estre son

origine,

Des Chants.

origine, parce qu'il depend de sa lumiere, c'est pourquoy ils disent que cette couleur est semblable à la *Nete*, dont le mouuement viste & leger imite la rapidité des cieux, car plus on oste de mouuemens des sons du milieu, & plus on approche du silence du *proslambanomene*, auquel on compare la terre.

D'où l'on peut conclure que la *Mese* est le son le plus agreable de tous, puis qu'il participe également du ciel & de la terre, comme fait le verd naissant, lequel est composé d'égales parties du bleu & du iaune. Mais si l'on compare les interualles de Musique à deux couleurs, l'on peut considerer si le bleu ou le iaune estant comparé auec le verd font aussi bon effet que le *proslambanomene*, ou la *Nete* comparees à la *Mese*, auec laquelle elles font l'Octaue; & si l'on compare les chants aux nuances des couleurs, l'on peut supputer de combien de sortes de couleurs il faut vser depuis le bleu ou le iaune iusques audit verd pour y passer insensiblement, ou le plus agreablement qui se puisse faire; & qu'elle proportion il y a entre ces couleurs d'approche, afin de remarquer si les passages que l'on fait du *proslambanomene* ou de la *Nete* à la *Mese*, doiuent estre remplis dautant d'interualles, & qui ayent des raisons égales ausdites couleurs, afin de faire le plus beau chant de tous les possibles, & de le chanter parfaitement.

Car il y a de l'apparence que la nature suit tousiours le mesme train en ses ouurages, & que le chant qui l'imitera doit estre estimé le plus parfait, soit que l'oreille y consente ou non, puis que la raison est la maistresse, & consequemment qu'elle est plus croyable.

L'on peut donc examiner de combien de couleurs il faut nuer le iaune, ou le bleu, duquel on veut passer au verd gay, ou dudit verd au iaune, & au bleu, ou de l'vn de ceux-cy à l'autre, & faire autant d'interualles depuis le son graue iusques à celuy du milieu, & du milieu iusques à l'aigu, afin de voir si le chant qui sera conduit par ces nuances sera le meilleur de tous.

Et parce que l'on aime la diuersité des chants, comme celle des tableaux (à raison de l'estat de changement dans lequel nous viuons assujetis à sa vanité malgré que nous en ayons) lors que l'on diuersifiera les chants, & que l'on quittera la precedente nuance pour passer à des couleurs éloignees, ou à des sons separez, & dis-joints, il faut que le son ou la couleur ayent de l'analogie, & de la conuenance auec les autres ausquels nous passons. Et parce que l'on fait les sauts de l'Octaue, de la Quinte, de la Quarte, des Tierces, & des Sextes, il faut voir les transitions des couleurs qui respondent à ces passages, afin de sçauoir si leur agreement est semblable, & si ce qui se trouue beau dans la suite des sons a vne égale beauté dans la suite, & la liaison des couleurs.

L'on peut encore passer outre, & voir s'il y a quelque chose dans la Musique qui responde à la lumiere laquelle côtient toutes les couleurs en eminence & en perfection, quoy qu'elle tienne ce semble dauātage du iaune; de là vient que l'on l'appelle *doree*, & que la chose la plus precieuse nous est expliquee sous le nom d'vn or qui sera transparent comme le verre, dans le 21 chapitre de l'Apocalypse, c'est à dire qu'il sera semblable en couleur à l'ambre, & au chrystal en transparence, afin d'auoir les plus excellentes qualitez de tous les corps.

Or il n'y a rien dans la Musique plus semblable à la lumiere que le son aigu, parce qu'il comprend tous les autres qui viennent de sa diuision, ou de sa diminution iusques à ce qu'il retourne dans le silēce; car s'il perd vne 24 partie de son mouuement il fait le demiton mineur; s'il en perd vne 15 il fait le majeur; si vne 9,

I

ou 10, il fait le ton mineur, ou majeur, & s'il en perd la moitié, il fait l'Octaue, & ainsi des autres, iusques à ce que les rayons, ou les influences de ses mouuements, qu'il depart aux autres sons, soient tellement diminuez qu'il paruiennent au *proslambanomene*, qui tient le plus du siléce, comme le noir tient plus des tenebres que nulle autre couleur, à raison de l'affoiblissement des rayons lumineux qui le produisent, ou qui le font paroistre. Car les couleurs tirent dautant plus sur le noir, qu'elles reflechissent vne moindre quantité de rayons à l'œil, & approchent dautant plus de l'esclat & de la lumiere qu'elles reflechissent vne plus grande multitude de rayons; de là vient que quand tous les rayons d'vne glace de miroir droit ou concaue affectent l'œil, que l'on ne void rien que le corps lumineux, à sçauoir le soleil, ou la chandelle, car la lumiere veut tout conuertir en soy, & n'a ce semble point d'autre fin à nostre égard que de remplir tout le monde, & de se representer dans tous les corps qui ne representeroient autre chose que le soleil, s'ils estoient parfaitement polis; & parce qu'elle agit naturellement, lors qu'elle ne peut parfaitement representer l'image du soleil, à raison des inégallitez des corps qui la reçoiuent, elles represente des couleurs, lesquelles on peut appeller des soleils defigurez & confus, qui abbrutissent sa beauté, & sa viuacité en rompant & en diminuant la force de ses rayons.

Ce que l'on peut aisément transferer aux hommes, sur qui Dieu, qui est le Soleil eternel de iustice, darde tellement les rayons de sa bonté, & de sa prouidence, que s'ils regardoient toutes choses comme il faut, & s'ils receuoient dans leur esprit tous les rayons, ou du moins vne bonne partie de ceux dont Dieu les enuisage, ils ne verroient autre chose que Dieu dans eux mesmes, & dans toutes les creatures; & l'on pourroit dire que la Beatitude eternelle commenceroit dans ce monde, puis que la foy nous enseigne que dans elle Dieu sera tout en tout choses, dans la 1. aux Corinth. chap. 15. *Vt sit Deus omnia in omnibus*. Ce qui arriuera lors que toutes choses luy seront parfaitement assujeties, comme il dit au mesme lieu. C'est ce que pratiquent desia les Iustes, qui n'aiment nulle creature que parce qu'ils y trouuent la diuinité, & qui aiment dautant plus chaque estre que la diuinité y reluit dauantage.

Il faut encore remarquer qu'il y a plusieurs couleurs qui se nuent, comme il y a plusieurs genres & especes de Musique; & que l'on peut comparer les degrez de chaque espece de Musique auec la nuance de chaque couleur; par exemple, la nuance du verd, du iaune, & du rouge auec les degrez du genre Diatonic, Chromatic, & Enharmonic, car les chants peuuent finir par la voix la plus graue, ou la plus aigue, comme la nuance de chaque couleur finit d'vn costé par le noir, qui represente l'ombre, les tenebres, & le silence; & de l'autre costé par le blanc, qui represente l'esclat de la couleur, la lumiere, & la vistesse des sons aigus.

D'ailleurs, le son du milieu que les Grecs appellent la *Mese*, represente la couleur qui est nüee; & comme l'on vse ordinairement de sept couleurs dans chaque nuance, de mesme l'on vse de 7 interualles ou degrez dans chaque Octaue, dont il y en a 2, 3 ou 4 dessus, & trois ou quatre dessous ladite *Mese*: i'ay dit 3 ou 4 *dessus*, ou *dessous*, parce qu'il y en a 4 dessous, lors que la Quinte est dessous, & 3 lors qu'elle est dessus; ce que les Musiciens appellent diuision Harmonique. C'est pourquoy il faudroit voir si la nuance d'vne couleur est plus agreable lors qu'il y a plus de degrez de nuance en bas iusques au noir, qu'en haut iusques au blanc,

blanc, comme l'Octaue est plus agreable lors qu'elle a plus de degrez en bas, c'est à dire lors qu'elle a la Quinte dessous.

Il faut encore considerer si toutes les principales couleurs qui se nuent peuuent estre reduites à 7, comme les Octaues, afin que chaque espece d'Octaue qui a 8 sons & 7 interualles, soit comparee à chaque couleur principale, & aux 7 ou 8 couleurs qui luy seruent de nuance; & finalement si les nuances sont dautant plus ou moins agreables, qu'elles ont vn plus grand nombre de couleurs, & qu'elles paroissent moins distinctes, comme les chants ont coustume d'estre plus ou moins agreables, selon que leurs degrez sont moindres ou plus grands: comme il arriue lors qu'au lieu des 8 sons Diatoniques de l'Octaue, on la diuise en 12 demitons sur l'Orgue & sur le Luth, par le moyen des degrez Chromatiques, ou qu'on la diuise en 24 interualles par le moyen des degrez Enharmoniques, car les nuances des couleurs peuuent estre de 12, & de 24 differentes couleurs, que l'on peut mettre entre le vray verd, & le verd le plus brun d'vn costé, & le verd le plus foible de l'autre.

COROLLAIRE I.

Les bons Compositeurs disent que les chants doiuent estre semblables aux corps composez des quatre Elemens, afin qu'ils ayent la fermeté de la terre dans leur mesure constante & reglee; la netteté de l'eau, parce qu'il faut euiter toute sorte d'embarras & de confusion dont l'oreille peut estre blessee; la vistesse & la mobilité du feu par ses diminutions, ses passages, ses tremblemens, & ses fredons; & puis le bel air, qui est l'ame du chant. L'on peut aussi comparer les interualles dont on vse dans les chants, aux couleurs que produisent les metaux: ce qui se fait en differentes manieres; par exemple le plomb calciné auec l'estain fait l'émail blanc; le fer calciné fait le iaune des verres; ce que fait aussi l'antimoine: le cuiure rend le verre turquin, ou bleu selon les differentes preparations que l'on luy donne; & l'argent estant meslé auec d'autres choses fait vne varieté de couleurs. Ie laisse tout ce que les potiers de terre, & les Chymiques font par le moyen des metaux, parce qu'il suffit d'en auertir les Musiciens afin que s'ils veulent rapporter chaque metail, & toutes leurs couleurs à ce qui arriue aux interualles, ou mouuemens des chants, ils sçachent les experiences des artisans.

PROPOSITION VII.

Determiner s'il est possible de composer le meilleur chant de tous ceux qui se peuuent imaginer, & si estant composé il se peut chanter auec toute la perfection possible.

Il semble que la nature nous ait fait naistre auec le desir de la perfection, car tout le monde la recherche; ce que tous les hommes tesmoignent dans leurs ourages; comme quand Ciceron a d'escrit vn parfait Orateur, & que Platon & Xenophon ont dépeint vne Republique & vn Roy auec toute la perfection qu'ils ont peu; ce qu'ont semblablement fait les autres qui ont representé vn Poëte, ou vn Poëme accomply de tout point. Les Cabalistes & les Chymistes ont eu la mesme idee quand ils se sont imaginez la Medecine qu'ils ont appellé *Panacee*, & vn agent, ou vn dissoluent vniuersel, & vne poudre de proiection, ou vne pierre philosophale, qu'ils ont comparee à l'anneau de Gyges, & à tout ce qu'ils ont remarqué de plus excellent dans l'estenduë de la nature & de la grace.

Mais il est impossible, ou tres-difficile de rencontrer cette perfection. Apelles & Protagoras croyoient auoir tiré des lignes si subtiles qu'on auoit de la peine a les voir, mais s'ils se fussent seruis de nos lunettes qui grossissent l'objet iusques à le faire voir mille fois plus gros qu'il ne paroist sans Lunettes, ils eussent veu leurs lignes plus grosses que les doigts, particulierement s'ils eussent eu des verres diaclastiques, qui font voir l'objet aussi gros qu'il est possible de le representer. Or nul ne se peut vanter d'auoir veu, ou fait les meilleures Lunettes, les meilleurs Miroirs, Tableaux, & bastimens du monde, car encore que Iustinian Empereur creust auoir surmonté le Temple de Salomon en la structure de l'Eglise de Saincte Sophie (où l'on dit qu'il y a vn vase propre pour mettre de l'eau benîte, sur lequel ces paroles Greques sont grauees, νῖψον ἀνομήματα μὴ μόναι ὄψιν, lesquelles estant leuës à droit, ou à rebours sont tousiours vne mesme chose, & signifient, *Lauē tes iniquitez, & non seulement ton visage*,) neanmoins on peut bâtir vne plus belle Eglise.

Il n'y a ce semble pas moyen de faire la meilleure action morale, la boule la plus ronde, le plan le plus parfait, le bouquet le plus beau, ny le chef-d'œuure le plus excellent de tous ceux qui sont possibles en quelque matiere que ce soit. La nature mesme qui est guidee & gouuernee par le souuerain Autheur, n'a peut estre pas encore fait voir le plus beau visage, ou le plus beau corps de tous les possibles, (si ce n'est celuy d'Adam, de nostre Seigneur, ou de la Vierge) non plus que le petit, ou le plus grand homme.

Les Medecins n'ont pas encore rencontré le parfait temperament *ad pondus*, ny la parfaite santé ; & nul ne peut se vanter d'auoir fait le plus excellent traité, ou le plus excellent liure de tous ceux qui peuuent estre faits sur le mesme sujet. Et si nous regardons toute la nature, & tous les artisans, nous trouuerons qu'il n'y a point de perfection accomplie en tout ce qu'ils font, y ayant toujours quelque chose à desirer : ce qui nous montre clairement qu'il n'y a que Dieu seul qui soit parfait, & qui puisse agir, & produire tout ce qui luy plaist auec toutes sortes de perfections : ce qui n'empesche pas neanmoins que nous ne recherchions s'il est possible de composer ou de chanter le plus beau Chant, ou le plus bel Air de tous ceux qui se peuuent desirer, afin que nous n'obmettions rien de tout ce qui peut seruir à ce traité de Musique.

Or l'on peut considerer le Chant ou l'Air en deux manieres; premierement en sa composition, & puis apres sa composition, qui peut estre faite en tant de façons (comme il appert par le grand nombre de chants qui se rencontrent dans l'estenduë d'vne double, triple, & quadruple Octaue, encore que l'on ne parle point des diuers mouuemens, ou des differentes mesures) qu'il est presque incroyable, & qu'il semble estre impossible qu'vn homme puisse composer tous les Airs qui se rencontrent dans le nombre des sons dont on vse ordinairement dans les chansons, encore qu'il composast l'espace de cent ans sans cesser. Ce seroit donc par hazard s'il rencontroit le plus beau chant de tous ceux qui se peuuent faire, & ne pourroit connoistre s'il seroit le plus excellent, puis que la connoissance d'vne chose qui vient en comparaison auec d'autres, ne peut s'acquerir qu'en la comparant auec celles qui luy sont rapportees.

Des Chants.

Pour iuger du vers le plus parfait & le plus accomply des liures d'Homere, de Pindare, d'Anacreon, ou de Virgile, il faut lire toutes leurs œuures, & conferer tous les vers les vns auec les autres; car encore que l'on puisse rencontrer le plus beau vers à la premiere ouuerture du liure, neanmoins il ne pourra estre connu, dautant qu'il n'aura pas esté comparé à tous les autres. L'on peut dire la mesme chose du plus excellent de tous les airs: quoy qu'à l'égard des preceptes de la Musique donnez par les meilleurs Maistres l'on puisse composer vn chant, & trouuer vn air qui garde exactement toutes les regles de l'Art, & qui soit iugé le plus parfait de tous dans sa composition, bien qu'en effet il ne soit pas tel apres la composition. Ce que l'on peut expliquer par vn exemple tiré de l'eloquence. Ie suppose donc que l'on demande si vn homme peut faire vn discours ou vne oraison qui ait toutes les parties de l'eloquence au souuerain degré de perfection: à quoy ie responds qu'il est du tout impossible, dautant qu'on ne peut arriuer à toutes les diuersitez d'oraisons qui se peuuent faire: c'est pourquoy on ne peut faire choix de celle qui en toutes ces differences doit estre tenuë pour la plus parfaite & la plus accomplie. Neantmoins ayant égard aux preceptes de Rhetorique qui ont esté donnez par les plus grands Orateurs, vn homme peut obseruer toutes les regles de Rhetorique, & composer vn discours, lequel eu égard aux preceptes de l'Art doit estre tenu pour le plus parfait, encore qu'il ne semble pas le plus agreable à l'oreille, ny le plus persuasif.

De mesme, quoy qu'vn air soit le plus accomply de tous ceux qui se peuuent faire selon les regles de l'Art, neanmoins si on le considere hors de la composition, & comme chanté ou écouté, & receu par le sens de l'oreille, il ne semblera pas si excellent comme il est, si la voix de celuy qui chante, & l'oreille de celuy qui l'écoute, ne sont parfaitement disposées, & les plus excellentes de toutes celles qui se peuuent imaginer. Car on experimente que les bons airs chantez par de mauuaises voix ne sont pas si agreables que ceux qui sont beaucoup moins excellens, quand ils sont chantez par de bonnes voix.

L'on doit encore considerer le suiet de la chanson; car si l'air est lié à quelque matiere, soit prose, ou vers, il sera plus agreable que s'il estoit separé de toute sorte de sujet, dautant que le iugement de l'oüie se faisant dans le sens commun, & non seulement dans les replis & les cauernes des oreilles, si l'air ne porte rien auec soy que le son, il ne peut estre si bien goûté de l'esprit, que lors que le son est joint à quelque parole qui a conformité & analogie auec le chant. C'est pourquoy il arriue souuent que les airs ne peuuent estre si bien retenus quand ils sont chantez sans sujet, que quand ils ont vne lettre, ou vn sujet, parce que les syllabes des dictions nous font ressouuenir des sons qu'il faut éleuer, ou baisser, & des temps qu'il faut faire longs ou briefs. A quoy l'on peut ajoûter que les refreins & les reperises des airs se font plus sensiblement & plus agreablement reconnoistre sur vne lettre, laquelle sert beaucoup pour les faire estimer & agreer.

Or comme vn Air sans suiet est moins parfait qu'vn Air attaché à quelque sujet, de mesme vn Air conjoint à vn sujet, dont le sens n'a qu'vn leger rapport auec l'Air chanté, est moins agreable qu'vn autre Air qui aura le sens de son sujet conforme & proportionné; par exemple, si l'on vouloit chanter vn Air de guerre sur des paroles trainantes, molles, & transies d'amour, cet Air ne seroit pas si agreable que s'il estoit chanté sur des paroles mâles, hardies, & guerrieres:

I iij

car comme il faut vn autre air pour animer, & pour échaufer que pour retenir, & pour refroidir, aussi faut-il d'autres paroles.

De plus, vn sujet en vers rend le chant plus agreable qu'vne prose, dautant que le vers frape plus subitement le sens commun, & enuelope en peu de paroles vn sens plus aigu, & plus subtil, qui donne vn particulier contentement au sens commun, ou à l'esprit : car la volupté se faict au sens commun, comme le chatoüillement au corps, par vn mouuement subit & non prèueu. Certes i'estime qu'il faut conclure qu'il n'est pas au pouuoir d'vn homme de trouuer l'air le plus parfait de tous, encore qu'il fust chanté par les plus belles voix du monde : car cet air se deuant parfaitement raporter au sens d'vn vers parfait, & n'estant pas possible de trouuer le vers le plus parfait de tous, l'on ne sçauroit arriuer à la perfection de l'air dont nous parlons.

Quant au chant que l'on considere comme oüy, & receu par les oreilles d'autruy, il n'est pas plus aysé de le rendre parfait, que quand il est consideré en l'autre façon; car les temperaments particuliers, & les humeurs & inclinations des hommes estant aussi differentes qu'il y a de personnes au monde, il est impossible de trouuer vn Air qui plaise également à tous, & d'apporter ce souuerain degré de plaisir que l'on attend d'vn chant de Musique parfaitement agreable. Tel se plaist à vne seule voix qui ne peut goûter la perfection d'vn Concert, & vn autre au contraire : l'vn n'estime pas les voix si elles ne sont iointes aux Instruments, & vn autre n'approuue ny les Instruments à vent, ny ceux qui se seruent de chordes.

Quelques-vns se plaisent à vne Musique douce, les autres à vne plaine, forte, & massiue : il en est comme des viandes, chacun a son goust, ou pour mieux dire, comme de l'Eloquence, l'vn l'aime plaine, & diffuse, l'autre concise & nerueuse : Tel se plaist aux vers lyriques, qui ne sçauroit goûter les heroïques : A peine se trouue-t'il deux hommes qui aiment & qui suiuent vn mesme stile. Il en est ainsi de la Musique, car le melancholique aime vn autre air que le bilieux; & entre les diuersitez des melancholiques il se rencontre diuerses inclinations aux airs & aux chants de Musique.

Or ie croy que toutes les considerations que i'ay rapportees dans ce discours font voir assez clairement que le meilleur chant de tous les possibles ne peut estre fait par nos Musiciens, & qu'ils ne pourroient mesme iuger s'il est le meilleur de tous, encore qu'ils l'eussent rencontré par hazard : C'est pourquoy il n'est pas besoin de nous estendre dauantage sur ce sujet, dont nous parlerons encore ailleurs; comme lors que nous examinerons si l'on peut iuger quel est le meilleur de deux, ou de plusieurs chants proposez : car bien que l'on ne puisse pas faire le meilleur chant de tous les possibles, parce que si les hommes auoient fait vn chant où ils ne peussent plus rien desirer, nous pourrions encore dire que Dieu ou les Anges le peuuent rendre meilleur. Ce qui n'empesche pas neantmoins que l'on ne puisse establir des regles propres pour faire de bons chants, autrement il faudroit confesser que les Maistres de Musique ne peuuent faire vn bon chant que par rencontre & par hazard, & que les ignorans en peuuent faire d'aussi bons qu'eux, ce qui est difficile à croire : Et l'experience ne nous fait point voir de chants composez par les païsans qui soient aussi bons que ceux de Guedron, & des autres Maistres, dont le principal exercice consiste à composer des chansons & des airs.

COROLLAIRE.

Des Chants.

COROLLAIRE.

Puis que la beauté des airs consiste particulierement dans leur varieté, & qu'il y en a qui croyent que l'on ne peut plus faire de chants qui n'ayent déja esté faits, il faut considerer cette diuersité, & monstrer que tous les hommes du monde n'ont pû faire tous les airs contenus dans la main Harmonique, ou dans le systeme & l'échele ordinaire de Musique, encore qu'ils eussent fait tous les iours mille chants differens depuis la creation du monde iusques à present, comme il sera aisé de conclure par les propositions qui suiuent, dans lesquelles l'on apprendra toutes les especes de combination, conternation, &c. & plusieurs autres choses qui sont tres-remarquables.

PROPOSITION VIII.

La regle ordinaire des combinations enseigne combien l'on peut faire de chants de tel nombre de notes que l'on voudra, pourueu que l'on retienne tousiours le mesme nombre de notes, & que l'on ne repete iamais vne mesme note deux, ou plusieurs fois.

Il n'est pas besoin d'expliquer icy la regle des combinations ordinaires, puis que ie l'ay donnee dans le troisiesme liure de la verité des Sciences chap. 10, dans lequel i'ay expliqué cinq Theoresmes qui seruent à faire de bons chants, & ay demonstré combien l'on peut faire de chants differents, soit que l'on vse d'vne, de 2, de 3, de 4 notes, ou de tel autre nombre que l'on choisira iusques à 50 notes, ou iusques à tel autre nombre que l'on voudra : i'ay semblablement escrit dans le mesme chap. les 120 chants qui sont dans 5 notes differentes, à sçauoir dans *vt, re, mi, fa, sol*; mais par ce que la pluspart des Musiciens ne peuuent comprendre le nombre de ces chants, s'ils ne les voyent escrits auec les notes ordinaires de leur pratique, ie donne tous les chants differens qui peuuent estre faits auec les six notes de l'hexachorde majeur, ou mineur, c'est à dire auec les six notes, *vt, re, mi, fa, sol, la,* ou *re, mi, fa, sol, la, fa,* qui sont toute la Musique Pratique. Or il est si aisé de trouuer le nombre de ces chants, qu'il n'est pas quasi besoin d'en expliquer la maniere ; car il faut seulemēt escrire autant de nombres selon leur ordre naturel, comme il y a de notes dont on veut vser ; par exemple, si l'on veut sçauoir combien l'on peut faire de chants differents auec les huict sons, ou les 8 notes de l'Octaue, *vt, re, mi, fa, sol, re, mi, fa,* il faut escrire 1, 2, 3, 4, 5, 6, 7, 8, & multiplier tellement ces 8 nombres, que le produit des deux soit toujours multiplié par le nombre naturel en cette maniere ; vne fois deux font deux ; car il faut laisser l'vnité, parce qu'elle ne multiplie nullement, & dire deux fois trois font six, quatre fois six font vingt-quatre, cinq fois 24 font 120, six fois 120 font 720, à sçauoir le nombre de tous les chants des six notes, dont ie parleray dans la neufiesme proposition : sept fois 720 font 5040, & huit fois 5040 font 40320, qui monstre le nombre des chants qui sont contenus dans 8 sons differens, par exemple dans les 8 notes de la premiere espece d'Octaue. Et si l'on veut sçauoir les chants contenus dans vn plus grand nombre de sons, par exemple dans les 22 notes de la Vingt-deuxiesme, ou dans quelqu'autre nombre que l'on voudra, il faut suiure la mesme methode. Ie les mettray pourtant icy, afin qu'on les trouue sans nulle peine.

I iiij

108   Liure Second

Table de tous les chants qui peuuent se rencontrer dans 22 sons, c'est à dire dans trois Octaues.

1	1
2	2
3	6
4	24
5	120
6	720
7	5040
8	40320
9	362880
10	3628800
11	39916800
12	479001600
13	6227020800
14	87782291200
15	1307674368000
16	20922789888000
17	355687428096000
18	6402373705728000
19	121645100408832000
20	2432902008176640000
21	51090942171709440000
22	1124000727777607680000

Il n'est pas necessaire d'expliquer tous les vsages de cette table, dautant que ie les ay apportez dans le liure de la verité des Sciences. I'ajoûteray seulement que quand les Praticiens ne veulent pas croire qu'il y ait vne si grande diuersité de chants dans 8, 10, ou douze notes, & qu'ils desirent que l'on les escriue tous afin de les conuaincre par l'experience, qu'ils suiuent plustost que la raison, & la demonstration, qu'il faut les leur offrir, pourueu qu'ils fournissent le papier necessaire pour les noter; ce que l'on peut leur promettre asseurément, car s'ils promettent de donner le papier, & que l'on gage le contraire contre eux, il est tres-certain qu'ils perdront, car il faudroit beaucoup plus de rames de papier pour noter tous les chants qui se trouuent dans 22 notes, encore que l'on n'en repete iamais aucune deux fois, qu'il n'en faudroit les vnes sur les autres depuis la terre iusques au firmament, encore que chaque fueille de papier contint 720 chants differens chacun de 22 notes, & que chaque rame de papier fust tellement pressée & battuë qu'elle ne fust pas plus épaisse qu'vn pouce, c'est à dire que la 12 partie d'vn pied de Roy: car il n'y a que 28862640000000 pouces du centre de la terre aux estoilles: or le nombre des rames de papier qu'il faudroit pour noter lesdits chants est mille fois plus grand que ce nombre de pouces, comme l'on demonstre en diuisant le nombre des chants de 22 notes, à sçauoir 1124000727777607680000, qui a 22 chifres, par le nombre des chants qui seroient dans l'vne de ces rames, à sçauoir par 362880.

COROLLAIRE I.

De la Voix.

COROLLAIRE I.

Il n'appartient donc pas aux Praticiens de demander l'experience & la pratique de ce que les Theoriciens & la raison leur enseignent, puis qu'ils n'ont seulement pas le moyen de fournir aux frais du papier ; car quand le reuenu & le bien de tous les Maistres de Musique qui sont dans tout le monde, & mesme de tous les Princes & de tous les Roys, seroient employez pour cét effet, l'on n'en retireroit pas tant de deniers comme il faudroit de rames de papier pour noter ces chants, quoy que le plus pauure eust vingt mille escus de rente, comme il est aisé de monstrer par le nombre desdites rames, & des deniers, qui vallent plus de millions d'or qu'il n'y en eut iamais au monde. Ce qui fait voir euidemment que l'esprit est bien plus excellent, & qu'il a vne capacité beaucoup plus grande que les sens, & qu'il est fait à l'image de Dieu, puis qu'il va si auant qu'il n'y a que le seul infiny qui le puisse borner, & consequemment que les Musiciens doiuent éleuer leur pensée plus haut qu'à leur Art, s'ils veulent faire paroistre qu'ils sont faits à l'image de Dieu, & qu'ils portent le caractere de la diuinité dans leur ame & dans leur esprit.

COROLLAIRE II.

Puis que nous aurons besoin dans les autres discours de la combinaison d'vn plus grand nombre de choses que de 22, & qu'elle a déja esté necessaire pour les difficultez du liure de la Voix, ie la mets icy depuis 23 iusques à 64, afin que ce liure ne suppose rien d'ailleurs, & qu'elle serue à mille vsages que l'on en peut tirer.

Table de la Combination depuis 23 iusques à 64.

23	25852016738884976640000
24	620448401733239439360000
25	15511210043330985984000000
26	403291461126605635584000000
27	10888869450418352160768000000
28	304888344611713860501504000000
29	8841761993739701954543616000000
30	265252859812191058636308480000000
31	8222838654177922817725562880000000
32	263130836933693530167218012160000000
33	8683317618811886495518194401180000000
34	295232799096041408476186096435120000000
35	10333147966386144929666651337523120000000
36	371993326789901217467999448150835120000000
37	13763753091226345046315979581580901240000000
38	523022617466601117600072141000741291200000000
39	20397882081197443358740281739901897346800000000
40	815915283247897734345961126959611589387120000000
41	33452526613163807108334012053440751647352000000000
42	1405006117752879898543001892614451156918887840000000000
43	60415263063373835637651143818513997475117712000000000
44	265252859748844876805665472845461588890517931280000000000
45	107659997789321174106294516124119455006597627840000000000
46	49152599438108880008889547759570494401030349088064000000000
47	23276091736005136041780874469983461884264071390080000000000
48	11172524033282465300054819745591061648721446757426721840000000000
49	54745167763084079970168616753401103058749890959094681600000000
50	127373683881541099853143083760055129374945479147340800000000000
51	13960068579586440391411497271117281179981221194569143800000000000

52	7259256613899490040556185815009865655902135541175954780160000000000
53	3847394900536671972149477848195522773762784836823260314848000000000000
54	2077593246289803404960718038015582297831190381188455825809179210000000000
55	1141676285459391872781949209140702680754709563650704195048560000000000000
56	1246943914005310600012344150054772790188301806190157746145519360000000000
57	7107580309830587042007036154131210554073510395283899253019460352000000000
58	412239657971162448436408096939610721362525729364661676757087004160000000000
59	2432213982019868445774807771943803673603890180325150218986813324544000000000000
60	14593189217921106746488466316618210416133410819509017257200879947264000000000000
61	88519031742295185115357964453143214453902380599900500587892536767841040000000000000
62	54817996802117747715219379609487929614194759719383103644933727960552448000000000000
63	34575633798538718106058820913977395659426986121113552963082486151480421140000000000000
64	221128405931064779587878645385854553312044332711885546738763727911539474703560000000000

PROPOSITION IX.

Determiner combien l'on peut faire de Chants ou d'Airs differens auec six sons, ou six notes, en prenant tousiours les mesmes notes, & en gardant la mesme mesure; par exemple auec ces six notes, Vt, re, mi, fa, sol, la, ou auec Re, mi, fa, sol, la, fa, ou auec Mi, fa, sol, re, mi, fa, ou auec Fa, sol, re, mi, fa, sol.

Cette proposition est l'vne des plus vtiles & des plus admirables de la Musique, dautant qu'elle enseigne à faire autant que les Anges, & à connoistre tout ce qui peut entrer dans l'esprit; car il n'est pas possible de faire vn plus grand nombre de chants dans toute la Musique, (soit que l'on vse de voix ou d'Instrumens,) que celuy que ie donneray dans cette proposition, & dans celles qui suiuront apres. Ie prends donc icy vn exemple pour demonstrer ce que ie viens de dire, dans lequel on void tous les chants qui se peuuent faire de six notes, dont chacune est de mesme valeur, & tiendra tousiours le mesme lieu de la main de Musique, & consequemment representera vne mesme chorde.

Celuy qui demonstrera quel est le plus excellent & le plus agreable de ces 720 chants, & l'ordre que chacun doit tenir suiuant leur douceur & leur bonté, enseignera ce que l'on ignore, & apportera de nouuelles lumieres à l'Harmonie. Et si l'on donne des regles pour discerner le temperament, l'inclination naturelle, ou les passions de chacun par le chant qui luy plaira dauantage, l'on passera encore plus outre; mais l'vn & l'autre est plustost à desirer qu'à esperer: quoy que ie rapporte beaucoup de choses dans la 21 proposition de ce liure qui seruiront peut estre aux bons esprits pour nous donner quelque lumiere dans ce sujet.

Or ces varietez peuuent seruir pour faire 720 Anagrammes de chaque diction de 6 lettres differentes, & pour changer l'ordre de 6 soldats ou de 6 autres choses 720 fois: par exemple, l'on trouuera toutes les varietez ou Anagrammes de ces 3 noms de 6 lettres differentes, *Iaques, Matieu, Iulian*, en mettant leurs 6 lettres sur les 6 notes ou syllabes de l'Hexachorde; ce qui arriuera semblablement à 6 nombres, comme l'on void icy: ce que l'on fera sans beaucoup de peine, & sans confusion.

Vt, re, mi, fa, sol, la,
I a q u e s,
M a t i e u,
I u l i a n,
1 2 3 4 5 6,

Quant à la methode de combiner, & de trouuer toutes les varietez de chaque nombre de choses proposees, i'en ay traité dans le liure des varietez de l'Octaue, qui fait 40320 chants tous differens, & dans la 5 proposition du 7 liure Latin des Chants, c'est pourquoy ie ne la repete point icy. Ie laisse encore la maniere de trouuer combien il y a de chants dans cét Hexachorde qui ayent vne Sexte, vne ou deux Quintes, vne, deux, ou trois Quartes, &c. parce qu'on la trouuera dans

Des Chants.

ra dans le volume des 8 Notes, dans lequel on verra semblablement les vtilitez de la combination. Et parce que plusieurs ne connoissent pas le nom & la valeur des notes, ie mets premierement les 720 varietez de l'Hexachorde majeur *Vt, re, mi, fa, sol, la*, pour ceux qui sçauent lire, ou qui peuuent chanter en voyant ces 6 syllabes, afin que l'on ne puisse rien desirer sur ce sujet : & puis ie donneray les mesmes varietez auec les notes ordinaires de la Pratique, & les autres especes de varietez, auec plusieurs difficultez qui en dépendent.

La 7 proposition du mesme liure Latin contient tous les chants differens des trois especes de Quarte, à sçauoir 72 : & le 10 chapitre du 3 liure de la verité des Sciences donne les 120 chants de la premiere espece du Diapente *Vt, re, mi, fa, sol*. Mais la varieté de l'Hexachorde comprend ces deux sortes de varietez, comme le plus grand nombre contient tousiours le moindre, & comme l'Hexachorde contient le Tetrachorde, & le Pentachorde ; de sorte qu'il n'est nullement necessaire de mettre icy les chants de 4 ou 5 notes, puis que l'on a ceux des six notes de la premiere espece de Sexte majeure, au lieu desquels il est aisé d'escrire ceux de la Sexte qui commence par R E, par M I, ou par F A.

Table des 720 Chants d'Vt, re, mi, fa, sol, la.

Vt,re,mi,fa,sol,la. Vt,re,mi,fa,la,sol. Vt,re,mi,sol,fa,la. Vt,re,mi,sol,la,fa.
Vt,re,mi,la,fa,sol. Vt,re,mi,la,sol,fa. Vt,re,fa,mi,sol,la. Vt,re,fa,mi,la,sol.
Vt,re,fa,sol,mi,la. Vt,re,fa,sol,la,mi. Vt,re,fa,la,mi,sol. Vt,re,fa,la,sol,mi.
Vt,re,sol,mi,fa,la. Vt,re,sol,mi,la,fa. Vt,re,sol,fa,mi,la. Vt,re,sol,fa,la,mi.
Vt,re,sol,la,mi,fa. Vt,re,sol,la,fa,mi. Vt,re,la,mi,fa,sol. Vt,re,la,mi,sol,fa.
Vt,re,la,fa,mi,sol. Vt,re,la,fa,sol,mi. Vt,re,la,sol,mi,fa. Vt,re,la,sol,fa,mi.
Vt,mi,re,fa,sol,la. Vt,mi,re,fa,la,sol. Vt,mi,re,sol,fa,la. Vt,mi,re,sol,la,fa.
Vt,mi,re,la,fa,sol. Vt,mi,re,la,sol,fa. Vt,mi,fa,re,sol,la. Vt,mi,fa,re,la,sol.
Vt,mi,fa,sol,re,la. Vt,mi,fa,sol,la,re. Vt,mi,fa,la,re,sol. Vt,mi,fa,la,sol,re.
Vt,mi,sol,re,la,fa. Vt,mi,sol,re,la,fa. Vt,mi,sol,fa,re,la. Vt,mi,sol,fa,la,re.
Vt,mi,sol,la,re,fa. Vt,mi,sol,la,fa,re. Vt,mi,la,re,fa,sol. Vt,mi,la,re,sol,fa.
Vt,mi,la,fa,re,sol. Vt,mi,la,fa,sol,re. Vt,mi,la,sol,fa,re. Vt,mi,la,sol,fa,re.
Vt,fa,re,mi,sol,la. Vt,fa,re,mi,la,sol. Vt,fa,re,sol,mi,la. Vt,fa,re,sol,la,mi.
Vt,fa,re,la,mi,sol. Vt,fa,re,la,sol,mi. Vt,fa,mi,re,sol,la. Vt,fa,mi,re,la,sol.
Vt,fa,mi,sol,re,la. Vt,fa,mi,sol,la,re. Vt,fa,mi,la,re,sol. Vt,fa,mi,la,sol,re.
Vt,fa,sol,re,mi,la. Vt,fa,sol,re,la,mi. Vt,fa,sol,mi,re,la. Vt,fa,sol,mi,la,re.
Vt,fa,sol,la,re,mi. Vt,fa,sol,la,mi,re. Vt,fa,la,re,mi,sol. Vt,fa,la,re,sol,mi.
Vt,fa,la,mi,re,sol. Vt, fa, la, mi,sol,re. Vt, fa, la,sol, re, mi. Vt,fa,la,sol,mi,re.
Vt, sol,re,mi, fa, la. Vt,sol,re, mi, la,fa. Vt, sol, re, fa, mi, la. Vt,sol,re,fa,la,mi.
Vt, sol, re,la,mi,fa. Vt, sol, re,la, fa, mi. Vt, sol, mi,re,fa, la. Vt,sol,mi,re,la,fa.
Vt sol,mi, fa, re,la. Vt, sol, mi, fa, la,re. Vt, sol,mi,la,re,fa. Vt,sol,mi,la,fa,re.
Vt,sol,fa, re,mi,la. Vt, sol, fa, re,la,mi. Vt, sol, fa,mi,re,la. Vt,sol,fa,mi,la,re.
Vt,sol,fa,la,re, mi. Vt, sol, fa,la,mi,re. Vt, sol,la,re,mi,fa. Vt, sol,la,re,fa,mi.
Vt sol,la,mi,re, fa. Vt, sol, la,mi,fa,re. Vt, sol, la,fa,re,mi. Vt, sol, la,fa,mi,re.
Vt, la,re,mi, fa,sol. Vt, la, re,mi,sol,fa. Vt, la, re,fa,mi,sol. Vt, la,re,fa,sol,mi.
Vt, la,re,sol, mi,fa. Vt,la,re,sol, fa,mi. Vt, la, mi,re,fa,sol. Vt, la,mi,re,sol,fa.
Vt,la,mi, fa,re,sol. Vt,la, mi, fa,sol,re. Vt,la,mi, sol,re,fa. Vt, la, mi,sol,fa,re.
Vt,la, fa, re,mi,sol. Vt, la, fa,re,sol,mi. Vt, la, fa,mi,re,sol. Vt, la,fa,mi,sol,re.
Vt,la,fa,sol,re,mi. Vt, la, fa,sol,mi re. Vt, la, sol,re mi,fa. Vt, la, sol,re,fa,mi.
Vt,la,sol,mi,re,fa. Vt, la, sol, mi, fa,re. Vt, la,sol,fa,re,mi. Vt, la,sol,fa,mi,re.

Liure Second

RE,vt,mi,fa,sol,la. Re,vt,mi,fa,la,sol. Re,vt,mi,sol,fa,la. Re,vt,mi,sol,la,fa.
Re,vt,mi,la,fa,sol. Re,vt,mi,la,sol,fa. Re,vt,fa,mi,sol,la. Re,vt,fa,mi,la,sol.
Re,vt,fa,sol,mi,la. Re,vt,fa,sol,la,mi. Re,vt,fa,la,mi,sol. Re,vt,fa,la,sol,mi.
Re,vt,sol,mi,fa,la. Re,vt,sol,mi,la,fa. Re,vt,sol,fa,mi,la. Re,vt,sol,fa,la,mi.
Re,vt,sol,la,mi,fa. Re,vt,sol,la,fa,mi. Re,vt,la,mi,fa,sol. Re,vt,la,mi,sol,fa.
Re,vt,la,fa,mi,sol. Re,vt,la,fa,sol,mi. Re,vt,la,sol,mi,fa. Re,vt,la,sol,fa,mi.
Re,mi,vt,fa,sol,la. Re,mi,vt,fa,la,sol. Re,mi,vt,sol,fa,la. Re,mi,vt,sol,la,fa.
Re,mi,vt,la,fa,sol. Re,mi,vt,la,sol,fa. Re,mi,fa,vt,sol,la. Re,mi,fa,vt,la,sol.
Re,mi,fa,sol,vt,la. Re,mi,fa,sol,la,vt. Re,mi,fa,la,vt,sol. Re,mi,fa,la,sol,vt.
Re,mi,sol,vt,fa,la. Re,mi,sol,vt,la,fa. Re,mi,sol,fa,vt,la. Re,mi,sol,fa,la,vt.
Re,mi,sol,la,vt,fa. Re,mi,sol,la,fa,vt. Re,mi,la,vt,fa,sol. Re,mi,la,vt,sol,fa.
Re,mi,la,fa,sol,vt. Re,mi,la,fa,sol,vt. Re,mi,la,sol,vt,fa. Re,mi,la,sol,fa,vt.
Re,fa,vt,mi,sol,la. Re,fa,vt,mi,la,sol. Re,fa,vt,sol,mi,la. Re,fa,vt,sol,la,mi.
Re,fa,vt,la,mi,sol. Re,fa,vt,la,sol,mi. Re,fa,mi,vt,sol,la. Re,fa,mi,vt,la,sol.
Re,fa,mi,sol,vt,la. Re,fa,mi,sol,la,vt. Re,fa,mi,la,vt,sol. Re,fa,mi,la,sol,vt.
Re,fa,sol,vt,mi,la. Re,fa,sol,vt,la,mi. Re,fa,sol,mi,vt,la. Re,fa,sol,mi,la,vt.
Re,fa,sol,la,vt,mi. Re,fa,sol,la,mi,vt. Re,fa,la,vt,mi,sol. Re,fa,la,vt,sol,mi.
Re,fa,la,mi,vt,sol. Re,fa,la,mi,sol,vt. Re,fa,la,sol,vt,mi. Re,fa,la,sol,mi,vt.
Re,sol,vt,mi,fa,la. Re,sol,vt,mi,la,fa. Re,sol,vt,fa,mi,la. Re,sol,vt,fa,la,mi.
Re,sol,vt,la,mi,fa. Re,sol,vt,la,fa,mi. Re,sol,mi,vt,fa,la. Re,sol,mi,vt,la,fa.
Re,sol,mi,fa,vt,la. Re,sol,mi,fa,la,vt. Re,sol,mi,la,vt,fa. Re,sol,mi,la,fa,vt.
Re,sol,fa,vt,mi,la. Re,sol,fa,vt,la,mi. Re,sol,fa,mi,vt,la. Re,sol,fa,mi,la,vt.
Re,sol,fa,la,vt,mi. Re,sol,fa,la,mi,vt. Re,sol,la,vt,mi,fa. Re,sol,la,vt,fa,mi.
Re,sol,la,mi,vt,fa. Re,sol,la,mi,fa,vt. Re,sol,la,fa,vt,mi. Re,sol,la,fa,mi,vt.
Re,la,vt,mi,fa,sol. Re,la,vt,mi,sol,fa. Re,la,vt,fa,mi,sol. Re,la,vt,fa,sol,mi.
Re,la,vt,sol,mi,fa. Re,la,vt,sol,fa,mi. Re,la,mi,vt,fa,sol. Re,la,mi,vt,sol,fa.
Re,la,mi,fa,vt,sol. Re,la,mi,fa,sol,vt. Re,la,mi,sol,vt,fa. Re,la,mi,sol,fa,vt.
Re,la,fa,vt,mi,sol. Re,la,fa,vt,sol,mi. Re,la,fa,mi,vt,sol. Re,la,fa,mi,sol,vt.
Re,la,fa,sol,vt,mi. Re,la,fa,sol,mi,vt. Re,la,sol,vt,mi,fa. Re,la,sol,vt,fa,mi.
Re,la,sol,mi,vt,fa. Re,la,sol,mi,fa,vt. Re,la,sol,fa,vt,mi. Re,la,sol,fa,mi,vt.

MI,vt,re,fa,sol,la. Mi,vt,re,fa,la,sol. Mi,vt,re,sol,fa,la. Mi,vt,re,sol,la,fa.
Mi,vt,re,la,fa,sol. Mi,vt,re,la,sol,fa. Mi,vt,fa,re,sol,la. Mi,vt,fa,re,la,sol.
Mi,vt,fa,sol,re,la. Mi,vt,fa,sol,la,re. Mi,vt,fa,la,re,sol. Mi,vt,fa,la,sol,re.
Mi,vt,sol,re,fa,la. Mi,vt,sol,re,la,fa. Mi,vt,sol,fa,re,la. Mi,vt,sol,fa,la,re.
Mi,vt,sol,la,re,fa. Mi,vt,sol,la,fa,re. Mi,vt,la,re,fa,la. Mi,vt,la,re,sol,fa.
Mi,vt,la,fa,re,sol. Mi,vt,la,fa,sol,re. Mi,vt,la,sol,re,fa. Mi,vt,la,sol,fa,re.
Mi,re,vt,fa,sol,la. Mi,re,vt,fa,la,sol. Mi,re,vt,sol,fa,la. Mi,re,vt,sol,la,fa.
Mi,re,vt,la,fa,sol. Mi,re,vt,la,sol,fa. Mi,re,fa,vt,sol,la. Mi,re,fa,vt,la,sol.
Mi,re,fa,sol,vt,la. Mi,re,fa,sol,la,vt. Mi,re,fa,la,vt,sol. Mi,re,fa,la,sol,vt.
Mi,re,sol,vt,fa,la. Mi,re,sol,vt,la,fa. Mi,re,sol,fa,vt,la. Mi,re,sol,fa,la,vt.
Mi,re,sol,la,vt,fa. Mi,re,sol,la,fa,vt. Mi,re,la,vt,fa,sol. Mi,re,la,vt,sol,fa.
Mi,re,la,fa,vt,sol. Mi,re,la,fa,sol,vt. Mi,re,la,sol,vt,fa. Mi,re,la,sol,fa,vt.
Mi,fa,vt,re,sol,la. Mi,fa,vt,re,la,sol. Mi,fa,vt,sol,re,la. Mi,fa,vt,sol,la,re.
Mi,fa,vt,la,re,sol. Mi,fa,vt,la,sol,re. Mi,fa,re,vt,sol,la. Mi,fa,re,vt,la,sol.
Mi,fa,re,sol,vt,la. Mi,fa,re,sol,la,vt. Mi,fa,re,la,vt,sol. Mi,fa,re,la,sol,vt.
Mi,fa,sol,vt,re,la. Mi,fa,sol,vt,la,re. Mi,fa,sol,re,vt,la. Mi,fa,sol,re,la,vt.
Mi,fa,sol,la,vt,re. Mi,fa,sol,la,re,vt. Mi,fa,la,vt,re,sol. Mi,fa,la,vt,sol,re.
Mi,fa,la,re,vt,sol. Mi,fa,la,re,sol,vt. Mi,fa,la,sol,vt,re. Mi,fa,la,sol,re,vt.
Mi,sol,

Des Chants.

Mi,sol,vt,re,fa,la. Mi,sol,vt,re,la,fa. Mi,sol,vt,fa,re,la. Mi,sol,vt,fa,la,re.
Mi,sol,vt,la,re,fa. Mi,sol,vt,la,fa,re. Mi,sol,re,vt,fa,la. Mi,sol,re,vt,la,fa.
Mi,sol,re,fa,vt,la. Mi,sol,re,fa,la,vt. Mi,sol,re,la,vt,fa. Mi,sol,re,la,fa,vt.
Mi,sol,fa,vt,re,la. Mi,sol,fa,vt,la,re. Mi,sol,fa,re,vt,la. Mi,sol,fa,re,la,vt.
Mi,sol,fa,la,vt,re. Mi,sol,fa,la,re,vt. Mi,sol,la,vt,re,fa. Mi,sol,la,vt,fa,re.
Mi,sol,la,re,vt,fa. Mi,sol,la,re,fa,vt. Mi,sol,la,fa,vt,re. Mi,sol,la,fa,re,vt.
Mi,la,vt,re,fa,sol. Mi,la,vt,re,sol,fa. Mi,la,vt,fa,re,sol. Mi,la,vt,fa,sol,re.
Mi,la,vt,sol,re,fa. Mi,la,vt,sol,fa,re. Mi,la,re,vt,fa,sol. Mi,la,re,vt,sol,fa.
Mi,la,re,fa,vt,sol. Mi,la,re,fa,sol,vt. Mi,la,re,sol,vt,fa. Mi,la,re,sol,fa,vt.
Mi,la,fa,vt,re,sol. Mi,la,fa,vt,sol,re. Mi,la,fa,re,vt,sol. Mi,la,fa,re,sol,vt.
Mi,la,fa,sol,vt,re. Mi,la,fa,sol,re,vt. Mi,la,sol,vt,re,fa. Mi,la,sol,vt,fa,re.
Mi,la,sol,re,vt,fa. Mi,la,sol,re,fa,vt. Mi,la,sol,fa,vt,re. Mi,la,sol,fa,re,vt.

Fa,vt,re,mi,sol,la. Fa,vt,re,mi,la,sol. Fa,vt,re,sol,mi,la. Fa,vt,re,sol,la,mi.
Fa,vt,re,la,mi,sol. Fa,vt,re,la,sol,mi. Fa,vt,mi,re,sol,la. Fa,vt,mi,re,la,sol.
Fa,vt,mi,sol,re,la. Fa,vt,mi,sol,la,re. Fa,vt,mi,la,re,sol. Fa,vt,mi,la,sol,re.
Fa,vt,sol,re,mi,la. Fa,vt,sol,re,la,mi. Fa,vt,sol,mi,re,la. Fa,vt,sol,mi,la,re.
Fa,vt,sol,la,re,mi. Fa,vt,sol,la,mi,re. Fa,vt,la,re,mi,sol. Fa,vt,la,re,sol,mi.
Fa,vt,la,mi,re,sol. Fa,vt,la,mi,sol,re. Fa,vt,la,sol,re,mi. Fa,vt,la,sol,mi,re.
Fa,re,vt,mi,sol,la. Fa,re,vt,mi,la,sol. Fa,re,vt,sol,mi,la. Fa,re,vt,sol,la,mi.
Fa,re,vt,la,mi,sol. Fa,re,vt,la,sol,mi. Fa,re,mi,vt,sol,la. Fa,re,mi,vt,la,sol.
Fa,re,mi,sol,vt,la. Fa,re,mi,sol,la,vt. Fa,re,mi,la,vt,sol. Fa,re,mi,la,sol,vt.
Fa,re,sol,vt,mi,la. Fa,re,sol,vt,la,mi. Fa,re,sol,mi,vt,la. Fa,re,sol,mi,la,vt.
Fa,re,sol,la,vt,mi. Fa,re,sol,la,mi,vt. Fa,re,la,vt,mi,sol. Fa,re,la,vt,sol,mi.
Fa,re,la,mi,vt,sol. Fa,re,la,mi,sol,vt. Fa,re,la,sol,vt,mi. Fa,re,la,sol,mi,vt.
Fa,mi,vt,re,sol,la. Fa,mi,vt,re,la,sol. Fa,mi,vt,sol,re,la. Fa,mi,vt,sol,la,re.
Fa,mi,vt,la,re,sol. Fa,mi,vt,la,sol,re. Fa,mi,re,vt,sol,la. Fa,mi,re,vt,la,sol.
Fa,mi,re,sol,vt,la. Fa,mi,re,sol,la,vt. Fa,mi,re,la,vt,sol. Fa,mi,re,la,sol,vt.
Fa,mi,sol,vt,re,la. Fa,mi,sol,vt,la,re. Fa,mi,sol,re,vt,la. Fa,mi,sol,re,la,vt.
Fa,mi,sol,la,vt,re. Fa,mi,sol,la,re,vt. Fa,mi,la,vt,re,sol. Fa,mi,la,vt,sol,re.
Fa,mi,la,re,vt,sol. Fa,mi,la,re,sol,vt. Fa,mi,la,sol,vt,re. Fa,mi,la,sol,re,vt.
Fa,sol,vt,re,mi,la. Fa,sol,vt,re,la,mi. Fa,sol,vt,mi,re,la. Fa,sol,vt,mi,la,re.
Fa,sol,vt,la,re,mi. Fa,sol,vt,la,mi,re. Fa,sol,re,vt,mi,la. Fa,sol,re,vt,la,mi.
Fa,sol,re,mi,vt,la. Fa,sol,re,mi,la,vt. Fa,sol,re,la,vt,mi. Fa,sol,re,la,mi,vt.
Fa,sol,mi,vt,re,la. Fa,sol,mi,vt,la,re. Fa,sol,mi,re,vt,la. Fa,sol,mi,re,la,vt.
Fa,sol,mi,la,vt,re. Fa,sol,mi,la,re,vt. Fa,sol,la,vt,re,mi. Fa,sol,la,vt,mi,re.
Fa,sol,la,re,vt,mi. Fa,sol,la,re,mi,vt. Fa,sol,la,mi,vt,re. Fa,sol,la,mi,re,vt.
Fa,la,vt,re,mi,sol. Fa,la,vt,re,sol,mi. Fa,la,vt,mi,re,sol. Fa,la,vt,mi,sol,re.
Fa,la,vt,sol,re,mi. Fa,la,vt,sol,mi,re. Fa,la,re,vt,mi,sol. Fa,la,re,vt,sol,mi.
Fa,la,re,mi,vt,sol. Fa,la,re,mi,sol,vt. Fa,la,re,sol,vt,mi. Fa,la,re,sol,mi,vt.
Fa,la,mi,vt,re,sol. Fa,la,mi,vt,sol,re. Fa,la,mi,re,vt,sol. Fa,la,mi,re,sol,vt.
Fa,la,mi,sol,vt,re. Fa,la,mi,sol,re,vt. Fa,la,sol,vt,re,mi. Fa,la,sol,vt,mi,re.
Fa,la,sol,re,vt,mi. Fa,la,sol,re,mi,vt. Fa,la,sol,mi,vt,re. Fa,la,sol,mi,re,vt.

Sol,vt,re,mi,fa,la. Sol,vt,re,mi,la,fa. Sol,vt,re,fa,mi,la. Sol,vt,re,fa,la,mi.
Sol,vt,re,la,mi,fa. Sol,vt,re,la,fa,mi. Sol,vt,mi,re,fa,la. Sol,vt,mi,re,la,fa.
Sol,vt,mi,fa,re,la. Sol,vt,mi,fa,la,re. Sol,vt,mi,la,re,fa. Sol,vt,mi,la,fa,re.
Sol,vt,fa,re,mi,la. Sol,vt,fa,re,la,mi. Sol,vt,fa,mi,re,la. Sol,vt,fa,mi,la,re.
Sol,vt,fa,la,re,mi. Sol,vt,fa,la,mi,re. Sol,vt,la,re,mi,fa. Sol,vt,la,re,fa,mi.
Sol,vt,la,mi,re,fa. Sol,vt,la,mi,fa,re. Sol,vt,la,fa,re,mi. Sol,vt,la,fa,mi,re.

I †

Sol,re,vt,mi,fa,la. Sol,re,vt,mi,la,fa. Sol,re,vt,fa,mi,la. Sol,re,vt,fa,la,mi.
Sol,re,vt,la,mi,fa. Sol,re,vt,la,fa,mi. Sol, re, mi,vt, fa,la. Sol,re,mi,vt, la,fa.
Sol, re,mi,fa,vt,la. Sol,re,mi,fa,la, vt. Sol,re,mi,la,vt,fa. Sol,re,mi,la,fa,vt.
Sol,re,fa,vt,mi,la. Sol,re,fa,vt,la,mi. Sol, re, fa,mi,vt,la. Sol,re,fa,mi,la,vt.
Sol,re,fa,la,vt,mi. Sol, re,fa,la,mi,vt. Sol, re, la,vt,mi,fa. Sol, re, la,vt,fa,mi.
Sol,re,la, mi,vt,fa. Sol,re,la,mi,fa,vt. Sol, re, la, fa,vt,mi. Sol, re, la,fa,mi,vt.
Sol, mi,vt,re,fa,la. Sol, mi, vt,re,la,fa. Sol, mi, vt,fa,re,la. Sol, mi, vt,fa,la,re.
Sol,mi, vt, la,re,fa. Sol, mi, vt la,fa,re. Sol, mi, re,vt,fa,la. Sol,mi,re vt, la,fa.
Sol, mi, re,fa,vt,la. Sol, mi, re,fa,la,vt. Sol, mi, re,la,vt,fa. Sol, mi,re,la,fa,vt.
Sol, mi, fa,vt,re,la. Sol, mi, fa,vt,la,re. Sol, mi, fa,re,vt,la. Sol, mi, fa,re,la,vt.
Sol, mi, fa,la,vt,re. Sol, mi, fa, la,re,vt. Sol,mi,la,vt,re,fa. Sol,mi,la,vt,fa,re.
Sol,mi,la,re,vt,fa. Sol,mi,la,re,fa,vt. Sol, mi,la,fa,vt,re. Sol,mi,la,fa,re,vt.
Sol,fa,vt,re,mi,la. Sol,fa,vt,re,la,mi. Sol, fa, vt, mi,re,la. Sol, fa,vt,mi,la,re.
Sol,fa,vt,la,re,mi. Sol, fa,vt,la,mi,re. Sol, fa,re,vt,mi,la. Sol,fa,re,vt,la,mi.
Sol,fa,re,mi,vt,la. Sol,fa,re,mi,la,vt. Sol, fa,re,la,vt,mi. Sol, fa,re,la,mi,vt.
Sol, fa,mi,vt, re,la. Sol, fa, mi,vt,la,re. Sol, fa,mi,re,vt la. Sol,fa,mi,re,la,vt.
Sol,fa,mi, la,vt,re. Sol, fa, mi,la,re,vt. Sol,fa,la,vt,re,mi. Sol,fa, la,vt,mi,re.
Sol,fa,la,re,vt,mi. Sol, fa,la,re,mi,vt. Sol,fa,la,mi,vt, re. Sol,fa,la,mi,re,vt.
Sol, la,vt,re,mi,fa. Sol,la,vt,re,fa,mi. Sol,la,vt,mi,re,fa. Sol,la,vt,mi,fa,re.
Sol,la,vt, fa,re,mi. Sol,la,vt,fa,mi,re. Sol, la,re,vt,mi,fa. Sol, la,re,vt,fa,mi.
Sol,la,re,mi,vt,fa. Sol,la,re,mi,fa,vt. Sol, la, re,fa,vt,mi. Sol,la,re,fa,mi,vt.
Sol,la,mi,vt,re,fa. Sol,la,mi,vt,fa,re. Sol,la,mi,re,vt,fa. Sol, la,mi,re,fa,vt.
Sol,la,mi,fa,vt,re. Sol,la,mi,fa,re,vt. Sol,la,fa,vt,re, mi. Sol,la,fa,vt,mi,re.
Sol,la,fa,re,vt,mi. Sol,la,fa,re,mi, vt. Sol,la,fa,mi,vt,re. Sol,la,fa,mi,re,vt.

La,vt,re,mi,fa,sol. La, vt,re,mi,sol,fa. La,vt,re,fa,mi,sol. La,vt,re,fa,sol,mi.
La,vt,re,sol,mi,fa. La,vt,re,sol,fa,mi. La,vt,mi,re,fa,sol. La,vt,mi,re,sol,fa.
La,vt,mi,fa,re,sol. La, vt,mi,fa,sol,re. La,vt, mi,sol,re,fa. La,vt mi,sol,fa,re.
La,vt,fa,re,mi,sol. La,vt,fa,re,sol,mi. La,vt,fa,mi,re,sol. La,vt,fa,mi,sol,re.
La,vt, fa,sol,re,mi. La,vt,fa,sol,mi,re. La,vt,sol,re,mi,fa. La,vt,sol,re,fa,mi.
La,vt,sol,mi,re,fa. La,vt,sol,mi,fa,re. La,vt,sol,fa, re,mi. La,vt,sol,fa,mi,re.
La,re,vt,mi,fa,sol. La, re,vt,mi.sol,fa. La,re,vt,fa,mi,sol. La,re, vt,fa,sol,mi.
La,re,vt,sol,mi,fa. La, re, vt,sol,fa,mi. La, re, mi,vt,fa,sol. La,re,mi,vt,sol,fa.
La,re,mi,fa,vt,sol. La, re, mi,fa,sol,vt. La, re, mi,sol,vt,fa. La,re,mi,sol,fa,vt.
La,re,fa,vt,mi,sol. La,re,fa, vt,sol, mi. La,re,fa,mi,vt,sol. La, re,fa,mi,sol,vt.
La,re,fa,sol,vt,mi. La, re,fa,sol,mi,vt. La, re, sol,vt,mi,fa. La,re,sol vt,fa, mi.
La,re,sol, mi,vt,fa. La, re,sol,mi,fa,vt. La, re,sol,fa,vt,mi. La,re,sol, fa,mi,vt.
La, mi,vt,re,fa,sol. La, mi, vt,re,sol,fa. La, mi, vt,fa,re,sol. La,mi,vt,fa,sol,re.
La,mi,vt,sol,re,fa. La, mi,vt,sol,fa, re. La,mi,re,vt,fa,sol. La,mi,re,vt,sol,fa.
La,mi,re,fa,vt,sol. La,mi,re,fa,sol,vt. La,mi,re,sol,vt,fa. La,mi,re,sol,fa,vt.
La,mi,fa,vt,re,sol. La,mi,fa,vt,sol,re. La,mi,fa,re,vt,sol. La,mi,fa,re,sol,vt.
La,mi,fa,sol,vt,re. La,mi,fa,sol,re,vt. La,mi,sol,vt,re,fa. La,mi,sol,vt,fa,re.
La,mi,sol,re,vt,fa. La,mi,sol,re,fa,vt. La,mi,sol,fa,vt,re. La,mi,sol,fa,re,vt.
La,fa,vt,re,mi,sol. La,fa,vt,re,sol,mi. La,fa,vt,mi,re,sol. La,fa,vt,mi,sol,re.
La, fa,vt,sol,re,mi. La,fa,vt,sol,mi,re. La,fa,re,vt,mi,sol. La,fa,re,vt,sol,mi.
La,fa,re,mi,vt,sol. La,fa,re,mi,sol,vt. La,fa,re,sol,vt,mi. La,fa,re,sol,mi,vt.
La,fa,mi,vt,re,sol. La,fa,mi,vt,sol,re. La,fa,mi,re,vt,sol. La,fa,mi,re,sol,vt.
La,fa,mi,sol,vt,re. La,fa,mi,sol,re,vt. La,fa,sol,vt,re,mi. La,fa,sol,vt,mi,re.
La,fa,sol,re,vt,mi. La,fa,sol,re,mi,vt. La,fa,sol,mi,vt,re. La,fa,sol,mi,re,vt.

La, sol,

Des Chants. 115

La,sol,vt,re,mi,fa. La,sol,vt,re,fa,mi. La,sol,vt,mi,re,fa. La,sol,vt,mi,fa,re.
La,sol,vt,fa,re,mi. La,sol,vt,fa,mi,re. La,sol,re,vt,mi,fa. La,sol,re,vt,fa,mi.
La,sol,re,mi,vt,fa. La,sol,re,mi,fa,vt. La,sol,re,fa,vt,mi. La,sol,re,fa,mi,vt.
La,sol,mi,vt,re,fa. La,sol,mi,vt,fa,re. La,sol,mi,re,vt,fa. La,sol,mi,re,fa,vt.
La,sol,mi,fa,vt,re. La,sol,mi,fa,re,vt. La,sol,fa,vt,re,mi. La,sol,fa,vt,mi,re.
La,sol,fa,re,vt,mi. La,sol,fa,re,mi,vt. La,sol,fa,mi,vt,re. La,sol,fa,mi,re,vt.

Or il est certain que les chants de cét Hexachorde qui ont l'interualle de la Sexte majeure soit en montant, ou en descendant, c'est à dire *Vt la*, ou *La vt*, ne sont pas bons, & que les Practiciens la rejettent, tant parce qu'elle est trop difficile à entonner, que parce qu'elle est des-agreable, & qu'elle blesse l'oreille, dont il est difficile de trouuer la vraye raison, attendu que l'interualle de l'Octaue est permis, & est agreable, encore qu'il soit plus grand, & que la raison de ces deux sons *Vt la* est plus aisee à comprendre que celle de la Sexte mineure qui est fort agreable, particulierement en montant, car sa raison est de 8 à 5, & celle de la majeure est de 5 à 3, laquelle est la premiere des raisons surpartissantes, comme la Sesquialtere de 3 à 2 est la premiere des surparticulieres: Or il est plus aisé de comprendre la raison surbipartissante de 5 à 3, que la surtripartissante de 8 à 5. D'où il est facile de conclure que la douceur, la bonté, & l'agreement des consonences ne dépend pas seulement de la comprehension & de la primauté de leurs raisons, & qu'il faut en rechercher la cause dans la relation & le rapport que tous les interualles ont à l'Octaue, où à ses repliques; de sorte qu'elle est semblable à la cause finale de la Morale, dont la bonté des actions dépend tellement, qu'elles sont dautant meilleures qu'elles s'en approchent dauantage, ou qu'elles la representent mieux, ou qu'elles contiennent de plus nobles relations & habitudes. Mais il n'est pas aisé de monstrer que la Sexte mineure represente mieux l'Octaue, ou qu'elle ait vn plus grand commerce auec elle que la majeure, si l'on ne suppose ce que ie remarque dans le 4 liure des Instrumens à chordes, à sçauoir que l'on entend plusieurs sons en chaque son, quoy que beaucoup d'oreilles ne les apperçoiuent pas, particulierement que l'on entend l'Octaue en haut; de sorte que les deux sons de la Sexte majeure estant oüis, le plus graue represente l'Octaue en haut, c'est à dire 6, car ie suppose que le moindre nombre, ou le moindre terme de la raison represente le son le plus graue de la consonance, comme i'ay demonstré dans le liure des Consonances & des Instrumens, & consequemment que 3 est le son le plus graue de la Sexte majeure. D'où il s'ensuit que ce son en produit vn autre à l'Octaue en haut, à sçauoir 6; de sorte que l'on oit ces trois sons 3, 5, 6, quoy que l'on ne le sçache pas; & que l'interualle de cette Sexte represente la Tierce mineure de 5 à 6 à l'esprit, au lieu que celuy de la mineure luy represente la Tierce majeure, car 5 engendre 10, en suite dequoy l'interualle de la Sexte mineure fait ces trois termes 5, 8, 10, dont 8 est à 10 comme 4 à 5, qui est la raison du Diton; de maniere que l'on peut dire que l'interualle de la Sexte mineure est dautant meilleur que celuy de la majeure, que le Diton est plus doux que le Sesquiditon.

Il est certain que l'on peut s'imaginer beaucoup de choses contre ce discours, & qu'il ne satisfera pas à plusieurs, mais chacun a la liberté d'inuenter de meilleures raisons, & de consulter les plus excellens esprits tant sur ce sujet que sur tous ceux de cét ouurage. Quant aux autres interualles des 720 chants, ils sont tous

I ij †

bons, c'est pourquoy ie ne m'y arreste pas; i'ajoûte seulement qu'il y a 240 chants qui ont l'interualle de la Sexte majeure, dont 120 se font en montant d'*Vt à La*, & 120 en descendant de *La à Vt*; d'où il arriue qu'il n'y a que 480 chants qui soient bons dans la combination precedente. Mais ils seroient tous bons dans les 720 chants faits des 6 notes de l'Hexachorde mineur, parce que l'interualle de la Sexte mineure est permis; c'est pourquoy i'explique la diuersité de cette Sexte par les notes qni suiuent, & qui se chantent ainsi, *Re, mi, fa, sol, la, fa*.

L'on peut aussi commencer cette Sexte par *Mi*, & si l'on veut que le Triton s'y rencontre il faut commencer par *Fa* sur la clef de *F vt*, de sorte que les clefs qui sont au commencement font 2160 chants auec 6 notes; quoy qu'elles ne soient plus les mesmes à proprement parler, d'autant que les clefs les changent, & les font monter ou descendre; de sorte qu'il vaut mieux dire que ces notes contiennent trois exemples differens, dont le premier commence à l'*Vt* de *C sol*, le second au *D* de *D la re*, & le troisiesme au *Mi* d'*E mi la*: & si l'on commence au *fa* de *F vt fa*, l'on aura le 4 exemple, & consequemment l'exemple qui suit contient 2880 chants tous differens. Et si l'on fait seruir ces six notes pour d'autres interualles que pour les ordinaires de la Diatonique, par exemple pour les demitons du Luth ou de la Viole, ou pour les consonances, par exemple pour les deux Tierces, les deux Sextes, la Quarte & la Quinte, l'on aura tout autant de nouuelles varietez de 720 chants; ausquels si l'on ajoûtoit les diuersitez des temps, c'est à dire des differentes mesures de la Musique, l'on auroit vn nombre de diuersitez si grand que nul ne les pourroit chanter ou lire en mille ans, comme ie monstreray en parlant de cette varieté qui vient des 7 ou 8 sortes de notes dont vsent les Praticiens.

Or entre plusieurs vtilitez qui peuuent estre tirees de cette varieté l'on y peut mettre celle qui sert pour diuersifier le mesme nombre de notes sans crainte de se confondre & de se troubler, & l'auantage que cét art donne par dessus la seule imagination, car le Musicien qui sçaura cette methode pourra gager tout ce qu'il voudra contre vn autre qui ne la sçaura pas, qu'il fera plus de varietez que luy du nombre de notes qui sera proposé; par exemple, il fera 720 varietez de 6 notes en commençant à la fin, au milieu, où à tel autre chant qu'il voudra sans faillir en nulle façon, au lieu que l'autre Musicien destitué de cét art, quoy que plus habile à toucher & en toute autre chose, n'en pourra faire vne centaine sans se troubler, & sans en repeter quelques-vnes. L'autre vtilité consiste au choix des meilleurs chants, car puis qu'on les a tous deuant les yeux, l'on ne peut manquer à en choisir de bons si l'on a assez de iugement pour ce sujet; & bien que l'on puisse douter si l'on a pris les meilleurs, l'on est du moins certain que l'on a pris ceux qui ont agreé dauantage, & qui ont semblé les meilleurs à l'oreille.

Or comme ces 6 notes differentes font 720 chants differens, s'il y en auoit deux semblables elles ne feroient que 360 chants; s'il y en auoit 3 semblables, l'on auroit seulement 840 chants; si 4 estoient semblables, l'on auroit 30 chants; s'il y en auoit 5 semblables l'on n'en auroit que 6: finalement si elles estoient toutes semblables elles ne feroient qu'vn seul chant. Mais 2 & 2 semblables donnent 180 chants, 2, 2 & 2 en font 90; 2 & 3 en font 20, & 2 & 4 en font 15. Ce qui peut seruir pour faire des Anagrammes, dont ie parleray apres plus amplement.

Quant à la varieté triple ou quadruple des 6 notes qui suiuent, l'on vsera de tel Senaire ou de tel Hexachorde que l'on voudra des 4 qui sont signifiez par les clefs que ie mets deuant la premiere varieté.

Varietez

des Chants.   117

Varietez des six notes de la Sexte mineure, ou maieure.

Sept cens vingt Chants de l'Hexachorde mineur.

Liure Second

des Chants.

Liure Second

120

des Chants. 121

Liure Second

122

des Chants.   123

Liure Second

des Chants.   125

Liure Second

des Chants.

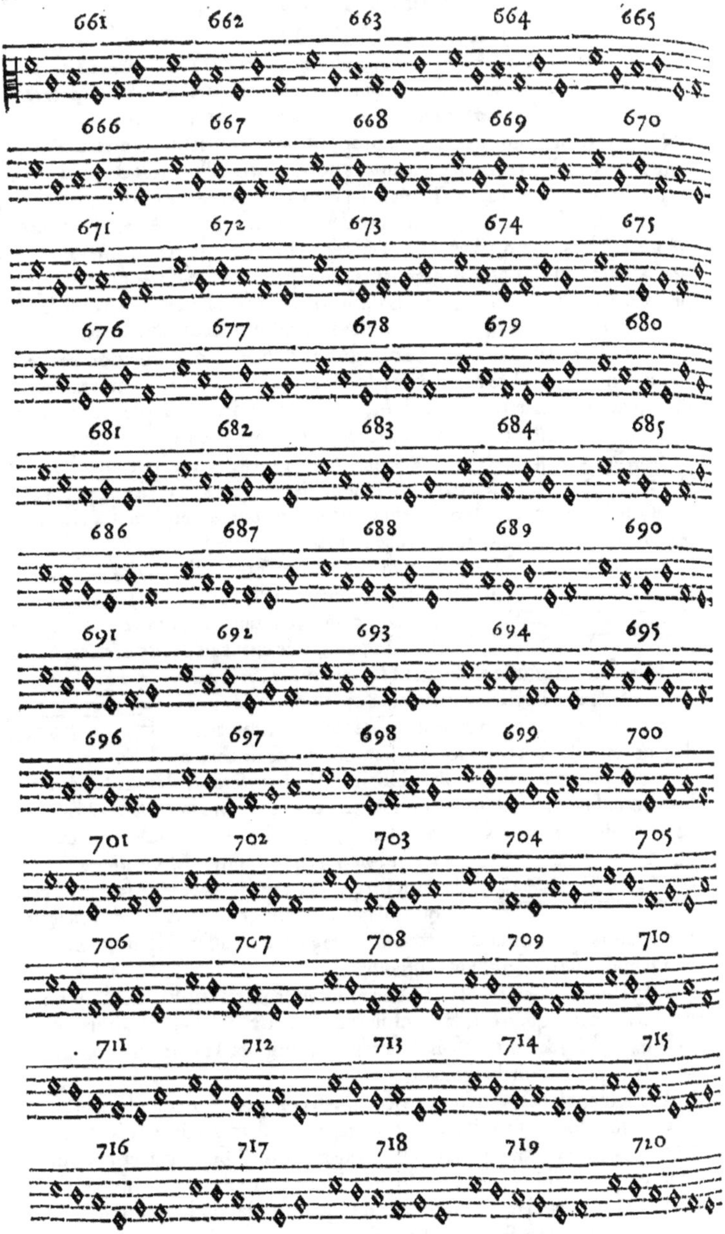

ADVERTISSEMENT.

Il faut tirer des lignes perpendiculaires de haut en bas pour diuiser ces notes de six en six, parce qu'elles ne doiuent pas estre prises de suite.

PROPOSITION

Des Chants.

PROPOSITION X.

Combien l'on peut faire de chants de tel nombre de notes que l'on voudra, lors qu'il est permis d'vser de deux, 3, 4, notes semblables &c. & que l'on retient tousiours le mesme nombre total des notes dont on fait les chants.

Nous auons demonstré dans les 2 propositions precedentes combien l'on peut faire de chants differents en prenant des notes toutes differentes, & qui demeurét tousiours les mesmes sans qu'il soit permis de changer autre chose que l'ordre, il faut monstrer dans celle-cy le nombre des chants qui se peuuét faire d'vn mesme nôbre de notes, lors qu'il est permis de repeter vne, ou plusieurs notes 2, 3, 4 fois, &c. & parce que le nombre des chants qui repetent les mesmes notes 2 ou plusieurs fois ne sont pas en si grand nombre que ceux où l'on ne repete nulle note, l'on peut dire que cette proposition est vn détachement des deux autres.

Or il est tres-aisé de trouuer ce nombre en diuisant la combinaison precedente qui donne le nombre des chants, dont i'ay parlé dans les deux autres propositions, par celle des lettres semblables, ou repetées. Par exemple, le chant *Vt, re, mi, vt, fa*, a cinq notes, dont la combinaison precedente est 120; mais parce qn'il y a deux notes semblables, à sçauoir deux *vt*, il faut diuiser 120 par 2, c'est à dire par la combinaison de deux notes, le quotient donnera 60 pour le nombre des chants qui se peuuent faire des cinq notes precedentes.

De mesme si l'on fait vn chant de ces 7 notes *Vt, re, mi, vt, sol, vt, fa*, il faut diuiser la combinaison de 7, à sçauoir 5040, par celle de 3, à sçauoir par 6, dautant que la note *vt* se repete 3 fois. Et s'il arriue que le chant ait deux notes semblables de deux sortes, comme en ce chant *Vt, re, mi, re, vt*, où il y a deux *vt*, & deux *re*, il faut quarrer la combinaison de 2 qui font 4, par lequel 120 qui est le nombre de la combinaison de 5 notes, estant diuisé monstre qu'il n'y a que 30 chants dans ces 5 notes. S'il y auoit 3 binaires de notes semblables, il faudroit cuber 2, &c. suiuant les dignitez de l'Algebre. Il faut dire la mesme chose de 2, de 3, & de 4 ternaires, quaternaires, &c. iusques à l'infiny: par exemple *Vt, re, mi, mi, re, mi, fa, re, sol*, contient 9 notes, dont il y en a deux qui se repetent 3 fois, c'est pourquoy il faut quarrer la combinaison de 3, à sçauoir 6, qui fait 36, par lequel la combinaison de 9 estant diuisée, à sçauoir 362880, le quotient donne 10080 chants differents.

S'il y auoit 2 binaires, & vn ternaire, il faudroit multiplier la combinaison du ternaire par le quarré de la combinaison de deux. Et si l'vne des notes se repetoit quatre fois, & l'autre 5 fois, il faudroit multiplier la combinaison de 5 par celle de 4 pour auoir le diuiseur.

Finalement si l'on veut sçauoir combien l'on peut faire de chants differens de 22 notes, dont il y en ait deux qui se repetent chacune deux fois, vne qui se repete 3, & deux autres qui se repetent quatre fois, il faut quarrer la combinaison de 2 pour auoir quatre, par lequel il faut multiplier la combinaison de 3 pour auoir 24, qu'il faut multiplier par le quarré de la combinaison de 4, qui est 576, & le produit, à sçauoir 13824 sera le diuiseur qui diuisera la combinaison de 22, dont le quotient donnera 81307923016320000 pour le nombre des chants qui se peuuent faire auec les 22 notes susdites.

Or ce nombre est si grand que si l'on vouloit escrire tous ces chants, l'on seroit 2260896103 ans & 12 iours à trauailler, encore que l'on en escriuist 1000 chaque iour : & si on les vouloit tous escrire en vn an, il en faudroit escrire chaque iour 2227614329214244 $\frac{1}{2}$, ou enuiron.

Ie veux encore donner vn exemple de la premiere partie de l'Air d'Antoine Boësset, qui commence *Diuine Amaryllis*, lequel i'ay mis tout au long dans le second liure des Instrumens à chordes, & dont ie mets icy les quinze premieres

notes, desquelles il y en a deux sur vne ligne, trois sur vn autre, trois sur vne autre, & quatre sur vn autre : c'est pourquoy il faut multiplier le quarré de la combinaison de trois, qui est 36, par deux, pour auoir 72, qu'il faut encore multiplier par la combinaison de quatre, dont le produit est 1728, par lequel il faut diuiser la combinaison de 15, à sçauoir 1307674368000, pour auoir le quotient 756756000, qui monstre le nombre des chants qui se peuuent faire auec les 15 notes precedentes.

Mais afin que l'on sçache combien l'on peut faire de chants d'vn certain nombre de notes en quelque sorte que l'on les puisse repeter ie prends neuf notes, dont on void plusieurs chants dans cette table, qui monstre au premier rang combien il y en a de semblables, & au second le nombre des chants.

Table des Chants qui se peuuent faire de 9 notes.

Toutes differentes	362880
2 semblables	181440
3	60480
4 & 2 ; 2 & 3	15120
5	3024
6 & 3, & 5	504
7	72
2 & 2	90720
2, 2 & 2	45360
2, 2, 2 & 2	22680
2 & 3	10080
2, 2, 2 & 3	7560
2 & 4	7560
2, 3 & 3	5040
2, 2 & 4	3780
3 & 4	2520
3, 3 & 3	1680
2 & 5	1512
2, 3 & 4	1260
2, 2 & 5	756
4 & 4	630
2 & 6	252
4 & 5	126
3 & 6	84
2 & 7	36
Toutes semblables.	1

COROLLAIRE.

Il est aisé de faire la mesme chose dans tel autre nombre de notes que l'on voudra. Or la mesme industrie sert pour faire les Anagrammes des noms qui ont deux ou plusieurs lettres semblables, comme les deux autres propositions precedentes seruent pour sçauoir le nombre des Anagrammes de tous les noms, dont les lettres sont toutes differétes. Mais ie ne donne pas tous les exemples de cette combinaison des neuf notes, tant de peur d'estre trop long, que parce qu'on la peut voir dans la 13 proposition du liure Latin des Chants.

Quant aux dictions, ie mets seulement icy l'exemple du Nom de nostre Sauueur IESVS, que l'on pourroit varier en 120 manieres pour faire 120 Anagrammes si toutes les lettres estoient differentes ; mais parce que la lettre S y est deux fois, l'on ne peut faire que les 60 Anagrammes qui suiuent, dont la plus grande partie ne signifient rien, & dont les deux plus beaux sont IVSES, & VISES.

Soixante

Des Chants.

Soixante Anagrammes du Nom IESVS.

IESVS, IESSV, IEVS, ISEVS, ISESV, ISVES, ISVSE, ISSEV,
ISSVE, IVESS, IVSES, IVSSE. EISVS, EISSV, EIVSS, ESIVS,
ESISV, ESVIS, ESVSI, ESSIV, ESSVI, EVISS, EVSIS, EVSSI.
SIEVS, SIESV, SIVES, SIVSE, SISEV, SISVE, SEIVS, SEISV,
SEVIS, SEVSI, SESIV, SESVI, SVIES, SVISE, SVEIS, SVESI,
SVSIE, SVSEI. SSIEV, SSIVE, SSEIV, SSEVI, SSVIE, SSVEI.
VIESS, VISES, VISSE, VEISS, VESIS, VESSI, YSIES, VSISE, VSEIS,
VSESI, VSSIE, VSSEI.

PROPOSITION XI.

Combien l'on peut faire de Chants differens d'vn certain nombre de notes prises dans vn autre plus grand nombre, lors que lesdites notes sont toutes differentes, soit que l'on garde l'ordre des lieux differens, ou que l'on n'en vse pas, & lors qu'il est permis de les prendre deux à deux, ou trois à trois, ou quatre à quatre, &c.

Nous auons seulement consideré la varieté des lieux, & de l'ordre des notes dans les 3 propositions precedentes, sans qu'il soit permis d'aiouter de nouuelles notes, mais nous monstrons dans celle-cy comme il faut trouuer le nombre des chants qui se peuuent faire des notes ausquelles l'on en aioûte d'autres nouuelles, de sorte que cette combination est plus grande & plus generale que la precedente, qu'elle contient, & à qui elle aioute vne nouuelle consideration.

L'exemple qui suit est si clair que l'on n'a point de besoin d'autres preceptes. Ie suppose donc que l'on vüeille sçauoir tous les chants qui se peuuent faire de 8 notes prises dans 22 notes, de sorte que le chant n'ait tousiours que 8 notes. Or il faut multiplier 22 par le nombre qui est moindre de l'vnité, à sçauoir par celuy qui suit immediatement vers l'vnité, c'est à dire par 21, dont le produit est 462, qui est le nombre des variations de deux notes prises dans 22 : puis il faut multiplier 462 par le nombre qui suit, à sçauoir par 20, dont le produit 9240 monstre le nombre de 3 notes prises dans 22. Il faut suiure ce mesme ordre iusques à 22 notes, &c. qui donneront autant de chants que la combination ordinaire de 22, & l'on trouuera que le huictiesme nombre monstre que 8 notes prises en 22 font 12893126400 chants tous differens, comme l'on void dans cette table, dont la colomne des nombres Romains contient le nombre des notes que l'on prend, & l'autre colomne où il y a *par*, monstre les nombres par lesquels il faut multiplier chaque nombre qui represente le nombre des chants vis à vis de chaque nombre de notes. Et si l'on veut seulement sçauoir le nombre des chants qui se font de 8 notes, il n'est pas necessaire de passer le nombre qui respond à VIII.

Quant à l'vtilité que l'on peut tirer de cette proposition, & de celles qui suiuent, l'on ne peut pas l'expliquer entierement sans faire de nouueaux liures sur ce sujet, comme il est aisé de monstrer par les differentes considerations qui s'en peuuent faire en mille sujets & mille rencontres, dont ie donneray quelques exemples assez signalez pour persuader cette verité à ceux qui ne la verront pas dans les tables, & dans la methode de les construire comme dans des principes tres-feconds, d'où l'on en pourra encore tirer quelques autres.

L ij

Chants d'vne note multipliée.

par 21	I	22
par 20	II	462
par 19	III	9240
par 18	IV	175560
par 17	V	3160080
par 16	VI	53721360
par 15	VII	85941760
par 14	VIII	12893126400
par 13	IX	180503769000
par 12	X	2346549004800
par 11	XI	28158588057600
par 10	XII	309744468633600
par 9	XIII	3007444686336000
par 8	XIV	27877002177024000
par 7	XV	223016017416192000
par 6	XVI	1561112121913344000
par 5	XVII	9366672731480064000
par 4	XVIII	46833363657403200000
par 3	XIX	187333454629601280000
par 2	XX	562000363638880380000
par 1	XXI & XXII	1124000727777607680000
Somme totale		3055350753492612960484

I'ay dit dans la proposition 26, *soit que l'on garde l'ordre des lieux differens*, c'est à dire la variation des lieux, comme nous auons fait dans toutes les precedentes combinations, *ou que l'on n'en vse pas*, c'est à dire que l'on ne fasse point les varietez qui procedent des differents lieux.

Or pour trouuer cette particuliere combination, qui est vn detachement de la Table precedente, il faut diuiser le nombre donné de cette Table par la combination ordinaire du nombre des choses, dont on cherche la combination. Par exemple, pour sçauoir combien l'on peut faire de chants de trois notes differentes prises dans la Vingt-deuxiesme, c'est à dire dans 3 Octaues, il faut diuiser le nombre 9240, qui est vis à vis de 3, par 6, qui est la combination ordinaire de 3, le quotient donnera 1540 pour le nombre des chants, dont chacun aura toujours quelque note nouuelle.

Delà vient que cette Table sert pour deux sortes de combinations, dautant que la combination ordinaire en oste la diuersité des lieux, & consequemment laisse la Table des chants, qui ont tous quelque note differente.

COROLLAIRE I.

Il faut donc remarquer que cette table en contient deux, à sçauoir l'ordinaire, dont i'ay parlé dans la premiere proposition, & celle qui a tousiours quelque note differente, laquelle peut seruir pour trouuer combien trois, quatre, six, ou tant de choses que l'on voudra, peuuent estre prises differemment, de sorte qu'il y en ait tousiours quelque nouuelle à chaque fois dans tel autre nombre que l'on voudra

voudra choisir. Par exemple, combien 3, 4, 8, ou 12 chartes prises en 22, en 30, en 56, ou en tel autre nombre que l'on voudra, peuuent venir differemment à ceux qui ioüent; car si l'on prend les 3 chartes en 22, le ieu peut venir differemment à chacun 1540 fois auant que le mesme ieu leur reuienne. Et s'il y a vn plus grand nombre de chartes, comme au ieu de *picquet, de l'homme,&c.* où il y en a 36, l'on trouuera aisément combien le ieu des 12 chartes que l'on prend peut venir differemment auant que le mesme ieu reuienne: car il faut multiplier 36 par 35 pour auoir 1260, qui donne le nombre des ieux de 2 chartes prises en 30; puis il faut multiplier 1260 par 34 pour auoir le nombre des ieux des 3 chartes, à sçauoir 42840, qu'il faut encore multiplier par 33 pour les ieux de 4 chartes; ce qu'il faut faire iusques au ieu de 12 chartes, lors que l'on veut connoistre la varieté de ce ieu, & des autres qui peuuent estre depuis le ieu d'vne charte, qui ne peut donner que 36 ieux differens iusques au ieu de 12 chartes. Et si l'on veut auoir les ieux qui peuuent estre depuis 12 iusques à 36, il faut multiplier comme deuant iusques au ieu de 36: mais si le ieu est de 56 chartes, dont on en vüeille prendre 12, il faut multiplier 56 par 55, & le produit par 54, &c. iusques à ce que l'on soit descendu à 44, qui multipliera le dernier produit, & donnera le nombre des ieux de 12 chartes, pourueu que l'on diuise ce dernier produit, ou celuy qui respond au nombre des chartes que l'on prend pour ioüer, par la combinaison ordinaire du mesme nombre de chartes, comme i'ay déja dit.

COROLLAIRE II.

L'on peut appliquer le corollaire precedent aux nombre des notes prises dans l'estenduë de 36 ou 56 notes, & aux nombres des dictions prises dans les mesmes nombres, ou dans tel autre que l'on voudra: & si l'on veut on n'en ostera point le nombre qui vient de la varieté des lieux. Mais pour sçauoir le nombre de toutes les dictions, chartes, ieux, ou autres choses, comme de 2, 3, 4, 5, &c. iusques à 12, ou à tel autre nombre que l'on voudra, il faut assembler tous les nombres precedens, comme l'on void à la fin de la table precedente.

COROLLAIRE III.

Lors que l'on ne se soucie pas de trouuer combien l'on peut faire de chants ou de dictions de 22 notes ou lettres en les prenant vne à vne, deux à deux, ou trois à trois, &c. iusques à 22, ou iusques à tel autre nombre que l'on veut, & que l'on se contente de sçauoir toutes les varietez qui se peuuent faire les prenant en toutes ces manieres, sans specifier combien il y a de chants ou de dictions de deux, ou de trois lettres, &c. il faut seulement disposer autant de nombres en progression Geometrique double, en commençant par l'vnité, comme il y a d'vnitez dans le nombre total que l'on prend. Par exemple, si l'on prend 22 choses, il faut escrire autant de nombres, dont chacun contienne deux fois celuy qui precede immediatement en cette maniere:

Progression double.	
1	Car la somme de ces 22 nombres donne toutes les varietez des chants qui se peuuent rencontrer dans 22 notes, soit que chaque chant n'ait qu'vne note, ou qu'il en ait 2, 3, 4, &c. iusques à 22, de sorte qu'il y a tousiours quelque note differente, car la varieté des lieux n'est pas gardee dans cette combination.
2	
4	
8	
16	

L iij

Liure premier

32
64
128
256
512
1024
2648
5296
10592
21184
42368
84736
169472
338944
677888
1355776
2711552
Somme totale
5423104

Or il n'est pas necessaire d'ajoûter tous ces nombres pour sçauoir leur somme totale, car le double du dernier la donne en ostant l'vnité; & consequemmét le double de 2711552, c'est à dire le 25 nombre de la progression doublee, à sçauoir 5423104, donne le nombre des chants, des dictions, des chartes, ou des autres choses qui se peuuent faire dans le nombre de 22, en les prenant vne à vne, deux à deux, iusques à ce que l'on prenne les 22 pour vn seul chant, ou pour vne diction.

Il est si aisé de continuer cette progression Geometrique, qu'il n'est pas besoin d'en parler icy dauantage, quoy que ie l'aye continuee iusques à 64 dans la 10 proposition du 7 liure Latin, où l'on trouuera l'exemple de la varieté des 8 notes de l'Octaue, lors qu'on les prend vne à vne, deux à deux, trois à trois, &c. I'ay encore donné deux tables tres-vtiles dans la 12 proposition, qui sont pour les conternations, conquaternations, &c. de 12 notes, ou 12 lettres prises dans le nombre de 36, dont on peut se seruir icy; c'est pourquoy ie viens aux autres especes de combinaisons qui sont plus difficiles que celle-cy, & particulierement à celle qui comprend toutes les autres, & qui est tres-generale, & la plus vtile de toutes. Ce qui arriue ordinairement à tout ce qui est general; car chaque maxime est dautant plus vtile qu'elle est plus vniuerselle, parce que l'on en tire vn plus grand nombre de conclusions & de veritez. Et si l'on rencontroit vne verité d'où l'on peust tirer toutes les autres comme de leur source & de leur origine, l'esprit seroit parfaitement content, & seroit perpetuellement raui dans la contemplation de de cette verité.

COROLLAIRE IIII.

Puis que cette Proposition monstre le nombre des chants ou des dictions qui se peuuent faire de tel nombre de notes ou de dictions que l'on voudra, lors que l'on les prend en 22 notes, ou en 22 lettres, & que i'ay donné la table qui contient le nombre desdits chants qui gardent la diuersité de l'ordre, & la maniere de composer la table laquelle monstre le nombre des chants qui ne gardent pas la varieté de l'ordre, ie veux icy ajoûter cette table, afin que l'on ne puisse rien desirer en cette matiere.

Table des Chants qui ont leurs notes differentes.	
22	d'vne note, & de 21
231	de 2, & de 20,
1540	de 3, & de 19,
7315	de 4, & de 18,
26334	de 5, & de 17,
74613	de 6, & de 16,
170544	de 7, & de 15,
319770	de 8, & de 14,
497420	de 9, & de 13,
646646	de 10, & de 12,
705432	de 11,

Or cette table seruira encore pour la 10 proposition de ce liure, & pour le traité des Orgues, afin de sçauoir combien l'on peut faire de ieux composez des simples ieux qu'elles contiennent.

PROP. XII.

Des Chants.

PROPOSITION XII.

Combien l'on peut faire de Chants differents d'vn nombre de notes prises dans tel autre nombre que l'on voudra, soit que l'on prenne les notes toutes differentes en vn mesme nombre, ou toutes semblables, ou partie differentes, & partie semblables.

Cette combinaison est la plus generale de toutes, car elle monstre combien vn nombre de notes, ou d'autres choses prises dans tel autre nombre que l'on veut, souffre de varietez: par exemple, combien 4 notes peuuët estre variees, soit que l'on les prenne toutes differentes, ou partie differentes, partie semblables, ou toutes semblables, & que l'on garde la varieté des lieux, ou de l'ordre; de sorte que cette regle contient tout ce que l'on peut s'imaginer dans toutes les varietez & les combinaisons des notes, ou de telles autres choses que l'on veut; car tout ce qui se dit des notes peut estre appliqué aux nombres, aux lettres, aux soldats, aux fleurs, aux couleurs, &c.

Ce que l'on ne peut expliquer plus clairement que par l'exemple qui suit, dans lequel sont compris tous les chants qui se peuuent faire de 22 notes, soit que l'on vse d'vne seule note, ou de 2, de 3, de 4, &c. & que l'on repete chaque note 2, 3, 4, 5 fois, &c. ou que chaque note soit differente. Or la construction de la table est bien aisee, car supposé que l'on vüeille sçauoir combien 8 notes prises dans 22 peuuent faire de chants, il faut prendre le nombre 22 pour le premier nombre des chants qui se peuuent faire d'vne seule note repetee 22 fois, puis il faut quarrer 22 pour auoir le nombre des chants de 2 notes, à sçauoir 484, qu'il faut multiplier par 22 iusques à ce que l'on paruienne aux chants de 8 notes, qui s'expriment par 54875873536, comme l'on void dans la table qui suit, laquelle contient tous les chants qui se peuuent faire de 22 notes.

Table generale de 22 notes, & de tous les Chants qu'elles contiennent.

1	22
2	484
3	10648
4	234256
5	5153632
6	113379904
7	2494357888
8	54875873536
9	1207269217792
10	26559922791424
11	584318301411328
12	12855002631049216
13	282810057883082752
14	6221821273427820544
15	136880068015412051968
16	3011361496339065143296

Si l'on veut auoir les chants de plus de 22 notes, il faut multiplier le dernier nombre qui est vis à vis de 22, par 22, & le produit encore par 22 iusques à ce qu'on ait atteint le 30, le 40, le 50, ou tel autre nombre de notes que l'on voudra. Et si l'on veut sçauoir combien il y a de chants iusques à 7, 8, ou tel autre nombre de notes que l'on voudra, il faut seulement ajoûter les nombres iusques à 7, ou 8, &c.

Or cette table, ou vne autre que l'on fera par la mesme methode, a de grands vsages pour plusieurs choses, dont i'en expliqueray seulement vn pour enuoyer toutes sortes de lettres secretes par le moyen des notes de la Musique, & pour sçauoir le quantiesme est chaque chant dans le nombre

L iiij

17	6624995291945943352512
18	14574989642281075293555264
19	320649772130183656458155808
20	7054294986404044207947776
21	135194489711008889725748510127
22	3414278773642195573966467235784
Somme totale,	3576863477148966791774394424706

de tous les chants possibles, ou quel chant est signifié par chaque nombre donné.

COROLLAIRE.

Si l'on oste chaque nombre de la table precedente, qui donne tous les chants de 22 notes lors qu'il est permis de changer l'ordre, la combination des chants qui ont tousiours quelque note semblable demeurera toute seule, sans qu'il soit permis de changer d'ordre: Par exemple, si l'on oste le nombre des chants de trois notes, à sçauoir 9240 du nombre des chants de trois notes de cette table vniuerselle, à sçauoir de 10643, il restera 1403 pour les chants de trois notes prises en 22, qui ont leurs notes partie semblables, ou toutes semblables.

PROPOSITION XIII.

Vn chant estant donné trouuer le rang & l'ordre qu'il tient entre tous les chants possibles dans vn nombre determiné de notes.

Il faut icy remarquer plusieurs choses auant que d'expliquer cette proposition: premierement que le nombre des notes differentes dont on veut faire les chants, doit estre determiné, par exemple de 22 notes differentes. Secondement, qu'il est permis de repeter vne mesme note tant de fois que l'on voudra, par exemple, 2, 3, 4, &c. iusques à 22 fois, ou plus. En troisiesme lieu, qu'il faut determiner les interualles ou degrez dont on veut vser. En quatriesme lieu, qu'il faut marquer les notes differentes auec les lettres, ou auec d'autres characteres.

Or ie prendray seulement les 22 notes differentes qui se rencontrent dans le systeme de Guy Aretin, qui commence en *G vt*, & finit en *D la sol*, en diuisant les trois *b fa* ♮ *mi* en leurs deux notes, autrement il n'y auroit que 19 characteres. Et afin que la table precedente serue aux lettres & aux dictions qui se peuuent faire de 22 lettres, ie les mettray vis à vis des lettres qui seruent aux 22 notes de Musique, afin que l'on connoisse à quelle diction respond chaque chant, ou quel discours est expliqué par toutes sortes de chants, & que tel nombre que l'on voudra estant donné, l'on sçache le chant & la diction qui luy respond. Car comme il ne peut y auoir nul chant dans les 22 notes qui ne soit contenu dans la table des nombres, il n'y a semblablement nulle diction qui n'y soit comprise, soit Latine, Françoise, Greque, Hebraïque, ou telle autre qui se puisse imaginer, pourueu qu'elle se puisse escrire auec nos 22 lettres, ou auec telles autres 22 lettres que l'on voudra. Ce qu'il faut aussi remarquer pour les notes, & pour les interualles, dautant que si l'on veut vser des degrez Chromatiques ou Enharmoniques, ou d'autres degrez nouueaux, l'on trouuera tousiours le nombre de tous les chants qui se peuuent faire dans l'estenduë de 22 notes, qui font 21 degrez, ou interualles. Mais ie suppose que toutes les notes ayent vn temps égal, c'est à dire qu'elles soient chantees ou escrites d'vne mesme sorte de notes, c'est à dire, que si l'vne est

Des Chants.

l'vne est semibreue, minime, noire, ou crochuë, que toutes les autres soient de mesme valeur; car quant à la difference des temps, i'en parleray apres.

Il faut encore remarquer que i'ay diuisé les trois *b fa*, ♯ *mi* chacun en leurs deux notes, afin que l'on puisse chanter par ♯ *quarro* & par *b mol*; De là vient que l'estenduë de ces chants ne passe point la Dix-neusiesme, qui suffit pour toutes sortes de voix, autrement l'on auroit trois Octaues entieres: quoy que l'on puisse augmenter la table iusques à 4, 5, 6, ou tant d'Octaues que l'on voudra.

Table de tous les Chants & de toutes les dictions qui se peuuent faire de 22 notes, ou de 22 lettres.

I	II	III	IV	V
1	A	G VT	Nombre	1
2	B	A RE	Dizaine	22
3	C	B FA	Centaine	484
4	D	♯ MI	Mille	10648
5	E	C SOL, VT, FA	Diz. de mille	234276
6	F	D LA, RE, SOL,	Cent. de mil.	5153632
7	G	E MI LA	Milion	113379904
8	H	F VT, FA	Diz. de mil.	2494357888
9	I	G RE, SOL, VT	Cent. de mili.	54875873536
10	L	A MI, LA, RE	Bilion	1207269217792
11	M	B FA	Diz. de mili.	26559922791424
12	N	♯ MI	Cent.	584318301411328
13	O	C SOL, VT, FA	Trilion	12855002631049216
14	P	D LA, RE, SOL,	Diz.	282810057883082752
15	Q	E MI, LA,	Cent.	6221821273427820544
16	R	F VT, FA	Quatrilion	136880068015412051968
17	S	G RE, SOL, VT	Diz.	3011361496339065143296
18	T	A MI, LA, RE,	Cent.	66249952919459433152512
19	V	B FA	Cinquilion	1457498964228107529355264
20	X	♯ MI	Diz.	32064977213018365645815808
21	Y	C SOL, FA	Cent.	705429498686414044207947776
22	Z	D LA, SOL	Sextilion	15519448971108889725748510172

Pour entendre cette table, il faut remarquer que les notes de la Musique pourroient estre changees aux nombres 1, 2, 3, &c. ou aux lettres de nostre Alphabet, A, B, C, &c. sans qu'il fust necessaire de mettre les dictions ordinaires de la *Gamme*, ou de l'eschele de Musique: quoy que ie les aye mis dans la troisiesme Colomne. Or il y a tousiours mesme raison des deux nombres de la 5 colomne qui se suiuent immediatement, que d'vn à 22, de sorte que la premiere raison monstre toutes les autres, car tous ces nombres suiuent la progression des dignitez de l'Algebre, & consequemment la raison des deux nombres suiuans est tousiours doublee de la raison des deux precedens. De là vient qu'il faut passer par les 22 notes ou par les 22 lettres auant que de venir aux chants & aux dictions de deux notes, ou de deux lettres, & consequemment qu'il faut passer par 22 dizaines, dont chacune ait deux notes auant que de paruenir à la premiere diction, ou au premier chant de trois lettres, qui tient le lieu de centaine, & qui exprime son nombre 484 fois.

138 Liure Second

D'où il s'enſuit qu'il faut vingt-deux centaines pour faire le mille, qui vaut 10648, & vingt-deux milles pour la dizaine de mille, qui vaut 234256, & ainſi des autres. Cecy eſtant poſé, l'on trouuera aiſément le rang & l'ordre que tient chaque chant parmy tous les chants qui ſe peuuent faire de vingt-deux notes. Or les exemples qui ſuiuent font mieux comprendre cette table que le diſcours, dont le premier fait voir par quel nombre ce chāt de 4 notes *Vt, fa, re, mi,* eſt repreſenté. Mais pour le trouuer il faut determiner le lieu de la table où ces quatre notes doiuent eſtre priſes, car on les peut trouuer en cinq endroits. Or ie ſuppoſe maintenant que l'on les prenne dans la premiere Quarte, qui commence à *G vt,* afin qu'ils reſpondent à | G VT |
Il faut commencer par la derniere note du chant, à ſçauoir par *M i,* qui | B FA |
eſt la 4 du ſyſteme, & qui conſequemment ne vaut que ſon nombre ; ce | A RE |
qui arriue à toutes les dernieres notes des autres chants, ou aux dernieres | ♮ MI |
lettres des dictions, qui ne vallent iamais que le nombre qui marque leur rang dans le ſyſteme.

Mais parce que l'on commence ce dechifrement à rebours de droit à gauche, nous appellerons la derniere note du chant la premiere, la penultiefme la ſeconde, &c. iuſques à la derniere à main gauche, qui eſt la premiere à main droite. *M i* vaut donc 4. *Re* eſt la ſeconde note du chant, & eſt auſſi la ſeconde du ſyſteme, c'eſt pourquoy il faut multiplier la dizaine, à ſçauoir 22 par 2, dont le quotient ſera 44. *Fa* eſt la 3 note du chant, & la 5 du ſyſteme, & par conſequent il faut multiplier le 3 nombre de la table, c'eſt à dire la centaine par 5 pour auoir 2420. Finalement *Vt* eſt la 4 note du chant, quoy que la premiere du ſyſteme, c'eſt pourquoy il faut ſimplement eſcrire le 4 nombre de la table, à ſçauoir 10648, & ces 4 nombres ajoûtez donneront 13116, qui monſtre le quantieſme eſt ce chant entre tous ceux qui ſe peuuent faire de 22 notes. Et ſi l'on aſcriuoit vne diction au lieu d'vn chant, l'on trouueroit Aebd, auec laquelle l'on peut eſcrire le meſme Air : de ſorte que les dictions peuuent ſignifier les chants qui ſont propres pour ſignifier les dictions : & conſequemment l'on peut eſcrire toutes ſortes de lettres & de liures auec les notes de la Muſique & toutes ſortes de Motets, & autres pieces de Muſique auec les dictions & auec le diſcours.

Il eſt aiſé de donner tels autres exemples que l'on voudra, pourueu qu'ils n'ayent que vingt-deux notes, car s'ils en ont vn plus grand nombre, il faut augmenter la table precedente. Ie donne encore vn autre exemple d'vn chant de 14 notes, dont il y en a ſeulement 7 differentes, & les ſept autres ſemblables, dont l'vne ſe repete 4 fois, l'autre 3 fois, & deux autres chacune deux fois ; & conſequemment ce chant peut eſtre varié en 151,151,200 façons, ſi l'on garde touſiours le meſme nombre de notes ſuiuant ce qui a eſté dit dans la troiſieſme propoſition. Mais il faut voir le quantieſme il eſt entre tous les chants qui ſont en 22 notes. Et parce qu'il y a deux *G re ſol vt* dans le ſyſteme, à ſçauoir celuy du 9, & du 17 lieu, & que ce chant commence par *G re ſol vt,* ie prends le 17, à raiſon que ce chant appartient au Deſſus. Ie mets donc 13 pour la premiere note qui eſt à main gauche, c'eſt à dire pour l'*Vt* de *C ſol vt fa,* parce que cette note vaut ſeulement le nombre qu'elle a vis à vis de la table. Le *Re* eſt la deuxieſme note du chant, & la 14 du ſyſteme ; c'eſt pourquoy il faut multiplier 22 par 14 pour auoir 308. Le *Mi* eſt la troiſieſme

notes

Des Chants. 139

note, & la 15 du syſteme, & donne 7260. *Fa* qui eſt la quatrieſme donne 170368. Le ſecond *Mi* qui eſt la cinquieſme note donne 3513840. La ſixieſme, à ſçauoir le *Mi* du dernier ♮ *mi*, eſt la vingtieſme dans la table; c'eſt pourquoy il faut multiplier le ſixieſme nombre par vingt, d'où il viendra 103072640. La ſeptieſme note, qui eſt le *La*, donne 2040888272. La 8 & 9 tiennent le 17 rang dans le ſyſteme; or le huictieſme nombre de la table multiplié par 17 donne 4240484096, & le neufieſme multiplié par le meſme 17 donne 932889850112. Le *Mi* eſt la 10 note du chant, & la 15 du ſyſteme, c'eſt pourquoy elle vaut 18109038266880. L'onzieſme donne 371838919079936. La douzieſme vaut 8764774121110992. La 13 vaut 205680042096787456. Finalement la 14, qui eſt la premiere du chant, & la 17 du ſyſteme, vaut 4807770984012406784, qui vient du 13 nom-nombre de la table multiplié par 17.

Or la ſomme qui vient de l'addition de tous ces nombres, à ſçauoir 5022606726029247885, monſtre le lieu que tient le chant, ou le quantieſme il eſt entre tous les chants de 14 notes qui ſe peuuent faire de 22 notes. Et ſi c'eſtoit vne diction au lieu d'vn chant, l'on en auroit vne qui ne ſe peut prononcer, à ſçauoir srqpqsstxqrqpo, qui tient le meſme rang entre toutes les dictions poſſibles, que le chant precedent entre tous les chants. Par où l'on void que les lieux où ſe rencontrent les bons chants ne ſont pas propres pour les dictions qui ſe peuuent prononcer, à raiſon que les voyelles neceſſaires pour la prononciation ne s'y rencontrent pas. Il arriue ſemblablement que les lieux de la table où ſe rencontrent les dictions faciles à prononcer, & qui ſont en vſage, ne ſont pas propres pour les beaux chants, comme l'on void dans l'exemple qui ſuit, dans lequel le premier verſet du Pſalme 72 eſt eſcrit auec les nombres & les notes, car les neuf nombres ſeparez ſignifient les lieux que tiennent les neuf dictions de ce verſet dans la table de toutes les dictions poſſibles.

168949, 613179, 50536012, 45447, 4087, 7687, 3803197, 190494, 849029.
Quàm   bonus   Iſraël   Deus   his   qui   recto   ſunt   corde.

Mais le chant qui reſpond à ces nombres, & à chaque lettre de ce verſet, eſt mal-aiſé à chanter, à raiſon des grands interualles qu'il faut faire, comme l'on void en ces dix lignes qui comprennent ce chant de 39 notes, dont chacune repreſente chaque lettre du verſet precedent, qui peut eſtre eſcrit par ces notes. Et conſequemment l'on peut eſcrire toutes ſortes de lettres ſecrettes par le moyen des notes, dont on peut faire deux, ou pluſieurs parties, ſelon l'eſtenduë du diſcours que l'on eſcrit; de ſorte que tous les liures poſſibles peuuent eſtre eſcrits par les notes d'vne Dix-neufieſme, ſoit par ♭ *mol*, ou par ♮ *quarre*.

Or comme l'on peut escrire des lettres & des discours auec les notes de Musique, l'on peut semblablement escrire des Airs & des pieces de Musique auec des lettres & des discours; de sorte que celuy qui reçoit vne lettre de son amy pourra chanter en lisant. Et l'on pourroit tellement accommoder la lettre auec la note, qu'vne mesme lettre seruiroit de note & de sujet. Par exemple, si le chant precedent estoit bon, comme il peut arriuer à d'autres paroles, il seruiroit pour prononcer les dictions, car chaque note signifieroit chaque lettre. Mais il faudroit mettre vn autre ordre entre les lettres de nostre Alphabet, & faire tellement rencontrer toutes les voyelles proches les vnes des autres, que l'on eust la liberté de faire plusieurs dictions dans l'estenduë de huit, ou de douze lettres, afin que l'on peust faire toutes sortes de chants dans l'estenduë de l'Octaue, ou de la Douziesme.

Apres auoir donné la manière d'escrire toutes sortes de chants par le moyen des nombres & des lettres, il faut expliquer la maniere de connoistre le chant, & de le dechiffrer lors que le nombre est donné; car ce que i'ay dit dans cette proposition sert seulement pour escrire les chants ou les dictions par les nombres, mais il ne donne pas le moyen de lire les chants, ou l'escriture que l'on signifie par les nombres: de sorte que l'on peut escrire tout ce que l'on voudra, sans que pour cela l'on puisse lire; & consequemment il n'est pas necessaire que les Secretaires puissent lire ce qu'ils escriuent.

PROPOSITION XIV.

Comme il faut lire toutes sortes de lettres & de dictions en quelque langue que ce soit, lors qu'elles sont escrites par nombres, ou par quelqu'autres characteres qui seruent de nombres; & comme l'on peut chanter toutes sortes d'Airs & de notes signifiees par toutes sortes de nombres donnez.

Il est aisé de lire toutes sortes de chants & de lettres escrites en chifre, car il faut seulement trouuer quelle diction ou quel chant est dans vn lieu donné de la combination generale; ce que l'on trouuera note à note, ou lettre à lettre en cette façon. Il faut diuiser le nombre dudit lieu donné par le nombre des combinations prochainemēt moindre, puis il faut mettre le reste à part, & le diuiser par le nombre des combinations qui precede le premier diuiseur iusques à ce qu'on diuise par 22, car le quotient & le reste de la derniere diuision monstrent la quantiesme note du systeme, ou la quantiesme lettre de l'Alphabet il faut prendre: ce que les exemples feront mieux comprendre que de plus longs discours.

Soit donc le nombre donné à dechiffrer 1349183819. Il faut chercher dans la Table de la combination generale de la 5 proposition le premier nombre qui est moindre, à sçauoir 113379904, qui est le nombre des chants, ou des dictions de 6 notes, ou lettres, & consequemment le chant ou la diction proposee à 7 notes, ou 7 lettres, dautant que ce nombre pris dans la table de la 6 proposition, lequel commence par l'vnité, se trouue au 7 lieu. Ie diuise donc le nombre donné par cestuy-cy, & le quotient estant 11, ie prens l'onziesme note du systeme de la 6 proposition, à sçauoir le *fa* dū *b fa*, ou l'onziesme lettre de l'Alphabet qui est M. Mais cette diuision estant faite, il reste 102004875, que ie diuise encore par le nombre de la table, qui precede le premier diuiseur, c'est à dire par 5153632, le quotient est 19, c'est à dire le troisiesme *b fa*, qui fait l'Octaue auec

ue auec le precedent, & en l'Alphabet la lettre V. Il reste 4085867, que ie diuise par 234256, le quotient est 17, qui donne l'*Vt* du dernier *G re sol vt*, & la lettre S. Mais il reste 103515 que ie diuise par 10648, le quotient est 9, qui monstre l'*Vt* du second *G re sol vt* qui fait l'Octaue auec le precedent, & consequemment la lettre I. Il est resté 7683, qu'il faut diuiser par 484 pour auoir le quotient 15, qui monstre le *La* du deuxiesme *Emila*, & la lettre Q. Il est encore resté 423, qu'il faut diuiser par 22, le quotient est 19, qui monstre le *Fa* du troisiesme *B fa*, & la lettre V. Finalement il est resté 5, qui monstre la 5 note, à sçauoir l'*Vt* du premier *C sol vt fa*, & la lettre E; de sorte que le chant qui auoit esté proposé est celuy qui est icy noté, & la diction est *Musique*.

Ie veux encore donner vn exemple pour dechifrer les neuf dictions qui suiuent, & qui peuuent aussi bien signifier des chants que des dictions: 348296965, 23781617, 7662611473, 295912110739, 58031210, 1282979427, 9367645904. Il faut donc premierement trouuer dans la table des combinations quel nombre peut diuiser 348296965, & l'on aura 1133799904 pour diuiseur, & le quotient donnera 3; le reste est 8157253, qu'il faut diuiser par 5153632, & le quotient est 1, & le reste 3003621, que ie diuise par 234256, le quotient est 12, reste 192549, que ie diuise par 10648, le quotient est 18, reste 885, que ie diuise par 848, le quotient est 1, reste 401, que ie diuise par 22, & reste 5, d'où il s'ensuit que cette premiere diction sera *Cantate*, & les autres nombres estant diuisez de la mesme sorte on trouuera ce verset entier, *Cantate Domino canticum nouum, laus eius in Ecclesia Sanctorum*, lequel on mettra si l'on veut en Musique auec les notes qui respondent aux lettres de la table de la 6 proposition.

Or puis que nous auons donné la maniere de trouuer le lieu d'vn chant ou d'vne diction dans le nombre de tous les chants, ou de toutes les dictions possibles qui se peuuent faire de 22 notes ou lettres, il faut maintenant trouuer le lieu d'vn chant ou d'vne diction dans le nombre de celles qui ont mesme nombre de notes ou de lettres; & puis le lieu estant donné, il faut trouuer quelle diction occupe ce lieu dans ledit nombre, pourueu que le nombre des notes ou des lettres dont est composé le chant soit specifié.

Quant à la table de la 12 proposition, elle monstre combien tel nombre de notes ou de lettres que l'on voudra prendre en 22 notes ou lettres peut faire de chants: par exemple, il y en peut auoir 484 de deux notes, & 10648 de trois, &c.

Ie laisse mille subtilitez que l'on peut tirer de ces 2 tables, afin que ceux qui les trouueront en reçoiuent plus de contentement que si ie les escriuois icy: quoy que les 2 propositions qui suiuent en contiennent deux des principales.

PROPOSITION XV.

Trouuer le lieu & le rang que tient vn chant donné de tant de notes que l'on voudra parmy ceux qui peuuent estre faits d'vn nombre égal de notes prises en 22.

Apres auoir donné la maniere de trouuer le lieu d'vn chant, ou d'vne diction dans le nombre de tous les chants possibles, i'en ajoûte vne autre qui sert pour trouuer le lieu dans le nombre des chants qui ont mesme quantité de notes, & puis ie monstreray comme il faut trouuer le chant quand le lieu est donné.

Or la table de la combinaison des notes enseigne combien vne certaine quantité de notes prises en 22 peut faire de chants, dont ceux que l'on compose de deux notes sont 484, comme ceux de trois notes sont 10648, &c. Mais pour trouuer le lieu que chaque chant tient dans ledit nombre il faut que la premiere note à main droite exprime vne fois le rang qu'elle tient dans l'échele Harmonique, & que celle qui est au 2 lieu l'exprime 22 fois, &c. Par exemple, si la premiere note respond à N, elle vaut 12 : secondement si elle se trouue au 2, 3, ou 4 rang, &c. elle vaut vn moins que le rang qu'elle tient : par exemple, si la note respondant à N tient le 2 rang à main droite, il faut multiplier 11 par 22, si elle est au 3, par 484, &c. de sorte que la premiere note respondant à A n'est qu'vn zero, quoy qu'elle se puisse mettre au commencement du chant, & qu'elle vaille vn à la fin. Nous mettrons donc la 2 note d'*A re* pour la premiere, *B fa* pour la seconde, &c. & *D la sol* sera la 21, excepté qu'à la fin du chant chacune vaut tousiours son nombre.

Mais afin que nous n'ayons pas besoin de notes pour les exemples, ie me sers des lettres de l'Alphabet qui sont vis à vis. Ie suppose donc premierement que l'on vüeille sçauoir le lieu de la diction *Eliud* qui a cinq lettres, dont il se peut faire 5153632 dictions, pourueu qu'on les prenne dans les 22 lettres de l'Alphabet. Or la premiere lettre est D, qui est la 4 dans l'Alphabet ; la 2 est V, qui est la 19, mais elle ne vaut icy que 18, laquelle ie multiplie par 22, le produit est 396 ; la 3 lettre est I, qui est la 9, & ne vaut que 8, lequel multipliant 484 fait 3872 : L est la 10, & ne vaut que 9, lequel multipliant 10608 donne 95832 ; & puis ie multiplie 234256 par E qui vaut 4, le produit est 937024 ; de sorte que tous ces nombres estans assemblez monstrent que le chant de 5 notes respondant à *Eliud* est 1037128 entre ceux des 5 notes.

Secondement cette maniere peut seruir à escrire des lettres difficiles à dechifrer, par exemple si l'on vouloit escrire ce verset, *Si occidis Deus peccatores, viri sanguinum declinate à me*, l'on trouuera qu'apres l'operation semblable à la precedente l'on aura les neuf nombres qui suiuent pour les 9 dictions du verset : 361, 1371421453, 34293, 15919222918517, 195875, 879296384835, 174880186211, 1225, que l'on peut aisément appliquer aux notes du chant qui respond à ces paroles.

PROPOSITION XVI.

Vn nombre estant donné trouuer quel chant ou quelle diction tient le rang dudit nombre parmy les chants ou les dictions qui ont vne mesme quantité de notes ou de lettres.

L'on trouue quel chant tient le rang d'vn nombre donné entre ceux qui ont mesme quantité de notes, si l'on remarque premierement qu'il doit tousiours rester quelque nombre à la fin des operations, afin que le quotient ne soit iamais plus grand que 21, car il faut ajoûter à chaque quotient, excepté qu'apres la derniere diuision il pourra rester 22, parce qu'il ne faut rien ajoûter à ce reste. Or il faut tousiours diuiser le nombre donné par celuy de la table generale qui se
trouue

Des Chants. 143

trouue prochainement moindre ; & si l'vn des nombres de cette table se rencontre, l'on aura le dernier chant de cette sorte ; par exemple, si l'on trouue 10648, qui est le nombre des chants de trois notes, l'on aura trois fois le *Sol* de *D la sol*; or on trouue ce chant en diuisant 10648 par 484, dont le quotient est 22, & parce qu'il ne reste rien, l'on met 21, qui vaut vn *Sol*, ou la lettre Z: le reste 484 estant diuisé par 22, le quotient est encore 22, de sorte qu'il faut prendre 21 qui vaudra 22 à raison de l'vnité qu'il faut ajoûter, & l'on a encore vn *Sol*, ou vn Z, & reste 22.

Si le nombre donné se diuisoit exactement sans aucun reste par le nombre pris dans la table, il faudroit mettre la note signifiee par le quotient sans y rien ajoûter, & autant de *D sol* apres qu'il en est requis pour acheuer le nombre des notes dont le chant deuroit estre composé : par exemple 8712 se diuise exactement par 484, dont le quotient est 18, qui respond à l'*A mi la re*, apres lequel il faudroit mettre deux *D la sol*. Mais il faut icy remarquer deux choses, dont la premiere est que si l'on ne peut diuiser par tous les nombres de la table moindres que le premier diuiseur, & qu'ils se trouuent plus grands que le nombre à diuiser, il les faut passer en mettant *G vt* autant de fois que l'on aura passé, comme l'on fait lors qu'en la diuision le diuiseur est plus grand que le nombre à diuiser.

Or les exemples qui suiuent pour les dictions feront mieux comprendre tout cecy qu'vn plus long discours. Soit donc le nombre proposé 5157999, lequel diuisé par 5153632 donne le *B*, ou l'*A re*, c'est à dire 1 pour le quotient, que l'on ne peut diuiser par les 2 diuiseurs suiuans 234256, & 10648, c'est pourquoy ie mets deux A, & puis ie le diuise par 484, le quotient est 9, qui donne L, & reste 11 qui ne peut estre diuisé par 22, ie mets donc A & M pour les 11 qui restent, de sorte que la diction est *Baalam*, & pour faire *Balaam* il faudroit 5249475.

La seconde chose qu'il faut remarquer est qu'en escriuant en cette maniere de chifre, s'il se rencontre des dictions qui commencent par vn ou plusieurs A, il faut obseruer de combien de lettres la diction est composee en mettant vn point apres le nombre, & puis vn chifre qui monstre la quantité des lettres, par exemple, en ce nombre 7536. 5. le 5 qui est apres la diction monstre qu'elle est composee de 5 lettres, c'est pourquoy l'on deuroit diuiser ledit nombre par 234256, puis qu'il est le 5 en la progression Geometrique de 22 qui commence à l'vnité, & puis par 10648, mais parce que l'on ne peut, ie mets 2 A, & puis ie le diuise par 484, le quotient est 15, i'ajoûte vn pour auoir 16, c'est à dire R, il reste 276, lequel diuisé par 22 donne 12 qui respond à O ; & parce qu'il reste 12, la lettre N acheue la diction *Aaron*.

L'on trouuera par cette methode que les nombres suiuans representent les paroles de dessous :

18. 2. 142709. 1056105 160793. 5. 76453537 104473. 5. 3177671. 6.
At   pius   Eneas   arces   quibus   altus   Apollo.

car les nombres qui ont vn point & vn chifre apres eux signifient les dictions qui commencent par A, & le chifre qui suit le point monstre combien la diction a de lettres.

Il y a encore vne autre methode de dechifrer ces nombres, à sçauoir en leur ajoûtant la difference du rang qu'ils tiennent dans le nombre total de dictions, & de celuy qu'elle tient dans le nombre des dictions d'vne égale quantité de lettres ; or cette difference est l'addition des nombres des dictions composees de

M ij

moins de lettres que de celles dont il est question: par exéple, ce nombre 7272.4. a 4 lettres, i'ajoûte le nombre des dictions de 3, de 2, & d'vne lettre, à sçauoir 10648,484,& 22, dont la somme fait 11154,laquelle ajoûtee à 7272 fait en tout 18426: lequel estant diuisé par 10648 l'on a 1 pour le quotient; reste 7778, que que ie diuise par 484, le quotient est 16, reste 34, que ie diuise par 22, & reste 12; c'est pourquoy ie prends la 1 & la 16, & puis la 1 & la 12 lettre, qui donnent la diction *Aaron*.

Si le nombre estoit 979, le diuiseur trouué 484 me fait connoistre que ce nombre a 3 lettres, puis que 483 est vis à vis de 3 dans la table: il faut donc ajoûtes au nombre donné le nombre des dictions d'vne & de 2 lettres, qui sont 22, & 484, ou 506, lesquels ajoûtez à 979 font 1485, qu'il faut diuiser par 484, le quotient est 3, reste 33, que ie diuise par 22, le quotient est 1, & reste 11, & consequemment cette diction est *Cam*. Or apres auoir expliqué ces propositions, ie veux ajoûter quelques Corollaires qui seruiront pour accomplir la proposition 11 & 12, parce que ie ne les ay mis en leur propre lieu.

COROLLAIRE I.

Puis que la progression Geometrique qui croist en raison double est tres-vtile pour soudre plusieurs questions que l'on propose, ie veux l'acheuer depuis son 22 terme que i'ay mis dans l'onziesme proposition, iusques à son 64 terme.

Table de la progression Geometrique double depuis 23 iusques à 64.

23	4194304	44	8796093022208
24	8388608	45	17592186044416
25	16777216	46	35184372088832
26	33554432	47	70368744177664
27	67108864	48	140737488355328
28	134217728	49	281474976710656
29	268435456	50	562949953421312
30	536870912	51	1125899906842624
31	1073741824	52	2251799813685248
32	2147483648	53	4503599627370496
33	4294967296	54	9007199254740992
34	8589934592	55	18014398509481984
35	17179869184	56	36028797018963968
36	34359738368	57	72057594037927936
37	68719476736	58	144115188075855872
38	137438953472	59	288230376151711744
39	274877906944	60	576460752303423488
40	549755813888	61	1152921504606846976
41	1099511627776	62	2305843009213693952
42	2199023255552	63	4611686018427387904
43	4398046511104	64	9223372036854775808

Or l'on trouue la somme de tous ces termes en prenant celuy qui suit, lequel est double du 64, en ostant l'vnité. Mais quand la progression suit vne autre
raison,

Des Chants. 145

raiſon, par exemple la triple,1,3,9,27,81,&c. il faut oſter l'vnité, & puis diuiſer le reſte par la difference de la progreſſion precedente moindre de l'vnité, à ſçauoir par deux, le quotient 121 donnera les 5 termes, & 121 eſtant donné pour le contenu des 5 termes, ſi on le double, & que l'on ajoûte 1 au produit, l'on aura 243 pour le 6 terme. Semblablement ſi la progreſſion eſt en raiſon quadruple 1, 4, 16, 64, &c. Apres auoir pris le 5 terme qui ſuit immediatement à ſçauoir 256, d'où l'on oſte l'vnité, il faut le diuiſer par la progreſſion precedente, à ſçauoir par 3, pour auoir le quotient 85 pour la ſomme des 4 termes precedens : & ſi à 85 donné & multiplie par 3 l'on ajoûte l'vnité, l'on aura 256 pour le 5 terme. Il faut dire la meſme choſe de la progreſſion de 22, & de toutes les autres poſſibles.

Mais ſi l'on ne veut pas prendre la peine de chercher le terme qui ſuit le plus grand des donnez, il faut faire la meſme operation au dernier terme des donnez, & la diuiſer par vn nombre moindre de l'vnité que celuy de la progreſſion, & puis il faut ajoûter au quotient le dernier terme qui a eſté diuiſé. Par exemple, ſi l'on aſſemble les 9 premiers termes de la progreſſion de 22, l'on oſte l'vnité du 9, qui eſt 54875873536, lequel on diuiſe par 21, le quotient eſt 2613136835, auquel l'on ajoûte le 9 terme pour auoir 57489010371.

COROLLAIRE II.

Si l'on vouloit trouuer combien l'on peut faire de chants ou de dictions de 12 notes, ou de 12 lettres priſes en 36 notes ou lettres, ou combien le jeu de Piquet peut venir de fois differemment iuſques à ce que le meſme jeu reuienne, il faudroit conſtruire la table qui ſuit, dont le dernier nombre donne le nombre des chants, des dictions, & des jeux differens de 12 chartes priſes en 36 : Or i'ay donné la maniere de la conſtruire dans la 12 propoſition du liure Latin des chants.

Table des varietez d'vn chant de 12 notes priſes en 36.

1	1	1	1	1	1	1	1	1	1	1	1	1
2	3	4	5	6	7	8	9	10	11	12	13	
3	6	10	15	21	28	36	45	55	66	78	91	
4	10	20	35	56	84	120	165	210	286	364	455	
5	15	35	70	126	210	330	495	715	1001	1365	1820	
6	21	56	126	252	462	792	1287	2002	3003	4368	6188	
7	28	84	210	462	924	1716	3003	5005	8008	12376	18564	
8	36	120	330	792	1716	3432	6435	11440	19448	31824	50388	
9	45	165	495	1287	3003	6435	12870	24310	43758	75582	125970	
10	55	220	715	2002	5005	11440	24310	48620	92378	167960	293930	
11	66	286	1001	3003	8008	19448	43758	92378	184756	352716	646646	
12	78	364	1365	4368	11376	31824	75582	167960	352716	705432	1352078	
13	91	455	1820	6188	18564	50388	125970	293930	646646	1352078	2704156	
14	105	560	2380	8568	27132	77516	203490	497420	1144066	2496144	5200300	
15	120	680	3060	11628	38760	116280	319770	817190	1961256	4457400	9657700	
16	136	816	3876	15504	54264	170544	490314	1307504	3268760	7726160	17383860	
17	153	969	4845	10349	74613	245157	735471	1042975	5311735	13057895	30421755	
18	171	1146	5985	26334	100947	346104	1081575	3124550	8536285	21474180	51895935	
19	190	1330	7315	33649	134596	480700	1562275	4686825	13123110	34597290	86493225	
20	210	1540	8855	42504	177100	657800	2220075	6906900	20030010	54627300	141110525	
21	231	1771	10626	53130	230230	296010	888030	3108105	10015005	30045015	84672315	215792840
22	253	1014	12650	65780	296010	1184040	4292145	14307150	44352165	129014480	354817320	
23	276	2300	14950	80730	376740	1560780	5852925	20160075	64512290	193536720	548354040	
24	300	2600	17550	98180	475020	2035800	7888725	28048800	93663640	286097760	834451800	
25	325	2925	20475	118755	593775	2629575	10518300	38567100	131112840	417225900	1251677700	

M iij

146 Liure Second

Mais celle qui fuit eſt plus vtile & plus aiſee, dautant qu'il ne faut faire qu'onze multiplications, en multipliant premierement 36 par 35, & puis le produit par 34; & ainſi conſequemment iuſques à ce que l'on ait 12 rangs de nombres, dont le premier eſt 36, le ſecond 360, &c. & le douzieſme 1251677700 donne le nombre des chants differens qui n'ont plus la varieté de l'ordre, parce que la combination ordinaire que l'on void dans la 3 colomne eſt oſtee des nombres de la 4; de ſorte que ceux de la ſeconde colomne monſtrent les varietez ſans l'ordre : par exemple, ſi l'on prenoit 3 notes en 36, elles feroient 7140 dictions, & ſi l'on gardoit l'ordre elles en feroient 42840.

Table des Chants de 12 notes, ou des jeux differens du Piquet pris en 36 notes ou chartes

I	II	III		IV	V
1	36	1		36	35
2	630	2		1260	34
3	7140	6		42840	33
4	58905	24		1413720	32
5	376992	120		45239040	31
6	1947792	720		1402410240	30
7	8347680	5040		42072307200	29
8	30260340	40320		1220096908800	28
9	94143280	362880		34162713446400	27
10	254186856	39916800		922393263052800	26
11	600805296	4799001600		23982224839372800	25
12	1251677700	6227020800		599555620984320000	24

PROPOSITION XVII.

Determiner le nombre des Chants qui ſe peuuent faire de tel nombre de notes que l'on veut, lors que l'on les prend dans vn plus grand nombre de notes (par exemple, lors que l'on prend 8 notes telles que l'on veut dans les 22 notes des 3 Octaues,) & qu'il eſt permis de repeter dans leſdits chants les meſmes notes 2, 3, ou pluſieurs fois.

Il eſt aiſé de ſçauoir combien l'on peut faire de chants de tel nombre de notes que l'on voudra, lors que l'on ſe done la liberté de les repeter pluſieurs fois, & que l'on les prend dans vn plus grand nombre, ſans qu'il ſoit permis d'vſer des variations de l'ordre : & pour ce ſujet il faut premierement voir combien il y a de notes dans le chant, ſans auoir égard aux notes ſemblables qui ne ſont contees que pour vne : par exemple, lors qu'en ce 1 chant qui a 7 notes ie repete 4 fois l'Vt, il faut ſeulement prendre ces 4 Vt pour vne note, de ſorte qu'il faut ſeulement prendre les 4 notes differentes de ce chant, & voir combien l'on peut faire de chants de 4 notes differentes priſes dans les 22 notes de 3 Octaues, dont l'ordre eſt oſté, & l'on trouuera 7315, lequel eſtant multiplié par 4 donne 29260 chants differents, qui peuuent eſtre faits de ce 1 chant.

Or il

Des Chants. 147

Or il faut remarquer qu'il y aura tousiours autant de varietez dans toutes les autres sortes de chants qui auront 4 notes differentes; par exemple, dans le second chant *Vt, re, mi, fa*, qui ne repete nulle note, ou dans celuy qui en repetera quelqu'vne, 2, 3, 4, ou 15 fois. Ie veux encore donner vn autre exemple de 10 note, dont il y en a deux semblables, la varieté de 9 pris dans la table qui suit monstrera la multitude des chants: & si ce chant de 10 notes en auoit 3 semblables, les varietez de 7 donneroient le nombre des chants: s'il auoit 4 ou 5 notes semblables, la varieté de 6 ou de 5 donneroient le nombre des chants, comme l'on void à la table qui suit.

Table de tous les chants qui ont plusieurs notes semblables.

1	de 22 notes differentes
462	2 notes semblables
4620	3 notes semblables, &c.
29260	4
131670	5
447678	6
1193808	7
2558160	8
4476780	9
6466460	10
7759752	11
7759752	12

Cette table n'a pas besoin d'estre prolongee iusques à 22, dautant qu'il y a mesme nombre de chants depuis 12 iusques à 22, que depuis vn iusques à 11; car comme l'on ne peut faire qu'vn chant de 22 notes prises dans 22 lors qu'elles sont toutes differentes, & qu'il n'est pas permis de changer l'ordre, l'on ne peut aussi faire qu'vn chant lors que l'on les prend toutes semblables. Et comme il y a 462 chants lors qu'on prend seulement deux notes semblables, de mesme il y en a 462 lors que le chant a 21 lettres semblables; de sorte que la semblance de deux respond à celle de 21, celle de 3 à celle de 20, & celle de 4, 5, 6, 7, 8, 9 & 10, à celle de 19, 18, 17, 16, 15, 14, 13 & 12.

Mais il faut remarquer que cette table est differente de celle que nous auons donnee dans la 4 proposition, parce qu'il faut multiplier chaque nombre de celle-la, par le nombre des notes semblables de chaque chant pour faire celle-cy, comme nous auons fait en multipliant le 4 nombre de ladite table, c'est à dire 7315 par 4, à raison que le chant auoit 4 notes semblables, & si vn chant a seulement 3 notes semblables & 3 notes differentes, il faut multiplier le troisiesme nombre de ladite table par 3 pour auoir 4620, qui est le 3 nombre de cette table; or il faut tousiours suiure la mesme methode pour les autres chants.

COROLLAIRE.

Il est aisé de remarquer que ce que nous auons dit des notes & des chants se peut entendre des lettres & des dictions de toutes sortes de langues, & qu'il y a autant de dictions dans 22 lettres, dont 2 ou plusieurs sont semblables, qu'il y a des chants pris dans 22 notes; ce que l'on peut semblablement dire de toutes les autres choses qui peuuent estre prises dans le nombre de 22, ou dans vn plus petit, ou vn plus grand nombre, car cette proposition est indifferente à toutes sortes de nombres. Et consequemment si les Organistes veulent sçauoir combien de chants ils peuuent faire sur le clauier en prenant tel nombre de notes & de touches qu'ils voudront dans l'estenduë de leur clauier, ils feront vne table de 50, ou d'autant de nombres qu'ils auront de touches, suiuant la 4 proposition; &

s'il y a des notes semblables dans leurs chants, ils y ajoûteront la methode de cette proposition.

PROPOSITION XVIII.

Determiner le nombre des Chants qui peuuent estre faits d'vn nombre de notes, quand il y en a de differentes, qui sont semblables, comme quand on met deux fois Vt, & deux fois Re, & deux fois Mi, ou quatre fois les vnes & les autres, &c.

Lors que le nombre des notes semblables est different, comme lors que l'*Vt* y est deux fois, & le *Re* deux fois, il faut chercher vn chant dans la table precedente qui ait de la correspondance auec cettui-cy, & l'on trouuera qu'il se rapporte au chant de quatre notes qui a deux notes semblables, & deux differentes, ou à celuy qui a cinq notes, dont il y en a trois semblables, comme a le second chant, de sorte que ces deux chants se peuuent varier 4620 fois, parce qu'ils ont seulement 3 notes differentes.

Or le rapport qu'ont ces deux chants consiste en ce qu'il y a dans le premier 2 notes, & 2 & 1, & au second 1 & 1, & 3 notes, de sorte que comme 2 & 2 se ressemblent, & la 3 qui est 1, est differente dans le premier chant, 1 & 1 sont égaux dans le second, & 3 est nombre different.

Lors que le chant a 6 notes, & qu'il y en a 2 d'vne sorte, 2 d'vne autre, & encore 2 d'vne autre, comme au 3 chant, il est semblable à vn chant de 3 lettres differentes, parce que 2,2,2, se ressemblent comme 1,1,1, c'est pourquoy il ne se peut faire que 1540 chants semblables dans 22 notes. Il faut dire la mesme chose du chant qui auroit ses notes en mesme raison que ces nombres 2,2,2,2, qui se rapporte aux chant de 4 lettres differentes, encore qu'il ait 8 notes; de là vient qu'il n'y en peut auoir que 7315 : ce qui doit estre entendu de ceux qui ont quatre ternaires, quaternaires, &c. de notes semblables.

Il arriue encore la mesme chose aux chants, dont le nombre des notes semblables est different : par exemple, au quatriesme chant des 6 notes, qui a vne note d'vne sorte, puis 2 d'vne autre, & encore 3 d'vne autre; ou au cinquiesme chant qui a 9 notes, dont il y en a 2 d'vne façon, 3 d'vne autre, & 4 d'vne autre, car le nombre des diuersitez de ces 2 chants est égal à vn chant de 3 notes differentes ausquelles l'ordre est remis, comme l'on void à la table de la 4 proposition : & consequemment il y a 9240 chants semblables à ces deux dans 22 notes.

Si d'vn chant de 10 notes il y en a 1,2,3 & 4 semblables, le nombre des chants sera 175560, qui est égal à celuy de 4 notes differentes auec l'ordre : il y en a autant de sortes lors qu'il y a 2,3,4 & 5 notes semblables, parce qu'il faut seulement voir combien il y a de sortes de notes.

PROP. XIX.

Des Chants.

PROPOSITION XIX.

Determiner le nombre des Chants que l'on peut faire de tel nombre de notes que l'on voudra, en variant les temps, ou les mesures d'vne, ou de plusieurs, ou de toutes les notes.

Il faut premierement supposer que l'on sçache le nombre des chants qui se peuuent faire sans considerer les mesures, soit que le nombre des chants se prenne dans la combination ordinaire, ou dans les autres, ou mesme que l'on ne prenne qu'vn, 2, ou 3 chants : & puis il faut sçauoir de combien de sortes de temps ou de mesures on veut vser; par exemple, si l'on veut vser de 8 temps, il faut multiplier 8 par soy-mesme pour auoir 64, qu'il faut multiplier par 8 qui donnera 512, qu'il faut encore multiplier par 8, afin d'auoir 4096, & multiplier ainsi iusques à 7 fois, d'où il viendra 16777216, qui est le nombre des chants que l'on peut faire d'vn nombre de notes, où il est permis d'vser de 8 temps differens, par exemple de 8 notes, qui sont tousiours arrangees d'vne mesme maniere. Et si l'on prend toutes les varietez que 8 notes peuuent souffrir à raison des differents lieux, & de l'ordre qu'elles peuuent auoir, soit qu'elles demeurent tousiours les mesmes, où que l'on les prenne dans vn plus grand nombre de notes, il faut multiplier le nombre des chants par le nombre des temps.

De là vient que si l'on veut sçauoir le nombre des chants de la grande table vniuerselle, lors qu'il est permis d'vser d'vne aussi grande varieté de temps que de notes, il faut multiplier chaque nombre de ladite table par soy-mesme, par exemple si l'on veut sçauoir le nombre de tous les chants possibles, lors que l'on prend aussi bien 22 temps differens comme 22 notes, il faut multiplier la somme totale de la table de la 5 proposition par soy-mesme pour auoir 116572495441-43654962028936149479113939186048790592210180 5056 chants tous differens, dont le premier ternaire vaut 116 dixseptilions, car ce nombre contient 60 characteres.

Mais il n'est pas possible de mettre tous ces chants auec des notes, encore que toute la terre & les cieux se conuertissent en papier, & que tous les hommes escriuissent perpetuellement vn million d'annees, comme il est aisé de monstrer; c'est pourquoy ie donneray seulemét l'exemple de l'vn des chants de 4 notes, qui peut se chāger 256 fois, lors que l'on a la liberté d'vser de 4 temps differés, encore que les 4 notes gardent tousiours vn mesme ordre, dautant que 4 estant multiplié 4 fois fait 256, car 4 fois 4 font 16, 4 fois 16 font 64, 4 fois 64 font 256, comme l'on void dans l'exemple qui suit, ou les 4 notes de la Quarte font 256 chants differens, quoy que l'on prenne seulement le premier des 24 chants qui se peuuent faire des 4 notes, comme l'on void au commencement de l'exemple.

D'où il s'ensuit que l'on peut faire 24 fois autant de chants auec 4 temps differens, comme il y en a dans l'exemple qui suit, c'est à dire 24 fois 256, qui font 6144; & si l'on vse des deux autres especes de Quarte l'on aura 18432 chants differens : mais il suffit de mettre icy la 24 partie de l'exemple pour comprendre la verité de cette proposition.

Liure Second

Table des 256 Varietez de quatre temps differens.

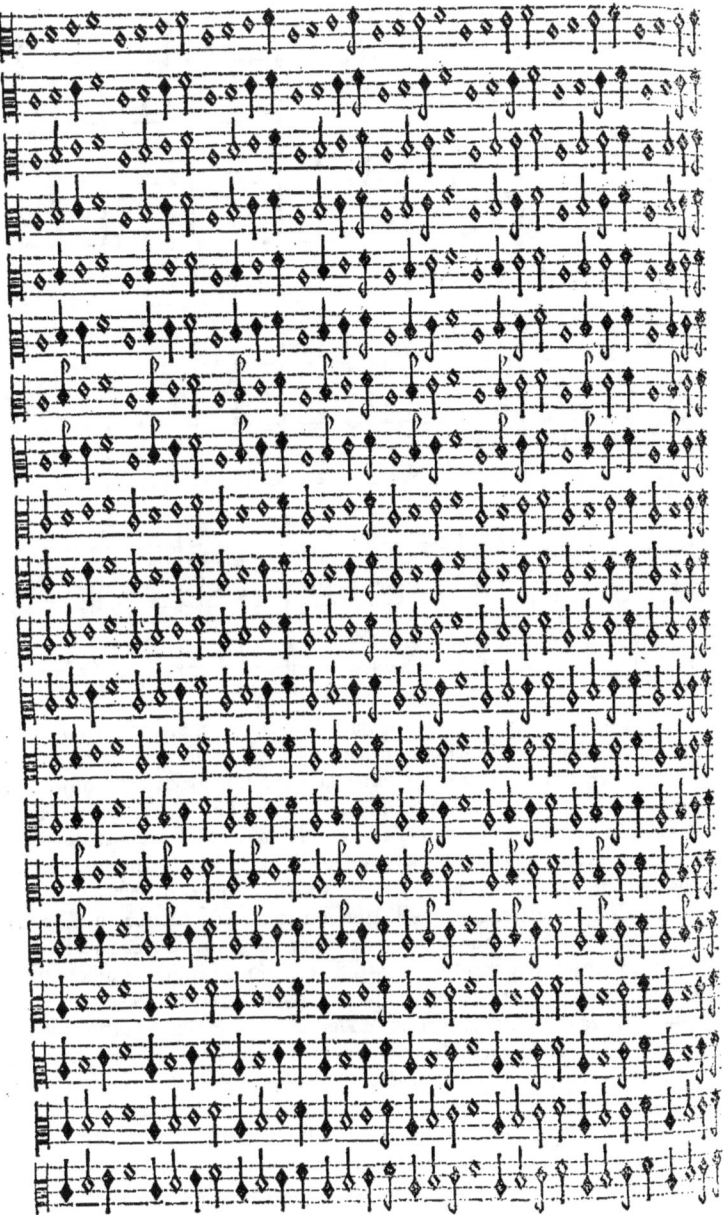

Des Chants.

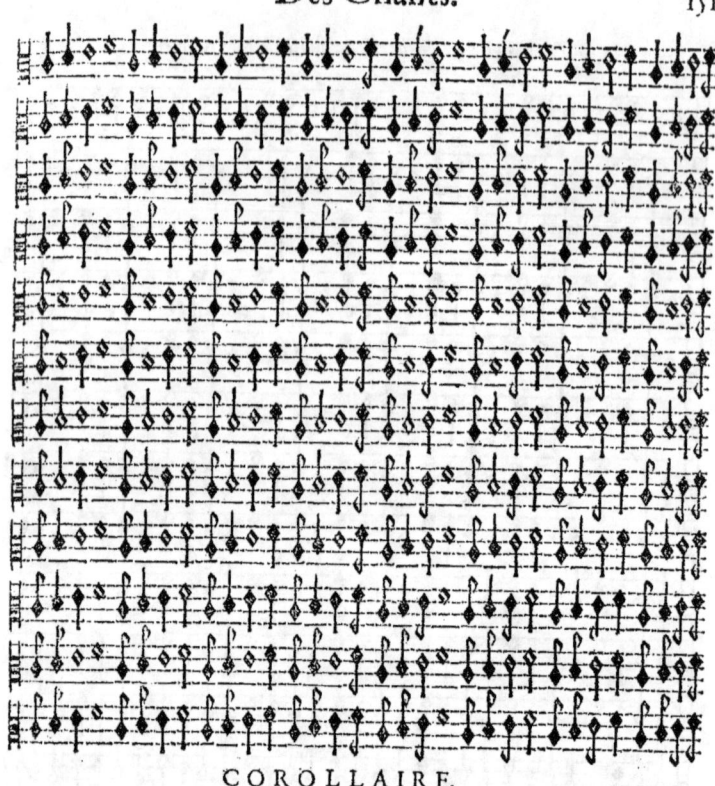

COROLLAIRE.

Si l'on vouloit prendre la peine de varier vn chant donné selon les diuersitez qu'il peut souffrir dans le mesme ternaire, & dans toutes les autres sortes de mesures que la Rythmique fournit, il ne seroit pas possible à tous les hommes d'en venir à bout, comme il est aysé de conclure par les proporsitions preeedentes, qui peuuent seruir d'vne perpetuelle meditation à ceux qui prennent plaisir à considerer les ouurages de l'Eternel en détail, afin de luy rendre l'honneur, & les loüanges que tout homme luy doit. Or l'on peut appliquer cette espece de combination, ou de varietez à chaque diction, ou lettre, qui sert à quelque idiome, par exemple au Latin, ou au François, en ioignant 4 sortes d'accents à chaque vocable, ou en le prononçant en 4 tons differens, afin qu'vne mesme diction exprime 256 choses differentes, & que par ce moyen l'on facilite les langages, que l'on apprendra dautant plus aisément qu'ils auront vn moindre nombre de dictions. Ce que l'on peut semblablement accommoder à toute sorte d'escriture, comme l'on experimente aux characteres de l'Alphabet Arabe, dont vn mesme sert pour 4 ou 5 lettres differentes, à raison de 4 ou 5 sortes de points, ou d'accents que l'on met dessus, dessous, & de tous les costez desdits characteres: ce qui se pratique aussi dans l'Escriture Hebraïque, & en plusieurs autres. Voyons maintenant vne autre sorte de combination, afin que l'on ne puisse rien desirer sur ce sujet.

PROPOSITION XX.

Determiner en combien de façons differentes deux ou plusieurs voix peuuent chanter vn Duo, ou vne autre piece de Musique.

Il est tres-aisé de trouuer en combien de sortes deux ou plusieurs personnes peuuent chanter ensemble, & en mesme temps deux ou plusieurs parties de Musique: car il faut seulement multiplier le nombre des chants de l'vn par le nombre de ceux de l'autre; & consequemment lors que le nombre des notes & de leurs differentes valeurs est égal, il faut quarrer le nombre des notes de l'vn d'iceux; s'il y a 3 parties il le faut cuber, & s'il y en a 4 il le faut quarrer quarrer, & ainsi des autres, suiuant les dignitez de l'Algebre iusques à l'infini.

Par exemple, les 4 chants que l'on void icy ont tous 7 notes, dont chacun en a deux fois deux semblables, c'est pourquoy il faut diuiser la combination ordinaire de 7, c'est à dire 5040, par le quarré de la combination de deux, qui est quatre, le quotient sera 1260.

Or puis que le premier de ces quatre chants se peut chanter en 1260 façons par le seul changement du lieu des notes, quand le premier chantera l'vn des siens, le second pourra chanter tous ses 1260, & encore autant en mesme temps que le premier chantera le second des siens, & ainsi des autres; c'est pourquoy il faut quarrer 1260 pour auoir 1587600, qui est le nombre des chants qui se peuuent faire auec deux parties; & ce nombre quarré estant multiplié par sa racine, donnera le cube 2000376000 pour la 3 partie: & si l'on ajoute la 4 partie, il faut multiplier le nombre precedent par la racine 1260 pour auoir 2520473-760000.

COROLLAIRE I.

Si les nombres des notes estoient inégaux, ou que les notes fussent d'vne differente valeur; par exemple, si au second chant il n'y auoit que six notes, comme s'il y auoit la pose d'vne mesure au commencement, ou en quelqu'autre endroit, & qu'entre ces six notes il y en eust seulement deux semblables; au troisiesme chant qu'il y eust sept notes, & trois semblables, & au quatriesme que les notes estant en mesme nombre qu'au premier, les secondes notes qui sont en mesme ton fussent de differente valeur, à sçauoir les deux qui sont sur la derniere ligne en haut, & les deux qui sont sur la 3 en baissant, & que l'vne fust blanche & l'autre noire, ou autrement, comme l'on void icy,

il faudroit multiplier 1260 qui sont les chants de la premiere partie, par 360, qui sont ceux de la seconde, parce qu'elle n'a que six notes, dont il y en a deux semblables, & l'on auroit 413600 pour le produit: & pour la troisiesme partie,
il faut

il faut multiplier ce nombre par les chants de la 3 partie qui a 7 notes, dont il y en a trois semblables, & consequemment elle a 840 sortes de chants: c'est pourquoy si l'on multiplie 453600 par 840, l'on aura 381024000. Et finalement si l'on chante à quatre parties, il faut trouuer le nombre des chants de la quatriesme partie, à sçauoir 5040, parce qu'elle a sept notes; car bien qu'elle ait 2 notes semblables, & 2 encore semblables, il les faut neanmoins prendre toutes differentes à raison de leurs temps differens, & consequemment il faut multiplier 381024000 par 5040, pour auoir 1920360960000, qui est le nombre des chants que 4 parties peuuent chanter ensemble auec le changement de lieu des notes qui sont contenuës en chaque chant.

COROLLAIRE II.

Il faut remarquer que l'on trouue le nombre des chants qui ont plusieurs notes sur la mesme ligne, c'est à dire à l'Vnisson, de la mesme maniere que si elles estoient toutes differentes, & en des lieux differens, lors qu'elles ont leurs temps differens: Par exemple si l'on veut chanter ces deux chants ensemble, il faut voir en combien de façons chacun peut estre chanté.

Or ce 2 chant a 27 notes, dont il y en a deux au 2 rang en montant qui ont mesme temps, à sçauoir la 14 & la 17; il y en a 3 sur la 3, à sçauoir la 12, 15, & 22; & il y a en 3 noires & 3 crochuës sur la 4, 2 crochuës & 3 noires sur la 5, & 4 noires sur la 6: c'est pourquoy il faut multiplier la combinaison de 2 pour les 2 notes semblables de la 2 rangee par celle de 3 qui est 6, pour celles de la 3 rangee, le produit est 12, qu'il faut encore multiplier par le quarré de la combinaison de 3, & le produit sera 432, qu'il faut multiplier par 2, & le produit par 6, & ce dernier produit par la combinaison de 4 qui est 24, le produit sera 124416, par lequel il faut diuiser la combinaison ordinaire de 27, qui est 10888869450418352160768000000, le quotient sera 87519848334766848000000, qui monstre le nombre des varietez que l'on trouue dans les notes de ce 2 chant.

Quant au premier chant il y a 28 notes, dont il y en a 3 semblables en la plus basse ligne, 3 à l'autre, puis 2, 3, 2, 3, 3, 3, qu'il faut multiplier les vnes par les autres, comme nous auons fait cy-dessus, pour auoir 186624, par lequel il faut diuiser la combinaison de 28, qui est 304888344611713860501504000000, le quotient sera 1633703835582314496000000, qui monstre le nombre des varietez de ce chant de 28 notes. Mais si on chantoit ces 2 chants ensemble l'on auroit autant de varietez qu'il y a d'vnitez en ce nombre, 142981511914091039781518276370628608000000000000000, qui vient de la multiplication des 2 nombres precedens.

PROPOSITION XXI.

A sçauoir si l'on peut determiner quel est le chant le meilleur & le plus doux de plusieurs chants proposez, par exemple des 24 chants dont chacun a 4 sons ou 4 notes.

L'on peut iuger de la bonté des chants en deux manieres, à sçauoir en considerant le sujet pour lequel ils ont esté composez, ou sans auoir égard au sujet, & en considerant leur seule douceur & leur bonne modulation. Quant à la premiere maniere, c'est chose asseuree que celuy-là est le meilleur qui exprime mieux le sujet pour lequel il a esté fait : mais nous ne parlons pas icy de cette matiere, dautant qu'elle contient plusieurs autres difficultez dont il faudra parler ailleurs ; par exemple de quelle façon chaque parole doit estre exprimee, & combien l'on doit éleuer ou abaisser chaque syllabe, &c. mais nous ne proposons icy nul sujet : c'est pourquoy il faut seulement parler de la 2 maniere, laquelle considere le plaisir que l'on peut receuoir de plusieurs sons differens qui se suiuent par degrez conjoints ou dis-joints dans l'échelle Diatonique de la Musique dont nous vsons maintenant.

Or il semble que la suite des notes qui est la plus naturelle & la plus aisée à chanter doit estre iugee la plus agreable & la meilleure, quoy qu'il se rencontrast vn seul homme qui fust de cét aduis, & que le sentiment de tous les autres fust contraire : de sorte qu'il faut seulement determiner quel est le plus aisé à chanter de plusieurs chants proposez, ou quel est celuy qui a vne meilleure suitte pour sçauoir quel est le meilleur.

Et parce que l'on ne peut pas mieux expliquer cette difficulté que par l'exemple de plusieurs chants, & que le chant composé de quatre notes se varie en 24 façons, nous nous seruirons de cét exemple pour determiner quel est le meilleur chant de ces 24 qui suiuent :

car les 120, ou les 720, ou les 40320 chants de 5, de 6, ou de 8 notes sont en trop grand nombre pour seruir d'exemple.

Mais auant que de conclure il faut remarquer le sentiment des Praticiens, dont les vns disent que le 2 est le plus beau, & puis le 4 ; les autres disent que c'est le 8 &

le 8 & le 10 ; & finalement les autres croyent que le dernier est le meilleur : & si l'on vouloit prendre la peine de rechercher des raisons pour tous ces differens sentimens, l'on en rencontreroit qui seruiroient peut-estre à connoistre la diuersité des temperamens, ou des humeurs & de l'esprit desdits Praticiens, dont ie laisse la recherche à ceux qui la voudront faire.

Oû il y a grande apparence que l'vn d'entr'eux a rencontré la verité, c'est pourquoy ie veux seulement examiner les 8 chants qui ont esté iugez les plus beaux, afin de remarquer le meilleur de tous ; & parce que le dernier s'approche du repos & du silence, dont le premier s'éloigne, & que la fin de chaque chant represente le repos, il est ce semble plus agreable que le premier : quoy que l'on puisse dire qu'il est aussi agreable de trauailler apres le repos, comme l'on fait en chantant le premier chant, que de se reposer apres le trauail, comme au dernier ; car lors que la voix décend elle se détend & se débande, comme elle se tend quand elle monte, puis que le graue & l'aigu des sons vient de la tension ou de l'abaissement de la chorde, comme i'ay demonstré ailleurs. A quoy l'on peut ajoûter que ce 24 chant fait vne tres-bonne cadence, & consequemment que la maxime qui enseigne que la fin couronne l'œuure est icy verifiee, & que son premier degré commence par le moindre interualle, à sçauoir par le demiton ; d'où il arriue que le mouuement de ce chant est plus aisé, puis que la voix se force moins qu'au premier, parce qu'elle commence par vn moindre degré.

Le premier chant finit aussi par le mesme demiton, ce qui fait qu'il s'approche en quelque façon du repos, parce que son premier degré augmente seulement sa tension d'vne quinziesme partie, au lieu que tous les autres qui finissent en montant l'augmentent d'vne huit ou neufiesme partie, lors qu'ils finissent par le ton, ou d'vn tiers, d'vn quart, ou d'vne cinquiesme partie, lors qu'ils finissent par la Quarte, ou par la Tierce majeure, ou par la mineure.

Quant au 2 & au huictiesme chant ils peuuent tenir le troisiesme & le quatriesme rang, dautant qu'ils finissent tous deux par le demiton, qui est vn degré Chromatique, lequel est plus doux que le ton qui est le degré Diatonique : Et bien qu'il semble difficile de determiner quel est le meilleur de ces chants, neanmoins le deuxiesme est plus naturel & plus aisé à chanter, à raison que la Tierce mineure du second chant est plus aisée à entonner que la Quarte du huictiesme : En apres, l'ordre des battemens que font les trois premiers sons du 2 est plus aisé à comprendre que l'ordre des battemens que font les 3 premiers du 8 ; car les battemens du 2 s'expliquent par la suite de ces termes 9, 10, 12, dont la progression & les comparaisons sont plus aisees à comprendre ; & si l'on prend les quatre termes qui expriment leurs quatre notes l'on aura 36, 40, 48, 45 pour le 2 chant, & 40, 36, 48, 45 pour le 8 chant.

Le 10 chant n'a rien de recommandable si ce n'est qu'il finit par la Quarte, ou qu'il a le demiton au milieu ; quant au 13, il a les 2 Tierces ; mais le 14 a semblablement les 2 Tierces & puis la Quarte, & consequemment il doit estre meilleur si la bonté des chants se mesure par le plus grand nombre de leurs consonances ; ce que l'on ne peut pas conclure, car nul Praticien ne iuge que l'onziesme chant soit des meilleurs, quoy qu'il contienne les mesmes consonances, dont la beauté & la bonté des chants ne dépend pas tant que de la suite des degrez conjoints ; & les chants qui vont par sauts sont ordinairement plus difficiles à chanter que ceux qui vont par degrez conjoints.

Le 15 a quelque chose d'heroïque, & de plus masle que les autres, à raison de l'interualle de la Quarte par laquelle il finit, ce qui témoigne la generosité de celuy qui le iuge le meilleur de tous à raison de la grande tension de cette fin ; il arriue tout le contraire au 19 & au 20 chant qui commencent par la Quarte.

Finalement le 18 chant a quelque chose d'agreable, parce qu'il commence par le degré Chromatique qui est fort doux, apres lequel suit la Tierce mineure qui est encore bien douce, & puis il finit par le ton mineur: d'où l'on peut conclure que celuy a qui il plaist dauantage que les autres chants est d'vn temperament bien moderé & d'vne douce humeur: ce que l'on peut semblablement dire de ceux qui aiment mieux les chants qui finissent par le demiton. Mais il faudroit faire vn liure entier pour expliquer quel chant est plus propre à representer les differens temperamens, & pour qu'elle passion l'on doit les employer.

COROLLAIRE I.

Si ie n'ay pas demonstré que les chants precedens sont les meilleurs, l'on doit considerer que cette matiere est tres-difficile, & il se faut contenter de raisons probables où la demonstration manque, c'est pourquoy ie ne desire nullement preiudicier aux sentimens de ceux qui croiront auoir de meilleures raisons pour le choix de quelqu'autre chant qui leur agreera dauantage. Or i'ay plustost choisi ces 4 notes, & leurs 24 varietez qu'vn autre nombre, dautant que les Anciens ont establi toute leur Musique sur la Quarte qu'ils appelloient *Tetrachorde*, dautant qu'elle ne contient point d'autre degrez que ceux de cette Quarte ; de sorte que celuy qui entend les raisons des degrez ou des notes, & des sons de la Quarte sçait la Musique des Grecs.

COROLLAIRE II.

Encore que i'aye pris la premiere espece de la Quarte qui commence par *Vt*, neanmoins le mesme exemple peut seruir pour les deux autres especes, dont la 2 commence par *Re*, & la 3 par *Mi*, car il faut seulement hausser la clef à la 2 ligne pour auoir les 24 varietez de la Quarte, *Re, mi, fa, sol*, & ajoûter vn ♭mol sous ladite clef pour auoir les 24 varietez de la Quarte *Mi, fa, sol, la*, comme l'on voit dans cette figure, dont la premiere clef monstre la 1 espece, & la 2 & & 3 clef monstrent la 2 & la 3 espece de la Quarte; quoy qu'il ne soit nullement necessaire d'ajoûter ces clefs, dautant qu'il suffit de commencer l'*Vt*, le *Re*, ou le *Mi* sur la premiere note afin de continuer, & consequemment l'on peut vser des notes sans les clefs : & cét exemple peut seruir pour les 72 chants differens des 3 especes de la Quarte ; car bien que 6 chants de la premiere espece commencent par la premiere note de la 2 espece, & 6 autres par le *Mi* de de la 3 espece, neantmoins la suite des autres degrez, ou de quelqu'vn d'iceux est tousiours differente de la suite des chants precedens, comme l'on peut demonstrer par la description des 24 chants de la 2 & de la 3 espece de Quarte, lesquels on peut comparer auec les 24 chants de la premiere espece, afin de iuger dans quelle espece sont les plus beaux chants, & si l'vne en a vn plus grand nombre de bons que l'autre.

COROL. III.

COROLLAIRE III.

L'on peut trouuer de nouueaux charmes dans la Musique, soit dans les simples recits, ou dans les compositions à plusieurs parties, si l'on mesle les 24 chants de l'vne des Quartes auec les 24 des autres : par exemple, si l'on fait preceder le 2 de la 3 espece, à sçauoir *Mi, fa, la, sol,* apres le 2 chant de la premiere espece, à sçauoir *Vt, re, fa, mi*; & les Praticiens trouueront plusieurs varietez fort agreables, dont ils ne se sont pas encore auisez, s'ils comparent & s'ils meslent les chants d'vne espece auec ceux des autres. Ce qu'il faut semblablement remarquer pour les 120 chants de chaque espece de la Quinte, & pour les 720 des differentes especes de la Sexte, &c. afin d'inuenter & de pratiquer de nouuelles fugues qui seront peut estre beaucoup plus agreables que les fugues ordinaires, à raison que l'imitation aura plus de varieté, & sera plus sçauante & plus ingenieuse.

COROLLAIRE IV.

Ce que i'ay dit des chants de la Quarte Diatonique peut estre appliqué à ceux de la Quarte Chromatique & Enharmonique, ausquelles les mesmes notes peuuent seruir sans rien changer; car il suffit de faire le demiton majeur ou mineur, ou la Diese au 1 & au 2 degré. Ce qu'il faut aussi conclure des degrez de la Quinte & de l'Octaue, dautant qu'ils ne sont pas differens de ceux de la Quarte.

COROLLAIRE V.

Quant à la varieté & à la bonté des chants qui dependent de la differente valeur des notes, nous en parlerons au liure de la Rythmique, ou nous traiterós des differens mouuemens, & de leurs proprietez : car il suffit maintenant de sçauoir que ces mouuemens apportent vne tres-grande varieté aux chants, comme i'ay demonstré dans la 19 proposition, où l'on void que l'on peut faire 6144 chants tous differens des quatre notes de la Quarte precedente, & consequemment 18432 chants des quatre notes des trois especes de la Quarte, lors qu'il est permis d'vser de quatre temps differens comme de quatre notes. D'où il s'ensuit que l'on peut chanter tres-long-temps auec les quatre seules notes de ces Quartes, qui peuuent seruir pour faire toutes sortes de chants sans iamais repeter le mesme chant.

COROLLAIRE VI.

Il y a grande apparence que le 8 chant est le meilleur de tous d'autant que le demiton suit apres la Quarte, qui fait la plus grande tension de ce chant, & qu'il diminuë seulement cette tension d'vne quinziesme partie; ce qui ramene tout doucement l'oreille, & la fait quasi passer insensiblement à la remission; afin de se reposer sur le *Mi* qui est tres-doux, & qui est la voix moyenne du chant, car le repos est dautant plus agreable que le labeur qui precede est plus grand, dautant que leur difference est plus aisee à remarquer, & frappe l'esprit, & l'oreille plus puissamment; & que le labeur estant comparé au repos est semblable à la douceur comparee à la santé, & à la volupté.

COROLLAIRE VII.

L'om peut encore dire que chaque chant est dautát plus doux & plus agreable que ses interualles, ou ses degrez sont moins differens, & par consequent moins sensibles, comme il arriue que les nuances des couleurs sont dautant plus douces, que leurs degrés sont plus proches, & qu'ils se perdét plus insensiblement les vns dans les autres, parce que l'vnion en est plus grande. Or l'vnion est le principe & la source du plaisir, & du veritable agreement, dont la perfection consiste dans l'vnité: de sorte que l'on peut cóclure que les chants sont dautant meilleurs qu'ils sont plus conjoints & plus vnis. A quoy l'on peut ajoûter qu'il est plus aisé de passer par les degrez conjoints, que par ceux qui sont éloignez & disjoints, dautant que les differences de l'ouuerture de la gorge en sont moindres.

PROPOSITION XXII.

A sçauoir comme il faut composer les chansons, & faire les danses pour estre les plus belles & les plus excellentes de toutes les possibles: & si l'on peut disposer les Balets en telle façon que l'on apprenne toutes les sciences en dansant & en voyant danser.

Puis que la perfection de chaque chose consiste en son essence, en ses proprietez, & en ses accidents, & que son excellence doit estre mesurée selon ses principes, ou suiuant la fin à laquelle elle est destinée, ie dis que la chanson qui aura tout ce qui est requis à sa perfection, & qui sera la mieux proportionnee à sa fin sera la plus excellente de toutes. Or elle aura toutes ses parties lors qu'elle respondra parfaitement à la lettre & au sujet que l'on prend, & ne pourra iamais estre plus excellente que quand elle aura le sujet le plus excellent de tous, qui consiste à descrire les grandeurs & les loüanges de Dieu, & l'amour & l'ardeur dont nous deuons l'adorer eternellement.

D'où il est aisé de conclure que toutes les chansons de Cour qui n'ont point d'autre sujet que les profanes, & qui ne contiennent autre chose que les loüanges des hommes, qui ne subsistent le plus souuent que dans les flatteries, & qui n'ont point d'autre soustien que la vanité & le mensonge, ne peuuent estre parfaites, puis que la verité leur manque, sans laquelle il n'y a nulle perfection; & qu'elles sont priuees du sujet qui rauit les Anges, & qui seruira d'vn entretien eternel à tous les predestinez.

Quant à la note & au chant qu'il faut donner à la chanson, ie dis premierement qu'elle doit auoir l'estenduë d'vne Dix-neufiesme, afin qu'il n'y ait nul inle dans le nombre Senaire qui ne soit employé à celebrer les grandeurs de celuy qui a employé les six iours du monde à la creation des parties de l'Vniuers: ou du moins qu'elle doit contenir & auoir l'estenduë de la Douziesme, afin que tout ce qu'enferme le Ternaire serue à expliquer les thresors de la diuinité qui subsiste en 3 personnes, & qui a graué son pourtrait dans chaque creature, dans laquelle l'on peut remarquer le Ternaire des perfections dont i'ay parlé ailleurs.

Secondement la chanson doit contenir tous les passages les plus beaux & les plus rauissans qui se puissent rencontrer dans l'estenduë precedente, & toutes les consonances les plus douces, & les meilleurs; car s'il luy manque quelque beauté & quelque riche trait, l'on pourra tousiours dire qu'elle n'est pas la plus excellente de toutes les possibles.

En troisiesme lieu elle doit estre chautée par vne tres-excellente voix, ou par plusieurs, autrement elle n'aura pas la souueraine perfection qu'elle a dans sa composition:

composition: mais nous n'en pouuons encore parler plus particulierement, parce qu'elle suppose la plus grande partie des autres liures qui suiuent apres; c'est pourquoy ie mets seulement le sujet d'vne chanson à la fin de cette proposition, lequel pourra seruir de modelle aux Musiciens qui desirent icy commencer leur beatitude, & qui veulent seulement oüir ou composer les chansons qui seruent de Prelude à celles du ciel, dont l'Escriture saincte nous fournit des exemples; comme l'on void en ces versets, *Misericordias Domini in æternum cantabo. Beati qui habitant in domo tua Domine, in sæcula sæculorum laudabunt te. Exultabunt labia mea cum cantauero tibi*; & plusieurs autres semblables.

Or puis que les chansons & les danses s'accompagnent ordinairement, & que nous deuons parler de toutes les especes de danses qui sont en vsage en France, il est raisonnable de considerer s'il leur manque quelque chose, & si l'on peut inuenter des danses qui soient plus vtiles & plus agreables que celles dont on vse icy, & dans l'Italie, dans l'Allemagne, dans l'Espagne, & ailleurs.

Quelques-vns croyent que les anciens faisoient pratiquer de certaines danses si bien reglees, qu'elles preseruoient les hommes de plusieurs maladies, & qu'elles les guerissoient quand ils estoient malades. Si l'on pouuoit remettre cét art en vsage l'on espargneroit des grandes sommes d'argent que l'on employe à tant de medecines. Mais nous n'auons pas vne assez grande connoissance des mouuemens necessaires pour guerir ou pour preuenir les maladies; & quand nous l'aurions, l'on trouueroit peut estre bien peu de gens qui s'y voulussent assujettir. Toutesfois l'on peut lire ce que Mercurial a escrit des differentes sortes d'exercices dont vsoient les anciens, & voir ce qui nous reste de ces mouuemens dans Galien, & dans les autres Autheurs Grecs & Latins, d'où l'on peut tirer quelque lumiere pour restablir ce qui nous a esté rauy par le temps, ou pour inuenter vn nouuel art, & vne nouuelle methode pour chasser les indispositions du corps & de l'esprit par des exercices, & des mouuemens reglez de l'vn & de l'autre. Or le fondement de cét art doit estre pris du mouuement ou du repos qui sont cause des maladies, ou qui sont necessaires pour ouurir ou pour resserrer les pores du corps, afin de chasser les excremens & les mauuaises humeurs, & de retenir les esprits & la chaleur naturelle par les onctions d'huile, d'où l'on a tiré cét aphorisme, *mel intus, oleum foris*: Sur quoy l'on peut lire le traité que Verulam a fait de la vie & de la mort.

Quant à la plus grande perfection des dances, elle consiste à perfectionner l'esprit & le corps, & à les mettre dans la meilleure disposition qu'ils puissent auoir. Or la plus grande perfection de l'esprit consiste à sçauoir & à contempler les plus excellens ouurages de la nature, par exemple, les mouuemens des Astres, & des Elemens, & leurs grandeurs, leur lumiere, & leur perfection, & à s'éleuer par leur moyen à l'Autheur de l'Vniuers; qui est le grand maistre du Balet que dansent toutes les creatures par des pas & des mouuemens qui sont si bien reglez, qu'ils rauissent les sages & les sçauans, & qu'ils seruent de contentement aux Anges, & à tous les Bien-heureux.

On n'a point encore vû de Balets si magnifiques qui ayent cousté mille millions d'or, & si l'on en faisoit vn dans quelque lieu du monde qui coûtast dix annees du reuenu de tout ce que produisent la mer & la terre, il n'y a nul mortel qui ne desirast y assister à quelque prix que ce fust, & neanmoins il n'auroit pas tât de beauté ny d'industrie que la composition, & le mouuement d'vn moucheron, qui tout seul contient & renferme plus de merueilles que tout ce que l'art des hommes peut faire ou representer: de sorte que si l'on pouuoit acheter la veuë de tous les ressorts qui sont dans ce petit animal, ou bien apprendre l'art de faire des automates, & des machines qui eussent autant de mouuemens, tout ce que le monde a iamais produit en fruits, en or & en argent ne suffiroit pas pour le iuste prix de la simple veuë desdits ressorts.

Pour la perfection du corps, elle consiste dans vne parfaite santé, & dans vne tres-prompte obeïssance qu'il rend à l'esprit dont il est le seruiteur ; c'est pourquoy les dances qui luy donneront ces qualitez doiuent estre estimees les plus parfaites de toutes les possibles; or les pourmenades qui seruët à la santé font vne partie desdites dances, de maniere que l'on peut comparer tous les exercices de la vie humaine à vn Balet, qui consiste en toutes sortes de mouuemens & de stations, suiuant les strophes, antistrophes, & épodes des chansons & des dances des anciens.

Mais ie laisse la recherche de ces mouuemens qui concernent la santé du corps aux Medecins, afin de considerer ceux qui peuuent seruir à l'esprit & aux sciences ; & dis premierement que l'on peut faire des Balets qui representeront & enseigneront l'Astronomie, particulierement s'il est permis d'exprimer en chantát vne partie de la science que l'on veut representer & enseigner ; par exemple l'on representera la distance de Saturne au Soleil par vne dance de 10 pas, dautant qu'il en est dix fois plus éloigné que la terre ; & celle de Iupiter par cinq pas, dautant qu'il est cinq fois plus éloigné du Soleil que la terre. L'on peut representer les distances des autres Astres & leurs mouuemens tant iournaliers qu'annuels, & tout ce qui paroist au Ciel. Mais il n'est pas necessaire de parler icy plus au long de cette matiere ; parce qu'il suffit de lire ce que i'en ay dit dans le 2 liure du Traité de l'Harmonie vniuerselle, particulierement depuis le 5 Theoresme iusqu'à la fin ; d'où les Musiciens peuuent tirer assez de lumiere pour faire des dances & des Balets qui representent & qui fassent comprendre toute l'Astronomie, les Mechaniques (dont i'ay traité assez amplement depuis le 10 Theoresme iusqu'au 12) la Geometrie, l'Architecture, & les autres sciences.

Or ie ne doute nullement que la representation du mouuement, & de la grandeur des Planettes & de la terre ne donne vn grand contentement aux bons esprits qui assisteront à ces Balets, & que la Chronologie, la Cosmographie, & tous les arts qui peuuent estre representez par l'industrie de l'homme, n'apportent cent fois plus de plaisir aux danceurs & aux assistans, que tous les Balets qui ont esté faits iusqu'à present.

L'on peut aussi tellement representer la felicité des Saints, & le Paradis des Bien-heureux qu'en sortant du Balet l'on sçaura ce qui appartient à la gloire, & ce qui concerne la foy ; & neanmoins les dances ne seront pas moins agreables que celles dont on vse ordinairement. A quoy i'ajoûte que celles par lesquelles l'on representera les sciences & les Arts liberaux, seront aussi bien receuës & entenduës des Chinois & de toutes les autres nations que des François, & consequemment elles pourront seruir d'vne langue commune, naturelle, & vniuerselle, par le moyen de laquelle le commerce, les intelligences mutuelles & l'amitié reciproque pourront estre establies & conseruees dans tout le monde, afin que tous ayent mesmes sentimens, & que tous de mesme cœur & de mesme volonté reconnoissent & adorent le createur de l'Vniuers, & le Dieu des sciences, qu'il

n'y ait

n'y ait plus qu'vn mesme Dieu, vne mesme foy, & vne mesme loy, que la diuersité se termine à l'vnité, & que la creature retourne à son createur.

Les Anciens representoient le mouuement iournalier que font les Cieux de l'Orient à l'Occident par leurs Strophes, & celuy de l'Occident à l'Orient par leurs Antistrophes, & signifioient la stabilité de la terre, ou le mouuement de libration & de trepidation par leurs Epodes : Mais nous n'auons point de marques dans l'antiquité qui tesmoignent qu'ils ayent representé la proportion de la grandeur des mouuemens, & la distance des Cieux & des Astres, ny que leurs Balets ayent serui d'images pour imprimer la Perspectiue, la Catoptrique, les Mechaniques & les autres sciences dans l'esprit des assistans. C'est pourquoy l'on peut conclure qu'il est tres-aisé de faire de plus belles dances que les leurs, & des Balets beaucoup plus vtiles & plus instructifs, dont ie laisse l'inuention aux Maistres de la dance, & aux faiseurs de Balets, qui sont si aisez que l'on en peut inuenter plusieurs dans vn iour.

Corollaire des Dances & des Balets des Anciens.

Les Grecs ont pratiqué plusieurs exercices tant pour la recreation que pour la santé du corps, dont Mercurial a fait vn traité particulier, qu'il a intitulé *De arte Gymnastica*; Or l'vn de leurs exercices plus frequens consistoit à sauter & à dancer, quoy qu'il ne nous soit quasi resté autre chose de leurs dances que les simples noms, comme l'on peut voir dans les liures que Lucian & Meursius ont fait sur ce sujet, dont le dernier transcrit seulement ce que Lucian, Plutarque, Athenee, Pollux, & quelques autres ont rapporté des dances, à sçauoir les seuls noms. De sorte que nul ne nous donne assez de lumiere pour restituer cét art; quoy que les signes & les gestes dont vsent les muets pour exprimer leurs pensees & leurs desirs soient suffisans pour demonstrer que la Chironomie peut estre restituee, qui consiste à signifier & à representer toutes sortes d'histoires, & tout ce que l'on peut s'imaginer, par les mouuemens des mains, des pieds, & des autres parties du corps.

L'on peut aussi lire le 52 chapitre du premier liure que Bullenger a fait du Theatre, où il parle fort au long des dances dont on vsoit sur le theatre tant dans les Comedies que dans les Tragedies; car il suffit que ie represente icy toutes les sortes de chants qui seruent aux dances & aux Balets que l'on pratique en France, apres auoir donné vn excellent sujet & vne lettre tres-propre pour les Airs, dont les Musiciens doiuent vser s'ils desirent que leurs chants soient agreables à Dieu. Ce qui arriuera lors que l'Amour diuin les échaufera aussi fort que les 3 Enfans conseruez parmy les flammes de la fournaise de Babylone, dont le Cantique pris du troisiesme chapitre de Daniel a esté paraphrasé par Monsieur Mauduit en cette façon.

GRAND Dieu, souueraine puissance
Qui tins sous ton obeïssance
La volonté de nos Ayeus,
Tout te benit, chacun t'honore;
Et ton sacré nom glorieux
Veut que tout le benisse encore.

Au sainct temple où ta gloire éclate,
Seigneur ton oreille se flate
D'oüir tes merueilles chanter;
Et là les Cantiques des Anges
Peuuent les siecles surmonter
Par le nombre de tes loüanges.

Le grand trône où le ciel admire
 La maiesté de ton empire
 Brille de gloire enuironné ;
 Dans vne lumiere si belle
 Ton beau chef paroist couronné
 D'honneur, & de pompe eternelle.

On t'exalte sur toutes choses ;
 On te benit, toy qui reposes
 Sur les ailes des Cherubins,
 D'où tes longs regards font la ronde
 Sur la face, par les confins,
 Et dans les abimes du monde.

Seigneur, la grandeur de tes graces
 Par tous les celestes espaces
 N'a que des benedictions ;
 Et la loüange de ta gloire
 Entre toutes les nations
 Est en eternelle memoire.

Ouurages remplis d'excellence,
 Effets de la diuine Essence,
 Enfans du Verbe tout-puissant,
 Loüez sa grandeur sans seconde.
 Par les siecles le benissant
 Sur toutes les choses du monde.

Beaux Esprits messagers fidelles
 De ses volontez eternelles
 Dites bien de vostre Seigneur ;
 Et vous cieux ses saintes retraites
 Rendez tous vn pareil honneur
 A qui vous fit ce que vous estes.

Claire eau qui méprisant la terre
 Auez le ciel qui vous enserre
 Loüez Dieu, benissez son nom ;
 Toutes ses vertus nompareilles,
 Qu'on n'entende de vous sinon
 L'excellence de ses merueilles.

Beau Soleil, brillante lumiere ;
 Lampe d'argent si coutumiere
 De luy dérober sa clarté ;
 Et vous feux dont le ciel se marque
 Benissez la diuinité
 De vostre souuerain Monarque.

Pluyes qui noyant les montagnes
 Faites des mers dans les campagnes ;
 Rosees nourrisses des fleurs ;
 Tout esprit qui tirez vostre estre
 Du Seigneur de tous les Seigneurs
 Benissez aussi ce grand Maistre.

Vous ô feu benissez-le encore ;
 Que vôtre ardeur qui tout deuore,
 Que l'hyuer auec sa froideur ;
 Que l'eté ; que son chaud extrême,
 Faisant hommage à sa grandeur,
 Chacun le benisse de mesme.

Benissez le vapeurs roulantes
 Ainsi que perles sur les plantes ;
 Bruines ; Broüillars dégoutans ;
 Noir frimas ; & blanche gelee ;
 Benissez iniures du temps
 Sa gloire de nulle égalee.

Glace le puissant frein de l'onde ;
 Neige par les airs vagabonde,
 Legeres & blanches humeurs ;
 Nuit des trauaux la medecine ;
 Beau iour le pere des labeurs,
 Benissez la Bonté diuine.

Lumiere des yeux les delices ;
 Tenebres le champ des malices ;
 Seuere tombeau des obiets ;
 Rouges foudres ; sombres nuages
 Du vent les mobiles suiets,
 Benissez Dieu dans vos orages.

Que cette mere de nature
 Où la plus vile creature
 Trouue dequoy s'alimenter
 Benisse l'Autheur de la vie,
 Et ne cesse de l'exalter
 Par vne loüange infinie.

Cotaux qu'à peine on voit paroistre ;
 Vous puissans mons qui semblez naistre
 De la terre & du firmament ;
 Et vous aussi chaque semence
 Qui germez dans cét element
 Benissez la toute-puissance.

Liquide

Des Chants.

Liquide cristal, sources viues,
Gazoüillant le long de vos riues
Benissez Dieu dans vos courans;
Flos salez du marin empire;
Fleuues, riuieres, & torrens,
Ne cessez iamais d'en bien dire.

Benissez-le enormes balaines;
Et vous qui glissez par les plaines
De cette epouuantable mer;
Benissez-le troupes volages
Qui batez les routes de l'air
A la faueur de vos plumages.

Fiers animaux, bestes sauuages;
Et vous troupeaux à paturages,
Benissez ce grand Createur,
Race d'Adam par luy mortelle,
Benissez de tout vôtre cœur
Cette prouidence eternelle.

Que tout Israël le benisse;
Que iamais sa voix ne finisse
De chanter ses fais glorieux,
Et que sans limites prescrites
Il porte plus loin que les cieux
L'excellence de ses merites.

Benissez le encores grands Prestres
Qui tous seuls connoissez les estres
Du sanctuaire precieux;
Soyez secondez des nouices
Qui seruent ce Prince des cieux
Voies seruant dans vos sacrifices.

Esprits esleus, francs de tout vice,
Ames l'azile de iustice,
Vous qui viuez entre les Saints,
Humbles de cœur, doux, & paisibles,
Benissez en tous vos desseins
Ses graces à tous si visibles.

Enfans qui respirez à l'aise
Dans les ardeurs de la fournaise,
Anane, Azare, & Misaël,
D'vne loüange infatigable
Benissez-le Dieu d'Israël
A vostre besoin secourable.

Dans cét enfer rouge de flames,
Receuant les veux de nos ames
Il nous a tiré de ce pas;
Sa main nous a voulu conduire
Sans que les feux, ny le trespas
Se soient efforcez de nous nuire.

Apres cela que l'on accorde
Que sa grande misericorde
Opere des fais merueilleux:
Et que sa diuine puissance
Sera tousiours preste pour ceux
Qui luy rendront obeïssance.

Loüez du Seigneur la clemence,
Benissez sa douceur immense
Vous ses deuots Religieux;
Et poussez d'vn puissant genie
Confessez du grand Dieu des Dieux
La misericorde infinie.

PROPOSITION XXIII.

Expliquer toutes les especes des Airs, des Chants, & des Dances dont se seruent les Musiciens.

On peut reduire toutes les sortes de chants à trois genres, à sçauoir à la Chanson, ou Vaudeuille, au Motet, ou à la Fantaisie, & à toutes les especes de danceries; ou à douze sortes de compositions de Musique, à sçauoir aux Motets, Chansons, Passemezzes, Pauannes, Allemandes, Gaillardes, Voltes, Courantes, Sarabandes, Canaries, Branles, & Balets, dont ie mets icy la definition ou la description, & l'origine auec vn exemple de chacune, afin que tous les puissent comprendre tres-aisément. Mais parce que i'ay déja donné quelques exemples des chants de l'Eglise dans la 4 proposition, & des chants de deuotion dans vn

autre lieu, & que ie reserue les M
ties de contre-point tant simple
mettray seulement icy les exem[ples]
dancer, & à iouer sur les Instrum[ents]
les Violons.

Or la chanson que l'on appel[le]
& s'applique à toute sorte de Po[esie]
sure reglee, & seulement selon l[a]
vers, ce que l'on appelle *mesure*
de l'Eglise, les Faux-bourdons, l[es]
& les Vaudeuilles, & n'y a souu[ent]
aussi *le suiet*, & ce sans accords
faire vne *chanson* signifie simpl[ement]
ques paroles. Or cette grande fac[ulté]
que les moindres artisans font c[e]
obserue pas ordinairement les c[?]
fugues, & des syncopes, & se [?]
agreable à l'oreille ; ce que l'on [?]
& presque seule partie : au lieu q[ue]
que figuree, & enrichie de toute[s]
tet, parce que l'on vse d'vne p[aro]
mot à dire ; ce qui arriue quand
lequel mot estant mis en Mu[sique]
prend la liberté d'y employer to[utes]
la passion d'aucune parole, cer[?]
cherche.

Quant aux danceries, il y a pl[usieurs]
Metrique, dautant qu'elles sont
& contez : & l'on en peut inue[nter]
naissent tous les iours dans les esp[rits]
lement dans cette proposition
nous sont connuës, & qui sont p[?]
nations dont nous les auons tire[es]

La *Passemezze* est vn chant à
passé d'entree aux basses dances :
sale auec certains pas posez, & pu[?]
le porte ; ou bien elle a ce nom d[?]
est du premier mode en son prop[re]
que ○ ○ ○ ○ — — : sa mesu[re]

La *Pauanne* vient d'Espagne,
cent font des roües l'vn deuant l[?]
que la cappe & l'espee ne nuisent
pour mieux contrefaire la roüe d[?]
marche sur le mesme pied que la
exemple est du 4 mode.

L'*Allemande* est vne dance d'A[llemagne]
mais elle n'a pas esté si vsitee en F[rance]

des Chants. 165

e est du second Mo-
ens sans la dancer,
Exemple est du se-

es, dont elle a pris
rabande la dança la
t du mot Espagnol
agnol, ou de *Banda*
embler pour cette
ncore que les Fran-
mêt est Hegemeo-
Castaignettes, & ce
z de tirades, ou de
vn ton plus bas: sa

rner, qu'elle vient
ong-temps qu'elle
estre aussi ce nom,
mme, qu'il meine
emps, il la prend
eurs tours en la le-
: est ternaire, & suit
n pas, & contient
ue mineur o o - -.

tiquées en France,
fait courir souz vn
e dance n'est qu'v-
ncement iusques
auoir d'vn pas de
, le *leuer*, & le *po-*
on Exemple est du
ns luy donner tel-

rdise dont on vse
, de trauers, & de
antost en cabrio-
ns disent qu'elle
: sa mesure est ter-
d Pyrrichianape-
es. Son Exemple
pas pour donner
oid la Pratique,
l'on peut accom-
s qui suiuent.
O

re serrée

autre lieu, & que ie referue les Motets & les autres pieces à deux ou plufieurs parties de contre-point tant fimple que figuré pour le liure de la Compofition ; ie mettray feulement icy les exemples des Chanfons ou des Airs qui feruent à faire dancer, & à iouer fur les Inftrumens, dont la plus grande partie eft propre pour les Violons.

Or la chanfon que l'on appelle *Vaudeuille* eft la plus fimple de tous les Airs, & s'applique à toute forte de Poëfie que l'on chante note contre note fans mefure reglee, & feulement felon les longues & les breues qui fe trouuent dans les vers, ce que l'on appelle *mefure d'Air*; fous laquelle font compris le plein chant de l'Eglife, les Faux-bourdons, les Airs de Cour, les Chanfons à danfer & à boire, & les Vaudeuilles, & n'y a fouuent que le feul Deffus qui parle, que l'on appelle auffi *le fuiet*, & ce fans accords ou confonances des autres parties, parce que faire vne *chanfon* fignifie fimplement *mettre en chant*, ou *donner le chant à quelques paroles*. Or cette grande facilité fait appeller les chanfons *Vaudeuilles*, parce que les moindres artifans font capables de les chanter, dautant que l'autheur n'y obferue pas ordinairement les curieufes recherches du contre-point figuré, des fugues, & des fyncopes, & fe contente d'y donner vn mouuement & vn air agreable à l'oreille; ce que l'on nomme du nom d'*Air*, comme de fa principale, & prefque feule partie : au lieu que le Motet ou la Fantaifie eft vne pleine Mufique figuree, & enrichie de toutes les fubtilitez de cette fcience. On l'appelle *Motet*, parce que l'on vfe d'vne periode fort courte, comme s'il n'y auoit qu'vn mot à dire; ce qui arriue quand on veut fignifier quelque difcours fort bref, lequel mot eftant mis en Mufique s'appelle *Motet*. Et lors que le Muficien prend la liberté d'y employer tout ce qui luy vient dans l'efprit fans y exprimer la paffion d'aucune parole, cette compofition eft appellee *Fantaifie*, ou *Recherche*.

Quant aux danceries, il y a plufieurs efpeces qui appartiennent à la Mufique Metrique, dautant qu'elles font fujettes à de certaines mefures, ou pieds reglez & contez : & l'on en peut inuenter vn nombre infiny felon les inuentions qui naiffent tous les iours dans les efprits de ceux qui s'en meflent. I'expliqueray feulement dans cette propofition, & dans les deux autres qui fuiuent celles qui nous font connuës, & qui font particulieres à la France, ou naturelles aux autres nations dont nous les auons tirees.

La *Paffemezze* eft vn chant à l'Italienne propre à dancer : elle feruoit le temps paffé d'entree aux baffes dances : or elle fe dance en faifant quelques tours par la fale auec certains pas pofez, & puis en la trauerfant par le milieu, comme le mot le porte; ou bien elle a ce nom du pas & demy dont elle fe mefure : fon exemple eft du premier mode en fon propre ton, & fe rapporte au pied Choreobachique ○ ○ ○ ○ — — : fa mefure eft binaire.

La *Pauanne* vient d'Efpagne, & eft ainfi nommee parce que ceux qui la dancent font des roües l'vn deuant l'autre à la façon des Paons, & auec telle grauité que la cappe & l'efpee ne nuifent de rien, & qu'elles femblent eftre neceffaires pour mieux contrefaire la roüe des Paons, d'où cette dance a pris fon nom : elle marche fur le mefme pied que la precedente, & a 16 mefures & 14 couplets : fon exemple eft du 4 mode.

L'*Allemande* eft vne dance d'Allemagne, qui eft mefuree comme la Pauanne mais elle n'a pas efté fi vfitee en France que les precedentes : on peut l'appeller
Vaudeuilles

des Chants.   165

Vaudeuille, ou *Gauote*, & a sa mesure binaire. Son exemple est du second Mode: on se contente auiourd'huy de la iouër sur les instrumens sans la dancer, non plus que la Passemezze, si ce n'est aux Balets: son Exemple est du second Mode.

La *Sarabande* a esté inuentée par les Sarrazins, ou Mores, dont elle a pris son nom ; car on tient que la Comedienne nommée Sarabande la dança la premiere en France: quelques-vns croyent qu'elle vient du mot Espagnol *Sarao*, lequel entr'autres significations veut dire *Bal* en Espagnol, ou de *Banda* qui signifie assemblée, comme si plusieurs se deuoient assembler pour cette sorte de dance: ce que les Mores obseruoient peut-estre, encore que les François & les Espagnols ne la dancent qu'à deux. Son mouuemēt est Hegemeolien ∪ ∪ ∪ − ∪. Elle se dance au son de la Guiterre, ou des Castaignettes, & ce par plusieurs couplets sans nombre: ses pas sont composez de tirades, ou de glissades: son Exemple est de l'onziesme Mode transposé vn ton plus bas: sa mesure est *Hemiolia*, & suit le battement du Mareschal.

La *Volte* monstre ce semble par son nom qui signifie torner, qu'elle vient d'Italie, car elle se dance en tornant: quoy qu'il y ayt si long-temps qu'elle est en France, qu'on la peut dire naturelle. Elle a peut-estre aussi ce nom, arce qu'apres quelques pas droits l'homme fait sauter la femme, qu'il meine en tornant, & qu'apres l'auoir menée vn tour vn certain temps, il la prend u bras gauche par le fort du corps, & la fait tourner plusieurs tours en la leant fort haut, comme s'il la vouloit faire voler: sa mesure est ternaire, & suit e mouuement du petit tambour. Elle a deux mesures & vn pas, & contient equatriesme Pæon ∪ ∪ ∪ −, le Dijambe ∪ − ∪ −, & l'Ionique mineur ∪ ∪ − −. on Exemple est du dixiesme Mode transposé.

La *Courante* est la plus frequente de toutes les dances pratiquées en France, e dance seulement par deux personnes à la fois, qu'elle fait courir souz vn ir mesuré par le pied Iambique ∪ −, de sorte que toute cette dance n'est qu'vne course sautelante d'allées & de venuës depuis le commencement iusques la fin. Elle est composée de deux pas en vne mesure, à sçauoir d'vn pas de haque pied: or le pas a trois mouuemens, à sçauoir le *plier*, le *leuer*, & le *po-* *ter*. Son mouuement est appellé sesquialtere ou triple, & son Exemple est du uatriesme Mode en son propre ton. L'on peut neantmoins luy donner telle mesure que l'on voudra.

La *Gaillarde* est vne dance qui a pris son nom de la gaillardise dont on vse n la dançant, & de la liberté qui permet d'aller de biais, de trauers, & de ong par tous les endroits de la sale, tantost terre à terre, & tantost en cabriole, ce qui se fait entre chas & en sauts ronds. Quelques-vns disent qu'elle ient de Rome, de là vient qu'ils l'appellent Romanesque: sa mesure est ternaire, & suit le mouuement du tambour Italien, ou le pied Pyrrichianapeste ∪ ∪ ∪ ∪ −. Elle a ordinairement trois pas & cinq mesures. Son Exemple st du dixiesme Mode. Mais parce que le discours ne suffit pas pour donner a parfaite intelligence de ces especes de dances, si l'on n'en void la Pratique, en mets icy des Exemples; quoy qu'il faille remarquer que l'on peut accommoder d'autres mouuemens que les precedens aux Exemples qui suiuent.

O

PASSEMEZZE DV SECOND MODE.

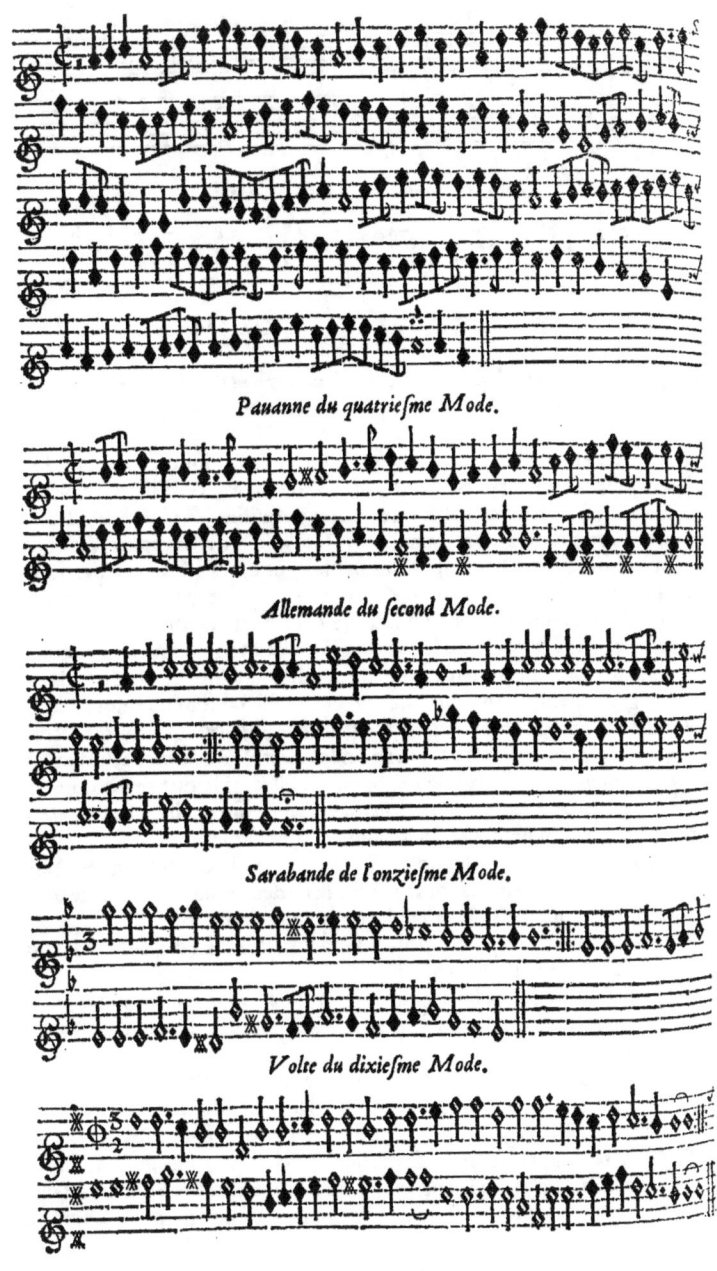

Pauanne du quatriesme Mode.

Allemande du second Mode.

Sarabande de l'onziesme Mode.

Volte du dixiesme Mode.

des Chants.

Courante du quatriesme Mode.

Gaillarde du dixiesme Mode transposé.

PROPOSITION XXIV.

Expliquer toutes les sortes de Bransles dont on vse maintenant dans la France, tant aux Balets, & aux Bals, qu'aux autres recreations.

APRES auoir expliqué toutes les sortes de Chants, dont on vse dans les Passemezzes, Pauannes, Sarabandes, Courantes, Gaillardes, Voltes, & Allemandes, il est raisonnable que nous expliquions les especes de Bransles, qui sont propres à nostre nation. Or il y en a de six especes, qui se dansent maintenant à l'ouuerture du Bal les vns apres les autres par tant de personnes que l'on veut, car vne troupe entiere se tenant par les mains se donne d'vn commun accord vn bransle continuel, tantost en auant, & tantost en arriere; ce qui se fait souz diuers mouuemens, ausquels on approprie plusieurs sortes de pas selon la difference des airs, dont on vse. Ils se dansent fort grauement en rond au commencement du Bal souz mesme cadence & bransle de corps; dont le premier s'appelle *Bransle simple*, qui n'auoit autrefois que six mesures & huict pas, mais on le compose à present de dix pas, de douze mouuemens & de six mesures binaires: l'Exemple que i'en donne est du septiesme Mode transposé vne Quarte en haut, afin qu'il ayt son *b mol* en *b fa ⌗ mi*: & son mouuement est Dactylique spondaique - ◦ ◦ - -.

Le second Bransle s'appelle *Gay*, & se danse plus viste que le premier: il est composé de six mouuemens, de trois pas, & de deux mesures, & suit le battement du tambour de Suisse, c'est à dire qu'il se danse souz l'Ionique mineur ◦ ◦ - -. Son Exemple est aussi du septiesme Mode transposé comme le precedent, & sa mesure est ternaire.

Le troisiesme se nomme *Bransle à mener*, ou *de Poitou*, sa mesure est sesquialtere, ou hemiolia. Il a neuf pas, six mesures & dix-huict mouuemens: sa mesure est Peonique. Or chacun meine le Bransle à son tour, & le premier qui le meine quitte la main gauche & fait la reuerence à la personne qu'il tient de la main droite; & apres auoir baisé la main, il la reprend & meine le Bransle, qui coule fort viste, & ayant fait vn ou deux tours par la sale, il quitte la personne qu'il tenoit par la main, afin d'aller chercher la queuë du Bransle, & de donner la main gauche à la personne qu'il trouue au bout; & si tost que chacun a mené quelqu'vn à son tour, on se remet en rond pour dancer les

O ij

autres Branfles. Quelques-vns rapportent le mouuement de cette dance au battement du Marefchal : fon Exemple eft encore du feptiefme Mode.

Le quatriefme s'appelle *Branfle double de Poitou*: fa mefure eft Hemiolia, il a vnze pas, huict mefures & vingt-quatre mouuemens; & imite le mouuement du Marefchal, ou de l'Iambique ○ − : fon Exemple eft encore du feptiefme Mode. Le cinquiefme fe nomme *Branfle de Montirandé*, fa mefure eft binaire, mais elle eft fort vifte. Il a huict mefures, & feize mouuemens, & eft diuifé en trois parties differentes de pas, dont la premiere en a vnze, la feconde douze, & la troifiefme en a dix. Son Exemple eft de l'onziefme Mode tranfpofé vn ton plus bas, & fe peut rapporter au mouuement Anapeftique. ○ ○ ○ −.

Le fixiefme s'appelle *la Gauote*, c'eft à dire la dance aux chanfons : fa mefure eft binaire affez graue, & fe peut rapporter au mouuement Choreobacchique ○ ○ ○ − −, il a huict pas, quatre mefures, & feize mouuemens; fon Exemple eft auffi de l'onziefme Mode tranfpofé vn ton plus bas. Il fait la conclufion des Branfles, & apres auoir efté dancé vne fois, ou deux en rond, celuy qui a commencé le Branfle à mener, fait la reuerence à fa Dame, deuant laquelle il dance feulement huict pas, & l'ayant prife fouz le bras droit, il luy fait faire vn tour, & puis vn autre du bras gauche auec chacun huict pas, & luy ayant fait la reuerence il la remet en fa place, & reprend la fienne ; & apres que chacun a fait la mefme chofe à fon tour, on fait la reuerence generale, & chaque homme remene fa femme au lieu où il l'auoit prife pour dancer: or il faut remarquer que l'on peut faire vne infinité de Branfles fouz chacune de ces efpeces, & que l'on en peut adioufter tant d'autres que l'on voudra: par exemple les Paffe-pieds de Bretagne, &c. dont on void icy les Exemples.

Branle fimple, du feptiefme Mode, tranfposé vne quarte plus haut.

Branle Gay du feptiefme Mode.

des Chants.

Branſle à mener du ſeptieſme Mode.

Branſle double du ſeptieſme Mode.

Branſle de Montirandé, de l'onzieſme Mode.

La Gauote de l'onzieſme Mode.

Paſſe-pied de Bretagne, du dixieſme Mode tranſpoſé.

Autre Paſſe-pied du dixieſme Mode tranſpoſé.

P

PROPOSITION XXV.

Expliquer les dances & les mouuemens des Balets ordinaires; & particulierement la Canarie, la Bocanne, la Courante à la Reyne, la Bohemienne, & la Moresque.

LEs Balets ne font autre chose qu'vn meslange de toutes sortes d'airs, de mouuemens & de pieds à discretion, & selon que la science conduit l'esprit de l'Auteur de ces dances. Leur nom est general, & vient de *baler*, c'est à dire dancer: or i'ay obmis à dessein quelques dances dans la 24 Proposition, à sçauoir la *Canarie*, laquelle est grandement difficile, & qui ne se dance que par ceux qui sont tres-bien instruits en cet exercice, & qui ont le pied fort prest. Elle est composée de plusieurs batteries de pied, à sçauoir de trois, de six, de douze, & de demie cabriolle, demie piroëtte, & d'autres tours tant en l'air, & par haut, que mezaire, & terre à terre: elle a plusieurs couplets sans nombre determiné; son Exemple est du dixiesme Mode transposé: sa mesure est de la petite hemiolia: on tient que cette dance est venuë des Isles de Canarie: elle se meut par le pied dactylique, & est plus brusque que la Sarabande.

La *Bocanne* est vne Courante figurée, qui a ses pas mesurez, & ses figures particulieres; elle a quatre couplets, à sçauoir deux fois la premiere partie du chant, & deux fois la seconde: elle s'appelloit cy deuant la *Vignonne*, mais le chant qui a esté fait de nouueau, luy a donné le nom de son auteur: elle a sa mesure triple, ou sesquialtere, comme les autres Courantes: son Exemple est de l'onziesme Mode transposé vn ton plus bas, comme celuy de la Courante à la Reyne. Mais elle a neuf couplets, dont la premiere partie se chante deux fois, & la seconde vne fois: elle se recommence par trois fois, & est de mesure sesquialtere comme les autres Courantes. Ausquelles i'adiouste deux airs de Balet de different mouuement: & à la fin du liure i'en donneray encore vn troisiesme composé de toutes sortes de mouuemens, qui peuuent seruir à toutes sortes d'airs & de chansons.

Canarie du dixiesme Mode transposé.

La Bocanne de l'onziesme Mode.

des Chants. 171

Courante à la Reyne de l'onziesme Mode.

La Boëmienne du dixiesme Mode transposé.

La Moresque du dixiesme Mode transposé.

Balet du douziesme Mode.

Balet du neufiesme Mode.

PROPOSITION XXVI.

Determiner si les chansons, que l'on appelle tristes & languissantes, sont plus agreables & plus douces que celles que l'on appelle gayes.

CETTE Proposition n'est pas inutile, car estant bien expliquée elle nous fera cognoistre la nature de l'homme, ou de la Musique. Or il semble que l'on ne doit pas douter que les chansons gayes ne soient plus agreables que les tristes, puis que tous les hommes desirent de se resiouyr, & fuyent la tristesse qui ruine la santé & l'œconomie du corps; de là vient que le Sage a dit que la tristesse desseiche les os, *Tristitia exsiccat ossa*.

D'abondant l'on experimente que les airs des Balets, & des Violons excitent dauantage à raison de leur gayeté qui vient de la promptitude de leurs mouuemens, où de leurs sons aigus, que les airs que l'on iouë sur le Luth, ou sur les basses des Violes, lesquels sont pour l'ordinaire plus graues & plus languissans.

Et les Trompettes nous font encore voir cette verité, quand ils se seruent du premier Mode, qui est le plus gay de tous, & qui excite toutes sortes d'hommes à se resiouyr: car nous experimentons en nous mesmes que les mouuemens du cœur & de l'imagination suiuent les sons & les mouuemens de la Trompette.

Aquoy l'on peut adiouster que les sons, & les mouuemens des chansons gayes approchent plus pres de la vie, que ceux des airs tristes, puis que la vie consiste dans vn mouuement perpetuel & continu, car les battemens d'air qui font les sons aigus, & les mouuemens rythmiques qui sont plus frequens, s'approchent plus pres de la continuité que ceux des sons graues, & des mouuemens pesans & tardifs des airs tristes, qui representent vne vie interrompuë & mourante. Et l'on experimente que les chansons gayes sont si propres à danser, que ceux mesmes qui n'ont iamais apris cet exercice se mettent à danser, ou tesmoignent par quelque mouuement du corps le contentement qu'ils reçoiuent de ces Chansons: ce qui n'arriue point aux airs tristes & lugubres, qui sont plus propres pour faire pleurer & mourir les Auditeurs, que pour les faire rire, ou les faire viure: car ces airs sont composez de mouuemens propres pour engendrer la tristesse, & consequemment pour faire tomber des defluxions sur les membres, qui les rendent enfin paralytiques & incapables de mouuement.

Neantmoins tous les Musiciens sont de contraire aduis, & tant les Auditeurs que ceux qui chantent, aduoüent qu'ils reçoiuent plus de plaisir des Chansons tristes & languissantes, que des gayes, dont il n'est pas facile de trouuer vne raison si puissante, qu'elle fasse esuanouyr toutes les autres raisons contraires. Toutesfois ie ne doute pas qu'il n'y ayt quelque raison de ce effet prodigieux qui semble combattre toutes les loix de la nature, puis qu'elle est faite & conseruée par le plaisir.

Or l'on peut premierement considerer que les hommes ont beaucoup plus de melancholie & de flegme, que de bile, & qu'ils tiennent plus de la terre que de l'air, ou des Cieux, & que les airs gays estant d'vne nature aërienne, qui represente le feu, ne sont pas si propres à la nature de l'homme que le

chant

chants tristes & languissants, qui representent la terre, la melancholie & le flegme; & bien que i'aye preuue dans la 31. Proposition du liure des Sons, que les aigus sont plus agreables que les graues, à raison qu'ils participent plus de la nature de l'air & du feu; il ne s'ensuit pourtant pas que les airs tristes doiuent estre moins agreables que les gays, d'autant que les airs tristes se chantent aussi bien par les voix aiguës que les gays. Mais la raison prise de la melancholie n'est pas suffisante, puis que l'on rencontre des hommes bilieux, qui se plaisent dauantage aux chansons tristes, que plusieurs melancholiques, de sorte qu'il faut plustost prendre la raison de la nature du chant triste, que de celle des Auditeurs, puis que toutes sortes d'Auditeurs se plaisent dauantage aux airs tristes, qu'aux gays, soit que les hommes se portent plus aysément à la compassion, qu'à la resiouyssance, comme l'on experimente aux tragedies, & à la lecture des elegies & des histoires tristes, qui tirent les larmes des yeux, ou qu'ils s'arrestent plus long-temps à la consideration des choses tristes, qu'à celle des ioyeuses & agreables.

Il faut donc considerer la nature des airs tristes, qui consiste en plusieurs choses: car la voix des airs tristes represente la langueur & la tristesse, par sa continuation, par sa foiblesse & par ses tremblemens: & les demitons & dieses representent les pleurs & les gemissemens à raison de leurs petits interualles qui signifient la foiblesse: car les petits interualles qui se font en montant ou descendant, sont semblables aux enfans, aux vieillards, & à ceux qui reuiennent d'vne longue maladie, qui ne peuuent cheminer à grand pas, & qui font peu de chemin en beaucoup de temps; par exemple lors que l'on fait le demiton maieur en montant, l'on fait vn mouuement qui ne monte que de la quinziesme partie de la voix precedente, & quand l'on monte d'vn demiton mineur, l'on n'aduance son chemin que d'vne vingt-quatriesme partie du son qui precede.

Et lors que l'on est long-temps à passer à cet interualle, & à demeurer sur la note, à laquelle l'on a passé, cela monstre encore vne plus grande foiblesse, qui s'imprime bien auant dans l'esprit de l'Auditeur, à raison que la voix trainante continuë long-temps, & donne le loisir d'estre consideree & examinee, au lieu que les mouuemens des Chansons gayes sont si prompts, que l'on n'a pas assez de temps pour les remarquer, d'autant qu'ils ne font pas vne assez longue impression sur l'esprit. Ie ne veux pas icy parler de la lettre, laquelle augmente la tristesse, lors qu'elle nous fait ressouuenir des fascheux accidents de la vie, dont nous auons esté tourmentez, d'autant que les airs tristes peuuent estre sans lettre.

Mais il faut remarquer que tous les hommes sont plus suiets à la tristesse qu'à la ioye; car si chacun veut faire reflexion sur les actions qu'il fait, ou sur les pensees qu'il a lors qu'il est tout seul, il en trouuera vne dizaine de tristes pour vne gaye: car la tristesse nous est tombee en appanage apres le peché originel, & nous est quasi naturelle; au lieu que la ioye ne nous vient que par rencontre & par accident, comme il arriue dans les compagnies ioyeuses, où chacun s'efforce de donner du contentement à son compagnon, ce qui ne reüssit pas souuent, & tel à le ris à la bouche, qui a la tristesse au cœur. Mais il semble que l'on se laisse trop facilement emporter à l'opinion du vulgaire en demeurant d'accord qu'il y a des airs tristes, & qu'il faut plustost dire qu'ils sont tous gays, puis qu'ils apportent du contentement aux Auditeurs; de sorte qu'il faudroit premierement examiner s'il peut y auoir des airs tristes, & s'il y en a, quels ils sont, & pour quelles raisons on les appelle tristes, auant que de demander pourquoy ils sont plus agreables. Toutesfois puis que les Maistres de Musique supposent qu'il y a des airs lamentables, à raison qu'ils representent les mouuemens de la tristesse, ie ne veux pas maintenant le reuoquer en doute, me contentant de remarquer qu'ils sont seulement appellez tristes, à raison du rapport qu'ils ont aux voix dont se seruent ceux qui expriment leur tristesse & leurs afflictions.

Or il faudroit sçauoir que c'est que le plaisir qui vient des choses tristes, & comme il s'engendre dans les Auditeurs pour sçauoir la raison pour laquelle les airs tristes plaisent plus que les gays; ce qui suppose le discours des passions & des affections de l'homme qui requiert vn autre lieu. Ie diray seulement que l'on peut establir deux especes de tristesse, dont l'vne est morale, à raison que ses motifs sont tirez de la priuation du bien vtile, plaisant ou honneste; & l'autre est naturelle, qui vient de l'humeur melancholique, ou du flegme, lors qu'ils pechent par excez; or les Chansons tristes n'engendrent, ce semble, ny l'vne ny l'autre tristesse, mais elles l'entretiennent seulement; c'est pourquoy l'on tient que la Musique laisse l'Auditeur dans la mesme humeur dans laquelle elle le treuue, & si nous suiuons la raison, elle monstre que les melancholiques doiuent receuoir plus de plaisir des airs gays, que des tristes, d'autant que les mouuemens brusques & vistes des Chansons gayes sont plus propres pour dissiper l'humeur excessif de la melancholie, que les mouuemens tardifs & languissants des airs lamentables, & que les contraires sont gueris par leurs contraires, si nous suiuons pluftost les sentimens d'Hypocrate que ceux de Paracelse, qui tient que les semblables se guerissent par leurs semblables.

Il y a encore vne autre chose à considerer dans la tristesse, à sçauoir que les recits d'vne chose triste, & des accidens estranges qui sont arriuez aux hommes, nous touchent dauantage que le recit de ce qui est arriué à leur aduantage, quoy que nous n'ayons nul interest à leurs disgraces, ou à leur aduancement, parce que nous nous portons plus facilement à enuier le bien d'autruy, comme s'il nous estoit deu, que nous ne nous resiouyssons du mal qui luy arriue, à raison qu'il semble que toute sorte de mal nous soit contraire, & destruise nostre nature. C'est pourquoy les Chansons qui ont vne lettre triste & tragique, nous esmeuuent à la compassion, comme si nous ressentions vne partie du mal; ce qui peut encore arriuer à cause de l'imagination que nous auons de pouuoir tomber dans vn semblable accident, ou de celle que nous auons des afflictions & des douleurs passées, laquelle nous fait souuenir du bien que la consolation nous a apporté, car les Chansons tristes sont vne certaine espece de consolation, mais cette matiere desire des discours entiers. L'on peut cependant considerer que les mouuemens tardifs des airs tristes nous touchent, & nous flattent plus delicatement, & ramenent l'esprit à soy-mesme, lequel à plus de loisir de contempler la beauté de la voix, que lors que les Chansons gayes le font sortir hors de soy-mesme par la rarefaction & l'ebullition du sang, & par des mouuemens plus vistes & plus legers. Ie laisse plusieurs autres choses, dont la consideration est remarquable, par exemple pourquoy la quinziesme & la vingt-quatriesme partie d'vn mouuement est plus propre pour les chants tristes, que la huictiesme, ou neufiesme partie, car l'on n'adiouste qu'vne quinziesme partie de mouuement pour faire le demiton maieur, & vne 24. pour faire le mineur, qui sont propres pour representer la tristesse; au lieu que l'on adiouste, pour le ton maieur, &, pour le ton mineur dont l'on vse pour les Chants gays.

Or il faut remarquer que le Chant est d'autant plus triste qu'il a dauantage de demitons qui se suiuent, & consequemment que la Chromatique est propre pour chanter les airs tristes, & la Diatonique pour chanter les gays; & qu'il est tres-difficile de sçauoir si le demitó mineur est plus triste que le demiton maieur, & de combien il est plus propre pour exprimer la tristesse: ce que l'on peut semblablement dire de la diese Enharmonique.

Quant aux raisons contraires que i'ay rapportées en faueur des Chants gays, l'on peut premierement respondre que la tristesse que l'on conçoit des chants lamentables, ne destruit pas le temperament, & que si elle l'altere, que l'esprit ayme mieux frustrer le corps de quelque volupté, & luy faire perdre quelque chose de son temperament, que de se priuer du grand contentement qu'il reçoit des Chants lugubres. Mais pour entendre cecy, il faut remarquer que la Musique separe en quelque maniere l'esprit du corps, & le met dans vn estat, où il est plus propre à la contemplation qu'à l'action, & consequemment que le Chant venant à cesser, il se trouue tout estonné de se voir priué du grand contentement qu'il receuoit dans l'estat d'abstraction, où la Musique l'auoit transporté.

Et parce que les sons & les mouuemens des airs tristes font vne plus forte impression sur l'esprit, ils le rauissent dans vne plus profonde speculation; & lors qu'il est contraint de la quitter, il luy semble qu'il sort d'vne grande lumiere pour rentrer dans des tenebres fort espaisses. Cecy estant posé, ie dis que l'on n'ayme pas la tristesse, quand l'on ayme les airs lamentables, mais que l'on ayme l'estat de separation, auquel se trouue l'ame dans la contemplation de ces airs.

Ce qui tesmoigne que l'ame n'a pas la volupté corporelle pour son but & sa fin, & qu'elle n'a point de plus grand plaisir que lors qu'elle rentre dans soy-mesme pour faire ses fonctions auec vne moindre dependance du corps, en attendant qu'elle puisse agir comme les purs esprits, & les Anges dans le seiour des bien-heureux. Et l'on peut dire que la profonde melancholie, où l'ame entre à la presence des Chants lamentables, n'est pas vne tristesse à proprement parler, mais plustost vn chemin pour paruenir à la sagesse, à laquelle la melancholie est plus propre que la ioye, qui approche de la folie, & empesche d'autant plus le raisonnement & les fonctions de l'esprit, qu'elle est plus grande; de là vient que quelques estrangers des nouueaux mondes estant venus dans l'Europe ont esté estonnez de voir rire les hommes, & les ont estimez fols suiuant la parole du Sage, *Risum reputaui errorem*: & nous ne lisons point que nostre Seigneur ayt ris, mais qu'il a pleuré.

Les autres raisons prouuent seulement que les airs gays excitent dauantage à la ioye exterieure, dont les bestes sont capables, que ne font les tristes: mais le contentement interieur de l'esprit est bien plus grand dans les chansons tristes, d'autant qu'elles le conduisent au mespris de toutes les choses du monde, & à l'estime qu'il doit faire de soy-mesme, & de l'autheur de l'harmonie Archetyppe, comme nous dirons au traité de la Musique des bien-heureux. Il faut dire la mesme chose de la vie, dont les airs gays s'approchent

Q ij

dauantage que les tristes, car cette vie doit seulement s'entendre de la corporelle, qui à besoin du mouuement ; au lieu que celle de l'esprit est sans mouuement, d'autant qu'il n'a besoin que des mouuemens pour faire ses actions, & les mouuemens des Chants tristes, approchans plus pres de l'immobilité sont plus conformes à l'esprit, que ceux qui tiennent dauantage du mouuement. A quoy l'on peut adiouster que les choses qui sont continuës, ne sont pas quelquesfois si agreables que celles qui sont interrompuës, à raison que la trop grande continuité empesche la varieté, dont vient le plaisir : de là vient que la glace d'vn miroir d'acier parfaitement poli & continu blesse la veuë.

Or l'on peut conclure de tout ce discours, que les airs gays sont plus propres pour exciter la ioye exterieure, qui empesche les fonctions de l'esprit, & particulierement celle de la contemplation : & que les tristes sont plus propres pour produire la ioye interieure, que l'entendement reçoit dans son abstraction, & dans sa retraite. Car les humeurs terrestres & grossieres se dissipent & tombent en bas à la presence des airs lugubres, comme les vapeurs qui obscurcissent l'air, tombent à terre, & s'esuanouyssent à la presence du Soleil : de sorte que l'esprit demeure libre, & gouste mieux le plaisir de la Musique ; & comme s'il commençoit à se separer du corps, il est rauy par vn eschantillon de la beauté des idées eternelles.

Et l'on experimente que l'extase est le plus sublime plaisir, & le contentement le plus spirituel, & le plus diuin de tous ceux dont les hommes sont capables en ce monde, & neantmoins que ceux qui sont transportez iusques à ce degré, n'ont nulle ioye corporelle ; au contraire leur corps est priué de ses operations, comme s'ils estoient morts, pendant que l'ame iouyt de l'estat le plus sublime, qu'elle puisse auoir en cette vie, dont quelques-vns expliquent ce passage de l'Escriture, *Pretiosa in conspectu Domini mors sanctorum eius*.

Or les airs que l'on appelle tristes, font approcher le corps de l'immobilité & de la mort, & l'esprit du rauissement & de l'extase, comme nous prouuerons dans le discours de la Musique des Hebreux, dont ils se seruoient pour la Prophetie.

Nous experimentons encore, que l'on ne peut estre attentif à l'Oraison vocale, ou mentale, lors que l'on à couru & trauaillé, ou que l'on s'est mis en cholere, d'autant que le trauail & les passions violentes agitent le sang & les autres humeurs, qui empeschent le calme & le repos de l'esprit par leurs orages : & ceux qui veulent entrer dans vne profonde Meditation, choisissent les tenebres de la nuict, & les lieux escartez, afin de n'estre point troublez des bruits & des mouuemens exterieurs, & d'auoir l'esprit reüni, & comme mort aux choses corporelles, pour viure d'vne vie spirituelle, animée par la contemplation de l'estre eternel, dans laquelle consiste la vraye Philosophie que Platon appelle la Meditation de la mort, d'autant qu'elle nous apprend à quitter les choses muables & corruptibles, pour nous vnir à l'immuable & l'immortel, qui prend son plaisir dans les ames des vrays Philosophes. L'on peut encore prendre vne autre raison du plus grand artifice, dont les Maistres se seruent pour faire les chansons tristes, qui sont ordinairement plus sçauantes, & qui ont vne plus grande multitude de beaux traits que n'ont les airs gays.

Quant aux chansons gayes, elles troublent les humeurs, & imitent le Soleil d'hyuer qui leue les broüillards sans les pouuoir dissiper, & nous eclipsent sa lumiere, comme la gayeté nous eclypse la lumiere de la raison, dont nous sommes moins capables à proportion que nous nous resiouyssons dauantage; & l'on experimente que ceux qui font paroistre moins de resiouyssance à l'exterieur, & qui rient plus rarement, sont les plus sages, & ont vn plus grand contentement interieur, lequel a coustume de se diminuer à proportion que le contentement exterieur & corporel s'augmente : or nous apporterons tout ce que l'on pourroit icy desirer dans le discours de la force que la Musique a sur l'esprit.

Ie diray seulement icy qu'il est difficile de sçauoir en quelle maniere s'engendre le plaisir dans l'oreille, & dans les autres sens, ou dans l'imagination, & dans l'esprit, parce que nous ne pouuons apperceuoir les configurations des esprits animaux, qui conduisent les especes de la volupté du sens exterieur au sens commun; & bien que nous peussions les remarquer, nous ne cognoistrions pas la raison pourquoy vne configuration, ou vn mouuement donne plus de plaisir l'vn que l'autre.

Or il faudroit remarquer tout ce qui plaist dauantage à chaque sens exterieur, auant que de determiner comme se fait le plaisir, afin de voir en quoy different tous ces plaisirs, & les manieres dont les sens exterieurs apperçoiuent leurs obiets, & s'il y a quelque chose de commun à quoy ils se rapportent : car on ne peut pas faire vn iugement asseuré, si l'on considere seulement la nature des obiets sans auoir esgard aux sens, d'autant qu'ils doiuent tous deux concurrer au plaisir.

Nous pouuons neantmoins poser pour fondement, que ce qui est bien ordonné & arrangé, plaist dauantage que ce qui est confus & en desordre, à raison que l'ordre est la source de la science, & le desordre est l'origine de la confusion, à laquelle nul ne prend plaisir, s'il n'a l'esprit confus & en desordre. Ce qui se peut remarquer dans plusieurs effets de l'art, dont les vns sont mieux proportionnez que les autres, & plaisent d'autant plus qu'ils sont mieux ordonnez & arrangez. Or cet ordre se prend du rapport que les parties ont ensemble, & auec le tout, ou qu'elles ont à l'vne des choses, à laquelle on les compare, car cette proportion & le iuste rapport des parties facilite la cognoissance, & ne heurte nullement l'œil, ou l'oreille, qui sont ce semble les deux sens qui sont susceptibles d'vn plaisir plus innocent, & qui approche le plus du plaisir honneste.

PROPOSITION XXVII.

Expliquer tous les mouuemens dont on vse dans les airs François, & particulierement dans les Balets, auec vn exemple, & quant & quant la Rythmique.

ENCORE que les mouuemens qui seruent aux Airs & aux dances, appartiennent à la Rythmique dont nous n'auons pas encore parlé, neantmoins il a esté necessaire d'en traiter icy, afin de faire comprendre les differentes especes des Airs, & des chants dont vsent les François : mais il est si aysé d'entendre tout ce qui concerne ces mouuemens, qu'il n'est pas necessaire d'en faire vn liure particulier, puis que les plus excellens pieds metriques, qui ont donné le nom, & la naissance à la Rythmique des Grecs, sont pratiquez dans les airs de Balet, dans les chansons à dancer, & dans toutes les au-

178 **Liure Second**

tres actions qui seruent aux recreations publiques ou particulieres, comme l'on aduoüera quand on aura reduit les pieds qui suiuent aux airs que l'on recite, ou que l'on iouë sur les Violons, sur le Luth, sur la Guiterre, & sur les autres instrumens.

Or ces pieds, peuuent estre appellez mouuemens, afin de s'accommoder à la maniere de parler de nos Practiciens, & compositeurs d'airs; c'est pourquoy ie me seruiray desormais de ce terme, pour ioindre la Theorie à la Pratique, apres auoir donné l'exemple d'vn balet qui a seize mouuemens differens, qui sont exprimez par les nombres qui suiuent chaque clef; car 2 signifie que le mouuement est deux fois plus viste que le precedent, & 3, 4, &c. qu'il est quatre fois plus viste: quoy que cette difference de vitesse ne varie pas l'espece des mouuemens dont ie parle maintenant.

Exemple d'vn Balet composé de seize mouuemens.

Ie laisse vne infinité d'autres Exemples, afin d'adiouster les mouuemens mesurez, que i'explique auec les deux caracteres ordinaires dont on vse pour marquer les bresues; & les longues dans toute sorte de Poësie, comme l'on fait pour marquer ce vers Trochaique, dont les longues syllabes ont cette petite ligne droite – pour leur signe, & les bresues ont ce demicercle ◡ : il faut donc

– ◡ – ◡ – ◡ – –
vt queant laxis resonare fibris

remarquer que le temps brief est dans les mouuemens ce que le point est dans la Geometrie, ou l'vnité dans les nombres; & que le premier pied, ou mouuement est composé de deux temps brefs; le second d'vn temps bref & d'vn long, & ainsi des autres qui suiuent, dont les douze premiers sont simples, & les vnze derniers sont composez, car quant aux autres qui sont composez d'vn simple & d'vn composé, ou de deux composez, ie n'en veux pas parler, d'autant qu'ils ne sont autre chose qu'vne repetition des precedens, ou qu'ils doiuent pluſtoſt eſtre nommez vers, ou metres, que pieds ou mouuemens. Or bien qu'au lieu du temps brief l'on mette deux, quatre, ou huit temps si courts qu'ils ne durent pas dauantage que le temps bref, & qu'ils ayent vne autre grace, & d'autres effets bien differens, neantmoins ils sont pris pour vne mesme chose à l'egard de l'espece du temps, ou du mouuement, comme il arriue lors que pour la minime, qui signifie la premiere partie du pied iambique, l'on met deux noires, quatre crochuës, huict doubles crochuës, ou seize triples crochuës, dont ie parle ailleurs.

Table des mouuemens, ou pieds mesurez.

Mouuemens simples de deux & trois temps, &c. propres pour les Airs, & les Dances.	Pyrriche	◡ ◡	Mouuemens composez.	Preceleumatique	◡ ◡ ◡ ◡
	Iambique	◡ –		Peonique premier	– ◡ ◡ ◡
	Trochaique	– ◡		Peonique second	◡ – ◡ ◡
	Spondaique	– –		Peonique troisiesme	◡ ◡ – ◡
	Tribraque	◡ ◡ ◡		Peonique quatriesme	◡ ◡ ◡ –
	Dactylique	– ◡ ◡		Ionique maieur	– – ◡ ◡
	Anapestique	◡ ◡ –		Ionique mineur	◡ ◡ – –
	Scolien	◡ – ◡		Choriambique	– ◡ ◡ –
	Cretique	– ◡ –		Antispastique	◡ – – ◡
	Bacchien	◡ – –		Iambique redoublé	◡ – ◡ –
	Palimbachien	– – ◡		Trochaique redoublé	– ◡ – ◡
	Molosse	– – –			

Si nos Compositeurs ont l'oreille si delicate qu'ils craignent que ces vocables Grecs ne la blesse, ils peuuent vser de tels noms qu'il leur plaira, par exemple de ceux qui donnent à leurs airs, dont ils disent que ceux-cy ont le mouuement de la Courante, ceux-là de la Sarabande, & ainsi des autres : ou de ceux qui se remarquent aux differens battemens des Tambours, des mareschaux, des fleaux dont plusieurs battent ensemble les bleds dans les granges, & dans les aires, & plusieurs autres que l'on obserue dans plusieurs arts. Quoy qu'il en soit, il est necessaire que tous les airs, & toutes les danses se facent souz les mouuemens precedens, dont chaque partie peut estre appellée pied, pas, ou point.

Si les Compositeurs vouloient reduire leurs Airs à la Rythmique des Grecs, l seroit aysé de leur en donner la maniere, puis que Terentianus, Epheſtion, ſainct Auguſtin & pluſieurs autres nous ont laiſſé la memoire de toutes leurs ſortes de pieds & de vers: mais il ſemble que l'experience a fait voir qu'ils ne s'accommodent pas bien à cet art, & que la Muſique Françoiſe demande vne pleine liberté, ſans s'aſtreindre à aucune ſorte de Poëſie reglée; quoy que ſi cela doit reüſſir, l'on puiſſe en attendre la perfection de Monſieur du Chemin Aduocat au Parlement, qui a deſia mis beaucoup d'Odes de Pindare, & d'Horace en Muſique ſuiuant la meſure, & le propre mouuement que requiert la nature de chaque vers. Et ſi quelqu'vn deſire ſçauoir tout ce qui appartient à la poëſie metrique, i'en ay preparé vn traité entier que ie luy communiqueray tres-librement. I'adiouſte ſeulement icy que l'on trouuera quaſi tout ce qui ſe peut dire ſur ce ſuiet dans la 57. queſtion de nos Commentaires ſur le premier liure de la ſaincte Eſcriture, & que nos Muſiciens auront de differentes eſpeces de vers meſurez, s'ils obſeruent exactement les ſyllabes longues & breſues de nos vers rimez; qui reüſſiront peut-eſtre beaucoup mieux pour les airs, que les vers meſurez, dont ie parleray dans vn autre lieu.

Surquoy il eſt bon d'auertir les Maiſtres de Chœur qui compoſent les motets, & les autres pieces de Muſique, dont la lettre eſt latine, que tout ce qu'ils feront chanter aura beaucoup plus de grace s'ils obſeruent les ſyllabes longues & briefues, d'autant qu'ils rencontreront quaſi toutes ſortes de vers ſans les chercher, dont Epheſtion & les autres ont vſé: quoy qu'ils ne ſoient pas tellement obligez à faire toutes les longues & les breſues, qu'ils ne s'en puiſſent diſpenſer, comme ils font en allongeant la premiere ſyllabe briefue de chaque diction, en imitant la prononciation de la Proſe, par exemple, on allonge la premiere ſyllabe de *Dominus*, & de *Deus*, &c.

Or ceux qui entendent le Latin receuront vn ſingulier plaiſir à la lecture des ſix liures que ſainct Auguſtin a fait de la Muſique, & verront l'eſtat qu'il fait des mouuemens Rythmiques, comme il les trouue, & les remarque en toutes les choſes du monde, & comme il eſleue l'eſprit à Dieu par leur moyen; c'eſt ce que ie deſire ſemblablement que facent ceux qui liront ces liures des Chants, afin qu'il n'y ayt nulle recreation, d'où l'on ne tire du ſecours pour porter la volonté à ſon deuoir, qui conſiſte particulierement à adorer les Decrets eternels de la Diuine maieſté.

Ceux qui voudront apprendre les regles particulieres qui ſeruent à faire des airs, & des chants propres pour eſleuer l'eſprit à Dieu, les trouueront dans les liures de la Compoſition & de l'art, ou de la Methode de bien chanter.

FIN.

TRAITEZ
DES
CONSONANCES,
DES DISSONANCES,
des Genres, des Modes, & de la Composition.

A MONSIEVR,
M. NICOLAS CLAVDE FABRY
SIEVR DE PEIRESC ET DE CALLAS,
Baron de Rians, Abbé & Seigneur de Guiſtres,
& Conſeiller du Roy en la Cour de Parlement d'Aix en Prouence.

MONSIEVR,

Ie ne doute nullement que les Traitez de l'Harmonie que ie vous enuoye ne vous ſoient agreables, puis que vous les auez tirez de l'obſcurité & des tenebres, qui les euſſent peut-eſtre touſiours enuelopez & enſeuelis ſans vne main aſſez bonne & aſſez puiſſante pour les faire ioüir de la lumiere, comme vous auez fait; de ſorte que tous ceux qui les liront, vous en ſeront entierement redeuables.

Ce ne ſont pas les premieres faueurs que le public, & particulierement ceux qui cheriſſent les muſes ont receu de voſtre liberalité, dont vous auez tellement chargé toute l'Europe, qu'il eſt difficile de faire rencontre d'vne compagnie d'honneſtes gens & d'hommes ſçauans, qui ne le teſmoigne auec vn contentement tres-ſenſible & tres-particu-

EPISTRE.

lier, & qui n'aduouë franchement que les bonnes lettres, & ceux qui les cultiuent vous doiuent autant, ou dauantage qu'à nul homme qui viue maintenant.

Car vous ne leur fourniſſez ſeulement pas les tresrares manuscrits, les medailles & les autres reliques de la venerable antiquité dont voſtre Cabinet est enrichi, pour ayder à conduire leurs ouurages à la perfection que l'on en peut eſperer, mais vous leur faites venir tout ce qu'il y a de plus curieux au Leuant, & dans toutes les autres parties de la terre, ſans en pretendre autre choſe que d'ayder à faire valoir le talent d'vn chacun, & à faire paroiſtre la portée & l'eſtenduë de l'eſprit humain. D'où ie ne veux pas conclure l'obligation que nous vous en auons tous, parce que la concluſion est ſi euidente, que ie ferois tort à ceux qui raiſonnent de la deduire. Et nous pourrions meſmes eſperer des ſecours beaucoup plus grands, ſi la prouidence Diuine vous auoit ouuert le chemin de la Chine pour accomplir vos genereux deſſeins, qui nous feroient voir les caracteres de leur Chronologie, les principes de leur Philoſophie, leurs obſeruations celeſtes, la capacité de leurs eſprits, & l'ordre qu'ils tiennent dans toutes les ſciences. Ie ne veux pas parler des faueurs & des careſſes que tous les Doctes reçoiuent chez vous, puis que nul ne vous peut viſiter que vous ne le contraigniez de croire & d'aduouër qu'il ſemble que vous n'ayez dreſſé voſtre cabinet que pour

EPISTRE.

luy, & que tous vos biens soient aussi communs aux sçauans, que l'air & l'eau à tous ceux qui respirent: de sorte que ie suis asseuré qu'ils approuueront entierement l'offre que ie vous fais de cet ouurage, afin que nostre siecle tesmoigne à la posterité qu'il a donné vn homme qui peut seruir de modele à tous ceux qui voudront, comme vous, imiter la bonté de Dieu, qui ne cesse iamais de bien faire, & que l'Harmonie mesme qui se presente pour vous offrir ce qu'elle a de plus excellent s'employe toute entiere à reciter les loüanges de celuy qui luy a donné l'estre & la lumiere. Peut-estre que vous receurez quelque contentement particulier des raisonnemens qu'elle employe pour persuader que l'vnion des mouuemens donne la grace & les charmes aux accords les plus doux; & qu'elle jouyra des rauissans accueils que vous faites aux Muses. Si ses traits sont trop grossiers & qu'elle ne merite pas d'entrer dans vostre Cabinet, elle aura du moins l'honneur d'estre enuisagée de celuy qui n'a iamais encore rien refusé à personne: & ie m'asseure que le genre Enharmonic qu'elle vous representera dans sa perfection auec tous ses compagnons; & les Modes qu'elle a vestus à la moderne ne vous seront pas desagreables. Et si ses Compositions ne sont pas si charmantes qu'on les pourroit desirer, à raison de leur grande simplicité, dont elle a voulu vser pour en faire entrer l'art & la science dans l'esprit, & dans l'oreille des auditeurs, ie suis asseuré que leur suiet recom-

EPISTRE.

pensera, puis qu'il est capable de rauir les hommes & les Anges, à sçauoir MISERICORDIAS DOMINI IN ÆTERNVM CANTABO.

Ie vous prie donc, MONSIEVR, de voir tous ces Traitez Harmoniques, & de me faire la faueur de m'en descouurir les ombrages & les defauts, afin que i'y puisse remedier soit en retranchant le superflu, ou en adioustant ce qui y manque, & que vous puissiez les receuoir vne autrefois dans vn meilleur ordre & auec moins d'imperfection. C'est dequoy ie vous supplie, dautant que ie ne desire pas dauantage excuser mes fautes, que si je les apperceuois dans vn autre, & que i'establis la sincerité de la vraye amitié, & de l'affection bien reglée dans la franchise dont les honnestes hommes ont coustume d'vser vers leurs amis & dont ils procurent, ou desirent le bien & l'honneur. Ie sçay que ce que ie vous presente est fort peu de chose, ce qui ne m'empeschera pas neantmoins de vous prier de le receuoir de la mesme affection, dont ie supplie le grand Maistre de l'harmonie de l'Vniuers de vous donner vne santé aussi bonne, & aussi longue que vous la desire celuy qui tient à tres-grand honneur d'estre

Vostre tres-humble & tres-obligé seruiteur
F. Marin Mersenne de l'Ordre de sainct
François de Paule.

De nostre Maison de la place
Royale ce 18. Aoust 1635.

Preface, & Aduertissement au Lecteur.

LA premiere chose que ie desire de ceux qui prendront la peine de lire ces liures, consiste à corriger les fautes de l'impression, dont i'en mettray quelques-vnes des plus importantes à la fin de cette Preface, afin qu'estant corrigées elles ne les retardent & ne les empeschent nullement.

La seconde, à laquelle on doit prendre garde, est que ie ne repete point icy plusieurs choses que l'on pourroit desirer, parce que i'en ay fait des Traitez particuliers : par exemple ie ne mets pas les diuisions, les definitions & les descriptions des differentes especes de Musique, d'autant que ie les ay données dans les 17 premiers Theoremes du premier liure du Traité de l'Harmonie Vniuerselle imprimé l'an 1627, où ie les explique si amplement qu'il est difficile d'y adiouster, soit qu'on regarde le sujet, & l'objet tant materiel que formel de la Musique, à sçauoir le Son dont ie parle fort au long dans le 7, 8, 9 & 10 Theoreme : ou que l'on considere l'Harmonie Speculatiue, Practique, Diuine, Creée, Mondaine, Humaine, Instrumentale, &c. A quoy l'on peut adiouster les deux Autheurs Grecs que i'ay torné en François, à sçauoir Bacchius & Euclide, dont i'ay donné la Musique toute entiere dans le 17 Theoreme auec des Tables particulieres pour en faciliter l'intelligence. Et puis i'ay donné tous les principes de la Musique tant Theorique que Practique dans les autres Theoremes qui suiuent, iusques au 30, qui comprend ce que Salinas a de meilleur dans ses liures. Quant au second liure il contient toutes les comparaisons qui se peuuent faire des Sons, & de l'harmonie auec toutes les choses du monde qui sont proportionnées, de sorte qu'il n'est pas aysé d'adiouster aux 15 Theoremes dudit liure.

I'ay encore traité de plusieurs autres difficultez touchant ce sujet, dans deux liures particuliers, à sçauoir dans les Preludes de l'harmonie, & dans les Questions Harmoniques l'an 1634, par exemple quel doit estre l'Horoscope du parfait Musicien, où ie monstre par les principes de l'Astrologie que l'on ne peut rien predire du temperament, ou de la vie des hommes par la cognoissance que l'on a des Astres, & où ie mets trois horoscopes d'vn parfait Musicien selon l'opinion de trois excellens Astrologues de ce siecle. I'ay traité aussi du temperament, de la capacité & de la science que doit auoir vn parfait Musicien ; du Iuge des concerts, si c'est l'oreille, ou l'entendement ; s'il est expedient d'vser du genre Enharmonic, par quel endroit se romperoit vne chors de esgale en toutes ses parties, laquelle seroit tirée esgalement : pourquoy les Grecs ont reglé toute leur Musique sur les Quartes ; pourquoy les Sons seruent à former les mœurs des hommes : quel iugement l'on doit faire de ceux qui hayssent la Musique, & si elle merite l'attention des hommes d'vn grand iugement & d'vn bon esprit ; s'il appartient aux sçauans, ou aux ignorans de iuger de la bonté des concerts : si la Theorie est preferable à la Pratique : si les Grecs ont esté meilleurs Musiciens que les François, & d'où vient que la nature & les hommes se plaisent à la diuersité, dont ie parle dans la 14 Question Physique. Ie laisse ce que i'ay dit des raisons, des proportions, des medietez,

ã iiij

Aduertissement au Lecteur.

des tons, & de tous les autres moindres, ou plus grands interualles de la Musique dans le second liure de la Verité des Sciences imprimé l'an 1625, & dans la 56 & 57 question diuisée en dix-sept Articles, inserée dans le Commentaire sur la Genese, où l'on void quasi tout ce qui concerne l'harmonie.

La troisiesme chose est, que ie ne desire pas que l'on prenne les dictions *demonstrer* & *determiner* dont i'vse souuent au commencement des Propositions, au mesme sens, & en la mesme signification qu'en Geometrie, mais seulement comme l'autre diction à sçauoir, ou examiner &c. dont ie me sers pour mesme suiet, car ie sçay qu'il est trop difficile de pouuoir demonstrer aucune chose dans la Physique, si l'on prend la demonstration à la rigueur. C'est pourquoy chacun est libre de suiure telle opinion qu'il voudra, selon les raisons les plus vrayes semblables : par exemple, ceux qui aymeront mieux tenir que tous les tons & les demitons doiuent estre esgaux (lesquels i'explique dans l'onziesme Proposition du liure des Dissonances) comme fait Steuin au commencement du premier liure de sa Geographie, & les Aristoxeniens d'Italie auec plusieurs autres, & non inesgaux comme les met Ptolomée, ne manqueront pas de raison ; & il sera difficile de leur demonstrer que la Quinte est iustement en raison sesquialtere, & le ton en raison sesquioctaue, ou s'il s'en faut vne milliesme partie, &c.

Or bien que l'on puisse mettre tel ordre que l'on voudra entre ces liures, lesquels nous auons esté contraints de commencer par de nouueaux nombres & alphabets, neantmoins ceux qui preferent l'harmonie à la Physique pourront commencer à les lire par ces quatre liures des Consonances, qui a esté en effet le premier imprimé ; auquel succedent celuy des Dissonances, des Genres, des Especes de chaque Consonance, des Modes & de la Composition. Et puis il sera bon de lire le liure de la Voix & des Chants ; & ceux des instrumens à chordes, à vent & de percussion : & finalement celuy des Sons, & du mouuement de toutes sortes de corps, par lesquels ceux qui ayment mieux la Physique, & les Mechaniques pourront commencer, de sorte qu'ils pourront mettre le liure du Mouuement de toutes sortes de corps le premier : celuy du mouuement & des autres proprietez des chordes le second : celuy des Sons le troisiesme : celuy des Chants le quatriesme : celuy de l'Art de bien chanter, &c. le cinquiesme : celuy des Consonances le septiesme : celuy des Dissonances le huictiesme : celuy des Genres & des Modes le neufiesme : celuy de la Composition le dixiesme : & puis les quatre des Instrumens à chordes, & les trois autres des Instrumens à vent & de percussion ; de sorte que cet ouurage contiendra 17, ou 18 liures s'il s'accomplit.

La quatriesme chose dont i'auertis le Lecteur, est que ie me suis quelquefois estendu fort amplement sur quelques Propositions que l'on peut obmettre si l'on veut, quoy qu'elles soient fort recreatiues, & qu'elles contiennent plusieurs choses à remarquer, comme sont la 2, 3 & 4 du liure des Consonances, & que si l'on trouue quelques difficultez qui semblent estre traitées trop briefuement en vn lieu, i'en parle pour l'ordinaire plus amplement ailleurs. Ie ne veux pas adiouster que ie crains que quelques-vns trouuent mauuais, ou hors de propos que i'aye tiré des conclusions morales, ou spirituelles en quelques endroits, par exemple dans la quatriesme Proposition du liure des Consonances, ou que ie me sois serui de similitudes prises des Sons, & de leurs accords pour esleuer l'esprit à Dieu, parce que ie ne les ay pas mises pour

Aduertissement au Lecteur.

ceux à qui elles deplairont (si toutesfois il se peut rencontrer quelqu'vn à qui les pensées que l'on a de Dieu en traitant des sciences humaines deplaisent) mais seulement pour ceux qui se resiouyssent du continuel rapport que l'on fait de toutes choses à Dieu, ce qui est tres-iuste, & par consequent tres-honneste, puis qu'elles luy appartiennent entierement, & qu'il n'est iamais hors de propos d'en parler comme il faut, puis qu'il n'est hors d'aucun lieu.

La cinquiesme chose appartient aux raisons, aux proportions & à leurs medietez ou milieux, dont ie parle dans la 34. Proposition du premier liure; dans laquelle il faut remarquer que la cinquiesme maniere que i'ay dit n'estre pas generale, peut estre renduë vniuerselle en y procedant en cette façon. L'on trouuera le milieu harmonic de la Dixiesme maieure, c'est à dire de la raison double sesquialtere de 5 à 2, si l'on oste le moindre terme du plus grand, & que l'on multiplie la difference par le moindre, car le produit sera le numerateur, & la somme des deux termes de la raison sera le denominateur; mais il faut tousiours repeter le moindre terme deuant la fraction, & si le numerateur est plus grand que le denominateur, il faut reduire les nombres en entiers: i'oste donc deux de cinq, il reste trois, lequel est la difference de cinq à deux; & puis ie multiplie trois par deux pour auoir le numerateur six; le denominateur vient de l'addition de cinq à deux, qui font sept, de sorte que $2\frac{6}{7}$ est le milieu harmonic entre 5 & 2. L'on trouuera tout le reste de la mesme maniere.

Or il est aysé de trouuer ce milieu en plusieurs autres façons: par exemple, lors que trois fractions ont vn mesme numerateur, & que leurs denominateurs sont en progression Arithmetique, la fraction du milieu est le milieu harmonic entre les deux extremes, comme l'on void en ces trois fractions $\frac{1}{1}, \frac{1}{3}, \frac{1}{5}$, car $\frac{1}{3}$ est le milieu harmonic. Et si les fractions ont differens numerateurs, il les faut reduire à vn mesme numerateur, afin de trouuer tres-promptement le milieu harmonic entre tous les termes proposez: de là vient que toutes les fractions qui ont l'vnité pour leur numerateur, & qui se suiuent en progression naturelle, comme $\frac{1}{1}, \frac{1}{2}, \frac{1}{3}, \frac{1}{4}$, &c. iusques à l'infiny ont perpetuellement des milieux harmonics, car $\frac{1}{3}$ est le milieu harmonic entre $\frac{1}{1}$, & $\frac{1}{5}$; & $\frac{1}{4}$ est le milieu entre $\frac{1}{3}$ & $\frac{1}{5}$, & ainsi des autres iusques à l'infini.

L'on trouue aussi ce milieu harmonic en adioustant les deux termes de la raison, & en les multipliant par la moitié du produit, car la somme qui vient des deux extremes se multipliant donne ledit milieu : par exemple, quinze est le milieu harmonic entre 20 & 12 qui sont en raison de cinq à trois, lesquels estant adioustez font huict, dont la moitié 4 les multipliant l'on a 20 & 12, & trois multipliant cinq, on a quinze pour ledit milieu.

Ie veux encore adiouster vne autre maniere, qui suppose que trois nombres se suiuent en progression Arithmetique, comme 2, 3, 4; cecy posé, le premier nombre qui se peut diuiser par ces trois nombres, à sçauoir douze, estant diuisé donne 6, 4, 3, entre lesquels 4 est le milieu harmonic. Où il faut remarquer que ces six nombres, c'est à dire les diuiseurs & les quotiens, sont en raison alterne, puis que 4 est à 6, comme 2 à 3, 3 à 4, comme 3 à 4, & 2 à 4, comme 3 à 6, quoy que les trois quotiens ne soient pas continuellement proportionels, comme les trois diuiseurs. Mais puis que ce milieu sert si peu dans la Musique, comme i'ay monstré en plusieurs endroits, ie ne m'y arreste pas dauantage : ceux qui ayment la cognoissance & la pratique des raisons, & des

Aduertissement au Lecteur.

proportions, trouueront dequoy se contenter dans le cinquiesme liure des Elemens d'Euclide, dont les Doctes Geometres font plus d'estat que des autres.

La sixiesme chose concerne en general toutes les difficultez que i'ay touché, dont ie ne pretends pas tellement auoir donné les veritables solutions, que ie ne sois bien ayse d'en receuoir de meilleures de qui que ce soit : & mesmes i'en ay mis plusieurs qui ne me contentent pas entierement, afin de donner suiet aux meilleurs esprits de rechercher de si bonnes raisons de tout ce que i'ay proposé, ou de tout ce qu'ils y voudront adiouster, qu'elles satisfacent à tout le monde. Or bien que ie puisse sembler trop long à plusieurs en de certaines difficultez, par exemple dans la trente-troisiesme Proposition, ou ie recherche pourquoy il n'y a que sept Consonances, & dans quelques autres Propositions, neantmoins si l'on considere la grandeur des difficultez qui y sont proposées, ie croy que l'on iugera qu'elles meritent des liures entiers. Quant à celles qui sont fondées sur les obseruations & les experiences, que i'ay fait, i'ay retenu pour quelque temps les instrumens necessaires pour contenter les plus difficiles, & pour leur faire voir ce qu'ils desireront sçauoir: quoy qu'elles soient assez aysées à faire sans l'ayde d'aucun, si l'on prend la peine de lire la maniere dont ie m'en suis serui en presence de plusieurs qui y ont aydé, & qui les ont iugé tres-exactes.

La derniere chose consiste à expliquer pourquoy la figure circulaire toute pleine de nombres a esté adioustée à la planche en taille douce de la XII. Proposition du second liure des Dissonances, sans aucune explication : ce qui est arriué parce qu'elle a esté grauée apres l'impression, afin de conseruer la pensée & le labeur du sieur Cornu, qui a compris toute la theorie & les raisons des interualles harmoniques dans ce petit cercle, afin d'expliquer toutes les Consonances & les Dissonances qui se trouuent sur toutes les touches de l'Epinette, ou de l'Orgue. C'est pourquoy i'adiouste icy cette explication, que l'on peut transporter dans ladite douziesme Proposition ; & pour ce suiet ie repete les treize lettres de l'Octaue diuisée en douze demitons, comme elle est sur l'Epinette, afin que l'on comprenne plus ayséement toutes les raisons qui sont d'vne lettre à l'autre. Soient donc les treize lettres de ladite figure circulaire C, cx, &c. où il faut remarquer que les deux G ne sont differents que

C
cx
D
dx
E
F
fx
G
G
gx
A
B
♮

d'vn comma, & qu'ils ne sont pris que pour vne seule chorde, ce que i'explique si clairement dans le troisiesme liure des Genres, & dans ceux des instrumens, qu'il n'est pas besoin d'en parler maintenant. I'adiouste seulement que ledit sieur a tellement compris le secret de ces deux G, qu'il à fort bien remarqué que l'on n'a point de Diapente en haut, ny de Diatessaron en bas lors qu'il n'y a qu'vn G, & que l'on fait les interualles iustes : car quant aux Facteurs d'Orgues ils diminuent vn peu chaque ton maieur, & augmentent le mineur pour distribuer le comma, qui est entre ces deux G, dont ie monstre l'vsage dans la 25 & 26 Proposition du liure des Genres.

Cecy estant posé, les treize touches, ou lettres contiennent sept Tierces maieures de cinq à quatre, six Tierces mineures de six à cinq, neuf Quartes de quatre à trois, & neuf Quintes de trois à deux, six Sextes maieures de cinq à trois, sept mineures de huict à cinq, deux Septiesmes maieures de quinze à huict, & quatre mineures de neuf à cinq.

Aduertissement au Lecteur.

Tierces maieures.	Tierces mineures.	Quartes.		Quintes.		Sexte maieur.	Sexte mineur.		Septiesme maieure.		Septiesme mineure.	
C E	xc E	C	F	F	C	C A	xc	A	ieure.		neure.	
D fx	D F	xc	xf	xf	xc	E xc	D	B	c	♯	xc	G
E gx	E G	E	A	A	E	F D	E	C	F	E	D	C
F A	xf A	F	B	B	F	G E	xf	D			xf	E
G ♯	xg B	G	C	C	G	A xf	xg	E			A	G
A cx	A C	xg	xc	xc	xg	♯ xg	A	F				
B D		A	D	D	A		♯	G				
		B	xe	xe	B							
		B	E	E	♯							

Quant aux Dissonances qui se rencontrent dans la mesme figure, elles sont contenuës dans l'autre table qui suit, dans laquelle les petites lettres Italiennes signifient les degrez Chromatiques, quoy qu'elles soient sans les caracteres des dieses.

♯ à D, G à ♯, C à E de 32 à 27 Tierce mineure diminuée d'vn comma.
D à G, f à ♯ 27 à 20 Quarte diminuée d'vn comma.
♯ à f, e à f, F à g 75 à 64 Tierce mineure diminuée d'vne diese.
e à G 81 à 64 Tierce maieure trop grande d'vn comma.
B à G, D à ♯, d à C 27 à 16 Sexte maieure trop grande d'vn comma.
e à B, 405 à 256 Sexte maieure diminuée d'vn limma.
e à c, B à g 225 à 128 Septiesme mineure diminuée d'vne diese.
F à e, G à F, g à f, ♯ à A, C à B, E à D, 15 à 9 Sept. min. diminuée d'vn comma.
g à F, f à e, c à B, 128 à 75 Sexte maieure trop grande d'vne diese.
♯ à f, G à D, 40 à 27 Quinte diminuée d'vn comma.
G à e, 128 à 81 Sexte mineure diminuée d'vn comma.
f à B, c à F, g à c, 32 à 25 Tierce maieure trop grande d'vne diese.
C à f, G à c, 15 à 18 Quarte trop grande d'vn demiton mineur.
c à e, g à B, 256 à 225 Ton mineur trop grand d'vne diese.
e à G, f à C, 36 à 25 Quinte diminuée d'vn demiton mineur.
c à g. 675 à 512 Tierce maieure augmentée d'vn demiton moyen.
E à B, g à D, A à e, ♯ à F, 64 à 45 Quinte diminuée d'vn demiton moyen.
g à e, 1024 à 675 Sexte mineure diminuée d'vn demiton moyen.
♯ à e, 512 à 405 Quarte diminuée d'vn demiton moyen.
B à f, C à g, F à c, 25 à 16 Sexte mineure diminuée d'vne diese.
B à E, e à A, F à ♯, D à g, 45 à 32 Quarte augmentée d'vn demiton moyen.

Or il n'est pas necessaire d'expliquer les raisons des demitons & de la diese, puis que i'en parle tres-amplement dans la seconde Proposition du liure des Dissonances. Ie laisse plusieurs autres choses, qu'il est aysé de conclure des discours de chaque proposition, afin d'adiouster les principales fautes de l'impression, que ie mets dans la page qui suit.

Fautes suruenuës en l'impression.

PAge 5. lisez *Proposition* II. Dans la 92 page, où ie dis que la 5 maniere de trouuer le milieu harmonic n'est pas generale, i'adiouste qu'il y a moyen de la rendre generale, comme ie monstre dans vn autre lieu. Page 134. lig. 8. apres *toises* lisez *en*. ligne 14. adioustez o à 100. Page 135. lig. 25. apres *cheu* lisez *pendant*, lig. 137 pour 25" lisez 10". ligne 138 apres *cheu* lis. *de*. lig. 139. apres *lieu* lisez *d'où*. Page 136. quatre lignes pres de la fin adioustez o à 3". Page 182. il faut mettre vne note quarrée de deux mesures pour la mediante de la Quinte du 4 Mode, & au titre du 12 *souz hyperphrygien*. Page 263 ligne 35 lisez *maieur* au lieu de *mineur*. ligne 38 lisez d'vne *Tierce mineure* au lieu d'vn ton maieur. ligne 41 lisez *huictiesme* & non pas neufiesme. Page 262 ligne 9 *qu'il* pour qui, en la Musique mettez 6 entre le dernier 6 & 10. & effacez la dixiesme note de la 2 Basse. Page 264 ligne 10 lisez 15 & non 14. & au titre de la Proposition lisez XXIII. Page 266 entre les deux derniers 6 des nombres de dessus la Musique mettez 7. à la 18 ligne *mineure*. Page 268 escriuez à la Basse de la cadence

|𝄞 o o o o | Page 269 ligne 32 lisez *Trios*.

LIVRE PREMIER.
DES CONSONANCES.

PREMIERE PROPOSITION.

A sçauoir s'il y a des Consonances & des Dissonances dans la Musique, & quelles elles sont.

CEvx qui ne prennent nul plaisir à la Musique, ou qui tiennent toutes choses indifferentes, nient qu'il y ait des Consonances, ou des Dissonances, tant parce qu'ils ne prennent nul plaisir aux vnes ny aux autres, que parce qu'ils n'estiment rien d'agreable ou de desagreable dans la nature, dautant que ce qui plaist à l'vn desplaist à l'autre. Et puis, quel plaisir y a-t'il d'apperceuoir que l'air est battu deux ou trois fois par vne chorde, pendant qu'il est battu quatre ou six fois par vn autre? L'oreille & l'imagination n'est-elle pas plus contente de demeurer en repos que d'estre trauaillee par quarante-huit battemens d'air d'vn costé, & par nonante & six de l'autre, comme il arriue lors qu'on fait l'Octaue?

D'ailleurs, pourquoy les battemens qui font la Seconde ou la Septiesme mineure, sont-ils plus desagreables que ceux qui font la Quinte ou la Tierce? Certainement cette difficulté n'est pas l'vne des moindres de la Musique; car si le vray plaisir consiste à conseruer ou à faire croistre ce que nous auons, il est difficile de monstrer que les battemens d'air qui font les Consonances, aident à nostre conseruation, & augmentent la perfection du corps ou de l'esprit, puis que l'on experimente que ceux qui n'aiment pas la Musique, & qui la tiennent inutile, ou tout au plus indifferente, ne sont pas moins parfaits du corps & de l'esprit que ceux qui l'aiment auec passion.

Neanmoins il est bien difficile de rencontrer des hommes qui prennent autant de plaisir à oüir vne Dissonance, par exemple la Seconde, ou le Triton, comme à oüir l'Octaue & la Quinte. Et bien que l'on en puisse trouuer qui maintiennent qu'il n'y a point de plaisir à oüir les Consonances, ou qu'il n'y a point de Consonances, ny de Dissonances, ils seront contraints d'aüoüer que le Triton, ou les Secondes sont plus desagreables que la Douziesme, ou l'Octaue, s'ils se donnent le loisir de considerer & d'oüir ces interualles, & consequemment s'ils ne veulent pas confesser qu'il y a des interualles agreables, ils aüoüeront qu'il y en a de plus agreables les vnes que les autres; ou qu'ils s'imagi-

A

nent quelque chose de moins des-agreable dans l'Octaue que dans le Triton ; & s'ils n'osent rien asseurer, depeur de faire tort à la liberté Pyrrhonienne, & de perdre l'Vnisson & l'equilibre de leur esprit, dont ils vsent pour suspendre leur iugement, ils n'oseront pas nier que les interualles dissonans ne soient des-agreables, & que les Consonances ne soient agreables, puis qu'ils craignent autant l'affirmation que la negation.

Mais puis que tous les autres auoüent & asseurent que les interualles que nous appellons consonans sont agreables, & que les dissonans sont des-agreables, & que nous auons d'assez bonnes raisons pour prouuer cette verité, il n'y a nul danger d'asseurer qu'il y a des Consonances & des Dissonances, dont ie traiteray amplement dans ce liure, quand i'auray respondu aux obiections precedentes, dont la premiere oppose tous ceux qui ne trouuent rien d'agreable dans la nature, ce qui ne peut arriuer : car il n'y a point d'homme, ny mesme d'animal, qui ne reçoiue quelque plaisir, puis que tous les hommes aiment quelque chose, & qu'il n'est pas possible que ce que l'on aime deplaise tandis que l'on l'aime : or l'on ne trouue point d'homme qui n'aime la vie, & ce qui est necessaire pour la conseruation de son estre ; & consequemment il y a quelque chose d'agreable, soit que la mesme chose agree à tous, ou seulement à quelques-vns ; & s'il se rencontre quelque chose qui soit aimee de tous, elle sera semblablement agreable à tout le monde.

Ceux qui desireront voir d'où l'on doit prendre le iugement des sons, & de leur agreement, pourront lire la 6 question des Preludes de l'Harmonie, où ie determine si le sens de l'oüye doit estre le iuge de la douceur des Concerts, ou si cét office appartient à l'entendement : & puis i'ay rapporté beaucoup de choses sur ce suiet dans la premiere question Harmonique, dans laquelle i'examine fort amplement si la Musique est agreable, si les hommes sçauans y doiuent prendre plaisir, & quel iugement l'on doit faire de ceux qui ne s'y plaisent pas, ou qui la mesprisent. L'on trouuera au mesme lieu vn excellent discours Sceptique, dont les raisons estant iointes aux 30 qui sont dans la question, font vn traité assez ample. Il y a encore d'autres questions Harmoniques en suite de ce discours, dont on peut tirer de la lumiere pour les difficultez de cette premiere proposition.

Quant aux raisons pour lesquelles les battemens d'air qui font les Consonances sont agreables, & ceux qui font les Dissonances sont des-agreables, ie les expliqueray dans le discours particulier de chaque Consonance, & dans celuy que ie feray de la Beauté & de la Proportion qui rend les choses agreables. Mais afin que l'on ait quelque legere connoissance des Consonances dont nous parlerons desormais, ie les expliqueray icy briefuement dans les tables qui suiuent, & qui font voir toutes les simples Consonances, dont la premiere explique tellement leurs termes, que le plus grand nombre represente la plus longue ou la plus grosse chorde, & commence par l'Vnisson qui est marqué par l'vnité, & puis les autres suiuent depuis la moindre Consonance, à sçauoir depuis la Tierce mineure iusques à l'Octaue. Mais la seconde qui commence par l'Octaue, & finit par la Tierce mineure, represente les mouuemens ou les battemens de l'air qui font lesdites Consonances. C'est pourquoy ses moindres nombres qui sont en bas representent les plus grandes chordes, dont les retours sont plus lents ; & les plus grands nombres qui sont en haut signifient le plus grand nombre des retours & des battemens que font les moindres chordes.

Consonances.

Des Consonances.

Consonantes.

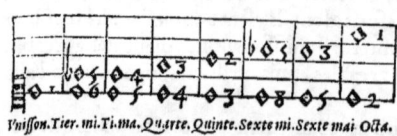

Vnisson. Tier.mi.Ti.ma. Quarte. Quinte.Sexte mi.Sexte mai Octa.

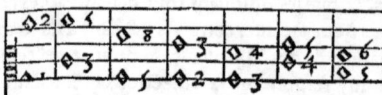

Octaue.Sexte mai. Sexte mi. Quinte. Quarte. Tierce mai.Tier.mi.

Quant aux repliques ou repetitions des Consonances, i'en parleray dans vn autre lieu. Neanmoins ie veux remarquer toutes les Consonances qui sont naturelles, afin de confirmer qu'il y a des Consonances dans la nature, puis que la Trompette nous les apprend, car lors qu'on en iouë, & que l'on commence par le son le plus graue de tous ceux qu'elle peut faire, l'on ne sçauroit passer de ce premier son à aucun son plus proche qu'à celuy de l'Octaue; si l'on veut monter plus haut que le second son il faut faire vne Quinte entiere; & si l'on passe outre, l'on ne peut faire vn moindre interualle que la Quarte: de sorte que ces trois interualles suiuent le progrez naturel des nombres; & si l'on fait vn 4 & vn 5 interualle, l'on fera la Tierce majeure & la mineure, dont le son aigu est éloigné d'vne Douziéme du plus graue de la Trompette.

Or ie donneray la raison pourquoy la Trompette fait pluftost ces interualles que nuls autres dans le discours particulier de la Trompette; car il suffit maintenant de marquer tous ces interualles dans la table qui suit, dont le premier rang contient les trois clefs de la Musique; le second les notes ordinaires; le troisiesme les nombres, qui monstrent tellement la raison des 6 consonances, que les plus grands signifient les plus grandes chordes: mais le dernier rang contient les nombres qui continuent tellement les raisons, que les moindres nombres signifient les retours des plus grandes chordes; & parce qu'ils sont beaucoup moindres que ceux du 3 rang, quoy qu'ils soient les moindres de tous ceux qui peuuent continuer les raisons de toutes les consonances, il s'ensuit que la representation des battemens de l'air est plus excellente que celle de la longueur des chordes, puis que les nombres qui signifient lesdits battemens s'éloignent moins de l'vnité, qui est la source de la science, de la perfection, & du plaisir.

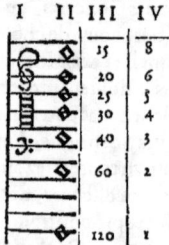

I	II	III	IV
		15	8
		20	6
		25	5
		30	4
		40	3
		60	2
		120	1

Or puis que nous auons parlé des Dissonances dans ce discours, il est raisonnable de les expliquer dans la table qui suit, & qui contient les six simples Dissonances qui sont comprises par l'Octaue. Où il faut remarquer que les moindres termes signifient les plus grandes chordes, parce qu'elles ne battent pas tant de fois l'air que les moindres qui sont representees par les plus grands nombres. Mais ie veux encore donner vne autre figure qui contiendra les trois precedentes, & tous les degrez qui sont dans la

Dissonances.

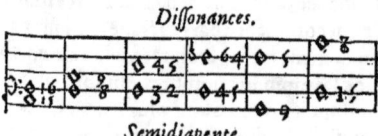

Semidiapente.

Seconde min. Secon. mai. Triton. Faussequinte. Septief.mi. Sept.mai.

4 Liure Second

Vingtdeuxiefme, dont la premiere colomne a 22 notes, la seconde contient les nombres qui expliquent les raisons de chaque degré suiuant la vraye Theorie, qui met l'inégalité des sons, c'est à dire qui met le ton majeur & le mineur, & consequemment les Tierces & les Sextes iustes, & qui vsent des moindres nombres pour signifier le moindre nombre des retours que font les plus longues ou les plus grosses chordes, & des plus grands pour exprimer le plus grand nombre des retours que font les moindres chordes; ce qui n'arriue pas à la troisiesme colomne, à raison qu'elle a les nombres Pythagoriques, qui n'ont que le ton majeur, & qui n'ont point d'autre demiton que le Pythagorique, dont nous parlerons ailleurs. La quatriesme contient les syllabes qu'il faut prononcer sur chaque note : où il faut remarquer que i'vse de la nouuelle maniere de chanter dans les syllabes de la premiere Octaue, afin de monstrer comme l'on peut chanter sans muances en mettant la syllabe BI au lieu de MI, & en disant *Vt, re, mi, fa, sol, la, bi, vt*, au lieu de *Vt, re, mi, fa, sol, re, mi, fa*, qui suiuent en montant pour accomplir le Trisdiapason de cette table. Mais i'expliqueray cette maniere de chanter plus au long dans le traité de la Methode & de l'Art de bien chanter. La cinquiesme monstre toutes les Consonances qui sont dans trois Octaues, c'est à dire dans la Vingtdeuxiesme; & la derniere contient les Dissonances, dont ie traiteray plus particulierement en plusieurs propositions : car il suffit maintenant de considerer tout ce que nous venons de dire dans la table qui suit.

Nombres.

Consonances.	Legitimes.	Pythago.	Notes.	Consonan.	Dissonances.
8	192	480	FA	XXII	
	180	512	MI		21
	160	826	RE	XX	
	140	998	SOL	XIX	
6	128	979	FA	XVIII	
	120	765	MI	XVII	
	108	864	RE		16
	96	972	FA	XV	
4	90	1024	MI		14
	80	1652	RE	XIII	
	72	1996	SOL	XII	
3	64	1958	FA	XI	
	60	1530	MI	X	
	54	1728	RE		9
2	48	1944	VT	VIII	
	45	2048	BI		7
	40	2304	LA	VI	
	36	2592	SOL	V	
	32	2916	FA	IV	
	30	3072	MI	III	
	27	3456	RE		2
1	24	3888	VT	I	

Or il faut commencer par l'Vniſſon, dautant qu'il eſt plus ſimple que les Conſonances, & moins ſimple que le ſon, puis qu'il n'eſt pas poſſible de faire l'Vniſſon, ſi du moins l'on n'vſe de deux ſons differens; de ſorte que l'Vniſſon s'éloigne de la ſimplicité du ſon, comme la raiſon d'égalité s'éloigne de l'vnité: quoy que l'on ne puiſſe pas comparer le ſon auec l'vnité en toutes choſes, dautant que le ſon eſt compoſé de pluſieurs battemens d'air, & que l'vnité n'eſt nullement compoſée; & puis le ſon eſt materiel, & l'vnité eſt immaterielle: & finalement le ſon dépend de l'oreille & de l'air, & l'vnité ne dépend que de Dieu, ou de l'entendement. Mais ie parleray plus amplement de la difference de l'Vniſſon d'auec le ſon dans la propoſition qui ſuit.

COROLLAIRE I.

Si l'on entend la derniere figure de cette propoſition, & particulierement la 2 colomne qui contient les moindres nombres, l'on pourra reſtituer toute la Muſique, encore qu'elle fuſt perduë; & l'on ſçaura mieux la Theorie que tous ceux qui nous ont precedez, & qui en ont eſcrit: car le moindre nombre exprime le nombre des battemens de l'air, qui font le ſon d'vn tuyau d'Orgue de 8 pieds; & le plus grand nombre ſignifie le moindre des battemens du tuyau d'vn pied: d'où l'on peut conclure le nombre des battemens que font les autres ſons de la Vingt-deuxieſme; & meſmes ceux qui ſont neceſſaires pour faire tel ſon que l'on voudra.

COROLLAIRE II.

I'euſſe peu traiter pluſieurs difficultez dans cette propoſition, par exemple, ſi les animaux font diſtinction entre les Conſonances, & les Diſſonances, & ſi les vnes leur plaiſent dauantage que les autres: combien il y a de Conſonances & de Diſſonances, & pourquoy il n'y en a qu'vn certain nombre, &c. mais i'en parleray en d'autres propoſitions, car il ſuffit icy de ſçauoir que les Conſonances ſe font de deux, ou de pluſieurs ſons, dont la conionction eſt agreable à l'oreille, & dont la premiere eſt appellee *Vniſſon*, duquel ie traite dans les propoſitions qui ſuiuent.

PROPOSITION XV.

Determiner la difference qui eſt entre le ſon & l'Vniſſon, & qu'elle eſt l'origine & la cauſe de l'Vniſſon.

Pluſieurs s'eſtonnent ſouuent des queſtions que l'on propoſe, parce qu'ils ne ſçauent pas la difficulté qui s'y rencôtre, mais lors qu'ils ont conſideré les raiſons que l'on a de douter, ils auoüent que leſdites queſtions meritent d'eſtre propoſées, comme eſt celle-cy, dont la difficulté conſiſte à ſçauoir quelle difference il y a entre l'Vniſſon & le ſon: car ſi l'on conſidere deux battemens d'vn meſme ſon, & que l'on les compare enſemble, l'on trouuera qu'ils font l'Vniſſon, & conſequemment que les parties d'vn meſme ſon peuuent faire l'Vniſſon. Et parce que les deux parties du meſme ſon ne peuuent faire l'Vniſſon ſi elles ne ſont vnies enſemble, & qu'elles ne peuuent faire le ſon ſi elles ne ſont deſ-vnies, c'eſt à dire ſi elles n'ont leurs durée en des temps differens, il s'enſuit que l'Vniſſon eſt ce ſemble plus ſimple que le ſon, ou du moins plus conjoint & plus vny : car encore que l'oüye ne ſoit pas aſſez ſubtile pour diſcerner la diſcontinuité ou la ſuccession des battemens de l'air qui font le son, neanmoins ils succedent veritablement les vns aux autres, & ne frappent pas l'oreille en mesme temps, à proprement parler.

Il ne s'ensuit pourtant nullement que l'Vnisson soit plus simple que le son, comme nous auons dit cy-deuant, car l'on peut dire que le son est deux fois plus simple, puis qu'il n'est iamais fait que d'vn seul battement d'air en mesme temps; par exemple, chaque battement de l'air qui fait le son du tuyau d'Orgue de 4 pieds ouuert, dure $\frac{1}{}$ d'vne seconde minute, de sorte que chaque battement fait vn son.

Mais l'Vnisson ne se peut faire sans deux battemens d'air qui se fassent en mesme temps: d'où il appert qu'il est deux fois moins simple que le son, & consequemment que l'Vnisson vient du son comme de son origine. Il faut neanmoins remarquer que les deux battemens qui font vn parfait Vnisson ont quasi le mesme effet qu'vn seul battement d'air, quand il est aussi fort que les deux precedens; car bien que les voix, les chordes, ou les sons des autres Instrumens n'ayent quasi iamais vne si grande égalité que les deux battemens d'air qui se touchent, ou se suiuent immediatement dans vn mesme son, neanmoins les deux sons ou les deux battemens de deux chordes de Luth ou d'Epinette, lors que lesdites chordes sont d'vne mesme matiere, & d'vne mesme longueur, grosseur & tension, & qu'elles sont également touchées, ou tirees de leur assiette naturelle, sont plus égaux que les deux battemens qui se suiuent dans vn mesme son, dautant que le premier battement est plus grand & plus fort que le second, comme i'ay demonstré dans vn autre lieu: de sorte que si ces deux battemens pouuoient estre joints ensemble, ils ne feroient pas vn Vnisson si parfait que les deux sons des deux chordes susdites, dont les deux battemens qui s'vnissent sont aussi grands & aussi forts que l'autre; d'où il s'ensuit que le premier Vnisson seroit semblable à celuy qui se fait de deux voix, dont l'vne est plus forte ou plus pleine que l'autre. Or comme nous auons besoin de plusieurs battemens d'air pour faire vn son qui puisse estre apperceu de l'oüye, quoy qu'il soit mal-aisé de determiner le nombre de ces battemens, il faut aussi plusieurs battemens de 2 chordes pour rendre l'Vnisson sensible à l'oreille.

COROLLAIRE I.

L'on peut conclure de cette proposition qu'il n'y a point d'autres sons graues ou aigus que la moindre, ou la plus grande multitude de battemens d'air qui se font en mesme temps, & consequemment qu'il vaudroit mieux dire, à proprement parler, que l'on apperçoit vn certain nombre de battemens d'air, que de dire que l'on oit vn son graue ou aigu; quoy que l'vn reuienne à l'autre, & que l'vn soit la cause, & l'autre l'effet.

L'on peut dire la mesme chose des battemens qui font l'Vnisson, & les autres Consonances: par exemple, l'Octaue n'est autre chose que deux battemens d'air comparez à vn battement d'air; de sorte que l'on peut dire que deux oiseaux qui volent, dont l'vn bat l'air deux fois plus viste que l'autre, font l'Octaue, car encore que l'on n'oye pas ces battemens, ils font neantmoins des sons qui peuuent estre oüis par des oreilles plus subtiles que les nostres. Il faut dire la mesme chose de tous les autres battemens de l'air qui sont faits par les boulets de canon, & des autres missiles que l'on jette dans l'air.

COROL. II.

Des Consonances.

COROLLAIRE II.

Il s'ensuit aussi de ce discours, qu'il n'importe pas que l'vn des battemens qui fait vne partie du mesme son, ou des Consonances, soit plus grand ou plus fort que l'autre battement, pourueu qu'ils se fassent en mesme temps; car bien que l'vn ait cent degrez de force, & l'autre cent degrez de foiblesse, s'ils durent autant l'vn que l'autre ils feront vn mesme son s'ils succedent l'vn à l'autre : & s'ils sont conjoints ils feront l'Vnisson ; & si l'vn se fait deux fois plus viste que l'autre, ils feront l'Octaue: mais i'ay parlé de ces battemens dans vn autre lieu, dont ie diray encore beaucoup de choses dans le discours particulier des Consonances, que ie commence par l'Vnisson, qui prend son origine du son, comme l'on a veu dans cette proposition. Mais il faut maintenant considerer les autres difficultez de l'Vnisson, par exemple s'il est Consonance ; s'il est plus agreable que les autres Consonances ; qu'elle est sa nature & sa definition, & quels sont ses effets, &c.

PROPOSITION III.

Expliquer en quelle maniere l'Vnisson prend son origine du son.

Les esprits excellens ne se contentent pas toûjours de sçauoir l'origine & le commencement des choses, & de connoistre la cause des effets, si quant & quant ils ne sçauent comme ils ont esté produits, quoy que la maniere nous soit souuent inconnuë; & si tost que l'on nous apprend la cause d'vn effet, nous demandons en quelle maniere la cause a produit cét effet. Par exemple, lors que la Theologie nous enseigne que Dieu a produit le monde, nous demandons comment, s'il la produit necessairement, ou librement, s'il la fait par sa puissance, ou par sa volonté, &c.

Or puis que nous voulons penetrer la Musique iusques à la premiere racine de ses proportions, il est raisonnable de considerer comment l'Vnisson prend son origine du son: ce qui est tres-aisé si l'on s'imagine le son comme vne ligne droite, qui est representee par la chorde du Monochorde, ou d'vn autre Instrument qui fait vn son ; car si l'on diuise ladite chorde par le milieu auec vn cheualet, ou auec le doigt, les deux parties de la chorde estant touchees en mesme temps feront l'Vnisson, comme l'on void dans la chorde A B, laquelle estant diuisee par le milieu au point C, rend les chordes A C & C B parfaitement egales, dont les sons font l'Vnisson : de sorte que la diuision que l'on fait du son en deux parties égales fait l'Vnisson, car A B ne bat qu'vne fois l'air en mesme temps qu'A C, ou C B le bat deux fois, & consequemment l'on a quatre battemens pour vn, car chaque costé de la chorde le bat 2 fois en mesme temps que la chorde entiere le bat vne seule fois.

C'est pourquoy il faut dire que l'origine de l'Vnisson vient de la diuision du temps & de la chorde, ou des autres corps, & de la multiplication des mouuemens, & que l'on peut dire que la resolution & la composition concurrent ensemble également ; car chaque retour d'A C

A———————C———————B

se fait deux fois plus viste que chaque retour d'A B. D'où l'on peut conclure que toute la Musique consiste en la relation & au rapport qui se fait d'vn son à l'autre ; car si l'on ne comparoit les 2 sons d'A C & de C B ensemble, il n'y auroit point d'Vnisson, comme il n'y auroit point

A iiij

de son dont on peust iuger, si l'on ne cosideroit la vistesse des battemens d'air qui produisent le son.

L'on peut neanmoins considerer l'origine de l'Vnisson d'vne autre maniere, car si l'on prend vne chorde égale à B A, elle fera l'Vnisson auec elle sans vser de diuision : de sorte que l'addition, qui est vne espece de multiplication, suffit pour produire ledit Vnisson : quoy qu'il soit plus aisé de le trouuer par la diuision, tant parce qu'il est plus facile d'auoir vne chorde que d'en auoir deux, que parce que l'on n'a pas besoin d'vne nouuelle tension ny d'experience pour connoistre si les deux chordes differentes & separees sont également tenduës, car la diuision que l'on fait d'A B au point C donne deux chordes également tenduës.

Et si la maxime de la Philosophie est veritable, laquelle enseigne qu'il faut tousiours choisir le chemin le plus court, afin d'éuiter les choses superfluës, & la multitude, quand l'vnité suffit ; il s'ensuit que l'origine de l'Vnisson est mieux prise de la diuision du son, ou de la chorde, que de la comparaison d'vn nouueau son, ou d'vne nouuelle chorde égale à B A : & consequemment l'Vnisson vient de la premiere diuision qui est la plus aisée de toutes les diuisions, & dont nous tirerons l'origine de l'Octaue apres les discours de l'Vnisson.

COROLLAIRE I.

Il semble que quand l'esprit se laisse emporter à la consideration des creatures qui ont leur origine de Dieu, qu'il se peut imaginer qu'elles viennent en quelque maniere de la diuision qu'il a faite de ses idees d'auec elles, dont elles sont vn crayon grossier, & vne image imparfaite, comme l'Vnisson est le portrait & l'image du son. Et c'est peut-estre ce que Platon a voulu dire en comparant la dualité à l'vnité ; quoy que ces comparaisons, & toutes les autres que l'on tire des estres dependans, soient trop éloignees & trop imparfaites pour nous faire conceuoir sa grandeur immense, qui n'a pas plus de rapport auec les sons, que l'immobile auec le mobile, & l'estre auec le neant : C'est pourquoy il nous suffit maintenant de l'adorer en esprit, & dans la verité de la foy, tandis que nous attendons le sejour où il nous découurira la splendeur de sa diuinité.

COROLLAIRE II.

Il faut remarquer que ce que i'ay dit des deux battemens ou des deux parties du son qui font l'Vnisson, doit semblablement estre entendu de 4,6,8,12, ou de tel autre nombre de battemens du mesme son que l'on voudra. Par exemple, si l'on compare les 48 premiers battemens ou retours de la chorde qui est à l'Vnisson d'vn tuyau d'Orgue de 4 pieds ouuert, auec les 48 seconds battemens de la mesme chorde ; c'est à dire si l'on compare le mouuement de la chorde ou de l'air qui se fait à la premiere seconde d'heure auec celuy de la deuxiesme seconde, l'on aura l'Vnisson, qui n'est autre chose qu'vn mesme son repeté ou multiplié.

COROLLAIRE III.

Si la seule vitesse du mouuement de l'air faisoit le son aigu, l'on pourroit dire que toutes les Consonances viendroient d'vn mesme son, dautant que la premiere partie du premier retour de la chorde est plus viste que la seconde partie, & que l'on

Des Consonances.

que l'on peut assez trouuer de differentes vitesses dans les retours qui font le mesme son pour les raisons de toutes les Consonances, & mesme des Dissonances: Mais puis que tous les retours de la chorde continuent seulement vn mesme son, & que le deuxmilliesme retour de la chorde n'est pas plus graue ou plus aigu que le premier ou le second, il s'ensuit que ces retours estant joints ensemble ne peuuent faire que l'Vnisson; si ce n'est que l'on die que le son d'vne chorde ou d'vn autre corps comprend en soy tous les sons, à raison des differens battemens de l'air qui se font par chaque point, ou partie de la chorde qui se meut d'vne differente vitesse; car les parties se meuuent dautant plus viste qu'elles sont plus proches du milieu; quoy que l'égale vitesse de chaque retour de la chorde entiere determine tellement le son qu'il semble tousiours également graue ou aigu; car il n'y a nulle apparence de dire que l'oreille se trompe, & qu'elle est tellement preuenuë & preoccupee par le son du precedent retour, qu'elle n'est plus capable de iuger du son des autres retours, puis que l'on experimente que celuy qui arriue sur la fin des retours, & qui n'a point oüy le son des premiers, trouue le mesme son que celuy qui a entendu le son des premiers retours; car si le premier mesure le son des premiers tremblemens de la chorde auec vn tuyau d'Orgue, & que le second mesure aussi le son des derniers tremblemens auec vn tuyau, l'on trouuera que les deux tuyaux font l'Vnisson.

COROLLAIRE IV.

Puis que chaque retour de la chorde fait vn son également graue ou aigu, il s'ensuit que ce son contient plusieurs Vnissons, car quand la chorde tremble 2000 fois, l'on peut dire qu'elle comprend mille Vnissons, ou mille fois l'Vnisson, dautant que si l'on ajoûte les 2 tremblemens qui se suiuent immediatement ils feront l'Vnisson: mais il faut remarquer que l'Vnisson des deux battemens qui se suiuent immediatement est plus parfait que celuy des deux qui sont éloignez, & consequemment que le premier & le dernier tremblement estant comparez & ajoûtez ensemble font l'Vnisson le plus imparfait de tous ceux qui se rencontrent dans le mesme son.

COROLLAIRE V.

Il faut encore remarquer que l'Vnisson peut venir d'vn mesme battement d'air, ou d'vn mesme tremblement de chorde, car si le battement a, par exemple, 2 degrez de force, & que l'on diuise cette force en deux parties égales l'on fera l'Vnisson, pourueu que chaque partie du son dure autant l'vne que l'autre: mais parce que l'on ne peut pas diuiser la force si quant & quant on ne diuise le son, & que le son, entant qu'il est son, ne peut estre diuisé qu'en se faisant plus aigu, il vaut mieux considerer celuy qui se fait par vn mesme retour, ou battement d'air, afin de comparer la premiere partie du battement à celle du milieu, & à la derniere, parce que si elles estoient jointes ensemble elles feroient l'Vnisson. Mais cette consideration est trop subtile pour la pratique, car il n'est pas possible que les hommes separent les parties d'vn mesme battement pour les joindre ensemble.

COROLLAIRE VI.

Il est quelquefois difficile de connoistre si deux sons font l'Vnisson ou l'Octaue, ce qui arriue particulierement lors que les Inſtrumens ſont de differentes eſ-peces, ou que l'vne des voix eſt groſſe, forte & pleine, & l'autre foible & delice, comme il arriue au ſon de l'Orgue, & des Inſtrumens à chordes, & aux voix des hommes & des enfans qui chantent ſouuent à l'Octaue, lors que l'on croit qu'ils chantent à l'Vniſſon. Mais ie traiteray de cette difficulté dans pluſieurs autres lieux, & particulierement dans les liures de la Pratique que ie ne veux pas meſler auec la Theorie, afin d'imiter la ſageſſe & la bonté diuine qui s'eſt employee de toute eternité à la theorie & à la contemplation de ſon eſſence, auant que de venir à la pratique qu'elle a fait paroiſtre dans l'harmonie de l'Vniuers.

PROPOSITION IV.

Determiner ſi l'Vniſſon eſt Conſonance, & s'il eſt plus doux & plus agreable que l'Octaue.

Ceux qui maintiennent que l'vniſſon eſt entre les Conſonances ce que l'vnité eſt entre les nombres, nient qu'il doiue eſtre appellé Conſonance, parce qu'il n'a nulle varieté de ſons quant au graue & à l'aigu : mais ceux qui croyent que l'vniſſon eſt la Reyne des conſonances ſont de contraire aduis, dautant qu'il ſuffit que les ſons ſoient differens en nombre pour faire vne conſonance, & que l'vnion des ſons eſtant la raiſon formelle deſdites conſonances, celle qui les vnit ſi parfaitement, qu'ils ſont oüys comme n'eſtant quaſi qu'vn meſme ſon, ne doit pas eſtre priuee du nom qu'elle donne aux autres. Ce que l'on peut confirmer par les noms que nous donnons à Dieu, quand nous l'appellons l'eſtre, le bon, le beau, &c. car encore que Dieu n'ayt pas l'eſtre, la bonté, ou la beauté que nous auons, & qu'il ayt ces perfections en vn degré infiniment plus parfait, toutesfois il eſt permis d'en parler en cette maniere, dont ſe ſert la ſaincte Eſcriture pour noſtre inſtruction ; & conſequemment l'vniſſon eſtant la cauſe exemplaire, & la fin des conſonances, puis qu'elles tendent toutes audit vniſſon, d'où elles tirent leur origine, comme les raiſons d'inegalité tirent la leur de la raiſon d'egalité, ce n'eſt pas ſans raiſon ſi l'on tient qu'il eſt la premiere conſonance.

Or l'vniſſon eſt conſideré en deux manieres, car il ſe peut continuër dans vn meſme ton, c'eſt à dire ſur vne meſme chorde, comme il arriue lors qu'on chante ſans hauſſer ou baiſſer la voix dans le chœur des Religieux qui n'vſent point de Plainchant ; ce que l'on peut nommer chant en *Iſſon*, c'eſt à dire egal, & dont la ſuite eſt ſemblable au commencement, & toutes les parties ſont vniſſones.

L'autre eſpece d'vniſſon eſt celuy du plainchant, qui ſe ſert de toutes ſortes de degrez pour monter ou deſcendre, & qui a plus de varieté que l'autre, lequel eſt ſemblable à vne voix qui tient ferme ſur vne meſme note, & qui n'a point d'autre diſtinction que celle qui vient des differentes ſyllabes, ou de quelques interruptions, pauſes, & repos pour reprendre haleine, & pour reſpirer, & ſoulager la voix & l'eſtomach.

Ces deux manieres d'vniſſon ſont differentes, en ce que la premiere n'a qu'vne ſeule eſpece de voix, ou de ſons, & que l'autre a vn nombre d'eſpeces auſſi grand, comme eſt la difference de l'aigu, ou du graue ; c'eſt pourquoy le premier vniſſon eſt plus ſimple que le ſecond, & l'vn & l'autre eſt conſonance, puis qu'ils ſont l'vnion de deux, ou de pluſieurs ſons, qui eſt agreable à l'oreille, quoy qu'ils n'ayent

Des Consonances.

n'ayent point d'autre difference que leur nature particuliere, & indiuiduelle, laquelle est la moindre difference de celles qui sont entre les substances.

Car cette difference suffit pour establir la raison d'egalité qui est distincte de celle de l'identité qui est plus simple, quoy qu'Aristote die au 39 Probleme de sa Section 19, que l'Octaue est plus agreable que l'Vnisson, parce qu'il n'est qu'vn simple son. Et dans le 2 liure des Politiques chapitre 5, que celuy qui met l'Vnisson entre les Consonances est semblable à celuy qui introduit la communauté de toutes choses dans les Republiques, & qui confond les vers auec le pied. Mais Iean des Murs au liure 2 du miroir de la Musique, chapitre 10, maintient qu'il est Consonance, dont tous ceux-là demeureront d'accord qui aiment mieux suiure la raison & l'experience que l'authorité. Et quant à la communauté des Republiques, à laquelle Aristote s'est opposé pour contredire à son Maistre, elle est tres-souhaitable ; mais il ne la faut pas esperer tandis que l'on prefere la diuersité à l'égalité ; car toutes les choses les plus excellentes nous conuient à cette égalité & communion de biens, puis que dans la nature la terre, l'air, & les cieux sont également faits pour tout le monde ; que dans l'estat de la grace il n'y a qu'vne mesme foy, mesme esperance, mesmes commandemens, & mesme loy ; & dans celuy de la gloire qu'vn mesme Dieu, qui sera toutes choses en tous, *omnia in omnibus*, lors que toutes choses luy seront assujetties, & qu'elles auront quité la diuersité, qui est la source de la corruption. De sorte que l'on peut dire que Platon, dont l'esprit a ce semble atteint iusques à la plus grande lumiere de la nature, contemploit la beauté des idees eternelles quand il proposa l'heureuse communion des biens, que son disciple est contraint d'embrasser lors qu'il adouë que les biens des amis doiuent estre communs. Or tous les hommes doiuent estre amis, puis qu'ils sont freres, & enfans d'vn mesme pere, & que la vraye religion nous enseigne que les fideles doiuent estre vn mesme corps & vn mesme esprit, puis qu'ils ont tous l'amour & la gloire de Dieu pour leur derniere fin. De là vient que toute l'Escriture saincte n'a point d'autre but que de nous faire embrasser la communion des biens tant de l'esprit que du corps, & de nous vnir à Dieu pour iamais, afin que l'Vnisson qui n'est pas icy dans l'estime qu'il doit estre, triomphé de la diuersité dont procede l'erreur, & iouïsse eternellement des prerogatiues dont on le veut priuer dans les differences du temps & du mouuement dont on vse maintenant.

Quant à l'autre partie de la proposition, à sçauoir si l'Vnisson est plus doux & plus agreable que l'Octaue, ie dis premierement qu'il n'y a nul doute qu'il ne soit plus doux, puis qu'il vnit ses sons plus souuent & plus aisément, car l'Vnisson estant d'vn à vn, tous les battemens de l'air s'vnissent à chaque coup, au lieu que les battemens de l'Octaue ne s'vnissent que de deux en deux coups ; & l'on trouuera toujours dans les operations de tous les sens, que ce qui s'vnit le plus aisément est le plus doux ; mais il ne s'ensuit pas qu'il soit le plus agreable : car encore que le sucre & le miel soit tres-doux, il n'est pourtant pas agreable à ceux qui aiment mieux les choses aigres & ameres : c'est pourquoy il faut voir si l'Vnisson est plus agreable que l'Octaue.

Ie dis donc secondement qu'il semble que l'Vnisson est plus agreable que l'Octaue, parce qu'il chatouïlle dauantage l'oreille, & qu'il se comprend plus facilement par l'imagination, laquelle est le principal siege du plaisir.

Et si l'on veut vser de comparaisons pour confirmer cette verité, la nature nous en fournit dans toutes les sciences, car le grand plaisir de l'Algebre consiste à trouuer toutes sortes d'équations qui se rencontrent par le moyen de l'égalité. La science des Mechaniques a son fondement dans l'équilibre, qui est vne certaine espece d'Vnisson. Et la Medecine n'a ce semble nulle fin ou speculation plus releuee que le temperament des corps reduit à l'égalité des humeurs. Et s'il est permis de monter plus haut nous trouuerons vn eternel Vnisson dans la diuinité, puis que les trois personnes ne sont qu'vne mesme nature, & n'ont qu'vne mesme volonté, mesme puissance, & mesme bonté, quoy qu'elles soient reellement distinctes. Ce qui sera peut-estre cause que les Bien-heureux chanteront perpetuellement à l'Vnisson, afin que leur chant soit conforme à l'égalité des trois personnes, & à l'estat d'égalité, qui prend son origine de la beatitude eternelle, qui n'est susceptible d'aucune alteration, & laquelle estant tres-simple requiert des chants tres-simples, qui ne peuuent estre plus simples quand plusieurs chantent, que lors qu'ils chantent à l'Vnisson.

L'on peut encore confirmer la mesme chose par le commencement & la fin des compositions qui font quasi toujours l'Vnisson, lequel est la fin de la Musique, puis que l'on experimente que toutes les Consonantes tendent à l'Vnisson, comme ie demonstre ailleurs. Et si l'on fait la comparaison de la force qu'à l'Vnisson du Pleinchant auec celle des Consonances de la Musique, l'on trouuera qu'il est plus puissant, & qu'il fait vne plus forte impression sur l'esprit qui n'est nullement distrait par la varieté des Consonances ou des Dissonances, & qui commence à goûter la Musique des Bien-heureux lors qu'il oit l'Vnisson, qui luy fait souuenir de son origine, & de la beatitude qu'il espere & qu'il attend.

La puissance de l'Vnisson n'imprime pas seulement ses effets sur l'esprit, & sur les ames, mais aussi sur les corps inanimez; car autant de fois que l'on touche vne chorde de Luth, de Viole, ou de quelqu'autre Instrument, elle esbranle & fait trembler les autres chordes qui sont disposees & tendues à l'Vnisson; & consequemment elle peut seruir pour faire mouuoir toutes sortes de machines, & pour faire iouër le canon: De sorte que l'on peut assieger & forcer les villes par le moyen de l'Vnisson, comme l'on dit qu'Orphee les bâtissoit auec le son de sa Harpe. Mais il faut reseruer ce discours pour le traité des sons dont on vse à la guerre.

Or l'vne des plus fortes raisons qui persuadent que l'Vnisson est plus agreable & plus naturel que l'Octaue se tire de l'experience, qui monstre que l'on s'ennuye beaucoup plutost d'oüir chanter à l'Octaue qu'à l'Vnisson, lequel on oit dans les Eglises l'espace de plusieurs heures auec plaisir: & bien que les enfans chantent naturellement à l'Octaue des hommes, neantmoins leur intention est de chanter à l'Vnisson, auquel tendent toutes les voix, qui sont conseruees & fortifiees par leurs semblables; car la ressemblance est la source de l'amour, & la conseruation de l'estre & de la nature de chaque chose, qui se conserue mieux par l'vniformité que par la difformité. Or les mouuemens que nos esprits reçoiuent de l'Vnisson sont parfaitement vniformes & égaux, & ceux de l'Octaue sont inégaux, puis que les vns sont deux fois plus vistes que les autres.

Et si nous comparons les sons aux objets du toucher, nous trouuerons que l'oreille reçoit autant de plaisir à oüir chanter l'Vnisson, que les sens du toucher au maniment des choses polies, molles, & douces, comme sont les satins, & mille autres choses semblables. De là vient que les Dissonances sont appellees dures,

& rudes,

& rudes, parce que leurs sons ressemblent aux corps durs, rudes, & inegaux, qui blessent la main, & qui destruisent les esprits qui seruent au sens du toucher.

Toutefois plusieurs croyent que l'Octaue & les autres Consonances sont plus agreables que l'Vnisson, dautant qu'elles ont de la varieté dans leur vnion, & que la nature se plaist à la diuersité, comme nous auons prouué dans vne proposition particuliere : & si l'on fait reflexion sur les accords qui charment l'esprit dans les Concerts, on sera contraint d'aouër qu'il se rencontre quelquefois de certains endroits qui rauissent l'auditeur ; ce qui ne se fait iamais si puissamment par l'Vnisson.

Et puis les differentes voix de la Musique qui sont doublees sont autant d'Vnissons qui sont enrichis & releuez par la diuersité des Consonances ; de sorte que s'ils sont bons & agreables estant tous seuls, ils doiuent encore estre meilleurs & plus agreables lors qu'ils sont ioints ausdits accords.

Quant à la grande egalité & vnion des sons qui font l'Vnisson, elle est ce semble trop simple pour donner du plaisir, puis que l'on experimente dans plusieurs choses, & particulierement dans les visibles, que ce qui est trop simple, & ce qui n'est pas composé de plusieurs parties n'est pas estimé agreable ; car vne seule ligne, soit droite ou circulaire, n'est pas belle ny agreable. Or l'Vnisson est semblable aux lignes qui sont toutes seules, comme le son est semblable au point & à l'vnité.

A quoy l'on peut ajoûter qu'il n'est pas possible de discerner l'Vnisson d'auec le simple son lors qu'il est parfait, c'est à dire quand les voix qui font l'Vnisson sont parfaitement egales ; & consequemment qu'il n'est pas plus agreable qu'vne voix, puis qu'il est oüy de la mesme sorte que s'il n'y en auoit qu'vne seule.

L'on peut encore rapporter icy toutes les raisons dont ie me suis seruy ailleurs pour prouuer que la diuersité plaist aux sens, & la comparaison dont vse Zarlin au troisiesme liure de ses Institutions, chapitre huictiesme, où il tient que l'Vnisson & l'Octaue sont semblables aux couleurs extremes ; c'est à dire au blanc & au noir ; & les autres Consonances moyennes, à sçauoir la Quinte, la Quarte, & les Tierces, aux couleurs moyennes, c'est à dire au verd, au rouge, & à l'azur, & consequemment que l'Vnisson & l'Octaue ne sont pas si agreables que les autres Consonances, puis que le blanc & le noir sont moins agreables que les couleurs meslees ou moyennes. Ce qui n'empesche pas neanmoins que l'on ne puisse conclure que l'Vnisson plairoit dauantage à toute sortes d'hommes s'ils estoient dans l'estat de la perfection ; qui repugne ce semble à la diuersité, dont le plaisir tesmoigne nostre indigence & nostre imperfection. Car puis que toute la Musique n'est que pour l'Vnisson qui en est la fin, pourquoy ne le prise-on dauantage que tous les accords ? la fin est elle pas meilleure & plus agreable que les moyens dont on vse pour y paruenir ? Mais ceux qui prennent plus de plaisir aux autres accords qu'à l'Vnisson sont semblables à ceux qui aiment mieux vn temps sombre & couuert en plein midy, que la pure lumiere du Soleil ; & qui preferent les couleurs qui participent des tenebres, comme sont les moyennes, que le blanc qui est l'image de la lumiere, & qui sert de couleur aux habits dont les Anges se reuestent pour paroistre aux hommes, & dont nostre Saueur a vsé dans sa Transfiguration, car ses habits estoient blancs comme neige, & brillans comme la lumiere. En effet ceux qui font plus d'estat du verd & des autres couleurs composees que du blanc, & des Consonances imparfaites que de l'Vnisson, sont semblables à ceux dont l'œil ne peut souffrir la lumiere, & qui reçoiuent plus de contentement de la speculation des veritez particulieres, que de l'vniuerselle qui est en Dieu, & qui aiment mieux ioüir des creatures & des voluptez passageres, que du createur, & des plaisirs eternels.

Quant à ceux qui sont montez au dessus de tout ce qui est creé, & qui ont mille fois experimenté le degoust que l'on a de toutes les veritez des Mathematiques, & de la Physique, lors qu'elles ont esté trouuees, & dont on ne reçoit quasi nul contentement que dans le labeur que l'on souffre en les cherchant, ils ne reçoiuent nul contentement des Concerts, & aiment mieux oüir chanter à l'Vnisson qu'à plusieurs parties; dautant que l'Vnisson leur represente le sejour des Bien-heureux, & la parfaite vnion des trois personnes diuines qui sont à l'Vnisson d'vne parfaite egalité.

Et parce que les Vnissons que l'on fait icy ne sont pas parfaits; ceux qui s'esleuent par dessus tout ce qui est corporel, & qui commencent à s'vnir d'vn ardent amour auec Dieu, ne reçoiuent nul contentement des Vnissons, sinon quand ils ont quelque lettre dont ils se seruent pour estre rauis dans la contemplation de l'estre souuerain; & sont plus aises de n'oüir point chanter afin de n'estre nullement distraits de la pensee qu'ils ont de l'vnité increée, à laquelle ils sont tellement arrestez, que nulle chose du monde ne les en peut separer.

I'estime donc que l'Vnisson est plus agreable que les Consonances, & qu'il faut porter compassion à la fragilité & inconstance des hommes qui n'ont pas ce sentiment, & qui font plus grand estat de la diuersité & de l'inegalité, que de l'vnité & de l'égalité, dautant qu'ils ne iugent pas des choses parce qu'elles ont de plus simple & de plus excellent, mais par ce qui reuient le mieux à leur appetit & à leur fantaisie.

Or l'on peut confirmer cette verité par vne puissante consideration de tout ce qui rend les choses agreables, c'est à dire de ce qui leur donne l'estre; les facultez & l'action; car il ne faut nullement douter que ce qui rend les choses agreables ne soit encore plus agreable que lesdites choses, puis qu'elles n'ont rien qu'elles ne l'ayent emprunté, & qu'elles ne sont agreables que par ce qu'elles ont emprunté de la source dont elles ont pris leur origine.

Les lignes, les figures & les corps n'ont rien que ce qu'ils empruntent du point, puis que la ligne n'est autre chose que le mouuement du point, comme les figures & les corps ne sont que le mouuement des lignes & des plans; car si l'on oste tous les points il ne demeure plus rien, de sorte que si l'on contemple la beauté & la perfection du point on aduoüra qu'il a la beauté des lignes & des figures en eminence & en perfection.

Et toutes les creatures qui ne dependent pas moins de Dieu que les lignes dependent du point, n'ont nulle beauté ny rien d'agreable que ce qu'elles reçoiuent de la presence de Dieu qui les crée perpetuellement; de sorte qu'il n'y a rien de parfait dans les creatures que Dieu. De là vient que la plus grande beauté des creatures est la plus grande assistance que Dieu leur donne, & la plus grande quantité de sa lumiere qu'il leur depart, & dont il les illumine: comme les

nombres

nombres sont les plus grands, à qui l'vnité enuoye la plus grande multitude de ses rayons, & à qui elle se communique plus amplement ; de sorte que l'on peut dire que tous les nombres possibles ne sont rien autre chose que l'vnité communiquee, ou l'amour, la perfection & communication de l'vnité, sans laquelle nul nombre ne peut subsister.

Or les Consonances dependent de l'Vnisson, comme les lignes du point, les nombres de l'vnité, & les creatures de Dieu, c'est pourquoy elles sont dautant plus douces qu'elles s'en approchent dauantage, car elles n'ont rien de doux ny d'agreable que ce qu'elles empruntent de l'vnion, de leurs sons, laquelle est d'autant plus grande qu'elle tient dauantage de l'Vnisson : quoy que plusieurs n'en reçoiuent pas vn si grand plaisir que des autres Consonances, dautant qu'ils n'ont pas l'esprit assez fort ny eleué pour contempler le point & l'vnité dans leur simplicité, ou pour s'arrester à la seule presence de la diuinité consideree sans aucun rapport aux choses visibles. Car l'esprit de la plus-part des hommes est tellement renfermé dans le corps, & borné par les phantosmes, qu'il ne peut se porter par dessus les sens ; & s'il arriue qu'ils s'eleuent iusques au centre de la diuinité que les Cabalistes appellent l'Aleph tenebreux, & l'Ensoph, ils se trouuent tous eperdus parmy les tenebres dont leur entendement est saisi, dautant que les phantosmes qui leur donnoient quelque apparence de lumiere ne les accompagnent plus, ce qui les contraint de retomber dans la fausse lumiere qui eclypse les rayons du soleil intelligible, & qui nous rauit la vraye beauté pour nous repaistre d'vne beauté mandiee qui n'apporte nul plaisir qui soit solide & permanent. Ce que sainct Augustin a remarqué dans le troisiesme chapitre du liure de la connoissance que l'on doit auoir de la vraye vie, dans lequel ayant monstré la puissance de la Dialectique, il ajoûte, *Dialectica namque disserendi patens, potenter quoque dubia definiens, cunctas scripturas euibrans, & euiscerans, cunctam humanam sapientiam annihilans, cùm in diuinitatem intendit, tantâ maiestatis luce repercussa pauidum caput tremefacta reflectit, atque in abdita mundana sapientia fugiens delitescit, dissolutysque syllogismorum nexibus stulta obmutescit.*

De sorte que toute la sagesse & la capacité de l'entendement humain ne peut nullement nous descouurir la lumiere de la premiere verité, & nous faire auoüer que le parfait contentement consiste dans la parfaite simplicité, que l'on ne gouste iamais assez que lors qu'on la contemple dans elle mesme, & que l'on quitte entierement la diuersité pour embrasser l'vnité diuine, à laquelle aspiroit le Prophete Royal, lors qu'il chantoit ces paroles, *Satiabor cùm apparuerit gloria tua.*

Neanmoins quand on sçait l'art & l'vsage de la meditation du vray plaisir, on trouue aisément que les idees eternelles en sont le seul & le veritable object, & consequemment que nous nous mesprenons lors que nous croyons que la beauté à son siege dans l'estre des creatures separé ou distinct de l'estre du createur ; car la beauté, & ce que nous appellons agreable dans les choses sensibles ou intelligibles depend de l'estre increé, comme les nombres dependent de l'vnité, les lignes du point, le temps du moment, le mouuement de l'immobile, & les Consonances de l'Vnisson.

Or les nombres n'ont rien dans soy que l'vnité, qui les rend moindres ou plus grands à proportion qu'elle se communique plus ou moins ; par exemple, le nombre de mille est dix fois plus grand que le nombre de cent, parce que l'vnité se communique dix fois dauantage à mille qu'à cent ; mais elle a vne puissance infinie qui luy est si propre qu'elle ne la peut communiquer, puis qu'elle ne peut rendre le nombre infiny, comme Dieu ne peut communiquer son infinité ny son independance : d'où l'on peut conclure qu'il faut regarder le createur dans les creatures, comme l'vnité dans les nombres, & comme l'Vnisson dans les Consonances.

En effet l'on experimente que les Consonances sont deux, trois, ou quatre fois meilleures & plus excellentes, à qui l'vnisson se communique deux, trois, ou quatre fois dauantage, comme ie demonstreray dans vn discours particulier; car lors qu'il leur communique deux degrez d'vnion, elles sont deux fois meilleures que quand il ne leur communique qu'vn degré, & ainsi consequemment iusques à ce qu'elles soient reduites à l'Vnisson par la soustraction des degrez de la varieté qui determinent la matiere des Consonances, comme l'vnion en determine la forme ; car si l'inegalité & la diuersité sert de corps aux Consonances, l'egalité & l'vnion en est l'ame & l'esprit, comme l'on verra dans le traité des Diuisions, & dans celuy des Suppositions de chaque Consonance, ou ie demonstre que de toutes les diuisions de chaque Consonance, celle-là est la plus douce & la plus agreable qui vnit ses sons plus parfaitement ; & que de deux ou plusieurs suppositions d'vne mesme Consonance, ou de plusieurs, soit en haut ou en bas, celle-la est la meilleure & la plus naturelle dont l'vnion est plus grande.

Et quand nous aurons despoüillé les creatures de leurs differences, & de leur varietez, & que le voile des apparences exterieures & finies en sera leué, nous apperceurons l'esprit diuin qui les fait mouuoir, & lors nous serons vn mesme esprit auec Dieu, suiuant le beau mot de l'Apostre, *Qui adhæret Deo, vnus spiritus est cum eo*; car si tost que nous verrons qu'il n'y a nulle bonté ny beauté dans les creatures que la bonté & la beauté diuine, nostre esprits attachera si puissamment à cét objet qui rauit les Bien-heureux, qu'il semblera estre vne mesme chose auec luy, comme les objets entendus & l'entendement ne sont plus qu'vne mesme chose dans l'escole des Peripateticiens.

Mais comme nous souffrons patiemment dans l'imperfection de l'estat où nous sommes, que l'on nous batte les oreilles de la varieté des Consonances en attendant le sejour où nous serons rauis par le parfait Vnisson, dont nous ne pouuons parfaitement comprendre la beauté pendant que nous auons besoin de la diuersité pour nostre conseruation ; de mesme nous ne pouuons entendre la beauté & l'excellence diuine iusques à ce qu'elle ait dessillé nos yeux, & qu'elle ait expliqué l'enigme qui nous la cache, & qui nous en oste la veüe, comme les vapeurs & les nuës tres-épaisses nous ostent celle du Soleil. De là vient que les consommez & la gelee ne donnent pas vne nourriture si forte, si vtile, & si agreable à ceux qui se portent bien, comme le pain, la chair, & les autres viandes qui ne sont point despoüillees de leurs differentes imperfections, dautant que le corps de l'homme a plusieurs parties differentes, dont chacune requiert vn aliment different : de sorte que l'or potable, ou l'elixir dont se vantent les Chymistes & les Cabalistes, n'est pas propre pour la nourriture, parce qu'il est trop simple & trop pur.

D'ailleurs,

Des Consonances.

D'ailleurs, l'experience fait voir que nous ne pouuons icy subsister long-temps sans la varieté des differentes actions & passions, dont chacune nous lasse, & nous déplaist incontinent : par exemple, lors que l'on est las on prend plaisir à s'asseoir, mais si tost que l'on a demeuré deux ou trois heures assis on se trouue aussi las que deuant, & l'on aime mieux recommencer le labeur iusques à vne nouuelle lassitude, que de demeurer plus long-temps assis. Ce qui preuue claire-ment que le plaisir de l'homme ne peut subsister sans la varieté, pendant qu'il est dans vn estat variable ; & consequemment que la continuation de l'Vnisson ne luy peut estre si agreable, que lors qu'il est interrompu par les autres accords, ou mesme par les Dissonances : quoy que cette diuersité n'empesche nullement que l'Vnisson ne soit plus agreable que les autres Consonances quand on en vse aux endroits où il est requis ou permis selon les regles de l'art.

Or cét estat de varieté où l'on est, est cause que l'on éuite tant qu'on peut l'Vnisson, parce qu'il est trop doux & trop excellent pour cette vie. De là vient que l'on finit plustost la Musique par l'Octaue, la Quinte, la Tierce, ou leurs repliques que par l'Vnisson ; & quand on finit par luy, on l'accompagne des autres accords, parce que tandis que l'esprit est sujet à la matiere qui l'assujetit aux phantosmes, aux tenebres, & à l'erreur, il n'ose quasi s'esleuer à la perfection de l'vnité, qui est entierement dépoüillée de la varieté & de l'inégalité qui se ren-contre dans les autres accords ; par où il témoigne que l'Vnisson est quasi hors de la Musique, comme Dieu est au dela de sa portee, & que lors que l'on oit l'Vnisson, il faut se souuenir que le moindre plaisir de l'Harmonie diuine est plus ex-cellent que la parfaite connoissance de l'Harmonie dont nous vsons, comme l'on peut inferer de ce beau mot de sainct Augustin, *Incomparabili fœlicitate præstan-tius est Deum ex quantulacunque particula piâ mente sentire, quàm quæ facta sunt vniuersa comprehendere*, au 5 chapitre de la Genese selon la lettre, chap. 16. D'où l'on peut conclure, à proportion que le plaisir que l'esprit separé de l'erreur & du phantosme reçoit de l'Vnisson surpasse tous les contentemens qui viennent des autres accords, puis qu'il est l'image de l'Harmonie diuine, & la source des-dits plaisirs.

Mais l'on peut encore faire vne objection qui semble dépoüiller l'Vnisson de la prerogatiue que nous luy donnons, à sçauoir que l'esprit a plus de plaisir à conceuoir les choses qui augmentent sa connoissance. De là vient que la natu-re se plaist à la diuersité, comme i'ay prouué par cette mesme raison dans vn dis-cours particulier. Or on n'apprend rien en considerant l'Vnisson, puis qu'il ne contient nul interualle, & que tous ses sons ne sont qu'vne mesme chose : & l'on apprend dans les autres Consonances la difference des sons graues & aigus, & le contentement qui procede de leur mélange ; & consequemment l'Vnisson est l'accord le plus pauure & le moins agreable de toutes les Consonances, puis qu'il ne donne point de nouuelle connoissance.

Et puis, si la plus grande vnion de ses sons est cause d'vn plus grand contente-ment, il s'ensuit qu'il y a plus de contentement à voir vne chambre dont les mu-railles se touchent, ou sont fort peu éloignees, & vne petite maison, qu'à voir vn grand Louure, parce que les parties de la petite maison sont plus vnies que celles d'vn grand Palais. On peut dire la mesme chose de tout ce qui est grand & ma-gnifique, & qui peut estre abregé & racourcy, parce que les racourcissemens font que les parties des choses que l'on racourcit sont plus vnies que lors qu'elles ont vne plus grande estenduë.

Finalement, la difference de toutes les creatures sera entierement conseruee au ciel, où elle plaira dauantage à tous les Saincts, que si elles n'estoient toutes qu'vne mesme chose, & qu'elles n'eussent nulle difference entr'elles; car il semble que tout le plaisir de la connoissance des creatures consiste dans le rapport & la comparaison que l'on fait d'elles à Dieu, & des vnes auec les autres.

Mais il est aisé de respondre à ces objections, puis qu'elles supposent l'estat imparfait des hommes, dont la connoissance sera beaucoup plus parfaite lors qu'ils verront clairement la grande vnion de toutes les creatures, & qu'ils reconnoistront que la diuersité des objets exerce vne grande tyrannie sur nos esprits, qu'elle diuertit de la contemplation & des pensees qui nous portent à l'vnité, à laquelle on ne peut atteindre qu'en dépoüillant les creatures de leur diuersité, afin d'y rencontrer l'vnité qui y regne absolument, & de n'y voir plus que la racine de l'estre, & le centre de la souueraine raison, comme l'on ne voit plus que les termes radicaux des raisons Harmoniques, Arithmetiques & Geometriques, quand on a dépoüillé les plus grands nombres de ce qu'ils auoient de superflu & d'inutile, & que l'on n'apperçoit plus que les esprits, & la quintessence des mixtes, quand on a rejetté le terrestre, & tout ce qui les rendoit sujets à la corruption, & aux differentes alterations.

Quant à la plus grande connoissance qui vient des autres Consonances, on la peut comparer à la lumiere de plusieurs petites chandelles, ou à celle des vers luisans : mais celle de l'vnité & de l'Vnisson est semblable à la lumiere du Soleil qui obscurcit toutes les autres par sa presence, comme la grace & l'excellence de l'Vnisson fait éuanoüir celle des autres Consonances; car encore que nous ne joüissions pas icy de tout le plaisir qui peut venir de l'Vnisson, à cause des distractions que nous donne la diuersité des Consonances, neanmoins le peu d'attention que nous apportons pour considerer son excellence nous donne vne connoissance beaucoup plus noble & plus releuee que n'est celle des autres Consonances; comme le peu de connoissance que nous auons du ciel est beaucoup plus excellente que celle des elemens, quoy que plus grande & plus certaine.

Il ne s'ensuit pas neanmoins qu'vne chambre estroite soit plus agreable qu'vne grande sale, ou qu'vne petite maison soit plus belle qu'vn grand palais, dautant que l'on ne mesure pas la beauté des edifices par l'vnion, mais par le rapport & la symmetrie de leurs parties, comme l'on mesure celle des Consonances par l'vnion de leurs sons. Et quant à la diuersité des corps & des esprits du Paradis, elle sera tellement temperee de l'vnion, que quelques-vns tiennent que tous les corps des Bien-heureux seront compris par l'humanité de Iesus-Christ, comme leurs esprits seront abysmez dans sa diuinité, afin que Dieu soit toutes choses en tous, & qu'il regne absolument dans l'estre de toutes les creatures, qui ne peuuent paruenir à vn plus haut degré de perfection, qu'en entrant dans le parfait Vnisson de l'estre creé auec l'increé, qui consiste à n'auoir plus de connoissance ny d'amour que de la diuinité.

L'on peut encore prouuer que l'Vnisson est plus excellent que les autres Consonances par l'Astrologie, qui trouue les Consonances dans les aspects des Astres, dautant que la conjonction est la plus puissante & la plus excellente de tous les aspects,

Des Consonances.

aspects; & plusieurs nient qu'elle merite le nom d'aspect, comme ils nient que l'Vnisson soit du nombre des Consonances. En effet, si la conjonction des Astres represente l'Vnisson, comme ils tiennent que l'opposition represente l'Octaue, l'aspect-Trin la Quinte, le Quarré la Quarte, & le Sextil les Tierces, & les Sextes, & que ladite conjonction soit plus puissante que les autres aspects, on peut dire qu'elle a vne grande conuenance auec l'Vnisson. Mais i'expliqueray les aspects des Astres dans le premier liure des Instrumens à chorde: & il suffit maintenant de considerer que toutes choses se portent auec autant d'affection & d'inclination à l'vnion, comme elles se portent à leur conseruation.

De là vient que l'homme fait tout ce qu'il peut pour s'vnir auec toutes sortes de biens, dont il espere de l'auantage pour sa commodité, & pour conseruer & augmenter son estre; & que le plus grand bien qui puisse entrer dans l'esprit de l'homme, à sçauoir la gloire eternelle, consiste dans l'vnion que les hommes auront auec Dieu quant à l'esprit, & auec l'humanité de nostre Saueur quant au corps, comme sainct Paul enseigne au chapitre 4 de son Epistre aux Ephesiens, qu'il console dans l'esperance que tous les Chrestiens doiuent auoir du changement de leurs corps qui sont maintenant sujets à toutes sortes de varietez, à vn autre corps parfait auec lequel nous rencontrerons Iesus-Christ, dont les annees seruiront de modelle pour nous establir dans le printemps d'vn âge tres-agreable & tres-parfait, *Donec occurramus ei in virum perfectum, in mensuram ætatis plenitudinis Christi.* Or toutes ces considerations nous portent à reconnoistre que l'Vnisson est la plus parfaite & la plus agreable Consonance de la Musique, puis qu'elle participe plus abondamment de ce qui la rend douce & agreable; & qu'il n'y a que la seule imperfection de la varieté qui nous preoccupe, & qui nous fait preferer ce qui est plus semblable à nostre fragilité & à nostre misere, qui ne peut icy subsister sans la diuersité, qui est la mere de corruption, quoy que nous aspirions à l'Vnisson & à l'vnité. Ce qui nous est representé par cét excellent mot de l'Euangile, *Porrò vnum est necessarium.*

Or si la Musique sert à quelque chose dans ce monde, l'on en doit particulierement vser pour r'appeller la memoire d'vne partie de ces considerations, afin qu'il ne soit pas dit dans l'eternité que les hommes qui font profession de la raison, & qui doiuent se seruir des recreations & des speculations pour la fin à laquelle Dieu les a destinees, ayent abusé du plaisir chaste & raisonnable de la Musique, & ayent imité quelques Musiciens, qui ne s'éleuent point plus haut qu'à la passion & à l'action des sens, & au plaisir de l'oreille, qui doit seulement seruir de canal pour donner vne libre entree à la contemplation des choses eternelles, & au plaisir qui vient de la pensee de la derniere fin, dont les vrais Philosophes se doiuent entretenir incessamment. Mais il est temps de parler des autres difficultez qui se rencontrent dans l'Vnisson, dont la definition est expliquee dans la proposition qui suit, apres les cinq Corollaires que i'ajoute pour preuenir quantité de difficultez & d'objections qui sont fondees sur la preoccupation des Musiciens, & d'autres personnes qui s'imaginent plusieurs choses qui ne sont pas; & pour façonner l'esprit de ceux qui chantent ou qui aiment la Musique à se seruir de l'Harmonie pour s'éleuer à Dieu, & pour contempler la grandeur de sa bonté, & la douceur de ses benedictions & de sa misericorde dont iouïssent tous ceux de qui parle le Prophete Royal en ce premier verset du Psalme 72. *Quàm bonus Israël Deus his qui recto sunt corde.*

B iiij

COROLLAIRE I.

L'on peut conclure du discours que i'ay fait de l'Vnisson, que la preoccupation empesche que les Praticiens ne fassent vn iugement asseuré de ce qui est bon ou mauuais, pire ou meilleur, & agreable ou des-agreable dans les Consonances; & qu'il ne faut pas leur croire trop facilement s'ils n'apportent quelque raison pour preuue de ce qu'ils maintiennent : & consequemment qu'il faut tousiours plustost suiure la raison que leur opinion, puis que sa lumiere surpasse l'experience, & dissipe l'opiniastreté, comme le soleil dissipe les nuës qui obscurcissent le iour.

Et si l'on s'estonne de ce que les Musiciens se sont trompez iusques à present d'auoir creu que l'Vnisson n'estoit pas l'accord le plus parfait & le plus agreable de toute la Musique, cét estonnement cessera si l'on considere qu'ils s'abusent en plusieurs autres choses, comme lors qu'ils croyent que la diuision Harmonique de l'Octaue est plus agreable que la diuision Arithmetique; que la Quinte est aussi bonne ou meilleure que la Douziesme; que les compositions à plusieurs parties sont meilleures que les simples recits; & plusieurs autres choses, dont i'ay prouué le contraire dans des discours particuliers.

Mais ce vice de preoccupation n'est pas particulier aux seuls Musiciens, car il regne quasi par tout, comme l'on experimente dans les mouuemens naturels des corps pesans qui descendent vers le centre de la terre, dont les plus pesans ne descendent pas plus viste de 50 pieds de haut, que les plus legers, comme l'on experimente dans vne grosse pierre de cent liures, & vne petite d'vne liure, & dans vne boule de fer & de buis d'vne mesme grosseur, &c. qui sont aussi tost à terre les vnes que les autres. L'on experimente semblablement qu'vn corps mort n'est pas plus pesant que quand il vit, contre ce que l'on a tenu iusques à maintenant. Ie laisse mille autres choses, dont les hommes sont tellement preoccupez & preuenus, qu'il leur est quasi impossible de quitter leurs vieilles erreurs, tant l'idolatrie est grande dont ils les cherissent.

C'est pourquoy l'on ne doit pas s'estonner si Diogene cherchoit par tout vn homme sans en pouuoir trouuer, quoy qu'il fust dans le milieu des villes bien peuplees, puis que l'on en rencontre si peu qui vsent de la droite raison, laquelle donne l'estre & le nom à l'homme, & qui le separe & le distingue d'auec les bestes, qui nous doiuent faire rougir de honte, & dont nous deuons apprendre nostre leçon, puis qu'elles se trompent moins souuent que nous, encore qu'elles n'ayent point d'autre lumiere que le sens commun & l'instinct naturel pour la conduite de leurs actions.

COROLLAIRE II.

Les Musiciens peuuent prendre occasion de tout ce discours, particulierement les Maistres & ceux qui composent, ou qui conduisent & reglent les Concerts, d'estudier à la raison s'ils veulent cultiuer la partie dans laquelle Dieu a graué son image, & s'ils desirent sortir de la captiuité & de la prison des sens, dont les tenebres obscurcissent si fort le iugement qu'il perd quasi sa fonction principale, qui consiste à iuger selon l'équité & la raison. Or s'ils ont assez d'affection pour vouloir monter à la cime de Parnasse, ou à celle du mont Olympe, où l'on dit qu'il n'y a plus de nuës ny de vents, & où le calme, la tranquillité, & la splendeur

deur d'vn air tres-subtil & tres-épuré decouure la nature & la situation veritable des objets, il faut qu'ils marchent doucement, & qu'ils aillent pas à pas, ou comme l'on dit, pied à pied : c'est à dire qu'ils doiuent commencer par les simples raisons, depeur d'estre ébloüis par l'éclat des plus subtiles, plus abstruses & plus releuees, comme il arriue à ceux qui sortent d'vne prison tres-obscure & tres-longue, dont les yeux ne peuuent supporter la lumiere du Soleil iusques à ce qu'ils y soient accoustumez. Mais quand ils ont experimenté le plaisir qu'il y a de voir le iour, & d'estre libres, & qu'ils comparent leurs miseres passees aux contentemens qu'ils ressentent de leur deliurance, il n'est pas quasi possible d'exprimer leur ioye exterieure. Or les Musiciens qui estudiront à la raison, & qui se seruiront de sa lumiere pour dissiper l'erreur dont ils ont esté preuenus, receuront vn semblable contentement, d'où ils prendront apres occasion de s'éleuer en toutes sortes de rencontres & de difficultez par dessus les sens, & de penser à la ioye & au plaisir indicible qu'ils auront dans le ciel, où ils seront portez par les Anges pour aller ioüir de l'Harmonie Archetype, & pour contempler le centre infiny de l'esprit increé, où se terminent toutes les raisons & l'Vnisson eternel des hommes auec les Anges, & des hommes & des Anges auec Dieu, & où toutes les Consonances se rencontrent dans leur souueraine perfection.

COROLLAIRE III.

Or si les Praticiens se mettent en peine de sçauoir comme il est possible que l'on n'aye pas sceu iusques à present que l'Vnisson est meilleur que l'Octaue, il est facile de leur respondre & de leur satisfaire, puis que les choses les plus excellentes ne s'apperçoiuent pas d'ordinaire que par ceux qui s'éleuent sur tout ce qui est materiel, & qui se seruent seulement du corps pour porter l'esprit, & pour luy fournir les especes des objets comme des crayons tres-grossiers & tres-imparfaits, qu'il dépoüille incontinent de leur imperfection & de leur ombrage, & dont il forme des idees tres-excellentes qui ne sont plus sujetes aux lieux ny au temps, & qui n'ont plus rien que le simple rayon d'vne lumiere intellectuelle, qui surpasse autant celle du Soleil que le corps surpasse l'ombre, & que l'esprit surpasse le corps.

Iamais la lumiere du Soleil n'est plus pure ny plus viue, que quand elle est reflechie par la glace d'vn miroir parabolique dans le lieu que l'on apple le *focus*, qui est le centre de son ardeur ; & neanmoins il n'est pas possible d'apperceuoir cette lumiere quoy que tres-forte & tres-viue, si on ne luy oppose vn corps opaque qui la renuoye aux yeux, & qui en fasse paroistre la vigueur par sa propre destruction. Et iamais la verité ne paroist quoy que tres-excellente, & qu'elle remplisse tout le monde, si l'on ne luy oppose l'entendement, qui seul nous la peut faire voir : ce qu'il fait sans sa propre destruction, puis qu'il en tire sa perfection, qui consiste particulierement dans la connoissance de la souueraine verité que Dieu appella toute sorte de bien, quand il parla à Moyse au chapitre 33 de l'Exode, *Ostendam tibi omne bonum*: quoy que la destruction du corps opaque qui reçoit la pointe du cone ardent de la glace parabolique arriue seulement à raison qu'il est corruptible, & composé de differentes parties, & consequemment qu'il n'est pas capable d'vne si grande lumiere qui s'efforce de le conuertir en soy, ou du moins de faire l'Vnisson auec luy.

Mais l'entendement estant capable de conceuoir que l'Vnisson est meilleur que l'Octaue, & les autres Consonances, reconnoistra facilement son erreur apres s'estre rendu égal à la verité de cette proposition, & apres auoir apperceu ce qu'il n'auoit peu voir, parce qu'il n'auoit pas reflechy les rayons de la raison sur la conclusion que nous en auons tirée.

D'où l'on peut conclure que l'entendement est semblable à la glace d'vn miroir, sans lequel on ne peut voir nul rayon de verité ; & que comme il est necessaire de donner vne bonne situation à la glace, & de la bien polir pour luy faire reflechir les images des objets en tel lieu que l'on veut, qu'il faut aussi que l'entendement regarde la raison d'vn bon biais, & qu'il quitte toutes les taches & les inégalitez qui empeschent son poly & sa netteté, s'il veut se rendre capable de receuoir la verité, & d'estre esbranlé par sa puissance, comme les chordes le sont par celle de l'Vnisson.

COROLLAIRE IV.

Il est aisé de tirer de si grands proffits spirituels de ce discours que les Musiciens n'auront nullement besoin d'autres instructions pour se porter à Dieu, puis que l'Vnisson de toutes les choses du monde les y conduit ; car tout ce que produit la terre se fait par l'Vnisson des rayons du Soleil, & des autres Astres qui s'vnissent auec chaque plante lors qu'ils éueillent la nature, & qu'ils la font croistre : & quand les membres obeïssent à l'ame, c'est par le mouuement des esprits qui la font mouuoir, comme l'Vnisson fait mouuoir les chordes ; ce que l'on remarque aisément dans le cœur dont le mouuement fait mouuoir les arteres en mesme temps. Si l'on considere la connoissance de la verité, l'on auoüera que ce n'est autre chose que l'Vnisson qu'elle fait auec l'entendement ; & si l'on monte encore plus haut on trouuera que c'est par la force de l'Vnisson que Dieu fait agir toutes les creatures, & qu'il nous conuertit à luy par la grace efficace qui est semblable à vne chorde dont les battemens sont si puissans qu'ils esbranlent toujours nos volontez sans qu'elles y resistent iamais.

COROLLAIRE V.

I'ajoûte ce cinquiesme corollaire pour remarquer que ie laisse à la liberté d'vn chacun d'appeller l'Vnisson *Consonance*, ou *principe des Consonances*, dautant qu'il n'importe pas que l'on tienne l'vn ou l'autre pour l'establissement de la Musique; quoy qu'il me semble que les raisons que i'ay apportees pour prouuer qu'il merite le nom de Consonance suffisent pour le faire croire. Et si quelques-vns ne veulent pas auoüer qu'il soit plus agreable que l'Octaue ou la Quinte, cela n'empeschera nullement que les autres propositions ne soient veritables, dautant qu'elles ne dependent pas de celle-cy. C'est pourquoy la conclusion que i'ay suiuie ne peut preiudicier à ce que nous dirons apres, quoy que i'estime que tous ceux-là seront de mon aduis qui iugeront de la beauté & bonté des objets qui frappent les sens par leur vnion & leur douceur, & qui considereront qu'il n'appartient pas à l'oreille de regler tellement l'esprit qu'il ne puisse iuger qu'à sa faueur, & de le lier si estroitement qu'il ne puisse estendre sa iurisdiction au delà de sa portee : car encore que l'oüye soit ce semble necessaire pour apprehender les sons auant que l'entendement puisse iuger de leur bonté, neanmoins il reçoit seulement vne legere impression de ce que l'oreille luy presente, dont il ne peut iuger en dernier ressort qu'il n'en ait epuré les images qu'il éleue iusques à la nature des esprits, des esprits, & qu'il rend intelligibles afin qu'elles luy soient proportionnées, & que l'entendement & les images du son ne soient quasi plus qu'vne mesme chose. Or cette vnion qui est si estroite, & qui cause vne si grande paix dans l'ame qu'il n'y a nulle contrarieté, ny d'issemblance de l'objet auec l'esprit, nous doit seruir de motif & de predicateur pour nous faire rechercher auec affection & ardeur l'eternelle vnion de nos volontez auec celle de Dieu, & de nous faire rompre les liens qui nous attachent trop fort à l'amour des choses de ce monde, afin que nous n'ayons plus d'autre chose à faire qu'à presenter incessamment des sacrifices de loüange au grand Maistre de l'Harmonie en chantant à l'Vnisson du Prophete Royal, *Dirupisti Domine vincula mea tibi sacrificabo hostiam laudis*; & en nous reposant dans la paix eternelle de l'Vnisson diuin qui est representé par ces paroles, que tous les Chrestiens doiuent auoir dans la bouche & au cœur, *In pace in idipsum dormiam & requiescam.*

PROPOSITION V.

L'Vnisson est la conionction ou l'vnion de deux ou plusieurs sons, qui se ressemblent si parfaitement que l'oreille les oit comme vn seul son; & est le plus puissant de tous les accords.

Cette definition de l'Vnisson n'a pas quasi besoin d'explication, si l'on comprend tout ce qui a esté dit dans la quatriesme proposition, c'est pourquoy ie ne m'y arresteray pas beaucoup; ie remarque seulement en premier lieu que i'ay dit, *vnion*, ou *conionction*, dautant que deux sons ne peuuent faire l'Vnisson, quoy qu'ils soient egaux, s'ils ne se ioignent & s'vnissent ensemble, & consequemment s'ils ne frappent l'oreille en mesme temps. De là vient que les deux sons dont on vse pour interroger & pour respondre ne font pas l'Vnisson, encore qu'ils soient d'vn mesme ton; c'est à dire qu'ils soient égaux quant à l'aigu, à raison que l'on ne les oit pas en mesme temps, car l'interrogation precede la responce. Semblablement les deux sons dont l'vn se fait à Paris & l'autre à Rome en mesme temps ne font pas l'Vnisson, parce que la trop grande distance empesche qu'ils ne se ioignent ensemble, quoy que l'on puisse dire quel'on respond à l'Vnisson quand on respond en mesme ton, c'est à dire lors que ceux qui parlent & conferent ensemble vsent d'vne voix qui respond à vne mesme note, ou à vne mesme chorde.

Secondement i'ay dit, *de deux, ou plusieurs sons*, dautant que la nature de l'Vnisson est toujours conseruee, quoy que les sons de tous les Instrumens du monde se fissent en mesme temps, pourueu qu'ils ayent vn nombre égal de battemens d'air en mesme temps.

En troisiesme lieu, la parfaite ressemblance ou égalité des sons est necessaire pour faire vn parfait Vnisson; de là vient que la plus grosse chorde d'vn Instrument & la voix d'vne Basse ne peuuent faire le parfait Vnisson auec les Chanterelles & les voix du Dessus, à raison que le son de celles-là est plus plein & plus remply, & a plus de corps que le son de celle-cy: de là vient que l'on oit plus l'vn des sons que l'autre, ou que l'on oit seulement le plus fort qui obscurcit & cache le plus foible, comme la plus grande lumiere cache la moindre: & parce qu'il est difficile de rencontrer des chordes ou des voix si égales que l'on n'y puisse remarquer quelque difference, il est semblablement mal-aisé de faire vn parfait Vnisson, car l'vne des voix est souuent plus rauque, plus claire, plus grosse, plus grosse, ou plus esclatante, plus douce, plus ferme, plus molle, ou plus rude que l'autre.

Toutefois les Vnissons des Instrumens & des bonnes voix sont ordinairement assez parfaits pour contenter l'oreille qui n'a pas coûtume d'oüir les choses plus parfaites en ce monde, & qui consequemment n'en peut reconnoistre l'imperfection. Ce qu'il faut semblablement entendre des autres Consonances, afin qu'il ne soit nullement besoin de les repeter ailleurs.

Finalement i'ay dit que l'Vnisson est plus puissant que les autres Consonáces, dautant qu'il fait trembler les chordes plus sensiblement & plus long-temps que les autres accords. Ce qui arriue aussi lors que l'on traine le doigt sur le bord d'vn verre, soit que l'on mette de l'eau dedans, ou qu'il soit vuide, car l'autre verre qui est à l'vnisson tremble bien fort, & s'il y a de l'eau dedans elle fremit & boüillonne, encore que les verres soient assez esloignez l'vn de l'autre, & qu'ils soient sur differentes tables, ou que l'on les soustienne de la main dans l'air; ce que l'on experimente auec vne espingle pliee que l'on met sur le bord, dont on vse aussi pour apperceuoir le mouuement des chordes qui ne sont point touchees; mais on se peut seruir d'vne paille, ou de tel autre corps que l'on voudra, quoy que la main soit suffisante pour faire cette experience; car si l'on touche les chordes auec les doigts on sent leur tremblement, que l'on peut mesme voir sans les toucher, dont nous parlerons plus amplement dans vne autre proposition, apres auoir remarqué plusieurs choses sur ce sujet dans les corollaires suiuans.

COROLLAIRE I.

L'on peut conclure de ce discours, qu'vn sourd qui est semblablement aueugle peut connoistre si les Instrumens sont d'accord, puis qu'il peut trouuer l'Vnisson auec la main; car encore que les chordes tremblent par la force de l'Octaue & de la Douziesme, neanmoins elles ne tremblent pas si fort que par la force de l'Vnisson; de sorte qu'il est tres-aisé de discerner celles qui sont à l'Vnisson d'auec les autres. Or vn sourd peut mettre toutes les chordes à l'Vnisson les vnes apres les autres par le moyen d'vn cheualet mobile, ou du doigt; & l'Vnisson des chordes estant donné, & leur longueur estant connuë, il peut remarquer auec la main ou auec quelque instrument si vn Luth est d'accord : il le peut aussi mettre à tel accord qu'il voudra : & plusieurs connoissent au milieu des tenebres par le seul tremblement, sans se seruir de leur oreille, si vn Luth est d'accord : Il arriue la mesme chose aux autres Instrumens à chorde. Mais i'expliqueray vne autre maniere dont les sourds peuuent vser pour mettre toutes sortes d'Instrumens à toutes sortes d'accords dans le troisiesme liure des Instrumens, sans qu'il soit besoin de connoistre lesdits tremblemens par le moyen du toucher.

COROLLAIRE II.

L'on peut inuenter de nouueaux problesmes fondez sur l'Vnisson semblables à celuy d'Archimede, pris du 40 de ses Artifices, comme remarque Pappus, lequel est enoncé en cette matiere, τῇ δοθείσῃ δυνάμει, ὃ δοθὲν βάρος κινῆσαι, c'est à dire, *La force estant donnee, mouuoir, & enleuer le poids.* D'où ledit Archimede a pris la hardiesse d'auancer cette proposition, δός μοι ποῦ στῶ, ϰ κινῶ τ̃ γᾶν, c'est à dire,

Donnez

Des Consonances.

Donnez-moy vn lieu ferme où ie puisse mettre le pied, & ie leueray la terre: Ce qui se peut faire auec la vis sans fin, ou auec le Polyspaste. Sur quoy l'on peut voir la supputation de Steuin au 3 liure de sa Statique, dans laquelle il demonstre que l'on enleuera la terre de son lieu dans l'espace de 10 ans chacun de 365 iours, d'vn $\frac{10513}{2410000000000000000000}$ de pied par le moyen du Pancration, ou du Charistion, supposé que la terre pese 2400000000000000000000 liures, que celuy qui torne le manche de la machine puisse leuer les poids de cent liures de trois pieds de haut à chaque tour du manche, qu'il le torne 4000 fois à chaque heure, & qu'il trauaille continuellemét iour & nuit. Or l'on peut enoncer le probleme de l'Vnisson en cette maniere: *Le corps que l'on veut faire trembler & mouuoir estant donné, donner le son*: car si l'on frappoit vne autre terre qui fust hors de la nostre, elle pourroit faire trembler la nostre.

Fracastor dit au second chapitre de la Sympathie, qu'il a veu des images de cire dans vne Eglise qui trembloient au son d'vne cloche. Et l'on pourroit faire des statuës de bois, ou d'argent, ou d'vne autre matiere, qui danseroient au son des cloches, ou des autres Instrumens, ou de la voix. L'on remarque aussi que le son de quelques tuyaux d'Orgue fait trébler de certaines pierres dans les Eglises.

COROLLAIRE III.

Il peut semblablement arriuer qu'vn homme tremble & qu'il tombe par la force de la parole d'vn autre, & les larynx auec les autres instrumens de la voix estant egalement tendus se peuuent faire trembler. Mais il est mal-aisé d'experimenter de qu'elle distance les sons font trembler les corps; car encore que l'on l'experimente seulement pour l'ordinaire de la longueur d'vne table, ou d'vne chambre, neanmoins ie croy qu'ils peuuent trembler d'aussi loin comme l'on oit le son, & consequemment qu'ils peuuent trembler de 10 lieuës quand le son est assez fort pour estre oüy de cét espace, comme il arriue au bruit du canon. Mais ie veux acheuer ce discours par la consideration de la voix de Dieu, qui ne fait pas seulement trembler, & tomber les corps, comme il fist en renuersant les soldats par cette parole, *Ego sum*, mais qui fait paroistre ce qui n'est point comme s'il estoit, c'est à dire qui donne l'estre à toutes choses par sa parole, *Vocat ea quæ non sunt, tanquam ea quæ sunt*, comme sainct Paul enseigne au quatriesme chapitre de l'Epistre aux Romains; & qui appellera tous les morts au iugement general qu'il fera de tous les hommes, par la voix de la trompette, *In tuba Dei*, comme parle le mesme sainct Paul dans la premiere Epistre qu'il escrit à ceux de Thessalone, chapitre quatriesme, qu'il appelle la derniere trompette dans le quatorziesme chapitre, de la premiere aux Corinthiens, *In nouissima tuba, canet enim tuba, & mortui resurgent incorrupti*.

D'où les Musiciens qui n'arrestent pas leur pensee au seul plaisir, ou au profit, & qui ont des yeux assez penetrans pour regarder l'eternité peuuent prendre sujet de penser au son de cette trompette qui mettra fin à la Musique de ce monde, & donnera commencement à celle des Bien-heureux, & quant & quant au des-ordre & aux dissonances des mal-heureux, du nombre desquels seront tous ceux qui auront vsé de la Musique à mauuaise intention, & qui auront abusé de leur temps, de leurs mains, & de leur esprit, s'ils ne remettent en ordre ce qu'ils ont peruerti par les dissonances, & par le des-ordre de leurs pensees & de leurs affections.

COROLLAIRE IV.

Puis que les sons ne sont autre chose qu'vn battement d'air, & que les deux sons qui font l'Vnisson sont deux ou plusieurs battemens d'air qui sont egaux, l'on peut exprimer la definition de l'Vnisson en ces termes, *L'Vnisson est la comparaison que l'on fait de deux ou plusieurs mouuemens d'air, dont les battemens sont egaux en nombre*; c'est pourquoy iamais deux ou plusieurs corps ne battent l'air egalement qu'ils ne fassent l'Vnisson; & iamais deux nombres egaux de battemens d'air ne frappent l'oüye assez fort qu'elle ne l'apperçoiue : quoy que l'on ne donne pas le nom de l'Vnisson ausdits battemens d'air, s'ils ne sont assez violens pour estre oüys si sensiblement que l'on puisse iuger par le moyen de l'oreille qu'ils sont egaux en nombre; car lors que l'oüye, ou l'entendement par le moyen de l'oüye iuge de l'Vnisson, il iuge à proprement parler que le nombre des differens battemens d'air, qu'il sent, est egal.

PROPOSITION VI.

Expliquer la vraye raison & la cause du tremblement des chordes qui sont à l'Vnisson.

Les hommes ont introduit la sympathie & l'antipathie, & les qualitez occultes dans les arts & dans les sciences pour en couurir les deffauts, & pour excuser leur ignorance, ou plustost pour confesser ingenuëment qu'ils ne sçauent rien ; car c'est vne mesme chose de respondre que les chordes qui sont à l'Vnisson se font trembler à raison de la sympathie qu'elles ont ensemble, que de respondre que l'on n'en sçait pas la cause. Il faut dire la mesme chose de la sympathie que l'on met entre l'aimant & le fer, la paille & l'ambre, le naphte & le feu, & l'or & le mercure; & de celles que l'on met entre plusieurs autres choses: car lors que l'on connoist les raisons de ces effets la sympathie s'euanoüit auec l'ignorance, comme ie demonstre dans le tremblement des chordes qui sont à l'Vnisson.

Ie suppose donc que les deux chordes A B & C D soient egalement tenduës, & consequemment qu'elles soient à l'Vnisson, & dis que la vraye raison pour laquelle A B estant touchée & meuë fait trembler C D, se prend des battemens de l'air que fait A B, dont il n'y en a nul qui n'aide à pousser & mouuoir C D vers le point E; car apres que la chorde A B tiree en H retorne vers la chorde C D, l'air qu'elle pousse deuant soy frappe ladite chorde au point G, & la fait aller vers E, de sorte que ce point E se rencontre iustement au point I lors que le point H renuoye l'air de son second tour, & consequemment il repousse encore la chorde C D ; ce que ie demonstre ainsi : Quand H a enuoyé l'air à C D contre G elle reuient de I à F, tandis que G va iusques à E, & pendant que H reuient de F vers le lieu ou A B a premierement esté tiree, E reuient à G : & finalement 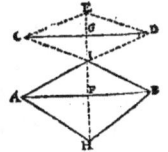 tandis que H retourne à F, G vient à I; de sorte qu'à mesme temps que le point H veut aller de F à I, il rencontre la chorde C D, à laquelle il imprime vn nouueau mouuement qui la fait toujours trembler iusques à ce qu'A B se repose;

comme

Des Consonances.

comme l'on experimente auec vne paille, ou vn autre corps ; car si l'on empesche le tremblement de la chorde CD auec la main, ou autrement, si tost que l'on oste l'empeschement elle recommence à trembler, pourueu que l'on n'arreste pas la chorde A B.

Quant aux autres chordes qui ne sont pas à l'Vnisson, ny à l'Octaue, ou aux autres Consonances qui font trembler les chordes, elles ne se rencontrent iamais en nulle disposition qui soit susceptible du mouuement de l'air poussé par la chorde que l'on touche, comme ie demonstreray dans le discours de l'Octaue, autrement toutes les chordes trembleroient sensiblement ; ce qui n'arriue pas, à raison que la premiere percussion de l'air qui frappe les chordes dissonantes n'est pas aidée par la seconde, ny par la 3 ou 4, &c. qui ruinent & empeschent l'effet du premier mouuement que la chorde touchée auoit imprimé à l'autre, comme i'expliqueray ailleurs.

Mais ie veux remarquer plusieurs choses sur ce sujet dans les huit corollaires qui suiuent, afin que ie ne quitte pas l'Vnisson qui est la meilleure partie de l'Harmonie, sans en tirer le proffit que les vrais Chrestiens cherchent & trouuent dans toutes les creatures pour s'eleuer au Createur qui doit estre la derniere & la souueraine fin de nos desseins.

COROLLAIRE I.

Il faudroit considerer si les autres effets que l'on rapporte à la sympathie & aux vertus occultes se peuuent expliquer par le mouuement de l'air, ou par celuy des esprits & de l'ame vniuerselle du monde, supposé qu'il y en ait vne : par exemple, si les esprits des freres qui ressentent vn mesme mal en mesme temps impriment quelque mouuement, & font quelque impression les vns sur les autres : si l'imagination de la mere imprime quelque particulier mouuement sur le lieu du corps de l'enfant sur lequel differentes figures paroissent : si les tremblemens de terre & les terreurs paniques procedent du mouuement de quelque astre qui fasse l'Vnisson ou quelqu'autre Consonance auec les corps qui se ressentent de ces mouuemens : & finalement s'il y a dautres effets dans la nature qui puissent estre rapportez à la force des accords.

COROLLAIRE II.

Or l'on peut conclure de ce discours que les Consonances sont dautant plus excellentes qu'elles font trembler plus fort les corps qui sont à mesme accord, puis qu'elles ont vne plus grande puissance, qui suit la nature, comme l'effet & l'action suiuent la puissance. Et s'il est permis de nous eleuer des choses corporelles aux spirituelles, l'on peut dire que quand nos volontez sont à l'vnisson de celle de Dieu, c'est à dire qu'elles sont conformes & vnies à la sienne, qu'elles sont assez puissantes pour faire trembler les corps & les esprits, comme l'on experimente aux exorcismes, & aux commandemens des Saincts qui font trembler les demons, & les chassent des possedez. En effet il n'y a rien de difficile à celuy qui est aimé de Dieu, & dont la volonté ne veut rien que ce qui luy plaist ; ce qui a fait dire à l'Apostre, *Omnia possum in eo qui me confortat* : & c'est le plus souuent par la force de cet vnisson spirituel que les Saincts font des miracles, & que les predestinez monteront au ciel pour iouïr de l'harmonie des Bien-heureux.

C ij

COROLLAIRE III.

Il est maintenant tres-aisé de voir que les comparaisons dont on a coustume d'vser pour expliquer la sympatie des chordes qui se font trembler n'est plus necessaire ; par exemple, qu'il n'y a que les liqueurs de mesme nature qui se meslent parfaitement ensemble, comme font 2 goutes d'eau, d'huile, ou de vin ; que les seuls fruits à noyau s'vnissent auec les mesmes fruits, comme l'on experimente aux greffes que l'on ente sur les sauuageons ; & que les liqueurs qui ne se meslent pas bien, & les fruits à noyau comparez aux fruits à pepin sont semblables aux Dissonances qui ne peuuent faire trembler les chordes ; ausquelles il arriue la mesme chose qu'aux hommes qui ont vne naturelle auersion les vns des autres. Car encore qu'il y ait quelque fondement dans ces rapports, comme entre ceux que l'on fait de l'aimant au fer, de l'onguent sympathetique aux playes des absens, du sang que se iette le corps mort en la presence du meurtrier, de celuy qui bâille lors qu'il voit bâiller vn autre, & de mille autres choses semblables que l'on rapporte pour couurir l'ignorance, & pour establir la sympathie : neanmoins c'est chose inutile de se seruir de comparaisons lors que l'on a la demonstration.

COROLLAIRE IV.

Si l'on dispose tellement quelques chordes qu'elles soient detenuës pour faire iouër les ressorts de telle machine hydraulique, & pneumatique, ou de tel automate que l'on voudra, on les fera mouuoir & lascher par le moyen de l'Vnisson ; car puis que l'on peut donner la force quand la resistance est donnee, le tremblement de la chorde qui est attachee aux machines pourra les faire iouër, & consequemment elle pourra faire tirer l'artillerie, & mouuoir toutes sortes de corps si tost que quelqu'vn iouëra du Luth, ou d'vn autre Instrument.

COROLLAIRE V.

Et si l'on veut auoir le plaisir d'accorder deux Luths, deux Violes, ou deux autres Instrumens l'vn sur l'autre, sans qu'il soit besoin de les toucher tous deux ensemble, il est aisé d'accorder le second sur le premier, car si l'on tend toutes les chordes du second les vnes apres les autres iusques à ce qu'elles fassent trembler celles du premier, les deux Instrumens seront d'accord. Or l'on peut oüir ce tremblement, car si l'on iouë du Luth, de la Mandore, &c. les chordes des autres Instrumens qui se rencontreront à l'vnisson desdites chordes, ou des voix leur respondront, & feront vn son si rauissant, que si l'on auoit oüy vn Concert qui fust seulement composé de ce doux echo & resonnement qui se fait sans toucher les chordes, l'on ne voudroit plus oüir d'autre Musique iusques à ce que les idees de ce plaisir extraordinaire fussent effacees, lequel touche l'ame si delicatement que tous les autres sons luy semblent rudes, des-agreables, & indignes de l'oreille, comme les plaisirs du corps dont on vse en ce monde sont iugez indignes de l'homme par les Bien-heureux ; car ceux qui possedent les vrais biens & les vrais plaisirs mesprisent ceux qui n'ont rien que l'apparence.

COROLL. VI.

Des Consonances.

COROLLAIRE VI.

Puis que l'Vnisson a plus de force sur les corps inanimez que sur les hommes, attendu qu'il fait trembler & sonner les chordes plus fort que nulle autre consonance, & qu'il les fait trembler dautant plus fort que ses sons s'vnissent mieux les vns auec les autres, c'est à dire deux fois plus fort que l'Octaue, trois fois plus fort que la Douziesme, & six fois plus fort que la Quinte, il s'ensuit que les choses inanimees doiuent seruir de maistre & d'instruction à plusieurs, afin de leur apprendre qu'ils sont aussi eloignez du solide iugement qu'il faut faire de la bonté des Consonances, comme les choses inanimees sont eloignees de leur esprit. Ce qui arriue parce qu'ils croyent qu'il appartient à l'oüye de iuger de la bonté de la Musique, quoy qu'elle n'en puisse pas mieux iuger que les animaux, dont plusieurs ont l'oüye plus subtile que les Musiciens, car le iugement ne se peut faire sans la raison, qui n'est pas dans l'oüye de l'homme non plus qu'en celle des bestes. Mais i'ay parlé plus amplement de ce sujet dans la 6. question des Preludes de l'Harmonie, où i'ay examiné si l'oüye peut & doit iuger de la douceur des sons & des Concerts, ou si ce iugement appartient à la raison.

COROLLAIRE VII.

Puis que l'Vnisson represente la vertu & les thresors de la diuinité, & qu'il est semblable aux premieres maximes de la morale que sainct Augustin appelle les regles & la lumiere des vertus au 2 liure du Libre arbitre, chap. 10, qui sont fondees sur ce qu'il faut viure iustement; qu'il faut preferer les choses bonnes aux mauuaises; qu'il faut rendre à chacun ce qui luy appartient; que les choses immortelles & incorruptibles sont meilleures que les corruptibles; & sur quelques autres maximes generales qui sont vsitees de tout le monde; il faut que les Musiciens prennent de là occasion de fuir le vice, d'embrasser la vertu, d'eleuer souuent leur esprit à Dieu, & de croire que la Musique n'est pas digne d'vn bon esprit s'il n'en vse pour se porter aux choses eternelles qui gardent vn ordre si parfait qu'il ne s'y peut rencontrer de Dissonances, car la plus part des pechez viennent de la negligence des hommes, qui ne pensent quasi iamais à la derniere fin, comme a remarqué le mesme Sainct dans le premier liure chapitre 3. *Nihil est aliud malefacere, quam neglectis rebus æternis, quibus per seipsam mens fruitur, & per seipsam percipit, & quas amans amittere non potest, temporalia, & quæ per corpus hominis partem vilissimam sentiuntur, & nunquam esse certa possunt, quasi magna & miranda sectari. Nam hoc vno genere omnia malefacta, id est peccata, mihi videntur includi.* D'où l'on peut conclure qu'il comprend les Musiciens & leurs auditeurs qui loüent tellement les recits & les Concerts quand ils leurs plaisent, & que les voix sont excellentes, qu'ils n'ont point de moindres paroles pour s'expliquer que celles des extases, des miracles, & des rauissemens; car ils ne doiuent pas terminer leur contentement aux sons & à l'harmonie, dont il faut seulement vser pour monter plus haut, & pour visiter nostre demeure eternelle qui n'est autre chose que Dieu, comme remarque sainct Augustin au liure de la quantité de l'ame chapitre premier, *Propriam quandam habitationem animæ ac patriam Deum ipsum credo esse, à quo creata est.* C'est pourquoy il faut incessamment aspirer à cette demeure, dont il est parlé auec tant d'ardeur dans le Psalme: *Quàm dilecta tabernacula tua Domine virtutum, concupiscit & deficit anima mea in atria Domini:* Où le Prophete décrit la demeure que le iuste doit faire en Dieu; car il faut croire que l'on n'arriue pas à ce torrent de volupté, dont il parle ailleurs en ses termes, *Torrente voluptatis tuæ potabis eos*; ny à cette beatitude qu'il descrit à la fin du Psalme precedent, *Beati qui habitant in domo tua Domine in sæcula sæculorum laudabunt te*, si l'on ne recherche les moyens d'y paruenir auec toute sorte de diligence & d'affection, comme enseigne sainct Augustin au liure des Mœurs de l'Eglise Catholique, chapitre 17, *Si sapientia & veritas non totis animi viribus concupiscatur, inueniri nullo modo potest: At si ita quæratur vt dignum est, subtrahere se atque abscondere à suis dilectoribus non potest; hinc est illud Mathæi 7, petite & accipietis, quærite & inuenietis: Amore petitur, amore quæritur, amore pulsatur, amore reuelatur, amore denique in eo quod reuelatum fuerit permanetur.*

COROLLAIRE VIII.

L'on peut dire que toute la Musique n'est quasi autre chose que l'Vnisson, comme les vertus ne sont autre chose que l'amour, & consequemment que l'amour & l'Vnisson sont semblables; car si les Consonances ont quelque chose de bon & d'agreable, elles le prennent de l'Vnisson, comme toutes les vertus tiennent leur bonté & leur excellence de l'amour. Ce que l'on peut confirmer par l'authorité de sainct Augustin, qui definit la Vertu dans le liure des Coustumes de l'Eglise, chapitre 14; *Nihil omnino esse virtutem affirmauerim nisi summum Dei amorem; nempe illud quod quadripartita dicitur virtus, ex ipsius amoris vario quodam affectu, quantum intelligo dicitur.* Et puis il definit ainsi les quatre Vertus Cardinales: *Temperantia est amor Dei sese integrum incorruptumque seruans: Fortitudo, amor omnia propter Deum facilè perferens: Iustitia, amor Deo tantùm seruiens, & ob hoc bene imperans cæteris quia homini subiecta sunt: Prudentia, amor bene discernens ea quibus adiuuetur in Deum ab ijs quibus impediri potest.*

Ie veux encore ajoûter ce qu'il dit de l'Amour dans la 52 Epistre qu'il escrit à Macedonius, afin que ceux qui aiment les plaisirs de la Musique ne soient pas si mal-heureux que de se priuer du plaisir que l'on reçoit de l'amour de Dieu, dont le moindre sentiment vaut mieux que toutes les faueurs des Roys, & que tous les plaisirs du monde. *In hac vita virtus non est nisi diligere quod diligendum est. Id eligere prudentia est: nullis inde auerti molestijs fortitudo est: nullis illecebris, temperantia est: nulla superbia, iustitia est. Quid autem eligamus quod præcipuè diligamus, nisi quo nihil melius inuenimus? hoc est Deus.*

PROPOSITION VII.

A sçauoir si la raison d'inégalité vient de la raison d'égalité, & consequemment si toutes les Consonances viennent de l'Vnisson comme de leur source & de leur origine.

L'vne des plus grandes difficultez qui se rencontrent dans le traité des raisons consiste à sçauoir si l'inegalité procede de l'egalité, & en quelle maniere cecy peut arriuer, veu que l'egalité ne peut ce semble faire autre chose que ce qu'elle est: & bien que l'vnité materielle ajoûtee à vn autre vnité fasse le binaire, le ternaire, &c. qui sont plus grands que l'vnité, neanmoins l'vnité intellectuelle ajoûtee à l'vnité intellectuelle ne fait toujours que l'vnité, car il n'y a point deux
sortes

Des Consonances.

sortes d'vnitez dans l'entendement, puis que celle de l'intellect remplit tout le monde, & penetre par tout.

L'on experimente la mesme chose au point Geometrique qui ne peut produire aucune quantité si premierement il ne se meut, car la ligne est le mouuement du point : mais l'vnité intellectuelle, & consequemment l'egalité, qui a l'vnité pour son fondement est immobile ; & parce que Dieu est encore plus immuable & plus immobile que l'vnité ou l'egalité, il est difficile de comprendre la maniere dont il crée des choses si differentes comme celles que nous voyons. Aussi croyons nous que la creation du monde est le miracle des miracles.

Or il faut examiner si la raison d'egalité produit les raisons d'inegalité, ou si elle est seulement appellee l'origine, & le fondement desdites raisons, parce qu'elle est la premiere, ou la plus simple, & la plus aisée à conceuoir, comme l'vnité est plus facile à comprendre que le binaire, ou les autres nombres.

Ceux qui tiennent que l'egalité est le principe de l'inegalité, disent que les raisons multiples naissent de la raison d'egalité, & que les raisons surparticulieres viennent des multiples, & les surpartientes des surpaticulieres : ce qu'ils expliquent en cette maniere.

Si l'on compare deux vnitez elles sont la raison d'egalité, & si apres les auoir ajoûtées on les compare à l'vnité, l'on a la raison double de 2 à 1, qui vient de la raison d'egalité ; & puis si l'on ajoûte les termes de la raison double, qui sont 3, & que l'on les compare auec 2, l'on a la premiere raison surparticuliere, à sçauoir la sesquialtere, dont le moindre terme estant comparé à ses 2 termes ajoûtez, c'est à dire 3 estant comparé à 5, fait la premiere raison surpartiente, que l'on appelle surbipartissante trois. Ie laisse les longs discours que Pappus fait de la generation des raisons dans le 3 liure de ses Collections, où il tient que les 10 especes de proportions dont Boëce, Salinas & les autres parlent apres luy, sont produites par la medieté, ou l'analogie Geometrique qu'il appelle *Diuine*. En effet on trouue les raisons susdites si l'on ajoûte tellement les vnitez ensemble que l'on en fasse des nombres ausquels on la compare ; mais cette production vient plustost de l'entendement que de la nature ; car l'vnité est indifferente à la production, & n'engendre rien de soy-mesme, puis qu'elle demeure toujours vnité en quelque maniere que l'on la puisse prendre ; de sorte que ie ne vois pas qu'elle puisse engendrer la raison d'egalité, ny que la raison d'egalité puisse engendrer les autres raisons : car si l'on a recours à l'entendement, il peut aussi facilement tirer la raison d'egalité de la raison multiple, que la raison multiple de l'egalité, puis qu'il est aussi facile de destruire & de diuiser, que de bastir & de composer : or il compose quand il tire la raison multiple de l'egalité, & diuise lors qu'il tire la raison d'egalité de la multiple. Quant à l'vnité consideree dans sa racine, & dans sa souueraine abstraction, elle ne peut engendrer la raison d'egalité qui suppose toujours des termes differens, car elle est sans aucune difference dans sa source : de là vient qu'elle sert pour expliquer la simplicité & l'identité de la nature diuine, qui comprend pourtant deux raisons d'egalité à cause des trois personnes diuines qui constituent les deux susdites raisons.

Et parce que ces raisons precedent toutes les autres, & qu'elles sont la source & l'origine de tous les estres possibles, l'on peut dire que la raison de l'egalité diuine est le principe de toutes les raisons multiples, surparticulieres, & surpartien-

C iiij

tes, comme la toute-puissance est la cause de toutes les creatures, puis qu'il ne peut y auoir aucun estre naturel ou de raison qui ne procede & depende de la souueraine raison.

Ie sçay que les equations, l'vnité & la raison d'egalité seruent de principe aux sciences, parce qu'elles commencent par les choses les plus simples & plus aisees pour arriuer aux plus difficiles: mais la nature ne suit pas cét ordre, car elle se plaist tellement à la diuersité de ses ouurages, qu'elle les rend quasi tous inégaux: & Dieu mesme qui en est l'autheur a gardé vne perpetuelle inegalité dans les principales creatures de l'Vniuers, soit que nous en consideriōs les qualitez ou les grandeurs, comme l'on experimente au Soleil, à la Lune, à la terre, à l'eau, & à l'air, & s'est voulu reseruer l'vnité & la raison d'egalité comme la souueraineté & l'independance.

Neanmoins la raison d'egalité est si sterile qu'elle ne peut engendrer nulle autre raison, quoy que l'on la considere en Dieu, si l'on ne suppose quant & quant vne puissance d'agir, de sorte qu'il est necessaire que la puissance diuine ait son objet, soit actuel ou possible, auant que l'on puisse considerer les raisons qui procedent de celles de l'egalité diuine; si toutefois l'on peut dire qu'elles en procedent: car encore que l'on supposast qu'il n'y eust point de raison d'egalité en Dieu, & que l'on le conceust comme vne nature immense & toute-puissante sans nulles personnes, l'on trouueroit les mesmes raisons d'egalité & d'inegalité dans toutes les creatures possibles ou actuelles que l'on y rencontre maintenant, parce qu'elles ne sont autre chose que des rapports & relations qu'elles ont les vnes aux autres, soit que l'on compare la grandeur ou la quantité, & les autres proprietez des vnes à celles des autres, ou qu'elles soient d'vne telle nature qu'elles puissent estre comparees les vnes aux autres: Car il n'est pas necessaire de les comparer pour engendrer les raisons qui naissent par vne emanation naturelle laquelle accompagne la production des estres creés, de sorte qu'il n'est pas possible que Dieu crée deux choses que quant & quant elles ne soient egales ou inegales: & si l'on considere la production des personnes diuines sans lesquelles il n'y auroit point d'autre relation que celle de la tres-simple identité de l'essence diuine comparee à elle mesme, il est necessaire qu'elles soient egales ou inegales, si toutefois il peut y auoir vne raison d'egalité entre ceux qui sont vne mesme chose auec le principe de la raison d'identité; car s'il est necessaire que les choses egales soient de differente nature, il est tres-certain que les personnes diuines ne peuuent estre egales; de sorte que l'egalité que sainct Athanase met entre les trois personnes dans son Symbole est seulement fondee sur la distinction des relations, ou si elle est fondee sur la seule egalité de la nature diuine, elle seroit mieux appellee raison d'identité que d'egalité, puis que la nature des trois personnes n'est pas seulement egale, comme la nature de deux hommes, ou de deux Anges, mais qu'elle n'est qu'vne mesme nature.

Or il faut dire la mesme chose des Consonances comparees à l'Vnisson, que nous auons dit des raisons d'inegalité comparees à celle de l'egalité; car il n'est pas possible que l'Vnisson engendre les Consonances en quelque maniere que l'on le puisse considerer, puis que l'Vnisson ajoûté à l'Vnisson ne fait toujours que l'Vnisson, & qu'il est necessaire d'ajoûter deux fois autant de battemens d'air à l'vn des sons pour faire l'Octaue en haut, ou d'oster la moitié des battemens de l'vn des sons pour faire l'Octaue en bas, comme il est necessaire que Dieu crée

deux

Des Consonances.

deux choses, dont l'vne soit deux fois moindre ou plus grande que l'autre pour produire la raison double ; de sorte qu'eu egard aux raisons nous faisons par la multiplication & la diuision ce que Dieu fait par la creation.

D'où il s'ensuit que la raison d'egalité & l'Vnisson ne sont pas les principes de l'inegalité & des Consonances à proprement parler, mais seulement que l'Vnisson qui vient de l'egalité des battemens, ou des mouuemens d'air qui frappe l'oüye, est plus simple & plus aisé à conceuoir que les autres Consonances ; & qu'il n'est pas possible de considerer les raisons d'inegalité si l'on ne suppose celle de l'egalité, parce que s'il n'y auoit point d'egalité il n'y auroit point d'inegalité, quoy que l'egalité puisse estre sans l'inegalité, comme le createur ou la puissance de créer peut estre sans les creatures, ou sans l'action de créer.

D'où l'on peut tirer vne puissante raison pour prouuer la diuinité & la raison d'egalité, puis qu'il est impossible qu'il y ait des raisons d'inegalité si l'on ne suppose celle de l'egalité, & qu'il y ait des estres limitez & finis, si l'on ne suppose vn estre infiny & sans bornes, & consequemment qu'il ne peut y auoir de raison d'egalité hors de Dieu, si l'on ne suppose son action & sa bonne volonté enuers les estres limitez, puis qu'il n'y a rien d'egal ou d'inegal où il n'y a rien du tout. Par où l'on void que l'Vnisson auec toutes les raisons d'egalité ou d'inegalité, & toutes les considerations que nous pouuons auoir nous doiuent seulement ou principalement conduire à Dieu comme au port asseuré, où vne infinité de raisons se rencontrent dans leur eminence, & dans leur centre, comme tous les points de la circonference se vont vnir au centre du cercle par le moyen d'vne infinité de lignes qui nous doiuent seruir d'idee ou de memoire artificielle pour rappeller toutes nos pensees & nos affections, & les vnir & porter à Dieu, qui est à plus iuste tiltre la source & la fin de tous les estres differens, que la raison d'egalité ou l'Vnisson ne l'est des raisons d'inegalité ou des Consonances.

COROLLAIRE I.

L'on peut considerer la nature des estres créés comme la nature de toutes les raisons, & voir s'il y a quelque creature à laquelle se rapportent toutes les autres, ou qui leur serue de mesure, comme les autres raisons se rapportent à la raison d'egalité qui est la mesure de leur perfection ; car si l'on auoit trouué quelque corps materiel, ou quelque chose de creé qui fust simple, & qui fist les differences des estres que nous voyons, comme l'vnité fait la difference des nombres par ses differentes repetitions, il seroit facile de connoistre la composition & l'origine de toutes les choses sensibles, & ce principe nous conduiroit hors du labyrinte de l'ignorance, & de l'erreur où nous nous perdons quasi autant de fois que nous voulons raisonner ; de sorte qu'il ne nous reste nulle autre consolation que de nous ietter entre les bras du Pere des sciences & des lumieres, & de luy dire auec sainct Augustin, *Inquietum est cor nostrum Domine, donec quiescat in te.* Car quant aux sciences qui se peuuent acquerir dans l'estat où nous sommes elles sont si imparfaites qu'elles donnent plus d'affliction & de trauail que de plaisir, comme le Sage a remarqué fort iudicieusement, lors qu'il a dit que celuy qui augmente sa science, augmente quant & quant son trauail, & consequemment sa douleur, *Qui addit scientiam, addit & laborem.*

COROLLAIRE II.

L'Vniſſon & la raiſon d'egalité repreſente le corps, car quand les poids & les bras des Inſtrumens Mechaniques ſont egaux, il ne ſe fait nul mouuement, parce que les choſes egales ne peuuent agir ſur les choſes egales: or la raiſon d'egalité tient le milieu entre les raiſons d'inegalité mineure & maieure, de ſorte que l'on ne peut paſſer de l'vne à l'autre de ces deux raiſons, ſans paſſer par celle d'egalité qui ſert de fondement & d'exemplaire aux autres raiſons, comme fait l'Vniſſon aux autres Conſonances.

PROPOSITION VIII.

A ſçauoir ſi les moindres raiſons prennent leur origine des plus grandes, ou les plus grandes des moindres; & conſequemment ſi les moindres interualles de la Muſique, comme les tons & les demitons, viennent des plus grands, par exemple de l'Octaue, ou ſi l'Octaue prend ſon origine deſdits interualles.

Cette difficulté n'eſt pas la moindre de la Muſique, car il y en a qui tiennent que les plus grandes raiſons, par exemple les multiples dependent & prennent leur origine des moindres, c'eſt à dire des ſurpaticulieres, ou ſurpartientes, & conſequemment que l'Octaue depend de la Quinte & de la Quarte, comme la raiſon double de la ſeſquialtere & de la ſeſquitierce, quoy que pluſieurs autres ſoient de contraire aduis. Or ceux-là ſe fondent premierement ſur ce que les plus grandes raiſons & Conſonances ſont ſemblables aux grands nombres qui ſont compoſez des moindres, & qui dependent de l'vnité: De là vient que le nom des Conſonances eſt pris des nombres dont elles ſont compoſees; c'eſt pourquoy il ſemble que l'vnité doiue leur ſeruir de meſure commune, car les Tierces, la Quarte & la Quinte ſont ainſi appellees à raiſon de leurs trois, quatre, ou cinq ſons: & puis les petits interualles ſont deuant les plus grands, comme l'vnité eſt deuant les nombres.

Secondement les lignes prennent leur origine des points, & les figures des lignes, & non au contraire. Or les Conſonances ſont ſemblables aux figures ou aux lignes, & les tons ou demitons dont elles ſont compoſees ſont ſemblables aux lignes ou aux points: d'où il s'enſuit que les Conſonances dependent des moindres interualles, & conſequemment que les moindres interualles ſont plus ſimples que les plus grands.

Tiercement, lors que l'on prend deux chordes à l'Vniſſon, dont l'vne demeure toujours au meſme ton, ou ſur vne meſme note pendant que l'on diminuë l'autre, l'on paſſe par vne infinité de petits interualles auant que d'arriuer à la Tierce mineure; c'eſt à dire auant que la ſeconde chorde ſoit plus courte que la premiere d'vne cinquieſme partie; car auant qu'on l'accourciſſe d'vne cinquieſme partie il faut l'accourcir d'vne millieſme, d'vne centieſme, & d'vne vingtieſme partie, &c.

Quartement, l'on experimente que les choſes naturelles qui ſont parfaites comme l'homme & les animaux, ſont compoſees de leurs parties dont elles dependent; donc l'Octaue eſtant parfaite eſt compoſee de tons & de demitons comme de ſes parties: & l'on ne trouue point que les choſes imparfaites naiſſent

des

des parfaites, comme les parfaites viennent des imparfaites. Finalement quand on enseigne la Musique à quelqu'vn, on luy fait premierement apprendre les moindres interualles, c'est à dire les tons & les demitons, que les Consonances, dautant qu'il est plus facile de chanter *Vt, re, & re, mi, & mi, fa*, c'est à dire de chanter par degrez conjoints que par interualles, ou degrez separez; comme il est plus facile de cheminer pas à pas que de sauter: or ce qui est plus facile & plus naturel precede ce qui est plus difficile, & ce qui tient dauantage de l'art.

Mais l'on peut respondre à toutes ces raisons que les interualles de la Musique, dont la nature consiste en de certaines proportions, ne peuuent estre comparez comme nombre à nombre, dautant que les nombres sont commensurables entr'eux, puis que l'vnité est leur mesure commune; ce qui n'arriue pas à toutes les proportions, mais seulement à quelques-vnes, comme à la double, & à la quadruple, qui sont entr'elles comme vn à deux: car encore que le nom des Consonances soit pris du nombre de leurs sons, comme i'ay déja dit dans vn discours particulier, neantmoins leur nature n'est pas semblable à ces nombres: par exemple, l'Octaue n'est pas composée de huit vnitez, quoy qu'elle contienne ordinairement huit sons. D'ailleurs, il n'y a point de degré consonant ou dissonant qui puisse seruir de mesure commune à l'Octaue, soit que l'on prenne le demiton maieur pour le moindre interualle de l'Octaue Diatonique, ou le demiton mineur pour le moindre de la Chromatique, ou la Diese pour le moindre de l'Enharmonique: car ces interualles estant ajoutez ensemble surpassent tousjours l'Octaue, ou sont moindres qu'elle: & il n'est pas possible de trouuer vn interualle ou degré tant petit qu'il soit qui puisse seruir pour mesurer l'Octaue, ou vne autre Consonance. Quant au nombre des sons ou des interualles qui sont compris dans l'Octaue, leur nombre n'est pas determiné, car puis que l'on peut dire que chaque raison est composée, ou qu'elle peut estre diuisée en vne infinité d'autres raisons, il s'ensuit que l'Octaue ou vne autre Consonance peut estre diuisée en vne infinité d'interualles ou degrez, & consequemment en vne infinité de sons.

La seconde raison se sert de la comparaison du point qui produit les lignes, & de l'vnité qui engendre les nombres: mais le point n'est pas de mesme genre que les lignes, comme les petits interualles des sons sont de mesme genre que l'interualle de l'Octaue, & des autres Consonances, & consequemment cette comparaison n'a pas assez de force pour prouuer que les Consonances viennent des degrez qu'elles contiennent. A quoy l'on peut ajoûter que le point peut aussi bien estre engendré des lignes que les lignes du point, car l'on determine les points sur vn plan par le concours & la rencontre des lignes. Dauantage, nul interualle ne peut produire aucune Consonance par son mouuement, comme le point engendre la ligne par le sien, car si tost que l'interualle sort de sa proportion il quitte sa nature pour passer à vn autre interualle. Mais la nature du point demeure tousjours en son entier, encore qu'il se meuue. D'abondant, il n'est pas possible que le point surpasse ou engendre la moindre ligne de toutes les possibles s'il ne se meut, quoy que l'on le multiplie iusques à l'infiny: mais on peut tellement multiplier le moindre interualle de tous les possibles, qu'il surpassera l'Octaue & les autres Consonances.

La troisiesme raison n'est pas meilleure que les autres, car si l'on met deux chordes d'egale longueur à l'Vnisson, il est plus aisé d'en diuiser vne par la moitié pour faire l'Octaue, qu'en trois parties egales pour faire la Quinte, ou la Douziesme auec la precedente, ou que de la diuiser en huit parties pour faire le ton, ou dans vn plus grand nombre de parties pour faire de moindres interualles: & si l'on veut allonger l'vne des chordes il est plus aisé de l'allonger deux ou trois fois dauantage que l'autre pour faire l'Octaue ou la Douziesme, que de l'allonger seulement d'vne 80 partie pour faire le comma.

Mais il faut considerer ce qui plaist dauantage à l'oreille auant que de considerer les differentes manieres dont on peut conceuoir que les Consonances sont engendrees, & croire que les interualles qui luy plaisent le plus doiuent estre considerez les premiers, puis qu'ils sont la fin & la perfection de la Musique. Ainsi deuons nous considerer le tout auant ses parties, la perfection deuant l'imperfection, le corps deuant le point, l'ame deuant le corps, l'entendement deuant la volonté, les choses spirituelles & intellectuelles deuant les materielles, le Createur deuant les creatures, & la gloire de Dieu deuant toutes autres choses.

Or de toutes les simples Consonances dont les sons sont differens quant au graue & à l'aigu, l'Octaue est la principale & la plus agreable, & consequemment il la faut considerer comme la source & l'origine de toutes les autres Consonances qui en sortent comme les rayons du Soleil, comme les effets de leur cause, & comme les parties de leur tout ; car si on la diuise en deux parties, l'on a la Quinte & la Quarte, dont le ton majeur est la difference ; & si l'on diuise la Quinte, qui fait la plus grande partie de l'Octaue, en deux parties, l'on a la Tierce majeure & la mineure, dont le demiton mineur est la difference, comme le demiton majeur est la difference de la Quarte & de la Tierce majeure, & le ton mineur est la difference de la Quarte & de la Tierce mineure.

Quant aux moindres degrez ils viennent de la comparaison des tons & des demitons, car le Comma est la difference du ton majeur & du mineur, & la Diese est la difference du demiton majeur & du mineur. Ce qui suffit maintenant pour sçauoir que les moindres interualles de la Musique viennent des plus gráds, comme la determination des points vient de la diuision ou de la concurrence des lignes, les lignes de la section des plans, & les plans de la section ou diuision des corps. Mais ie traiteray plus amplement de la generation de tous les degrez & interualles de la Musique dans vn autre lieu.

Et bien que les moindres interualles se trouuent deuant les plus grands lors que de deux chordes mises à l'Vnisson l'on en racourcit, ou l'on en allonge vne peu à peu, & que l'on passe par le comma, & par vne infinité d'autres petits interualles auant que de rencontrer la Tierce mineure, qui est la moindre de toutes les Consonances, cela ne prouue pas que les Consonances ou les grands interualles viennent des petits, par lesquels on ne passe pas pour venir ausdites Consonances, quoy qu'on les puisse rencontrer en cette maniere, & que l'on chante ordinairement par degrez conjoints ; & si en laissant l'vne des chordes à vn mesme ton, l'on commence à mettre vn cheualet sous l'autre, & que l'on touche toujours la moindre partie de la chorde contre celle qui est demeuree entiere, l'on trouuera les plus grands interualles deuant les moindres : par exemple, si l'on prend premierement les huit parties de la chorde, elle fera la triple Octaue contre la chorde entiere ; si l'on en prend la sixiesme, elle fera la Dixneufiesme ; & si l'on en prend la moitié elle fera l'Octaue, comme l'on verra plus amplement au traité du Monochorde. De sorte que l'on ne peut rien conclure dans cette proposition,

des

contres qui se font des petits, ou des grands interualles.

La quatriesme raison supposé que l'Octaue est composée de tons & de demitons, ce qu'il faudroit prouuer, car ceux qui font naistre ces degrez de la diuision de l'Octaue, ou de la difference des consonances nient ce principe, & disent que quand les choses naturelles s'engendrent, que les moindres parties ne sont pas produites les premieres, ni les plus grandes les dernieres, mais qu'elles commencent toutes ensemble, & que le tout est aussi tost que ses parties, quoy qu'il ne paroisse pas si grand au commencent, qu'au milieu, & à la fin. Mais il n'est pas besoin de considerer icy la production des choses naturelles pour entendre celles des consonances; & suffit de remarquer que l'on n'vse pas de degrez pour produire l'Octaue, ou les autres consonances, mais pour d'autres raisons, par exemple pour chanter par degrez conjoints; autrement il faudroit passer par tous les degrez possibles qui sont contenus dans les consonances, n'y ayant point d'autre raison pourquoy l'on se sert plustost des degrez ordinaires que d'vne infinité d'autres, sinon que ceux dont on vse viennent de la difference des Consonances, comme i'ay dit dans la solution de la troisiesme raison.

La cinquiesme raison est fondée sur la maniere dont vsent les Maistres pour enseigner les enfans, qu'ils font premierement chanter par degrez que par interualles, d'autant que les sons qui font les degrez du ton ; & du demiton sont plus proches les vns des autres, & plus aysés à chanter que ceux qui font les interualles : mais cette experience prouue seulement qu'il est plus aisé de chanter par degrez que par interualles; ce qui n'empesche pas que ces degrez ne viennent des consonances, d'où il à fallu les tirer auant que d'en connoistre l'vsage; car ceux qui ont inuenté la Musique n'ont pas commencé par les degrez, mais par les interualles consonans, dont il est beaucoup plus aisé de connoistre les raisons, que celles des degrez; comme ie demonstre ailleurs.

Or il importe fort peu que l'on die que les grandes raisons, & les consonances viennent des moindres raisons, & des dissonances, ou que celles-cy viennent de celle-là, selon les differentes manieres dont on en peut parler; car la Musique n'en est pas pire ny meilleure : quoy qu'il semble plus raisonnable de tenir que les degrez viennent des Consonances, puis qu'ils ne sont que pour y paruenir, & qu'ils naissent de leurs differences, que de dire que les Consonances viennent de ces degrez ; Mais il faut laisser la liberté à chacun d'en croire ce qu'il luy plaira, puis que l'on peut mesme tenir que les vns ny les autres n'ont point d'autre origine que leurs propres termes, ou la comparaison que l'on fait desdits termes les vns auec les autres, comme nous auons dit dans l'autre proposition que la raison d'inegalité ne vient pas plustost de celle de l'egalité que la raison d'egalité de celle de l'inegalité.

COROLLAIRE I.

Encore que les deux dernieres propositions soient semblables en plusieurs choses, elles sont neanmoins differentes, parce qu'il est plus certain que la raison d'inegalité vient de celle de l'egalité, ou du moins qu'elle la suppose, qu'il n'est que les moindres raisons viennent des plus grandes : car si Dieu n'auoit vou-

D

lu faire que deux creatures, dont l'vne furpaffaft l'autre d'vne huictiefme partie, la moindre raifon feroit fans la plus grande ; & fi l'on contemple l'ordre des raifons qui font dans les idees diuines, c'eſt à dire fi l'on confidere comment Dieu connoift les raifons, l'on ne trouuera pas qu'il confidere la raifon double deuant la fefquioctaue, ny qu'il ait voulu que l'vne precedaft l'autre : car Dieu n'a rien dans fa nature qui l'oblige de confiderer plutoft l'vne que l'autre ; fi ce n'eſt que l'on die que le Pere & le Fils font en raifon double du fainct Efprit, puis que l'on peut comparer la premiere & la feconde perfonne à la troifiefme pour trouuer la raifon double dãs la diuinité, & pour prouuer que l'Octaue eſt la plus fimple & la plus douce confonáce de la Mufique, fi l'on excepte l'Vniffon qui reprefente en quelque maniere la nature diuine, dautant que c'eſt d'elle dont il faut tirer la raifon pourquoy les trois perfonnes font vne mefme chofe auec l'effence de Dieu, fans laquelle elles feroient entierement diftinctes, & n'auroient nulle vnité ; comme les interualles de la Mufique ne s'vniroient nullement, & demeureroient toujours diftincts, s'ils ne participoient aux influences que l'Vniffon enuoye à toutes les Confonances, & mefme aux Diffonances, comme le Soleil enuoye les fiennes fur tous les corps.

Mais il femble que la raifon d'egalité doit preceder celle de l'inegalité, tant és creatures que dans la penfee diuine, parce qu'il eſt impoffible de faire ou de vouloir faire deux chofes inegales, fi premierement on ne les confidere egales ; car fi l'on commence l'vne des chofes par vn point, lors qu'on veut faire vne autre chofe inegale, il faut qu'elle commence par le point auant que de la faire plus grande, & confequemment elle fera egale auant que d'eftre inegale. Et fi l'on compare le neant auec ledit point afin de trouuer l'inegalité auant l'egalité, l'on retombera encore dans l'egalité, dautant que le neant eſt deuant toutes fortes de points ; quoy que le neant comparé au neant faffe pluftoft la raifon d'identité que celle d'egalité, & confequemment que l'on puiffe dire en quelque façon que la raifon d'inegalité eſt deuant celle de l'egalité, parce que la premiere comparaifon que l'on puiffe faire eſt celle du neant auec le point, fi toutefois le point eſt different d'auec le neant ; ce qu'il faut referuer pour vn autre difcours.

COROLLAIRE II.

Ce deuxiefme Corollaire confirme le precedent, car fi les moindres raifons viennent des plus grandes, & les moindres interualles de la Mufique des plus grands, il faut ce femble conclure que l'Octaue vient de la Quinziefme, & celle-cy de la Vingtdeuxiefme, &c. puis que la raifon de l'Octaue eſt moindre que celle de la Quinziefme, &c. ce qui n'eſt pas neanmoins veritable ; car le Difdiapafon eſt vne Octaue doublee, & le Trifdiapafon eſt vne Octaue Triplee. Mais toutes ces confiderations n'empefchent nullement que les moindres interualles ne viennent des plus grands, fi l'on borne la grandeur defdits interualles à l'Octaue, dont les differentes diuifions produifent, ou du moins nous font connoiftre tous les interualles neceffaires à la Mufique, comme ie demonftreray ailleurs ; car quant aux grands interualles confonans qui furpaffent l'Octaue, ils peuuent eftre appellez les ombres, ou les effets de l'Octaue, ou des interualles qu'elle contient.

C'eſt

Des Consonances.

C'est pourquoy les Consonances & les Dissonances repetees imitent parfaitement les simples que l'on prend souuent les vnes pour les autres, comme l'on prend souuent l'ombre ou l'image pour les choses mesmes qui sont representees: ce qui arriue à ceux qui mettent leur contentement & leur fin dans les creatures, au lieu de la mettre dans le Createur.

COROLLAIRE III.

Puis que le binaire suit immediatement l'vnité dont il procede, & qu'il y a mesme rapport de la raison d'egalité à la raison double, que de celle de l'identité à celle de l'egalité, ou que de l'vnité au binaire, il est raisonnable de parler de l'Octaue auant que de parler des autres Consonances, puis qu'elle a l'vnité pour son moindre terme, & le binaire pour le plus grand; quoy que cela ne se puisse faire sans sortir de l'vnité & de la simplicité que nous quittons seulement pour en considerer la puissance & les proportions, comme les Theologiens quittent les questions de l'essence diuine pour parler de ses attributs, qui ne sont autre chose que la mesme essence consideree en plusieurs manieres; comme les nombres ne sont autre chose que l'vnité consideree differemment, & selon plusieurs rapports; & comme la ligne Mathematique n'est autre chose que le point consideré dans son mouuement, & apres son mouuement.

PROPOSITION IX.

Determiner si l'accord dont la raison est de deux à vn est bien appellé Octaue, ou si l'on doit plutost luy donner vn autre nom, comme celuy de Diapason.

Il est a propos de parler de cette difficulté, puis que nous essayons de rapporter la raison de tout ce qui se rencontre dans la Musique, dont le Diapason est l'vne des plus excellentes parties, que les Grecs ont appellé διὰ πασῶν, parce qu'il comprend toutes les simples Consonances & les Dissonances. Mais il semble que le nom d'Octaue que l'on luy a donné ne luy conuient pas trop bien, dautant que la raison double peut aussi bien estre diuisee en dix ou en plusieurs sons comme en huit, & qu'en effet elle est diuisee en 25 chordes ou sons dans le genre Enharmonique, & en 16 dans le Chromatique, comme nous dirons apres: mais l'on respondra peut-estre qu'elle n'a que huit sons au genre Diatonic qui est le naturel & le premier de tous les genres. Ce qui ne demeurera pas sans replique, dautant que ce genre doit auoir neuf sons pour estre parfait.

D'ailleurs, le genre dont on se sert maintenant aux compositions des Motets & des Airs a 19 chordes, ou 18 interualles, comme ie monstreray au liure des differentes notes, & de tous les characteres dont on peut vser en composant, soit pour chanter, ou pour iouër sur les Instrumens. Il faut donc voir quel nom l'on luy peut donner, & s'il est plus à propos de l'appeller Neufiesme, ou Seiziesme, ou de quelqu'autre nom, pour les raisons que ie viens de deduire.

Car i'ay de la peine à croire que tous les anciens Latins & François, & tous nos voisins luy ayent donné ce nom sans raison, lequel ils ont peu prendre du nombre ordinaire des sons, que les Grecs & les Musiciens des autres nations ont mis dans l'Octaue selon nos notes ordinaires, *Vt, re, mi, fa, sol, re, mi, fa*, ou suiuant les nouuelles, *Bo, ce, di, ga, lo, ma, ni, bo*, dont nous parlerons dans vn autre lieu. Car bien que les compositions que l'on fait maintenant ayent besoin de 9 ou 12 chordes, comme sont celles de la Viole, du Luth, de l'Epinette; ou de 16, de 19, ou de 25, comme ie diray ailleurs, neanmoins cela n'oste pas le nom à l'Octaue, dont il y a d'autres raisons, quand on ne les prendroit que des effets du nombre de huit qui a d'admirables rencontres dans la Musique, puis qu'il n'y a que huit accords & huit raisons qui les contiennent, à sçauoir l'Vnisson qui contient la raison d'egalité; le Diapason dont la raison double est la premiere des multiples; la Quinte qui contient la premiere des raisons surparticulieres, que l'on appelle *Sesquialtere*; la Quarte qui a la sesquitierce, que les Grecs appellent *Epitritos*; la Tierce majeure qui comprend la *Sesquiquarte*; la Tierce mineure qui a la *Sesquiquinte*; la Sexte majeure qui contient la *Surbipartiente-trois*; & la Sexte mineure qui a la *Surtripartiente-cinq*: à quoy l'on peut ajoûter que le nombre huit represente le premier cube dont la racine est deux, & la beatitude qui est signifiee par l'Octaue, car plusieurs Psalmes ont *pro octaua* dans leur inscription, particulierement quand ils parlent de la beatitude, comme sainct Ambroise a remarqué au cinquiesme liure qu'il a fait sur le sixiesme chapitre de sainct Luc.

A vray dire les raisons que l'on peut rapporter pour l'vne & l'autre des deux opinions pourroient tenir vn esprit en balance, & faire donner vn autre nom à l'Octaue, si la longueur du temps n'auoit graué cette diction dans l'esprit des Musiciens, en faueur desquels ie monstre qu'il faut appeller cét accord *Octaue*.

Les arts ne peuuent iamais mieux proceder que quand ils imitent la nature, dont les sciences considerent les actions: les noms qui expriment le mieux ses effets sont les mieux donnez, & les mieux imposez. Or les sons qui ne consistent que dans les mouuemens de l'air, ne peuuent mieux estre distinguez par aucune difference interne, ou qualité exterieure, que par le graue & l'aigu; ce qui apporte vne grande confusion: car supposant vn ton graue, tous les autres tons iusqu'à l'infiny seront aigus, & supposant vn aigu tous les autres seront graues; c'est pourquoy les Musiciens ont esté contraints de dire le second d'apres le graue; comme le troisiesme, le quatriesme, le cinquiesme, le sixiesme, le septiesme, & le huitiesme. Ils eussent passé outre, comme les Arithmeticiens ont monté iusques à dix: mais considerans tous ces sons, ils ont trouué que le second d'apres le graue ne faisoit rien qui fust bon; ils l'ont passé, & remarqué comme nuisible: ils ont trouué que le troisiesme se mesloit aisémét auec le graue, & qu'en le tenant plus foible ou plus fort il auoit toujours de l'harmonie, & ont appellé le foible *Tierce mineure*, & le fort *Tierce maieure*. Ils sont venus à considerer le quatriesme son aigu d'apres ce mesme son graue, & l'ont trouué bon. Et puis ils ont consideré le cinquiesme qu'ils ont encore trouué meilleur, parce qu'il fait vn meslange plus parfait que le quatriesme, & plus ferme que le troisiesme : mais il ne peut estre plus haut ny plus bas qu'il faut. Ils ont aussi consideré le sixiesme, & l'ont trouué de mesme nature que le troisiesme, & qu'il pouuoit estre plus fort ou plus foible sans estre des-agreable, c'est pourquoy ils l'ont appllé *Sexte mineure*, & majeure.

Quant au septiesme son d'apres ce graue, ils l'ont trouué de mesme nature que le second, & l'ont mis au rang de ceux dont il ne falloit rien esperer de bon.

Mais

Des Consonances.

Mais ayant consideré le huictiesme ils l'ont trouué si semblable au graue, qu'il est plustost le mesme qu'vn autre. Or apres auoir consideré tous les autres qui suiuent, ils ont trouué qu'ils faisoient le mesme effet contre le 8, que les precedens contre le graue, aussi ils se sont arrestez à ce 8, & ont creu que se seroit en vain de proceder plus auant, puis que l'on peut suffisamment considerer tous les effets des sons dans l'estenduë de ces huit premiers tons, & tenans pour certain que tout ce qui arriue aux sons qui montent par dessus l'Octaue, est semblable à ce qui arriue à ceux qui sont au dessous, ils ne leur ont peu bailler de noms qui les designassent mieux que ceux de leur situation de *Seconde, Tierce, Quarte, Quinte, Sexte, Septiesme,* & *Octaue,* lesquels on ne peut changer sans mettre vne confusion dans la connoissance ordinaire de la Musique Pratique.

Quelques-vns croyent que de l'appeller *Diapason,* comme ont fait les Grecs, c'est donner vn nom general à vne chose particuliere, & le nom du genre à l'espece ; & que les facteurs d'Orgues & d'Epinettes ont mieux appellé leur clauier, ou la mesure de leurs tuyaux & de leurs chordes du nom de *Diapason,* qui contient quarante & neuf marches, chordes, ou tuyaux pour faire autant de tons, à sçauoir 29 qui vont par degrez naturels pour faire quatre Octaues, & vingt autres qui seruent pour faire les Tierces mineures en de certains endroits (comme il sera expliqué dans le troisiesme liure de l'Epinette) & les majeures en d'autres, & pour trouuer les Sextes majeures ou mineures, & les Quintes parfaites aux endroits où elles se doiuent rencontrer, quand on passe d'vne Octaue à l'autre ; car ce clauier cótient tous les tons par le moyen desquels l'on peut faire toutes sortes de chants simples, ou d'accord, qui peuuent estre agreables à l'oüye, ou à l'entendemét qui en iuge. Quant aux autres diuisions des sons elles ne sont pas naturelles, puis que nulle oreille ne s'y plaist : & comme la nature a mis des bornes à la mer que tous les flots les plus orageux ne peuuent outrepasser, aussi nul entendement humain ne peut faire qu'vne fausse Quinte, c'est à dire moindre qu'elle ne doit estre, ou qu'vne fausse Octaue puisse donner du plaisir, dautant qu'il ne peut passer les bornes que la nature a prescrit aux tons sans renuerser la nature.

Les Organistes ont passé plus outre que l'Octaue, & ont ajoûté la *Dixiesme,* la *Douziesme,* la *Quinziesme,* &c. ce qu'ils ont fait pour designer les marches de leur clauier ; car cette *Dixiesme* est seulement vne Tierce plus haute que la premiere, c'est à dire *repetee* ; & cette *Douziesme* est vne Quinte à l'Octaue de la premiere Quinte. Voila donc pourquoy l'on peut dire que le mot d'Octaue, dont se seruent nos Musiciens, est plus propre & plus significatif que le mot de *Diapason,* dont on vse plus à propos pour signifier les vingt-neuf tons des Instrumens que les huit sons de l'Octaue.

Neanmoins de tous les autres noms que l'on peut donner à l'Octaue, celuy des Grecs est l'vn des plus propres, & puis il est déja receu, car l'on sçait que le *Diapason* signifie l'Octaue, ou l'accord qui contient tous les simples interualles de la Musique, comme le nombre denaire contient tous les nombres ; car ceux que l'on ajoûte à dix ne sont que repetitions des autres nombres qui le precedent, comme les sons que l'on ajoûte à l'Octaue ne sont que les repetitions de ceux qui la precedent.

L'Octaue peut donc estre appellee *Diapason,* puis que cette diction Grecque

D iij

signifie *par tous*, dautant que l'Octaue comprend tous les sons, comme la lumiere toutes les couleurs, le cercle tous les plans, & la sphere tous les corps; car si la lumiere produit toutes les couleurs par les differentes diuisions ou conjonctions de ses rayons (comme l'on voit dans l'arc en ciel) & la sphere tous les corps, l'Octaue produit aussi toutes les Consonances & les Dissonances par ses differentes diuisions.

Ces raisons ont empesché les Grecs d'appeller l'Octaue δἰ ἑπτα, c'est à dire *par sept*, encore qu'elle n'eust que sept chordes du temps de Terpandre, ou qu'elle n'ait maintenant que sept interualles naturels; & de la nommer δἰ ἀκτώ, c'est à dire *par huit*, bien quelle contienne huit sons, & qu'ils ayent donné des noms à la Quinte, & aux autres Consonances qu'ils ont pris du nombre de leurs chordes, ou de leurs sons : dautant que les anciens ne mettoient que sept chordes à leurs Instrumens, comme remarque Aristote au 32 probleme de la 19 section, afin que les sept planettes eussent leurs sieges sur les chordes des Instrumens; car la plus grosse representoit le mouuement de Saturne qui est le plus lent, & la plus deliee representoit la Lune comme la plus viste; & celle du milieu, dont Aristote parle si souuent, comme au probleme 20, 25, 30, & 45, representoit le Soleil. L'Octaue peut donc estre nommee *Diapason*, puis que nous iugeons de toute la Musique par l'Octaue, comme nous iugeons d'vn bastiment entier par son fondement, & que l'on peut restablir la Musique par sa seule connoissance, comme tout l'édifice par celle de son fondement. Et puis les Facteurs d'Orgues & d'Epinettes reglent tout leur clauier sur vne mesme Octaue, qu'ils prennent ordinairement vers le milieu, comme ie diray en parlant de l'industrie dont il faut vser pour accorder l'Orgue & l'Epinette.

L'on pourroit encore appeller cét accord *Consonance doublee*, parce qu'elle est comme vn redoublement de l'Vnisson, qu'elle repete & qu'elle represente à l'oreille & à l'imagination, comme l'image represente son prototype, & qu'elle est contenuë & produite par la raison double qui est de deux à vn.

Le *Diapason* est encore connu aux Fondeurs de cloches, dont la mesure s'appelle *Diapason*, ou *brochete*, qui leur sert pour faire les cloches de toutes sortes de grandeurs, comme ie monstreray dans le liure des Cloches. Le mesme nom se peut aussi appliquer aux mesures des autres artisans, & à tout ce qui contient & qui mesure plusieurs choses.

Mais il ne faut pas facilement innouer dans les sciences, ny changer les termes que ceux qui nous ont precedé ont trouué propres pour les conseruer. Or les anciens ont aussi donné le nom de *Huit* à toutes choses, parce qu'il a de tres-excellentes proprietez, particulierement quand l'on considere son origine, & sa diuision qui contient vne parfaite egalité. C'est pourquoy les Pythagoriciens l'ont appellé *Iustice*, dautant qu'il a ses six faces egales, & qu'il est fait de deux fois deux deux, car 2 multipliant deux fois 2 fait 8, dont la profondeur est egale à la longueur & à la largeur. Il est aussi le premier nombre qui se diuise en deux autres nombres pairement pairs, & a vn si grand rapport auec le 6, que ce nombre estant soustrait de 8, ou de quelqu'autre cube autant de fois que l'on peut, il ne reste que le costé du cube, & si ce costé n'est pas assez grand, il faut seulement luy ajoûter le 6, ou les nombres multiples de 6 : par exemple, six osté de 8 laisse 2 pour le costé du premier cube : 27 diuisé par 6 laisse 3 pour le costé du second cube : 64 diuisé par 6 laisse 4 pour le costé ou pour la racine

cine du troisiesme cube: 125 diuisé par 6 laisse 5 pour la racine du quatriesme cube : 216 diuisé par 6 ne laisse rien, par consequent il faut prendre 6 pour la racine du cinquiesme cube.

Philolaüs Pythagoricien appelloit le nombre 8, *Harmonie Geometrique*, parce qu'il comprend toutes les raisons des simples accords, car la Sexte mineure estant de 5 à 8 n'a que 8 pour son plus grand terme ; ou plutost parce qu'il contient le plus plus grand système qui a trois Octaues, dautant que les anciens n'ont pas mis la Sexte mineure au nombre des accords.

Mais ie parleray encore de l'Octaue en expliquant si sa raison est de deux à vn, ou à 4, ou à 8, & du nombre des tons qu'elle contient ; j'ajoûte seulement que l'on peut tirer vne nouuelle raison pour le nom de l'Octaue, de la proportion qui se garde aux tuyaux d'Orgues, & aux cloches qui font l'Octaue, car le poids & la solidité du plus grand tuyau, ou de la plus grande cloche est octuple du poids & de la solidité du moindre tuyau, & de la moindre cloche. Il faut donc retenir le nom d'*Octaue* pour signifier le meilleur & le plus agreable accord de la Musique, sans neanmoins rejetter le nom de *Diapason*.

Les anciens ont appelé l'Octaue *Antiphone*, comme l'on voit au 14 & 16 probleme d'Aristote, section 19, dautant que les deux sons de l'Octaue sont semblables, car cette particule ἀντὶ ne signifie pas vne contrarieté, mais plutost vne identité, comme l'on peut voir dans la diction ἀντίθεος, dont vse Homere pour dire qu'Vlysse est semblable à Dieu.

Et Salinas remarque au 7 chapitre de son second liure, que l'on appelle les *Antiennes* qui se chantent deuant les Psalmes *Antiphones*, dautant que l'on les chante plus haut d'vne Octaue apres les mesmes Psalmes, aux Festes solennelles, particulierement dans l'Eglise de Tolede, & de Seguse. Et les Grecs appellent les deux chordes Hypate & Nete *Antiphones*, parce qu'elles font l'Octaue. Les autres l'ont appellee *Omophonie*, ou *Æquisonance*, à raison de l'egalité de ses deux sons ; quoy que ce nom conuienne mieux à l'Vnisson.

Quant à la coustume de l'Eglise de Tolede, ie m'en rapporte à ce qu'en dit Salinas, mais cecy n'est point pratiqué en France, ou la diction *Antiphone* semble plutost auoir esté inuentee pour signifier la maniere que l'on tient dans les chœurs qui reprennent & chantent les versets ou couplets des Pseaumes alternatiuement, ayant le visage opposé les vns aux autres.

PROPOSITION X.

Determiner si la raison de l'Octaue est double, quadruple, ou octuple ; c'est à dire si elle est de deux à vn, ou de quatre à vn, ou de huit à vn.

Tous les anciens ont creu & enseigné que l'accord que l'on appelle *Diapason*, ou *Octaue*, est d'vn à deux, c'est à dire que la raison de l'Octaue est double, parce qu'ils ont trouué que deux chordes d'vne mesme tension, dont l'vne est double de l'autre en longueur & egale en grosseur font l'Octaue.

Mais si nous considerons les autres phenomenes, c'est à dire les experiences que l'on remarque aux differentes grosseurs & tensions des chordes, & à la proportion des corps qui font l'Octaue, nous y rencontrerons de grandes difficultez ; car l'experience fait voir que quand deux chordes egales en longueur & quadruples en grosseur sont tédués d'vne mesme force qu'elles font l'Octaue, par conſequēt l'on peut dire que l'Octaue eſt de quatre à vn, & que ſa raiſon eſt quadruple, puis que les chordes ſont en raiſon quadruple l'vne de l'autre quant à la groſſeur & à la tenſion. Or la quadruple eſtant tenduë par quatre forces, eſt quatre fois moins tenduë que la ſouſquadruple tenduë par quatre forces; car ſi l'on diuiſe la quadruple en quatre parties egales l'on aura quatre chordes, dont chacune ſera egale à la ſouſquadruple; auſquelles ſi l'on donne $\frac{1}{4}$ du poids de quatre liures, chacune ſera quatre fois moins tenduë que la ſouſquadruple, puis que chacune n'aura que le quart de quatre liures, car c'eſt meſme choſe de tendre chaque ſouſquadruple par vne force, que de tendre la quadruple par quatre forces, dautant que la quadruple reſiſte autant à la force quadruple comme fait la ſouſquadruple à la force ſouſquadruple, puis que toutes choſes ſont icy proportionnees.

Le ſecond Phenomene ſe prend de la tenſion differente des chordes qui ſont egales en longueur & groſſeur, car ſi de deux chordes egales l'vne eſt tenduë par vne force, & l'autre par quatre, elles font l'Octaue, donc la raiſon de ces tenſions eſt de quatre à vn.

La troiſieſme experience eſt priſe des vaiſſeaux qui font l'Octaue, comme des cloches & des tuyaux, car la plus groſſe des deux cloches qui font l'Octaue eſt octuple de la moindre; ce qui arriue auſſi aux deux tuyaux d'Orgue qui font l'Octaue, car le diametre & la hauteur du grand tuyau eſt double du diametre & de la hauteur du petit, par conſequent la capacité du plus grand eſt octuple du moindre: d'où il s'enſuit que la raiſon de l'Octaue ſemble eſtre de 8 à 1, ſi elle ſuit la raiſon des corps par qui elle eſt produite.

Mais les ſurfaces deſdits corps ſont quadruples, car la ſurface de la plus grande cloche contient quatre fois la ſurface de la moindre, & l'air eſt ſeulement frappé par ces ſurfaces, par conſequent nous auons encore la raiſon de 4 à 1.

Quant à leurs diametres ils ſont en raiſon double, car le diametre de la plus grande cloche, ou du plus gros tuyau eſt double du diametre de l'autre.

Semblablement la ſurface de la chorde quadruple eſt double de la ſurface de la chorde ſouſquadruple, ce qui arriue auſſi à leurs diametres. Mais l'on ne trouue pas cette raiſon double aux chordes egales en longueur & en groſſeur, dont l'vne eſt tenduë par vne force, & l'autre par quatre, car l'on ne peut dire que la plus tenduë deuienne deux fois plus deliee que la moins tenduë pour diuiſer la raiſon quadruple, dautant que la diminution n'en eſt pas quaſi ſenſible.

Quant au Phenomene des anciens ſur lequel ils ont appuyé leurs ſpeculations, à ſçauoir ſur les chordes qui font l'Octaue quand elles ſont egales en tenſion, & doubles en longueur, encore que leur raiſon double ſemble demonſtrer que l'Octaue eſt de 2 à 1, comme font les doubles diametres de la chorde quadruple & ſouſquadruple de deux cloches & de deux tuyaux qui font l'Octaue: neanmoins ſi nous ioignons tout ce qui fait l'Octaue par le moyen des deux chordes dont l'vne eſt ſoudouble en longueur, nous trouuerons la raiſon quadruple; car il faut premierement conſiderer la raiſon double des longueurs, & puis la raiſon double des mouuemens, & des deux eſpaces d'air qui ſont frappez par ces deux chordes, dautant que la chorde qui eſt ſouſdouble eſtant egalement tenduë fait ſes mouuemens, c'eſt à dire ſes tours & retours, deux fois plus viſte que la double qui fait ſeulement dix retours pendant que la ſouſdouble en fait vingt.

Or ces

Des Consonances. 45

Or ces deux raisons doubles estant ajoûtées font la raison quadruple, qui est la premiere raison doublée, sans laquelle l'Octaue ne se rencontre point: car quand deux chordes sont egales en longueur la double force ne suffit pas pour mettre l'vne à l'Octaue de l'autre, mais il faut quatre forces contre vne. Il faut donc ce semble conclure que la raison de l'Octaue est plutost quadruple, ou doublée, que double, puis que tous les Phenomenes vont à la raison quadruple, à laquelle si l'on ajoûte la raison doublée des deux espaces de l'air l'on aura la raison octuple; car il faut aussi bien considerer la grandeur de l'air comme la vistesse de son mouuement: Toutefois puis que le mouuement de la chorde qui est double est aussi viste que celuy de la sousdouble, dautant qu'elles font vn chemin egal en temps egal quand la distance de leurs retours est proportionnee à leurs longueurs, & que le mouuement de la sousdouble n'est double de celuy de la double que respectiuement, c'st à dire en comparaison du nombre de ses retours, lesquels estant plus courts de moitié se font deux fois plus viste, il suffit d'ajoûter la raison double de la longueur des chordes, & la double des espaces de l'air pour faire la raison quadruple de l'Octaue.

Or l'on peut confirmer cette opinion par les œuures de la nature, qui suiuent ce semble plutost les raisons doublées que les termes des simples raisons, dautant qu'elles sont plus Geometriques & plus remplies de raison que les Arithmetiques, comme l'on obserue aux proportions qui gardét les qualitez en s'augmentant ou en se diminuant. Et l'air qui fait le son par son mouuement ne doit pas seulement estre consideré comme vne ligne, mais aussi, comme vne surface selon laquelle il est frappé & rompu par la surface des corps qui produisent le mouuement.

Neanmoins nous pouuons retenir la raison double de l'Octaue, & la preferer aux susdites raisons, dautant qu'elle entre plus facilement dans l'imagination, car elle est plus simple, comme la racine est plus simple & plus facile à conceuoir que son quarré. Il faut conclure la mesme chose des raisons qui seruent aux autres consonances & interualles de la Musique. Et si l'on veut mettre l'Octaue de huit à vn à cause des corps octuples qui la produisent, l'on peut toujours retenir la raison double pour l'explication, & pour l'imagination de l'Octaue, dautant que les simples raisons sont comme les racines des raisons doublées, & triplées: de sorte qu'en parlant des simples raisons qui gardent les espaces des airs, & la grandeur des corps pris selon leurs diametres, l'on aura dans l'esprit les images de leurs raisons doublées & triplées qui representent leurs surfaces & leurs solides; & cependant le Musicien aura le contentement qui peut venir de l'Arithmetique, de la Geometrie, & de l'Harmonie, lesquelles il reünira toutes ensemble en commençant par le simple pour paruenir au composé; ce qui seruira pour trouuer les causes des proprietez & des effets de l'Harmonie.

Or apres auoir examiné ce qui se peut dire sur ce sujet ie monstre qu'il n'est pas seulement meilleur de choisir la raison double pour l'Octaue, mais qu'il est entierement necessaire, dautant que le son n'estant que le mouuement de l'air, & ce mouuement se rencontrant toujours double dans l'Octaue, & iamais quadruple, ny octuple, il s'ensuit que les deux sons de l'Octaue sont en mesme raison que ces mouuemens. Ce que ie demonstre clairement par la figure qui suit, dans laquelle A B signifie la chorde qui fait le son graue, & A E represente la chorde qui fait le son aigu de l'Octaue, à l'Vnisson de laquelle l'on peut mettre A B en la tendant quatre fois dauantage qu'elle n'eſtoit; & pour lors la chorde A B ne frappera pas plus d'air que quand elle eſtoit quatre fois moins tenduë, car eſtant menée au point C, elle retournera ſeulement vne fois à E quand elle fera le ſon graue de l'Octaue, & deux fois en meſme temps quand elle fera l'aigu. D'abondant ſi elle fait l'Octaue en bas auec la chorde A E, & que l'on tire A E en D, & A B en F, elles frapperont vne egale partie d'air, de ſorte qu'il faut ſeulement conſiderer les retours des chordes pour ſçauoir la raiſon de l'Octaue, & des autres Conſonances, puis qu'ils ſont la cauſe immediate, ou pluſtoſt la cauſe formelle des ſons qui ont les corps pour leur cauſe efficiente.

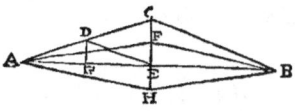

Il ne faut donc plus douter que les deux ſons de l'Octaue ne ſoient en raiſon double l'vn de l'autre, & que ce fondement ne ſoit ineſbranlable, puis que les ſons ne ſont autre choſe qu'vne multitude de battemens d'air.

Ce que l'on peut accommoder aux autres Conſonances, dont les raiſons ſe doiuent prendre des retours que font les chordes, ou des battemens d'air que font tous les autres corps; de ſorte que cette demonſtration eſt vniuerſelle pour tous les interualles des ſons que l'on ſe peut imaginer, ſans qu'il ſoit beſoin de la repeter.

COROLLAIRE I.

I'ay obmis pluſieurs proportions qui ſe rencontrent entre la ſolidité des corps, & l'aigu des ſons, mais on les trouuera dans le liure des cauſes du ſon: c'eſt pourquoy i'ajoûte ſeulement qu'il y en a qui ſe ſont imaginez que la raiſon de l'Octaue eſt tellement double, qu'elle n'eſt pas de deux à vn, de 4 à 2, de 8 à 4, de 16 à 8, &c. mais ſeulement dans la raiſon double dont les termes renferment tous les degrez: c'eſt à dire que la raiſon double de l'Octaue eſt de 48 à 24, qui ſont les moindres termes de tous ceux qui peuuent comprendre les ſept interualles, ou les huit ſons de la premiere eſpece d'Octaue, comme l'on void dans la table de la premiere propoſition de ce liure qui contient toutes les conſonances & leurs degrez auec leurs raiſons. D'où il ſ'enſuiuroit que la raiſon double de l'Octaue Pythagorique & Platonique ſeroit de 972 à 480, qui ſont les moindres nombres entiers qui puiſſent contenir les huit ſons de cette Octaue.

Si l'on conſidere toutes les eſpeces des trois genres que i'ay expliqué dans la 8 propoſition du 2 liure des Inſtrumens à vent, l'on aimera mieux choiſir la raiſon double de 120 à 60 qu'aucune autre pour ſignifier l'Octaue, dautant que ces deux nombres enferment les ſept interualles de toutes les eſpeces de chaque genre. Mais ſi l'on ſuit la diuiſion du Monochorde d'egalité diuiſé par le moyen d'onze nombres moyens proportionnels, dont on trouuera l'explication dans la 14 propoſition du premier liure des Inſtrumens à chorde, l'on mettra la raiſon double de l'Octaue de 200000 à 100000: & ſi l'on veut qu'elle renferme les trois genres compris par les 24 interualles que i'explique dans la 6 propoſition du 2 liure, elle ſera de 57600 à 28800. Ie laiſſe la raiſon de 72000 à 144000, qui contient les 32 ſons de l'Octaue que ie propoſe dans le liure des Genres, & de l'Orgue, & vne infinité d'autres termes qui tous expriment la raiſon double de l'Octaue, parce qu'il eſt certain que les termes les plus ſimples 2 & 1 doiuent eſtre

preferez

Des Consonances. 47

preferez à tous les autres, ioint qu'ils peuuent comprendre toutes sortes d'interualles en nombres rompus : comme ie monstre par ceux-cy $1\frac{1}{2}, 1\frac{1}{3}, 1\frac{1}{4}, 1\frac{1}{5}$, $1\frac{1}{6}, 1\frac{1}{7}, 1\frac{1}{8}, 1\frac{1}{9}, 1\frac{1}{10}$, qui contiennent tous les degrez de l'Octaue Diatonique, tant par *b mol* que par ♯ *quarre*, car les nombres $1\frac{1}{2}, 1\frac{1}{3}$, & $1\frac{1}{4}$ seruent pour les *b mols* : & ces nombres entiers auec leurs fractions representent mieux la racine des interualles Harmoniques, que les nombres entiers : de sorte qu'en quelque façon que l'on prenne la raison double de l'Octaue, elle est mieux exprimee par ses moindres termes de 2 à 1, que par les autres. Ce qu'il faut semblablement conclure de tous les autres interualles consonans ou dissonans, qu'il faut laisser dans leurs termes radicaux : quoy qu'il soit libre à vn chacun d'vser de tels termes qu'il voudra, tant grands qu'ils puissent estre, pour expliquer la raison double de l'Octaue, ou des autres interualles consonans, ou dissonans.

COROLLAIRE II.

L'on pourroit dire que la raison de l'Octaue est comme celle de la racine de 3 à la racine de 12, parce que les racines sont en raison sousdouble de leur quarrez : & les surfaces des corps qui font l'Octaue, par exemple des cloches estant en raison quadruple font l'Octaue, parce que leurs diametres sont comme 2 à 1. Semblablement l'on peut dire qu'elle est en mesme raison que les racines cubiques d'vn & de huit, & ainsi des autres racines des quarerz cubes, des cubes cubes, &c. iusques à l'infiny : mais il vaut mieux retenir la simplicité de 2 à 1 dont nous auons parlé, puis que la raison formelle de l'Octaue n'est autre chose que la comparaison que l'on fait de deux battemens à vn autre battement d'air, ou la rencontre & l'vnion qui se fait desdits battemens dans l'oreille, dans l'imagination, & dans l'esprit.

COROLLAIRE III.

Encore que l'on ne puisse apperceuoir si l'Octaue ou les tremblemens qui la font sont iustement en raison double, parce que les sens ne sont pas capables de comprendre les tres-petites differences des choses, par exemple de discerner s'il manque la milliesme partie d'vn tremblement, & que l'oreille est affectee de la mesme sorte par les deux sons dont la raison est de 1000 à 499, que par ceux dont la raison est de 1000 à 500, neanmoins il faut prendre la raison double en sa iustesse pour le discours, puis que l'entendement suit toujours la iustesse des raisons & des proportions, quoy qu'il suffise d'en approcher pour satisfaire aux sens. Ce qu'il faut aussi entendre de la raison de la Quinte, & des autres Consonances & des Dissonances dont nous traiterons apres, afin qu'il ne soit pas besoin de les repeter.

PROPOSITION XI.

A sçauoir d'où l'Octaue prend son origine, & si elle vient du son, ou de l'vnisson.

Nous auons demonstré que la raison & consequemment la nature de l'Octaue est de 2 à 1, mais il faut icy expliquer son origine, comme nous auons expliqué celle du son & de l'vnisson. Or il semble qu'elle vienne immediatement du son aussi bien que l'Vnisson, car la diuision que l'on fait d'vne ligne en deux parties egales donne aussi bien l'Octaue que l'Vnisson, comme l'on void à la ligne A C, laquelle estant diuisee au point E fait l'Octaue d'A E à A C, comme l'Vnisson d'A C à C B, quoy que l'Vnisson soit plus simple, dautant qu'il consiste dans la comparaison de deux battemens d'air qui sont egaux en duree; & l'Octaue ne peut subsister sans trois battemens, dont les deux soient aussi vistes que l'autre. De là vient que l'on peut conclure que l'Octaue vient de l'Vnisson, & que le son & l'Vnisson estant comparez ensemble peuuent quasi estre appellez Octaue, parce que si l'on considere le son comme vn seul battement d'air, l'Vnisson en contient deux semblables qui se font en mesme temps que celuy du son: mais parce que les deux battemens de l'Vnisson ne se font pas successiuement, ils ne font pas l'Octaue contre le battement du son, dautant que pour faire l'Octaue il faut que l'vn des deux battemens plus viste responde à la premiere partie du battement plus lent, & que l'autre battement responde à la seconde: ce qui n'arriue pas aux deux battemens de l'Vnisson comparez au battement egal du son. Or il faut vser de chordes ou de lignes pour comprendre que l'Octaue prend son origine de l'Vnisson, & supposer que la chorde A C soit à l'Vnisson de la chorde B C, afin que la chorde A B, par laquelle nous auons expliqué l'origine de l'Vnisson dans la 2 proposition, soit icy consideree comme diuisé & rompuë au point C, auquel le cheualet estoit mis. Cét Vnisson estant supposé l'on trouue l'Octaue par la diuision de l'vne des chordes en deux parties egales, comme l'on void au point E qui diuise la chorde A C par le milieu; car A E ou C E fait l'Octaue contre la chorde B C; dautant qu'A E bat deux fois l'air tandis que B C le bat vne fois. D'ailleurs, si les deux battemens de l'Vnisson que font A E & E C se succedoient les vns aux autres, ils feroient l'Octaue contre le battement de B C, comme les deux battemens du son feroient l'Vnisson, si au lieu de se succeder ils se faisoient en mesme temps: c'est pourquoy l'Vnisson a vne comparaison auec le son, laquelle est quasi contraire à celle que l'Octaue a auec l'Vnisson; car il faut desvnir les battemens de l'Vnisson pour faire l'Octaue, & conioindre ceux du son pour faire l'Vnisson.

COROLLAIRE I.

L'on peut conclure de cette proposition que l'Octaue est si semblable à l'Vnisson, que l'on a souuent de la peine à les distinguer, parce qu'ils ont quasi vne mesme origine, & qu'ils viennent tous deux d'vne mesme diuision, à sçauoir de la plus aisee de toutes les diuisions: c'est pourquoy ils frappent l'oreille plus egalement, & auec plus d'vniformité que les autres consonances: Toutefois l'Vnisson est deux fois plus doux que l'Octaue, parce qu'il vnit ses battemens deux fois plus souuent, & consequemment si ce qui est moins vni vient de ce qui est plus vni, l'Octaue vient de l'Vnisson. En effet, puis que les deux battemens qui se font par les deux chordes A E & E C qui font l'Vnisson estant assemblez font l'Octaue contre le battement de la chorde B C, ou A C, il s'ensuit que l'Vnisson vient de l'Octaue, comme du son, parce que deux battemens du son estant ajoûtez ensemble font ledit Vnisson: par consequent l'Octaue a vne mesme dependance des deux sons de l'Vnisson, que l'Vnisson des deux battemens du son.

COROLL. II.

COROLLAIRE II.

Si l'on fait reflexion sur les 3 propositions dans lesquelles nous auons parlé de la raison d'identité, d'egalité, & de la double, nous trouuerons qu'elles seruent à conceuoir les raisons diuines, dont l'vne peut estre appellee *d'identité*, dautant que les personnes sont vne mesme chose auec l'essence : l'autre se peut nommer *d'egalité*, parce que les mesmes personnes estant considerees sans l'essence sont egales entr'elles : mais la troisiesme est la raison double qui peut estre consideree entre le Pere, & les deux autres personnes, car si les 2 sons ou les 2 battemens d'air qui font l'Octaue viennent de ceux de l'vnisson, ou du son, la seconde & la troisiesme personne viennent aussi de la premiere, mais d'vne maniere differente ; car il faut diuiser le son de l'vnisson en deux parties egales pour faire l'Octaue, & rien ne se diuise en Dieu, lequel est aussi indiuisible qu'il est inuisible ; quoy que si l'on prend la distinction pour la diuision l'on puisse dire que la 2 & la 3 personnes sont diuisees, c'est à dire distinctes de la premiere, car il n'y a ce semble nulle autre diuision dans les estres intellectuels que celle de la distinction, parce que la raison fait dans les estres intellectuels ce que la force & le cousteau font dans les corps materiels. Or il semble que sainct Augustin ait voulu parler de ces trois proportions de la diuinité, lors qu'il a dit, *In Patre vnitas, in Filio æqualitas, in Spiritu sancto vnitatis æqualitatísque concordia. Et tria hæc vnum omnia propter Patrem, æqualia omnia propter Filium, connexa omnia propter Spiritum sanctum*, comme il enseigne dans le 5 chapitre du premier liure de la doctrine Chrestienne ; car le son est le Pere des Consonances, dont vient l'vnisson comme l'enfant du Pere ; & l'Octaue qui vient de tous les deux conjoint & reünit en soy toutes les Consonances : de sorte qu'elle peut seruir pour expliquer le passage de la Sapience dont vse l'Eglise au iour de la Pentecoste, *Spiritus Domini repleuit orbem terrarum, & hoc quod continet omnia scientiam habet vocis* : car comme le sainct Esprit a toute la science du Fils qui est appellé la voix ou la parole diuine, ainsi l'Octaue contient toutes les voix de la Musique, & consequemment toute la science de la voix humaine, & des autres sons.

PROPOSITION XII.

L'Octaue est la plus douce & la plus puissante de toutes les Consonances apres l'Vnisson, encore qu'elle en soit plus eloignee que le ton, ou tous les autres degrez qu'elle contient.

Encore que cette proposition soit veritable, elle semble neanmoins merueilleuse, dautant que les deux sons qui font l'Octaue sont beaucoup plus eloignez l'vn de l'autre, & consequemment de l'Vnisson qui est la source & l'origine des Consonances, que les deux sons qui font le ton ou le demiton, comme l'on void dans la raison de neuf à huit, car huit est moins eloigné de neuf que dix-huit, puis qu'entre neuf & dix-huit il y a huit vnitez, & qu'entre huit & neuf il n'y en a qu'vne.

Les chordes qui font le ton & l'Octaue font voir la mesme chose, car la difference des deux qui font l'Octaue est beaucoup plus grande que celle des deux qui font le ton ; & la difference des deux qui font le Comma majeur ou mineur est si petit que l'on a de la peine à la remarquer, comme ie monstre dans le traité du Monochorde.

Or encore que l'on die que l'Octaue est la plus simple des Consonances, parce qu'il n'y a rien entre ces termes radicaux 2 & 1, neanmoins cette consideration est trop foible pour resoudre cette difficulté, car il y a mesme raison de 8 à 16, que d'vn à 2 ; or 9 suit aussi immediatement 8, comme 2 suit vn. Et puis il y a vne infinité de nombres entre 1 & 2, qui sont plus proches d'vn que n'est 2, de là vient que l'on peut marquer tous les interualles qui sont dans l'Octaue en vsant de cette raison radicale d'vn à 2, comme l'on void en cette table.

Termes radicaux des degrez de l'Octaue.

I	II	III	IV
8	C sol vt fa	2	FA	BO
7	♯ mi	1 $\frac{4}{5}$	MI	NI
6	A mi la re	1 $\frac{2}{3}$	RE	MA
5	G re sol vt	1 $\frac{1}{2}$	SOL	LO
4	F vt fa	1 $\frac{1}{3}$	FA	GA
3	E mi la	1 $\frac{1}{4}$	MI	DI
2	D la re sol	1 $\frac{1}{8}$	RE	CE
1	C sol vt fa	1	VT	BO

La premiere colomne contient les lettres & les dictions de la main de Musique que Guy Aretin a inuenté : la seconde contient les nombres radicaux de chaque interualle, ou degré; par exemple, le premier degré d'VT à RE est d'vn à 1 $\frac{1}{8}$, dautant que le ton mineur se fait de deux sons, dont le plus grand surpasse le moindre d'vne neufiesme partie. La 3 colomne mōstre les noms de chaque note, & la maniere d'éleuer la voix pour chanter tous les 7 degrez de l'Octaue : & la derniere contient les noms dont vsent quelques-vns pour chanter les mesmes degrez, & pour euiter la difficulté des muances, comme ie diray dans vn discours particulier, où ie determineray s'il faut rejeter les noms ordinaires de la 3 colomne pour embrasser ceux de la 4, ou si l'on en peut inuenter des plus commodes.

Car il faut reuenir à nostre principale difficulté, à sçauoir pourquoy l'Octaue est plus agreable que le ton, & les autres degrez, qui ne s'éloigne pas tant de l'Vnisson comme fait l'Octaue, puis qu'il faut passer par tous les degrez auant que d'y arriuer ; & consequemment la raison que l'on apporte ordinairement de ce que l'Octaue est plus agreable que le ton, ou la Quinte, à sçauoir parce qu'elle est plus proche de l'Vnisson, est fausse si l'on entēd par cette raison que l'Octaue est moins éloignee de l'Vnisson que les autres interualles qu'elle comprend, comme il est aisé de iuger par la table precedente, & par la raison iointe à l'experience, qui fait voir que le nombre des battemens d'air qui font l'Octaue est 2 fois plus petit, ou plus grand que le nombre de ceux qui font l'Vnisson, ce qui n'arriue pas aux battemens qui font le ton, la Quinte, ou les Tierces, car le nombre des battemens qui font ces interualles n'est pas si different du nombre des battemens de l'Vnisson, puis que le son qui fait la Seconde majeure en haut contre les sons de l'Vnisson ne les surpasse que d'vn battement, dautant qu'il se fait par 9 battement d'air, quand chaque son de l'vnisson se fait par 8 battemens : mais chaque son de l'Octaue en haut se fait par 16 battemens, de sorte qu'elle surpasse l'vnisson de 8 battemens entiers, & consequemment elle est sept fois plus éloignee de l'vnisson que le ton, ou la seconde majeure.

Neanmoins ce plus grand eloignement de ses battemens n'empesche pas qu'elle ne soit plus douce & plus agreable que le ton, ou les Tierces, & les au-

Des Consonances.

tres interualles qu'elle contient, ny mesme qu'elle ne soit plus semblable à l'vnisson que nul autre interualle; comme l'on prouue par les enfans qui croyent chanter à l'Vnisson lors qu'ils sont à l'Octaue. Et l'Aristote a ce semble remarqué la grande difference de l'Vnisson d'auec l'Octaue, lors qu'il l'a appellee Antiphone, ἀντίφωνον, & sa grande vnion, quand il a dit dans la section 19, probleme 39, qu'elle est la plus agreable de toutes les Consonances: & au 40 probleme, qu'il n'y a qu'elle seule qui se chante auec la Symphonie μαγαδίζουσι δὲ ἐν τῇ διὰ πασῶν συμφωνίᾳ. C'est encore pour ce sujet que Ptolemee & les autres Grecs appellent l'Octaue ὁμοφωνία, & ἰσοτονία, car les deux sons de l'Octaue s'vnissent si parfaitement, qu'ils semblent quasi n'estre qu'vn mesme son. De là vient qu'Aristote croit que le second battement de l'air de la moindre chorde est le mesme que celuy de la plus grande, διότι τῆς νεάτης πληγὴ τοῦ ἀέρος, ὑπάτη ἐστί. C'est pourquoy ie m'estonne qu'il n'a pas donné cette raison pour preuue que l'Octaue est plus agreable que les autres Consonances, au lieu de dire que cela vient de ce que ces termes sont entiers, c'est à dire que le plus grand est multiple du moindre; ce qui n'arriue pas aux termes de la Quinte, & des autres simples Consonances, dont la raison est surparticuliere, ou surpartiente.

Car encore que la raison de l'Octaue soit la premiere des multiples, & consequemment qu'elle soit la mesure de toutes les autres raisons multiples, suiuant la maxime generale, qui enseigne que la moindre chose est la mesure des plus grandes qui sont de mesme nature qu'elle, & que le mesme Aristote die que l'Octaue est la mesure de la melodie, μέτρον τῆς μελῳδίας, neanmoins la vraye raison pourquoy l'Octaue est plus agreable que la Quinte, & les autres Consonances, se doit prendre de l'vnion de ses deux sons qui se fait à chaque battement du son plus graue, & à chaque second battement du son plus aigu; car le plaisir vient de l'vnion: c'est pourquoy l'on dit que l'amour vnit les cœurs & les affections, & que la ressemblance est cause de l'amour: Or l'vn des battemens que fait le son aigu de l'Octaue, est semblable, & s'vnit toujours au battement du son plus graue; quoy qu'Aristote n'ait pas entendu cecy, lors qu'il a dit au 43 probleme, que la fin du son de la chorde qu'il appelle *Nete*, se change au son de celle qu'il appelle *Hypate*, à raison de sa foiblesse, & consequemment qu'elle fait le mesme son: car il n'arriue iamais que la fin du son aigu soit plus graue que le commencement du mesme son, comme i'ay prouué ailleurs; & l'experience que l'on fait auec l'oreille monstre euidemment que le milliesme retour d'vne chorde de luth, ou de cuiure, est à l'vnisson du premier retour & des autres, c'est à dire qu'il n'est ny plus graue ny plus aigu, mais seulement plus foible.

L'on peut donc conclure de ce discours, que les autres raisons dont on vse en faueur de l'excellence de l'Octaue, sont trop foibles pour conuaincre l'esprit, dont la premiere est parce que l'excez du plus grand terme de l'Octaue est egal au moindre, qu'il surpasse de l'vnité. La seconde, parce qu'elle contient en eminence & en vertu toutes les autres Consonances, comme 10 contient tous les autres nombres, & que tous les sons que l'on met sur l'Octaue ne sont autre chose que la repetition de ceux qu'elle contient en soy, comme les nombres que l'on ajoûte à dix ne sont que les mesmes qui sont contenus en dix. La troisiesme, parce que l'Octaue est vn tout parfait, dont elle a pris le nom de *Diapason*, à raison qu'elle contient tous les sons, comme le pepin & le noyau contiennent l'arbre & les fruits, le grain de froment contient les espis, la lumiere toutes les couleurs, le cercle toutes les figures, & la sphere tous les autres corps. La quatriesme, parce que la Quinte & la Quarte, qui sont les plus excellens accords de la Musique, procedent de l'Octaue, ou qu'elles la composent, comme la forme & la matiere, ou comme l'ame & le corps composent l'homme. La cinquiesme, parce que si la Musique estoit perduë on la pourroit restituer par le moyen de l'Octaue, comme l'on peut rebastir vne maison quand on a son fondement, & que l'on peut mesurer vn lyon par le moyen de l'vn de ses ongles. Et finalement parce que l'Octaue est vne repetition de l'vnisson, car toutes ces raisons n'ont pas la force d'vne demonstration, & souffrent beaucoup d'instances & de repliques, comme l'on peut conclure de ce discours, & de plusieurs autres que nous ferons apres. Mais celle que ie tire de la nature de l'Octaue, c'est à dire de l'vnion des battemens de l'air, qui est deux fois moindre que celle de l'vnisson, est generale pour toutes sortes d'accords, & touche la vraye raison du plaisir que l'on en reçoit.

Quant à l'autre partie de la proposition, à sçauoir que l'Octaue est la plus puissante de tous les accords, elle est aisee à prouuer par l'experience, & par la raison, tant parce qu'elle est plus agreable, comme i'ay déja dit, que parce qu'elle fait trembler les chordes plus fort que les autres accords, puis que la chorde touchee qui est à l'Octaue d'vne autre qui n'est pas touchee, la rencontre & la frappe à chaque deuxiesme coup, comme celle qui est à l'vnisson frappe & pousse l'autre à chaque coup, c'est à dire à chaque retour. Mais il faut examiner si l'Octaue fait trembler les chordes deux fois moins fort que l'vnisson, comme i'ay dit dans l'vn des discours precedens; & combien les chordes qui sont touchees à l'Vnisson & à l'Octaue tremblent plus fort que celles qui ne sont pas touchees: & consequemment de combien l'Octaue est moins agreable ou moins douce que l'Vnisson.

COROLLAIRE.

Ie suppose dans cette proposition, & dans plusieurs autres que l'vnion est cause de la douceur & du plaisir, dont ie donneray la raison dans le discours de la source & de l'origine du plaisir que reçoiuent les sens & l'esprit.

PROPOSITION XIII.

Expliquer pourquoy les chordes qui sont à l'Octaue se font trembler & sonner; combien celles qui sont à l'Vnisson se font trembler plus fort que celles qui sont à l'Octaue; combien celles qui sont touchees tremblent plus fort que celles qui ne sont pas touchees; & combien l'Vnisson est plus doux ou plus agreable que l'Octaue.

Cette proposition contient 4 difficultez, dont la premiere peut estre expliquee par la mesme figure dont i'ay vsé en donnant la raison pourquoy les chordes qui sont à l'vnisson se font trembler, car il n'y a point d'autre difference, sinon que celles qui sont à l'Octaue ne se font pas trembler si fort à raison qu'elles ne se rencontrent qu'à chaque deuxiesme coup, & consequemment que celle qui est touchee ne pousse pas les autres si souuent que si elles estoient à l'vnisson, qui frappe toujours les autres deux fois en mesme temps que celle qui fait l'Octaue contre elles ne les frappe qu'vne fois.

D'où

Des Consonances.

D'où il semble que l'on peut tirer la solution de la seconde partie de cette proposition, car si chaque coup de chorde qui est à l'Vnisson est aussi fort que chaque coup de celle qui est à l'Octaue, & que chaque coup de la chorde touchee ait toujours vn effet égal sur la chorde qui n'est pas touchee, la chorde qui fait l'Vnisson fera trembler l'autre deux fois plus fort que celle qui est à l'Octaue, puis que les coups de celle-là sont doubles des coups de celle-cy. Or il faut supposer que les deux chordes soient egalement frappees, ou tirees, car on peut frapper si fort la chorde qui est à l'Octaue, & celle qui est à l'Vnisson si foiblement, que celle-cy ne fera nullement trembler les autres chordes, encore que celle-là les fasse trembler bien fort. Et si nous suiuons la proportion des coups & des mouuemens, il faut conclure que la chorde qui est à l'Octaue doit estre frappee deux fois plus fort, ou tiree deux fois plus loin (supposé que cette double traction responde seulement à deux forces) que celle qui fait l'Vnisson, pour auoir vn mesme effet, c'est à dire pour faire trembler les chordes aussi fort & aussi long temps, afin que la double force du corps de celle-là recompense le nombre deux fois plus grand des coups de celle-cy : quoy qu'il y ait beaucoup d'autres difficultez à considerer dans le mouuement des chordes dont i'ay parlé ailleurs : c'est pourquoy ie ne m'estendray pas dauantage sur la seconde partie de cette proposition, afin de venir à la troisiesme, qui est ce me semble beaucoup plus difficile.

Car si l'on dit que la chorde qui est touchee tremble deux ou quatre fois plus fort que celle qui n'est pas touchee, nul ne le croira s'il n'en void l'experience, qui ne se peut faire aisément : & puis il faut remarquer que la chorde qui n'a pas esté touchee continuë ses tremblemens fort long-temps, encore que l'on arreste celle qui est touchee : de sorte que le tremblement & le son de celle-là ne depend plus de celle-cy, non plus que les tremblemens & le son de celle qui est frappee ne depend pas du doigt qui la frappe.

Or l'on ne peut ce me semble rien determiner de cette difficulté, si l'on n'establit vne certaine proportion entre la force du coup dont on frappe la chorde, & celle dont la chorde touchee frappe celle qui n'est pas touchee ; quoy que l'on puisse donner quelque lumiere à cette difficulté par la comparaison de 2 chordes mises à l'Vnisson, où à l'Octaue, dont l'vne peut estre touchee si foiblement, qu'elle ne tremblera pas si fort que celle qui n'aura point esté touchee, comme l'on void aux trois lignes A B, B C, C D, que ie suppose tellement tenduës qu'A B & B C sont à l'Vnisson, & que C D fait l'Octaue en haut ou en bas auec les deux autres. Ie dis donc que si la chorde A B est tellement touchee qu'elle n'aille que iusques au point E, qu'elle tremblera moins fort que la chorde B C, quand elle sera si fort ebranlée par la chorde A B ou C D qui auront esté touchees, qu'elle ira de H à F ; car supposé que l'espace H F soit double de l'espace G E, B C tremblera plus fort & plus long-temps qu'A B, & si la chorde C D ayant esté touchee donne ce mouuement à B C, les chordes qui ne sont pas touchees peuuent trembler plus fort par le moyen de celles qui sont à l'Octaue, qu'elles ne tremblent par le moyen de celles qui sont à l'Vnisson, & mesmes peuuent trembler plus fort que celles qui sont touchees, comme i'ay déja dit. Mais il n'est pas possible que la chorde qui n'est pas touchee tremble aussi fort, ou plus fort que celle par le moyen de laquelle elle tremble.

E iij

Or ie reuiens à la difficulté, sur laquelle ie remarque seulement ce que monstre l'experience, à sçauoir que quand la chorde qui a esté touchee tremble mille fois auant que de s'arrester, que la chorde qui n'a point esté touchee, & qui est à l'Vnisson, tremble aussi fort que celle qui a esté touchee, lors que celle-là a tremblé quatre ou cinq cent fois, c'est à dire lors qu'elle a quasi fait la moitié de ses retours. D'où l'on ne peut pas conclure que la chorde qui a esté touchee ne tremble que deux fois plus fort que celle qui n'a pas esté touchee, parce que la premiere moitié des tremblemens fait vne espace beaucoup plus grand que la seconde moitié, comme i'ay dit ailleurs. Et si l'on mesure la force des tremblemens par l'espace que font les retours, l'on pourra la tirer du discours que i'ay fait de la maniere que les retours ou les tremblemens des chordes se diminuent.

Quant à la derniere difficulté elle est bien aisée, car puis que l'vnion des sons de l'Vnisson est deux fois aussi grande que celle de l'Octaue, il s'ensuit qu'il est 2 fois plus doux qu'elle : & si le plus grand plaisir vient de la plus grande vnion, & de la plus grande douceur, que l'Octaue est deux fois moins agreable que l'Vnisson, & consequemment qu'il y a deux fois moins de plaisir à chanter auec des enfans à l'Octaue, qu'à chanter auec des voix egales à l'Vnisson ; mais parce que l'on mesure plutost le plaisir de la Musique par la passion & par la fantaisie des auditeurs que par la raison, l'on ne peut faire de conclusion sur ce sujet qui ne soit sujette à contradiction, si l'on ne rencontre des hommes qui deferent plus au raisonnement qu'aux oreilles & aux autres sens.

COROLLAIRE I.

L'on experimente aux tremblemens de deux chordes de trois pieds de long qui sont à l'Vnisson, que celle qui est touchee ne tremble pas plus fort au 6 ou 7 battement du poux, c'est à dire à la 6 ou 7 seconde d'heure, que celle qui n'est pas touchee, car les premiers tours & retours que fait la chorde qui n'a pas esté touchee la font paroistre aussi large sur le monochorde que la chorde touchee, lors qu'elle a tremblé $\frac{1}{10}$ de minute d'heure : & parce que ladite chorde touchee tremble $\frac{1}{3}$ de minute, puis que le son qu'elle fait dure 20 secondes, il s'ensuit que le mouuement de celle qui n'est pas touchee dure 14 secondes, & que le mouuement de la chorde qui fait l'Octaue, & qui n'est pas touchee, ne dure que 7 secondes, & consequemment qu'elle paroist aussi large sur le monochorde que celle qui est touchee, quand son mouuement a duré 12 secondes.

COROLLAIRE II.

Si le premier tour de la chorde A B & C D suffit pour faire trembler la chorde B C, & que l'on frappe ces deux chordes egalement, de sorte que l'on les arreste toutes deux apres le premier retour, ie dis que B C tremblera plus fort en touchant C D qu'en touchant A B, dautant que C D estant plus tenduë qu'A B, il s'ensuit qu'elle frappe l'air plus fort, & consequemment qu'elle imprime vn plus grand mouuement à B C : d'où il ne s'ensuit pas que B C doiue trembler plus fort par le moyen des autres tours de C D, dautant que chaque deuxiesme tour de C D n'aide nullement à B C.

Or l'espace que C D fait à chaque retour diminuë grandement sa force : de là vient que le 3, le 5, & le 7 tour, dont C D frappe B C, n'a plus guere de force pour la frapper

Des Consonances.

la frapper, c'est pourquoy le mouuement de B C est pour le moins deux fois autant aidé par les tours de la chorde A B qui est à l'vnisson, que par le mouuement de C D qui fait l'Octaue auec elle.

PROPOSITION XIV.

Encore que l'on multiplie l'Octaue iusques à l'infiny, son moindre terme ne se change nullement, dautant que l'vnité ne multiplie point.

Toutes les Consonances & les Dissonances peuuent estre multipliees, comme il est aisé de conclure par la multiplication des raisons, si toutefois l'on excepte l'vnisson, dont la multiplication ne se peut conceuoir qu'en deux manieres, dont l'vne se fait par la multiplication de plusieurs voix qui chantent à l'vnisson, comme lors que 20 chantent d'vn costé, & 20 ou 30 de l'autre, dautant que deux voix suffisent pour faire l'vnisson, & consequemment la multitude des voix repetent ou multiplient l'vnisson. L'autre maniere se fait lors que les voix montent pour chanter plus haut à l'vnisson, comme quand on quitte le bas *C sol vt fa* pour monter en haut ; car si chaque voix bat deux fois l'air en bas, elle le bat 4 fois en haut, de sorte qu'il faut doubler chaque terme de l'vnisson, à sçauoir 2,2, pour auoir 4,4. Mais puis que les termes de l'vnisson ne changent nullement leur raison d'egalité, ie laisse cette sorte de multiplication pour expliquer celle de l'Octaue, qui change seulement le plus grand de ses termes, car l'vnité demeure toujours pour le moindre : d'où l'on peut inferer qu'elle a vne grande ressemblance auec l'vnisson, puis qu'elle contient perpetuellement l'vn de ses termes, à raison duquel toutes les Octaues multipliees ressemblent si parfaitement à la simple Octaue, que l'on a souuent de la peine à les discerner, & que l'on ne peut iuger combien de fois elle est repetee si l'on n'vse de quelque artifice.

Or puis que l'vnité demeure toujours pour le plus petit terme, il faut seulement multiplier le plus grand par soy-mesme pour auoir la seconde Octaue, & si l'on veut auoir la troisiesme Octaue, & toutes les autres iusques à l'infiny, il faut toujours multiplier les plus grands termes par le plus grand terme de la simple Octaue, c'est à dire par deux : de sorte que la multiplication de l'Octaue n'est autre chose qu'vne perpetuelle duplication de son plus grand terme, c'est à dire du son plus aigu.

L'on peut semblablement la multiplier en diuisant le son graue par deux, car cette diuision le rendra toujours plus graue d'vne octaue : or cette diuision se fait en doublât la longueur de la chorde, comme la multiplication du son aigu se fait en la diuisant en deux parties egales, cōme l'on void aux chordes A B, ou B L & C D, dont chacune est diuisee en huit parties, car A B fait l'Octaue auec C D dont elle est double : mais si l'on veut doubler l'octaue par le moyen du son plus aigu fait par C D, il faut diuiser C D en M, afin que la chorde C M ou M D, batte 16 fois l'air qui n'estoit battu que 8 fois par C D ; & si l'on veut doubler la mesme octaue par le moyen de la chorde A B, il faut l'allonger de moitié, afin que L A batte seulement deux fois l'air qu'A B batroit 4 fois. De sorte que l'on fait la mesme chose en allongeant ou en multipliant l'vne

E iiij

des chordes, qu'en accourcissant ou diuisant l'autre. Et comme la premiere bisection ou diuision d'vne chorde, ou d'vn nombre de battemens en deux parties egales fait l'octaue, de mesme la seconde bisection fait la seconde octaue, & la troisiesme bisection fait la troisiesme, que les Praticiens appellent *Vingtdeuxiesme*: comme l'on void à la chorde B L, laquelle estant diuisee par le milieu au point H, fait l'Octaue en bas contre B H ; & la seconde bisection faite au point K donne la Quinziesme, car B K fait la double Octaue contre B A ; & la troisiesme bisection faite au point M donne la triple Octaue, car B M fait la Vingtdeuxiesme contre B A.

On trouue la mesme chose en multipliant la chorde par 2, c'est à dire en la doublant, car la chorde B K qui est double de B M fait l'Octaue auec elle ; & si l'on multiplie K B par 2 l'on a B H ; de sorte que l'on fait la mesme chose en allongeant ou en multipliant l'vne des chordes, qu'en accourcissant ou en diuisant l'autre. Et comme la premiere bisection ou diuision d'vne chorde ou d'vn nombre de battemens en deux parties egales fait l'Octaue, de mesme la seconde bisection fait la seconde Octaue, & la troisiesme bisection fait la Vingtdeuxiesme, c'est à dire la troisiesme Octaue, comme l'on void à la chorde A B, laquelle estant diuisee par le milieu au point H, fait l'Octaue en bas contre B, & la 2 bisection faite au point K donne la seconde Octaue ; car K B fait la Quinziesme contre A B ; & la troisiesme bisection faite au point M donne la troisiesme Octaue, car B M fait la Vingtdeuxiesme contre A B.

L'on trouue la mesme chose en multipliant la chorde par deux, c'est à dire en la doublant, car la chorde K B qui est double de B M fait l'octaue auec elle ; & si l'on multiplie K B par 2, l'on aura H B auec laquelle elle fait la double octaue : si l'on double H B, on a B A qui fait la 3 octaue auec B M : & finalement si l'on multiplie A B par 2, on a L A qui fait la 4 octaue contre M B ; qui est la 16 partie de L A.

D'où il s'ensuit que si de deux chordes mises à l'Vnisson l'on en diuise vne par la moitié, & que l'on double toujours l'autre en mesme temps que l'on fait vne double Octaue à la premiere diuision, vne quadruple à la seconde, & vne octuple à la 3, &c. Par où l'on void que le binaire est le propre nombre de l'octaue, comme l'vnité est le nombre de l'vnisson.

Or encore que les voix & les Instrumens n'ayent pour l'ordinaire que huit octaues d'estenduë, & que l'on puisse borner l'estenduë & la capacité de l'oreille à 12 octaues, neanmoins l'on void les termes, & consequemment les raisons de 20 octaues dans la table qui suit, dont la premiere colomne contient le nombre

1	1 à 1	11	2048 à 1
2	4 à 1	12	4096 à 1
3	8 à 1	13	8192 à 1
4	16 à 1	14	16384 à 1
5	32 à 1	15	32768 à 1
6	64 à 1	16	65536 à 1
7	128 à 1	17	131072 à 1
8	256 à 1	18	262144 à 1
9	512 à 1	19	524288 à 1
10	1014 à 1	20	1048576 à 1

desdites octaues, vis à vis du plus grand terme de chaque octaue ; & la seconde colomne côtient la longueur des chordes ; ou le nombre des battemens de l'air qu'elles font : par exemple, le plus grand terme de la 20 octaue, à sçauoir 1048576 monstre que la plus grande chorde de cette 20 octaue doit estre vn milion, quarante-huit mille, cinq cent septante & six fois plus longue que la chorde qui est representee par 1. De là vient que si la moindre chorde a vn pouce

Des Consonances.

pouce de longueur, que la plus grande doit auoir six lieuës, & 477 pas, dont chacune est de 15000 pieds de Roy.

Il est aisé de poursuiure la raison double tant que l'on voudra, & consequemment de sçauoir combien vne chorde tenduë depuis le centre de la terre iusques au firmament feroit d'Octaues contre ceste moindre chorde d'vn pouce de long: car bien que plusieurs s'imaginent qu'elle en feroit vn tres-grand nombre, neanmoins elle ne seroit pas assez longue pour en faire 37, car il faudroit qu'elle eust 707196367360 pouces de longueur, c'est à dire le 38 nombre de la progression Geometrique qui donne la 37 Octaue: & parce que la chorde d'vn pouce de long prise sur la chorde de 3 pieds qui est au ton ordinaire de chapelle bat 1728 fois l'air dans la 60 partie d'vne minute d'heure, c'est à dire dans vne seconde minute, il s'ensuit qu'vne chorde 707196367360 fois plus longue le battra seulement vne fois dans l'espace de 16 annees, & enuiron 3 mois.

D'où l'on peut inferer combien il la faut eloigner de sa ligne droite pour rendre son premier retour sensible, & plusieurs autres choses dont on peut voir quelque échantillon dans les corollaires qui suiuent.

COROLLAIRE I.

Il est mal-aisé de sçauoir quand le mouuement d'vn corps commence d'estre si lent & si tardif que l'on ne puisse plus l'apperceuoir; car encore que toutes les plantes se meuuent si lentement en croissant que l'on ne connoist point si elles se sont meuës sinon par l'effet, qui monstre qu'elles sont plus hautes & plus grandes, & consequemment qu'il soit certain que la partie dont elles croissent comparee à l'espace du temps dans lequel elles croissent, soit trop petite pour rendre le mouuement sensible, neanmoins elles pourroient croistre beaucoup plus dans le mesme temps, quoy que leur mouuement ne fust pas sensible: & il est tres-difficile de determiner combien il faudroit qu'elles creussent dans vn temps donné pour rendre leur mouuement sensible.

L'aiguille ou l'ombre du stile d'vn horloge peuuent estre si longues, que leur mouuement se rendra sensible, & si l'on remarque le chemin qu'elles font dans vne certaine partie de temps l'on sçaura quand les mouuemens des corps commencent d'estre sensibles. D'où l'on conclura combien il faut que la chorde donnee, dont on connoist le son, ou la tension, doit estre tiree pour rendre son mouuement sensible. Ce qui peut seruir à plusieurs considerations de la nature, où il faut remarquer que ce qui est sensible aux vns ne l'est pas aux autres, & d'vne nouuelle speculation pour considerer iusques à quel degré les sens les plus subtils peuuent surpasser les plus grossiers.

COROLLAIRE II.

Puis que chaque retour d'vne chorde tenduë par les deux extremitez se fait en mesme temps, soit que l'on la tire seulement d'vne ligne, ou de la largeur d'vn cheueu, la chorde precedente emploira aussi bien 16 ans à faire ce petit espace pour retourner à sa ligne droite, que si l'on la tiroit de 9094 lieuës; car puis que la chorde de 3 pieds de long sur laquelle i'ay pris la proportion & le nombre des retours de celle-cy, est aisément tiree l'espace d'vne ligne, & consequemment que celle d'vn pouce peut estre tiree $\frac{1}{36}$ de ligne, il s'ensuit que la grande chorde peut estre tiree de 9094 lieuës, & qu'elle ira aussi viste en s'en retournant à sa ligne droite, que la chorde de 3 pieds tiree d'vne ligne, c'est à dire comme vont ordinairement les troisiesmes des Tuorbes de trois pieds de long, lors que l'on les touche à vuide.

D'où l'on peut conclure que le mouuement de la grande chorde commencera d'estre insensible quand il sera vn espace proportionné au retour insensible de ladite 3 du Tuorbe, ou d'vne chorde qui est au ton de Chapelle. Or les termes de l'Octaue tant de fois doublez ou multipliez que l'on voudra sont toujours consonans; ce qui luy est particulier, car toutes les autres consonances estant doublees ou multipliees deuiennent dissonances, comme ie monstre dans la proposition qui suit.

PROPOSITION XV.

Expliquer pourquoy de toutes les Consonances doublees, ou multipliees, il n'y a que la seule Octaue qui demeure Consonance : où l'on void la maniere de multiplier les raisons & les accords.

Il est mal-aisé de donner la vraye raison de cette difficulté, car ce n'est pas ce semble à cause que la raison de l'Octaue est la premiere des multiples, c'est à dire qu'elle est double, & que les termes de toutes les multiplications que l'on fait de l'Octaue se trouuent par le 2, qui est le denominateur de la raison double, car l'on peut dire la mesme chose de la raison triple de 3 à 1, qui fait la Douziesme, & qui est la seconde raison de multiples, & consequemment qui a aussi bien l'vnité pour son moindre terme comme l'Octaue. Et neanmoins il est certain que la Douziesme doublee fait vne dissonance, à sçauoir la Vingtroisiesme majeure qui est de 9 à 1, c'est à dire le ton majeur sur 3 Octaues : car les Praticiens se trompent lors qu'ils croyent que la Douziesme est vne Quinte double, ou doublee, comme la Quinziesme est vne Octaue doublee, & ne sçauent pas comme il faut doubler les raisons, ny ce que c'est qu'vne raison doublee.

C'est pourquoy ie l'explique icy briesuement, & dis que la raison de deux nombres, ou de 2 autres choses est doublee, lors que l'on multiplie les 2 termes de la raison donnee par eux-mesmes. Par exemple, la raison de la Quinte est de 3 à 2, que l'on double en multipliant 3 par soy-mesme, qui fait 9, & 2, par soy-mesme, qui fait 4, de sorte que la raison de 9 à 4 est doublee de celle de 3 à 2, & consequemment la neufiesme majeure est doublee de la Quinte, & peut estre appellee vne double Quinte, ou à proprement parler vne Quinte double.

Et si l'on veut tripler la mesme raison, il faut encore multiplier les produits de la premiere multiplication, c'est à dire 9 & 4, par les termes radicaux de la Quinte, à sçauoir par 3 & 2, qui donneront les termes de la raison de 27 à 8 pour les 2 termes de la raison triplee de la sesquialtere, qui font la raison triple surtripartissante 8. Il faut vser de la mesme maniere pour quadrupler, quintupler, & multiplier iusques à l'infini les raisons des autres Consonances.

Mais pour reuenir à la principale difficulté de cette proposition, ie dis que la raison pourquoy la seule Octaue est tousiours Consonance, quoy que l'on la multiplie infiniment, ne se peut tirer d'ailleurs que de sa grande facilité que l'on a à diuiser vn son, vne chorde, ou vne ligne par la moitié ; car il est quasi aussi aisé de la diuiser en 4, en 8, & en 16 parties comme en 2 : & si tost que l'on a pris la moitié d'vn tout, il est aisé de prendre la moitié de chaque moitié iusques à l'infini.

Des Consonances.

à l'infini, & l'on a plus de peine à diuiser vne ligne en 3 parties egales qu'en 4, ou en 8, comme l'on experimente aux chordes, & aux autres choses que l'on plie plus aisement en 4, ou 8, qu'en 3, ou en 6.

Or l'Octaue multipliee garde toujours ceste facilité dans la multiplication, ou dans la diuision de ses chordes & de ses sons : ce qui n'arriue à nulle autre Consonance multipliee, comme l'on void à la Quinte, que l'on tient la plus agreable des simples Consonances apres l'Octaue, car il est mal-aisé de comprendre le rapport de 9 à 4 qui represente les 2 sons, & les 2 chordes de la Quinte doublee.

Mais ie parleray de ceste Quinte & des autres Consonances apres le discours de l'Octaue, dont la raison triplee contient quasi toute l'estenduë de la voix, & la plus grande beauté de la Musique ; de sorte que les Praticiens se peuuent contenter de la Vingt-deuxiesme, comme les Geometres de la consideration du Solide : car il suffit qu'ils considerent la simple raison des lignes dans l'Octaue, la raison doublee des plans dans la Quinziesme, & la raison triplee des solides dãs la Vingt-deuxiesme, dont les termes sont exprimez par les raisons de 2 à 1, de 4 à 1, & de 8 à vn.

COROLLAIRE

Si les moindres Consonances pouuoient exprimer leur dependance, elles auoüeroient qu'elles n'ont rien d'elles-mesmes, & qu'elles ont emprunté leur subsistance de l'Octaue, à laquelle elles retournent comme à leur source & à leur centre, lors qu'elles la composent. Or il faut remarquer que l'Octaue ne peut donner l'estre aux auttes Consonances que par sa diuision, qui se fait de telle maniere, qu'elle donne vne nature plus noble & plus excellente à la Quinte qu'à la Quarte, en luy donnant vne plus grande raison ; estant semblable à Dieu qui a donné vne nature plus excellente à l'esprit qu'au corps, & au ciel qu'à la terre, car l'on peut comparer la Quinte à l'esprit & au ciel, dautant que toute la Musique emprunte sa delicatesse & sa beauté de cette Consonance, qui est la fille aisnee de l'Octaue, & qui produit aussi deux Consonances à l'imitation de sa mere, à sçauoir la Tierce majeure, & la mineure.

Mais la Quarte est semblable à vne fille bastarde, ou au corps, & à vne terre sterile qui ne produit rien de bon, & qui ne sert pas dauantage à la Musique que le zero aux nombres, à sçauoir pour acheuer l'Octaue, ou pour faire les deux Sextes, lors que l'on la joint auec les Tierces, sans lesquelles il est quasi aussi mal-aisé de l'employer dans la Musique que les Dissonances : ce que l'on entendra beaucoup mieux par les discours particuliers de ces deux filles de l'Octaue, dont la plus grande veut toujours marcher la premiere, & tenir le lieu le plus honorable, à raison qu'elle participe dauantage de la perfection de l'Octaue. De là vient que la Quarte deplaist lors qu'elle se trouue au lieu de la Quinte, & que l'oreille a de la peine à la souffrir, comme si elle iugeoit qu'elle est indigne de ce lieu, & qu'elle peruertit l'ordre de la nature, qui donne le nombre, le poids, la mesure, & le lieu à toutes choses. Mais nous parlerons plus amplement de ces deux Consonances dans les propositions qui suiuent.

PROPOSITION XVI.

La premiere & la plus aisee diuision de l'Octaue produit la Quinte, la Quarte, la Douziesme, & la Quinziesme.

L'on peut dire que l'Octaue est semblable au Soleil, qui depart tellement ses rayons à toutes les autres creatures corporelles, qu'il demeure neanmoins toujours remply de la lumiere dont il est la source & l'origine : car encore que l'on prenne la Quinte & la Quarte dans l'Octaue, elle conserue sa nature lors que l'on considere ses extremitez ; & tout ce que l'on prend en elle sert à faire paroistre son excellence, comme la beauté des creatures sert à nous faire entendre la puissance du createur. Or il est tres-aisé de monstrer la verité de cette proposition par le moyen de la chorde A B, laquelle estant comparee auec A C fait l'Octaue; car cette Octaue estant diuisee en D donne les 4 interualles dont nous parlons icy, dautant qu'A D fait la Quinte auec CB, A_____C_E__D_____B & la Douziesme auec CD : A B fait la Quarte auec A D, & la Quinziesme auec D B. Mais la Quinte & la Douziesme naissent plus immediatement que les 2 autres, qui ont besoin du retranchement ou du residu D B de la chorde A B pour leur production, au lieu que la Quinte & sa replique n'ont besoin que d'A C, & de C D pour leur generation. Ie laisse plusieurs autres choses qui appartiennent à l'Octaue, dautant qu'elles seront plus aisees à comprendre dans le discours des autres Consonances, & de leurs diuisions.

PROPOSITION XVII.

La Quinte, dont la raison est de trois à deux, ou de deux à trois, est la troisiesme des Consonances : mais lors que l'on la double, ou que l'on la multiplie, elle se torne en Dissonance.

Cette Consonance, que les Grecs appellent *Diapente*, à raison des cinq sons qu'elle contient, est composee de deux mouuemens, dont l'vn bat deux fois l'air tandis que l'autre le bat trois fois : de là vient que la chorde qui est tellement diuisee qu'elle laisse trois parties d'vn costé, & deux de l'autre fait la Quinte, dautant que le costé qui a trois parties bat deux fois l'air pendant que l'autre qui n'a que deux parties le bat trois fois, puis que le nombre des battemens est reciproque de la longueur des chordes, comme i'ay demonstré ailleurs.

Or l'on peut considerer que les trois nombres qui seruent à expliquer le mystere de la Trinité, seruent aussi à expliquer ces trois Consonances, car l'vnité represente la diuinité, & Dieu le Pere ; le binaire represente le Fils, & le ternaire le sainct Esprit. Semblablement l'vnité represente l'vnisson, qui est d'vn à vn; le binaire est le propre nombre de l'Octaue, ou de l'vnisson repeté; de sorte que l'on peut dire que l'vnisson est à l'Octaue comme vn est à deux : & la Quinte est representee par le ternaire qui contient encore la Douziesme.

Nous auons expliqué dans la proposition precedente comme la Quinte est produite par la diuision de l'Octaue, ou par la seconde bisection d'vne chorde, c'est pourquoy il n'est pas necessaire de le repeter. Mais lors que l'on double la Quinte elle n'est plus Consonance, comme l'on void en ces termes 4 & 9, qui representent la Quinte doublee, comme i'ay expliqué dans la 15 proposition.

Or si

Or si l'on ne cherchoit que ce qui est de plus doux dans la Musique, l'on pourroit se contenter de ces 3 Consonances, qui sont si douces & si agreables, que les autres interualles ne seruent que pour leur dóner de la varieté, de peur que l'vsage trop frequent de leur douceur n'ennuye les auditeurs. L'on verra encore dans la diuision du Monochorde cóme la Quinte & les autres Consonances sont engendrees, c'est pourquoy il n'est pas besoin de nous arrester icy plus long-temps.

COROLLAIRE

Il faut remarquer vne fois pour tousiours qu'il n'importe nullement de commécer par le moindre ou le plus grand terme des raisons pour exprimer les Consonances, c'est à dire qu'il est aussi veritable de dire que la raison de l'Octaue est souzdouble, & que celle de la Quinte est souzsesquialtere, que de dire que celle-là est double, & celle-cy sesquialtere, quoy que cette seconde maniere fauorise la longueur ou la grosseur des chordes, dautant que la plus longue ou la plus grosse sert de fondement à l'harmonie, & est ordinairement expliquee par le plus grand nombre, parce qu'elle contient la moindre chorde, comme le plus grand terme de la raison comprend le moindre. Mais si l'on considere les tremblemens des chordes, la plus grande doit estre signifiee par le moindre nombre, puis qu'elle tremble moins viste, & consequemment la raison de l'Octaue sera souzdouble lors que l'on commencera par la grosse chorde, quoy que l'on puisse tousiours retenir la raison double pour vne plus grande facilité, & pour s'accommoder à l'vsage ordinaire, & aux positions des anciens.

PROPOSITION XVIII.

Toutes les repliques, ou les repetitions de la Quinte sont agreables, dont la premiere est d'vn à 3, & la seconde d'vn à 6 : & toutes les autres ont tousiours l'vnité pour leur moindre terme. Il est aussi determiné de combien la Quinte est moins douce que l'Octaue.

Les repliques de la quinte jouyssent du priuilege de l'Octaue, c'est à dire qu'elles ont l'vnité pour leur moindre terme, car il suffit de doubler le plus grand terme de la quinte sans qu'ils soit necessaire de toucher à l'autre, comme l'on void dans ces nóbres, 1, 3, 6, 12, 24, 48, &c. qui monstrent la premiere, seconde, troisiesme, quatriesme, & cinquiesme replique de la Quinte, dont l'vnité est tousiours le moindre terme. Et parce que les sons de l'Octaue s'vnissent à chaque deuxiesme battement, & ceux de la Quinte à chaque troisiesme, l'on peut dire que la douceur de l'Octaue est à celle de la Quinte, comme 3 à 2, c'est à dire que l'Octaue est plus douce de moitié, & consequemmét que la raison sesquialtere de la Quinte sert pour exprimer la proportion de sa douceur auec celle de l'Octaue.

Ce qui arriue semblablement à la Quarte comparée à la Quinte, & aux autres interualles comparez les vns aux autres, lors que les termes de leurs raisons se suiuent immediatemét, & que les plus grands termes de l'vn est le moindre de l'autre. Par exemple, la Quarte doit estre moins douce d'vn tiers que la Quinte, parce que les battemens de la Quarte ne s'vnissent qu'à chaque 4 coup, & ceux de la Quinte s'vnissent à chaque 3. D'où il appert que la douceur de la quinte est à celle de la Quarte comme 4 est à 3, dont il faut maintenant parler, puis qu'elle est le second ruisseau, ou la seconde fille de l'Octaue, qui suit tousiours la quinte, comme l'ombre suit le corps, car si tost que l'on oyt la Quinte, & que l'on entend l'Octa-

F

ue, l'on rencontre necessairement la Quarte, que quelques-vns appellent vn *mal necessaire* & *vn monstre*, quoy qu'elle soit du nombre des Consonances, comme ie monstreray dans la 25 proposition.

COROLLAIRE I.

Il est aisé de conclure de ce que i'ay dit dans cette proposition, que les Consonances sont dautant meilleures & plus douces que les battemens de leurs sons, & que les nombres dont on vse pour les expliquer sont moindres, & consequemment que le bien se tient du costé de l'vnité, & le mal du costé de la multitude, qui va & descend vers le neant à proportion qu'elle croist, cóme sont les rayons du Soleil, dont la viuacité & la force se diminuë dautant plus qu'ils s'eloignent de leur source. Par où l'on void que les moindres interualles de la Musique, qui ont besoin de plus grands nombres pour exprimer la proportion des battemens de leurs sons, sont les plus desagreables, quoy qu'ils approchent plus pres de l'Vnisson, auquel nul interualle ne sçauroit paruenir, dautant qu'entre quelque interualle ou raison que l'on prenne, il y en a tousiours vne infinité d'autres qui peuuent estre mis entre l'Vnisson & celuy que l'on aura pris, ce qui monstre euidemment que les raisons vont à l'infini tant en s'approchant, qu'en s'eloignant de la raison d'egalité, ou de l'Vnisson.

COROLLAIRE II.

De là vient que la seconde Quinte, qui est la premiere replique de la Quinte, est plus douce que la premiere Quinte, ou ses autres repliques, dautant que ses termes estans assemblez font vn moindre nombre, comme ie demonstre dans la 19 proposition: surquoy l'on peut establir l'enigme de celuy qui s'enrichit en perdant, & de celuy qui s'appauurit en s'enrichissant, puisque les interualles & leurs raisons deuiennent moindres à proportion qu'ils ont de plus grands nombres, & qu'ils sont plus grands à proportion que leurs nombres se diminuent.

COROLLAIRE III.

Il faut remarquer vne fois pour toutes que lors que ie dis qu'vne Consonance est plus agreable qu'vne autre, que cet agréement doit estre entendu de la douceur & de l'vnion qui se fait des deux sons qui la constituent, & non du iugement que chacun en fait en son particulier, autrement il arriueroit qu'vne mesme chose seroit agreable & desagreable, ou moins & plus agreable, à raison des differentes dispositions des auditeurs, & des differens iugemens fondez sur les diuerses preoccupations que l'on doit euiter tant que l'on peut en toutes sortes de sciences & d'experiences.

PROPOSITION XIX.

Determiner si la Quinte est plus excellente que la Douziesme, & quelle est la plus douce & la plus agreable.

Cette question n'est pas des moins difficiles de celles qui appartiennent à la Musique, car il semble que la raison de la Douziesme, qui est d'vn à 3, est plus excellente, plus simple & plus facile à comprendre que celle de la Quinte, qui est de 2 à 3, parce qu'on remarque plus facilement & plus aisément que 3 est triple d'vn, ou qu'vn est souztriple de 3, qu'on ne remarque que 3 est sesquialtere de deux, ou 2 souzsesquialtere de 3.

D'ailleurs les termes de la raison triple estans assemblez ne font que 4, & ceux de la sesquialtere font 5; or 4 est plus simple que 5. Toutesfois si l'on s'arreste

aux

aux nombres, il semble que la Quinte est plus excellente, dautant que le 5 comprend toutes les especes des nombres, à sçauoir le premier nombre pair, qui est 2, & le premier impair, qui est 3, comme a remarqué l'Autheur de la Theologie Arithmetique, qui appelle le cinq γάμος, c'est à dire *mariage*, dautant qu'il est composé du deux & du trois, qui sont les deux premiers nombres, dont l'vn est masle & l'autre femelle dans la Philosophie de Pytagore. C'est pourquoy les Pytagoriciens l'appellent τροφὸς, au rapport de Plutarque dans son liure de la procreation de l'ame, dautant que cette diction signifie la mere, ou la nourrice qui suppose le mariage.

Ils disent aussi que le quinaire fait le premier ton, ou le premier son de tous ceux qui peuuent estre chantez, ce qui ne peut ce semble estre entendu de la Quinte, car soit que l'on parle de l'excellence des Consonances, ou des moindres interualles, la Quinte n'est pas le plus excellent, ny le moindre interualle, car l'Octaue est meilleure, & la Quarte, ou le ton, sont moindres que la Quinte. Mais ie ne veux pas quitter le nombre V, sans remarquer ce qu'enseigne Nicomaque dans le deuxiesme liure de son Arithmetique, à sçauoir que les anciens l'ont appelé *Iustice*, dautant qu'il se rencontre au milieu du premier nombre quarré impair, c'est à dire au milieu du nombre 9, comme l'on void icy, 1, 2, 3, 4, V, 6, 7, 8, 9: de là vient que si l'on diuise la balance en 9 parties egales, la 5 se trouuera sous la languette; & que plus on s'eloignera du 5, & plus on s'eloignera de la Iustice. Il remarque aussi que 6, 7, 8, 9, estans assemblez font 30, qui est triple de 10, que font 1, 2, 3, 4: & que quand on charge trop l'vn des bras du fleau de la balance, qu'il fait vn angle obtus auec l'enchasseure, en l'abaissant; que la branche qui s'eleue, à raison qu'elle est la plus legere, fait vn angle aigu, & que la branche qui est plus pesante, & qui va en bas, represente les meschans, à cause des iniustices qu'ils commettent, comme celle qui monte represente les bons qui reçoiuent le tort & qui montent vers Dieu pour implorer son assistance; & consequemment qu'il vaut mieux receuoir l'iniure que de la faire. A quoy se raporte le prouerbe de Pytagore ζυγὸν μὴ ὑπερβαίνει, par lequel il signifioit qu'il faut garder la Iustice, & que la languette des balances, qui sert d'examen & de demonstration à leur iustesse, doit tousiours estre droite & perpendiculaire au fleau. Mais ie reuiens à la difficulté proposee, que l'ont peut resoudre par la raison, ou par l'experience; or nous experimentons que la Quinte remplit dauantage l'oreille que ne fait la Douziesme, & puis la Quinte est celle par qui nous diuisons premierement l'Octaue, & est l'ame, & la beauté de la Musique. De plus la Douziesme n'a rien de beau, & d'agreable que ce qu'elle reçoit de la Quinte, ou pour mieux dire elle n'est point differente de la Quinte qu'en ce qu'elle est repetee, de sorte qu'on peut l'appeller la seconde Quinte, comme la Dix-neufiesme la troisiesme Quinte. D'ailleurs les termes de la Douziesme sont plus eloignez l'vn de l'autre que ceux de la Quinte, car trois est plus pres de deux qu'il n'est d'vn. Enfin il est ce semble plus aisé de remarquer que 3 surpasse 2 de l'vnité, qu'il n'est de voir que 3 surpasse 1 de 2, ou du moins l'vn est aussi facile à remarquer que l'autre. Quoy qu'il en soit le 3 est le plus grand terme de la Quinte, & de la Douziesme, & ne different qu'en leurs moindres extremitez, & les mouuemens de l'air que font les deux chordes de l'vne & de l'autre de ces Consonances, s'vnissent ce semble au troisiesme mouuement, car comme les 3 battemens de la chorde plus courte de la Quinte s'acheuent au mesme temps que finissent les deux tremblemens de la plus longue, de mesme les 3 mouuemens de la moindre chor-

F ij

de la Douziesme finissent quand le battement de la plus longue cesse: de sorte qu'en quelque maniere que l'on puisse parler de ces deux Consonances, l'on ne peut quasi trouuer l'vne que l'autre ne se rencontre, comme l'on void en cette ligne qui represente la chorde d'vn Monochorde, car apres que l'on l'a diuisée en deux parties egales, afin qu'A B fasse l'Octaue auec A D, si l'on diuise encore D B en deux parties egales par C, C B fera la Douziesme auec A C, & D B fera la Quinte auec A C. Où il faut remarquer que la rai- A   B C D son, ou la Consonance qui est de C B à B A est composée de la raison qui est de D B à B A, & de celle de D B à C A, c'est à dire que la Douziesme est composee de l'Octaue, & de la Quinte, parce que la raison triple est composee de la raison double & de la sesquitierce. Neantmoins il semble que l'on doit conclure que la Quinte est plus excellente que la Douziesme qui n'est que la replique de la Quinte, qui diuise tellement l'Octaue, qu'elle en est la principale partie: Car encore que la Douziesme contienne l'Octaue & la Quinte en puissance, ce qui est en puissance n'est pas tousiours si agreable que ce qui est en acte. A quoy l'on peut adjouster que la Quinte est le second interualle que fait la Trompette, (car elle commence par l'Octaue, comme i'ay dit ailleurs) & consequemment qu'elle est la plus agreable de tous les interualles apres celuy de l'Octaue, bien que l'on le puisse nier à cause que plusieurs tuyaux d'Orgue font la Douziesme lors que l'on pousse le vent plus fort qu'il ne faut, & non la Quinte, ou l'Octaue; & que le 2 interualle de la Trompette estant joint au premier fait la Douziesme, ce qui monstre q'il est difficile d'apporter quelque priuilege en faueur de la Quinte qui ne conuienne semblablement à la Douziesme: Toutesfois on peut preferer la Quinte parce qu'elle se rencontre la premiere, & que la simple Octaue est plus agreable que ses repliques; ce qu'on peut aussi conclure de la Quarte, & des Tierces comparees à leurs repliques.

    Neantmoins il faut considerer le lieu de la Quinte, car elle semble plus agreable en haut qu'en bas; par exemple, celle qui se prend aux plus gros tuyaux des Orgues, c'est à dire à ceux de la premiere ou plus basse Octaue, n'est pas si agreable que celle qu'on touche dans la seconde Octaue; & l'experience fait voir que les Consonances ne sont pas egalement placees en toutes sortes de lieux, car les vnes sont meilleures en haut, & les autres en bas. L'Octaue doit estre mise au premier lieu qui est le plus bas: la Quinte doit la suiure immediatemét;apres laquelle il faut mettre la Quarte, & puis la Tierce majeure, & finalemét la Tierce mineure (qui est la moindre & la derniere de toutes les Consonances) comme monstre l'ordre naturel des nombres, qui contiennent les raisons desdites Consonances, 1,2,3,4,5,6, car 1 & 2 font l'Octaue; 2 & 3 la Quinte; 3 & 4 la Quarte; 4 & 5 la Tierce majeure; & 5 & 6 la Tierce mineure. Cet ordre est enseigné par les degrez naturels que fait la Trompette, quand on commence par le son le plus graue, comme i'ay desia dit ailleurs; ce qu'elle a de commun auec la Saquebutte, & plusieurs Flustes, encore que cet ordre des nombres, & des sons que font les Instrumens, ne soit pas suffisant pour prouuer l'ordre que l'excellence des Consonances doit garder, dautant que la Quarte se rencontre au troisiesme interualle que fait la Trompette, quoy que les deux Tierces qui se trouuent seulement au 4 & 5 interualle, soient estimees plus agreables que la Quarte, car on les employe dans les Duo à simple contrepoint, dans lesquels la Quarte n'y peut entrer, parce qu'elle est plus mauuaise que les Dissonances, dont on se sert aux Cadences, dans lesquelles on fait entrer la Septiesme & ses repliques.

Il faut

Des Consonances.

Il faut donc ce semble conclure que la Quinte est la plus excellente de toutes les Consonances apres l'Octaue; & que les simples Consonances sont plus excellentes que leurs repliques, si ce n'est qu'on le mette en mesme rang sans faire comparaison entr'elles, à cause de leur trop grande similitude, ou de leur identité.

Mais si l'excellence des Consonances se mesure par l'vnion de leurs sons, comme fait leur douceur, il n'y a nul doute que la Douziesme est plus agreable que la Quinte, d'autant que les 2 sons de la Douziesme s'vnissent deux fois plus souuent que ceux de la Quinte, comme ie demonstre par les 3 chordes qui suiuent, & qui representent la Douziesme diuisée en cette maniere, 1,2,3. Soient donc les 3 chordes A, B, C, & que A soit à B comme 3 à 1, & à C comme 3 à 2; si A employe vn moment de temps à faire chaque tour ou retour, B y employera $\frac{1}{3}$, & C $\frac{1}{2}$. Or ie suppose qu'A & B commencent ensemble à se mouuoir, pendant qu'A fera vn tour, B en fera 3 iustement, & lors qu'A commencera son second tour, B commencera son quatriesme; quand A commencera son 3 tour, B fera son 7, & ainsi consequemment. Mais si A & C commencent ensemble à se mouuoir, lors qu'A aura acheué son premier tour, C sera à la moitié de son second, & ne sera pas prest de recommencer auec A au second moment, mais seulement au 3, car pendant qu'A aura fait 2 tours, C en aura fait 3 iustement, de sorte qu'ils ne recommenceront ensemble que de 2 momens en 2 momens, au lieu que les precedens recommencent à tous les momens; de là vient que les sons de la Douziesme se meslent mieux, & qu'ils font vne plus douce harmonie. Et cette raison est tousjours veritable en toutes sortes d'autres repliques, car si leurs sons se meslent & s'vnissent plus facilement, leur douceur en est plus grande, & consequemment elles sont plus agreables, si le plus grand plaisir que l'on reçoit procede de la plus grande vnion, dont i'ay fait vn discours particulier. Or encores qu'il ne soit pas necessaire de respondre aux raisons que i'ay rapportees en faueur de la Quinte, d'autant qu'elles sont en partie fondees sur quelques proprietez des nombres, ausquelle on peut adjouster que le plus grand terme de la Quinte estant multiplié par le moindre donne le plus grand terme de la Dix-neufiesme, à sçauoir 6, & que le mesme moindre terme diuisé par soy-mesme, donne le moindre de la Douziesme, dont le plus grand terme est le mesme que celuy de la Quinte: ie diray neantmoins que ces raisons prises des nombres sont suffisantes pour faire penser que la Quinte a quelque chose d'excellent en soy. Toutesfois si l'on veut apporter l'excellence des autres nombres, on trouuera que le ternaire, qui est le plus grand terme de la Douziesme, ne cede à nul autre nombre, comme i'ay monstré dans la comparaison des Trios aux Duos; & si l'on adiouste ces deux termes, ils feront le nombre quaternaire, auquel Platon & les Pytagoriciens ont donné de tres-grandes loüanges. La 2 raison qui se prend de ce que la Quinte remplit dauantage l'oreille, preuue seulement que ses sons s'vnissent moins viste, & combattent plus long-temps que ceux de la Douziesme. La 6 raison est fondee sur l'egale vnion de leurs tremblemens, ce qui fait qu'elle est entierement fausse, comme il est faux qu'il soit aussi facile de comparer 2 à 3 que 3 à 1. Quant à la 3 & 4 raison, la Quinte n'apporte pas vn plus grand ornement à la Musique que la Douziesme, laquelle n'emprunte pas tout ce qu'elle a de la Quinte, puisque ses sons se meslent & s'vnissent plus aisément: & bien que ses termes soient plus éloignez, il ne s'enfuit nullement qu'elle soit moins excellente, autrement l'Octaue, dont les termes sont plus eloignez que ceux de tous les interualles qui se peuuent treuuer dans elle, seroit moins excellente que les plus desagreables Dissonances, dont les termes sont plus proches les vns des autres. Et l'on peut dire que ce n'est pas l'intention de la nature de faire la Quinte au 2 interualle, quand on sonne la Trompette, mais de faire la Douziesme qui se treuue depuis le premier son iusques au troisiesme. Or ie parle seulement icy de l'excellence & de la douceur de la Douziesme, car quant à ce qui la rend agreable, cela depend de la coustume, de la preoccupation, de la capacité de l'oreille, & de l'imagination, c'est pourquoy il suffit d'auoir demonstré que la Douziesme est plus douce & plus excellente que la Quinte, puisque son vnion est plus grande.

PROPOSITION XX.

Determiner si la Douziesme est plus excellente & plus puissante que l'Octaue.

L'on s'estonnera peut-estre de ce que ie propose cette question, puisque tous les Praticiens & les Theoriciens enseignent que l'Octaue est la Reyne des Consonances qu'elle comprend, & qu'elle produit, comme nous auons dit ailleurs. Mais ce consentement vniuersel n'empesche pas qu'il ne se rencontre quelques-vns qui tiennent que la Douziesme a plus de force, d'autant que l'vne de ses chordes estant touchee fait trembler plus fort la chorde qui n'est point touchee, que ne fait l'autre chorde touchee auec laquelle elle fait l'Octaue, ce qu'ils s'efforcent de preuuer en cette maniere.

La plus grande chorde de l'Octaue fait vn retour pendant que la plus petite en fait 2, & si l'on diuise le coup en 3 parties, à sçauoir au commencement, milieu & fin, le milieu frappera plus fort que le commencement, ou la fin; Or le premier coup de son aigu respond au commencement de celuy qui fait le son graue, & le second coup respond à la fin, de sorte que nul milieu des coups de la chorde aiguë ne se rencontre auec le milieu du coup de la basse, mais le seul repos qui est entre les deux coups; & consequemment la plus forte impression du coup demeure inutile.

Mais parce que la moindre chorde de la Douziesme frappe 3 fois pendant que la plus grande frappe vne fois, l'vn des coups du son aigu respond tousiours au milieu du coup que fait le son graue, c'est pourquoy le mouuement de la plus grande chorde meut la moindre chorde plus fort que ne fait la grosse chorde de l'Octaue; & bien qu'il se rencontre 2 repos aux coups du son aigu de la Douziesme, ils sont si courts qu'ils n'ont pas grande proportion auec lesdits coups, & ne durent pas dauantage que le seul repos du son de l'Octaue.

Si l'experience fauorisoit cette raison, elle auroit quelque apparence de verité, mais ie n'ay pas obserué que la chorde tenduë à la Douziesme fasse trembler les autres plus fort, que celle qui est à l'Octaue. Si cela arriue quelquesfois, il faut obseruer si ce n'est point la force de la plus grosse chorde de celles qui font la Douziesme, qui ayt vne si grande impression sur la plus deliee, que l'effet en soit plus sensible que celuy de la chorde qui fait l'Octaue, lors que deux chordes sont d'egale grosseur, & qu'elles sont seulement differentes en longueur.

Quant aux repos des retours, il est difficile de demonstrer si la chorde se repose
auant

auant que d'auoir acheué son mouuement, attendu qu'il semble que si elle se reposoit à l'vne des extremitez de ses tours, elle deuroit tousiours y demeurer, n'y ayant nulle cause qu'il luy donne vn nouueau mouuement. L'on peut donc dire que la Douziesme est moins douce & moins excellente que l'Octaue, quoy qu'elle puisse sembler plus agreable à plusieurs, comme la quinte est treuuée plus agreable par quelques-vns que la Douziesme, car il y a difference entre les degrez du doux, & de l'excellent, & ceux de l'agreable, comme i'ay desia remarqué, quoy que l'on puisse tenir le contraire, si la diuision du mouuement de la chorde en 3 parties differentes est veritable, dont nous auons parlé plus amplement dans le second liure des corps, & des mouuemens qui produisent les sons.

PROPOSITION XXI.

La chorde estant touchee fait trembler celle qui est à la Quinte, mais elle fait trembler plus fort celle qui est à la Douziesme.

Plusieurs croyent qu'il n'y a que les chordes à l'Vnisson, ou tout au plus que celles de l'Octaue qui se fassent trembler, mais l'experience qui se fait sur vn Luth, sur vn Tuorbe, ou sur tel autre Instrument que l'on veut, monstre euidemment que la Quinte, & quelques autres Consonances ont la mesme proprieté, quoy qu'elles ne l'ayent pas dans vn degré si parfait. Mais il y en a peu qui ayent remarqué ces experiences dans la quinte, & moins encore qui le remarquent dans la Quarte, & dans les Tierces, dautant qu'ils ne se seruent pas d'Instrumens assez grands, assez propres, & assez bien montez pour ce sujet: par exemple, l'on ne l'apperçoit pas si bien sur vn Monochorde de 3 pieds, dont le creux a peu de profondeur, que sur vn Luth, dont le concaue est fort grand, & generalement parlant, les experiences reüssissent dautant mieux que les Instrumens sont plus grands, & mieux montez.

Mais la Douziesme fait trembler les chordes plus fort que la Quinte, dont i'ay expliqué la raison dans la 19 proposition, car ce qui sert pour prouuer combien la douceur d'vne Consonance est plus grande que celle d'vne autre, sert aussi pour monstrer combien les chordes tremblent plus fort par la force d'vne Consonance que par la force d'vne autre. Quant aux tremblemens des autres chordes qui sont meuës par la force de la Quarte, de la Tierce majeure, & de leurs repliques, nous en pourrons parler en traitant de ces interualles.

PROPOSITION XXII.

La Quarte ou le Diatessaron tient le 4 rang entre les simples interualles, & consiste dans le melange de deux sons, dont la raison est de 4 à 3.

I'ay desia dit que les interualles de la Musique prennent leur nom du nombre des chordes, ou des sons qu'elles contiennent ordinairement dans le genre Diaconique, c'est pourquoy cet interualle a esté appellé Quarte, à raison de ses 4 chordes que les Grecs appellent Tetrachorde: De là vient qu'ils l'ont nommée διὰ τεσσάρων, c'est à dire *par quatre*, non que la Quarte doiue auoir autre chose que les 2 sons, dont la raison est de 4 à 3, mais parce que lors qu'on chante par degrez conjoints qui se suiuent immediatement, il se rencontre 4 sons dans la Quarte, comme l'on void dans ces 4 notes, *vt, re, mi, fa*. Or ie dis que la raison de la

F iiij

Quarte est sesquitierce de 4 à 3, parce qu'en mesme temps que le son aigu de la Quarte bat 4 fois l'air, le graue le bat 3 fois; c'est pourquoy il faut que les chordes d'egale grosseur & tension qui font la Quarte soient tellement disposees, que l'vne soit plus longue que l'autre d'vn tiers: par exemple si l'vne a 4 pieds, l'autre en doit auoir 3. Et si l'on veut faire la Quarte auec deux fleutes d'egale grosseur, il faut que l'vne soit plus longue d'vn tiers, & semblablement que la plus grosse cloche de la Quarte soit plus haute, & plus large d'vn tiers, comme ie monstre dans le traité des Cloches, & des autres Instrumens de Musique. Mais il suffit d'expliquer les battemens d'air que fait la Quarte par le moyen des chordes pour comprendre sa nature. Soient donc les 2 chordes A B, & A C egales en grosseur, en matiere, & en tension; ie dis qu'A B doit auoir 4 pieds de long pour faire la Quarte en bas contre la chorde A C qui a 3 pieds de long, afin que la chorde A B, qui est plus lasche d'vn tiers que A C, quoy qu'elle soit tenduë par vne egale force, à raison de sa plus grande longueur, tremble 3 fois, c'est à dire fasse trois tours en mesme temps que A C en fait 4 : car le nombre de leurs tremblemens est dautant moindre qu'elles sont plus longues, comme i'ay demonstré dans vn autre lieu.

Or il faut remarquer que l'on n'oyt iamais la Quarte que la plus longue chorde n'ayt pour le moins tremblé 3 fois, & la plus courte 4 fois; & si A B ne trembloit que 2 fois, tandis que A C tremble 4 fois, l'on oyroit l'Octaue au lieu de la Quarte. D'où il faut conclure que les sons ne sont autre chose qu'vn tremblement, ou battement de la chorde, ou de l'air, & qu'ils sont dautant plus aigus que l'air reçoit vn plus grand nombre de secousses, ou de mouuemens en mesme temps, de sorte que s'il estoit meu vniformément sans aucune repetition, ou reiteration de battemens, il ne feroit nul son, ou s'il en faisoit quelqu'vn, l'on ne pourroit iuger s'il seroit graue, ou aigu, car il seroit indifferent au graue, & à l'aigu.

PROPOSITION XXIII.

La Quarte prend son origine de la diuision de l'Octaue, ou de la seconde bisection d'vne chorde; & sa raison peut aussi bien estre appellee souzsesquitierce que sesquitierce.

Car lors que l'on diuise l'Octaue en deux parties en cette façon 2, 3, 4, (qui est la plus aisée de toutes les diuisions que l'on en puisse faire par vn terme qui serue de milieu, puis qu'il n'y a rien plus aisé que de mettre 3 entre 2 & 4,) l'on treuue la Quarte de 3 à 4, comme la Quinte de 2 à 3, de sorte que ces 2 Consonances ont vne mesme origine: aussi voyons nous que l'on prend souuent l'vne pour l'autre, comme ie diray apres, quoy que la production de la Quinte doiue estre considerée la premiere, & qu'elle soit comme la fille aisnée, puisque l'on compare 2 à 3 auant que de comparer 3 à 4, qui est le residu de l'Octaue. De là vient que la Quarte est le troisiesme interualle que fait la Trompette, comme i'ay remarqué dans vn autre lieu; & que les anciens luy ont donné le troisiesme lieu entre les Consonances, quoy que quelques nouueaux Autheurs l'ayent mise entre les Dissonances, ou qu'ils ayent creu qu'elle tient quelque chose des vnes & des autres, & consequemment qu'elle doiue estre mise à part, comme Papias remarque dans le liure qu'il a fait pour la defense de la Quarte; mais nous verrons apres ce qu'il faut tenir sur ce sujet.

Quant à la seconde bissection de la chorde, dont vient la Quarte, ie l'ay expliquée en parlant de l'Octaue. Il faut seulement remarquer icy que la diuision de l'Octaue qui produit la Quarte, est celle qui approche le plus pres de la diuision en 2 parties egales qui se puisse faire par le moyen des nombres, car 3 est aussi proche de 2 que de 4, quoy que la plus grande partie soit de 2 à 3, car la Quinte qui est la plus excellente prend la plus grande place, & laisse la moindre à la Quarte, comme à sa cadette.

Quant à la raison souzsesquitierce, elle contient la Quarte, lors que l'on compare les tremblemens de la plus grande chorde à ceux de la moindre, ce qui arriue semblablement à tous les autres interualles de la Musique ; & l'on ne peut dire auec raison que la proportion de la Quinte, ou de la Quarte soit plustost surparticuliere que souzparticuliere, si ce n'est que l'on mette le son le plus graue pour le plus grand terme, à raison de sa plus grande tardiueté, car il est plus lent d'vn tiers que le mouuement du son aigu, si l'on prend leurs battemens pour leurs mouuemens.

PROPOSITION XXIV.

On trouue la Quarte sur vne mesme chorde lors qu'apres l'auoir diuisée en 7 parties egales, l'on met le cheualet souz la quatriesme partie.

Cette pratique sert pour les Monochordes qui n'ont qu'vne seule chorde, dont on vse afin d'auoir vne plus grande egalité, quoy qu'vne seule chorde ne suffise pas pour faire les experiences necessaires pour establir tout ce qui appartient aux sons. Or c'est vne mesme chose de diuiser vne chorde en 7 parties, afin que le cheualet en laisse 4 d'vn costé, & 3 de l'autre pour trouuer la Quarte, que d'vser de 2 chordes d'egale tension, dont l'vne a 4 parties, & l'autre 3. Ce qu'il faut remarquer pour tous les autres interualles de la Musique, que l'on peut aussi bien trouuer sur vne chorde que sur deux, ou plusieurs, car il faut seulement diuiser la chorde en autant de parties egales qu'il y a d'vnitez dans les 2 termes de l'interualle que l'on veut marquer sur vne mesme chorde, & mettre le cheualet souz la derniere vnité du plus grand terme, afin qu'il demeure d'vn costé pour representer le son le plus graue, & que le moindre terme, c'est à dire la moindre partie de la chorde, demeure de l'autre costé pour faire le son plus aigu. Ce qui est si aisé à comprendre qu'il ne seroit nullement besoin de le representer par vne ligne, si ce n'estoit qu'il est bon d'en donner vn exemple qui serue aux autres propositions. Soit donc la ligne A C diuisée en 7 parties egales pour representer la Quarte, ie dis que si l'on met le cheualet au point B, qu'A B, qui contient quatre parties, tremblera plus lentement que B C, qui n'a que 3 parties, & qu'A B battera seulement 300 fois l'air, tandis que B C le battera 400 fois, & consequemment que les battemens d'A B, & de B C s'vniront à chaque 4 tremblement de B C, ou à chaque 3 tremblement d'A B, comme i'ay desia dit.

COROLLAIRE.

Or il faut remarquer qu'il n'est pas necessaire d'auoir vn Monochorde pour faire l'experience & la demonstration de la Quarte, ou des autres interualles consonans, ou dissonans, dautant que l'on peut faire la mesme chose sur le Luth, &

sur les autres Instrumens, sur lesquels on est asseuré que l'on diuise la chorde comme il faut, lors qu'en mettant le doigt sur la chorde les 2 sons de chaque partie de la chorde font l'interualle que l'on desire: par exemple, si l'vn & l'autre costé est à l'Vnisson, elle est diuisee en 2 parties egales; si les deux costez sont à l'Octaue, elle est tellement diuisee que l'vn des costez est double de l'autre; comme il est triple, si l'on oyt la Douziesme; & si on fait la quarte, la plus grande partie de la chorde est plus longue d'vn tiers que la moindre partie; d'où l'on peut conclure que le Musicien peut diuiser vne ligne en tant de parties egales qu'il voudra, quoy qu'il n'ait point de Compas, & qu'il soit aueugle, comme i'explique ailleurs plus amplement.

PROPOSITION XXV.

A sçauoir si la Quarte est Consonance.

Quelques-vns se sont autresfois imaginé que la Quarte ne meritoit pas le nom de Consonance, à raison qu'ils ne la trouuoient pas bonne contre la Basse, & qu'ils ne pouuoient en vser dans les Duo à simple contrepoint, mais puisque l'on a maintenant changé d'auis, & que tous les Musiciens la mettent au nombre des Consonances, il n'est pas necessaire de m'estendre sur ce sujet, car il suffit de sçauoir que tous les anciens Grecs l'ont receuë entre les Consonances, quoy qu'ils n'ayent pas conneu les deux Tierces, & les 2 Sextes, dont nous vsons, en qualité de Consonances. Or l'vne des raisons que l'on a pour prouuer que la quarte est l'vn des accords de la Musique, se prend de ce qu'elle est tres-bonne lors qu'elle est jointe à la Quinte, & que quand la raison de l'Octaue est diuisee Arithmetiquement, comme l'on void en ces termes 2, 3, 4, que le terme du milieu se trouuant d'accord auec le premier, celuy du milieu doit semblablement s'accorder auec le dernier, d'autant que les 2 termes extremes representent les 2 sons de l'Octaue, qui sont de mesme nature, l'Octaue n'estant, ce semble, autre chose que la repetition, ou la replique de l'Vnisson.

De là vient que les interualles que l'on ajoûte par dessus l'Octaue font le mesme effet que ceux qui la diuisent, & qu'elle contient en soy; par exemple, la Quinte estant jointe à l'Octaue fait la Douziesme, qui est si semblable à la simple Quinte, qu'elles sont quelquesfois prises l'vne pour l'autre. L'autre raison est fondee sur la mesme ressemblance des 2 sons de l'Octaue, car elle est si grande que plusieurs se trompent au iugement de ses 2 sons, en prenant le graue pour l'aigu, ou l'aigu pour le graue: en suitte dequoy ils iugent que la Quinte est la Quarte, & que la Quarte est la Quinte; ce qui i'ay souuent experimenté, & ce que ie veux expliquer, afin que les Musiciens se gardent de cette surprise.

Ie suppose donc que la chorde d'vn Instrument represente le 2 son de la premiere Octaue marqué par D, il est tres-certain que la chorde marquee par B fait la Quarte en bas auec la note D, & que si l'oreille ne se trompe pas, & qu'elle prenne ces deux sons dans leurs propres lieux, qu'elle oyra la Quarte; mais si l'oreille prend la premiere note marquee par A en oyant la note D, le Musicien, quoy que tres-expert, croyra que les notes D & B feront la Quinte, parce qu'il se trompe en prenant A pour D; d'où il est euident que la Quarte est vn accord, puis qu'elle est souuent prise pour la Quinte; ce qui ne pourroit pas arriuer si elle estoit Dissonance. Mais il faut remarquer que la note B feroit la Quarte repetee,

c'est

Des Consonances.

c'est à dire l'Onziesme, si l'oreille prenoit la note G au lieu de la note D, de sorte que la Quarte ne gaigne rien lors que l'on prend le son aigu de l'Octaue au lieu du graue, dautant qu'elle demeure tousiours dans son imperfection, qui croist mesme par ledit son aigu, comme ie diray plus bas, lors que ie prouueray que la simple Quarte est plus douce que l'Onziesme, qui est sa replique : & consequemment il vaut mieux se tromper en descendant qu'en montant, quand il est question de la quarte, puis qu'elle se torne en Quinte lors que l'on descend, & que l'on prend le son graue de l'Octaue au lieu de l'aigu. Il arriue le contraire à la Quinte, car elle degenere en Quarte, lors que l'on prend le son graue de l'Octaue pour l'aigu, comme l'on void dans la figure precedente, dans laquelle F fait la Quinte auec G, lors que l'on prend G en son propre lieu; mais si l'on prend le son graue de l'Octaue G, c'est à dire D pour G, l'on croira que G & F font la Quarte, quoy qu'en effet ils fassent la Quinte.

Il arriue encore la mesme chose à la Quinte, lors que l'on prend le son aigu de l'Octaue pour le graue; par exemple lors que l'on prend D pour A, car A B semble faire la Quarte au lieu de la Quinte, qui perd en toutes les façons, & n'a iamais de meilleure condition que quand elle garde son lieu naturel. Ce qu'il faut remarquer soigneusement, parce que cecy sert pour l'intelligence des propositions qui suiuront apres.

La troisiesme raison qui prouue que la Quarte est Consonance, se prend de la proportion de ses sons, qui est de 3 à 4, ce qui est cause que ces 2 sons s'vnissent tousiours à chaque 3 battement d'air du son graue, & à chaque 4 de l'aigu: de sorte que l'aigu n'a que 2 battemens qui ne s'vnissent point, & le graue n'en a qu'vn disjoint, dautant que son premier battement se rencontre auec le premier de l'aigu, & son 3 auec le 4. De sorte que la Quarte contient plus de battemens vnis que de desunis, puis qu'elle vnit 4 de ses battemens & n'en desunit que 3 : d'où il appert qu'elle tient plus de l'vnité, & de l'Vnisson que de la diuersité, & qu'elle a plus de bonnes choses que de mauuaises; & consequemment qu'elle merite d'estre mise au nombre des Consonances.

La quatriesme raison est tiree de ce que les 3 sons A B D, qui diuisent tellement l'Octaue, que A B fait la Quinte, & B D la Quarte, sont trés-agreables: ce qui n'arriueroit pas si la Quarte n'estoit Consonance, puisque nulle Dissonance ne peut tellement estre sauuee, ou cachee par les autres Consonances, qu'elle ne retienne sa qualité de Dissonance, & qu'elle ne gaste tout le concert, comme l'on void à la note C, qui fait tousiours la Dissonance, que l'on appelle seconde majeure, soit que l'on la mette par dessus l'Octaue A D en E, ou dans l'Octaue D A en C, ou souz l'Octaue G E en D, ou en quelqu'autre maniere que l'on voudra.

L'on peut encore apporter d'autres raisons, mais elles supposent la connoissance des Tierces & des Sextes, dont nous n'auons pas encore parlé, auec lesquelles il faudra comparer la Quarte, & determiner si elle est meilleure que la Tierce majeure.

PROPOSITION XXVI.

A sçauoir de combien la Quinte est plus douce que la Quarte, & pourquoy la Quarte ne paroist pas si bonne contre la Basse comme fait la Quinte.

Il se rencontre fort peu d'hommes qui n'auoüent que la Quinte est plus douce que la Quarte, dont la raison se prend de la plus grande vnion de ses sons, qui s'vnissent à chaque 3 battement du son aigu, & à chaque deuxiesme du graue, comme i'ay demonstré dans vne autre proposition, & consequemment les 2 battemens du son graue s'vnissent auec le premier & le dernier de l'aigu, de sorte qu'il n'y a que le second battement du son aigu qui ne s'vnit point, & que la Quinte vnit 4 de ses battemens en mesme temps qu'il y en a vn seul qui se desunit. De là vient que la Quinte peut estre estimee deux fois plus douce, & meilleure que la Quarte, dont le son aigu a deux battemens qui se desunissent, ou 3 fois plus excellente, à raison que le son graue de la mesme Quarte a l'vn de ses battemens desunis, à sçauoir celuy du milieu, de sorte qu'elle a 3 vnitez qui ne s'vnissent point, & la Quinte n'en a qu'vne.

Mais il y a encore vn autre moyen pour sçauoir combien la douceur de la Quinte surpasse celle de la Quarte, car les termes de la Quinte estans multipliez l'vn par l'autre, c'est à dire 3 par 2, donnent 6, qui monstre que ses battemens s'vnissent 2 fois en 6 coups, & les termes de la Quarte se multiplians font 12, qui monstre que ses battemens s'vnissent 3 fois en 12 coups, c'est à dire que quand le son aigu de la Quarte a batu 12 fois l'air, qu'il s'est vni 3 fois auec le son graue de la mesme Quarte.

Et parce que le son aigu de Quinte vnit 2 fois les siens auec le battement du son graue, & consequemment 4 fois en 12 coups, il s'ensuit que la Quinte est plus douce que la Quarte, & consequemment que la raison de la douceur de la Quinte est à la douceur de la Quarte, comme 4 à 3. Or cette maniere est plus raisonnable que l'autre, par laquelle nous trouuions que la quinte est 2 ou 3 fois plus agreable que la quarte, dautant que l'vnion qui se fait du premier coup de chaque son ne doit pas estre consideré, puis qu'elle se fait aussi bien aux Dissonances qu'aux Consonances, mais seulement l'vnion des derniers, qui fait que les sons recommencent les vns auec les autres, de sorte que les Consonances sont dautant plus douces que leurs sons recommencent plus souuent ensemble, parce qu'ils battent l'air plus vniformement, & plus egalement ; or plus les sons approchent de l'egalité, & plus ils sont doux.

D'où ie tire la raison pourquoy la quarte n'est pas si bonne que la Quinte contre la Basse, encore que les 2 sons de l'Octaue semblent estre vne mesme chose, car lors que la quarte se fait contre la Basse, elle n'vnit point ses sons qu'à chaque 4 battement du son aigu, au lieu que la quinte vnit les siens à chaque 3 battement du son aigu, ce qui la rend plus douce & plus agreable. Et lors qu'on diuise l'Octaue par la quarte & par la quinte, l'harmonie est plus douce quand la quinte est en bas que quand elle est en haut, & que la quarte est dessouz, dautant que les plus grands interualles doiuent preceder les moindres, car l'honneur appartient aux choses qui sont les plus excellentes, & ce qui se fait immediatement contre la Basse, doit seruir de fondement à l'harmonie, & consequemment doit estre plus grand & plus simple, afin d'imiter la nature des autres choses, qui commencent

par

Des Consonances.

par les principes qui sont les plus simples, & qui seruent comme de pierre fondamentale à tout le reste.

Or la Quinte est plus simple que la Quarte, dautant qu'elle approche plus pres de l'Octaue, de l'egalité & de l'vnité, car son moindre terme est le plus grand de l'Octaue, à sçauoir 2, comme le moindre terme de la Quarte est le plus grand de la Quinte, à sçauoir 3, de sorte que la Quarte commence où la Quinte finit, comme la Quinte commence où l'Octaue a sa fin, & l'Octaue commence à la fin de l'Vnisson.

Ce qui nous peut seruir de degrez pour nous esleuer à Dieu, & à la maniere dont il a produit les creatures, car les Anges ne peuuent commencer d'estre, que Dieu ne soit dans toute la perfection de sa nature, laquelle est representee par l'vnité, ou par l'Vnisson; & la nature de l'homme commence où celle des Anges finit; les animaux, les plantes, & les autres choses se suiuent de mesme façon; & toutes ensemble dependent entierement de Dieu, comme les Consonances dependent de l'Vnisson, & les nombres de l'vnité.

L'on peut encore donner vne autre raison pourquoy la Quarte n'est pas si agreable sous la Quinte que dessus, que l'on prend de ce que nous desirons tousiours la perfection en chaque chose, & particulierement dans l'Harmonie; & parce que l'Octaue contient en eminence toute la perfection de la Musique, on l'attend tousiours en oyant les autres Consonances, car elle se represente tousiours à l'esprit: de là vient que l'Onziesme est representee toutes & quantesfois que l'on fait la Quarte contre la Basse; mais la Douziesme est representee lors qu'on fait la Quinte contre la mesme Basse, or la Douziesme est beaucoup plus agreable que l'Onziesme, puis qu'elle vnit ses sons à chaque 3 battement du plus aigu, au lieu que l'Onziesme ne les vnit qu'au 8 coup; de sorte que l'on peut dire suiuant cette raison, que la Quinte est dautant plus agreable contre la Basse que 8 surpasse 3: & qu'il y a mesme raison de la douceur de la Quinte à celle de la Quarte, qu'il y a de 8 à 3: mais parce que plusieurs difficultez, dont nous parlerons apres, dependent de cette speculation, ie l'expliqueray plus amplement en parlant des Tierces & des Sextes. Neantmoins on la peut icy entendre par le moyen des nombres & des notes qui suiuent, car lors que l'on fait la Quarte contre la Basse, le son le plus graue bat 3 fois l'air, tandis que le plus aigu le bat 4 fois: or 8 fait l'Octaue contre 4, qui represente 8, puisque la partie represente son tout, & consequemment l'on se represente l'Onziesme qui est de 8 à 3, lors qu'on fait la Quarte contre la Basse, dont le son graue est 3, comme l'on void aux notes qui suiuent, que ie marque par A, B, C, D, E, F, afin que l'on entende mieux ce discours.

Cecy estant posé, ie dis que la note D fait la Quarte contre la Basse C, & que la note D estant touchee represente la note F, qui est à l'Octaue en haut, & consequemment que la Quarte, qui est de C à D, & de 3 à 4, represente l'Onziesme, qui est de C à F, ou de 3 à 8: surquoy l'on peut demander pourquoy la note C ne represente-elle aussi bien E qui fait l'Octaue en haut, comme D represente F, pourquoy D ne represente-il B, qui fait l'Octaue en bas, & pourquoy le son graue C ne represente-il A en bas, puis qu'il fait l'Octaue auec ledit C. A quoy ie responds que l'on

G

peut dire que le son qui s'exprime par vn nombre pair de battemens d'air, comme est le son aigu de la Quarte C D, peut representer son Octaue en haut, ou en bas, à raison qu'il est aussi aisé de diuiser 4 en 2 parties egales pour auoir B, que de le multiplier par 2 pour auoir F, & consequemment que l'on peut dire que 4 represente l'vne & l'autre Octaue; ce qui n'empesche pas que la Quarte ne soit moins bonne que la Quinte contre la Basse, dautant que 4 representant 2, fait que l'Octaue B, qui est representee par D, nous monstre que la Quinte de C à B est absente, & que nous n'auons que l'ombre au lieu du corps, c'est à dire que la Quarte au lieu de la Quinte. Il arriue la mesme chose quand C represente E; mais il ne represente pas A, dautant qu'il est plus difficile de diuiser 3 par la moitié que de le doubler, car il faut vser de nombres rompus en le diuisant.

Or il faut remarquer que l'Octaue d'en haut est ordinairement representée quand les battemens du son aigu sont en nombre impair, & celle d'en bas, quand les battemens du son graue sont en nombre pair; par exemple, lors que l'on chante la Quinte D E, ou B C, le terme du son graue, à sçauoir 2 ou 4, est nombre pair, de là vient que D represente B, & que 2 represente 1. De sorte que chaque chose en represente ordinairement vne autre, à sçauoir celle qui la suit, ou qui la precede immediatement, & auec laquelle elle a vne alliance plus aisée à remarquer, & vne amitié & sympatie plus grande.

De là sont venuës les suppositions dont parlent les Praticiens, quand ils disent que telle ou telle Consonance en suppose vne autre, par exemple, que la Quarte suppose, & demande la quinte en bas, mais i'expliqueray toutes ces suppositions dans vne particuliere proposition, qui seruira pour entendre la pratique des Musiciens, par laquelle ils sauuent les dissonances, ou les moindres accords par les meilleurs.

Ie diray encore beaucoup d'autres choses de la Quarte dans les autres propositions, où il faudra voir si elle est plus ou moins douce que les Tierces, & si elle est pire ou meilleure qu'elles contre la Basse, & puis ie monstreray le fondement de ces representations dans les liures des Instrumens à chorde.

PROPOSITION XXVII.

La Quarte est si sterile qu'elle n'engendre rien de bon ny par sa multiplication, ny par sa diuision.

Il ne faut pas s'estonner si la Quarte estant doublee, ou triplee, &c. n'engendre rien de bon, puis que la mesme chose arriue à la Quinte, qui fait la Neufiesme majeure estant doublee, comme la Quarte fait la Septiesme mineure de 16 à 9, qui se rencontre de *C sol vt fa*, à *B fa*, & de *D la re sol*, à *C sol vt fa*. Mais la diuision de la quarte n'engendre pas 2 Consonances, comme celle de la quinte, qui produit la Tierce majeure & la mineure, car si l'on diuise la quarte de la mesme maniere que l'on diuise la quinte, c'est à dire par vn milieu Arithmetiq, à sçauoir par 7 mis entre 8 & 6, qui font la Quarte, l'on aura la sesquisexte du plus grand costé, & la sesquiseptiesme du moindre, comme l'on void entre ces 3 nombres 8, 7. 6, qui representent des interualles qui ne sont point vsitez, dont le plus grand est moindre que la Tierce mineure, de la raison de 36 à 35,

c'est

Des Consonances.

c'est à dire de la sesquitrentecinquiesme, qui n'est point en vsage ; & le moindre interualle surpasse le ton majeur de la sesquisoixantetroisiesme, qui est de 64 à 63, que l'on ne pratique point. D'où il arriue que la Quarte n'apporte guere d'ornement à la Musique en comparaison de la Quinte, dont elle n'est que l'ombre, & que plusieurs estiment qu'elle n'est pas si agreable que la Tierce majeure, dont la diuision nous donne le Ton majeur & le mineur, comme ie diray en parlant du Diton.

Ie laisse plusieurs autres choses que l'on peut dire de la Quarte, par exemple, de combien elle est moindre que la Quinte, de combien d'interualles elles peut estre composee, ou en combien elle peut estre diuisee; combien elle a d'especes, qu'elle peut estre diuisee Geometriquement, Arithmetiquement, & Harmoniquement, qu'elle peut estre augmentee ou diminuee sur les Instrumens, & plusieurs autres choses, parce qu'elles sont communes aux autres interualles de la Musique, ou qu'elles dependent du traité des raisons, dont i'ay parlé ailleurs. Quant à ses repliques, comme à l'Onziesme, & à la Dix-huictiesme, i'en parleray en la comparant à la Tierce majeure.

PROPOSITION XXVIII.

Les deux Tierces que l'on appelle maieure & mineure, viennent de la 3 bisection que l'on fait d'vne chorde, ou d'vne autre ligne, c'est à dire de la premiere diuision de la Quinte ; car la raison de la Tierce maieure est de 4 à 5, & celle de la mineure est de 5 à 6.

Il est necessaire de doubler les termes de la Quinte, c'est à dire raison sesquialtere pour la diuiser en 2 parties, dont la plus grande fait la Tierce majeure, & la moindre fait la mineure, côme l'on void en ces trois nombres, 4, 5, 6, dont le premier & le dernier representent la Quinte, le 1 & le 2 la Tierce majeure, & le 2 & le 3 monstrent la raison de la mineure. L'on appelle la Tierce majeure *diton*, parce qu'elle contient 2 tons, & la mineure *sesquiditon*, parce qu'elle contient vn ton & demi. Or pour expliquer comme ces 2 Tierces viennent de la 3 bisection d'vne chorde, il faut supposer que les 2 premieres bisections de la mesme chorde (par lesquelles l'Vnisson & les autres Octaues, dont nous auons parlé iusques icy sont produites) ayent esté faites, comme l'on void à la ligne A B, laquelle estant diuisee au point C, engendre l'Vnisson & l'Octaue, & quand on la diuise au point D, elle produit la Quinte & la Douziesme. A̶̶̶̶̶̶̶̶̶̶̶̶̶̶̶̶C̶̶̶̶̶D̶̶̶̶̶B

Ces 2 bisections estant faites, la 3 qui se fait au point E engendre les 2 Tierces, car A E, c'est à dire cinq, fait la majeure contre A C, & A D fait la mineure contre A E ; par où l'on void que la Tierce mineure est seulement produite par accident comme la Quarte, à raison du residu de la chorde E D, & consequemment qu'elle a mesme proportion auec la Quinte, que la Quarte auec l'Octaue, comme la Tierce majeure a mesme proportion auec la Quinte, que la Quinte auec l'Octaue : Et parce que la Quinte n'apporte pas assez de varieté à la Musique, les deux Tierces suppleent à ce defaut, car la plus grande varieté en depend, comme l'on experimente dans la pratique, qui monstre que la Musique n'a quasi nulle grace, si ces Tierces, ou leurs repliques ne s'y rencontrent. Mais l'on entendra mieux la nature de ces Tierces, par la comparaison que i'en fais auec la Quarte, & auec leurs repliques dans les propositions qui suiuent.

G ij

PROPOSITION XXIX.

Determiner si les deux Tierces sont Consonances, & combien l'vne est plus douce que l'autre.

Il semble que les Grecs n'ont nullement mis ces 2 Tierces, ny les 2 Sextes au rang des Consonances, car tous depuis Aristoxene iusques à Ptolomee, Aristide, Bryennius, & plusieurs autres tant Grecs que Latins, ont seulement reconnu l'Octaue, la Quinte, la Quarte, & leurs repliques pour Consonances, comme l'on void dans les liures qu'ils nous ont laissé. Et l'on trouue encore des Philosophes qui soustiennent cette opinion, dautant que la Quarte est le dernier interualle qui a autant de bons battemens que de mauuais, comme i'ay déja dit, c'est à dire que le son aigu n'a que deux de ses battemens qui s'vnissent à chaque quatriesme coup, à sçauoir le premier & le dernier, & deux au milieu, qui ne s'vnissent nullement: & croyent que ceux qui prennent les Tierces pour Consonances se trompent, & parlent plutost par fantaisie que par raison: mais puis que la Tierce majeure, & sa replique, c'est à dire la Dixiesme majeure font trembler les chordes bien fort & bien sensiblement, il semble qu'il faut estre depourueu de sens pour nier qu'elles soient Consonances. Et puis, il n'y a nulle apparence que toutes les oreilles des François, Italiens, Allemans, Espagnols, &c. où la Musique est receuë, se trompent, qui tesmoignent que cette Tierce, & particulierement sa replique, est tres-douce, & que l'Harmonie perdroit quasi toute sa grace si elle en estoit priuee. Il faut donc conclure qu'elles sont toutes deux Consonances, quoy que la majeure soit dautant plus agreable que la mineure, qu'elle vnit ses mouuemens plus souuent: or la majeure les vnit à chaque cinquiesme battement du son plus aigu, & la mineure à chaque 6 battement, & consequemment le Diton est plus agreable d'vn quart que le Semiditon. Quant à leurs repliques, i'en parleray dans la proposition qui suit.

PROPOSITION XXX.

Determiner si les Tierces & leurs repliques sont plus douces que la Quarte, & ses repetitions.

Cette difficulté est l'vne des plus grandes de la Musique: car il semble que l'experience & la raison se combattent icy, dautant que la pluspart des Praticiens maintiennent que les Tierces & leurs repliques, particulierement la Tierce majeure & la Dixiesme sont plus douces & plus agreables que la Quarte. En effet, l'oreille est ce semble beaucoup plus satisfaite des Tierces que des Quartes: de là vient que l'on peut vser de tant de Tierces que l'on voudra dans les Duo, particulierement quand la mineure suit la majeure. Et neanmoins la raison est contraire, car la proportion de la Quarte est plus proche de l'Octaue & de l'Vnisson, & ses sons s'vnissent plus souuent d'vn tiers que ceux de la Tierce majeure: & puis la Quarte fait trembler les chordes plus fort que la Tierce majeure, & consequemment elle doit estre plus douce.

A quoy André Papias ajoûte dans le liure qu'il a fait en faueur du Diatessaron, que si l'on chante plusieurs Quartes de suite, qu'elles seront moins insuportables

qu'vn

qu'vn nombre de Tierces, ou de Sextes majeures ou mineures, dont il donne des exemples que ie ne veux rapporter, dautant qu'ils sont fort desagreables. Il maintient aussi que la Quarte peut subsister sans les Tierces, & qu'elles sont sauuees par son moyen, au lieu que l'on a coustume de dire que les Tierces sauuent la Quarte.

Ce qu'il confirme par ce premier exemple, *vt, fa, la*, qu'il dit estre meilleur que le second, *vt, mi, sol* : ce qui ne peut arriuer que par l'excellence de la Quarte qui est si grāde, qu'elle rend les Consonances imparfaites beaucoup meilleures qu'elles ne seroient toutes seules, car la Sexte *vt, la*, du 3 exemple, n'est pas si bonne que quand on la diuise par la Quarte, & par la note *fa*, comme l'on void au 1 exemple : mais le contraire arriue à la Quinte du 4 exemple, qui est plus douce & meilleure toute seule, que quand elle est diuisee par le *mi* du 2 exemple, qui fait la Tierce majeure dessous, & la mineure dessus. Finalement il tient que les Duo finissent mieux par le premier exemple que par le second. A quoy j'ajoûte que plusieurs de nos Praticiens sont de mesme aduis, qui confessent que la Quarte estant tenuë long-temps sur l'Orgue, est plus agreable que la Tierce majeure, qui ennuye plus & blesse dauantage l'oreille que ladite Quarte.

Neantmoins si l'oreille donne iustement l'auantage à la Tierce majeure, il faut dire que la raison de ce prodige doit estre prise de ce que chaque son represente son Octaue en haut, qu'il contient en eminence, comme l'on peut demonstrer par la chorde, qui representant tel son que l'on voudra resonne à l'Octaue d'en haut qu'il contient, puisque le tout contient toutes ses parties; car C B fait l'Octaue contre A B. De là vient que l'on oyt souuent la Douziesme en haut, lors que l'on touche les plus grosses chordes d'vn Tuorbe, car A B represente la troisiesme partie C B, ou C D, qui fait la Douziesme contre A D, laquelle on oyt pour l'ordinaire plus distinctemēt que l'Octaue, à raison que sa plus grande difference d'auec le son A B nous la fait mieux discerner que l'Octaue; mais ie parleray encore de ces representations & de ces resonances dans les liures des Instrumens à chordes, & en expliquant pourquoy les Cloches font ordinairement 3 sons, dont le premier leur est naturel, le second est à l'Octaue, & le 3 à la Dixiesme majeure, & quelquesfois à l'Onziesme ou à la Douziesme.

Or cette resonance de l'Octaue estant posee, ie dis que la Quarte doit paroistre moins bonne que la Tierce majeure, parce que quand on fait cette Tierce, qui est de 4 à 5, si 5 represente son Octaue, l'on s'imagine 10, qui fait la Dixiesme majeure auec 4; mais quand on fait la Quarte de 3 à 4, l'Onziesme de 3 à 8 est representée, qui est beaucoup plus rude & moins agreable que la Dixiesme majeure de 2 à 5, car il ne faut pas seulement iuger de la bonté des Consonances par la consideration des simples, mais il faut quant & quant considerer leurs repliques : or les repliques de la Tierce majeure sont plus agreables que celles de la Quarte, puis qu'elles vnissent plus souuent leurs sons, comme l'on demonstre par leurs moindres termes.

Et si nous prenons la representation de l'Octaue en bas, nous trouuerons que la Tierce represente encore la Dixiesme, comme l'on void en ces nombres 2, 4, 5, & que la Quarte represente la Quinte, comme monstrent ces 3 termes 2, 3, 4.

Or cette reprefentation eft fondee fur le nombre des battemens de l'air, comme l'autre fur la longueur de la chorde; car la moindre chorde, qui fait le fon aigu de la Quarte, bat 4 fois, & confequemment elle contient le fon de l'Octaue d'en bas, dont la chorde ne bat que 2 fois l'air.

Où il faut remarquer que le fon graue de la Quarte ne peut reprefenter l'Octaue en bas, dautant que 3 ne fe peut diuifer fans fractions en 2 parties egales, c'eft pourquoy i'ay pris la refonance du fon aigu 4 qui fait l'Octaue en bas, mais on peut prendre celle que fait 3 en haut, laquelle eft reprefentee par 6, afin d'auoir ces trois termes 3, 4, 6, comme l'on peut prendre la refonance du moindre terme de la Tierce majeure en haut, pour auoir 4, 5, 8.

Mais ie parleray encore de ces reprefentations, & refonances de l'Octaue dans la propofition qui fuit, dont on pourra tirer de nouuelles lumieres pour connoiftre la nature de la Quarte & des Tierces, dautant que les Tierces & les Sextes fe fuppofent reciproquement pour acheuer l'Octaue, comme la Quarte fuppofe la Quinte; & dans les propofitions 36, 37, & 38, où i'expliqueray amplement toutes les fuppofitions de chaque Confonance. Ie parleray auffi des repliques de ces 2 Tierces dans la 32 propofition; d'où l'on pourra aifément conclure fi la Tierce majeure eft plus excellente que la Quarte.

PROPOSITION XXXI.

Determiner fi les deux Sextes, dont la majeure eft de 3 à 5, & la mineure de 5 à 8, font Confonances.

Puifque les 2 Tierces precedentes font mifes au rang des Confonances, il n'y a nul doute qu'il y faut auffi mettre les deux Sextes, puis qu'elles acheuent l'Octaue, & que les Sextes mifes fous les Tierces, ou au contraire, font vn bon effet, & font agreables, qu'elles fubfiftent toutes feules dans les Duo à fimple contrepoint fans eftre fauuées ou fouftenuës par d'autres Confonances; & quelles fauuent les Diffonances, comme l'on experimente aux Septiefmes, dont on vfe dans les Cadences entre deux Sextes. Il faut neantmoins confeffer que ces deux Confonances ne font guere bonnes, dautant que la comparaifon de leurs fons n'eft pas aifee à comprendre, car elle eft furpartiffante, puifque le fon aigu de la majeure contient vne fois le fon graue, & outre cela deux tiers de l'aigu; de là vient que fa raifon eft furpartiffante trois, qui eft la premiere raifon entre les furpartiffantes, & la raifon de la Sexte mineure eft furtripartiffante cinq: & confequemment les fons de la majeure s'vniffent vne fois à chaque cinquiefme battement du fon aigu, & à chaque troifiefme du graue; & les fons de la mineure s'vniffent à chaque 8 battement du fon aigu, & à chaque cinquiefme du graue. D'où ie concluray dans la 32 propofition de combien l'vne furpaffe l'autre.

Or puis que ces 2 Sextes fe trouuent entre ces nombres 3, 5, 8, & que le premier & le dernier font la replique de la Quarte, ou l'Onziefme, il s'enfuit que la diuifion de l'Onziefme nous donne les 2 Sextes, dont la majeure eft en bas, & la mineure en haut: quoy que ladite Onziefme puiffe eftre diuifee par 6, en cette façon, 3, 6, 8; mais il n'eft pas ce femble trop aifé de fçauoir quelle eft la meilleure & la plus agreable de ces 2 diuifions, fi ce n'eft que l'on donne l'auantage à la derniere, à raifon de l'octaue qui fe rencontre entre 3 & 6.

Où il faut remarquer que l'on ne doit pas comparer vne Confonance à vne autre,

Des Consonances.

autre, si l'on ne les prend toutes deux dans leurs termes radicaux, autrement l'on cōcluroit que la meilleure seroit la pire, comme l'on void icy, où l'Octaue estant de 3 à 6, & la Sexte majeure de 3 à 5, il s'ensuiuroit selon nos regles precedentes que cette Sexte seroit plus douce que l'Octaue exprimee par les termes precedens, qui ne s'vnissent qu'à chaque sixiesme battement : c'est pourquoy il la faut prendre dans ces termes radicaux d'vn à 2, lors que l'on la veut comparer auec vne autre. Mais lors que l'Octaue se rencontre dans de plus grands termes à raison de la diuision, qui ne peut subsister sans lesdits termes, il ne faut pas les changer, quand on compare deux ou plusieurs diuisions les vnes auec les autres.

Or cecy estant posé, il semble que cette diuision 3, 5, 8, vaut mieux que celle qui a ces nombres 3, 6, 8, parce qu'il se fait vn battement dauantage en celle-cy qu'en celle-là à chaque vnion des 3 sons, de sorte que l'Octaue perd les droits de son excellence par l'addition de la Quarte, mais la Sexte majeure gaigne beaucoup en accompagnant la mineure.

PROPOSITION XXXII.

Determiner de combien les Sextes sont plus ou moins agreables que les Tierces, ou la Quarte.

Il est bien aisé de resoudre cette difficulté, si l'on mesure l'agreable par l'vnion des battemens de l'air, comme nous auons fait iusques à present, car la Sexte majeure les vnit à chaque cinquiesme battement du son aigu, comme fait la Tierce majeure, c'est pourquoy elles doiuent estre agreables de ce costé-là ; mais la Sexte les vnit à chaque 3 battement du son graue, & la Tierce majeure à chaque 4 seulement ; ce qui doit sans doute rendre la Sexte plus agreable, s'il n'y a d'autres choses à considerer dans cette Tierce ; par exemple, sa plus grande simplicité & sa raison surparticuliere, qui est plus aisée à imaginer & à comprendre que la raison surpartissante trois de la Sexte majeure, car il est ce semble plus aisé de discerner quand de deux lignes proposées l'vne surpasse l'autre d'vn quart, que quand elle la surpasse de deux tiers. Et puis la Tierce majeure est produite par la troisiesme bisection, ce qui n'arriue pas à la Sexte majeure ; de là vient que la Trompette fait cette Tierce immediatement apres la Quarte ; ce qui monstre qu'elle est la plus excellente de toutes les simples Consonances apres la Quarte ; quoy que l'on puisse dire que la Trompette peut faire la Douziesme au premier interualle, & la Sexte majeure au second, si l'on pousse le vent comme il faut depuis le son le plus graue de la Trompette iusques à la Dix-septiesme majeure, à laquelle la Trompette peut arriuer en 2 sauts.

Toutesfois cecy n'empesche nullement que la Tierce majeure ne tienne le premier rang apres la Quarte, puisque la Trompette peut aussi faire la Dix-septiesme, la Dix-neufiesme, ou la Vingtiesme dés le premier saut sans passer par les autres Consonances, si le vent est poussé assez fort, encore que ces Consonances ne soient pas si douces que l'Octaue ou la Quinte.

A quoy l'on peut ajoûter que les sons de la Sexte majeure sont plus eloignez que ceux de la Tierce majeure, dont ils sont quasi la repetition, & que ladite Tierce estant produite par la 3 bisection, & par la plus grande & la plus excellente partie de la Quinte doit estre plus agreable ; de là vient que quelques-vns l'appellent petite Quinte, ou Quinte de la Quinte, dont elle est comme la fille aisnée,

G iiij

la Tierce estant à la Quinte ce que la Quinte est à l'Octaue. Quant à la Sixiesme mineure, qui est de 5 à 8, l'on n'est pas en doute si elle est moins agreable que la Tierce majeure, puis qu'elle n'est que le residu de la troisiesme bisection, comme la Quarte est le residu de la Seconde. Et l'on compare ordinairement cette Sexte mineure à la Tierce mineure pour la douceur & la bonté, car elles sont de mesme nature. La Tierce mineure doit pourtant estre plus douce, puisque ses battemens s'vnissent à chaque 6 coup du son aigu, & que ceux de la Sexte mineure ne s'vnissent qu'à chaque 8 coup, si ce n'est que nous considerions les battemens du son graue, qui s'vnissent à chaque 5 coup dans toutes les deux, car 5 est leur moindre terme.

Or il est mal aisé de determiner quelle est la meilleure de ces 2 Consonances, car chacune est excellente selon les lieux où elle est bien placée; & si la Sexte mineure est plus propre pour exprimer les grandes douleurs auec des cris proportionnez, la Tierce mineure est semblablement meilleure pour exprimer les moindres déplaisirs & pour flatter: neantmoins absolument parlant la Tierce mineure est plus douce d'vn quart, puis qu'elle vnit 8 fois ses sons, & que la Sexte mineure vnit seulement 6 fois les siens en mesme temps.

Quant à la Sexte majeure comparee à la Tierce mineure, elle doit estre plus douce, dautant qu'elle est la plus grande partie de l'Octaue, dont la Tierce mineure n'est que le residu; quoy qu'il y ait d'autres choses à considerer dans cette Tierce, qui peuuent recompenser la plus grande vnion des battemens de la Sexte majeure, qui s'vnissent 6 fois en 30 coups, & ceux de la Tierce mineure s'vnissent seulement 5 fois, de sorte que la douceur de cette Sexte est plus grande d'vne cinquiesme partie que celle de ladite Tierce. Mais parce qu'il est plus aisé de comprendre la comparaison des 2 sons qui font cette Tierce, à cause que sa raison est sesquiquinte, elle peut sembler plus douce & plus agreable. Quoy qu'il en soit, la douceur de la Tierce mineure surpasse dauantage celle de la Sexte mineure, que celle de la Sexte majeure ne surpasse celle de la Tierce majeure : & si l'on veut determiner de combien elle la surpasse, la multiplication de leurs termes les vns par les autres monstrera de combien.

Or si l'on compare les 2 Sextes ensemble, l'on trouuera que la douceur de la Sexte majeure est dautant plus grandre que celle de la mineure que 8 est plus grand que 5, & consequemment que ces deux douceurs sont en mesme raison que la Sexte mineure. Et parce que les deux Tierces seruent pour varier la Quinte, dont depend la principale grace de la Musique, il arriue qu'elles sont plus agreables que les Sextes qui desirent d'estre diuisées par vn son qui fasse la Quarte d'vn costé, & la Tierce mineure ou majeure de l'autre, mais les Tierces ne peuuent estre diuisées, de là vient qu'elles sont plus propres pour les Duo, que les Sextes qui peuuent seruir aux Trios, à raison de la voix du milieu qui les diuise.

Mais ie diray encore beaucoup de choses dans les corollaires, & dans les propositions qui suiuent, qui seruiront à entendre de combien ces Consonances se surmontent, & monstreray qu'il faut autrement raisonner de ces Sextes, si l'on prend les resonnances & les representations des sons aigus, qui accompagnent les graues d'vne mesme chorde, que nous n'auons fait dans cette proposition: quoy qu'il soit bien aisé de conclure tout ce que l'on en peut sçauoir, si l'on entend ce que nous auons dit cy-deuant.

CORO-

Des Consonances.

COROLLAIRE I.

Demonstrer pourquoy la Quarte n'est pas si bonne contre la Basse que les Tierces ou les Sextes.

Encore qu'il soit bien aisé de tirer la raison de cette experience des discours precedens, ie la veux neantmoins expliquer, afin que les Praticiens la puissent entendre : or il faut premierement supposer que l'oreille desire tousiours ouyr vne Consonance parfaite, lors qu'elle en oit vne imparfaite, & qu'elle attend, ou suppose tousiours l'accord qui est necessaire pour paruenir à l'Octaue; par exēple, lors que l'on oit la Quinte, on attend la Quarte ; & lors que l'on oit la Sexte mineure, on attend la Tierce majeure. Cecy estant posé, ie dis que toutes & quantesfois que l'accord que l'on oit est plus imparfait que celuy qui reste pour parfaire l'Octaue, qu'il est dautant moins agreable que celuy que l'on attend & que l'on suppose pour acheuer l'Octaue est plus parfait, & consequemment que la Quarte contre la Basse est la plus des-agreable de toutes les Consonances, dautant que la bonté de la Quinte qui reste pour faire l'Octaue surpasse dauantage la bonté de la Quarte, que les Tierces ne surpassent les Sextes, ou que les Sextes ne surpassent les Tierces qui restent pour faire l'Octaue : car lors qu'on oit la Tierce mineure contre la Basse, la Sexte majeure est supposee, laquelle ne surpasse pas tant la bonté de la Tierce mineure, comme la Quinte surpasse la bonté de la Quarte ; c'est pourquoy la Tierce mineure est meilleure que la Quarte contre la Basse dans les Duo à simple contrepoint.

Mais il y a encore vne autre raison de cette pratique, qui depend de ce que i'ay dit auparauant, à sçauoir que chaque son represente son Octaue en haut ; d'où il arriue que les Consonances qui deuiennent meilleures par l'addition de l'Octaue en haut sont plus agreables dans les Duo contre la Basse, que celles qui ne deuiennent pas plus parfaites, ou qui deuiennent plus imparfaites par l'adition de ladite Octaue : or il est euident que la Quarte deuient plus imparfaite lors qu'on luy ajoûte l'Octaue en haut, comme l'on void en ces nombres 3, 4, 8, car 3 & 8 font la raison double surbipartissantetrois, qui monstre que les sons de cette Onziesme ne s'vnissent qu'à chaque 8 battement d'air ; mais lors qu'on oit la Tierce majeure, l'Octaue du son aigu la rend plus parfaite, dautant qu'elle vnit ses sons à chaque 2 battement du son graue, qu'elle n'vnissoit qu'à chaque 4 : car quant au son aigu, il a tousiours vn nombre egal de battemens, comme l'on void en ces nombres 4, 5, 10, qui peuuent estre reduits à 2, 2$\frac{1}{2}$, 5, afin de voir la Dixiesme majeure dans ces termes radicaux. Et bien que la Tierce majeure surpasse dauantage la Sexte mineure que la Quinte ne surpasse la Quarte, neanmoins la Sexte mineure peut estre mise contre la Basse, dautant que l'Octaue du son aigu de la Sexte mineure ne la rend pas si mauuaise à l'égard de la replique de la Tierce majeure, comme elle rend la Quarte à l'égard de la replique de la Quinte ; & la raison de 5 à 16 n'est pas plus difficile à comprendre que celle de 5 à 8, dautant que celle-cy est surtripartissantecinq, & l'autre est triple sesquiquinte ; de sorte que la replique de la Sexte mineure n'est pas si mauuaise en comparaison de la mesme Sexte, comme est la replique de la Quarte en comparaison de la mesme Quarte.

COROLLAIRE II.

Si nous suiuons ces deux dernieres raisons, & que l'on veüille sçauoir l'ordre que tiennent les simples Consonances suiuant ce qu'elles ont d'agreable à l'oreille, il faut leur faire tenir l'ordre de la premiere colomne qui suit :

I	II
Octaue.	Octaue.
Quinte.	Quinte.
Tierce majeure.	Quarte.
Tierce mineure.	Sexte majeure.
Sexte majeure.	Tierce majeure.
Sexte mineure.	Tierce mineure.
Quarte:	Sexte mineure.

Et si l'on veut suiure l'ordre qu'elles tiennent suiuant la plus grande vnion de leurs sons, il faut suiure le rang de la seconde colomne.

Quant aux repliques ou repetitions des Consonances, il est aisé de conclure qu'il faut leur donner le rang qui suit la plus grande vnion de leurs sons, ou de la diuision par laquelle elles sont produites : de sorte qu'il n'est pas necessaire d'en faire de nouueaux discours, parce que l'on peut entendre tout ce qui leur appartient de ce que i'ay dit insques à present des Consonances.

PROPOSITION XXXIII.

Pourquoy il n'y a que sept ou huit simples Consonances.

Cette difficulté est l'vne des plus grandes de la Musique, car bien que l'on experimente que de tous les sons il n'y ait que ceux qui sont egaux, ou qui sont en raison double, sesquialtere, sesquitierce, sesquiquarte, sesquiquinte, surbipartiente-trois, & surtripartiente-cinq, qui soient agreables, & qui meritent le nom de Consonances parfaites, ou imparfaites, il est neanmoins mal-aisé d'en donner la raison.

Car pourquoy les deux sons, dont la raison est sesquisexte, c'est à dire de 7 à 6, ou sesquiseptiesme de 8 à 7, ne sont-ils pas agreables ? Et si nous considerons les Consonances repetees, pourquoy les sons, dont la raison est de 7 à 1, & de 9 à 1, c'est à dire septuple, & noncuple, ne plaisent-ils pas à l'esprit & à l'oreille ? puis que ceux, dont la raison est de 8, de 10, de 12, & de 16 à 1, sont agreables, quoy que ceux de 7 à 1, ou de 9 à 1 s'vnissent plus souuent, & consequemment qu'ils doiuent estre plus agreables, suiuant la raison que nous auons apportee ailleurs de ce qui est plus ou moins agreable dans la Musique.

Ceux qui disent que le nombre des Consonances ne peut passer 7, parce que ce nombre appartient au repos, supposent que l'Vnisson n'est pas Consonance, dont nous auons prouué le contraire ; & bien que l'on ne le mette pas entre les Consonances, la raison prise du repos representee par 7 est bien foible, quoy que l'on produise plusieurs choses dans la Nature, & dans les Sciences, & dãs les Arts, qui se rencontrent au nombre de 7, dautant que l'on trouue plusieurs choses dans la mesme Nature, & dans les Sciences, qui surpassent le nombre de 7.

Il faut donc trouuer quelqu'autre raison du nombre des Consonances, qui ne se prenne pas du nombre septenaire, puis que l'Vnisson le fait passer à l'octonaire ; si ce n'est que l'on croye que le nombre septenaire soit fatal à la Musique, à raison qu'il vient des deux termes de la Quarte, à sçauoir de 3 & 4, qui font 7, &

que la Quarte estant si malheureuse que quelques-vns l'appellent monstre, lors qu'elle est contre la Basse, qu'elle produise vn autre monstre, à sçauoir ledit nombre septenaire, qui est l'ennemi capital de la Musique.

Mais cette consideration est bien legere, car l'on peut dire au contraire que ce nombre est le plus excellent de tous, dautant qu'il contient le ternaire & le quaternaire, dont l'vn est approprié aux choses intellectuelles & diuines, & l'autre aux choses materielles & elementaires: quoy que l'on puisse semblablement respondre que cette mesme raison empesche que le septenaire serue aux Consonances, parce que les choses materielles representees par 4, sont trop eloignees de la perfection des intellectuelles representees par 3, ausquelles elles ne se peuuent tellement vnir, qu'elles fassent vn accord: & qu'à raison de cet eloignement & de cette disproportion le corps & les sens, tant exterieurs qu'interieurs, ne peuuent compatir auec la raison, qu'ils combattent & contrarient perpetuellement.

En effet l'on experimente vn estrange combat qui se fait de la partie elementaire de l'homme auec l'intellectuelle, qui porte le charactere de la diuinité, & qui tend tousiours au bien; car encore que plusieurs ne ressentent nul aiguillon de la concupiscence, & qu'ils ayent esteint les flammes & supprimé les mouuemens de l'appetit irascible, s'ils sont arriuez au delà du commun, & qu'ils ayent appris en quoy consiste le souuerain exercice de l'esprit, ils sentent des combats bien plus grands que ceux des deux facultez animales, qui seruent à la cholere & à l'amour.

Car le combat des phantosmes & de l'entendement est si grand, que lors que l'esprit croit estre libre, & qu'il essaye de s'esleuer par dessus tout ce qui est creé, afin de conceuoir celuy qui surpasse tout estre, toute bonté & toute puissance, il est contraint de retomber dans les tenebres, & de confesser qu'il est esclaue de la matiere pendant qu'il est lié au corps; de sorte que chacun est contraint de s'escrier auec l'Apostre, *Infœlix ego homo, quis me liberabit de corpore mortis huius*: puisque c'est vn genre de mort d'estre priué de sa propre fonction, comme il arriue à l'entendement de l'homme tandis qu'il ne peut rien entendre que par le moyen des phantosmes qui luy nuisent autant que les tenebres à l'œil: ce qu'il n'est pas besoin de prouuer à ceux qui contemplent les veritez sans phantosmes, & particulierement la verité souueraine, qu'ils voyent quasi sans voile & à descouuert.

Il n'y a donc nul contentement solide & parfait que celuy que l'on a lors que l'on considere la verité toute nuë dans la source de son essence pour la voir par tout, puisque la verité n'a point de bornes, & que Dieu est par tout où est la verité. Or ceux qui sont paruenus à ce degré, & qui s'vnissent à la source de la verité, ne sont plus sujets aux afflictions, dautant qu'ils sçauent que celuy qui aime Dieu comme il faut, ne peut rien perdre, si Dieu ne le perd quant & quant, comme sainct Augustin a remarqué dans son liure de la vraye Religion, ch. 47. *Non affligitur morte cuiusquam, cui hærere Deo bonum est, quoniam qui toto animo Deum diligit, nouit nec sibi perire, quod Deo non perit: Deus autem Dominus est viuorum & mortuorum.* Quoy que l'ame estant dans cet estat soit saisie d'vne grande crainte qu'elle a de n'estre pas assez nette pour assister en la presence de celuy qu'elle contemple & qu'elle aime ardamment, comme a remarqué le mesme Sainct au liure de la quantité de l'ame, chap. 33. *Quò magis magisque sentit anima, eo ipso quòd proficit, quantum interfit inter puram & contaminatam, eò magis timet, ne deposito isto corpore, minus eam possit Deus, quàm seipsa ferre pollutam.* Mais ie quitte les phantosmes, dont nous ne serons point entierement degagez qu'apres cette vie, afin de reprendre le discours du nombre des Consonances, & de considerer si les Musiciens ne se sont point mépris iusques à present en la determination qu'ils ont faite de ce nombre, comme les Astrologues se sont trompez lors qu'ils ont creu qu'il n'y auoit que 7 Planettes, car il y en a six autres, à sçauoir 2 qui accompagnent Saturne, & 4 qui sont à costé de Iupiter; & la posterité en decouurira peut-estre vn plus grand nombre.

Il faut donc voir si vn esprit plus epuré, & plus eleué que celuy des Musiciens ordinaires peut rencontrer de nouuelles Consonances, & s'il se peut trouuer des oreilles & des imaginations d'vne plus grande estenduë que celle des Praticiens, par le moyen desquelles l'on decouure de nouueaux accords, comme l'on a decouuert de nouuelles Planettes par le moyen des lunettes d'approche: car pourquoy ne se peut-il pas rencontrer des oreilles à qui les sons plaisent, dont la raison est sesquisexte de 7 à 6, ou septuple de 7 à 1, ou sesquioctaue de 9 à 8, ce que l'on peut dire de plusieurs autres proportions, qui plaisent peut-estre dauantage à quelques animaux, que celles qui font nos Consonances.

Car puisque les raisons ne font nulle douleur, & qu'il n'est pas possible de ioindre deux ou plusieurs sons ensemble sans qu'ils ayent quelque raison, il semble que si l'oreille est raisonnable, c'est à dire si l'on iuge raisonnablement des sons, qu'il ne peut y auoir nulle dissonance, puis qu'on la definit par la douleur, ou par les battemens dont elle blesse l'oreille, & qu'il n'y a nulle vnion de sons qui la puisse offenser, dautant qu'il n'y a point de douleur sans la diuision de quelque partie du corps, que l'on appelle solution de continuité, comme enseigne sainct Augustin au 3 liure de la Genese selon la lettre, chap. 6. *Ipse dolor corporis in quolibet animante magna & mirabilis animæ vis est, quo illam compagem ineffabili permixtione vitaliter continet, & in quandam sui moduli redigit vnitatem, cùm eam non indifferenter, sed vt ita dicam indignanter patitur corrumpi atque dissolui.*

D'ailleurs l'on a establi 8 nouueaux aspects dans le Ciel, car au lieu des 5 ordinaires, à sçauoir du sextil, du quarré, du trin, de l'opposition, & de la conionction, l'on en met maintenant 13 que i'ay expliquez ailleurs, où i'ay marqué toutes les Consonances que font ces 13 aspects: ce qui suffit pour faire douter s'il n'y a point d'autres Consonances que les 7 ordinaires; car puisque l'on rencontre des hommes dont la force est aussi admirable quand elle est comparee à la force des autres, comme la grandeur des geants comparee à la hauteur ordinaire des hommes, il se peut rencontrer des oreilles qui se plairont à oüir les interualles dissonans dont nous auons desia parlé dans cette proposition. Mais il n'est pas besoin de feindre de nouueaux hommes, ou d'auoir recours aux animaux pour trouuer des oreilles qui iugent que les interualles dissonants doiuent estre mis au nombre des accords: car Iean des Murs Chantre de l'Eglise de Nostre Dame de Paris maintient au 4 liure de son Miroir de Musique chap. 44 & 45, que la Neufiesme, la Seiziesme, & la Vingt-troisiesme, qui sont de 9 à 4, de 9 à 2, & de 9 à 1, sont Consonances; ce qu'il a peu croire s'il les a trouué agreables, car quant aux raisons qu'il apporte, elles sont trop foibles pour le persuader à ceux qui sçauent que l'experience est contraire. D'où il me semble que l'on peut conclure qu'il n'auoit pas ouy ces interualles, ou qu'il n'auoit pas l'oreille capable de la pratique, c'est pourquoy il

les

les a iugez agreables, dautant qu'ils sont composez de 2 Quintes, ou de 2 Quintes & de la Quarte, ou de l'Octaue, de la Quinziesme, de la Vingt-deuxiesme, & du Ton.

Or il faut auoüer qu'il est tres-difficile de sçauoir pourquoy la Sesquiquinte est la derniere raison surparticuliere, qui plaist dans l'interualle des sons, c'est à dire pourquoy les 2 sons ioints ensemble, dont l'vn est plus grand que l'autre d'vne cinquiesme partie, font la derniere combinaison, hors de laquelle il n'y en a nulle d'agreable, quoy qu'il y ait vne infinité de raisons au dessous de cette Sesquiquinte, qui fait la Tierce mineure, dont la raison contient deux termes fort considerables, car le plus grand, à sçauoir 6, est vn nombre parfait, & l'vn & l'autre est vn nombre circulaire.

Quant à la derniere Consonance dont la raison est surtripartissantecinq, elle a 5 & 8 pour ses termes, dont le plus grand est le premier cube, & le moindre est le mesme nombre circulaire de la Tierce mineure, qui fait la Sexte mineure quand on l'ajoûte à la Quarte. Mais lors que l'on vient au Septenaire, on ne trouue plus rien de bon, quoy qu'il soit produit par l'addition des deux termes de deux Consonances, à sçauoir par ceux de la Quarte, & par ceux de la Dixiesme majeure.

Quelques-vns croyent que l'interualle de 7 à 1, de 9 à 1, & les autres qui ne se rencontrent point dans la troisiesme bisection de la chorde, ne sont pas des accords, parce qu'il s'ensuiuroit que tous les interualles de la quatriesme bisection seroient aussi consonans, ce qui repugne à l'experience: mais cette raison ne satisfait pas entierement, car il faut premierement donner la raison pourquoy il n'y a que cette bisection qui produise des accords.

Et si l'on dit que les sons ne s'vnissent pas assez viste dans la proportion de 7 à 1, ou de 7 à 8, pour estre agreables, les sons de 5 à 8, de 16 à 1, & de plusieurs autres consonances s'vnissent encore moins souuent, & neanmoins ces proportions sont agreables.

D'autres prennent la raison de ce que l'on ne peut diuiser les susdits interualles de 7 à 1, ou de 9 à 1 en des interualles propres à chanter, & que sept ne peut faire aucune raison Harmonique auec les nombres qui le precedent; car il fait la raison Septuple auec 1, laquelle est composee de la raison Septuple qui fait la Dix-neufiesme, ou la seconde replique de la Quinte, & de la Sesquisixiesme, qui ne vient pas de la difference des Consonances. Il fait la raison triple Sesquialtere auec 2, la double Sesquitierce auec 3, la Surtripartissantequatre auec 4, la Surbipartissantecinq auec 5, & la Sesquisexte auec 6, laquelle est quasi égale à deux Demitons majeurs ajoûtez ensemble, dont la raison est de 256 à 226, & celle de la Sesquisexte de 256 à 224, & consequemment la Sesquisexte, ny nul autre interualle de tous ceux qui se peuuent trouuer entre la Tierce mineure & le Ton majeur ne peuuent faire d'accord.

Kepler croit auoir trouué la raison de cette difficulté, lors qu'il dit dans le premier liure qu'il fait de la demonstration des figures Harmoniques, que l'Heptagone ne peut estre décrit Geometriquement hors du cercle; & qu'encore que l'on l'inscriue dans le cercle, l'on ne peut connoistre le rapport de ses costez auec le rayon, ou le diametre du cercle. De là vient qu'il croit que Dieu ne s'est point seruy de cette figure pour l'ornement de l'Vniuers, parce qu'il ne connoist pas la

H

maniere de décrire l'Hephtagone Geometriquement, dautant que ceste description repugne à la nature de cette figure.

Mais ie laisse maintenant cette nouuelle difficulté, qui requiert vn discours particulier, pour remarquer que l'on ne peut trouuer la raison de ce que nous cherchons par les figures de Kepler, tant parce que les deux sons qui font la raison de 8 à 9, ou de 7 à 2, ou à 1, ne sont pas irrationels, & incommensurables, comme sont les costez de l'Heptagone, & de plusieurs autres figures comparees aux rayons du cercle; que parce que les sons & les Consonances ne doiuent pas estre comparez aux plans, ou aux lignes incommensurables, puis que tous les battemens d'air que font les Consonances ou les Dissonances sont commensurables; car il n'y a nul nombre de mouuement ou de battement d'air, qui ne soient commensurables à tous autres nombres de mouuemens.

C'est pourquoy ie m'estonne comme Kepler a osé apporter la comparaison des figures auec les Consonances; pour en tirer la raison de leur nombre & de leur bonté : ce qui seroit tolerable s'il se fust contenté de comparer lesdites figures aux Consonances & aux Dissonances par analogie, & par recreation, comme font ceux qui les comparent aux costez, ou aux angles de l'Hexagone, & de l'Octogone, & à plusieurs autres choses qui se rencontrent dans la nature, comme i'ay fait dans le second liure de l'Harmonie vniuerselle.

Or ce qu'il ajoûte dans la 19 proposition de son troisiesme liure, ne prouue pas que le nombre septenaire ne puisse faire des Consonances, car bien que l'on mette deux vnitez en forme de fraction en cette maniere $\frac{1}{1}$, & que l'vnité comparee à ces deux vnitez fasse l'Octaue de 2 à 1, dont l'addition produit 3, qui fait la Douziesme auec l'vnité; & que ces deux termes qui font 4, fassent la Quinziesme auec l'vnité, auec laquelle 5 fait la Dix-septiesme majeure, & 6 la Dix-neufiesme; Et finalement encore que les nombres precedens fassent des Consonances les vns auec les autres, comme l'on experimente en 2 comparez à 3 & à 5, auec lesquels il fait la Quinte, & la Dixiesme majeure; en 3 comparez à 4, 5, & 8, auec lesquels il fait la Quarte, la Sexte majeure, & l'Onziesme; en 4 qui fait la Tierce majeure auec 5; & en 5 comparé auec 6 & 8, auec qui il fait la Tierce & & la Sexte mineure; il ne s'ensuit pourtant pas que 7 comparé à 6, & à l'vnité, ou à quelqu'autre nombre, ne soit Consonance, quoy qu'il vienne de l'addition de 6 & 1, de 3 & 4, & de 2 & 5; comme onze vient de l'addition de 5 & 6, & de 3 & & 8, 9 de l'addition de 4 & 5, & 13 de l'addition de 5 & 8; car toutes ces considerations ne peuuent empescher que ces nombres ne soient propres pour faire des Consonances.

Quelques-vns s'imaginent auec Platon, que les raisons de l'Harmonie & des accords sont grauees dans l'esprit de l'homme dés l'instant de sa creation; & que l'ame se réjoüit lors qu'elle apperçoit les sons qui réueillent & rappellent ses idees, & qui respondent à ses raisons; comme l'ame des plantes semble se réjoüir quand elle est frappee par les douces influences du Soleil, & des autres Planettes.

Mais cette pensée ne sert de rien à nostre difficulté, car il faudroit premierement monstrer que la raison sesquisixiesme, sesquiseptiesme, & les autres qui ne font point d'accords, ne sont point dans l'ame, ou qu'elles n'y font pas vne si grande impression que celles qui seruent de forme aux Consonances; ce qui est contraire à la raison & à l'experience, puisque nous comprenons aysément la raison

Des Consonances.

son de 7 à 6, de 8 à 7, de 9 à 1, & vne infinité d'autres raisons qui ne peuuent faire d'accord, de sorte que la definition qu'ils donnent à l'ame, à sçauoir qu'elle est vn nombre Harmonique, n'est pas bonne, puis qu'elle est aussi capable d'entendre les raisons qui sont ennemies de l'Harmonie, que celles dont on vse pour expliquer les Consonances.

Ceux qui tiennent que le temperament de l'oreille & des parties du cerueau, qui seruent pour oüir la Musique, est blessé par les interualles que nous appellons Dissonans, & qu'il est conserué ou perfectionné par ceux que l'on appelle Consonans, ne sçauroient prouuer ce qu'ils disent; car la raison de 7, ou de 9 à 1, ou 8, n'est pas plus ennemie du temperament que la raison de 8, 10, ou 12 à 1, autrement il faudroit monstrer cette contrarieté pour soudre nostre doute.

Si les esprits que l'on appelle animaux, & qui seruent aux fonctions du sens commun & des sens exterieurs, sont mieux conseruez ou perfectionnez par la proportion des mouuemens de l'air qui font les Consonances, que par ceux qui font les Dissonances, & qu'ils reçoiuent vn plus grand bien des vns que des autres, i'auoüe que l'on peut dire que certains interualles sont dissonans & desagreables, parce qu'ils dissipent & alterent lesdits esprits par l'impression d'vn mouuement qui leur est importun, & qui les incommode. Mais il faudroit demonstrer que les battemens d'air qui font les Consonances, conseruent ou perfectionnent les esprits du cerueau, & que les battemens des Dissonances le blessent : ce que l'on peut prouuer par experience ; car les battemens de la Tierce & de la Sexte mineures commencent à deplaire, & approchent bien pres des Dissonances, car elles ont plus de battemens d'air qui ne s'vnissent point, que de ceux qui s'vnissent, comme i'ay monstré dans les discours precedens. En effet ces 2 dernieres Consonances ne meritent quasi pas le nom d'agreables, & doiuent seulement estre appellees Consonances, parce que le deplaisir que l'on reçoit en les oyant est vn peu moindre que celuy que l'on reçoit des Seconds & des Tritons, &c.

Or encore que nous n'ayons point rencontré de raisons assez fortes pour prouuer qu'il n'y a que ces 7 Consonances auec leurs Repliques, & que la Seconde, la Septiesme, le Triton, la fausse Quinte, & quelques autres Dissonances ne blessent pas l'oreille de plusieurs, & que la longue coustume puisse introduire l'vsage de la sesquisixiesme & sesquiseptiesme, nous pouuons neantmoins nous tenir à ce nombre, puisque la pratique y est conforme, & qu'il n'y a que ces 7 Consonances auec leurs Repliques qui procedent de la triple bisection d'vne chorde, comme ie monstreray dans le discours du Monochorde; & d'ailleurs que les concerts sont principalement composez desdites Consonances : que les Trompettes font naturellement ces 7 Consonances auant que de faire nul autre interualle, ou degré, comme ie diray dans le discours de la Trompette ; & finalement que les 7 chordes qui qui font ces 7 interualles consonans, font trembler les autres chordes plus fort que nulles autres, puisque leurs tremblemés se rencontrent plus souuent, & consequemment que lesdites chordes estans touchees frappent plus souuent les chordes qui n'ont pas esté touchees, comme i'ay monstré dans le discours de chaque Consonance en particulier.

Neantmoins toutes ces raisons ne me satisfont pas entierement, dautant que si le plaisir de la Musique commence par la consideration de l'esprit, qui est capable de contempler toutes sortes de raisons, il faudroit dire pourquoy les interualles dissonans luy deplaisent dans les sons, puis qu'ils ne luy deplaisent pas dans les li-

H ij

gues, ny dans les figures; car il est indifferent à toutes sortes de raisons. Or il y a bien peu d'apparence que ce plaisir suppose la consideration de l'esprit, qui est capable de contempler toutes sortes de raisons, puisque les ignorans reçoiuent autant ou plus de plaisir de la Musique que les doctes; ce qui tesmoigne que ce plaisir est naturel, & qu'il n'a pas besoin d'autre discours que le plaisir de la veuë, de l'odorat, du goust, & du toucher, quoy qu'il soit aussi difficile d'en trouuer la raison que du plaisir de l'oreille: car il ne suffit pas de dire que ces plaisirs se font par le chatoüillement des esprits animaux & des nerfs, si quant & quant l'on ne determine pourquoy les chatoüillemens qui suiuent la proportion des Consonances plaisent dauantage que ceux qui ne les suiuent pas. Mais les Corollaires contiennent beaucoup de choses qui appartiennent à ce sujet.

COROLLAIRE I.

L'on infere de ce discours que l'on peut establir plus de sept Consonances, si l'on prend les interualles qui sont moins rudes & moins desagreables que plusieurs autres, pour des Consonances; car la sesquisexte est plus agreable que le ton, & le ton est plus agreable que le demiton, & ainsi consequemment suiuant la plus grande ou la moindre vnion de leurs sons.

L'on peut semblablement dire qu'il n'y a qu'vne ou deux Consonances, à sçauoir l'Vnisson & l'Octaue, & que les autres interualles s'éloignent dautant plus des Consonances, qu'ils s'éloignent dauantage de l'vnion; mais ie parleray encore du nombre des Consonances dans le discours des termes radicaux des cent premieres Consonances.

COROLLAIRE II.

Encore que nous n'ayons pas rencontré vne raison qui contente parfaitement, l'on a du moins vne plus grande connoissance des sons que de l'objet des autres sens; car si l'on ne sçait pas la vraye raison des Consonances, & pourquoy elles plaisent, on sçait la vraye proportion que les sons doiuent auoir pour estre agreables; ce qui n'arriue pas aux couleurs & aux saueurs, car on ne connoist nullement combien vne couleur doit auoir de degrez de lumiere, ny combien vne odeur doit auoir de degrez de chaleur pour agréer; & l'on n'est pas encore demeuré d'accord de la couleur, de la saueur, ou de l'odeur la plus agreable, comme l'on est demeuré d'accord de l'Vnissõ, ou de l'Octaue. A quoy l'on peut ajoûter que plusieurs trouuent du degoust aux meilleures viandes, & haïssent les meilleures odeurs, & qu'il n'y a point d'hommes qui ne trouuent l'Octaue & la Quinte agreables: ce qui monstre que les sons approchent plus pres de l'esprit & de l'intellectuel, que l'objet des autres sens.

COROLLAIRE III.

Puisque l'on connoist la proportion qui rend les sons agreables ou deplaisans, & qu'il y a de l'apparence que les autres sens requierent de semblable proportions dans leurs objets, les sons peuuent apporter plus de lumiere à la Philosophie que nulle autre qualité; c'est pourquoy la science de la Musique ne doit pas estre negligee, quoy que les chants & les concerts fussent entierement abolis & defendus; car ils ne sont pas la principale fin de la Musique, cóme croyent les Praticiens, qui mesprisent, ou ignorent la raison. En effet si la cõnoissance des sõns & de leur proportion nous peut donner l'entree aux proportions des objets de l'œil, de l'odorat & du goust, il n'y a point d'honneste homme qui ne prefere cette connoissance à tous les chants, & à tous les cõcerts qui peuuent estre faits suiuãt les regles de l'art.

COROL-

Des Confonances. 89

COROLLAIRE IV.

Puisque le long exercice a coustume de rendre doux & facile ce qui sembloit auparauant rude & fascheux, ie ne doute nullement que les interualles dissonans, dont i'ay parlé dans cette proposition, à sçauoir les raisons de 7 à 6, & de 8 à 7, qui diuisent la Quarte, ne puissent deuenir agreables, si l'on s'accoustume à les oüir & à les endurer, & que l'on en vse comme il faut dans les recits & dans les concerts, afin d'emouuoir les passions, & pour plusieurs effets, dont la Musique ordinaire est priuée.

L'on peut encore dire la mesme chose des sons, dont la raison est de 5 à 7, car puisque ces 2 sons s'vnissent toujours ensemble à chaque 7 coup du plus aigu, & que les 2 sons de la Sexte mineure ne s'vnissent qu'à chaque 8 coup, il s'ensuit que les deux premiers sons doiuent estre plus agreables, ou plus doux d'vn degré que les 2 seconds; quoy que l'on puisse dire que les 2 sons de cette Sexte sont plus agreables, à raison que 8 represente l'Octaue, à sçauoir 4, car elle suppose, & demande la Tierce majeure en bas, comme ie demonstreray dans la 38 & 39 proposition. Mais les 2 autres sons ne supposent point de Consonance dessouz, & ne peuuent supposer qu'vne dissonance dessus, à sçauoir la raison de 7 à 10, afin que dix fasse l'Octaue auec 5 : or ces 3 termes, ou sons, 5, 7, 10, ne s'vnissent pas si viste ensemble que ces 3 autres 4, 5, 8, qui surpassent les precedens de 2 degrez d'vnion dans le son plus aigu, & de 2 autres degrés dans le son du milieu, & d'vn degré dans le premier : car il ne faut pas seulement iuger de l'agrément & de la nature de chaque Consonance par ses simples sons, mais aussi par les autres interualles qu'elle suppose dessouz, ou dessus, comme i'ay remarqué.

Et si l'on respond que 7 peut aussi bien representer $3\frac{1}{2}$ comme 8 represente 4, il est aisé de faire voir qu'il est aussi difficile de conceuoir 3 & $\frac{1}{2}$ comme 7, dautant que le demi contraint de diuiser les 3 en 6 moitiez lors que l'on les reduit en mesme denomination, mais l'on n'a plus que faire de 8 quand on a 4.

COROLLAIRE V.

Or si les 2 sons qui sont entr'eux comme 7 à 5 ne semblent pas si doux que ceux dont la raison est de 8 à 5, cela arriue parce que 8 & 5 sont la repetition de la Tierce majeure, car si l'on ajoûte 4 au moindre terme de la raison sesquiquarte, qui est de 4 à 5, c'est à dire si on redouble son moindre terme, l'on a 8, qui se diuise toujours par la moitié iusques à l'vnité, qui consequemment est beaucoup plus facile à comprendre que 7, qui est vn nombre premier aussi bien que le moindre terme 5; de là vient qu'ils ne peuuent estre compris que par la reduction que l'on en fait iusques à l'vnité.

D'ailleurs la raison de 7 à 5 ne vient de nulle bisection d'vne chorde, comme l'on peut aisément conclure par les discours precedens, & parce que nous ajoûterons dans les propositions qui suiuent : or la Sexte mineure vient de la troisiesme bisection, car la Tierce mineure estant produite par cette bisection, son plus grand terme, à sçauoir 5, sert de moindre terme à la Sexte mineure, dont la chorde entiere, qui est diuisee en 8 parties, est le plus grand terme.

Finalement le plus grand terme de la Sexte mineure, à sçauoir 8, ne peut estre ouy que l'on n'entende aussi sa moitié, qui est 4, de sorte que l'on s'imagine la Tierce majeure de 4 à 5, lors que l'on oyt la Sexte mineure : de là vient que l'oreille se trompe souuent en prenant l'vne de ces Consonances pour l'autre.

Ce que l'on peut encore expliquer par les 2 chordes qui font la Sexte mineure, dont la plus grande a 8 parties, & la moindre 5, car lors que l'on oyt le son de la plus longue chorde, l'on entend sa resonnance à l'Octaue, c'est à dire l'on entend vn son qui est representé par 4, lequel fait la Tierce majeure auec la chorde de 5 parties.

COROLLAIRE VI.

Si nous establissons les 7 Consonances que i'ay expliqué dans les discours precedens, nous pouuons dire qu'il n'y en a pas dauantage que de couleurs principales, comme Aristote veut dans le 4 chap. du liure des sens & du sensible, afin qu'il n'y ait pas plus d'especes de couleurs que de saueurs, à sçauoir les deux contraires, le blanc & le noir, qu'il compare à la saueur douce & à l'amere, & le jaune, le rouge, le pourpre, le verd, & le bleu qu'il met entre le noir & le blanc, auquel il rapporte le jaune : le brun, & mesme le bleu peut estre rapporté au noir, de sorte qu'il ne met que ces 7 couleurs, & les deux saueurs precedentes auec la salee, l'acre, l'austere, l'aspre & l'acide, lesquelles il s'imagine estre composees en mesme proportion que les Consonances, par exemple comme la Diapente qui est de 3 à 2, & comme le Diatessaron qui est de 4 à 3, dans le 3 chapitre : à quoy il ajoûte que les couleurs qui ne sont pas composees d'vn certain nombre de parties de noir & de blanc qui ayent la raison des Consonances, ne sont pas agreables, particulierement lors que ces parties sont incommensurables.

Or si l'on vouloit rencherir sur la comparaison d'Aristote, l'on pourroit comparer la lumiere à l'Vnisson, dautant que les autres interualles Harmoniques n'ont rien d'agreable que par la participation de cette racine, & de cette source des Consonances, comme i'ay monstré dans le discours que i'en ay fait. L'Octaue pourroit estre comparee au blanc, la Quinte au verd, & ainsi des autres : ce que l'on peut encore appliquer aux saueurs & aux odeurs : mais i'ay discouru si amplement de cette matiere dans le 2 Theoreme du 2 liure du Traité de l'Harmonie Vniuerselle, dans lequel l'on void vne tres-grande multitude de comparaisons du son auec toutes les choses du monde, qu'il n'est pas necessaire d'y rien ajoûter.

PROPOSITION XXXIV.

Determiner en combien de manieres l'on peut diuiser chaque Consonance & chaque raison ; comme l'on trouue le milieu Arithmetic, Harmonic & Geometric, & quelles sont leurs differences & leurs proprietez.

L'on peut diuiser chaque raison & consequemment chaque Consonance en vne infinité de manieres, puisque chaque raison est diuisible en vne infinité d'autres raisons, comme la quantité d'vn plan est diuisible en vne infinité d'autres plans, & la ligne en vne infinité d'autres lignes.

Mais parce que toutes ces diuisions n'apportent rien à l'Harmonie, laquelle n'vse que de la diuision Arithmetique & Harmonique, il suffit de parler de ces deux diuisions, & de monstrer comme se trouuent leurs milieux, dont on se sert à la composition de 2, 3, 4, ou plusieurs parties, & de voir quel est le plus excellent milieu dans les Concerts.

Des Consonances. 91

Or le milieu Arithmetic est le plus facile à trouuer ; car si l'on prend la moitié de la somme qui vient des deux termes ajoûtez ensemble, on aura ledit milieu ; par exemple, les 2 termes de l'Octaue, à sçauoir 1 & 2 estans ajoûtez font 3, dont la moitié est $1\frac{1}{2}$ lequel est aussi eloigné d'vn que de 3, dont il y a mesme difference à $1\frac{1}{2}$ que d'vn à $1\frac{1}{2}$. Et si l'on veut quiter la fraction, il faut ajoûter 2 & 4, qui sont les termes de l'Octaue, afin d'auoir 6, dont 3 est la moitié, & consequemment le milieu Arithmetic : où l'on doit remarquer que l'inuention de ce milieu n'est autre chose que la Progression Arithmetique.

Quant au milieu Harmonic, on le trouue en multipliant les termes de la Consonance l'vn par l'autre ; car le milieu Arithmetic diuisant la somme qui en prouient, donne le milieu Harmonic : par exemple, les 2 termes de l'Octaue 2 & 4, se multiplians font 8, lequel estant diuisé par 3, qui est le milieu Arithmetic, donne $2\frac{2}{3}$ pour le milieu Harmonic : & en multipliant ces 3 termes par 3, qui est le denominateur de la fraction, afin d'euiter ladite fraction, l'on a 8 pour le milieu qui diuise l'Octaue harmoniquement par ces nombres, 6, 8, 12, ou par ceux-cy, qui sont radicaux, 3, 4, 6.

La 2 maniere dont on vse pour trouuer le milieu Harmonic, suppose aussi que la Consonance soit déja diuisée Arithmetiquement ; car le premier & le dernier terme estans multipliez par celuy du milieu, à sçauoir par le milieu Arithmetic, produisent de nouuelles extremitez de la Consonance, & le moindre terme des precedens estant multiplié par le plus grand, produit le milieu Harmonic, comme l'on void dans cette diuision Arithmetique de la Quinte, 4, 5, 6 ; car 5 multipliant 4 & 6, produit 20 & 30 ; & 4 multipliant 6, donne 24 pour le milieu Harmonic, 20, 24, 30 ; & si l'on veut y remettre le milieu Arithmetic, il faut seulement quarrer le precedent, à sçauoir 5, afin d'auoir ces 4 termes, 20, 24, 25, 30.

En 3 lieu, le milieu Arithmetic estant le moindre terme de la diuision Harmonique, le plus grand terme de la diuision Arithmetique est le milieu Harmonic ; de sorte qu'il faut seulement trouuer le dernier terme, qui est le plus grand, en faisant que le milieu Arithmetic soit audit terme, comme le moindre terme de la diuision Arithmetique est à son plus grand terme ; par exemple la Douziesme, dont la raison est d'vn à 3, se diuise Arithmetiquement par 2, lequel est à 6 comme 1 est à 3 ; de là vient que la Douziesme est diuisée harmoniquement par ces termes 2, 3, 6.

Mais parce que ces 3 manieres supposent que l'on sçache le milieu Arithmetic, on le trouue par celle qui suit sans rien supposer : car si l'on multiplie les nombres, ou les termes de la Consonance proposée par eux-mesmes, & qu'on diuise le nombre double du produit par le nombre des 2 termes de la Consonance adjoustez ensemble, le quotient donne le milieu Harmonic. Par exemple, que 3 & 6 soient les termes de l'Octaue, entre lesquels l'on trouue le milieu Harmonic 4 en cette maniere ; 3 fois 6 font 18, dont le double est 36, lequel estant diuisé par 9, qui vient de l'addition de 3 à 6, donne 4 pour le quotient, & quant & quant pour le milieu Harmonic.

Prenons encore vn autre exemple dans la Dixiesme majeure, qui est de 2 à 5, lesquels se multiplians font 10, dont le double est 20, lequel estant diuisé par 7, qui est produit par l'addition de 2 à 5, donne $2\frac{6}{7}$ pour le milieu Harmonic, lequel on aura sans fraction, si on multiplie tous les termes par 7, afin d'auoir ladite Dixiesme diuisée Harmoniquement en ces termes, 14, 20, 35, car la difference

H iiij

de 14 à 20 est 6, & celle de 20 à 35 est 15; or il y a mesme raison de 6 à 15, que de 2 à 5.

La cinquiesme maniere qui sert à trouuer le milieu Harmonic est encore plus facile que l'autre, car il ne faut point multiplier ny diuiser, mais seulement ajoûter les deux termes de la Consonance donnee, afin d'auoir le denominateur de la fraction, dont le numerateur est le moindre terme de la Consonance, pour le milieu Harmonic radical, comme l'on void aux deux exemples qui suiuent, dont le premier appartient à l'Octaue, laquelle estant d'vn à 2, a pour son milieu Harmonic $1\frac{1}{3}$, de sorte que les trois termes radicaux de cette diuision Harmonique sont exprimez par ces nombres 1. $1\frac{1}{3}$. 2, lesquels on aura sans fraction en termes radicaux, si on multiplie les 3 termes susdits par le denominateur de la fraction, à sçauoir par 3, qui donnent 3, 4, 6. Mais cette 5 maniere n'est pas si generale que les autres, car elle ne reüssit pas dans la diuision de toutes sortes de Consonances, autrement le milieu Harmonic de la Dixiesme seroit $2\frac{1}{7}$ lequel est $2\frac{6}{7}$, comme nous auons demonstré cy-dessus : & elle ne se trouue veritable que dans les Consonances, dont les termes sont exprimez par les nombres qui se suiuent immediatement, comme il arriue dans la Quinte de 2 à 3, dans la Quarte de 3 à 4, dans la Tierce de 4 à 5, &c. c'est pourquoy il faut se seruir de le 4 maniere qui est la meilleure de toutes.

COROLLAIRE I.

Il est facile à conclure de ce que nous venons de dire, que le milieu Harmonic ne se rencontre pas entre les termes qui n'ont point de milieu Arithmetic, puis que la proportion Harmonique est l'inuerse de l'Arithmetique, & que le plus grand terme de celle-cy est le milieu de celle-là, comme le milieu Arithmetic est le moindre terme de celle-cy : ce que l'on void en ces 2 diuisions de l'Octaue qui se suiuent, dont la premiere est Arithmetique, & l'autre Harmonique, 2, 3, 4, 6; car 3 qui est le milieu de la diuision Arithmetique, 2, 3, 4, est le commencement de la diuision Harmonique 3, 4, 6.

COROLLAIRE II.

Or il ne suffit pas de faire ce que nous auons dit à la proportion Arithmetique pour trouuer le milieu Harmonic, si quant & quant l'on ne multiplie les termes; ce qui arriue toutes & quantesfois que le milieu Arithmetic n'a nul nombre plus grand que soy, auec lequel il ait mesme raison que les 2 termes de la Consonance qu'il faut diuiser, comme l'on void dans la Quinte, laquelle se diuise Arithmetiquement par ces termes, 4, 5, 6, lesquels il faut doubler pour trouuer le milieu Harmonic dans cette diuision 10,12,15, mais il faut les multiplier pour la Quarte, les quadrupler pour la Tierce majeure, & ainsi des autres.

Nous auons encore le milieu Geometric, qui se peut rencontrer dans les diuisions des Consonances, ou des raisons composees de deux Consonances, ou raisons esgales, comme est la Quinziesme, ou la raison quadruple, laquelle estant composee de deux Octaues, ou de 2 raisons doubles, a 2 pour son milieu Geometric dans cette diuision 1, 2, 4, & en celle de la Vingt-troisiesme majeure, ou de la raison noncuple, qui se diuise Geometriquement par ces nombres 1, 3, 9, & en toutes les autres qui sont composées de 2 raisons égales.

Or ces

Des Consonances.

Or ces 3 milieux ont plusieurs differences, car l'Arithmetic a ses differences egales entre le premier & le dernier terme, & ses raisons inegales ; le Geometric au contraire a ses raisons egales, & ses differences inegales ; & l'Harmonic n'a ny l'vn ny l'autre, mais ses differences d'auec le moindre & le plus grand terme, ont mesme raison que lesdits termes, comme l'on void dans cet exemple, 10, 16, 20, 25, 40, qui diuise la quinziesme Arithmetiquement par 25, Geometriquement par 20, & Harmoniquement par 16.

Secondement les moindres termes de la diuision Arithmetique contiennent les plus grandes raisons, & les plus grands termes de l'Harmonique ont les moindres raisons ; mais la Geometrique garde toujours la mesme raison entre ses plus grands & ses plus petits termes.

En troisiesme lieu, le milieu Arithmetic est le plus pres du plus grand terme, & l'Harmonic du plus petit, mais le Geometric est au milieu tant des 2 termes de la raison, que des deux autres milieux.

En 4 lieu, ces 2 milieux se multipliant font le mesme nombre que le quarré du milieu Geometric, ou que les 2 extremes se multiplians l'vn par l'autre.

Cinquiesmement les differences qui sont entre le milieu Arithmetic, & les extremitez sont egales entr'elles ; celles de l'Harmonic sont egales à la raison diuisee, & celles du Geometric aux raisons diuisantes.

Sixiesmement, la raison qui diuise Geometriquement est souzdouble de la raison diuisee, comme celle des differences Geometriques est souzdouble de la raison des differences Harmoniques.

Mais ie ne m'estends pas plus au long sur ce sujet, puis qu'il n'est pas necessaire pour l'Harmonie, & que i'en ay traité assez amplement dans le 2 liure de la Verité des Sciences chap. 9. afin de parler de plusieurs autre choses qui seruent à la composition, & aux diuisions ordinaires des Consonances.

PROPOSITION XXXV.

Donner toutes les diuisions tant Arithmetiques qu'Harmoniques de toutes les Consonances qui se trouuent dans l'estenduë de quatre Octaues, qui font la Vingt-neusiesme ; & consequemment trouuer toutes les manieres de composer à 3, 4, ou plusieurs autres parties, dont l'on peut vser sur vne syllabe, ou dans le temps d'vne mesure.

Nous auons expliqué les termes radicaux de toutes les Consonances & des Dissonances qui seruent à la Musique, mais il faut icy monstrer toutes les manieres dont elles se peuuent diuiser, afin que l'on sçache en combien de façons l'on peut composer à 3, ou plusieurs autres parties.

Or il n'y a dans l'estenduë d'vne Vingt-neusiesme que 25 Consonances qui se puissent diuiser, à sçauoir la Quinte, les 2 Sextes & l'Octaue ; les deux Dixiesmes, l'Onziesme, la Douziesme, les deux Treiziesmes, & la quinziesme ; les deux Dix-septiesmes, la Dix-huitiesme, la Dix-neusiesme, les deux Vingtiesmes, la Vingt-deuxiesme, & les deux Vingt-quatriesmes ; la Vingt-cinquiesme, la Vingt-sixiesme, les deux Vingt-septiesmes, & la Vingt-neusiesme.

Car les voix ne passent pas l'estenduë de 4 Octaues dans les Concerts ordinaires. Mais ces 25 Consonances sont capables de plusieurs diuisions ; car celles qui peuuent estre diuisees en trois interualles differens, peuuent estre diuisees en 6 manieres, comme enseigne la regle des Combinations : & celle qui en a 2, en 2 manieres, de sorte que ce qui se dit de l'vne, se doit semblablement entendre de l'autre. Commençons par la plus grande Consonance, à sçauoir par la Vingt-neufiesme, qui comprend 4 Octaues ; car si l'on entend sa diuision, celles des autres Consonances seront faciles à entendre.

Or la Vingt-neufiesme est diuisee en vingt-quatre interualles, qui sont composez de 25 voix, lesquelles sont representees par 25 nombres, ou 25 notes dans l'eschele de Musique, dont le premier & le dernier, à sçauoir 1 & 16, representent la Vingt-neufiesme, & les autres signifient les 23 voix qui composent le Systeme. Quant à la diuision qu'elle souffre dans l'Harmonie, elle est expliquee par les nombres qui suiuent, 1, 2, 3, 4, 5, 6, 8, 10, 12, 16, lesquels sont les moindres de tous ceux par qui elle peut estre diuisee en 9 Consonances, qui sont composees de 10 voix.

L'on pourroit ajoûter deux voix entre les premiers nombres, à sçauoir entre vn & deux, pour diuiser l'Octaue en 3 interualles Harmoniques, & vne voix entre 2 & 3, pour diuiser la Quinte en 2 interualles, afin de faire 2 interualles nouueaux, & consequemment de diuiser la Vingt-neufiesme en 14 interualles par 15 voix, qui font vne Musique à 15 parties, mais il suffit que cette diuision se fasse à la troisiesme Octaue, qui est entre 4 & 8, & à la troisiesme Quinte, qui est entre 8 & 12 ; car les nombres qui se suiuent d'vn ordre naturel demonstrent que cette diuision ne doit pas commencer à la premiere Octaue, ny à la premiere Quinte, & qu'elle ne doit pas se rencontrer à la seconde Octaue.

A quoy il faut ajoûter que les interualles de la Trompette, de la Sacquebutte & des autres Instrumens, qui ont plusieurs interualles par le moyen du vent qui change de force, confirment cette theorie, car la Trompette monte necessairement tout d'vn saut de son ton plus graue à l'Octaue, & puis à la Quinte, &c. comme ie monstreray dans le 5 liure des Instrumens.

Or il est tres-facile de sçauoir en combien de manieres l'on peut diuiser chaque Consonance, pourueu que l'on connoisse le nombre des termes, ou des interualles par lesquels elle se diuise en d'autres Consonances, parce que la combination du nombre des interualles donne le nombre des diuisions : comme l'on void à la Quinte, qui est la premiere & la moindre de toutes les Consonances qui se peuuent diuiser ; & parce qu'elle ne peut estre diuisee que par vn seul terme, c'est à dire par vne seule voix qui la diuise en 2 parties, & qui fait deux interualles consonans, elle se peut seulement diuiser en 2 manieres, puis que ses deux interualles ne peuuent estre changez qu'en deux façons, dont la premiere a la Tierce majeure en bas en ces termes, 4, 5, 6, & la seconde l'a en haut, comme l'on void dans ces nombres, 10, 12, 15, qui representent les 3 voix de la Quinte diuisee.

Toutes les autres Consonances, qui ne reçoiuent qu'vn terme, n'ont pas vn plus grand nombre de changemens en leur diuision que la Quinte, dautant que deux choses ne peuuent changer que deux fois de lieu ou d'ordre, comme l'on experimente aux deux Sextes, dont la majeure peut auoir la Tierce en bas ou en haut, comme l'on void en ces termes, 3, 4, 5, & 12, 15, 20.

Mais quand les Consonances peuuent estre diuisees par 2 termes, qui font 3 interualles consonans, cette diuision peut estre changee en 6 façons, à raison que 3 interualles ou trois autres choses peuuent changer six fois de lieu & d'ordre. Par exemple,

Des Consonances.

exemple, l'Octaue qui reçoit deux termes entre ses deux extremitez, a les six changemens qui suiuent.

I	3	4	5	6
II	4	5	6	8
III	5	6	8	10
IV	12	15	20	24
V	15	20	24	30
VI	20	24	30	40

Et le mesme nombre se rencontre dans toutes les autres Consonances qui se diuisent en trois interualles. Or toutes celles qui sont plus grandes que l'Octaue, à sçauoir les 21 que nous auons apportees cy-deuant, se peuuent diuiser en 3 interualles ; par consequent 6 multipliant 21, monstre que les Consonances qui sont depuis l'Octaue iusques à la Vingtneufiesme se peuuent diuiser en 126 manieres toutes differentes sans faire aucune Dissonance, bien que l'on ne les diuise qu'en trois interualles, afin qu'il n'y ait nulle repetition d'vne mesme Consonance en chaque diuision.

Il faut neantmoins remarquer qu'il se trouue quelques Consonances diuisees en trois interualles consonans qui ne peuuent changer six fois d'ordre, parce qu'il se rencontre vn interualle consonant, lequel estant ioint auec l'vn des autres fait vne dissonance : par exemple, la Dixiesme majeure se diuise en trois interualles qui suiuent en ces nombres, 2, 3, 4, 5, qui se peuuent varier en six manieres ; comme l'on void icy :

I	2	3	4	5
II	12	15	20	30
III	6	8	10	15
IV	6	8	12	15
V	8	10	15	20
VI	8	12	15	20

Mais toutes les diuisions qui ont la Tierce majeure deuant ou après la Quinte, soit en haut ou en bas, ne valent rien, parce que le son graue de l'vne de ces deux Consonances fait la Septiesme auec le son aigu de l'autre, comme il arriue aux quatres dernieres diuisions de la Dixiesme qui sont icy marquees. C'est pourquoy il n'y a que les deux premieres diuisions qui soient permises : mais la premiere est la meilleure, puis que tous les sons qui la diuisent s'vnissent beaucoup plustost, & qu'elle a l'Octaue en bas, qui est diuisee Arithmetiquement, & qui par consequent est plus agreable, que quand elle est diuisee Harmoniquement, comme nous dirons apres. L'on trouue la mesme chose dans la Dixiesme mineure, laquelle n'a que deux bonnes diuisions, quand elle est diuisee par la Quinte, la Quarte, & la Tierce mineure, comme la Dixiesme majeure precedente a esté diuisee par la Quinte, la Quarte, & la Tierce majeure, & ces deux diuisions sont contenuës par ces nombres, 10, 15, 20, 24, & 15, 20, 30, 36.

La Dixiesme majeure peut encore estre diuisee en d'autres interualles consonans : car la Sexte mineure peut suiure ou preceder la Tierce majeure, comme l'on void dans ces nombres, 4, 5, 8, 10, & 10, 16, 20, 25, qui ne peuuent estre changez en d'autres manieres, que deux Tierces majeures ne se suiuent immediatement en bas ; ce qu'il faut éuiter, depeur d'oüir la relation du Quadriton (qui est de 16 à 25, qui sont les quarrez des deux termes de la Tierce majeure 4 & 5) & qui n'est point sauuee par l'Octaue, comme il est quand il se rencontre en haut.

Or la mesme chose arriue aux autres diuisions des Consonances repetees ou redoublees, qui ont deux semblables interualles, dautant que deux ou plusieurs Consonances de mesme espece qui se suiuent immediatement, font toujours des Dissonances, n'y ayant que la seule Octaue & ses repetitions qui ont le priuilege de conseruer leurs Consonances quand elles sont ajoûtees ensemble, & d'excuser deux autres interualles de mesme espece, comme il arriue à la seconde diuision precedente de la Dixiesme majeure. De là vient que la diuision de la Dixiesme mineure qui se fait par ces nombres 5, 6, 10, 12, ne peut estre changee en cette façon 15, 25, 30, 36, à raison que deux Tierces mineures se suiuent immediatement, dont les extremes 25, 36 sont Dissonans, comme nous auons expliqué dans vn autre lieu. Or l'Octaue empesche que cette diuision ne soit si desagreable que celle où les deux Tierces mineures se trouuent en bas, parce que la derniere est icy sauuee par l'Octaue qui excuse plusieurs interualles, & les rend meilleurs, en leur donnant le mesme priuilege que s'il n'auoit rien precedé, dautant que l'Octaue est la repetition ou l'image de l'Vnisson.

La Dixiesme majeure a encore vne autre diuision en ces nombres 4, 5, 6, 10, qui ne peuuent estre changez qu'en cette maniere 6, 10, 12, 15, dautant que la Tierce majeure ne peut suiure ou preceder la Sexte majeure, car elle feroit vne Octaue superfluë.

Semblablement la Dixiesme mineure ne peut changer les termes de cette diuision, 5, 8, 10, 12, qu'en cette maniere, 10, 12, 15, 24, dautant que la Tierce mineure ne peut suiure, ny preceder la Sexte mineure, sans faire la fausse Octaue; c'est pourquoy il faut qu'elle soit suiuie ou precedee de la Tierce majeure pour faire l'Octaue iuste.

Or il suffit d'auoir donné des exemples de la Quinte, de l'Octaue, & des deux Dixiesmes, pour entendre la diuision des autres Consonances, & la varieté qui peut se rencontrer à chaque diuision par le seul changement du lieu & de l'ordre des interualles; c'est pourquoy ie laisse les diuisions des autres Consonances qui sont comprises par la Vingt-neufiesme, dont la diuision precedente contient & monstre la plus douce & la plus excellente diuision de toutes les Consonances.

COROLLAIRE.

Toutes les Consonances n'ont pas des diuisions Arithmetiques & Harmoniques, qui puissent seruir à la Musique; car outre que les deux Tierces & la Quarte ne peuuent receuoir de diuision, dont les extremes soient consonans auec le terme du milieu, la Sexte mineure diuisee Arithmetiquement par ces termes 10, 13, 16, ou Harmoniquement par ceux-cy, 65, 80, 104, produit des interualles dissonans.

La diuision qui s'en fait par ces termes 5, 6, 8, ou par ceux-cy 15, 20, 24, est meilleure que les precedentes, quoy qu'elle ne soit Arithmetique, ny Harmonique La mesme chose arriue à la Dixiesme majeure, dont la diuision qui suit 2, 3, 5, ou 2, 4, 5, est agreable, bien qu'elle ne soit ny Arithmetique ny Harmonique : ce qui monstre éuidemment que le Musicien doit connoistre d'autres diuisions que les deux precedentes, dont on parle seulement pour l'ordinaire : car il doit sçauoir tous les rapports des chordes, des sons, & des interualles qui peuuent seruir à la Musique.

Des Consonances. 97

Musique, & mesme ceux qui n'y peuuent seruir, afin de les euiter, & de donner la raison pourquoy ils n'entrent point dans les Concerts, & pourquoy ils sont des-agreables & dissonans, & de combien ils sont plus rudes & plus mauuais les vns que les autres.

PROPOSITION XXXVI.

Demonstrer que la plus agreable & la meilleure diuision des Consonances n'est pas Har-moniques, comme l'on a creu iusques à maintenant, mais qu'elle est Arithmetique: & que la diuision Arithmetique est cause de la douceur desdites Consonances.

Quand les Musiciens ordinaires diuisent tellement l'Octaue, que la Quinte est en bas, & la Quarte en haut, ils croyent que cette diuision est Harmonique, & non Arithmetique, dont ie les veux desabuser par cette proposition; car les 3 sons de cette diuision sont entr'eux comme ces 3 nombres, 2, 3, 4, dont les differences sont egales: ce que ie demonstre en cette maniere. Soient les 3 chordes de l'Octaue di-uisée A B, C D, E F, & que la plus longe A B soit diuisée en 6 parties egales, C D en 4, & E F en 3; ie dis que ces 3 chordes diuiseront l'Octaue Harmoniquement, suiuant la diuision Harmonique des Musiciens or-dinaires: car A B fait la Quinte en bas contre C D, & la Quarte est en haut de C D à E F; & neanmoins c'est chose tres-asseurée que cette di-uision de l'Octaue est Arithmetique; ce que ie demonstre si clairement que nul n'en peut douter.

Il est tres-certain que le son se fait par les battemens de l'air, ou par les allées & venuës, ou tours & retours de la chorde, comme ie demonstre dans vn autre lieu; & que de plusieurs chordes egales en matiere, grosseur, & tension, les plus longues font moins de retours, & battent moins de fois l'air que les plus courtes, & que les plus courtes ont le nombre de leurs retours dautant plus grand, que les plus lon-gues se diuisent dans vne plus grande multitude de parties: de sorte que la rai-son de la multitude des retours que font les chordes, est inuerse de leurs lon-gueurs, comme i'ay demonstré ailleurs: par exemple, la chorde de 100 pieds de long ne bat qu'vne seule fois l'air, pendant que celle d'vn pied de long le bat cent fois.

Or puis que la chorde A B est double de la chorde E F, pendant qu'A B bat 3 fois l'air, E F le bat 6 fois, & pendant qu'A B le bat 2 fois, E F le bat 4 fois, & la chorde C D 3 fois; de sorte que ces battemens gardent la progression Arithmeti-que, & non l'Harmonique des nombres, puis que ces battemens suiuent ces nom-bres 2, 3, 4.

C'est pourquoy il faut marquer les Consonances suiuant le nombre des batte-mens de l'air qui produisent les sons, & non pas selon la longueur des chordes, laquelle n'est pas la cause formelle des sons, mais la cause efficiente & externe.

Et puis il arriue souuent que les chordes, qui font la diuision precedente de l'Octaue, il ne sont point differentes en longueur, & il se peut faire qu'elles soient egales tant en longueur qu'en grosseur, comme i'ay demonstré ailleurs. Mais il

I

ne se peut faire que la chorde A B frappe plus de deux fois l'air, pendant qu'E F le bat 4 fois, & C D trois fois; ce qui arriue perpetuellement quand la Quinte est en bas, & la Quarte en haut.

Or quand la longueur des trois chordes est en proportion Arithmetique, & que la Quarte se rencontre en bas, & la Quinte en haut, la proportion des mouuemens, & des sons est Harmonique; ce que ie demonstre dans ces trois chordes, car au mesme temps que la chorde A B, qui est diuisee en 4 parties, fait 3 retours, la chorde E F en fait 6, & C D en fait 4, côme i'ay demôstré dans le liure des Mouuemens: ou tandis qu'A B fait 2 retours, E F en fait 4, & C D 2 & $\frac{1}{2}$, or 2 $\frac{1}{2}$ est à 2, comme 4 est à 3; & à 4, comme 4 est à 6, c'est à dire que la Quinte est en haut, & la Quarte en bas, quand la diuision est Harmonique.

La mesme chose arriue à la diuision des autres Consonances, car lors que la Quinte est tellement diuisee, que la Tierce majeure est en bas, & la mineure en haut, la diuision est Arithmetique, comme l'on void en ces nombres 4, 5, 6. Neanmoins la diuision Harmonique est vtile, parce qu'elle sert pour disposer la la longueur des chordes en progression Harmonique pour trouuer la progression Arithmetique des sons & des Consonances: comme l'on experimente à la diuision Arithmetique de l'Octaue, laquelle est representee par ces termes 2, 3, 4, & produite par la diuision Harmonique des chordes, dont les longueurs sont representees par ces nombres, 6, 4, 3.

Semblablement les chordes, dont les longueurs suiuent la diuision Harmonique de la Quinte representee par ces nombres 10, 12, 15, donnent la proportion Arithmetique de la Quinte; c'est pourquoy la diuision Harmonique ne doit pas estre entierement reiettee, & sert du moins pour connoistre la longueur des chordes, quand leurs sons differens viennent seulement de leurs differentes longueurs.

COROLLAIRE I.

Il faut donc conclure que ceux qui se sont imaginez des diuisions Harmoniques, ont mis les plus grands nombres pour signifier les plus longues chordes, ou les plus grosses & les plus lasches, & n'ont pas consideré la nature du son; & qu'il faut mettre les moindres nombres pour expliquer les sons plus graues, & les plus grands pour signifier les plus aigus, puis que ceux-là ne sont autre chose qu'vn moindre nombre de battemens d'air, & ceux-cy vn plus grand.

COROLLAIRE II.

Secondement il faut conclure que la diuision Harmonique des Consonances est la pire, la plus rude, & la plus des-agreable, dautant que ses termes, ou ses sons s'vnissent plus difficilement: car si on propose ces trois sons 6, 4, 3, ils ne peuuent s'vnir que la chorde representee par trois n'aye fait six retours: mais quand la diuision est Arithmetique, comme il arriue en ces termes 2, 3, 4, qui representent les retours des chordes, ou les battemens de l'air, les trois sons s'vnissent à chaque quatriesme battement du son le plus aigu qui est representé par 4.

COROLL.

Des Consonances.

COROLLAIRE III.

Et parce que 6 est à 4, comme la rudesse de la diuision Harmonique est à la douceur de la diuision Arithmetique, il s'ensuit que cette diuision est plus douce & plus agreable de la moitié que celle-là; puis que la douceur & l'excellence des Consonances se prend de leur plus grande & plus prompte vnion; comme nous auons demonstré dans les autres discours.

Il faut conclure la mesme chose de la diuision Arithmetique & Harmonique de toutes les autres Consonances tant simples que repetees, puis que la mesme raison s'y rencontre, & que la diuision Arithmetique nous les represente en moindres termes, & plus faciles à comprendre.

PROPOSITION XXXVII.

Deux, ou plusieurs diuisions d'vne Consonance estant donnees, determiner de combien l'vne est meilleure & plus douce, ou plus agreable que l'autre, & quelle est la meilleure diuision de chaque Consonance, si l'on considere toutes les diuisions qu'elle peut souffrir suiuant les loix de la Musique.

Nous auons déja monstré que la diuision Arithmetique des Consonances est plus agreable que l'Harmonique, & consequemment qu'il faut appeler l'Arithmetique Harmonique, si par l'Harmonique l'on entend la plus agreable; quoy que si les Praticiens aimét mieux suiure leur vieille routine, ie ne les desire pas empescher. Or l'on peut facilement conclure par les deux precedentes propositions, que la diuision de chaque Consonance est la meilleure & la plus douce dont les sons representez par les nombres qui s'vnissent plus viste & plus facilemét. Mais il faut icy expliquer de combien chaque diuision est plus agreable que l'autre, comme nous auons expliqué de combien chaque Consonance est plus excellente & plus douce l'vne que l'autre.

Ce qui est aussi facile que plusieurs le croyent difficile; car puis que l'excellence des diuisions est mesuree par la facilité & la vistesse de leur rencontre & de leur vnion, chaque diuision est dautant plus excellente, que ses sons s'vnissent plus souuent : & consequemment s'ils s'vnissent deux fois plus viste, elle est deux fois plus excellente. De sorte qu'il faut seulement considerer les trois termes de la Consonance diuisee, & trouuer de combien le nombre des trois termes est plus grand ou plus petit que le nombre des trois termes d'vne autre diuision; car la diuision dont les termes font vn moindre nombre est dautant plus excellente, que le nombre en est moindre.

Vn seul exemple peut seruir pour faire entendre ce discours; car si on diuise l'Octaue Harmoniquement en cette maniere, 6, 4, 3, ces trois termes estant ajoûtez font 13: & les trois termes de la diuision Arithmetique de l'Octaue, 2, 3, 4, font seulement 9; il y a donc mesme raison de la bonté de la diuision Harmonique à la diuision Arithmetique de l'Octaue, que de 13 à 9; c'est à dire que si la diuision Harmonique a 9 degrez de bonté, l'Arithmetique en a 13, dautant que les trois chordes qui font la diuision Harmonique n'vnissent leurs trois sons qu'aprés qu'elles ont fait 13 retours, & qu'elles ont batu 13 fois l'air; au lieu que les 3 chordes de la diuision Arithmetique vnissent les leur à chaque 9 battement d'air.

I ij

Mais il suffit de confiderer les deux plus grands termes de la diuifion, afin de les comparer enfemble, pour fçauoir de combien vne diuifion eft plus agreable que l'autre, dautant que cette comparaifon reuient prefque à l'autre ; comme l'on void en cét exemple, dans lequel le plus grand terme de la diuifion Harmonique eft au plus grand de l'Arithmetique, comme 6 eft à 4, c'eft à dire en raifon fefquialtere ; 13 eftant quafi en mefme raifon à 9, car 12 & 9 font en raifon fefquialtere ; & confequemment la diuifion Atithmetique de l'Octaue eft meilleure de moitié que l'Harmonique.

L'on peut auffi prendre le premier & le dernier terme de chaque diuifion, & faire comparaifon des nombres qui viennent de leur addition : par exemple, le 1 & le 2 terme de la diuifion Arithmetique, à fçauoir 2 & 4 font 6; & ceux de l'Harmonique, à fçauoir 6 & 3 font 9, qui font en raifon fefquialtere, comme 6 & 4. Il arriue la mefme chofe à la diuifion des autres Confonances, par exemple à celle de la Quinte, qui fe diuife Arithmetiquement par ces termes 4, 5, 6, & Harmoniquement par ceux-cy, 10, 12, 15, car ces nombres eftant ajoûtez font 37, & les autres ne font que 15: or 37 eft prefque à 15, comme 15 à 6, ou comme 25 à 10, c'eft à dire en raifon double fefquialtere.

Finalement on peut multiplier les trois termes les vns par les autres, afin de voir combien de fois tous les termes recommencent enfemble dans le temps qu'ils frappent l'air autant de fois que le plus grand terme eft contenu dans le nombre qui vient de la multiplication de tous les trois termes : par exemple, les trois termes de la diuifion Arithmetique de l'Octaue font 24, & les 3 termes de l'Harmonique font 72. Or le plus grand terme de la diuifion Arithmetique, à fçauoir 4, eft fix fois en 24; & confequemment les 3 fons, ou les retours des 3 chordes recommencent 6 fois leurs mouuemens, & s'vniffent 6 fois enfemble, pendant que les chordes battent 24 fois l'air : & les fons Harmoniques s'vniffent feulement 12 fois, pendant qu'il fe fait 72 retours des 3 chordes, de forte qu'elles ne f'vniffent que 2 fois en 12 coups : or puis qu'elles f'vniffent 3 fois en 12 coups dans la diuifion Arithmetique, & que trois eft fefquialtere de deux, il f'enfuit que la diuifion Arithmetique de l'Octaue eft plus agreable de la moitié que l'Harmonique.

Il eft facile d'appliquer cette confideration à la diuifion de la Quinte, & de toutes les autres Confonances. L'on peut encore eftendre cette confideration à la comparaifon de deux, ou plufieurs Confonances de differentes efpeces, afin de trouuer de combien la diuifion des vnes eft plus agreable que celle des autres : par exemple, l'on peut comparer la diuifion Arithmetique de l'Octaue, & celle de la Quinte, & determiner de combien l'vne eft plus douce que l'autre : celle de l'Octaue vnit trois fois tous fes fons, pendant que les trois chordes battent douze fois l'air ; & celle de la Quinte vnit feulement deux fois les fiens : c'eft pourquoy la diuifion Arithmetique de l'Octaue doit eftre la moitié plus douce & plus agreable que celle de la Quarte: de forte qu'il y a mefme raifon de la bonté de la diuifion de l'Octaue à celle de la Quinte, que du plus grand terme radical de la Quinte au plus grand de l'Octaue, c'eft à dire que de 3 à 2 ; & confequemment lors qu'on fçait faire la comparaifon des Confonances, on peut auffi faire la comparaifon de leurs diuifions.

COROLL.

Des Consonances.

COROLLAIRE I.

Puis que la diuision Harmonique de l'Octaue est moins agreable de moitié que sa diuision Arithmetique, & que celle-cy est la moitié plus agreable que l'Arithmetique de la Quinte, il s'ensuit que la diuision Harmonique de l'Octaue, & l'Arithmetique de la Quinte sont egales, car elles vnissent autant de fois tous leurs retours en mesme temps. L'on peut semblablement comparer la diuision Arithmetique des autres Consonances auec leur diuision Harmonique, afin de voir les egalitez & inegalitez de leurs douceurs, & de choisir ce qui est meilleur pour la Composition.

COROLLAIRE II.

Neanmoins ie n'asseure pas que l'on puisse faire vn iugement si certain de la diuision des Consonances de differente espece comparees les vnes aux autres, que des differentes diuisions d'vne mesme Consonance, dautant qu'elles sont heterogenes, & de differente nature. De là vient peut estre que la diuision Arithmetique de la Quinte est estimee plus agreable de plusieurs, que l'Harmonique de l'Octaue. A quoy il faut ajouter que ce qui est plus doux, n'est pas toujours plus agreable, comme l'on experimente au sucre, & au miel, & en plusieurs autres choses tres-douces qui sont hayes de plusieurs qui aiment mieux le vinaigre, & les choses ameres, comme i'ay dit plus amplement dans vn discours particulier.

COROLLAIRE III.

L'vne des diuisions peut aussi sembler moins agreable que l'autre, bien que ses sons s'vnissent aussi souuent, ou plus: ce qui arriue quand les Consonances se rencontrent hors de leur lieu naturel, comme l'on void dans la diuision Harmonique de l'Octaue, dans laquelle la Quarte est en bas, au lieu qu'elle demande l'aigu, suiuant l'ordre naturel, dont nous auons parlé cy-deuant.

COROLLAIRE IV.

L'on peut aussi comparer la diuision des simples Consonances auec celle de leurs repetitions, afin de considerer si les repetitions qui sont plus douces que les simples Consonances, ont semblablement leurs diuisions plus douces. Par exemple, si la diuision de la Douziesme & de la Dixseptiesme, qui se fait par ces nombres, 1, 2, 3, & 1, 2, 5, ou 1.3, 5, est meilleure que la diuision de la Quinte 4, 5, 6, ou de la Dixiesme majeure 2, 3, 5, ou 2, 4, 5. Mais il faut remarquer que quand elle est diuisee par l'Octaue, que l'Octaue n'aporte quasi point de diuersité à la diuision, & qu'elle laisse la Consonance repetee en mesme estat que la simple: c'est pourquoy la diuision de la Quinte semble plus agreable que celle de la Douziesme, ou Dixneufiesme, encore qu'elle soit moins douce, dautant qu'elle a plus de diuersité dans sa douceur, & consequemment qu'elle remplit dauantage l'esprit de l'auditeur, qui cherche deux choses dans l'Harmonie, à sçauoir la douceur & la diuersité, & reçoit le plus grand contentement que l'on puisse attendre de l'Harmonie, lors qu'il rencontre l'vne & l'autre si bien meslees ensemble, qu'elles sont presque egales, comme il arriue à la Quinte.

PROPOSITION XXXVIII.

Determiner ce que suppose chaque Consonance dessus ou dessous pour faire vn bon effet, & pour estre en sa perfection, c'est à dire determiner ce qui se presente à l'esprit ou à l'imagination, quand on touche vne simple Consonance sur l'Orgue, ou sur quelqu'autre Instrument, ou que l'on la chante auec les voix.

Cette difficulté est l'vne des plus excellentes de la Musique, & sert grandement pour la composition, & pour sçauoir en quoy consiste la perfection de l'Harmonie: car si l'on connoist ce que suppose chaque Consonance, il est tres-facile d'ajoûter vne troisiesme partie aux Duos, & vne quatriesme aux Trios. Or c'est chose asseuree que les Consonances parfaites n'en supposent point d'autres, parce qu'elles sont tres-simples, & n'ont pas besoin des autres pour leur appuy, & leur fondement, c'est pourquoy nous ne parlerons point icy de l'Octaue, ny de ses repetitions, ou de l'Vnisson, lequel est dans la composition de la Musique ce que l'vnité est dans l'Arithmetique, & le point dans la Geometrie.

Mais les Consonances imparfaites supposent toujours les parfaites, comme les nombres supposent l'vnité, & le toict des maisons suppose leur fondement, dautant que toutes choses tendent à leur perfection & à leur fin: de là vient que les Consonances imparfaites souffrent quelque sorte de violence, quand on ne leur ajoûte pas les autres Consonances qu'elles desirent, comme la pierre souffre de la violence quand on l'empesche d'aller à son centre, & à son repos: car toutes choses aiment le repos, & ne trauaillent iamais que pour y paruenir.

Ceux qui tiennent que le son est vn nombre sonnant, peuuent facilement conclure ce que suppose chaque Consonance, dautant que toutes les Consonances suiuent l'ordre naturel des nombres; car comme 3 suppose 2, & 2 1, de mesme vne Consonance suppose l'autre: par exemple, si la Quinte suppose quelqu'autre Consonance, elle suppose l'Octaue en bas ou en haut, car sa raison est de 2 à 3, or il n'y a que 1 deuant 2, auec lequel il fait l'Octaue; semblablement 4 qui suit 3 fait l'Octaue auec 2.

Mais auant que de passer outre, il faut remarquer que la Consonance, que l'on dit estre supposee, se fait contre le plus graue son de la Consonance qui suppose l'autre, comme l'on void à l'exemple precedent, dans lequel le son le plus graue de la Quinte suppose l'Octaue en haut; & si l'on prend le plus aigu, la Quinte suppose la Douziesme en bas, ou la Quarte en haut. Il faut faire le mesme iugement de toutes les autres Consonances, car elles supposent toujours, & demandent les Consonances qui sont exprimees par les nombres qui suiuent ou qui precedent immediatement les nombres, par lesquels lesdites Consonances sont exprimees, comme ie demonstre dans toutes les Consonances qui suiuent.

Le son graue de la Quarte suppose la Sexte en haut, ou la Quinte en bas; car sa raison est de 3 à 4; & 5 qui suit 4 fait la Sexte majeure auec 3, comme 2 qui est deuant 3 fait la Quinte auec 3: & consequemment le son aigu de la mesme Quarte suppose l'Octaue en bas, & la Tierce majeure en haut.

Le son graue de la Tierce majeure suppose la Quarte en bas, ou la Quinte en haut, car sa raison est de 4 à 5; or 4 fait la Quarte auec 3, & la Quinte auec 6, qui suit 5 immediatement, & le son aigu de la mesme Tierce suppose la Sexte majeure en bas, & la Tierce mineure en haut.

Le son

Des Consonances. 103

Le son graue de la Tierce mineure suppose la Tierce majeure en bas, car sa raison est de 5 à 6; or 4 precede 5 immediatement: mais 7 qui suit 6 fait vne tres-mauuaise dissonance auec 6, c'est pourquoy ce son ne peut supposer que la Tierce majeure en bas, ou la Sexte majeure en haut; & le son aigu de la mesme Tierce suppose la Quinte en bas, ou la Quarte en haut.

Le son graue de la Sexte majeure suppose l'Octaue en haut, car sa raison est de 3 à 5, apres lequel 6 suit immediatement: il peut aussi supposer la Quinte en bas, puis que 2 precede 3: mais le son aigu de cette Sexte suppose la Dixiesme majeure en bas, ou la Tierce mineure en haut. Finalement le son graue de la Sexte mineure, laquelle est de 5 à 8, suppose la Tierce majeure en bas, qui s'exprime par 4 comparé à 5; & le son aigu suppose l'Octaue en bas.

Il faut faire le mesme iugement des Consonances repetees, à sçauoir de la Dixiesme majeure & mineure, de l'Onziesme, de la Treziesme majeure & mineure, de la Dixseptiesme majeure & mineure, de la Dix-huitiesme & de la Vingtiesme majeure & mineure, qui supposent toujours quelqu'autre Consonance, mais non toujours la mesme que les simples Consonances: car le son graue de la Dixiesme maieure, dont la raison est de 2 à 5, suppose l'Octaue en bas, & non la Quarte comme faisoit la Tierce majeure: car vn precede deux immediatement, auec lequel elle fait l'Octaue en bas; mais il suppose la Douziesme en haut: & le son aigu de la mesme Dixiesme suppose la Dixseptiesme maieure en bas, ou la Sexte mineure en haut. Or la supposition que le son graue fait de la Douziesme, ou l'aigu de la Tierce mineure est la plus agreable, parce qu'elle a plus de diuersité, à raison que l'Octaue, qui n'est que la repetition de l'Vnisson, ne s'y rencontre pas comme aux deux autres suppositions. Ce qu'il faut remarquer, afin de sçauoir pourquoy la diuision des Consonances, dont les sons s'vnissent plus souuent, ne sont pas toujours les plus agreables; car le plaisir que nous receuons de la Musique, & des autres choses de ce monde, requiert de la varieté, dont nous auons apporté les raisons dans la 46 question des Questions Physicomathematiques.

PROPOSITION XXXIX.

Expliquer par les notes ordinaires de la Musique Pratique ce qui a esté expliqué par les nombres, & donner les vrayes raisons de toutes les suppositions.

Les notes de la Musique font voir clairement ce que nous auons expliqué par la raison & par les nombres, qui sont encore icy ioints auec les notes, afin que l'on considere la Theorie dans la Pratique, & que la forme soit vnie à la matiere, & la raison à la nature des sons. Or les deux premiers exemples comprennent

ce que suppose la Quinte: les deux seconds ce que suppose la Quarte: les deux autres ce que supose la Tierce majeure, dont le premier exemple est le mesme que le premier de la Tierce mineure: le 2 exemple sert aussi pour la supposition de la Sexte mineure. Quant

I iiij

à la Sexte mineure; elle n'a qu'vn exemple, dautant que 9 qui suit immediatement 8, fait vne dissonance.

Or la raison de toutes ces suppositions se prend de ce qu'il n'y a nulle Consonance plus proche qui puisse estre supposee, & que la nature va toujours d'vn degré à l'autre par le chemin le plus court qu'elle puisse trouuer; de sorte qu'elle ne saute nul degré, afin que la liaison de ses ouurages soit plus forte, & que ce qu'elle produit soit continu & sans nulle interruption.

De là vient que les corps les plus parfaits de la nature sont les moins ouuerts, & les moins poreux, comme l'on experimente à l'or, à l'argent, aux diamans, & au cristal, dont les parties sont mieux vnies que celles de plusieurs autres corps; par exemple que celles des pierres & des bois : c'est pourquoy les diamans & le cristal reçoiuent vn tres-beau poli, dont nulle espece de bois n'est capable; car le poli de l'ebene, qui est ce semble le plus beau de tous ceux que reçoiuent les bois, est beaucoup moindre que celuy de l'acier & du cristal.

En effet, la Musique dans laquelle les Consonances les plus proches suiuent tousiours, ou le plus souuent les vnes apres les autres, est meilleure & plus polie que quand elles n'obseruent pas cette suite, dautant qu'elle est plus continuë & plus solide, car elle ne laisse point de vuide, & l'oreille y rencontre tout ce qui se peut raisonnablement desirer.

Or les Consonances qui sont supposees dans les exemples precedens sont les plus proches, car comme il n'y a point de nombre entre 3 & 4, ny entre 4 & 5, ny entre 5 & 6, il n'y a semblablement nulle Consonance de 3 à 4 que la Quarte, ny de 4 à 5 que la Tierce majeure, ny de 5 à 6 que la Tierce mineure; c'est pourquoy l'on ne peut supposer d'autres Consonances que celles dont nous auons parlé, si on ne quitte les plus proches pour prendre les plus eloignees, comme l'on ne peut aller de 4 à 6 sans sauter 5, ny de 5 à 8 sans sauter 6, &c.

Mais ie ne veux pas icy determiner s'il est quelquefois à propos de faire suiure les Consonances eloignees les vnes apres les autres selon les differents sujets que l'on traite dans la Musique, & les differents effets que l'on desire; car il suffit d'auoir monstré ce qui est le meilleur & le plus harmonieux dans les compositions, tout le reste dependant de l'industrie du Compositeur, & des differentes circonstances qui changent tres-souuent.

Il faut encore expliquer pourquoy les suppositions precedétes sont plus agreables que la suite des autres Consonances, dont la raison se prend de la plus grande facilité qu'a l'imagination pour comprendre la suite des Consonances prochaines, dautant qu'il faut seulement qu'elle ajoûte l'vnité à la Consonance qui suit, ou qu'elle l'oste de la Consonance qui precede : par exemple, quand la Quarte suppose la Sexte, si l'on ajoûte 1 au son aigu de la Quarte, à sçauoir à 4, l'on a 5, qui fait la Sexte auec le son graue de la mesme Quarte, lequel est representé par 3. Or il n'y a rien plus facile que d'ajoûter 1 à 3, ou à 4; & lors que l'on conte 3, on attend 4; & si on conte 4 ou 5, on attend 5 ou 6; & quand on dit 6, on suppose 5, comme 5 suppose 4, & 4 suppose 3; & ainsi consequemment.

Cette raison prend son fondement de la nature du son, & des autres Consonances; car les deux sons de la Quarte, par exemple, ne sont autre chose que deux mouuemens d'air, dont l'aigu bat 4 fois l'air, & le graue 3 fois; de sorte que si l'on ajoûte vn battement d'air aux 4 battemens du son aigu, l'on fera la Sexte majeure

auec

Des Consonances.

auec le son graue de la Quarte ; & si on oste l'vn des battemens de ce son graue, il n'en demeurera plus que 2, qui feront la Quinte auec 3. Par où l'on void qu'il n'y a rien plus facile, plus naturel, ny mieux reglé que de faire suiure la Tierce majeure apres la Quarte, ou de mettre la Quinte deuant la Quarte.

Il est facile d'accommoder ce discours à toutes les autres Consonances; & de conclure qu'il n'est pas different de celuy que nous auons fait de leurs diuisions, qui sont tousiours plus douces quand leurs battemens ou leurs mouuemens s'vnissent plus souuent; quoy que plusieurs n'y prennent pas tant de plaisir, à raison de la preoccupation d'esprit, ou de la difference des imaginations, des oreilles, & de la capacité, qui fait que les vns desirent vne plus grande varieté que les autres, comme il arriue aux gousts differens, & aux autres sens exterieurs. A quoy l'on peut ajoûter que les choses les plus excellentes & les plus polies ne sont pas toujours les plus agreables; comme l'on remarque aux figures des corps, dont la ronde est estimee la plus parfaite, à raison de sa plus grande capacité & vniformité; encore que plusieurs ne l'estiment pas la plus belle de toutes; & qu'ils aiment mieux voir vn diamant ou vn cristal à 6 ou 8 angles, que quand il est tout rond; car la trop grande egalité & vniformité oste ou diminuë le plaisir: De là vient que les bastimens ordinaires plaisent dauantage que s'ils estoient ronds: & l'on ne receuroit pas tant de plaisir de voir des hommes & des animaux tous ronds, comme l'on fait à regarder les figures qu'ils ont maintenant.

COROLLAIRE. I.

Il s'ensuit de ces deux propositions, que l'on peut toujours ajoûter vne troisiesme partie aux Duos, dautant que leurs Consonances qui sont toutes nuës, & le plus souuent imparfaites, en supposent toujours d'autres : mais les Trios ne supposent plus rien, dautant que l'on ne peut leur ajoûter que l'Octaue, qui est la repetition de l'Vnisson, pour faire la quatriesme partie; ou la repetition des autres Consonances pour faire 4, 5, 6, 7, & 8 parties de Musique.

COROLLAIRE II.

Il s'ensuit semblablement qu'vn Arithmeticien peut apprendre la Musique sans maistre, & qu'il n'y a nulle science si aisée, puis que ses meilleures raisons consistent seulement à conter 1, 2, 3, 4, 5, 6, 7, &c. & à comparer ces nombres les vns aux autres. Il faut neanmoins remarquer que ie parle icy de la vraye Theorie, & non de la Pratique, à laquelle il faut plus de temps, dautant que le corps est plus lourd que l'esprit, & qu'il faut quasi prendre autant de peine à le rendre prompt, & habile à suiure les mouuemens de l'esprit, comme pour apprendre les oiseaux à parler, & les autres animaux à imiter les actions de l'homme.

COROLLAIRE III.

Celuy qui sçaura mettre ces deux dernieres propositions en pratique, pourra ajoûter vne troisiesme partie aux Duos, & vne quatriesme aux Trios, qui sera la plus douce de toutes celles qui s'y peuuent ajoûter, dautant qu'il ajoûtera la voix la plus naturelle, & qui sera la meilleure Consonance de toutes celles qui se peuuent imaginer. Ce qui se peut approprier aux actions morales, dont les vnes doiuent preceder les autres pour garder la bien-seance & aux Harangues, & Oraisons, dans lesquelles les raisons que l'on apporte pour persuader doiuent auoir vn tel rapport entr'elles, que si l'on n'obserue l'ordre qu'elles desirét, l'on ne peut emouuoir les auditeurs. Ce que l'on peut semblablement appliquer à l'Architecture, aux parterres des iardins, & à mille autres choses qui dependent de l'art, esquels il faut garder de certaines proportions, & des suites, sans lesquelles l'œil & l'esprit ne reçoiuent pas vn parfait contentement.

PROPOSITION XL.

Demonstrer les termes radicaux des cent premieres Consonances, & des cinquante premieres Dissonances auec leur vsage.

Cette proposition n'est pas necessaire pour composer, parce que les voix & les Instrumens ne passent iamais huict Octaues : mais elle est necessaire pour entendre ce que ie diray du Monochorde, à raison que les residus de la chorde sur laquelle on marque toutes les Consonances & les Dissonances, peuuent passer iusques à 14 ou 15 Octaues, & iusques aux Dissonances de 7 ou 8 Octaues; c'est pourquoy les nombres radicaux des cent Consonances & des cinquante Dissonances seruiront pour reconnoistre ce que fait chaque reste de la chorde contre la chorde totale. Par exemple, les derniers nombres, ou la derniere raison de la 4 colomne de la table rapportee dans la 9 proposition du premier liure des Instrumens, à sçauoir de 24 à 1, est vis à vis de la Trente-troisiesme de la table des Consonances qui suit, & monstre que 3456 fait cette Consonance auec le reste 144. mais ce reste estant à la chorde totale 3600, comme 25 à 1, fait l'interualle de 25 à 1, lequel n'est pas marqué dans la table des Dissonances, dautant que cette Dissonance n'est pas en vsage, car elle est plus grande d'vn demiton mineur que la Quinte sur 4 Octaues, c'est à dire qu'elle est moindre d'vne diese que la Sexte mineure ; c'est pourquoy ie l'ay nommee dans la susdite table Trentequatriesme fausse.

Or il est facile de trouuer tous ces interualles, quoy qu'ils ne soient pas dans la table des Dissonances, ny dans celle des Consonances, dautant qu'ils surpassent tousiours quelque interualle consonant ou dissonant de quelque raison, qu'il est facile de trouuer & d'énoncer, comme l'on void dans l'exemple precedent, dans lequel 25 à 1 est plus grand d'vn demiton mineur que cette Trentetroisiesme, qui est de 24 à 1 : de sorte que si tost que l'on sçait la Consonance, dont la raison est de 24 à 1, il faut seulement trouuer la raison de 24 à 25, dautant que la raison de 25 à 1 est composee de la raison de 24 à 1, & de celle de 24 à 25.

Ie veux encore donner vn exemple, afin que l'on entende l'vsage de toutes les Consonances & des Dissonances qui se rencontrent sur le Monochorde de quelque sorte que l'on le puisse considerer. La sixiesme colomne de la table generale du Monochorde de la 9 proposition du 1 liure des Instrumens monstre vis à vis du nombre 3200 de la troisiesme colomne, & du nombre 400 de la cinquiesme, qu'il y a mesme raison de 3200 à 400 que de 9 à 1 : or ces nombres se rencontrent dans la table des Dissonances, qui monstre la Vingt & troisiesme majeure, c'est à dire la seconde majeure sur trois Octaues.

Ces tables seruiront encore à plusieurs autres vsages, par exemple pour sçauoir

sans

Des Consonances.

sans l'aide du calcul, si deux nombres proposez font quelque Consonance ou Dissonance vsitee dans la Musique, & pour plusieurs autres choses qui se rencontrent tres-souuent.

Mais il faut remarquer que les nombres romains qui sont en lettres capitales dans ces deux tables, signifient le nombre des Octaues, ausquelles appartiennent les Consonances ou les Dissonances qui en dependent: par exemple, ce premier nombre I, qui est dans l'vne & l'autre, signifie que les Consonances & les Dissonances qui suiuent iusques à ce nombre I I, appartiennent à la premiere Octaue, & consequemment que chaque Octaue contient autant de Consonances & de Dissonances vsitees dans la pratique, comme chaque nombre Romain comprend de nouuelles lignes.

Or chaque Octaue contient 7 Consonances, & autant de Dissonances; & bien que la table des Dissonances ne contienne que sept Octaues, & celle des Consonances n'en ait que quatorze, on peut les continuer toutes deux iusques à l'infiny, en doublant touiours l'vn des nombres, pour trouuer les termes de chaque Consonance & Dissonance de l'Octaue qui suit.

Par exemple, si on veut continuer la 8 Octaue des Dissonances, il faut doubler le plus grand terme de la Quarante-quatriesme majeure, à sçauoir 72, afin d'auoir 144, & laisser touiours le moindre terme: car sa raison de 144 à 1 donne la Cinquante & vniesme majeure, c'est à dire la Tierce majeure sur 8 Octaues.

Il faut vser de la mesme methode pour continuer la table des Consonances; par exemple si on veut trouuer la Cent & vniesme majeure, c'est à dire la Tierce majeure sur 15 Octaues, il faut laisser le moindre terme, à sçauoir l'vnité, & doubler 10280, qui est le plus grand terme, pour auoir la raison de 20560 à 1, qui signifie la Cent & vniesme majeure.

Ie n'ay pas voulu mettre plusieurs autres Dissonances dans la table des Dissonances, qui se peuuent rencontrer dans le genre Diatonique, & dans les autres genres, parce qu'elles ne sont pas si vsitees que les ordinaires qui y sont, & parce qu'il est facile de les y ajoûter; car si l'on connoist les termes radicaux des simples Dissonances, on aura toutes leurs repliques en doublant l'vn des termes.

Par exemple, si on ajoûte les repliques de la Seconde minime, c'est à dire du demiton mineur, qui est de 25 à 24, on aura 12 à 25 pour la premiere replique, c'est à dire pour la Neufiesme minime; l'on aura pour la seconde replique 6 à 25, pour la Troisiesme 3 à 25; & si on passe outre, il faudra doubler le plus grand terme, dautant que le moindre n'a point de moitié sans fraction; il faut donc prendre la raison de 3 à 50, pour la quatriesme repetition, & pour la cinquiesme 3 à 100, & ainsi des autres iusques à l'infiny.

Quant aux Consonances, il n'y en peut auoir d'autres dans les 14 Octaues, que celles qui y sont, car chaque Octaue n'en peut auoir que 7, & les choses qui sont bonnes & excellentes ont coustume d'estre en petit nombre determiné: mais les choses mauuaises vont à l'infiny, comme l'on experimente aux Dissonances. Or puis qu'il est si aisé d'ajoûter les simples degrez ou dissonances à chaque Octaue de la table des dissonances, qu'il n'est pas necessaire de m'estendre dauantage sur ce sujet, il faut icy mettre les deux tables, dont la premiere contient les Consonances, & la seconde les Dissonances.

TABLE DE CENT CONSONANCES.

	I				
			35	Trente-quatriefme maj.	80 à 3
				VI	
1	Vniſſon,	1 à 1			
2	Tierce mineure,	6 à 5	36	Trente-ſixieſme,	32 à 1
3	Tierce majeure,	5 à 4	37	Trente-huictieſme min.	192 à 5
4	Quarte,	4 à 3	38	Trente-huictieſme maj.	40 à 1
5	Quinte,	3 à 2	39	Trente-neufieſme,	128 à 3
6	Sexte mineure,	8 à 5	40	Quarantieſme,	48 à 1
7	Sexte majeure,	5 à 3	41	Quarante-vnieſme min.	256 à 5
8	Octaue,	2 à 1	42	Quarante-vnieſme maj.	160 à 3
	II			**VII**	
9	Dixieſme mineure,	12 à 5	43	Quarante-troiſieſme,	64 à 1
10	Dixieſme majeure,	5 à 2	44	Quarante-cinquieſme mi.	84 à 5
11	Onzieſme,	8 à 3	45	Quarante-cinquieſme maj.	80 à 1
12	Douzieſme,	3 à 1	46	Quarante-ſixieſme,	256 à 3
13	Trezieſme mineure,	16 à 15	47	Quarante-ſeptieſme,	96 à 1
14	Trezieſme majeure,	10 à 3	48	Quarante-huictieſme mi.	512 à 5
15	Quinzieſme,	4 à 1	49	Quarante-huictieſme ma.	320 à 3
	III			**VIII.**	
16	Dixſeptieſme mineure,	24 à 5	50	Cinquantieſme,	128 à 1
17	Dixſeptieſme majeure,	5 à 1	51	Cinquante-deuxieſ. mi.	768 à 5
18	Dix-huictieſme,	16 à 3	52	Cinquante-deuxieſ. ma.	160 à 1
19	Dix-neufieſme,	6 à 1	53	Cinquante-troiſieſme,	512 à 3
20	Vingtieſme mineure,	32 à 5	54	Cinquante-quatrieſme,	192 à 1
21	Vingtieſme majeure,	20 à 3	55	Cinquante-cinquieſ. mi.	1024 à 5
			56	Cinquante-cinquieſ. maj.	640 à 3
	IV			**IX**	
22	Vingt & deuxieſme,	8 à 1			
23	Vingt-quatrieſme min.	48 à 5	57	Cinquante-ſeptieſme,	256 à 1
24	Vingt-quatrieſme maj.	10 à 1	58	Cinquante-neufieſ. min.	1536 à 5
25	Vingt-cinquieſme,	32 à 3	59	Cinquante-neufieſ. maj.	320 à 1
26	Vingt-ſixieſme,	12 à 1	60	Soixantieſme,	1024 à 3
27	Vingt-ſeptieſme mineure,	64 à 5	61	Soixante-vnieſme,	384 à 1
28	Vingt-ſeptieſme majeure,	40 à 3	62	Soixante-deuxieſ. mi.	2048 à 5
			63	Soixante-deuxieſ. maj.	1280 à 3
	V			**X**	
29	Vingt-neufieſme,	16 à 1			
30	Trente & vnieſme min.	96 à 5	64	Soixante-quatrieſme,	512 à 1
31	Trente & vnieſme maj.	20 à 1	65	Soixante-ſixieſme mi.	3172 à 5
32	Trente-deuxieſme,	64 à 3	66	Soixante-ſixieſme maj.	665 à 1
33	Trente-troiſieſme,	24 à 1	67	Soixante-ſeptieſme,	2048 à 3
34	Trente-quatrieſme min.	128 à 3	68	Soixante-huictieſme,	768 à 1

Soixante-

Des Consonances. 109

69	Soixanteneufiesme mi.	4096 à 5			XIII	
70	Soixante-neufies. maj.	2560 à 3				
71	Septantiesme,	1024 à 1	85	Octante-cinquiesme,	4096 à 1	
			86	Octante-septies.mi.	24576 à 5	
	XI		87	Octante-septies.maj.	5120 à 1	
			88	Octante-huitiesme,	16384 à 3	
72	Septante-troisies.mi.	6144 à 5	89	Octante.neufiesme,	6144 à 1	
73	Septante-troisies.maj.	1230 à 1	90	Nonantiesme mi.	24576 à 5	
74	Septante-quatriesme,	4096 à 3	91	Nonantiesme maj.	20480 à 3	
75	Septante-cinquies:	1586 à 1				
76	Septante-septies. mi.	8192 à 5	92		XIV	
77	Septante-septies. maj.	5120 à 3	93	Nonante-deuxiesme,	8192 à 1	
			94	Nonante-quatries.mi.	49152 à 5	
	XII		95	Nonante-qnatries.maj.	10280 à 1	
78	Septante-huities.	2048 à 1	96	Nonante-cinquiesme,	32768 à 3	
79	Octantiesme mi.	12288 à 5	97	Nonante-sixiesme,	12288 à 1	
80	Octantiesme maj.	2560 à 1	98	Nonante-septies.mi.	65536 à 5	
81	Octante & vnies.	8192 à 3		Nonante.septies.maj.	40960 à 3	
82	Octante-deuxies.	2072 à 1	99		XV	
83	Octante-troisies. mi.	16384 à 5	100	Nonante-neufiesme,	16384 à 1	
84	Octante-troisies. maj.	10240 à 3		Cent & vniesme mi.	98304 à 5	

TABLE DE CINQVANTE DISSONANCES.

	I					
1	Seconde min.	15 à 16	19	Vingt & vniesme mini.	9 à 64	
2	Seconde majeure,	8 à 9	20	Vingt & vniesme mi.	5 à 8	
3	Triton ou Quarte superf.	32 à 45	21	Vingt & vniesme maj.	9 à 60	
4	Fausse Quinte,	45 à 64			IV	
5	Septiesme minime,	9 à 16				
6	Septiesme mineure,	5 à 9	22	Vingt-troisiesme min.	5 à 128	
7	Septiesme majeure,	8 à 15	23	Vingt-troisiesme maj.	1 à 9	
			24	Vingt-quatries.superfluë,	4 à 45	
	II		25	Vingt-cinquies. fausse,	45 à 512	
8	Neufiesme mineure,	15 à 32	26	Vingt-huities.minime,	9 à 128	
9	Neufiesme maieure,	4 à 9	27	Vingt-huitiesme mi.	5 à 721	
10	Onziesme superfluë,	16 à 45	28	Vingt-huitiesme maj.	9 à 120	
11	Fausse Douziesme,	45 à 128				
12	Quatorziesme minime,	9 à 32			V	
13	Quatorziesme minime,	5 à 18	29	Trentiesme mineure,	5 à 256	
14	Quatorziesme majeure,	4 à 15	30	Trentiesme maieure,	1 à 18	
			31	Trente-deuxies.superfluë,	2 à 45	
	III		32	Trente-troisies.fausse,	45 à 1024	
15	Seiziesme mineure,	15 à 64	33	Trente-cinquies.mini.	9 à 256	
16	Seiziesme maieure,	2 à 9	34	Trente-cinquies.min.	5 à 144	
17	Dix-huitiesme superfluë	8 à 45	35	Trente-cinquies.mai.	9 à 240	
18	Fausse Dix-neufiesme,	45 à 256	36	Trente-septiesme min.	5 à 512	

K

VI

37	Trenteseptiesme majeure,	1 à 36
38	Trente-neufiesf. superfluë,	1 à 45
39	Quarantiesme fausse,	45 à 2048
40	Quarante-deux. minime,	9 à 512
41	Quarante-deuxies. mi.	5 à 288
42	Quarante-deuxies. maj.	9 à 480

VII

43	Quarante-quatries. mi.	5 à 1024
44	Quarante-quatriesme mi.	1 à 72
45	Quarantesixies. superfluë,	1 à 90
46	Quarante-sept. fausse,	45 à 4056
47	Quarante-neufies. mini.	9 à 1024
48	Quarante-neufies. mi.	5 à 576
49	Quarante-neufies. maj.	9 à 960

VIII

50	Cinquante-vnies. mi.	5 à 2048

Or il est impossible de trouuer des sons assez graues ou aigus pour descendre ou pour monter iusques à la quinziesme Octaue, car il faudroit que la chorde eust plus d'vne lieuë de long pour descendre iusques à cette Octaue, si l'on ne recompensoit cette longueur par vne grosseur excessiue : par exemple, si on vouloit faire la quinziesme Octaue en bas contre la chanterelle d'vn pied de long auec vne chorde d'egale longueur, il faudroit que cette chorde fust 268435456 fois plus grosse que la chanterelle, dautant qu'il faut que la raison de la grosseur des chordes d'egale longueur soit doublee de la raison des interualles, ausquels on les fait descendre, ou sousdoublee de ceux ausquels on les fait monter. Or la raison de 268435456 à vn, est doublee de la raison de 16384 à 1, qui represente la longueur des deux chordes egales en grosseur, qui feroient la quinziesme Octaue, c'est à dire la Nonante-neufiesme, si elles pouuoient sonner. Mais puis que la pratique de la Musique n'a point de sons si graues & si aigus qui puissent faire cette Nonante-neufiesme, il suffit de les considerer auec la raison qui surpasse infiniment la pratique, car il n'y a point de chordes qui puisse faire ces sons, dautant que si elle est assez grosse ou assez longue pour faire le son graue, elle rompera auant qu'elle puisse faire quelque son ; & si l'on vse de tuyaux d'Orgues, on ne peut arriuer iusques à la neufiesme Octaue, s'ils ne sont pour le moins de 64 pieds : or l'experience enseigne qu'ils ne peuuent plus parler lors qu'ils ont 32 pieds de long ; & l'on rencontre la mesme chose aux chordes, qui rompent pluslost que de sonner quand elles ont cette longueur.

Quant à la quinziesme Octaue à l'aigu il faut conclure la mesme chose ; car encore que la chanterelle n'eust qu'vne ligne de long, c'est à dire $\frac{1}{12}$ de poulce, & qu'elle fust tenduë iusques à rompre, elle ne pourroit faire cette Octaue en haut contre vne chorde de 32 pieds de long, quoy qu'elle fust aussi grosse qu'vn chable. Mais puis que la nature est plus puissante que l'art, & que nous pouuons comprendre par la raison que ces Octaues sont possibles, il est raisonnable que le Musicien connoisse toutes les proportions pour grandes qu'elles puissent estre.

Car encore que ceux qui ne sçauent que la Pratique, ayent leur esprit borné par la puissance de l'art, & qu'ils croyent que le reste est inutile & imaginaire, il est neantmoins tres-asseuré que la theorie est plus excellente & plus noble que la pratique, & que les estres de la raison surpassent les estres materiels, comme nous auons prouué dans vn autre lieu.

Mais

Des Consonances.

Mais ie quitte cette proposition apres auoir fait quelques remarques sur les Consonances & sur les Dissonances dans les Corollaires qui suiuent.

COROLLAIRE I.

Les plus grands nombres de la raison de chaque Consonance qui se voyent dans la table des cent Consonances peuuent signifier deux choses, à sçauoir la longueur de la plus grande chorde, ou le nombre des battemens & retours de la plus petite. Quand ils representent la plus grande chorde, le nombre de ses retours, ou la grauité du son qu'elle fait, est signifiee par le moindre nombre, & l'aigu du son de la moindre chorde, ou le nombre de ses retours est representé par le plus grand nombre, car la raison du nombre des retours est inuerse de la raison des longueurs, comme i'ay demonstré ailleurs.

COROLLAIRE II.

Lors que quelqu'vn demande combien il y a de Consonances dans la Musique, on peut respondre en plusieurs manieres qui sont toutes veritables; premierement qu'il y en a vne infinité, dautant qu'on peut continuer leurs raisons iusques à l'infiny, tant en montant qu'en descendant.

Secondement qu'il y en a 56, dautant que l'estenduë des Instrumens comprend huict Octaues, dont chacune a sept Consonances: où qu'il y en a 57 en y comprenant l'Vnisson.

En troisiesme lieu, qu'il n'y en a que huit, à sçauoir l'Vnisson, les deux Tierces, la Quarte, la Quinte, les deux Sextes, & l'Octaue, dont les autres ne sont que des repetitions; or ces huict Consonances sont appellees *simples*. Mais parce que les deux Tierces, la Quarte, la Quinte, & les deux Sextes sont diminuees ou augmentees sur l'Orgue, & sur les autres Instrumens. On peut dire en quatriesme lieu, qu'il y a 14 simples Consonances, à sçauoir les 8 precedentes, qui sont dans leur iuste proportion, & les 6 dernieres qui sont hors de leur proportion sur les Instrumens, parce que ces 6 Consonances souffrent differentes diminutions, & augmentations, selon les differens temperamens de toutes sortes d'Instrumens: c'est pourquoy l'on peut multiplier ces 6 Consonances autant de fois comme elles souffrent de differentes diminutions & augmentations.

En sixiesme lieu, qu'il n'y a que 3 Consonances, à sçauoir l'Octaue, la Quinte, & la Quarte, parce que les Grecs n'en ont pas reconnu dauantage, dautant qu'ils n'auoient point de Tierces, ny de Sextes, à raison qu'ils n'auoient que le ton maieur, & que deux tons maieurs font vne Tierce maieure superfluë.

En septiesme lieu, qu'il n'y a que deux Consonances, dautant que l'Octaue n'est que la repetition de l'Vnisson, & qu'il n'y a que la Tierce & la Quinte qui apportent de la diuersité à la Musique, car la Sexte est la repetition de la Tierce, & plusieurs tiennent que la Quarte est vne Dissonance.

En huictiesme lieu, qu'il n'y a qu'vne seule Consonance parfaite, à sçauoir l'Vnisson, & que les autres interualles admettant de la contrarieté entre leurs sons ne peuuent estre nommez Consonances, qu'entant qu'ils s'éloignent de la diuersité & du combat pour s'approcher de l'Vnisson, comme i'ay monstré fort amplement dans le discours de l'Vnisson. En fin l'on peut dire qu'il n'y a que la

K ij

Quinte qui soit parfaite Consonance, dautant qu'elle seule a ensemblement la diuersité & l'vnion en ses mouuemens qui est necessaire pour agreer.

COROLLAIRE III.

Les Consonances qui ont tousiours l'vnité pour leur moindre terme sont les plus douces & les plus excellentes, dont la premiere est l'Vnisson, qui n'a que l'vnité pour ses deux termes; c'est pourquoy il est le plus doux & le plus excellent de toutes les Consonances.

La seconde est l'Octaue, dont le moindre terme demeure tousiours dans l'vnité, & le plus grand suit la progression Geometrique en raison double : de sorte qu'il faut seulement doubler le plus grand terme de l'Octaue precedente pour auoir celle qui suit : ce qu'il faut aussi faire pour auoir toutes les autres Consonances ou les Dissonances tant de fois repetees que l'on veut : & consequemment chacun peut corriger les deux tables precedentes s'il y a de l'erreur.

La troisiesme est la Douziesme, car la Quinte n'a pas l'vnité, mais le binaire pour le moindre de ses termes : de là vient que la Douziesme est plus douce & plus excellente que la Quinte, comme i'ay prouué dans les discours de la Quinte.

Et la quatriesme est la Dix-septiesme, c'est à dire la Tierce majeure sur deux Octaues; car la Tierce majeure & la Dixiesme majeure n'ont pas l'vnité pour leurs moindres termes, parce que celle-là a 4, & celle-cy a 2; d'où il appert que la Dixiesme est plus douce que la Tierce majeure, & la Dix-septiesme plus douce & plus excellente que la Dixiesme, comme i'ay monstré dans les discours de la Tierce & de ses repliques, dautant que sa raison multiple est plus aisée à comprendre, & que ses termes s'vnissent plus souuent que ceux des raisons surparticulieres de la Tierce, & de la Dixiesme majeure.

ADVERTISSEMENT.

Encore que i'aye seulement parlé de la proportion des Consonances qui s'expriment par nombres entiers, & rationels, ie n'empesche nullement que l'on n'vse des autres qui naissent de la diuision de la raison double en 12 autres raisons egales par le moyen des 11 moyennes proportionelles, dont i'explique l'inuention dans le premier, & le 2 liure des Instrumens à chordes, & dont ie parle dans l'onziesme proposition du liure des Dissonances; car ie sçay que l'oreille n'est pas capable d'apperceuoir la difference des Consonances qui viennent de cette diuision d'auec celles dont i'ay parlé. Ie dy la mesme chose de la raison double de l'Octaue, que l'on pourroit mettre de 2000 à 999 aussi bien qu'à 1000, si l'on suit seulement le iugement de l'oreille : mais i'ay mieux aimé suiure la iustesse & la facilité des nombres & des raisons ordinaires receuës par tous les anciens, & preferer l'intelligence au sentiment qui n'est pas capable d'election, ny de iugement. Et peut-estre que ceux qui verront la facilité d'expliquer les causes de tout ce qui arriue aux accords, & à l'harmonie, en leur donnant les proportions que i'ay choisies, seront de mon costé, quoy que l'oreille ne soit pas capable d'en apperceuoir la precision.

LIVRE

LIVRE SECOND.
DES DISSONANCES.

PREMIERE PROPOSITION.

Determiner s'il y a des Dissonances, & si elles sont necessaires dans la Musique.

IL est en quelque maniere plus certain qu'il y a des Dissonances, qu'il n'est qu'il y ait des Consonances, dautant qu'il est plus certain qu'il se rencontre des hommes à qui les Concerts déplaisent, quoy qu'ils soient pleins de bons accords, qu'il n'est certain qu'il y ait des hommes à qui nulles Dissonances ne déplaisent, soit qu'elles ayent plus de degrez desagreables que les Consonances n'en ont d'agreables, dont nous parlerons dans la 10 proposition de ce liure, où que le mal, la douleur, & le desplaisir soient plus sensibles que leurs contraires, à raison que nous nous imaginons que le bien nous est deu, & que le plaisir est conforme à la nature, puis qu'il la conserue, au lieu que le desplaisir la corrompt & la destruit.

Or s'il se peut rencontrer des oreilles si heureuses, ou si aisees à contenter, que les Dissonances leur plaisent, comme il arriue aux Secondes, aux Tritons, aux fausses Quintes, & aux Septiesmes, qui rejoüissent plustost l'esprit qu'elles ne blessent l'oreille, lors qu'elles sont bien placees, & employees auec iugement dans le Contrepoint à deux ou plusieurs parties, comme nous monstrerons dans le liure de la Composition, l'on peut dire qu'elles ne sont pas Dissonances à l'égard de ces oreilles, dont les esprits peuuent estre si pesans, si grossiers, & si stupides, que l'on a besoin de la pointe & de la dureté des discords pour les exciter, comme l'on experimente que la langue de ceux qui ont perdu l'appetit ne gouste pas bien les saueurs, si elles n'ont quelque chose de salé, d'acre, de fur, & de piquant : car tous les sens ont quelque chose de semblable ; de sorte que ce qui conuient à l'vn peut seruir pour expliquer ce qui appartient aux autres.

Quant à la seconde partie de cette proposition, il est certain qu'à parler absolument, la Musique peut subsister sans les discords, puis que l'on a de tres-bonnes pieces à 2, 3, 4, 5, & 6 parties, dans lesquelles il n'y a nulle Dissonance, & qu'on les euite tant qu'on peut dans les simples Contrepoints. Mais si l'on veut conseruer toutes les beautez, & tous les ornemens & enrichissemens du Contrepoint figuré, dont on vse maintenant, les discords sont necessaires. Et puis l'on ne sçauroit faire de bons chants sans les degrez & les interualles dissonans, comme nous verrons dans les autres liures. De sorte qu'il est necessaire de traiter des Dissonances, afin de n'obmettre aucune partie essentielle de la Musique : c'est pourquoy ie commence par les moindres interualles pour arriuer aux plus grands, quoy qu'il n'importe par où l'on commence.

K iij

PROPOSITION II.

Expliquer tous les Demitons, & les Dieses dont on se sert dans la Musique considerée en sa plus grande perfection.

L'Octaue a esté appellé *Diapason* par les Grecs, par ce qu'elle contient tous les sons, & toutes les simples Consonances; mais on la peut encore nommer Diapason, par ce qu'elle comprend toutes les Dissonances; car si on la diuise en deux Dissonances, l'on trouuera le *Semidiapente*, ou la fausse Quinte d'vn costé, & le *Triton* de l'autre, puisque la raison de 45 à 64, & celle de 32 à 45 estant adjoutées font l'Octaue; l'on peut aussi la diuiser en Septiesme majeure de 5 à 9, & en ton mineur; ou en Septiesme majeure, & en demiton majeur: mais i'ay parlé plus amplement des noms & des diuisions de l'Octaue dans la 9 proposition du liure precedent, & dans les autres, c'est pourquoy il suffit maintenant de remarquer ce qui est necessaire pour l'intelligence de la Musique, & de cette proposition; à sçauoir que le *Ton majeur* vient de la difference de la Quinte à la Quarte; car la Quinte surpasse la Quarte d'vn ton majeur, puis que la Quarte n'a qu'vn ton majeur, & vn mineur auec le demiton majeur, & que la Quinte a deux tons majeurs, vn mineur, & vn demiton majeur. Les Grecs vsoient de ce ton majeur pour separer leurs Tetrachordes; & les Pytagoriciens n'auoient que cette espece de ton. La seconde Dissonance s'appelle *Demiton majeur*, & est la difference de la Tierce majeure à la Quarte.

Or ce demiton est si necessaire à la Musique, qu'il en est l'ame, l'ornement, & la beauté; car c'est par son moyen que l'on establit les diuerses especes de Quarte, de Quinte, & d'Octaue, & les douze Modes de Musique, ou les huit tons de l'Eglise, comme nous dirons ailleurs; sa raison est de 16 à 15.

Quant au *Ton mineur*, il est composé de deux demitons, à sçauoir du majeur & du mineur, & aide à composer la Tierce majeure, qui contient le ton majeur & le mineur.

Or il n'y a que ces deux tons, & le demiton majeur, qui appartiennent au genre Diatonique; & parce que la Quarte en est composée, elle suffit pour entendre toute la Musique Diatonique, puis qu'elle ne contient autre chose que ces deux tons, & le demiton majeur, quoy qu'il y ait d'autres demitons qui seruent à la Diatonique, dont on vse maintenant: le premier est le demiton de 25 à 27, que l'on peut appeller *Maxime*, car il est plus grand que le majeur d'vn comma majeur.

Le second est moindre que le majeur, & plus grand que le mineur, qu'il surpasse d'vn comma majeur, & est de 128 à 135; on le peut appeller *Moyen*. Or le Ton majeur est composé du demiton maxime & du mineur, ou du demiton majeur, & du moyen, lequel est moindre que le demiton majeur d'vn comma mineur.

Le troisiesme est vn peu moindre que le moyen, & vient de la difference des deux tons majeurs, & de la Quarte; sa raison est de 243 à 256, les Grecs le nommoient demiton mineur, ou le *Limma de Pytagore*, dont il vsoit pour acheuer la Quarte apres les deux tons majeurs; or il est moindre d'vn comma que le majeur.

Le

Des Dissonances.

Le quatriesme est le *Demiton mineur*, lequel est moindre que le precedent d'vn comma mineur: sa raison est de 25 à 24.

Le cinquiesme est composé de la diese, & du comma majeur, dont la raison est de 625 à 648, & est la difference du Demiton maxime, & du mineur; l'on peut l'appeller *Demiton minime*.

Le sixiesme est appellé *Diese Enharmonique*, dautant qu'elle sert à ce genre, car elle est la difference du Demiton majeur & du mineur: sa raison est de 125 à 128. L'on peut encore ajoûter le Demiton *souzminime*, que i'expliqueray cy-apres.

Or tous ces demitons estant presupposez, on peut dire que le ton mineur est non seulement composé du demiton majeur & du mineur, mais aussi du limma Pythagorique, & du Demiton moyen; & que le ton majeur est composé de la Diese Enharmonique, du Demiton mineur & du moyen, ou de deux Demitons mineurs, de la Diese, & du Comma. Ce que i'ay voulu ajoûter afin que l'on entende parfaitement l'interualle du Ton majeur & du mineur, dont tous les genres ont besoin.

Mais on peut mettre vn tel ordre entre ces Demitons, qu'il sera facile de les entendre, car les plus grands surpassent le plus souuent ceux qui les suiuent immediatement du Comma, dont le Ton majeur surpasse le Ton mineur: l'on peut nommer le plus grand demiton *Maxime*; le second *Maieur*, lequel est ordinairement de *fa à mi*; le troisiesme *Moyen*; le quatriesme *Pythagorique*; le cinquiesme *Mineur*; le sixiesme *Minime*; & le septiesme *Diese Enharmonique*, comme l'on void dans la table qui suit, dans laquelle on peut ajoûter d'autres Demitons, par exemple le majeur de Pythagore, qu'on nomme *Apotome*, dont la raison est de 2048 à 2187, & qui fait le ton majeur estant ajoûté au Limma: cét Apotome est plus grand d'vn comma mineur que le demiton majeur; & le demiton moyen est plus grand que le limma, de la difference qui est entre le comma maieur & le mineur, c'est a dire de la raison de 10935 à 10936, qui est dans la table apres les deux comma, dont elle est la difference: de sorte que cette table contient douze degrez, dont la consideration n'est pas inutile. Mais i'expliqueray plusieurs autres degrez dans la proposition qui suit, laquelle seruira d'explication à celle-cy.

Il y a encore vn autre demiton qui vient de la difference du demiton maxime, & du ton mineur; lequel est moindre d'vn comma majeur que le demiton mineur; sa raison est de 250 à 243, & se peut appeller demiton *sousminime*. Ie laisse les autres qui se peuuent trouuer en prenant la difference de plusieurs interualles, ou degrez de Musique, depeur d'estre trop long, & trop ennuyeux sur cette matiere: car il suffit de sçauoir soustraire, ajoûter, & diuiser les raisons pour trouuer toutes les differences & tous les degrez possibles de la Musique.

Ie sçay que ceux qui preferent l'egalité des demitons & des dieses, & qui suiuent le party des Aristoxeniens, mesprisent ou negligent toutes ces petites differences, & la multitude de ces interualles: mais leur sentiment ne m'oblige pas à les laisser, puis que mon dessein consiste à faire voir la iustesse des interualles, & à conseruer les systemes du canon Harmonique; quoy qu'il soit permis à vn chacun de suiure Aristoxene, ou tel autre systeme qu'il voudra. Or la table qui suit fait voir ce que i'ay expliqué dans ce discours.

Table des Demitons, & des autres moindres degrez.

1	Demiton Maxime,	de 25 à 27
2	Apotome,	de 2048, à 2187
3	Demiton majeur,	de 15 à 16
4	Demiton moyen,	de 128 à 135
5	Limma,	de 243 à 256
6	Demiton Mineur,	de 24 à 25
7	Demiton Minime,	de 625 à 648
8	Demiton Sousminime,	de 243 à 250
9	Diese Enharmonique,	de 125 à 128
10	Comma Majeur,	de 80 à 81
11	Comma Mineur,	de 2025 à 2048
12	Difference de deux Comma,	de 10935 à 10936

Quant à l'vsage de ces demitons il est facile de l'expliquer, car le Maxime sert premierement pour passer de la Septiesme mineure, qui est de 5 à 9, à la Sexte majeure: secondement du Triton (qui est composé de deux tós mineurs, & du ton majeur, & qui a sa raison de 18 à 25) à la Quinte. Troisiesmemēt de la Tierce majeure (qui est composee de deux tons mineurs, & qui est de 81 à 100) à la Quarte. Quatriesmement du demiton mineur au ton majeur. Et generalement toutes & quantesfois qu'on se sert de l'interualle composé du demiton majeur, & du comma pour passer d'vn lieu à l'autre, comme quand on acheue la Quarte apres deux tons mineurs. Il n'est pas besoin de parler de l'vsage du demiton maieur, car il est assez connu de tous les Musiciens.

Le troisiesme demiton qu'on appelle *Moyen*, sert premierement pour passer de la Quarte au Triton: Secondement toutes & quantesfois qu'il faut acheuer le ton maieur apres que l'on a fait le demiton maieur, car le demiton mineur est le moindre demiton du ton mineur, comme le demiton moyen est le moindre du ton maieur, lequel est composé du demiton maieur & du moyen. Le demiton Pythagorique sert pour acheuer la Quarte apres les deux tons maieurs qui se suiuent quelquefois lors que l'on chante à plusieurs parties, comme a demonstré Iean Benoist dans ses Epistres, page 278. Le demiton mineur sert pour passer de la Tierce & de la Sexte mineure à la maieure. Ie laisse les autres vsages de ce demiton que i'ay rapporté ailleurs. La Diese Enharmonique sert pour passer du demitō mineur au maieur, qui surpasse la Diese Chromatique de la Diese Enharmonique, car la raison de 15 à 16 est plus grande que celle de 125 à 128, de la raison de 24 à 25. Nous expliquerons les autres vsages de ces demitons en parlant de la Pratique, & de la maniere de composer. Mais il faut encore remarquer que deux ou plusieurs petits interualles Harmoniques estant doublez, ou triplez ne sont plus Harmoniques, c'est à dire qu'ils ne peuuent plus seruir à la modulation, comme deux Consonances estant assemblees ne sont plus Consonances; car deux Quintes font la Neufiesme, deux Quartes la Septiesme, deux Tierces maieures surpassent la Quinte d'vn demitō mineur, & deux Tierces mineures surpassent la Quarte d'vn demiton maieur & d'vn comma, c'est à dire d'vn demiton maxime. Semblablement deux tons maieurs surpassent la Tierce maieure d'vn comma, & deux tons mineurs surpassent la Tierce mineure du demiton sousminime, qui reste du demiton mineur, dont on a osté le comma, ou du ton mineur, dont on a soustrait le demiton maxime. Deux demitons maieurs surpassent le ton maieur de la raison de 2025 à 2048; & trois demitons mineurs le surpassent de la mesme raison, dont deux dieses surpassent le demiton mineur, à sçauoir de la raison de

Des Dissonances.

390625 à 393216; deux comma surpassent la diese de la raison de 32768 à 32805; & la diese surpasse le comma de la raison de 2025 à 2058. Le *Demiton mineur* est plus grand que le minime de la raison de 77760 à 78125, mais il est surmonté par la diese, & par vn comma, de la raison de 78125 à 78732. Le *Comma Pythagorique*, qui est de 531441 à 524288, est plus grand que le nostre de la raison de 524288 à 524880, dont l'Apotomé ou le demiton majeur Pythagorique surpasse aussi nostre demiton majeur; or cette raison est moindre que le comma, & consequemment le demiton majeur surpasse le limma, qui est de 243 à 256; d'vne plus grande raison que l'apotome ne surpasse le demiton majeur. Mais le limma Pythagorique surpasse le demiton mineur de la mesme raison, dont la diese Enharmonique surpasse nostre comma, à sçauoir de la raison de 2048 à 2025, qui est aussi la difference du demiton majeur & du moyen; de maniere que le limma Pythagorique surpasse autât le demiton mineur, que le demiton majeur surpasse le moyen, & que la diese Enharmonique surpasse le comma.

L'on peut aussi remarquer que six tons maieurs surpassent l'Octaue d'vn comma Pythagorique, qui est de 524288 à 531441; & que six tons mineurs sont moindres que l'Octaue de la raison de 500000 à 531441, c'est à dire d'vne diese, & de trois comma; qui sont moindres que nostre demiton mineur de la raison de 531441 à 533333 $\frac{1}{3}$. Quant aux six tons de l'Orgue, Salinas croid qu'ils sont moindres d'vn diese que l'Octaue, quoy que les six tons de la Viole fassent iustement l'Octaue; d'où il s'ensuit qu'il y a de la difference entre les temperámens des Instrumens, comme il remarque au 14 chapitre de son 3 liure: il ajoute dans le chapitre 15, que trois Tierces maieures sont plus grandes d'vne diese que l'Octaue.

Il faut encore expliquer la diuision que quelques-vns font du ton en 5 parties, afin que nous considerions tous les petits interualles qui peuuent seruir à la Musique. Salinas dit au 27 chapitre du troisiesme liure, que l'on vsoit de son temps de l'Archicymbale, qui auoit ses tons diuisez en 5 parties, qu'on appelloit dieses, dont le demiton majeur en auoit trois, le mineur deux, la Tierce mineure 8, la majeure 10, la Quarte 13, la Quinte 18, & l'Octaue 31; mais il rejette cette diuision comme ennemie de l'Harmonie, & insuportable à l'oreille.

Fabius Colomna a suiui cette diuision; car il dit dans le liure qu'il a fait de la Sambuque, que la raison dont le demiton majeur surpasse le mineur, est celle de la diese Enharmonique, qui fait la cinquiesme partie du ton, & qui se rencontre entre 41 $\frac{1}{7}$, & 42 $\frac{2}{7}$, où presque entre 75 & 77, d'autant que 5 est quasi 76 fois en 384, & 75 fois precisément en 375; car la raison de 384 à 375 est la difference de ces deux demitons, laquelle estant reduite à ses termes radicaux, est de 125 à 128: mais cette diuision ne peut estre iuste, dautant que deux Dieses sont plus grandes que le demiton mineur, comme i'ay demonstré; & consequemment trois dieses surpassent le demiton majeur, puisque nous auons monstré que le majeur surpasse seulement le mineur d'vne diese; d'où il est aisé de conclure que cette diuision n'est pas bien faite, & qu'il n'en faut point chercher d'autre que celle qui se fait du ton mineur en deux demitons mineurs, & vne diese, & celle que l'on fait du ton majeur en demiton majeur & mineur, & vn comma; car on trouue le Systeme parfait par ces diuisions, qui viennent de la difference des degrez naturels de la Musique. L'on peut encore rencontrer plusieurs autres demitons dans le ton majeur, & dans le mineur, comme celuy qui est de 16 à 17, & de 17 à 18, qui diuise le ton majeur, ou celuy de 18 à 19, & 19 à 20, qui diuise le ton mineur : mais ils ne sont pas en vsage, & ne viennent pas de la difference des Consonances, des Dissonances, ou des moindres interualles Harmoniques. Or i'expliqueray encore tous ces degrez dans les discours des differentes especes du genre Chromatic, Enharmonic, & Diatonic, que les Grecs ont proposé.

COROLLAIRE.

Ie repete plusieurs interualles de cette proposition dans celle qui suit, afin que l'on les entende plus parfaitement, & que les Praticiens mesme puissent comprendre la raison de ce qu'ils font; car bien qu'ils ne fassent point de fautes dans leurs compositions, & qu'ils employent vne partie des demitons, dont i'ay parlé, neanmoins ils n'en peuuent receuoir vn si grand contentement comme s'ils en sçauoient la raison, si ce n'est que la profonde connoissance de la Musique en diminuë le plaisir, & que le contentement que l'esprit reçoit de la speculation des raisons Harmoniques l'occupe tellement, qu'il n'y laisse point de place pour le plaisir sensible & corporel; car il semble que la capacité que nous auons d'estre touchez & affectez des voluptez sensibles, se diminuë à proportion que l'esprit s'addonne aux plaisirs intellectuels, & que les actions de l'entendement chassent & aneantissent peu à peu celles des sentimens, qui sont comme assoupis & endormis en ceux qui sont morts aux voluptez passageres, dont la mort est en grande estime enuers Dieu, suiuant la remarque qu'en fait le Prophete Royal dans ces paroles, *Pretiosa in conspectu Domini, mors Sanctorum eius.*

PROPOSITION III.

Expliquer les raisons des simples Dissonances qui se rencontrent dans la Musique.

La premiere Dissonance, à sçauoir la Seconde, ou le ton maieur, a sa raison de 9 à 8, & est la difference de la Quarte à la Quinte; car la raison sesquialtere est plus grande d'vne sesquioctaue que la raison sesquitierce; or il y a deux especes de ton, à sçauoir *le maieur*, dont ie viens de parler; & *le mineur*, dont la raison est sesquineufiesme, c'est à dire de 10 à 9, & est la difference de la Tierce mineure à la Quarte: Il y a semblablement deux Secondes mineures, que l'on appelle demiton maieur, & mineur: la raison du maieur est sesquiquinziesme de 16 à 15; & celle du mineur est de 25 à 24, c'est à dire sesquivingtquatriesme : Il y a vn autre demiton qui est le moyen entre le maieur & le mineur, & qui a sa raison de 135 à 128; il reste quand on a osté le demiton maieur du ton maieur, & surpasse le demiton mineur d'vn comma. Or ce demiton moyen se rencontre en nostre Musique; car le Triton qui est de F vt à ✶ mi, surpasse la Quarte de F vt en b fa, de ce demiton moyen, qui est plus petit d'vn comma mineur que le demiton maieur. L'on peut encore establir d'autres demitons, comme comme celuy de 27 à 25, qui reste quand on a osté le demiton mineur du ton maieur, & celuy qui reste apres qu'on a osté deux tons maieurs de la Quarte, qui est de 256 à 243. Ie laisse plusieurs autres demitons, qui peuuent estre entendus par la table de cette proposition, & par celle de la precedente; car elle contient toutes les Dissonances, & la difference qu'il y a de l'vne à l'autre. Or la premiere colomne de cette table

repre-

Des Dissonances.

sente les termes radicaux des Dissonances, dont le premier est le plus grand, & l'autre est le plus petit. La seconde contient la difference desdites Dissonances, de sorte que la dissonance qui contient le plus grand interualle, ou la plus grande raison, est plus grande que la moindre Dissonance de la raison qui constituë la difference; par exemple, le ton maieur qui est de 8 à 9, est plus grand que le ton mineur, qui est de 9 à 10, d'vn comma de 80 à 81, qui est la difference de ces deux tons.

Or l'on peut trouuer vne infinité d'autres petits degrez & interualles, qui viennent de la difference ou de la comparaison des vns aux autres, puis que chaque interualle peut estre diuisé à l'infiny : mais ceux que i'ay rapporté cy-dessus, & qui sont dans cette table, suffisent pour la parfaite connoissance de la Musique. Quant à ceux qui n'ont pas l'esprit propre pour comprêdre l'origine & la racine des raisons, & qui ne peuuent rien entendre que par les notes, ou par la tablature ordinaire des Iustrumens, ils en peuuent receuoir l'explication par les notes de la Musique de ceux qui sont capables d'entendre les raisons, & se doiuent contenter de ce qui frappe les sens. Ce qui n'empeschera pas que ie ne propose la table qui suit, où l'on void les differences de plusieurs degrez, dont la pluspart seruent pour composer.

Dissonances			Differences	
Ton majeur & mineur	8/9	&	9/10	80/81
Ton majeur & demi-ton mineur	8/9	&	15/16	128/135 presque 18/19
Ton majeur & limma de Pythagore.	8/9	&	243/256	2048/2187 Apotome de Pythagore
Ton maieur & demi-ton mineur	8/9	&	24/25	25/27 presque 13/14
Ton maieur & diese.	8/9	&	125/128 presq. 41/42	1024/1125
Ton maieur & comma	8/9	&	80/81	9/10
Ton mineur & demi-ton maieur.	9/10	&	15/16	24/25
Ton mineur & diese.	9/10	&	125/128 presq. 42/43	576/625 presque 12/13
Ton mineur & comma	9/10	&	80/81	729/790 presque 11/12
Demiton maieur & mineur	15/16	&	24/25	125/128
Demiton maieur & diese.	15/16	&	125/128	24/25
Demiton maieur & comma	15/16	&	80/81	243/256

Dissonances				Differences		
Demiton mineur & diese	24 25	&	125 128	presq. 42 45	3072 3125	presque 58 59
Demiton mineur & comma	24 25	&	80 81		243 250	presque 35 36
Residu du ton majeur dont la diese est ostee, & le demiton moyen	2048 2187	&	128 135		80 81	
Demiton moyen & comma.	128 135	&	80 81		24 25	
Demiton maxime & maieur	25 27	&	15 16		80 81	
Quarte & deux demitons maieurs	3 4	&	64 81		243 256	
Sesquiseptief. & deux demitons mineurs.	7 8	&	25 36		50 63	
Sesquisexte & Tierce mineure.	6 7	&	5 6		35 36	
Apotome de Pythagore & demiton maieur.	2048 2187	&	15 16		32768 32805	
Ton mineur & deux demitons mineurs.	9 10	&	25 36		125 128	presque 42 43
Deux dieses, & demiton mineur.	15625 16384	&	24 25		390625 393216	
Deux demitons min. & le demiton maieur.	25 36	&	15 16		125 135	
Deux demitons maj. & le ton majeur.	225 256	&	8 9		2025 2048	
Demiton mineur, & la diese, auec le comma.	24 25	&	625 648		15552 15625	
Deux comma, & la diese	6400 6561	&	125 128		32768 32805	
Le comma de Pythagore auec le nostre	531441 524188	&	80 81		30268 32805	
Comma, auec l'excez du semitó mineur sur le comma, & la diese.	77760 78125	&	125 128		19683 20000	

Quant aux Dissonances maieures, le Triton est composé de la Tierce maieure, & du ton maieur; & sa raison est de 45 à 32: il est plus grand que la Quarte d'vn demiton moyen; car si au lieu de la Quarte, qui est de F à b fa, l'on fait le Triton, il faut laisser le demiton maieur, qui est d'A à b fa, pour prendre le ton maieur, qui est d'A à ♯: or le ton maieur surpasse le demiton maieur d'vn demiton moyen; de là vient qu'il est necessaire de faire ce demiton moyen, quand on passe du Triton à la Quarte, ou de la Quarte au Triton.

La fausse

Des Dissonances.

La fausse Quinte est de 45 à 64 ; deux Tierces mineures estant adjoustees sont de 25 à 36 ; le Semidiapente, & le demiton mineur, ou la Quarte auec le ton mineur, est de 27 à 40 ; le Semidiapente & le Triton different de $\frac{125}{128}$, c'est à dire que la fausse Quinte surpasse autant le Triton ; comme deux demitons majeurs surpassent le ton majeur, ou comme le demiton majeur surpasse le demiton moyen ; mais les deux Tierces mineures surpassent la fausse Quinte d'vn comma majeur, (qui reste de la Diese, dont on a osté le comma mineur) & le Triton, d'vne Diese entiere ; & consequemment les deux Tierces mineures surpassent autant la fausse Quinte, que la fausse Quinte surpasse le Triton.

La Quinte parfaite surpasse la fausse d'vn demiton moyen, par lequel il faut passer pour aller de l'vne à l'autre ; le Semidiapente ajoûté au ton mineur est de 81 à 128. La Septiesme mineure est composee de la Quinte & de la Tierce mineure, & est de 5 à 9. La Septiesme majeure, qui est composee de la Quinte & de la Tierce majeure, est de 8 à 15. Il y a vne autre Septiesme, ou Heptachorde, qui est de 9 à 16, & est composee de deux Quartes ; elle est moindre d'vn comma que la Septiesme mineure. La Quarte superfluë est composee de la raison de 27 à 20, & de celle de 4 à 5, & a sa raison de 16 à 27. La Sexte majeure ajoûtee au ton mineur est de 27 à 50, & la Sexte mineure ajoûtee au ton majeur est de 40 à 81. Il est tres-facile de trouuer toutes les autres Dissonances, comme les Neufiesmes, dont la majeure est composee de deux Quintes, qui sont de 4 à 9 ; & les mineures qui sont composees de la Quinte & du Triton, ou du Semidiapente ; ou de l'Octaue & du demiton : mais plusieurs de ces Dissonances ne sont pas en vsage : or si l'on entend ce que nous auons dit des Consonances & des Dissonances, on trouuera toutes celles que l'on voudra iusques à l'infini ; & l'on peut voir la table des 50 premieres Dissonances que i'ay donné dans la derniere proposition du liure precedent. Mais puisque la principale des Dissonances consiste dans le Ton, & que plusieurs l'ont composé d'vn certain nombre de commas, il faut determiner ce que l'on en doit tenir.

PROPOSITION VI.

Les Dissonances peuuent estre diuisees Arithmetiquement, Geometriquement, & Harmoniquement, aussi bien que les Consonances.

La premiere partie de cette proposition est tres-aisee, comme l'on void au ton majeur ; car si on double 9 & 8, qui sont les termes de son interualle, l'on aura 16 & 18, entre lesquels 17 est le milieu Arithmetic. Il est facile de trouuer ce milieu Arithmetic de toutes les autres Dissonances, comme est 19 entre 18 & 20, qui diuise le ton mineur. La seconde partie depend de ce que nous auons dit des Consonances ; car il faut trouuer le milieu Harmonic entre les Dissonances, comme nous l'auons trouué entre les Consonances, c'est pourquoy il suffit maintenant de donner quelque exemple de la diuision Harmonique, d'vne ou de deux Dissonances, pour entendre la diuision de toutes les autres, sans qu'il soit besoin de repeter toutes les manieres de trouuer le milieu Harmonic, dont i'ay traité ailleurs. Il faut donc laisser le plus petit terme de la diuision Arithmetique, & trouuer vn troisiesme terme, qui ait mesme raison auec le dernier terme Arithmetic, qu'a le milieu Arithmetic auec le plus petit terme ; par exemple, le premier

L

terme du ton majeur diuisé Arithmetiquement est 16, il faut donc que le milieu Arithmetic, à sçauoir 17, soit le premier terme de la diuision Harmonique, afin que 18 soit le milieu Harmonic, auec lequel $19\frac{1}{16}$, qui est le plus grand terme, a mesme raison que 17 à 16 : & si l'on veut euiter les fractions, on aura des nombres entiers en multipliant tous les termes par 16, afin d'auoir 272--288--306 pour les trois termes de la diuision Harmonique du ton majeur. Mais il est encore plus facile de trouuer le milieu Harmonic, en adjoûtant les deux termes du ton majeur 8 & 9, qui font 17, lequel seruira de denominateur ; & 8, qui est le moindre terme, sera le numerateur ; car $8 - 8\frac{8}{17}$, 9 donnent la diuision Harmonique du ton majeur, laquelle on aura en nombres entiers, si on multiplie ces trois termes par 17, qui font 136, 144, 153 ; car 144 qui est le milieu Harmonic, a mesme raison auec 136 & 157, que 8, $8\frac{8}{17}$, auec 8 & 9.

Or si l'on veut connoistre de combien les deux Dissonances qui viennent de cette diuision sont moindres ou plus grandes que le demiton majeur, ou mineur, il faut se seruir de la regle de proportion en cette maniere, si 15 donne 16, combien donne 136, on aura $141\frac{11}{15}$, par lequel on connoist que la raison de 144 à 136 est plus grande que celle de 15 à 16, (qui est égale à la raison de $141\frac{11}{15}$ à 136) & consequemment que la raison de 144 à 153 est moindre que celle de 16 à 15, car il y a mesme raison de 144 à $153\frac{9}{11}$, que de 16 à 15.

L'on sçaura enfin de combien vne raison est plus grande qu'a l'autre, si on multiplie les plus grands termes d'vne raison par les plus petits de l'autre ; car le produit monstrera de combien la plus grande raison surpasse la moindre : par exemple, si on veut trouuer de combien la raison de 16 à 15 surpasse celle de 144 à 153, il faut multiplier 153 par 15, & 144 par 16, & l'on trouuera que le demiton majeur est plus grand que la raison de 144 à 153, de $\frac{2295}{2304}$.

COROLLAIRE.

Les Dissonances seruent à la Musique, encore qu'elles n'y entrent que par accident.

L'experience confirme ce corollaire, puisque lors que les Consonances suiuent les Dissonances, elles sont plus agreables, comme la lumiere plaist dauantage apres les tenebres, le doux apres l'aigre, le chaud apres le froid, & la santé apres la maladie ; car la santé est comparee à l'Harmonie : or nous faisons beaucoup plus d'estat de la santé apres auoir experimenté la maladie. Ie ne veux pas icy donner l'vsage de ces Dissonances, ny expliquer comme il faut passer d'vne Consonance à vne Dissonance, dautant que cecy appartient à la pratique, dont nous parlerons ailleurs ; il faut seulement remarquer que les Dissonances n'entrent dans les Compositions que par accident ; car la Musique est principalement composee des Consonances, & les Dissonances ne seruent que pour leur donner de la grace, & pour les faire paroistre meilleures & plus agreables.

Et si nous comprenions les raisons de la Prouidence diuine, & les moyens qu'elle tient pour sa gloire, nous auoûrions que les desordres qui paroissent icy, embelissent l'Vniuers, & rendent tres-recommendable celuy qui les permet, comme les Dissonances enrichissent les Concerts, & font paroistre l'industrie & la science des Compositeurs.

PRO-

Des Dissonances.

PROPOSITION VIII.

Demonstrer combien le Ton mineur & le maieur contiennent de commas, & en quel sens l'on peut dire que le ton mineur est plus grand que neuf commas, & que le ton maieur est plus grand que dix commas.

Plusieurs croyent que le ton majeur est composé de neuf commas, & consequemment que le ton mineur n'en a que huit, puis qu'il est moindre d'vn comma que le ton maieur; ce qu'il faut icy examiner, afin que l'erreur s'évanoüisse, qui consiste à croire que les degrez ou interualles de la Musique sont composez de deux, ou plusieurs moindres degrez de mesme espece, comme il arriue au Ton, que quelques Praticiens pensent estre composé de deux demitons egaux.

Or pour voir clairement combien le ton mineur ou le maieur côtient de commas, & combien il est moindre ou plus grand que 8 ou 9 commas, il faut ajoûter 9 commas ensemble, comme l'on void aux nombres qui suiuent à main droite & à gauche, dont ceux qui sont à gauche monstrent les huit multiplications du moindre terme du comma, à sçauoir de 80, & ceux qui sont à droit contiennent huit multiplications du plus grand terme, c'est à dire de 81; de sorte que les deux derniers termes de ces deux multiplications, à sçauoir 134217728000000000, & 150094635296999121 contiennent neuf commas; c'est pourquoy il faut oster le ton mineur de cette raison de neuf commas, afin de voir de combien il est moindre: ce que ie feray apres auoir donné les deux multiplications toutes entieres qui seruent de demonstration à ce sujet.

80	1		81	1
80			81	
6400	2		6561	2
80			81	
512000	3		531441	3
80			81	
40960000	4		43046721	4
80			81	
3276800000	5		3486784401	5
80			81	
262144000000	6		282429536481	6
80			81	
20971520000000	7		22876792454961	7
80			81	
1677721600000000	8		1853020188851841	8
80			81	
134217728000000000	9		150094635296999121	9

Cecy estant fait l'on peut comparer la raison du ton mineur à la raison de neuf commas en deux manieres; premierement en considerant ces deux raisons d'inegalité mineure, ce qui se fait en mettant le moindre terme de la raison au premier

L ij

124 **Liure Second**

lieu pour le comparer au plus grand, comme il arriue au ton mineur, lors que l'on compare 9 à 10 ; & aux 9 commas, quand on compare 13421772800000000 à 15009463529699121. Secondement en comparant les plus grands termes aux moindres, c'est à dire 10 à 9, & 15009 &c. à 1342 &c. Si l'on compare ces deux raisons en la premiere maniere, ie dis que la raison de 9 à 10 est plus grande que celle de 1342 &c. à 15009 &c. de la raison de 13508517176729920 89 à 13421772800000000, parce que cette raison reste apres que l'on a osté la raison de 9 à 10 de la raison de 1342 &c. à 15009 &c.

Et si l'on vse de fractions, l'on trouuera combien de fois $\frac{9}{10}$, ou la raison de 9 à 10 contient $\frac{1342\&c.}{15009\&c.}$, ou la raison de 1342 &c. à 15009 &c. en ostant le moindre nombre de la raison trouuee du plus grand, à sçauoir 1342 &c. de 13508 &c. car cecy estant fait l'on verra que $\frac{9}{10}$, ou la raison de 9 à 10 est plus grande que les neuf commas, & qu'elle les contient vne fois, & en outre $\frac{1674437672992089}{13421772800000000}$. Et si l'on oste les 9 commas de la raison de 9 à 10, ou $\frac{1342\&c.}{15009\&c.}$ de $\frac{9}{10}$, il restera la raison de 13421 &c. à 13508 &c. ou $\frac{13421\&c.}{13508\&c.}$.

Mais si l'on compare ces deux raisons en la seconde maniere, c'est à dire si l'on fait comparaison des grands termes aux petits, à sçauoir de 10 à 9, & de 15009 &c. à 13421 &c. l'on trouuera apres auoir osté le ton mineur des neuf commas, que lesdits commas surpassent le ton mineur de la raison de 13508517176729920 89 à 13421772800000000 : ce que ie demonstre en ajoutant la raison de 10 à 9 à celle de 13508 &c. à 13421 &c. car la raison de 13508517176729920 89 à 12079595520000000 00 est egale à celle de neuf commas, comme l'on void aux nombres qui suiuent, où la reduction se fait en mesme denomination.

```
10 -- 13508517176729920 89  | 13508517176729920 890
   à multipliez              | à
9  -- 13421772800000000     | 12079595520000000000
```

Or pour ajoûter les raisons precedentes il faut multiplier 13508 &c. par 10, & 13421 &c. par 9, afin d'auoir la raison de 1350 &c. à 1207 &c. lesquels estans reduits en mesme denomination, ou en mesme nom que la raison des neuf commas, ou de 15009 &c. à 1342 &c. la raison se trouue egale, comme l'on void par l'operation qui suit, & que ie mets entiere, parce qu'elle sert de demonstration.

```
13508517176729920 89        | 15009463529699121
       à                    |
12079595520000000000        | 13421772800000000

      15009463529699121           13508517176729920 89
      12079595520000000000        13421772800000000
      300189270593998242          10806813741383936712
      750477317648499560 5        2701703435345984178
      750473176484995605          9455962023710944623
      13508517176729920 89        9455962023710944623
      750473176484995605          13508517176729920 89
      13508517176729920 89        2701703435345984178
      1050662447078993847         5403406870691968356
      300189270593968242          405255515301897626 7
      15009463929699121           13508517176729920 89
                                  1813082484109664451475537920000000 00
1813082484109664451475537920000000 00
```

Il n'est

Des Dissonances.   125

Il n'est nullement necessaire de faire ces operations pour le ton maieur, dautant qu'il est certain qu'il surpasse le mineur d'vn comma de 80 à 81, & consequemment qu'il est moindre que 10 comma de la mesme raison que le ton mineur est moindre que 8 comma. Semblablement si l'on prend le ton maieur en la premiere maniere, c'est à dire comme vne fraction de $\frac{8}{9}$, ou comme la raison de moindre egalité de 8 à 9, il surpassera 10 comma de la mesme façon que le ton mineur de 9 à 10 surpasse 10 comma. D'où il est aisé de conclure qu'il y a grande difference entre les comparaisons que l'on fait de deux, ou de plusieurs raisons, suiuant la differente disposition que l'on donne à leurs termes, & que c'est toute autre chose de comparer le moindre terme au plus grand, que le plus grand au moindre.

COROLLAIRE

Il est tres-aisé de trouuer combien chaque demiton contient de commas, puis qu'il faut seulement comparer la raison de 2, 3, 4, 5, ou 6 commas, auec la raison de chaque demiton, afin de sçauoir de combien chaque demiton sera plus ou moins grand que le nombre desdits commas, que nous auons ajoutez ensemble dans la premiere table de cette proposition; & consequemment l'on peut trouuer combien l'Octaue contient de commas: car puis qu'elle est cōposee de trois tons majeurs, de deux mineurs, & de deux demitons maieurs, & que le ton mineur contient 8 comma, & le maieur neuf, il s'ensuit que les cinq tons contiennent 43 comma sans conter les restes de ce que chacun contient dauantage. Quant aux deux demitons, ils contiennent plus de neuf comma maieurs, puis qu'ils sont plus grands que le ton maieur d'vn comma mineur, & consequemment l'Octaue contient plus de 52 comma. Or pour sçauoir si ce qui reste de chaque ton auec le comma mineur, dont les deux demitons maieurs surpassent le ton maieur, fait vn ou plusieurs comma, il faut sextupler la raison de 1350851716672.992089 à 1342177280000000000, dont les commas surpassent le ton mineur, & les 10 comma le ton maieur, & puis il faut luy adiouster le comma mineur, & voir de combien la raison composée des precedétes surpassera vn, 2, 3, ou plusieurs comma : & pour ce suiet il faut multiplier 6 fois 1350 &c. par soy-mesme, & faire la mesme chose du nombre 1342 &c. & adioûter à cette raison sextuplée la raison du comma mineur : & finalement il faut reduire 2, 3, ou plusieurs comma en mesme denomination, afin de voir combien lesdites raisons adioûtees ensemble contiendront de commas. Mais cette difficulté merite la proposition qui suit, dans laquelle ie feray voir par vne autre maniere combien il entre de commas dans l'Octaue.

PROPOSITION V.

Determiner combien l'Octaue contient de commas, ou de combien de commas elle est composee.

Nous auons demonstré que chaque ton mineur contient 10 comma moins $\frac{8674417675991089}{13421772800000000}$, parce que les 10 comma surpassent ledit ton maieur dautant de parties: & consequemment le ton mineur contient 9 comma, moins vn mesme nombre de parties, parce qu'il est moindre que le ton mineur d'vn comma. D'où il s'enfuit que les 4 tons maieurs contiennent 40 comma, qui auec les 2 mineurs, qui ont 18 comma, font 58 comma, moins $\frac{32144668460975512134}{114117128000000000}$, c'est à dire moins la fraction precedente multipliée par 6, à raison des 4 tons maieurs, & des 2 mineurs, dont chacun est surpassé desdites parties. Or outre ces tons il y a encore le comma mineur, qui est de 2025 à 2048, c'est à dire $\frac{2025}{2048}$, si on le met en fraction; de laquelle si l'on oste la fraction precedente $\frac{51046&c.}{17421771&c.}$, il restera $\frac{16118175018741731110368}{17487790695400000000}$, qui est l'excez de l'octaue par dessus les 58 comma: & parce que cette fraction surpasse la moitié du comma maieur, l'Octaue approche plus prez de 59 comma que de 58.

PROPOSITION VII.

Determiner si la fausse Quinte est plus grande que le Triton, & de combien; où plusieurs degrez & interualles, qui seruent pour entendre le genre Diatonic, sont expliquez.

Ces deux interualles sont si semblables qu'on les prend quasi l'vn pour l'autre, & l'on rencontre fort peu de Musiciens qui en counoissent la difference; c'est pourquoy ie la veux expliquer dans cette proposition. Il faut donc premierement remarquer que le Triton se rencontre depuis F fa ✝ vt iusques au ♮ mi, & que c'est ce qu'on appelle le fa contre le mi; or il se chante par ces notes, Fa, sol, re, mi, & contient trois tons, dont le premier, qui est de fa à sol, & le troisiesme, qui est de re à mi, sont maieurs; & le second, qui est de sol à re, est mineur. La raison de cet interualle est de 32 à 45, & est composée de la raison souzsesquiquarte de 4 à 5, & de la raison souzsesquioctaue de 8 à 9, c'est à dire de la Quarte, & du ton maieur.

Mais la fausse Quinte est du mi d'E la mi au Fa de b fa, & se chante ainsi, Mi, fa, sol, la, fa; par consequent elle contient deux tons, dont le maieur est de fa à sol, & le mineur de sol à la: & deux demitons maieurs, dont le premier est de mi à fa, & le second de la à fa; car ces deux demitons sont egaux. Or deux demitons maieurs surpassent le ton maieur, & consequemment la fausse Quinte, qui contient deux tons & deux demitons maieurs, est plus grande que le Triton, qui contient trois tons. Il faut donc voir de combien la fausse Quinte est plus grande: ce que l'on connoistra, si on sçait de combien deux demitons maieurs sont plus grands que le ton maieur, qui est composé du demiton maieur, du mineur, & du comma; ou du demiton maieur, & du moyen, qui contient le demiton mineur, & le comma; car la fausse Quinte surpasse autant le Triton, comme le demiton maieur surpasse le demiton moyen; il faut donc oster le demiton moyen du maieur, & le residu sera la difference de l'vn & de l'autre. Or la raison du demiton maieur est de 15 à 16, & celle du moyen de 128 à 135, laquelle estant ostée de la raison sesquiquinziesme, donne la raison de 2025 à 2048, qui est moindre que le comma; car elle est presque de 88 à 89, & le comma est de 80 à 81, lequel est la difference du demiton mineur & du moyen.

Et si l'on veut connoistre de combien la difference de la fausse Quinte au Triton est moindre que le comma, ou de combien le comma est plus grand que ladite difference, il la faut souztraire du comma, & le residu donnera la raison de

Des Dissonances. 127

164025 à 164040, par laquelle le comma surpasse la difference de la fausse Quinte, & du Triton.

Mais on ne peut pas facilement apperceuoir cette difference dans la pratique, puis qu'elle est moindre que le comma, & que l'on ne peut quasi discerner le ton majeur d'auec le mineur, le demiton moyen d'auec le mineur, le demiton Pythagoric d'auec le majeur, & le majeur d'auec le maxime, parce que ces demitons sont seulement plus grands les vns que les autres d'vn comma.

Or l'on peut nommer la difference du demiton majeur, & du moyen, c'est à dire la difference du Triton & de la fausse Quinte, *Comma mineur*; car comme le demiton mineur est la moindre partie du ton mineur, & le demiton majeur en est la plus grande, de mesme quand on diuise la diese, qui est de 125 à 128, en deux interualles, le moindre est le comma mineur, c'est à dire la difference de la fausse Quinte & du Triton; & le plus grand est le comma majeur: ce qu'il faut remarquer soigneusement, dautant qu'il est necessaire d'entendre tous ces interualles pour sçauoir parfaitement le genre Diatonic, puis qu'ils se rencontrent aux differences des degrez, & des interualles Diatoniques; comme il est necessaire d'auoir la connoissance de la difference de l'ame raisonnable à celle des bestes, pour entendre parfaitement ce qui appartient à l'ame de l'homme. Mais ie traiteray encore de ces petits degrez & interualles dans le liure de la composition: car ie veux maintenant comparer le Triton auec la Quarte, apres auoir donné vn exemple de la fausse Quinte, qui est l'vne des plus mauuaises relations de la Musique, & qui se rencontre en passant de la Tierce mineure à vne autre Tierce mineure, comme l'on void en ces deux exemples; car la 1 note du dessus & la 2 de la Base du 1 exemple, & la 1 note de la Basse & la 2 du dessus du 2 exemple, font la fausse Quinte.

PROPOSITION VIII.

Determiner si le Triton surpasse dauantage la Quarte, que la Quinte parfaite ne surpasse la fausse Quinte, que l'on appelle Semidiapente.

Puisque le Triton est composé de deux tons majeurs & d'vn mineur, & que la Quarte est composée d'vn ton mineur, d'vn majeur, & d'vn demiton majeur, il s'ensuit que le Triton est plus grand que la Quarte d'vn demiton moyen, qu'il faut ajoûter à la Quarte pour faire le Triton. Or la Quinte parfaite est semblablement plus grande que la fausse Quinte du mesme demiton moyen, dautant qu'elle a le demiton majeur au lieu où la Quinte parfaite a le ton maieur, qui surpasse le demiton maieur d'vn demiton moyen, qui sert de degré pour passer du Triton à la Quarte, & de la Quinte iuste à la fausse Quinte.

Mais il faut remarquer que le Triton est la fausse relation, laquelle se rencontre dans plusieurs passages qui se font d'vne Consonance à l'autre, comme quand on fait deux Tierces maieures de suite par mouuemens semblables, tant en montant qu'en descendant, comme l'on void dans le premier exemple, dans lequel les deux premieres notes font la Tierce maieure, *vt*, *mi*, & les deux dernieres, *re* &

L iiij

fa, (qui est haussé d'vn demiton moyen par la diese) sont encore vne autre Tierce maieure; car la premiere note de la Basse fait la relation du Triton contre le *fa* du Dessus. L'on void encore la mesme relation dans le 2 exemple & dans le 3. Mais parce que les Praticiens ne connoissent pas le demiton moyen, encore qu'ils en vsent souuent, ie veux icy demonstrer que le Dessus fait ce demiton dans le premier exemple, c'est à dire que la Diese fait monter le *fa* d'vn demiton moyen, & consequemment que le Dessus fait l'interualle du ton maieur; car puisque la 5 note que i'ay mise la derniere, c'est à dire le *mi* de la Basse fait la Quinte contre ledit *fa* du Dessus, & la Quarte contre la premiere note du mesme Dessus, c'est à dire contre le *la*, il est necessaire qu'il y ait vn ton maieur de ce *la* au *fa*, auec lequel ledit *mi* feroit la fausse Quinte, si la Diese n'y estoit point.

Et si cette Diese ne faisoit point monter le *fa* que d'vn demiton mineur, comme croyent quelques-vns, la relation ne seroit pas du Triton majeur, dont nous parlons icy, mais du mineur, dont la raison est de 25 à 18, qui est moindre d'vn comma que la raison du Triton majeur; & pour lors il y auroit vne fausse Quinte majeure du *mi* à ce *fa*, dont la raison est de 40 à 27, qui est moindre d'vn comma que la Quinte, & consequemment cette fausse Quinte surpasseroit le Triton ordinaire d'vn demiton Pythagorique, que les Grecs appellent *Limma*, dont la raison est de 256 à 243, lequel est moindre d'vn comma que nostre demiton majeur, qui surpasse autant le limma, comme le demiton moyen surpasse le mineur. Si ladite Diese du premier exemple faisoit monter le *fa* d'vn demiton majeur, il y auroit vne Quinte minime superfluë dudit *mi* au *fa*, c'est à dire plus grande que la Quinte parfaite d'vn comma mineur; & pour lors le Triton, & la fausse Quinte ordinaire seroient vne mesme chose.

Il faut donc conclure que les Praticiens se trompent quand ils croyent qu'il y a vn demiton mineur ou majeur du Triton à la Quarte, ou du *fa* de *b* au *mi* de ♯, ou de la fausse Quinte à la Quinte parfaite; car ce demiton est plus grand que le demiton mineur d'vn comma majeur; & plus petit que le demiton majeur d'vn comma mineur, puisque la Diese, qui est la difference du demiton majeur & du mineur, est composée du comma majeur & du comma mineur.

Mais cette difficulté sera encore expliquee dans la proposition qui suit, dans laquelle ie monstre que les deux Tierces mineures estant adjoûtees ensemble, sont plus grandes que la fausse Quinte.

PROPOSITION IX.

Les deux Tierces mineures, que l'on peut prendre aux mesmes lieux que la fausse Quinte, à sçauoir du mi d'e la mi, au fa de b fa, ou du mi de ♯ mi, au fa de F vt fa, sont plus grandes d'vn comma majeur que la fausse Quinte, par consequent elles surpassent dauantage la fausse Quinte, que la fausse Quinte ne surpasse le Triton.

La raison de cette verité est si claire qu'il n'est quasi pas besoin de l'expliquer; car chaque Tierce mineure contient vn ton majeur & vn demiton majeur, par
consequent

Des Dissonances. 129

consequent les deux Tierces estant adjoûtees dans vn mesme interualle contiennent deux tons majeurs, & deux demitons majeurs; or la fausse Quinte contient seulement vn ton majeur, vn ton mineur, & deux demitons majeurs; car elle n'est differente de la Quinte parfaite qu'à raison qu'elle a le demiton majeur au mesme lieu où l'autre a le ton majeur: de là vient que l'interualle des deux Tierces mineures surpassent la fausse Quinte d'vn comma majeur; & consequemment elles surpassent le Triton du comma majeur & du mineur, c'est à dire de la Diese. On peut appeller ces deux Tierces la fausse Quinte majeure, dautant qu'elle approche plus pres de la Quinte parfaite, dont elle n'est differente que du demiton mineur; mais la Quinte parfaite surpasse la fausse Quinte mineure d'vn demiton moyen, qui est plus grand d'vn comma majeur que le demiton mineur. Or la raison de ces deux Tierces mineures est de 36 à 25, comme celle de la fausse Quinte est de 64 à 45, & celle du Triton de 45 à 32. Ce n'est pas que ie croye que l'oreille des Praticiens ne soit assez subtile, ny assez sçauante pour iuger de ces differences, mais il faut aussi bien satisfaire à la raison & à l'esprit qu'à l'oreille, qui iuge trop legerement des sons & de leurs differences, au lieu que la raison en iuge tres-exactement & tres-fidellement, sans qu'elle puisse estre surprise, ou deceuë aux moindres differences des sons, & de leurs raisons, & interualles.

Or il faut remarquer que quand on a la raison ou les termes d'vne Dissonance, qu'il est aisé de trouuer la raison ou interualle qui acheue l'Octaue; car il faut seulement doubler l'vne des extremitez, qui fera l'autre Consonance auec le terme du milieu; par exemple, puisque la raison des deux Tierces mineures est de 36 à 25, si on double 25 on aura 50, qui acheue l'Octaue auec la raison qui est de 36 50, ou de 18 à 25, qui fait le Triton mineur: mais ie parle plus amplement de ces diuisions dans vn autre lieu.

PROPOSITION X.

Determiner si les Dissonances sont aussi desagreables que les Consonances sont agreables: où l'on void pourquoy la douleur est plus sensible que la volupté.

Puisque nous traitons des Dissonances apres auoir parlé des accords, il est raisonnable de les comparer ensemble, afin que leur nature & leurs proprietez soient mieux entenduës, comme il arriue à tous les contraires, dont l'opposition mutuelle leur sert de lumiere: or les Consonances n'ont rien qui s'oppose dauantage aux Dissonances que leur agréement, qui vient de leur vnion, c'est pourquoy ie les compare dans cette proposition en ce qu'elles ont d'agreable, ou de desagreable. Et parce que les Consonances font la principale partie de l'Harmonie, par qui toute la Musique doit estre reglee, elles doiuent seruir de regle pour iuger des Dissonances, comme la ligne droite sert pour iuger des lignes obliques: de là vient que les artisans prennent le Diapason pour la regle de tous les Instrumens de Musique, dautant qu'il contient les autres Consonances.

Cecy estant posé, ie dy premierement que les Dissonances qui ont autant de battemens d'air feparez que les Confonances en ont de conjoints, font auffi defagreables comme lefdites Confonances font agreables, puifque la douceur, ou la rudeffe des fons differents que l'on oyt en mefme temps, fe doit prendre de l'vnion ou de la defunion des battemens de l'air, qui font lefdits fons, comme i'ay monftré dans le liure precedent.

Secondement, ie dy qu'il n'y a point de Diffonance qui ne foit plus defagreable que la meilleure des Confonaces n'eft agreable, fi l'on excepte l'Vniffon, dautant que chaque Diffonance a plus de battemens d'air qui ne s'vniffent point, que les Confonances n'en ont qui s'vniffent; car l'Octaue qui eft la plus excellente, n'vnit que 2 de fes battemens, pendant que la Seconde majeure a 7 battemens qui ne fe rencontrent point, comme l'on void és 3 chordes A B, C D, & F E, dont A B tremble 8 fois, tandis que C D, auec qui elle fait la Seconde majeure, ou le ton majeur, tremble 9 fois, & que F E, auec qui elle fait l'Octaue, tremble 16 fois; de forte que les tremblemens d'A B ne s'vniffent qu'au 9 tremblement de C D, pendant que les 8 tremblemens d'A B s'vniffent 8 fois auec les tremblemens d'F E. Ce qui fait voir de combien la douceur de l'Octaue eft plus grande que la rudeffe de la Seconde majeure. D'où l'on peut aifément conclure

F————————E
C————————————D
A——————————————B

de combien chaque Diffonance eft plus defagreable que chaque Confonance n'eft agreable, puis que cela depend feulement de la plus grande multitude des tremblemens qui s'vniffent, ou qui font defunis tant dans les Confonances que dans les Diffonances.

Or il femble que l'on peut conclure de ce difcours que le mal eft ordinairement plus deplaifant que le bien n'eft agreable, comme l'on experimente aux douleurs & aux ennuis, qui donnent beaucoup plus de mefcontentement, & font beaucoup plus fenfibles & plus cuifans, que les voluptez du corps & de l'efprit n'apportent de plaifir & de contentement; car nulle volupté ne peut eftre fi grande que la douleur de la cholique nefretique, ou que celle qu'endurent les criminels qui font roüez tout vifs: ce qui a fait croire à quelques-vns que le mal eft plus puiffant que le bien: en effet il n'y a point de volupté dans ce monde, pour exceffiue qu'elle puiffe eftre, que l'on ne quitte tres-volontiers pour euiter lefdites douleurs, ou plufieurs autres femblables; ce qui tefmoigne que la grandeur des douleurs excede celle des plaifirs. Ce qui fe doit entendre des plaifirs corporels; car quant à ceux de l'efprit, particulierement lors qu'il s'attache aux plaifirs éternels qui nous font promis, & que Dieu nous prepare de toute éternité, les Martirs ont fait voir qu'ils font beaucoup plus grands que ne font toutes fortes de douleurs.

Mais fi nous demeurons dans les plaifirs qui dependent des organes du corps, l'experience nous apprend que les deplaifirs font plus fenfibles que les plaifirs, comme l'on void aux mauuaifes odeurs qui penetrent iufques au cerueau, & dont on ne peut fe preferuer par le moyen des meilleures odeurs, qui fe corrompent aifément par le meflange des mauuaifes, quoy que l'on mefle fort peu de celles-cy auec vne grande quantité de celles-là. Ce qui arriue femblablement aux Diffonnces, dont la moindre peruertit tellement les meilleures Confonances, que l'on n'en reçoit plus rien que du deplaifir, comme l'on experimente à l'Octaue, auec laquelle on joint la Seconde pour faire la Neufiefme.

Où

Des Dissonances.

Où il faut remarquer que toutes choses ont coustume de se corrompre dautant plus aisément qu'ellent sont plus excellentes, comme il arriue à l'Octaue qui degenere en Dissonance par l'addition du Ton : ce qui n'arriue pas à la Quarte, qu'il rend meilleure, parce qu'il la conuertit en Quinte, & la Quinte en Sexte majeure, quoy que ces differentes mutations arriuent à cause de la moindre, ou de la plus grande vnion qui se fait des battemens de l'air, lors que l'on adjoûte la seconde majeure, & non en vertu de ladite Seconde, qui change entierement de nature auec toutes les autres Consonances, excepté auec l'Octaue, qui seule auec ses repliques a le priuilege de conseruer la nature, & les proprietez des Consonances & des Dissonances.

Or la raison pourquoy les desplaisirs & les douleurs nous sont plus sensibles que les plaisirs & la volupté, se doit prendre de ce que les douleurs nous destruisent, & nous font en quelque façon retourner dans le neant, dont nous sommes tirez, & de ce que nous receuons les biens & les plaisirs comme choses qui sont conformes à nostre nature, & qui nous sont deus : & puis la volupté ne nous apporte pas tant de perfection ny tant de profit que la douleur nous apporte de dommage, parce que la douleur corrompt tellement les parties du corps, ausquelles elle s'attaque, que nous sommes contraints d'en porter les cicatrices, ou que nous en receuons plusieurs autres incommoditez : mais la volupté n'apporte nulle perfection aux parties du corps qui la reçoiuent, & passe soudainement sans laisser aucun vestige.

D'abondant la volupté est quasi tousiours amoindrie par plusieurs autres diuertissemens & considerations, & ne dure pas si long temps que la douleur. Et mesme si on la considere de bien prez, l'on trouuera qu'elle est souuent accompagnee de quelque douleur ; car elle altere le corps, & ne laisse point apres soy de marques plus frequentes que le dedain & le degoust, qui la fait souuent haïr & abhorrer.

Ce qui a fait trouuer la maxime de la Philosophie, qui enseigne que le bien ne peut estre produit que par la rencontre de toutes ses causes & ses circonstances, & que le mal vient des moindres fautes, *Bonum ex integra causa, malum ex quolibet defectu.*

De là vient que si le Compositeur fait vne seule faute dans ses compositions de Musique, qu'elles sont méprisées, & que les Dissonances donnent plus de mescontentement, que les Consonances n'apportent de plaisir ; de sorte qu'il semble que le desordre fait plus de mal que l'ordre ne fait de bien, si nous demeurons dans le sensible, & dans le mesme genre.

Mais si nous considerons l'ordre diuin dont Dieu dispose toutes choses selon sa volonté, il est sans doute plus puissant que le desordre des creatures, dont il tire des auantages pour faire paroistre sa sagesse & sa puissance, en tirant le bien du mal, & en conduisant à l'ordre ce que nous mettons en desordre. En quoy il semble que les Compositeurs imitent la Sagesse diuine, lors qu'ils se seruent si dextrement des Dissonances, qu'elles apportent de grands ornemens à la Musique.

COROLLAIRE

La plus grande prudence dont l'homme puisse vser, consiste à tirer le bien du mal, & de menager tellement ses fautes, ou celles d'autruy, qu'il en tire des auan-

Livre Second

tages pour se conuertir plus puissamment à Dieu, qui nous doit particulierement seruir d'exemple en ce qu'il tire le bien du mal, afin que nous soyons les vrais enfans d'vn si bon Pere, & qu'il n'y ait nul poison dont nous ne tirions des remedes pour soulager nos miseres, pour recueillir les roses au milieu des espines sans nous blesser, & pour remporter la palme dans les combats.

PROPOSITION XI.

Expliquer les interualles Harmoniques consonans & dissonans qui ne peuuent s'exprimer par nombres.

Il est certain que nulle raison de celles qui sont entre deux termes incommensurables ne peut estre exprimee par nombres, puisque tous les nombres ont l'vnité pour leur commune mesure; d'où il arriue que nuls interualles Harmoniques ne peuuent s'expliquer par aucuns nombres, lors que l'on diuise l'Octaue en 6 tons, ou en 12 demitons égaux, comme ie fais dans le premier, le 2, & le 4 liure des Instrumens, où ie mets le Monochorde d'égalité.

	Demitons égaux, I.		Demitons inégaux. II
1	C	100,000	100,000. Demiton majeur
2	♯	105946	106666 ⅔ moyen
3	B	112246	112500 majeur
4	A	118921	120,000. mineur
5	♯g	125993	125000. majeur
6	G	133481	133333 ⅓ majeur
7	♯f	141422	140947 ⅔ moyen
8	F	149830	150,000 majeur
9	E	158741	160000 mineur
10	♯d	168179	166666 ⅔ majeur
11	D	178172	177777 7/9 moyen
12	♯c	188771	187500 majeur.
13	C	200,000.	200,000.

Or il est assez difficile de sçauoir si Aristoxene a vsé de cette diuision; car encore qu'il parle de tons & de demitons égaux, & qu'il diuise le ton en 24 parties, neantmoins il semble qu'il donne tousiours la raison sesquialtere au Diapente, & la sesquitierce au Diatessaron: ce qui empesche de conclure absolument qu'il ait vsé des vnze moyennes proportionnelles entre les deux qui sont en raisó double pour faire le Diapason diuisé en 12 demitons égaus, ou des 23 moyennes pour le diuiser en 24 dieses, ou seulement de 5 moyennes pour le diuiser en 6 tons.

Quoy qu'il en soit ces tons, ces demitons, ces dieses, & les Consonáces qui en sont composees, approchent si pres de ceux que i'ay expliqué par nombres, que l'oreille n'en peut quasi remarquer la difference, comme il est aisé de prouuer par ces deux colomnes de nombres, dont la premiere en contient 13, qui sont

en

Des Dissonances. 133

en continuelle proportion Geometrique; car l'vnité ne manque pas à chaque nombre proportionel, c'est à dire qu'il s'en faut moins qu'vn qu'il ne réponde aux 13 lignes continuellement proportionnelles, dont les deux extremes sont en raison double; & les autres nombres monstrent les iustes interualles consonans & dissonans, suiuant les raisons que i'ay expliqué dans ces deux liures: de sorte que cette diuision de l'Octaue, qui est de 100,000 à 200,000, peut suffire pour toutes sortes de Musiques, tant des Voix que des Instrumens: car si l'on veut la iustesse, on la void en la 2 colomne, qui diuise le diapason en 7 demitons majeurs, en 3 moyens, & en 2 mineurs: & si l'on desire l'égalité de tous les demitons égaux, dont chacun est moindre que le majeur, & plus grand que le mineur, on la void aux nombres qui sont vis à vis de ✳, dont celuy de la 2 colomne surpasse celuy de la 1, & consequemment la raison de 100,000 à 106666 $\frac{2}{3}$ surpasse celle de 100,000 à 105946.

Mais le demiton mineur est fait par le nombre 104166 $\frac{2}{3}$: & si l'on veut mettre le demiton moyen, l'on aura le nombre 105468 $\frac{3}{4}$, lequel fait vn interualle vn peu moindre que le demiton égal, qui est seulement plus grand d'vne deux cent vingt & deuxiesme partie, ou enuiron; comme le demiton majeur est plus grand que l'égal d'vne 148 partie. Or cette proposition nous seruira pour entrer dans le traité des Genres de Musique, dont le premier peut estre appellé Diatonic égal, suiuant les nombres de la premiere colomne, puisque la Quarte qui est depuis 200000 iusques à 149830, est composée de deux tons égaux, qui sont de C à D & de D à E, & de la moitié d'vn ton égal, que l'on void d'E à F.

Il est aisé de dresser vne table de la repetition de toutes les Consonances, & des Dissonances suiuant les raisons d'égalité, comme nous auons fait cy-deuant selon les raisons exactes; & de voir combien la Quinte, la Quarte, & les autres accords pris dans la iustesse de la seconde colomne, different des accords de la 2 colomne: c'est pourquoy i'ajoute seulement que le ton majeur surpasse l'égal d'vne 442 partie, & que l'égal surpasse le mineur d'vne 98 partie, de sorte qu'il en est plus éloigné que du mineur: or il n'y a point d'oreille qui puisse aperceuoir ces petites differences, puisque les plus subtiles ont de la peine à distinguer le comma, quoy qu'il ne soit que la neufiesme partie du ton majeur.

ADVERTISSEMENT.

Puisque i'ay traité du mouuement des corps dans le liure des mouuemens, & des Consonances dans le liure precedent, & des Dissonances dans celuy-cy, & que plusieurs tiennent que les sons acquierent autant de degrez d'aigu que les mouuemens des mobiles acquierent de vitesse, ie veux finir ce liure par la proposition qui suit, dans laquelle ie monstre de quels endroits les pierres, ou les autres corps pesans doiuent tomber pour faire toutes sortes de Consonances & de Dissonances és lieux où ils se doiuent rencontrer en descendant: ce qui sera fort aisé à comprendre apres que l'on aura leu le liure des mouuemens, & retenu la proportion des vitesses des mobiles vers le centre. Ie suppose seulement icy que les corps soient capables de descendre aussi viste les vns que les autres, & qu'ils soient de mesme grosseur, afin qu'il ne suruienne aucune difficulté dans les supputations.

PROPOSITION XII.

Determiner de quels lieux les poids doiuent tomber pour faire telles Proportions Harmoniques, & tels Accords, ou Discords que l'on voudra, lors qu'ils se rencontrent vis à vis les vns des autres.

Si la doctrine d'Aristote est veritable, à sçauoir que le son est dautant plus aigu qu'il se fait par vn mouuement plus viste, ou si les reflexions, & bouïllons de l'air sont dautant plus frequens que les mobiles se meuuent plus viste, l'on peut donner les lieux d'où ils doiuent tomber pour faire des bons accords: car si, par exemple, le poids fait 500 toises 10″, & que l'autre en fasse 600, les autres 750, 800, 900, 1000 & 1200 durant les 10″, & qu'ils fassent des sons à proportion de leur vitesse, ils feront toutes les Consonances; parce que celuy qui fait 500 toises fera l'Octaue auec celuy qui en fait 1000, comme celuy qui en fait 600 auec celuy qui en fait 1200. Et puis 500 auec 750, 600 auec 900, & 800 auec 1200 feront la Quinte: 600 auec 800, 750 auec 1000, & 900 auec 1200 feront la Quarte: 600 auec 750, & 800 auec 100 feront la Tierce majeure: 500 auec 600, 750 auec 900, & 1000 auec 1200 feront la Tierce mineure: 800 fera le ton majeur auec 900: & 900 fera la Sexte majeure auec 1000: & 500 auec 800, & 750 auec 1200 feront la Sexte mineure.

Or pour trouuer ces differents espaces en mesme temps, & cette proportion de vitesses, ie prends l'espace que fait le poids en 40″, à sçauoir 3200 toises; & considere qu'aux 10 premieres secondes il fait 200 toises, aux dix secondes 600, aux troisiesmes 1000, & aux dernieres 1400. En apres ie regarde de quelle distance, & en quel temps le poids doit choir pour faire 500 toises en 10″, & parce qu'il tombe 200 toises aux 10 premieres, & 600 aux 10 suiuantes, il faut prendre le temps partie dans les 10 premieres, & partie dans les 10 suiuantes: & parce que 500 est plus pres de 600 que de 200, il faut plus prendre de temps dans les 10, esquelles le poids tombe 600, que dans les 10, esquelles il ne chet que 200: C'est pourquoy ie prends la distance de 2 à 5, c'est à dire 3, qui valent $\frac{1}{2}$, parce que la distance de 2 à 6 est 4, & celle de 5 à 6 est 1, qui reuient à $\frac{1}{2}$ que ie prends dans les premieres 10″, & $\frac{1}{2}$ dans les suiuantes: de sorte que quand le poids sera tombé 7″½, il tombera de 500 toises en 10″, depuis 7″½ iusques à 17″½, parce que depuis 7″½ iusques à 10″, il sera 87½ toises; & de 10″ à 12″ 112½ toises; de 12″ à 15″, il en fera 137½; & de 15″ à 17″½, il en fera 162½, lesquelles estant ajoûtees font 500 toif. & sera desia tombé 112½ toises quand il commencera lesd. 500 toises; & 612½ à la fin desdites 500 toif.

Quand le poids sera tombé 200 toises en 10″, aux 10″ suiuantes il en fera 600.

Par mesme moyen l'on trouuera que quand le poids sera cheu 13″½, il sera 750 toises aux 10″ suiuantes, à sçauoir iusques à 23″½, & cherra 378½ toises en 13″½, & 1128½ en 23″½.

Quand le poids sera cheu 450 toises pendant 15″, les 10″ suiuantes, à sçauoir iusques à 25″, il cherra 800 toises, qui sera en tout 1250 toises en 25″.

Il sera 900 toises en 10″ depuis 17″½ iusques à 27″½, & sera cheu 612½ toises en ces 17″½, & au bout des 27″½ il en aura fait 1513½.

Quand il sera cheu 800 toises en 20″, aux 10″ suiuantes iusques à 30″ il fera 1000 toises.

En fin

Des Dissonances.

En fin depuis 25' iusques à 35" il fera 1200 toises; aux 25' il aura fait 1250, & aux 35",2450.

Il faudra donc que le lieu d'où on laira choir le premier poids soit haut de 2450 toises; & 5" apres il faut laisser choir le deuxiesme poids de 1900 toises; 2'", ou ⅓ de minute apres le premier poids il en faut laisser choir vn autre de 1662½ toises, qui fera 900 toises en 10"; 2'", ou 10" apres le premier il en faut laisser choir vn autre de 1450 toiſ. qui fera 800 toises en 10": 1'", ou 11'", apres le 1, il faut laisser choir vn de 1353½ toises, qui fera 750 toises en 10"; 3'", ou 15" apres le 1, il faut le laisser choir de 1100 toises, qui fera 600 toises en 10'. Finalement il faut laisser choir le dernier 2'", ou 17'", apres le premier poids de 962½ toises, qui fera 500 toises en 10", apres estre cheu 112½ toises.

7'", apres que le dernier poids commencera sa cheute, ils commenceront tous à tomber d'vne vitesse proportionneé; mais à cause que cette proportion ne se trouue qu'en vn point, ce ne sera n'y au commencement ny à la fin des 10", mais au milieu, à sçauoir quand le 1 poids sera cheu d'vne demi-minute, le 2 de 25', le troisiesme de 22'", le quatriesme de 20", le cinquiesme de 18'", le sixiesme de 15", & le dernier de 12'": & lors ils seront tous à 650 toises de la terre, & iront d'vne vitesse proportionnee; les lieux d'où on doit laisser choir les poids estant tellement disposez qu'ils se rencontreront en ce point où ils iront d'vne vitesse proportionnee, & seront tous à 50 toises plus haut que le milieu du chemin qu'ils doiuent faire aux dernieres 10". L'exemple monstre tout cela aux poids qui font 600, 800, 1000, & 1200 toises en 10'. Celuy qui fait 600, qui est le sixiesme, aura fait 450 toises en 15", lesquelles ajoûtees à 1350 toises, qui est le nombre des toises dont on l'a laissé choir plus bas que le premier, donnent la somme de 1800. Le quatriesme qui fait 800 estant cheu de 20" aura fait 800 toises. Or on a laissé choir ledit poids de 1000 toises plus bas que le premier, & 1000 & 800 font 1800 toiſ. Le second poids qui fait 1000 toises cheant pendant 25', fera 1250 toises, qui auec 550 toises dont il est cheu plus bas que le premier, font 1800: le premier en 30" fait 1800 toises; ce qui monstre qu'ils seront tous egalement eloignez du lieu où on a laissé choir le premier poids, & à 650 toises de la terre.

Il faut maintenant voir leur vitesse en ce moment. Depuis la 14 iusques à la 15", le 6 poids fera 58 toises, & de la 15 à la 16, 62, comme l'on peut voir en la table: or le milieu d'entre 58 & 62 est 60, qui conuient à l'instant de la 15", laquelle est entre 14" & 16", & est le chemin qu'il feroit en vne seconde, s'il ne changeoit point la vitesse qu'il a acquise audit instant; & la mesme mesure se trouueroit si on calculoit iusques aux Quartes & Quintes; car on trouueroit perpetuellement vn peu moins que 60 toises en vne seconde deuant 15", & vn peu plus apres 15".

L'on trouuera donc que le 4 poids aura en la 20" vne vitesse capable de faire 80 toises: le 2 de faire 100 toises en la 25", & le premier de faire 120 en la 30. Or lesdits nombres 60, 80, 100, & 120 sont en la proportion requise.

Si l'on vouloit sçauoir la proportion de leur vitesse au commencement des 10", on trouueroit que le premier poids apres 25" auroit acquis vne vitesse capable de faire 100 toises en vne seconde. Le second apres 20" feroit 80 toises en 1": le 4 apres 15" feroit 60 toises en vne seconde: le 6 apres 10" feroit 40 toises en vne seconde: partant leur vitesse seroit en proportion comme 10, 8, 6, 4, & feroient l'Octaue, la Quinte, la Quarte, la Tierce majeure, & la Sexte majeure.

M ij

Liure Second

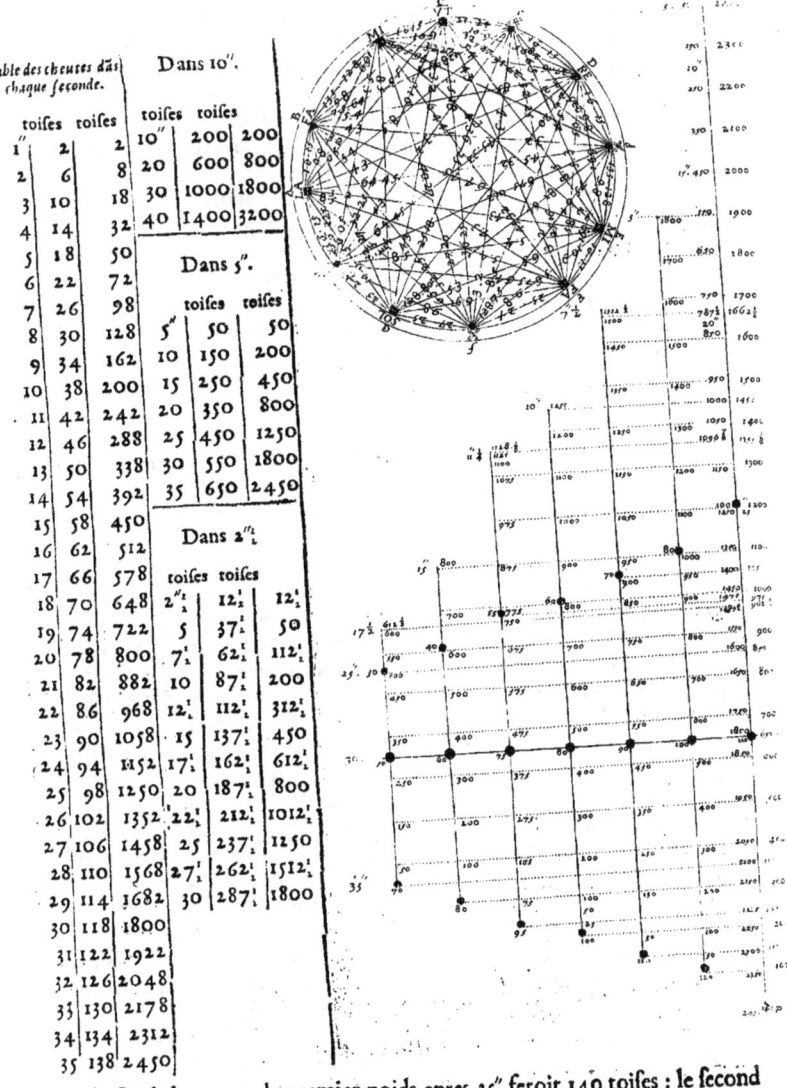

Table des cheutes dãs chaque seconde.

	toises	toises
1″	2	2
2	6	8
3	10	18
4	14	32
5	18	50
6	22	72
7	26	98
8	30	128
9	34	162
10	38	200
11	42	242
12	46	288
13	50	338
14	54	392
15	58	450
16	62	512
17	66	578
18	70	648
19	74	722
20	78	800
21	82	882
22	86	968
23	90	1058
24	94	1152
25	98	1250
26	102	1352
27	106	1458
28	110	1568
29	114	1682
30	118	1800
31	122	1922
32	126	2048
33	130	2178
34	134	2312
35	138	2450

Dans 10″.

	toises	toises
10″	200	200
20	600	800
30	1000	1800
40	1400	3200

Dans 5″.

	toises	toises
5″	50	50
10	150	200
15	250	450
20	350	800
25	450	1250
30	550	1800
35	650	2450

Dans 2″½.

	toises	toises
2″½	12½	12½
5	37½	50
7½	62½	112½
10	87½	200
12½	112½	312½
15	137½	450
17½	162½	612½
20	187½	800
22½	212½	1012½
25	237½	1250
27½	262½	1512½
30	287½	1800

A la fin de leur cours le premier poids apres 35″ feroit 140 toises : le second apres 3″, 120 toises; le 4 apres 25″, 100 toises; & le 6 apres 20″ feroit 80 toises en vne seconde; & lesdits nombres sont en proportion comme 7, 6, 5, 4, & 5″, deuant ils sont en proportion comme 6, 5, 4, 3, & encore 5″ deuant, ils sont comme 5, 4, 3, 2; & si l'on prenoit encore 5″ deuant, ils seroient comme 4, 3, 2, 1.

Au

Des Dissonances.

Au commencement des 10" la vitesse des poids sera en proportion comme 3, 4, 5', 6, 7, 8, 10; au milieu comme 5, 6, 7', 8, 9, 10, 12; & à la fin comme 7, 8, 9, 10, 11, 12, 14. Et 5' deuant les 10" leur vitesse estoit comme 1, 2, 3', 4, 5, 6, 8 : & 5' apres les 10" comme 9, 10, 11', 12, 13, 14, 16. On void icy qu'ajoutant 5' de temps, il faut seulement ajouter deux à chaque nombre pour auoir la proportion de la vitesse des poids: & si l'on ajoûtoit, ou si l'on ostoit 2"; desdits temps, il ne faudroit oster ou ajoûter qu'vn pour auoir ladite proportion : donc la raison est que l'augmentation de la vitesse est en proportion Arithmetique.

Si l'on prend la cheute des poids en la 10 partie du temps, il faudra prendre la 100 partie des espaces ; & toutes les proportions se rapporteront. Au lieu que le premier poids chet 2450 toises en 35", il ne cherra que 24', en 3'", & 18 toises en 3''', au lieu de 1800 en 30" : & en la 3" il cherra 10 toises, au lieu de 1000 aux 3 10' : & apres que le premier poids sera cheu 18 toises en 3", tous les poids se rencontreront à 6' toises pres de la terre : & lors le 6 poids sera ½, le 4 ¼, le second vne toise, & le premier 1½ de toise en ¼ de secondes'ils ne hastent plus leur course.

PROPOSITION XIII.

Demonstrer qu'il n'y a nulle difficulté dans la Theorie de la Musique, & que toutes les Consonances, les Dissonances, les chants, & les concerts se font par la seule addition, ou souztraction des battemens d'air ; où l'on void en quoy les sons ressemblent à la lumiere.

Si l'on suppose vn son, tel que l'on voudra, qui soit fait d'vn battement d'air, ou de plusieurs, l'on oyra toutes les differences des sons, & toutes les Consonances & les Dissonances ; car si l'on fait premierement vn son égal d'vn battement d'air, il fera oüyr l'Vnisson ; si on ajoûte vn autre battement d'air à l'vn des precedens, tandis que l'autre demeure tousiours ferme, & qu'il est au mesme ton, l'on aura l'Octaue ; si l'on ajoûte encore vn battement, l'on aura la Quinziesme ; le 5 battement fera la Dixseptiesme majeure ; le 6 fera la Dixneufiesme, & ainsi des autres iusques à l'infini : & si l'on garde le mesme ordre en ostant ces 6 battemens d'air, l'on redescendra par les mesmes Consonances iusques au premier son : ce qui arriue semblablement aux Dissonances ; car si l'on met 2 sons à l'Vnisson, & que chacun soit composé de 8 battemens d'air, si l'on ajoûte vn nouueau battement à l'vn desdits sons, l'on fera le ton majeur de 8 à 9 ; & si l'on ajoûte encore vn autre battement à neuf pour en auoit 10, l'on fera le ton mineur de 9 à 10.

Semblablement si l'on ajoûte vn battement au son composé de 15 battemens d'air, l'on aura le demiton majeur de 15 à 16, & ainsi des autres, dont les raisons sont appellées surparticulieres. Quant aux autres Dissonances, ou degrez, dont les raisons sont surpartissantes, comme il arriue à la Diese, qui est de 125 à 128, elle se fait par l'addition de 3 battemens d'air : la Sexte mineure se fait aussi par l'addition de 3 battemens d'air ; car si l'on ajoûte 3 battemens au son qui est composé de 5 battemens, l'on aura 8 battemens, qui font la Sexte mineure contre 5 battemens : ce qui est si clair, & si aisé à comprendre, qu'il n'est pas besoin d'expliquer plus amplement cette addition, & cette souztraction de mouuemens, ou battemens d'air.

Il faut seulement remarquer que quand on bande, ou que l'on debande les chordes des Inſtrumens, ou que l'on accourcit, & que l'on allonge leſdites chordes, ou les tuyaux des Orgues, & les Fluſtes pour faire hauſſer, ou baiſſer les ſons, que l'on ne fait autre choſe que d'ajoûter, ou ſouztraire le nombre des battemens de l'air; car il faut neceſſairement ajoûter autant de battemens d'air comme l'on veut que le ſon monte plus haut, & qu'il deuienne plus aigu, & ſouztraire autant deſdits battemens, comme l'on veut l'abbaiſſer. De là vient que ſi l'on met deux ſons à l'Vniſſon, & que l'on ajoûte autant de battemens à l'vn que l'on en oſtera de l'autre, que l'vn hauſſera autant que l'autre baiſſera, & conſequemment que ces ſons iront par mouuemens contraires, dont l'vn s'approchera touſiours de la ſimplicité & de l'vnité, iuſques à ce qu'il arriue au repos & au ſilence, & l'autre deuiendra touſiours plus compoſé, iuſques à ce qu'il ait vn ſi grand nombre de battemens d'air, qu'ils ne puiſſent plus ſubſiſter enſemble, & qu'ils ſoient contraints de nous repreſenter le ſilence.

En effet l'on experimente ſouuent que les extremitez contraires ont quelque choſe de ſemblable, comme il arriue au neant, & au tout; car comme l'eſtre de Dieu eſt ſi grand & ſi parfait, qu'il ne peut eſtre compris par l'eſprit humain, de meſme le neant eſt ſi imparfait, que l'eſprit humain ne le peut conceuoir: ce qui arriue ſemblablement à la quantité, car elle peut touſiours eſtre diminuée, & diuiſée, ou augmentée, & multipliée iuſques à l'infini, ſans que l'on puiſſe comprendre cet infini d'vn coſté ny d'autre. D'où il eſt aiſé de conclure que l'eſprit a auſſi bien des bornes & des limites que les ſens, leſquelles il ne peut franchir; ce qui teſmoigne euidemment qu'il depend d'ailleurs, & qu'il eſt creé & limité, quoy qu'il ſoit incorruptible & immortel.

Or les ſons compoſez d'vne trop grande multitude de battemens, ou qui en ont vn trop petit nombre, ne peuuent eſtre apperceus de l'oreille, comme la lumiere qui a vne trop grande multitude de rayons, ou qui eſt trop foible, ne peut eſtre veuë; ce que l'on experimente à la lumiere qui eſt reflechie dans le foyer des miroirs concaues ſpheriques, paraboliques, ou elliptiques, qui eſt ſi grande qu'elle deſtruit & bruſle l'œil, & à celle d'vne chambre qui n'a nulle ouuerture par où paſſe la lumiere du Soleil, ou des autres corps; car encore qu'il n'y ait, peut-eſtre, nul lieu dans le monde ſans quelque rayon de lumiere, comme croyent ceux qui diſent que tous les corps ſont tranſparens, & que l'on peut tellement ramaſſer la lumiere de ladite chambre, & de toutes autres ſortes de lieux ſouzterrains, par le moyen des Inſtrumens de la Dioptrique, & de la Catoptrique, qu'elle ſera ſenſible à l'œil; neantmoins elle eſt ſi foible auant que d'eſtre ramaſſée, que l'œil ne l'apperçoit nullement.

D'où l'on peut encore conclure qu'il faut vn nombre de rayons certain & determiné, qui ne ſoit ny trop grand, ny trop petit pour aſſujettir & proportionner la lumiere à l'œil, comme il faut vn certain nombre de mouuemens, ou de battemens d'air pour faire vn ſon proportionné à l'oreille. Mais il eſt tres-difficile de ſçauoir s'il faut plus ou moins de rayons pour l'œil que de battemens, ou de mouuemens pour l'oreille: & puis nous ne ſçauons pas combien il faut plus de rayons d'vne chandelle, d'vn ver luyſant, &c. que du Soleil, pour illuminer également; car encore que 4 rayons du Soleil, par exemple, ſoient aſſez forts pour faire vne lumiere ſenſible, il en faut peut-eſtre plus de 400 de ceux d'vne chandelle, & plus de 4000 de ceux de l'agaric, ou de l'eau de la mer, &c. pour illuminer également.

Ce que

Des Dissonances.

Ce que i'ay semblablement experimenté aux battemens de l'air, qui frappent l'oreille; car encore que les 500 derniers battemens d'air que fait la chorde d'vn Luth, ou d'vn autre Instrument, ne soient pas assez forts pour faire vn son sensible à l'oreille, neantmoins les 4 ou 5 premiers battemens de la mesme chorde rendent le son sensible: & bien que plusieurs chordes ne puissent estre oüyes lors qu'elles frappent seulement 25 fois l'air, neantmoins il y en a d'autres qui sont oüyes, encore qu'elles ne le frappent que 5 ou 6 fois, parce qu'elles le frappent plus fort: de sorte que l'on peut comparer la diuersité des battemens de l'air, & des tours & retours de toutes sortes de chordes aux differens rayons de toutes sortes de corps lumineux, dont les plus forts sont semblables aux plus forts, ou plus grands battemens d'air, sur lequel la chorde fait vne impression dautant plus grande que la chorde est plus grosse, plus dure, & plus tenduë, comme fait le rayon du corps plus lumineux, dont la plus grande, ou la plus forte lumiere peut estre comparee à la plus grande tension de la chorde, & les rayons les plus foibles, & les plus deliez aux moindres battemens d'air, ou à ceux qui sont plus tardifs; car le rayon frappe & penetre l'air auec vne splendeur dautant plus grande, qu'il est plus clair & plus vif, comme la chorde frappe ou perce l'air auec des battemens qui sont dautant plus vistes que le son est plus aigu.

Or comme l'on peut s'imaginer que toutes les actions des sens se font par des mouuemens differens, qui reçoiuent diuers noms à cause des differens organes qu'ils affectent, ou de la diuerse maniere dont ils operent: de mesme l'on peut dire qu'vne mesme puissance fait les fonctions de tous les sens, & consequemment qu'elle oit par le moyen de l'oreille, & qu'elle void par l'œil, &c. comme il arriue que la lumiere du Soleil fait de differens effets, à raison des corps differens qu'elle rencontre.

PROPOSITION XIV.

Donner le sommaire de tout ce qui a esté dit dans le liure des Consonances, & des Dissonances.

Ceux qui n'ont pas loisir de lire tout ce qui a esté dit dans ces deux liures, peuuent se contenter de cette proposition, dans laquelle ie comprends tout ce qui concerne les Consonances & les Dissonances. Or la premiere Consonance, ou la racine des Accords, a sa raison d'vn à vn: celle de l'Octaue, qui procede de la premiere bisection d'vne chorde, est de 2 à 1: celle du Diapente, qui vient de la 2 bisection, est de 3 à 2: celle du Diatessaron de 4 à 3: celle de la Tierce majeure de 5 à 4, celle de la mineure de 6 à 5: celle de la Sexte majeure de 5 à 3, & celle de la mineure de 8 à 5, par lesquelles le Diapason est diuisé, & se resout; car il se diuise en la raison de 3 à 2, & 4 à 3; ou dans celles de 3 à 4, 4 à 5, & 5 à 6; où dans celles de 4 à 5, & 5 à 8, ou 5 à 6, & 3 à 5. Ce qui se void mieux par la table qui suit, & qui monstre toutes les diuisions agreables de l'Octaue, qui ne peut auoir que trois interualles ou raisons Harmoniques, de sorte qu'elles épuisent toute la Musique, puis que toutes les Consonances, que l'on ajoûte aux trois accords compris par l'Octaue, ne sont que des repetitions, comme l'on void dans les Concerts de dix parties exprimees par ces nombres 3, 4, 5, 6, 8, 10, 12, 16, 20, 24, parce que tous les nombres

Six divisions de l'Octaue.

I	II	III	IV	V	VI
3	4	5	10	12	15
4	5	6	12	15	20
5	6	8	15	20	24
6	8	10	20	24	30

qui suiuent apres 3, 4, & 5, ne sont que des redites, car 6 retombe en 3, 8 en 4, 10 en 5, 12 en 6 & en 3, 16 en 8 & en 4, 20 en 10 & en 5, & 24 en 12, 6 & 3.

Quant aux discords, ils procedent de la difference des accords, puis que le ton parfait de 9 à 8 est la difference du Diapente au Diatessaron. Le petit de 10 à 9 vient de la difference de la Tierce mineure à la Quarte, ou de la Quinte à la Sexte majeure.

Le demiton majeur de 16 à 15 procede de la difference de la Tierce mineure à la Quarte, ou de la Quinte à la Sexte mineure. Le demiton mineur, ou la diese Diatonique de 25 à 24 est la difference des deux Tierces, ou des deux Sextes, ou du ton mineur & du demiton majeur.

Le demiton moyen de 135 à 128 est la difference du demiton majeur & du ton maieur, & le comma de 81 à 80 est celle des deux tons, comme la diese Enharmonique l'est du demiton maieur & mineur. Et si l'on veut supprimer toutes ces diuisions necessaires pour la perfection du genre Diatonic, l'on aura tous les tons & les demitons egaux, comme i'ay déja monstré.

Or il faut faire voir l'ordre que tous ces differens interualles doiuent garder ensemble pour composer vn systeme parfait, afin que l'on en puisse vser en toutes sortes de Chants, & que nostre Theorie se reduise en Pratique. C'est pourquoy i'ajoûte le troisiesme liure qui suit, dans lequel on verra tout ce qui appartient aux Genres, aux Systemes, aux especes d'Octaues, & aux Modes.

COROLLAIRE

Il est certain que l'on peut ajoûter plusieurs degrez à ceux que i'ay expliquez dans ce liure; par exemple ceux de toutes les especes des trois genres que i'ay raporté dans le 2 liure des Instrumens, & vne infinité d'autres, suiuant les diuisions differentes que l'on peut faire de la Quarte : par exemple si l'on met ses termes de 30 à 40, l'on aura tous les interualles & toutes les raisons qui se rencontrent entre tous les nombres qui sont entr'eux, c'est à dire entre 30 & 29, & puis entre 39, 38, 37, 36, 35, &c. iusques à 31. Mais il n'est pas necessaire de parler de ces interualles, tant parce qu'ils ne sont pas en vsage, que parce que les principes que nous auons expliqué suffisent pour faire tout ce que l'on peut s'imaginer dans l'Harmonie.

LIVRE

LIVRE TROISIESME

DES GENRES, DES ESPECES, des Systemes, & des Modes de la Musique.

IL faut remarquer que les Musiciens se seruent de ces dictions *Genres, Especes, &c.* dans vn autre sens que les Dialecticiens, les Philosophes, & les Orateurs, & qu'ils disent que le *genre* n'est autre chose que le rapport qu'ont les quatre sons, ou les trois interualles de la Quarte les vns auec les autres: & parce qu'ils peuuent auoir des rapports differens dans la Quarte de chaque genre, ils mettent autant de differentes especes qu'il y a de rapports differens.

Quand à la diction *systeme*, elle signifie la suite ou la composition de deux, trois, ou plusieurs interualles, qui font deux ou plusieurs consonances: comme est le Diapason diuisé par la Quarte & par la Quinte: de sorte qu'il faut du moins trois termes, ou trois sons pour faire vn systeme, comme il faut trois nombres ou trois lignes pour faire vne proportion ou analogie: & les Grecs estiment que le systeme parfait doit estre composé du Diapason qui se trouue dans leurs quinzes chordes.

Or ils ont establi trois genres, dont le premier & le plus naturel s'appelle *Diaton*, parce qu'il a vne plus grande quantité de tons que d'autres interualles; le second est nommé *Chrome*, parce qu'il change l'intention, & par maniere de dire la couleur du Diaton, & qu'il est entre le 1 & le 3, comme la couleur entre le blanc & le noir; il abonde en demitons, comme le troisiesme, que l'on appelle *Harmonic*, en dieses, parce que la Quarte Chromatique est composée d'vn demiton, & d'vn demiton & d'vn tris-hemiton, qui respond à nostre sesquiditon, ou Tierce mineure, & l'Enharmonique procede par vne diese, & vne autre diese, & par le diton: & parce que la diese est le moindre interualle dont on puisse vser sensiblement dans la Musique, l'on ne peut establir dautres genres dans la pratique, quoy que la theorie aille iusques à l'infiny. En fin la diction *mode* signifie le lieu du systeme où commence chaque espece d'Octaue, ou la deduction & le progrez de ses sept interualles; car les modes se changent selon la varieté des lieux où se rencontrent les deux demitons du Diapason, comme ie monstreray dans ce liure.

PROPOSITION PREMIERE.

Determiner en quoy consiste le genre Diatonic, combien il y en a d'especes, de quelle espece l'on vse maintenant; en quoy consiste la main, l'eschelle, ou la Gamme d'Aretin, & quels sont les Tetrachordes des Grecs.

Tous les Grecs, & ceux qui les ont suiuis, disent que le genre Diatonic est le progrez de la voix, qui monte premierement par vn demiton, secondement par vn ton, & encore par vn autre ton pour faire les degrez du Diatessaron : de sorte qu'il faut faire deux tons de suite apres que l'on a fait le demiton, comme l'on fait en chantant *Mi, fa, sol, la* en montant, ou *La, sol, fa, mi* en descendant.

Or ie parle fort amplement des trois genres de Musique dans le second liure des Instrumens à chordes en faueur du Luth, où i'ay mis les especes de chaque genre, sans qu'il soit besoin de les repeter icy. Et puis ie les ay encore apporté dans le liure de la verité des Sciences, liure 3, theoreme 5 : & dans la 1898 page de mon Commentaire sur la sainte Escriture ; de sorte qu'il suffit de remarquer icy que le Genre Diatonic peut auoir vne infinité d'especes, puis que la Quarte peut estre diuisee tant de fois que l'on voudra en trois interualles, dont les deux seront toujours plus grands que le troisiesme ; ce qui est seulement necessaire pour conseruer la nature du genre Diatonic, & pour le distinguer d'auec le genre Chromatic & l'Enharmonic, comme l'on peut conclure du liure d'Euclide & de Bacchius, que i'ay donné dans le premier liure de l'Harmonie vniuerselle, liure premier, theorie 17.

Mais il suffit de sçauoir les especes dont les Grecs ont parlé, soit qu'ils en ayent vsé dans la pratique, où qu'ils se soient contentez de la seule theorie. Or l'espece que l'on pratique ce semble maintenant est la plus excellente & la mieux ordonnee, dautant que ces interualles naissent des consonances dont ils font la difference, & sont tous trois differens, & consequemment ils sont plus propres pour varier la Musique. Or cette espece s'exprime par notes & par nombres en cette maniere, car il y a vn ton mineur de 20 à 18, c'est à dire d'*vt* à *re* ; vn ton majeur de 18 à 16, ou de *re* à *mi,* & vn demiton majeur de 15 à 16, ou de *mi* à *fa.*

1 *espece de Diatonic.* Or le ton mineur est la difference de la Quinte & de la Sexte majeure, ou de la Quarte & de la Tierce mineure ; le ton majeur est la difference de la Quinte & de la Quarte ; & le demiton majeur est la difference de la Quarte & de la Tierce majeure.

Nous monstrerons dans vn autre lieu que cette espece se peut varier en six manieres, à raison de ses trois interualles differens : ce qui arriue semblablement à toutes les autres especes qui ont trois autres interualles differens. Mais il faut remarquer que ce qui se dit d'vne Quarte du Diatonic, doit estre entendu du systeme entier du Diatonic, puis qu'il est composé de Quartes de mesme espece : car si on laisse vn ton majeur apres la Quarte precedente, & puis que l'on mette vne autre Quarte dessus, on aura l'Octaue entiere ; comme l'on void icy, où la seconde Quarte, qui est de ♯*mi,* à *E, la, mi,* acheue l'Octaue ; les Grecs l'appelloient *Tetrachorde disioint,* à raison du ton majeur qui la separe d'auec la premiere Quarte ; & lors qu'il n'y auoit nul interualle entre deux, & que la derniere chorde de la premiere Quarte seruoit pour la premiere de la 2 Quarte ; ils appelloient ces Quartes *Tetrachordes conioints.* Quant à la 2 espece du genre Diatonic, c'est celle de Pythagore, & des plus anciens, laquelle a esté en vigueur iusques à Glarean, du moins quât à la theorie, car pour la pratique, si ceux

du temps

Des Modes de la Musique. 143

du temps de Glarean viuoient maintenant, & qu'on les fist chanter, ils chanteroient l'*Vt, re, mi,* suiuant les mesmes interualles dont nous vsons à present.

Or quoy qu'il en soit, ils ont crû que deux tons majeurs se suiuoient immediatement, & que le demiton mineur acheuoit la Quarte; & parce que cette espece & ces proportions des interualles de la Quarte ont esté suiuis par Boëce, Gaffurus, Faber, Glarean, & les autres, depuis Boëce iusques à Folian, Zarlin, Galilee, & Salinas, ie mets cette espece pour la seconde, quoy que l'on luy puisse donner tel autre rang que l'on voudra.

Qant aux notes elles ne sont point differentes de la premiere espece, quoy que le *Mi* de cette espece soit plus eloigné de l'*Vt* d'vn comma, qui est quasi la huitiesme partie du ton majeur: où les trois raisons de ces notes se marquent ainsi: or il faut remarquer que le *mi fa* de cette espece est le demiton Pythagorique & de Platon, & qu'il est moindre d'vn comma que le demiton de la premiere espece dont on vse dans la pratique.

La troisiesme espece est composee des interualles qui sont expliquez par les nombres qui suiuent, 15, 17, 19, 20. La quatriesme s'explique par ceux-cy, 9, 10, 11, 12. La cinquiesme a la Tierce mineure pour son plus grand interualle; & puis deux autres qui acheuent la Quarte, comme l'on void icy, 30, 35, 38, 40. La sixiesme a ces trois interualles, 224, 216, 149, 168: & la septiesme a ceux-cy, 84, 80, 72, 63. Mais puis que nul ne veut prendre la peine d'vser de ces especes, ny des autres que l'on peut establir par la diuision de la Quarte, il n'est pas necessaire de nous estendre plus amplement sur ce sujet.

I'ajoûte seulement que ie m'estonne que les Anciens n'ont encore estably vne autre espece de Diatonic, à sçauoir celle qui diuise la Quarte en deux tons mineurs, & en vn demiton maxime, dont i'ay parlé dans le liure des Dissonances, afin d'auoir les interualles qui suiuent: Car cette espece est aussi bonne que la seconde qui a deux tons majeurs; quoy que ie n'estime pas que l'on doiue approuuer ces deux especes, à raison qu'elles priuent la Musique des quatre Consonances qui l'enrichissent dauantage, à sçauoir des deux Tierces, des deux Sextes, & de leurs repliques: ce qui arriue semblablement aux autres especes, n'y ayant que la premiere qui les conserue dans leur iustesse.

100
Ton mineur
90
Ton mineur
81
Demiton maxime
75

Mais puis que cette proposition est destinee au genre Diatonic, il faut icy mettre le Systeme dont Aretin a pris les vocables sur l'Hymne des Vespres que l'on chante à la Feste de sainct Iean Baptiste, à sçauoir *Vt, re, mi, fa, sol, la,* dont tous les Musiciens de l'Europe ont vsé depuis ce temps-là. Cette eschelle est composee de vingt chordes qui font vne Vingtiesme majeure, c'est à dire l'Hexachorde majeur, ou la Sexte majeure sur deux Octaues, dont la raison est de 3 à 20, qui est quasi d'vn à 7. Où il faut premierement remarquer qu'il y a sept Hexachordes ou Sextes majeures dans cette table Harmonique, dont chacune commence par *Vt,* qu'ils appellent *Clefs,* parce que la difficulté de chanter est ostee par le moyen des lettres *G, C, & F,* sur lesquelles les *Vt* commencent; & parce que le *G* y est repeté trois fois, ils mettent trois clefs de ♯, qu'ils appellent de ♯ *quarre,* pour signifier que le chant qui suit les notes de cette clef est

142 Liure Second

	ee						LA	
	dd					LA	SOL	
	cc					SOL	FA	
	bb					FA	♯MI	
	aa				LA	MI	RE	Nete hyperb.
	g				SOL	RE	VT	Paranete hyp.
	f				FA	VT		Trite hyperb.
	e			LA	MI			Nete diezeug.
Nete synemenon	d		LA	SOL	RE			Para.diezeug.
Paranete synem.	c		SOL	FA	VT			Trite diezeu.
Trite synemen.	b		FA	♯MI				Paramese
Mese.	a	LA	MI	RE				ton
Lichanos meson	G	SOL	RE	VT				ton
Parhypate mes.	F	FA	VT					demiton
Hypate meson	E	LA	MI					ton
Lichanos hypato	D	SOL	RE					ton
Parhypate hypat.	C	FA	VT					demiton
Hypate hypat.	♯	MI						ton
Proslambanom.	A	RE						ton
	Γ	VT						

plus dur & plus rude, comme les choses quarrees sont plus rudes que les rondes & que comme vne boule roule plus aisément qu'vn cube, c'est à dire qu'vn corps quarré en tous sens, que la voix chante aussi plus aisément par les notes du *b mol*, que par celles du ♯ *quarre*, à raison que le *b mol* fait seulement le demiton, & chante *fa* aux endroits où le ♯ *quarre* fait le ton, & chante le *mi*.

Secondement que les demitons des Hexachordes respondent aux demitons des Tetrachordes des Anciens, dont les trois conjoints sont à main gauche de la Gamme de Guy Aretin, & le disjoint, ou separé est à main droite auec le cinquiesme, auquel il est conjoint, car ils ont seulement composé leur plus grand systeme de cinq Quartes, qu'ils ont appellees *Tetrachordes*, à raison des 4 chordes de chaque Quarte, dont le premier appartient aux chordes principales, c'est à dire aux plus basses, dautant que les sons graues seruent de fondement aux aigus : le second contient les chordes moyennes, d'où il prend aussi son nom : le troisiesme s'appelle le Tetrachorde des conjointes : le quatriesme des dis-jointes, & le cinquiesme des excellentes, parce qu'elles sont les plus aiguës & les plus penetrantes.

Or ie mets icy la main Harmonique ordinaire des Praticiens, dans laquelle on void toutes les dictions dont on se sert pour enseigner les enfans, quoy que plusieurs la reduisent maintenant aux huit dictions qui font l'Octaue de *C sol vt fa* afin d'abreger la methode : mais quelque industrie que l'on y apporte, tout reuient à vne mesme chose,

Ie mets

Des Genres de la Musique. 143

Main Harmonique.

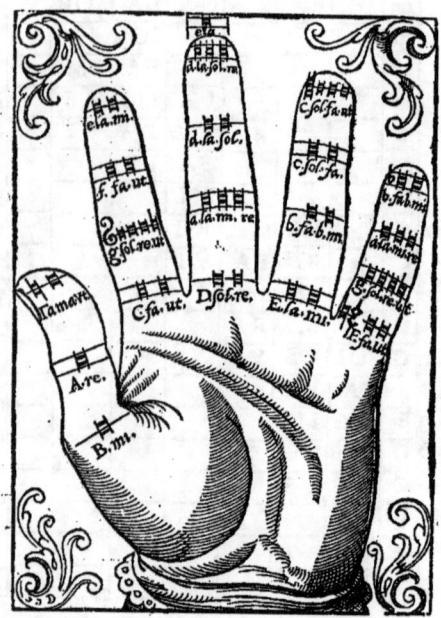

Ie mets encore la table qui fuit, laquelle monftre euidemment l'artifice dont Guy s'eft feruy pour accommoder les fept Hexachordes, les fept lettres, & les fix voix aux cinq Tetrachordes des Grecs. Où il faut premierement remarquer que les huit plus groffes lettres font en bas pour fignifier les fons plus graues, & les plus longues ou plus groffes chordes. Les autres qui font au milieu feruent pour la feconde Octaue, & les six dernieres qui font doublees feruent pour les voix les plus hautes ou plus aiguës.

En fecond lieu, que le mot de *Diefe* fignifie icy le demiton mineur de Pythagore, lequel eft le moindre interualle qui fert à fon Diatonic: & que la diction *Apotome* fignifie fon demiton majeur, dont il compofe fon ton auec ladite Diefe. De forte que les Anciens ont creu qu'il y a plus loin du *fa* de *b fa* au *mi* de ♯ *mi*, que du *mi* d'*A mi la re* au *fa* de *b fa*; au lieu que noftre Theorie met vn plus grand interualle du *mi* d'*A mi* au *fa* de *b fa*, que de ce *fa* au ♯ *mi*, car le premier interualle eft d'vn demiton majeur, & l'autre d'vn moyen, ou comme croyent quelques-vns d'vn demiton mineur, dont i'ay donné l'origine dans le liure des Diffonances.

N

Liure Troisiesme

Table de la Musique

Claues diuiduntur in

Geminatas — Excellentes
Minores — Petracutas, Acutas, Affinales
Maiores — Finales, Graues

Or l'on peut faire autant chantant de bas en haut, ou dans, comme il y a de noires bourdes doigts: par exemple G sol re ut, l'on peut quitter G sol re ut; & lons que l'on de C fa ut de ce G sol re ut d: C fa ut par le moyen de ctions, mais parce que l'on sçait que tous les la seruent comme tous les vt seruent, la maniere de chanter sans tres difficultez du genre D

Des Genres de la Musique.

Grecs ont vsé de Tetrachordes ruales pour establir les Genres, neufiesme question de mes Pre-beaucoup de choses sur ce sujet.

N II.

¶ sont plus naturels à l'homme, & monir, où il est monstré quels le sont les Genres.

le la Musique, car l'on sçait pre-chanter, & qui de mesme que la raue ou aiguë, comme i'ay prou-ire les degrez Chromatiques & plus naturel & plus aisé de pas-qu'il est plus aisé de chanter par stons, dont les extremitez sont le chanter par degrez conioints sé de marcher à petit pas que ?e

nge que les degrez Diatoniques niques, & les autres, ne vient que Car encor que plusieurs croyent s deserts chantent naturelle-anmoins l'on peut dire qu'ils ne nt appris de quelqu'vn qu'ils ont

quelqu'vn qui n'ait quelquefois anter: & si les Bergers n'auoient matiques, ou par les dieses. En-croient seulement de ces degrez, pour quelle cause, ou pour quel-nez à chanter plustost le Diato-prouuer que l'interualle sesqui-tion, est plus aisé à chanter que la

ce est si petite que la voix ne la ternales de la sesquistiesme, & s: & puis celuy du ton est moin-it pointe le Triton ny les Sepid-tres.

Table de la Musique Pratique des Grecs, & des Modernes.

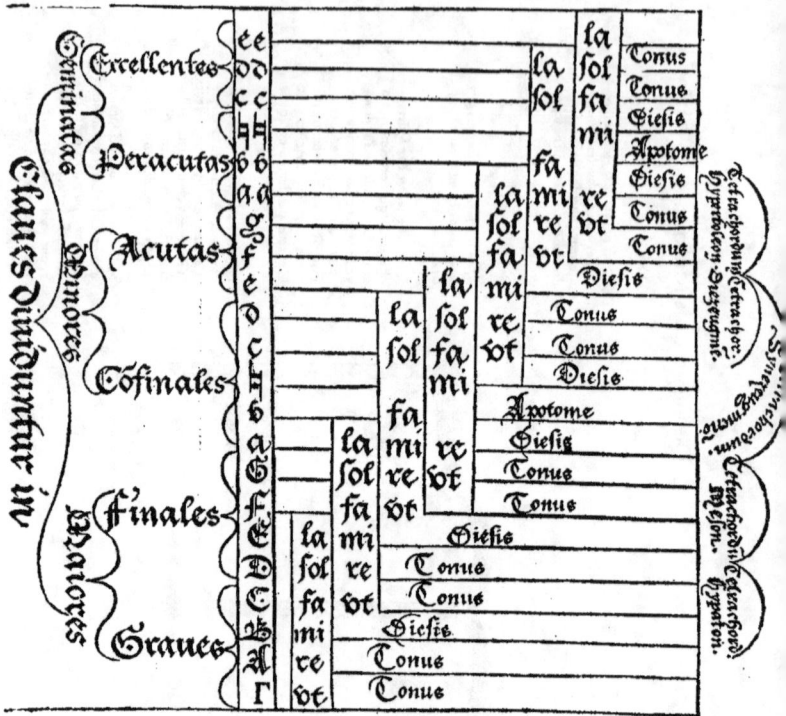

Or l'on peut faire autant de muances, de mutations, ou de changemens en chantant de bas en haut, ou de haut en bas, c'est à dire en montant ou descendant, comme il y a de notes sur chaque iointure de la main precedente, ou sur les bouts des doigts: par exemple, lors que l'on chante en montant de C fa vt, à G sol re vt, l'on peut quitter le *sol* de ce *G sol*, & prendre le *re*, ou l'*vt* du mesme *G sol re vt*; & lors que l'on descend de *C sol fa vt* en *G sol re vt*, l'on peut quitter le *re* ou l'*vt* de ce *G sol re vt* pour prendre son *sol*, afin de descendre iusques à l'*vt* de *C fa vt* par le moyen de ce *sol*. Il faut dire la mesme chose des autres deductions: mais parce que l'on enseigne cela aux enfans ie ne m'y arreste pas. Il suffit que tous les *la* seruent pour descendre iusques au premier *vt* qui se rencontre, comme tous les *vt* seruent pour monter iusques aux *la*. Mais i'expliqueray apres la maniere de chanter sans faire les muances; car ie viens maintenant aux autres difficultez du genre Diatonic.

COROLL.

Des Genres de la Musique.

COROLLAIRE.

Si l'on veut sçauoir les raisons pourquoy les Grecs ont vsé de Tetrachordes plustost que des Hexachordes, ou d'autres interualles pour establir les Genres, & pour composer leurs Systemes, il faut lire la neufiesme question de mes Preludes de l'Harmonie, dans laquelle ie remarque beaucoup de choses sur ce sujet, & sur le nombre quaternaire.

PROPOSITION II.

A sçauoir si les degrez Diatoniques de la Musique sont plus naturels à l'homme, & plus aisez à chanter que ceux du genre Enharmonic; où il est monstré que le Diatonique est le plus naturel de tous les Genres.

Cette difficulté n'est pas l'vne des moindres de la Musique, car l'on sçait premierement que l'ouuerture du larynx qui sert à chanter, & qui de mesme que la languette ou l'anche d'vne fluste, rend la voix graue ou aiguë, comme i'ay proué dans le liure de la Voix, est aussi propre à faire les degrez Chromatiques & Enharmoniques que les Diatoniques. Et s'il est plus naturel & plus aisé de passer par les degrez les plus proches, l'on auoûra qu'il est plus aisé de chanter par plusieurs demitons & par les dieses, que par les tons, dont les extremitez sont plus eloignees. De là vient qu'il est plus aisé de chanter par degrez conjoints que par degrez separez; comme il est plus aisé de marcher à petit pas que de sauter.

Secondement il semble que ce que l'on iuge que les degrez Diatoniques sont plus naturels & plus aisez que les Enharmoniques, & les autres, ne vient que de la coustume qui nous preoccupe quasi tous. Car encor que plusieurs croyent que les Bergers & ceux qui viuent solitaires dans les deserts chantent naturellement le genre Diatonic sans l'auoir appris, neanmoins l'on peut dire qu'ils ne chanteroient pas par ces degrez, s'ils ne les auoient appris de quelqu'vn qu'ils ont ouy chanter, & qui les sçauoit d'ailleurs.

En effet, il est tres-difficile de rencontrer quelqu'vn qui n'ait quelquesfois ouy chanter, & qui n'imite ceux qu'il a ouy chanter: & si les Bergers n'auoient iamais ouy chanter que par les demitons Chromatiques, ou par les dieses Enharmoniques, il y a grande apparence qu'ils vseroient seulement de ces degrez, & qu'ils ne chanteroient pas la Diatonique; car pour quelle cause, ou pour quelle raison les hommes peuuent-ils estre determinez à chanter plustost le Diatonic que les autres Genres? Comme peut-on prouuer que l'interualle sesquioctaue du ton, & le sesquiquinziesme du demiton, est plus aisé à chanter que la Diese, dont la raison est de 128 à 125?

L'on ne peut pas obiecter que ceste distance est si petite que la voix ne la peut obseruer, car la voix ne fait pas aussi les interualles de la sesquisixiesme, & sesquiseptiesme, encore qu'ils soient plus grands: & puis celuy du ton est moindre que celuy de la Tierce mineure; & l'on n'oit point le Triton ny les Septiesmes dans le chant naturel des Bergers & des autres.

148   Liure Troisiesme

Certes il est difficile de resoudre cette difficulté, si l'on ne rencontre premierement quelqu'vn qui chante sans iamais auoir ouy chanter; comme il est difficile de sçauoir quelles dictions formeroient les enfans qui n'auroient iamais appris à parler, & de quelle langue ils parleroient entr'eux pour expliquer leurs pensees.

Toutesfois s'il est permis d'asseoir son iugement sur des raisons probables, l'on peut tenir que les degrez Diatoniques sont plus naturels, puis que nous experimentons que l'on en a toujours vsé, & que la pratique de ce Genre a tellement aboly les autres qu'on les a oubliez, & que l'on les estime impossibles ou inutiles. Et puis l'on trouue par experience que les peuples qui n'ont point de Musiciens parmy eux chantent la Diatonique, comme l'on peut voir par ce chant des Canadois, dont ils vsent souuent en dansant, comme a remarqué l'vn des Capitaines que le Roy y a enuoyez.

Chanson Canadoise.

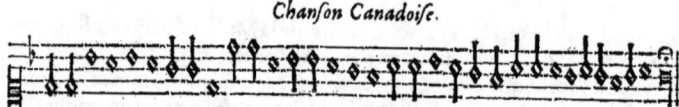

Ils vsent de plusieurs autres Airs qui procedent par nos degrez Diatoniques, quoy que l'on puisse dire qu'ils les ont appris de ceux qui les ont frequentez depuis quelques annees pour trafiquer auec eux, comme des François, des Anglois, & de plusieurs autres. Ce que l'on peut aussi respondre pour la maniere de chanter des Ameriquains que l'on void dans la troisiesme partie de l'histoire de l'Amerique, dans le voyage de Iean Leri, qui dit que les Toupinamboux chantent souuent en cette façon, qu'ils repetent plusieurs fois auec ces paroles,

Trois Chansons des Ameriquains.

I   II   III

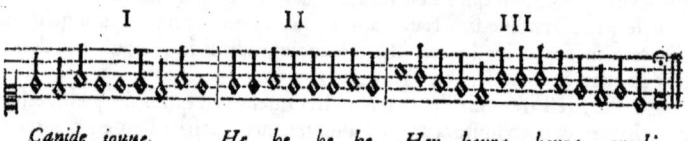

Canide iouue.   He he he he.   Heu heura heura ouechi.

qui signifient *vn oiseau iaune*, dont les plumes leur seruent pour faire leurs bonnets, leurs robes, & plusieurs autres choses: d'autresfois ils chantent la deuxiesme chanson auec vne si grande vehemence, que l'escume leur sort de la bouche, comme s'ils auoient le haut mal. Il ajoûte que la troisiesme chanson leur sert d'vn refrein ou d'vne reprise fort agreable, qu'ils repetent souuent auec des paroles par lesquelles ils signifient le regret qu'ils ont de la mort de leurs peres: & puis ils disent qu'ils sont allez demeurer par delà les montagnes, où ils viuent tres-contens; d'où l'on conclud qu'ils croyent l'immortalité de l'ame.

L'on pourroit encore prouuer que les interualles Diatoniques sont plus naturels à l'homme que les autres, parce qu'ils font la difference des Consonances, comme i'ay monstré ailleurs. Mais il faudroit premierement monstrer que les

Consonances

Des Genres de la Musique.

Consonances luy sont naturelles : ce qui n'est pas ce semble moins difficile à prouuer que le reste, puis que nous n'experimentons pas que l'on fasse la Quinte ou l'Octaue en chantant, si l'on ne les a premierement apprises ; quoy que l'Octaue que les femmes & les enfans font naturellement en chantant auec les hommes soit fort remarquable ; & que l'on ait obserué que plusieurs oiseaux, & autres animaux font des Consonances en chantant & en criant : par exemple, les Coucous font la Tierce mineure en chantãt : les Vaches font la Dixiesme majeure en criant ; & l'oiseau que les Ameriquains nomment *Vnau*, & que nous appellons le Paresseux, chante ordinairement en repetant six fois *Ha, ha, ha, ha, ha, ha*, au mesme ton de nos six notes, *La, sol, fa, mi, re, vt* ; comme Ouiedo remarque dans son histoire du nouueau monde.

Et si l'on respond que les animaux peuuent auoir oüy chanter ces interualles à quelqu'vn, ou qu'ils les ont apris de leurs peres & de leurs meres, qui les auoient apris de quelque Chantre, il est aisé de monstrer que cette responce n'est pas assez solide ; car encore que les animaux eussent apris ces interualles, les corps inanimez ne peuuent les auoir apris, & neanmoins ils font lesdites Consonances, apres lesquelles ils font le ton & le demiton Diatonique, comme i'ay remarqué au traité des Trompettes & des Flustes, & dans le liure des Instrumens à chordes.

Or si ces Instrumens font tellement ces interualles qu'ils n'en puissent faire d'autres, comme il arriue, l'on peut conclure qu'ils sont naturels, & que la languette trouue plus de facilité à les faire que les autres interualles, soit que la nature luy ait marqué de certaines ouuertures, comme l'art en marque aux languettes des Regales par le moyen des ressorts, & aux Flustes & autres Instrumens par le moyen des trous & des touches, ou que l'esprit & l'imagination conduise le mouuement du larynx par les interualles les plus aisez, à sçauoir par les degrez Diatoniques ; car la plus grande partie des hommes se porte ordinairement à ce qui est plus aisé, parce que l'on fuit le labeur, à raison qu'il blesse, & qu'il destruit la nature, s'il n'est moderé. Or i'ay demonstré ailleurs qu'il est plus aisé de comprendre les interualles Diatoniques que nuls autres ; d'où il faut conclure qu'ils sont plus naturels.

Ce qui n'empesche nullement que l'on ne puisse chanter par les degrez des autres Genres, puis qu'il est tres-certain que nous les faisons souuent en parlant, quoy que nous ne les remarquions pas, & que nous commençons le discours & les chansons tantost plus haut d'vne diese ou d'vn comma, & tantost plus bas. Or nous pouuons ce semble faire les interualles de suite en mesme temps, que nous faisons en des temps differens.

Car puis que la mesme chorde d'vn Violon, d'vn Monochorde, ou de quelqu'autre Instrument peut faire tous ces petits interualles successiuement les vns apres les autres, & qu'vn mesme Flageollet ayant ses trous disposez de diese en diese fait les degrez du genre Enharmonic, pourquoy la voix humaine ne les pourra-elle pas chanter, car la languette du larynx contient vne infinité de flageollets, de trous, & de touches, & l'esprit qui la conduit est indifferent à toutes sortes d'interualles, de sorte qu'il ne tient qu'à luy si la voix ne chante les moindres degrez ; si ce n'est que l'on die que ladite languette ne luy peut obeir, ny suiure ses mouuemens. Mais cette resistance ne peut arriuer qu'à raison qu'elle

150　　　　　　　Liure Troisiesme

ne s'est pas accoustumee & habituee à ces degrez, comme à ceux de la Diatonique, qui luy semblent naturels, puis qu'il est difficile de distinguer & de reconnoistre la longue coustume d'auec la nature. D'où il faut ce semble conclure que si l'experience nous auoit monstré qu'vn enfant chantast les degrez Enharmoniques, ou les autres degrez moindres, ou plus grands, aussi aisément que les Diatoniques, apres y auoir pris autant de peine que font les autres qui apprennent à chanter à l'ordinaire, qu'il faudroit auoüer qu'il n'y a point de degrez ou d'interualles plus aisez à chanter, ny plus naturels les vns que les autres. Mais puis que toutes les experiences & les obseruations conspirent à persuader que la Diatonique est plus naturelle que les autres especes de Musique, il faut suiure la partie affirmatiue.

PROPOSITION III.

Les raisons des degreZ Diatoniques, dont on vse ordinairement en chantant, se peuuent expliquer en deux manieres, à sçauoir pour la longueur des chordes, ou par le nombre des battemens de l'air: on void aussi les lieux où il faut mettre le ton mineur & le majeur.

Cette proposition explique tres-clairement tous les degrez ordinaires qui sont contenus dans l'estenduë de l'Octaue, soit que l'on suiue l'idee de la Theorie dont on s'est seruy iusques à maintenant, c'est à dire que l'on vse de la differente longueur des chordes pour representer les sons differens qui font chaque interualle, ou chaque degré, ou que l'on suiue la nouuelle speculation dont ie me sers pour expliquer la nature des sons.

Quant à la premiere façon, le plus grand nombre ou le plus grand terme de la raison qui exprime le degré ou l'interualle, se met le premier, & represente le son le plus graue, parce qu'il signifie la plus longue ou la plus grosse chorde: par exemple, quand on represente le ton majeur, qui est la difference de la Quinte & de la Quarte, l'on explique tellement sa raison sesquioctaue, que le plus grand terme est le premier; car la raison sesquioctaue est de 9 à 8, dautant que la chorde qui est longue de neuf parties, fait le son graue, & celle qui est de huit parties, c'est à dire qui est plus courte que l'autre d'vne huitiesme partie, fait le son plus aigu: de sorte que la chorde A B qui a neuf parties, fait le ton majeur contre la chorde C D qui n'a que huit parties. Il faut dire la mesme chose du ton mineur & du demiton majeur, car leurs raisons sont exprimees par des termes, dont le plus grand signifie toujours la plus grande ou la plus grosse chorde, & le moindre signifie la plus courte ou la plus deliee.

Mais les notes de la Pratique accompagnees des nombres qui signifient la longueur ou grosseur de chaque chorde, feront entendre ces degrez plus aisément que le discours: & afin que ceux qui ne sçauent pas la pratique puissent prononcer les dictions dont on vse pour exprimer chaque note, ie les ay mises sur les notes: où il faut remarquer que le premier ton qui est d'*Vt* à *Re*, est mineur de 9 à 10, & que le second qui est de *Re* à *Mi*, est majeur, afin que l'on fasse la Tierce mineure depuis *Fa* en bas; ce que l'on ne pourroit pas faire si le

ton

Des Genres de la Musique.

ton mineur se trouuoit de *Re* à *Mi*, parce que la Tierce mineure est composée du ton majeur & du demiton majeur, & consequemment elle est trop petite d'vn comma, lors qu'elle contient seulement le ton mineur & le demiton majeur, comme ie demonstreray dans le discours du genre Chromatic & Enharmonic, ou du parfait Diatonic, qui a besoin de deux *D, la, re, sol* pour trouuer toutes les consonances iustes contre chaque note de l'Octaue: on verra cependant les simples degrez de l'Octaue dans cette figure.

Les degreZ Diatoniques de l'Octaue.

	VT	RE	MI	FA	SOL	LA		FA
VT	RE	MI		FA				
10	9	8	16	15	9	8	10	9	8	16	15

Ton mineur. Ton maj. Demiton maj. Ton maj. Ton min. Ton maj. Demiton maj.

L'autre figure qui suit contient les mesmes degrez, mais leurs raisons sont autrement disposées, car elles expliquent la vraye Theorie de la Musique, & monstrent le nombre des battemens d'air que font les sons: & parce que la plus longue ou la plus grosse chorde fait moins de retours que la plus courte ou la plus deliée, le premier terme de chaque degré est representé par le moindre nombre, & le second par le plus grand, parce que le son plus aigu n'est autre chose qu'vn plus grand nombre de battemens d'air, comme i'ay desia dit plusieurs fois. De là vient que les termes de la premiere figure sont tellement renuersez dans la seconde, que le ton mineur y est exprimé par la raison de 9 à 10: au lieu qu'il estoit expliqué dans la premiere par la raison de 10 à 9, c'est à dire que les raisons surparticulieres de la premiere figure sont sousparticulieres dans la seconde. Mais parce que les nombres 10, 9, 8, qui expriment le ton mineur & le maieur dans la premiere figure, ne peuuent seruir pour expliquer les mesmes tons dans la seconde, si l'on ne met le ton majeur d'*Vt* à *Re*, & le mineur de *Re* à *Mi*: i'obserue cette disposition de tons, qui est la plus naturelle, comme l'on void par la suite naturelle des nombres.

VT RE MI MI FA FA SOL LA RE MI MI FA
48 54   60 64   72 80   90 96

Or les Praticiens peuuent receuoir vn nouueau contentement en chantant ces 8 notes de l'Octaue, dautant que l'on void la proportion des battemens de l'air qui sortent par la glotte où se forme le son, qui par apres fait la parole: car lors que la voix est à l'Vnisson d'vn tuyau d'Orgue de quatre pieds ouuert, elle bat 48 fois l'air dans l'espace de la soixantiesme partie d'vne minute, comme i'ay demonstré ailleurs, & consequemment elle le bat 54 fois en chantant *Re*, & 60 fois en chantant *Mi*, dautant qu'il y a mesme raison de 8 à 9, & à 10, que de 48 à 54, & à 60; & si l'on chante les autres notes qui suiuent, elle bat 64 fois l'air en chantant *Fa*, 72 fois en chantant *Sol*, 80 fois en chantant *La*, 90 fois en chantant le *Mi* le plus aigu: & finalement l'air est battu 96 fois, lors que l'on chante le dernier *Fa*; c'est pourquoy i'ay marqué ces nombres vis à vis des notes, aufquelles ils refpondent dans la feconde figure, afin qu'elle ferue à la parfaite intelligence de la Mufique, & de la nature des fons: car ces grands nombres ont icy deux excellens offices, dont l'vn confifte à continuer les fept raifons des fept interualles Diatoniques de l'Octaue; & l'autre à reprefenter tous les battemens de l'air que font les Voix ou les Inftrumens fur chaque note. Mais il faut lire les Corollaires fuiuans pour remarquer plufieurs chofes qui appartiennent à ces degrez de l'Octaue.

COROLLAIRE I.

Il faut remarquer que le premier *Fa* n'a point de Tierce mineure en bas dans la 2 figure, dautant que le ton mineur fe trouue de *Re* à *Mi*, au lieu qu'il fe trouuoit d'*Vt* à *Re* dans la premiere figure. Semblablement le *La* n'a point de Quinte en bas, car l'interualle qui eft depuis le *Re* iufques au *La* eft moindre d'vn comma que la Quinte: mais cette feconde figure a la Quarte iufte depuis le *Re* iufques au *Sol*, qui n'eft pas dans la premiere figure. D'où il appert qu'il vaudroit mieux fuiure l'ordre des degrez de la premiere figure que ceux de la feconde, fi l'on eftoit contraint de choifir l'vn ou l'autre, dautant qu'il eft plus aifé de fe paffer de la Quarte toute feule, que de la Tierce mineure & de la Quinte.

COROLLAIRE II.

Puis que les Praticiens font fouuent la Tierce mineure en bas contre le *Fa*, la Quarte contre le *Sol*, & la Quinte contre le *La*, il eft euident qu'ils fe feruent de deux *D, la, re, fol* differens, dont l'vn eft plus bas que l'autre d'vn comma; ou qu'ils vfent de deux *G re, fol*, ou de deux *A mi, la*, fans lefquels il n'eft pas poffible de faire les Confonances iuftes, comme ie monftreray plus amplement dans les propofitions fuiuantes.

COROLLAIRE III.

L'on peut donc conclure de ce difcours qu'il eft indifferent de faire le ton maieur ou le mineur d'*Vt* à *Re*, ou de *Re* à *Mi*, & aux autres lieux où fe rencontre le ton, & qu'il n'y a que la Compofition ou les Confonances, qui determinent les lieux où il faut faire l'vn ou l'autre; & confequemment qu'il n'importe pas où l'on faffe le ton maieur ou le mineur dans les fimples recits: de forte qu'il n'y a nulle neceffité de faire pluftoft l'vn que l'autre, que celle qui vient des confonances: d'où il s'enfuit que les confonances ne font pas pour les degrez, mais que les degrez font pour arriuer aux confonances.

Or encore que la figure precedente contienne feulement 8 notes differentes, l'on en peut neanmoins faire 40320 chants differens, quoy que l'on ne repete iamais vne mefme note deux fois dans aucun defdits chants, dont chacun aura toujours 8 notes, comme ie demonftre dans le liure des Chants, & dans vn volume entier qui comprend tous ces 40320 chants.

PROP. IV.

Des Genres de la Musique.

PROPOSITION IV.

Expliquer le Genre Diatonic, le Chromatic, & l'Enharmonic si clairement, que tous les Musiciens le puissent aisément entendre, & s'en puissent seruir dans leurs Compositions.

Plusieurs se sont imaginez que le genre Chromatic & l'Enharmonic ne peuuent estre mis en pratique, ny chantez auec les voix, & qu'il n'est propre que pour les Instrumens à clauier : mais ils n'ont pas consideré la nature de ces deux Genres, & se sont contentez du Diatonic, parce qu'il est le plus aisé & le plus naturel, dautant qu'il a vne grande multitude de tons, & fort peu de demitons.

Or ie veux monstrer dans ce discours que les deux autres Genres sont tres-faciles & tres-necessaires pour la Composition, apres auoir remarqué que le genre Chromatic a peut estre esté appellé de ce nom, parce que les Grecs l'escriuoient auec des caracteres rouges, ou dautre couleur, car *chroma* signifie couleur : ce qu'ils pratiquent encore maintenant dans leurs chansons, lesquelles ils marquent partie auec des caracteres noirs, & partie auec des rouges, qui leur seruent pour signifier les notes, les mesures, & les autres circonstances qu'il faut obseruer en chantant. On la semblablement appellé Chromatic, parce qu'il rehausse le genre Diatonic, comme les couleurs les plus viues rehaussent les plus basses & les plus foibles. Et si l'on auoit coustume d'vser de differentes couleurs lors que l'on imprime les Compositions de Musique à plusieurs parties, ou que l'on compose les chansons, il faudroit imprimer les chordes & les notes Diatoniques auec de l'ancre noire, comme l'on a toujours fait iusques à maintenant ; les Chromatiques de rouge, & les Enharmoniques de bleu, dautant que ses degrez sont propres pour rauir l'esprit dans la contemplation des choses celestes.

Mais il faut remarquer que le Diatonic est le fondement des deux autres, & que le degré Chromatic & l'Enharmonic ioints ensemble ne contiennent que le moindre des degrez Diatoniques, de sorte qu'il a mesme raison auec eux que le nombre entier auec les nombres rompus, comme ie fais voir dans la figure qui suit, dans laquelle i'explique ces trois Genres auec les notes ordinaires de la pratique si clairement, qu'il n'y a que les seuls aueugles qui ne les puissent comprendre ; car il faut seulement regarder ladite figure pour les entendre, & pour en vser dans la composition ; & les aueugles comprendront aisément tout ce que la figure contient, si on leur fait la lecture de ce discours, dont Salinas qui estoit aueugle me seruira de garant & de tesmoin.

Et pour ce sujet ie mettray l'Octaue de ces trois Genres sur dix lignes ; car les cinq lignes dont on vse pour la Musique ordinaire ne peuuent seruir pour les trois Genres, sans l'embarras de plusieurs caracteres qu'il faudroit mettre sur les lignes, & dans les espaces pour marquer les 19 notes ou chordes, & les 18 interualles qui sont dans ladite Octaue.

Or ie commence premierement cette eschele par la clef de *F vt fa*, & puis par *C sol vt fa*, quoy que l'vne & l'autre ayent vn nombre egal de notes & d'interualles : mais la premiere est autrement disposee que la seconde, comme l'on verra dans l'explication de l'vsage du genre Chromatic & de l'Enharmonic.

Et afin que ce Systeme contente les Praticiens & les Theoriciens, & que chacun apprenne la Theorie & la Pratique de la Musique en le regardant, les dix lignes sont diuisees en cinq colomnes, dont la premiere contient le nombre des chordes; la seconde les nombres radicaux de chaque interualle, lesquels sont tellement disposez, que le moindre qui precede signifie le nombre des battemens de l'air ou les tremblemens, & les allees & venuës de la chorde sur laquelle il se trouue. La troisiesme contient les lettres ordinaires Diatoniques, & les signes ou characteres Chromatics & Enharmonics. La quatriesme contient les notes, lesquelles on peut tellement distinguer, que les quarrez representent les chordes Diatoniques, les rhomboides qui ont la figure de l'ozange, & qui sont les ordinaires, les chordes Chromatiques & les Enharmoniques. La cinquiesme contient les nombres, qui continüent toutes les raisons des 18 interualles de cette Octaue, & consequemment il y a mesme raison du premier nombre d'en bas au second, c'est à dire de 2880 à 3000, que de 24 à 25: & ainsi des autres.

I	II		III	IV	V	
19	15		F	⊟	5760	de. maj.
18	15	25	E	☐	5400	de. min.
17	81	24	⋇e	◇	5184	comma
16	80	16	⋇d	◇	5120	de. maj.
15	25	15	D	☐	4800	de. min.
14	24	128	⋇d	◇	4608	diese
13	25	125	⋇c	◇	4500	de. min.
12	24	16	C	☐	4320	de. maj.
11	81	15	♮	⊟	4050	comma
10	80	25	·B	⊟	4000	de. min.
9	16	24	B	☐	3840	de. maj.
8	15	25	A	☐	3600	de. min.
7	128	24	⋇a	◇	3456	diese
6	125	25	⋇g	◇	3375	de. min.
5	81	24	·G	◇	3240	comma
4	80	25	G	☐	3200	de. min.
3	128	24	⋇g	◇	3072	diese
2	125	25	⋇	◇	3000	de. min.
1		24	F	⊟	2880	

Toutes les chordes Diatoniques sont marquees par des notes quarrees, car le *G re sol ut* a deux notes qui sont prises pour vne mesme chorde, afin que les consonances, qui ne sont pas iustes contre l'vne de ces notes, se troüuent iustes auec l'autre: & les autres notes qui signifient les degrez Chromatics & Enharmonics ont la figure de l'ozange: mais l'on pourroit marquer les degrez Enharmonics auec des notes rondes, ou des noires.

Or cette Octaue est diuisee en 4 demitons majeurs, 8 mineurs, 3 dieses, & 3 commas, qui sont tous necessaires pour composer parfaitement: ce que ie veux monstrer par quelques exemples, afin que les Praticiens voyent la necessité & l'vtilité de tous les interualles de ce Systeme.

Quand on fait la Tierce majeure en montant de *G*, il faut prendre la 10 chorde, qui est Chromatique: & si l'on fait la Tierce majeure en bas auec *D*, il faut toucher la 10 chorde, laquelle est Chromatique. Semblablement si l'on fait la Tierce majeure depuis la 19 chorde, il faut toucher la 14 chorde, laquelle est Enharmonique: & si l'on fait la Tierce mineure en haut depuis le premier *G*, il faut toucher la 9 chorde.

Il est facile d'accommoder ce discours à tous les demitons mineurs: c'est pourquoy ie passe aux interualles, à sçauoir aux dieses & aux commas; car quant aux demitons majeurs, & aux autres interualles ou chordes de la Diatonique, l'vsage en est frequent.

Les dieses

Des Genres de la Musique. 155

Les dieses seruent pour faire les Tierces mineures & les majeures, & plusieurs res consonances iustes auec les autres chordes, comme l'on void dans l'vsage ce Systeme que i'explique dans la proposition qui suit.

PROPOSITION V.

Expliquer l'vsage de l'Octaue precedente, & consequemment des trois Genres de Musique.

L'on peut se seruir de ces trois Genres en deux manieres; premierement és mples Recits qui se font d'vne seule voix, & puis aux Concerts qui se font à lusieurs parties. Quant aux simples Recits, ces trois Genres sont tres-commoes, car les interualles Diatoniques sont propres pour la ioye, & les Chromatics e Enharmonics pour representer les choses tristes, amoureuses, & rauissantes. t parce que tous les interualles de ces trois Genres sont marquez en plusieurs açons dans la figure precedente, il faut seulement icy ajoûter toutes les consoances qui se font auec tous les degrez Diatonics, & auec les Chromatics & les nharmonics, afin que l'on se puisse seruir de tous les trois Genres dans les Compositions à plusieurs parties; & pour ce sujet ie commence par *F vt, fa*, puis qu'il st le plus bas du Systeme. Mais afin que l'on entende contre quelles chordes se ont toutes les consonances, il faut encore repeter l'Octaue auec ces 18 interualles, & marquer chaque chorde d'vn caractere particulier; de sorte que les chordes Diatoniques ayent les lettres ordinaires, & que le G soit double, dont le premier ou le plus bas soit tout simple, & l'autre marqué d'vn point, afin de les distinguer, car ils sont eloignez l'vn de l'autre d'vn comma. Les chordes Chromatiques sont marquees par ce signe x joint à la lettre Diatonique qui precede mmediatement; & les Enharmoniques auec cettui-cy x, lequel on joint auec la lettre Diatonique qui suit; & les chordes qui font les deux autres comma sont marquees d'vn mesme signe que les degrez Enharmonics auec la lettre du degré Diatonic dont ils sont plus proches, ou auec vn point qui precede ledit signe. Ie monstreray les lieux où se trouuent les dissonances dans la proposition qui suit, & i'expliqueray leur vsage dans vn discours particulier.

COROLLAIRE I.

L'on peut pratiquer beaucoup de degrez & de sons dans la Musique par le moyen de ce Systeme, qui n'ont point encore esté employez; & entendre pourquoy du Caurroy met quelquefois ce signe x sur la mesme ligne sur laquelle il met x, car ce signe x represente la chorde de nostre 1 Systeme qui se marque ainsi xb, & qui est plus basse d'vn comma que x, laquelle sert pour faire la Tierce mineure, la Quinte, & la Sexte mineure, comme nous allons monstrer dans la table des Consonances de cette Octaue, lesquelles ne se peuuent rencontrer iustes auec x.

156 Liure Troisiefme

Octaue des trois Genres.

		de F à	de C à	de xg à
F	5760	xa Tierce min.	.xe Tierce min.	B Tierce maj.
	demiton majeur	A Tierce maj.	E Tierce maj.	xd Quinte
E	5400	B Quarte	F Quarte	D Sexte min.
	demiton mineur	C Quinte	.G Quinte	xd Sexte maj.
.xe	9184	xd Sexte min.	xa Sexte min.	xg Octaue
	comma	D Sexte maj.	A Sexte maj.	
xd	5120	F Octaue	C Octaue	
	demiton majeur			de .G à
D	4800	de G à		C Quarte
	demiton mineur	B Tierce min.	de D à	.xa Sexte min.
xd	4608	xb Tierce maj.	F Tierce min.	E Sexte maj.
	diese	D Quinte	xf Tierce maj.	.G Octaue
xc	4500	G Octaue	G Quarte	
	demiton mineur		A Quinte	
C	4320		B Sexte maj.	de xg à
	demiton majeur		xb Sexte min.	x Tierce min.
x	4050	de A à	D Octaue	xc Quarte
	comma	C Tierce min.		E Sexte min.
xb	4000	xc Tierce maj.		F Sexte maj.
	demiton mineur	D Quarte	de E à	xg Octaue
B	3840	E Quinte	.G Tierce min.	
	demiton majeur	F Sexte min.	xg Tierce maj.	
A	3600	xf Sexte maj.	A Quarte	de xa à
	demiton mineur	A Octaue	x Quinte	C Tierce maj.
xa	3456		C Sexte min.	xd Quarte
	diese		xc Sexte maj.	.xe Quinte
xg	3375	de B à	E Octaue	F Sexte maj.
	demiton mineur	xd Tierce min.		xa Octaue
.G	3240	D Tierce maj.		
	comma	xd Quarte	de xf à	
G	3200	E Quinte	A Tierce min.	de xb à
	demiton mineur	xg Sexte min.	xb Quarte	D Tierce min.
xg	3072	G Sexte maj.	xc Quinte	xf Quinte
	diese	B Octaue	D Sexte min.	G Sexte min.
xf	3000		xf Octaue	xb Octaue
	demiton mineur			
F	2880			

COROLLAIRE II.

Ce mesme signe sert encore pour faire le demiton mineur en montant de B, comme le x sert pour faire le demiton moyen, qui surpasse le mineur d'vn comma, qui est de xb à x dans cette Octaue. Or le sieur Boësset & les autres Praticiens se seruent souuent de ce demiton moyen dans leurs Compositions, comme ie monstreray dans le liure de la Composition.

PROP. VI.

Des Genres de la Musique.

PROPOSITION VI.

Expliquer le Systeme Diatonic, Chromatic, & Enharmonic, en le commençant par la clef de C sol fa vt.

de ✕ à	
E	Quarte
✕g	Sexte maj.
✕	Octaue

de ✕c à	
E	Tierce min.
✕f	Quarte
✕g	Quinte
A	Sexte min.
✕c	Octaue

de ✕d à	
F	Tierce maj.
✕g	Quarte
✕a	Quinte
B	Sexte maj.
✕d	Octaue

de ✕d à	
✕g	Tierce min.
G	Tierce maj.
B	Quinte
D	Octaue

de ✕e à	
G	Tierce maj.
✕a	Quarte
C	Sexte maj.
✕e	Octaue

Cette Octaue a les 19 chordes & les 18 interualles de celle qui commence par *F vt fa*, laquelle a esté expliquee dans la proposition precedente, mais par ce que celle qui commence par C a plusieurs Consonances qui se trouuent contre certaines chordes que n'a pas l'autre, il faut icy l'expliquer, afin que le Musicien choisisse celle qui luy plaira dauantage, ou qui luy sera de plus commode.

Ie l'expliqueray auec dix lignes, comme la precedente, qui sont diuisees en 4 colomnes, dont la premiere contient le nombre des chordes, la 2 les nombres radicaux de chaque interualle, la 3 les clefs, les lettres & les notes de la Musique, & la 4 les nombres qui continuent les raisons de tous les interualles: mais le plus grand nombre represente icy le son le plus graue, au lieu qu'il representoit le plus aigu dans l'Octaue qui commence par *F vt fa*.

Or il faut remarquer que les chordes qui ont ce signe ✕ sont Chromatiques, & que celles qui ont cettuicy ✕, sont Enharmoniques, & consequemment que ces 2 Octaues ont 4 chordes Chromatiques, ausquelles on peut ajoûter le ✕; & qu'il y en a 3 Enharmoniques, ou pour mieux dire qu'il y a 8 degrez Chromatics, c'est à dire 8 demitons mineurs, & 3 Enharmonics, à sçauoir trois dieses: car quant aux trois commas, ils sont communs aux 3 Genres, & ne seruent que pour trouuer les Consonances iustes, & pour faire que tous les tons mineurs soient majeurs. Quant aux degrez Enharmonics, ils sont entre les signes ou caracteres ✕ & ✕; & les Chromatics sont entre les lettres Diatoniques, & les caracteres susdits.

Certes si l'on comprend l'ordre & la suite de ce Systeme, ou de ce Diapason, il ne sera pas necessaire de lire les liures des Grecs, ou des Latins, parce qu'il contient tout ce que l'on peut s'imaginer de plus exact & de plus aisé dans la Musique; comme l'on auoüera apres auoir consideré tout ce que l'on a escrit iusques à maintenāt. Et si ceux qui aiment la verité confirmee par les experiences, font faire vn Orgue, dont les tuyaux & le clauier suiuent les raisons de cette Octaue, il est certain qu'ils entendront l'Harmonie dans la plus grande perfection qu'elle puisse auoir; comme i'ay monstré par l'experience d'vn cabinet d'Orgues que l'on a fait expres, pour assujetir les raisons de la theorie à la pratique: de sorte qu'il faut seulement entendre les degrez de l'Octaue qui suit pour comprendre tout ce que l'on peut dire de la Musique, & tout ce qui peut estre reduit en pratique.

O

Octaue contenant les trois Genres de Musique.

I	II	III			
19		15	C		1820
18	25	16	♮		1920 demit. mai.
17	24	81	·B		2000 demit. mai.
16	16	80	B		2025 comma mi.
15	15	25	A		2160 demit. mai.
14	128	24	✕a	◆	2250 diese
13	125	25	✕g	◆	2304 demit. min.
12	16	24	G		2400 demit. mai.
11	15	81	✕g		2560 comma
10	25	80	✕f	◆	2592 demit. min.
9	24	16	F		2700 demit. mai.
8	25	15	E		2880 demit. min.
7	24	128	✕e	◆	3000 diese
6	25	125	✕d	◆	3072 demit. min.
5	24	81	D		3200 comma mi.
4	25	80	·D		3240 demit. min.
3	24	128	✕d	◆	3375 diese
2	25	125	✕c		3456 demit. min.
1		24	C		3600

Ie veux aussi representer cette Octaue sans notes, comme l'autre, afin que l'on trouue plus facilement toutes les Consonances qui y sont cóprises. Si l'on auoit encore 2 sortes de notes, à sçauoir des rondes, & des triangulaires, il seroit facile d'escrire, de noter, & de distinguer les chordes Diatoniques, pour lesquelles on pourroit employer les notes ordinaires; & puis on marqueroit les Chromatiques auec des notes rondes, & les Enharmoniques auec des notes triangulaires; ce qui sera facile, si l'on veut vser de ces trois Genres. Ie laisse plusieurs autres manieres qui peuuent seruir à marquer ces degrez, puis que cela depend de la seule volonté des Praticiens, afin d'ajoûter la table que l'on void dans la page qui suit, par laquelle chacun apprendra l'vsage de ce Systeme, & le pourra transporter sur l'Epinette, sur l'Orgue, & sur les autres Instrumens, auec plus de plaisir qu'il n'y aura de peine à le comprendre. Or la premiere colomne explique tous les degrez des trois Genres, & met les propres lettres, ou characteres de la main Harmonique vis à vis de chaque nombre: de là vient qu'il y a 19 lettres pour exprimer les 18 interualles de ce Diapason, dont les trois autres colomnes monstrent toutes les Consonances iustes sans que l'on y puisse rien ajoûter.

La 160 page qui suiura, monstre quelques-vns des endroits où les Dissonances se rencontrent dans leur iuste proportion; & la 7 proposition aidera encore à comprendre l'vsage de ce Diapason pour la transposition des Tons & des Modes sur l'Orgue, & sur les autres Instrumens qui seront diuisez selon ces degrez, dont la huitiesme proposition monstrera l'origine: & si l'on veut y ajoûter quelques autres chordes, la neufiesme proposition diuise l'Octaue en 25 chordes, la dixiesme en 32, & l'onziesme en 39: quoy que ie ne doute pas que plusieurs prefereront la diuision de l'Octaue en 12 demitons, ou en 24 dieses, dont nous parlerons dans la douziesme proposition.

Octaue

Des Genres de la Musique.

Octaue des trois Genres.

C	1800		de A à	xa Quarte
	demiton majeur	de C à	C Tierce min.	.xb Quinte
♯	1920	xe Tierce min.	xc Tierce maj.	C Sexte maj.
	demiton mineur	E Tierce maj.	D Quarte	xe Octaue
.xb	2000	F Quarte	E Quinte	
	comma	.G Quinte	F Sexte min.	de xf à
B	2025	xa Sexte min.	xf Sexte maj.	A Tierce min.
	demiton majeur	A Sexte maj.	A Octaue	xc Quinte
A	2160	C Octaue		D Sexte min.
	demiton mineur		de B à	xf Octaue
xa	2250		xd Tierce min.	
	diese	de D à	D Tierce maj.	de .xg à
xg	2304	F Tierce min.	F Quinte	♯ Quarte
	demiton mineur	xf Tierce maj.	B Octaue	.D Sexte min.
G	2400	A Quinte		xd Sexte maj.
	demiton majeur	B Sexte min.	de xc à	.xg Octaue
.xg	2560	D Octaue	E Tierce min.	
	comma		xf Quarte	de xg à
xf	2592	de E à	xg Quinte	xc Quarte
	demiton mineur	G Tierce min.	A Sexte min.	xd Quinte
F	2700	xg Tierce maj.	xc Octaue	E Sexte min.
	demiton majeur	A Quarte		xg Octaue
E	2880	♯ Quinte	de xd à	
	demiton mineur	C Sexte min.	F Tierce maj.	de xa à
xe	3000	xc Sexte maj.	xa Quinte	C Tierce maj.
	diese	E Octaue	B Sexte maj.	xd Quarte
xd	3072		xd Octaue	xe Quinte
	demiton mineur	de F à		F Sexte maj.
.D	3200	xa Tierce min.	de .D à	xa Octaue
	comma	A Tierce maj.	.xg Tierce maj.	
D	3240	B Quarte	G Quarte	de .xb à
	demiton mineur	C Quinte	.xb Sexte min.	.D Tierce maj.
xd	3375	xc Sexte min.	♯ Sexte maj.	xe Quarte
	diese	D Sexte maj.	D Octaue	G Sexte maj.
xc	3456	F Octaue		.xb Octaue
	demiton mineur		de xd à	
C	3600	de G à	.xg Tierce min.	de ♯ à
		.xb Tierce min.	xg Quarte	.D Tierce min.
Les colomnes qui sui-		♯ Tierce maj.	♯ Sexte min.	xd Tierce maj.
uent monstrent la pra-		C Quarte	xd Octaue	E Quarte
tique & l'vsage de cet-		.D Quinte		.xg Quinte
te Octaue diuisee en 18		xe Sexte min.	de xe à	G Sexte min.
interualles.		E Sexte maj.	G Tierce maj.	xg Sexte maj.
		G Octaue		♯ Octaue.

O ij

Or il faut remarquer pour l'intelligence de ces deux Systemes, qu'aux chordes Diatoniques les deux chordes G ·G, ou les deux D ·D sont si proches l'vn de l'autre, que l'on peut passer insensiblement de l'vne à l'autre pour trouuer les iustes consonances auec l'vne qui ne sont pas iustes auec l'autre.

Semblablement les feintes ✕c & ✕d, ✕d & ✕e, ✕f & ✕g, ✕g & ✕a, & B & ✕ sont si voisines, que si l'on veut faire quelque consonance qui ne se trouue pas auec l'vne des deux, l'on peut aisément passer à l'autre. Or l'on experimentera que ces petits interualles donnent de la grace à la Musique.

Les Tritons & les fausses Quintes se trouuent

de C à
✕f, & à .✕g
de D à
✕g, ou à ✕a
d'E à
B, ou à ·✕b
de F à ✳
de G, ou ·G à
✕c, ou ✕d
d'A à
✕d, ou ✕e
de B à E

Quant aux Dissonances dont on peut vser, elles se trouuent doubles presque par tout; & il y en a plusieurs dont on ne s'est point serui iusques à maintenant, qui peuuent estre reduites à la pratique.

Il est tres-facile de trouuer les Secondes & les Septiesmes; car pour trouuer les Septiesmes mineures, il faut seulement ajouter le demiton mineur ou le majeur aux Sextes majeures: & les Secondes mineures ou maieures se rencontrent toujours contre chaque chorde qui suit ou qui precede, ou contre celle d'apres.

COROLLAIRE I.

Les chordes Chromatiques & Enharmoniques qui sont ajoûtees aux Diatoniques dans cette 2 Octaue, sont autrement disposees en quelques lieux que celles de l'Octaue precedente; ce qui est cause que plusieurs Consonances se rencontrent contre certaines chordes dans ce Systeme, qui ne se rencontrent pas aux mesmes endroits dans l'autre, mais elles se trouuent ailleurs, comme l'on peut voir par la conference des Tables, qui monstrent les consonances de ces deux systemes.

Or il arriue de cette differente disposition que le ✕b n'y est plus, à raison qu'il fait le comma auec B, c'est pourquoy il se marque ainsi .✕b; & l'on en peut aisément entendre les vsages par la Table precedente, & sçauoir quand il s'en faut seruir dans la Composition, dont ie traiteray ailleurs.

Ie sçay que les Organistes ne vont pas si exactement dans la Pratique, & qu'ils se contentent du temperament, qui affoiblit les Quintes, & augmente les Quartes d'vn demicomma, ou d'vn quart; mais cet vsage n'empesche pas qu'ils ne fassent leurs Orgues plus iustes, afin que leur pratique responde à la parfaite theorie; quoy que s'ils veulent demeurer dans l'imperfection, le Systeme d'egalité, dont i'ay déja parlé dans le liure des Dissonances, leur puisse seruir plus auantageusement que nul autre qui se puisse rencontrer hors de la iustesse & de la perfection.

PROP. VII.

Des Genres de la Musique.

PROPOSITION VII.

L'on peut commencer chaque note de la Musique sur chaque degré Diatonic des deux Systemes precedens; c'est à dire que l'on peut prendre Vt, re, mi, fa, sol, la, sur telle lettre Diatonique que l'on voudra; & consequemment l'on peut transposer toutes sortes de tons sur le Clauier de l'Orgue, disposé selon l'vn ou l'autre desdits Systemes.

Cette proposition est si euidente, qu'elle ne requiert que l'œil pour considerer les deux Octaues precedentes, dont chacune a 19 notes ou chordes; car on peut commencer *re, mi, ou fa, sol, la,* sur le C, aussi aisément que sur l'VT: ce que ie monstreray seulement dans l'*Vt, re, mi, fa, &c.* iusques à la fin de leurs trois Octaues, lesquelles ie prendray sur la seconde Octaue qui commence par C: de sorte que les Organistes & les Epinettes pourront commencer toutes sortes de modes & de tons sur quelque touche Diatonique qu'il leur plaira, comme l'on void à l'exemple des trois Octaues ou des trois Modes qui suiuent.

Le premier Systeme peut encore seruir à la mesme chose, & tous deux ont toutes leurs consonances tres-iustes, car l'Octaue n'est pas plus iuste que la Tierce mineure ou la majeure; c'est pourquoy les jeux des Organistes sembleront nouueaux, & seront beaucoup plus excellens & plus rauissans sur l'Orgue, dont les tuyaux seront disposez selon l'vn ou l'autre de ces Systemes, qu'ils ne sont sur les Orgues ordinaires, qui sont semblables à des tableaux grossiers qui viennent de la main d'vn apprenti, au lieu que les autres Orgues sont semblables aux tableaux des plus excellens Peintres du Monde, dans lesquels nul ne peut rien reprendre auec raison.

FA	C	SOL	C	LA	C	FA	C
MI	♯	FA	B	SOL	♭b	MI	♯
RE	A	MI	A	FA	♯a	RE	A
SOL	G	RE	G	MI	G	FA	G
FA	F	SOL	F	RE	F	MI	♯g
MI	E	FA	♯e	SOL	♯e	RE	E
RE	D	MI	.D	FA	♯d	SOL	D
VT	C	RE	C	MI	C	FA	C

Et si les Compositions que l'on ioüe sur l'Orgue ou sur les autres Instrumens à Clauier, ou à touches, peuuent estre comparees aux harangues des Orateurs: l'on peut dire que les pieces que l'on joüe sur les Instrumens ordinaires sont en comparaison de celles qui se ioûroient sur des Instrumens graduez selon lesdits Systemes parfaits, ce que sont les Oraisons mal ordonnees, fort rudes, & dont la locution est barbare & mal plaisante, en comparaison des Harangues tres-polies, & si excellentes, qu'on n'y peut ajoûter, ny en oster aucune lettre sans en estropier le discours, & sans le rendre plus imparfait qu'il n'estoit deuant.

O iij

PROPOSITION VIII.

Expliquer l'vtilité des deux Systemes precedens, & l'origine de tous leurs interualles.

Quand il n'y auroit que le contentement de sçauoir toutes les raisons de la Musique, & de tout ce qui se peut rencontrer sur l'Orgue, ou sur les autres Instrumens, ce seroit assez pour donner du desir aux Musiciens d'apprendre & de pratiquer les interualles de cette Octaue diuisee en 19 chordes, qui contiennent trois tons majeurs, deux mineurs, & deux demitons majeurs, dont l'Octaue est composee; comme l'on void dans celle qui commence par C : car les deux tons mineurs se trouuent de C à D, & de G à A ; & les trois majeurs de D à E, de F à G, & de B à C; les deux demitons majeurs se rencontrent d'E à F, & de ♯ à C. La mesme disposition & le mesme nombre des tons & des demitons se rencontre aussi dans l'Octaue qui cómence par F, ou par quelqu'autre lettre que ce soit.

Or le premier ton majeur de l'Octaue, qui commence par C, & qui est de D à E, ou de C à D, se diuise en deux demitons mineurs; vne diese & vn comma; Le second qui est de F à G, se diuise en vn demiton mineur, vn comma, & vn demiton majeur; & le troisiesme qui est de B à C, se diuise comme le second, mais il a le comma en bas, & puis le demiton mineur & le majeur, de sorte qu'il n'y a point d'autre difference de la diuision de ces deux derniers tons d'auec celle du premier ton, sinon que le demiton majeur n'y est pas diuisé en vn demiton mineur, & vne diese, comme il est dans le premier.

Quant au Systeme qui commence en F, il diuise le demiton majeur du ton majeur, qui est de F a G, en vn demiton mineur & vne diese; mais il ne diuise pas le demiton majeur du ton majeur qui est de D à E.

Les deux tons mineurs sont diuisez dans tous les deux Systemes en deux demitons mineurs & vne diese; laquelle se rencontre tousiours entre les deux demitons mineurs, car iamais deux degrez de mesme espece ne se doiuent suiure immediatement, dautant que l'interualle qui en est composé, ne peut estre chanté qu'auec peine, & n'a point de bon effet dans la Musique.

Mais il faut expliquer l'origine & la source de tous ces degrez, afin que l'on ne fasse rien sans en sçauoir la raison : encore que ce que i'en ay dit dans le liure des Dissonances, & dans le premier des Instrumens à chordes peut suffire sans y rien ajoûter.

Premierement, le ton majeur, qui est le plus grand degré de tous ceux qui sont dans l'Octaue, & dans toute la Musique, n'est autre chose que la difference de la Quinte à la Quarte, qui est moindre que ladite Quinte d'vn ton majeur.

Secondement, le ton mineur est la difference qu'il y a de la Tierce mineure à la Quarte, ou de la Quinte à la Sexte majeure, car la Sexte majeure est plus grande d'vn ton mineur que la Quinte ; & si l'on ajoûte le ton mineur à la Tierce mineure, l'on fera la Quarte.

En troisiesme lieu, le demiton majeur est la difference de la Tierce majeure & de la Quarte, ou de la Quinte & de la Septiesme mineure, qui est composee du demiton majeur & de la Quinte, comme la Quarte est composee du mesme demiton & de la Tierce majeure.

Quatries-

Des Genres de la Musique. 163

Quatriesmement, le demiton mineur est la difference de la Tierce mineure & de la majeure: ou de la Sexte mineure & de la majeure, car les mineures sont moindres d'vn demiton mineur que les majeures.

Cinquiesmement, la diese est la difference du demiton majeur & du mineur, car le demiton majeur est plus grand que le mineur d'vne diese.

Enfin le comma est la difference du ton majeur & du mineur, lequel deuient majeur si on luy ajoûte le comma. Or il n'est pas besoin d'expliquer icy les raisons de ces 6 degrez, puisqu'elles sont exprimees par les nombres de la troisiesme & cinquiesme colomne du premier Systeme, & par la seconde & la quatriesme du second, & que nous les auons expliquees dans les diuisions du Monochorde, & ailleurs.

Mais il y a encore deux autres degrez, dont l'vn est la difference du demiton mineur, & de la diese, & la raison de ce degré est de 3072 à 3125, lequel il faudroit ajoûter entre ces deux signes ✕ & ✕, s'il estoit necessaire; & l'autre degré est la difference qu'il y a de la diese au comma, dont la raison est de 2008 à 2025; l'on peut nommer ce degré *comma mineur*, pour le distinguer d'auec le *comma majeur*: & Salinas en vse dans son Octaue de 25 chordes, pour diuiser les deux dieses en comma majeur & mineur, lequel se trouue enfermé entre deux commas majeurs, comme nous monstrerons dans la proposition qui suit.

Mais ces deux degrez ne sont pas necessaires, & consistent dans vn trop grand embarras, c'est pourquoy ie ne les ay pas voulu ajoûter aux deux Octaues precedentes; & si on vouloit les ajoûter, il faudroit diuiser la diese qui est de ✕f à ✕g dans l'Octaue qui commence par F, & celle qui est de ✕g à ✕a dans celle qui commence par C en deux comma, dont le 1 est majeur, & le 2 mineur.

Or quoy que l'on fasse, on ne sçauroit trouuer toutes les consonances & tous les degrez iustes, ny commencer & poursuiure les chants sur chaque chorde Chromatique & Enharmonique, si l'on n'ajoûte vne si grande multitude de degrez & d'interualles, que l'esprit en demeurera confus; c'est pourquoy il suffit que l'on puisse commencer toutes sortes de Tons & de Motets sur chaque chorde Diatonique, comme il arriue aux deux Octaues precedentes.

Neanmoins afin que l'on connoisse la diuision de l'Octaue que Salinas fait en 24 degrez ou interualles, ie veux icy ajoûter le Systeme qu'il a creu estre si parfait qu'il n'y manque nul degré, & qu'il n'y a point de degré qui en puisse estre osté sans le rendre imparfait. Car encore que i'aye deja remarqué ce qu'il y a dans ce Systeme de plus qu'aux deux autres precedens, on les comprendra plus aisément par la figure de la proposition qui suit, dans laquelle i'explique toute la theorie de Salinas.

PROPOSITION IX.

Expliquer tous les degrez du Systeme qui a 25 chordes, & 24 interualles, & qui contient le genre Diatonic, Chromatic, & Enharmonic.

Nous auons expliqué les deux Systemes precedens auec dix lignes, mais il en faut 13 pour escrire celui-cy, d'autant qu'il a 6 chordes qui manquent aux deux autres. Or ces 13 lignes sont diuisees en 4 colomnes, comme les 10 lignes des autres, dont la premiere contient le nombre des chordes, la seconde les nombres

O iiij

Liure Troisiesme

radicaux de chaque interualle & degré, la troisiesme les 25 notes qui expriment les 25 chordes de l'Octaue, dont les quarrees signifient les degrez Diatoniques, & les rhombes les Chromatiques & les Enharmoniques ; & si l'on veut vser de differentes couleurs, les noires seruiront au Diatonic, qui est le fondement des deux autres ; les rouges au Chromatic, & les bleuës à l'Enharmonic, comme i'ay déja dit : la 4 colomne contient les nombres qui continuent les raisons.

Nous commencerons cette Octaue en *E mi la*, afin de n'alterer nullement la pensee de Salinas ; quoy que l'on puisse commencer par C, ou F, comme nous auons fait aux deux autres Octaues, ou par D, G, A, & B, car il importe fort peu par où elle commence. Mais ce signe ✕ signifie que les notes ou les chordes qui en sont marquees, sont eloignees d'vn demiton mineur de celles qui les precedent immediatement, & cet autre ✕, qu'elles en sont eloignees d'vne diese, & cettui-cy ✕, qu'elles en sont eloignees d'vn comma mineur, lequel nous pou-

I	II	III		VI	
25	25		E	28800	dem. min.
24	24	128	✕e	30000	diese
23	25	125	✕d	30720	demit. min.
22	24	81	D	32000	comma
21	25	80	D-	32400	demit. min.
20	24	128	✕d	33750	diese
19	25	125	✕c	34560	demit. min.
18	24	128	C	36000	diese
17	25	125	✕h	36864	demit. min.
16	24	25	h	38400	demit. min.
15	81	24	B	40000	comma
14	80	2025	B	40500	demi cōma
13	81	2048	✕a	40960	comma
12	80	25	✕a	41472	demit. min.
11	25	24	A	43200	demit. min.
10	24	128	✕a	46080	diese
9	25	125	✕g	46080	demit. min.
8	24	25	G	48000	demit. min.
7	81	24	✕g	50000	comma
6	80	2025	✕g	50625	demi cōma
5	81	2048	✕f	51200	comma
4	80	25	✕f	51840	demit. min.
3	128	24	F	54000	diese
2	125	25	✕e	55296	demit. min.
1		24	E	57600	

uons nommer *demicomma*, ou *comma mineur*, comme nous appellons la moindre partie du ton mineur *demiton mineur*, car ce comma est la moindre partie de la diese : or toutes ces particularitez se voyent tres-clairement dans l'Octaue qui est à costé.

Il n'est nullement necessaire de marquer icy les consonances qui se font contre chaque chorde de ce Systeme, parce qu'il n'a nulle consonance contre ses chordes Diatoniques, qui ne se rencontre semblablement dans l'vne des deux Octaues precedentes ; & quant à quelques-vnes qui se trouuent de plus contre certains degrez Chromatics & Enharmonics, il est si facile de les remarquer, qu'il n'est pas besoin d'en faire vne table.

COROLLAIRE.

L'on trouuera dans la 7 question des Preludes de l'Harmonie les raisons pourquoy il est expedient ou permis d'vser du genre Chromatic & de l'Enharmonic, & la response aux raisons contraires, d'où l'on receura vn particulier contentemét à raison du combat. Or ie mets icy la figure dans laquelle Salinas renferme la table precedente auec ces 3 Genres, afin qu'il ne manque rien à nos discours, & que l'œil ait aussi bien son contentement que l'oreille & l'esprit.

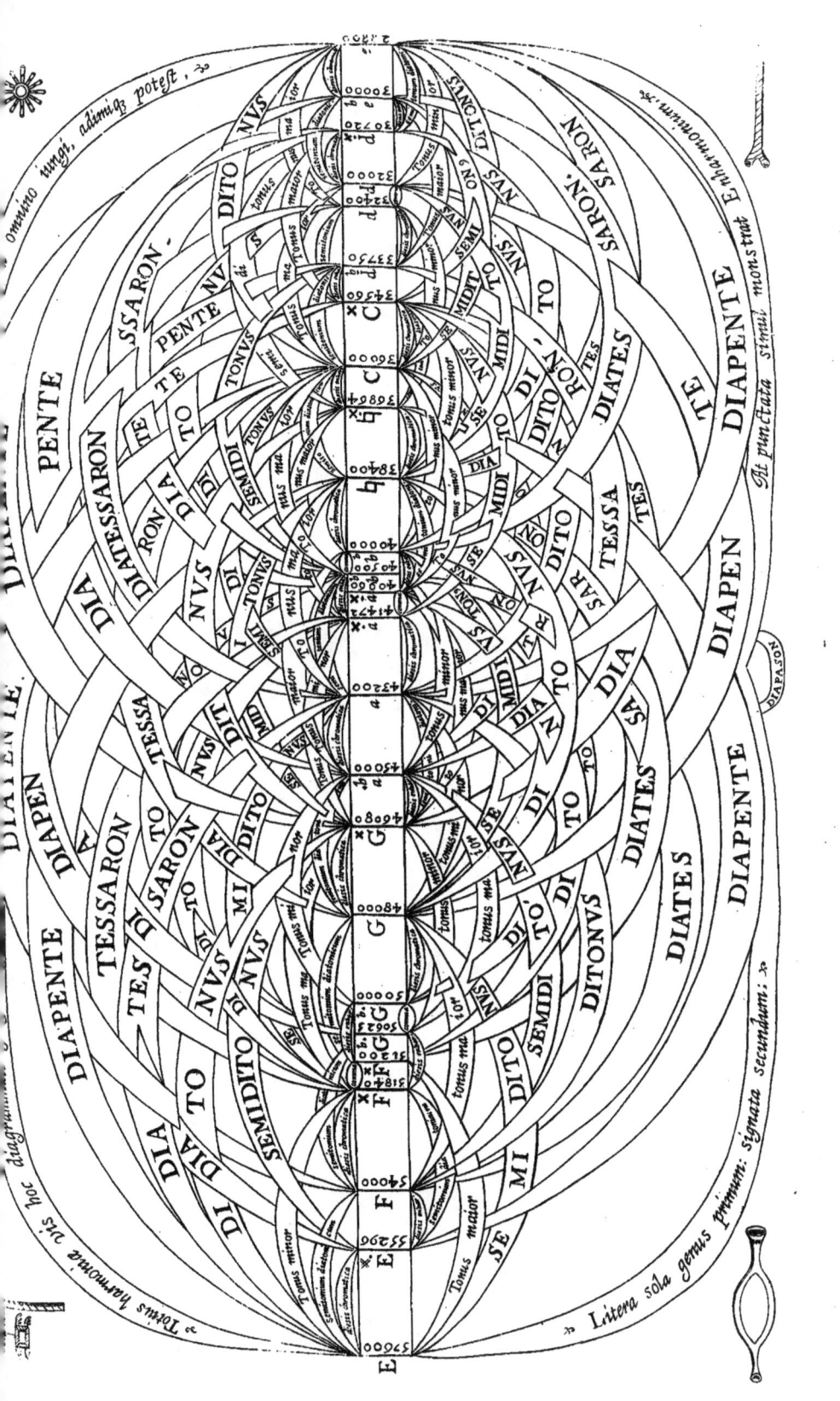

I	II	III	IV	V	VI	VII	VIII	IX	X	XI
C		C		C	1200		1600	144000		
									semitonium minus	
		✕c	✕c	1125		3456	135040			
								135000	diesis	
				✕d	1125		135000			
							3375		semitonium minus	
	D	D	1080	D		3240	129600			
						3200	128000		comma maius	
									semitonium minus	
		✕d		✕d	3072			122880		
								121500	comma minus	
	✕e	✕e	1000		3000		120000		comma maius	
									semitonium subminimum	
					E	1166⅔	116640	comma maius	
	E	E	960		2880		115200			
									semitonium minus	
							10592	comma minus		
					✕f		10935	comma maius		
	F	F	900		2700		108000			
									semitonium minus	
		✕f	✕f	864	✕f	2592	103680	comma maius		
					2560	102400	comma minus		
					✕g	2400	96000	comma maius		
								semitonium subminimum		
	G	G	800	G	2400	97200	comma maius		
							96000		semitonium minus	
		✕g	✕g	768	✕g	2304	92160	comma minus		
							91125	comma maius		
								semitonium subminimum		
	A	A	720	A	2160	87750	comma maius		
							86400		semitonium minus	
				✕a	✕a	2050	82944	comma maius		
							82012	comma minus		
							81000	comma maius		
	B	B	675	B		2025	80000		semitonium subminimum	
							78732	comma maius		
	♮	♮	640		1920	76800		semitonium minus	
		✕c				73728		diesis	
	C	C	600	C		1800	72000			
									semitonium minus	
		✕c	576	✕d				diesis	
									semitonium minus	
		D	540	D				comma	
									semitonium minus	
				✕d	500	✕d			diesis	
									semitonium minus	
		E	480							
									semiton. maius	
		F	450						semit. minus	
		✕f	432	✕f					comma	
									semit. maius	
		G	400						semit. minus	
		✕g	384						diesis	
		✕a	375						semit. minus	
		A	360						semit. maius	
		B	337½	B					comma	
		♮	320						semit. min.	
									semit. ma.	
C	C	C	300						totus min.	
		D	270						ton. ma.	
		E	240						sem. ma.	
		F	225						ton. ma.	
		G	200						ton. m.	
		A	180						comma	
		B	168¾						ton. ma.	
C	C	C	150							
		D	135							
		E	120							
		F	112½							
		G	100							
		♮	90							
C	C	C	75							

PROPOSITION X.

A sçauoir s'il manque quelque chorde ou degré dans cette figure, ou dans les Systemes precedens; & si l'on doit y adiouster quelques touches ou degrez pour la perfection de la Musique.

Les Organistes & les autres Praticiens vsent ordinairement de deux Quintes qui se suiuent dans leurs Compositions, dont l'vne est d'*A mi la re* Diatonique au *D la re sol* inferieur, & l'autre du *D la re sol* superieur au *G re sol vt*: mais il arriue que cette seconde Quinte n'est pas si agreable que la premiere, à raison de la relation du comma qui est entre les deux D. Or l'on peut euiter cette fausse relation en ajoûtant vn second *G re sol*, car l'vn des doigts tiendra toujours ferme sur le D inferieur, tandis qu'on fera la Quinte contre A, & G.

D'où il s'ensuit qu'il faut diuiser le demiton mineur, qui est de G 50000, à ♯g 48000, en deux autres interualles par le moyen du secód G, qui fera le comma contre l'autre G, & le demiton *souzminime* (qui est de 250 à 243, comme i'ay monstré dans le liure des Dissonances) contre ♯g. Il faut encore ajoûter d'autres degrez dans le Systeme de 25 chordes, que Salinas a proposé, si l'on veut trouuer quelques Consonances contre d'autres lettres: par exemple, B ne peut faire la Quinte en bas, si l'on n'ajoûte vne nouuelle chorde entre ♯d, & ♯e, c'est à dire entre 30720, & 30000, ou 61440, & 60000, afin de diuiser la diese dans le comma majeur & mineur.

Ie laisse plusieurs autres chordes qui sont necessaires pour faire les Consonances, qui ne se rencontrent pas contre quelques-vnes des principales touches ou des feintes, parce que ie croy qu'il faut plutost oster 6 chordes du Systeme de 25 chordes, que d'y en ajoûter, dautant que la relation du comma est fort peu de chose, & n'empesche pas que les 2 Quintes, que l'on fait de suitte sur l'Orgue, & sur les autres Instrumens, ne soient agreables, quoy que la seconde semble estre rude auant que l'on y soit accoustumé. Mais ie parleray plus amplement de ces degrez, & des touches necessaires pour trouuer toutes les Consonances iustes dans le traité des Orgues, car il suffit de remarquer icy qu'on peut ajouter vne infinité de chordes à toutes sortes de Systemes; quoy que i'aye monstré assez clairement que l'on peut vser des 3 Genres, & trouuer toutes les Consonances en leur perfection auec 19 chordes, sans qu'il soit besoin d'en ajouter d'autres.

Ie donne neanmoins icy le systeme qui supplee les defauts de celuy de Salinas, afin que l'on ayt tout ce qui se peut desirer sur ce sujet; or il a 32 notes, ou 31 interualles, dont on void les raisons exprimées par les nombres qui sont à costé vis à vis de chaque note, mais il est si aisé de remarquer ce qu'il a de plus que les autres qu'il n'est pas besoin de l'expliquer; joint que nous en parlons plus amplement dans le liure des Orgues.

PROP. XI.

Des Genres de la Musique. 167

Diapason diuisé en 32. notes.

PROPOSITION. XI.

Expliquer le nouueau Systeme, ou la nouuelle Octaue de Fabius Colomna, laquelle il diuise en 39 sons, ou 38 interualles ; & quant & quant le Monochorde dont il vse, & toutes ses diuisions.

32	C		14300	dem. min.
31	♮		138240	diese
30	♮		135000	demit. min.
29	•B		129600	cōma maj.
28	B		131000	demit. min.
27	✕a		103880	cōma min.
26	✕a		121500	cōma maj.
25	A		120000	de. souzmi.
24	A		116640	cōma maj.
23	✕g		115200	demit. min.
22	✕g		110592	cōma min.
21	✕g		109350	cōma maj.
20	•G		103500	demit. min.
19	G		101680	cōma maj.
18	✕g		101400	cōma min.
17	✕g		101250	cōma maj.
16	✕f		10000	de. souzmi.
15	✕f		97200	cōma maj.
14	•F		96200	demit. min.
13	F		92160	comma mi.
12	✕e		91125	comma ma.
11	✕e		90000	dem. souzm.
10	•E		87910	co. ma.
9	E		86400	demit. min.
8	✕d		82944	comma ma.
7	✕d		81920	comma mi.
6	✕d		81000	comma ma.
5	•D		80000	de. souzmi.
4	D		77760	comma ma.
3	✕d		76800	demit. min.
2	✕c		74128	diese
1	C		72000	

Fabius se sert d'vn Monochorde de la longueur de 7 pieds entre les deux cheualets, & le diuise en 2000 parties egales par le moyen d'vne roüe de fer dentelee, qui est de la grandeur d'vn Iule, & qui a 40 dents, afin qu'elle marque lesdites parties par les 50 reuolutions qu'elle fait estant roulee & pressee sur le Monochorde. Mais on le peut diuiser sans cette roüe auec le seul compas, en commençant par les centaines, qui le diuiseront en 20 parties, dont l'vne estant diuisee en cent parties, le Monochorde sera diuisé en 2000 parties suiuant l'intention de Fabius, dont le dessein consiste à prouuer que le ton doit estre diuisé en 5 parties, afin de pouuoir commencer sur la premiere chorde, c'est à dire sur la plus basse prise toute entiere, par telle lettre ou telle note que l'on voudra : mais il n'est pas necessaire que l'Octaue ait 39 chordes pour ce sujet, puis que nous auons monstré que 19 suffisent.

Quant aux degrez des differentes especes de la Diatonique des Anciens, qu'il s'efforce de rencontrer dans la diuision de l'Octaue en 38 interualles, ils ne peuuent faire voir autre chose sinon que les Grecs ont cherché à tastons ce qu'ils pouuoient trouuer aisément, s'ils eussent suiui la nature, qui donne toutes sortes de consonances & de degrez, dont l'vsage est vtile, necessaire, & agreable pour chanter d'vne seule voix, ou pour composer à deux ou plusieurs parties, comme il sera aisé de conclure par la lecture de ce liure.

Or la table qui suit fait voir toutes les chordes & tous les interualles & degrez du Monochorde & de l'Octaue de Fabius, dont les deux colomnes contiennent toutes les chordes de ladite Octaue, & representent les points differens du Monochorde, sur lesquels on pose le cheualet pour trouuer chaque degré & interualle, tant contre la chorde entiere, que contre ce qui reste de ladite chorde : & pour ce sujet la colomne qui est à main droite contient toujours vis à vis de chaque nombre de l'autre colomne qui est à main gauche, ce qui reste pour faire le plus grand nombre 2000, qui represente la chorde entiere.

Par exemple, le premier nombre d'enhaut de l'une & l'autre colomne restitue le nombre entier 2000 ; le sixiesme nombre, c'est à dire 1200 & 800 restitue semblablement le nombre 2000 ; ce qui arriue à tous les autres nombres des deux colomnes, dont l'addition fait tousiours le nombre 2000 ; c'est à dire que si l'on ajoûte les deux parties de la chorde representée par lesdits nombres, elles se trouuera toujours entiere.

Il est facile de sçauoir ce que fait chaque residu auec la chorde entiere, ou auec l'autre residu, c'est à dire ce que fait chaque nombre de l'vne & l'autre colomne, soit qu'on les compare tous deux ensemble, ou auec la chorde entiere, dont i'apporte icy quelques exemples, afin que l'on puisse trouuer la mesme chose dans tous les nombres, quoy que l'on se puisse contenter de l'explication que i'ay donnée du Monochorde, ou du Systeme precedent diuisé en 19 degrez.

Le 6 degré de la premiere colomne à sçauoir 1200, & le 6 de la seconde, à sçauoir 800, font la Quinte, mais 800 fait la Dixiesme majeure auec 2000, qui represente la chorde entiere, auec laquelle 1200 fait la Sexte majeure : or les autres rapports se voyent dans cette Table, dans laquelle i'ay mis les lettres A, ♯, C, &c. c'est à dire *A re*, ♯ *mi*, *C fa vt*, &c. vis à vis des nombres qui y respondent : par exemple, l'A auec ♯, ou 2000 auec 1777⁷⁄₉, fait le ton majeur de 9 à 8, car il n'y a point de nombre qui fasse le ton mineur de 10 à 9 auec 2000, puisque 1800 n'y est pas, lequel est à 2000, comme 9 à 10. Or ie commence son Systeme par nostre *A re*, parce qu'il respond au Proslambamenos des Grecs, & mets les autres lettres ♯ *mi*, *C fa vt*, &c. iusques à l'Octaue *A la mi re*, vis à vis des nombres qui respondent à ces dictions, auec quelques-vnes des feintes, quoy que l'on puisse commencer par *C vt, D re*, ou telle autre diction, ou lettre Harmonique que l'on voudra.

Certainement ie m'estonne de ce que Fabius, & les autres ont tant trauaillé à la diuision de cette Octaue sans auoir rencontré les veritables interualles, dont l'on doit vser en chantant, comme l'on peut voir depuis le

Octaue de Fabius Colomna, diuisée en 39 degrez.

A	1000	1000
	1063¹⁴⁄₁₇	0936¹⁄₇
	1090¹⁰⁄₁₁	909¹⁄₁₁
G	1111¹⁄₉	888⁸⁄₉
	1142⁶⁄₇	857³⁄₇
♯f	1200	800
F	1250	750
E	1333¹⁄₃	666²⁄₃
	1538⁶⁄₁₃	0461¹⁷⁄₁₃
	1411¹³⁄₁₇	588⁴⁄₁₇
	1428⁴⁄₇	571³⁄₇
	1454⁶⁄₁₁	545⁵⁄₁₁
D	1500	500
♯c	1600	400
	1739¹⁄₃	260¹⁰⁄₁₃
	1658¹⁸⁄₁₉	341¹¹⁄₁₉
C	1666²⁄₃	333¹⁄₃
	1684⁴⁄₁₉	315⁵⁄₁₉
	1714²⁄₇	285⁵⁄₇
♯	1777⁷⁄₉	222²⁄₉
	1860⁰⁄₄₃	139⁴³⁄₄₃
	1811¹⁷⁄₁₉	188¹⁶⁄₁₉
	1818²⁄₁₁	181⁹⁄₁₁
	1828⁴⁄₇	171³⁄₇
	1840¹⁰⁄₂₃	153¹¹⁄₁₇
	1882⁶⁄₁₇	117¹¹⁄₁₇
	1937¹⁹⁄₃₁	62²⁴⁄₃₁
	1900¹⁰⁰⁄₁₀₁	99¹⁄₁₀₁
	1904¹⁶⁄₆₇	95⁵⁄₆₇
	1910¹⁰⁄₆₇	89¹⁷⁄₆₇
♯a	1920	80
	1939¹³⁄₁₁	60¹⁰⁄₁₁
	1963¹¹⁄₁₆₁	36²⁵⁄₁₆₁
	1949⁴⁷⁄₁₉₇	50¹⁵⁰⁄₁₉₇
	1951²⁄₄₁	48¹²⁄₄₁
	1954¹⁰⁄₁₁₁	45¹¹¹⁄₁₁₁
	1959²⁷⁄₄₉	40⁴⁰⁄₄₉
	1969¹⁄₁₁	30¹⁰⁄₁₁
A	2000	

C sol vt fa

Des Genres de la Musique. 169

C ſol vt fa d'en bas marqué de 2000, qui n'a point de ton maieur en haut, car le D la re ſol fait le ton majeur; mais il euſt deu mettre 1750 pour faire le ton maieur, ſans lequel il n'eſt pas poſſible de rencontrer la iuſteſſe des Conſonances. Il a encore laiſſé le B fa, c'eſt à dire, 1125, qui doit faire le demiton majeur auec A marqué de 1200, & la Quarte auec F marquée de 1500. Il n'a point de ♯ mi qui faſſe la Quinte auec E, ou 1600, comme eſt le nombre 1066⅔. Ie laiſſe pluſieurs autres interualles Harmoniques tant Conſonans que Diſſonans, qui ne ſe peuuent trouuer dans ſon Octaue, dont il a pris les meſures ſi difficiles que de 39 nobres il n'y en a que 6 ſans fraction: leſquels ie n'ay peu reduire en moindres termes entiers qu'en ceux que l'on void dans la 12 propoſition du 6 liure Latin des Genres, dont la grandeur eſt ſi prodigieuſe qu'il y en a peu qui n'aymaſſent mieux quitter pour iamais tout le plaiſir de la Muſique, que d'examiner ces nombres & de proportionner les chordes des Inſtrumens à leurs interualles, & à leurs raiſons.

Or puiſque le deſſein principal de Fabius Colomna a eſté de trouuer toutes ſortes de notes ſur chaque chorde, ou touche, & conſequemment de donner vn Syſteme, dont on puiſſe vſer pour C ſol vt fa, ou pour D la re ſol, E mi la, F vt fa, G re ſol vt, A mi la re, B fa, ♯ mi, il ne faut pas permettre que l'oubly enſeue liſſe cette inuention, quoy qu'elle ſoit fondée ſur l'imagination de la diuiſion du ton en cinq parties egales, qu'il marque par le moyen de quatre ſortes de caracteres, que l'on peut appeller dieſes, dont la premiere eſt faite de deux lignes qui ſe couppent obliquement: la ſeconde a 4 lignes; la troiſieſme 6, & la 4 en a 8, comme l'on void dans cet exemple, dans lequel il met la premiere dieſe de la premiere note à la ſeconde, & puis la ſeconde dieſe de la ſeconde note à la troi-

| 1 | 2 | 3 | 4 | 5 | 6 | 7 | 8 | 9 | 10 | 11 | 12 |

ſieſme, & ainſi conſequemment, iuſques à ce que l'on arriue à la ſixieſme note, qui fait le ton auec la premiere, & la dieſe auec la cinquieſme. Certes ſi le ton ſe pouuoit diuiſer en 5 parties egales, l'inuention de ces ſignes eſt aſſez ingenieuſe pour les marquer, parce que le nombre de leurs lignes trauerſantes font voir de combien de dieſes il faut monter ou deſcendre en chantant, car la premiere fait voir que l'on ne doit monter que d'vne dieſe, la 2 de deux, &c. Et ſi l'on diuiſoit le ton en 8 commas, comme quelques-vns croyent qu'il peut eſtre diuiſé, l'on pourroit vſer de quelques characteres ſemblables, ou pluſtoſt des nombres ordinaires, qui ſont propres pour marquer tout ce que l'on veut. Mais il eſt tres-certain que le ton ne ſe peut diuiſer en 5 dieſes egales par les nombres, car puiſque la dieſe eſt la difference du demiton majeur & du mineur, qu'il ſuppoſe egal à deux dieſes, il s'enſuit que toutes ſes diuiſions ſont fauſſes; car deux dieſes ſont plus grandes que le demiton mineur, de $\frac{1591}{1625}$, comme l'on demonſtre par la regle de proportion, puiſque la raiſon de deux dieſes eſt de 16384 à 15625, & que ces deux nombres ſont l'vn à l'autre, comme 25 $\frac{1591}{1625}$ eſt à 24, au lieu que celle du demiton mineur eſt de 25 à 24.

Or cet Auteur n'a pas ce ſemble entendu la parfaite Theorie de la Muſique, puis qu'il n'vſe point du demiton majeur dans le premier ton, ſans lequel il n'y a nulle beauté dans la Muſique, car le nombre 1871 $\frac{1}{2}$, qui fait le demiton auec

P

le premier, ou le plus grand nombre de son Monochorde, à sçauoir auec 2000, n'est point dans sa diuision, autrement il deuroit estre entre 1882 $\frac{2}{17}$, & 1846 $\frac{13}{17}$; quoy qu'il l'aye mis de 1600 à 1500. Et si les characteres sont bien marquez, il met le demiton majeur de 2000 à 1882 $\frac{2}{17}$, & consequemment il le fait plus grãd qu'il n'est. Quant à la facilité qu'il a trouuee pour commencer tous les tons par telle note, ou sur telle ligne, ou tel espace que l'on voudra, i'en parleray apres.

Or l'exemple qui suit fera voir comme il diuise l'Octaue par les degrez Chromatics & Enharmonics, vis à vis desquels sont les nombres de son Monochorde, afin que l'on puisse examiner l'interualle, ou la raison de chaque degré.

Degrez Chromatics & Enharmonics de Fabius.

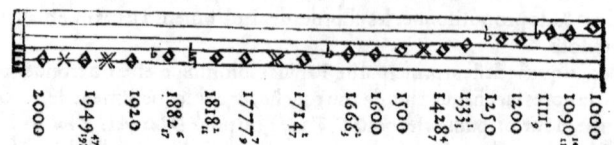

Mais il n'estoit pas necessaire d'vser de ce Systeme, ny de tous ces characteres, parce que l'Octaue diuisee en douze demitons egaux fait la mesme chose beaucoup plus aisément, comme ie monstre dans la proposition qui suit.

PROPOSITION XII.

Expliquer le Systeme le plus aisé & le plus simple de tous ceux esquels on peut commencer toutes sortes de notes, & de piecce de Musique transposees sur telle chorde, ou à tel ton que l'on voudra: & quant & quant le Systeme Enharmonic, ou le meslé & composé des trois Genres.

Puisque l'experience enseigne que le Diapason qui a moins de degrez, & de diuisions pour seruir à toute sorte de Musique est le plus vsité & le plus commode, & que tous les Praticiens auoüent que la diuision de l'Octaue en 12 demitons leur est plus facile pour toucher les Instrumens, il est raisonnable que nous ajoûtions cette proposition en leur faueur, afin de monstrer que ce n'est pas sans raison qu'ils suiuent les Aristoxeniens dans leur Pratique, qui fait voir sur la Viole, & sur les autres Instrumens à manches touchez, que le Triton & la fausse Quinte ont vn interualle egal, & que l'Octaue est composee de 3 Tierces majeures, dont chacune est vn peu moindre que celle de 5 à 4, comme l'on void en ces 3 nombres 64, 125, 128, dont le premier & le second contiennent 3 Tierces majeures, & le premier & le dernier font l'Octaue iuste, qui surpasse les trois Tierces d'vne diese Enharmonique de 128 à 125: & parce qu'elle est moindre que deux commas, il s'ensuit que chaque Tierce maieure n'est diminuee que de la raison de 128 à 127, qui n'est guere plus grande que la moitié du comma, laquelle n'est pas sensible: car si l'on diuise la diese en trois raisons, ou interualles, qui approchent fort pres de l'egalité, l'on aura ces quatre nombres 128, 127, 126, 125.

Or

Des Genres de la Musique. 171

Or les 13 notes qui suiuent contiennent cette diuision en 12 demitons egaux, qui sont aussi bons en la pratique que ceux qui sont differens dans le Systeme de Fabius, & qui seruent pour les Instrumens à clauier, c'est pourquoy ie les ay mises dans la figure de l'Epinette: & si l'on veut sçauoir les nombres qui respondent à ces 12 demitons, ou aux 13 notes, on les trouuera dans l'onziesme propos. du liure des Dissonances, & dans le premier liure des Instrumens à chordes. Les notes qui valent vne mesure, & qui sont faites en lozange, ou en rhombe signifient les chordes Diatoniques, & celles de demie mesure qui sont à queuë monstrent les Chromatiques.

Systeme, ou Diapason diuisé en douze demitons egaux.

En effet il n'y a nul doute que nos Praticiens vsent de toutes les chordes, & de tous les demitons de cette Octaue, comme l'on void dans leurs compositions, où ils mettent des B mols & des dieses dans tous les espaces, & sur toutes les lignes suiuant leur dessein & leur volonté: de sorte qu'ils composent le ton de 2 demitons egaux, la Tierce mineure de 3, la maieure de 4, le Diatessaron de 5, le Diapente de 7, la Sexte mineure de 8, la maieure de 9, la Septiesme mineure de 10, la majeure d'onze, & le Diapason de 12.

Et si l'on veut imiter les plus subtils Italiens qui vsent quelquefois des degrez Enharmonics, le Systeme ou l'Octaue des 24 degrez qui suit, & qui marque ses chordes Diatoniques, & Chromatiques comme le precedent, & les Enharmoniques par des notes noires qui valent vn quart de mesure, seruira pour ce suiet, car il diuise le Diapason en 24 dieses, ou quarts de ton, sans qu'il soit possible de chanter par de moindres interualles sensibles.

C'est pourquoy i'ay vsé de trois sortes de dieses, dont la premiere est simple pour signifier qu'il n'y a qu'vn quart de ton de la premiere à la 2 note: la double monstre qu'il y a deux quarts de ton de la premiere à la 3, & la triple veut dire que la 4 note en est éloignee de 3 quarts de ton; mais la 5 note n'a point de diese, parce qu'elle acheue le ton. Or il faut remarquer que ces dieses sont necessaires pour composer à plusieurs parties en ce genre meslé, car si l'on veut faire l'interualle de neuf quarts de ton, par exemple, il faudra mettre la simple diese deuant la 10 note, qui fait la Tierce majeure superfluë, ou augmentee d'vn quart de ton auec la premiere note: & ie ne doute nullement que l'on ne rencontre plusieurs interualles dans ce Systeme, qui auront des effets extraordinaires, si l'on prend la peine de le reduire en pratique sur les Instrumens.

Systeme composé des trois Genres.

P ij

j'ay aussi mis ce Diapason sur le couuercle du Manichordion dans le 3 liure des Instrumens à chordes, & l'on peut vser des 13 nombres de l'onziesme prop. du liure des Dissonances en trouuant vn nombre moyen proportionnel entre chaque binaire desdits nombres, afin d'en auoir 25 pour exprimer les 25 chordes de ce genre: si ce n'est que l'on ayme mieux vser de 23 lignes moyennes proportionnelles entre les deux qui sont en raison double, pour representer l'Octaue, comme i'ay expliqué ailleurs. Si l'on veut voir plusieurs autres diuisions de l'Octaue, par exemple de celle où tous les tons sont diuisez en trois dieses Chromatiques, suiuant les Hypotheses d'Aristoxene, & les 6 especes de Tetrachorde qu'il a inuenté, on les trouuera dans la cinquiesme proposition du second liure des Instrumens à chordes, dans lequel ie traite amplement de tout ce que les Musiciens de la Grece nous ont laissé des 5 differentes especes de chaque Genre: c'est pourquoy i'ajoûte seulement la simple description de leurs quatre Genres auec les notes de la Pratique dans la proposition qui suit.

PROPOSITION XIII.

Expliquer le Genre Diatonic, Chromatic, & Enharmonic, & le Genre commun, ou Mixte des Grecs, dans leur simplicité.

Encore que i'aye expliqué tres-clairement & fort au long tous les degrez de ces trois ou quatre Genres dans les propositions precedentes, neanmoins ie les veux icy proposer dans leur plus grande simplicité, afin qu'on les comprenne plus aisément, & que l'on ne puisse rien desirer dans ce liure: or ie les propose tellement que les noms de leurs chordes sont vis à vis de chaque note, & que les interualles de chaque Genre sont marquez par leurs propres noms.

La premiere note de chacun, à sçauoir le *Re*, ou le *Proslambanomenos*, est commune à tous les Genres, aussi bien que la premiere & la derniere de chaque Quarte ou Tetrachorde; & les autres notes ou chordes sont particulieres à chaque Genre. Le Diatonic diuise ses Quartes en vn demiton & en deux tons; le Chromatic en deux demitons, & dans vn Trishemiton, ou Tierce mineure; & l'Enharmonic en deux dieses, & en vn diton, ou Tierce maieure. Or le Systeme de chaque Genre est composé de cinq Tetrachordes, dont le premier appartient aux principales ou plus basses chordes, le second aux moyennes, le 3 aux conjointes, le 4 aux disioints, & le 5 aux plus aiguës. Où il faut premierement remarquer que la 4 chorde du premier Tetrachorde est aussi la premiere du 2, & que la 4 du 2 est la premiere du 3; c'est pourquoy on le nomme Tetrachorde des chordes conjointes, parce qu'il se joint au second par sa premiere chorde, comme fait le second au premier.

En second lieu, que la premiere chorde du 4 Tetrachorde est differente d'vn ton de la 4 du 2; ce qui est tres-aisé à comprendre par les lettres de la main Harmonique, car le premier Tetrachorde est de ℈mi à *E la mi*, dont les quatre chordes sont *Mi, fa, sol, la*: les quatre chordes du second commencent au *Mi* d'*E la mi*, & finissent en *A la mi re*, & se chantent aussi par *Mi, fa, sol, la*; & si l'on fait suiure le troisiesme Tetrachorde des conjointes, il commence au *mi* d'*A mi la*, & finit au *la* de *D la sol re*: mais si l'on vse du quatriesme Tetrachorde

des

Des Genres de la Musique. 173

des dis-jointes, apres le 2 on laisse le *mi* d'*A mi la*, & l'on passe iusques au *mi* de *b fa* ♯ *mi*, sur lequel lon commence ce 4 Tetrachorde en disant encore *Mi, fa, sol, la*, qui se termine en *E la mi*; de sorte que sa 1 chorde est plus haute d'vn ton que la derniere du 2 Tetrachorde, c'est à dire qu'il y a vn ton d'*A mi la re* à ♯ *mi*, lequel est majeur de 9 à 8, parce qu'il y a vne Quinte iuste du *mi*, ou de la 1 chorde du 2 *mi*, à la 1 chorde du 4. Quant à la 3 & 4 chorde du 2, elles sont les mesmes que la 2 & la 3 du 4, parce que le *fa, sol*, de *C fa, sol, vt*, & de *D sol, la, re* du 4 est le *sol, la* du 2, comme l'on void aux notes qui suiuent. En fin la 4 chorde du 4 est la premiere du 5, qui finit son *la* en *A mi, la, re*, comme le second.

Or ce que i'ay dit du genre, & du systeme Diatonic doit estre entendu du Chromatic, & de l'enharmonic. Il faut seulement remarquer que le 3 & le 4 Tetrachorde des Grecs n'est nullement different de nostre *b mol* & ♯ quarre, puis qu'en chantant par ces 2 Tetrachordes l'on a la mesme modulation, car lors qu'on monte du 2 au 3, l'on chante par ces notes *mi, fa, sol, la, fa*, qui font la fausse Quinte; & quand on monte par le 2 & le 4, on fait la Quinte iuste auec ces notes *mi, fa, sol, re, mi*, de sorte que la distinction du ♯ d'auec le *b mol* consiste seulement à faire le ton majeur de *re* à *mi*, au lieu du demiton majeur du *la*, ou du *mi* d'*A mi la re* au *fa* de *b fa*.

D'où il est aisé de conclure qu'ils n'ont rien eu dans leur genre Diatonic, qui ne soit dans les Alphabets, & dans la main Harmonique que l'on enseigne aux enfans. Quant au Chromatic, on le mesle tellement maintenant parmy le Diatonic, qu'ils ne font quasi qu'vn mesme genre, car tous les demitons qui se font par les accidens du *b mol*, & de ♯ (qui vaut autant que le ♯) hors des lieux où se trouuent les demitons du Diatonic, appartiennent en quelque façon au genre Chromatic. I'ay dit *en quelque façon*, parce qu'à parler proprement, il n'y a que les 2 premiers demitons de chaque Tetrachorde, qui appartiennent au genre Chromatic: de sorte que l'on peut dire que l'on vse maintenant d'vn nouueau Genre, ou du moins qu'on ajoûte autant de nouuelles chordes aux genres des Anciens, comme l'on fait de demitons hors du Diatonic, & du Chromatic, c'est à dire comme il y en a dans l'Octaue des Orgues, & des Instrumens à manches touchez, qui diuisent le Diapason en 12 demitons. Pour l'Enharmonic, il diuise le premier demiton de chaque Tetrachorde en 2 dieses, lesquelles sont egales, si l'on suppose les demitons egaux, ou inegales s'ils sont inegaux: par exemple, si le premier demiton du Chromatic est majeur de 16 à 15, & le 2 mineur de 25 à 24, la premiere diese de l'Enharmonic pourra estre egale au demiton mineur, & la 2 à la raison de 128 à 125, laquelle iointe à celle de 25 à 24 fait le demiton majeur: or i'ay déja donné l'Octaue diuisee en 24 dieses, qui peut encore establir vn nouueau Genre, que l'on nommera si l'on veut *Surenharmonic*. Cecy estant posé, il faut seulement considerer les notes qui suiuent pour comprendre toute la Musique des Grecs.

Or il faut premierement remarquer pour l'intelligence de ces 3 Genres, que les notes blanches signifient les chordes Diatoniques, les noires les Chromatiques, & les crochuës les Enharmoniques, afin que l'on remarque tout d'vn coup ce que les 3 Genres ont de commun & de particulier; car les notes blanches appartiennent toutes au Genre Diatonic, les noires au Chromatic, & les crochuës à l'Enharmonic: de sorte que chaque Tetrachorde du Genre meslé, ou composé, n'a qu'vne chorde Enharmonique, & vne Chromatique: d'où il est aisé de iuger qu'ils ont seulement esté inuentez pour l'ornement du genre Diatonic, & que

P iij

Systeme Diatonic.

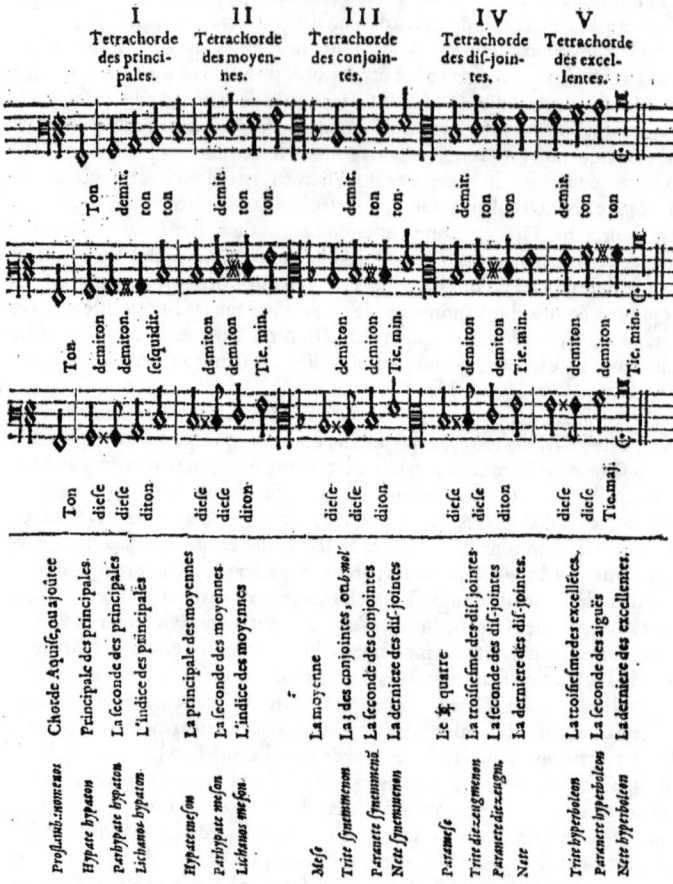

les Praticiens en peuuent vfer quand il leur plaira. Ie laiffe plufieurs chofes qui n'ont pas befoin d'explication, fi l'on a compris les propofitions precedentes: par exemple, que chaque Quarte du Genre compofé a 6 chordes, & 5 interualles; qu'il n'y a que 8 chordes immobiles, & qui ne reçoiuent point de changemens dans les 5 Tetrachordes; puis que les autres font mobiles par le moyen des 3 Genres, &c. car il faut feulement ouurir les yeux pour comprendre tout ce que l'on peut s'imaginer fur ce fujet, en voyant les 5 notes qui font icy auec les noms, & les autres chofes qui les accompagnent.

    I'ajoûte feulement qu'il eft permis de paffer de telle note que l'on voudra de chaque Tetrachorde à toute autre forte de note : par exemple, l'on peut paffer du *Parhypate hypaton* Enharmonic au *Lychanos hypaton* Chromatic pour chanter

Des Genres de la Musique. 175

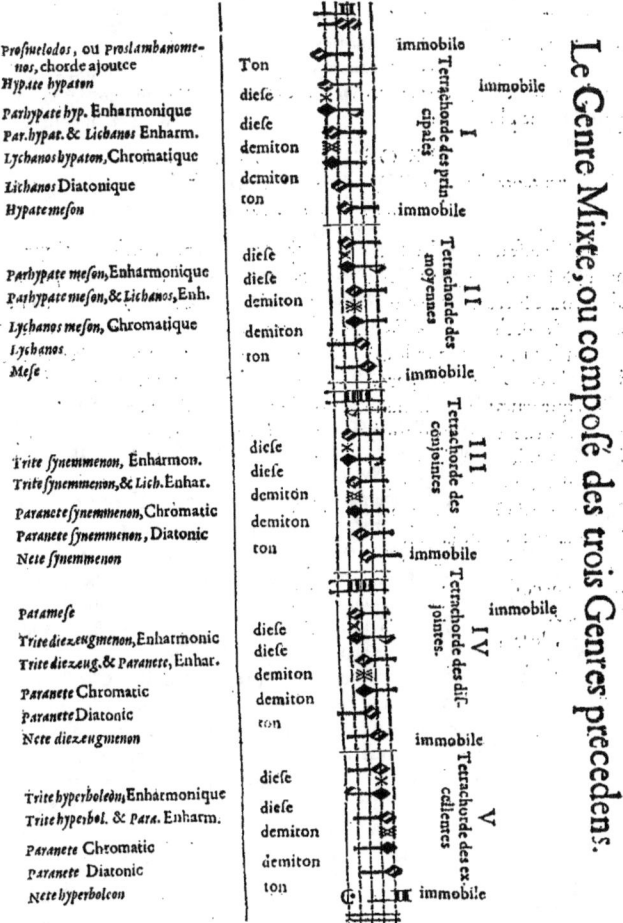

chanter par l'interualle de 3 dieses, au *Lichanos* diatonique pour faire l'interualle de 5 dieses, & au *Parhypate meson* Enharmonic pour faire la Quinte iuste: mais ce Genre composé n'a point de note qui puisse faire le Diapente & le Diapason auec ledit *Parhypate hypaton* Enharmonic: ce qui arriue semblablement au *Parhypate meson*, & aux *Paranetes* Enharmoniques des autres Tetrachordes: d'où il est aisé de conclure que nos Systemes, que i'ay expliquez cy-deuant, sont plus parfaits que ce composé, puis que chaque note Enharmonique a plusieurs consonances tant en bas qu'en haut. C'est pourquoy nos Praticiens pourront desormais parler hardiment, & maintenir qu'ils n'ont pas besoin de la Musique des Grecs, & voir quant & quant ce qu'ils ont ajouté à l'inuention des Anciens par leur industrie & leur art.

P iiij

En second lieu, il faut remarquer que l'on n'a nulle obligation de s'attacher tellement aux chordes Diatoniques, qu'il ne soit tres-libre de toucher les Chromatiques, comme font les Praticiens, ou mesme les Enharmoniques, pourueu qu'on les puisse chanter, car l'on ne doit pas se contraindre dans les chants, puis que l'on en vse pour se recreer, & que les recreations sont dautant plus agreables qu'elles sont plus libres.

PROPOSITION XV.
Expliquer toutes les especes de Quartes, de Quintes, & d'Octaues, dont on peut vser dans le Genre Diatonic.

Il est si aisé d'entendre toutes ces especes selon que l'on les pratiques maintenant, & suiuant les principes des Grecs, que les notes qui suiuent peuuent suppleer toute sorte de discours; car la premiere espece de Quarte commence en *C sol vt fa*, & finit en *E mi la*, & consequemment elle a le demiton au dernier lieu en haut, quoy que les Anciens ayent mis la premiere espece de Quarte d'*E mi la* en *A mi la re*, parce qu'ils ont voulu commencer par le demiton, à raison que leurs premiers clauiers, ou leurs mains de Musique commençoient par la chorde qu'ils nommoient *Hypate hypaton*, parce qu'elle estoit la plus basse, & le fondement de leur Systeme.

Or il n'importe nullement par où l'on commence les especes de Quarte, de Quinte, ou d'Octaue, de sorte que chacun peut appeller *premiere* celle qu'il voudra; mais parce que la 1 chorde ou note dont on vse maintenant s'appelle *Vt*, qui commence en *C sol vt fa*, ou en *G re sol vt*, nous commençons aussi la premiere espece de chaque consonance par cette note, afin de conuenir de termes, & de bornes auec Zarlin, Salinas, Claudin, du Caurroy, & tous les autres Maistres de la Theorie, ou de la pratique de nostre siecle.

La 2 espece de Quarte commence en *D la re sol*, & finit en *G re sol vt*, afin d'auoir le demiton au 2 lieu; qui tient le milieu; & la troisiesme commence en *E mi la*, & finit en *A mi la re*, & consequemment a le demiton au commencement. Où il faut remarquer qu'il n'y a qu'vne espece de Quarte, de Quinte, ou d'Octaue, lors que l'on considere seulement leurs deux sons extremes, car la varieté des especes, dont nous auons parlé, procede de la differente disposition du demiton, comme l'on void icy à la Quarte.

I espece   II espece   III espece

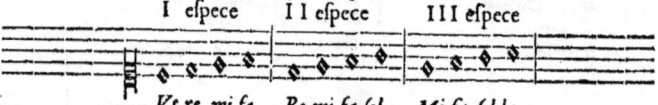

Vt re mi fa.   *Re mi fa sol.*   *Mi fa sol la.*

Mais si l'on varie les especes de Quarte, à raison du ton majeur, & du mineur, il y en aura six especes, puis qu'elle contient 3 interualles differens, à sçauoir les deux tons, & le demiton, mais parce que les Praticiens se sont imaginez iusques à present que le ton depuis *Vt* iusques à *re* est égal à celuy qui est de *re* à *mi*, ce qui arriueroit si la Tierce majeure, c'est à dire la raison de 5 à 4, estoit diuisee par vn nombre moyen proportionnel, il est difficile de leur faire comprendre cette diuersité de Quartes, quoy qu'il soit tres-aisé, s'ils entendent ce que i'ay expliqué tres clairement dans les autres Liures, & en celuy-cy. Mais peut estre qu'on les comprendra mieux par la Table qui suit, dans laquelle l'on void les propres nombres de chacune.

Six especes

Des Genres de la Musique. 177

Six especes de Quarte.

I	15	Demiton	16	Ton maj.	18	Ton min.	20
II	135	Demiton	144	Ton min.	160	Ton maj.	180
III	24	Ton maj.	27	Ton min.	30	Demiton	32
IV	120	Ton maj.	135	Demiton	144	Ton min.	160
V	27	Ton min.	30	Demiton	32	Ton min.	36
VI	36	Ton min.	40	Ton maj.	45	Demiton	48

Or il faut remarquer ces 6 especes de Quarte, à raison qu'elles nous seruiront apres pour monstrer qu'il y a 72 Modes differens, qui sont cause de plusieurs effets dans la Musique, dont les Praticiens ordinaires ne peuuent rendre la raison, car c'est chose tres-asseuree que les Modes estant bien conduits, font des effets fort differents, dont on pourra trouuer la raison, si l'on entend cette proposition, & celles qui suiuront apres.

Quant aux especes de la Quinte, il y en a 4, dont la premiere commence à l'*vt* de *C sol vt fa*, & finit au *sol* de *G re sol vt*; la 2 commence en *D la re sol*, & finit en *A mi la re*; la 3 commence en *E mi la*, & finit en ♮ *mi*; & la 4 commence en *F vt fa*, & finit en *C sol vt fa* : & consequemment la premiere a le demiton au 3 lieu, la 2 au 2, la 3 au premier, & la quatriesme au dernier; quoy que l'on puisse commencer par où l'on voudra, n'y ayant rien de premier, ny de dernier dans les especes des Consonances, non plus que dans le cercle, que suiuant l'imagination des hommes, & le consentement des Musiciens, qui ont voulu mettre l'ordre precedent entre les especes de la Quarte, & de la Quinte, quoy que les Grecs ayent appellé la premiere espece de Quinte, celle qui a le demiton au premier lieu, comme i'ay desja dit de la Quarte; la 2, celle qui la au 2 lieu; & la 3 & 4, celles qui l'ont au 3 & 4 lieu. Or les notes qui suiuent monstrent ces quatre especes de Quinte.

Vt re mi fa sol.   Re mi fa sol la.   Mi fa sol re mi.   Fa sol re mi fa.

Mais comme i'ay monstré qu'il y a 6 especes de Quarte dans le Diatonic parfait, il faut semblablement expliquer combien il y a d'especes de Quinte, ce qui est tres-aisé par la doctrine des Combinations; car puis que 3 choses se varient 6 fois, comme il arriue aux 3 interualles de la Quarte, & qu'il y a 4 interualles dans la Quinte, s'ils estoient tous 4 differens, elle se pourroit varier 24 fois, mais par ce qu'elle a 2 interualles semblables, il faut diuiser la combination de 4, c'est à dire 24, par celle de 2, comme l'on fait aux dictions de 4 lettres, dont il y en a 2 semblables, & l'on trouuera que la Quinte peut estre diuisee en 12 especes, comme l'on void dans la Table qui suit, dans laquelle le grand T signifie le ton majeur, le moindre sigifie le mineur, & la lettre S, monstre le demiton majeur.

1	T. t. S. T.	S .T. t. T.	7
2	t. T. S. T.	S. T. T. t.	8
3	T. T. S. t.	S. t. T. T.	9
4	T. t. T. S.	T. S. t. T.	10
5	T. T. t. S.	T. S. T. t.	11
6	t. T. T. S.	t. S. T. T.	12

Par où l'on void que chaque espece ordinaire de Quinte peut estre variee trois fois: or trois fois quatre font douze, car le demiton se peut trouuer trois fois au commencement, ou au premier lieu, 3 fois au second, 3 fois au troisiesme, & 3 fois au quatriesme.

Or il faut remarquer que la Quarte ne se trouue pas iuste en bas ou en haut dans la plus part de ces especes de Quinte, car la derniere note de la 2, 6, 7, 9, & 12, espece n'a point de Quarte en bas, les premieres notes de la 4, 5, & 11 espece n'ont point de Quarte en haut, & la 6 & 8 espece n'ont point de Quarte en haut ny en bas, de sorte qu'il n'y a que la premiere & la 10 espece, dont la premiere & la derniere note ayent leurs Quartes iustes en haut, & en bas.

Mais il n'est pas aisé de representer ces 12 Quintes auec les notes, & les nombres, dautant qu'elles ne se rencontrent pas dans le grand Systeme de 25 chordes, dont nous auons parlé dans la 9 proposition de ce liure: quoy qu'il soit aisé de surmonter cette difficulté par les differentes lignes, & autres characteres tels que l'on voudra. Il faut encore remarquer que les especes de Quinte qui ne se trouuent pas diuisees en Tierces majeures, & mineures, ne sont pas legitimes, & n'appartiennent pas au genre Diatonic parfait, à sçauoir la 3, 5, 9, & 12 especes, par ce qu'elles ont deux tons majeurs, qui se suiuent immediatement, & consequemment elles ne peuuent auoir que la Tierce mineure, car les deux tons majeurs sont plus grands d'vn comma que la Tierce majeure; quoy que tous les anciens iusques à Henry Glarean ayent tousiours mis deux tons majeurs deuant le demiton, qui est moindre d'vn comma que le nostre, dautant qu'ils n'ont pas reconnu la distinction du ton majeur, & du mineur: mais la vraye Theorie ne permet pas que deux degrez semblables se suiuent immediatement en chantant, de sorte que nous n'auons plus que 8 especes de Quintes, à sçauoir la 1, la 2, la 4, la 6, 7, 8, 10, & 11, qui ne sont pas differentes des 4 ordinaires de la pratique; où il faut remarquer que les 2 tons majeurs, qui se suiuent dans la 6 espece, n'empeschent pas que la Tierce majeure & la mineure ne se rencontrent dans la 6 espece: & que la raison pour laquelle certaines Quintes sont plus agreables les vnes que les autres, vient de ce que le ton majeur, ou le mineur sont placez plus à propos suiuant le Mode dont on vse.

Or il faudroit escrire l'Octaue toute entiere pour marquer ces 12 especes de Quintes, & ajoûter plusieurs chordes nouuelles, afin de trouuer les deux tons majeurs de suite aux lieux où nous les auons marquez dans la table precedente: ce qu'il est aussi aisé de faire, comme d'en comprendre le discours. Mais ie laisse l'inuention des characteres propres pour ce sujet aux Praticiens, afin d'expliquer les differentes especes de l'Octaue, qui sont aussi aisez à conceuoir que les especes ordinaires de la Quarte & de la Quinte, puis que celles-cy composent celles-là; car chacune des trois especes de Quarte estant jointe à l'vne des 4 especes de Quinte font sept especes d'Octaues, dont la 1 est de C à C, & est composee de la premiere espece de Quinte, & de la premiere de Quarte; comme la 2 Octaue qui est de D à d, est faite de la 2 espece de Quinte, & de Quarte; & la 3 qui est de

E à e,

Des Genres de la Musique. 179

E à e, de la 3 espece de Quinte & de Quarte. Et parce qu'il n'y a que trois especes de Quarte, & qu'il y en a 4 de Quinte, la quatriesme espece de la Quinte se ioint auec la 1 espece de la Quarte, pour faire la 4 espece d'Octaue de F à f; & puis l'on recommence à la premiere espece de la Quinte, afin de la ioindre à la 2 espece de la Quarte pour faire la 5 Octaue de G à g: En apres la 2 espece de la Quinte ajoûtee à la 3 espece de la Quarte fait la 6 Octaue d'A à a. En fin la 7 espece d'Octaue est composee de la fausse Quinte, & du Triton : elle commence en ♯ mi: or les exemples qui suiuent auec les notes enseigneront mieux les Praticiens qu'vn plus long discours.

Les sept especes d'Octaue.

I. Vt re mi fa sol re mi fa.
II. Re mi fa sol re mi fa sol.
III. Mi fa sol re mi fa sol la.
IV. Fa sol re mi fa sol la fa.
V. Vt re mi fa re mi fa sol.
VI. Re mi fa sol la fa sol la.
VII. Mi fa sol la fa sol re mi.

Or l'on peut commencer lesdites especes d'Octaue en *G re sol vt*, & dire que la premiere est de G à G (car la mesme espece de Quinte, & de Quarte, qui est de C à C, est semblablement de G à G,) la 2 d'*A re à A mi la re* : la 3 de ♯ à ♯, la quatriesme de C à C, la 5 de D à D ; la 6 d'E à E, & la 7 de F à f.

Mais nous parlerons encore de ces especes dans les discours qui suiuent, apres auoir remarqué qu'il n'importe nullement qu'elle espece l'on mette la premiere, dautant que les Grecs, qui commençoient leurs especes de Quintes, de Quartes, & d'Octaues par le demiton, pouuoient dire que la nature commence par les moindres choses, & que pour l'imiter il faut commencer par les moindres interualles; comme ceux qui mettent le demiton au milieu des premieres especes, disent qu'il est à propos de luy donner le rang le plus honorable, à sçauoir le milieu; & ceux en fin qui le mettent au dernier lieu, & qui commencent les especes par les tons, disent que les choses les plus grandes, & les plus nobles doiuent preceder, & que les plus grands interualles seruent de fondement aux moindres, de sorte qu'ils ont tous leur raison.

PROPOSITION XV.

Determiner si l'on peut establir plus de sept especes d'Octaue dans la Musique.

Il est certain qu'il y a 4 especes de Quintes, & 3 de Quartes, cõme nous auons monstré cy deuant ; & que chaque espece de Quarte peut estre ajoûtée à chaque espece de Quinte en 2 manieres, à sçauoir en mettant chaque espece de Quarte dessus, ou dessous chaque espece de Quinte : d'où il semble que l'on peut tirer 24 especes d'Octaues, dautant que chaque espece de Quarte peut se mettre dessus ou dessus chaque espece de quinte, c'est à dire que la premiere espece de Quarte *Vt, re, mi, fa*, peut estre dessus ou dessus la 1, 2, 3, & 4 espece de Quinte, & consequemment elle fera 8 especes d'Octaues : ce qu'il faut aussi dire de la 2, & de la 3 espece de Quarte, de sorte que l'on aura 24 especes d'Octaues. Mais parce que les demitons se rencontrent aux mesmes lieux dans plusieurs de ces especes, comme ie diray en parlant des Modes, il en faut mettre vn moindre nombre : par exemple l'espece d'Octaue qui a la premiere espece de Quarte en bas, & la 4 espece de Quinte en haut est la mesme que celle qui a la premiere espece de Quinte en bas & la premiere espece de Quarte en haut. Neanmoins il y en a quelques-vnes outre les 7 especes precedétes, dont on peut vser en chantãt, & que l'on met souuent en pratique, & particulierement les 8 especes qui suiuent, dont la premiere est composee de la premiere espece de Quinte en bas & de la 3 espece de la Quarte en haut : la II a la 2 espece de Quinte en bas, & la 1 de Quarte en haut ; la III a la 3 espece de Quinte en bas, & la premiere de Quarte en haut : la IV est composee de la 3 espece de Quinte en bas, & de la 2 espece de Quarte en haut : la V a la 4 espece du Diapente en bas, & la 2 espece de quarte en haut ; la VI a la 4 espece de la quinte en bas & la 3 espece de Quarte en haut, la VII a la premiere espece de quarte en bas, & la 3 espece de Quarte en haut ; & la VIII a la 2 espece de Quarte en bas & la 3 espece de Quinte en haut : de sorte que l'on aura 15 differentes espece d'Octaues, si l'on ajoûte ces especes aux 7, dont nous auons parlé dans la proposition precedente.

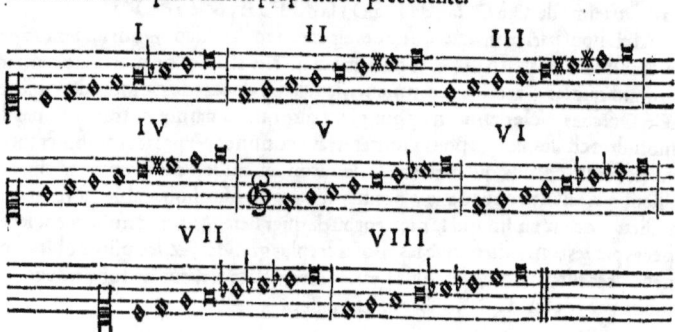

Or il n'y a nul doute que l'on peut vser de ces huit nouuelles especes d'Octaues, qu'elles peuuent fournir de chants excellens, & que les Praticiens s'en seruent assez

Des Genres de la Musique. 181

assez souuent sans les connoistre, parce qu'ils ne font pas reflexion sur les changemens qui arriuent par le moyen des accidens, c'est à dire des dieses, & des b mols, & ♯ quarres, qu'ils ajoûtent en de certains lieux pour changer de chordes. Ie laisse les 7 especes d'Octaue que l'on peut establir, si l'on met les 2 demitons de l'Octaue dans tous les lieux où ils se peuuent rencontrer: de maniere que l'on aura 22 especes d'Octaues toutes differentes, comme l'on peut conclure par ces 7 autres extraordinaires qui suiuent, & qui peuuent seruir pour trouuer vne tres-grande multitude de chants, & d'airs nouueaux.

Ie sçay que le Diatonic des Grecs consiste à faire tousiours suiure ou preceder deux tons apres le demiton, & qu'ils ne mettent iamais 3 tons de suite qu'en passant de leur Tetrachorde du milieu au dis-joint, en prenant le *mi* de ♯, au lieu du *fa* de *b*, c'est à dire en passant immediatement de leur *Mese* à leur *Paramese*, & en laissant la troisiesme chorde du Tetrachorde des conjointes. Mais puis que l'on vse souuent de 2 ou 3 demitons de suite pour representer les plaintes, & les ennuis, l'on peut semblablement se seruir de 3 ou 4 tons de suite pour exprimer les choses dures & rudes, comme les combats, la cholere, &c.

Si les 7 interualles de l'Octaue estoient tous differens, l'on en pourroit establir 5040 especes differentes, mais parce qu'elle n'en a que 3 differens, à sçauoir le ton majeur, le mineur, & le demiton maieur, & qu'elle a 3 tons maieurs, 2 mineurs, & 2 demitons maieurs, il faut multiplier les combinaisons de ces trois nombres les vns apres les autres, afin d'auoir 24; par lequel 5040 estant diuisé, le quotient monstre que l'Octaue peut estre variée en 210 manieres, qui peuuent faire autant de differentes especes. Or l'on entendra encore mieux cette proposition par le discours que ie fais des Modes dans la proposition qui suit.

PROPOSITION XVI.

Expliquer les 12. Modes des Praticiens, & monstrer que l'on en peut mettre 72.

Il est premierement certain que l'on peut establir autant de Modes qu'il y a d'especes d'Octaues, mais outre ces especes, qui ont esté expliquées dans la proposition precedente, l'on peut mettre 72 Modes, à raison que chacun peut estre varié en 12 manieres differentes, à cause du ton majeur, & du mineur qui peuuent changer de place.

Q

182 Liure Troisiesme

Mais auant que d'expliquer cette diuersité, il faut monstrer que les Praticiens ont 12 Modes, à raison que des 7 especes ordinaires d'Octaue, il y en a 6 qui peuuent auoir la Quinte dessous, & dessus, de sorte qu'il y en a 6 qui l'ont dessus, & qui sont diuisées Arithmetiquement, & non pas Harmoniquement, suiuant la creance ancienne, comme i'ay demonstré dans la proposition 36 du liure des Consonances.

Or le premier Mode commence en *C sol vt fa*, comme fait la 1 espece d'Octaue, d'auec laquelle il n'est nullement distinct : où il faut remarquer que les Modes, dont le nombre est impair, à sçauoir le premier, le troisiesme, le 5, le 7, le 9, & l'onziesme ont la Quinte dessous, & la Quarte dessus, & qu'au contraire ceux dont les nombres sont pairs, à sçauoir le second, le 4, le 6, 8, 10, & douziesme, ont la Quarte dessous, & la Quinte dessus, c'est à dire que ces 6 derniers (que l'on appelle appelle Plagaux, & Seruiteurs, parce qu'ils sont moins agreables que les 6 impairs) descendent tousiours plus bas d'vne Quarte que les autres 6, que l'on appelle *Authentiques*, & *Maistres*.

Mais i'ay traité assez amplement des proprietez de ces 12 Modes dans le premier Liure de l'Harmonie vniuerselle, & ailleurs, c'est pourquoy il n'est pas necessaire de les repeter icy, où ie remarqueray seulement ce qui n'a pas esté dit, apres auoir descrit les 12 Modes auec les notes qui suiuent, dont les quarrees monstrent les principales cadences de chaque Mode, & les autres signifient les chordes qui sont communes aux autres Modes. Quant aux dictions Greques qui signifient le Mode Dorien, Phrygien, Lydien, &c. il ne faut nullement s'y amuser, dautant qu'il n'importe quels noms on leur donne, pourueu qu'on les entende ; or plusieurs tiennent que le 3 Mode est le Dorien des Grecs, dont ie parleray apres, & monstreray qu'il conuient auec nostre premier Mode.

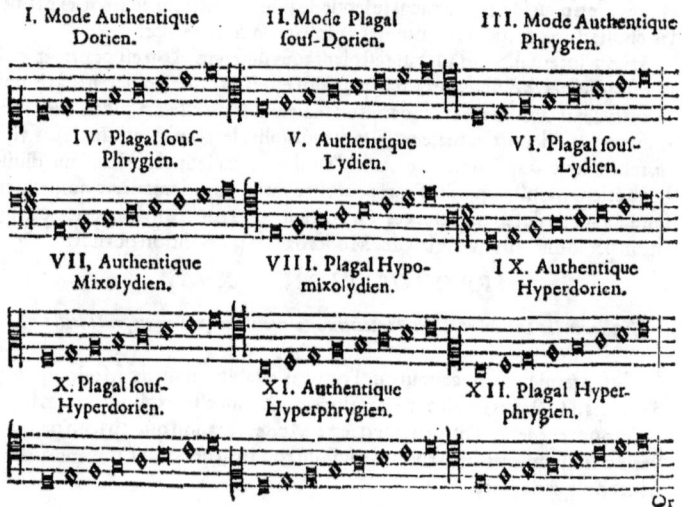

Table des douze Modes.

Or

Des Genres de la Musique. 183.

Or ie veux icy ajoûter vne table qui fasse comprendre tres-aisément les 7 especes de Diapason, & les douze Modes auec toutes leurs cadences, & leurs chordes principales, ou modales; pourueu que l'on remarque que les nombres de dessus la table monstrent le nombre & l'ordre des Modes, & que ceux de dessous signifient l'espece de Diapason, à laquelle appartient le Mode qui est vis à vis: par exemple V signifie que le 2 Mode appartient à la 5 espece d'Octaue: II signifie que le 3 Mode est produit par la 2 espece d'Octaue, & ainsi des autres: de sorte que l'espece d'Octaue, dont le nombre se repete 2 fois, produit 2 Modes: celles qui n'y sont qu'vne fois, à sçauoir la 4 & 7 espece, n'en produisent qu'vn: par exemple la V espece y est repetee 2 fois, parce qu'elle produit le 2, & le 9 Mode: ce qui arriue semblablement à la I, II, III, & VI espece: mais la IV & & VII espece n'en produisent qu'vn, d'autant que la IV n'a point de Quarte en bas, & que la VII n'a point de Quinte en bas, car les Praticiens veulent que tous leurs Modes ayent leurs Quintes & leurs Quartes iustes tant en haut qu'en bas. Mais ces 12 Modes ne sont pas establis par des raisons assez bonnes, dautant

Table des douze Modes, & des sept especes d'Octaue.

	I	II	III	IV	V	VI	VII	VIII	IX	X	XI	XII
a											LA	
g									SOL		sol	
f					FA				fa		fa	
e				LA	mi				mi		MI	LA
d			SOL	sol	re	FA	FA		RE	SOL	sol	sol
c	FA		fa	fa		mi	mi		fa	fa	FA	FA
♯	mi		mi	MI	MI	FA	FA		MI	MI	mi	mi
a	re	LA	RE	re	re	RE	RE		re	re	RE	RE
G	SOL	SOL	sol	sol	SOL	sol	sol	FA	VT	SOL		sol
F	fa	fa	FA	FA	fa	fa	fa	FA		fa		fa
E	Mi	MI	mi	mi	MI	LA	mi			mi		mi
D	re	re	RE	SOL		sol	re			re		
C	VT	FA		fa		fa	vt					
♯		mi		mi		mi						
A		re		re								
G		vt										
	I	V	II	VI	III	VII	IV	I	V	II	VI	III

que les mesmes especes de Quinte & de Quarte, qui sont dans les 7 premiers Modes, se trouuent en mesme ordre dans les 5 derniers, de sorte que le 8 est mesme chose que le premier, le 9 est le 2, le 10 est le 3, l'onziesme est le 4, & le 12 est le 5, c'est pourquoy il faut seulement establir 7 Modes auec Ptolomee, c'est à dire 7 especes d'Octaue, que l'on pourra nommer les 7 Harmonies: car il ne faut pas augmenter leur nombre, si l'on n'y est contraint par la consideration de leurs parties essentielles, c'est à dire de leurs Diapente, & Diatessarons, de peur qu'vne distinction imaginaire, qui ne depend que du nom des Clefs, & des lettres de la Gamme, n'engendre de la confusion: puis qu'il n'importe nullement que le

9 Mode, par exemple, commence en *G re sol*, ou en *C sol*, c'est à dire vne Quinte plus haut ou plus bas, pourueu qu'il conserue la mesme modulation.

Or il faut remarquer que ie n'ay pas mis les dernieres notes *Vt, re, mi* des 8 Modes Plagaux en grosse lettre, comme les dernieres, ou les finales des Authentiques, afin de signifier que les Praticiens ne finissent pas par les dernieres notes des Plagaux, encore que leurs compositions appartiennent à ces Modes, mais par celle des Authentiques: dont ie parleray encore en vn autre lieu.

Mais il est si aisé de comprendre ces 12 Modes, qu'il n'est pas necessaire de s'y arrester daüantage, puis que le premier n'est point different de la premiere espece d'Octaue, car il est composé de la premiere espece de Quinte, & de Quarte; ce qui arriue semblablement au second Mode, qui n'est different du premier, qu'en ce que la Quarte, qui est sur la Quinte dans le 1, est dessous la Quinte dans le 2: ce qui arriue semblablement à chaque Mode Plagal: le 3, & le 4 Mode sont composez de la seconde espece de Quinte, & de Quarte : le 5, & le 6 de la 3 espece de Quinte, & de Quarte: le 7, & le 8 de la 4 espece de Quinte, & de la premiere espece de Quarte; le 9, & le 10 de la premiere espece de Quinte, & de la 2 de Quarte; & l'onziesme, & le 12 de la 2 espece de Quinte, & de la troisiesme de Quarte.

Où il faut remarquer que ces distinctions d'especes, & de Modes viennent seulement des lieux differens, où l'on met les demitons ; d'où il arriue que le moindre interualle de la Musique est le plus considerable, puis qu'il en fait toutes les principales differences.

Mais si l'on prend les differences des Modes selon les lieux differens où le ton majeur, & le mineur se rencontrent, l'on aura 72 Modes, dont les demitons garderont tousiours leurs propres lieux, comme ie demonstre par l'exemple du premier Mode qui souffre 6 differences, comme l'on void à la Table qui suit.

Premier Mode varié en six manieres.

	I	II	III	IV	V	VI
C	144 demiton	144	144	144	144	144
♯	135 ton maj.	135	135	135 ton min.	135 ton min.	135 ton maj.
A	120 ton min.	120	120 ton maj.	121½	120	121½
G	108 ton maj.	108	106⅔ ton min.	108 ton maj.	106⅔ ton min.	108 ton maj.
F	96 demiton	96	96	96	96	96
E	90 ton maj.	90 ton min.	90 ton maj.	90	90	90
D	80 ton min.	81 ton maj.	80 ton min.	80	80	81 ton maj.
C	72	72	72	72	72	72

Il est

Des Genres de la Musique. 185

Il est aisé de disposer chaque Mode en autant de façons que celuy-cy ; & si l'on considere la varieté du ton majeur & du mineur dans les 15 Octaues, dont i'ay parlé dans la 13 proposition, l'on aura encore vne autre varieté beaucoup plus grande que celle-cy, car chaque Octaue se peut varier en autant de façons que chaque Mode.

Or si l'on veut se tenir simplement à la vieille routine, & chanter le Diatonic tout pur en le prenant sans distinction de tons, comme a fait Aristoxene, & comme font tous les Praticiens, il faut seulement admettre les Modes, qui ont leurs Quintes & leurs Quartes tellement disposees, que leurs deux demitons suiuent, ou precedent deux tons, car le Diatonic ordinaire des Anciens procede premierement par vn ton, & puis par vn autre ton, & finalement par le demiton : & seulement par 3 tons de suite dans le 7. Mode.

PROPOSITION XVII.

Determiner quels ont esté les Modes des Anciens.

Encore qu'il n'importe nullement si les Grecs, & les autres que celebre l'antiquité, ont chanté comme l'on fait maintenant, & s'ils ont vsé des Modes, dont nous nous seruons, il y en a neanmoins plusieurs qui sont bien aises de sçauoir leur pratique, & qui preferent vne opinion, ou vn mot de l'antiquité à plusieurs choses plus excellentes, lors qu'ils croyent qu'elles sont nouuelles. Mais i'ay discouru assez amplement des Modes des Anciens dans le premier liure de l'Harmonie vniuerselle, où i'ay donné deux Autheurs Grecs tous entiers en nostre langue, & dans la 57 question sur la Genese, sans qu'il soit besoin d'y ajoûter autre chose, sinon que l'on ne peut s'imaginer que les Modes des Anciens ayent esté differens des nostres : car soit qu'ils ayent pris les differentes especes d'Octaue pour les Modes, ou qu'ils les ayent pris selon les differens lieux des Systemes, ou selon la differente maniere de chanter des Doriens, Phrygiens, &c. nous les pratiquons en ces 3 manieres, & cósequemment nous sommes asseurez qu'ils n'ont point eu d'autres Modes que nous, car ils n'en ont point eu d'autres que ceux dont nous venons de parler ; or nous pratiquons ces 3 sortes de Modes puis que nous auons les 7 differentes especes d'Octaues, dont nous faisons douze Modes, & que les differentes Nations qui viuent maintenant, ont des façons de chanter aussi differentes que celles des Doriens, Phrygiens, & Lydiens ; c'est pourquoy il n'est pas necessaire d'en parler plus au long, si nous ne voulons perdre le temps à des choses entierement inutiles. Où il faut remarquer qu'il n'y a nul ordre entre les Octaues, ou les Modes qui soit essentiel, puis que l'on peut aussi bien commencer la premiere Octaue par *mi*, que par *vt*, ou par *re*, comme tout homme iudicieux auoüera librement, lors qu'il aura consideré tout ce que les Grecs, les Latins, les François, & les autres nations ont dit des Modes, ou des Tons, & des Octaues.

Ce qu'il faut entendre tant du Genre Diatonic, que du Chromatic, & de l'Enharmonic, afin qu'il ne soit pas besoin d'vser de repetitions. Or ie veux icy demonstrer si clairement que les Modes des Grecs ne sont point differens de nos 7 especes d'Octaues, que nul n'en puisse douter.

Et pour ce sujet ie mets icy les 7, ou 8 Modes de Ptolomee, qui en traite le plus exactement de tous, & qui les establit en cette maniere dans le 10 chapitre de son 2 liure, dont ie change seulement les lettres en celles de la main Harmonique, afin que les Praticiens en comprennent mieux la demonstration.

Ie suppose premierement que le ton le plus aigu est en F *vt fa*, & puis il prend C vne Quarte plus bas, & G vne Quarte plus bas que C. Secondement au lieu de descendre vne Quarte sous C, il monte vne Quinte plus haut en D, d'où il descend d'vne Quarte en A. Et parce que l'on ne peut prendre vne Quarte sous A, il monte vne Quinte plus haut en E, d'où il descend d'vne Quarte en ♯.

Mixtolydien	F	*vt fa*
		demit.
Lydien	E	*mi la*
		ton
Phrygien	D	*la re sol*
		ton
Dorien	C	*sol vt fa*
		demit.
Hypolydien	♯	*mi*
		ton
Hypophrygien	A	*mi la re*
		ton
Hypodorien	G	*re sol vt*

Cecy estant posé il est euident qu'il y a vn ton de G à A, d'A à ♯, de C à D, & de D à E: & qu'il y a vn demiton de ♯ à C, & d'E à F, & consequemment le Dorien est en C *sol vt fa*, comme nous l'auons mis dans la proposition precedente: le Phrygien en D *la re sol*, & les autres dans les autres chordes & dictions qui sont icy marquees.

Il dit en ce mesme chapitre que l'on ne mettoit autrefois que 3 tons, à sçauoir le Dorien, le Phrygien & le Lydien, & que depuis l'on en a ajouté 3 dessous auec la syllabe *Hypo*, qui signifie *dessous*: & que le Mixtolydien est ainsi appellé, parce qu'il n'est éloigné que d'vn demiton du Lydien, comme l'Hypolydien du Dorien. Or il n'approuue pas le 8 ton, que quelques-vns mettent vne Octaue plus haut que G *vt*, & qu'ils appellent *Hypermixtolydien*, parce que ce n'est que la repetition de l'Hyperdorien: & dans l'onziesme chapitre il donne 15 chordes à chaque ton; d'où il est aisé de conclure que les Anciens n'ont point vsé du nom de *Mode*, mais de celuy de *Ton*: & que si l'on prend les tons selon le lieu du Systeme, ou de l'estenduë de la voix, sans auoir egard aux diuisiós Harmoniques ou Arithmetiques, dont les Grecs n'ont point parlé dans leurs traitez, l'Hyperdorien doit estre le ton le plus bas de la voix, le sous-Phrygien le second, & ainsi des autres: de sorte qu'il n'est pas necessaire d'examiner icy plus au long les tons, ou les Modes des Anciens, puis que l'on n'en peut sçauoir dauantage que ce que Ptolomee nous en apprend.

Or bien qu'il ne parle pas de la diuision Harmonique & Arithmetique du Diapason, il est neanmoins certain que la Quinte estant dessous est plus agreable que quand elle est dessus la Quarte, comme i'ay demonstré dans le liure des Consonances. Mais cette diuision ne se fait que par vn milieu, comme il arriue lors qu'on met 3 entre 2 & 4 pour faire le Diapente de 2 à 3, & le Diatessaron de 3 à 4: ce qui ne suffit pas pour discerner les tons, & pour connoistre à quel Mode appartient chaque note, ou chant: c'est pourquoy i'ajoûte la proposition qui suit afin d'expliquer les characteres, & les signes de chaque Mode, ou Ton, encore qu'il soit tres-aisé de les connoistre, si l'on entend ce que i'ay dit dans les propositions precedentes.

PROP.

Des Genres de la Musique. 187

PROPOSITION XVIII.

Expliquer la force & les proprietez de chaque Ton, & des Modes, & la maniere de connoistre de quel Mode ou Ton est vn chant donné, & monstrer qu'il n'y a que sept Modes ou Tons differens.

Il est certain que les chordes des Modes, sur lesquelles se font les cadences, & que i'ay marqué auec de grosses lettres dans la Table de la 14 proposition, seruent de characteres & de signes essentiels pour les connoistre, & les discerner les vns d'auec les autres, c'est pourquoy l'on doit les considerer plus particulierement que les autres chordes : or le premier Ton, ou Mode qui commence en *C fa vt* (c'est à dire sur le *Parhypate hypaton* des Grecs, comme l'on void à la table de la proposition, où i'ay mis le nom & l'ordre de toutes leurs chordes vis à vis des noms de nostre Gamme, ou main Harmonique) a ces 4 chordes modales, ou principales *Vt, mi, sol, fa*; mais par ce que ces mesmes chordes se rencontrent dans tous les autres Modes, qui ont leur Quinte en bas tellement diuisee, que la Tierce maieure est dessous la mineure, il faut encore connoistre les lieux des deux demitons, autrement il est impossible de discerner le 2, le 7, le 8, & le 9 Mode d'auec le premier, dautant qu'ils ont tous ces 4 chordes, car il n'importe qu'on die dans le 7, *Fa, re, fa, fa*, au lieu de *Vt, mi, sol, fa*, puis qu'il ne faut pas tant prendre garde à ces dictions, qui seruent seulement pour enseigner les enfans, qu'aux interualles, & aux raisons qui se trouuent entr'elles : or ces 4 Modes gardent les mesmes raisons entre ces 4 chordes, comme l'on void en ces 4 nombres, 4, 5, 6, 8. Et puis quand on chante la lettre, l'on n'oyt point ces dictions, de sorte qu'elles ne seruent de rien pour la connoissance des Modes, c'est pourquoy il faut considerer les lieux des 2 demitons, & conclure que les Modes, ou les Diapasons, qui les ont en mesme lieu, ne sont pas differens, comme il arriue au 8 & au 1. Et parce que plusieurs Modes ont l'vn de leurs demitons en mesme lieu, & qu'il n'y en a qu'vn qui soit diuersement situé, il s'ensuit qu'ils ne sont pas si differens que ceux qui les ont tous deux en des lieux differens : par exemple le premier Mode qui a ces demitons au 3 & au 7 lieu, est plus different du 3 qui les a au 2 & 6 lieu, que du 9 qui les a au 3 & 6 lieu, parce qu'il a son premier demiton au mesme lieu que le 1, comme il a son second demiton au mesme lieu que le 2 & le 9.

D'où il arriue que certains Modes ont beaucoup plus de ressemblance auec les vns qu'auec les autres : mais il suffit de mettre les 7 especes d'Octaue pour les 7 Tons, ou les 7 Modes principaux : dont les 4 cadences, ou chordes modales se reduisent à *Vt, mi, sol, fa*, ou 4, 5, 6, 8, & à *Re, fa, re, sol*, ou 10, 12, 15, 20 : car bien que l'on fasse les cadences de la 3 espece d'Octaue *Mi, sol, mi, la*, elles n'ont point d'autre energie, n'y d'autres interualles que le *Re, fa, re, sol* de la 2, ou le *Re, fa, mi, la* de la 6 espece, comme le *Fa, re, fa, fa* de la 4 n'est autre chose que l'*Vt, mi, sol, fa* de la 1 espece.

Par où l'on peut conclure qu'il n'y a que deux Modes qui soient differens en leurs cadences, ou chordes principales, & que ceux qui reduisent tous les tons, & les Modes à deux sortes de modulations, ou de deductions, à sçauoir au ♮ quarre, & au ♭ mol, ne parlent pas sans raison : car la plus grande difference des

Q iiij

Modes vient de ce que les vns ont la Tierce mineure, où les autres ont la majeure; ce qui arriue par le moyen du *b mol* & du ✶, dont ie parleray dans la proposition qui suit, apres auoir expliqué les proprietez des Modes.

Ie dis donc que le seul moyen infallible de connoistre les Modes consiste à remarquer les lieux que tiennent leurs demitóns, & que le 1 les a au 3 & 6: le 2 au 3 & 6; le 3 au 2 & 6: le 4 au 2 & 5: le 5 au 1 & 5: le 6 au 1 & 4: le 7 au 4 & 7 : le 8 au 3 & 7, comme le 1, dont il n'est pas different: le 9 au 3 & 6, comme le 2: le 10 au 2 & 6, comme le 3, auec lequel il est vne mesme chose: l'onziesme au 2 & au 5, comme le 4, dont il n'est pas distinct: & le 12 au 1 & au 5, comme le 5 Mode, auec lequel il est mesme chose: de sorte que tous les Modes qui sont depuis le 8 inclusiuement, ne different point des 7 premiers, & par consequent il suffit de mettre 7 Tons differens, comme a fait Ptolomee.

Mais si on prend les Tons pour les lieux differens du Systeme, & que le plus excellent soit la *Mese*, c'est à dire la chorde du milieu, qui fait l'Octaue en haut auec le *Proslambanomene*, l'on peut mettre autant de tons, ou de Modes, comme il y a de chordes dans le Systeme, à sçauoir 15, ou tant que l'on voudra, suiuant l'estenduë de la voix; quoy qu'il soit plus à propos d'establir le nombre des Modes par les differentes situations des demitons, ausquelles si l'on ajoûte la diuersité des tons majeurs, & mineurs, l'on en aura vn nombre beaucoup plus grand, comme i'ay demonstré.

Quant à la force & aux effets des Modes, ils dependent particulierement de leurs Tierces & Sextes majeures, & mineures, car les majeures sont propres pour flater, & pour addoucir les passions, & pour exprimer la tristesse & la douleur, comme l'on void au Motet d'Orlande, où il exprime *In me transierunt*, par la Sexte mineure, d'où il descend apres: en effet l'interualle de cette Sexte est fort propre pour representer les grandes douleurs, comme la Tierce mineure exprime les moindres: or elle ont cette proprieté à raison du demiton qui represente la foiblesse, parce qu'il faut plus de force pour faire le ton.

La Tierce majeure est fort propre pour la ioye, & pour exprimer les actions masles & courageuses: de là vient que quand on a chanté *Vt, re, mi*, l'on se sent porté à monter plus haut, pour acheuer la Quarte par le demiton, en ajoutant *fa*: mais lors qu'on est paruenu audit *fa* en chantant la Tierce mineure, *re, mi, fa*, l'on est contant de s'y reposer, ou de redescendre au *mi*, & au *re*: de sorte que la majeure est plus propre à l'action, & à la guerre, comme l'on experimente aux Trompettes, qui commencent leurs chants par *Vt, mi*, & non par *re, fa*, & qui montent iusques à la Quinte en ajoutant *sol*, & en sonnant *Vt, mi, sol*, &c. comme ie monstreray dans le traité de la Trompette. Kepler remarque que la Tierce majeure tire son origine du Pentagone, lequel vse de la section, ou diuision d'vne ligne en moyenne, & extreme raison, par laquelle il explique l'idee de la generation, & le mariage, & dit que la majeure represente le mary, & la mineure la femme, & qu'elle tire son origine du Dodecagone, dont les angles font vn nombre pair, que les Pythagoriciens attribuent aux femmes, cóme l'impair aux masles: mais i'ay expliqué les proprietez de cette diuision dans le liure des Mouuemens, & ie n'estime pas que les consonances viennent des figures; c'est pourquoy ie ne m'arreste pas à ces rapports symboliques, & à ces analogies.

Or le

Des Genres de la Musique. 189

Or le Mode qui commence par les plus grands interualles, & qui a toutes ses consonances iustes, de sorte que sa premiere note s'accorde parfaitement auec sa 3, 4, 5 & 6, est le plus naturel, & consequemment le plus propre pour la ioye, puis que les choses naturelles plaisent dauantage. Ce qui arriue au premier Mode de *C fa vt*, que l'on peut aussi mettre en *G re sol*, car il a le Ton majeur d'*Vt à Re*, le mineur de *Re à Mi*, & puis le demiton: neanmoins si l'on garde la distinction des Tons, & que le majeur soit de *C fa vt à D re sol*, il faut mettre le mineur de *G re sol vt à A mi la re*, parce que deux tons majeurs ne doiuent pas se suiure immediatement; ce qui arriueroit si le ton majeur estoit de *G à A*, parce qu'il est de *F vt à G vt*.

Mais il vaut mieux considerer la table de Kepler qui suit, & qui exprime le Systeme de l'Octaue diuisé en 13 notes, ou en 12 interualles, que d'ajoûter de plus longs discours des endroits où se rencontrent le ton majeur & le mineur; car les maieurs sont composez du demiton maieur, & du moyen; & les mineurs du demiton maieur & du mineur: de sorte qu'il est certain que le majeur est toujours aux endroits où le demiton moyen suit ou precede le maieur. Cette table seruira pour la Voix & pour les Instrumens: elle commence par le *C sol vt fa*, afin de l'accommoder à l'ordre de nos Modes, soit que l'on en mette 12, ou 7.

Table du Diapason diuisé en douze degrez.

C fa	810
	demiton maj.
♯ mi	864
	demiton min.
B fa	900
	demiton maj.
A mi	960
	demiton maj.
♯ g	1024
	demit. moyen
G re	1080
	demiton maj.
♯ f	1152
	demit. moyen
F vt	1215
	demiton maj.
E mi	1296
	demiton min.
♯ d	1350
	demiton maj.
D re	1440
	demiton maj.
♯ c	1536
	demit. moyen
C vt	1620

Et si l'on veut seulement les simples degrez Diatoniques par ♯, cette autre table monstrera plus clairement le lieu des tons majeurs, & des mineurs.

Table de l'Octaue diuisee en 7 interualles.

C vt	270
	demiton majeur
♯ mi	288
	ton mineur
A re	320
	ton majeur
G vt	360
	ton majeur
F fa	405
	demiton majeur
E mi	432
	ton mineur
D re	480
	ton majeur
C vt	540

Mais l'Octaue ou le Mode qui commenceroit en *C vt* en cette maniere, n'auroit pas sa Sexte majeure iuste de *C à A*, parce que le ton de *G à A* est majeur; c'est pourquoy i'vse d'autres nombres pour exprimer cette Octaue: quoy que l'on ne puisse si bien faire qu'il ne se rencontre toujours quelque consonance plus ou moins grande d'vn comma qu'il ne faut, quand on ne met que huit chordes, ou notes dans l'Octaue. Ce que i'ay demonstré si clairement dans l'explication des Systemes parfaits, qu'il n'est pas besoin de nous arrester dauantage à cette matiere: joint que les tons égaux suffisent pour expliquer les Modes ordinaires, & que d'excellens Theoriciens & Praticiens estiment que la difference des tons, & les commas, mettent trop de confusion ou de difficulté dans la Musique.

PROPOSITION XIX.

Determiner si l'on peut reduire tous les Tons & les Modes de la Musique au ♯, & au b mol, & monstrer comme l'on peut chanter sans autre nuance, ou mutation, que celle de l'vne de ces deux Clefs.

Puis que toute la Musique Diatonique à vne, deux, ou plusieurs parties, se chante par b mol, ou par ♯ quarre, il n'y a nul doute que l'on y peut reduire tous les modes; ce qui est tres-aisé à prouuer, parce que l'on ne peut rien chanter dans le Genre Diatonic qui ne s'y rencontre, à raison du Tetrachorde conjoint & du disjoint, dont le premier appartient au b mol, & le second au ♯ quarre: ce que ie prouue par la deduction des sons ou des notes qui sont depuis *E mi la*, dans lequel commence le Tetrachorde des moyennes, iusques à ♯ *mi*, dans lequel commence le Tetrachorde des chordes disjointes ou separees.

Et pour ce sujet ie mets les lettres E, F, &c. à costé des notes dans la table qui suit,

♯	mi		ni
B	fa		be
A	la	ou	la
G	sol		sol
F	fa		fa
E	mi		mi

dans laquelle le Tetrachorde des moyennes se chante par les notes *Mi, fa, sol, la*: & si l'on veut continuer le chant plus haut par le Tetrachorde des disjointes, on passe du *la* d'*A*, au *mi*, ou *ni* de ♯ *mi*, en disant encore:

E	mi		la
D	re	ou	sol
C	vt		fa
♯	ni		mi

Et si l'on continuë à chanter par b mol, c'est à dire par le Tetrachorde des conjointes, on commence en A pour dire,

D'où il est aisé de voir que les 12 Modes se reduisent aux signes ou characteres de b mol, & de ♯, comme l'on peut faire voir plus amplement par la deduction de chaque Mode, en mettant l'estenduë des chordes, ou des notes, & des lettres necessaires pour les comprendre de suite.

D	la		re
C	sol		vt
B	fa	ou	be
A	mi		la

Mais il suffit icy de considerer la Section que fait Kepler de ces deux Genres, dont la premiere appartient au b mol, & s'explique par les nombres qui suiuent dans la table, dont la premiere colomne contient les dictions ordinaires, & la seconde les raisons de leurs interualles. A quoy il

D	re	12
B	bi	15
A	la	16
G	sol	18
F	fa	20
D	re	24

ajoûte ces deux autres medietez, 3, 4, 5, 6, & 4, 5, 6, 8. Quant au ♯, il se diuise comme l'on void dans l'autre table qui suit: A quoy il ajoûte aussi deux diuisions de l'Octaue que nous auons déja expliqué dans le liure des Consonances. Or il met le ton majeur en bas pour commencer l'Octaue de b mol, & puis il fait suiure le demiton majeur, parce que ce Genre a les Tierces mineures en bas, & les majeures en haut. L'on void le lieu des autres tons majeurs & mineurs

G	vt	30
E	la	36
D	sol	40
C	fa	45
♯	mi	48
G	vt	60

dans

Des Genres de la Musique. 191

dans cette table :   Il dispose les degrez du ♯ en cette autre maniere :

D	72	G	360
	ton majeur		ton majeur
C	81	F	405
	ton mineur		demiton
B	90	E	432
	demiton majeur		ton mineur
A	96	D	480
	ton majeur		ton majeur
G	108	C	540
	ton mineur		demiton
F	120	♯	576
	demiton majeur		ton majeur
E	128	A	640
	ton majeur		ton mineur
D	144	G	720

Mais il est aisé de reduire ces deux Genres en vn, & d'expliquer le genre Diatonic par ses moindres termes radicaux en cette façon, où les sept lettres de la main Harmonique *F vt fa*, *G re sol vt*, *A mi la re*, &c. seruent pour expliquer le *b mol*, & le ♯, comme l'on void dans la table qui suit : dans laquelle il faut remarquer les lieux du T ó majeur & du mineur, afin de sçauoir quel ton on laisse en passant de *b mol* en ♯ : par exemple, si au lieu de l'*Vt re* qui est en F & G, l'on prenoit l'*Vt re* qui est en G & A, l'on feroit le ton mineur au lieu du majeur : & si l'on fait la Tierce

Systeme parfait de b mol & de ♯ quarte.

	E		mi	288	la	288
						ton mineur
ton maj.	D	la	320	re	320	sol	320
						ton majeur
ton min.	C	sol	360	vt	360	fa	360
						demit maj.
dem.ma.	B	fa	405	♯		mi	384
						ton majeur
ton min.	A	mi	432	la	216	re	432
						ton mineur
ton maj,	G	re	480	sol	240	vt	480
	F	vt	540	fa	270		

mineure d'A en C, elle est moindre d'vn comma que celle de ♯ en C, comme l'on void aux nombres Harmoniques de cette table. Semblablement si l'on fait la Quarte par ♯ d'A en D, elle est trop grande d'vn comma : & si on la fait par *b mol* de G en C elle est trop petite d'vn comma : mais elle est iuste de G en C par ♯, comme de F en B par *b mol*.

Ie laisse milles autres considerations qui se peuuent tirer de cette Table tant pour la pratique que pour la Theorie : afin d'expliquer l'autre partie de la proposition, qui consiste à chanter sans autre muance que celle qui arriue en *B fa* ♯ *mi*.

192 Livre Troisiesme

Or la modulation se peut faire par les syllabes de la main Harmonique, qui est en vsage, ou par telles autres lettres, syllabes, ou dictions que l'on voudra, car l'on peut aussi bien chanter A, B, C, D, E, F, G, A, comme *Mi, fa, sol, re, mi, fa, sol, la, &c.* mais puis que toute la difficulté consiste à prendre le *fa* ou le *mi* apres le *la*, on peut vser de 2 autres syllabes, afin que l'on n'entende point deux fois *mi* ou *fa* dans vne mesme Octaue, & que chaque son different soit exprimé par vne diction, ou syllabe particuliere : & parce que toutes sortes de syllabes sont indifferentes à signifier tout ce que l'on veut, & que les 6 notes de Guy Aretin sont en vsage dans toute l'Europe, il faut les retenir pour le premier Hexachorde; & puis il faut ajouter 3 ou 4 syllabes differentes pour acheuer l'Octaue, dont l'vne seruira pour exprimer le demiton qui suit le *la*, l'autre pour signifier le ton qui suit le mesme *la*, & la troisiesme pour la note qui fait l'Octaue en haut auec la premiere note *Vt* : l'on a desia inuenté la syllabe *ni* pour le ton qui suit *la* : mais parce que sa prononciation est trop semblable à celle du *mi*, i'aymerois mieux que l'on vsast de *ci*, afin que *bi* seruist pour le demiton, comme la syllabe DVT pour la derniere note de l'Octaue : si l'on vouloit que la premiere note de chaque Octaue ne se repetast point comme l'on void à la 1 Octaue, ce que l'on comprendra tres-aisement par la comparaison des notes ordinaires qui sont à costé dans la Table qui suit, & qui monstre la deduction des 7 especes d'Octa-

	I			II			III	
c	FA	DVT	d	SOL	RE	e	LA	MI
♮	MI	CI	C	FA	VT	D	SOL	RE
A	RE	LA	♮	MI	CI	C	FA	VT
G	SOL	SOL	A	RE	LA	♮	MI	CI
F	FA	FA	G	SOL	SOL	A	RE	LA
E	MI	MI	F	FA	FA	G	SOL	SOL
D	RE	RE	E	MI	MI	F	FA	FA
C	VT	VT	D	RE	RE	E	MI	MI

	IV			V			VI			VII		
F	FA	FA	G	SOL	VT	a	LA	RE	♮	MI	MI	CI
E	MI	MI	F	FA	BI	G	SOL	VT	A	RE	RE	LA
D	RE	RE	E	MI	LA	F	FA	BI	G	SOL	VT	SOL
C	FA	VT	D	RE	SOL	E	MI	LA	F	FA	BI	FA
♮	MI	CI	C	FA	FA	D	SOL	SOL	E	MI	LA	ou MI
A	RE	LA	♮	MI	MI	C	FA	FA	D	SOL	SOL	RE
G	SOL	SOL	A	RE	RE	♮	MI	MI	C	FA	FA	VT
F	FA	FA	G	VT	VT	A	RE	RE	♮	MI	MI	CI

ues, par où l'on void que BI signifie tousiours le demiton, & CI le ton qui se trouue apres le LA : mais tout cecy est de si peu de consequence, qu'il suffit de l'auoir touché en passant.

Si l'on vouloit exprimer les 12 demitons de l'Octaue qui contient tout ce que l'on pratique sur les Instrumens, & dans les compositions par le moyen de ces characteres ♭, ♯ & 𝄪, l'on pourroit vser des syllabes qui sont dessous les 13 notes de l'Octaue qui suit, dont chacune est exprimee par vne diction particuliere que

Des Genres de la Musique. 193

re que l'on void dessous, & que l'on peut faire apprendre aux petits enfans pour diuiser chaque Octaue en 12 demitons, & pour faire tout ce qui s'execute sur l'Epinette & sur l'Orgue. Où il faut aussi remarquer que l'on peut faire les six tons de suite, qui se rencontrent sur les notes 1,3,5,7,9,11,& 13: de sorte que cette Octaue contient quasi tout ce que l'on peut s'imaginer.

Octaue Diatonichromatique.

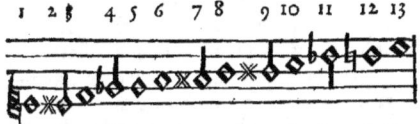

Ut, tu, re, er, mi, im, fa, af, sol, los, bi, ib, d'vt.

L'on peut vser de telles autres syllabes que l'on voudra pour exprimer ces 13 notes, par exemple des huit premieres dictions de l'alphabet, *ab, ba, ca, ac, da, ad, af, fa, ag, ga, ha, ah, ia, &c.* puis qu'il n'importe, pourueu que l'on puisse chanter aisément en euitant les nuances.

Mais les premieres dictions sont assez propres, à raison que celle qui suit n'est autre chose que la precedente renuersée, & que les anciennes seruent pour le Diatonic ordinaire, c'est pourquoy elles sont marquees par les notes d'vne mesure, excepté qu'au lieu du *fa*, & du ♯ *mi* de *b fa* ♯ *mi*, on a *bi* & *ib*, ou *ni*, & *in*. Si l'on desire vn discours plus ample de la maniere de chanter sans nuances, il faut prier Monsieur de Villiers tres-excellent Philosophe, & Docteur en Medecine, de faire part au public de ses inuentions sur ce sujet, qu'il entend en perfection.

J'ajoute seulement que tous les modes sont compris dans ce petit systeme de 13 notes, dans lequel on peut commencer toutes les especes d'Octaue à telle note qu'on voudra, parce que les tons & demitons se rencontrent par tout. Or l'on peut dire que cette Octaue contient le Genre de Musique, dont on vse en ce siecle, tant dans les simples recits que dans toutes sortes de Compositions, puis qu'on met le demiton, & souuent deux ou trois demitons de suite par tout où l'on veut, suiuant la fantaisie, & la volonté du Compositeur, & selon que la lettre, ou le sujet le requiert.

Mais il faudroit accoustumer les voix des enfans à ces 12 demitons, afin qu'ils n'eussent nulle difficulté à les faire en toutes sortes de lieux, comme fait le Baillif, à qui ie les ay ouy faire si iustes, sans la conduite d'aucun Instrument, qu'il touche exactement sur la derniere note apres auoir entonné ces 12 demitons; & ie ne doute nullement qu'il ne puisse diuiser chaque demiton en 2 dieses, & consequemment l'Octaue en 24 interualles, s'il veut prendre la peine d'y accommoder son excellente voix: ce qui arriuera semblablement aux enfans, si l'on a soin de leur faire entonner les dieses auant que leurs voix se soient rompuës, & habituees aux seuls interualles Diatoniques: dont on viendra aisément à bout, si l'on vse d'vn Orgue, d'vne Epinette, ou de tel Instrument que l'on voudra diuisé en dieses, comme est l'Octaue que i'ay donné dans la 12 propos. & que ie repete dans celle qui suit. Ceux qui desireront sçauoir les nombres qui expliquent les raisons de ces 12 demitons, les trouueront dans l'onziesme proposition du liure des Dissonances, dans la 18 prop. de cettuy cy, & ailleurs.

R

COROLLAIRE I.

Si l'on veut aioûter des *b mols*, ou des ♯ *quarres* dans les dictions de la Gamme, ou de la main Harmonique, qui n'en ont point, elles pourront seruir pour l'Octaue diuisée en 12 demitons, & l'on aura ces dictions, *C vt ♯ mi, D re ♯ mi, E mi, F fa ♯ mi, G sol ♯ mi, A la, B fa, ♯ mi, C sol*, ou bien, *C b fa vt, D fa re, E fa, r...i, F fa, G b fa sol, A b fa la, B fa ♯ mi, C sol vt*; car les ♯ enseignent qu'il faut entonner la note de chaque diction plus haut, & les *b mols* qu'il faut les entonner plus bas d'vn demiton. Mais il est si aisé de s'imaginer de nouuelles dictions, & inuentions pour ce suiet, que ie n'en veux pas parler dauantage: & quelques-vns, comme Nicolas Vincentin, ayment mieux se seruir des seules notes & syllabes ordinaires pour tous les genres, de sorte qu'ils commencent le systeme composé des 3 genres par la syllabe *Vt*, qui leur est commune, & qu'il y a trois *Re*, dont le plus proche de *vt* sera Enharmonique, le second Chromatique, & le 3 Diatonique, supposé que l'on fasse suiure la diese, le demiton, & le ton immediatement apres *Vt*. Mais ie parle encore de ces syllabes dans la propos. qui suit, où i'explique les especes de Quartes, de Quintes, & d'Octaues, & les Modes du genre Chromatic, & de l'Enharmonic : où l'on verra que l'Octaue diuisée en 12 demitons, dont ie viens de parler, est tres-propre pour expliquer, & pour escrire toutes les especes d'Octaues, les Modes, & les Chansons Chromatiques.

COROLLAIRE II.

Il ne faut pas que l'on s'imagine que ie vüeille oster les 12 Modes, ou reprendre ceux qui les ont establis, puis que l'Octaue est capable de les varier, & que la maniere dont les Praticiens vsent de cadences dans leurs Compositions monstre qu'ils ont quelque difference. Ce qui n'empesche pas neanmoins qu'il ne soit vray que quelques Modes n'ayent les mesmes chordes, comme il arriue au deux & au neusiesme; si ce n'est que l'on iuge qu'ils sont assez differens par la differente situation qu'ils ont dans le systeme, car le 2, qui est plagal, commence en *G vt*, & le 9 en *G re sol vt*, c'est à dire vne Octaue plus haut. Quant à leurs cadences, elles ne sont pas differentes, puis que les Praticiens veulent que ce plagal ait les cadences de la Quinte de son Authentique, c'est à dire du premier Mode, laquelle est la mesme espece de Quinte que celle du 9 mode : n'y ayant point d'autre difference sinon que le plagal descend vne Quarte plus bas que son Authentique : d'où il arriue neanmoins vne assez notable difference, à raison de l'assiette du demiton que le plagal a au penultiesme interualle, au lieu de son Authentique qui l'a au dernier, comme i'ay demonstré dans la 16 proposition. Voyons maintenant si l'on peut trouuer la mesme diuersité des Modes dans le genre Chromatic, & dans l'Enharmonic.

PROPOSITION XX.
Determiner si les sept especes d'Octaues, & les douze Modes se trouuent dans le Genre Chromatic & dans l'Enharmonic.

Il est certain que l'on peut mettre trois differentes especes de Quarte, quatre de Quintes, & sept d'Octaues, & consequemment douze Modes dans le Genre Chromatic, & Enharmonic, comme dans le Diatonic, si l'on se donne sa li-

Des Genres de la Musique. 195

berté de mettre le demiton majeur deuant ou apres le mineur, ou le moyen dans les especes des Consonances Chromatiques: & le demiton mineur que l'on appelle diese Chromatique, deuant & apres la diese Enharmonique, & les demitons, & dieses deuant & apres la Tierce mineure, ou majeure, qui ne fait que l'vn des interualles de ces deux Genres: dans lesquels on trouuera les mesmes especes, encore que l'on suppose que les deux demitons du Chromatique soient égaux, & qu'il n'y ait point de difference entre les dieses Enharmoniques, comme ie demonstre, car les deux demitons peuuent estre deuant & apres le *Trishemiton*, ou le *Sesquiditon*, c'est à dire la Tierce mineure, qui peut encore estre au milieu de ces deux demitons, d'où naissent les trois especes de Quartes; & si les deux demitons estoient differens, l'on en pourroit mettre six especes, comme nous auons dit des especes Diatoniques de la Quarte, parce que le demiton majeur pourroit estre deuant, & apres la Tierce mineure en deux façons, à sçauoir deuant & apres le mineur, qui feroient quatre especes, & puis la Tiece les pourroit suiure, & preceder tous deux: comme l'on void dans cette table.

Table des six especes de Quartes Chromatiques.

1	Demiton maieur.	Demiton mineur.	Sesquiditon.
2	Demiton mineur.	Demiton maieur.	Trishemiton.
3	Trishemiton.	Demiton maieur.	Demiton mineur.
4	Trishemiton.	Demiton mineur.	Demiton maieur.
5	Demiton maieur.	Tierce mineure.	Demiton mineur.
6	Demiton mineur.	Tierce mineure.	Demiton maieur.

Et si l'on veut acheuer la Quinte, on peut mettre le ton maieur deuant ou apres chaque espece de Quarte, afin de le faire seruir de *Proslambanomenos*, ou de l'interualle qui disioint les Quartes, & qui se trouue de la Mese à la Paramese. Et si l'on prend la liberté de mettre ce ton dans tous les lieux de ces Quartes, c'est à dire entre les demitons, & la Tierce mineure, l'on aura vne grande multitude d'especes de Quintes.

Il n'est pas necessaire d'expliquer icy la raison de ces deux demitons, ou du Trishemiton, puis que cela a esté fait dans le liure des Dissonances, & dans les discours precedens des Genres. Il faut seulement remarquer qu'il suffit de mettre les deux demitons égaux pour establir les especes & les Modes, comme l'egalité des tons establit les Diatoniques; & que la diuersité des lieux où se trouue la Tierce mineure fait toute la varieté des Octaues Chromatiques, comme les differens lieux du demiton font la diuersité des Diatoniques: ce qu'il faut semblablement conclure de la diuersité des lieux où se rencontre le Diton dans l'Enharmonique, dont ie mets seulement icy les trois especes de Quarte, dautant que l'on entend toute la Musique quand on les comprend, attendu que chaque Octaue est composee de deux Quartes, & d'vn ton.

Especes des Quartes Enharmoniques.
1 Diese, Diese, Diton.
2 Diese, Diton, Diese.
3 Diton, Diese, Diese.

Et si l'on met deux sortes de Dieses, à sçauoir la majeure & la mineure, on aura six especes de Quartes: or l'on appelle le demitó mineur de 25 à 24, *diese maieure*, & la raison de 128 à 125 *diese mi-*

R ij

neure, parce que le moindre interualle Chromatic est le plus grand Enharmonic; comme le moindre Diatonic est le plus grand Chromatic: ce qui est si aisé à entendre, que ie ne mets point icy de notes pour l'expliquer. Neanmoins s'il se rencontre quelqu'vn qui les desire, il peut voir le liure de Nicolas Vincentin qui descrit tout ce qui appartient à ces deux Genres, & qui en donne plusieurs exemples auec des notes, dont ie parleray dans le traité de la Composition.

Voyons sa premiere espece d'Octaue Chromatique & Enharmonique qu'il commence en D *sol re*, & que nous faisons la seconde, afin que l'on puisse iuger du reste par cét échantillon.

Octaue Chromatique.   Octaue Enharmonique.

1 2 3 4 5 6 7 8 9   1 2 3 4 5 6 7 8 9 10 11 12

Où il faut remarquer qu'il fait hausser chaque note Enharmonique d'vn quart de ton, ou d'vne diese, par le moyen du point qu'il met dessus: par exemple, la seconde note est plus haute d'vne diese que la premiere, & ainsi des autres; comme il arriue que les *b mols*, qui sont deuant les notes Chromatiques, les font baisser d'vn demiton. Mais il n'importe de quels signes on vse, pourueu qu'on les entende: & si l'on considere attentiuement l'Octaue diuisee en 24 dieses que i'ay expliqué dans la 12 proposition de ce liure, i'estime que l'on iugera qu'il n'en faut point d'autre pour les trois Genres, & qu'il est temps de parler de la Composition, dont plusieurs principes ont déja esté donnez.

I'ajoûte que si l'on aime mieux diuiser chaque ton en trois parties qu'en quatre pour chanter l'Enharmonique, qu'il est libre à vn chacun de faire ce qu'il luy plaira, & que l'Octaue diuisee en 24 interualles peut encore seruir pour cette diuision, dautant qu'il faut seulement laisser vne note entre chaque ton: & pour lors chaque tiers de ton sera quasi de 25 à 24, c'est à dire d'vn demiton mineur, comme l'on void en cette diuision du ton en trois parties qui approchent de l'egalité, où les deux extremes sont 9 & 8, ou 27 & 24, | 9————8 | Ce que i'ay voulu remarquer en faueur d'vn excellent Organiste, | 27. 26. 25. 24. | qui vsoit autresfois de cette diuision sur l'Epinette en son particulier.

Mais les discours precedens donnent assez de lumiere pour ajoûter tout ce qui est possible sur ce sujet: joint que nous en parlerons encore dans les autres traitez. Voyons maintenant tout ce qui appartient à la Composition, dont les Praticiens font plus d'estat que de toutes les raisons qui se puissent imaginer.

LIVRE IV.

LIVRE QVATRIESME.
DE LA COMPOSITION
DE MVSIQVE.

COMME la beauté de l'Vniuers vient du bel ordre qu'il garde en toutes ses parties, & celle du visage de la situation & du rapport de toutes les parties qui le composent, de mesme la douceur & la bonté de la Musique naist de l'ordre que gardent entr'elles les Consonances, qui seruent de principale matiere à la Composition, laquelle est d'autant plus agreable que la suite desdites Consonances est meilleure & mieux obseruée. Nous auons donc à monstrer tant par raison que par exemples quel est le meilleur ordre que l'on puisse garder en la Composition de 2, ou plusieurs parties, & de quelle Consonance doit estre suiuie ou precedee chaque Consonáce. Mais auant que d'entrer en matiere il faut comparer les simples recits aux Compositions à deux, ou plusieurs parties, & expliquer la nature, & les proprietez de chaque partie : & remarquer quant & quant que la premiere partie de ce liure regarde plus la Theorie que la Pratique de la Composition, quoy que nous y traitions de l'vne & de l'autre.

PREMIERE PROPOSITION.

Determiner si les simples recits qui se font d'vne seule voix, sont plus agreables que lors qu'on chante la mesme chanson à deux ou plusieurs parties.

On a beaucoup de peine à faire auoüer aux Compositeurs que les simples recits des chansons sont plus agreables que lors qu'on les chante à 2, 3 ou plusieurs parties, parce qu'ils craignent que leurs Compositions ne soient decreditees, comme elles seroient en effet, si l'on sçauoit faire les plus beaux chants qui se puissent imaginer, & qu'ils fussent chantez auec toute la perfection que l'on peut demander.

Car il semble que cette maniere de composer à plusieurs parties que l'on a introduite depuis cent ou deux cens ans, n'ayt esté inuentee que pour suppleer au defaut des beaux Airs, & pour couurir l'ignorance que l'on a de cette partie de la Melopée, & de la melodie, laquelle estoit pratiquee par les Grecs, qui en ont reserué quelques vestiges au Leuant, comme témoignent ceux qui y ont voyagé, & qui ont ouy chanter les Perses, & les Grecs. Et l'on experimente que les Auditeurs sont plus attentifs aux simples recits, qu'aux concerts, qu'ils quittent tres-volontiers pour ouyr les chansons recitees par vne bonne voix; parce qu'ils

S

distinguent plus facilement la beauté de cette voix que celle d'vn concert, dautant qu'elle est plus simple, & qu'elle n'a pas tant de parties à considerer.

Ie ne veux pas icy parler de la lettre, qui s'entend beaucoup mieux dans les simples recits que dans les compositions à 2, ou plusieurs voix, afin de ne mesler pas le discours auec le chant; quoy que si l'on veut prouuer l'excellence des recits par cette raison, elle soit demonstratiue.

Mais nous auons d'autres raisons, dont l'vne se prend de ce que la Basse à pour l'ordinaire ses mouuemens contraires à ceux du Dessus, & que ce qu'il y a de conforme au sujet dans l'vne des parties, est destruit par les autres: car si le Dessus exprime le sujet par des sons aigus, la Basse l'expliquera par des sons graues; & consequemment lors que l'vne des parties representera le feu, & le ciel par ses mouuemens legers, l'autre representera la terre par ses mouuemés pesans, & tardifs, & iamais nulle chose ne sera parfaitemét representee que par vne seule voix.

L'on peut encore confirmer cette verité par plusieurs exemples, qui font voir que ce qui est simple est meilleur: car ceux qui se nourrissent seulement de pain & d'eau, se portent mieux que ceux qui se nourrissent de plusieurs sortes de viandes; & mesme la sueur & les autres excremens tant des hommes que des animaux qui se nourrissent plus simplement, par exemple de ceux qui ne mangent que du pain, ou des herbes, & qui ne boiuent que de l'eau, n'ont pas vne si mauuaise odeur, que ceux des autres, qui se nourrissent de chair, & qui boiuent du vin. Ce qui peut seruir pour nous faire ressouuenir de l'estat heureux dans lequel nos premiers peres viuoient deuant le Deluge.

D'abandant nous experimentons dans toutes sortes d'objets que l'on a plus de plaisir de sçauoir vne chose distinctement, & parfaitement, que d'en connoistre plusieurs confusement, & imparfaitement : par exemple il y a plus de contentement à considerer distinctement toutes les parties d'vn Monochrome, ou Camayeux, & tous les traits d'vn bon crayon, ou vne prairie toute verte, & l'azur des Cieux, que de regarder toutes les couleurs d'vn tableau, dans lesquelles l'on ne remarque que de la confusion, ou dont l'on n'en remarque pas vne assez distinctement, à raison que les couleurs en sont trop effloüies, & trop nuées & addoucies : il faut dire la mesme chose d'vn pré rempli de fleurs.

Ie sçay neanmoins que l'on peut objecter plusieurs chose, dont on tire des raisons pour prouuer que la Musique à 2 ou plusieurs parties est plus agreable que les simples recits; par exemple, que ces recits sont trop nuds, & qu'ils sont semblables à des simples lignes, ou à de simples couleurs, qui sont moins agreables que lors qu'elles gardét la nuance qui les lie, & les fait passer insensiblement des vnes aux autres sans se couper. Que comme les bouquets composez de plusieurs sortes de fleurs réjoüissent dauantage la veuë, que ceux qui n'ont que des roses, ou des œillets; les chants semblablement qui sont composez de plusieurs voix, apportent plus de plaisir, que ne font les simples recits. Que plusieurs choses bonnes jointes ensemble font quelque chose de meilleur, que quand on les separe, ou qu'on les considere separément : or plusieurs chants se ioignent ensemble dans les Concerts. Que les simples recits n'ont nulle consonance ny harmonie, sans lesquelles il n'y a point de Musique.

Que toutes les choses du monde nous enseignent qu'il n'y a rien de simple dans le monde, puis que tous les corps sont composez des elemens, & que les

elemens

De la Composition. 199

Elemens sont encore composez de sel, de soulphre, & de mercure, & mesme que le sel, aussi bien que chacun des autres principes, est composé de plusieurs autres parties, lesquelles paroistroient de differentes especes, si elles estoient separees les vnes des autres.

Qu'il n'y a nulle apparence qu'vne si grande multitude de Musiciens qui ont fait tant de Compositions, se soient trompez iusques à present, croyant que les chansons à plusieurs parties sont plus agreables que les simples recits.

Mais puis que l'experience nous apprend que les simples recits rauissent dauantage que la Musique à plusieurs parties, il faut respondre à toutes ces raisons; dont la premiere qui se fonde sur la simplicité, & sur la nudité du recit, est trop simple pour nous faire quitter l'opinion contraire, puis que l'on experimente que les choses les plus simples sont les meilleures, soit à cause qu'elles approchent de plus pres de la simplicité diuine, ou que l'on remarque leur beauté plus exactement & plus facilement, ou qu'elles nous soient plus vtiles pour la santé.

Quant à la nuance des couleurs, ie dis qu'elle ne s'obserue seulement pas dans les concerts à plusieurs voix, où la Basse est comme le fond, & les autres parties representent les autres couleurs, dautant qu'elles vont toujours en se haussant, & en se releuant, comme font les couleurs dans la nuance, iusques à ce que le Dessus paruienne au son plus aigu, comme la derniere couleur arriue au plus grand esclat: mais qu'elle se pratique semblablement dans les simples recits, dans lesquels les voix les plus graues representent les plus basses couleurs, & les plus aiguës representent les plus hautes.

En effet les interualles des demitons, & des dieses, qui passent quasi insensiblement des vns aux autres, & les passages que l'on fait en chantant tout seul, imitent la nuance des couleurs; & les nuances sont plus agreables, lors que les couleurs ne sont pas meslees, & que l'vne se va perdant dans l'autre, que si l'on consideroit plusieurs couleurs les vnes sur les autres, dont les dernieres empeschent les premieres.

Or cet empeschement arriue aux chants à plusieurs parties, dont les vns sont sur les autres, comme l'on void en ces nombres qui representent les 4 sons de la Basse, de la Taille, de la Haute-contre, & du Dessus, dont chacun est facile à
4| comprendre, lors qu'il est consideré tout seul, & separé des autres; mais
3| quand ils sont tous confus, & meslez ensemble, l'on ne peut plus distinguer
2| ce qui appartient à chaque son, dautant qu'ils font tous ensemble le nombre
1| de dix, dans lequel l'esprit ne peut distinguer les mouuemens de la Basse d'auec ceux de la Taille, ny ceux de la Taille d'auec ceux des autres parties; comme l'odorat ne peut distinguer l'odeur de chaque herbe, ou de chaque fleur, dont les bouquets sont composez; ny l'œil chaque couleur d'vn tableau, ou d'vn pré, où il se rencontre vn grand nombre de couleurs, ou de fleurs de differentes especes, dans aussi peu de temps que les sons des 4 parties d'vne chanson frappent l'oreille.

I'ay dit, *dans aussi peu de temps*, à sçauoir dans l'espace d'vne mesure, car les 4 sons, qui font 3 accords, ne donnent pas ordinairement dauantage de loisir à l'oreille, dautant que 4 autres sons succedent incontinent apres, qui effacent entierement les especes des 4 precedens, & rompent leurs mouuements.

Cecy estant posé, ie dis qu'vne seule partie, comme est le Dessus, imite mieux

S ij

la nuance des couleurs; que ne font plusieurs parties ensemble, & consequemment que la premiere objection n'empesche pas la conclusion que nous faisons en faueur des simples recits.

La 2 objection tire à sa faueur le mesme exemple, que i'ay pris pour prouuer le contraire; mais si on le considere attentiuement, on experimentera que l'on a plus de plaisir l'espace d'vne mesure à flairer, & à considerer vn œillet, qu'à regarder, & à flairer vn bouquet de plusieurs fleurs dans le mesme espace d'vne mesure; quoy que cecy ne soit pas si general, qu'il ne se rencontre plusieurs personnes de contraire aduis, comme sont tous ceux qui ne font pas si grand estat de la cognoissance distincte d'vne chose particuliere, que de la confuse & generale de plusieurs choses.

La 3 objection est facile à resoudre, parce que plusieurs choses ne sont pas si bonnes, qu'vne seule prise en particulier, lors que la pluralité confond, & destruit la bonté particuliere de chaque chose, & empesche qu'elle ne frappe l'esprit assez distinctement pour estre comprise.

Ce qui arriue aux chansons à plusieurs parties, qui se confondent, & se meslent tellement, que l'on ne peut les discerner les vnes d'auec les autres, particulierement lors qu'elles s'accordent, & s'vnissent parfaitement.

Et cette vnion s'appelle *Harmonie*, c'est à dire confusion de deux, ou plusieurs voix agreables à l'oreille, quoy qu'elle ne soit pas si necessaire, que l'on ne puisse dire que chaque chant pris en particulier ne soit vne partie de la Musique, nonobstant la 4 objection, qui ne prouue autre chose, sinon que les simples recits n'ont pas cette partie de la Musique, qui depend de la confusion de plusieurs parties.

Quant à la 5 objection, elle suppose que les simples recits ne sont nullement composez, ce qui n'est pas veritable: car ils sont composez de plusieurs sons, & de plusieurs interualles differens, & se chantent sous toutes sortes de mesures, de maniere qu'ils ont la varieté des concerts, & l'ont plus distincte que les concerts. Or l'on peut dire que la distinction est l'vn des principes du plaisir, comme elle l'est de la science; & que la confusion est le principe de la tristesse, & de l'ignorance.

La derniere objection est, ce semble, la plus difficile, car elle oppose tous les Maistres de l'Art; mais ie ne doute nullement que plusieurs Compositeurs n'aoüent que les chansons recitees d'vne seule voix sont plus agreables, que lors quelles sont chantees à plusieurs voix; & si l'on en rencontre quelques vns qui soient de contraire aduis, comme il est facile dans ce sujet, où l'on ne peut apporter des demonstrations euidentes, à raison de la differente imagination des Auditeurs, dont les vns estiment dauantage ce qui est le plus embroüillé, & le plus difficile, comme il arriue à plusieurs Compositeurs, qui prisent beaucoup plus vn Motet, ou il y a d'excellentes fugues, & plusieurs belles recherches curieuses & difficiles, qu'vne plus simple composition, quoy qu'elle contente dauantage les Auditeurs, leur iugement n'est fondé que sur la preoccupation qu'ils ont acquise de leurs Maistres; ou sur la peine qu'ils ont à composer à plusieurs parties, ou sur ce qu'ils ne sçauent pas faire de bons Airs sur chaque sujet donné, ou sur ce qu'ils ne les sçauent pas si bien faire chanter, comme font le Baillif, Boësset, Moulinié, Daniel, &c. ou sur ce qu'ils n'ont pas ouy des voix qui chantent en perfection.

De la Composition. 201

A quoy l'on peut ajoûter que plusieurs de ceux qui ont oüy le Violon, dont Bocan, Constantin, Lazarin, & quelques autres iouent toutes sortes de chansons, auoüent que la partie qu'ils iouent surpasse toutes sortes de Concerts, & qu'ils quitteront tres-volontiers toutes les Compositions à plusieurs voix pour les oüir, quoy qu'ils ne touchent qu'vne partie.

Or l'on peut reduire ce discours à vn seul point, à sçauoir si 2, 3, ou 4 sons oüis en mesme temps, sont plus ou moins agreables, que lors qu'ils sont oüis les vns apres les autres : par exemple, si les deux sons de la Quinte, *Vt, sol*, oüis en mesme instant, sont moins agreables que quand ils se suiuent, & se prononcent par vn seul homme. Il n'y a nul doute que les deux sons qui font les Dissonances, par exemple, *Vt, re*, ou *Mi, fa*, & leurs repetitions, ne soient plus des-agreables estant oüis ensemble, que quand ils se suiuent : mais parce que les sons des Consonances sont agreables, suiuant leur definition, il est plus difficile d'en iuger. Neantmoins si l'on considere que les sons se confondent, & que leur confusion ruine leur distinction & leur nature, qui demeure distincte & entiere lors qu'ils se suiuent, l'on auoüera qu'ils sont plus agreables quand ils se chantent en diuers momens, & qui se suiuent dans la melodie, que quand on les mesle dans l'Harmonie. Ce qui n'empesche nullement que l'esprit ne remarque la consonance, quoy que le plaisir qui reuient de cette connoissance soit different de celuy que l'on reçoit de la consonance des deux sons qui se meslent ensemble. C'est pourquoy il faut auoüer que les chansons à plusieurs voix ont vn grand nombre de beautez, dont les simples recits sont priuez : & consequemment que la Musique ne seroit pas parfaite si elle n'auoit ladite composition. A quoy i'ajoûte qu'il est permis à chacun de tenir le contraire, & de croire que les compositions à plusieurs parties sont plus agreables que les simples recits, de sorte que cette question demeurera problematique.

PROPOSITION II.

Determiner si la Chanson ou le Motet à trois parties, est plus agreable qu'à deux, c'est à dire si les Trios sont plus excellens & plus agreables que les Duos.

Si le plaisir de la Musique consiste à en comprendre les accords, à les distinguer les vns d'auec les autres, & à considerer leur suite, il semble que les Duos doiuent estre plus agreables que les Trios, dautant que les Duos estant plus simples, & moins confus, sont plus aisez à comprendre ; car l'oreille a mesme rapport aux Concerts, que l'œil aux perspectiues & aux tableaux, & l'odorat aux odeurs. Or l'on experimente que le tableau plaist dauantage quand il represente plus distinctement, & auec moins de confusion ce qu'il contient, & que l'odorat ressent plus de volupté à flairer vn œillet, qu'vn bouquet composé de plusieurs especes de fleurs, comme i'ay déja remarqué, quoy que toutes les odeurs en soient douces.

Et les anciens Grecs qui ont, à ce que l'on croid, atteint la perfection de la Musique, ont plus fait d'estat des Duos que des Trios, car ils ioignoient seulement vne voix à leur Lyre, afin de faire deux parties, parce qu'ils iugeoient, peut-estre,

S iij

qu'vne troisiesme voix cachoit la beauté des Duos, & empeschoit la force & l'efficace des consonances, qui paroissent dauantage dans leur simplicité que dans la composition, & dans le meslange d'vn plus grand nombre de parties.

La vraye eloquence nous monstre quelque chose de semblable, dautant qu'elle est plus masle & plus forte quand elle propose vne raison sans l'ornement de plusieurs fleurs de Rhetorique, que quand elle la mesle auec des subtilitez qui cachent sa puissance, & empeschent les mouuemens qu'elle doit imprimer sur l'esprit des auditeurs : ce qui arriue semblablement aux Duos, qui perdent beaucoup de leur force quand on leur ajoûte d'autres voix. Ioint que plusieurs excellens Maistres font plus d'estat d'vn Duo bien fait, que d'vn Trio. Et l'on tient que Claudin le Ieune ayant monstré de ses pieces de Musique à 5, 6, & 7 voix aux Maistres de Flandre & d'Italie, qu'ils ne voulurent seulement pas les regarder, & qu'il n'eut point d'audience, qu'apres auoir composé deux parties, ausquelles il reüssit si mal, qu'il auoüa luy-mesme qu'il n'entendoit pas la vraye composition de la Musique.

En effet, l'on ne peut pas si bien apperceuoir l'excellence d'vn Trio que d'vn Duo, à raison que l'esprit & l'oreille ont trop de choses à considerer dans le meslange de plusieurs parties, n'estant pas ce semble plus facile de discerner la bonté de chaque consonance, & de la suite des chants de chaque partie dans l'embaras de plusieurs voix, que de remarquer la valeur d'vn soldat dans la meslee d'vne bataille : mais quand il se bat en duel, & en champ clos, à la veuë de tous ceux qui ne sont point troublez de la multitude, ny aueuglez de la poussiere, il est tres-facile d'en iuger, & le spectacle en est plus agreable: De mesme quand les deux voix d'vn Duo sont toutes seules, la rencontre & le combat qu'elles font les vnes contre les autres est plus facile à remarquer, & consequemment le plaisir en est plus grand, & s'imprime plus auant dans l'esprit. Et si quelqu'vn se plaist dauantage aux Trios qu'aux Duos, c'est qu'il aime mieux la confusion & la multitude, que la distinction & l'vnité, & qu'il est semblable à ceux qui aiment à pescher en eau trouble, ou qui aiment mieux combatre dans la multitude, que tous seuls, afin que leurs fautes ne puissent estre remarquees.

Il faut aussi considerer que l'on entend mieux la lettre dans les Duos que dans les Trios, laquelle estant comme l'ame de la Musique, il faut preferer lesdits Duos à toute sorte d'autres compositions à plusieurs parties. De là vient que plusieurs preferent les simples chants ou recits qui se font d'vne seule voix, à toutes les compositions.

D'abondant, quand on chante vn Duo, les voix doiuent estre plus iustes, que lors qu'on chante à plusieurs parties, autrement leur imperfection paroistra beaucoup plus facilement ; car le Duo estant comme vn corps tout nud dans vn tableau, dont les imperfections ne sont point cachees par les vestemens, il faut que les voix ne manquent nullement, afin de le representer en sa perfection, & de luy donner tous ses lineamens, ses traits, & ses couleurs ; d'où l'on peut conclure que les Duos sont plus excellens que les pieces à trois, ou plusieurs parties, puis qu'ils sont plus difficiles à chanter, & que ce qui est plus difficile à faire a coustume d'estre plus excellent.

Mais la principale raison se prend de ce que les Duos sont plus doux, parce que les sons qui font leurs accords s'vnissent plus souuent que ceux des

Trios;

De la Composition.

Trios ; par exemple, quand on chante l'Octaue qui est d'vn à 2, les 2 sons s'vnissent à chaque second battement d'air, mais quand on met 3 voix en diuisant l'Octaue en cette maniere 2, 3, 4, pour faire le Trio, les 3 sons ne s'vnissent qu'à chaque 4 coup ; & consequemment les sons s'vnissent 2 fois plus souuent dans les Duos, que dans les Trios ; & par mesme raison, les Trios doiuent estre plus excellens que les 4 parties, d'autant que l'Octaue estant diuisee par deux voix moyennes en cette maniere, 4, 5, 6, 8, n'vnit point tous ces sons qu'à chaque huitiesme battement d'air. Et puis le iugement & la science du Compositeur paroist beaucoup plus dans les Duos, que dans les Trios, parce qu'il est plus difficile de faire vn bon Duo, qu'vn Trio, à raison que celui-cy souffre plus de licence que celui-là, auquel il faut apporter vne plus grande contention d'esprit, & y proceder auec vne plus grande circonspection.

A quoy l'on peut ajoûter que les Fugues des Duos sont plus rauissantes, que tout ce qui se fait dans les Trios, lesquels ne sont presque autre chose que deux Duos ajoûtez ensemble.

Neanmoins plusieurs maintiennent que la Musique à 3 voix, ou à 3 parties est plus riche, & plus agreable que celle qui n'est qu'à deux, parce qu'elle a plus de varieté, & vn plus grand nombre de Consonances ; car puis que les Consonances sont bonnes, & que les Duos n'ont point de bonté qu'à raison des Consonances, dont ils sont composez, si les choses bonnes ajoûtees aux choses bonnes font vne plus grande bonté, les nouuelles Consonances des Trios ajoûtees aux Consonances des Duos feront vne meilleure Musique.

D'ailleurs, les Duos n'ont point d'Harmonie, parce qu'ils n'ont point de diuision, & que les extremitez de leurs Consonances ne sont point liees ensemble par l'vnion necessaire dans toute sorte de Composition ; & comme les pieds & la teste ne seroient pas agreables, s'ils se ioignoient sans le corps, & que les edifices à 3 estages ne plairoient pas, si l'on donnoit seulement iour au premier, & au dernier, en laissant le second sans fenestres ; de mesme les Duos perdent beaucoup de leur grace, parce qu'ils n'ont point d'vnion, par le moyen de laquelle l'on puisse passer de l'vne de leurs extremitez, ou de leurs sons à l'autre.

Les Duos peuuent estre comparez aux Enthymemes de la Dialectique, lesquels n'ont pas la grace, ny la force des Syllogismes, dont la conclusion est iointe à la maieure : & comme l'on ne peut conuaincre par l'Enthymeme, si l'on ne le reduit au Syllogisme, de mesme l'on ne peut faire apperceuoir le plaisir entier de la Musique, si l'on n'ajoûte vne 3 voix aux Duos, par le moyen de laquelle les 2 autres soient iointes, & liees ensemble.

L'on peut encore comparer les Duos à la proposition, dont les deux termes ne sont point liez & conioints, & qui ne seruent qu'à la premiere operation de l'entendement, lequel ne peut former son iugement sans l'vnion, qui est necessaire pour ioindre lesdits termes ; car on ne peut former l'idee, & le iugement d'vne parfaite Musique, si elle n'a 3 parties.

Et comme les Geometres ne peuuent le plus souuent rien conclure de ce qu'on leur propose, si l'on ne leur donne 3 termes, ou deux raisons connuës, comme l'on experimente à la solution des triangles, & des autres problesmes ; de mesme le Musicien ne peut faire vn iugement asseuré de la perfection de la Musique, s'il n'entend 3 sons, ou s'il ne considere leurs deux raisons.

S iiij

Et si l'on considere les corps, ils ne peuuent subsister sans les lignes, les surfaces, & la profondeur, or les lignes representent les simples recits, qui se font d'vne seule voix, les Duos peuuent estre comparez aux surfaces, qui ont la longueur, & la largeur ; & les Trios sont semblables aux corps, qui ont les 3 especes de quantité, ou de dimension.

Or toute la nature fauorise cette opinion, car les corps naturels ne peuuent subsister sans les 3 Elemens sensibles exterieurs, à sçauoir sans la terre, l'eau, & l'air, lequel lie les 2 autres : ny sans les internes, que l'on appelle sel, soufre, & mercure, ou corps, ame, & esprit : car l'ame, ou le soufre conioint le sel, & le mercure. Et le grand monde dont tous les indiuidus sont des portraits racourcis à 3 estages, à sçauoir la terre, l'air, le ciel ; ou pour mieux dire trois mondes, à sçauoir le corporel, l'Angelique, & l'archetype : & le corporel à 3 genres d'estre, à sçauoir les mineraux, les vegetaux, & les animaux : & chacun de ceux-cy contient encore 3 degrez, car les mineraux comprennent les metaux, les sucs, & les pierres : les vegetaux contiennent les herbes, les arbres, & les zoophytes ; & les animaux comprennent les bestes, les poissons, & les oyseaux.

Et si nous passons au monde Angelique, nous y trouuerons 3. degrez d'Anges, dont chacun est subdiuisé en 3 autres degrez ; & finalement le monde archetype à 3 personnes, à sçauoir le Pere, le Fils, & le sainct Esprit, lequel est comme l'vnion, & le lien du Pere, & du Fils ; de sorte que la perfection ne se rencontre iamais que le nombre ternaire ne s'y rencontre quant & quant : comme l'on peut prouuer dans tous les estres de la nature tant en gros qu'en detail.

Quant aux raisons que l'on apporte en faueur des Duos, il respondent qu'il ne s'ensuit pas que le Duo soit meilleur, bien qu'il soit plus simple, puis que l'experience nous monstre que l'eau n'est pas meilleure que le vin, encoré qu'elle soit plus simple ; & que le meslange de plusieurs choses augmente la bonté des vnes & des autres, comme l'on void aux medecines qui sont composees de plusieurs herbes ; & il arriue souuent que les choses qui sont trop simples, sont mesprisees, parce que l'esprit ne desire pas de comprendre les choses, sans y apporter de son industrie, & de son trauail ; de là vient que l'Vnisson & l'Octaue ne semblent pas si agreables à plusieurs, que la Quinte, ou la Tierce, parce qu'elles sont trop simples, & trop aisees à comprendre. Et l'on trouue peu de gens qui reçoiuent plus de plaisir à flairer vn seul œillet, qu'vn bouquet composé de differentes fleurs, dont les odeurs sont toutes bonnes, desquelles il n'aist vn excellent temperament, qui rauit l'esprit par le moyen de l'odorat, comme fait le concert à 3, ou plusieurs voix par l'oreille. Les tableaux plaisent aussi dauantage quand le principal personnage est accompagné de quelques circonstáces, pourueu qu'elles conuiennét à la qualité, & à l'action qu'il represente, que quand il est tout seul.

Quant aux Grecs, & aux plus anciens, nous ne sçauons pas s'ils chantoient à plusieurs voix, & bien qu'ils ne ioignissent qu'vne voix à leurs Instrumens, ils pouuoient neanmoins faire 3 ou plusieurs parties sur la Lyre, comme l'on fait encore aujourd'huy, & vne autre auec la voix : ioint que les liures que les Grecs nous ont laissé de leur Musique, ne tesmoignent pas qu'ils ayent si bien connu & pratiqué la Musique, particulierement celle qui est à plusieurs parties, comme l'on fait maintenant, & consequemment il n'est pas raisonnable de les prendre pour nos iuges en cette matiere.

Et quand

De la Composition.

Et lors qu'on croit qu'vne 3 voix cache la beauté des Duos, comme font les fleurs, & l'artifice de la Rhetorique la force des raisons, cela se suppose sans qu'on le puisse prouuer, car les raisons font plus d'impression sur les auditeurs, quand elles sont reuestuës de leurs circonstances; & si leur subtilité n'a pas beaucoup de puissance sur les ignorans, elles touchent en recompense les sçauans plus puissamment que les raisons vulgaires, qui se comprennent plus facilement, parce qu'elles sont empruntees des sens, par dessus lesquels le peuple a de la peine à s'esleuer.

L'on peut dire la mesme chose des Duos, qui plaisent, peut-estre, d'auantage aux ignorans que les Trios, dont ils ne sont pas capables d'apperceuoir la bonté, & l'industrie, à raison qu'ils n'ont pas l'oreille assez delicate, ny l'esprit assez subtil pour considerer le rapport des deux raisons qui se rencontrent entre les notes des Trios.

L'on experimente la mesme chose en ceux qui iugent en faueur de certains Organistes qui iouënt des Duos, lesquels sont plus estimez par les ignorans, que les Trios, ou les pieces à plusieurs voix des autres Organistes, quoy que mieux faites, & plus sçauantes, comme l'on a remarqué depuis quelque temps à Paris, où vn certain Organiste attiroit tout le monde apres soy pour entendre les Duos qu'il iouoit d'vne grande vistesse de main, quoy que les plus sçauans Organistes, qui maintenoient qu'il ne sçauoit quasi rien, eussent peu de personnes pour leurs auditeurs.

Il faut respondre à la 4 objection, laquelle suppose la verité de l'histoire: ie dis donc que Claudin vouloit complaire à la fantaisie des Maistres, qui prisoient plus les Duos, & que bien qu'il soit plus difficile de faire vn Duo, qu'vn Trio, qu'il ne s'ensuit pas qu'il soit plus agreable, car le plaisir ne suit pas tousiours la difficulté.

Mais il faut ajouter à la response de ces deux dernieres objections, que la bonté & l'excellence de la Musique ne consiste pas seulement aux accords bien couchez, comme ils sont dans la Musique du Caurroy, mais aussi dans la beauté & dans la diuersité des mouuemens, qui sont cause que ledit Organiste plaist dauātage que les autres, quoy que plus sçauans dans la composition; que Claudin le Ieune est mieux receu de plusieurs que du Caurroy, & que lesdits Maistres trouuoient à redire aux Duos de Claudin, à raison qu'ils ne sçauoient pas que les mouuemens qu'il leur donnoit, cachoient l'imperfection qu'ils s'imaginoient y rencontrer; ou bien qu'ils ont estably des regles pour coucher les consonances dans les Duos, qui restreignent trop le Musicien, & qui luy ostent la liberté de faire plusieurs choses excellentes, laquelle ils reprenoient mal à propos en Claudin, dont le bon naturel surpassoit toute leur science, laquelle n'a pas encore esté establie par des principes infaillibles, dont tous les hommes puissent tomber d'accord.

La 5 objection a déja eu sa responce, puisque la difficulté de s'imaginer, & de conceuoir trois parties de Musique, ne procede d'autre chose que du peu d'esprit, ou d'imagination des Auditeurs: & bien que la similitude prise du combat semble prouuer quelque chose, neanmoins il y a beaucoup plus de plaisir à voir choquer deux armees, que quand on ne void que le combat de deux hommes.

Or comme dans la multitude l'vn repare le defaut de l'autre ; de mesme les beaux passages de la 3 partie cachent les deffauts de l'vne des 2 autres parties du Trio.

Et il vaut mieux pescher des perles en eau trouble que de la bourbe, ou du sable en eau claire; & la confusion n'est point mauuaise ny desagreable, quand tout ce qu'elle contient est bon, & excellent, comme il arriue à la confusion des 3 parties d'vn Trio.

Quant à la 7 raison, l'on peut premierement respondre que la Musique n'est pas seulement faite pour la lettre, sans laquelle on chante aussi souuent, comme l'on iouë de toutes sortes d'Instrumens. Et puis il faut considerer que depuis que l'on quitte les simples recits, ou chants qui se font d'vne seule voix, l'on n'a pas tant d'egard à la lettre, comme aux accords, qui sont la principale matiere, & le principal object de la Musique à plusieurs parties : c'est pourquoy n'estant plus question de la lettre, ny de la simplicité dans la composition, il n'y a nul doute que les Trios ne soient meilleurs & plus agreables que les Duos, qui sont trop nuds, & trop pauures, si l'on ne leur ajoûte vne troisiesme voix : car quant à la 4, ou 5 voix, &c. nous en parlerons dans vn autre discours.

En second lieu on peut respondre que les fugues des Duos empeschent aussi que l'on n'entende la lettre : & qu'en fin elle peut estre aussi bien entenduë dans les Trios à simple contrepoint, que dans les Duos.

La 8 objection prouue plutost que les Duos ne sont pas si bons que les Trios, puis qu'il faut que la iustesse des voix supplee à leurs defauts, & que les Trios sont si excellents, qu'ils semblent tousiours bons, quoy que les voix ne soient pas si iustes qu'aux Duos.

La 9 raison est la meilleure de toutes, mais l'on peut respondre qu'il ne s'en suit pas que les Duos soient meilleurs, & plus agreables que les Trios, bien que leurs accords s'vnissent mieux ; c'est à dire plus souuent.

Car il n'y a point d'accord, dont les monuemens, ou les sons s'vnissent plus souuent, que ceux de l'vnisson, neanmoins il n'est pas le plus agreable accord de toute la Musique, si nous croyons à plusieurs Maistres ; & il semble que la trop grande vnion ne nous apporte pas tant de plaisir, que quand il y a quelque diuersité dans l'vnion, soit parce que nous sommes composez de differentes humeurs, qui ne peuuent estre satisfaites que par la diuersité des sons ; ou parce qu'il faut que l'imagination ayt quelque sorte de trauail pour receuoir du contentement.

Quant à la 10 objection, l'on peut dire qu'il ne faut pas moins de iugement pour faire les Trios, que pour faire les Duos, & mesme qu'il est requis vn plus grand iugement pour faire vn Trio, d'autant qu'il faut auoir egard à vn plus grand nombre de sons, & de raisons : & finalement que les Trios sont aussi capables de toutes sortes de fugues, & d'autres ornements, que les Duos ; de sorte qu'il n'y a nulle raison qui soit assez puissante pour prouuer que les Duos sont meilleurs, ou aussi bons que les Trios.

COROLLAIRE.

L'on peut conclure de tout ce discours que la Musique est dautant plus agreable qu'elle est composee d'vn plus grand nombre de voix, ou d'autres sons,

De la Composition.

pourueu que chaque partie chante en perfection, & que l'vne ne soit pas plus forte que l'autre. Voyons maintenant en quoy consiste la Basse, & quelle sont les autres parties.

PROPOSITION III.

Determiner si la Basse est le fondement, & la principale partie de la Musique, & des Concerts qui se font à plusieurs voix, ou parties, & pour quelles raisons.

C'est vne maxime receuë de tous les Musiciens, que la Basse est la principale partie, & le fondement des Concerts, & des Compositions, comme le fondement d'vn edifice; de là vient qu'ils la comparent à la terre, & les 3 autres parties aux autres elemens: neanmoins puis que l'on a coustume de preferer les plus grandes choses aux moindres, il semble que le Dessus doit estre preferé à la Basse, dautant qu'il est plus haut, & qu'il a besoin d'vne plus grande multitude de mouuemés: car s'il monte plus haut d'vne Quinziesme, il a 4 fois plus de mouuemens: & par consequent il a vne plus grande perfection, dautant que plusieurs estres estant assemblez font vne chose plus excellente, que s'il y en auoit vn moindre nombre. Dabondant les mouuemens qui font le son du Dessus, contiennent ceux qui font la Basse, comme 4 comprennent l'vnité. A quoy l'on peut ajoûter que le Dessus est l'ornement, & la beauté des Concerts, qu'il plaist autant ou dauantage quand il est chanté seul, que quand les 3 autres parties sont entenduës, & qu'il respond au ciel, ou à l'air, qui est beaucoup plus excellent que la terre, à laquelle on compare la Basse, qui approche plus du silence & de la priuation, que le Dessus; donc les Musiciens doiuent faire plus d'estat des sons aigus que des graues, puis que leur Art consiste dans le bruit, & à rompre le silence, dont ils tirent les sons, comme Dieu tire l'estre du neant: & que les sons aigus s'éloignent dauantage du silence, & sont reduits à vn acte plus parfait, que les graues.

D'ailleurs il semble que la Basse & les autres parties n'ont esté inuentees que pour accompagner & enrichir le Dessus, comme le principal sujet de la Musique, & qui plaist dauantage tout seul, lors qu'il est bien chanté, que quand on le joint à plusieurs autres parties, suiuant l'opinion de plusieurs.

En fin la partie la plus naturelle, & la plus facile à chanter doit plustost estre appellee la principale partie de la Musique, que celle qui est moins naturelle, & plus difficile; or la Taille & le Dessus sont plus faciles que la Basse, car nul ne chante la Basse naturellement, comme l'on experimente en tous ceux qui chantent pour se recreer & se ré-jouyr sans auoir appris la Musique, lesquels ne chantent quasi iamais que la Taille, ou le Dessus.

Toutefois il n'est pas croyable que les Musiciens se soient mespris au iugement d'vne chose de si grande consequence, comme est celle-cy: & l'experience monstre que tout ce que l'on fait contre la Basse est bon, quand elle tient ferme; ce qui n'arriue pas à ce que l'on fait contre le Dessus, dautant que les sons graues qui tiennent ferme, cachent plus aisément les defauts des autres parties, que ceux de la Basse. Mais il n'est pas trop facile d'en trouuer la raison, laquelle plusieurs tirent de la grauité, & simplicité du son graue, ou de la longueur de la chorde qui fait la Basse, car le son graue estant produit par vne moindre quantité de retours, ou par vn mouuement plus tardif, approche plus pres de l'vnité, & de la simplicité de l'estre, & la chorde de la Basse contient la chorde du Dessus, comme l'vnité contient le binaire, le quaternaire, &c.

Nous disons aussi que la matiere, quoy qu'elle approche plus pres du neant que la forme, est la principale dans chaque composé, & qu'elle soustient tous les accidens, or ce qui est le premier en chaque chose, a coustume d'estre consideré comme le principal, & le fondement; ce qui arriue en quelque façon à l'essence, laquelle est comme la base de l'existence, & au neant, d'où sont tirees les creatures.

Et puis la Basse meut plus d'air que le Dessus pour l'ordinaire, dont les mouuemens estant en moindre nombre sont plus faciles à comprendre; & font plus d'effet, à raison du plus grand air, dont les flots sont plus grands; car l'on peut s'imaginer vn flux & reflux d'air, produit par les tours & retours de la chorde, lequel estant semblable au flux & reflus de la mer, a plus d'effet, quand il est plus grand, encore qu'il soit plus tardif, comme vn grand flot de mer a plus d'effet que plusieurs petits flots, encore qu'ils courent plus viste que le plus grand; & les grands nauires, quoy que tardiues en leur mouuement, emportent les moindres vaisseaux qu'elles rencontrent. De là vient que les sons de la Basse nous affectent dauantage, bien que les mouuemens des sons aigus soient quadruples, & octuples de ceux des sons graues, qui meuuent plus d'air.

Il faut aussi remarquer que le son graue peut estre consideré comme vn tout, & l'aigu comme vne partie, dautant qu'il est fait par la diuision du son graue, car si l'on diuise la plus grande chorde par la moitié, cette moitié fera l'Octaue en haut contre la totale : & la moitié de la moitié fera la double Octaue, & ainsi consequemment iusques à l'infini, de sorte que la Basse represente le nombre entier, & les autres parties sont semblables aux nombres rompus, ou aux fractions: or le nombre entier est le fondement des nombres rompus, & l'vnité, qui signifie la Basse, est toujours supposee auant tous les autres nombres.

Et si l'on considere l'ordre des sons de la Trompette, il sera facile de conclure que la Basse est le fondement de la Musique, puis que le fondement de tous les sons de ladite Trompette est le plus graue, apres lequel elle monte à l'Octaue, & de l'Octaue a la Quinte, &c. comme i'ay monstré dans le liure des Instrumens à vent.

Mais la principale raison se prend de la tardiueté du mouuement de la Basse, lequel tient ferme, tandis que les autres parties se meuuent, car si le Dessus est à la Quinziesme en haut, la Basse tient ferme, & demeure comme immobile, pendant que le Dessus fait 4 mouuemens, dautant que chaque retour de la chorde qui fait la Basse, ou chaque battement d'air qui frappe l'oreille, quand la Basse chante, dure quatre fois autant que chaque retour, ou chaque battement, dont le Dessus frappe l'oreille.

Ce que l'on peut confirmer par la base de tous les corps naturels, laquelle est la plus ferme, & la moins volatile de tous les principes, à sçauoir par le sel, qui donne la solidité aux corps, & qui se rapporte à la terre, qui seule demeure toujours la plus sensible dans la dissolution des corps.

Et si nous considerons les principes de Democrite, à sçauoir les atomes, l'on

trouuera

De la Composition.

trouuera que ceux qui sont quarrez, ou qui ont la figure pyramidale, sont les principes de l'immobilité, & seruent de fondement aux atomes ronds, ou hexagones, octogones, &c. que la figure de ces atomes s'approche d'autant plus de la continuité, & des degrez conjoints du Dessus, qu'elle s'approche dauantage de la figure circulaire, & qu'elle ressemble mieux aux interualles de la Basse, à proportion qu'elle s'approche dauantage de la figure tetrardre, ou de la cubique.

Ceux qui croyent que la terre se meut, & que le firmament se repose, se seruent de la comparaison de la Basse, laquelle estant faite par les plus grands corps, est semblable audit firmament, comme le Dessus est semblable à la terre, dautant que la Basse tient ferme pendant que le Dessus fait plusieurs sortes de mouuemens.

Mais il faut respondre aux objections, dont les premieres prouuent seulement que le son aigu est plus excellent que le graue: d'où il ne s'ensuit nullement qu'il doiue estre le fondement des autres sons, puis que l'on experimente en plusieurs choses, que le fondement n'est pas le plus excellent; par exemple, la terre que l'on croit estre le fondement des autres elemens, n'est pas si excellente que l'eau, l'air, ou le feu; & la faculté naturelle, qui sert de soustien à la vitale, & à l'animale, n'est pas si excellente qu'elles; semblablement la vie raisonnable est plus excellente que la sensitiue, & celle-cy est plus noble que la vegetatiue, quoy que celle-cy serue de fondement aux deux autres, comme l'estre naturel sert de fondement à la vie vegetatiue.

Et les Peintres, dont les tableaux representent vne Musique muette, se seruent du brun, ou du noir pour le fondement des autres couleurs, quoy qu'il ne soit pas si excellent. A quoy l'on peut ajoûter que l'on ne met pas les pierres de marbre dans les fondemens, & qu'on les reserue pour les lieux qui sont dans la plus belle veüe du logis, encore qu'elles soient plus cheres & meilleures que celles qui seruent de fondement.

Quant à l'autre objection, qui suppose que le son aigu contient le graue, il la faut expliquer, car il est veritable que les mouuemens du Dessus sont en plus grand nombre que ceux de la Basse, & consequemment que ceux là contiennent ceux cy: mais si l'on considere la quantité d'air qui est meüe par la Basse, l'on trouuera qu'elle est plus grande que celle qui est meüe par le Dessus, & par consequent que les sons de la Basse sont plus grands materiellement que ceux du Dessus, encore que les sons du Dessus soient plus grands formellement; or le fondement de chaque chose doit estre consideré selon la matiere, & non selon la forme, dautant que la matiere est le commencement de l'estre, dont la forme est l'accomplissement, & la perfection.

Cecy estant posé, il faut respondre à la 4 objection, qu'il n'est pas inconuenient que le fondemét des choses artificielles approche plus du neant, que ce que l'on ajoûte dessus, puis que nous experimentons la mesme chose dans la nature, & dans les œuures de Dieu, car les commencemens de chaque chose sont tres-petits, & ne sont presque rien, comme l'on void au germe & à la semence des herbes & des arbres, & comme l'on peut prouuer de l'exemple que prend nostre Redempteur du grain de moustarde pour nostre instruction, lequel quoy que tres-petit produit vne herbe égale aux arbres en grandeur.

T

Et si l'on veut rechercher le commencement des Empires, des Royaumes, des grandeurs, & des dignitez de ce monde, l'on trouuera que leurs fondemens sont tres-petits, & qu'ils ne s'éloignent pas beaucoup du neant. Mais les œuures des 6 iours de la creation nous fournissent vn exemple plus puissant, car Dieu les a commencez par les moindres choses, & les a fini par l'homme, qui tient le Dessus sur toutes les creatures visibles. Il est donc conuenable que la Basse, qui est la plus proche du silence & du repos, serue de fondement à la Musique, laquelle ne peut commencer par vn mouuement plus tardif, & qui soit si propre pour supporter les mouuemens plus prompts des autres parties.

La 5 objection prouue seulement que le son aigu est plus excellent que le graue, comme nous auons monstré dans la derniere proposition du liure des Sons. Mais la derniere semble plus difficile que les autres, car il est vray que la Taille & le Dessus se chantent plus facilement & plus naturellement que la Basse; c'est pourquoy elles seruent de sujet auquel on assujetit les autres parties: de sorte que l'on peut dire qu'elles sont le fondement de la Musique à plusieurs parties, si l'on prend ce mot de *fondement* pour le sujet qu'il faut suiure, & auquel on a plus d'attention. Et l'experience monstre que la nature sans l'art ne fait point ordinairement de Basse, car les païsans & les bergers chantent seulement le Dessus ou la Taille, toutes & quantesfois qu'ils chantent.

Il faut neanmoins conclure que la Basse sert de fondement aux Compositions à plusieurs parties, encore que la Taille, ou le Dessus en soient le sujet, d'autant qu'elle tient plus ferme, & qu'elle est plus difficile à mouuoir; car ce qui approche plus de l'immobilité, doit estre le principe du mouuement, comme l'appuy du leuier, & le centre de grauité, sur lequel s'appuye le fleau de la balance, est le principe & le fondement du mouuement que font les branches de ladite balance & du leuier, comme l'ame est le principe de tous les mouuemens du corps, & comme Dieu est le principe & le fondement de tout estre.

Ce qui n'empesche pas que chaque partie ne puisse estre prise pour le fondement des autres, puis qu'elles ont vn tel rapport entr'elles, qu'il n'y a point de Basse s'il n'y a point de Dessus, ny de Dessus s'il n'y a point de Basse; car si l'oreille & l'esprit du Musicien attendent vn Dessus quand ils oyent la Basse, ils desirent semblablement vne Basse quand ils oyent le Dessus. Et si l'on prend pour le fondement de la Musique ce qui est le plus naturel, il faut auoüer que le Dessus ou la Taille, dont se seruent ceux qui chantent naturellement sans auoir appris la Musique, doiuent estre pris pour le fondement & la base de l'Harmonie.

Mais parce que l'on ne parle pas du fondement de la Musique en ce sens, & que la Basse est la plus propre pour faire les cadences, dans lesquelles consiste le plus grand effet de l'Harmonie, parce que les interualles des notes qui font les cadences sont les plus naturelles, & contiennent la force & la beauté du Mode, il s'ensuit que la Basse doit estre estimee & appellee le fondement de l'Harmonie, comme l'vnité est le fondement des nombres, le point des lignes, l'estre de la vie, l'ame vegetatiue de la sensitiue, la sensitiue de la raisonnable, la nature de la grace, & la grace de la gloire.

Nous experimentons aussi que nous parlons plus bas au commencement de nos discours, & que la voix s'eleue peu à peu à proportion que l'on auance le discours.

De la Composition.

cours. Ce qui monstre que la Musique doit commencer par les sons les plus graues, puis qu'elle imite la parole, le discours, & la nature, qui commencent par les degrez inferieurs pour paruenir aux superieurs: or le son graue qui est le plus prez du silence, est le degré inferieur, à l'egard duquel les sons aigus sont des degrez superieurs: & l'on peut comparer la Basse au simple estre, la Taille à l'ame vegetatiue, la Haute-contre à la sensitiue, & le Dessus à la raisonnable.

A quoy l'on peut encore ajoûter qu'il est necessaire que les meilleures consonances se fassent contre la Basse, afin que l'harmonie soit parfaite, & que lors qu'on diuise vne consonance par vn milieu, que ce milieu doit s'vnir plus souuent & plus aisément auec la Basse qu'auec le Dessus, autrement la diuision n'en sera pas si agreable: par exemple, quand on diuise la Quinte Arithmetiquement par ces termes, 4, 5, 6, le nombre 4 represente la Basse, & 6 le Dessus; or 5 s'vnit auec 4 à chaque 4 battement de la Basse, & ne s'vnit auec le Dessus qu'à chaque 6 battement du Dessus.

PROPOSITION IV.

Expliquer combien il peut y auoir d'autres parties de Musique; en quoy consiste la Taille, la Haute-contre, & le Dessus; & quelle est la plus excellente partie des quatre.

Puis que nous auons déja monstré la maniere dont les consonances peuuent estre diuisees, il n'est pas mal-aisé de dire à combien de parties la Musique peut estre chantee: car chaque Octaue pouuant auoir quatre voix accordantes, si l'on sçait l'estenduë des voix ou des Instrumens; l'on sçaura en suite combien il peut y auoir de parties; pourueu neanmoins que l'on conte toujours moins d'vne partie dans la seconde Octaue, & dans les autres, dautant que la derniere voix de la premiere Octaue, soit en baissant ou en montant, sert pour la premiere voix de la seconde Octaue qui suit en haut ou en bas: ce qui arriue semblablement à la 2 Octaue comparee à la 3, & à la 3 comparee à la 4, & consequemment à toutes les autres: de sorte que l'estenduë de la Quinziesme ne peut porter que 7 parties, celle de 3 Octaues que 10, & celle de 4 que 13, qui borne l'estenduë des voix: encore que les Instrumens, particulierement les Orgues, puissent auoir 8 Octaues d'estenduë, à sçauoir depuis leur tuyau de 32 pieds iusques à celuy d'vn demi-pied; ou depuis le tuyau de 24 pieds iusques à celuy de 4 poulces & demy, comme ie diray dans le liure des Orgues, qui peuuent auoir 25 parties differentes dans toute cette estenduë: Mais parce que toutes les voix ne sont que la repetition des 4 premieres, qui seruent de fondement & d'idee à toutes les autres, il faut seulement parler de ces 4, dont la principale s'appelle Basse, comme i'ay dit dans la proposition precedente.

Quant aux autres, il est raisonnable de considerer leur nature & leurs mouuiemens, puis que nous auons parlé du silence de la premiere, & de voir en quoy elles sont semblables à la lumiere & aux couleurs, comme celle-là est semblable aux tenebres, & au noir, qui est comme l'amortissement ou la mort de toutes les couleurs, à raison qu'il est le plus eloigné da la lumiere qui leur sert de forme, & qui les fait paroistre.

T ij

Plusieurs comparent les 4 parties de la Musique aux 4 elemens, parce qu'elle en est composee, comme le monde est composé de 4 corps principaux; & disent que la Basse represente la terre, qui est stable, & la plus ferme; que la Taille represente l'eau, qui coule doucement sur la terre, auec laquelle elle ne fait qu'vn mesme globe, comme la Taille ne fait quasi qu'vne mesme chose auec la Basse, dont elle fait la fonction toutes & quantefois qu'il ne se rencôtre point de Basse; delà vient qu'on la nomme *Basse Taille*: la Hautecontre a mesme rapport au Dessus, que la Taille a la Basse, c'est pourquoy on la cópare à l'air, parce qu'elles s'insinuë aisement dans toutes les autres parties, comme fait l'air dans les autres elemens: mais le Dessus est comparé au feu, dautant qu'il est pointu, & aigu comme luy, & qu'il a ses mouuemens plus vistes, & plus legers que les autres parties. Ie laisse plusieurs autres comparaisons que l'on peut faire de ces 4 parties auec les 4 saisons de l'annee, afin de remarquer qu'il n'y a que 3 parties differentes dans la Musique, puis que la 4, 5, & 6, &c. ne sont que la repetition des 3 precedentes; delà vient que plusieurs preferent les Trios à tous les Concerts de plusieurs parties, qui font plus de bruit, & de confusion, que de diuersité, & d'harmonie.

Or leur imagination peut estre fondee sur ce que la nature se repose au nombre de 3, dans lequel elle a coustume d'accomplir ses plus beaux ouurages, comme l'on remarque aux couleurs du prisme, ou chrystal triangulaire, dont le nombre des couleurs ne passent pas le ternaire, soit que l'on vse de la lumiere de la chandelle, ou de celle du Soleil, car la chandelle produit seulement le vert, le rouge, & le violet, dont le vert est le fondement, lors que l'on regarde la chandelle par le costé du prisme qui va en bas, apres lequel suit le rouge; & puis le violet, qui paroist dans la flamme, mais si l'on regarde la chandelle, ou les corps qui en sont proches, par le costé qui va en haut, les 2 premieres couleurs se renuersent, car le rouge sert de fondement, & le vert suit apres: quant au violet il ne paroist quasi pas lors que l'on est proche de la chandelle, car le rouge se met en sa place, & suit apres le vert, qui se mesle souuent auec luy; mais lors que l'on s'esloigne de la chandelle, le violet paroist le premier en bas.

Où il faut premierement remarquer que les autres couleurs qui paroissent apres les trois rangs susdits, ne sont autre chose que la repetition des precedentes, comme nous auons dit des parties de la Musique, que l'on ajoûte au 3 premieres.

Secondement, que les Consonances paroissent renuersees comme les couleurs, suiuant le different biais dont on les enuisage, & la differente imagination que l'on forme des sons; delà vient que quand 3 chordes, ou trois voix sont tellement disposees que les 2 premieres font la Quinte en bas, & la troisiesme la Quarte en haut, que la Quarte est ouye en bas, & la Quinte en haut, lors que l'on s'imagine que le son de la plus grosse chorde est le plus aigu; d'où il arriue que les Musiciens peuuent estre trompez, comme i'ay experimenté en plusieurs Maistres de Musique, qui prenoient la Quarte pour la Quinte, & la Tierce mineure pour la Sexte majeure; mais i'ay parlé de cette tromperie dans vn autre lieu, où i'ay donné le moyen de connoistre cet erreur du sens, & de l'imagination.

Le mesme ternaire des parties de Musique peut encore estre comparé aux trois couleurs des trois cercles que l'on void autour d'vne chandelle, ou d'vn

trou

De la Composition. 213

trou, par où passe la lumiere du Soleil, lors qu'on a les yeux moites, & humides, car il ne paroist que trois couleurs, dont la premiere qui forme vn grand cercle, est vn rouge qui tire sur le pourpre; la seconde qui est au milieu ressemble au verd de mer, ou au bleu; & la troisiesme tire sur le iaune doré, ou sur l'orangé, qui touche à la flamme, & est bordé de zinzolin. Quant aux couleurs qui paroissent le iour, elles sont beaucoup plus viues, dont la premiere est le violet, la 2 le verd, la 3 l'orangé, qui se termine en zinzolin, lorsque l'on regarde par le costé du prisme qui est en bas: & quand on regarde par le costé d'enhaut, l'orangé paroist le premier, apres lequel suiuent le verd, ou le bleu, & puis le violet, quoy qu'il n'y ait que le rouge & le iaune-paille qui paroisse lorsque l'on regarde le haut des toits, & des autres edifices. Ces couleurs paroissent souuent en vn autre ordre, à sçauoir le iaune, le rouge, & le bleu, ou au contraire. Mais il n'est pas necessaire de parler plus amplement de ces couleurs, puisqu'elles ne seruent que de comparaison pour faire comprendre que les 3 parties de la Musique contiennent la beauté de l'harmonie, dont le Dessus ressemble à la couleur la plus haute, & la plus viue; car comme il est fait par vn plus grand nombre de mouuemens, la couleur la plus esclatante est aussi produite par vn plus grand nombre de rayons, ou par vne plus grande lumiere du Soleil; & l'on peut s'imaginer que toutes les couleurs viennent des tenebres, ou de l'ombre, & de la lumiere, comme tous les sons viennent des mouuemens pesans, ou tardifs, & des vistes, ou legers; car comme toutes les couleurs du milieu s'engendrent des couleurs extremes, à sçauoir du noir, & du blanc, ou que les differentes sortes de verd se font du different meslange du iaune, & du bleu; de mesme les sons de la Taille, & de la Haute-contre, c'est à dire tous les sons, dont on vse entre ceux de la Basse, & du Dessus, se font du meslange du graue de la Basse, & de l'aigu du Dessus; par exemple, si la Taille fait la Quinte contre la Basse, & la Quarte contre le Dessus, elle emprunte 2 degrez de vistesse du Dessus, & vn degré de tardiueté de la Basse, car elle fait 3 mouuemens, tandis que le Dessus en fait 4, & la Basse 2; & si elle fait la Tierce majeure auec la Basse, & la Sexte mineure auec le Dessus, elle emprunte 3, ou 4 degrez de la pesanteur de la Basse, & vn, ou deux degrez de legereté du Dessus.

D'où l'on peut conclure que les sons que l'on met entre le *Proslambonomenos* de la Basse, & la Nete du dessus, c'est à dire entre le son le plus graue de celle-là, & le plus aigu de celle-cy, seruent quasi comme les nuances, dont on vse pour passer d'vne couleur à l'autre; afin que l'Harmonie en soit plus remplie, mieux liée, & plus agreable; mais i'ay parlé plus amplement de ces nuances en d'autres lieux. Or l'vne des principales raisons pourquoy 3 parties suffisent dans la Musique, se doit tirer de ce qu'elles peuuent faire la varieté de tous les accords, de ce que les Octaues ne varient pas les Vnissons, & de ce qu'elles comprennent toujours 2 raisons de differente espece, dont leur analogie, ou proportion est formée, que l'on appelle ordinairement *Harmonie parfaite*, que l'on remarque dans la raison du costé, du plan, & du solide, ou du cube, de sorte que la 4, 5 & 6 voix, &c. recommecent, ou redoublêt, & multiplient seulement la mesme harmonie, qui semble souuent plus agreable à ceux qui preferent la confusion à la distinction; quoy qu'il faille auoüer que la 4 & 5 voix apportent vn grand ornement à la Musique, parce qu'elles remplissent les vuides qui se rencontrent

T iij

dans les Trios, qu'elles renforcent chaque partie, & qu'elles contiennent de nouuelles raisons, car la raison double de l'Octaue n'est pas celle de l'égalité qui fait l'Vnisson, & la triple qui fait la Douziesme, est differente de la Sesquialtere de la Quinte. Quant à l'excellence des parties, il est aisé de conclure ce qu'il en faut croire, si on list le discours où i'ay monstré quel est le son le plus excellent de tous: à quoy l'on peut ajoûter que le Dessus a plus d'effet dans les Concerts, à raison qu'il preocupe l'ouye & l'esprit par ses mouuemens plus legers & plus vistes, comme la lumiere du Soleil, qu'on a regardee, preocupe tellement la veuë, qu'elle ne peut discerner les autres couleurs; car l'on peut dire que le rayon du Soleil se fait par le mouuement le plus viste de la nature; comme le Dessus se fait par le mouuement le plus viste de la Musique.

COROLLAIRE I.

L'on peut encore comparer les 4 parties de la Musique aux quatre principales couleurs, dont dependent toutes les autres; car le noir respond à la Basse, puis qu'il appartient à la terre, & que toutes les couleurs se terminent au noir, comme les elemens à la terre; de là vient que quelques-vns l'appellét le cube des couleurs, parce qu'il ne peut estre effacé, ou alteré par nulle autre couleur: le noir est aussi attribué au plomb, que les Chymistes appellent Saturne. Le blanc represente la Taille, & est attribué à l'eau, ou au vif argent, & à l'estain: & les deux autres couleurs respondent aux 2 autres elemens; car le bleu est attribué à l'air, & à l'argent, qui se conuertit dans vn tres-bel azur, comme Vigenere remarque dans la chasse des bestes noires; & peut estre comparé à la Haute-contre, comme le rouge au feu, à l'or, & au Dessus. Or comme toutes les autres parties de la Musique naissent des 4 precedentes, de mesme toutes les autres couleurs viennent du noir, du blanc, du bleu, & du rouge; car le noir & le blanc font toutes les especes de gris: le noir & le bleu font le violet; le noir & le rouge font le pourpre, & le tané; le blanc, & le rouge font le iaune; quoy que les laines & les soyes desirent vn iaune propre & particulier: le iaune & le bleu font le verd gay, & toutes les autres sortes de verd, quoy que l'on vse de l'inde, ou du violet, & du iaune pour faire le verd brun; mais l'on peut voir les autres couleurs, dont parle Vigenere, & plus particulierement sur les palettes des Peintres, qui peuuent faire vn nombre infini de differentes especes de verd, de rouge, de iaune, &c. selon les differentes doses, ou parties, dont ils composent chaque couleur. L'on peut aussi comparer les differentes parties de Musique, ou les differentes chordes aux differentes couleurs que produisent les metaux calcinez dans le verre; car l'estain le blanchit, l'airain le verdit, le fer le rougit, & le plomb luy donne la couleur d'emeraude: mais ie quitte les couleurs, afin d'ajoûter ce que les Platoniciens disent des differentes parties de l'harmonie.

COROLLAIRE II.

Dans lequel est expliqué ce que les Platoniciens ont creu des differentes parties de la Musique.

Puis que le parfait Musicien doit sçauoir tout ce qui appartient à l'Harmonie, il est raisonnable qu'il considere tout ce qu'en ont dit les Platoniciens, dont la maniere de raisonner est approuuee de plusieurs, & particulierement des premiers Peres de l'Eglise, qui l'ont preferee à la methode des Peripateciens. Or Platon compare souuent l'ame aux nombres, aux mouuemens, & aux figures, afin d'expliquer son harmonie intellectuelle, & quant & quant les effets de l'harmonie des sons, dont le nombre, la figure, & le mouuement ont vne grande puissance sur l'ame, à raison que l'harmonie se forme dans l'air, par lequel ils croyent que le corps & l'esprit sont liez & vnis ensemble.

C'est pourquoy ils maintiennent que l'harmonie feroit vne plus grande impression sur l'esprit que les saueurs ne font sur la langue, & les choses molles & douces sur le sens du toucher, si les Musiciens composoient l'harmonie auec autant d'industrie & de perfection, comme la nature compose les saueurs & les objects du toucher, & qu'Apollon rauiroit plus puissamment tous les hommes que Bachus, ou Venus: de sorte qu'il faudroit sçauoir le meslange du pesant, & du leger, du froid, & du chaud, & de l'humide, & du sec, qui composent les objects de ces deux sens, afin d'introduire vn meslange de parties, dans l'harmonie des sons, dont les graues sont comparez à la matiere, à la froideur, à l'humidité, & à la pesanteur, & les aigus à la forme, à la chaleur, à la secheresse, & à la legereté, car ils disent que l'harmonie est vne particuliere qualité, qui resulte des differentes parties de la Musique, & qui les reduit à l'vnité, comme le temperament de chaque indiuidu resulte des 4 elemens, & des autres qualitez qui sont dans les composez.

Ils comparent aussi l'harmonie au temperament des compositions de la Medecine, qui se forme de differents sucs, & de quantité de drogues, par exemple, à la Theriaque d'Andromachus, à la confection d'Alkermes, & au Mithridat, dans lesquelles ils croyent qu'il y a vne vertu celeste, qui est semblable au resultat des voix graues, & aiguës, par lequel Pythagore guarissoit les maladies du corps, & de l'esprit: de là vient qu'ils rapportent la Musique & la Medecine à Apollon, & qu'ils tiennent que celle-là guarit les corps par le moyen de l'ame, comme celle-cy guarit l'ame par le moyen des corps; de sorte qu'ils s'imaginent qu'il y a vne certaine espece de magie dans l'harmonie, qui rend l'ame susceptible des oracles diuins, & de la prophetie, en la faisant rentrer en soy-mesme pour contempler la raison des sons, & pour s'enyurer du doux nectar que les cieux y ont respandu; car s'ils versent leurs influences sur lesdites confections, à combien plus forte raison respandent-ils leurs tresors sur le mélage des sons differens, qui obeissent beaucoup plus parfaitement à la langue & aux doigts qui touchét les Instrumens, & à l'esprit, que les differentes drogues n'obeissent au pilon des Apotiquaires, qui composent la Theriaque, & le Mythridat, dautant que l'air dont les mouuemens s'vnissent dans l'harmonie, est plus subtil que les sucs & les liqueurs, & penetre plus aisément dans l'esprit, qui se sert de l'ouye comme d'vn entonnoir pour attirer la quinte-essence de la melodie, qui entre dans l'oreille en forme de cone. Mais il n'est pas necessaire d'expliquer les opinions de Platon plus amplement, dautant que Marsile Ficin les rapporte assez au long dans ses Commentaires sur le Timee, & ailleurs, & que les Platoniciens n'ont pas si bien entendu la Musique que nous, car ils n'ont nullement connu l'excellence des Tierces, & de leurs repliques, qu'ils ont mis entre les Dissonances, comme l'on peut voir au 31 chap. de Ficin sur le Timee; & neanmoins l'experience enseigne que la Dixseptiesme, la Dixiesme, & la Tierce majeure sont si agreables, qu'elles rauissent les Auditeurs, & si necessaires, que sans elles la Musique seroit destituee de son principal ornement. D'ailleurs ceux qui parlent de la maniere dont Pythagore a inuenté les Consonances, se trompent lourdement, & tesmoignent que s'ils disent vray, qu'il n'auoit pas vne bonne oreille, car ils disent qu'il print des marteaux, dont il auoit ouy fraper sur l'enclume, qu'il pesa, & dont il trouua les poids en mesme raison que celles des Consonances; de sorte que le plus gros pesoit 12 liures, le second huit, & le troisiesme 6, qui contiennent la raison de la Quinte, & de l'Octaue, & le quatriesme pesoit 9 liures, & faisoit la Quarte auec le plus pesant: ce qui est premierement faux, comme l'on experimente sur l'enclume: secondement, si l'on attache ces poids à des chordes egales en longueur, & en grosseur, ils ne feront pas les Consonances; qui sont contenuës par ces nombres, comme Ficin croit au 30 chap. sur le Timee, car i'ay monstré ailleurs que les poids doiuent pour le moins estre en raison doublee des termes qui contiennent les Consonances.

ADVERTISSEMENT.

Ces 4 premieres propositions seruent comme de Preambule à celles qui suiuent & qui enseignent tout ce qui concerne la Composition, c'est pourquoy ceux qui ne font estat que de la pratique les peuuent laisser, afin de commencer par celle qui suit: comme ceux qui mesprisent la Composition & la Pratique, pourront receuoir du contentement à la lecture des precedentes, qui sont remplies de comparaisons qui s'aident & s'esclairent mutuellement.

PROPOSITION V.

Toutes les manieres dont on vse pour passer d'vne Consonance à l'autre se peuuent rapporter aux quatre principaux mouuemens qui seruent à la Composition, à sçauoir, aux mouuemens qui se font par degrez conioints, dis-joints, semblables, & contraires.

Cette proposition estant expliquee sera accordee de tout le monde, car il n'y a que ces 4 mouuements dont on se puisse seruir. Or le mouuement *conjoint* est celuy qui se fait entre deux parties, dont l'vne tient ferme, pendant que l'autre se meut en haut ou en bas, soit par degrez conjoints, ou par interualles: par exemple, quand le Dessus chante ces notes, *Mi, fa, sol, la, &c.* pendant que la Basse tient ferme sur l'*Vt*. Mais quand les 2 parties se meuuent, ce mouuement se peut appeller *dis-joint*, dautant que les parties se separent l'vne de l'autre. Et parce qu'elles peuuent se separer en deux manieres, 1 en montant, ou descendant toutes deux: l'vne en montant, & l'autre en descendant, l'on appelle le premier mouuement *semblable*, & l'autre *contraire*.

Mais il faut remarquer que ces mouuemens *conjoints* & *dis-joints*, sont pris en vne autre maniere par les Compositeurs ordinaires, qui disent que le mouuement est *conjoint*, quand les parties montent ou descendent par les interualles qui se suiuent immediatement, comme quand on chante, *Vt, re, mi, fa, &c.* & qu'il est *dis-joint*, quand on chante par interualles separez, c'est à dire par les

degrez

De la Composition.   219

degrez, qui ne se suiuent pas immediatement, comme l'on void en ceux-cy, *Vt*, *mi*, *sol*, en laissant le *re* & le *fa*.

Quant aux mouuemens semblables & contraires, ils peuuent se faire par degrez conjoints & dis-joints, ou separez, de sorte que l'on peut reduire tous ces 4 mouuemens au *semblable* & au *contraire* (si nous exceptons celuy qui se fait quand l'vne des parties tient ferme, que i'ay appellé *conjoint*) puis qu'ils sont tous deux susceptibles de degrez conjoints & separez.

Neanmoins ie ne veux pas empescher que les Compositeurs ne retiennent leurs 4 mouuemens, qu'ils comparent ordinairement aux 4 saisons de l'annee, car il suffit que l'on entende toutes les manieres qui seruent pour passer d'vne Consonance à l'autre, quelque nombre de mouuemens que l'on veüille establir. Les exemples qui suiuent feront voir tout ce que ie viens de dire, car le premier contient le mouuement *conjoint*, dans lequel la Basse tient ferme, & le Dessus se meut en haut: & parce que le Dessus se meut par degrez conjoint, le 2 exemple le fait mouuoir par degrez dis-joints, de sorte que ce mouuement *conjoint* est capable de ces deux sortes de degrez, comme est le mouuement *semblable* & le *contraire*.

Or il faut remarquer que le mouuement *conjoint*, qui se fait d'vne seule partie qui se meut, & de l'autre qui tient ferme, se peut rapporter au mouuement contraire, d'autant que le mouuement de l'vne est contraire à la fermeté & au repos de l'autre. 2, la partie qui tient ferme doit toujours continuer le mesme son, lequel elle discontinue, quand au lieu de chanter vne fois quelque note, par exemple *Vt*, elle la repete plusieurs fois, comme l'on void au troisiesme exemple.

Le 4 exemple fait voir le mouuement semblable des deux parties par degrez conjoints; & le 5, par degrez dis-joints ou separez. Le 6 contient le mouuement contraire de toutes les deux parties, qui se meuuent par degrez conjoints, & le 7 les fait mouuoir par interualles, ou degrez dis-joints, de sorte que ces 7 exemples contiennent toutes les especes de mouuemens qui se pratiquent dans la Composition.

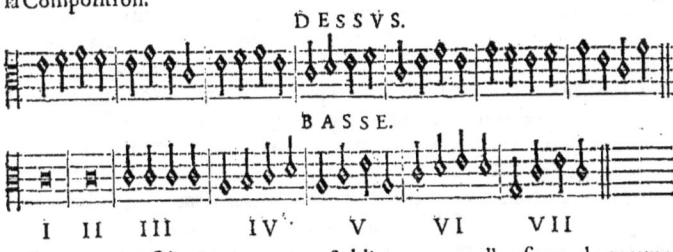

I   II   III   IV   V   VI   VII

Neantmoins si l'on veut encore establir vne nouuelle espece de mouuement, quand l'vne des parties se meut par degrez conjoints, & l'autre par degrez dis-joints, comme il arriue souuent dans les mouuemens semblables & contraires, on le pourra appeller mouuement *mixte*, ou *meslé*, puis qu'il se sert des degrez conjoints & des dis-joints. Or si nous comparons tous ces mouuemens les vns aux autres, le conjoint, qui est expliqué dans les 2 premieres exemples, est le plus simple & le plus facile de tous, c'est pourquoy l'on peut dire qu'il est le fondement & la base de la Composition de Musique, comme l'Vnisson l'est des Consonances : & que le premier exemple est plus facile que le 2, d'autant que le mouuement conjoint est plus facile que le separé; ce qui est veritable non seulement dans le mouuement conjoint, mais aussi dans le semblable & dans le contraire. Delà vient que le peuple ignorant qui prefere les choses faciles aux difficiles, parce qu'il les entend mieux, reçoit plus de plaisir, & est plus esmeu d'vne Vielle, ou d'vne Fluste accompagnee d'vn bourdon perpetuel, ou d'vn Tambour, qu'il n'est d'vn bon Concert, parce qu'il ne comprend pas la diuersité des mouuemens qui le composent.

Le mouuement semblable est aussi plus facile que le contraire. Mais parce que la bonté, & l'excellence de la Musique consiste dans la grande varieté, dont elle est capable, le mouuement contraire est le plus agreable de tous, parce qu'il contient, & fait entendre vne plus grande varieté en conseruant les Consonances.

PROPOSITION VI.

Quand l'vne des parties tient ferme, & continuë le mesme son; l'autre partie peut se mouuoir par tels degrez que l'on voudra; encore qu'ils soient dissonants, pourueu que l'on ne s'arreste point sur ces degrez dissonants, & qu'on les fasse seulement seruir pour passer aux Consonances. Mais si l'vne des parties discontinuë le son, encore qu'elle demeure toujours à l'Vnisson en reprenant le mesme son, l'autre partie qui se meut ne peut pas aller par toutes sortes de degrez.

Cette proposition a 2 parties, dont la premiere est expliquee par le premier exemple de la 5 propos. dans lequel il est permis de faire la Quarte, comme fait la 2 note du Dessus, contre la Basse : Et la seconde partie est expliquee dans le 3 exemple, dans lequel la Quarte, que fait la 2 note du Dessus contre la 2 de la Basse, n'est pas si bon que dans le premier exemple.

La raison de la premiere partie se prend de la plus grande identité & simplicité du mesme son qui tient ferme, & qui tient l'esprit dans vn repos perpetuel du costé de la Basse : de sorte qu'ils'occupe tout entier à la consideration des degrez par lesquels passe l'autre partie, & n'a pas plus de difficulté à comprendre les deux parties, que le simple chant de la partie qui se meut. Mais lors que la partie qui tenoit ferme vient à discontinuer, & qu'elle frape la chorde ou la note 2 ou 3 fois, &c. l'esprit discontinuë son action, & diuertit sa pensee de la partie qui se meut, pour considerer le renouuellement du son, contre lequel la Quarte ou le degré dissonant est aussi desagreable, que si l'on commençoit vn Duo par la Quarte, ou par vne dissonance. De là vient que l'imagination qui s'employoit seulement à suiure les degrez & interualles du simple chant, & qui ne consideroit pas les relations de la Quarte, de la Seconde, &c. commence à les considerer, quand la partie qui tenoit ferme sur vne mesme note, recommence la mesme note, laquelle n'est plus continuee, & qui est differente de la premiere, comme vn indiuidu est different d'vn autre indiuidu.

PROP. VII.

De la Composition.

PROPOSITION VII.

Determiner en general pourquoy tous les passages qui se peuuent faire d'vne consonance à vne autre consonance ne sont pas bons, & pourquoy les vns sont plus agreables que les autres.

Puis que plusieurs croyent que l'on ne peut trouuer les vrayes raisons de tous les passages d'vne consonance à l'autre, ny pourquoy de differents passages dont on vse, les vns sont meilleurs que les autres; neanmoins il faut essayer d'expliquer lesdites raisons tant en general qu'en particulier, lesquelles doiuent estre tirees de la relation que toutes les parties ont ensemble, ou du rapport & de la proportion des interualles par lesquels vont les parties tant en montant qu'en descendant, soit par mouuemens semblables, ou contraires, & dis-joints, ou conjoints, ou de quelque semblable consideration, comme nous verrons plus particulierement en examinant les raisons de chaque passage : & parce que les differens passages ont des relations & des proportions differentes, il est necessaire de trouuer des raisons differentes & particulieres pour chaque passage particulier. Ce que nous ne ferons pas dans cette proposition, dans laquelle il faut seulement apporter les raisons generales : dont la premiere est que les passages qui se font d'vne consonance à l'autre de mesme espece ne sont pas agreables, ou parce qu'il se rencontre de mauuaises relations entre les termes de la consonance que l'on quitte, & ceux de la consonance à laquelle on passe : ou parce que l'on n'entend pas la diuersité qu'attendoit l'esprit, qui desire toujours de nouuelles consonances, afin d'accroistre sa connoissance & son plaisir.

La seconde raison est que quand on passe d'vne consonance à l'autre, l'oreille ou l'imagination attend toujours la consonance la plus proche ; de sorte que si l'on passe à la plus éloignee, l'oreille se trouue deceuë & frustree de son esperance, particulierement si l'on passe de l'imparfaite à la parfaite. Comme quand on passe de la Sexte à l'Octaue, il faut y passer de la Sexte majeure ; & quand on passe de la Tierce à l'Vnisson, il y faut passer de la Tierce mineure, &c.

La troisiesme, parce qu'il y a vne grande varieté dans le passage qui se fait des consonances parfaites aux imparfaites, & de celles-cy à celles-là, il est plus agreable que celuy qui se fait d'vne parfaite à vne autre parfaite. Mais il sera plus facile d'entendre les raisons de chaque passage en particulier, que celles qui sont generales.

PROPOSITION VIII.

Determiner comme il faut trouuer toutes les relations tant exterieures qu'interieures, qui se rencontrent dans les passages d'vne consonance à l'autre, afin de rechercher la raison pourquoy l'vn est bon & l'autre mauuis.

Il y a deux sortes de relations dans les passages, dont les premieres que i'appelle externes, ou exterieures, sont connuës des Musiciens ordinaires, comme sont les mauuaises relations de la fausse Quinte & du Triton. Or elles se rencontrent entre la premiere note de la premiere consonance, & la seconde de l'autre consonance à laquelle on passe, & de la premiere de celle-cy auec la seconde de celle-là, comme l'on void au premier exemple qui suit, dans lequel la Basse & le Dessus passent de la Tierce mineure à vne Tierce mineure par mouuemens semblables, & par degrez separez : car la premiere note de la Basse fait la relation de la fausse Quinte auec la seconde du Dessus. La relation du Triton se voit au deuxiesme exemple, entre la seconde note de la Basse & la premiere du Dessus : or ces deux parties passent de la Tierce majeure à la Tierce majeure par mouuemens semblables, & degrez conjoints.

Le troisiesme exemple dans lequel on passe de la Dixiesme mineure à la Sexte majeure, seruira pour expliquer les relations internes, apres auoir remarqué que les relations externes de ce passage sont la Neufieme & la Septiesme, car la seconde note de la Basse fait la Septiesme auec la premiere du Dessus, & la seconde du Dessus fait la Neufiesme auec la premiere de la Basse.

Or il n'y a point de difficulté à trouuer ces relations externes, car il faut seulement conter combien il y a de notes de la seconde de la Basse à la premiere du Dessus, & de la seconde du Dessus à la premiere de la Basse : & de toutes les relations il n'y a presque que celle de la fausse Quinte & du Triton qui rendent le passage des-agreable : mais il est plus difficile de trouuer les relations internes. Ce que l'on fera neanmoins assez facilement en deux manieres : premierement en appliquant les plus grands nombres aux sons plus graues, ou au plus grandes chordes, & les moindres nombres aux sons plus aigus, & aux moindres chordes : secondement en appliquant les moindres nombres aux sons plus graues, & les plus grands nombres aux plus petites chordes, & aux sons plus aigus, suiuant le plus grand nombre des battemens d'air par lesquels se font les sons aigus.

Quant à la premiere façon, il faut prendre les termes radicaux de l'interualle que fait chaque partie ; par exemple, la Basse du 3 exemple fait la Quarte de *mi* à *la*, dont les termes radicaux sont 3 & 4 ; puis le Dessus fait l'interualle du demiton majeur du *sol* au *fa* feint, dont les termes radicaux sont 15 & 16.

En troisiesme lieu, il faut prendre les termes radicaux des deux consonances du passage, à sçauoir de la Dixiesme mineure, qui est de 5 à 12, & de la Sexte majeure, qui est de 3 à 5.

Ces termes estant trouuez il faut se seruir de la regle de proportion, afin de voir quelle raison il y a du chemin que fait la Basse, auec le chemin que fait le Dessus pour passer de la Dixiesme mineure à la Sexte majeure : ce qu'il faut faire en ceste façon : Si 4, qui est le plus grand terme de la Quarte que fait la Basse, donne 3 pour son moindre terme, combien donnera 12, qui est le plus grand terme de la Dixiesme mineure, le quotient donnera 9 ; or la difference de 9 à 12 est 3 qu'il faut retenir. Cecy estant fait, il faut appliquer la mesme regle à l'interualle du demiton que fait le Dessus, & dire, si 15 donne 16, combien donnera 5 qui est le moindre terme de la Douziesme ? le quotient donnera 5 & ⅓, lequel ne differe de 5 que de ce tiers ; or ⅓ est à 3, qui est la premiere difference, comme 1 à 9 ; & consequemment cette relation interne est vne Vingt-troisiesme majeure, c'est à dire vn ton majeur par dessus 3 Octaues, ou la 3 repetition de la Seconde majeure.

PROP. IX.

De la Composition.

PROPOSITION IX.

Expliquer deux autres manieres qui seruent pour trouuer les relations internes des passages d'vne Consonance à l'autre.

Nous auons donné le plus grand nombre au son plus graue dans la premiere methode : mais il vaut mieux luy appliquer le moindre nombre suiuant la 2 maniere, dautant qu'il est produit par vn moindre nombre de mouuements d'air. Or l'on trouue cette maniere en conuertissant les termes de la 1 methode ; il faut donc prendre 5 pour le *mi*, & 12 pour le *sol* du Dessus : puis il faut prendre 3 pour le *mi* & 4 pour le *la* de la Basse; & 16 pour le *sol* de Dessus & 15 pour le *fa* feint; & finalement il faut dire, si 3 donne 4 ; combien donnera 12 : le quotient sera $6\frac{2}{3}$, or la difference de $6\frac{2}{3}$ à 5, est $\frac{5}{3}$, qu'il faut garder. Puis il faut passer au Dessus, & dire, si 16 donne 15, combien donnera 12, le quotient est $11\frac{1}{4}$, moindre que 12 de $\frac{3}{4}$, or ces deux fractions $\frac{5}{3}$ & $\frac{3}{4}$ estant reduites en mesme denomination donnent $\frac{20}{12}$ & $\frac{9}{12}$, qui font vne Neufiesme moindre d'vn comma que celle de la 1 methode, c'est à dire le ton mineur par dessus 3 Octaues : mais il faut remarquer que cette Sexte, à laquelle on passe au 3 exemple, est plus grande que la Sexte majeure ordinaire, qui se fait d'*Vt à la*, d'vn comma majeur entier, supposé qu'il n'y ait qu'vn demiton maieur du *sol* au *fa* feint du Dessus ; & si l'on veut faire la Sexte iuste, il faut que le demiton soit *maxime* de 25 à 27.

Cecy estant posé, il faut recommencer les analogies de ces deux methodes, & dire si 27 donne 25, ou 25, 27, combien donneront 12, ou 5 : le premier donne $11\frac{1}{9}$, or 12 le surpasse de $\frac{8}{9}$, qui sont à $\frac{5}{3}$, comme 8 à 3, car si on les reduit en mesme denomination, il feront $\frac{24}{9}$ & $\frac{9}{9}$, qui ont la relation de la Treiziesme.

Quant au 2, il donne $5\frac{10}{27}$, or $\frac{10}{27}$ comparez à $\frac{5}{3}$ fait la Tierce majeure ; car estant reduits en mesme denomination ils donnent $\frac{10}{27}$ & $\frac{45}{27}$, qui sont comme 8 à 5.

La 4 methode fait seruir les plus grands nombres pour les plus grandes chordes, en expliquant la Consonance d'où l'on passe, & celle à laquelle on passe ; & fait neanmoins que les termes radicaux de l'analogie ont les moindres nombres pour les plus grandes chordes, ou au contraire en cette façon, si le *mi* de la Basse, c'est à dire si 3 donne 4, combien donnera 12, & si le *sol* 27 donne 25, combien donnera 5, l'on trouue que les differences de la 1 analogie sont de 5 à 54, qui font la raison decuple surquadripartiente 5, laquelle ne peut entrer dans l'harmonie : & si l'on prend le demiton majeur de 15 à 16, la difference est de 64 à 11, dont la raison n'entre point dans l'harmonie. C'est pourquoy cette methode meslee ne vaut rien : mais les 2 premieres sont bonnes, d'autant qu'elles expliquent le mouuement de chaque partie, & leur rapport : Mais la 2 est meilleure, parce qu'elle suppose la cause immediate du son, à sçauoir le nombre des batemens d'air, qui font que le son est graue ou aigu.

L'on peut encore s'imaginer d'autres raisons prises du temperament de l'oüye, ou plutost des organes qui luy seruent, & de la qualité des esprits, qui portent l'idee du son à l'imagination & à l'esprit : mais cette consideration requiert vn autre discours, dans lequel il faudra expliquer la nature, & la qualité des passions

V

de l'ame, afin de sçauoir comme elles peuuent estre excitees & appaisees par l'harmonie, par les chants, & par les mouuements.

Or nous nous seruirons de toutes ces raisons, & de plusieurs autres, afin d'expliquer pourquoy le passage d'vne Consonance à l'autre est bon ou mauuais, on peut commencer par les passages de l'Vnisson à la Tierce mineure, & de la Tierce mineure à l'Vnisson, & poursuiure de l'Vnisson à la Tierce majeure, à la Quarte, à la Quinte, &c.

Ie mettray donc premierement tous les passages par lesquels on peut aller de chaque Consonance à l'Vnisson par mouuemens contraires, & puis ie feray la mesme chose pour la Tierce mineure, & majeure, & pour la Quarte, la Quinte, & les deux Sextes. Et afin que toutes sortes de personnes puissent entendre ces passages, on les peut expliquer en trois manieres, a sçauoir, par discours, par nombres, & par notes.

PROPOSITION XI.

Expliquer en combien de manieres on peut passer d'vne Consonance à l'autre de differente espece par mouuemens contraires, conjoints, ou dis-joints; où l'on verra les passages vsitez & non vsitez, les bons & les mauuais.

Il faut remarquer que pour l'intelligence de ces passages, que les Consonances seront marquees par les nombres ordinaires des sons qu'elles contiennent, afin d'abbreger la table & le discours qui suit autant que l'on pourra; & parce que les Tierces & les Sextes sont marquees d'vn mesme nombre, âsçauoir de 3 & 6, nous ajoûterons vn point ou vne virgule sur les nombres qui signifieront la Tierce & la Sexte mineure; ce que ie pratiqueray aussi pour la fausse Quinte: & quand les Consonances seront superfluës, i'ajoûteray l'accent aigu à leurs nombres, ou à leurs lettres, où ie les expliqueray par discours. La petite table qui suit seruira pour entendre ce que i'ay dit.

1	Vnisson.	V̇	Quinte fausse, ou diminuee.
3̇	Tierce mineure.	V	Quinte.
3	Tierce majeure.	6̇	Sexte mineure.
4	Quarte.	6	Sexte majeure.
4́	Quarte superfluë, ou Triton.	8	Octaue.

Il est encore besoin d'autres characteres pour signifier les degrez des 3 genres, comme le ton majeur, & le mineur, & le demiton majeur & le mineur, &c. ce que nous ferons suiuant la table qui suit, dans laquelle le point mis sur les lettres, ou sur les nombres signifieront tousiours le moindre degré, ou interualle, & l'accent aigu le degré, ou l'interualle superflu; & les quatre nombres qui suiuront vis à vis monstreront exactement les raisons de chaque degré & interualle.

D Diese

De la Composition. 233

D	Diese
Ṡ	Demiton mineur
S	Demiton majeur
S'	Demiton superflu
Ṫ	Ton mineur
T	Ton majeur
T'	Ton superflu
3'	Diton superflu ou Quarte diminuee

Or la grande table qui suit, & qui contient tous les passages des Consonances, fera voir en vn moment tout ce que i'ay proposé à la fin de la precedente proposition, & dans celle-cy. Il faut seulement remarquer que les moindres nombres signifient les sons plus aigus, & les plus grands les sons plus graues de chaque Consonance d'où l'on passe, & à laquelle on passe : par exemple, le premier passage de la Tierce mineure à l'Vnisson est marqué par ces nombres, 15. 16. 16. 18, or 15 signifie la plus petite chorde, & le son plus aigu; & 18 signifie la plus grande chorde, & le son plus graue.

Neantmoins les mesmes nombres peuuent estre pris autrement, car si la Basse fait le demiton de *mi* à *fa* en montant, les moindres nombres signifieront les plus grandes chordes, & les sons plus graues, & les plus grands nombres expliqueront les sons plus aigus, de sorte que chaque passage qui suit, se peut faire en deux façons, car si la Basse fait le premier interualle, qui est d'A à ♯, le passage sera different de celuy qui se fera, quand le Dessus fait le mesme interualle, & que la Basse fait l'interualle de ♯ à C, supposé que la Basse aille toujours de bas en haut, & le Dessus de haut en bas, ou au contraire, comme l'on void aux exemples qui suiuent, & qui seruent pour entendre toute la table & toutes les raisons qu'elle comprend ; car si le Dessus fait le demiton de *fa* à *mi*, comme il fait au 1 exemple, le moindre nombre 15 signifie le son plus aigu, & le plus grand nombre 16 signifie le plus graue : mais quand la Basse fait le demiton maieur, comme l'on void au 2 exemple, le moindre nombre 15 signifie le son le plus graue, & le plus grand nombre 16 signifie le son plus aigu.

Ce qu'il faut remarquer soigneusement, d'autant que cette consideration est d'vne grande importance, car les nombres du 2 exemple suiuent la verité des raisons, parce qu'ils expriment les nombres des retours de chaque chorde, par lesquels chaque son est produit : & les nombres du 1 exemple signifient seulement la longueur des chordes : & consequemment les nombres du 2 exemple representent les sons actuels, & ceux du 1 ne les representent qu'en puissance : ceux-là representent formellement les sons, soit qu'ils viennent des chordes, des cloches, ou des autres Instruments, & ceux-cy representent seulement la grandeur des chordes ou des autres Instruments, sans auoir égard à la differente tension, & aux mouuemens qui produisent les sons. Il est facile d'entendre tous les autres nombres & interualles, & de les appliquer à la Basse, & au Dessus, comme nous auons fait aux deux exemples precedens. Voyons maintenant la table vniuerselle qui suit, & qui est diuisée en huit parties, afin que chaque Consonance ait la sienne.

V ij

Liure Quatriesme

PREMIERE TABLE.

L'on passe à l'Vnisson.

		B C C A
1	De la 3, l'vn passant par le T, & l'autre par le S	15.16.16.18
2	ou de la 3, par le T & par le T	8. 9. 9.10
3	ou par le S, & par la 3	20.24.24.25
1	De la Quarte par la 3 & par le T	9.10.10.12
2	ou par le S, & par la 3	15.16.16.20
3	ou par la 3', & par le S Pythagorique	3888.4096.4096.4121
1	De la V par le T, & la 4	8. 9. 9.12
2	ou par la 3 & 3	10.12.12.15
1	De la 6 par la V, & par le S	10.15.15.16
2	ou par la 4, & par la 3	
3	ou par le T', & par la 4'	5.6.6.8
1	De la 6 par la V, & par le T	6.9.9.10
2	ou par la 4 & la 3	
3	ou par la V', & par le S	3.4.4.5

II

L'on passe à la 3

1	De l'Vnisson comme deuant par le T & le S	15.16.16.18
1	De la 3 par le S, ny ayant qu'vne partie qui se meut	24.25.30
1	De la 4 par le S & le S	24.25.30.32
2	ou par la D, & deux S	
1	De la V par le T & T	40.45.54.60
2	ou par la 3 & le S	24.25.30.36
1	De la 6 par le S, & par la 3	75.80.96.120
2	ou par la 3, & par le T	25.30.36.40
1	De la 6 par le S, & par la 4	24.25.30.40
2	ou par la 3, & par le T	9.10.12.15
1	De l'8 par la V, & par le T	9.10.12.18
2	ou par la 4, & la 3	4.5.6.8
3	ou par la 6, & par le S	24.25.30.48

III.

On va à la Tierce maieure.

1	De l'Vnisson par le T, & le T	8.9.9.10
2	De la 3 comme deuant par le S	24.25.30
1	De la 4 par le S	12.15.16
2	ou par la D, & par le S	96.100.125.128
1	De la V par le S, & le T	32.36.45.48
2	ou par le S & le T	
3	ou par la Tierce mineure diminuee, & par la D	

De la Composition.

1 Dala 6 par le S, & par la 3	15.16.20.24
2 ou par la 3, & la D	80.100.125.128
1 De la 6 par le S, & par la 3	15.16.20.25
2 ou par le T & par la 3	18.20.25.30
1 De l'8 par la 4, & par la 3	3.4.5.6
2 ou par la V & par le S	8.12.15.16

IV
On va à la Quarte.

1 De l'1 par la 3, & par le T, &c.	9.10.10.12
1 De la 3 par le S & S	24.25.30.32
1 De la 3 comme deuant, par le S, &c.	12.15.16
1 De la V par le S, & par le S'	50.54.72.75
2 ou par le S moyen, & par le S	128.135.170.178
3 ou par la D', & par l'interualle de deux S	
4 ou par le S Pythagorique, & par l'Apotome	
1 De la 6 par le T, & par le S	45.48.64.72
1 De la 6 par le T & le T	27.30.40.45
2 ou par le S & par la 3	15.18.24.25
1 De l'8, par la 3 & par la 3	5.6.8.10
2 ou par la 4, & par le T	8.9.12.16

V
On passe à la Quinte.

1 De l'Vnisson par le T, & la 4	8.9.9.12
2 De la 3 par le T, & le T, &c.	40.45.54.60
3 De la 3 par le S & le T, &c.	32.36.45.48
4 De la 4 comme deuant, par le S & le S', &c.	50.54.72.75
1 De la 6 par la D & par le S	125.128.192.200
2 ou par le S	45.48.48.64
1 De la 6 par le S & le S	15.16.24.25
2 ou par le S Pythagoric, & par le moyen	
1 De l'8 par la 3, & le S	15.16.24.30
2 ou par la 3 & par le T	5.6.9.10

VI.
On passe à la Sexte mineure.

1 De l'1 par la V, & par le S, &c.	10.15.15.16
1 De la 3 par le S, & par la 3, &c.	35.80.96.120
1 De la 3 par le S & la 3, &c.	15.16.20.24
1 De la 4 par le T & par le S	45.48.64.72
1 De la V comme deuant par le S, &c.	45.48.64
1 De la 6 par le S	15.24.25
1 De l'8 par le T, & par le T	45.50.80.90
2 ou par le S & la 3	24.25.40.48
3 ou par la D, & par la 3 superfluë.	

VII.

On passe à la Sexte majeure.

1	De l'1 par la 4, & la 3, &c.	6. 9. 9. 10
1	De la 3̇ par le 3, & par le Ṫ, &c.	9.10.12.18
1	De la 3 par le S & la 3̇, &c.	15.16.20.25
1	De la 4 par le Ṫ, & le T, &c.	27.30.40.45
1	De la V par le Ṡ, & le S, &c.	15.16.24.25
1	De la 6̇ comme deuant par le 3̇	15.24.25
1	De l'8 par le T, & par le S	8.9.15.16
2	ou par le Ṫ & le S'	25.27.45.50
3	ou par le T', & par le Ṡ	125.144.240.250
4	ou par la 3̇ diminuée, & par le comma	81.96.160.162

VIII.

On passe à l'Octaue.

1	De la 3̇, par la V, & par le Ṫ	9.10.12.18
2	ou par la 4, & la 3	4.5.6.8
3	ou par la 6̇, & le S	24.25.30.48
1	De la 3 par la 4, & la 3̇	3.4.5.6
2	ou par la V, & le S	8.12.15.16
1	De la 4 par la 3̇, & par la 3	5.6.8.10
2	ou par la 4, & par le T	8.9.12.16
1	De la V, par la 3, & par le S	15.16.24.30
2	ou par la 3̇, & par le Ṫ	5.6.9.10
1	De la 6̇, par le Ṫ, & le T	45.50.80.90
2	ou par la D, & par la 3̇ superfluë	
1	De la 6 par le T, & le S	8.9.15.16
2	ou par le Ṫ, & le S'	25.27.45.50
3	ou par le T' & par le Ṡ	125.144.240.250
4	ou par la 3̇ diminuée & par le comma	81.96.160.162

Il n'estoit pas necessaire de mettre les passages par lesquels on va des moindres Consonances à l'Octaue, parce que nous auions déja rapporté les mesmes nombres en parlât de chaque Consonance en particulier: mais il faut remarquer que l'on doit comparer les nombres de cette derniere table d'vne autre façon que les mesmes nombres, quand ils se rencontrent aux tables precedentes, dans lesquelles l'Octaue se trouue entre les deux derniers nombres, que l'on quitte pour passer aux 2 nombres du milieu: par exemple apres que l'on a fait l'Octaue, qui est de 9 à 18 dans le premier passage de la 2 table, l'on passe de 9 à 10, & de 18 à 12 pour aller de l'Octaue à la Tierce mineure: mais en cette derniere table on fait le contraire, car on commence par le terme du milieu pour finir aux deux nombres derniers: ce que ie monstre dans le mesme exemple qui est au 1 passage de cette derniere table, car on quitte 10 & 12, qui font la Tierce mineure, pour passer à 9 & 18, qui font l'Octaue. Ce qui suffit pour entendre les autres exemples de cette table, & ceux des tables precedentes.

Il faut

De la Composition.

Il faut encore remarquer que chaque passage contient deux exemples auec la note, afin que les nombres seruent en deux manieres: car les deux plus grands nombres representent la Basse, & les deux moindres signifient le Dessus, & puis au contraire les deux moindres nombres representent la Basse, & les deux plus grands le Dessus, dont i'ay rapporté les raisons. Or le premier exemple de chaque passage sert pour la premiere maniere, & le 2 exemple pour la 2 : ce qu'il a fallu faire, parce qu'il arriue quelquefois que le premier exemple est bon, & le 2 mauuais, ou moins bon que le 1 : c'est pourquoy il est necessaire d'apporter deux raisons differentes pour ces 2 exemples, bien qu'en tous deux les parties montent par mesmes interualles, ou par mesmes degrez: mais le Dessus fait au 2 exemple le degré ou l'interualle que la Basse faisoit au premier exemple : de sorte que chaque partie change de lieu & d'interualle, car le Dessus fait l'interualle que faisoit la Basse, & la Basse fait l'interualle du Dessus.

Il faut enfin remarquer que ce que i'ay dit de la derniere table, dans laquelle on passe de chaque Consonance à l'Octaue, à sçauoir qu'il faut commencer par les 2 nombres du milieu, & finir par les 2 extremes, doit aussi estre entendu de tous les passages de la 2, 3, 4, 5, 6, & 7 table, qui repetent les mesmes sons & les mesmes nombres qui auoient déja esté mis aux tables precedentes.

Par exemple, quand il y a dans le 1 passage de la 2 table, *de l'Vnisson comme deuant, par le T, & le S*, les nombres du premier passage de la 1 table sont repetez, à sçauoir 15. 16. 16. 18, dautant qu'il faut passer de l'Vnisson à la Tierce mineure par les mesmes degrez, par lesquels on passe de la Tierce mineure à l'Vnisson : mais ceux qui passent de la Tierce mineure à l'Vnisson, comme au premier exemple de la premiere table, commencent par les nombres extremes, 15 & 18 ; & ceux qui vont de l'Vnisson à la Tierce mineure, comme au premier exemple de la 2 table, commencent par les nombres du milieu : ce qu'il a fallu distinguer : dautant que l'vn des passages peut estre bon, & l'autre mauuais, ou moins bon, comme l'on remarque au passage de l'Vnisson à la Tierce maieure, qui est le 1 de la 3 table; car il est bon, encore que le passage de la Tierce majeure à l'Vnisson, qui est le 2 de la 1 table, soit rejetté par les Praticiens, comme moins excellent.

Or on connoist les passages, qui repetent les mesmes nombres, & qui commencent par les nombres du milieu, par ces 2 dictions, *comme deuant*, desquelles ie me suis toujours serui au dernier passage de chaque table, qui repete les nombres des autres tables : par exemple, *comme deuant* est seulement au 1 passage de la 2 table, parce qu'il n'y a que ce 1, qui repete lesdits nombres : mais il est au 3 exemple de la 4 table, dautant que tous ses passages iusques au 3 repetent les nombres precedens.

Et parce que ie mets seulement vne maniere d'vser de ces passages, qui repetent lesdits nombres, quand il y a deux ou plusieurs manieres de passer d'vne Consonance à l'autre dans les tables precedentes, ie le remarque toujours par *&c.* que ie mets à la fin de chaque passage qui repete les nombres, comme l'on void aux 3 premiers passages de la 4 table, & aux 5 premiers de la 7, afin que l'on considere les autres manieres dans les tables precedentes.

Or il faudroit encore d'autres tables pour les repliques des simples Consonances, afin de voir comme l'on peut passer des Dixiesmes, de l'Onziesme, de

V iiij

la Douziesme, des Treiziesmes, & de la Quinziesme, aux simples Consonances, afin de voir comme l'on peut passer des Dixiesmes, de l'Onziesme, de la Douziesme, des Treziesmes, & de la Quinziesme, aux simples Consonances, & de celles-cy à celles-la; car quant aux passages que l'on fait d'vne replique à l'autre, ils suiuent les mesmes regles que les passages qui se font d'vne simple Consonance à l'autre.

D'abondant il faudroit vne table particuliere pour les passages qui se font d'vne Consonance à l'autre par mouuemens semblables, mais il est aisé de dresser ces 2 tables, si l'on comprend les passages de la table precedente. Et parce que plusieurs passages ne sont pas bons dans le Duo à simple contrepoint, dont i'entends icy parler, & qu'ils sont neantmoins approuuez dans les Duo à contrepoint figuré, ou dans les Compositions de 3, 4, ou 5 parties, on peut escrire ceux qui sont bons dans les Duo auec des notes blanches d'vne mesure & auec des blanches à queuë, lors qu'ils ne sont bons qu'à 4, 5, ou plusieurs parties : & s'ils ne valent rien du tout, on peut les escrire auec des notes noires. Mais il faut remarquer qu'il y a quelques passages dans la table precedente, qui n'ont que trois nombres, parce que l'vne des parties tient ferme (dont ie ne donneray point d'autre raison que celle que i'ay apporté dans la 2 proposition) comme est le 2 passage de la 2 table, & le 2 & 3 de la 3; &c. dans lesquels l'vn des nombres represente le son qui tient ferme, pendant que l'autre partie se meut d'vn nombre à l'autre; par exemple le nombre 12 du 3 passage de la 3 table tient ferme, & l'autre partie laisse 15 pour passer à 16.

PROPOSITION XI.

Determiner pourquoy les deux premiers passages de la premiere table, & le premier de la 2 & 3 table sont bons ou mauuais : où l'on voit pourquoy le passage de la Tierce majeure à l'vnisson n'est pas si bon que celuy de l'Vnisson à la Tierce majeure.

Ie propose icy 4 passages à examiner, parce qu'ils se rapportent les vns aux autres; & parce que chaque passage à 2 exemples, nous auons 8 exemples à examiner. Où il faut remarquer que tous ces passages se font par mouuemens contraires, & degrez conjoints. Nous en verrons d'autres apres qui se feront par degrez separez ou dis-joints. Or ie ne repeteray point icy les exemples, car on les void dans la table vniuerselle de chaque passage. Ie dy donc premierement que le 1 passage de la premiere table est bon, parce que les degrez par lesquels il se fait sont Diatoniques, & conjoints, & qu'il ne se peut faire par d'autres interualles Diatoniques. 2. parce que la Consonance imparfaite passe plus facilement à la parfaite, dont elle est plus proche, comme fait la Tierce mineure à l'Vnisson, & la Sexte majeure à l'Octaue. 3. parce que la varieté de ce passage est bien grande, d'autant que l'vn passe par le ton majeur, & l'autre par le demiton majeur.

Mais ie tire la 4 raison de la relation interne, que i'ay expliqué dans la 4 proposition. Quand la Basse passe de *re à mi*, c'est à dire de 18 à 16, & le Dessus de 15 à 16, c'est à dire de *fa à mi*, pour faire l'Vnisson, la Basse passe de 6 à 5 ½ en haussant, & le Dessus passe de 5 à 5 ½ en baissant, or il n'y a que ½ de difference entre 5 ½, & 6;

De la Composition.

$\frac{5}{3}$, & 6; & $\frac{6}{5}$; de difference entre 5 & 5 $\frac{1}{5}$, par consequent la difference du mouuement des deux parties est d'vn à deux, laquelle fait la raison de l'Octaue, puis que $\frac{6}{3}$ & $\frac{6}{5}$ ont mesme raison qu'vn à deux : ce qui fait que la relation interne de ce passage contient la perfection de l'Octaue, laquelle est cause que ce passage est tres-agreable.

Or il n'est pas besoin de parler du 2 exemple de ce passage, car il a la mesme relation interne; ny du 1 exemple de la 2 table, qui repete les mesmes nombres. Ie diray seulement que le passage de la Tierce mineure à l'Vnisson est plus agreable que celuy de l'Vnisson à la Tierce mineure, parce que celuy-là se termine à vn accord parfait, ou plutost au principe & fondement de tous les accords, & celuy-cy finist à la Tierce mineure qui est imparfaite : & bien que celuy-cy ait sa fin imparfaite, & celuy-là son commencement imparfait; neanmoins la plus grande perfection de chaque chose est prise & depend de la fin.

L'on peut aussi dire que le mesme passage est plus parfait quand la Basse monte par l'interualle du ton, que quand elle ne fait que le demiton, d'autant que les plus grands interualles appartiennent à la Basse, & les moindres au Dessus, qui represente les enfans qui ont coustume de flatter, & de caresser : à quoy les moindres interualles sont plus propres que les grands; & nous voyons que les enfans cheminent à plus petits pas, que les hommes qui chantent la Basse.

Ie laisse plusieurs autres considerations qui peuuent seruir à la recherche des causes qui rendent vn passage meilleur que l'autre ; que quelques-vns tirent de la plus grande multitude des Consonances qui se rencontrent dans les relations, & dans les mouuemens des parties qui se meuuent, dont ie parleray plus amplement dans vn autre lieu : car il suffit de rapporter icy les principaux fondemens sur lesquels on peut affermir le raisonnement Harmonique.

Ie viens maintenant au 2 interualles de la 1 table, & au 1 de la 2, & dy que ces passages ne sont pas si bons que le premier, tant parce que la Tierce majeure est trop éloignee de l'Vnisson, que parce que les deux parties qui passent ne font quasi nulle varieté, car leurs interualles ne different que du comma, qui n'est pas assez notable pour estre remarqué de l'imagination; Mais la principale cause doit se prendre de la relation interne, qui n'est point distincte de la Tierce majeure, car le Dessus descendant de *mi à re*, descend de $\frac{9}{8}$, & la Basse montant d'*vt à re* fait $\frac{9}{8}$; de sorte que ce passage contient vne redite ; de là vient qu'il a presque vne semblable dureté à celle qui vient de deux Tierces majeures consecutiues, dont la relation fait vne Quinte superfluë, c'est à dire trop grande du demiton mineur, ou vne Sexte mineure diminuee de la diese.

Cette relation déplaist à l'esprit, qui l'apperçoit à mesme temps que la Basse monte, & que le Dessus baisse : à quoy i'ajoûte que l'on peut dire que ce passage est dautant moins agreable que celuy de la Tierce mineure à l'Vnisson que la relation de l'vn est moins agreable que celle de l'autre.

Or nonobstant cette mauuaise relation, il est permis de passer de l'Vnisson à la Tierce majeure, comme l'on void aux exemples du 1 passage de la 3 table, dautant que cette relation interne s'vnist auec la mesme Tierce, à laquelle on passe, & se confond auec elle : mais elle est plus des-agreable, quand on passe à l'Vniſſon, en comparaiſon duquel elle eſt mauuaiſe, car comme le noir paroiſt mieux eſtant accompagné du blanc, & que l'on reconnoiſt mieux la ligne circulaire & l'oblique quand on la compare à la droite, de meſme l'on reconnoiſt mieux les Diſſonances, & les Conſonances imparfaites, quand on les compare ou qu'on les joint aux parfaites.

PROPOSITION XII.

Determiner ſi le 3 paſſage de la 1 table eſt bon, lequel ſert pour paſſer de la Tierce maieure à l'Vniſſon par le degré Chromatique & par la Tierce mineure : & pourquoy l'on peut paſſer à telle Conſonance que l'on veut en partant de l'Vniſſon.

Il faut premierement remarquer dans ce paſſage, que les 2 degrez qu'il contient appartiennent à la Chromatique, c'eſt pourquoy il peut eſtre appellé pur Chromatique : 2. on n'a pas couſtume d'en vſer dans la Diatonique : 3. il pourra ſeruir pour iuger des autres paſſages ſemblables : ſi nous iugions ſeulement de la bonté des paſſages par la varieté des parties, cetuy-cy ſeroit bon, car la Tierce mineure eſt grandement differente du demiton mineur, & la relation interne eſt de la Quinzieſme, à ſçauoir de 6 à 24, ou d'vn à 4, mais la relation externe eſt du demiton mineur, qui a couſtume de ſeruir de degré pour paſſer des Tierces & Sextes mineures aux majeures.

Cecy eſtant poſé, il faut determiner ſi ce paſſage eſt bon, & s'il ſe doit pratiquer dans les *Duo*, ou dans les autres compoſitions, ſi neanmoins l'on en doit douter apres toutes les raiſons que i'en ait deduit ailleurs, & apres l'experience qui témoigne ſur l'inſtrument parfait que ce paſſage eſt bon. Par conſequent la raiſon que l'on prend de ce que la Tierce maieure eſt plus éloignée de l'Vniſſon, n'eſt pas bonne, car la Quinte & la Sexte mineure en ſont plus éloignées, deſquelles neanmoins l'on peut paſſer à l'Vniſſon, comme nous verrons apres.

La raiſon qui ſe prend de ce que le chemin que font les 2 parties n'a quaſi point de difference, vaut ce ſemble mieux : mais la raiſon qui ſe prend de la relation interne eſt encore meilleure, & quand elle n'eſt pas ſuffiſante, l'on trouue toujours quelqu'autre raiſon qui ſe tire du paſſage dont il eſt queſtion, comme nous verrons à la ſuitte des propoſitions : or il n'y a point de doute que ſi le paſſage de la Tierce maieure à l'Vniſſon eſt bon, que ſon contraire, qui ſe fait par meſme chemin de l'Vniſſon à la meſme Tierce majeure, ne ſoit ſemblablement bon; & generalement parlant, toutes les Conſonances ſont bonnes apres l'Vniſſon; ſi ce n'eſt que les chemins dont on vſe pour paſſer dudit Vniſſon aux autres Conſonances ſoient difficiles à tenir, ou qu'ils engendrent de mauuaiſes relations externes, ou internes.

La raiſon de cecy ſe prend de ce que l'eſprit s'eſtant contenté dans l'Vniſſon, & ne pouuant deſirer vne plus grande vnion & égalité de ſons que celle dudit Vniſſon, ne ſe ſoucie pas quels ſons il entende apres, pourueu qu'ils contiennent quelque proportion harmonique, dont il puiſſe iuger, ou qu'il puiſſe comprendre ſans beaucoup de trauail.

PROP. XIII.

De la Composition.

PROPOSITION XIII.

De terminer si les 4, 5 & 6 passages de la premiere table sont bons, par lesquels l'on va de la Quarte à l'Vnisson.

Ces trois passages font voir trois manieres par lesquelles l'on peut passer de la Quarte à l'Vnisson, dont la premiere y va par le ton mineur, & par la Tierce mineure, & par consequent la relation interne est de la Septiesme, qui est de 5 à 9. Quant aux relations exterieures, elles ne peuuent estre que des mesmes interualles, par lesquels on passe à l'Vnisson; ce qu'il faut remarquer pour toutes les Consonances desquelles on passe audit Vnisson.

La 2 maniere de passer de la mesme Quarte à l'Vnisson se sert du demiton majeur, & de la Tierce majeure, & a sa relation interne de la Quinziesme : par consequent ce passage doit estre meilleur que le precedent, puis qu'ayant pour le moins vne aussi grande varieté, & vne meilleure relation, les interualles par lesquels on passe sont faciles à chanter.

Mais les interualles de la 3 maniere ne sont pas si ordinaires, si ce n'est dans le systeme de Pythagore, qui a esté suiui de Boëce, Gaffurus, Faber, Glarean, & de plusieurs autres, qui se sont seruis de cette Tierce maieure superfluë, & de ce demiton, s'ils ont suiui les nombres auec lesquels ils expliquent ledit systeme.

Or la relation interne est fort mauuaise, car elle est de 208 à 25 en ses moindres termes radicaux, qui sont vn peu plus que la Vingt-troisiesme majeure superfluë.

PROPOSITION XIV.

Determiner s'il est permis de passer de la Quinte à l'Vnisson par la 7 & 8 maniere de la premiere table.

La relation interne qui est enfermée dans le 7 passage de la premiere table, dans lequel on passe de la Quinte à l'Vnisson par la Quarte & par le ton majeur, est de la Douziesme, par consequent ce passage deuroit estre tres-agreable s'il n'y auoit point d'autre chose qui l'empeschast : mas la Quinte & l'Vnisson n'apportent quasi point de varieté à la Musique, à laquelle elles donnent seulement ce que nous appellons agreable : & puis quand la relation interne est de mesme espece que la raison de la Consonance que l'on quitte pour passer à vne autre, le passage n'est pas bon, tant parce que cette suite de deux Consonances de mesme espece empesche la varieté, que parce que la suite de la Douziesme apres la Quinte fait la Seiziesme majeure, qui ne peut facilement estre chantée, & qui deplaist à l'oreille.

Or cét accident est tres-remarquable, car nous en pouuons tirer vne regle & raison generale, à sçauoir que le passage est toujours mauuais, ou moins bon, quand la relation interne fait quelque Consonance semblable à celle d'où l'on passe, parce que l'auditeur est priué du contentement principal qu'il attend de la Musique, lequel est fondé dans la diuersité des accords; comme nous auons déja remarqué pour le 2 passage de la 1 table dans la 7. prop. où nous auons dit que ce passage de la Tierce majeure à l'Vnisson n'est pas si bon que celuy de la Tierce mineure au mesme Vnisson, à cause que la relation interne est de mesme espece que la Tierce majeure d'où l'on passe. La mesme chose arriue au passage dont on vse pour aller des Dixiesmes à l'Octaue; car les repliques gardent les mesmes loix entr'elles que les simples Consonances.

Mais quand la relation interne est semblable à la Consonance à laquelle on passe, le passage est bon; comme nous verrons au passage de la Tierce majeure à l'Octaue, lequel est bon, car la relation interne est de la Quinziesme; ce qui rend le passage meilleur que si la relation estoit de l'Octaue, parce que la Quinziesme apporte vn peu dauantage de varieté que l'Octaue.

La raison de cecy se prend de ce que la relation interne des 2 mouuemens, ou plutost la relation qui est entre les differences desdits mouuemens, se mesle & se confond mieux auec la Consonance à laquelle on passe, qu'auec celle qui precede, dautant qu'elle se termine à celle-là, & laisse celle-cy; de sorte qu'elle considere la precedente comme vn terme different qu'elle laisse, & qu'elle considere & embrasse la suiuante à laquelle elle s'attache & s'vnit, comme à celle qu'elle recherche, & dans laquelle elle veut se reposer : ce qui fait que l'on ne sent pas la relation des deux Quintes, ou des deux Tierces, comme deuant.

Voyons maintenãt le 8 passage de cette table, dans lequel on passe de la mesme Quinte à l'Vnisson, mais par la Tierce majeure & par la mineure ; ce qui fait que la relation interne est de la Tierce majeure; par consequent le passage doit estre bon, n'y ayant rien qui puisse empescher sa bonté, si ce n'est que l'Vnisson qui suit la Quinte n'a pas assez de varieté, & que la relation interne jointe à la Tierce majeure que fait l'vne des parties, fait vne Dissonance : ou que l'autre partie qui fait la Tierce mineure estant jointe auec ladite relation interne, ou auec la Tierce precedente, fait la Quinte qui est la mesme Consonance d'où l'on passe.

Or l'examen que i'ay fait des huit passages de la premiere table, qui seruent pour passer à l'Vnisson, & les regles generales que i'ay expliquees deuant les tables, suffisent pour trouuer les raisons, pour lesquelles le passage d'vne Consonance à l'autre est bon ou mauuais; c'est pourquoy ie me contenteray d'ajoûter icy la table de tous les passages qui sont approuuez auec les notes ordinaires de la Musique, quand ils se font par mouuemens contraires, ou par autre sorte de mouuement; apres laquelle i'examineray quelques-vns des passages qui se font par mouuemens semblables, afin que l'on ait toutes les manieres dont il faut vser pour trouuer toutes les raisons de chaque passage proposé; & que les Praticiens ne fassent & n'obmettent rien dans leurs compositions sans en connoistre la raison.

Mais auant que d'apporter les exemples ordinaires de la pratique de tous les Musiciens de l'Europe, il faut remarquer que les cinq lignes & les notes & characteres ordinaires ne peuuent pas seruir pour marquer plusieurs passages des tables precedentes, comme sont tous ceux où l'on se sert de la diese, du ton superflu, & des autres interualles qui ne sont pas vsitez dans la Diatonique, & qui ne se rencontrent que dans les degrez Enharmoniques, ou dans les especes du genre Diatonic, dont l'vsage n'est nullement connu & pratiqué.

I'apporteray aussi quelques nouuelles raisons de certains passages qui ne sont pas bons

De la Composition. 243

pas bons par mouuemens contraires, lesquelles seruiront de nouueaux fondemens pour toutes les raisons qui se peuuent dôner de la douceur, ou de la rudesse de plusieurs passages, afin que ceux qui ne voudront pas examiner les relations internes, dont i'ay parlé iusques icy, soit qu'ils croyent trop difficiles à trouuer, ou qu'ils estiment que la vraye raison des passages ne peut pas estre tiree desdites relations, se seruent des autres manieres de raisonner, qui leur sembleront peut estre plus naturelles, plus vrayes, & plus faciles.

PROPOSITION XV.

De deux manieres qui seruent pour passer à l'Vnisson de la Tierce mineure par mouuem. semblables disioints, dont l'vn se fait par le moyen de la Basse, qui fait la Quinte de haut en bas, & du Dessus qui fait la Tierce maieure : & l'autre se fait par le moyen de la Basse qui fait la Tierce du graue à l'aigu, & du Dessus qui fait la Quinte ; determiner pourquoy le second vaut mieux que le premier.

Il faut icy mettre ces deux passages auec leurs propres notes, afin qu'on les considere plus aisément : le premier passage est le pire, & le 2 est le meilleur. Mais il n'est pas facile d'en rendre la raison, dautant qu'il n'y a, ce semble, autre difference entre ces deux passages, si ce n'est que les parties du premier descendent, & celles du second montent. Ie dis donc premierement que lors que l'on va de l'Vnisson à la Tierce mineure, ce n'est pas pour finir, mais pour resueiller l'attention, & pour suspendre l'oreille au milieu du chant, à quoy la varieté est principalement requise ; or cette varieté se remarque en diuerses choses, premierement lors que les parties vont par mouuemens contraires, ce qui n'est pas icy : en apres, lors qu'elles montent ou descendent par mouuemens inegaux, ce qui paroist au second exemple, où le Dessus qui a coustume d'aller par degrez conjoints, fait l'interualle de la Quinte : & la Basse qui a coustume d'aller par de plus grands interualles, monte seulement d'vne Tierce. Mais au premier, il semble que les deux parties descendent également, car l'interuale de la Quinte, que fait la Basse, n'est guere dauantage à son égard que celuy de la Tierce est au Dessus ; & consequemment il n'y a pas grande varieté dans le 1 passage, ce qui le rend triste & mal plaisant. A quoy il faut ajoûter que les interualles égaux des parties qui montent réueillent plus l'attention que lors qu'elles descendent ; or elles montent au 2 passage, & descendent au premier.

2. La Tierce mineure est plus proche de son propre lieu au second passage qu'au premier ; car elle desire tousiours le lieu le plus haut, c'est à dire le plus aigu, comme i'ay demonstré ailleurs.

3. La relation de la Quinte se trouue diuisee Arithmetiquement au 2 passage, & Harmoniquement au premier, dans lequel il semble que le *re* de la Basse suppose vne note plus basse d'vne Tierce majeure, car la Tierce majeure veut tousiours tenir le bas en la diuision de la Quinte, comme fait la Quinte en celle de l'Octaue, à raison que la diuision en est plus facile à comprendre : or i'ay demonstré dans le liure des Consonances que la diuision Arithmetique est plus naturelle & plus agreable que l'Harmonique.

X

COROLLAIRE.

Il suffit d'auoir monstré dans les passages precedens la maniere de trouuer les raisons pourquoy l'vn est bon, & l'autre mauuais; d'où l'on peut conclure de combien l'vn est pire, ou meilleur que l'autre; car il faudroit plus d'vn volume pour examiner tous les passages: c'est pourquoy ie viens aux regles de la Composition, que l'on a trouuees par vne longue experience, & que l'on peut nommer les Phenomees, ou apparences de l'ouye, & de l'esprit operant dans l'ouye: où l'on verra encore d'autres raisons generales & particulieres pour les passages d'vne Consonance à l'autre: mais il faut premierement considerer les elemens, ou principes de la Pratique, dont i'explique les characteres dans la proposition qui suit, & dans les autres, apres auoir expliqué la tablature vniuerselle dont tous peuuent vser pour les voix, & pour les Instrumens.

PROPOSITION XVI.

Pourquoy plusieurs passages d'vne Consonance à l'autre ne sont pas bons, encore qu'ils n'ayent point de mauuaises relations internes, & pourquoy il n'est pas permis de passer de Tierce maieure à l'Vnisson, comme il est permis de passer de l'Vnisson à la Tierce majeure.

Il est certain que toutes les raisons pour lesquelles il n'est pas bon de passer d'vne Consonance à l'autre, ne se doiuent pas seulement prendre des fausses relations qui se trouuent entre les notes, ou les sons, qui font les deux parties, car il y a beaucoup de passages qui ne vallent rien, encore que l'on n'y trouue point de fausse relation, comme il arriue au 1 passage que l'on fait de la Douziesme à l'Octaue par mouuemens contraires & disioints: où il n'y a point d'autre

relation que celle de la 10°, & de la 10, qui se trouuent de la premiere note de la Basse auec la derniere du Dessus, & de la 2 auec la 1. Il faut donc tirer la raison de l'autre rapport interne, dont nous auons parlé, lequel se rencontre icy de la 12, car la Basse monte d'vne partie, & le Dessus descend de 3; par consequent l'on entend comme deux 5, ou deux 12 de suite, qui font conceuoir la relation de la Neufiesme, & empeschent la varieté necessaire à l'Harmonie. Et l'on trouuera toujours le passage mauuais, quand la relation interne sera quelque Consonance semblable à celle d'où l'on part pour passer à l'autre, parce qu'elle priue l'auditeur du principal plaisir qu'il attend de la Musique, à sçauoir de celuy qui est fondé dans la varieté des accords.

Mais quand la relation est semblable à celle de la Consonance à laquelle on passe, elle est bonne, comme l'on void en la relation de la 3 à l'8, qui est de la 15: laquelle est plus agreable que si elle estoit de la mesme 8, à cause qu'elle a plus de diuersité, dont la raison est parce que la relation du mouuement s'identifie mieux auec la Consonance qui suit qu'auec celle qui precede, d'autāt qu'elle se termine à celle-là, & laisse celle-cy, de sorte qu'elle considere la precedente comme vn terme different qu'elle fuit; mais elle embrasse la suiuante & s'vnist auec elle comme auec celle qu'elle recherche.

De là vient qu'il est bon de passer de l'vnisson à la 3, encore qu'on y trouue la relation

De la Composition.

relation de la mesme Tierce, qu'on laisse pour passer à l'Vnisson, mais on ne la sent pas pour lors, ou du moins elle ne blesse pas l'oreille.

L'autre raison pour laquelle le passage de la Tierce mineure à l'Vnisson n'est pas si agreable que celuy de l'Vnisson à la Tierce majeure, se prend de ce qu'il n'importe de quel degré ou interualle, & de quelle Consonance l'on vse apres l'Vnisson, d'autant qu'on le quitte pour trouuer de la varieté, au lieu que l'on cherche de l'identité, lors que l'on quitte la Tierce pour aller à l'Vnisson, c'est pourquoy il est plus agreable d'y aller du demiton mineur qui en est plus proche, afin que cette cheute imite les autres mouuemens artificiels, & violens, qui sont grands au commencement, & qui arriuent à leur repos par de tres-petits interualles.

PROPOSITION XVII.

Expliquer la Tablature vniuerselle des raisons Harmoniques, dont on peut composer, noter, & escrire toutes sortes d'Airs, de Motets, & d'autres Compositions de Musique à deux, trois, quatre, cinq, &c. voix, ou parties.

Cette maniere de Composer, que i'explique icy, peut seruir aux sçauans Theoriciens, qui voudront conferer ensemble, & qui s'enuoiront mutuellement leurs Compositions, ou qui les voudront faire imprimer sans vser des notes de la Pratique, qui ne se rencontrent point chez les Imprimeurs ordinaires. Or elle est tres-aisée à comprendre à ceux qui entendent les liures des Consonances, des Dissonances & des Genres, car les raisons qui sont entre les nombres signifient les degrez, ou les interualles du systeme Diatonic. Mais parce que plusieurs Musiciens ne peuuent s'astreindre à ces raisons, i'expliqueray la mesme Composition en plusieurs façons, afin qu'ils choisissent celle qui leur plaira dauantage.

Le systeme qui suit a 19 notes, chordes, ou voix dans chaque Octaue, & n'est autre chose que la pratique de ceux qui composent des Airs, & des Motets, comme l'on verra en reduisant les Airs de Monsieur Boësset, Moulinié, & des autres, qui mettent souuent 3, ou 4 demitons de suite dans leurs compositions, dont les vns sont maieurs & mineurs, & les autres moyens, & maximes, lesquels i'ay expliqué dans le liure des Dissonances.

Cette table contient 4 Octaues; c'est à dire la Vingtseptiesme, afin que l'on puisse composer par nombres tout ce que les voix peuuent chanter, car elles n'ont pas plus d'estenduë que le Clauier des Epinettes, & des Orgues : & les Compositions à 4, à 5, ou à vn plus grand nombre de parties n'ont pas coustume de s'estendre d'auantage que 4 Octaues depuis leurs sons plus graues iusques aux plus aigus.

Or la premiere colomne commence & va de bas en haut; & la seconde, la 3 & la 4 vont de haut en bas, au lieu qu'elles deuroient estre continuees dans vne mesme ligne, si le papier le permettoit : delà vient que les lettres de la premiere Octaue ne sont pas vis à vis des mesmes lettres de la 2, comme celles de la 2 sont vis à vis des mesmes lettres de la 3, & de la 4.

Où il faut premierement remarquer que i'ay mis *fa* vis à vis des feintes qui suiuent les lettres Diatoniques, afin d'expliquer l'vsage que l'on a dans toute l'Europe des *fa* feints dessus & dessous chaque lettre, ou note d'Aretin, de sorte que l'on met aussi bien vn *fa* en *D re sol*, & en *E la mi*, comme en *B fa* ♯ *mi*

X ij

246   Liure Quatriesme

Tablature Harmonique de la Musique Theorique.

	Premiere Octaue.		II. Octaue.		III. Octaue.		IV. Octaue.	
19	C sol vt	14400 demit. maj.	C vt	14400 demit. min.	C vt	7200	C vt	3600
18	♯ mi	15360 demit. min.	♯c fa	13824 diese	♯c	6912	♯c	3456
17	.B fa	16000 comma	♯d	13500 demit. min.	♯d	6750	♯d	3375
16	B fa	16200 demit. maj.	D re	12960 comma	D re	6480	D re	3240
15	A bi	17280 demit. min.	.D re	12800 demit. min.	.D re	6400	.D re	3200
14	♯a fa	18000 diese	♯d fa	12288 diese	♯d	6144	♯d	3272
13	♯g	18432 demit. min.	♯e	12000 demit. min.	♯e	6000	♯e	3000
12	G sol	19200 demit. maj.	E mi	11520 demit. maj.	E mi	5760	E mi	2880
11	♯g fa	20480 comma	F fa	10800 demit. min.	F fa	5400	F fa	2700
10	♯f	20536 demit. min.	♯f fa	10268 comma	♯f	5134	♯f	2592
9	F fa	21600 demit. maj.	♯g	10240 demit. maj.	♯g	5120	.♯g	2560
8	E mi	23040 demit. min.	G sol	9600 demit. min.	G sol	4800	G sol	2400
7	♯e fa	24000 diese	♯g fa	9216 diese	♯g	4608	♯g	2304
6	♯d	24576 demit. min.	♯a	9000 demit. min.	♯a	4500	♯a	2250
5	.D re	256000 comma	A la	8640 demit. maj.	A la	4320	A la	2160
4	D re	25900 demit. min.	B fa	8100 comma	B fa	4050	B bi	2025
3	♯d	27000 diese	.B fa	8000 demit. min.	.B fa	4000	.B bi	2000
2	♯C fa	27648 demit. min.	♯mi	7680 demit. maj.	♯mi	3840	♯fi	1920
1	C vt	28800	C fa	7200	C fa	3600	C vt	1800

Secondement ie n'ay mis que les seules lettres aux secondes feintes, par exemple au ♯*d* qui suit C *vt*, quoy qu'on la puisse appeller le second *fa* feint, ou la seconde feinte de la lettre qui precede, laquelle est eloignee de la premiere d'vne diese : car quant aux feintes qui ne sont eloignees que d'vn comma, comme il
arriue

De la Composition. 247

arriue aux deux qui sont entre *F fa* & *G resol*, elles ne doiuent estre contees que pour vne simple feinte, parce que l'on touche l'vne ou l'autre indifferemment, suiuant la consonance qui doit estre iuste contre l'vne des deux : ce qu'il faut semblablement entendre des deux lettres Diatoniques semblables, par exemple des deux *D re*, comme i'ay déja remarqué en d'autres lieux. Troisiesmement i'ay suiui la nouuelle methode de chanter dans la 4 Octaue, en mettant *bi* & *fi* vis à vis de B & de ♯, afin que toutes les syllabes de l'Octaue soient differentes, comme les sons, & que l'on euite les muances.

En quatriesme lieu, ie n'ay pas repeté les demitons & les autres interualles entre les nombres de la 3 & 4 Octaue, parce que ceux de la seconde leurs seruent.

En cinquiesme lieu, i'ay marqué chaque premiere feinte d'vne simple diese, & la seconde d'vne double, afin de signifier que la seconde est eloignee d'vn demiton majeur de la lettre Diatonique, & la premiere d'vn demiton mineur, entre lesquels la diese Enharmonique se rencontre toujours, parce qu'elle en est la difference. Quant aux dieses, ou autres lettres qui ne sont eloignees que d'vn comma, i'ay marqué la seconde auec vn point deuant sa lettre.

En sixiesme lieu, i'ay commencé la 1 Octaue par les plus grands nombres, afin de m'accommoder à l'opinion vulgaire qui les met pour signifier les sons plus graues, qui sont produits par les plus longues, ou les plus grosses chordes, & par les plus grands Instrumens : ce qui n'empesche pas qu'on ne puisse marquer cette Octaue par les moindres nombres, suiuant nostre methode, dans laquelle ils signifient que les sons graues sont produits par vn moindre nombre de battemens d'air.

Cecy estant posé, il est tres-facile de composer, & d'escrire toutes sortes de Compositions par le moyen de ces nombres, comme ie fais voir par l'exemple qui suit à 4 parties, lequel nous seruira premierement pour entendre la maniere Harmonique d'escrire, & puis comme il faut composer.

Or ie veux me seruir d'vn exemple à 4 d'Eustache du Caurroy, qui a pour sa lettre *Misericordias Domini*, &c. parce qu'il est tres-simple, & en maniere de Faux-bourdon : où il faut remarquer que les nombres de dessus les notes signifient les Consonances qu'elles font auec la Basse ; par exemple le premier nombre 10, qui est sur la premiere note du Dessus, signifie qu'elle fait la Dixiesme mineure contre la premiere note de la Basse, & le 2 nombre 12 monstre que la seconde note fait la Douziesme ; de sorte que ces nombres peuuent seruir de tablature, ou de notes pour chanter : quoy qu'ils ayent vne difficulté qui ne peut estre surmontee, à sçauoir qu'ils n'enseignent pas le mouuement que fait chaque partie pour passer d'vne Consonance à l'autre, comme font les nombres de la table precedente : par exemple, 12 n'enseigne pas l'interualle que fait la Basse, ou le Dessus, en laissant la Dixiesme mineure, mais seulement que ces deux notes font la Douziesme : quoy qu'ils soient vtiles pour marquer les Consonances de chaque note, afin que ceux qui ne sçauent pas partir, ayent le plaisir de faire reflexion sur les Consonances qu'ils entendent, en considerant lesdits nombres, auec lesquels ie marque les Consonances, que font les trois parties de cet exemple auec la Basse ;

X iij

Mi se ri cor di as Do mi ni in æ ter num cantabo.

de sorte que l'on peut chanter ces quatre parties en voyant ces trois rangs de nombres, dont le premier signifie le Dessus, le 2 la Hautecontre, & le 3 la Taille: car quant à la Basse, elle n'a point de nombres, dautant que les precedens monstrent quelles sont ses notes, puis qu'ils monstrent les Consonances que fait chaque partie auec elle; par exemple le premier nombre de la Taille 5, enseigne qu'elle fait la Quinte auec la Basse: le premier de la Hautecontre 8, qu'elle fait l'Octaue, & le premier du Dessus, qu'il fait la Dixiesme mineure auec la partie la plus graue, c'est à dire auec ladite Basse.

Dessus	10', 12, 10', 12, 15, 12, 17', 15, 10, 17, 12, 15, 12, 8, 10, 15.
Haute-contre	8, 10', 6', 5, 10', 10, 13', 12, 8, 12, 8, 10, 5, 5, 8, 15.
Taille	5, 8, 3', 3, 5, 8, 10', 10, 5, 8, 3, 5, 3', 3', 5, 8.

Mise ri cor di as Do mi ni in æ ter nū can ta bo.

Cecy estant posé, i'escris les mesmes parties par les nombres Harmoniques de la table precedente, en commençant la premiere note du Dessus par le premier b fa de la 3 Octaue, & consequemment par le nombre 4050, qui fait la Dixiesme mineure auec le G sol de la 2 Octaue, dans lequel se rencontre la premiere note de la Basse, dont la derniere note descend iusques au G sol de la premiere Octaue ; & parce que la note la plus aiguë du Dessus est dans le premier D re de la 4 Octaue, la composition par nombres sera comprise par la Dixseptiesme maieure, qui est du G sol de la premiere Octaue au D re de la 4.

Il ne seroit pas besoin de marquer les noms du Dessus, Hautecontre, &c. si l'on ne vouloit, parce que les plus grands nombres monstrent assez qu'ils signifient les plus basses notes.

De la Composition.

Dessus.
4050. 4320. 4800. 3600. 3240. 4800. 3600. 4050. 4320. 3240. 3600. 3600. 3240. 4800 3375. 3240

Hautecontre.
4800. 5400. 7200. 7200. 5400. 5760. 5400. 5400. 5400. 5400. 5400. 6000. 6480. 6480. 6480. 6480

Taille.
6480. 6480. 6600. 8640. 8640. 7200. 7200. 6480. 7200. 8100. 8640. 9000. 8100. 8100. 8640. 9600

Basse.
9600. 12800. 11520. 10800. 12800. 1440. 17280. 16200. 10800. 16200. 10800. 14400. 9600. 9600. 12800. 19200
Mi se ri cor di as Do mi ni in æ ter num can ta bo.

Cette Methode n'a pas besoin de Clefs, parce qu'elle est indifferente à toutes sortes de notes, dont elle n'en monstre pas les temps, mais seulement les internalles : quoy qu'il soit assez aisé d'ajouter de petites lignes sur les nombres, pour signifier la valeur des mesures ; si ce n'est que l'on se contente de la longueur des syllabes qui se chantent, pour regler les mesures : ce qui pourroit suppleer la grande diuersité des notes dont on vse, & quant & quant reduire l'Harmonie à son ancienne simplicité.

I'ay donné d'autres methodes dans la 18 propos. du 7 liure latin des Chants; dont la plus excellente de toutes merite d'estre icy expliquee, parce qu'elle monstre la nature du son ; à laquelle se rapporte la tablature des sourds, que i'ay mis dans la 7 proposition du 3 liure des Instrumens à chordes ; & la tablature des retours, & mouuemens des chordes, ou des tremblemens de l'air, dont i'ay traité dans 17 proposition.

Or cette maniere suppose que l'on connoisse à quel ton l'vne des parties commence à chanter, ou le ton de quelqu'vn de ses sons, c'est à dire combien il est graue, ou aigu, & consequemment par combien de tremblemens d'air il est produit : ce qui sera tres-aisé à comprendre par l'exemple precedent, dont vne seule note, telle que l'on voudra, estant connuë, il faut proceder en cette façon. Ie suppose donc que la premiere note de la Basse *sol* en *G re sol*, ou la derniere plus basse d'vne Octaue soit donnee, & que le son de cette derniere note valant vne mesure d'vne seconde minute d'heure, c'est à dire durant la 3600 partie d'vne heure, se fasse par 72 tremblemens d'air, il est certain que la premiere note durant aussi vne mesure se fera par 144 tremblemens d'air : & que toutes les notes des 4 parties se feront toujours par vn nombre de tremblemens dautant moindre ou plus grand qu'elles sont plus graues, ou plus aigues : d'où s'ensuit que la Basse precedente se doit escrire, ou noter par les 16 nombres qui suiuent, dont chacun exprime les tremblemens d'air, qui font chaque note ; mais afin que la tablature precedente puisse seruir à celle-cy, & qu'elles s'expliquent mutuellement, ie suppose que le tremblement de l'air soit cent fois plus viste qu'il n'est, & que la premiere note se face par 14400 tremblemens au lieu de 144, ou que la note dure cent secondes minutes d'heure : ce qui reuient à mesme chose.

Ie dis que les 16 notes de la Basse s'expriment par les 16 nombres qui suiuent,

14400.	19200.	17280.	16200.	19200.	21600.	25600.	24000.
MI	SE	RI	COR	DI	AS	DO	MI-
16200.	24000.	16200.	21600.	14400.	14400.	19200.	28800.
NI	IN	Æ	TER	NVM	CAN	TA	BO.

& que le premier, par exemple, signifiera que l'air tremble 144 fois dans le temps d'vne mesure en chantât la premiere syllable de la diction *Misericordias*, & consequemmêt qu'il tremble cent fois dauantage en cêt mesures. Si l'on ne veut prendre que 10 mesures, il faut oster vn 0; & si l'on veut seulement le nombre de la mesure d'vne seconde, 144 seruira : de sorte que chacun chantera toutes sortes de pieces de Musique au mesme ton que les Compositeurs desirent qu'elles se chantent, comme i'ay demonstré plus amplement dans le troisiesme liure des Instrumens à chordes. Nous expliquerons encore d'autres sortes de tablatures dans la proposition qui suit.

PROPOSITION XVIII.

Expliquer deux autres sortes de tablature qui peuuent seruir pour entendre la Theorie en chantant.

Si l'on se contente de sçauoir toutes les raisons des Consonances, & de leurs diuisions, sans auoir égard aux mouuemens qui s'obseruent en passant des vnes aux autres, il est aisé de marquer toutes sortes de Compositions, comme ie monstre par l'exemple precedent qu'il faut escrire, & noter par les nombres Harmoniques qui suiuent, dans lesquels il faut considerer l'artifice de la Com-

Dessus	24.	15.	12.	12.	40.	6.	24.	8.	5. 5.	12.	30.	30.	20.	5.	4.
Hautecontre	20.	12.	8.	6.	24.	5.	16.	6.	4.3.8.	24.	15.	15.	4.	4.	
Taille	15.	10.	6.	5.	15.	4.	12.	5.	3.2.5.	15.	12.	12.	3.	2.	
Basse	10.	5.	5.	4.	10.	2.	5.	2.	2.1.4.	10.	10.	10.	2.	1.	
	Mi	se	ri	cor	di	as	Do	mi	ni in æ	ter	num	can	ta	bo.	

position, car chaque syllabe du verset *Misericordias* a vne diuision particuliere dans ses 3 Consonances, qui sont toutes disposees d'vn ordre different ; d'où il est aisé de conclure de l'excellence du Musicien, qui a composé ce Faux-bourdon, lequel estoit si sçauant dans le Contrepoint qu'il n'ignoroit ce semble nulle varieté. L'on sçaura donc en voyant cette sorte de Composition en quelle maniere la Consonance qui se fait de la Basse auec le Dessus est diuisee, par exemple que la Dixiesme mineure de la premiere syllabe, ou mesure est diuisee par la Quinte, par la Quarte & par la Tierce mineure ; que la Douziesme de la 2 syllabe est diuisee par l'Octaue, par la Tierce mineure, & par la majeure, & ainsi des autres. Mais il est si aisé de trouuer toutes ces diuisions, si l'on entend le liure des Consonances, qu'il n'est pas besoin de demeurer dauantage sur ce sujet.

Or il faut remarquer que cette methode n'enseigne pas les mouuemens, ou les transitions de chaque partie ; par exemple, l'on ne peut sçauoir si la premiere note de la Basse tient ferme, ou si elle change de lieu pour faire la Quinte auec la 2 note de la Taille, parce que la Taille peut tellement se mouuoir depuis sa premiere note iusques à la seconde, qu'elle fera la Quinte contre la Basse, comme il arriueroit si elle montoit par l'interualle de la Quarte, la Basse tenant ferme sur sa premiere note, au lieu que la Basse descend de la Quarte, tandis que la Taille tient ferme : ce qu'il est aisé d'appliquer aux autres notes de chaque partie.

De la Composition. 251

L'autre sorte de tablature est pratiquee par vn excellent Maistre de Musique, qui marque sur chaque syllabe la raison radicale de chaque interualle, que fait chaque note contre la derniere note de la Basse : par exemple la derniere note du Faux-bourdon precedent fait la Dixneufiesme en bas auec la plus haute du Dessus, c'est pourquoy il marque cette note du Dessus en cette façon, $\frac{6}{1}$, parce que la raison de cette Consonance est de 6 à 1. de sorte qu'il faut seulement faire vne table de toutes les notes qui se rencontrent dans la Dixneufiesme, pour vser de cette tablature sans difficulté.

Cette methode enseigne les mouuemens de toutes les notes de chaque partie : ce qui arriuera semblablement, si l'on suppose la note la plus aiguë de la Basse, & du Dessus, ou telle autre note de chaque partie que l'on voudra : ce qui est si aisé à comprendre qu'il suffit d'expliquer nostre *Misericordias* par les nombres qui suiuent, & qui monstrent combien il y a de notes repetees en chaque

Dessus	24. 9. 4. 16. 6. 4. 16. 24. 9. 6. 16.16. 6. 4. 15. 4. 5. 2. 1. 3. 1. 1. 3. 5. 2. 1. 3. 3. 1. 1. 4. 4.
Hautecontre	4. 15. 8. 8. 15. 10. 15. 15. 15. 15.15.16. 4. 4.4.4. 1. 4. 3. 3. 4. 3. 4. 4. 4. 4.4. 4. 5. 1. 1. 1. 1.
Taille	3. 3. 2. 9. 9. 8. 8. 3. 8. 12. 9. 2. 12.12. 9. 2. 1. 1. 1. 4. 4. 3. 3. 1. 3. 5. 4. 1. 5. 5. 4. 1.
Basse	2. 3. 5. 9. 3. 4. 9. 6. 9. 6. 9. 4. 2. 2. 3. 1. 1. 2. 3. 5. 2. 3. 8. 5. 5. 5. 5. 3. 1. 1. 2. 1.

Mi se ri cor di as Do mi ni in æ ter nũ can ta bo.

partie, car les mesmes raisons signifient les mesmes notes, qui ne monstrent autre chose qu'vne relation à la derniere note de la Basse; de là vient que plusieurs de ces raisons marquent les Dissonances, par exemple la seconde raison du Dessus, qui est de 9 à 2, signifie la Seziesme maieure, que fait la seconde note du Dessus auec la derniere de la Basse; ce qui est tres-aisé à entendre.

Or i'ay mis les plus grands nombres sur les moindres, afin de signifier le nombre des battemens de l'air qui font le son de chaque note; & si l'on veut representer la longueur des chordes, il faut mettre les plus grands nombres dessous. Si la valeur des notes estoit differente, il faudroit la marquer auec les notes de la Musique, ou autrement, auec les signes de mesure binaire, ternaire, &c. quant aux clefs, elles ne sont pas necessaires, parce que les nombres Harmoniques monstrent tous les interualles dont il faut vser.

PROPOSITION XIX.

Expliquer l'inuention des Charactères, des notes, des lettres & des syllabes dont on vse pour chanter le Plain-chant, & la Musique; & monstrer comme les Iuifs, les Arabes, les Grecs, & toutes les autres nations peuuent se conformer à nostre maniere de chanter, & d'escrire toutes sortes de chants.

Il est certain que les Grecs se seruoient de leurs lettres tant sim les ue redoublees, & droites ou renuersées pour marquer les sons de leurs Tetrachordes, comme l'on void dans le petit Bacchius que i'ay donné en nostre langue dans le 1 liure de l'Harmonie Vniuerselle, & en Grec dans la Question de la Musique que i'ay mis dans le Commentaire sur le 4 chapitre de la Genese, où i'ay mis les propres notes, ou characteres des Grecs, c'est pourquoy ie ne les remets pas icy, ioint qu'on en peut voir l'explication par tous les Modes dans Alipius, & que i'ay fait grauer ceux de Porphyre à la teste de la figure de la Harpe en taille douce, qui se void dans le 3 liure des Instrumens à chordes : & puis on trouue aisement la Musique de Boëce, qui a mis les mesmes characteres dans le 3 chapitre de son premier liure où il les explique.

Quant aux characteres des Hebrieux, ou des Iuifs, nous n'auons nulle connoissance de ceux dont les Leuites se seruoient dans le Temple : & bien que les Grammaires, & quelques autres liures Hebraïques parlent de leurs accents de Musique, neantmoins l'on en a si peu de connoissance, qu'il vaut mieux leur conseiller d'vser des 8 ou 15 premieres lettres de leur Alphabet, comme nous faisons, pour chanter tout ce qu'ils voudront, que de s'amuser à leurs accents, dont s'ils veulent encore vser, ie leur en monstre icy la maniere, à laquelle i'en ioints vne autre pour les Grecs ; car quant aux Arabes, aux Persans, &c. ils se peuuent regler sur l'Hebrieu, d'où leurs idiomes semblent auoir pris leur naissance. Mais auant que de proposer vne table vniuerselle pour ce suiet, il faut remarquer que l'on a seulement commencé d'vser de nos syllabes VT, RE, MI, FA, &c. depuis l'an 1024, que Guy Aretin les trouua à Pompose, dans le Duché de Ferrare, comme disent quelques-vns, souz le Pape Iean XX, lequel ayant veu vn Graduël noté de sa main, & l'ayant ouy entonner lesdites syllabes VT, RE, MI, &c. il l'embrassa, & en feist si grand estat, qu'il commanda aussi tost de mettre cette maniere de chanter en vsage, par laquelle on peut apprendre à chanter en autant de iours, comme l'on y employoit d'annees auant cette inuention : dont i'ay déja parlé assez amplement dans la premiere proposition des Genres de Musique, où i'ay mis tout ce qui appartient à la *Gamme* dans trois tables differentes, qui monstrent si clairement le rapport de nostre Musique à celle des Grecs, qu'il ne faut que l'œil pour le comprendre.

C'est pourquoy i'aioûte seulement icy que Guy a retenu les sept lettres dont on vse depuis sainct Gregoire le grand pour chanter, & pour marquer le Plainchant, à sçauoir A, B, C, D, E, F, G, apres lesquelles on repetoit l'A pour acheuer l'Octaue auec le premier A ; sous lequel Guy ajoûta le Γ gamma des Grecs, afin de temoigner qu'ils estoient les premiers Auteurs de la Musique, & de faire que la plus basse ou plus grosse voix descendist à l'Octaue de la 7 lettre de nostre Alphabet, c'est à dire de G.

Quant aux caracteres qui seruent à chanter, ils n'estoient point differens de ces lettres, de sorte qu'ils nottoient leurs chants par les caracteres qui sont sous les douze notes qui suiuent, & que l'on chante maintenant par VT, RE, MI, &c. comme l'on void, dont i'ay expliqué les nombres dans la troisiesme proposition du liure des Genres de Musique ; de sorte qu'il est tres-aisé de remettre leur methode en vsage, & de ramener la Musique de ces siecles là en sa simplicité.

Chant

De la Composition. 253

Chant de douze notes.

C	D	E	E	F	F	G	G	A	B	B	C
Quæ	ri	te	Do	mi	num,	&	con	fir	ma	mi	ni.

Mais on tient qu'il inuenta les points auec les quatre regles qui suiuent, en vsant toujours des trois lettres C, F, G pour les principales Clefs: de sorte qu'il eust noté le chant precedent en cette maniere, qui a donné le nom au Contre-

point, parce que les premiers Compositeurs qui ont fait quelque espece de Faux-bourdon, ont mis d'autres points contre les precedens: par exemple le premier point fait la Tierce majeure contre le 3, &c. ausquels les notes & les lettres, ou les nombres, dont on vse pour la Tablature des Instrumens, ont succedé.

Cecy estant posé, les Iuifs & les Grecs pourront vser des premieres lettres de leurs Alphabets en cette façon, vis à vis desquelles ie mets les premieres lettres Hebraïques, Rabinesques, Syriaques, Samaritaines, Arabes, Greques, Armeniennes, & les nostres auec les notes de nostre Pratique, afin que tout le monde puisse vser de nostre Musique.

Tablature vniuerselle par les lettres des Alphabets.

	Armen.	Greq.	Arabes.	Samar.	Syriaq.	Rabin.	Hebr.		
1	ш	α				ҕ	א	Re mi fa re mi fa sol la	A re
2		β							♯ mi
3		γ							C fa vt
4		δ							D sol re
5		ε							E mi la
6		ζ							F fa
7		η							G sol
8		θ							A mi la re
9		ι						Mi fa re mi fa sol la	♯ mi
10		κ							C fa
11		λ							D sol re
12		μ							E mi la
13		ν							F vt fa
14		ξ							G sol
15		ο							A mi la re

Quant à nos characteres dont on vse maintenant, Vincentin dit au 4 chap. de son premier liure que Iean des Murs les inuenta 329 ans apres que l'VT, RE, MI, &c. d'Aretin eut esté mis en vsage: à quoy il ajoûte qu'il y a 250 ans qu'ils furent inuentez, or il escriuoit cecy en l'an 1555, de sorte qu'il y auroit cette annee 1636, où nous sommes maintenant, 660 ans, que les syllabes *vt*, *re*, &c. sont en vsage, & neanmoins il asseure que cet vsage ne commença qu'en l'annee 1024; ce qui ne peut s'accorder, autrement nous serions en l'an 1684, c'est à dire plus auancez de 50 ans que nous ne sommes, & il auroit escrit son liure en l'an 1598 qu'il fit imprimer en l'an 1555 à Rome.

I'ay leu les liures manuscrits de Iean des Murs, qui sont dans la Bibliotheque du Roy, mais ie n'ay point remarqué qu'il ait inuenté nos characteres: quoy qu'il en soit, il faut expliquer leurs figures, & leur valeur, afin qu'ils seruent d'elemens à la pratique de la Composition dont nous parlons.

COROLLAIRE.

Puis que Guy Benedictin a inuenté ces syllabes, dont on vse, ie veux remarquer ce qu'il dit de soy-mesme dãs la Lettre qu'il escrit à Frere Michel Religieux du mesme Ordre, laquelle est rapportee par Baronius en l'annee de nostre Sauueur 1022. Il se plaint donc à luy du mauuais traitement qu'il receuoit, au lieu de la loüange qu'il auoit merité par l'inuention de cette maniere de chanter, si aisee à l'égard de celle dont on vsoit deuant, & dit qu'il luy est arriué comme à celuy qui trouua le verre maleable sous Auguste, lequel n'eut autre recompense d'vn si grand thresor, que la mort: où l'on peut remarquer vne fort belle sentence dont il vse en ces termes: *Tunc enim est verè bonum quod facimus, cùm nostro Factori adscribimus omne quod possumus.*

A quoy il ajoûte que le Pape Benoist VIII. luy enuoya trois messagers à Arece pour le faire venir à Rome afin de sçauoir la maniere de chãter qu'il auoit trouuee, & qu'il s'y achemina auec l'Abbé & auec le premier des Chanoines de l'Eglise d'Arece, où il fut receu du Pape d'vn accueil si fauorable, qu'il ne voulut pas se leuer de son siege, qu'il n'eust apris à chanter l'vn des Versets de l'Antiphonaire d'Aretin.

Or il dedia son liure de la Musique, qu'il intitula le *Micrologue*, à Thibaut Euesque d'Arece, qui gouuernoit l'Eglise de S. Donat Euesque & Martyr: où il faut remarquer qu'il dit dans l'Epistre dedicatoire, que quelques-vns ont apris à chanter des versets & des chants en moins d'vn mois par le moyen d'vne chorde, & de ses notes: de sorte qu'il semble qu'il vsoit d'vn Monochorde pour accoustumer la voix au chant: ce qu'il est tres-aisé de faire auec vne Epinette, & encore plus auec vn Orgue, qui peut seruir pour enseigner à chanter dans vn iour tous les chants qui se peuuent imaginer: mais ils n'auoient pas, ce semble, ces sortes d'Instrumens.

Il acheue son liure par ces paroles: Fin du Micrologue de Guy âgé de 34 ans, sous Iean XX, qui le fit encore reuenir à Rome: la Chronique Espagnole des Benedictins ajoûte la sixiesme Centurie du 5 Tome, apres Trithemius, & Arnoldus Vuion, qu'il a escrit vn liure du corps & du sang de nostre Seigneur, contre Berenger, mais ils ne remarquent pas combien il a vescu.

PROP. XX

De la Composition.

PROPOSITION XX.

Expliquer les figures & la valeur des notes, & des autres charaȼteres de la Musique, dont on vse dans toute l'Europe, pour composer & pour chanter.

L'on vse ordinairement de huit sortes de notes dans la Pratique, dont les figures sont differentes, afin de signifier la diuersité des temps qu'il faut obseruer en chantant: la premiere note s'appelle *Maxime*, parce qu'elle dure plus long temps que les autres, à sçauoir l'espace de huit mesures: or la *Mesure* est l'espace du temps que l'on employe à hausser & à baisser la main: & parce que l'on peut faire ces deux mouuemens opposez plus vistes, ou plus lents, celuy qui conduit le Concert, determine la vistesse suiuant le genre de Musique & la matiere qu'il employe, ou suiuant sa volonté : mais ie prendray desormais chaque mesure, soit binaire, ou ternaire, pour vne seconde d'heure, c'est à dire pour la 3600 partie d'vne heure, dautant que le battement du poux, ou du cœur le plus lent que i'aye pûu reconrrer dure iustement vne seconde, & bat trois mille six cens fois dans vne heure; de sorte que la systole ou la contraction du cœur respondra à l'éleuation, & sa diastole ou dilatation à l'abaissement de la main, afin que les Maistres de Musique dient veritablement en chantant les loüanges de Dieu, *Cor meum, & caro mea exultauerunt in Deum viuum.*

La seconde note vaut 4 mesures, la troisiesme deux, la quatriesme n'en vaut qu'vne, & les autres vont tousiours en diminuant de moitié, de sorte que la derniere ne vaut que la 16 partie d'vne mesure : or les 5 regles qui suiuent contiennent leurs noms, & leurs valeurs sans qu'il soit besoin d'vn plus long discours : car il est aisé de conclure qu'il faut 16 doubles crochües pour faire vne mesure, & consequemment qu'il en faut chanter 8 en leuant, & 8 en baissant la main, puis que chacune vaut $\frac{1}{16}$ de mesure : & semblablement qu'il la faut leuer & baisser quatre fois en chantant la Maxime, & ainsi des autres.

Quelques-vns ont aiouté vne triple crochüe afin d'en faire 32 à la mesure, & ceux qui en font 64 à la mesure en touchant le Clauecin, ou la Viole, & les Violons, en peuuent aiouter à quatre crochets ; comme ceux qui aiment les grandes mesures en peuuent aiouter de plus longues que la maxime, qui dureront aussi long temps que les triples ou quadruples crochües durent peu ; mais les huit precedentes suffisent, & lors que l'on fait plus de 16 notes dans vne seconde, on ne peut plus en distinguer le nombre : c'est pourquoy ie m'arreste à cette diminution, & à ce nombre de notes, qui fauorise le nom de l'Octaue. Vincentin s'est imaginé que toutes ces notes ont pris leur origine du ♯, & du ♭ *mol*, parce que la iambe d'en haut de ♯ estant ostee, la longue demeure, & si l'on oste encore la iambe d'en bas, on a la breüe, &c. Mais il importe fort peu de sçauoir qu'elle imagination les a fait rencontrer, pourueu que l'on en sçache l'vsage & la pratique.

Or il y a autant de differens characteres pour signifier les pauses, les repos, ou les silences, comme il y a de notes, dont on comprendra aisément la valeur par la ligne qui suit, dans laquelle la premiere pause apres la note maxime signifie qu'il se faut reposer aussi long-temps comme l'on est à chanter ladite note. Et les autres pauses qui suiuent les autres notes, signifient qu'en tous les lieux où elles se rencontrent, il faut se taire aussi long-temps que l'on est à chanter la note qui precede.

A quoy il faut aioûter que les points qui suiuent chaque note, seruent pour faire valoir la note precedente dauantage de moitié qu'elle ne vaut : par exemple, le point qui suit la demibreue la fait valoir trois minimes : le point qui suit la minime la fait valoir trois noires; & le point qui suit la noire la fait valoir trois crochuës; & ainsi des autres: ce qu'il faut soigneusement remarquer, afin d'obseruer la mesure en chantant : quoy qu'il soit plus à propos de dire que chaque note demeurant en sa valeur, le point qui suit vaut moins de moitié.

Or ie ne parle icy que de la mesure binaire, ou egale, dont le leuer est egal au baisser, parce que c'est la plus aisee, & la plus ordinaire, & que ie ne veux pas mesler & confondre la composition, & la suite des consonances auec celle des mouuemens, dont i'ay parlé dans la Rythmique, & dont nous vserons, apres auoir expliqué tout ce qui appartient à la composition de deux, ou plusieurs parties. Ie commence donc par les Duos, afin de suiure l'ordre de la nature, qui a coustume de commencer ses ouurages par les choses les plus simples. Les Clefs qui precedent chaque note monstrent tous les lieux où elles ont coustume d'estre assises : mais ie les expliqueray apres plus amplement.

PROPOSITION XXI.

Expliquer la maniere de composer toutes sortes de Duos à simple Contrepoint, c'est à dire note contre note; & les regles que l'on doit obseruer dans cette espece de Composition.

La plus simple de toutes les Compositions de Musique est celle qui se fait à deux parties, laquelle suppose que le chant soit fait; & de toutes les manieres dont on peut les ioindre ensemble, celle-là est la plus simple qui se fait note contre note; ce que l'on appelle simple *Contre-point*, ou *Faux-bourdon*, parce que l'on vsoit autrefois de petits points au lieu de notes.

Or la methode de composer consiste particulierement en ce que les notes de chaque partie doiuent faire de bons accords ensemble : & que les passages d'vne Consonance à l'autre doiuent estre agreables, & bien pratiquez, de sorte que la Composition à deux ou plusieurs parties peut estre appellee parfaite, lors que l'on y a obserué toutes les regles que les Maistres ont estably pour ce sujet par vne longue pratique, & d'vn commun accord, encore que la grace qui a coustume de rauir dans les choses qui meritent le nom, & qui ont la qualité du beau, ne s'y rencontre pas, parce qu'elle dépend plustost de l'excellent genie du Compositeur, que de l'estroite obseruance des regles : c'est pourquoy ie n'en parle pas icy, dautant que l'on n'en peut former vne certaine science : quoy que

De la Composition.

que le labeur assidu de ceux qui ne l'ont pas, puisse quelquesfois l'égaler ou la surpasser.

Supposons donc maintenant que le 1, ou le 2 chant qui suit soit donné, & proposé pour y ioindre vne secóde partie, & pour faire vn Duo à simple Contrepoint & consequemment que l'vn de ces chants serue de suiet, dont ie ne parleray pas icy, parce que i'ay traité des Chants, & de toutes sortes de suiers dans le liure des Chants: & puis il n'importe pas maintenant que les Chants soient

I.   II.

excellens, pourueu que la Composition, dont nous parlons, soit bonne, & suiue les regles approuuees de tout le monde. Il faut seulement remarquer que le premier Chant est du 6 Mode, & le 2 de l'onziesme, comme il est aisé de iuger par les discours que i'ay fait des Modes dans le liure precedent. L'on peut donc faire seruir ces deux Chants de Dessus, afin d'aioûter vn autre Chant plus bas, que l'on peut nommer la Basse: quoy qu'il soit aussi aisé de les faire seruir de Basse, & d'y aioûter vn Dessus, car l'vn reuient à l'autre: cecy estant posé, ie dis que la premiere note de la partie qu'on veut aioûter, doit faire vne Consonance parfaite auec la premiere note du chant donné, afin que le commencemét du Duo soit fort agreable, & qu'il prepare les Auditeurs à entendre le reste : quoy qu'il se puisse rencontrer des suiets qui n'auroient pas mauuaise grace d'estre commencez par quelque Consonance imparfaite; par exemple par la Tierce maieure, &c. Quant au deux dernieres notes de la Composition, elles doiuent faire vne Consonance parfaite, parce que l'esprit & l'oreille attendent la perfection, pendant qu'ils oyent les Consonances parfaites du milieu, laquelle ne se trouue que dans l'Vnisson, dans l'Octaue, dans la Quinte, & dans leurs repliques: d'où ie tire la regle qui suit.

PREMIERE REGLE DE LA COMPOSITION.

Les Duos doiuent commencer, & finir par vne Consonance parfaite, à sçauoir par l'Vnisson, par l'Octaue, & par la Quinte, ou par leurs repliques.

Quant au commencement, l'on s'en peut dispenser plus aisément que de la fin, dont la perfection dépend dauantage; d'où le prouerbe *Finis coronat opus* a pris son origine : & principalement quand les parties ne commencent pas ensemble, à raison de quelques pauses que l'on met dans l'vne des parties; dont ie ne veux pas icy parler, afin de demeurer dans la Composition des Duos à simple Contre-point, dont les parties commencent ensemble par vne Consonance parfaite, comme Zarlin enseigne au 28 chap. du 3 liure.

Mais il n'est pas permis de faire la mesme Consonance parfaite entre les deux secondes notes, quand on change de chordes par mouuemens semblables, car cette suite n'est pas agreable; attendu que la diuersité, qui cause la plus grande partie de l'Harmonie, & du plaisir que l'on en reçoit, n'y est pas obseruee.

Il ne faut donc pas faire deux Vnissons, deux Octaues, deux Quintes, ou deux de leurs repliques de suite, en changeant de chordes, & en chantant par mouuemens semblables, si l'on ne veut priuer l'esprit & l'oreille du contentement qu'il peut receuoir de la varieté des Consonances, & des mouuemens contraires, qui font les charmes de la Composition. Or cecy se doit encore obseruer tant que l'on peut entre les Consonances imparfaites, c'est à dire entre les Tierces, les Sextes, & leurs repliques, afin de suiure la nature, qui met toujours la Tierce, ou la Sexte mineure, deuant ou apres la Tierce & la Sexte majeure, comme l'on void dans le traité de la Trompette.

Neanmoins Zarlin excepte les deux Tierces mineures dans le 29 chapitre, dont il permet la suite par mouuemens semblables, & par degrés conjoints; & les deux Sextes majeures, quoy que l'on n'entende point le demiton majeur dans ces passages; ce qui les rend plus tristes & plus rudes, parce qu'elles n'ont point d'autre varieté dans leur mouuement que celle du ton majeur, & du mineur.

Or quand l'vne des parties tient ferme, tandis que l'autre se meut, on met la Sexte majeure apres la Tierce majeure, & la Tierce mineure apres la Sexte mineure, ou au contraire, dont nous traiterons apres plus particulierement, & de tout ce qui se peut dire sur ce sujet; car il faut maintenant tirer la seconde regle de ce discours.

II. REGLE DE LA COMPOSITION.

L'on ne doit pas mettre deux ou plusieurs Consonances de mesme espece immediatement les vnes apres les autres, particulierement lors qu'elles sont parfaites, que les parties vont par mouuemens semblables, & qu'elles changent de chordes.

Il n'y a rien dans les termes de ceste regle qui ne serue, comme il est aisé de conclure par le discours precedent, de sorte qu'il n'est pas quasi besoin de les expliquer, parce qu'il est difficile d'ajoûter aucune chose qui n'ait esté dite: par exemple, on sçait que les Consonances qui ont mesme raison sont de mesme espece, & que l'Octaue est differente d'auec la Quinte, & consequemment qu'il est permis de mettre l'vne apres l'autre. L'on sçait aussi que les mouuemens semblables signifient que les deux parties montent ou descendent ensemble, soit par degrez conjoints, comme quand l'vne ou l'autre monte ou descend par le ton, ou par le demiton, ou par interualles, lors qu'elles font la Tierce, la Quarte, ou quelqu'autre Consonance, ou Dissonance. On sçait encore que les Tierces & les Sextes sont appellees *imparfaites*, encore que leurs raisons soient aussi iustes & exactes que celles de l'Octaue, & de la Quinte, parce qu'elles ne sont pas si agreables, & qu'elles souffrent plus aisément de la diminution, ou de l'augmentation. L'on sçait en fin que les parties ne changent point de chorde, tandis qu'elles chantent en mesme ton, en prononçant deux ou plusieurs fois *Vt*, ou *Re*, &c. de sorte qu'elles peuuent faire la mesme Consonance autant de fois qu'elles se tiennent sur les mesmes chordes.

Or les exemples qui suiuent font voir tout ce qui est contenu dans cette regle, car les deux premiers passages de deux Octaues & de deux Quintes de suite sont deffendus; mais le 3, 4, 5 & 6 passage, qui contiennent deux Octaues, deux Quintes,

De la Composition.

Quintes, & deux Tierces semblables sont permis, parce que les notes ne changent pas de chordes. Quant au 8 & au 10, ils sont excellens & agreables, & sui-

uent, ou plutost establissent la 4 regle, dont ie parleray apres: mais le 9 & l'onziesme ne sont pas si bons, parce qu'ils n'ont pas vne si grande varieté, & qu'ils sont destituez du demiton, d'où depend la plus grande douceur de l'Harmonie; quoy que l'on vse quelquefois de ces passages à quatre, ou plusieurs parties, & qu'ils ne soient pas entierement condamnez. Or l'on peut encore exprimer cette regle par ces termes.

L'on doit mettre vne Consonance imparfaite deuant ou apres vne parfaite, tant que l'on peut; ou si l'on fait suiure deux Consonances parfaites, elles doiuent estre de differente espece.

Cette suite de Consonances est fort agreable, comme l'on experimente dans les deux Duo qui suiuent, & qui monstrent la pratique de ces regles, & des autres qui seruent pour composer à deux parties de simple Contre-point: car dans le premier Duo la Quinte suit apres l'Octaue, par laquelle commence la Composition: & puis la Dixiesme mineure suit la Quinte, & ainsi des autres iusques à la fin, qui se fait par l'Octaue, de sorte que ces deux parties finissent où elles ont commencé, & que ce Duo est semblable à la circonference d'vn cercle, qui finit au mesme point par où il commence. Semblablement le 2 Duo commence & finit par la mesme Quinte, & sur la mesme chorde. Quant à la suite de toutes leurs Consonances, elle est tres-bonne, & peut seruir d'exemple pour composer vne infinité d'autres Duos, car elle ne contient rien qui ne soit approuué de tous les Maistres, & conforme à toutes les regles d'vn bon Contrepoint: quoy que quelques Compositeurs se dispensent quelque fois de cette regle.

Il y a encore vne regle qui oblige de passer aux Consonances parfaites par les imparfaites qui en sont plus proches, par exemple l'on doit passer de la Sexte majeure à l'Octaue, de la Tierce mineure à l'Vnisson, de la Dixiesme mineure à l'Octaue, si l'on veut faire vn bon effet. Semblablement il faut passer de la Tierce maieure, ou de la Sexte mineure à la Quinte, de la Dixiesme ou de la Treiziesme majeure à la Douziesme, &c. parce que ces Consonances estant imparfaites cherchent la perfection, à laquelle tend chaque chose par le chemin le plus court qu'il est possible: d'où l'on pourroit peut estre conclure qu'il vaut mieux aller de la Sexte mineure à l'Octaue, ou de la Tierce majeure à l'Vnisson, que de la Tierce mineure, ou de la Sexte maieure à la Quinte, dautant que l'Octaue est plus parfaite que la Quinte, & que sa perfection merite bien que lesdites

Y iij

Consonances quittent le chemin le plus court pour iouyr d'vne telle perfection.

Mais cette regle n'est pas si necessaire que les autres, car les excellens Compositeurs vont souuent de la Tierce mineure, ou de la Sexte maieure à la Quinte, & quelquesfois de la Tierce maieure à l'Vnisson, & de la Tierce & Sexte mineure à l'Octaue: neantmoins ie l'exprime icy en ces termes.

III. REGLE DE LA COMPOSITION.

Il faut passer le plus souuent que l'on peut aux Consonances par les degrez les plus proches, & consequemment il faut passer de la Tierce mineure à l'Vnisson, & de la Sexte maieure à l'Octaue: ce qui s'entend des passages qui se font par mouuemens contraires.

Car chaque Consonance cherche & demande celle qui suit, dont elle est plus proche, comme l'on void par la suite des nombres qui expriment leurs raisons, dont nous auons parlé dans le liure des Consonances, & ailleurs; par exemple les termes de la Sexte maieure sont 3 & 5, or 5 represente le son le plus aigu, à raison qu'il se fait par cinq battemens d'air, de sorte qu'il faut seulement aioûter vn battement pour faire l'Octaue, dont le son aigu s'exprime par 6: mais si l'on alloit de cette Sexte à la Quinte, il faudroit diminuer le son aigu de 2 battemens, parce que la Quinte estant de 2 à 3, on descendroit de 5 à 3: quoy qu'il suffise d'en tirer la raison du demiton, par lequel on passe de cette Sexte à l'Octaue, au lieu qu'on y va de la mineure par le ton: comme l'on va de la Tierce maieure à l'Vnisson par le ton, & de la mineure par le demiton; & semblablement de la Sexte maieure à la Quinte par le ton, & de la mineure par le demiton: dont on void les exemples dans le 8, & le 10 exemple de la deuxiesme regle.

Plusieurs aioûtent vne autre regle, qui deffend les relations du Triton, & de la fausse Quinte, qui se rencontrent dans les passages que l'on fait d'vne Consonance à l'autre, par exemple, quand on passe de la Tierce mineure à la Tierce mineure, ou de la maieure à la maieure, par mouuemens semblables, comme l'on void dans le premier exemple qui suit, & qui contient la relation de la fausse Quinte, & dans le 2, le 3, le 4, & le 5, qui ont la relation du Triton. Ce que Zarlin deffend dans le 34 chap. aussi bien que nos Compositeurs, qui euitent tant

qu'ils peuuent toutes ces faulses relations, particulierement dans le simple Contre-point, encore que quelques autres maintiennent qu'elles ne doiuent pas estre deffenduës, comme nous dirons apres: & Zarlin mesme auoüe qu'il faut

De la Composition. 261

souuent negliger cette regle, à plusieurs parties, qui ne peuuent pas tousiours bien chanter, qu'en faisant par fois quelque fausse relation.

I'aioûte seulement que la relation du Triton, qui se void au 3 & au 5 exemple, n'est pas desagreable : ce qui arriue semblablement à plusieurs autres exemples ; & que les fausses relations se trouuent en faisant vne croix de S. André entre les 4 notes qui seruent au passages, comme l'on void au premier, dans lequel la branche droite de la lettre X monstre les deux notes qui font entr'elles la relation de la fausse Quinte ; ce qui s'obserue aussi aux 2 notes du 2 exemple, qui font le Triton ensemble. Or si l'on examine iudicieusement la raison pourquoy certains passages, qui contiennent les fausses relations, sont desagreables, l'on trouuera peut estre que ce n'est pas à cause desdites relations, mais parce que l'on fait suiure deux Consonances de mesme espece, ou pour d'autres raisons, qu'enseignera la vraye Theorie, puis que l'on vse souuent dudit Triton, aussi bien que de la fausse Quinte, dans les Compositions, qui neanmoins doiuent estre plus desagreables estant entendus au lieu de quelque Consonance, qu'ils ne sont en faisant vne relation qui est déja passée.

L'on pourroit encore prescrire plusieurs autres regles, par exemple, que la Consonance imparfaite mise entre deux parfaites, qui montent & descendent ensemble, doit pour le moins durer vne minime pour faire qu'elles ne se suiuent pas, d'autant que le temps d'vne noire, ou demie minime est trop court & quasi insensible ; de sorte que l'on a encore l'imagination de la Consonance parfaite qui precede, quoy que les Praticiens vsent de cette noire, lors que l'vne des parfaites se fait en descendant & l'autre en montant, comme il est remarqué dans le 3 liure du Recanet, regle 3, imprimé à Rome l'an 1533. En second lieu, que les parties doiuent proceder tant que l'on peut par mouuemens contraires, par exemple, que le Dessus doit monter quand la Basse descend, & au contraire : que les parties voisines doiuent tellement estre pressées & vnies ensemble, que l'on ne puisse mettre d'autres Consonances entre deux ; qu'elles doiuent proceder par de beaux mouuemens, & par des interualles agreables, & faciles à chanter : qu'il faut vser fort rarement de l'Vnisson, & de l'Octaue dans les Duos, dont nous parlons maintenant, &c. Mais le docte Musicien doit tellement estre par dessus toutes les regles, qu'il ne s'impose nulle loy qui preiudicie aux beaux chants, & aux mouuemens de chaque partie, qui sont les principaux charmes de la Musique : car puis que les regles n'ont esté faites que sur les differentes obseruations du meslange des sons qui ont plus agreé les vns que les autres à ceux qui ont fait les regles : il est libre à ceux qui sont aussi habiles ou plus qu'eux, d'en garder ce qu'il leur plaira, puis que leur oreille est aussi bonne, & aussi sçauante, & que ce qui a déplu aux vns peut plaire aux autres ; car les regles de l'Harmonie ne sont pas comme celles de la Geometrie, qui contraignent l'esprit de tous ceux qui ont le sens commun à les embrasser : elles dépendent de l'oreille, & de la coustume, & plusieurs font deux ou trois Quintes de suite, qui soustiennent qu'elles ont vn bon effet : ce qui n'importe nullement, pourueu que le Compositeur, & l'Auditeur soient satisfaits ; c'est pourquoy ie ne m'arreste pas plus long temps à ces regles ; que i'appliqueray seulement aux Duos qui suiuent, & qui peuuent tellement seruir d'exemple pour apprendre à composer, qu'vn chacun en pourra faire tant d'autres qu'il voudra.

Y iiij

PROPOSITION XXII.

Donner la maniere de Composer des Duos à simple Contre-point : où l'on void la vraye intelligence des regles de la Composition.

Il n'y a point de meilleur moyen pour apprendre à Composer en peu temps, que d'examiner les Compositions des plus excellens Maistres, & de leur appliquer toutes les regles de la Composition, afin d'en former vne idee qui conduise à en faire de semblables, c'est pourquoy ie propose icy deux Duos d'Eustache du Caurroy, qui a pratiqué le Contre-point si parfaitement, qu'on le peut suiure sans crainte de faillir. Soient donc les deux Duos qui suiuent, dont iay déja donné le Dessus, qui faut neanmoins repeter, afin que l'on considere les Consonances que font les notes de la Basse auec celles du Dessus, & les passages d'vne Consonance à l'autre. Où nous suppleerons tout ce qui peut manquer aux regles precedentes, ou à leur explication. Ie mets aussi les nombres, qui signifient les Consonances, sur chaque note, afin que ceux qui n'ont pas l'vsage de la pratique, & des notes voyent promptement tous les passages d'vne Consonance à l'autre. Or le Dessus du premier Duo est du sixiesme Mode, & la Basse du cinquiesme ; ce qui a coustume d'ariuer à toutes sortes d'autres Compositions, dont la Basse est du Mode Authentique quand le Dessus est du Plagal, comme la Basse est du Plagal, quand le Dessus est de l'Authentique, desorte que ces deux Modes s'accompagnent quasi toujours dans les Compositions, & qu'ils ne font qu'vn corps ensemble.

Où il faut remarquer qu'il n'importe quel sujet on prenne pour faire vn Contrepoint, car l'on peut aussi bien prendre la Basse que le Dessus, qui nous seruira maintenant de sujet : dont la premiere note estant en *E mi la*, i'assieds la premiere note de la Basse sur l'*E mi la* d'en bas, afin de commencer par l'Octaue, qui est la reyne des Consonances, qu'elle contient toutes en eminence ; de sorte qu'elles desirent toutes de s'y terminer, & de retourner à la source dont elles ont pris leur origine, comme nous deuons retourner à Dieu qui est nostre souuerain principe : De là vient que la plus part des Duos finissent par l'Octaue, comme si toutes les autres Consonances dont on s'est seruy luy faisoient hommage, & qu'elles nous enseignassent quant & quant de faire & de finir toutes nos actions par l'amour & la gloire de Dieu, lequel en est le premier auteur.

Nous

De la Composition.

Nous pouuions commencer ce Duo par vne autre Consonance parfaite, cõme le 2, qui commence par la Quinte, car il suffit que l'accord soit parfait : & mesme l'on peut commencer par vn imparfait, comme nous verrons dans les Trios. Le second accord qui suit est la Quinte, qui se fait la Basse demeurant sur la mesme chorde, & le Dessus descendant par l'interualle de la Quinte. L'on eust peu faire descendre la Basse d'vn demiton pour faire la Sexte mineure, si elle n'eust commencé par la finale de son mode, sous laquelle il ne faut pas descendre ordinairement : or la suite de la Quinte apres l'Octaue est tres-bonne ; car elle est la seconde en perfection, & suit l'ordre naturel des nombres, puis que 3 suit les nombres 1 & 2 : quoy que l'on eust peu faire succeder d'autres Consonances.

Le second passage de ce Duo se fait de la Quinte à la Dixiesme mineure, mais la Basse tient ferme, tandis que le Dessus fait l'interualle de la Sexte mineure, lequel est permis, & tres-excellent, lors qu'il est fait à propos. Surquoy il faut premierement remarquer que l'on doit euiter les interualles difficiles à chanter, par exemple la Septiesme, la Sexte maieure, & le Triton, dont il ne faut vser que lors que l'on y est contraint par quelque grande consideration du sujet, ou par quelqu'autre necessité. En second lieu, que l'on peut aller d'vne Consonance parfaite à telle imparfaite que l'on voudra ; par exemple l'on peut aller de la Quinte aux Tierces ou aux Sextes mineures, & maieures, & à leurs repliques, particulierement quand l'vne des parties tient ferme, comme nostre Basse, laquelle commence à se mouuoir de sa 3 à sa 4 note par l'interualle de la Quarte, tandis que le Dessus descend par l'interualle de la Tierce mineure, afin que leurs quatriesmes notes facent la Quinte, apres auoir laissé la Dixiesme mineure. Le troisiesme passage est de cette Dixiesme mineure à la Quinte, la Basse montant par l'interualle de la Quarte, & le Dessus descendant d'vne Tierce mineure, ce qui est tres-bon, premierement parce que ces deux mouuemens sont contraires : en second lieu parce que la Dixiesme mineure est plus proche de la Quinte que la maieure, & en fin parce que la Basse fait le plus grand interualle. Le quatriesme passage se fait à la Sexte maieure, le Dessus tenant ferme tandis que la Basse descend par le degré conjoint du ton mineur, qui se rencontre icy de *mi* à *re* : Elle descend encore d'vne Tierce mineure pour faire l'Octaue auec le Dessus immobile. Or ce cinquiesme passage est fort bon, parce que la Sexte maieure est plus proche de l'Octaue que la mineure. Mais les deux parties montent ensemble dans le sixiesme passage pour aller à la Sexte mineure, car le Dessus monte par le demiton mineur, & la Basse par la Quarte. Quant au septiesme il fait encore la mesme Sexte mineure : d'où l'on va à la Tierce maieure par mouuemens contraires, le Dessus descendant d'vn demiton maieur, & la Basse montant d'vn ton maieur. Où il faut remarquer que l'on peut mettre le *b mol* accidentel à la Basse pour baisser la note d'vn demiton, afin de faire la Quinte iuste contre celle du Dessus.

Le neufiesme passage se fait à la Quinte, la Basse tenant, & le Dessus montant d'vne Tierce mineure. Et puis le Dessus tenant, la Basse descend d'vn demiton maieur pour faire la Sixiesme mineure, de laquelle on passe à la Tierce mineure par vn mouuement semblable des parties, le Dessus descendant d'vne Quinte, & la Basse d'vn ton maieur. La Basse reuient de rechef à la sixiesme mineure en descendant d'vne Quarte, tandis que le Dessus tient ferme sur la mesme chorde dans l'onziesme passage. Le treiziesme se fait à la Sexte maieure, le Dessus montant d'vn ton mineur : & le quatorziesme en fin se fait à l'Octaue, le Dessus montant d'vn ton maieur, & la Basse descendant d'vn demiton maieur, de sorte que l'Octaue finit ce Duo par les mesmes chordes, par lesquelles il auoit commencé, & que la cadence finale du Dessus est *fa, sol, la,* & celle de la Basse *mi, fa, mi.* Mais ie parleray des cadences en vn autre lieu, car il suffit d'auoir examiné ce petit Duo pour en faire de semblables, ou pour iuger de leur bonté, quoy que tous les passages dont on peut vser ne s'y rencontrent pas.

L'on peut encore examiner le second Duo, qui commence & finit par le Diapente sur les mesmes chordes, & qui est composé de 14 passages d'vne Consonance à l'autre, dont le nombre est tousiours moindre d'vn que celuy des notes : or la Basse descend de la Quinte à la Sexte mineure par le demiton maieur, le Dessus tenant ferme, lequel descend d'vn ton, tandis que la Basse descend seulement d'vn demi pour faire la Sexte mineure, dont la suite est excellente apres la maieure, à laquelle les deux parties retournent en montant par les mouuemens precedens, qui leur seruent encore pour redescendre à la mesme Sexte mineure, de sorte que l'on void icy quatre Sextes de suite.

Mais le 5 passage se fait à la Dixiesme mineure par mouuemens contraires, le Dessus montant d'vne Quarte, & la Basse redescendant d'vn ton maieur : & puis le Dessus redescend d'vn demiton, & la Basse d'vne Quarte pour faire la Sexte maieure, suiuie de la mineure dés le 7 passage, la Basse môtant d'vn ton, & le Dessus d'vn demiton. Le 8 passage se fait à la Tierce maieure, le Dessus descendant d'vn Sesquiditon, & la Basse montant d'vn demiton : d'où la Basse descend par la Tierce mineure à la Quinte ; & puis le Dessus remonte à la Sexte maieure par le ton mineur. L'onziesme passage se fait à la Sexte mineure par mouuemens semblables, & par degrez conionts, le Dessus montant d'vn demiton, tandis que la Basse monte d'vn ton ; & puis le Dessus monte encore d'vn ton, & la Basse d'vn demi pour faire la Sexte maieure : mais la Basse redescend d'vne Tierce maieure, & le Dessus monte autant pour faire la Dixiesme mineure, où il faut remarquer ces deux mouuemens par vn mesme interualle ; ce qui monstre qu'il faut aioûter deux Tierces mineures à la Sexte maieure pour faire la Dixiesme mineure ; or ces deux Tierces aioûtées dessous ou dessus, ne font pas paroistre la fausse Quinte, parce qu'elle est sauuee par l'Octaue, qui rend plusieurs choses bonnes dans la Musique, qui seroient autrement mauuaises.

Le penultiesme passage se fait à la Dixiesme maieure, par mouuemens semblables, car le Dessus descend d'vn demiton, & la Basse d'vn ton, & le 15, ou dernier se fait à la Quinte, par mouuemens contraires, le Dessus baissant d'vne Quinte, & la Basse haussant d'vn ton. Or l'on peut appeller cette sorte d'examen *partition*, puis que l'effet de la partition consiste à considerer tous les passages d'vne Consonance à l'autre, afin de voir s'il n'y a rien contre les regles, & de considerer les differens traits de la Composition.

PROPOSITION XXII.
Expliquer encore & considerer trois autres Duos, & tout ce qui est necessaire pour faire de bons Duos à simple Contre-point.

Le Duo qui suit a cela de particulier que le Dessus se chante par ♭ quarre, & la Basse

De la Composition. 265

la Basse par *b mol*; c'est pourquoy il fera voir ce que ces deux especes de Musique ont de commun & d'accordant ensemble, & comme l'on peut vser de ce meslange en toutes sortes de Compositions. Mais il faut remarquer que toutes les notes de ce premier Duo sont demi-breues, & que chacune vaut tellement vne mesure, qu'il est libre d'y en mettre de noires, ou de crochuës, ou de les mesler ensemble selon la longueur & le temps des syllabes de la lettre dont on vse: Mais du Caurroy s'est serui de ces demi-breues, comme des notes de Plain-chant, afin de laisser à chacun la liberté de les allonger, ou accourcir à volonté.

Exemple d'vn Duo du neufiesme Mode meslé du b mol *& du* ♮ *quarre.*

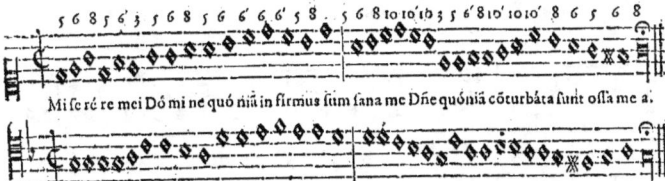

Mi se ré re mei Dó mi ne quó niã in firmus sum sana me Dñe quoniã cõturbâta sunt ossa me a.

Cét exemple commence par la Quinte, & finit par l'Octaue: sur quoy il faut premierement remarquer qu'il y a de certaines chordes dans le *b mol*, qui sont les mesmes accords & les mesmes effets auec celles du ♮, comme si elles luy appartenoient: par exemple, le *mi, re, vt*, qui suit en bas apres le *b mol* de la Basse, est la mesme chose que le *la, sol, fa*; que l'on chanteroit si le *b* n'y estoit point. En second lieu, que l'*vt, re, fa, mi, &c.* qui monte en commençant sur la Clef de nature, est toujours la mesme chose, tant par *b mol*, que par ♮: de sorte qu'il est bien aisé de comprendre que ces deux Genres de la Musique pratique, dont la difference depend seulement de la mutation du Tetrachorde des disioinctes en celuy des conjointes, c'est à dire de la position du *fa* au lieu du *mi* dans le *b fa* ♮ *mi*, ont plusieurs chordes communes qui s'accordent ensemble.

Or encore qu'elles soient differentes par le *b mol* & le ♮, elles peuuent s'accorder; par exemple le *fa* du *b mol* de la Basse fait la Quinte auec le *fa* du Dessus, comme l'on void sous la premiere syllabe de *conturbata*: En quatriesme lieu, la Basse vse du charactere ordinaire de la Diese, sous la premiere syllabe du mot *ossa*, afin de passer de la Dixiesme majeure à la mineure, qui ne sont eloignees que du demiton mineur; de sorte que cette diese hausse la note *vt* d'vn demiton majeur, parce qu'il n'y a qu'vn demiton mineur du *re* à l'*vt* feint, où à la feinte de l'*vt*, sans laquelle l'*vt* ordinaire feroit encore la Dixiesme majeure auec la note du Dessus; qui a semblablement vne diese deuant sa penultiesme note, afin de hausser le *fa* d'vn demiton majeur (comme auoit fait la Basse) pour faire la Sexte majeure, qui est plus grande d'vn demiton mineur que la Sexte mineure.

Sur quoy il faut remarquer que si le ton, qui seroit de *sol à fa*, sans l'entremise de la diese, que l'on appelle *accident*, est maieur, cette diese fait hausser la note d'vn demiton maxime, lequel estant ajoûté au demiton mineur, compose le ton majeur, comme i'ay demõnstré dans la 2 propos. du liure des Dissonances, où i'explique les raisons de chaque demiton. Or les nombres qui sont sur chaque note font voir les Consonances qu'elles font ensemble, & l'vsage des passages d'vne Consonance à l'autre, qui seruent d'vne leçon perpetuelle, & d'vne partition la plus exacte & la plus particuliere de toutes celles qui se peuuent faire. Ce que i'obserue aussi dans les deux Duos de Cerone qui suiuent, dont le premier a toutes ses notes blanches, chacune de la valeur d'vne demie mesure; & l'autre vse de notes de differente valeur auec les points, qui augmentent de moitié la valeur des notes qu'ils suiuent immediatement.

Ce qui n'empesche pas neanmoins que ce second Duo ne soit à simple Contrepoint, & ne suiue la rigueur des loix qui seruent aux precedens: encore que l'on puisse vser des Dissonances, lors que l'on vse de cette varieté de notes, comme ie diray apres.

Deux Duos à simple Contrepoint du troisiesme Mode.

Or il faut remarquer que ces deux Duos ne sont qu'vne mesme chose, comme l'on void aux interualles de chaque partie, & par consequent qu'il manque vne diese à la penultiesme note du Dessus, dont les figures sont differentes, autrement l'on passeroit de la Sexte majeure à l'Octaue, contre l'vne des regles precedentes; c'est pourquoy ie l'ay ajoûtee; car bien qu'il ne corrige pas cette faute dans les Errata de son Liure, il est certain qu'il l'eust fait s'il l'eust apperceuë: mais ceux qui sçauent les difficultez de l'impression, excusent tres-facilement toutes les fautes qui s'y rencontrent. Voyons maintenant tout ce que Zarlin dit dans le 40 chapitre de son 3 liure, Cerone chapitre 18 de son 9 liure, & ce que tous les autres Maistres prescriuent pour faire vn bon Contrepoint simple, c'est à dire note contre note, à deux parties.

Premierement il faut composer, ou trouuer vn sujet, soit qu'on le prenne dans les Chants de l'Eglise, ou dans les Airs des Musiciens. En second lieu, il faut voir de quel Mode il est, afin de faire les cadences dans leurs propres lieux; & que le commencement, le milieu & la fin de la Composition se rapportent parfaitement ensemble. En troisiesme lieu, il faut approcher & vnir les parties le plus que l'on peut, en mettant leurs notes les vnes contre les autres, pour faire la varieté des Consonances dont nous auons parlé; de sorte que nulle d'icelles ne procede par mouuement d'vn trop grand interualle, qui soit difficile à chanter, ou qui eloigne trop les parties. Quatriesmement, la partie du Contrepoint doit estre diuersifiee par diuers mouuemens en touchant diuerses chordes, tantost en bas, & puis en haut, & au milieu, & en changeant de Consonances auec la partie du sujet. Cinquiesmement, ladite partie du Contrepoint doit aller par degrez conjoints le plus qu'il sera possible, afin que sa modulation soit agreable. Et lors qu'on aura fait plusieurs Contrepoints contre vn mesme sujet, l'on pourra

meriter

De la Composition. 267

mériter le nom de Compositeur. Mais auant que de parler du Contrepoint figuré, il faut remarquer plusieurs choses pour l'intelligence des regles precedentes, par exemple qu'il faut aller des Consonances imparfaites les plus prochaines aux parfaites, non seulement quand les deux parties vont par mouuemens contraires, mais aussi quand l'vne tient ferme, & que l'autre monte, ou descend d'vne Tierce, comme Zarlin enseigne au 38 chap. de son 3 liure. Ce que l'on doit aussi obseruer en allant de la Sexte à la Quinte, car la Sexte doit estre mineure, afin que l'vne des parties tenant ferme l'autre monte ou descende par le demiton : quoy que les Musiciens d'Italie ne fassent pas tant de difficultez que nous, car ils se donnent beaucoup plus de liberté que les François, tant dans la modulation & dans les interualles des simples Recits, que dans les Duos, & dans les Concerts : ce que ie ne blasme pas, puis qu'ils le trouuent bon, & qu'il n'y a point de Legislateur qui leur deffende le contraire, ou qui les oblige à nos coustumes, & à nos imaginations.

PROPOSITION XXIII.

Monstrer que l'on peut vser de Dissonances dans les Duos à simple Contrepoint ; & la maniere de composer des Trios, ou des pieces de Musique à trois parties note contre note.

Auant que de parler des Trios, & des Compositions à 3, 4, ou plusieurs voix, il faut remarquer que toutes les Dissonances ne sont pas deffendues dans les simples Contrepoints à deux parties, comme ie monstre par l'exemple precedent du Caurroy, dans lequel i'ay mis expressément deux Sextes mineures l'vne apres l'autre, afin d'euiter la fausse Quinte, parce qu'il n'estoit pas temps de parler de l'employ des Dissonances. Mais afin que cette repetition soit vtile, ie mets le nom des notes sous chaque partie, qui seruiront pour enseigner l'intonation à ceux qui ne sçauent pas chanter, ou connoistre les notes.

Or i'ay seulement mis trois nombres sur le Dessus du premier Duo, afin que l'on considere la pratique de la fausse Quinte, laquelle est excellente entre la Sexte mineure, & la Tierce maieure, comme elle est icy. La Basse du second Duo est aussi corrigée, dans laquelle y a trop d'vne note dans la vingt.deuxiesme proposition.

L'on peut encore employer plusieurs autres Dissonances dans les Duos à

268   Liure Quatriesme

simple Contrepoint, comme ceux qui desirent apprendre à Composer remarqueront en pratiquant, & en partissant les Compositions des bons Maistres. Ie mets seulement icy la pratique de la Septiesme dans les cadences, qui finissent les Duos, comme l'on void icy en trois façons, dont la premiere fait la Septiesme entre la Quinte, & la Sexte maieure: la seconde met la Sexte mineure au lieu de la maieure: mais la plus grande partie des Maistres les plus exacts n'approuuent pas la Sexte mineure deuant l'Octaue, comme i'ay dit ailleurs. La troisiesme met la Septiesme entre deux Sextes majeures; or ces trois Duos se chantent contre la mesme Basse. Il faut dire la mesme chose des Quatorziesmes entre les Treiziesmes, sans qu'il soit besoin d'en mettre les exemples. Ie laisse le Triton & les Secondes, dont nous parlerons apres, afin de venir aux Trios, qui donnét vne nouuelle perfection à la Musique, laquelle n'a point, ce semble, d'harmonie sans la troisiesme partie; parce que les notes des Duos n'ont que de simples raisons, & que les proportions desirent du moins trois termes, qui puissent estre comparez ensemble.

Quant aux regles dont on vse pour faire les Trios, elles ne sont pas differentes de celles des Duos, pource qu'il y faut obseruer la mesme suite des Consonances. Or il y a plusieurs choses tres remarquables dans les Trios, dont l'vne est que toutes les autres parties qu'on leur ajoûte ne sont plus que des repetitions & des repliques; & l'autre, que la troisiesme partie augmente si sensiblement le plaisir des Duos, qu'il n'est pas quasi possible de l'exprimer. Ie laisse tout ce que i'en ay rapporté dans la 2 propos. de ce liure, afin de venir à l'exemple, qui seruira pour abreger le discours.

Les deux Trios qui suiuent ont toutes leurs consonances marquees, tant sur le Dessus que sur la Taille, afin que l'on voye dans vn moment ce que font ces deux parties contre la Basse, laquelle il faut toujours considerer dans la Composition comme le principal fondement de l'Harmonie. Ce que i'ay monstré par vn discours particulier dans la troisiesme proposition.

Or l'vn

Or l'vn & l'autre font compofez de 16 notes, & par confequent de 15 paſſages, dans lefquels il y a pluſieurs choſes à obſeruer, & particulierement que la premiere note de la premiere Taille monte plus haut que celle du Deſſus, car elle fait la Dixieſme mineure, & la premiere du Deſſus ne fait que l'Octaue auec la premiere de la Baſſe: ce qui monſtre qu'il eſt quelquefois permis de faire monter les plus baſſes parties par deſſus les plus hautes, côme l'on void aux deux dernieres notes de la premiere Baſſe, dont la penultieſme monte d'vne Tierce mineure par deſſus la penultieſme de la Taille, & la derniere vne Tierce maieure plus haut que la derniere, c'eſt pourquoy i'ay mis les nombres de ces Conſonances ſur ces deux notes de la Baſſe, & n'ay rien mis ſur celles de la Taille.

Cecy eſtant poſé, commençons l'examen de ce premier Trio, qui ſe chante par *b mol*, comme le ſecond par *♯ quarre*, ſa Baſſe qui ſert de ſujet (quoy qu'on le puiſſe prendre ſur l'vne des deux autres parties) commence en *G re ſol*, & finit en *E mi la*: comme la Taille commence en *b fa*, & finit en *C vt* ; & le Deſſus commence en *G re* & finit en *C ſol*: de ſorte que ce Trio ſe peut rapporter au 5 Mode, ſi l'on prend la finale de la Baſſe ; au premier par la finale de la Taille ; ou au ſecond par la finale du Deſſus, qui commence vne Quarte plus bas que ſa finale.

Or la Taille commence par la Dixieſme mineure contre la Baſſe, & puis elle paſſe à la Quinte, &c. ſelon que monſtrét les nombres ſur chaque note, comme nous auons dit dans les Duos ; de maniere que l'on peut prendre ces deux parties pour vn Duo, ſi l'on en excepte la fin, parce qu'elle ne ſe fait pas par vne Conſonance parfaite, laquelle eſt reſeruee au Deſſus qui finit par l'Octaue. Mais parce qu'il y a vne grande multitude de choſes à conſiderer dans ces deux Trios, il en faut faire vne propoſition particuliere.

PROPOSITION XXXIV.

Donner l'idee Theorique de l'examen des Trios à ſimple Contrepoint.

Puis que la bonté des Compoſitions conſiſte dans l'ordre naturel des Conſonances, dans leur ſuite, & dans l'Harmonie qu'elles font, l'on peut dire que l'examen de cet ordre eſt l'idee de tous les examens que l'on peut faire de toutes les autres ſortes de Compoſitions, & particulierement à 3 parties, dont il eſt icy queſtion : c'eſt pourquoy ie reduis les 2 Tros precedens en nombres Harmoniques, afin que l'on voye la diuiſion de chaque Conſonance que du Caurroy y a employé. Mais il faut remarquer que i'attribuë la premiere note de la Taille au Deſſus, & celle du Deſſus à la Taille, & que ie tranſpoſe les dernieres de la Baſſe en la place des deux dernieres de la Taille, parce qu'en effet elles prennent leur place, & que l'examen en ſera plus ayſé. Or ie marque le premier Trio en deux manieres, premierement en repreſentant les ſons plus graues par les moindres nombres, parce qu'ils ſe font d'vn moindre nombre de battemens d'air : & puis en mettant les plus grands nombres pour les meſmes ſons, parce qu'ils ſe font par les plus grandes, ou plus groſſes chordes.

Z ij

Premier Examen Harmonique du premier Trio.
Deſſus.
12, 15, 20, 24, 15, 12, 5, 15, 12, 6, 8, 24, 15, 12, 15, 8,
Taille.
10, 12, 12, 15, 10, 10, 3, 10, 10, 5, 6, 15, 10, 10, 12, 5
Baſſe.
5, 5, 5, 10, 6, 5, 2, 6, 5, 4, 5, 10, 6, 5, 10, 4,

Second Examen.

5, 4, 3, 5, 2, 5, 6, 2, 5, 10, 15, 5, 2, 5, 4, 5,
6, 5, 5, 4, 3, 6, 10, 3, 6, 12, 20, 10, 3, 6, 5, 8,
12, 12, 12, 12, 5, 12, 15, 5, 12, 15, 24, 12, 5, 12, 6, 10,
Mi ſe ri cor di as Do mi ni in æ ter num can ta bo.

 Où il faut conſiderer la difference de ces deux ſortes de nombres, afin de choiſir les plus commodes pour examiner les diuiſions de chaque Conſonance, dont on vſe, de voir quelle eſt la plus agreable de toutes les diuiſions qu'elle peut ſouffrir, & ſi celle qui s'exprime par les moindres nombres de l'vne ou l'autre des methodes precedentes, eſt touſiours la meilleure de toutes, ou ſi celles qui ſont diuiſees Harmoniquement meſurent leur agreement.

 Ie commence donc par le premier accord expliqué par ces nombres 5, 10, 12, ou par ces autres 12, 6, 5, qui ſignifient tous deux la Dixieſme mineure diuiſee par l'Octaue, qui ſe fait en bas contre la Baſſe, & par la Tierce mineure qui reſte en haut pour acheuer ladite Dixieſme, car il n'importe nullement que la Taille faſſe cette Dixieſme contre la Baſſe, parce qu'elle tient le lieu du Deſſus en ce commencement, & la Dixieſme n'en eſt pas moins diuiſee ; ce qu'il faut obſeruer pour toutes les autres fois qu'il arriuera que l'vne de parties baſſes montera plus haut que celles du Deſſus. Or il n'y a point de diuiſion Harmonique dans ces nombres, puis que dans les premiers les differences ſont de 5 à 2, & que dans les ſeconds elles ſont de 6 à 1, au lieu que les extremes ſont de 5 à 12, ce qui monſtre qu'il faut negliger la diuiſion Harmonique, qui ſe rencontre ſeulement par hazard dans quelques diuiſions, à raiſon des longueurs qui ſe remarquent aux chordes, ſans qu'elle ſoit cauſe du plaiſir qu'engendrent les Conſonances, comme i'ay monſtré dans la 36 propoſ. du premier liure des Conſonances. Et ſi l'on examine toutes les autres diuiſions, on ſera contraint d'auoüer qu'il n'y en a quaſi point qui ait ſon milieu Harmonique, puis que la difference du plus grand terme à celuy du milieu, & de celuy du milieu au plus petit n'ont pas meſme raiſon entr'elles que les extremes, comme il arriue à la difference de 15 à 12, & de 12 à 10, c'eſt à dire à 2 & 3, qui ſont en raiſon ſeſquialtere comme 15 & 10. Ioint que cette diuiſion n'eſt pas Harmonique dans les autres nombres de deſſus 4, 5, 6, quoy qu'ils repreſentent plus naturellement la diſpoſition, & la nature des ſons.

 Si l'on vouloit diuiſer l'vne des Conſonáces de ce Trio Harmoniquement, par exemple la Dixieſme mineure par laquelle il commence, & qu'il repete 4 fois, il faudroit vſer des nombres 85. 120. 204, qui ſont les moindres de tous ceux qui peuuent

De la Composition. 271

peuuent representer cette diuision Harmonique sans fraction, car la difference de 85 à 120, a sçauoir 35, a mesme raison à 84, qui est la difference de 120 à 204, que 85 à 204, c'est à dire que 5 à 12 : or l'interualle de deux sons qui ont mesme raison entr'eux que 85 à 35, n'est pas bon, parce qu'il est comme de 17 à 24, & consequemment il fait vne Quarte augmentee d'vn demiton de 17 à 18 ; de sorte que celuy qui feroit la Quarte contre la Basse, tandis que l'autre fait la Dixiesme mineure, approcheroit bien pres de son milieu Harmonic : mais les deux parties d'en haut feroient entr'elles vne Sexte mineure augmentee de la raison de 16 à 17, c'est à dire vne Sexte maieure vn peu forte.

D'où il est aisé de conclure qu'il faudroit que la Taille fist la Sexte mineure, & le Dessus la Quinte contre la Taille pour approcher plus pres du milieu Harmonic de la Dixiesme mineure.

Quant au milieu Arithmetic, il se rencontre seulement à la penultiesme mesure des seconds nombres ; c'est pourquoy l'on ne peut dire qu'il soit la cause de la douceur des passages de ce Trio, ny des autres ; de sorte qu'il faut negliger ce milieu, & considerer les autres qui se rencontrent dans toutes les diuisions de ces Trios. Or si l'on entend l'vn ou l'autre de ces examens, il sera tres-aisé de sçauoir quels accords fait le Dessus auec la Taille, puis que les 2 nombres superieurs contiennent toutes leurs raisons : par exemple, 10 & 12, ou 6 & 5 monstrent que la Tierce mineure est le premier accord du Dessus auec la Taille, & 12 & 15, ou 5 & 4 expriment la Tierce maieure du second accord.

Mais il faut premierement remarquer que les passages de la troisiesme partie se doiuent faire auec la Basse, comme ceux de la seconde, & consequemment qu'elle doit faire d'aussi bons accords auec la Basse, que si la composition n'estoit qu'à deux parties. En second lieu, qu'il ne s'ensuit pas que toutes les parties soient d'accord entr'elles, encore qu'elles fassent de bons accords contre la Basse, par exemple, si la Taille fait la Quinte auec la Basse, & que le Dessus face la Sexte mineure ou maieure, le Dessus & la Taille feront le demiton ou le ton, & par consequent vn tres-mauuais effet : c'est pourquoy il faut prendre garde que le Dessus & la Taille facent toujours quelques accords.

En troisiesme lieu, il faut particulierement remarquer les nombres du milieu dans les deux sortes de nombres qui expliquent ce Trio, dautant qu'ils contraignent souuent de changer les deux autres nombres ; par exemple le nombre de 5 du dernier accord des premiers nombres contraint de mettre 4 & 8 au lieu de 5 & 10 qui sont aux seconds, afin qu'ils s'accommodent auec 8, comme les autres auec 5. En 4 lieu, les premiers nombres sont disposez plus naturellement, parce que les premiers, c'est à dire ceux d'en bas representent l'vnité, & le silence, dont la Basse approche dauantage que le Dessus. Ie laisse plusieurs autres considerations que chacun peut faire sur ces nombres, afin de parler des autres sortes de Compositions à 4, 5, & 6 parties : car il est aisé d'expliquer tous les passages d'vne Consonance à l'autre du second Trio, comme nous auons fait ceux du premier : surquoy l'on peut voir les table que donne Zarlin pour composer à trois parties, lesquelles nous auons rapportees dans le 22 theoreme du premier liure de l'Harmonie Vniuerselle, où l'on trouuera beaucoup de choses que l'on pourroit icy desirer.

Z iij

PROPOSITION XXV.

Expliquer quelles sont toutes les autres parties de la Composition, & leurs proprietez, & comme il faut composer à quatre parties.

Il y a 4 parties dans la Musique, desquelles i'ay parlé fort amplement dans la 4 propos. dont la principale est la Basse, que les Espagnols appellent *Baxo*, laquelle doit proceder par de plus grands interualles, & par des mouuemens plus tardifs que les autres parties. La 2 d'en bas s'appelle *Tenor*, ou *Taille*, parce qu'elle tient le plain chant en estat, lequel est nommé *Cantollano* par les Espagnols. La 3 s'appelle *Contratenor*, *Hautecontre*, *Contralto*, ou *Altus*; & la derniere, qui monte plus haut que les autres, se nomme *Dessus*, *Superius*, *Cantus*, & *Timple* en Espagnol.

Or bien que les Trios puissent estre appellez *parfaits*, parce qu'ils commencent à auoir de l'harmonie, à raison de la diuision de chaque Consonance, neantmoins les Compositions à quatre parties sont beaucoup plus agreables, encore que l'Octaue soit vne repetition de l'vn des sons qui composent les Trios, car elle donne vne grande harmonie, & remplit l'oreille d'vne grande douceur, & d'vn grand plaisir par tout où elle se trouue; dont il ne faut pas s'estonner, puis que toute la Musique en dépend, & qu'elle est la Reine des Concerts.

Voyons donc les Compositions à quatre parties, sans sortir hors du Contrepoint, & du Faux-Bourdon, qui a coustume de plaire dauantage dans les Eglises, & qui a plus de puissance sur les Auditeurs, que les pieces de Contrepoint figuré.

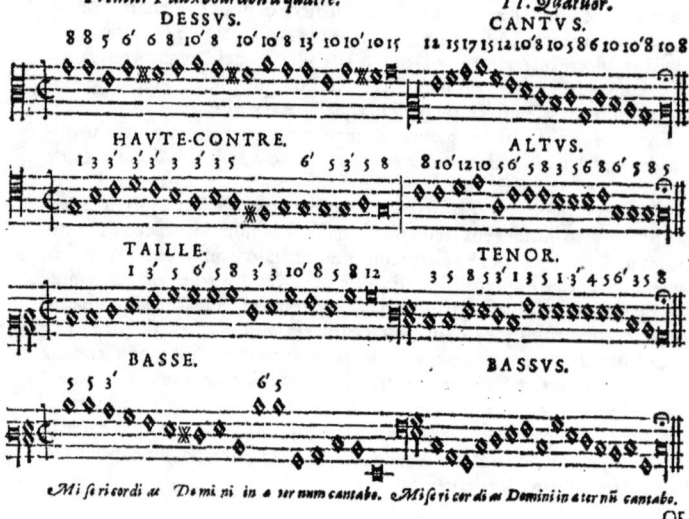

Misericordias Domini in æternum cantabo.   Misericordias Domini in æternū cantabo.

De la Composition.

Or ces deux pieces à quatre parties font voir tout ce que l'on pourroit defirer dans les regles ou dans les propositions precedentes. Ie remarque donc premierement que la Basse du premier Faux-Bourdon a l'estenduë d'vne Douziesme, & qu'elle peut seruir de sujet, aussi bien que les autres parties, quoy que la Taille ait coustume d'en seruir. Secondement, qu'apres l'interualle de l'Octaue qu'elle fait en montant, elle fait celuy de la Dixiesme mineure en descendant: ce qui est permis, quoy qu'il ne soit pas ordinaire. Où il faut remarquer que cet interualle est aussi aisé à chanter que la Tierce mineure, pourueu qu'en chantant la note plus aiguë de la Dixiesme, l'on s'imagine son Octaue en bas; ce qu'il faut faire en tous les autres grands interualles, comme en celuy de la Douziesme, de la Neufiesme, &c. car lors qu'on s'imaginera le son aigu de l'Octaue en chantant le son graue, l'on sera l'interualle de la Neufiesme en montant, comme le ton *Vt, re*: & generalement parlant il faut feindre l'Octaue en bas pour faire lesdits interualles en descendant, comme il la faut feindre en haut, pour chanter en montant. Quant aux interualles qui sont moindres que l'Octaue, comme sont les Septiesmes, il faut s'imaginer qu'on chante vn demiton, ou vn ton plus bas que la note dont il est question, & prendre ledit demiton, ou le ton à l'Octaue en haut, si l'on chante l'vne ou l'autre Septiesme en montant; & si on les chante en descendant, il faut prendre le ton ou demiton plus haut en le reduisant à l'Octaue d'en bas, comme i'ay expliqué dans le traité de la Methode de bien chanter.

Tiercement, cette Composition est du 9 Mode, puis que sa Basse, sa Hautecontre & son Dessus finissent en *G resol*, & sa Taille en *D resol*, lequel est la cadence du milieu : cecy estant posé, ie viens à l'examen de ces 4 parties, & dis en 4 lieu, que les 3 premieres notes de la Basse montent plus haut que celles de la Taille, par où l'on void qu'il n'est pas necessaire que toutes les notes des plus basses parties descendent sous celles des plus hautes. Ce qui se remarque semblablement à la 10 & 11 note de la mesme Basse, qui montent plus haut d'vne Sexte mineure, & d'vne Quinte que celles de la Hautecontre, c'est pourquoy i'ay marqué les Consonances sur la Basse, afin de monstrer qu'elle monte plus haut que l'*Altus*, dont les notes n'ont point de nombres. Les nombres de la Taille 3' & 3 signifient aussi qu'elle monte plus haut d'vne Tierce mineure & maieure que la Hautecontre. Ce qu'il a fallu remarquer vne fois pour toujours, afin de sçauoir cóme il faut vser de ces nombres pour signifier le lieu de chaque partie.

En cinquiesme lieu, lors que les nombres de deux parties sont semblables, comme il arriue à la cinquiesme note de la Taille & de la Hautecontre, qui ont 3', ils signifient qu'elles sont à l'Vnisson, parce qu'elles sont toutes deux la Tierce mineure contre la Basse. L'on void encore la mesme chose à leur premiere note marquée de l'vnité, pour monstrer qu'elles commencent par l'Vnisson.

Or ces accidens nous ont contraints de disposer les nombres sur ces 4 parties d'vne autre maniere que nous n'auions fait dans les autres compositions, dans lesquelles les parties d'en bas ne montent point pardessus celles d'enhaut, & que 8, qui est sur les deux premieres notes du Dessus, signifie qu'il fait l'Octaue contre celles de la Taille, & par consequent la Quarte contre la Basse, puis qu'elle monte d'vne Quinte plus haut que la Taille, qui sert de Basse pour les trois premieres mesures. Mais il est difficile de marquer ces parties auec les autres nombres qui contiennent les raisons des Consonances, & leurs diuisions: car si l'on vse de ces quatre nombres, 2. 2. 3. 4. pour exprimer les quatre premieres notes, l'on croira que les deux premiers 2. 2. signifient la premiere note de la Basse & de la Taille, & que 3 & 4 monstreront la premiere de l'*Altus*, & du *Cantus*, c'est à dire de la Hautecontre & du Dessus, & neanmoins, 2. 2. signifient la premiere de la Taille & de la Hautecontre qui font l'Vnisson, & le 3 signifie la Basse, qui fait la Quinte en haut tant auec la Taille qu'auec la Contre-taille; de sorte qu'il n'y a que le seul Dessus qui ait son nombre 4. en son propre lieu. Toutefois on ne se trompera nullement, pourueu que l'on mette le nom des parties au commencement des nombres, ou du moins que l'on suppose que la plus basse ligne des nombres appartient toujours à la Basse, & qu'elle monte dautant plus haut que ses nombres sont plus grands. Cecy estant posé, ie dis en sixiesme lieu, que ce *Quatuor* sera fort bien descrit, & marqué par les nombres qui suiuent nostre methode, qui represente les sons plus aigus par les plus grands nombres, & les plus bas par les moindres, à raison des battemens d'air, qui les produisent.

Le Quatuor precedent expliqué par les nombres Harmoniques.

Cantus | 4. 8. 15. 12. 25. 8. 12. 8. 25. 12. 8. 24. 5. 24. 5. 4.
Altus | 2. 5. 12. 6. 18. 5. 6. 5. 15. 5. 4. 8. 3. 12. 3. 2.
Tenor | 2. 4. 10. 5. 18. 6. 8. 6. 20. 6. 5. 12. 4. 15. 4. 3.
Bassus | 3. 6. 10. 5. 15. 4. 5. 4. 10. 8. 6. 5. 2. 10. 2. 1.
Mi se ri cor di as Do mi ni in æ ter num can ta bo.

Cette Composition a ce semble esté faite exprez par du Caurroy pour vne idée des parties qui enjambent, & passent les vnes sur les autres, car il n'y a quasi nulle mesure, dans laquelle les notes de la Basse ne soient plus hautes que celle de la Taille, ou que celles de la Taille ne montent par dessus celles de la Hautecontre. Il est aisé de marquer cette Composition par les nombres, dont les plus grands signifient les sons plus graues, & les moindres les plus aigus, c'est pourquoy ie les obmets pour venir au second *Quatuor*, qui n'a pas les irregularitez du precedent.

Il est du second Mode, qui finit en C*sol vt*, comme le premier, sous lequel il descend d'vne Quarte, si l'on considere la Basse: mais il est du premier Mode, si l'on a égard à la Taille, à la Hautecontre, & au Dessus, qui descend d'vn demi-ton plus bas que sa finale: ce qui est permis & pratiqué par les plus grands Maistres. Quant à la suite des Consonances, & aux passages de l'vne à l'autre, il n'y a rien à remarquer, outre ce que nous auons dit dans les discours precedens, sinon qu'il est permis de faire quelques Consonances dans la Musique à 4 parties, que l'on ne permet pas à deux, ou à 3, par exemple, l'on ne peut euiter l'Octaue à chaque note que l'on chante à 4, laquelle il faut euiter tant qu'on peut à 2, & à 3: car apres 2 accords mis l'vn sur l'autre, on ne peut en aiouster aucun soit en haut, au milieu, ou en bas, qu'il ne face l'Octaue, ou sa replique. Par exemple, apres qu'on a diuisé la Quinte en ses 2 Tierces, comme elle est en ces nombres 4. 5. 6. ou 6. 5. 4, si l'on aiouste quelque Consonance qui ne corrompe point l'harmonie des deux precedentes, elle sera necessairement l'Octaue auec l'vn

des

De la Composition. 275

des autres sons representez par les nombres : car si l'on aioûte 3 apres 4 il fera l'Octaue auec 6, comme 2 auec 4, auec lequel 1 sera la Quinziesme.

Semblablement, si l'on aioûte 8 deuant 6, il fera l'Octaue auec 4, & ainsi des autres. Quant aux Consonances qui corrompent l'Harmonie, elles ne peuuent y estre aioûtees, comme il arriueroit en aioûtant la Tierce mineure, ou maieure à la precedente Quinte diuisee, car cette addition engendroit la Septiesme mineure, ou maieure.

Les Vnissons sont aussi permis à 4 parties, qu'il faut encore plus fuir dans les Trios, que les Octaues : or les nombres qui suiuent feront voir plus clairement la tissure de cette Composition que le discours ; dautant que l'on void en vn clin

Second Quatuor à simple Contrepoint.

Dessus	12. 40. 5. 8. 30. 12. 8. 5. 6. 20. 5. 5. 12. 8. 5. 4.
Haute-contre	8. 24. 3. 5. 15. 8. 6. 4. 5. 15. 5. 4. 8. 6. 4. 6.
Taille	5. 15. 2. 3. 12. 5. 5. 3. 4. 12. 4. 3. 8. 5. 3. 4.
Basse	4. 10. 1. 2. 10. 5. 4. 2. 4. 10. 3. 2. 5. 4. 2. 2.

Mi se ri cor di as Do mi ni in æ ter nũ can ta bo.

d'œil toutes les Consonances que font toutes les parties tant entr'elles qu'auec le Dessus : par exemple, que dans la premiere mesure la Taille fait la Tierce maieure sur la Basse, la Sexte mineure sous la Hautecontre, & la Dixiesme mineure sous le Dessus, & consequemmẽt que le Dessus fait la Douziesme auec la Basse, & la Quinte auec la Hautecontre. Semblablement le Dessus de la 3 mesure fait la Dixseptiesme auec la Basse, c'est à dire l'vn des plus grands interualles qu'il ait coustume de faire dans les Compositions à 4 voix : mais il fait la Sixiesme maieure auec la Hautecontre, & la Dixiesme maieure auec la Taille, qui fait l'Octaue sur la Basse, la Quinte sous la Hautecontre, & la Hautecontre fait la Douziesme sur la Basse : de sorte que toutes les Consonances se trouuent quasi dans l'Harmonie de cette mesure, qui a la Dixseptiesme maieure diuisee par deux milieux, à sçauoir par 2, & 3, qui sont entre 1 & 5. Où il faut remarquer que cette diuision est tres-naturelle, quoy qu'elle n'ait point de milieu Harmonic ; d'où il est aisé de conclure que l'imagination de la medieté Harmonique ne fauorise guere l'Harmonie : car elle ne se trouue pas mesme dans cette diuision, lors qu'on vse des plus grands nombres pour signifier les sons plus graues, comme l'on void dans ces nombres 24. 12. 8. 5, car la difference de 24 à 12 n'est pas à la difference de 12 à 8, comme 24 est à 8, de sorte qu'il ne faut pas se soucier de la diuision Harmonique dans les Compositions, comme i'ay déja dit ailleurs.

Or il y a plusieurs choses à obseruer dans cette Composition, par exemple, que les parties marquees d'vn mesme nombre sont à l'Vnisson, que nulle des parties graues ne monte par dessus les aiguës, comme dans le *Quatuor* precedent, & que la Taille fait la Quarte contre la Basse à l'onziesme note, ou syllabe ; ce qui est semblablement permis à trois parties, lors que la Sexte maieure, ou mineure, est diuisee par la Quarte en bas, comme l'on void és nombres de cette mesure 3. 4. 5. qui monstrent par leur suite naturelle qu'il n'y a rien de forcé, ny d'emprunté dans cette diuision: quoy que les Praticiens croyent que la diuision qui met la Tierce mineure en bas, & la Quarte en haut soit meilleure, laquelle s'exprime par ces nombres 5. 6. 8.

Ie laisse les autres manieres de mettre la Quarte dans les Trios, qui peuuent semblablement seruir aux pieces à 4 parties, car il suffit de considerer les nombres precedens que ie remets auec ceux qui suiuent, afin que l'on voye les six moyens d'employer la Quarte dans le simple Contrepoint.

Les six moyens d'employer la Quarte dans les Trios, & dans les Quatuor.

4	6	20	8	5	24	ou	3	4	3	15	12	5
3	4	15	6	4	20		4	6	4	20	15	6
2	3	12	5	3	15		6	8	5	24	20	8
1	2	3	4	5	6		1	2	3	4	5	6

Où il faut remarquer que les diuisions qui s'expriment par les plus grands nombres de la premiere table sont les moins bonnes, & que celles qui s'expliquent par les plus grands de la seconde sont les meilleures; par consequent la disposition de la premiere est plus naturelle: ce que l'on peut semblablement remarquer dans les autres diuisions, comme i'ay déja fait dans le liure des Consonances, depuis la 34 proposition iusques à la 40, dans lesquelles i'ay parlé tres-amplement de toutes sortes de diuisions, & ay monstré la maniere de trouuer la diuision la plus douce, & la plus agreable entre plusieurs diuisions proposées. Voyons maintenant les Compositions à 5 parties, car il n'est pas necessaire de parler dauantage des *Quatuors*, attendu que i'en ay encore donné vn autre exemple dans la 17 proposition, dont i'ay discouru tres-amplement dans la 18, mais ie parleray encore apres de l'vsage de la Quarte.

PROPOSITION XXVI.

Expliquer la maniere de Composer à cinq parties note contre note, & consequemment à deux, trois & quatre parties.

Lors que l'on Compose à 5 parties, il est necessaire de mettre l'vne des parties doubles, par exemple, deux Dessus, deux Tailles, ou deux Basses, quoy que l'on ait coustume de l'appeller Cinquiesme partie, comme l'on void dans l'exemple que i'ay donné à 5 parties dans le traité des Violons. Or ie mets icy deux exemples à 5, dont chacun ne contient que 16 mesures, ou notes demibreues; au lieu desquelles on peut mettre des minimes, des noires, &c. comme i'ay déja obserué cy-deuant. Où il faut remarquer que la cinquiesme partie doit imiter le procedé de la partie qui luy est plus proche, par exemple si elle fait vn second Dessus, elle doit chanter par degrez conjoints, & par des notes de moindre valeur dans le Contrepoint figuré; si elle fait vne seconde Basse, elle doit proceder par de plus grands interualles, & vser de notes d'vne plus grāde valeur, afin que ses mouuemens soient plus tardifs; si on la met pour vne seconde Taille, elle doit conduire la chanson, & entretenir le Mode en faisant les cadences

dans

De la Composition.

dans leurs propres lieux, & en touchant les chordes modales plus souuent que les autres : & si c'est vne seconde Hautecontre, elle doit estre enrichie de beaux passages, afin de seruir d'vn particulier ornement à toute la Composition.

L'on peut donc commencer cette Composition à 5 parties, par la Taille, qui se peut prendre du plain chant de l'Eglise, où d'où l'on voudra ; & puis on peut aioûter le Dessus, comme font ordinairement les Compositeurs, au rapport de Zarlin chap. 58 de la 3 partie de son Institution : en apres on aioûte la Basse, & puis la Hautecontre, & la 5 partie : neantmoins il vaut mieux ce me semble commencer la Composition par la Basse, & par le Dessus en mesme temps, puis qu'ils font les accords dont les termes sont les plus éloignez, de sorte que l'on n'a plus rien à faire pour aioûter les autres parties qu'à diuiser lesdits accords : par exemple, si la Basse fait la Dixseptiesme auec le Dessus, l'on aura toutes les Consonances qui le diuisent à employer comme l'on voudra, & premierement celles qui sont signifiees par ces nombres 1, 2, 3, 4, 5. c'est à dire l'Octaue que fera la Taille contre la Basse, la Quinte que fera la Hautecontre auec la Taille, la Quarte que fera la seconde Hautecontre auec la premiere, & la Tierce maieure que fera le Dessus auec la seconde Hautecontre : secondement celles qui remplissent ladite Octaue, & la Quinte, qui n'ont pas esté diuisées comme elles, sont en ces nombres 2, 3, 4, 5, 6, 8, 10, qui monstrent que cette diuision peut seruir à 7 parties : & si l'on diuise la premiere Quinte en ses deux Tierces, afin d'auoir ces autres nombres, 4, 5, 6, 8, 10, 12, 15, 20, l'on pourra faire 8 parties toutes differentes dans l'estenduë de la Dixseptiesme ; & si l'on compose seulement à 3, 4, ou 5 parties, on pourra laisser tel nombre, ou telle note que l'on voudra ; or puis qu'il y a 8 termes tous differens en cette diuision, il est euident par ce que nous auons demonstré dans le liure des Chants, que ces nombres estant pris trois à trois pour les Trios se peuuent varier en 56 manieres : s'ils sont pris 4 à 4, en 70 façons ; s'ils sont pris cinq à 5, en 56 manieres ; & s'ils sont pris 7 à 7, ils se peuuent varier en 8 manieres : quoy qu'il y ait beaucoup de choses particulieres à considerer dans la varieté de ces Consonances, à raison que toutes les varietez ne sont pas receuës dans l'harmonie, par exemple ces 3 nombres 4. 5. 15. & tous les autres ternaires où 15 se rencontre ne valent rien, parce que 15 fait vn discord auec 4, s'il n'est sauué par vne Octaue precedente ; ce que l'on peut euiter en mettant 16 au lieu de 15, afin qu'il responde aux deux premieres diuisions : de sorte qu'il faut vser d'vne particuliere industrie pour appliquer les varietez des combinations, conternations, &c. aux Consonances, comme l'on peut voir dans les discours que i'ay fait de toutes leurs diuisions. Cecy estant posé, il faut considerer ces deux Compositions à cinq parties, dont les nombres sont assez significatifs pour faire comprendre les passages de chaque Consonance, & tout ce qui doit estre consideré dans cette espece de Composition, sans qu'il soit besoin d'autres discours. Ioint que ceux qui aiment la speculation auront plus de plaisir d'examiner plusieurs particularitez de ce Faux-bourdon, que si des discours trop ennuyeux ne leur laissoient rien à considerer. Et puis la reduction en nombres harmoniques qui suit les notes apporte encore de nouuelles lumieres.

278 Liure Quatriesme

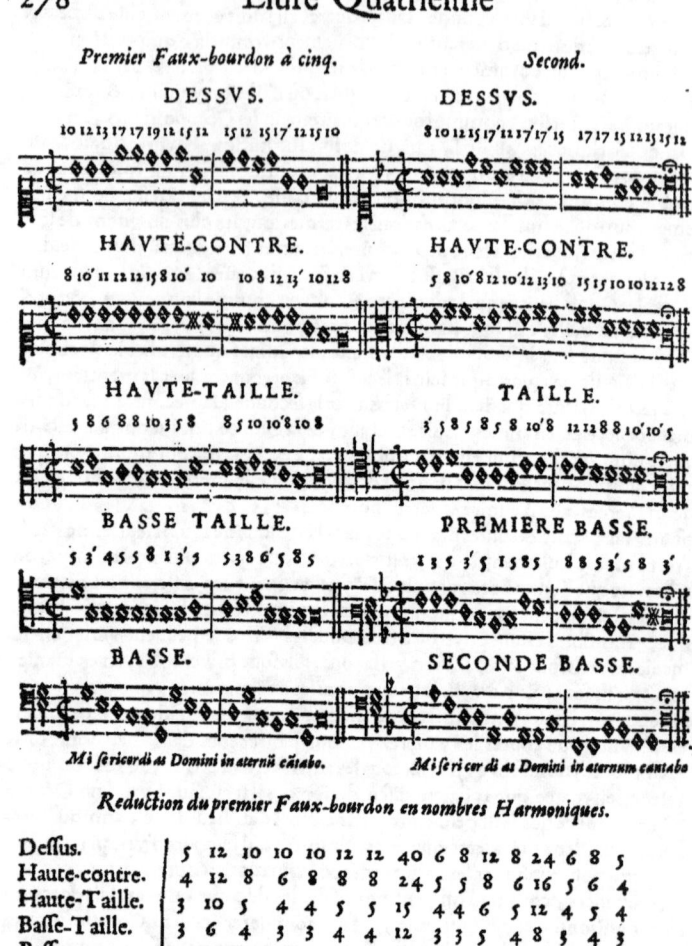

Reduction du premier Faux-bourdon en nombres Harmoniques.

Dessus.	5	12	10	10	10	12	12	40	6	8	12	8	24	6	8	5
Haute-contre.	4	12	8	6	8	8	8	24	5	5	8	6	16	5	6	4
Haute-Taille.	3	10	5	4	4	5	5	15	4	4	6	5	12	4	5	4
Basse-Taille.	3	6	4	3	3	4	4	12	3	3	5	4	8	3	4	3
Basse.	2	5	3	2	2	2	4	10	2	2	4	2	5	2	2	2

Mi se ri cor di as Do mi ni in æ ternum cantabo.

Tablature Harmonique du second Faux-bourdon à cinq parties.

Dessus.	20	25	30	16	48	30	48	24	8	5	5	8	30	40	40	12
Haute-contre.	15	20	24	8	30	24	30	16	5	4	4	5	25	40	15	8
Taille.	12	15	20	6	20	15	20	12	4	3	3	4	20	24	5	4
I. Basse.	10	12	15	5	15	10	15	10	3	2	2	3	12	15	10	5
II. Basse.	10	10	10	4	10	10	10	5	2	1	1	2	10	10	5	4

Mi se ri cor di as Do mi ni in æ ter nũ can ta bo.

De la Composition. 279

PROPOSITION XXVII.

Considerer deux Compositions à six parties note contre note faites par Eustache du Caurroy.

PVis que i'ay expliqué le simple Contrepoint à deux, trois, quatre & cinq parties, i'y veux adiouster deux autres Exemples à six parties, afin que l'on comprenne l'ordre que du Caurroy a suiuy dans la suite & la liaison des Consonances, & qu'il à prescrit à la posterité, lequel est si bien obserué, qu'il est ce semble impossible d'employer les consonances auec plus d'adresse ; or le premier Exemple est du neufiesme Mode, que ie mets icy auec les plus grosses notes de nostre Musique, afin que l'on ayt toutes sortes de caracteres dans cet œuure.

Premier Exemple du Contrepoint à six parties.

Or il y a plusieurs choses à considerer dans cette piece, dont chaque voix chante seize mesures sur les seize syllabes du verset ordinaire, *Misericordias*

Domini: dont la premiere est qu'il n'est pas aysé d'éuiter tous les Vnissons dans cette multitude de parties : d'où il arriue que les deux Tailles font l'Vnisson sur la premiere note, comme la Haute-contre & le premier Dessus, &c. suiuant les mesmes nombres qui sont escrits sur les mesmes syllabes, ou notes des differentes parties. La seconde est l'interualle de la Douziesme, que fait la Basse depuis sa treziesme note iusques à sa quatorziesme : lequel n'est pas ordinaire, quoy qu'il soit assez pratiqué en Italie : mais ceux qui font les passages de la Basse peuuent remplir cet interualle. En troisiesme lieu, il faut remarquer que ces deux exemples, aussi bien que les precedens, ont vn Contrepoint si pressé, si solide & si conioint, qu'il n'est pas quasi possible de le serrer dauantage, comme il est facile de iuger par ces nombres harmoniques, qui les expliquent.

Contrepoint precedent reduit en nombres Harmoniques.

I. Dessus.	4	6	6'	12	10	8	24	10	10'	10	16	16	16	6	8	6
II. Dessus.	6	5	4	8	6	5	16	6	8	8	12	12	16	5	6	5
Haute-contre.	4	4	5	8	5	6	16	5	6	4	6	8	12	4	5	4
Taille.	3	3	4	6	4	3	12	4	5	3	5	6	8	3	4	3
I. Basse.	3	2	3	5	3	4	8	3	4	3	4	4	5	2	3	2
II. Basse.	2	2	2	4	2	2	5	2	4	2	4	5	8	1	2	1

Mi se ri cor di as Do mi ni in æ ter nũ cantabo.

Ces nombres suiuent ma theorie des battemens d'air, comme i'ay dit dans les autres exemples, c'est à dire que les sons graues ou plus bas sont signifiez par les moindres nombres, & les plus aigus par les plus grands : par exemple les nombres du premier rang, 2. 3. 3. 4. 6. 4. monstrent que le son de la seconde Basse se fait seulement par deux battemens d'air, & ceux de la premiere de la Taille qui font l'vnisson, par trois battemens, celuy de la Haute-contre & du premier Dessus par quatre, & celuy du second Dessus par six, & ainsi des autres. Il est aysé de marquer les autres nombres, dont les plus grands respondent aux plus grosses chordes, comme i'ay fait dans le Quatuor de la 17. Proposition, c'est pourquoy ie viens au second Exemple, lequel est du douziesme Mode, & le dernier de ceux que du Caurroy à composé, lequel a beaucoup de choses notables, & particulierement qu'il se chante par ♭ mol & par ♮ quarre, comme l'on voit à la Haute-contre & à la premiere Basse, qui se chantent par ♮ ; au lieu que les quatre autres parties se chantent par ♭. Il est composé de 28 notes, ou mesures sur les 28 syllabes du verset *Miserere*, &c. bien qu'il ayt quasi toutes ses syllabes brefues, car ie n'ay pas voulu changer le dessein de du Caurroy ; ioint qu'il est si aysé de changer les mesures, ou les semibreues en minimes, ou demies mesures en chantant, qu'il n'est pas necessaire d'en parler. Quant aux nombres Harmoniques de cet exemple, il seroit bon de les obmettre pour seruir d'exercice à ceux qui ayment la vraye theorie, mais i'ayme mieux leur proposer les nombres d'vn autre exemple à six parties du mesme Caurroy, afin qu'ils le reduisent en notes, apres auoir donné ceux qui expliquent ce second exemple, & qui suppleent à de plus longs discours : par exemple ils monstrent les endroits où les consonances peuuent estre plus serrées.

de la Composition. 281

Le mesme Faux-bourdon à six reduit en nombres Harmonico-pratiques.

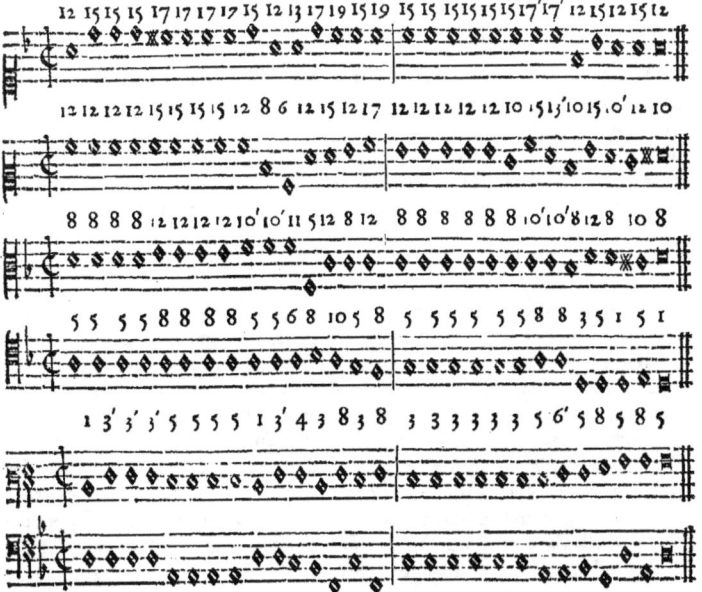

Le mesme Contrepoint expliqué par nombres.

Dessus.	6	40	40	40	10	10	10	10	40	30	10	20	12	16	6	16	16	16	16	16	48	20	12	8	30	8	6	
Haute-côtre.	6	30	30	30	8	8	8	8	30	20	5	12	8	12	5	12	12	12	12	12	.0	40	16	10	8	24	6	5	
I. Taille.	4	20	20	20	6	6	6	6	24	24	8	6	6	8	3	8	8	8	8	8	24	12	8	6	20	5	4	
II. Taille.	3	15	15	15	4	4	4	4	15	15	5	8	5	6	2	6	6	6	6	6	20	10	6	3	10	3	2	
I. Basse.	2	12	12	12	3	3	3	3	10	12	4	5	4	5	2	5	5	5	5	5	15	8	5	4	15	4	3	
II. Basse.	2	10	10	10	2	2	2	2	10	10	3	4	2	4	1	4	4	4	4	4	10	8	4	2	10	2	2	

*Mi*se re re me i Domi ne mi se re ve mei: quoniam in te confi dit a ni ma mea.

Mais il n'est pas necessaire, qu'elles soient tousiours si pressées que l'on n'y puisse adiouster nulle Consonance, autrement la Musique perdroit beaucoup de sa grace, parce que l'on ne pourroit vser de toutes les varietez qui luy seruent maintenant: ioint que la rareté est souuent plus agreable que la densité, c'est à dire que quand les parties ont de l'air, & qu'elles sont esgayées, elles plaisent dauantage. Ceux qui desirent sçauoir tout ce qui concerne le Contrepoint figuré peuuent lire Zarlin & Cerone, qui en traitent fort amplement, car il suffit d'auoir expliqué les principaux fondemens, ou les elemens de la Composition: i'adiouste seulement vn Contrepoint à six parties reduit en nombres Harmoniques pour exercer les Musiciens qui se plaisent à la Theorie.

Aa ij

282 **Liure Quatriefme de la Compofition.**

Contrepoint à fix parties.

4

I. Deffus.	6	16	16	12	32	10	10	8	6	6	32	10	20	6	10 6
II. Deffus.	4	12	12	8	24	6	5	6	5	5	24	6	16	5	8 5
Haute-contre.	4	4	6	3	8	3	3	5	4	4	12	5	12	4	6 4
Taille.	3	5	5	5	12	4	4	3	2	2	8	3	6	2	5 2
I. Baffe.	3	6	5	4	8	3	3	4	3	3	12	4	6	3	4 3
II. Baffe.	2	4	4	2	5	2	2	2	1	1	5	2	5	2	2 1

COROLLAIRE.

Les Compofiteurs tiennent pour vne regle certaine que les Tierces, ou leurs repliques ne doiuent iamais manquer dans les Compofitions à trois, ou plufieurs parties, parce qu'elles n'ont pas de grace fans elles; ce qui n'empefche pas que l'on ne puiffe commencer & finir tant à trois, qu'à quatre parties fans lefdites Tierces, comme l'on void aux Faux bourdons du Caurroy que i'ay parti dans la 23, 24 & 25 Propofition, ce qui fe peut auffi quelquefois faire entre la fin & le commencement, mais rarement, parce que la diuerfité ne s'y rencontre pas: de forte que l'on a fuiet de s'eftonner de ce que les Grecs & les Latins anciens ont reietté les Tierces du nombre des Confonances, puis que fans elles la Mufique à plufieurs parties n'a quafi point de grace.

Ce qu'il faut remarquer foigneufement, afin de trouuer pourquoy les 4, ou cinq mouuemens ou tremblemens du fon graue des deux Tierces, comparez aux cinq, ou fix de leurs fons plus aigus font plus agreables dans la Mufique, que les autres tremblemens, qui font les fons de la Quinte & de l'Octaue; ce que l'on peut rapporter à leur trop grande fimplicité, qui les fait plus reffembler à l'vniffon que les autres; furquoy l'on peut voir le difcours que i'ay fait de l'Vniffon dans le premier liure des Confonances.

Or ceux qui mefprifent le Contrepoint figuré, & qui ne font eftat que du figuré auront dequoy s'exercer dans les Compofitions qui fuiuent les inftrumens pour leur feruir d'exemples. Et puis nous donnerons encore beaucoup de lumiere à ce genre de Compofition dans la Rythmique, & dans les exemples des Modes. Quoy qu'il foit plus à propos d'apprendre la maniere de compofer en toutes fortes de manieres des Maiftres qui enfeignent cet art, que de l'entreprendre fans Maiftre: car bien que l'on puiffe trouuer les raifons de ce que l'on fe propofe, & que les bons efprits puiffent quelquefois mieux fe contenter par leur propre trauail que par les enfeignemens d'autruy, neantmoins l'on à couftume d'apprendre plus de pratique en huict iours, lors qu'on a la conduite d'vn bon Maiftre, que l'on n'en fçauroit comprendre de foy-mefme dans vn mois. Ce qui arriue femblablement en la Theorie, de forte que les liures ne fe font ordinairement que pour ceux qui n'ont pas de Maiftres. Quoy qu'il en foit, l'on trouuera dequoy s'employer dans ce liure, fi l'on prend la peine de confiderer pourquoy l'on paffe par tel ou tel interualle d'vne confonance à l'autre, & pourquoy de certains paffages femblent fi agreables, & fi rauiffans à l'egard des autres qui apportent fi peu de contentement.

LIVRE

www.ingramcontent.com/pod-product-compliance
Lightning Source LLC
Chambersburg PA
CBHW061732300426
44115CB00009B/1188